CAUSES CÉLÈBRES

DE

TOUS LES PEUPLES

PAR A. FOUQUIER

CONTINUATEUR DE L'ANNUAIRE HISTORIQUE DE LESUR

ÉDITION ILLUSTRÉE

« Homicide point ne seras »

PARIS

LEBRUN ET Cie, ÉDITEURS

8, RUE DES SAINTS-PÈRES

CAUSES CÉLÈBRES

TABLE-AVIS

Ce troisième volume des CAUSES CÉLÈBRES comprend :

Chaque procès ayant sa pagination propre et distincte, l'indication ci-dessus est tout simplement le rappel de l'ordre de publication.

Nous avons été amené à adopter le mode de séparation, de préférence à l'ordre alphabétique ou chronologique, parce qu'il a pour effet d'éviter jusqu'à l'apparence d'un rapprochement entre des faits et des hommes qui n'ont entre eux aucun rapport comme date, et surtout comme moralité, et parce qu'il laisse au souscripteur la faculté d'isoler ou de combiner, selon ses répulsions ou ses préférences, les CAUSES, si diverses, appelées par leur retentissement à faire partie de la collection des CAUSES CÉLÈBRES.

LES PROCHAINES LIVRAISONS CONTIENDRONT :

Babeuf; Charlotte Corday; les Girondins; les Compagnons de Jéhu; les Sergents de la Rochelle; les Jumeaux de la Réole; — Alibaud; Ravaillac; Châtel; — Desrues; la Brinvilliers; la Voisin; Exili; Palmer; — Marquise de Ganges; Mme Tiquet; — Latude; Lesnier; — Mandrin; Jack Sheppard; Vidocq; — Fualdès; le Changeur Joseph; Péchard; l'Auberge aux Tueurs; la Bande de l'Escarpe; — Isaac Brown, révolte de Harper's Ferry; la Loi de Lynch; — la Bergère d'Ivry; la Belle Écaillère; — les Manieurs d'argent devant la Justice, etc., etc.

Paris. — Typographie de Firmin Didot frères, fils et Cie, 56, rue Jacob.

CAUSES CÉLÈBRES

DE

TOUS LES PEUPLES

PAR A. FOUQUIER

CONTINUATEUR DE L'ANNUAIRE HISTORIQUE DE LESUR.

Édition illustrée.

LIVRAISONS 51 — 75

PARIS

LEBRUN ET CIE, ÉDITEURS

8, RUE DES SAINTS-PÈRES,

1860

LE PRIX DE LA LIVRAISON EST PORTÉ DE 20 A 25 CENTIMES.
Cette augmentation de prix est amplement justifiée depuis longtemps par les améliorations incessamment apportées dans le papier, l'impression et la gravure.

CAUSES CÉLÈBRES

DE

TOUS LES PEUPLES

LE DRAME DE CHAMBLAS. ASSASSINAT DE M. DE MARCELLANGE.

JACQUES BESSON, LE BERGER ARZAC, LES DAMES DE CHAMBLAS (1840).

M. de Marcellange vacilla un instant sur sa chaise, puis tomba... (p. 2.)

De tous ces *drames vrais* qui se déroulent devant la justice, les drames de famille sont ceux dont l'intérêt est le plus saisissant. Ceux-là ont pour sujet les réalités mêmes de la vie intime; partant, ils nous touchent bien plus vivement que ces drames politiques qui se jouent au-dessus de nos têtes, ou, encore, que ces crimes isolés qu'enfantent, à de rares intervalles, la perversité ou la folie. Le sujet de toutes ces tragédies du foyer, c'est le bonheur de la famille; le mobile du crime, c'est la passion, non celle qui remue le monde et qui éclate sur les hauts lieux, mais la passion vulgaire, triviale, bien autrement humaine, qui préside à la vie cachée, qui l'anime, qui la trouble. L'acteur, la victime, ce sera vous, ce sera moi. Il s'agit de moi, dit le poëte, quand la maison du voisin brûle. Et voilà justement la source de cet intérêt si vif qui s'attache aux révélations judiciaires sur la vie privée.

Quel ne sera pas cet intérêt, si, comme dans ce *drame de Chamblas*, la victime, un père de famille, un mari, attend pendant trois ans, dans la tombe, la punition du coupable; si sa femme, celle-là même qui devrait poursuivre une sainte vengeance, semble faire cause commune avec les ennemis du mort et s'identifier avec le meurtrier; si, même après l'expiation suprême, la conscience publique ne se croit pas satisfaite, et si la justice, inquiète et tremblante, se demande, sans oser faire la réponse : « Les véritables assassins, les instigateurs du crime ne m'ont-ils pas échappé? »

Entourez ce mystère de faux témoignages sans cesse renaissants; imaginez contre la justice un complot de corruption et de terreur, et les magistrats reculant de dégoût et de lassitude devant les mensonges incessants qu'il faudrait toujours frapper ; placez cette lutte audacieuse contre la loi dans les pittoresques et sauvages montagnes du Velay, au milieu de populations primitives, pauvres, cauteleuses, avides, mais intelligentes et énergiques; figurez-vous un domaine antique, aux tourelles seigneuriales, encaissé dans des bois sombres, dominé par des montagnes volcaniques, et dans ce cadre, plus âpre encore que celui du Glandier, une mort bien autrement sinistre que celle de Lafarge : voilà le drame de Chamblas.

Le 1er septembre 1840, vers huit heures et demie du soir, les domestiques et les valets de ferme du domaine de Chamblas, situé à quelque distance de la ville du Puy, étaient réunis dans la vaste cuisine du rez-de-chaussée du château. Selon la coutume patriarcale de ces contrées, le maître, M. Louis de Marcellange, veillait avec eux, assis au coin du foyer, dans lequel se consumait lentement une énorme racine; car, bien qu'on fût encore dans les plus beaux jours de l'automne, une froide tourmente s'était abattue, depuis la tombée du jour, du haut des rudes montagnes du Velay.

M. de Marcellange causait, le dos tourné à une grande fenêtre qui donnait sur la cour intérieure, quand, tout à coup, une vive lueur éclaira les carreaux; une détonation se fit entendre, suivie du bruit des carreaux volant en éclats. M. de Marcellange vacilla un instant sur sa chaise, puis tomba dans les cendres. Il ne bougea plus : il était mort.

Un moment de confusion et de saisissement général succéda à cette scène, que les assistants ne comprirent pas tout d'abord. Ce ne fut qu'après que les plus proches du maître eurent relevé le corps, à qui le sang coulait lentement par la bouche, et se furent assurés qu'il ne donnait plus signe de vie, que deux ou trois d'entre eux coururent à la porte et visitèrent la cour. Il n'était plus temps : l'assassin avait déjà disparu.

La nuit était noire; le vent soufflait et sifflait dans les marronniers du chemin; on ne poussa pas plus loin les recherches. Une vague terreur oppressait ces pauvres gens. Les chercheurs rentrés, tous se réunirent autour du cadavre, dont la cuisinière lavait vainement les tempes et la bouche avec du vinaigre. Quelques-uns pleuraient : M. de Marcellange était un bon maître, simple, affable, toujours prêt à tirer un écu de sa poche pour secourir les besoigneux. « C'est drôle tout de même, dit un des valets de ferme en regardant un des deux chiens courants du maître, qui léchait la main froide du mort étendu sur la table ; les chiens de chasse étaient sous la table quand on a fait le coup, et ils n'ont pas averti. Ils ont pourtant la fine oreille. — Et ce qui est bien plus drôle, dit un valet de charrue, c'est que le chien de garde n'ait rien dit. Il faut censé que ça soit quelqu'un de sa connaissance. — Il faut envoyer au Puy chercher un médecin, dit un autre. — Un médecin ! à quoi bon? Le pauvre cher homme n'a plus besoin de rien. Il vaudrait mieux aller prévenir les dames. »

On se regarda, et personne ne s'offrit pour s'acquitter de la commission. La prudence est toujours écoutée dans ces pauvres campagnes; on a toujours peur de s'y compromettre. On se contenta donc d'avertir de ce qui venait de se passer le maire de la commune de Saint-Étienne-Lardeyrol, sur le territoire de laquelle s'élevait le château de Chamblas.

M. Louis Vilhardin de Marcellange appartenait à une honorable et nombreuse famille de Moulins. Il avait, le 1er juillet 1835, épousé Mlle Théodora de la Roche-Négly de Chamblas, d'une des plus vieilles et des plus riches familles du Velay. Mlle Théodora n'était plus jeune; elle n'avait point reçu de la nature les grâces même les plus vulgaires de son sexe; mais elle était un beau parti. Les convenances de naissance, de fortune, d'éducation, sinon d'âge et d'amour, paraissaient réunies dans cette alliance, et les commencements en furent heureux. M. de Chamblas vivait encore; l'amitié de cet homme respectable pour son gendre assura surtout ce bonheur des premiers jours; car, de la part des deux époux, le mariage n'avait peut-être été qu'une affaire. Théodora de Chamblas, comme son futur époux, avait discuté le chiffre de sa dot avec cette raison froide et précoce, avec cet esprit de calcul qui semblent être les premières vertus des générations nouvelles. Le mariage conclu, on avait de part et d'autre envisagé mûrement la question de budget. M. de Marcellange était jeune, laborieux; ses espérances étaient belles; mais il n'apportait, en somme, qu'un immeuble de 120,000 fr. environ, et 15,000 fr. de dettes contractées pour faire face aux dépenses du mariage. La fortune de Mlle de Chamblas, fille unique, devait être un jour considérable; mais, pour le moment, elle n'était pas plus indépendante que celle de son mari. D'un commun accord les deux époux entreprirent de faire consentir M. de Chamblas à leur donner à bail, pour un prix très-modéré, le domaine de Chamblas. Ce serait un moyen d'éteindre les dettes et d'accroître les revenus de la communauté.

Cette partie du Languedoc qu'on nomme le Velay est limitrophe de la haute Auvergne; ne soyons donc pas trop étonnés de ces calculs si sages et de cette prudente économie : ce sont vertus du terroir. Les premiers temps de ce mariage furent donc heureux; ce fut, si l'on veut, la prose du bonheur; mais, enfin, c'est déjà quelque chose.

M. de Chamblas consentit l'affermage que lui demandaient ses enfants, et ceux-ci s'établirent à Chamblas. Mais bientôt M. de Chamblas mourut, et M. de Marcellange se trouva, par le seul fait de cette mort, placé dans une position difficile. Mme de la Roche-Négly avait fait à sa fille unique donation de la nue propriété de tous ses biens, mais elle s'en était réservé l'usufruit. La mort de son mari lui donnait le droit d'exercer des reprises importantes, 40,000 francs comptant, une pension annuelle de 2,400 fr. M. de Marcellange allait se voir obligé peut-être d'abandonner des propriétés valant près de 150,000 francs. Il s'effraya de ces charges, et crut que son intérêt était de ramener auprès de lui sa belle-mère. Mme de la Roche-Négly était à Lyon. Là, depuis longtemps éloignée de son mari, elle vivait au milieu du luxe et des plaisirs. Fastueuse et prodigue, comme on l'est rarement en Auvergne, habituée à un grand état de maison, cette dame affectait une morgue aristocratique dont ne se ferait pas une idée celui qui n'aurait jamais rencontré quelqu'un de ces types si vivement accusés de l'aristocratie de province. Il est tel de ces gentillâtres ignorés d'une obscure commune dont l'enflure semble faire revivre les traditions surannées d'une société qui n'est plus.

Pour le malheur de ce paisible ménage de Chamblas, Mme de la Roche-Négly consentit à s'installer auprès de ses enfants.

L'influence de la mère se fit bientôt sentir sur la fille. Habituée aux élégances de la vie aristocratique, à l'éclat des fêtes, à l'inutilité distinguée des gens du monde, la comtesse s'était sentie mal à l'aise au milieu de cette vie patriarcale et rustique. Qu'on eût des bergers et des gardeuses de chèvre, cela fait bien dans un paysage; mais qu'on vécût à côté de ces gens-là, qu'on parlât leur langage, qu'on s'intéressât à leurs pensées, à leurs actions, cela pouvait-il s'imaginer? La première fois que M. de Marcellange parla devant elle du prix des moutons, 18 fr. à la dernière foire, elle fit de grands yeux et pinça ses lèvres.

On se rappela alors que M. de Marcellange se nommait Vilhardin, Vilhardin *tout court*, prétendit-on. Avant son mariage, il avait occupé un emploi dans les contributions directes; ce n'était donc qu'une espèce de commis, un rat-de-cave, un *marcassin*, comme on dit au Puy. Mme de Marcellange prêta à ces méprisantes paroles une oreille trop docile.

Cependant un enfant était né, dont la présence eût dû resserrer ces liens qui se relâchaient. Théodora devint de nouveau enceinte. Il n'en fallut pas moins quitter Chamblas, où on s'encanaillait par trop. La comtesse de la Roche-Négly décida qu'on s'établirait au Puy. Là, au moins, on pouvait recevoir, et l'odeur du fumier ne monterait pas au salon. Bientôt M. de Marcellange fut exilé lui-même. Il n'eut plus qu'un pied à terre dans la maison du Puy, une chambre enfumée, trop bonne encore pour lui sans doute. On menait grand train, et on ne parlait qu'avec un sourire de dédain de la sordide économie introduite à Chamblas; mais on savait fort bien allier le calcul égoïste au luxe le plus coûteux. La comtesse poursuivait énergiquement les reprises que lui assurait le contrat de mariage, et sa fille entrait dans ses vues, voyant dans ces rigueurs un moyen d'augmenter son paraphernal. On en arriva à refuser de nourrir les domestiques du gendre; puis une demande en séparation fut introduite par la dame de Chamblas, et M. de Marcellange cessa d'être reçu dans la maison de sa femme.

M. de Marcellange eut gain de cause. La demande en séparation fut repoussée; il était trop évident que la dot de Mlle de Chamblas ne courait aucun danger. M. de Marcellange, qui se montrait toujours, malgré ces procédés fâcheux, vivement attaché à sa femme, lui écrivit, lui fit parler, pour opérer un rapprochement. On repoussa ces ouvertures. Comme les dames affichaient un grand zèle religieux et s'entouraient surtout de membres du haut clergé, on fit faire une proposition de réconciliation par Mgr l'archevêque de Lyon. Rien n'y fit. M. de Marcellange n'était plus de la famille. Les liens mêmes qui n'avaient pas suffi à conjurer les divisions scandaleuses étaient brisés : M. de Marcellange avait, en quelques mois, perdu ses deux fils. On n'avait pas même daigné l'instruire de la mort du second, et il n'avait appris ce nouveau malheur que par une bouche étrangère.

En vain M. de Marcellange fit sommer sa femme, par acte d'huissier, de réintégrer le domicile conjugal; elle s'obstina à lui rester étrangère.

C'est au mois de juin 1839 que la demande en séparation avait été repoussée; quatorze mois après se passait la scène lugubre que nous avons racontée.

Le lendemain, 2 septembre, un messager, Louis Achard, envoyé par le maire de Saint-Étienne-Lardeyrol, alla informer les dames de l'événement. Cet homme s'étonna de la froideur avec laquelle on accueillit la nouvelle.

Quelques heures après, le procureur du roi et un juge d'instruction se transportaient à Chamblas et y ouvraient une première enquête sur le crime; les magistrats trouvèrent le cadavre encore étendu sur la table de la cuisine. Un médecin, appelé, trouva dans le corps une balle et deux chevrotines. Une côte était brisée, un des poumons écrasé; la mort avait dû être instantanée. Un des montants de la chaise de paille sur laquelle était assis Louis de Marcellange portait la trace d'une chevrotine; le barreau supérieur était traversé d'un trou circulaire très-net : c'est par là qu'avait passé la balle.

Pendant ces constatations, un homme entra, portant à son chapeau un crêpe noir, et vêtu comme le sont, dans le pays, les gens de condition moyenne. Ses yeux rencontrèrent le cadavre et brillèrent d'une expression de haine féroce. Ce ne fut qu'un éclair; mais il y avait là trois hommes, observateurs par état, un brigadier de gendarmerie et deux gendarmes. Ces trois hommes échangèrent un coup d'œil rapide. Une même pensée avait traversé leur cerveau : *Cet homme doit être l'assassin!* Ils le couvrirent de ce long regard qui serre soigneusement un signalement dans une des cases de la mémoire.

L'homme s'avança et prévint les magistrats qu'un repas était servi pour eux et pour quelques parents de la famille Marcellange dans un salon du château. L'homme, qui avait des allures d'intendant ou de maître d'hôtel, servit à table.

Il y avait là un notaire, M. Méplain, parent de la victime, qui ne put retenir un mouvement de dégoût en voyant cet homme s'approcher de lui pour changer son assiette. Le juge d'instruction s'informa de cette sorte de valet sinistre; on lui dit que c'était un certain Jacques Besson, autrefois gardeur de pourceaux, puis valet à Chamblas, devenu l'homme de confiance des dames après la séparation des époux, et que M. de Marcellange avait dû chasser pour ses insolences. Le juge d'instruction se pencha et dit à l'oreille du maréchal des logis de gendarmerie : « Voilà un homme, qui a un crêpe à son chapeau; je gagerais bien qu'il n'est pas fâché de ce qui est arrivé. » Le maréchal des logis regarda l'homme avec plus d'attention qu'il ne l'avait fait encore, en se disant : « Je serai peut-être appelé à arrêter ce gaillard-là. » Il remarqua que ce Jacques Besson avait les lèvres enflées et des traces récentes de variole. Il marchait lestement et avait aux pieds des chaussons. Il était vêtu d'un pantalon de velours olive rayé. Sa figure avait une expression de bonhomie calme, sous laquelle on pouvait deviner une grande énergie. Son teint était sombre; sa chevelure, très-noire, couvrait le front: de ses yeux gris-bleu partait un regard doux et ferme.

Quand la justice eut accompli sa première tâche, pour laquelle le maire de la commune lui avait tout laissé à faire, on procéda à l'inhumation de M. de Marcellange. Parents, domestiques, voisins, tous, jusqu'au *carioleur* qui avait amené l'intendant des dames, suivirent le corps à sa dernière demeure, beaucoup pleurant un si brave maître. Un seul homme resta au château pendant ces funérailles, mangeant dans un coin d'un air rêveur. Cet homme était l'homme de confiance des dames de Chamblas, Jacques Besson.

Quand il fut question de nommer un gardien des scellés, quelqu'un proposa Besson. Le notaire, M. Méplain, se récria: « Un ennemi personnel du mort! mais ce serait indécent! » On insista, en disant que Besson était le représentant de la veuve à Chamblas. Le frère de la victime, M. Turchy de Marcellange, repoussa ce choix par un refus catégorique.

Les scellés apposés, M. Méplain rencontra dans un couloir Jacques Besson, portant un fusil de chasse sur l'épaule. Il lui sembla que ce fusil avait appartenu à M. de Marcellange, et cette rencontre lui laissa une impression funèbre.

L'instruction, cependant, cherchait un coupable et n'en trouvait pas. On interrogea l'opinion publique; elle répondit que M. de Marcellange n'avait pas d'ennemis dans le pays; sa mort y causait d'universels regrets. Une seule personne, un Devaux, ancien fermier devenu homme d'affaires et conseil des dames de Chamblas, ne partageait pas ces sentiments. Débiteur de quelques arrérages de ferme, et poursuivi, disait-il, avec une rigueur qui n'était pas dans les habitudes de M. de Marcellange, il nourrissait contre lui une haine hautement avouée. Quand il apprit sa mort: « C'est arrivé trop tard! » s'écria-t-il. Cet odieux propos attira d'abord l'attention de la justice; mais un *alibi* invinciblement démontré ne tarda pas à dissiper des soupçons déjà démentis par la grossièreté même de ces paroles.

Il fallait donc chercher, ailleurs que dans la commune, l'auteur de ce crime audacieux.

On avait arrêté quelques mendiants, entre autres un Michel Besson, dit Magnan, décrotteur, à moitié aveugle, qui, le 1er septembre, avait demandé l'aumône à M. de Marcellange. Un paysan, Claude Reynaud, le désigna comme pouvant avoir fait le coup. On arrêta encore un Besson, dit Cédat, un Pierre Villedieu, un Boissonnet, un Jean Maurin, dit Boudoul. Plus de cinq cents témoins furent entendus, et l'obscurité semblait s'épaissir autour de ce crime. Les paysans, race pauvre et prudente, ne laissaient échapper un mot révélateur qu'à travers mille réticences. Il semblait qu'une mystérieuse influence fermât leurs bouches, et on croyait sentir dans ces restrictions l'effet d'une terreur générale, plus encore que celui de la corruption.

Seuls, les parents du mort, M. Turchy de Marcellange et Mme de Tarade, ses frère et sœur, à leur tête, poursuivaient courageusement leur juste vengeance. De ce côté, on ne tarda pas à localiser les soupçons.

Au premier bruit de l'événement, le préfet de l'Allier, M. le baron Méchin, s'était rappelé que, quelque temps avant la mort de M. de Marcellange, une dame de Tarade avait demandé à lui être présentée dans une soirée, à Moulins. Cette dame lui avait confié les craintes que lui causait l'absence inexpliquée d'un frère qui avait annoncé son arrivée à Moulins, M. Louis de Marcellange; elle demandait qu'on voulût bien prendre à son sujet des renseignements administratifs; elle craignait un assassinat pendant le voyage. M. Méchin demanda à Mme de Tarade les raisons qui pouvaient justifier de semblables appréhensions, et cette dame répondit, avec les marques de la douleur la plus vive, que M. de Marcellange, divisé d'intérêts avec sa femme et sa belle-mère, redoutait depuis quelque temps un complot contre sa vie. « Si je meurs assassiné, avait-il l'habitude de dire, vengez-moi. »

La justice s'informa, et découvrit que ces craintes avaient, en effet, dominé M. de Marcellange pendant la dernière année de sa vie. De sinistres pensées avaient assiégé son esprit. Avant même que la rupture ne fût complète entre lui et sa femme, il s'était cru empoisonné dans une omelette que lui avait servie la femme de chambre de sa femme, Jeanne-Marie Boudon, et avait attribué, sans hésitation, à un crime des douleurs violentes d'entrailles qu'il avait ressenties. La mort même de ses deux enfants, enlevés à si peu de distance l'un de l'autre, avait fait naître dans son esprit d'affreux soupçons. Dans les derniers temps de sa vie, il disait souvent à ses intimes que le bruit fait par le drame du Glandier l'avait seul préservé du sort du malheureux Lafarge.

L'homme que M. de Marcellange redoutait surtout, celui qu'il désignait comme son futur assassin, c'était Jacques Besson. Attaché, depuis seize ans, au service de la famille de Chamblas, ce Besson avait pris insensiblement sur ses maîtres un ascendant qui, d'ancien gardeur de pourceaux, de simple domestique, l'avait élevé au rang d'homme de confiance. Mais Besson avait vainement cherché à étendre sur M. de Marcellange l'empire qu'il exerçait sur son beau-père; ramené par son nouveau maître à l'humilité de sa condition, il en avait conçu un vif ressentiment, qui éclatait en menaces, en paroles injurieuses ou cyniques, qui s'exalta encore sous l'influence des divisions et des haines de famille. Il avait épousé avec une vivacité passionnée l'inimitié des dames de Chamblas. C'est cet homme en qui M. de Marcellange voyait un ennemi dangereux; c'est pour se défendre contre ses attaques qu'il ne sortait jamais sans être armé de deux pistolets. Il racontait qu'ayant voulu, un jour, l'empêcher d'emporter un fusil de Chamblas, Jacques s'était emparé de l'arme en lui disant: *Peut-être il vous servira.* D'autres scènes de violence avaient éclaté entre le domestique et le maître. Pendant l'été de 1838, à l'époque de la moisson, Jacques était arrivé trop tard au travail, et, comme M. de Marcellange lui adressait quelques reproches, le valet répondit avec arrogance et se permit contre le maître des plaisanteries obscènes; il osa même le menacer de sa faucille. Chassé par le mari, Besson fut accueilli par la femme et par la belle-mère comme si cette conduite était un titre à leur bienveillance. La crainte de Jacques s'était à un tel point emparée du maître de Chamblas, qu'il s'était décidé enfin à affermer cette terre, et à retourner au pays natal auprès de son vieux père. On faisait déjà les préparatifs pour le recevoir dans son domaine des Brandons, près de Moulins; il allait partir le lendemain du 1er septembre, ce jour même où, à trente-quatre ans, il tomba sous la balle d'un assassin.

Il y avait là de graves présomptions; mais l'instruction reconnaissait que ce mauvais serviteur était à peine depuis quelques jours, lors de l'assassinat, entré en convalescence à la suite d'une violente atteinte de variole. Plusieurs témoins s'accordaient à dire que, le 1er septembre, Besson pouvait à peine marcher. Or il y a deux heures et demie de marche du Puy à Chamblas. Là en étaient les investigations de la justice, quand la lumière commença à se faire sur l'influence qui imposait silence aux témoins. « Nous ne parlerons pas tant qu'on n'arrêtera pas Jacques Besson et Marie Boudon. On nous en ferait autant qu'on en a fait à M. de Marcellange. » Voilà ce qu'on dit à un prêtre du Puy. Le propos fut rapporté.

En même temps, le zèle patient de la gendarmerie saisissait quelques autres indices. Un jeune berger attaché à Chamblas, André Arzac, avait, du vivant de M. de Marcellange, tenu au château des propos singuliers. « Je sais une chose énorme, » avait-il dit devant quelques voisins et valets assemblés autour du feu de la cuisine. « Et que sais-tu? Tu le dirais bien, si on te pressait?—Non, quand on me couperait le cou.—Ah! bah! que peut savoir un imbécile comme toi? Tu ne sais rien. —Si je vous le disais, vous verriez le brave rien. »

On interrogea cet Arzac, dont les propos concordaient si singulièrement avec les terreurs de M. de Marcellange. Arzac répondit qu'il ne savait rien; mais, hors de la vue des gendarmes, il allait par les cabarets, répétant : « *Je ne dirai rien.* » Il faisait aux bergers de mystérieuses confidences, arrêtées à temps sur ses lèvres par un reste de prudence.

Enfin un paysan, celui-là même qui avait parlé de Michel Besson, le décrotteur aveugle, délia sa langue. Claude Reynaud avoua que, le jour même du crime, au coucher du soleil, un homme vêtu d'une blouse blanche, armé d'un fusil, avait traversé sa terre avec précaution. Caché derrière un buisson, Claude Reynaud avait reconnu Jacques Besson. Deux autres habitants de la commune avaient vu Jacques Besson se diriger à travers champs du côté du château; vingt minutes avant l'explosion de l'arme homicide, on l'avait vu pénétrer dans les bois qui entourent Chamblas.

Et rien n'avait annoncé l'approche du meurtrier; les chiens de Chamblas, si vigilants d'ordinaire, n'avaient pas aboyé. L'assassin était donc un familier de la maison! Il en connaissait les usages; il savait l'heure du repas du soir, la place que M. de Marcellange occupait invariablement au foyer!

Le 19 novembre, on arrêta Jacques Besson. Alors un poids parut s'être détaché de la conscience publique. Les révélations abondèrent. Un témoin dit avoir entendu Jacques dire à un de ses frères : « Il faut que lui ou moi y passions; » à un autre, parlant des discussions qui divisaient ses maîtres : « Cela finira dans quinze jours ou trois semaines. »

Ce berger Arzac, l'homme au *brave rien*, persistait à nier qu'il sût quelque chose; mais, impénétrable devant la justice, il avouait à un voisin qu'il ne pouvait dire la vérité parce qu'il craignait Jacques Besson et ses frères. Ces frères, huit gaillards robustes, formaient une sorte de clan redouté dans le pays. Mais la tante et marraine d'Arzac, Marguerite Maurin, femme Soulier, vint, par ses aveux, forcer Arzac à laisser au moins entrevoir son secret. Elle raconta qu'un jour, du vivant de M. de Marcellange, Arzac lui avait dit que Jacques Besson lui promettait un plein tablier d'argent, au moins trois mille pièces de vingt sous, s'il voulait empoisonner l'*eau bouillie* (la soupe) de M. de Marcellange. Quelque temps après, elle avait trouvé dans les habits du jeune berger une tasse de faïence de forme antique, dans laquelle il y avait une poudre blanche. Comme elle allait y goûter : « Ne portez pas cela à votre bouche! s'était-il écrié; c'est du poison que m'a remis Besson! » Plus tard encore, elle retrouva la tasse, mais vide, cette fois. Arzac lui dit qu'il avait caché le poison dans un trou, sous une pierre. Enfin, après le crime, Marguerite Maurin trouva dans une poche d'Arzac des balles mêlées à de vieux boutons. « Ce sont, lui dit son neveu, de celles qui ont tué M. de Marcellange. » Enfin, indice plus grave encore, la tante d'Arzac avait reçu de son neveu, le 2 septembre, une chaîne de fer qu'il avait trouvée, disait-il. Cette chaîne était celle du chien de garde de Chamblas, dont le silence s'expliquait maintenant. Ce chien avait disparu avec sa chaîne dans la soirée de l'assassinat; il ne revint que le lendemain, sans sa chaîne. Souvent il allait trouver Arzac à son parc de berger, dans les champs. Quelque temps après le crime, une main inconnue coucha mort le pauvre chien d'un coup de fusil, dans les bois de Chamblas.

Plusieurs autres témoins, un Hostein, par exemple, déclarèrent que le berger leur avait parlé d'une somme de 600 francs à lui offerte par Besson pour empoisonner M. de Marcellange.

Les dénégations d'Arzac ne purent affaiblir ces témoignages; il fut même facile de voir que la cupidité du jeune berger lui faisait espérer de vendre son secret à la justice. Tout se vend, dans ce pays-là, et l'homme du peuple ne croit trop souvent à d'autre puissance qu'à celle de l'argent. Il ne s'imagine que difficilement une justice cherchant la vérité pour la vérité elle-même, et il croit volontiers que, comme lui, le magistrat ne fait rien pour rien. Aussi, aux yeux de ces pauvres ignorants, la lutte engagée entre la société et l'assassin mystérieux se réduisait aux proportions d'une lutte de deux familles. On se disait tout bas que les Marcellange avaient déposé 10,000 francs chez un notaire, et que les gendarmes étaient chargés par eux d'acheter des témoins. Mais, comme les dames de Chamblas étaient plus connues dans le pays, qu'on y savait leur fortune, qu'on y voyait leurs dépenses, la considération dont elles jouissaient au Puy, on se disait que là était le plus redoutable des deux adversaires, celui avec lequel il y avait le plus à gagner. On parlait, et cela était vrai, de 30,000 francs empruntés sur hypothèque par ces riches dames de Chamblas, et on attribuait cet emprunt, inexplicable dans leur position de fortune, à la résolution de faire échec à la justice. Chose étonnante, scandaleuse, la veuve de la victime semblait affecter de patroner celui que la rumeur publique désignait comme l'assassin du mari. Besson, dans sa prison, était entouré de soins et de douceurs, dus à Mme de Marcellange. Une liste de témoins à décharge était dressée par les dames de Chamblas, et envoyée par elles au procureur du roi. On pouvait croire à une lutte ouverte contre la loi, et, dans ce pays grossier, on s'imaginait aisément que les témoins allaient être mis à l'enchère.

André Arzac laissa deviner ces sentiments, un jour que les gendarmes cherchaient à pénétrer son secret. « Je ne puis rien dire *encore* », déclara-t il au brigadier. Le maréchal des logis, sur ce mot, vint le chercher pour le conduire au procureur du roi. « Si l'on me donnait une meilleure place, je le dirais, » risqua Arzac. Il s'attendait sans doute à quelque grasse promesse; on le mena devant le magistrat, qui l'accueillit avec sévérité. Le berger, effrayé jusqu'aux larmes, répéta qu'il parlerait si on lui donnait une place, mais finit par ne rien dire.

Quelque temps après il avait vu les dames de Chamblas, causé avec elles, mangé chez elles, et son opiniâtreté était doublée. Un autre témoin s'accoudait au cabaret devant un pot, en disant : « C'est l'argent des dames qui paye. »

Tels étaient les faits acquis à l'instruction, au milieu d'obstacles sans cesse renaissants : haine de Jacques Besson contre son maître, menaces et scènes de violences, projet d'empoisonnement révélé involontairement par Arzac, témoignages paraissant repousser l'alibi invoqué par Besson. Sur ces charges, après dix-neuf mois d'instruction, s'ouvrit, devant la Cour d'assises de la Haute-Loire, un premier procès destiné seulement à nettoyer le terrain de l'accusation des mensonges entassés par la corruption et par la terreur.

Le 14 mars 1842, Jacques Besson comparut devant la Cour, présidée par M. Smith. M. Marilhat, procureur du roi, occupe le siége du ministère public. MM^es Guillot et Mathieu sont au banc de la défense. M. Turchy de Marcellange et Mme veuve de Tarade sont présents; Me Guillemin, ancien avocat à la Cour de cassation, conseil de la famille des Marcellange, dépose un Mémoire sur les faits que nous venons de rapporter.

Nous avons dit quel homme est Besson. Tel il était à Chamblas le 2 septembre, tel il est encore. Ses lèvres sont restées saillantes, son visage profondément gravé. Sa mise est celle d'un paysan aisé; son attitude celle d'un bonhomme placide. Il a trente-quatre ans, et une assez grande apparence de force et d'énergie.

Interrogé sur les faits de l'accusation, il nie avoir jamais pris part aux discussions de la famille. A la moisson de 1838, seulement, il n'a pu supporter les reproches que lui faisait son maître; mais il ne s'est permis aucunes menaces. Il n'a connu Arzac que quinze jours après l'assassinat.

Après quelques témoins entendus, on appelle Arzac. Le berger s'avance; c'est un jeune homme, aux lèvres minces et serrées, vêtu de la veste des dimanches des paysans de la montagne. Ses cheveux, selon la mode du pays, descendent carrément sur son front et cachent en partie ses yeux enfoncés, dont le vif regard dénote la finesse et l'astuce.

— Je ne me souviens, dit-il, que d'une chose, c'est d'avoir entendu le coup de feu.

M. le Président rappelle à Arzac les peines portées par la loi contre le faux témoignage. Etes-vous allé quelquefois, lui dit-il, au château de Chamblas depuis la mort de M. de Marcellange? — R. Une seule fois. — D. Y avez-vous mangé? — R. Non.

M. le Président. — La femme de chambre affirme qu'elle vous a donné à manger. Prenez garde, Arzac! N'avez-vous jamais dit au témoin Hostein qu'on vous offrait 600 francs si vous vouliez empoisonner M. de Marcellange? — R. *Si je l'ai dit, je ne m'en souviens pas.*

Hostein. — Et moi j'en suis bien certain.

M. le Président. — Voyons, Arzac, le fait est-il vrai? Jacques Besson vous a-t-il proposé 600 francs pour empoisonner M. de Marcellange? Si c'était faux, vous n'hésiteriez pas, vous ne diriez pas : « Je ne m'en souviens pas; » vous affirmeriez hautement.

Arzac. — Si je l'ai dit, c'est innocemment, en plaisantant.

D. N'avez-vous pas dit à votre tante, Marguerite Maurin, qu'on vous offrait beaucoup d'argent si vous vouliez mettre du poison dans la soupe de M. de Marcellange? — R. Non. — D. Pensez-vous que votre tante est une brave femme? La croyez-vous capable de tromper la justice? — R. Non.

Marguerite Maurin, à ces paroles de son neveu, s'avance vivement, et s'écrie, en montrant Arzac : — Monsieur le Président, faites-le mettre en prison! *C'est lui qui tenait la chaîne du chien le jour de l'assassinat.*

M. le Président. — Et vous persistez, femme Maurin, à soutenir que votre neveu vous a tenu le propos relatif à l'empoisonnement de M. de Marcellange? — R. Oui.

D. Et vous, Arzac, avez-vous dit à Pierre Maurin, votre oncle : « Je sais une chose que je ne dirais pas quand on me couperait la tête? »

Arzac. — Je l'ai dit par forme de plaisanterie.

M. le Président. — Maurin, avez-vous pris cela pour une plaisanterie?

Maurin. — Je l'ai pris tout à fait au sérieux.

M. le Président. — Arzac, n'avez-vous pas dit au brigadier Gérente, qui vous engageait à dire la vérité : « Je ne puis rien dire *encore* »?

Arzac. — Non.

Le brigadier *Gérente.* — Il me l'a dit.

M. le Président. — Arzac, n'avez-vous pas dit à votre père et à Jacques Soulon que vous aviez peur de Jacques Besson et de ses frères, et que tout cela n'amènerait rien de bon? N'avez-vous pas dit à Ouillon : « Si quelqu'un tirait un bon coup de fusil à M. de Marcellange, il aurait bonne récompense? » et au brigadier Paul, que vous diriez tout si l'on vous donnait une bonne place?

Arzac. — Non! non! non!

M. le Président. — Avez-vous su que Besson s'était armé d'une faucille contre M. de Marcellange?

Arzac. — Je l'ai entendu dire.

D. Avez-vous dit à votre oncle que vous l'aviez vu? — R. Non. Comment l'aurais-je vu, si je n'étais pas alors à Chamblas?

M. le Président à Arzac. — Vous mentez à la justice. Vous niez ce qui est affirmé par de nombreux témoins. La justice ne peut accepter votre témoignage. Encore une fois, revenez à la vérité.

Arzac. — C'est ce que je fais; si je ne l'ai pas dite dans le chemin, je la dis ici.

La mesure est comble, le mensonge éclate.

M. le Président ordonne l'arrestation d'Arzac. *Me Guillot* se lève, et demande que, vu la gravité de cet incident, l'affaire de Jacques Besson soit renvoyée à une autre session.

La Cour en décida ainsi. Quant à Arzac, renvoyé par un arrêt de la chambre des mises en accusation de la Cour royale de Riom, devant la Cour d'assises de la Haute-Loire, il se pourvut; mais, le 2 juin, son pourvoi était rejeté par la Cour de cassation.

Pendant ce temps, l'affaire de Besson changeait de face et prenait une gravité nouvelle. La famille de Marcellange, en présence des horizons nouveaux qui s'ouvraient devant l'accusation, se porta partie civile. Alors le défenseur de Besson, *Me Guillot*, demanda le renvoi devant une autre Cour d'assises, pour cause de suspicion légitime. La demande n'était que trop justifiée par les termes mêmes du Mémoire présenté par la famille de Marcellange, factum éloquent, passionné, accusateur, qui dépassait de bien loin le procès actuel, et qui montrait les populations du Puy et de la Haute-Loire divisées en deux camps ennemis, à propos de ce procès. La Cour de cassation, sur la plaidoirie de *Me Béchard*, déclara qu'il y avait des motifs suffisants de suspicion légitime, et renvoya devant la Cour d'assises du Puy-de-Dôme.

Ainsi, à quelques jours de distance, Arzac et Besson allaient paraître devant la justice. Le procès en faux témoignage ouvrit la route. Le 10 août, la Cour d'assises du Puy tint sa première audience sous la présidence de M. Bujon.

Arzac attire tous les regards; sa figure est résolue, riante. Il cause tranquillement avec la religieuse qui, selon la coutume du Puy, prête à l'accusé le concours de la religion. Me Guillot est assis au banc de la défense; M. Marilhat, procureur du roi, occupe le siége du ministère public. M. Turchy de Marcellange, partie civile, est assisté de Me Théodore Bac, avocat du barreau de Limoges.

On procède à l'interrogatoire d'*Arzac*. Il déclare n'avoir jamais connu Jacques Besson avant d'être sorti du service de M. de Marcellange. — La première fois que je lui ai parlé, c'est dans un chemin creux, près du bois et du ruisseau de la Lèche, où je gardais mon troupeau.

D. N'avez-vous pas dit à Marguerite Maurin que Jacques Besson vous avait offert 600 francs pour faire une bouillie blanche à M. de Marcellange? — R. Jamais. Ma tante Maurin est simple d'esprit; si vous la croyez, elle m'en prêtera bien d'autres.

D. Ainsi donc vous n'avez pas parlé de bouillie blanche?—R. C'est possible; mais si je l'ai dit, c'est mal à propos.

D. N'avez-vous pas remis à votre tante la chaîne du chien de Chamblas? — R. Je l'avais trouvée près de mon parc, et, comme il y a bien des chaînes qui se ressemblent, je ne savais pas à qui elle appartenait.

D. Pourquoi avez-vous nié devant la justice que vous ayez remis cette chaîne à la femme Maurin?— R. Parce que je ne m'en suis pas souvenu.

D. N'avez-vous pas dit que vous saviez une chose énorme, mais que vous ne la diriez jamais? — R. Je ne me rappelle pas ce que j'ai dit, mais si je l'ai dit, c'est mal à propos. Tout le monde me fatiguait; les gendarmes me payaient du vin pour me faire parler.

Après cet interrogatoire, *Me Guillot* déclare s'opposer à l'intervention de la famille Marcellange, qui, selon lui, n'a ni intérêt ni droit à se porter partie civile. *Me Bac* n'a pas de peine à démontrer que le préjudice éprouvé par la famille de la victime lui constitue un intérêt direct, un droit actuel. Il présente avec animation les déplorables conséquences du faux témoignage d'Arzac, et, pendant cette discussion passionnée, il ne cesse d'attacher ses regards sur l'accusé. Celui-ci s'inquiète, s'agite; cet œil qui le poursuit le fascine; il veut échapper à cette influence inconnue; il se lève, menaçant. Les gendarmes cherchent à le contenir; la Sœur de charité cherche en vain à le calmer. —Arzac, dit *M. le Président*, dans votre propre intérêt, gardez une attitude paisible.

Arzac. — Monsieur le Président, il me *sugne!* (Il me regarde.)

L'intervention de la famille Marcellange est admise sur les conclusions conformes du ministère public, et on passe à l'audition des témoins.

Michel Soulier, oncle de l'accusé. — Arzac portait son linge et ses vêtements à ma femme, qui en avait soin. Un jour il lui remit la chaîne du chien de Chamblas, que ma femme attacha au cou d'une de ses chèvres. Une autre fois elle trouva dans sa poche quatre balles, dont une a été remise à la justice. Arzac m'a raconté qu'il avait vu une rixe violente entre Jacques et M. de Marcellange. Jacques avait levé sa faucille sur le maître, et M. de Marcellange s'était retiré, quoique armé de son fusil, ne voulant pas faire un malheur. Arzac m'a dit, à ce propos, qu'il s'attendait à ce que Jacques *déplanterait* son maître. Arzac m'a parlé aussi d'une visite qu'il avait faite à Mme de Marcellange, et dans laquelle cette dame, après l'avoir fait boire et manger, lui aurait dit : « Mon pauvre Arzac, il ne faut rien dire de ce que tu as vu et entendu, et, lorsque nous serons au château, nous te donnerons du pain pour le reste de tes jours. »

D. Accusé, le témoin prétend que vous aviez des balles? — Ce n'est pas vrai. Ma tante pourrait bien en avoir acheté.

D. Pourquoi votre tante vous en voudrait-elle? — Je ne sais pas. Je n'ai jamais rien eu avec elle. Elle est simple d'esprit.

D. A quel propos êtes-vous allé chez Mme de Marcellange? — Le garde de Chamblas avait fait un procès-verbal contre moi, et j'étais allé pour lui demander grâce. Elle m'a dit de ne pas déposer faussement, comme ma tante.

Mathieu Maurin. — Du temps qu'il était berger à Chamblas, Arzac m'a dit : « Je vous promets qu'il arrivera quelque chose qui ne sera pas bon à M. de Marcellange. »

L'accusé. — Si je l'ai dit, c'est mal à propos.

Le témoin. — Étant allé voir les dames de Chamblas, il me dit que ces dames l'avaient bien fait boire et bien manger, en lui disant : « Si tu gardes le silence sur ce qui s'est passé au château, tu as du pain pour toute ta vie. »

Marguerite Maurin, femme Soulier. — A l'époque où Arzac était berger chez M. de Marcellange, il m'a dit plusieurs fois que Jacques Besson lui avait proposé de l'argent pour mettre du poison dans la soupe de M. de Marcellange. Je l'engageai à ne pas le faire, en lui disant qu'il empoisonnerait en même temps tous les domestiques.

Il portait habituellement ses vêtements chez moi pour que j'y fisse des réparations. J'y trouvai un jour, dans une poche, une petite tasse en faïence qui contenait de la poudre blanche. Je demandai ce que c'était; il me répondit de me garder d'en porter à ma bouche, parce que cela m'empoisonnerait. Il me dit que c'était le poison que lui avait remis Jacques Besson.

Lorsqu'il sortit de Chamblas, il déposa tous ses effets chez moi, et j'y trouvai la même tasse, mais vide et enveloppée dans une mitaine. Sur mes questions pressantes, il me répondit qu'il avait caché la poudre blanche dans un trou, sous une pierre.

Le lendemain de l'assassinat, Arzac me remit une chaîne de chien, en me priant de la serrer quelque part, en attendant qu'il vînt la reprendre. Il me dit l'avoir trouvée, et que c'était celle du chien du château, qui venait quelquefois coucher dans son parc. Je la pris sans me douter de rien, et l'attachai au cou de ma chèvre. Dans la journée j'appris l'assasinat, et d'affreux soupçons s'emparèrent de mon esprit.

Plus tard je trouvai dans une des poches d'Arzac quatre balles mêlées avec d'autres petits objets. Je lui demandai d'où lui venaient ces balles; il me répondit qu'il les tenait de Boudoul, et ajouta : « Ce sont de pareilles balles qui ont tué M. de Marcellange. »

Arzac. — Si vous voulez croire ma tante, vous en croirez long. Je n'ai jamais eu ni poudre blanche ni balles, et ma tante peut bien les avoir achetées sans que j'en aie connaissance. Vous voyez bien qu'elle est folle et qu'elle ne sait ce qu'elle dit.

Le témoin. — J'ai dit la vérité et je persisterai. Je n'ai pas pris d'argent, moi! lui en a pris.

M. le Président. — Accusé, d'où vous venaient les 100 fr. que vous prétendez vous avoir été volés? — R. Ces 100 fr. provenaient de mes gages.

Marguerite Maurin. — Il n'avait point d'argent; puis, quelques jours avant la mort de M. de Marcellange, il en eut. Il acheta de la toile et me prêta 10 fr. Il avait des poignées d'argent.

Me Guillot. — Le témoin n'a-t-il pas été mandé à Chamblas par un des membres de la famille Marcellange quelques jours après le crime?

Marguerite Maurin. — Un parent de M. de Marcellange m'a envoyé chercher pour me demander ce que je savais sur Arzac et sur Besson. Comme il m'avait dérangée et fait perdre ma journée, il m'a donné 20 sous, et la servante m'a fait boire un verre de vin pour me réchauffer, parce qu'il pleuvait très-fort et que j'étais arrivée toute mouillée.

Me Guillot. — N'avez-vous pas reçu 30 fr.?

Le témoin. — Je n'ai pas reçu seulement 2 centimes; rien, rien, rien! C'est Arzac qui disait que la justice m'avait donné 500 fr.

Il osa même le menacer de sa faucille... (p. 4.)

Antoine Perrin. — Pendant qu'il était berger à Chamblas, Arzac m'a dit que Jacques Besson lui avait offert 600 fr. pour mettre du poison dans la soupe de M. de Marcellange.

J'ai été menacé deux fois par Arzac, parce que j'avais déposé contre lui. La dernière fois, c'était pendant les assises dernières, nous étions dans la chambre des témoins; il s'approcha de moi et me dit que, si nous avions été seuls le jour où il m'avait rencontré sur la place du Martouret, il m'aurait donné un coup de bâton.

Arzac reconnaît la vérité de cela, mais déclare qu'il n'a voulu que plaisanter.

Jean Hostein. — J'étais occupé à bêcher, lorsqu'un jour Arzac vint et me dit : Tu travailles-là comme un diable; si tu avais fait une rencontre comme moi, tu ne serais pas obligé de travailler ainsi. — Et qu'as-tu donc rencontré? — Jacques Besson m'a offert 600 francs pour empoisonner M. de Marcellange.

Arzac.—Hostein me disait beaucoup de mal de M. de Marcellange, et je lui dis cela pour faire *chorus* avec lui.

L'huissier Gonnet remet entre les mains de M. le président la tasse que Marguerite Maurin affirme avoir trouvée dans les habits de l'accusé. C'est une petite tasse en faïence d'une forme ancienne.

Pierre Maurin. —Un soir, à Chamblas, Arzac me dit : Je sais une chose énorme, mais on me couperait le cou que je ne la dirais pas. Je lui répondis : Que peut savoir un homme comme toi? Tu ne sais rien. — Oui, reprit-il, un brave rien! mais je ne le dirai jamais.

Après avoir déposé pour la première fois, je rencontrai Arzac à la barrière Saint-Jean, qui me prit par la boutonnière et me menaça de son bâton pour avoir déposé ce qu'il m'avait dit. Je lui répondis que je ne voulais pas cacher la vérité, et il me quitta en disant : Je sais bien quelque chose, mais je ne veux pas le dire; je ne veux pas me faire maltraiter. Ah!

si j'avais le bâton de mon maître Jean !... Et il s'éloigna de moi d'un air menaçant.

Arzac. — C'était pour rire, pour plaisanter.

Le Procureur du roi. — Si ce n'était que pour plaisanter, votre bâton était bien assez gros.

Marie Badiou. — Je gardais les bestiaux dans un pré avec Arzac, lorsque trois messieurs vinrent le chercher pour l'emmener avec eux. Ils me donnèrent un sou pour garder son troupeau pendant qu'il resterait au cabaret. Mais Arzac s'échappa, et me rejoignit bientôt et disant : On veut me faire parler, mais on ne me fera rien dire par force.

Jean-Pierre Gérente, brigadier de gendarmerie. — En avril 1841, Arzac vint chez moi pour se plaindre d'un vol de 100 fr. Je lui parlai de l'assassinat de M. de Marcellange et l'engageai à dire à la justice tout ce qu'il savait; il hésita et me répondit : Je ne puis rien dire *encore*.

Arzac. — Le brigadier Gérente m'a dit : Tu as bien de la bonté de t'inquiéter pour 100 fr., tu en auras facilement 200, si tu veux dire à la justice ce que tu sais dans l'affaire Marcellange.

Me Bac donne lecture de la déposition écrite de Gérente et des réponses d'Arzac, qui ne songeait pas alors à accuser le témoin.

Arzac persiste à dire que la gendarmerie a voulu lui faire faire un faux témoignage.

Aimé Faure, maréchal-des-logis de gendarmerie à Thizy. — L'accusé m'a dit que si l'on pouvait lui trouver une autre place, il parlerait. Nous étions dans la salle des Pas-Perdus lorsqu'il m'a dit cela. Je m'empressai d'en faire part à M. le procureur du roi qui vint, et devant lequel Arzac répéta les mêmes propos.

... Il avait reconnu Jacques Besson (p. 5.)

Arzac. — Le procureur du roi m'a offert une bonne place si je voulais accuser Jacques Besson et quitter Berger, qui m'empêchait de dire la vérité.

Jacques Soulon. — J'accompagnai un jour, à la prison, le père Arzac, qui allait voir son fils; j'engageai ce dernier à dire ce qu'il savait; il me répondit : Je dirais bien ce que je sais, si je n'avais pas peur de Besson et de ses frères. Puis il dit à son père : Vous n'aviez pas besoin de parler de mes craintes au procureur du roi.

Arzac. — Je ne crois pas avoir dit que je craignais Jacques, et je ne me souviens pas d'avoir fait des reproches à mon père à cette occasion.

Marie Faure, femme Fayolle. — Marie Chauvet m'a dit qu'en parlant un jour avec Arzac, elle lui avait dit : Tu dois bien savoir quelque chose, *les dames* doivent bien t'aimer. — Oui, elles m'aiment bien, répondit Arzac, et, quand je vais au Puy, je vais les voir, et elles me font bien boire et bien manger; et, pendant mon repas, elles me font raconter ce que je dis à la justice, et je le dis bien un peu.

J'ai vu quelquefois Arzac à mon cabaret; il avait l'air sournois, paraissait inquiet, et frappait sur les tables en disant qu'il ne dirait rien. Je l'ai vu boire avec les gendarmes, qui lui conseillaient de dire tout ce qu'il savait, et moi-même je lui donnais aussi ce conseil.

Marie Chauvet. — J'ai entendu Arzac dire que les gendarmes lui offraient de l'argent pour dire autrement que la vérité, mais qu'il ne voudrait jamais.

M. le Président. — Avez-vous dit à Marie Faure qu'Arzac vous avait raconté que, lorsqu'il allait au Puy, chez les dames de Chamblas, ces dames le faisaient bien boire et bien manger, et l'aimaient beaucoup?

Marie Chauvet. — Je ne me souviens pas d'avoir dit cela à la femme Faure.

Claude Reynaud. — Dans le mois qui suivit la mort de M. de Marcellange, un matin, au sortir de la messe, Arzac et moi nous parlâmes de cette affaire. Je lui dis : Il paraît que la justice s'occupe beaucoup du poison qui a joué un rôle dans cette affaire. — Ah! oui, répondit Arzac, on s'en occupe?... Oh! alors ce sera bientôt f.... Il commença d'autres raisons, mais je lui dis : Je ne veux rien savoir de plus; et je m'en allai.

Arzac. — Jamais je n'ai parlé à Claude Reynaud, je ne le connais pas.

Claude Reynaud. — Il y a plus de cinq ou six ans que je te connais.

M. le Président au témoin. — N'avez-vous pas été l'objet de quelque menace?

Claude Reynaud. — Ah! oui, le jour où ils sont venus chez moi, la nuit. J'étais couché; j'entendis remuer violemment le loquet de ma porte; je pris ma pioche, et j'allai ouvrir. Je vis trois hommes avec des fusils. Deux d'entre eux étaient assez éloignés. Celui qui avait frappé me dit : Si vous savez quelque chose, n'en dites rien à personne. On vous donnera plus que vous ne croyez. Ces hommes ne me firent aucun mal. Si celui qui me parla eut été Arzac, je crois que je l'aurais reconnu à sa voix.

Le témoin *Chabrier* est appelé.

M. le Président. — Chabrier, Arzac prétend qu'il est impossible qu'il ait parlé de propositions d'empoisonnement à lui faites par Jacques Besson, parce que c'est à vous que ces propositions auraient été adressées et que vous en auriez fait part à Marguerite Maurin.

Chabrier. — Je n'ai jamais connu Jacques Besson; il ne m'a donc jamais fait aucune espèce de propositions.

M. le Procureur du roi fait observer qu'au village, lors de la première enquête, on ne savait pas ce qu'était devenu Chabrier, et qu'Arzac avait espéré pouvoir lui attribuer, sans crainte d'être contredit, les propos qu'il avait tenus lui-même.

Marianne Taris, âgée de vingt ans. — Un mois ou six semaines après le crime, Arzac me dit que Jacques lui avait remis du poison; puis il me dit de n'en pas parler, ajoutant que c'étaient des cendres pliées dans du papier. Le soir et le lendemain, il me recommanda encore de ne rien dire de tout ce qu'il m'avait confié.

Arzac. — Cela n'est pas vrai.

Marianne Taris. — C'est très-vrai; il me l'a dit à l'époque où l'on ramasse les pommes de terre; je gardais mes bestiaux dans le pré de...

M. le Président. — Pourquoi tremblez-vous et regardez-vous ainsi le bon Dieu? Est-ce que tout ce que vous dites n'est pas la vérité?

Le témoin. — Tout ce que je dis est bien vrai.

Arzac, triomphant. — Je vois clair comme le jour que c'est un faux témoignage. Il est possible que tu dises la vérité, mais tu es un faux témoin quand tu me dis que j'étais dans ce pré; j'étais dans un autre. Vous-même, Monsieur le Président, lui avez dit que c'était un faux témoin et qu'elle tremblait en regardant le bon Dieu.

Me Bac adresse quelques questions à Arzac. — Arzac, n'êtes-vous pas allé chez les dames de Chamblas demander grâce pour un délit de dépaissance, et ne vous a-t-on pas fait boire et manger? — R. Oui.

D. Cependant, dans toutes vos précédentes dépositions, vous avez constamment nié avoir bu et mangé dans la maison de Chamblas. Pourquoi cette dénégation? — R. Je ne m'en étais pas souvenu; dès lors je ne pouvais pas le dire. Comment pourrais-je le dire aujourd'hui, si je ne m'en souvenais pas?

D. Lorsque vous demandâtes grâce, Mme de Marcellange ne vous dit-elle pas : Tous les parents sont contre moi. — R. Elle me le dit.

D. N'ajouta-t-elle pas : Si tu veux ne rien dire de ce que tu sais, quand je serai de retour à Chamblas tu auras du pain pour toute ta vie? — R. Non, elle ne le dit pas.

D. Cependant vous avez dit à Mathieu Maurin et à votre oncle Soulier qu'elle avait tenu ce propos. — R. Ces témoins en imposent.

Mme veuve de Marcellange a été assignée la veille par l'avocat de la partie civile. Elle est introduite. Elle est entièrement vêtue de noir. Sa figure trahit une certaine émotion; ses yeux sont rouges et gonflés; ses traits portent des traces récentes de variole.

L'avocat de la défense s'oppose à l'audition de ce témoin, dont le nom ne lui a pas été notifié. La Cour ordonne que la veuve de Marcellange ne sera pas entendue. Elle se retire. *M. le Procureur du roi* donne lecture de sa déposition écrite.

D. Savez-vous quelque chose sur le crime imputé à Arzac? — R. Je ne connais pas André Arzac.

D. André Arzac n'a-t-il point bu et mangé chez vous lorsque des bruits publics de complicité dans l'assassinat du malheureux M. de Marcellange planaient sur lui, ou du moins lorsqu'il passait pour savoir, sur cet assassinat, beaucoup de choses qu'il ne voulait pas dire? — R. Il est vrai qu'Arzac est venu une fois chez moi, que j'ai donné des ordres pour le faire manger, mais alors je ne savais pas qu'il était soupçonné de complicité dans l'assassinat de M. de Marcellange, et j'ajoute encore que, si je l'ai bien traité chez moi, c'est par considération pour son maître, le maire de Saint-Étienne-Lardeyrol.

D. Dans quelle circonstance et pour quel motif Arzac est-il allé chez vous et y a-t-il été hébergé? — R. Arzac vint me demander grâce pour un délit de dépaissance qu'il avait commis dans mes propriétés avec son troupeau. Je lui répondis que je n'avais pas l'administration de mes biens, mais qu'il pouvait s'adresser à M. Giron-Pistre, homme d'affaires de la famille Marcellange. Il y alla en effet. Cet avoué le renvoya chez moi, en lui disant que c'était à moi à décider si je devais lui faire grâce. J'écrivis alors à M. Giron-Pistre, et je ne sais point ce que devint cette affaire, n'ayant plus revu Arzac depuis.

D. Il est au moins extraordinaire que vous ayez aussi bien reçu chez vous un individu qui venait implorer votre bonté pour lui pardonner un délit. — R. Je répète que c'est par considération pour son maître, le maire de Saint-Etienne, qui faisait souvent manger mes domestiques lorsqu'ils allaient chez lui.

D. Il a été déposé par plusieurs témoins qu'Arzac leur aurait rapporté que, lorsqu'il avait été reçu chez vous et qu'il y avait été aussi bien traité dans les circonstances sus-mentionnées, vous et madame votre mère lui aviez recommandé de garder le silence sur ce qui s'était passé au château de Chamblas, lorsqu'il y restait comme domestique. — R. Je n'ai rien dit de cela à Arzac, et ma mère ne peut le lui avoir dit, puisqu'elle ne l'a pas vu.

D. Pourriez-vous nous apprendre quelque chose sur Jacques Besson, accusé d'être l'assassin de votre mari? — R. Jacques Besson est resté au moins seize ans au service de notre maison; il y est entré à l'âge de douze ans, et nous n'avons jamais eu de reproches à lui faire.

D. La rumeur publique nous a appris que, lorsque Jacques Besson a été emprisonné, vous lui aviez fourni tous les objets nécessaires en literie pour qu'il fût plus commodément couché en prison. De pareils faits, venant de personnes aussi haut placées que vous dans la société, blessent les convenances et la morale publiques. — R. Il est vrai que, lorsque Jacques Besson a été incarcéré, je lui ai envoyé son lit en prison, parce qu'il n'était point encore bien rétabli de sa maladie; il est vrai aussi que je lui ai toujours envoyé ses repas et que je n'ai jamais discontinué de le faire.

D. Ces réponses m'amènent encore à vous faire observer que cette conduite de votre part blesse toutes les règles de la morale publique. Il ne s'agit plus aujourd'hui de simples soupçons sur Jacques Besson; il est maintenant accusé d'être l'auteur de l'assassinat de votre mari, et, lorsque la justice dirige une accusation contre un individu, il faut qu'il y ait des indices de la plus haute gravité, qu'une épouse surtout ne doit pas méconnaître lorsqu'il s'agit de l'assassin de son mari. — R. J'ai toujours pensé que Jacques Besson est innocent du crime qui lui est imputé, et j'avais le désir, comme la justice, de découvrir le coupable. J'ai même à cet égard proposé au juge d'instruction de coopérer aux recherches de la justice par de l'argent que j'aurais moi-même fourni.

D. A quelle époque a commencé la maladie de Jacques Besson? — R. Dans les premiers jours d'août, le 6 ou 7 août 1840.

D. Est-il à votre connaissance personnelle que Jacques Besson était au Puy dans la soirée du 1er septembre 1840, jour du crime? — R. Jacques Besson était au Puy dans la soirée du 1er septembre 1840. Il commençait à se lever depuis trois ou quatre jours.

M. le Procureur du roi prend la parole. Il redit les faits déjà connus de l'accusation imputée à Jacques Besson, les charges nombreuses qui démontrent la complicité d'Arzac et la fausseté de son témoignage. Il s'élève, à ce sujet, contre le mépris du serment, malheureusement si commun dans les campagnes. A chaque interpellation accusatrice, Arzac se soulève menaçant; il nie, il s'agite, il serre les poings; on le contient avec peine.

Me Guillot présente la défense. Selon l'avocat, les divers propos tenus par Arzac ne peuvent pas par eux-mêmes le constituer en un état de mensonge. Toute la question est de savoir si, devant la Cour d'assises, il a dit la vérité. Or, qui prouve le contraire? Ces propos qu'on lui suppose aujourd'hui sont d'imprudents bavardages; mais, devant la Cour, il ne dit plus rien, parce qu'il ne sait rien.

Et quand même il saurait quelque chose et se refuserait à le dire, serait-ce de sa part un faux témoignage? Non. Il n'y aurait là que le délit de non-révélation.

Il est vrai qu'Arzac a nié des propos que lui prêtent les témoins; mais, pour que la dénégation eût de l'importance, pour qu'il y eût faux témoignage, il faudrait que le fait déposé fût à la charge ou à la décharge de Jacques Besson. Or, les bavardages d'Arzac, pures inventions d'un homme léger et qui voulait se faire valoir, ne peuvent aider à la manifestation de la vérité, ni l'entraver.

Est-il d'ailleurs bien prouvé qu'Arzac ait tenu ces propos insignifiants? Quelle confiance doit-on avoir dans des témoins qui ont pu être gagnés par la famille Marcellange?

Me Bac réplique avec une remarquable vigueur. Il faut regarder de près cette belle plaidoirie.

Messieurs les Jurés,

Nous avons ici d'austères devoirs à remplir, nous qui venons, dans notre douleur pieuse, au nom d'une famille en deuil, nous mêler au premier acte de cette trilogie funèbre qui doit suivre le crime de Chamblas. Chargé, pour la première fois, de remplir une autre mission que la mission noble et généreuse de la défense, nous n'avons pas revêtu sans tressaillir la robe de l'accusateur. Nous avons profondément senti qu'aujourd'hui plus que jamais il fallait ne former nos convictions qu'au milieu d'un recueillement saint, qu'il fallait nous garder de ces mouvements du cœur qui égarent trop souvent; que la raison seule, la raison craintive, la raison inquiète, la raison qui tremble de se décider, devait présider à nos délibérations intérieures. Aussi, avons-nous attendu jusqu'à ce dernier moment; mais à cette heure solennelle, où, après de longues réflexions, nous venons vous demander la condamnation d'un accusé, notre conscience est ferme, toute hésitation s'est éloignée, et nous demandons de votre justice ce que nous serions prêt à faire avec vous.

Lorsqu'un crime a été commis, la justice cherche à découvrir le coupable; mais que d'obstacles ne rencontrera-t-elle pas pour atteindre celui qui a médité avec soin sa mauvaise action et qui met tout en œuvre pour échapper à la réparation qu'il doit aux hommes? Dans vos contrées surtout, Messieurs les Jurés, tout semble un obstacle aux investigations de la justice. Les vallées profondes, les gorges encaissées, les rochers escarpés, ces forêts épaisses, toute cette sombre et vigoureuse nature semble protéger l'assassin, lui fournir des embuscades pour commettre son crime, des retraites pour le cacher. Plus profonde que les profondes vallées, plus inaccessible que ces rochers escarpés, plus mystérieuse que les forêts sombres, la conscience des témoins vient encore en aide au coupable. Dans ces climats de vengeance facile, la peur enchaîne les révélations, et il n'est pas de circonstance où vous n'ayez eu à déplorer quelqu'un de ces parjures qui obscurcissent la vérité, égarent la justice.

Mais que sera-ce, si quelque grande et mystérieuse protection vient environner l'accusé, si la séduction se joint à l'intimidation? Oh! alors, il faut désespérer ou du moins se condamner à n'atteindre la vérité que lentement, à travers des difficultés toujours renaissantes.

Aussi deux ans sont écoulés depuis que M. de Marcellange dort dans la tombe, le cœur percé de deux balles. Et sa famille n'a pu encore lui faire de dignes funérailles, et le faux témoignage s'est constamment dressé entre elle et l'assassin!... On espérait nous décourager, on nous a fortifiés dans notre résolution pieuse. Nous venons demander justice contre le faux témoignage, comme nous avons demandé justice contre l'assassinat.

Qu'est-ce que le faux témoignage? dit l'avocat. Demandez-le à votre conscience. Un témoin a pris l'engagement solennel de dire la vérité, toute la vérité. Il doit à la justice tout ce qu'il sait, tout ce qu'il a vu, tout ce qu'il a entendu. S'il en retient une partie, il viole la religion du serment, il profane la majesté sacrée de la justice, il commet un faux témoignage.

Arzac a-t-il, dans une intention mauvaise, caché les choses importantes qu'il savait? Oui. Suivons-le à travers ses révélations incomplètes, ses mensonges audacieux.

Avant le crime, il est en proie à d'étranges préoccupations. Tout annonce qu'il a reçu quelque sinistre confidence, qu'on a déposé dans sa poitrine un secret qui la brise; cette *chose énorme*, ce *brave rien* dont il parle à Pierre Maurin. « Je crains bien qu'il n'arrive à M. de Marcellange quelque chose qui ne sera pas bon. » Il dit cela à Mathieu Maurin un an avant l'assassinat.

Le crime commis, Arzac en sait plus que tout le monde. On parle de poison, son inquiétude s'éveille. — « Eh bien! ce sera bientôt f.... » — « Je sais bien quelque chose, dit-il à un enfant, à Marie Badiou, mais on ne me le fera pas dire par force.» Il a peur, et c'est ce qui l'empêchera de parler. — « Je dirais bien ce que je sais, dit-il à Pierre Maurin, mais j'ai peur d'être maltraité.» Il le répète en prison à Jacques Soulon et à son père : — « Je dirais bien ce que je sais, si je n'avais peur de Besson et de ses frères.» Puis, craignant d'en avoir trop dit, il reproche à son père d'avoir révélé à la justice cet involontaire épanchement de son âme.

A la justice elle-même, au maréchal des logis Faure, il fera des demi-confidences : « Si l'on voulait m'assurer une place, je dirais tout ce que je sais.» Mais bientôt ce bon mouvement s'arrête, les mauvais sentiments se réveillent. Il ne sait rien, ou il ne peut rien dire *encore*.

Ah! vous savez donc quelque chose, Arzac! Et que sait-il? Ce qu'il a dit à plusieurs, qu'on lui a proposé d'empoisonner son maître. Il a tout indiqué, la victime, l'auteur de la proposition, le prix, le poison, le vase qui le contenait. Il repousse aujourd'hui par des dénégations les témoignages à ce sujet; mais quant à celui de l'honnête Hostein, vaincu par la fermeté de ce témoin, il a avoué; mais il s'est efforcé d'expliquer ses paroles. Or il l'a fait de deux façons différentes : tantôt il faisait allusion à Chabrier, qui aurait reçu la proposition homicide; tantôt il n'aurait parlé ainsi que pour faire *chorus* avec Hostein, qui se répand en injures contre M. de Marcellange.

Des injures! quand Hostein ne tarit pas d'éloges pour la charité de la victime. Ah! votre explication est transparente. Ce n'est pas un *chorus* que vous faisiez. Non! Vous laissiez s'échapper malgré vous une étincelle du feu qui vous dévorait. On ne porte pas impunément en soi une pensée d'assassinat; c'est un besoin pour les âmes pleines de projets coupables, de s'épancher dans d'autres âmes, et vous obéissiez à ce besoin!

N'a-t-il pas répété ce propos de la bouillie blanche et des six cents francs à Antoine Perrin? Une plaisanterie, dit-il. Plaisanterie funèbre! Et quelle précision terrible dans les détails! toujours les six cents francs! toujours Marcellange et Besson!

A sa tante et à sa marraine, qui est pour lui presque une mère, il dit, dans un moment d'épanchement intime, qu'il pourrait gagner bien des pièces d'argent en mettant du poison dans la soupe de son maître.

Eh bien! ce n'est pas assez. Il nous faut quelque chose de plus matériel, de plus palpable. Marguerite Maurin trouve dans une poche d'Arzac une tasse à demi pleine de poudre blanche. — «Ne portez pas cette poudre à vos lèvres! s'écrie Arzac; c'est le poison que m'a donné Besson. »

Est-ce à cette époque que M. de Marcellange se plaignait d'une tentative d'empoisonnement? Je ne le crois pas. Je ne crois pas qu'Arzac ait eu le courage de consommer son crime. Cependant, à quelque temps de là, la tasse reparaît vide. — «Malheureux! qu'as-tu fait? s'écrie Marguerite Maurin; tu te seras perdu!» Et Arzac se justifie : — «J'ai, dit-il, placé le poison dans un trou, sous une pierre.»

Sont-ce là les rêves d'un cerveau malade? sont-ce là les inventions d'une femme en délire? Marguerite Maurin a inventé tout cela pour perdre son neveu! Et pourquoi? dans quel but? dans quel intérêt? et quelle passion la pousse?

Elle est folle! a-t-on dit. Étrange folie, qui crée des faits si vraisemblables, si précis, si logiques, qui enfante des pièces de conviction! Étrange folie, qui se procure ce vase d'une forme ancienne et qui semble quelque antique relique d'une antique maison! Où l'a-t-elle donc trouvé, ce vase? Chez elle? Le mobilier d'un cultivateur n'en a pas de semblables; dans le commerce? Depuis longtemps on ne vend plus de vases de cette matière ni de cette forme. Elle l'a trouvé dans les vêtements d'Arzac; elle ne pouvait pas le trouver ailleurs.

Elle est folle! MM. les jurés l'ont entendue; ils ont apprécié sa parole ferme et calme.

Mais tout doute va disparaître. Un témoin nouveau, la fille Taris, reçoit la confidence de la poudre blanche. Seulement, comme déjà Arzac est soupçonné de complicité, il se hâte de retirer ce mot de poison, de parler de cendres, puis de supplier la fille Taris de garder le silence.

Cette jeune fille a parlé. La Providence l'a conduite ici, et quand cette enfant, qui laisse lire sur son visage la sérénité de sa conscience, courbant le front sous la majesté de cette audience, levait les yeux vers le Christ pour lui demander, non pas le pardon d'un mensonge, mais l'assurance et la fermeté dont ont besoin tous ceux qui viennent déposer dans cette lamentable affaire, vous avez entendu Arzac, triomphant de cette timidité, s'écrier que c'était là un faux témoignage que dénonçaient ses regards sans cesse tournés vers l'image de Dieu.

Ah! c'est à vous, Arzac, de le regarder, ce Dieu qui lit dans votre âme; c'est à vous de lui demander le courage de vous repentir! La religion, qui inspire des dévouements sublimes, veille à vos côtés. En ce moment même, et dans son inépuisable charité, elle vous prodigue ses consolations. Écoutez sa voix. Regardez bien Dieu, et songez à ce qu'il veut de vous. Laissez échapper ce que vous avez dans le cœur. Contez à la justice, qui est une émanation de Dieu même, ce secret qui vous dévore et vous tue. Que la vérité, je vous en conjure, s'échappe enfin de vos lèvres. Je ne vous accuserai plus; je vous défendrai alors! (Sensation profonde.)

...Vous vous taisez! Je continue ma longue et pénible tâche.

Vous le voyez, Messieurs les Jurés, tout s'enchaîne, tout concourt, tout prouve qu'Arzac a reçu les confidences de Besson. Il n'y a pas de fissure dans tout ce système de l'accusation.

Arzac ne veut pas révéler ces confidences, et, pour échapper à la vérité, il n'y a pas de mensonge, pas de contradiction, pas d'absurdité où il ne tombe.

Tantôt ses souvenirs lui font défaut; tantôt ce qu'il a dit n'est qu'un insignifiant bavardage; tantôt c'est à Chabrier qu'il faut demander ce qui s'est passé. Toutes les explications lui sont bonnes, hormis la vérité. C'est que le mensonge a mille voies, mais pas une n'a d'issue.

Mais ce n'est pas tout ce que sait Arzac. Le

2 septembre, de grand matin, il a remis à sa tante une chaîne prise, dit-il, au chien de Chamblas. Marguerite Maurin apprend l'assassinat, s'inquiète; elle et d'autres voient entre le crime et cette chaîne une corrélation mystérieuse. Arzac a dit tantôt l'avoir trouvée, tantôt l'avoir reçue de Jean Boudon. Deux mois après, la justice l'interroge sur ce fait si grave : il ne sait plus rien, jamais il n'a eu de chaîne; c'est sa tante qui l'aura dérobée pour le perdre. Le souvenir de cette chaîne ne lui revient que quand on l'accuse à son tour. Arzac s'est souvenu; il se souviendra peut-être encore de bien d'autres choses, du poison, des balles, ces balles qui l'ont fait chasser par Marguerite Maurin indignée. Visions, dites-vous! Mais, si votre tante a dit la vérité sur la chaîne, elle peut la dire aussi sans doute sur tout le reste.

Mais qu'est-ce donc que cet homme, qui se trouve ainsi mêlé à tous les événements qui ont précédé et suivi l'assassinat, qui prédit le crime un an à l'avance, entre les mains de qui l'on voit le poison qui devait tuer M. de Marcellange, et la balle qui l'a tué, et la chaîne du chien qui s'est tû?... Qu'est-ce que c'est donc que cet homme, qui semble posséder de tels secrets et qui marche toujours escorté du mensonge?

Ah! Messieurs les Jurés, ne nous posons pas cette question; elle nous conduirait trop loin! Souvenons-nous que, où le doute commence, notre argumentation doit finir, et craignons d'aller au delà de la vérité!...

Mais il se défendra au moins, cet homme que tout accuse! Il fournira quelques explications!

Non, Messieurs, non! Vous avez entendu la misérable défense d'Arzac. « Tous ceux qui m'accusent « en imposent, dit-il; quatorze faux témoignages se « sont déroulés dans cette enceinte. Moi seul suis « un miroir de vérité. Donc changeons les rôles; « que les témoins viennent prendre ma place; c'est « à moi de prendre la leur et de les accuser. »

Mais dites au moins ce qui les pousse ainsi au faux témoignage! Est-ce la peur qui les a intimidés? Est-ce la haine? Pourquoi vous en voudraient-ils? Est-ce la corruption? — Oui, dites-vous, les témoins ont été corrompus; nous en avons la preuve : Marguerite Maurin a reçu un franc!...

Quoi! — Cette famille pieuse venait conduire les funérailles d'un frère chéri; pleine du sentiment de ses devoirs, elle prenait autour d'elle des informations sur le crime qui le lui avait enlevé, en faisant appeler, dans le château rempli de deuil, Marguerite Maurin, qui arrivait après un long voyage, accompli sous une pluie battante, et à cette femme fatiguée on offrait quelque nourriture, et à cette ouvrière qui avait perdu sa journée on donnait un franc! Et voilà des manœuvres! voilà de la corruption! voilà comment la famille de Marcellange a fait des largesses! voilà pour quel prix Marguerite Maurin a vendu la tête de son neveu!

Je suis un bavard, dit Arzac; je plaisantais, je voulais me faire valoir. Etrange plaisant! bavard prophétique, qui seul connaît et annonce l'avenir!

Ah! vous parliez innocemment! Eh bien! Arzac, il fallait que, pendant vos nuits solitaires, quand vous dormiez sous les étoiles dans votre lit de berger, Dieu vous envoyât des songes prophétiques que vous racontiez le lendemain!

Le faux témoignage est donc patent. Mais où est la cause? Arzac est-il toujours retenu par la peur de Besson et de ses huit frères? Non, cette crainte aura cédé devant la crainte plus grande du châtiment qu'il affronte. Quelques raisons plus puissantes, plus mystérieuses, commanderaient-elles son silence? Ne peut-il parler sans s'accuser? Ce faux témoignage ne lui serait-il pas imposé par les nécessités d'une défense inconnue? Je ne veux pas le savoir, car je trouve ailleurs ce que je cherche.

Messieurs les Jurés, nous avons vu dans ce procès s'accomplir des choses étranges. Quand un malheureux a succombé sous les coups d'un assassin, vous avez entendu parler de veuves désespérées, d'épouses éplorées, demandant à Dieu et aux hommes vengeance pour le sang de leur époux, et vous vous êtes associés à ces saintes douleurs, à ces fureurs légitimes. Mais ici qu'avons-nous vu? Toutes les tendres sollicitudes, toutes les attentions empressées pour ceux que la justice accusait; tous les soupçons devenant des titres à la protection d'une grande famille; Jacques Besson poursuivi dans sa prison par les soins délicats de la veuve de Marcellange; une épouse disant à Arzac, par une prodigieuse identification avec celui que la justice désignait comme l'assassin de son mari : « Toute ta famille est contre *moi!* » Arzac, ce témoin qui doit tout savoir, sollicité de garder le silence, et la veuve de Marcellange lui disant : « Tais-toi, et tu auras du pain pour toute ta vie!... »

Voilà ce que nous avons vu! — Ah! nous ne savons où s'arrêteront les découvertes, et si la tête de Méduse, sculptée au seuil d'une grande maison, empêchera toujours la justice d'y pénétrer. Mais, quoi qu'il arrive, Madame de Marcellange, un jour viendra où vous aurez à rendre compte et de votre conduite et de vos paroles. Un jour viendra où je pourrai vous interpeller solennellement et vous dire : Pendant que votre mari était couché sous un tertre humide, le sein percé de deux balles; pendant que ses blessures saignaient encore, attendant pour se fermer la vengeance dont le soin vous était confié, vous avez supplié les témoins de se taire! vous avez cherché à les corrompre! vous avez entravé la justice, et votre zèle impie est allé si loin, que vous, noble et grande dame, vous qui ne trouviez pas votre mari d'un sang assez illustre, qui le traitiez de *commis*, qui ne lui pardonniez pas d'*aller trop bonnement avec les petites gens*, oubliant vos grandeurs et votre aristocratie, vous avez fait asseoir à votre table un pauvre berger qui venait vous demander grâce; vous êtes descendue avec lui jusqu'à la plus intime familiarité, jusqu'à la familiarité qui veut séduire et corrompre!

Ah! Madame, pour que vous ayez ainsi fait violence à vos habitudes, il fallait un intérêt bien puissant!

Chez vos pareils, il y a deux choses qui rapprochent ainsi les distances et font commencer l'égalité, deux choses également mystérieuses et sombres : la mort ou le crime!...

Me Bac résume en quelques mots les charges qui pèsent sur Arzac; puis il termine ainsi :

Vous connaissez donc tous, Messieurs les Jurés, la cause et l'effet. Vous n'avez qu'à rechercher maintenant si quelque chose peut excuser cet accusé.

Est-ce son manque d'intelligence? Vous l'avez suivi dans ces débats; vous avez aperçu un esprit subtil sous cette écorce grossière.

Est-ce sa timidité? Vous l'avez vu poursuivant les témoins de ses menaces jusque dans cette enceinte.

La ruse, l'audace, l'opiniâtreté dans le crime,

voilà les circonstances atténuantes qu'il peut invoquer!

Et pourtant je voudrais bien trouver en terminant à dire quelque chose en faveur de cet homme.

Arzac, vous êtes pauvre, la société ne vous a pas donné l'éducation qui éclaire l'intelligence et élève le cœur. Vous êtes facilement accessible à la crainte, à la séduction, à la corruption. Dans votre position intime, vous vous êtes approché d'une grande famille; vous vous êtes vu accueilli, protégé, encouragé par une noble maison. Vous avez cru à sa toute-puissance, vous avez cru qu'elle pourrait vous arracher à la peine qui vous attend! ou peut-être vous vous dites que, si vous succombez, sa reconnaissance vous suivra dans les fers et vous fera oublier l'amertume de votre dévouement. Dans votre ignorance, vous croyez peut être plus à la puissance de vos mystérieux protecteurs qu'à celle de la loi.

Arzac! vous êtes victime d'une illusion dont le réveil sera terrible! Sachez qu'ici tous les rangs s'effacent. Sur ce banc, où elle peut un jour s'asseoir, la grande dame est votre égale, rien de plus. Ici il n'y a qu'une puissance, celle de la loi, et nulle puissance humaine ne peut lui résister. Arzac, songez-y! vous êtes jeune, l'avenir vous fuit déjà. Voyez l'abîme où vous courez! (Arzac fait des signes de dénégation et montre du doigt le Christ placé au-dessus du siége des magistrats.)

Vous invoquez toujours Dieu. Oui, invoquez-le et faites ce qu'il vous inspirera. Deux grandes choses émanent de lui : la vérité et la justice... La vérité! qui, pour tous, a pénétré dans cette enceinte comme le soleil dont les rayons vous inondent; — la vérité! à laquelle vous résistez seul et qui seule peut vous sauver. Oh! laissez-la s'échapper de votre sein! car, si vous résistez, la justice, armée de son glaive, restera seule à vos côtés! et la justice, entendez-vous, n'a pas d'entrailles, aucune considération ne l'arrête; elle vous frappera sans pitié!... Rien, non, rien ne vous défendra!... (L'agitation d'Arzac redouble, et ses signes de dénégation prennent un caractère de violence extrême.)

Vos dénégations ne trompent personne, Arzac! Vous prenez l'attitude de l'audace pour celle de l'innocence; détrompez-vous. Revenez à des sentiments plus sincères. Eloignez de vous l'hypocrisie, laissez la vérité prendre place sur vos lèvres, et le passé pourra s'oublier.

Ah! vous vous taisez! vous ne trouvez qu'une attitude dont l'audace s'accroît. Vous joignez le sacrilége au faux témoignage! Vos signes invoquent encore Dieu, ce Dieu dont vous avez méconnu la loi!... Eh bien! recommandez-vous à lui : lui seul peut vous pardonner. Les hommes ne le peuvent plus!!!

Je n'ai pas voulu interrompre par des réflexions cette péroraison émouvante d'un plaidoyer tout étincelant de passion et de poésie. Le lecteur aura compris que, pendant les derniers mots, un duel étrange s'est engagé entre le berger Arzac et le jeune avocat. Le regard magnétique de Me Bac poursuit et domine celui de l'accusé, le cherche quand il s'attache au Christ dont la sombre silhouette se dessine au-dessus des juges, le force à déceler, par les éclairs menaçants qu'il lui arrache, l'anxiété terrible et les colères impuissantes du coupable. Ce plaidoyer de Me Bac pour la famille de Marcellange est un des plus beaux monuments d'éloquence que présente notre barreau moderne.

Après les répliques et le résumé, le jury rapporta un verdict qui déclarait Arzac coupable de faux témoignage, mais avec des circonstances atténuantes. Sur les conclusions de M. le Procureur du roi Marilhat, la Cour condamna Arzac à dix années de réclusion et à l'exposition publique, le *maximum* de la peine.

Cependant, le 22 août, l'affaire de Jacques Besson était évoquée par la Cour d'assises du Puy-de-Dôme; éclairée cette fois par les lueurs sinistres sorties de l'affaire d'Arzac, cette ténébreuse affaire promettait à la foule qui assiégeait le palais de justice de Riom des émotions peu communes. Le mystère sanglant de ce procès; la longue impunité du coupable; la protection scandaleuse étendue sur l'accusé par celle-là même qui eût dû dévouer sa vie à une juste vengeance; ces témoins effrayés, ces témoins corrompus; ces révélations étranges sur la vie intime d'une famille noble, riche et puissante; par-dessus tout, enfin, la présence annoncée des dames de Chamblas, tout contribuait à surexciter l'intérêt.

La Cour est présidée par M. Mandosse; M. Moulin, avocat général, occupe le siége du ministère public. Au banc de la défense sont assis Me Rouher et Me Guillot. Me Théodore Bac, avocat des parties civiles, assiste ses clients, M. Turchy de Marcellange et Mme de Tarade, frère et sœur de la victime.

On lit l'acte d'accusation, que Jacques Besson écoute avec une sorte de calme hébété. Derrière lui, entre deux gendarmes, est placé le berger Arzac, amené comme témoin. Arzac n'a pas encore revêtu la livrée du condamné. A son arrivée, il échange avec Jacques Besson un signe presque imperceptible d'intelligence.

Jacques Besson est interrogé. Il fait remonter à 1837 les discussions qui ont amené une séparation de fait entre M. et Mme de Marcellange; il prétend n'avoir jamais parlé de ces querelles à personne. Quant à lui, il convient d'avoir eu, à Chamblas, avec M. de Marcellange, une querelle dans un champ où il s'était rendu un peu tard pour travailler. « Mais ce n'était rien. » C'est cependant à la suite de cette querelle que M. de Marcellange le renvoya de son service, et lui défendit de reparaître à Chamblas. Mais Besson nie tous les propos insultants ou menaçants pour M. de Marcellange que lui attribuent les témoignages.

D. Avez-vous dit à Claude Riffard, en lui parlant de votre maître qui, disiez-vous, faisait des siennes: *Lou devalouron ben* (nous le descendrons bien)? — R. Je ne sais, mais, *si je l'ai dit, ce n'était que relativement aux discussions de famille.*

D. Cinq semaines avant l'assassinat de M. de Marcellange, près du village de Combriol, n'avez-vous pas dit à Claude Belon : Tu referas de la *garne* (des fagots) à Chamblas avant l'automne, car il faut que cela péte d'un côté ou de l'autre? — R. Je ne crois pas avoir tenu ce propos.

D. Pierre Gimbert, boulanger, vous voyant un jour acheter du bois et vous en exprimant son étonnement, vous aurait dit : — Est-ce que M. de Marcellange sera toujours le maître de Chamblas? A quoi vous auriez répondu : M. de Marcellange ne vivra pas toujours. — R. Je ne m'en souviens pas.

D. Depuis que vous avez été renvoyé, êtes-vous allé au château de Chamblas? — R. J'y suis allé une seule fois, en 1839, en passant par les bois, et j'ai parlé à un charron qui travaillait dans la grange.

D. Etiez-vous armé d'un fusil? — R. Non.

D. Connaissiez-vous quelques ennemis à M. de Marcellange? — R. Non.

D. Connaissiez-vous le berger Arzac? — R. Je ne l'ai connu que depuis l'événement. Je lui ai parlé pour la première fois quinze jours ou trois semaines après la mort.

Interrogé sur l'emploi de son temps le 1er septembre, il pense s'être promené le matin avec Girard. Il descendit, le soir, jusqu'à la barrière de Vienne, où il s'assit un instant, vers les quatre ou cinq heures. Il revint ensuite tout doucement à la maison. Avant son retour il a parlé à celui qui tient la barrière. Il n'a pas quitté sa rue le reste de la journée. Vers les sept heures, il a parlé à Marie Bariol. Rentré immédiatement après à la maison, il a pris un potage et a été se coucher. Il n'y avait que cinq ou six jours qu'il avait commencé à sortir.

D. Dans votre premier interrogatoire, vous disiez ne pas être sorti le 1er septembre. — R. Je suis sorti. J'avais un pantalon de drap bleu foncé, une blouse bleue, et, je crois, un chapeau. Il est possible que je sois rentré à la maison et que j'aie laissé mon chapeau pour prendre un bonnet.

D. Les souliers que vous portiez le 1er septembre avaient-ils des clous? — R. Oui (se reprenant); non, j'avais des chaussons.

D. Votre première pensée, en apprenant le crime, a été de montrer vos pieds écorchés à Louis Achard. Vous ne pouviez donc pas marcher à cette époque? — R. Oh! non, certainement, la peau n'était pas dure.

D. Comment se fait-il que, étant malade comme vous le dites, vous vous soyez décidé à vous faire transporter, le même jour, 2 septembre, au château de Chamblas? — C'est parce qu'il était nécessaire d'accompagner les hommes d'affaires au château.

D. Quelle chaussure avez-vous prise? — J'ai pris mes bottes.

D. On ne prend pas de bottes quand on a les pieds écorchés et qu'on a des chaussons. — R. Aussi a-t-il fallu me les arracher des pieds.

D. N'avez vous pas, dans la nuit du 2 au 3 septembre, dit à plusieurs personnes que vous étiez malade lors de l'assassinat, et que vous ne pouviez être soupçonné d'en être l'auteur? — R. Je ne me rappelle pas avoir dit cela; seulement, quand j'arrivai à Chamblas, je voyais les gens se parler entre eux et je m'apercevais qu'on me soupçonnait; alors je parlai de ma maladie.

D. N'aviez-vous pas, le 2 septembre, un pantalon de velours rayé et de couleur olive? — R. Je n'en ai jamais eu.

D. Un grand nombre de témoins déposent du contraire. — R. J'avais ce jour-là un pantalon de drap bleu foncé.

D. Quand vous avez été mis en présence du cadavre de votre maître, ne l'avez-vous pas regardé d'un air menaçant?

Besson, souriant. — Non, Monsieur.

D. Vous n'êtes donc pas l'auteur de cet horrible assassinat? — R. Je n'en suis pas l'auteur.

Pendant tout cet interrogatoire, l'accusé a montré une fermeté calme, souvent souriante.

On passe à l'audition des témoins. Le premier appelé est *Pierre Souchon*, domestique à Chamblas. Ce témoin, qui est loin de déployer la même assurance que Besson, roule longtemps entre ses mains son chapeau d'un air effaré et finit par s'asseoir dessus. Il se résout enfin à parler. — Le 1er septembre au soir, il était environ huit heures et demie, notre maître se place sur une chaise au foyer de la cuisine. Je vis une grande flamme, et vlan! il tomba.

D. Vîtes-vous quelqu'un se sauver dans la cour? — R. Je ne vis rien du tout.

D. Les chiens aboyèrent-ils? — R. Non. Les deux chiens de chasse étaient sous la table de cuisine; ils ne dirent rien.

D. Et le chien de garde aboya-t-il? — R. Non.

M. le Président, à Besson. — Avez-vous chassé avec les chiens courants? — R. J'ai chassé quelquefois pendant le temps que j'étais au service de M. de Marcellange, mais je ne crois pas que ce soit avec ces chiens-là.

M. le Président, au témoin. — Besson, à Chamblas, avait-il l'air fâché de la mort de son maître? — R. Je ne sais pas bien ... Il avait l'air fâché... à peu près... Ah!... pas fâché... bah!

Impossible de rien tirer de plus du témoin. A ce témoignage d'un serviteur indifférent et brutal succède celui d'un brave homme qui, d'une voix émue, altérée, les larmes dans les yeux, fait le récit de la catastrophe. C'est un ancien domestique de M. de Marcellange, *Pierre Picard*. — Nous étions réunis pour souper. Tout d'un coup, je vois la cuisine en feu, j'entends une détonation, et je vois notre maître tomber. Je me jetai sur lui pour le relever, mais je m'aperçus aussitôt que le sang lui sortait par la bouche et qu'il ne remuait plus. Je courus vers la porte, mais je n'allai pas plus loin. Je ne vous le cache pas, je me sentais faible, je ne pouvais bouger, je n'avais ni courage ni force, ni rien du tout. On voulait courir à cheval chercher un médecin, mais c'était, hélas! peine inutile; il n'y avait rien à faire: Monsieur était mort, à l'instant, sur le coup... Et la voix de l'honnête Picard se perd dans les sanglots. Besson écoute, impassible.

M. le Président, ému. — Vous aimiez beaucoup votre maître?

Picard. — Tout le monde l'aimait beaucoup. Ce n'était pas seulement chez lui qu'il était aimé, c'était dans tout le pays. On ne lui connaissait d'ennemis que Jacques Besson et un ancien fermier.

D. Quelle était la physionomie de Besson quand il vint le lendemain à Chamblas? — R. Oh! il avait la figure *toute noire*, toute sombre.

D. Qui vous a fait penser que Besson était l'auteur du crime? — R. Les discussions qu'il avait eues avec Monsieur.

D. Ne savez-vous pas que M. de Marcellange avait été averti que Besson s'introduisait nuitamment dans la grange de Chamblas? — R. Oui, M. de Marcellange lui-même me l'a dit. Mon maître me dit aussi, un jour, que Besson était content des discussions existantes entre lui et sa femme.

D. La fille d'Antoine Maurin vous a-t-elle dit quelque chose? — R. Un jour, cette fille me dit que les choses n'allaient pas bien à Chamblas; que Mme de Marcellange, à laquelle elle parlait de son mari qui était en voyage, lui avait répondu: «Je voudrais que mon mari, les chevaux et la voiture fussent au fond d'un précipice.»

D. Au moment de l'assassinat, le chien de garde a-t-il aboyé? — R. Non, Monsieur; du moins personne ne l'a entendu.

D. Et les autres chiens? — R. Ils n'ont rien dit. Ils étaient sous la table, ils n'ont pas bougé, et vous sentez bien que des chiens de chasse ont *l'oreille vive*; pourtant ils n'ont rien dit.

D. Le chien de garde était-il méchant? — R. Non, pas très-méchant, mais il aboyait au bruit, surtout la nuit.

D. Le chien n'avait-il pas l'habitude de suivre Arzac le berger? — R. Oui, c'était son habitude; souvent il se sauvait, on courait après, et on le trouvait avec Arzac. Monsieur grondait souvent à cause de cela.

Jeanne-Marie Chabrier, ancienne cuisinière de M. de Marcellange. — M. de Marcellange causait avec nous, en bon maître, lorsque tout à coup je vis un grand feu et j'entendis un grand coup. Mon maître tomba dans les cendres; on le releva; il ne bougea plus : il était mort! Il y eut un grand trouble; on ne courut pas tout de suite dehors. La nuit était noire, noire, et le vent du midi soufflait avec violence. Celui qui avait fait le coup a eu tout le temps de s'enfuir. Oh! c'est qu'il y avait bien du trouble... C'était un si bon maître!... Et un coup si terrible, si inattendu!

Jacques-Mathieu Exbrayat, menuisier à Combriol. — M. de Marcellange m'a dit qu'il serait bien avec sa femme sans Besson et la femme de chambre. Il m'a dit aussi qu'il était bien fâché de n'avoir pas fait procéder à l'autopsie de ses enfants, parce qu'il était sûr que sa femme les avait fait empoisonner.

Un jour, l'on parlait de ce que Claude Reynaud avait rencontré Jacques Besson, pendant la nuit du 1er septembre, dans les environs de Chamblas. Un meunier qui était là dit : — Claude se taira, car il y en a deux ou trois qui le soigneraient s'il causait. Claude Gouy m'a dit que j'étais un mauvais témoin, que je savais bien des choses, et que je me taisais. Ah! que je lui répondis, je fais bien de me taire; si je parlais, on me *blanchirait* comme on a *blanchi* ce pauvre M. de Marcellange. C'est que, en effet, comme je voyage jour et nuit, j'avais tout à craindre.

Un jour, à la Saint-Jean de l'année de l'assassinat, on me dit avoir vu Jacques Besson sortir de la grange. Je le dis à M. de Marcellange qui me répondit : Ah! je le sais bien, ce n'est pas la première fois; on l'y a déjà vu; elles me font espionner. — Claude Riffard m'a raconté que Besson lui dit un jour : M. de Marcellange fait des siennes, mais nous le descendrons bien.

Claude-Marie Gouy, propriétaire à Saint-Pierre-Reynac. — J'ai eu souvent occasion de voir M. de Marcellange et de causer avec lui. C'était un bien estimable homme, bon, charitable, et que tout le monde regrettera longtemps dans le pays. Quelque temps avant sa mort, il dînait à la maison. La conversation tomba sur la séparation d'avec sa femme. Il donnait tous les torts à sa belle-mère. Il se plaignait que, dans la maison au Puy, on fît plus d'accueil à Jacques Besson qu'à lui-même. Il nous dit que les domestiques refusaient avec insolence de lui obéir, et l'insultaient même en présence de ces dames, qui les encourageaient par leur silence. Il nous raconta qu'un jour il s'était cru empoisonné et avait passé toute la nuit dans des convulsions terribles.

M. Théophile-Denis de Marcellange, propriétaire à Cérilly. — M. Louis de Marcellange m'a parlé plus d'une fois des querelles funestes qui régnaient dans son ménage. Il disait que la conduite de sa belle-mère était épouvantable à son égard. Un de ses grands griefs contre elle était qu'elle avait accueilli avec empressement un domestique qu'il avait chassé et qui l'avait menacé d'un coup de fusil. Le frère de la victime m'a entretenu de ses appréhensions. Il me parla un jour de la comparaison que son frère établissait entre sa position et celle du malheureux Lafarge.

Marianne Maurin, dentelleuse. — En 1839, vers la Saint-André, j'allai au Puy, chez Mme de Marcellange, pour avoir des nouvelles de mon père, qui voyageait avec M. de Marcellange. Madame, à qui je fis part de mes inquiétudes, me dit : « J'ai bien reçu une lettre, mais je ne l'ai pas lue; et j'apprendrais que M. de Marcellange, la voiture et les chevaux sont dégringolés dans un précipice, que je n'en aurais nulle peine. (Mouvement.)

Jean-Baptiste-Florimond Paul, chanoine de la cathédrale du Puy. — Je voyais M. de Marcellange, le défunt, dans l'intimité. Souvent il m'avait confié ses chagrins domestiques, en me disant que c'était sa belle-mère qui était cause de tout. Un jour pourtant il se plaignit amèrement de l'indifférence de sa femme. Il était arrivé de voyage, et, quelques instants après avoir pris des aliments préparés par les domestiques des dames, il avait ressenti de violentes coliques qui l'avaient fait souffrir toute la nuit. Il s'était cru empoisonné, et il avait dit tout haut ses soupçons à sa femme, qui avait répondu : Tu crois! Ce n'est rien. Comment penser que cela soit possible?

D. Ne dit-il pas que sa femme lui avait paru froide? — R. Non, Monsieur; la réflexion vint de moi, et je dis que je trouvais la réponse bien froide.

D. — Votre domestique ne vous a-t-elle pas rapporté un propos? — R. On est très-malheureux, Monsieur le Président, d'avoir à rappeler des faits aussi peu positifs. Ce ne sont que des ouï-dire.

D. — Rapportez ce que vous avez recueilli par les ouï-dire. — R. Le propos dont il s'agit me vient effectivement de ma domestique, à qui il avait été tenu par la femme de chambre des dames de Chamblas. Cette femme aurait déclaré avoir dit à M. de Marcellange, à la suite d'une altercation : « Vous êtes bien heureux d'avoir affaire à une femme comme la vôtre. Moi, si j'étais à sa place, je me ferais justice moi-même. » Une autre fois, Marie Boudon aurait dit à M. de Marcellange : « Prenez garde, Monsieur; vous êtes étranger au pays, et il pourrait vous *mésarriver*. »

D. — Savez-vous si, à l'époque où M. de Marcellange fut forcé à une séparation, il ne manifestait pas souvent le désir de se réunir avec sa femme? — R. Oui, Monsieur, très-souvent. Il y a peu de temps, un sieur Délombre m'a raconté une conversation qui aurait eu lieu entre lui et Mme veuve de Marcellange. Mme de Marcellange aurait dit : « On a bien tué, quelque temps avant mon mari, un garde nommé Colombet; on a eu beau chercher, et l'on n'a pas découvert l'auteur du crime. » Delombre aurait répondu : « Mais ce garde, c'était une existence isolée, qui ne tenait à rien, tandis que M. de Marcellange a un frère, une sœur, une famille qui poursuivront l'assassin. Si le crime est le fait d'un seul coupable, on ne trouvera peut-être rien; mais si, comme on le croit, c'est le résultat d'un complot, il sera dévoilé. » Delombre, lorsqu'il prononça ces paroles, aurait remarqué (ce sont ses expressions) que Mme de Marcellange avait paru toute *sombreuse*, *inquiète*, *comme le gibier que le chien tient à l'arrêt*.

Me Bac. — Le témoin n'a-t-il pas entendu un singulier propos tenu par Mme de Marcellange au moment où son dernier fils venait de mourir?

Le témoin. — Oui, Monsieur; elle a dit : Autant

vaut que cet enfant soit mort. Comment eût-il été élevé ! (Sensation.)

M. le Président. — Vous avez continué à voir M. de Marcellange ainsi que sa femme après leur séparation? — R. Oui, Monsieur; j'étais reçu dans les deux camps, car c'étaient bien deux camps ennemis. Cependant je m'aperçus bientôt que ces dames auraient bien voulu que je ne visse plus M. de Marcellange. Voyant que je ne tenais compte de ce désir, on me battit froid. C'étaient bien toujours des égards de politesse, mais il n'y avait plus la même intimité.

Me Bac. — Un jour, M. de Marcellange ne vous fit-il pas monter dans une chambre élevée, dans une espèce de grenier enfumé où on l'avait relégué, et ne vous parla-t-il pas de ses chagrins? — R. Oui, Monsieur; il me dit qu'on lui faisait subir toutes sortes de vexations et de mauvais procédés.

Me Bac. — Ne vous dit-il pas qu'on ne l'avait pas même averti de la mort du dernier de ses enfants? — R. Je ne me rappelle pas ce détail.

Me Bac. — Il est consigné dans vos dépositions écrites.

Le témoin. — Alors, c'est qu'il est exact.

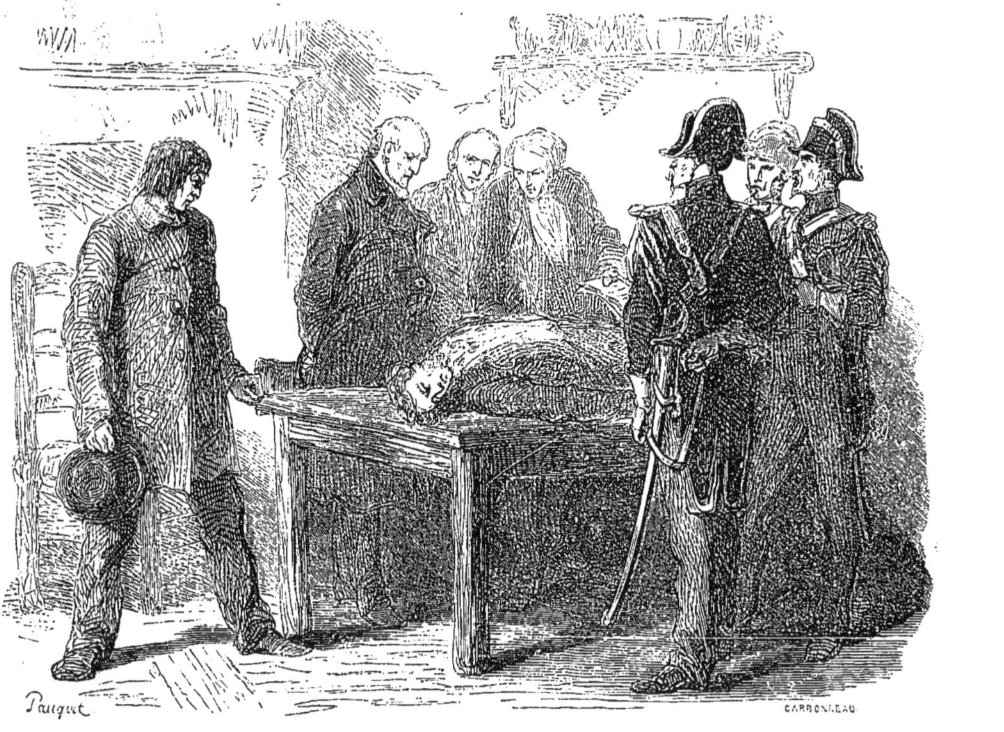

Ses yeux rencontrèrent le cadavre et brillèrent d'une expression de haine féroce... (p. 3.)

Marie Pontarrans, domestique de M. l'abbé Paul, rapporte le propos de Marie Boudon, qui ajouta que ces dames étaient bien malheureuses par M. de Marcellange, et qu'elles ne se levaient jamais de table sans avoir arrosé leur assiette de leurs larmes. Marie Boudon se vantait d'avoir dit à M. de Marcellange : « Vous êtes bien heureux d'avoir une femme comme la vôtre; à sa place, je me ferais justice. »

Joseph Grangeon, notaire à Montferrat. — M. de Marcellange m'a souvent parlé de ses malheurs domestiques. Il m'avait raconté qu'un jour on avait envoyé chez lui une fille publique, qui, sous prétexte d'échanger quelques pièces d'or, pénétra jusqu'à lui. Pendant cette visite, deux hommes avaient été apostés pour voir ce qui se passerait. Comme notaire, j'ai souvent été en relations d'affaires avec M. de Marcellange et autres personnes, et toujours M. de Marcellange s'est comporté à la satisfaction de tout le monde. Je ne connais personne dans le pays qui lui voulût du mal; loin de là, il était universellement aimé et estimé. Nos paysans trouvaient en lui une bienveillance, une obligeance qui leur manquent aujourd'hui. Personne ne porta cette qualité plus loin que lui.

M. Dorothée de Froment, propriétaire à Moulins. — Au dernier voyage de M. de Marcellange à Moulins, je me promenai avec lui sur la place. Il me dit qu'il avait la certitude qu'il ne tarderait pas à être assassiné. Comme je le plaisantais sur ces craintes, qui me paraissaient chimériques, il reprit : « Je suis bien sûr d'être assassiné, et cela ne tardera pas. » Je lui demandai sur qui portaient ses soupçons; il me désigna trois personnes : Jacques Besson, Marie Boudon, et une autre dont le nom m'échappe. Il me dit que, peu de temps avant, il avait rencontré Jacques Besson armé d'un fusil double, et que cette rencontre l'avait vivement ému.

M. le Président. — Ne vous a-t-il pas dit qu'on avait voulu l'empoisonner? — R. Il me dit que, revenant un jour de voyage, Marie Boudon, la femme de chambre de Madame, lui servit un potage et une omelette. Il les eut à peine mangés, qu'il lui prit de violentes coliques. «Je suis sûr, ajouta-t-il, que, ce jour-là, j'ai été empoisonné.»

M. le Président. Ne vous parla-t-il pas de ses enfants et des soupçons qu'il avait? — R. Oui, Monsieur. Un jour, il en parla aussi à ma femme; il avait les larmes aux yeux, et il disait avec la plus vive émotion : « Pour moi, je comprends la haine que ces femmes me portent; mais que leur ont fait ces pauvres enfants pour les empoisonner? » Il mit dans ces paroles un abandon des plus expansifs.

Rose Maleyson, femme Gras. — Un jour que j'allais chez M. de Marcellange, à l'occasion d'un de ses enfants que l'on devait me donner à nourrir, Mme de Marcellange me dit de ne m'en rapporter qu'à Besson et non à M. de Marcellange, qui n'était qu'un *barilèle* (un blagueur).

Jean Simon, dit Lapoire. — Je fus témoin d'une querelle que M. de Marcellange eut avec Jacques Besson, et à la suite de laquelle Besson fut renvoyé. Lors de cette querelle, Besson m'avait dit, à propos d'une plaisanterie que me faisait M. de Marcellange : « Dis-lui que les *Ponots* (les habitants du Puy) caressent bien sa femme pendant qu'il est à Chamblas. »

Un an avant l'assassinat, M. de Marcellange ayant demandé du lait, Arzac se mit à rire d'une façon impertinente, et dit : « Oh! si je faisais ce que je sais! » On lui demanda ce qu'il voulait dire par là; il répondit : « On me couperait le cou, que je ne le dirais pas. »

François Temper, ancien domestique à Chamblas. — J'étais présent à la querelle qui eut lieu, lors de la moisson, entre M. de Marcellange et Besson. J'entendis lorsque M. de Marcellange défendit à Jacques Besson de revenir à Chamblas. Obrier m'a dit avoir entendu Besson dire, en parlant de M. de Marcellange : « Il faut que l'un de nous deux y passe. »

Michel Soulier, cultivateur à Lachaud.— Mon neveu Arzac a porté chez nous la chaîne du chien de Chamblas. Ma femme se servit de cette chaîne pour attacher une chèvre. Quelque temps après l'assassinat, on avait dressé un procès-verbal pour délit forestier contre Arzac. Il alla chez les dames de Chamblas, qui le reçurent fort bien et le firent boire et manger. Mme de Marcellange lui dit de ne rien déclarer de ce qu'il savait, et que, si Besson gagnait son procès, il aurait, sans rien faire, du pain pour le reste de ses jours.

D. Ne savez-vous pas, de Claude Papard, qu'on aurait proposé à André Arzac, votre neveu, de l'argent pour empoisonner M. de Marcellange? — R. Je ne me le rappelle pas bien. Arzac a bien confié à ma femme, Marguerite Maurin, qu'on lui avait fait ces propositions. Quant à Papard, je me rappelle qu'il m'a dit avoir entendu dire dans un cabaret, par deux hommes, qu'on avait offert 6,000 fr. à Arzac pour empoisonner M. de Marcellange. Ces deux hommes étaient Simon et Antoine Perrin.

D. Qu'est-il arrivé à la Noël de 1840? — R. Jean Maurin, *dit* Boudoul, vint me trouver et fit prendre par écrit mon nom et celui de mon beau-frère, disant qu'il les porterait aux dames de Chamblas, qu'il devait aller voir le lendemain. A un autre voyage, Boudoul rencontra ma femme, et lui montra de l'argent qu'il lui offrit pour l'empêcher de déposer.

Me Bac. — Quand Boudoul demanda votre nom et celui de votre beau-frère, vous dit-il pourquoi il faisait cette demande? — R. Je crois que c'était pour nous appeler *en décharge* de la part de ces dames.

Mathieu Maurin, cultivateur à Lardeyrol. — Au temps de la moisson de 1839, faisant route avec mon neveu André Arzac, alors berger de M. de Marcellange, il me dit : *Il arrivera à ce Monsieur quelque chose qui ne sera pas bon.* Il me raconta la scène de la moisson, où Besson avait menacé M. de Marcellange de sa faucille.

Depuis l'assassinat, j'ai entendu raconter dans une auberge, à Saint-Julien-Chapteuil, par le nommé Claude Pouzzols, la conversation suivante, qu'il nous dit avoir entendue entre Arzac et Berger, maire de Saint-Etienne-Lardeyrol. Pouzzols, pour mieux entendre et ne pas donner de méfiance, avait eu soin de faire l'homme ivre. Arzac disait à Berger : « On m'a proposé 3,000 fr. pour détruire M. de Marcellange. — On t'en aurait bien donné 6,000 », lui répondit Berger. Je fis répéter trois fois ce récit à Pouzzols, pour être bien sûr que je le comprenais bien. Claude Teyssot, *dit* Baron, était présent.

Une autre fois, causant avec Arzac, je lui dis : « Tu dois bien savoir quelque chose sur la mort de M. de Marcellange? » Il se borna, pour toute réponse, à des signes de tête.

Un autre jour, au Puy, je rencontrai Jean Maurin, *dit* Boudoul, près le Palais-Royal. Il m'exhorta à être bien du côté de ces dames; que si j'avais besoin de quelque chose, moi ou ma famille, on me le donnerait. Il me demanda si j'avais témoigné ; je répondis que oui, et que je n'avais pas dit grand'chose. « Cela se saura bien », répliqua Boudoul; et, me serrant le poignet, il ajouta : « Prends garde, b....! »

M. le Président.—Arzac ne vous a-t-il pas engagé à ne rien dire? — R. Oui, Monsieur; il me dit : « Est-ce que vous ne craindriez pas de mettre quelqu'un dans la peine? »

D. Savez-vous quelque chose sur la visite d'Arzac chez les dames de Chamblas? — R. Oui. On lui avait fait un procès-verbal; il alla demander grâce. Il me raconta que ces dames l'avaient fort bien reçu, qu'on l'avait fait manger, et qu'on lui avait promis, si le procès était gagné, du pain pour tout le reste de ses jours.

Un Juré. — De quel procès s'agissait-il? — R. Ah! je ne sais pas.

Me Bac. — Le jury remarquera qu'il n'y avait alors d'autre procès que celui de Besson, arrêté déjà depuis longtemps. Je demanderai au témoin s'il n'a pas entendu un singulier propos tenu par Michel, cultivateur? — R. Oui, Monsieur; ce Michel me dit : « Ah! vous êtes cent vingt témoins; mais j'en connais un plus fort que tous, qui, à lui seul, suffirait pour faire sauter la tête de Jacques. »

D. Mathieu Renaud ne vous a-t-il pas dit qu'il avait reçu de l'argent? — R. Oui, il me dit : « On m'a étrenné. »

D. N'avez-vous pas eu une conversation avec Marie Boudon, la femme de chambre de ces dames? Que vous a-t-elle dit?

R. Elle me parla de l'affaire, et me dit que ces dames ne craignaient que quatre témoins. « Ah! que Madame craint ces quatre témoins! » me dit-elle. Elle ajouta : « Si vous trouviez moyen de faire sauter la déposition de votre sœur, vous auriez une belle récompense. » Elle me raconta encore qu'on l'avait déguisée trois fois pour aller faire *blaguer* Marguerite Maurin, ma sœur.

Élisabeth-Charlotte Vilhardin de Marcellange, veuve de M. Philibert Méplain, dépose, dans les mêmes termes que M. Louis de Marcellange, des craintes de la victime relativement à Besson, à un décrotteur nommé Magnan et à Marie Boudon; elle raconte l'affaire de l'empoisonnement.

Claude Riffard. — Au printemps de 1840, allant au Puy, je rencontrai Jacques Besson sur la route; il me parla du procès existant entre M. et Mme de Marcellange, et il me dit à cette occasion : « M. de Marcellange fait bien *son cochon. Lou devalouron ben* (nous le descendrons bien). »

Une fille *Rose Touzet* ajoute : Lorsque nous apprîmes l'événement, nous étions occupés à récolter des pommes de terre. Riffard s'écria : « Eh bien! ce que Besson avait dit est bien arrivé. *Ils l'ont bien descendu!* »

M. le Président. — N'avez-vous pas dit, au Puy, que la peur seule vous avait empêché d'avouer que vous aviez tiré la conséquence dont il s'agit?

Rose Touzet. — Il me l'a dit à moi-même.

Riffard. — C'est vrai; c'est que j'ai eu peur, voyez-vous!

Jean Arnaud, dit la Vigne, cultivateur. — Sept ou huit mois avant l'événement, dans l'auberge de Rivet, j'ai entendu Jacques Besson dire à Champagnac : « Si n'était la crainte de la justice, Marcellange y passerait bientôt. »

Champagnac, ancien garde champêtre destitué, ne se rappelle pas ce propos. Ce témoin a été condamné pour attentat à la pudeur. M. le Président l'engage à réfléchir avant de nier la déposition si précise d'Arnaud. Champagnac adresse à Arnaud, dans un langage mêlé de patois et de français, une objurgation violente, dans laquelle on distingue ces mots : « Que faisais-tu là? Que faisais-tu là? — Au cabaret? Je buvais, » répond Arnaud. — « Ah! tu buvais! tu buvais! Faux témoin! Il a dit qu'il cherchait un homme, et aujourd'hui il dit qu'il buvait... Voyez le faux... faux témoin! »

Un gendarme essaye de calmer Champagnac, et, ne pouvant y parvenir, le prend au collet et le fait asseoir. Le témoin roule des yeux étincelants et grommelle entre ses dents : « C'est un gueux! »

Plusieurs témoins établissent que la moralité de Jean Arnaud est excellente, tandis que celle de Champagnac est détestable.

Martin Arnaud, cultivateur. — Pierre Gimbert, boulanger au Puy, me raconta un jour une conversation qu'il avait eue avec Jacques Besson. Il le rencontra qui achetait du bois. « Comment! dit Gimbert, tu achètes du bois, et il pourrit sur pied à Chamblas. — Oh! reprit Jacques, M. de Marcellange est le maître, mais ça finira dans quinze jours ou trois semaines. » En me racontant cela, Gimbert ajouta : « Effectivement, trois semaines après, M. de Marcellange fut assassiné. »

Gimbert modifie le propos; il aurait entendu seulement : « Ça ne durera pas toujours, » et n'aurait pas remarqué la date.

D. N'avez-vous pas fait des reproches à Arnaud pour avoir répété à la justice votre conversation avec Besson? — R. Oui.

D. Quand Besson vous tint ce langage, le procès était-il fini? — R. Oui.

A ce moment des interrogatoires, un incident singulier résulte de la déposition spontanée d'un huissier audiencier de service. Cet homme, placé dans la salle des témoins, a vu un inconnu en emmener deux du côté du cabaret; il a couru après eux pour les ramener, et l'inconnu s'est sauvé à toutes jambes. C'était, lui a-t-on dit, le frère de Jacques Besson, qui se livrait à cette tentative de corruption.

Pierre Gras, dit L'Homelet, cultivateur. — Seize jours avant l'assassinat de M. de Marcellange, c'était le lendemain de Notre-Dame d'août, j'allais au Puy, de compagnie avec Claude Belon. En chemin nous rencontrâmes Jacques Besson. Claude Belon resta un moment à lui parler, et, quand il m'eut rejoint, je lui demandai de quoi il avait parlé avec Jacques. Belon me répondit que Jacques lui avait annoncé qu'avant l'automne, lui, Belon, referait *de la garne* (des fagots) à Chamblas; que, d'ici là, les dames de Chamblas seraient maîtresses, et qu'il fallait que cela finît d'un côté ou de l'autre. — Lorsque j'appris l'assassinat, je m'écriai : — Diable! ces dames voulaient être maîtresses; elles l'ont été bien tôt!

M. le Président. — Besson a dit, au Puy, qu'à cette époque il était retenu au lit par la petite vérole.

Le témoin. — Je n'y comprends rien. C'est un mystère de la Sainte Trinité. (On rit.)

Claude Belon, de Combriol, n'a aucun souvenir des conversations que rapportent Pierre Gras et d'autres témoins.

Thérèse Exbrayat, de Combriol, a entendu dire que les dames de Chamblas n'étaient pas contentes des témoins qui déposaient contre Jacques. — Au Puy, à la réunion des témoins, il a été dit en ma présence à la femme Belon, par la mère de Jacques, accompagnée de Marie Boudon : « Plût à Dieu que tous les témoins fussent comme Claude Belon! Jacques ne serait pas en peine. »

Joseph Badiou, cultivateur à Combriol, rapporte le propos tenu par Arzac à sa fille, la petite bergère, et déclare qu'il a souvent vu à Jacques Besson un pantalon de velours olive.

Le témoin suivant, *Etienne Obrier,* expert géomètre, fait une déposition explicite et des plus importantes. — J'ai entendu Mme de Marcellange dire, sur le seuil d'une grange où l'on battait du grain : « *Si je voyais battre mon mari comme ce grain, je serais fort contente.* »

M. de Marcellange m'a raconté qu'un jour il voulait empêcher Besson d'emporter un fusil double. Celui-ci lui dit : « *Ne faites pas tant votre chien avec ce fusil; peut-être il vous servira un jour.* » Il m'a dit aussi qu'on était venu lui proposer de le débarrasser de Besson, et qu'il avait repoussé cette proposition. Je tiens aussi de lui qu'une femme de mauvaise vie était venue le trouver au Puy sous prétexte d'échanger de l'or, et que c'était un piége que lui avait tendu sa belle-mère ou sa femme, qui plaidait alors en séparation.

Mathieu Perrin m'a dit que Mme de Marcellange l'avait bien grondé, un jour qu'il était allé lui porter 100 francs qu'il lui devait et qu'elle ne voulait pas recevoir. Mme de Marcellange et sa mère étaient fâchées de ce que Perrin fils avait déposé sur les propositions d'empoisonnement, et elles disaient qu'il ne devait pas se mêler de ce qui ne le regardait pas.

Un M. Devaux, parent des dames, m'a dit : « On a bien tardé à tuer M. de Marcellange. »

Je sais que Mme de Chamblas a envoyé des boudins en cadeau au garde Champagnac, et j'ai entendu raconter que les dames disaient qu'elles iraient bientôt à Chamblas et qu'alors on poursuivrait les témoins qui avaient déposé contre Besson.

J'ai vu plus de cent fois un pantalon de velours couleur olive à Besson.

Lorsque M. de Marcellange fut assassiné, on parlait du crime devant Besson. Quelqu'un disait : « Comment a-t-on pu détruire un si brave homme? » Besson parut interdit. Bien sûr que, s'il ne s'était pas senti fautif, il ne serait pas venu provoquer tant de monde à parler de cela.

L'accusé nie toutes ces circonstances.

François Besson, dit Galansat, propriétaire à la Coste. — Il y a deux ans environ, j'ai entendu Jacques Besson, qui était venu de Chamblas à la Coste voir sa famille, dire, en sortant de la grange et en parlant à son frère, mais sans prononcer le nom de personne : « Sacredieu! je suis en colère; il faut que lui ou moi nous y passions. » Son frère répondit : « Ne dis pas cela. »

La femme du témoin fait une déposition semblable.

François Chamblas, maçon. — Je vis un jour des pistolets à la ceinture de M. de Marcellange; je lui demandai pourquoi il était armé; il me répondit : « J'ai crainte du valet des dames. »

Joseph Grangeon, cultivateur. — Je rencontrai Besson le lendemain de l'enterrement de la victime. Il me dit : « Je viens d'être bien malade de la petite vérole, surtout aux pieds. » Il les levait, en disant cela, et voulait me les montrer.

Cinq ou six semaines avant l'assassinat, j'étais sur le seuil d'un moulin avec M. de Marcellange. Nous vîmes au loin Besson armé d'un fusil. Je dis : « Voici Besson. Il vient peut-être ici. — Oh! non, me répondit M. de Marcellange, nous ne sommes pas amis; s'il me rencontrait seul, il me tirerait un coup de fusil. » En parlant ainsi, M. de Marcellange me parut pâlir.

M. Dimans, ancien notaire. — Un jour que je voyageais à cheval, je rencontrai M. de Marcellange et je fis route avec lui. Lui montrant mes pistolets dans leurs fontes, je lui dis : « Si on nous attaque, voilà de quoi nous défendre. — Si on vous attaque, vous, me répondit-il, c'est qu'on en voudra à votre argent. Quant à moi, c'est un mauvais domestique que j'ai renvoyé qui en veut à ma vie. »

M. le comte de Choumouroux, propriétaire à Issingeaux et parent des dames de Chamblas, attribue la cause de la mésintelligence à Mme de la Roche-Négly, *la fatale belle-mère*, comme il l'appelait ailleurs. Devant la Cour il cherche à atténuer ces expressions. — Il est possible, dit-il, que, dans un moment de chagrin et de colère, et sous l'impression de la mort de cet excellent homme, j'aie prononcé le mot *fatal;* mais je ne voudrais pas qu'on y attachât un sens trop explicite.

D. M. de Marcellange aimait-il sa femme? — R. Oui, Monsieur, il me le manifestait souvent. Il me dit même, quelques jours après avoir gagné son procès contre sa femme, « Si je la rencontrais dans la rue, je l'embrasserais. »

Maurin (Pierre), propriétaire au Mont, rapporte le propos déjà connu du secret *énorme* d'Arzac, de ce *brave rien* dont le berger faisait mystère avec tant d'importance. Gras lui a raconté que Mme de Marcellange lui aurait dit, au sujet de limites à planter dans un champ dépendant de la terre de Chamblas, « Eh bien! j'arrangerai cela dans quelque temps, quand j'irai à Chamblas; je serai la maîtresse; avec de l'argent, on vient à bout de tout. »

La fille Taris reproduit le propos d'Arzac, qui, gardant ses vaches avec elle, lui dit que Besson lui avait remis du poison. Il se reprit aussitôt et dit que c'était de la cendre.

Jean Hostein, propriétaire à Roulhac. — Un jour, je rencontrai Jacques Besson à cheval, allant à Chamblas. Il me fit monter en croupe, et nous fîmes route ensemble. En causant, je vins à me plaindre de ma belle-mère, qui me querellait toujours. Jacques me dit : « Tu n'es pas méchant; moi, si j'étais à ta place, je mettrais une pincée de farine blanche dans sa soupe, et j'en serais bientôt débarrassé. » Je lui répondis : « Si elle ne meurt jamais que de cette mort-là, elle vivra cent ans après moi. »

Un an avant la mort de M. de Marcellange, à l'entour de la Saint-Michel, André Arzac, berger à Chamblas, m'a dit à moi-même que Jacques Besson lui avait proposé 600 francs pour empoisonner M. de Marcellange. Je dis à Arzac que j'étais embarrassé pour avoir de l'argent. Il me dit : « Si tu étais à ma place, il te serait facile d'en avoir ; on m'a proposé 600 francs pour mettre du poison dans l'*eau bouillie* de M. de Marcellange; c'est Jacques Besson qui m'a offert cette somme, et, si tu veux le faire, on te la donnera. »

Antoine Perrin, cultivateur. — Arzac m'a dit, avant l'événement : « Si Jacques pouvait faire de la bouillie blanche pour M. de Marcellange, il serait bien content. » Arzac m'a menacé de son bâton, sur la place du Puy, si je disais cela.

Un témoin s'avance en pleurant; c'est la tante d'Arzac, *Marguerite Maurin, femme Soulier*. — Je n'ai dit que la vérité, s'écrie-t-elle en sanglotant. Arzac m'a fait voir la boîte de poison. Je commence par dire que j'ai manqué être empoisonnée....

Les premiers mots ont été prononcés en français; le reste est exprimé en patois, avec une indicible volubilité. *M. le Président* arrête ce torrent de paroles inintelligibles. — Comment avez-vous manqué d'être empoisonnée ? — R. Au Puy.

M. le Président explique aux jurés que, après sa déposition à la Cour d'assises du Puy, la tante d'Arzac trouva dans sa poche un paquet de poudre blanche, et qu'elle en fut fort effrayée; mais on constata que ce n'était que de la farine.

Marguerite Maurin ajoute que son neveu lui a fait voir des balles et une tasse pleine de poudre blanche ; Besson avait remis la poudre, et Boudoul les balles. L'épisode de la chaîne et celui des trois mille pièces de vingt sous sont fidèlement reproduits. Le témoin ajoute : — Quand M. de Marcellange a été tué, j'ai pensé, comme tout le pays, que c'était Jacques Besson. J'ai dit à la belle-sœur de Jacques : « Vous avez fait tuer le meilleur homme du monde. » Elle me répondit : « Prenez garde! Jacques est violent; s'il vous rencontrait, il pourrait vous en cuire. »

Cependant, sur l'ordre de M. le Président, on a été chercher l'homme dont la déposition de la Maurin vient d'évoquer le souvenir. *André Arzac* est introduit. Malgré sa condamnation récente, il peut paraître comme témoin; car il s'est pourvu en cassation, et le pourvoi est suspensif.

— Une condamnation vous a flétri Arzac, dit *M. le Président;* mais, comprenez-le bien, la pitié peut encore s'attacher à vous. Si aujourd'hui vous revenez à de meilleurs sentiments, si vous dites la vérité, la voix de votre repentir pourra être entendue, et peut-être de plus haut viendront pour vous des adoucissements à votre condamnation.

Arzac regarde, salue le tribunal avec le calme le plus parfait, et répond qu'il ne sait rien de plus que ce qu'il a déjà dit. — Quant à ce que j'ai pu dire à bien des personnes, on m'ennuyait de plaisanteries, je ne savais que répondre à tous ces *blagueurs*-là; j'ai répondu tout ça comme j'aurais pu répondre autre chose.

Il nie les balles trouvées dans sa poche, le poison montré à sa tante. — Je suis, s'écrie-t-il en s'animant, je suis *une erreur judiciaire*. Je suis innocent, aussi vrai qu'on a cinq doigts dans la main.

M. le Président. — Comprenez bien votre intérêt. Si l'on vous a fait croire que quelques personnes soient assez puissantes pour vous protéger, pour faire réviser votre arrêt ou pour vous faire sortir de prison dans le cas où votre condamnation subsisterait, on vous a gravement trompé; de tous les conseils qu'on pouvait vous donner c'est le plus mauvais. Si, au contraire, vous n'obéissez pas à des instigations étrangères, si vous n'écoutez que vos propres inspirations, vous n'avez qu'un seul espoir de voir adoucir et abréger votre peine: c'est de dire la vérité, toute la vérité.

Arzac, froidement. — Je dis la vérité.

Interrogé s'il n'a pas déjeuné chez les dames, lorsqu'il alla demander grâce pour son délit, il répond qu'on lui a donné seulement un verre de vin, et que d'ailleurs il lui a été retenu par son maître 20 francs pour les frais et les poursuites.

*M*e *Bac.* — On n'a fait aucunes poursuites.

D. Ces dames ne vous ont-elles pas fait grâce des poursuites, à condition que vous ne parleriez pas?

Arzac s'échauffant. — Ces dames m'ont seulement engagé à dire la vérité, toute la vérité, et à ne pas faire comme ma bavarde de tante.... Fichtrrre!

Le témoin s'obstinant à tout nier, on lui enjoint de se retirer.

Jacques Soulon a rencontré un jour Besson qui conduisait deux chevaux. « Vous avez là de beaux chevaux, lui dit-il. — Oui, répondit Besson, et si Marcellange voulait les toucher, je lui relèverais bien la moustache. » J'ai vu Arzac dans la prison, ajoute le témoin; je lui conseillai de dire la vérité; il me répondit qu'il craignait Besson et ses frères.

Un autre témoin s'avance, dont la déposition capitale va fixer enfin les incertitudes sur l'alibi prétendu de Jacques Besson. C'est *Claude Reynaud*, cultivateur au Riou.

— Le 1er septembre, dit-il, j'étais dans ma truffière, occupé à ramasser des pommes de terre. Tout d'un coup j'aperçus, au coin du bois de Riou, un homme vêtu d'une blouse, d'un pantalon en velours rayé couleur olive et d'une casquette retroussée par derrière, et armé d'un fusil à deux coups, de couleur de baleine, dont la *mouche* (le point de mire) brillait beaucoup. Je pensai sur-le-champ que c'était Jacques Besson, et je m'avançai pour lui parler; mais il se retourna, jeta une pierre dans un fouillis, comme pour faire partir le gibier, et s'enfonça dans le bois, où je le perdis bientôt de vue. Etonné de ce que j'avais vu, je partis de mon champ et je me dirigeai vers ma maison, en regardant de temps en temps derrière moi. Bientôt je vis l'individu ressortir du bois de Riou et traverser mon champ. Il ne marchait pas vite. Je me dis alors: «Il y a quelque chose;» et, résolu de m'assurer si mes soupçons étaient fondés, je hâtai le pas. Je rentrai chez moi, je dis à ma femme ce que j'avais vu, et, armé de ma pioche, j'allai me placer au sortir d'un bois de sapins par où, d'après la direction qu'il avait prise, l'homme que j'avais aperçu un quart d'heure avant devait nécessairement passer. J'étais depuis un instant en embuscade, lorsque tout à coup, et sans savoir par où il était venu, *j'aperçus Jacques Besson*. Il était planté devant moi à cinq ou six pas de distance; il était arrêté; il regardait de droite et de gauche, et il ne m'aperçut pas, parce que j'étais caché par un sapin. Bientôt il se remit en marche; il sauta le ruisseau, grimpa péniblement l'escarpement de la rive opposée, et je pus le suivre du regard, pendant longtemps, jusqu'à ce qu'il se perdit dans les bois. Cette dernière fois, je le reconnus complétement et je me dis: « Tu es bien bête d'avoir fait ce chemin-là pour le revoir; c'est bien lui, tu ne t'es pas trompé. »

Quand je l'ai vu d'abord dans mon champ, le soleil n'était pas encore couché, il allait se coucher. Le lendemain, quand on a annoncé la mort de M. de Marcellange, je me dis dans mon idée: «C'est mon homme d'hier qui a fait le coup. Il faut aller voir où il a passé.» Je suis alors retourné dans mon champ. Je vis parfaitement ses pas dans un coin du champ où il y avait des raves. Je remarquai qu'il n'y avait pas de clous à ses souliers.

Dans ses premiers interrogatoires, Claude Reynaud n'avait pas déclaré avoir reconnu Jacques Besson; il avait parlé de Magnan, il avait dit avoir vu deux hommes. Ce ne fut que dans son dernier interrogatoire qu'il dit: — Cédant enfin à la voix de ma conscience, et surmontant les considérations et l'intimidation, je dois vous dire que j'ai parfaitement reconnu l'homme que j'ai vu dans ma truffière pour Jacques Besson.

Aussi *M. le Président* insiste; il veut que l'affirmation si positive et si grave de Claude Reynaud se traduise sous toutes les formes et se multiplie.

D. Avez-vous vu sa figure? — R. J'étais à distance de lui comme de vous. Il ne me voyait pas et je le voyais. Il avait la figure et surtout les lèvres enflées comme par la petite vérole. J'ai eu tout le temps de le reconnaître pour Jacques Besson.

D. Vous en êtes bien sûr? — R. Oui, bien sûr.

D. Vous n'avez pas de doute; si vous doutiez, si peu que ce fût, il faudrait le déclarer. — R. C'était bien Besson, je n'ai pas de doute. J'ai dit la vérité au Puy, je dis ici la vérité. Quant à l'autre homme, au second dont j'ai parlé, il était bien loin; il m'était bien *supérieur* et ne bougeait pas. J'ai pensé que c'était un homme qui regardait, comme moi, et qui n'était pas de l'affaire.

Le témoin passe aux tentatives de subornation et d'intimidation faites sur lui depuis l'événement du 1er septembre.

— Un soir qu'il faisait brouillard et pluie, un homme est venu demander à me parler; ma porte était fermée; je ne voulais pas ouvrir; mais l'homme parlait d'une voix si douce que je me rassurai. Je me dis: «Il ne veut pas te faire de mal; il a la voix trop douce.» Je lui dis: «Attendez, je vais vous ouvrir, je vais éclairer le feu.» L'homme me dit: « Ce n'est pas la peine d'éclairer le feu; je n'ai qu'un mot à vous dire. » Cet homme entra et me dit qu'il ne fallait pas dire ce que j'avais vu et qui j'avais vu, et qu'on me donnerait beaucoup d'argent. L'homme sortit, et j'eus la curiosité de savoir par où il passait. J'allai à ma basse-cour, et par-dessus le mur je vis deux hommes se réunir au premier, dans un champ, et s'enfoncer dans le bois.

Depuis, dans un cabaret, j'ai été battu, à cause de ma déposition, par Berger, le maire de Lardeyrol, et par Boudoul. Jusque-là nous avions toujours bu ensemble d'amitié, en sortant de la messe.

Plusieurs témoins viennent affirmer que Claude

Reynaud leur a parlé, immédiatement après l'événement, de sa rencontre, leur a dit avoir reconnu Jacques Besson, et exprimé l'opinion que Besson devait avoir fait le coup.

Isabeau Delaigne, femme Taris, de Combriol, a vu, le 1er septembre, au soleil couché, près du ruisseau de la Lèche, un individu en blouse armé d'un fusil. Cet homme prenait à travers champs. Elle ne le reconnut pas; mais, rentrée chez elle, elle dit à son mari qu'elle pensait que c'était Jacques Besson. — Quelque temps après, Jacques Besson m'aborda sur la place du Martouret, au Puy, et me demanda si j'avais reconnu l'homme que j'avais rencontré. Je lui dis que non. « Mais si vous l'aviez reconnu, le déclareriez-vous donc à la justice? — Oui, bien. — Vous n'auriez donc pas peur de lui faire couper la tête? » Et il s'éloigna.

La dernière déposition qui marque le chemin fait par l'assassin du 1er septembre est celle de Mathieu Reynaud, décédé pendant l'instruction. On la lit. — En revenant de Combriol, y disait le témoin, comme j'allais souper chez mon oncle, je vis un étranger dont l'apparition me fit sensation. Il traversait le chemin que je parcourais, venant du bois de Freyssilis et entrant dans celui de Chamblas. Il était vêtu d'une blouse blanche ou grise et d'une casquette ou d'un bonnet, et portait sous sa blouse quelque chose de long. Il marchait d'un bon pas. Ses lèvres étaient épaisses et retournées en dehors; il était laid et avait un mauvais regard. La figure de cet homme-là ne me fit pas plaisir.

Jacques Vidal, cultivateur, assistait au repas fait chez l'oncle de Mathieu Reynaud. Il va compléter cette déposition du mort. — Mathieu voulut aller acheter du vin à Combriol. Bientôt il revint tout essoufflé et nous dit qu'il avait rencontré un homme qui lui avait fait bien peur. Un moment après nous entendîmes un coup de fusil.

Quand Mathieu Reynaud fut appelé au Puy pour déposer, je lui dis : « Si tu ne dis pas la vérité, je te dénonce au Procureur du roi. » Il répondit : « Ne fais pas tant de bruit; quand le moment du jugement sera venu, je dirai tout. »

Le lendemain de l'assassinat, j'annonçai la mort de M. de Marcellange à Mathieu Reynaud. « Ça ne m'étonne pas, me dit-il. — Tu as donc reconnu l'homme? repris-je. — Oui, mais il est bien permis de ne pas tout dire. » Et dans le courant de la même journée il me dit que c'était Besson, en m'engageant à ne pas en parler. Il m'avoua donc que Besson lui avait dit, lors de la rencontre : « Si tu parles, je te ferai ce que je vais faire à l'autre. »

Au mois de mars, Mathieu Besson, frère de l'accusé, me demanda ma pensée sur l'issue du procès. « On coupera le cou à Jacques, » que je dis. — « Oh! me dit-il alors, ce sont ces coquines de dames qui le lui ont fait faire. Ce sera un déshonneur pour notre famille. »

Pendant le procès du Puy, Mathieu Reynaud, qui buvait avec moi, me dit : « On m'a étrenné. Buvons! c'est l'argent des dames qui paye. »

J'avais causé de l'affaire avec Besson; il m'avait dit : « Ça ne se poursuivra pas; c'est une espèce de commis. »

Pambourg, soldat au 16e léger, commente aussi la déposition de Mathieu Reynaud. Le mort lui a raconté que, le soir de l'assassinat, il rencontra Besson armé d'un fusil sous sa blouse. « Où vas-tu, lui dit-il? — A la chasse. — Bonne prise! » Quelques instants après, Reynaud aurait entendu un coup de feu et aurait revu Besson prenant un chemin détourné pour s'éloigner.

Descrouan, maréchal des logis de gendarmerie, a vu, le 2 septembre, à Chamblas, Jacques Besson. Il le regarda avec attention, comme on regarde un homme qu'on aura peut-être à arrêter. Il remarqua qu'il avait les lèvres enflées, qu'il marchait lentement et avait aux pieds des chaussons. Il avait un pantalon de velours olive rayé.

Pierre Teyssier, carrioleur qui a conduit Besson à Chamblas, a vu et touché son pantalon, qui était de velours et couleur olive.

M. Jacques Légat, curé de Saint-Etienne-Lardeyrol, raconte une conversation étrange qui eut lieu entre sa servante et Marie Boudon. « Il faut avouer, dit la servante, que ceux qui ont tué M. de Marcellange sont des canailles. — Est-ce que par hasard nos dames de Chamblas sont des canailles? répondit Marie Boudon. — Ma foi! reprit la servante, que ce soient dames ou paysannes, maîtres ou valets, ceux qui ont tué ou fait tuer ce pauvre M. de Marcellange sont de fameuses canailles. »

Jean Taris, cultivateur, rapporte un singulier propos de Besson. Besson paraissait pensif. « A quoi songes-tu? » lui dit-on. « *Je songe que j'ai gardé les cochons à Chamblas, et que bientôt j'y serai le maître.* »

M. Antoine Cortal, prêtre, au Puy. — Quelques jours avant le crime, j'ai vu Besson qui se traînait péniblement sur ses jambes. Après l'assassinat, je suis allé porter mes consolations aux dames de Chamblas, comme doit le faire *un esprit du Dieu vivant.* (Sourires.) Mme de Marcellange me dit, en sanglotant : « Si au moins il avait eu le temps de se réconcilier et de se recommander à Dieu! Mais il a été tué si rapidement! » Ma domestique m'a dit, le lendemain de l'arrestation de l'accusé, que, le 1er septembre, elle l'avait vu monter ses escaliers, à huit heures du soir, pour aller se coucher.

Cette domestique, *Marie Roux,* affirme le fait. Elle aurait, ce jour et à cette heure, rencontré Besson dans les escaliers. « Est-ce que vous ne veillez pas ce soir? » lui dit-elle. « Je suis très-fatigué, » répondit-il.

Le témoin n'a pas entendu, vers minuit, ouvrir et fermer la porte. On ne veillait chez les dames que jusqu'à dix ou onze heures. Elle n'a jamais vu un pantalon de velours à l'accusé.

Jérôme Pugin, voisin des dames de Chamblas, se rappelle parfaitement que, le 1er septembre, vers minuit, minuit et demie, leur porte s'est ouverte et refermée avec bruit. *Victoire Vidal, femme Pugin,* ajoute : — Entendant refermer la porte si vite et avec tant de force, je dis à mon mari : « Voilà quelqu'un qui est bien content d'être dedans. » Le témoin dit encore que Besson parlait avec tant d'affectation de ses pieds malades, qu'elle ne put s'empêcher de dire : « Ce Besson, il m'ennuie avec ses pieds! »

M. l'abbé Drouet, au Puy, se rappelle que sa domestique lui a dit avoir vu Besson le 1er septembre, à sept heures et demie du soir. C'est le lendemain de l'arrestation qu'elle précisait ce souvenir de la façon la plus formelle.

D. Avez-vous répété ce propos à quelqu'un? — Je l'ai dit à la famille... (Le témoin hésite et s'arrête, troublé par un embarras subit.)

M. le Président. — Vous devez dire la vérité; Votre caractère vous en impose l'obligation. Parlez sans hésiter. A quelle famille l'avez-vous dit? — R. A la famille de Chamblas.

La domestique de l'abbé Drouet, *Marie Gibert*, affirme que, le 1er septembre, vers sept heures et demie, elle a vu Besson assis dans la rue, la tête appuyée dans ses mains et paraissant souffrant. Elle lui a offert son bras pour rentrer chez lui et monter l'escalier.

Jeanne-Marie Bariol, femme Cornu, au Puy. — Le mardi 1er septembre, à six heures et demie du soir, j'ai vu Besson causant avec des tailleurs, en face la porte de la maison de Chamblas. Il ne pouvait marcher. Il avait un bonnet.

M. le Président, à Besson. — Et vous, vous avez dit un chapeau. (Au témoin) : Lui avez-vous vu un pantalon de velours?

Le témoin, avec énergie. — Non, jamais.

Me Bac. — Vous avez été voir Besson à la prison? vous avez bu avec lui? — R. Oui.

Ce n'est plus assis, impotent et coiffé d'un bonnet, que Besson a été vu par *Séjalon*, tailleur au Puy. Ce témoin l'a vu *circuler* dans la rue avec un chapeau.

D. N'est-ce pas vous qui vous êtes proposé pour témoin? — R. C'est Marie Boudon qui m'a dit d'y aller ; elle est venue prendre mon nom pour cela.

D. Avez-vous vu un pantalon de velours olive à Besson? — R. *Oui, bien souvent.*

Berger, maire de Saint-Etienne-Lardeyrol, a rencontré, une quinzaine de jours après l'assassinat, Jacques Besson, qui lui parla du malheur, en ajoutant : « On a bien des soupçons, mais à coup sûr on n'en aura pas sur moi, car j'étais malade au Puy, et, ce jour-là, j'ai causé près de chez nous avec des tailleurs. »

M. l'Avocat général rappelle au témoin sa rixe avec Claude Reynaud, et les propos tenus par lui avec Arzac, devant Pouzzols. L'organe du ministère public ajoute, avec sévérité : « Ne vous seriez-vous pas un peu trop occupé de l'affaire Besson? » — Je n'ai pas battu Reynaud, dit *Berger*. C'est lui qui m'a appelé maire de m...e.

Louis Achard, ancien domestique à Chamblas. — Le 2 septembre, à huit heures du matin, j'allai annoncer au Puy la nouvelle de la mort de M. de Marcellange. Lorsque j'entrai dans la chambre de Besson, il me montra ses pieds et me dit : Vois donc comme la petite vérole m'a arrangé !

D. Est-ce vous qui avez demandé à voir Besson en arrivant? — R. Non ; c'est la femme de chambre qui, avant que je ne mange ma soupe, me dit : « Notre Jacques a été bien malade ; voulez-vous le voir? » C'est alors que j'y suis monté.

D. Quand vous avez appris l'événement à la femme de chambre, a-t-elle paru bien chagrine? — R. Elle a pâli.

D. Et ces dames, avaient-elles l'air d'avoir du chagrin? — R. Oh ! oui.

D. Ont-elles pleuré? — R. *Oh ! non.*

André Chamard, à Combriol. — Le 2 septembre, à Chamblas, j'ai couché avec Jacques Besson. Il me fit voir ses pieds, et me dit : « Si je n'avais pas été malade, je serais accusé ; à quelque chose malheur est bon. »

Jean Coffi, aubergiste. — Je dis à Besson qu'on avait tué M. de Marcellange à prix fait. Il répondit : « Ma foi ! on ne dira pas que c'est moi, je suis trop mal en train. »

Jeanne-Marie Chamard, femme Maurin. — Deux ou trois jours après l'assassinat, je rencontrai Besson qui se promenait ; nous parlâmes de l'assassinat, et je lui dis : « La Providence dévoilera le coupable. » Lui, répondit : « Ah ! ça ne se saura pas. »

Claude Gras, laboureur, a à peine ouvert la bouche, qu'il est saisi d'un tremblement convulsif. Il raconte, en quelques paroles entrecoupées, qu'il a causé au Puy avec Besson, qui lui a dit : « Si je n'avais pas été malade, on m'aurait accusé. »

Nous croyons savoir, dit *Me Bac*, que Jacques Besson a fait d'étranges confidences au témoin. Ce qui semblerait le prouver, c'est que l'accusé lui aurait défendu de parler.

Gras déclare en effet que Besson lui a dit : « Ne parle pas de moi. » On veut en apprendre davantage ; mais Gras est saisi de nouveau d'un tremblement convulsif, et il est impossible d'en tirer une parole de plus.

L'intérêt augmente à l'appel d'un témoin nouveau, Mme *de la Roche-Négly*, belle-mère de M. de Marcellange. Les spectateurs, et surtout les spectatrices, cherchent avec avidité à deviner, sous son voile de tulle, les traits de cette femme, dont le caractère hautain semble dominer tout ce dramatique procès. La comtesse de la Roche-Négly s'avance, vêtue, avec une riche simplicité, d'une robe de soie à palatine de fourrure, et coiffée d'une capote de soie bleue. De longues boucles de cheveux noirs encadrent son visage parfaitement distingué, presque jeune encore, malgré les cinquante-huit ans que le témoin accuse. L'œil est vif, le regard assuré, la lèvre mince et serrée, retombant vers les coins ; la démarche est noble et impérieuse.

Elle répond d'un ton ferme et qui ne laisse pas soupçonner la plus légère émotion intérieure.

D. Savez-vous si, dès l'origine du mariage, des discussions ont eu lieu entre M. de Marcellange et votre fille? — R. M. de Marcellange n'a pas su être heureux avec ma fille dans les premiers temps du mariage.

D. Après votre réunion, n'avez-vous pas été témoin de discussions dans le ménage? — R. Quelquefois. — D. N'avez-vous pas vous-même été acteur dans ces discussions? — R. Au contraire. — D. N'avez-vous pas eu des discussions d'intérêt avec votre gendre? — R. Je n'en ai pas eu.

D. Pourquoi quitta-t-il le domicile conjugal? — R. Parce qu'il pensa sans doute que c'était dans son intérêt. — D. Il semble pourtant que son intérêt était de vivre avec sa femme dans le sein de son ménage.

D. Ne savez-vous pas qu'un jour M. de Marcellange, ayant mangé d'une omelette préparée par vos domestiques, fut vivement indisposé, et il se plaignit d'avoir été empoisonné? — R. Jamais nous n'avons entendu parler de cela... jamais !.. jamais !..

D. Ne se plaignit-il pas amèrement de la conduite de Jacques Besson et de Marie Boudon à son égard? — R. Non.

D. Marie Boudon n'aurait-elle pas pris part aux discussions qui avaient lieu? N'aurait-elle pas dit un jour : Il est bien heureux d'avoir une femme comme celle-là ; si c'était moi, je me ferais bien justice moi-même? — R. Chez moi les domestiques étaient à leur place ; ils ne se mêlaient pas de ces différends.

D. Savez-vous si Besson est resté au Puy le 1er septembre? — R. *Oui, il s'est couché à huit heures.*

D. Savez-vous s'il est sorti dans la soirée de ce jour? — R. *Oh ! du tout, du tout !*

D. Ne s'est-il pas promené avant d'aller se coucher? — R. Oui, Monsieur, *mais pas loin.*

D. Êtes-vous rentrée de bonne heure le 1er septembre? — R. Je suis rentrée à neuf heures, avec ma fille, que j'étais allée rejoindre chez une de nos connaissances.

D. Pensez-vous que quelqu'un de la maison soit rentré vers minuit ou une heure du matin? — R. *Du tout.*

D. Besson, quoique à vos gages, n'allait-il pas souvent travailler à Chamblas pendant une partie de la semaine? — R. Oui, Monsieur, il y allait souvent. — D. Pourquoi envoyiez-vous un domestique à vos gages travailler à Chamblas? — R. C'est parce qu'il y avait de l'ouvrage pour lui. — D. Vous n'aviez pas un autre motif que celui-là pour l'y envoyer? — R. Je n'en avais pas d'autre.

D. Avez-vous su qu'il y avait eu des disputes entre Besson et votre gendre? — R. On me l'a dit, mais on ne m'a jamais dit qu'elles eussent été sérieuses.

D. Après la séparation de fait de votre gendre d'avec sa femme, quelques personnes de votre famille ne se seraient-elles pas interposées pour rétablir la bonne intelligence? — R. Oui, Monsieur. — D. Ne vous y seriez-vous pas opposée? — R. Oh! jamais.

La comtesse se retire après cet interrogatoire, soutenu sans faiblir; elle reprend, immobile et l'air dédaigneux, sa place parmi les témoins.

On entend une femme *Chamard*, qui déclare avoir rencontré un jour, après la séparation des époux Marcellange, Jacques Besson se promenant dans les bois avec les dames de Chamblas; *il leur donnait le bras à toutes deux.*

... Il lui a pointé son fusil sur la poitrine, en le menaçant de le tuer. (p. 38.)

La femme Chamard en a peut-être vu plus encore; car son maître, propriétaire à Issingeaux, *M. Outin*, lui a entendu dire que, dans une promenade faite dans les bois, au bras de Mme de Marcellange, Besson faisait *des choses qui n'étaient pas à faire.*

Enfin, la curiosité de l'auditoire va être entièrement satisfaite. L'héroïne du drame de Chamblas va comparaître en personne.

Mme Théodora de la Roche-Négly, veuve de Marcellange, est introduite. Elle est entièrement vêtue de noir, et un long voile dérobe ses traits à la curiosité, qui n'a fait que redoubler à son arrivée. Elle déclare être âgée de 38 ans. Sa disgrâce naturelle et les ravages visibles de la petite vérole lui donnent l'air beaucoup plus âgé qu'elle ne l'est véritablement. Sa ressemblance avec sa mère est frappante. Ses réponses, faites d'abord d'une voix faible et souvent difficile à entendre, prennent bientôt plus d'assurance.

Le plus profond silence s'établit dans la salle.

M. le Président, d'un ton propre à rassurer le témoin : Madame, je me vois obligé de vous prier de retirer un peu votre voile.

Madame veuve de Marcellange, sans hésiter, se découvre le visage, mais reste constamment tournée du côté de M. le Président.

M. le Président, avec politesse et prévenance : Pouvez-vous, Madame, donner à la justice quelques renseignements sur l'assassinat de M. de Marcellange, votre mari?

Le témoin. — Je n'en ai pas eu connaissance.

D. Savez-vous si votre mari avait des ennemis dans la localité? — R. Non. Il y avait longtemps que j'étais séparée de mon mari quand il est mort.

D. N'y avait-il pas eu des discussions entre vous et votre mari? — R. C'était à l'occasion de réclamations que ma mère faisait, et M. de Marcellange voulait se séparer de moi, parce que je désirais rester avec ma mère.

D. Votre mari vous a donné assignation pour se réunir à vous, et vous n'y avez pas répondu? — R. Ma santé ne me permettait pas de me réunir à mon mari; le séjour de Chamblas est très-froid, et je voulais rester l'hiver au Puy.

D. Pendant la vie de M. de Chamblas, votre père, y a-t-il eu des discussions entre vous et votre mari? — R. Cela n'était pas trop possible, parce que M. de Chamblas tenait le ménage; mais cela a duré peu de temps.

D. N'êtes-vous pas devenue enceinte après la mort de votre père? — R. Longtemps après.

D. N'allâtes-vous pas à Lyon pour faire vos couches près de votre mère? — R. Oui.

D. Après vos couches, votre mari n'est-il pas allé chercher votre mère lui-même à Lyon, avec ses chevaux? — R. Oui.

D. Vous n'aviez pas encore eu de discussion avec votre mari? — R. Pas précisément, mais quelques-unes, et j'espérais que la présence de ma mère ramènerait la bonne harmonie dans le ménage, surtout alors qu'elle viendrait ainsi joindre ses revenus aux nôtres.

D. Depuis cette réunion, les discussions avec votre mari n'ont-elles pas été très-vives? — R. Je crois qu'on a sur ce point beaucoup amplifié.

D. Votre père n'était-il pas très-content de l'administration de votre mari? — R. Non pas.

D. Cependant il résulte d'un acte authentique que votre père, avant sa mort, aurait affermé sa propriété de Chamblas à son gendre à des conditions très-avantageuses pour ce dernier? — R. C'est à ma sollicitation que Chamblas a été affermé à mon mari.

Arzac a tenu le chien..., et Besson a fait feu. (*p. 38.*)

D. Votre mari, de son vivant, a toujours dit qu'il aurait vécu avec vous en bonne intelligence sans les conseils que vous donnait votre mère.—R. C'est faux.

D. A quelle distance de temps avez-vous perdu vos enfants? — R. A quatre mois de distance.

D. Avez-vous averti votre mari de la mort de votre second enfant? — R. Il a été enlevé en très-peu de temps.

D. Votre mari a-t-il cherché alors à se rapprocher? — R. Oui.

D. Et vous, Madame? — R. Je ne sais pas. (Etonnement.)

D. Besson n'a-t-il pas pris la petite vérole peu de temps après vous? — R. Oui, Monsieur, environ le 7 ou le 8 août.

D. A quelle époque a-t-il été guéri? — R. Vers la fin d'août il est entré en convalescence.

D. Le 1er septembre 1840, quelqu'un est-il rentré chez vous après minuit? — R. Je n'en sais rien, je dormais.

M. le Président rappelle au témoin le propos prêté à Marie Boudon par plusieurs témoins : *Si j'avais un mari comme cela, je me ferais justice moi-même.*

Le témoin. — Jamais je n'ai entendu rien de pareil.

D. Avez-vous su qu'un repas préparé par vos domestiques avait rendu votre mari gravement malade, et qu'il se plaignit même d'avoir été empoisonné? — R. Jamais je n'ai entendu parler de cela.

D. N'étiez-vous pas un jour à Chamblas devant des batteurs en grange, et n'avez-vous pas dit à Obrier : Je voudrais voir mon mari battu comme cela? — R. Je ne connais même pas cet homme.

M. le Président. — Huissier, faites rappeler Obrier.

Le témoin reparaît.

M. le Président. — Madame, reconnaissez-vous cet homme?

Mme de Marcellange. — Je ne lui ai jamais parlé, mais je le connais de vue.

D. Comment se fait-il qu'il dise vous avoir entendue tenir un propos, et que vous ne lui ayez jamais parlé? — R. Monsieur, il est impossible que j'aie dit cela.

D. Mais convenez-vous que vous lui ayez parlé? — R. Monsieur, je n'ai jamais pris Obrier pour mon confident.

D. (*A Obrier.*) Avez-vous entendu dire à Mme de Marcellange ce que vous avez rapporté? — R. Oui, Monsieur.

Mme de Marcellange. — Non, Monsieur.

Obrier donne des détails sur cette conversation. A chaque mot, Mme de Marcellange l'interrompt; elle ne craint plus de parler haut; elle regarde en face Obrier. — A quelle époque, dit-elle, m'avez-vous entendu parler ainsi? En quelle année?

Obrier. — Ah! Madame, je ne sais guère l'époque.

Mme de Marcellange. — Mais l'année?

Obrier. — Je crois que c'était dans le mois...

Mme de Marcellange. — Commençons par l'année.

Obrier. — C'était dans le mois....

Mme de Marcellange. — Mais l'année! l'année! C'est l'année qu'il faut!

Obrier. — C'était l'année après la mort de votre père.

Mme de Marcellange. — Cela ne suffit pas; dites l'année! Ah! voyons! encore une fois, c'est l'année qu'il faut!

Mme veuve de Marcellange nie également le propos que Marie-Anne Maurin lui a prêté : *Je voudrais que mon mari, la voiture et les chevaux dégringolassent au fond d'un précipice.*

Marie-Anne Maurin persiste à dire qu'elle l'a entendu.

Mme de Marcellange. — Je ne connais seulement pas cette femme-là.

Marie Maurin. — Vous ne me connaissez pas, et j'ai gardé vos vaches à Chamblas!

Le témoin. — C'est possible, mais je ne la connais pas. D'ailleurs, je n'aurais pu lui tenir un pareil propos. Je ne suis pas parleuse de mon naturel, avec les domestiques surtout. D'ailleurs où ai-je dit cela?

Marie Maurin. — Dans votre cour, près de la porte, où je vous ai trouvée en entrant.

Mme de Marcellange (avec hauteur). — Est-ce que j'ai l'habitude de servir de portière?

M. le Président. — Savez-vous qu'une lettre anonyme a été écrite à M. de Marcellange le père, à Moulins? — R. Non.

D. Vous n'en avez pas entendu parler. — R. Non.

D. Voulez-vous que je vous la représente? — R. Comme il vous plaira.

Le témoin, après avoir jeté un coup d'œil sur la lettre : — Je ne connais pas cela.

M. le Président. — Ne trouvez-vous pas, dans l'écriture de cette lettre, quelque ressemblance à votre écriture? — Non.

D. Ne remarquez-vous pas que l'*M* du premier mot a les formes de cette lettre quand vous l'écrivez? — R. Non.

Me Bac. — Voici au dossier une lettre de Mme de Marcellange adressée au maire Berger; Madame la reconnaît-elle? — R. Oui.

D. N'avez-vous pas envoyé à Besson, depuis qu'il est en prison, des vivres et des effets? — R. Oui, Monsieur, j'ai envoyé un repas par jour et un matelas.

M. le Président. — Et cependant, vous saviez alors qu'on l'accusait d'avoir tué votre mari? — R. Jamais je n'ai pu croire qu'il fût coupable, l'ayant vu chez moi, à huit heures du soir, au moment où il prenait un potage et où il allait se coucher.

D. Vous l'avez vu au moment où il allait se coucher? — R. Non, Monsieur; je suis sortie pour aller passer la soirée chez Mme veuve de la Roche-Négly, ma tante.

D. A quelle heure êtes-vous rentrée? — R. A neuf heures.

D. Arzac ne s'est-il pas présenté chez vous pour demander grâce à raison d'un délit forestier qu'il avait commis? — R. C'était la première fois que je voyais cet homme. Je l'ai envoyé à Me Giron, avoué au Puy.

D. Ne lui avez-vous pas fait servir à boire et à manger? — R. Comme M. Berger avait les mêmes égards pour mes domestiques, je lui ai fait donner à boire et à manger.

D. Ne lui avez-vous pas dit de ne pas déclarer à la justice ce qu'il savait? — R. Certainement je ne lui ai pas dit cela.

D. Avez-vous dit que vous sauriez quels étaient les témoins qui déposeraient contre Jacques Besson et que vous les poursuivriez? — R. Jamais je n'ai dit cela.

Me Bac. — Je désire que Mme de Marcellange nous dise si elle n'a pas envoyé à M. le Procureur du roi du Puy une liste de douze témoins qui devaient déposer pour Besson. — R. Non.

Me Bac. — Cependant le cousin de Mme de Marcellange a remis la liste, et M. Marilhat, Procureur du roi au Puy, a écrit au bas : *Envoyé au parquet de la part de Mme de Marcellange.*

M. le Président. Me Bac, cela est énoncé au Mémoire, mais ne se trouve nulle part dans la procédure.

Me Bac. — Je voudrais demander à Madame l'explication d'une phrase que je lis dans une lettre écrite par elle à M. Berger, le maire, à propos du délit commis par Arzac. Cette phrase est ainsi conçue : *Je ne suis pas dupe des motifs qui font agir contre vous ou les vôtres.* Quels pouvaient être ces motifs? — Je ne connais pas ces motifs.

M. le Président. — Comment! vous avez écrit cette phrase sans savoir quels étaient ces motifs?

Le témoin. — En écrivant à ces gens-là, ma pensée était peut-être qu'on les tourmentait pour faire circuler de mauvais bruits sur nous.

Me Bac. — M. de Marcellange n'a-t-il pas tenté de se réunir à sa femme après la séparation de fait?

Jusqu'alors, à part quelques mouvements d'impatience hautaine, Théodora de Marcellange s'est admirablement possédée. L'énergie de son âme s'est manifestée dans le ton sec et dur de ses réponses, et son émotion n'a transpiré au dehors que par la coloration plus vive de son visage et par le feu plus brillant de ses yeux. On a senti dans toutes ses réponses une intelligence nette, une volonté décidée, unie à une réserve prudente. A la question de Me Bac, elle tourne, pour la première fois, la tête vers l'auditoire, qu'elle regarde avec assurance, et répond :

— Non, Monsieur, jamais!

M. le Président. — M. de Choumouroux, votre parent, n'est-il pas intervenu pour rétablir la bonne harmonie? — R. M. de Choumouroux ne nous a jamais demandé où en étaient nos affaires; je ne l'ai jamais vu s'en occuper.

Me Bac. — Cependant M. de Choumouroux l'a déclaré. — R. Il ne m'en a jamais parlé.

M. le Président. — Lors de votre accouchement, votre mari n'envoya-t-il pas une femme pour servir de nourrice? N'avez-vous pas dit à cette occasion, en parlant de lui : C'est un *barilèle* (un blagueur)?

Me Rouher. — C'est la fille de chambre qui a dit cela.

M. le Président. —Depuis votre rentrée à Chamblas avec madame votre mère, n'alliez-vous pas vous promener dans les bois? — R. Oui, Monsieur.

M. le Président. — Ne donniez-vous pas le bras à Jacques Besson?

Le témoin, avec dédain. — Mais, Monsieur, non, certainement. Si j'eusse été fatiguée, j'aurais pris le bras d'une fille de chambre.

M. l'Avocat général. — Il est bien constaté que Madame a dit avoir vu Besson au Puy, le 1er septembre, à huit heures du soir, mangeant un potage; je prie Madame de le préciser de nouveau.

Le témoin. —J'ai vu Besson mangeant un potage dans la cuisine, environ à huit heures du soir, le 1er septembre. Je passais en ce moment dans le corridor, je sortais de chez moi, et j'allais retrouver ma mère, qui était chez une de nos connaissances.

M. l'Avocat général. — Je demande qu'il soit, par le greffier, tenu note exacte de cette partie de la déposition.

Me Bac. —Au nom de la partie civile, je me joins aux conclusions de M. l'Avocat général.

M. le Président. — Il en sera tenu note.

D. Ne savez-vous pas, Madame, qu'on a envoyé au Puy, à votre mari, une fille de mauvaise vie, pendant que vous plaidiez avec lui en séparation? — R. Je l'ignore complétement.

D. C'est en séparation de biens que vous plaidiez? Quels étaient vos motifs? — R. C'était que mon mari dégradait la propriété, et me refusait le nécessaire.

D. Avez-vous dit que votre mari n'était qu'une espèce de commis? — R. Je n'ai rien dit de semblable. J'appris seulement que de Marcellange n'était pas son nom, et qu'il s'appelait *seulement* Vilhardin; mais cela était avant le mariage et ne l'empêcha pas.

M. l'Avocat général. — Madame, n'avez-vous pas reçu de Moulins une lettre de M. Turchy de Marcellange, où il disait que, si son frère n'était pas retrouvé, il vous en rendrait responsable?

Le témoin. —Je n'ai reçu qu'une lettre de *ce Monsieur*, dans laquelle il me remerciait d'une bagatelle que je lui avais envoyée.

Me Bac. — Monsieur le Président, voudriez-vous demander à Mme de Marcellange si, après la mort de son mari, visitant ses propriétés de Chamblas, elle n'aurait pas dit : *Ah! mon château, mon château! comme on a mis mon pauvre château! que n'est-il mort plus tôt ce cochon de Marcellange!*

Le témoin. — Monsieur, je ne me sers jamais d'expressions pareilles!

M. le Président. —Madame n'a donc pas dit : *Que n'est-il mort plus tôt?* — Non, Monsieur.

Me Bac. —Madame a-t-elle su si, pendant les mois qui ont précédé la mort de son mari, il était agité de pressentiments sinistres? — R. Comme je n'habitais pas avec lui, je ne l'ai pas su.

M. le Président. —Veut-on adresser d'autres questions au témoin? — (Silence absolu.) Madame, vous pouvez vous retirer.

Un Juré. Je voudrais savoir si, pendant le séjour de M. de Marcellange au Puy, on ne le relégua pas dans une chambre incommode. — R. On lui donna la seule pièce disponible.

Théodora de Marcellange se retire et va s'asseoir auprès de sa mère. Il est impossible de surprendre chez l'une ou chez l'autre la moindre émotion. Les deux familles sont en présence, et les dames de Chamblas sont face à face avec la sœur et la cousine de la victime. Ces dernières paraissent douloureusement émues.

A mesure que les débats s'avancent vers leur terme, l'attitude de Besson se modifie visiblement. Sa figure s'injecte, ses yeux se gonflent, l'abattement se peint sur ses traits. Il a suivi les dernières dépositions d'un air inquiet, la tête appuyée sur sa main gauche, comme si elle était trop lourde sur ses épaules.

On lit une déposition écrite de *M. le baron Méchin*, préfet de l'Allier, confirmant les craintes de Mme de Tarade au sujet de son frère et les tristes pressentiments du malheureux Marcellange. *M. Méplain*, ancien notaire, raconte la scène des scellés, à Chamblas, le 2 septembre, et les pressentiments de la victime.

On ouvre la liste des témoins à décharge.

M. Urbe, médecin, a soigné Besson. La maladie fut grave; le malade commença à sortir dans les derniers jours du mois d'août.

M. l'abbé Hedde, vicaire de la cathédrale du Puy, a donné à Besson, le 17 août, les secours de la religion. Après l'événement, il l'a vu fort peiné. Il croit pouvoir dire, sans trahir le secret de la pénitence, que Besson lui a toujours paru un homme d'un bon caractère, attaché à ses devoirs, incapable de dire une parole inconvenante.

Le témoin ajoute qu'il a assisté l'accusé dans sa prison. Le concierge de la prison nie que cette communication ait pu avoir lieu; le témoin avoue qu'il n'a pas pénétré jusqu'auprès du prisonnier, mais, passant dans un des corridors de la prison, il a vu Besson à travers les barreaux d'une porte de cour.

Le concierge. — J'étais bien sûr que Besson n'avait pu communiquer, à moins d'une surprise.

M. le Président au témoin. — Il y avait un aumônier à la prison, et votre visite était moins nécessaire.

L'abbé Hedde. —J'ai pensé qu'ayant reçu sa confession..., on a plus de confiance dans son confesseur... D'ailleurs, Besson ne m'a pas paru au secret. Il y avait là plusieurs détenus qui se promenaient avec lui.

Le concierge. — Monsieur se trompe; c'est impossible. Pendant deux mois, Besson a été isolé de toute communication.

Toussainte Fabre affirme avoir vu l'accusé, le 1er septembre au soir, vers sept heures et demie ou huit heures, rentrant à sa demeure. *M. le Président* s'étonne que ce témoignage n'ait pas été indiqué plus tôt.

M. Aubrun, homme de confiance des dames de Chamblas, était dans la carriole qui, le 2 septembre, conduisit Besson à Chamblas. L'accusé marchait difficilement; son pantalon était de drap.

Sœur Saint-Maurice, religieuse hospitalière de l'ordre de Saint-Jean de Jérusalem, portant sur la poitrine, brodée en blanc et en rouge, la croix de cet ordre, dépose que Mathieu Reynaud, qu'elle a soigné à l'hôpital du Puy, lui a dit n'avoir pas reconnu l'homme rencontré par lui dans les bois de Chamblas. Elle ajoute que la tante d'Arzac lui a fait d'absurdes confidences, entre autres qu'un billet de 10,000 francs aurait été fait par les dames à Besson et à Magnan, et déposé entre les mains de M. le Procureur du roi. Marie Boudon est venue une fois à l'hôpital, mais non déguisée, comme l'a prétendu Mathieu Maurin.

Sœur Saint-Hippolyte, du même ordre, rapporte des propos ridicules de Marguerite Maurin; le billet de 10,000 francs était devenu, dans sa bouche, un billet de 15,000 francs.

Jacques Bernard, aubergiste à Brives. — Claude Reynaud me dit, un an après la mort de M. de Marcellange, alors que je me plaignais de la dureté des temps et de ne pouvoir faire mes affaires à Brives, que je ne devrais pas quitter le pays; que je ferais bien mieux de déposer contre Jacques Besson; que c'était le moyen d'obtenir une place de garde champêtre, et de devenir l'ami du Procureur du roi. Il me fit même, à ce sujet, cette réflexion : «On ne sait pas ce qui peut arriver, et il n'est pas mauvais d'être bien avec M. le Procureur du roi. »

M. le Président. — Ce que vous dites là est bien grave, témoin. Claude Reynaud est l'un des témoins les plus importants de l'affaire. Songez à votre serment; rappelez-vous le sort d'Arzac : il a fait un faux témoignage, on l'a condamné à dix ans de réclusion et à l'exposition.

Bernard. — Je ne fais pas de faux témoignage, je dis la vérité, je ne crains rien..., et j'en sais encore plus long.

M. le Président. — Continuez, et pesez bien vos paroles.

Bernard. — Dans une autre circonstance, Claude Reynaud proposa à un nommé Masson de donner son témoignage dans l'affaire de Jacques Besson, et de dire qu'il l'avait vu passer à Labrousse pendant la nuit du 1er septembre. Masson ne voulut pas faire cela, et dit qu'il ne pouvait faire un pareil témoignage, n'ayant pas vu Jacques Besson ni personne autre. Claude Reynaud lui dit alors : «Mais, imbécile, tu n'auras pas besoin de dire que tu as vu Jacques Besson ; tu diras seulement : J'ai vu dans le bois, la nuit, un homme armé que je n'ai pas reconnu. »

Claude Reynaud, rappelé, s'écrie : — C'est un menteur! Je ne lui ai pas dit un mot de cela.

Jacques Bernard. — Tu m'as si bien dit cela, que même tu avais là un sac de farine.

Reynaud. — En voilà une preuve!

Bernard. — Et que tu dis, en me le montrant; « En v'là de la farine, et, si je n'avais pas parlé comme j'ai fait, je n'aurais pas eu de quoi faire du pain. »

Reynaud, avec fermeté. — C'est un menteur; je ne lui ai jamais parlé de cela; c'est lui qui l'invente. J'ai des témoins qui diront que les dames lui ont donné 600 francs pour trouver des faux témoins.

Bernard. — Oh ben! oh ben! V'là du faux!

M. le Président constate que, entendu trois fois dans l'instruction, Bernard n'a pas dit un mot de ce qu'il dit aujourd'hui. Bernard, sans s'émouvoir, ajoute : — Masson me dit encore : « Quand il vit que je ne voulais pas entendre sa raison et dire ce qu'il voulait, Reynaud dit : — Oh! grande bête que tu es, il y en aura bien d'autres pour le faire condamner, qui seront bien plus savants et plus *fixes* que nous... Va donc toujours ! »

M. le Président. — Réfléchissez, Bernard, vous êtes père de famille...

Bernard. — Oui, et très-chargé.

M. le Président lit l'article du Code pénal qui punit le faux témoignage. — Vous le voyez, Bernard, vous pouvez être condamné de cinq à vingt ans de travaux forcés.

Bernard. — Faites comme il vous plaira; je dis la vérité. J'ai dit tout cela au Juge d'instruction du Puy; *il n'a pas voulu l'écrire*.

M. le Président. — Comprenez donc que ce n'est pas possible.

Bernard. — C'est à dire que l'écrivain..., comment appelez-vous ça? le greffier, avait ses cheveux qui lui dressaient sur la tête de voir l'obstination de M. le Juge d'instruction à ne pas écrire ce que je disais.

Procès-verbal est dressé de toutes ces paroles, prononcées d'un ton d'idiot, comme une leçon bien apprise par le témoin, paysan à l'épaisse encolure.

Claude Reynaud s'avance. — Vous allez entendre deux témoins qui vous diront que le frère de l'accusé a été chez eux leur dire qu'on aurait des témoins pour détruire ma déposition. Voilà déjà un de ces témoins!

Etienne Obrier et *Etienne Touzet* confirment ces paroles. Le dernier ajoute : — Il y a un an, revenant de chez le juge, Bernard m'a dit qu'il ne savait rien, ni pour, ni contre.

Bernard. — Je n'ai pas dit un mot de cela.

Touzet. — Tu me l'as dit.

Bernard. — Je ne te l'ai pas dit, fichtrrrr... ! D'ailleurs, je n'ai appris cela qu'un an après l'assassinat, quinze jours avant la Saint-Michel, le 14 septembre.

M. le Président. — Eh bien! le 5 octobre vous avez été interrogé; vous n'avez rien dit, et vous ne saviez rien ce jour-là, ni pour, ni contre.

A ce moment, l'huissier audiencier s'écrie : — Attendez donc un peu! Mais c'est cela! c'est bien cela! C'est là un des témoins qui, l'autre jour, s'en allaient si vite au cabaret avec un des frères de Besson.

M. le Président adresse encore quelques graves paroles au témoin; il l'engage à se rétracter. Bernard s'y refuse, et, sur l'ordre de M. le Président, un gendarme s'approche de Bernard et l'arrête.

Bernard. — La volonté du bon Dieu soit faite!

Ce nouvel incident produit dans la salle une sensation profonde. L'audience est suspendue sur la demande de *Me Rouher*, qui, quelque temps après, pose des conclusions à fin de renvoi de l'affaire à une prochaine session. L'avocat appuie sa demande sur l'arrestation du témoin et sur l'attitude d'un juré qui aurait manifesté son opinion en applaudissant à l'arrestation de Bernard. Le juré désigné proteste, et déclare que le mouvement qu'il a fait n'avait pas la signification qu'on lui prête.

Me Bac s'oppose au renvoi. « Et où en serait-on, s'écrie-t-il, s'il dépendait d'un accusé de retarder l'heure de sa condamnation en traînant à sa suite un cortége de faux témoins, et d'échapper à la justice par les outrages mêmes qu'il lui ferait?» *M. l'Avocat général* se joint à Me Bac pour combattre les conclusions de la défense, et la Cour ordonne qu'il sera passé outre aux débats.

Arnaud (Jean-Antoine) prétend que Masson lui a dit que Claude Reynaud l'avait engagé à dire qu'il avait vu passer Jacques Besson dans les bois, la nuit du 1er septembre. Masson s'y était refusé.

Arnaud (*Jacques*) prétend que M. de Marcellange avait pour ennemis tous ceux qui lui devaient et ne le payaient pas, et qu'il portait des pistolets pour se défendre.

La liste des témoins est épuisée; mais il en est un qui manque toujours au procès, un des plus importants, le plus important peut-être : c'est Marie Boudon. Pourquoi n'est-elle pas là? Par quel motif n'a-t-elle pas répondu à l'assignation? A-t-on craint sa présence, et une occulte protection l'a-t-elle soustraite à la justice, qui pourrait avoir un compte sévère à lui demander? Ces questions, l'opinion publique les a posées dès la première audience; le

25 avril, *Me Bac* vient les poser à son tour. C'est aux dames de Chamblas à répondre, et *Théodora de Marcellange* est rappelée.

— On a vainement cherché cette fille, dit *M. le Président*; pourriez-vous, Madame, donner sur elle des renseignements à la justice? — R. Je ne sais ce que cette femme est devenue.

D. Vous ne pouvez rien nous apprendre sur elle? — R. Depuis qu'elle a quitté mon service, je ne sais ce qu'elle a fait.

D. Y a-t-il longtemps qu'elle est sortie de chez vous? — R. Oui, il y a longtemps... (Se reprenant.) Depuis qu'elle nous a quittées, *j'en ai eu besoin pour un voyage*, et depuis je ne l'ai pas revue.

D. Mais en avez-vous entendu parler? Avez-vous cherché à avoir, ou avez-vous reçu de ses nouvelles? — R. Non.

Me Bac. — Combien y a-t-il de temps que vous l'avez vue pour la dernière fois? — Il y a six semaines, et je ne l'ai pas revue.

D. Dans quelle contrée l'avez-vous ainsi laissée? — R. J'ai été aux eaux d'Aix, *et je l'ai laissée là.*

D. Comment! vous avez abandonné cette fille qui vous avait servie longtemps, qui vous avait accompagnée pour vous servir dans un long voyage, vous l'avez abandonnée ainsi dans un pays lointain, dans un pays étranger? — R. C'est elle qui a voulu rester.

D. Et vous avez, en admettant cette réponse, consenti à la laisser ainsi dans un pays étranger, sans plus vous occuper d'elle? — R. Elle s'est beaucoup plu dans ce pays-là.

D. Cette fille, qui jusque-là vous avait servie avec tant de zèle, vous a donc abandonnée, et vous a laissée revenir sans domestique? — R. Je vous dis que c'est elle qui a voulu rester.

D. Mais cela est peu croyable; on connaît l'amour de nos paysans pour leurs montagnes; on n'en trouverait pas un qui consentît à rester ainsi isolé à l'étranger. — R. Elle l'a voulu.

D. Et vous y avez consenti, vous, alors que vous saviez fort bien qu'elle allait être assignée pour comparaître en justice et que son témoignage était si important? — R. Il ne m'appartenait pas de combattre ses résolutions.

Il faut renoncer à peindre l'effet profond, inouï, causé par ces réponses étranges, froides, d'une voix dure et brève : c'est de la stupeur, de l'indignation; c'est aussi de l'effroi. *Je l'ai laissée là, elle s'est beaucoup plu dans ce pays-là;* ces mots ont fait courir dans l'auditoire un frisson involontaire. On a entrevu comme un mystère nouveau, mystère terrible; avec de pareilles femmes, il semble que tout soit possible, et on imagine tout.

Elle, cependant, croit en avoir fini avec la justice; elle se lève, un peu plus pâle que tout à l'heure, mais toujours impassible, et d'un pas mesuré se rend auprès de sa mère. Le silence est si profond, que chacun de ces pas retentit dans toutes les poitrines. Ceux des spectateurs que touche, sur le chemin, la lourde robe de soie qui bruit en mesure, s'effacent et se reculent instinctivement.

Le silence pénible qui s'est répandu dans la vaste salle n'est plus troublé pendant quelques instants. Le Président attache tristement les yeux sur cette femme; Me Bac s'est assis, les traits bouleversés par une de ces émotions véritables qui n'ont plus rien de commun avec l'action préméditée de l'avocat. Tout à coup, il se relève. Il faut en finir avec ces femmes, il faut leur arracher leur dernier mot, s'il est possible. — Madame, pouvez-vous nous dire quel sentiment vous a portée à renvoyer votre fille de chambre?

Ce n'est pas Mme de Marcellange qui répond, c'est la dame de la Roche-Négly. Elle se retourne avec hauteur, jette de haut en bas un regard sur l'avocat, pose son coude sur le bras du fauteuil, et, appuyant dédaigneusement sa tête sur sa main :

— Monsieur, *est-ce par sentiment qu'on renvoye des domestiques?*

D. Alors, Madame, pouvez-vous expliquer quel motif a porté votre fille à laisser sa domestique en Savoie?

La comtesse, avec une sourde impatience. — La laisser en Suisse! Mais cette femme de chambre nous avait quittées pour aller soigner sa mère malade, qui est morte depuis. Elle est restée en Suisse, parce qu'elle était malade de chagrin.

D. Sa santé était compromise? — R. Ah! oui, Monsieur.

D. Et vous la laissiez là sans ressources! Quel intérêt si grand l'y retenait sans moyens d'existence? — R. *Elle voulait y chercher le repos de l'esprit!*

Nouveau frisson dans l'assemblée, nouveau silence. La châtelaine semble se forcer à promener froidement ses regards dédaigneux sur l'assistance; mais elle les ramène involontairement sur l'avocat, qui n'a cessé d'attacher sur elle ses yeux investigateurs.

M. le Président rompt le silence; sa voix est agitée. — Mais, enfin, Madame, quels sont donc les moyens d'existence de cette jeune fille en pays étranger? — R. Je crois qu'avec le caractère qu'elle a, elle y sera considérée.

D. Mais c'est en vain qu'on est considéré quand on n'a pas de quoi vivre. Lui avez-vous laissé ou envoyé de l'argent? — R. En y étant considérée, elle y travaillera.

D. Mais elle est malade! (Avec insistance.) Lui avez-vous laissé ou envoyé de l'argent? — R. Non, du tout, Monsieur.

M. le Président. — Assez! Vos réponses seront appréciées.

La comtesse. — Soit!

Me Bac. — Il y a une question que je n'ai pas osé faire à une mère; mais, quelque pénible que soit mon devoir, je dois la faire à vous, Madame. Lorsque l'un de vos petits-enfants est mort, votre fille n'a-t-elle pas dit : « Autant vaut qu'il soit mort; il aurait été si mal élevé? »

La comtesse. — Je ne le pense pas.

Me Bac. — M. l'abbé Paul l'a déclaré positivement.

La comtesse. — M. l'abbé Paul... Ah!

Me Bac. — Ma tâche est encore plus douloureuse. Madame ne sait-elle pas que son gendre pensait que sa femme avait empoisonné ses enfants?

La comtesse se lève, jette sur l'avocat un regard de mépris ineffable, et, avec un geste intraduisible : — Monsieur, dit-elle, on ne répond pas à cela.

Et elle se retire, sans saluer la Cour, et en poursuivant Me Bac de ce regard étrange que nous avons dit.

Alors *M. l'Avocat général Moulin* se lève pour prononcer son réquisitoire. Lui aussi est profondément ému, et tout ce que vient de révéler à moitié l'attitude de ces deux femmes sur le mystère de Chamblas paraît peser sur sa poitrine. A peine a-t-il prononcé quelques paroles que sa voix s'altère, son visage pâlit; il s'arrête, tombe sur son siége et s'évanouit.

Le lendemain seulement, l'honorable magistrat trouve assez de forces pour accomplir sa tâche. Il retrace les premiers temps si calmes de l'union des époux de Marcellange, jusqu'au jour où la fatale influence de la belle-mère introduit la discorde et la haine dans ce ménage. Cette haine, deux domestiques dévoués l'épousent avec passion, Jacques Besson et Marie Boudon. L'un d'eux s'est dérobé à l'appel de la justice, et « vos consciences ont déjà apprécié l'énormité de cette circonstance, et la gravité des terribles soupçons qu'elle fait peser sur les auteurs de cette disparition. »

M. l'Avocat général retrace la vie de Besson, qui, de gardeur de pourceaux, s'est élevé peu à peu au poste d'homme de confiance. Son autorité a primé celle du maître. A-t-on besoin d'une nourrice? Mme de Chamblas dit à cette femme : « Ne vous inquiétez pas de M. de Marcellange, n'écoutez que Besson. » De là, les mépris du domestique pour son maître. Quel intérieur que celui où le chef de la famille ne peut ressentir un malaise sans se croire empoisonné? La vie commune était devenue insupportable, impossible, dans ce ménage, où l'enfant pouvait mourir sans que le père en fût averti; où, insouciante et froide devant ce petit cercueil, une mère tenait ce propos qu'on a essayé de nier, propos inouï : « Mieux vaut que cet enfant soit mort! Comment eût-il été élevé avec un père comme le sien? »

Quand on fait à M. de Marcellange ce procès en séparation dans lequel, étrange contradiction! on lui reproche, au fond, d'administrer sa fortune avec trop d'économie, c'est la cause de Besson qui se plaide plutôt que celle des dames. Ce procès réaliserait pour lui l'espérance révélée par ces mots : « J'ai gardé les pourceaux à Chamblas, et j'en serai bientôt le maître. »

Qu'on s'étonne maintenant des menaces, des prédictions de Besson, des pressentiments de M. de Marcellange. Ces pressentiments, ces terreurs, était-ce l'effet d'un esprit pusillanime? La fin n'a que trop prouvé le contraire.

Forcé de quitter Chamblas, M. de Marcellange va en affermer la propriété. « Comprenez quelle irritation cause cette nouvelle. Ici les dates sont fatales: c'est le 2 septembre que le bail doit être signé; les moments sont précieux. Vous qui avez intérêt à tuer M. de Marcellange, hâtez-vous! Demain il ne sera plus temps. Hâtez-vous! La nuit est propice, le ciel est couvert de nuages, le vent du midi souffle avec violence; le moment est venu. Vous relevez à peine d'une grande maladie; votre état servira à écarter les soupçons. Hâtez-vous! c'est l'heure! Si vous êtes encore faible, si votre convalescence n'est pas complète, surmontez votre faiblesse, faites des efforts, mettez-vous en marche; car demain, demain, 2 septembre, il ne sera plus temps. Assassin, hâtez-vous! »

M. l'Avocat général retrace ici le tableau de la nuit fatale. L'assassin a trop bien réussi. Il connaissait si bien les localités! il était si bien protégé par les ombres de la nuit et par le vent qui soufflait avec violence!

Le crime accompli, on se borne, chez les dames, à faire entendre quelques froides paroles. On vous a dit que Mme de Marcellange avait versé des larmes. « Vous l'avez vue devant vous, Messieurs les Jurés, et vous avez pu apprécier vous-mêmes ses émotions. « Cela n'est pas possible. Je ne comprends pas comment cela est arrivé. » Et tout est dit! C'est à vos consciences que je fais appel. Comment accueilleriez-vous une pareille nouvelle? L'homme du monde le plus insensible se bornerait-il à ces froides paroles? Laisserait-il le messager à la cuisine? Ne s'empresserait-il pas, au contraire, d'aller à lui, de le questionner, de lui demander des détails? Nous n'accusons ici qu'un seul homme, Messieurs les Jurés; mais, comprenez-nous bien, *nous touchons ici à toutes les moralités du procès.* »

La cause du crime est évidente: c'est une vengeance, et non une vengeance ordinaire. Ce n'est ni la cupidité, ni une rancune de débiteur, qui a assassiné, au milieu des siens, l'homme qui s'apprêtait à quitter le pays. Besson avait à servir sa haine propre et la haine des dames de Chamblas. C'est dans la maison de Chamblas que sont les causes anciennes, profondes, certaines, de l'assassinat, les sentiments générateurs du crime.

Le crime, on l'a essayé plus d'une fois. On a débuté par des propositions d'empoisonnement : le fait est prouvé par la condamnation d'Arzac. « Et voulez-vous, Messieurs, que nous vous disions notre conviction tout entière sur cet Arzac? Peut-être, un jour, cette conviction, nous l'exprimerons par des réquisitions formelles : nous pensons qu'Arzac était le complice de Besson, qu'il assistait sciemment l'auteur principal du crime, en lui rendant tous les services qu'il pouvait lui rendre, en éloignant le chien qui n'aurait pas manqué d'aboyer. »

Aux preuves morales qui signalent Besson viennent se joindre des preuves de fait : Besson vu sur les lieux du crime, avec son fusil, avec ses traits si reconnaissables, avec ce pantalon de velours rappelé par tant de témoins. Attaquera-t-on la déposition de Claude Reynaud? On s'en est vanté à l'avance, on a déjà trouvé des témoins pour l'ébranler; mais, indépendamment des confidences nombreuses de Reynaud, recueillies de tous côtés, indépendamment de son air de franchise et de sa persistance dans la vérité, Reynaud ne peut être un faux témoin. Les faux témoignages en matière criminelle ne se produisent presque jamais contre l'accusé. Il peut y avoir à cette vérité d'horribles exceptions, mais elles sont fort rares. Qui aurait corrompu Reynaud? La magistrature? Ce point ne mérite même pas discussion. Cette famille honorable, qui remplit hautement un devoir sacré, le plus religieux des devoirs? Non, Reynaud n'a pas eu de corrupteur. Il a pu, sous l'impression de la peur, dissimuler longtemps la vérité; mais sa conscience, enfin, a éclaté. La déposition de Jacques Bernard, au contraire, est nouvelle au procès; tout prouve qu'elle est le résultat unique de la subornation : c'est l'argent des dames qui a payé.

La déposition de Pugin établit surabondamment qu'à plus de minuit la porte des dames s'est ouverte et refermée, dans la nuit du 1er au 2 septembre. Les dames, ce jour-là, étaient rentrées à neuf heures; M. l'abbé Cartal était rentré. Reste Marie Boudon pour ouvrir la porte, et Besson pour rentrer. Demandez-vous, maintenant, pourquoi Marie Boudon a été soustraite à la justice.

Si l'innocence est impossible, que devient l'*alibi*, surtout quand les exemples de subornation ne manquent pas? D'ailleurs les témoins de l'*alibi* ne parlent que deux mois et demi après le 1er septembre, alors que les souvenirs doivent être effacés ou avoir perdu de leur actualité.

La conviction est donc complète, et « il faut que le châtiment suive le crime. Le coupable est devant vous. Le coupable ! c'est l'homme qui haïssait l'infortuné Marcellange, qui voulait qu'il ne fût plus maître, pour le devenir à sa place. D'autres passions, peut-être, ont exalté les siennes, mais lui seul est allé sur les lieux le jour où le crime était nécessaire. Tout ce qui peut asseoir d'une manière inébranlable les convictions se réunit ici. Nous avons les preuves morales combinées avec les preuves matérielles. Un grand forfait a été commis; un grand coupable, *nous ne disons pas le seul coupable*, est devant vous. Au nom de la société, nous appelons toute la sévérité de votre justice sur la tête de Jacques Besson. »

Ce réquisitoire simple, énergique, austère, a été écouté par tous avec une religieuse émotion, excepté par le principal intéressé. L'impassibilité de Besson ne s'est pas un seul instant démentie. On se demande avec effroi le secret de cette imperturbable assurance.

Cependant *Me Rouher* se lève et prend la parole pour l'accusé. L'avocat, une des gloires les plus hautes du barreau français, rappelle d'abord pourquoi on a distrait l'accusé de ses juges naturels. « C'est que le sol tremble dans cette cause, et que partout s'agitent des passions qui peuvent conduire à une erreur irréparable ; c'est qu'on a compris que les premiers juges n'étaient plus dans les garanties légales de l'impartialité. Ces passions, ces mauvaises conseillères, ces pourvoyeuses détestables des erreurs judiciaires, ne viendront-elles pas vous atteindre ici ? N'aurez-vous pas rencontré dans le public quelques-unes de ces étranges et malheureuses publications répandues comme pour saisir, au foyer domestique, la conscience de celui qui ne savait pas encore qu'il serait un des jurés de l'affaire !

« Qu'on ne se hâte pas, au reste, de prendre note de mes paroles et de leur donner un sens qu'elles n'ont pas. Qu'on ne croie pas que je veuille diriger des accusations contre une famille éplorée. Sa douleur est sainte et respectable. Je sais qu'il appartient à cette famille de demander à la justice vengeance pour le deuil répandu sur sa tête : ce droit est consacré par la législation, il est écrit dans la loi de l'humanité comme dans celle de la justice. Mais je sais aussi que le désir de la vengeance, quelque respectable que soit cette vengeance, peut aveugler, que le désir d'obtenir une réparation légitime peut conduire quelquefois à l'erreur les pensées les plus légitimes et les plus loyales.

« Les préventions !... Voilà le mot de cette cause ! Voilà la crainte qui doit continuellement vous préoccuper ! N'écoutez pas leurs voix trompeuses; écartez de vous toutes les passions, tous les mouvements tumultueux du cœur ! Je ne veux discuter qu'avec la voix de la raison. Je ne veux trouver pour m'écouter que des hommes froids, sérieux, pesant avec soin une grave accusation et s'arrêtant devant la crainte de rendre un verdict malheureux. Les préventions une fois écartées, fermes et inébranlables sur vos siéges, examinez la cause, et rien que la cause. Ne vous laissez pas préoccuper par des doutes; qu'une parole éloquente ne fasse pas vibrer vos poitrines. Une argumentation qui se mêle de larmes et se pétrit dans la douleur est un des plus grands dangers que puisse rencontrer la conscience du jury. Vous n'avez pas à craindre, de notre part, ce moyen d'erreur; nous ne faisons, encore une fois, appel qu'à la voix de la raison. »

Après cet habile exorde, Me Rouher entre dans l'exposé des faits. Et d'abord il s'abstiendra de fouiller dans les détails intimes de l'intérieur d'une famille. Défenseur de Besson, il n'a point mission de défendre celle qu'on ne s'est pas cru le droit d'accuser. Il le dit au moins ; mais il lui faut céder aussitôt aux nécessités de sa cause, et il fait l'histoire du ménage de Marcellange. Il rappelle Mme de la Roche-Négly donnant tout par contrat de mariage, consentant, au profit de son gendre, un bail à vil prix de ses propriétés. De quel côté est l'abnégation ? Mais Vilhardin s'est endetté : une seule idée l'obsède; il craint d'entamer son patrimoine pour payer ses dettes; il économise sur ses revenus. Il organise la parcimonie dans cette famille habituée à l'opulence.

La mort de M. de Chamblas lui fait un créancier de plus, la comtesse. Vilhardin s'épouvante; il faut avoir sa belle-mère sous la main, confondre les deux fortunes. Au Puy, Mme de Chamblas veut tenir son rang; Marcellange ne songe, lui, qu'à payer ses créanciers. Voilà l'hostilité d'intérêts déclarée. Au-dessus de ces discussions, d'autres passions pouvaient-elles prendre place ? Besson et Marie Boudon, anciens serviteurs de la famille, en furent les confidents nécessaires. Voilà tout.

Besson, après la séparation, est resté aux gages de M. de Marcellange, et il a été plus spécialement au service des dames. Il n'a pas été la cause de ces procès, dont l'effet a été d'exalter l'imagination de M. de Marcellange, et de lui faire voir des ennemis partout.

Besson, après le crime, a été arrêté; aucune preuve matérielle n'a parlé contre lui, et sa fermeté ne s'est pas démentie un seul instant pendant deux ans. Les témoins accusateurs, au contraire, ont varié sans cesse. Cet homme rencontré la figure couverte de pustules, près du bois de Chamblas, on l'avait d'abord reconnu positivement pour être Besson, dit Cédat.

L'accusation qui a survécu à toutes les autres, celle qui est sortie de l'infinie mobilité des témoignages, celle contre Jacques Besson, est-elle au moins forte et une ? Non; on l'accuse d'être l'auteur de l'assassinat, et, subsidiairement, d'en être le complice, pour avoir provoqué ou assisté l'auteur principal, double prétention qui trahit la faiblesse.

On invoque des preuves morales et des preuves matérielles.

Les preuves morales : elles ne reposent que sur des propos démentis, ou qui s'expliqueraient par la grossièreté et par le défaut d'éducation d'un domestique. Des propos ne sont pas des preuves.

Mais le crime n'a-t-il pas d'autre explication possible que la haine d'un valet, d'autre auteur possible que Besson ? Quelque temps avant M. de Marcellange, un malheureux garde champêtre tombait sous la balle d'un assassin : quelque rancune futile, résultat d'un procès-verbal dressé. Un motif aussi frivole n'a-t-il pu armer un assassin contre M. de Marcellange ? Au moment où Colombet, ce garde champêtre, se débattait, percé d'une balle, contre les angoisses de la mort, M. Alirol, médecin au Puy, entendit prononcer ces paroles, dans la foule : *Il en arrivera autant à M. de Marcellange !*

Que prouve contre Besson la condamnation d'Arzac ? Sans doute respect est dû à la déclaration du jury du Puy; mais rien ne lie un autre jury. C'est un étrange problème que cet Arzac; vous l'avez vu, sous la parole puissante de M. le Président, sollicité, au nom de sa liberté, par l'espérance d'une grâce possible, de tout révéler à la justice, vous l'avez vu rester ferme, impassible; vous l'avez entendu répéter : « Les hommes sont injustes, Dieu me jugera. » Est-ce que vous l'avez deviné, cet homme? Que l'accusation ne s'empare pas de la déposition d'Arzac! Tout y est doute effrayant, incertitude.

Mathieu Reynaud a reconnu Besson ; dans l'instruction il déclarait le contraire. Cinq témoins racontent la reconnaissance d'une manière différente. Croirez-vous plutôt des bavardages de cabaret qu'une déclaration solennelle faite devant un juge?

Claude Reynaud a varié avec l'instruction, a accommodé son témoignage aux mobilités de l'enquête. Il avait peur, dites-vous? Mais la peur réduit au silence, elle n'est pas déloyale. Claude Reynaud a menti, hier ou aujourd'hui. L'a-t-on soudoyé? Non, sans doute, mais il a pu espérer la récompense d'un crime qu'on ne l'avait pas chargé de commettre.

Mais tout tombe devant l'*alibi*. Jamais il n'y en eut de mieux prouvé ; huit témoins l'établissent. Condamnez ces huit hommes avant Jacques Besson, si vous voulez être logiques. Vous n'avez pas eu le courage de les arrêter : l'*alibi* reste donc avec toute sa force; il reste, comme un doute puissant, en présence des tergiversations, des mensonges des témoins principaux. Ce doute sera la sauve-garde de l'accusé.

Voilà mes paroles pour la défense, mes paroles sans art, arides, sèches, mais nécessaires. Puissent-elles protéger l'accusé! Puissent les efforts de la défense être couronnés d'un succès qu'elle croira légitime!

Le 27 août, *Me Théodore Bac* prend la parole en ces termes :

Messieurs les Jurés,

Lorsque, agité par des pressentiments funèbres, Louis de Marcellange épanchait au sein de sa famille ses douleurs et ses craintes, il s'écriait : « Si je meurs assassiné, vengez-moi ! ! ! »

Et huit mois après, apporté par les échos de Chamblas, le même cri arrivait au frère et à la sœur. Mais cette fois ce cri s'était élevé d'une tombe!

Le frère et la sœur ont juré d'accomplir le vœu d'un frère assassiné. Ils se sont assis au bord de sa tombe, attendant, dans leur douleur, une vengeance trop lente à venir. Et cette vengeance, depuis deux ans appelée, depuis deux ans retardée, elle arrive enfin....

Déjà celui dont le faux témoignage s'élevait entre la justice et l'assassin a succombé sous nos efforts; et quant à ceux qui restent derrière l'accusé, Dieu seul savait hier quand viendrait pour eux le jour de la justice; aujourd'hui les hommes commencent à le pressentir!

Louis de Marcellange est mort, vous savez comment : plein d'avenir et de vie, prêt à quitter ces montagnes remplies pour lui de tristes souvenirs et de sombres pressentiments, prêt à rejoindre un père chéri, un frère et une sœur bien-aimés, prêt à rentrer dans tout ce bonheur qu'il avait depuis trop longtemps perdu ! Déjà tout était disposé pour le départ; les parents étaient prévenus, les arrangements étaient faits, la ferme de Chamblas n'attendait qu'une signature; le lendemain il fuyait à jamais ce pays fatal, lorsque la balle d'un assassin l'a frappé!

Il était assis au milieu de ses domestiques qui le chérissaient; tout était calme et silencieux au foyer. Tout à coup un éclair brille, une détonation se fait entendre, et il tombe, sans avoir même le temps d'exhaler un dernier adieu vers sa patrie, vers sa famille à jamais perdues!

On se précipite au dehors pour suivre les traces de l'assassin : une nuit profonde le cache dans ses ténèbres, le vent du midi qui souffle avec violence emporte le bruit de ses pas...

Quel est l'auteur de ce crime? Qui faut-il poursuivre? qui faut-il punir? Comment s'accomplira le vœu de la victime?

Tout concourt à cacher le coupable : cette nature rude et sauvage, l'obscurité de ces forêts de sapins, forêts sombres et silencieuses qui gardent le secret de l'assassin et l'enveloppent de leur mystérieux abri, l'escarpement de ces rochers, la profondeur de ces gorges, et ces mœurs plus âpres que cette âpre nature.

La justice, d'abord impuissante, lui chercha des ennemis et n'en trouva pas. Rappelez-vous de quelles larmes sincères fut honoré son convoi funèbre. Tous les paysans des campagnes voisines, tous les domestiques de la maison l'accompagnèrent, silencieux et mornes, à sa dernière demeure. Tous prièrent et pleurèrent sur son cercueil! Tous!... Je me trompe. Un seul était absent; un seul était resté au château, buvant et mangeant pendant qu'on disait sur le cadavre les prières de la religion... Cet homme, c'était Jacques Besson!!!

Voyez, dites-vous, le garde Colombet! Ce sont là rancunes de procès-verbal ! Eh! qui vous dit qu'un lien secret n'unit pas ce crime à l'autre? On le croit dans le pays. D'étranges soupçons ont plané sur cette mort : Colombet avait peut-être reçu quelque sinistre confidence. Tout ce que je sais, c'est ce qu'a dit Mme de Marcellange à propos de ce crime : *On a bien tué Colombet, et l'assassin n'a pas été découvert!* Et quand un paysan lui répond que ce ne sera pas la même chose pour M. de Marcellange, cette femme si hautaine dans cette enceinte, cette femme qui n'a pas pâli lorsqu'elle a déposé, là, près de cette chaise qui porte encore les empreintes de la balle qui frappa son mari, sous la parole de Delombre, elle devient *sombreuse* et inquiète *comme le gibier sous l'arrêt du chien!*

Ce n'était pas à vous de prononcer le nom de Colombet.

La justice s'est égarée, dites-vous; les soupçons ont changé cinq fois d'objet.

Oui, la justice s'est égarée, et comment ne l'eût-elle pas fait? Quand un mystère profond environnait le crime, quand tout concourait à favoriser l'assassin, et la difficulté d'arracher la vérité à ces habitants des montagnes, que la vengeance menace toujours et peut frapper à chaque instant, et la facilité de se procurer des faux témoignages chez ces gens pauvres et trop facilement accessibles aux tentatives de tout genre, et cette famille de Chamblas, qui semait autour d'elle l'intimidation, la séduction, la corruption, vous vous en prenez à nous de ses tâtonnements nécessaires? — En vérité!!!

Ah! peut-être tous les hommes qu'a suivis le soupçon n'étaient-ils pas étrangers au crime? Peut-être Besson avait-il parmi eux des complices? Je ne le sais. Mais, quoi qu'il en soit, rendons grâce à ces hésitations, à ces erreurs d'un moment, qui ont préparé la découverte de la vérité. Une instruction a eu lieu sur la conduite de tous ces hommes; leur innocence a été proclamée : ce n'est plus parmi eux qu'il faut chercher l'assassin. C'est une conquête que nous avons faite. On eût pu montrer Villedieu, errant dans les bois de Chamblas pendant la nuit du crime; Jean Boudoul, impuissant à faire sa prière aux pieds du cadavre, et semblant trahir, par sa pâleur et le tremblement de ses membres, une terreur secrète; Magnan, Cédat, Boissonnet, vaguement reconnus par Claude Reynaud, Marguerite Maurin, Isabeau Delaigne; on eût pu accumuler par là quelque ombre sur cette affaire et jeter quelques doutes dans la conscience du jury. Eh bien! il ne le fallait pas. Il fallait que tout fût éclairci. Il fallait que la justice demandât compte de chaque soupçon. Elle l'a fait. Tous ceux qu'a désignés quelque indice ont été arrêtés; tous ont subi l'épreuve d'une instruction, et tous en sont sortis purs... tous!... Un seul est resté, accablé sous les charges toujours croissantes, et celui-là, c'est l'assassin! Vous allez le voir!

Le crime n'est pas un crime vulgaire. Le premier mot de tous l'a qualifié : *c'est un crime de famille.* Cette accusation instinctive, Besson l'a entendue, et il a voulu s'en défendre. On lui a demandé où, quand, il s'est senti pour la première fois en butte

Il attestait, par les paroles consacrées, le Ciel de son innocence. (p. 36.)

aux soupçons, si c'était là, où là. Et, pour répondre, il hésitait... Non, ce n'était ni dans la cuisine, ni dans la rue, ni autour de vous, Jacques Besson, c'était en vous qu'étaient ces murmures qui vous glaçaient d'effroi! Vous entendiez les voix confuses de votre conscience! Vous entendiez le cri du remords qui s'élevait au fond de votre âme! Et, trompé par vos terreurs, vous lisiez dans tous les regards, vous entendiez s'échapper de toutes les lèvres cette accusation qui ne grondait encore que dans votre sein!!!

Le voilà donc désigné, le coupable! Voilà les premières indications! Voilà où il faut marcher! Une voix partie de l'opinion publique et de la conscience d'un homme, du dehors et du dedans, me pousse et m'attire vers la maison de Chamblas. J'y suis conduit malgré moi; et qu'est-ce que j'y trouve? Une famille profondément divisée, deux époux en lutte, une belle-mère qui alimente les divisions, la haine arrivée à ses dernières limites, et toutes les passions qui conduisent au crime accumulées sur quatre personnes.

Ici, Me Bac retrace, à son tour, l'histoire des premiers temps de ce ménage. Il montre le calcul présidant à cette union, surtout du côté de la femme et de la belle-mère. Aux reproches de parcimonie faits à M. de Marcellange, il oppose les instincts d'économie de la femme, jusqu'au jour où la *fatale* belle-mère arrive à Chamblas. Alors, les divisions commencent, et le foyer domestique est bientôt trop étroit pour contenir les dissentiments des deux époux.

Au sortir de ces tristes débats, de ces scandales judiciaires, M. de Marcellange père reçoit une lettre anonyme, dans laquelle on plaide la cause de Mlle de Chamblas, pauvre femme incomprise, que son mari *prive de tout*. Son mari! un *buraliste*, un *rat de cave; un marcassin pareil ne méritait pas d'entrer dans cette maison*. Qui donc possède le secret de ce style qui tantôt descend à la plus basse trivialité, tantôt s'élève à une certaine distinction? Qui donc est si profondément blessé des habitudes vulgaires et de l'humble naissance de M. de Marcellange? Qui donc a pu écrire cette lettre, quand les procès venaient d'être jugés, quand les haines comprimées ne trouvaient plus d'écoulement, et que, repoussées par la justice dans leurs injustes prétentions, les dames de Chamblas commençaient à rêver d'autres projets?

Ah! je veux bien ne pas accuser Mme Théodora; mais je dis que, si elle eût voulu épancher le fiel qui dévorait son âme, elle eût écrit ces mots. Elle n'eût pu écrire autrement; car, ce sont ses sentiments, ce sont ses pensées, ce sont ses accusations, ce sont ses plaintes; car, dans ce style grossier, sous ces expressions déguisées, on retrouve les récriminations que la défense vous présentait hier avec tant de dignité, et qui, relevées par un langage énergique et coloré, revêtues d'une forme noble et pure, ont pu vous paraître un moment dignes d'être écoutées!

Les sentiments de Mme Théodora pour son époux sont bien ceux que révèle cette lettre. Les propos tenus par elle à Mariette Maurin, devant Obrier, décèlent, par des paroles grossières, la pensée cachée au fond de son âme. Au contraire, pour *notre Jacques*, toutes les marques de confiance, de déférence. Après une longue marche, M. de Marcellange et Besson arrivent-ils au Puy, couverts de sueur: Jacques est accueilli avec empressement, fêté, choyé; M. de Marcellange, on lui refuse la clef d'une chambre pour se reposer; personne ne se trouve dans la maison qui veuille s'occuper de lui.

Si M. de Marcellange a senti naître en lui la pensée irrésistible qu'on en voulait à sa vie, s'il a tout soupçonné, jusqu'au déchirement de ses entrailles, jusqu'à la mort de ses enfants, croyez qu'avant d'en venir là, il avait subi en silence bien des tortures. Vous l'accusez d'indiscrétion, de diffamation, quand il a dévoré secrètement bien des douleurs amères. Mais enfin, il avait fallu parler: le vase était trop plein, il débordait!

Ah! sans doute, ces soupçons contre une mère étaient injustes; mais cette mère n'était-elle pas celle qui prononçait ces paroles glacées : *Autant vaut que cet enfant soit mort! Comment eût-il été élevé?*

Oui, elle a dit cela; oui, voilà l'oraison funèbre prononcée par une mère. Dites que cela est impossible, appelez-en au cœur de toutes les mères. Oui, cela est impossible; oui, parmi les femmes qui ont senti s'agiter dans leurs flancs le fruit sacré, qui ont senti l'ineffable joie de doubler leur vie, qui ont senti de quelle volupté le premier regard, le premier cri, le premier souffle du fils de leurs entrailles paye les longs mois de souffrances, qui ont senti toute leur âme passer dans cette autre âme, sœur immortelle qu'elles s'étaient donnée, parmi les mères il n'en est pas une qui, mettant la main sur son cœur, ne s'écrie avec vous : C'est impossible!

Et cependant, ces paroles, elles sont sorties de la bouche de Mme Théodora; elles ont été prononcées devant l'abbé Paul; elles ont vivement frappé l'attention de ce prêtre, de cet homme d'honneur, et se sont profondément gravées dans sa mémoire. La profession, le caractère, l'autorité du témoin, la réserve habituelle de son langage, tout exclut la possibilité du doute. Mme Théodora a dit ces paroles impossibles.

Mais qui êtes-vous donc, Madame, vous, qui, sur le cercueil de votre enfant unique, exprimiez ces sentiments si monstrueux qu'on y peut croire à peine? Qui êtes-vous donc, vous que rien ne touche, ni le spectacle de la mort, ni le deuil qui vous entoure, ni les larmes qui coulent, ni le respect humain qui devrait au moins vous contenir? Ah! je ne sais, mais tout me semble possible de vous, de vous qui avez pu cela, et nul ne sait où vous vous arrêterez... Mais je me souviens que vous n'avez pas de défenseur.

Ce dernier lien des enfants brisé, retiré dans ce vaste et sombre château de Chamblas, au milieu de ces sauvages montagnes, seul avec ses préoccupations sinistres, loin de ses amis, loin de sa famille, privé des affections du cœur, des habitudes de l'autorité, M. de Marcellange passa de bien longues et de bien tristes heures. Le soir venu, dans sa chambre solitaire, il songeait aux premiers jours de son union, à ces joies de la famille qu'il avait entrevues, à ces beaux rêves qu'il avait faits, à tout ce bonheur qui le fuyait, à ces terreurs dont il ne pouvait se défendre, et le cœur serré, les larmes dans les yeux, n'ayant pas une âme où il pût épancher ses tristesses, il demandait à Dieu, aux brises de la nuit, aux nuages qui passaient, aux pâles étoiles, à toute cette mélancolique nature qui l'entourait, si rien, rien ne viendrait l'arracher à son isolement, si l'avenir ne recélait pas pour lui quelque bonheur, quelque espérance inattendus! — Mais rien ne lui répondait..., rien que le cri lugubre de l'oiseau des nuits, rien que le bruit du vent qui s'engouffrait en gémissant dans les gorges profondes, et arrachait de funèbres harmonies aux vieux sapins de la forêt de Chamblas! Et alors, sur le fond de l'horizon, au flanc du bois sombre, il voyait passer l'image de Jacques Besson, le fusil sur l'épaule, jetant vers lui de sinistres regards et des menaces de mort!!!

C'est à ces heures solennelles qu'il avait une claire et prodigieuse vision de sa destinée, qu'il prédisait sa mort et demandait vengeance avant le crime. Qui redoutait-il surtout? Marie Boudon et Besson. L'avocat rappelle toutes les paroles menaçantes et prophétiques prononcées avant la mort de M. de Marcellange. Visions puériles, dites-vous; rêves d'un cerveau malade, que les terreurs de M. de Marcellange! Il est mort, et vous me demandez de justifier ses pressentiments; et vous me demandez des arguments! Moi, je vous montre une tombe. Voilà mes arguments. Je n'en veux pas d'autres!

On avait essayé d'abord du poison : le procès d'Arzac le prouve. Le rôle d'Arzac dans l'assassinat, tout le monde le devine. Ces propositions d'empoisonnement, cette complicité auxiliaire, quel autre que Besson pouvait les faire ou la réclamer? Toute son attitude après l'assassinat le prouve. Il ne pense qu'à lui-même: il montre ses pieds écorchés; il essaye des justifications anticipées; il promène partout ses inquiétudes; il n'a pas alors ce calme, cette assurance dont on vous dit: C'est la sérénité de l'innocence!

L'avocat rappelle toutes les paroles révélatrices échappées à la conscience troublée de Besson et de Marie Boudon; cette haine qui survit à la mort, cette fuite d'un témoin important qui explique toutes ces révélations d'attitude, il les retrouve dans les paroles de Mme de Marcellange, dans la protection étendue par elle sur l'accusé, dans l'entrevue de cette femme orgueilleuse avec Arzac, le berger en haillons. La séduction sur Arzac, elle n'est que trop évidente, car c'est pour elle que s'est fait condamner le témoin.

Les témoins qu'elle ne peut espérer séduire, elle les menace. Faut-il rappeler cette expression étrange sortie de la bouche de Mme Théodora : *Quand nous serons à Chamblas, nous ferons bien aller les témoins qui déposent contre Besson; on les blanchira comme on a blanchi M. de Marcellange.*

On les blanchira! Quel mot! C'est vous qui blanchirez de peur! (Sensation.)

Tous les serviteurs, tous les affidés de la noble maison sont mis en mouvement. La séduction, l'intimidation, la corruption s'organisent sous le patronage des dames de Chamblas. Marie Boudon, Jean Maurin, dit Boudoul, sont les agents principaux, et vont partout semant, au nom des dames, les promesses, les menaces, les libéralités; et, rassurées par tant de zèle, ces dames répètent, dans leur sécurité, ce mot recueilli par Roiron : *Avec de l'argent on vient à bout de tout.*

Le vieux patrimoine de la famille de Chamblas est dépensé pour corrompre les témoignages. Un homme avait vu l'assassin, lui avait parlé, avait reçu de lui presque la confidence de son affreux secret; Mathieu Reynaud avait tout vu, pouvait tout dire, et nous trouvons cet homme menant joyeuse vie dans les cabarets du Puy, et s'écriant, le verre en main : *Buvons! c'est l'argent des dames qui paye!*

Et les largesses ont dû aller bien loin. Vous connaissez la fortune de la maison de Chamblas, vous savez quel revenu plus que suffisant pour fournir aux plus folles dépenses! Eh bien! au moment où les assises du Puy s'ouvraient, les dames de Chamblas empruntent trente mille francs! Elles empruntent sur hypothèque. Et ce vieux domaine de Chamblas, qui n'avait jamais été déshonoré par la défiance du prêteur, qui était vierge d'inscriptions, on l'engage pour solder le compte des faux témoignages!

Quelle protection, quel intérêt puissant pousse donc les dames de Chamblas à porter le dévouement pour Besson jusqu'à la ruine, jusqu'au déshonneur?

Mme de Chamblas nous disait naguère, avec ce ton superbe que vous lui connaissez : *Nos domestiques se tiennent toujours à leur place.* Mais pour Besson, sans doute, on se départait quelquefois de l'aristocratie de ce principe. Je voudrais bien savoir s'il était à sa place, lorsque, à la fraîcheur du soir, sous le tremblant abri des sapins de Chamblas, dans la verte solitude des bois, le bras de ces dames s'appuyait sur le sien avec un tel abandon que la pudeur d'une jeune fille des champs en fut alarmée! Quand je me rappelle cette molle et familière attitude, ce vif contraste entre les hautaines prétentions de ces dames et leurs façons d'agir; quand je rapproche ce souvenir de l'audacieuse protection accordée à l'assassin, je me demande avec effroi si toutes ces caresses n'avaient pas un but.

M. le Président. — Me Bac rappelez-vous, je vous prie, que les dames de Chamblas n'ont pas ici de défenseur.

Me Bac. — Aussi ne veux-je pas aller plus loin. L'heure n'est pas encore venue d'aller au fond de cet effroyable mystère. Je ne veux pas savoir encore quelle part les dames de Chamblas ont eue dans l'assassinat. Mais ce que je sais, c'est qu'une veuve qui protége hautement l'assassin de son mari, qui cherche à altérer les témoignages pour le sauver, qui, dans ce but, compromet sa fortune, son honneur, que rien ne retient dans cette abominable voie, ni l'opinion, ni la pudeur, ni le respect qu'elle se doit à elle-même; ce que je sais, c'est que cette femme, qui méconnaît ainsi tous les devoirs que lui imposent sa position, son titre, le nom qu'elle porte, l'honnêteté publique, les plus vulgaires convenances; ce que je sais, c'est que cette femme est indigne de toute pitié! Ah! si d'autres faits se découvraient, si de nouvelles révélations venaient accuser Mme de Marcellange, je ne voudrais pas les entendre; j'en sais assez sur cette femme. J'ai vu ses intimités avec Besson, je l'ai trouvée préparant le faux témoignage, je l'ai entendue descendant elle-même jusqu'à ce crime honteux pour sauver l'assassin de son mari; je ne veux pas en savoir davantage! Qu'elle échappe, si elle le peut, à la vengeance des lois : elle n'échappera pas à une vengeance plus impitoyable, plus cruelle, qui a déjà commencé! Qu'elle trouve dans son propre cœur la peine qui lui est due! Que pour elle il n'y ait plus de repos! Qu'elle tremble toujours d'être découverte! Que la peur soit sa compagne! Que l'infamie la suive! Que le remords la dévore! Et que, après cette vie de terreurs et de honte, la justice éternelle vienne s'asseoir sur sa tombe! Voilà tout ce que je veux; je ne demande pas d'autre peine pour les dames de Chamblas!

Est-il besoin d'autres preuves que ces preuves morales? Non, sans doute; mais les preuves matérielles s'y ajoutent. Besson, vu par Claude Reynaud dans le bois du Biou, rencontré par Etienne Gras à la côte de la Chapelle, par Mathieu Reynaud à la croix de Sceaux-d'Ebde, par Isabeau Delaigne à la sortie du bois, cet homme est pour chacun d'eux le même homme. On argue des tergiversations de Claude Reynaud, on l'accuse de faux témoignage; mais quel sera le suborneur? Claude Reynaud a payé son tribut au mal du pays : il a eu peur. Mais, tout en paraissant ne pas reconnaître Besson dans une confrontation première, il décrit son vêtement, ce pantalon de velours qu'il porte encore. C'est au juge d'instruction à provoquer la vérité, à se demander si l'homme au pantalon de velours ne serait pas là présent, si l'homme aux empreintes de souliers sans clous ne serait pas celui qui, le 1er septembre, avait mal aux pieds et ne pouvait marcher qu'avec une chaussure fine et délicate. Reynaud n'a pas dit d'abord toute la vérité : d'accord; mais, dès le premier moment, il a raconté des circonstances matérielles sur lesquelles il n'a plus varié; à chaque déclaration, il a ajouté des circonstances nouvelles sur lesquelles il n'est pas revenu. La déposition n'a pas varié, elle a été progressive. Immédiatement après l'assassinat, plus hardi devant les siens que devant le juge, il se confie à Boiton, à Arnaud, à Vidal Reynaud, à Rose Charbonnier, à André Exbrayat, à Pierre Brch. Le 4 septembre, il a dit à Pierre Exbrayat : « L'homme que j'ai vu passer a fait le coup; *c'est Jacques.* » Était-il acheté alors? Un seul témoin a cherché à renverser cette déposition formidable, et c'est Jacques Bernard, ce digne confrère d'Arzac! Et vous vous écriez avec effroi que le sol tremble sous nos pieds. Est-ce pour le raffermir que vous l'avez pavé de faux témoignages?

Quant à Mathieu Reynaud, dit-on, il n'a pas d'abord nommé Besson. Oui, lui aussi, il a cru à l'impuissance de la loi. Il n'a parlé que peu à peu; il eût tout dit à la justice si la mort ne l'eût pas surpris. Mais il a tout dit à d'autres, à Boiton, à Jacques Vidal, à Laporte. Il leur a confié avec terreur le nom de celui qu'il avait vu, qui l'avait menacé. Au Puy, en garnison, il a pu, parlant à Pambourg, suprimer la menace et les terreurs. Contradiction seulement apparente, vanité de soldat. Au fond, la part est la même, et on a tant redouté ce témoignage qu'on a cherché à enchaîner cette voix; Mathieu Reynaud a bu l'*argent des dames*.

Et Isabeau Delaigne, on craignait aussi ses révélations. Rappelez-vous la conversation de la place du Martouret.

Ainsi donc, on a vu Besson aller à Chamblas. Ce n'est pas tout : Pugin l'en a entendu revenir. Tout est éclairci. Reste une preuve, la plus puissante peut-être, ce pantalon accusateur qu'on a fait disparaître.

A tout cela, qu'oppose-t-on? *L'alibi!* la dernière ressource des défenses désespérées. *L'alibi!* concessions de la faiblesse ou de la complaisance, souvenirs mal assurés qu'on fortifie habilement, peut-être aussi la secrète influence de ces trente mille francs empruntés par hypothèque sur les biens des dames de Chamblas : voilà les éléments de ces témoignages de tailleurs, de cuisinières, de ces camarades de Besson. En tête de cette liste de témoins envoyée par Mme Théodora au procureur du roi, que n'a-t-on écrit le nom des dames elles-mêmes? Eh quoi! vous aviez la certitude de l'innocence de cet homme, vous lui aviez parlé à l'heure du crime, vous pouviez d'un mot le sauver, et vous vous taisez! Veuve de Marcellange, craignez-vous qu'on ne suspecte votre témoignage? Parlez, Madame! au nom de la vérité, au nom de la justice, au nom de Dieu, parlez! Vous gardez le silence. Votre nom est trop noble, peut-être, pour figurer sur une liste de témoins. Mais au moins inscrivez-y celui de votre femme de confiance. Non! Marie Boudon est muette comme vous.

Mais qui donc arrêtait ces femmes sur le seuil de la justice? qui donc leur disait que leur témoignage serait sans poids? Ah! je le sais : c'est que Besson était à Chamblas. C'est pour cela qu'elles ont préféré des témoignages stipendiés.

Ainsi, tout accuse Besson, tout, jusqu'à la tombe elle-même. Aux temps anciens, quand la foi régnait dans les âmes, quand la pompe des cérémonies religieuses exerçait sur les cœurs sa souveraine puissance, on cherchait parfois les auteurs d'un crime autrement qu'à travers les sages, mais lentes investigations d'une instruction criminelle. Le cadavre sanglant était porté dans la nef; autour s'allumaient les cierges bénits, les hymnes des morts résonnaient sous les voûtes sacrées; et, au milieu de cette solennité funèbre, sous les yeux du peuple assemblé dans un silencieux recueillement, s'approchait lentement, l'un après l'autre, chacun de ceux que le soupçon pouvait atteindre, et, posant la main sur la blessure entr'ouverte, il attestait, par les paroles consacrées, le Ciel de son innocence. Le sang liquéfié devait couler sous la main sacrilége de l'assassin. Ah! sans doute, le miracle ne se fût pas accompli! Mais la terreur était assise aux pieds du cadavre, l'aile de l'ange de la mort frissonnait autour de ce cercueil ouvert; et, quand approchait l'assassin, le cœur lui défaillait, sa main glacée ne pouvait s'étendre pour attester le Ciel, et chacun pouvait lire son crime sur la pâleur de son visage.

Eh bien! Besson a subi cette épreuve, et cette épreuve l'a condamné!

Il est entré dans cet appartement plein de désolation où gisait le cadavre de Marcellange; il y est entré, la haine dans le cœur, et la joie d'une vengeance satisfaite dans les yeux. Son regard a passé sur le cercueil, et, dans ce court instant, le cercueil l'a dénoncé!

Messieurs, notre tâche n'est pas achevée. Il est d'autres coupables à atteindre. La famille aux pieux efforts de laquelle nous avons associé nos efforts, n'est qu'à moitié de son œuvre; mais, si lente qu'elle soit à venir, nous savons que la justice arrive à son heure!

C'est en vain que de hautes positions s'assurent dans la sécurité dont elles jouissent.

Quand la vengeance de Dieu jetait sur la terre les grandes eaux du déluge, la montagne orgueilleuse se réjouissait, pensant que la vallée seule serait inondée. — Cependant, le flot monte, monte toujours, et déjà la montagne sent baigner ses flancs étonnés... Il monte, il monte! et le haut sommet se réjouit encore, que déjà un premier flot vengeur a lavé son front superbe. (Mouvement.)

Ainsi, la famille de Marcellange prévoit le moment où elle atteindra le sommet de sa tâche. Depuis deux ans, elle voit sans cesse passer dans ses rêves le spectre de Louis, criant encore : Si je meurs assassiné, vengez-moi!! Et ce spectre paraîtra toujours jusqu'à ce que la vengeance soit complète! et les deux blessures sanglantes qu'il porte à son côté ne se fermeront que lorsque, sur sa tombe, se sera faite une triple expiation! (Sensation profonde.)

Oui!!! — Pour que le vœu de notre frère soit accompli.... pour que son spectre s'éloigne enfin, nous inscrirons, il le faut, trois noms sur son tombeau : hier Arzac, aujourd'hui Besson, demain, vous, mesdames de Chamblas!!!!

Toute cette passion, toute cette poésie, décolorées dans notre froide analyse, ont profondément remué tous les cœurs. Les yeux cherchent instinctivement ces dames de Chamblas, dont une éloquence audacieuse vient, pour ainsi dire, de clouer les noms sur le banc des accusés. Elles sont absentes; et c'est au milieu d'une agitation singulière que *M. l'Avocat général* demande, contre Besson, un verdict sans circonstances atténuantes. Car « si Besson a été l'instrument de passions étrangères; il servait aussi les siennes. » Me *Rouher*, dont le talent sobre et calme a saisi le côté faible de l'accusation, insiste dans sa réplique, et demande qu'on ferme l'oreille aux passions, pour examiner cette situation singulière : Il y a un complot, dit-on, et il n'y a qu'un seul accusé. S'il y a plus d'un coupable, pourquoi donc s'arrête-t-on devant ceux-ci, tandis qu'on s'acharne sur celui-là? Où est l'égalité devant la loi? Si les maîtres sont innocents, le valet ne peut être coupable; s'ils sont coupables, qu'on juge tout le monde.

Les débats sont terminés; à une dernière question, Besson a répondu, en protestant énergiquement de son innocence. Le jury se retire dans la salle de ses délibérations, et, au bout de vingt-cinq minutes, rapporte un verdict de culpabilité, à la majorité, sans circonstances atténuantes. Le sang-froid de Besson n'a pu tenir contre cet arrêt : une pâleur livide s'étend sur ses traits; ses yeux s'injectent de sang et roulent égarés dans leurs orbites. M. le Président prononce l'arrêt fatal : le condamné laisse tomber sa tête dans ses mains; ses jambes fléchissent; on l'entraîne.

Le 16 septembre, la Cour de cassation rejeta le pourvoi d'Arzac; le 29 septembre, elle fut saisie du pourvoi de Besson. Un vice de forme vint tout remettre en question. La déposition du préfet de Moulins avait été lue sans que le Président avertît que cette lecture était faite en vertu de son pouvoir discrétionnaire. La Cour de renvoi désignée fut la Cour d'assises du Rhône. A ces divers incidents d'un interminable procès, était venue se joindre la condamnation de Bernard à deux ans d'emprisonnement, pour faux témoignage. L'indulgence relative dont on avait usé envers ce grossier paysan, avait eu pour motif l'aveu tardif du mensonge. Bernard avait avoué le faux témoignage, qu'il avait attribué à un sentiment de *pitié* pour les frères de Jacques Besson.

Tout était à recommencer quant à l'accusé principal. Une instruction nouvelle se fit, en même temps qu'une instruction supplémentaire était conduite par M. le Procureur du roi du Puy. Depuis l'arrêt de Riom, des renseignements nombreux avaient assiégé la justice. Des révélations tardives, précises, autrefois enchaînées par la peur, étaient venues, disait-on, accabler Jacques Besson et son complice Arzac. On citait des témoins oculaires; tel avait entendu Arzac dire à Besson : « Pourquoi ne tires-tu pas? » Tel autre savait quel marché de sang avait été conclu, quel prix l'assassin avait demandé et reçu pour son meurtre. Cinquante-deux témoins nouveaux allaient enfin éclairer la magistrature inquiète sur le mystère dont elle n'avait dévoilé qu'une partie.

La première audience de la Cour de renvoi fut indiquée pour le 19 décembre. De Moulins au Puy, du Puy à Lyon, le Bourbonnais, l'Auvergne, le Velay, le Lyonnais étaient profondément émus. Des populations entières accouraient à Lyon, où, sur les places publiques, on reconnaissait les compatriotes d'Arzac et de Besson à leurs pittoresques costumes, aux chapeaux ronds, à immenses bicornes en forme de claque portés par les hommes, aux petits chapeaux des femmes, aux larges rubans de velours, terminés par derrière en forme de spirale retroussée. On les reconnaissait plus encore aux rudes éclats de leurs voix, à leur patois énergique et bizarre, contrastant avec le parler chantant et amolli des canuts.

A Lyon, plus qu'au Puy, plus qu'à Riom, la curiosité publique attendait la comparution des dames de Chamblas. L'instinct populaire pressentait qu'autour de ces deux femmes s'agitait le procès véritable, et que chaque pas nouveau fait en avant par la justice écartait davantage le voile d'inviolabilité qui, jusqu'alors, avait dérobé la veuve et la belle-mère de la victime. Mais, cette fois encore, l'attente générale devait être trompée. Quelques jours avant l'ouverture du nouveau procès, le bruit se répandit que les dames de Chamblas, assignées dans les divers lieux indiqués comme leurs domiciles, n'avaient pu être trouvées. On les disait cachées dans quelque couvent, ou réfugiées en Sardaigne. Marie Boudon fut également introuvable. Ces absences inexplicables, trop significatives peut-être, on chercha à les justifier par des lettres, par un Mémoire attribué à M. de Lavalette, magistrat honorable, ancien président du tribunal du Puy. « Comment voulez-vous, y disait-on, que nous nous présentions comme témoins devant la justice, quand nous savons trop bien à l'avance qu'on osera, devant elle, nous traiter en accusées? L'émotion publique, excitée par nos ennemis, nous menace peut-être de dangers plus sérieux que celui d'une flétrissure, et déjà, sur les marches de l'hôtel de ville de Lyon, deux femmes, dans lesquelles on a cru reconnaître *les dames*, n'ont échappé qu'avec peine à l'aveugle fureur de la populace. Et vous voulez que, souffrantes, brisées par la douleur, nous venions affronter ces hontes et ces périls? Et ne dit-on pas encore que le nouveau défenseur de Besson (c'était Me Lachaud) croit utile à sa cause de nous être hostiles? D'ailleurs, qu'est-ce que cette instruction nouvelle? Comment s'est-elle faite? Où s'est-elle faite? Au milieu d'un foyer d'erreurs, de passions, là même où la Cour suprême signalait naguère tant de causes de suspicion légitime. On y a fait moisson de faux témoignages, on y a soigneusement recueilli tous les on-dit stupides colportés par la vanité grossière et par l'aveugle fanatisme. Les agents de l'autorité ont exercé leur mission spéciale avec un zèle étrange, et on a vu les gendarmes, les mains pleines d'écus, chercher la vérité au cabaret, et faire leurs enquêtes entre deux pots. On a partagé le pays en *bons* témoins, ceux qui déposaient contre l'accusé, en *mauvais* témoins, ceux qui persistaient à le défendre; on a laissé dire hautement que ceux-ci n'avaient qu'à se bien tenir, que ceux-là avaient du pain de cuit pour le reste de leurs jours. »

Ainsi parlaient les partisans des dames et de Besson; car une fatalité étrange reliait toujours ces deux causes. De leur côté, les parties civiles s'apprêtaient à recommencer la lutte. La famille de Marcellange allait comparaître encore, pour prévenir ou pour combattre des combinaisons tendant à perpétuer le procès par de nouvelles remises. Le 14 décembre, la justice était saisie par les parties civiles d'une plainte en faux témoignage contre les dames de Chamblas.

Telle était la situation nouvelle, quand la Cour d'assises du Rhône s'assembla sous la présidence de M. Josserand. M. Feuilhade-Chauvin, Procureur général, occupait le parquet. L'avocat des parties civiles était encore l'éloquent jeune homme qui, au Puy et à Riom, avait révélé un si beau talent, Me Théodore Bac; au banc de la défense était assis Me Lachaud, et on allait voir luttant l'un contre l'autre les deux jeunes athlètes que la défense de Mme Lafarge avait tirés de l'obscurité des barreaux de Tulle et de Limoges, pour les placer dans une lumière commune.

Cette fois, on sent que la défense va faire un effort suprême; quarante-huit témoins ont été assignés à la requête de l'accusé; trois des témoins assignés par le ministère public ne répondent pas à leurs noms appelés trois fois : ce sont Mme la comtesse de la Roche-Négly de Chamblas, Théodora de la Roche-Négly, veuve de Marcellange, et Marie Boudon. *M. le Procureur général* requiert contre elles la peine prononcée par la loi contre les témoins qui ne se présentent pas devant la justice.

Me Lachaud ne s'étonne pas que ces malheureuses femmes se dérobent au rôle de témoins, là où on ne les appelle que pour leur faire subir toutes les angoisses de l'accusation, pour les crucifier à l'audience; mais, à ses yeux, la défense de Besson n'est pas possible sans leur présence. Leur absence retombera de tout son poids sur la tête de l'accusé. Elles ne se présentent pas, dira-t-on, donc elles sont coupables; donc elles ont conduit le bras de l'assassin. Le défenseur conclut au renvoi de la cause, et la plainte en faux témoignage lui paraît être un argument invincible contre la continuation des débats.

Me Bac s'oppose au renvoi. Ce n'est pas notre parole, dit-il, qui les éloigne, c'est le sentiment de leur situation. Innocentes, elles se fieraient à la protection de la justice. Et elles désertent leur cause!

Je vous dis que rien ne les ramènera ici, et qu'elles fuiront d'une fuite éternelle.

M. le Procureur général pense que la présence des dames n'est pas indispensable. Elles n'ont déposé que d'un fait relatif à Besson, de l'*alibi*, et elles ne sont pas les uniques témoins de ce fait. Une autre session verrait se produire une situation semblable, et la justice ne peut se laisser enchaîner ainsi par le caprice des témoins. Les dames ont manqué à leur devoir, et cependant elles étaient sûres de la protection de la justice. Elles ne sont pas accusées de complicité, et rien n'aurait pu les défendre de cette accusation si elle avait paru établie.

La Cour ordonne la continuation des débats. Nous ne rentrerons pas dans la cause par des redites inutiles, et on sent que toute la série des interrogatoires déjà connus du lecteur va se dérouler une fois encore dans ces audiences. Nous n'avons à en tirer que les faits nouveaux, les dépositions entièrement neuves, ou les modifications apportées aux témoignages des premières sessions.

Par exemple, *M. l'abbé Paul Florimond* déclare, cette fois, que M. de Marcellange, loin d'attribuer la mort de l'aîné de ses enfants à un empoisonnement, disait qu'on l'avait tué à force de soins. Mme de Marcellange pleurait cet enfant, et si elle a dit, dans sa douleur : « Hélas ! mon Dieu ! ce pauvre enfant est bien heureux d'être mort, car comment aurait-il été élevé? », ces paroles n'ont été prononcées que longtemps après la mort.

M. de Froment dit que M. de Marcellange, en lui désignant Besson comme un ennemi redoutable, lui a déclaré l'avoir souvent rencontré sur son passage armé d'un fusil, depuis qu'il l'avait chassé de chez lui.

M. de Chounmouroux, lors de l'insuccès des démarches faites pour rapprocher les deux époux, a écrit une lettre dans laquelle il disait : *cette f..... belle-mère*, et non *fatale;* il n'attachait pas à cette expression un sens de danger pour les jours de M. de Marcellange.

Etienne Gras, dit Forêt, a rencontré Besson armé d'un fusil à la côte de la Chapelle, *quelque temps avant le crime.*

Gouy, cultivateur, a entendu Besson lui dire, après la perte du procès par les dames : « Il n'y a qu'un coup de fusil qui puisse les mettre d'accord. »

Mariette Maurin. — Mme de Marcellange m'a dit : « Je serai bientôt maîtresse de mon bien. Je ne veux plus vivre avec mon mari ; s'il se présentait ici, je le ferais sauter par la fenêtre. »

Jean Hostein. — Un an avant la mort de M. de Marcellange, André Arzac m'a dit à moi même que Jacques Besson lui avait proposé 600 francs pour empoisonner M. de Marcellange.

Ouillon raconte que Jacques Bernard, le faux témoin, se rendant à Riom, disait : « Ah ! ah ! je vais parler comme un vrai geai des bois, et je vais réduire à zéro la grande déposition de Claude Reynaud. »

Michel Soulier, oncle d'Arzac, avoue que Jean Maurin, dit Boudoul, lui a offert quatre ou cinq pièces de cent sous pour ne pas *forcer* (charger) son neveu.

Une scène de cabaret, recueillie par l'instruction supplémentaire, ne donne pour résultat à l'audience qu'un propos ridicule de paysans ivres. Dufour a dit à Maurin, après la condamnation de Besson : « Ce bougre voulait tuer cet homme pour épouser sa femme. Il m'avait promis de me prendre pour cocher. » Cancans de bouteille.

Marguerite Maurin va nous en apprendre davantage. Elle s'avance, et, dans son patois pittoresque, raconte avec volubilité tout ce qu'on sait déjà sur Arzac. Elle ajoute : « Mon neveu dit que Besson lui avait offert une grande bourse : — Oh ! vous, me dit-il, qui aimez tant l'argent, si vous aviez vu toutes les pièces d'or et d'argent que j'ai vues ! Il y en avait à remplir votre tablier. Et, pour mieux me faire comprendre, il m'en faisait tenir les deux coins. Jacques, dit-il, m'a voulu donner trois mille pièces de vingt sous, et je n'en ai pas voulu. — Et que fallait-il faire, lui dis-je, pour gagner tout ça? — Mettre du poison dans la soupe de monsieur. — Ah ! que je répliquai, je suis pauvre, mais, quand bien même M. de Parron (le receveur général du Puy) me remplirait mon tablier de pièces d'or, je ne ferais pas cela. »

D. Arzac vous a-t-il dit quelle était la personne qui lui avait donné la poudre ? — R. *C'est la jeune dame qui l'a donnée à Besson,* et Besson à mon neveu.

Me Lachaud a senti la gravité de ce témoignage ; il signale les variations de Marguerite. Cette femme, dit-il, passe comme pour être en état de folie.

« Nous n'avons pas voulu, dit *M. le Procureur général,* laisser un pareil témoignage sous le coup d'une imputation semblable. De nombreux témoins nous ont prouvé qu'elle jouit de l'intégralité de ses facultés intellectuelles. Elle n'a pas parlé d'abord, elle n'a pas tout dit à la première heure ; mais elle est tante et marraine d'Arzac. Elle sait encore bien des choses peut-être....

— Eh bien ! non ! non ! s'écrie tout à coup *Marguerite...*, non, je n'ai pas dit toute la vérité...; je vais vous la dire. Jacques Besson, en se rendant pour tuer M. de Marcellange (c'est Arzac qui me l'a dit), a été trouver mon neveu à son parc; il lui a pointé son fusil sur la poitrine, en le menaçant de le tuer s'il ne voulait pas venir avec lui pour tenir le chien. Arzac a été forcé de marcher, et il a marché. Arrivé à Chamblas, Arzac a tenu le chien, qui le connaissait. Besson voulait qu'il tirât le coup ; Arzac répondit qu'il ne savait pas ajuster..., et Besson a fait feu.

M. le Président. — Qui vous a dit cela?

Marguerite. — Qui m'a dit cela, bon Dieu? C'est la propre bouche de mon neveu ; c'est Arzac qui m'a dit cela, au moment où j'ai trouvé les balles dans sa poche, quand je lui demandai d'où elles venaient. Alors je le flattai pour en savoir plus long. Ce que je dis là, je ne voulais pas le dire, voyez-vous. Mon confesseur m'avait pressée de dire toute la vérité. Au dernier jubilé, je lui ai dit que j'avais tout dit, moins une seule chose. Il m'a dit de vous révéler cette chose, et je vous ai tout dit. Je n'ai plus rien à vous apprendre.

Et Marguerite laisse échapper un long soupir, comme d'une personne dont la poitrine est déchargée d'un grand poids.

M. le Président. — Vous comprenez, Messieurs les Jurés, que cette dernière partie des déclarations de la femme Maurin est bien plus grave que les autres. Enfin, Arzac est son neveu, son filleul, et elle seule est dépositaire de son secret.

Seule, peut-être pas! s'écrie Marguerite. A ces mots, l'anxiété est à son comble. Le doute si léger que peut laisser subsister encore l'affirmation d'un témoin unique va-t-il disparaître ?

Il y a un témoin ici, ajoute avec fermeté Marguerite, qui en sait peut-être bien quelque chose; c'est Jacques Exbrayat, de Combriol. Faites-le venir.

Exbrayat est cet honnête menuisier qui voyage souvent de nuit, et qui a longtemps gardé le silence sur des propos moins graves, de peur d'être *blanchi comme on a blanchi ce pauvre M. de Marcellange.* Il s'avance et dit : « En effet, Arzac m'a dit : — Je ne pense pas que la justice croie ma marraine; mais si on la croit, il y a de quoi me faire couper le cou. »

Le propos peut avoir un double sens; il faut donc en rester aux révélations de la Maurin. Interrogée de nouveau, elle ajoute quelques détails : — Quand je trouvai les balles, il me dit qu'il les tenait de Jacques Boudoul. Je lui dis : « Vois-tu, ce n'est pas vrai. » Alors il se mit à pleurer, car je pleurais aussi. C'est alors, Monsieur, qu'il m'a tout confié. Ils l'ont perdu, le malheureux enfant; c'est un fou qui n'a pas pu tenir son secret, et qui l'a laissé *brûler* dans tout le pays.

Marguerite sanglote, et murmure au milieu de ses larmes : — Je puis bien pleurer de ce malheureux qui s'est *mis à galère.* Je croyais bien vraiment que je n'aurais jamais parlé de cela à personne !...

— Savez-vous, demande *M. le Président*, si Arzac et Besson se connaissaient? — La connaissance s'est faite, répond *Marguerite*, quand Besson a voulu lui faire empoisonner son maître. Ils ne se connaissaient pas au château, mais ils se connaissaient bien dans les bois.

— C'est faux, s'écrie *Besson*, qui n'a pu dissimuler, en entendant ces révélations, une curiosité inquiète, trahie par une sueur froide que ses mains essuyent instinctivement. — Oh! que si! que si! lui répond *Marguerite* avec douceur. Ce n'est pas faux, mon Besson; ce n'est pas faux!

En vain *Me Lachaud* cherche à détruire l'effet de ces déclarations si graves; en vain il les attribue aux hallucinations de la folie; la conscience de tous sent bien ce qu'il y a de profondément sincère dans la parole émue de cette pauvre femme.

Cependant on amène Arzac, Arzac qui ne sait pas le premier mot de la scène dramatique qui vient de se passer. Il se pose devant la barre dans l'attitude la plus calme et la plus indifférente. A la première question, il déclare qu'il ne sait pas le français et ne peut répondre qu'en patois. — Mais il a toujours parlé français, dit *Me Bac.* — Eh! mon Dieu, non, je n'en sais pas un mot, répond imperturbablement Arzac. — Vous voulez induire en erreur la justice, dit le substitut, *M. Demian de Crouzilhac.* J'ai été vous voir à la prison, je vous ai parlé en patois, et pendant un quart d'heure vous m'avez parlé en bon français. — Un quart d'heure! s'écrie *Arzac* en français excellent; vous êtes peut-être resté dix minutes avec moi.

Arzac se résigne à parler français. Interrogé sur tous les propos qu'il a tenus, il persiste à dire qu'il les a tenus pour *blaguer*. En fait de balles, il ne connaît pas même les *balles à feu*, mais seulement les *gobilles* et les *poussettes* avec quoi jouent les enfants. Il cède à des mouvements de colère quand on lui représente les contradictions nombreuses de ses divers interrogatoires, et il ne s'aperçoit pas qu'il se contredit de nouveau en déclarant qu'il connaissait Besson deux ans avant la mort de M. de Marcellange.

Marguerite, rappelée, renouvelle ses déclarations avec une douleur visible; *Arzac* leur oppose des dénégations, faites avec une froideur narquoise. En vain *M. le Président* l'adjure de dire la vérité. — La vérité, dit Arzac, est que je n'ai pas plus tenu de chien que vous n'en tenez dans ce moment. Je voudrais savoir où on a trouvé que j'étais faux témoin, et s'il n'y a justice que pour le riche, et point pour le pauvre.

M. le Président. — Mais ce fait matériel, cette chaîne qui ne peut pas mentir!

Arzac, avec animation : — Oui, Monsieur; oui, Monsieur, si vous aviez été à ma place, vous en auriez fait tout autant. Si vous aviez trouvé un louis d'or, ne l'auriez-vous pas ramassé? Et moi, Monsieur, je ramasse le fer comme vous ramasseriez l'or. Si vous aviez trouvé dans un champ un bien par terre, l'auriez-vous laissé? Je vous adjure à mon tour; puisqu'il y a une justice pour tout le monde, il faut qu'il y en ait une pour moi. Je vous prie en grâce, Monsieur le Président, comme un brave jeune homme que vous êtes, de bien chercher les *racines* de ma tante et les miennes. Si ce n'est pas pour moi, que ce soit pour ma famille, pour mon vieux père, pour ma sœur, qui pleure nuit et jour.

M. le Président. — Avouez-donc ce que vous savez.

Arzac portant violemment les mains à son cou, à sa bouche, à son front : — On me couperait le cou, là et là, en mille morceaux, qu'on ne me ferait pas dire ce que je ne sais pas.

On l'entraîne, et l'assemblée reste quelque temps émue des éclats de cette sauvage éloquence.

On se rappelle la déposition, à Riom, de Pierre Gras, dit l'Homelet, qui disait avoir, seize jours avant l'assassinat, rencontré Jacques Besson sur la route du Puy, en compagnie de Claude Belven. Comme on lui objectait que, le 15 août, Besson disait être retenu au lit par la variole : « C'est un mystère de la sainte Trinité, » répondait alors Pierre Gras.

A Lyon, *Étienne Gerbier*, épicier-cabaretier de Charouzac, homme d'une probité que ne conteste pas la défense, et qui n'a aucune raison d'en vouloir à Besson, une de ses pratiques, dépose d'un mystère de même nature! — *Quelques jours* avant l'assassinat, dit-il, comme je rentrais des champs, j'aperçus Besson qui causait avec ma femme. Il avait la figure pleine de boutons, les lèvres gonflées. Je lui dis : « Comme la grêle t'a tombé dessus! » Il me répondit : « Ça va un peu mieux; » et nous trinquâmes ensemble. Je suis bien sûr que c'est avant l'assassinat; car, si c'eût été après, nous n'aurions pas manqué d'en parler.

La femme de *Gerbier* fait une déposition exactement semblable.

Pierre Borie, tailleur au Puy, fait aussi une déclaration des plus graves. — Le 1er septembre, vers cinq heures et demie du soir, comme je flânais, en fumant, sur le pont de la Chartreuse, (c'est-à-dire sur le chemin du Puy à Chamblas), un paysan avec qui je causais appela un individu qui passait. Cet individu était vêtu d'une blouse blanchâtre; il avait la figure malade, des boutons sur les joues. Sa blouse avait été bleue et était devenue d'un blanc sale. Il avait un pantalon de velours et portait sous sa blouse un fusil très-court, sans point de mire, à canon couleur de baleine et à bretelle noire. « Bonjour, Jacques! Où allez-vous donc comme cela? » dit le paysan à l'homme. — « Je vais au Fay, » répondit l'homme en continuant son chemin. « Eh! Jacques, dit le paysan, nous ne prenons donc pas une prise? » L'individu s'arrêta, descendit alors son fusil, que je vis parce qu'il dégagea son bras pour prendre la prise, et prit la prise avec le paysan. Ce paysan lui dit : « Un peu plus, je ne vous reconnaissaissais pas, tant vous passiez vite. Et ma commission, quand donc la ferez-vous? » L'individu répondit : « Demain, quand ces dames seront levées ; venez me voir au Puy, et votre commission sera faite. » Le paysan reprit : « Eh bien! vous allez mieux maintenant? » L'individu répondit : « Oui, un peu mieux. » Puis il partit. Le paysan me dit alors : « S'il va au Fay et revient au Puy aujourd'hui, il faudra qu'il marche bien. » Je demandai alors : « Quel est cet homme? — Oh! répondit l'autre, c'est un homme qui ne risque rien ; il est bien; *c'est lui qui fait tout chez les dames de Chamblas.* »

Borie, à qui on montre Besson, ne reconnaît pas dans l'accusé l'homme qu'il n'a vu qu'un instant, une seule fois. S'il n'a pas parlé plus tôt de cette rencontre, c'est qu'il n'y attachait aucune importance, à cause du nom de Jacques auquel il ne rattachait pas ce qu'on disait de Besson. Borie a, au Puy, la réputation d'un honnête homme, et, dès la fin d'octobre 1840, un témoin, *Liotard*, a reçu cette même confidence que Borie apporte aujourd'hui devant la Cour.

On entend quelques témoins nouveaux qui, le 1er septembre, *à soleil entrant* (au crépuscule du soir), ont vu, mais sans le reconnaître, un homme vêtu d'une blouse blanchâtre et armé d'un fusil court, rôder autour de Chamblas.

Jean Bérard, matelassier au Puy. — En venant de faire des matelas de chez M. le curé de Lardeyrol, le 1er septembre, en me retirant, entre huit heures et demie et neuf heures moins un quart, je portais mon métier, je marchais dans une coursière. Je vis

... Il devait être heureux d'arriver à cette porte protectrice (*p.* 50.)

un homme avec une blouse blanche; je lui dis: « Bonsoir, Jacques, bonsoir! Tu ne me reconnais donc pas? » Il n'a pas répondu; il a passé comme un trait et a manqué renverser mon métier.

D. Vous l'avez reconnu? — R. Oui, c'était Jacques Besson.

D. En êtes-vous sûr? — Oui, bien sûr.

D. Il faisait obscur. — R. Il ne faisait pas bien obscur; il faisait clair à voir. Jacques Besson s'en est allé bien rapidement.

M. le Président. — Votre déposition est bien importante, et vous ne devez affirmer que lorsque vous êtes bien sûr. — R. Je suis sûr.

M. le Président. — Mais pourquoi n'avez-vous pas parlé plus tôt? Vous n'avez révélé ce fait grave qu'il y a un mois.

Bérard. — Mais, Monsieur le Président, j'ai passé dix-huit mois en Auvergne; je suis parti du Puy quelque temps après que monsieur (montrant Besson) a fait l'affaire, si c'est lui. J'ai mes passe-ports... les voilà.

M. le Président. — L'homme que vous avez vu avait-il une arme?

Bérard. — Oui, il avait une espèce de fusil à côté de sa blouse.

Un juré. — Y avait-il longtemps que le témoin connaissait Besson!

Bérard. — Il y a quinze ans que je connais Besson.

Jacques Besson. Non, je ne le connais pas. Je ne lui ai jamais parlé; je ne l'ai jamais vu.

Bérard. — Je connaissais Besson de vue, mais je ne lui avais jamais parlé; je connaissais Besson, voyez-vous, comme je connais mon épouse. (On rit.)

M. le Président. — Est-ce bien le 1er septembre que vous rencontrâtes Besson? — Oui, c'était un mardi.

Me Lachaud. — Je ne veux pas discuter avec le témoin, ça viendra plus tard. Je veux seulement rappeler la première déposition du témoin faite devant M. le juge d'instruction. Il est constaté que Bérard a travaillé chez M. le curé Légat, le 1er septembre, à sept heures du soir.

Bérard. — C'est vrai.

Me Bac donne lecture en entier de cette déposition. Il en résulte que les deux dépositions sont identiques. D'après la première, Bérard est retourné chez le curé, qui lui a dit de ne rien dire. Bérard a parlé de sa rencontre avec Jacques Besson au témoin Valentin Gouy.

On appelle *Valentin Gouy*. Le témoin se rappelle le fait.

M. le Président. — Besson, vous entendez la déclaration du témoin; vous prétendez qu'elle est fausse, quel intérêt lui supposez-vous?

Besson. — Je ne le connais pas, je ne lui ai jamais parlé.

M. Jacques Légat, 49 ans, curé (le témoin dépose en s'écoutant parler) : — Je n'ai que des entendre dire à répéter.

D. Avez-vous eu, le 1er septembre, un ouvrier nommé Bérard pour réparer des matelas? — R. Ce jour-là, je n'ai pas eu de matelassier.

Bérard affirme que c'est ce jour-là qu'il a travaillé chez M. le curé. Rappelez-vous bien, Monsieur le Curé, que j'ai été deux fois chez vous, une fois pour de vieux matelas, une deuxième fois pour des neufs.

M. Légat. — Oui, vous êtes venu deux fois chez moi, mais vous n'êtes pas venu le 1er septembre.

Bérard. — Vous êtes dans l'erreur.

M. Légat. — Je suis bien sûr qu'il n'est pas venu ce jour-là. Je ne puis me tromper; ce jour-là j'étais un peu indisposé, et je me suis couché de très-bonne heure.

Bérard. — J'y étais.

M. Légat. — Je suis bien sûr que vous n'y étiez pas.

Bérard. — Et moi je suis bien sûr que j'y étais.

Et ce spectre paraîtra toujours jusqu'à ce que la vengeance soit complète! (p. 36.)

Il y avait une pendule dans la chambre où nous étions, et j'ai bien vu l'heure.

M. Légat. — Ce n'est pas là que vous avez cardé le matelas.

Bérard. — Non, c'est dans la cuisine. J'ai été deux fois cette année-là pour faire des matelas.

M. Légat. — C'est vrai. Pour bien préciser l'époque, je ne le pourrais pas; mais je suis bien sûr que ce n'était pas le 1er septembre. Je répète que j'en suis sûr, parce que j'étais un peu malade. J'étais couché quand on vint m'appeler pour aller à Chamblas. Je n'étais pas assez malade pour ne pas me lever, et je me suis levé en effet.

Bérard. — Je suis fâché d'être obligé de donner un démenti à M. le curé, mais c'était bien le 1er septembre.

M. Légat. — Votre démenti, je vous le rends, et je suis sûr de ce que je dis.

Bérard. — Et moi je jure devant la justice et devant l'Être suprême que je dis toute la vérité.

Me Bac. — Comprenez, témoin, que c'est une chose bien grave que votre affirmation : elle est si grave qu'elle est de nature à envoyer un homme à la mort. Vous pouvez vous tromper.

Bérard. — Je ne me trompe pas.

Me Bac. — Peut-être votre mémoire vous trompe-t-elle?

Bérard. — Non.

D. Êtes-vous bien sûr? — R. Oui.

Me Bac. — Prenez garde à ce que vous dites, témoin, et voyez la déposition que vous démentez. M. le curé est un homme respectable, dont le caractère inspire toute confiance.

Bérard. — Je suis sûr de ce que je dis. M. le curé se trompe.

Me Bac. — M. le Président veut-il appeler M. le maréchal des logis pour avoir son opinion sur le témoin.

M. Faure. — Je suis convaincu que le témoin Bérard veut ici mettre la justice en erreur. (Vive sensation.) Oui, cet homme m'est connu; il prenait beaucoup sur son compte; il se vanta d'en savoir bien long à un homme du Puy, qui m'en parla, et je le conduisis chez M. le procureur du roi, qui, après l'avoir entendu et l'avoir apprécié, le chassa honteusement, comme un malheureux qu'il est. (Vives rumeurs; agitation générale dans l'audience.)

D. Comment pensez-vous qu'il ait voulu tromper la justice? — R. C'est qu'il me parla aussi d'une prétendue dispute qui avait eu lieu entre Besson et Mathieu Reynaud. Comme il croyait qu'il était alors soldat, Bérard me dit que Mathieu Reynaud était en pantalon rouge. Or, à cette époque, Mathieu n'était pas encore au service. Cela me donna des soupçons, et lorsque Roiron me l'amena, je le conduisis à M. le procureur du roi, que j'eus soin d'avertir de mes soupçons.

D. A quelle époque? — R. A l'époque où l'affaire a été appelée à la Cour d'assises du Puy.

D. Ainsi, dans votre conviction, ce Bérard est un homme qui trompe la justice? — R. Oui, j'en suis sûr.

M. le Procureur général. — Et vous en avez averti M. le procureur du roi du Puy. — R. Oui, monsieur.

M. le Procureur général. — Il est bien à regretter que M. le procureur du roi du Puy ne nous ait pas averti, et nous ait exposé ainsi à faire figurer un pareil témoin sur notre liste.

*M*e *Bac.* — Aussi, dès à présent, mettons de côté un pareil témoignage; et nous supplions MM. les jurés de ne se préoccuper que de l'information qu'ils connaissent déjà.

Ainsi donc, voilà encore un faux témoignage, un de ceux, cette fois, qu'on aimait à croire presque impossibles, un faux témoignage contre l'accusé. *M*e *Lachaud* en triomphe, comme c'est son droit, bien que la loyauté de l'accusation ait surtout contribué à démasquer Bérard. *M. le Procureur général* requiert l'arrestation du parjure, et *M*e *Bac* se joint à lui dans cette demande, en protestant que cette déposition mensongère lui était inconnue, et qu'il faut savoir quels intérêts désespérés ont appelé Bérard à leur aide. Le témoin est amené devant la Cour; il s'avance calme et le sourire sur les lèvres; mais ses traits s'altèrent lorsque, à la lecture de l'article de la loi sur le faux témoignage, il comprend que c'est la peine de mort qui le menace. Il balbutie, il hésite; il ne peut plus affirmer cette date tout à l'heure si certaine. « Quelqu'un vous a-t-il poussé à mentir? dit *M. le Président.* — Ma foi! oui, répond Bérard; c'est un meunier des Sceaux-d'Ebde; il voulait me donner 600 francs pour me faire parler ainsi. — Ce meunier, s'écrient *MM*es *Bac* et *Lachaud*, il faut qu'on le trouve! — Me voilà, dit tranquillement un homme qui se lève du banc des témoins, me voilà.

Cet homme déclare se nommer *Jean André Roiron.* Il a déjà déposé des confidences que lui ont faites, comme à tant d'autres, Claude Reynaud, Mathieu Reynaud et Gerbier sur les apparitions de Besson. *Bérard* le reconnaît; c'est bien cet homme qui, dit-il, m'a payé deux bouteilles dans un cabaret, et m'a promis de me faire donner de l'argent pour parler à faux.

— Ah! le vieux menteur que vous êtes, répond tranquillement *Roiron;* il m'en a conté bien long, et moi j'ai été tout de suite redire tout cela à M. Faure, le maréchal des logis. *Faure* confirme les paroles de *Roiron,* qu'il déclare être un très-honnête homme.

Bérard a donc menti encore; mais il s'est rétracté sur le faux témoignage: il n'y a pas lieu à donner suite aux réquisitions, et M. le Président se contente d'ordonner sa mise en surveillance jusqu'à la fin du procès.

Après ce nouvel incident, une discussion s'engage sur un propos qui aurait été tenu par Besson à un horloger, Peyrussel, qui lui refusait la main de sa fille. *J'en ai déplanté un qui te valait bien,* aurait dit Besson; *si tu ne me donnes pas ta fille, je te ferai comme j'ai fait à un autre.* Le père *Peyrussel* vient enlever à ce propos toute son importance, en racontant la façon originale dont Besson lui a demandé sa fille Rosette en mariage:

— Je suis voisin de vigne avec les dames de Chamblas. Besson est venu au pressoir, et les femmes m'ont dit: « Vous ne connaissez pas ce gars-là? — Non, que je dis; il m'est tout nouveau. — C'est le bon ami de votre Rosette. — Oh! oh! que je lui dis, s'il faut vous la donner, on vous la donnera; mais il faut que nous fassions connaissance. — Oui, dit Besson, nous ferons connaissance; mais que vous me la donniez, que vous ne me la donniez pas, ce sera tout de même; je l'aurai. *Je ferai comme un autre.* » Ça voulait dire qu'il me signifierait des *actes de respect* (sommations respectueuses). Alors je lui dis: « Rosette n'est pas pour vous. Allez vous faire f..... s'il vous plaît; ce n'est pas comme ça qu'on demande des filles. »

Puis viennent les témoins de l'*alibi*, témoins *de visu*, témoins par oui-dire; aux sept qu'on connaît déjà, les abbés *Cartal* et *Drouet*, leurs servantes *Marion Roux* et *Marion Gibert*, *la Bariol*, le tailleur *Séjalon* et la *Toussainte Fabre*, viennent s'ajouter: 1° un huissier, *M. Bonnet*, à qui, le 2 décembre, la Toussainte Fabre aurait dit avoir vu la veille au soir Besson manger la soupe, de sept à huit heures du soir, dans l'hôtel du Puy; 2° *Antoine Vigoureux*, cultivateur, qui a vu l'accusé, à sept heures et demie, *tout planté* devant la porte de l'hôtel; 3° *Étienne Laurent*, portier du séminaire, qui, lors du premier procès, aurait reçu cette confidence; 4° sœur *Sainte-Claire*, à qui Vigoureux en aurait dit autant; 5° *Marie Bobé*, denteleuse, qui aurait, le 1er septembre, à la nuit tombante, vu Besson devant la maison du curé et lui aurait demandé son *portement;* 6° *Victoire Portal*, blanchisseuse, qui l'aurait vu aussi à six heures et demie.

Chose étrange! aucun des nouveaux témoins de l'*alibi* ne peut donner une raison acceptable du long silence gardé par lui sur un fait aussi grave; tous varient dans les détails qu'ils donnent sur l'attitude et sur les vêtements de Besson. Une femme *Paris* vient, le sourire aux lèvres, accuser le maréchal des logis Faure d'avoir encouragé des paysans à mentir, et elle ajoute que toute la ville du Puy disait qu'on cherchait des faux témoins contre Besson. *M. le Procureur général* s'indigne, et de cette attitude inconvenante et de ces assertions incroyables: « Puisque toute la ville disait cela, je vous somme de nommer une seule personne qui l'ait dit. »

Le témoin garde le silence.

A ce moment, on introduit un témoin nouveau de l'*alibi*, *Rose Gauthier*. *M*e *Lachaud* déclare renoncer à l'audition de ce témoin qui habite Clermont-Ferrand, et qui aurait été assigné par erreur. Le témoin se retire, mais un huissier de service s'avance et déclare que cette femme Rose Gauthier lui a fait voir une déposition écrite qu'elle se proposait de remettre à M. le Président, dans le cas où l'état de sa santé ne lui permettrait pas de déposer. Cette déposition écrite était en faveur de l'*alibi*. Pourquoi donc y renonce-t-on? On rappelle *Rose Gauthier*, qui, en effet, est très-souffrante. Elle dépose que, le 1er septembre, au soleil couchant, elle a vu Besson assis sur un banc, à la porte des dames de Chamblas, et paraissant très-malade.

— Et vous renonciez à ce témoin, dit *M. le Président?* — C'était une erreur; s'empresse de dire *Me Lachaud*. Eh bien! ce sera notre témoin, et nous remercions M. le Procureur général de l'avoir fait reparaître.

Le témoin est invité à montrer sa déposition écrite, et à prouver, en traçant elle-même un corps d'écriture, que c'est bien elle qui a écrit la déposition apportée à l'avance. L'épreuve est faite, et il en ressort que l'écriture du papier est bien celle du témoin. — Quelle circonstance, dit *M. le Président*, vous a rappelé l'heure à laquelle vous avez vu Besson?» *Rose Gauthier*: — C'est le soleil couchant. »

Enfin, un autre *Vigouroux Louis-Marcel*, frère du premier, a vu Besson « devant son portail le jour de devant que l'affaire s'est faite. Le mardi 1er septembre, il était tout planté avec mon frère; ils causaient ensemble. Je me suis approché; il disait qu'il avait mal aux pieds, qu'il avait comme des clous plantés sous les pieds. »

D. Comment savez-vous que c'était le 1er septembre? — R. C'est que le lendemain matin, à huit heures, quand nous allions manger la soupe, on nous apprit le malheur. Mon frère dit: « Ce n'est pas Besson, comme on soupçonne, qui a fait le coup; nous l'avons vu hier soir, à la tombée du jour. Eh! que diable! il n'avait pas des ailes pour aller à Chamblas. »

Encore une déposition nouvelle! — Pourquoi n'avez-vous encore dit cela à personne? demande *M. le Président*. — Si fait, nous l'avons dit, nous en avons parlé au séminaire, en y allant travailler.

M. le Président. — Il est bien étonnant que vous n'en ayez pas parlé à la justice, et que, cette circonstance ayant été connue du séminaire, personne n'en ait informé les magistrats.

Ces diverses dépositions ont paru un instant modifier l'allure des débats, et la sombre figure de Besson s'est un moment éclaircie. Les traits intelligents d'Arzac reflètent, en l'augmentant, ce rayon d'espoir. Une parole du maréchal des logis *Faure* vient apporter un nouvel aliment à cette confiance. Le gendarme, interrogé sur Marguerite Maurin, répond: — Quant à Marguerite, voyez-vous, moi, je n'aurais pas grande confiance en elle. Que voulez-vous? c'est mon opinion. Je ne sais rien sur sa moralité; ce que je puis dire seulement, c'est qu'elle babillait tant, tant, qu'il m'est impossible de croire qu'elle ait toujours dit la vérité.

Arzac, avec un bruyant soupir. — Voyez-vous ça!

La nature vantarde et audacieuse du jeune berger se dessine clairement après ces incidents qu'il croit si favorables à sa cause définitivement jugée. Il ne veut plus souffrir que les gendarmes le fassent tenir assis; il se rebelle, se débat entre leurs mains et s'écrie, avec une profusion de gaîté passionnée: — Ah! vous dites, vous autres gens de malheur, que je ne suis pas un bon homme! Qu'on me mène devant les ennemis! on verra si je suis un bon homme, un bon Français! Je ne suis ni un voleur ni un assassin.

M. le Président. — Vous n'avez pas la parole; asseyez-vous.

Arzac. — On a si souvent parlé de moi ici que je puis bien avoir la parole. Laissez au moins la plainte aux malheureux.

On donne lecture de la déposition d'une *Marguerite Brugeron*. — M. de Marcellange, de sa campagne de Chamblas, m'envoya chez sa dame au Puy, pour me proposer en qualité de nourrice d'un de ses enfants. Mme de Marcellange me dit qu'elle avait donné sa parole à une autre nourrice, et que, quand elle avait donné sa parole, elle la tenait et ne faisait pas comme son mari. A cette occasion je vis la femme de chambre, et elle me dit: « Quand M. de Marcellange entre dans la maison, il nous semble que le diable y entre; il nous met toutes malades. Quand il sort de la maison, nous sommes toutes guéries. Si quelqu'un venait pour dire qu'il est malade, nous courrions comme des vents; il lui arrivera bien quelque chose ou quelque malheur. » Quand j'appris la mort de M. de Marcellange, la conversation que j'avais eue avec cette femme de chambre me revint à la pensée, et je vis que le malheur était arrivé, comme l'avait annoncé cette fille.

Michel Varenne et *Delaigne* déclarent que, ayant rencontré Besson sur une route, un d'eux lui dit: « Peut-être que tu tiens quelque bête pour M. de Marcellange. — Non, je ne tiens rien pour lui; je ne tiens qu'un coup de fusil, » répondit Besson.

Deux témoins, un *M. Harent*, notaire des dames de Chamblas, un *M. Aubrun*, homme de confiance des dames de Chamblas, pensent que Besson portait, le 2 septembre, un pantalon noir. On entend plusieurs témoins qui affirment lui avoir vu un pantalon de velours olive.

Pierre Liotard, concierge de la prison du Puy. — Lorsque Jacques Besson fut amené à la prison, comme je le connaissais, je causai avec lui. Je lui dis: Vous voilà donc ici? — Cela n'est pas étonnant, reprit-il; ça ne pouvait pas être autrement, après tout ce qu'on a dit. Mais cela ne sera rien; heureusement pour moi que j'étais bien malade quand la chose est arrivée; il me sera facile de prouver que je n'ai pas pu aller à Chamblas.

Le témoin n'a pas vu de pantalon de velours à la prison. Jacques Besson est resté un mois dans sa chambre et n'a pu faire sortir son pantalon.

Une contestation s'engage sur la possibilité qu'a eue Besson de faire disparaître son pantalon.

Me Lachaud. — Le pantalon de velours n'aurait pu disparaître que par la complicité du concierge, M. Liotard.

Me Bac (bas à Me Lachaud). — C'est ma conviction que les choses se sont passées ainsi.

Me Lachaud. — Pourquoi n'a-t-on pas destitué Liotard?

Me Bac. — On a eu tort.

M. Urbe, le médecin qui a soigné Besson de la variole, déclare que la maladie a commencé dans les premiers jours du mois d'août; la suppuration s'est établie le 15, et la convalescence a commencé le 20. A partir de ce jour, comme il s'agissait d'un domestique, le médecin n'a plus fait de visites.

M. l'abbé Hedde dépose que c'est le 17 août que Besson reçut de lui les secours de la religion.

De ces deux témoignages ressort l'impossibilité pour Besson d'une sortie le jour de Notre-Dame d'août; mais, bien que le médecin ajoute: « La maladie a pu durer quinze jours encore après le 20 », il est surabondamment prouvé que Besson sortait plusieurs jours avant le 1er septembre.

Marie Chamard tient de sa sœur Jeanne-Marie, qu'une veuve Granger lui aurait dit : « On m'a dit que, quelque temps avant la mort de M. de Marcellange, on avait vu Jacques Besson dans le cabaret de Gerbier, à Brives. Besson avait la figure voilée, disant que c'était à raison de la petite vérole. » Il n'y a là qu'un on dit courant de bouche en bouche ; mais la déposition de Gerbier et de sa femme n'est pas un on dit. On rappelle *Gerbier*. — Vous êtes un honnête homme ? lui dit *M. le Procureur général*. — Oui, Monsieur, je le crois. — Êtes-vous sûr, bien sûr, d'avoir vu, quelques jours avant le 1er septembre, Besson venir boire dans votre cabaret ?

Gerbier. — J'en suis bien sûr. J'ai bu avec lui ; je lui ai dit : « Oh ! pauvre Jacques ! comme il a grêlé sur toi. » Il a répondu : « Ah ! j'ai été joliment ravagé, mais cela va mieux ». Il avait la tête enveloppée d'un bonnet et d'un mouchoir.

D. Et c'était avant le 1er septembre ? — R. Oui, Monsieur, quelques jours avant.

D. Qu'est-ce qui vous fixe sur cette date ? — R. Je me le rappelle bien ; et puis, d'ailleurs, si c'eût été après l'assassinat, nous en aurions bien certainement parlé ensemble.

Nous sommes au 23 décembre. Les débats sont clos ; la parole est aux avocats. *Me Bac* se lève pour la partie civile.

« Messieurs les Jurés, dit-il, lorsque la famille de Marcellange jura, sur la tombe d'un frère assassiné, de poursuivre sa vengeance, elle ne se dissimulait pas quels obstacles elle aurait à surmonter. Elle voyait une famille puissante se dresser entre elle et l'assassin ; elle voyait toute une coterie armée pour empêcher l'action de la justice. Mais elle trempa sa conviction dans l'amour fraternel et dans les promesses solennellement jurées, et résolut, quelles que fussent les difficultés, de marcher incessamment vers son but et de ne pas avoir de repos qu'elle ne l'eût atteint.

« Et nous aussi, Messieurs, lorsque, fort d'une conviction lentement formée, nous vînmes nous associer à cette œuvre douloureuse et sainte, nous comprîmes tout ce qu'elle aurait de difficile. Mais, disons-le, dans la sincérité de notre cœur, si nous avions craint de trouver quelque part, devant nous, le faux témoignage avec toute son habileté, toute son audace, ce n'était pas dans cette enceinte.

« Nous avions déjà vu, à la Cour d'assises de Riom, la prudence s'asseoir aux côtés de l'accusé pour réprimer les témérités d'une protection trop ardente ; et nous avions cru qu'après les condamnations d'Arzac et de Bernard, qu'après la fuite des dames de Chamblas, la persévérance de ceux qui résistent à la vérité commencerait à se lasser et laisserait son libre cours à la justice.

« Cependant, qu'est-il arrivé ?

« Toute une légion de nouveaux témoins, légion sacrée sortie de je ne sais où, envahit cette enceinte. Et voilà que *l'alibi*, qui semblait à jamais anéanti par une nouvelle instruction, se relève et se fortifie de témoignages inattendus ; voilà que les haines qui avaient paru assouvies par la mort de M. de Marcellange se raniment pour insulter à sa mémoire ; voilà que ceux qui prêtent à la justice un loyal concours sont attaqués dans leur honneur, et que peut-être on rêve des outrages contre la famille que j'ai l'honneur de représenter.

« J'ignore si la défense suivra dans leurs développements les principes qu'elle a semblé poser en appelant ici cette légion de témoins. Je me réserve, dans ce cas, de montrer de quel côté est venu le faux témoignage, et d'avoir raison des haines impies qui poursuivent au delà de la tombe leurs tristes satisfactions. Quant à présent, la mission que j'ai à remplir est simple et facile. A ma parole doit succéder une parole plus imposante. Moi, je ne veux qu'exposer en peu de mots les faits que vous connaissez déjà. »

Nous ne suivrons pas l'avocat dans ses redites nécessaires. Notons seulement, en passant, quelques portraits spirituellement dessinés : celui-ci, par exemple, de Mme la comtesse de Chamblas, par M. de Choumouroux, celui qui l'appelait la *fatale* ou, si on l'aime mieux, la *f*..... belle-mère. M. de Choumouroux, un homme grave, et qui connaissait la comtesse de vieille date, écrit à Louis de Marcellange, le 2 mai 1838 :

« Rien de plus fâcheux qu'une femme qui a usé de la vie, lorsqu'elle devient dévote ; elle fait le malheur de tout ce qui l'entoure. »

A propos des hautaines dénégations faites par Mme de Marcellange de ses propos grossiers, attestés par tant de témoins, notons encore ce passage de la plaidoirie de Me Bac :

« J'entends la défense qui s'écrie que ces paroles sont invraisemblables ; qu'il n'est pas possible que Mme de Marcellange, avec son éducation, avec ses habitudes d'aristocratie, ait fait à des paysans, en termes aussi grossiers, de pareilles confidences. A cela je réponds : Oui, Mme de Marcellange avait des habitudes de dédain et de fierté ; mais elle avait été élevée à Chamblas, au milieu des paysans ; mais elle avait appris à ne pas se contenir devant eux, et à parler au besoin leur langage ; mais rien ne s'allie plus facilement que l'aristocratie des manières et la bassesse des sentiments ; mais tous les cœurs mauvais sont pétris de la même boue ; mais le langage des passions est toujours et partout le même ! ! ! »

L'avocat trace à grands traits l'histoire des causes de l'assassinat et de l'assassinat même. Arrivé à la complicité d'Arzac, il la prouve par les révélations de Marguerite Maurin, par les dénégations premières d'Arzac relativement à la chaîne. Arzac finit par avouer qu'il a remis la chaîne à sa tante, le lendemain du crime : c'est tout avouer. Quelle que soit l'audacieuse énergie de cet homme, il est convaincu désormais.

« Arzac se persuadait qu'avec une parole ferme, et qui ne manque pas d'une sauvage éloquence, il lui serait possible d'en imposer à la justice. Il avait espéré trouver son salut dans l'audace de l'attitude et la fierté du regard. Il s'est trompé.

« Arzac, une tenue ferme et calme, la pudeur qui convient à un accusé, la tranquillité du maintien, manifestation de la tranquillité de l'âme, voilà quels sont les signes de l'innocence. Quant à l'arrogance, à la voix haute, au regard provocateur, à cette expression brûlante de sentiments passionnés, c'est le signe d'une conscience troublée ; c'est l'effort d'une organisation puissante peut-être, mais mauvaise, effort désespéré qui vient se briser devant l'éternelle majesté de la justice. »

Nous n'insisterons pas sur les preuves morales et matérielles de la culpabilité de Besson ; le lecteur en possède désormais tous les éléments, et le plaidoyer de Me Bac ne contient, à ce sujet, que les témoignages analysés, commentés, coordonnés. Mais nous ne pouvons passer sous silence la partie de ce plaidoyer qui dépasse le procès. Une pitié immense saisit tout à coup l'avocat à la vue de cet accusé, de ce coupable, que son dévouement a porté au crime, abandonné aujourd'hui par ceux-là mêmes à qui il a sacrifié son honneur et sa vie.

« Oui, il était un témoignage qui devait jusqu'à la fin s'élever en votre faveur; oui, il est, même dans le crime, des générosités qu'il ne faut jamais déserter. Les dames de Chamblas devaient jusqu'à la fin subir avec vous les conséquences de la position qu'elles vous ont faite. Innocent ou coupable, elles devaient vous suivre sur le banc des accusés!

« Si vous êtes innocent, surtout, pourquoi ne les vois-je pas ici, ces dames pieuses qui croient au Dieu éternel, à l'éternelle justice, à la protection que la Providence ne refuse jamais à l'innocent? Qui les retient de venir éclairer la justice? Quel sentiment les met en fuite? Elles craignent, dit-on! Innocentes, qu'ont-elles à craindre? La justice s'égare-t-elle donc avec tant de facilité? Poursuit-elle au hasard? Elles craignent! N'ont-elles pas pour les protéger leurs amis, leur rang, leur fortune, armes impuissantes contre la vérité, mais toutes-puissantes pour défendre l'innocence? (Mouvement.)

« Etrange système! On veut établir que Besson était au Puy au moment où le crime se consommait, et les dames de Chamblas, qui le savent, qui l'ont vu, dont le témoignage sincère ne souffrirait pas de réplique, n'osent venir le déclarer! Besson est arrêté, et les dames de Chamblas se taisent! Besson est exposé à la plus terrible des peines, et les dames de Chamblas prennent la fuite!!!

«Comment! Mesdames, cet homme est innocent, vous le savez, vous pouvez le soustraire à l'échafaud, et vous l'abandonnez!

« On ne vous a pas crues, dites-vous; la calomnie vous a flétries, les erreurs de l'opinion vous ont effrayées! Soit! Mais je vous prends aux premiers moments de l'instruction, alors que personne encore n'avait élevé la voix contre vous. Qui vous a imposé ce silence cruel que vous avez alors gardé?

« Comment! Mmes de Chamblas, vous avez peur qu'on ne vous croie pas, au Puy, au milieu de vos concitoyens, de vos amis, dans cette ville où votre famille jouit d'une considération séculaire, dans cette ville pleine de votre influence, dans cette ville où tout vous protége, tout... jusqu'à la majesté de la religion! (Sensation prolongée.)

« Comment! vous qui vivez dans l'intimité des magistrats, vous n'osez vous confier à leur autorité paternelle! Il suffit d'un mot de vous pour mettre un innocent en liberté, et ce mot, vous ne le dites pas! Mais que Marie Boudon parle au moins à votre place! Elle était avec Besson : qu'elle déclare qu'elle l'a vu! On ne la croira pas non plus sans doute, et vous la conduisez dans les pays étrangers où elle reste cachée...

« Qui ne comprend, Messieurs, la signification du silence des dames de Chamblas? Elles se taisent, et cependant elles protégent l'accusé, oubliant que la plus efficace des protections serait de dire la vérité qui le sauve! Elles se taisent, et font faire des démarches auprès des témoins, oubliant qu'il n'est pas de témoignage plus précieux que le leur propre! Elle se taisent, et envoient des listes de témoins justificatifs au Procureur du roi, oubliant que leurs noms devraient figurer en tête de ces listes!

«Mais qu'est-ce donc que cette protection qui n'oublie rien, si ce n'est ce qui pourrait à l'instant même disculper l'accusé... ! la vérité? »

Il a fallu qu'on interrogeât la veuve, pour qu'elle se décidât à parler; mais ce premier effort a brisé les forces de ces femmes; elles ont fui devant les dangers d'une seconde épreuve; elles ont abandonné leur complice. « Ah! Besson, je vous le dis, et songez à mes paroles, peut-être, dans le secret de certaines consciences, y a-t-il le désir de voir tomber votre tête sur l'échafaud, car votre mort c'est le silence, et le silence, pour certaines personnes, c'est l'impunité; je ne dis pas la tranquillité: il n'en est pas pour les coupables!! »

L'auditoire est encore sous le coup de cette belle improvisation, quand *M. le Procureur général* prend la parole pour prononcer son réquisitoire. Ici encore, une analyse fidèle ne rencontrerait que des redites. Recueillons seulement, en passant, les parties épisodiques et les déclarations les plus graves de cette importante étude.

— «Et cependant la nuit vient, l'heure du crime approche; Besson va chercher Arzac dans son parc solitaire, Arzac qui emmènera le chien, à l'aide de cette chaîne accusatrice. Malheureux animal, lui aussi aura une vengeance à subir; il a été un embarras, un témoin; il faut qu'il meure, et, quelques jours après, son corps inanimé se retrouvera dans les bois de Chamblas.

(Ici Arzac se tourne et pousse quelques éclats de rire forcés, qu'arrête le regard calme et sévère du Procureur général.)

« Rappelez-vous, Messieurs, continue l'organe du ministère public, rappelez-vous la tenue d'Arzac pendant ces audiences. Il s'est laissé aller à une audace qui a été un scandale. Quoi! malheureux! vous avez été frappé par la justice, et vous venez, par une fureur stupide, vous dépouiller du seul intérêt que vous pourriez encore inspirer! Vous êtes sous le poids d'une condamnation terrible, d'une accusation plus terrible encore, et vous venez imprudemment affronter les regards de la justice, lorsque vous devriez lui demander miséricorde! Ah! vous étiez bien jugé par Besson; il a bien fait de vous prendre pour l'assister: il était sûr de vous.

« Arzac, Messieurs, j'en ai la conviction, appartient à cette classe, heureusement peu nombreuse, d'êtres pervers pour qui rien n'est sacré, que n'épouvante aucun forfait, que n'intimident ni la majesté ni les rigueurs de la justice, et qui ne reculent pas devant la vue du sang. Voilà pourquoi Besson a fait appel à sa sauvage énergie. »

Arzac rit aux éclats; M. le Procureur général lui jette un regard de pitié profonde et continue à suivre les traces de Besson. Il fait entendre cette porte de la maison du Puy, cette maison si calme et si rangée, qui se referme avec fracas, vers minuit. Le lendemain, arrive au Puy le fatal message. Quelle réponse y fait-on? *Notre pauvre Jacques est bien malade.* Etrange préoccupation! Le maître, le père, l'époux a été assassiné, et Marie Boudon, cette servante impie, ne pense qu'à la maladie de Jacques. On ne demande au messager de détails que juste assez pour savoir que l'assassin n'a pas été vu. « Cela suffisait pour rassurer Besson. Mais pas d'autres questions, pas de questions intimes, pas de questions de tendresse, pas un souvenir pour sa victime. C'est là où je trouve les plus fortes preuves de la culpabilité de Besson... C'est ici que je rencontre les dames de Chamblas. »

Ici l'attention de l'auditoire redouble. Que va dire l'organe du ministère public? Comment, dans cet horrible mystère qui plane sur la source du crime, fera-t-il la part de ces femmes que la loi ne poursuit pas encore, mais que la voix publique accuse déjà si haut. M. Feuilhade-Chauvin se recueille un moment, et prononce ces paroles, écoutées dans un religieux silence :

« Si je les croyais complices, je le dirais hautement, avec toute l'indépendance et toute la justice qui appartiennent à mon ministère auguste et sévère. Ma voix n'appartient à personne; je ne la mets à la disposition d'aucune passion, soit qu'elle veuille accuser, soit qu'elle veuille défendre. Je ne veux, moi, que la vérité, l'impartialité. Je ne suis pas ici pour satisfaire à ce penchant des hommes qui les entraîne vers le mystère.

« S'il me fallait me prononcer, après avoir religieusement réfléchi, je dirais : Non, je ne les crois pas coupables *au sens légal;* je ne vois rien dans la cause qui les rattache à la complicité. Mais sont-elles à l'abri de tout reproche? Quoique absentes, j'ai le droit, plus encore, le devoir de leur en adresser. Il me serait plus doux de venir au-devant de ces femmes et de me désoler avec elles de leur désolation; non que je m'occupe de leur rang, de leur fortune : dans l'exercice de mes fonctions, je ne vois que des individus; riches ou pauvres, je ne m'en occupe pas, puissants ou faibles, je ne veux pas le savoir. Je voudrais pouvoir les défendre et je ne le puis. Il faut que je leur reproche leur froideur incompréhensible, leur indifférence inouïe, qui n'appartient pas au cœur des femmes.

« Eh quoi! le messager vient de remettre la lettre; on la leur porte, elles la lisent..., et à l'instant on ne l'introduit pas. L'épouse, la mère ne s'élancent pas au-devant de lui pour l'interroger. Non, elles ne daignent pas paraître et se contentent des renseignements fugitifs que leur donne plus tard le maire de Saint-Étienne!

« Ah! je regrette de le dire, si vous n'aimiez pas M. de Marcellange comme époux, comme fils, il était homme, il était assassiné! Son cadavre gisait sanglant sur votre foyer de Chamblas! Vous êtes femmes, et vous n'avez pas trouvé une larme, pas un soupir, pas un regret pour lui! Allez, fuyez, cherchez une retraite solitaire, et là pleurez, versez sur vous toutes les larmes que vous avez refusées à votre époux, à votre époux assassiné! »

Il faut bien le dire, l'impression causée par ces paroles fut celle d'un désappointement. On espérait que le ministère public aurait pour les fugitives des accents plus sévères. Historien impartial, nous devons même ajouter que, si M. Feuilhade-Chauvin dit tout ce qu'on vient de lire, il ne le dit pas tout à fait comme nous l'avons rapporté. Sa parole, d'ordinaire si nette et si vive, s'était embarrassée tout à coup. Chacune de ses phrases se redoublait dans une contre-épreuve, affaiblie par les équivalents et les synonymes. A quel sentiment attribuer ces hésitations, ces redondances? A la situation délicate de l'organe du ministère public, pour qui le moment n'est pas venu encore de tonner contre de nouveaux coupables, et qui ne saurait introduire dans le procès isolé de Jacques Besson la complicité *légale* des dames de Chamblas. Voilà, croyons-nous, le sens de cette flétrissure morale qui s'arrête au seuil de la loi.

Après avoir résumé les charges, M. le Procureur général discuta et combattit les preuves apportées par l'accusé, celles surtout concernant l'*alibi*. Cet *alibi*, on n'avait senti que bien tard le besoin de l'établir, et, dans sa première déposition comme témoin, Besson prétendait n'être pas sorti de la maison des dames de Chamblas pendant toute la journée du 1er septembre. Plus tard, il a fallu des témoins de l'*alibi;* on en a trouvé; mais leurs témoignages discordants indiquent assez le peu de confiance qu'ils méritent.

— « Justice et vengeance! s'écrie en terminant M. le Procureur général. Oui, il sort de cette tombe de Marcellange un long cri de vengeance que j'entends retentir dans cette enceinte. Souvenez-vous de cette magnifique loi romaine qui dit : « Venge « la mort de celui à qui tu succèdes, ou le fils « prendra l'héritage. Si tu es infidèle à cette piété « sainte qui relie entre eux les membres d'une fa- « mille, tu es indigne d'appartenir à la famille, et « tu n'es pas digne de l'héritage, et le fils le pren- « dra. »

« Passage sublime et qui semble une page arrachée à l'histoire du grand procès qui s'agite devant nous! La vengeance que vous demande la famille Marcellange, est celle qui est prescrite par l'admirable loi romaine. Oui, c'est un devoir pieux, sacré, que la famille Marcellange vient remplir dans cette enceinte. Et je le répéterai encore, je regrette de ne pas voir, à côté du frère et de la sœur de la victime, son épouse et celle qui devait être sa seconde mère. Elles ne l'ont pas voulu, elles ont été sourdes à ma voix. Je m'en afflige dans l'intérêt de la morale.

« Mais mettons de côté nos sentiments pour ne plus nous occuper que de notre conscience et des devoirs qu'elle nous impose. Messieurs les Jurés, je ne vous dirai qu'un mot : Si vous êtes convaincus de la culpabilité de cet homme, oh! alors, enchaînez vos cœurs, oubliez les intérêts personnels d'un malheureux accusé, pour n'entendre que la voix de la société et celle de la loi. »

A ce réquisitoire, écouté par Besson avec une attention calme, et quelquefois avec une nuance de satisfaction, succède la plaidoirie de *Me Lachaud.*

— « Messieurs les Jurés, dit le jeune avocat d'une voix émue, Dieu n'a pas voulu permettre que la prévention et l'erreur prévalussent. Au pied de l'échafaud, il a arrêté cet homme. Sa justice miséricordieuse l'a conduit jusqu'ici. Il y a huit jours, au commencement de ces débats, je tremblais pour moi, pour l'accusé, et, permettez-moi de vous le dire, pour vous aussi, Messieurs les Jurés.

« Je craignais pour l'accusé les charges terribles qui s'élevaient contre lui; je craignais pour moi la responsabilité immense d'une si grande affaire; enfin, pour vous, Messieurs les Jurés, je craignais les préventions qui vous entouraient de tous côtés. J'avais peur que votre conscience se brisât contre tant de clameurs.

« Mais je ne tremble plus aujourd'hui; c'est que ces derniers débats ont apporté des révélations qui ont imprimé une physionomie nouvelle à ce procès, et qui m'ont donné la certitude d'un acquittement. Les entrailles de l'accusation se sont déchirées, et ce violent effort, qui devait nous apporter la mort, nous a apporté la vie. Vous avez beau faire, les paroles graves du ministère public, la haute éloquence de Me Bac ne pourront rien contre les faits. Cet homme doit sortir d'ici acquitté. S'il n'en était pas ainsi, il n'y aurait plus de certitude pour les hommes innocents. Une condamnation est impossible. »

Reprenant les faits dix fois racontés qui précédèrent et suivirent la mort de M. de Marcellange,

Me Lachaud pense que les terreurs de la victime, désignant ses assassins à l'avance, ont pu attirer le bras de quelque ennemi secret, certain de voir soupçonner quand même la maison de Chamblas. Cette maison, le défenseur prétend la venger des accusations sous lesquelles on veut l'ensevelir. C'est la femme qui représente cette grande maison qu'on a montrée jetant la mésintelligence entre les deux époux; c'est, dit-on, le boute-feu, la pomme de discorde. On n'a pas toujours pensé ainsi; en 1838, M. de Marcellange père avait de tout autres idées, comme le prouve une lettre adressée par lui à sa belle-fille.

Me Bac. — De qui tenez-vous cette lettre? Des dames de Chamblas, sans doute?

Me Lachaud. — Peut-être...

Me Bac. — Des dames de Chamblas!... Et vous êtes le défenseur de Besson!

Me Lachaud lit la lettre, dans laquelle M. de Marcellange père fait l'éloge de Mme veuve de Chamblas et recommande à son fils plus de modération dans ses rapports avec elle. J'attache, dit l'avocat, d'autant plus de prix à cette opinion que M. de Marcellange père est le seul de la famille qui ait hautement réprouvé les accusations dirigées contre la maison de Chamblas.

Mme de Tarade vivement. — Vous vous trompez, Monsieur.

D'où est venue, continue l'avocat, la mésintelligence dans ce ménage? Peut-être Théodora, dont le père avait satisfait tous les désirs, tous les caprices, peut-être était-elle généreuse, prodigue, tandis que Louis de Marcellange, appartenant à une famille nombreuse, connaissait les privations, avait beaucoup d'ordre, était habitué à compter. Des discussions d'intérêt survinrent et la séparation dut avoir lieu.

Ici seulement l'avocat de Besson, qui a paru préoccupé uniquement de défendre les dames de Chamblas, retrouve Besson. Besson, ancien domestique de la maison, a suivi ses maîtresses. Quoi de plus naturel? Le crime consommé, on arrête cinq personnes qu'a désignées la haine des Marcellange contre les Chamblas. Quatre des prévenus disparaissent, avec des *alibi* ; Besson seul reste entre les mains de la justice. C'est que par celui-là on approchera le plus près possible de l'intérieur des dames de Chamblas; c'est que par celui-là on fera pénétrer la calomnie dans leur foyer.

Pourquoi Besson? Quel intérêt aurait armé son bras? La haine? on ne la prouve pas? On n'apporte que des anecdotes sans valeur. Il veut être le maître à Chamblas, y dominer? Mais non, il veut épouser la fille d'un pauvre horloger, il veut aller s'établir à Saint-Etienne. Dominer à Chamblas! et le médecin qui l'a soigné déclare avoir cessé ses visites avant sa convalescence, par économie. Il y a, il est vrai, le matelas et la portion envoyés pendant le secret. Ce n'était pas assez, peut-être, pour un vieux serviteur qu'on croyait innocent.

Me Lachaud rappelle les pressentiments bizarres, les inquiétudes, les visions de M. de Marcellange, voyant partout des assassins; assassins qui en veulent à sa vie, assassins qui veulent lui vendre leur bras pour le protéger. Et qui étaient ces *bravi* complaisants? On ne sait. Qui nous dit que, pour s'assurer son silence, l'un de ces hommes ne l'a pas assassiné?

L'avocat discute les propos attribués à Besson, les repousse, les explique, et, arrivant au projet d'empoisonnement, il rencontre Arzac. « J'ai étudié Arzac, Messieurs, et cet homme m'étonne. Voilà un jeune homme de vingt-trois ans, isolé jusqu'à ce jour de la société des autres hommes, qui s'est élevé par la puissance de sa nature; une de ces organisations de premier ordre, qui, dans une autre position, seraient allées bien loin peut-être. »

Me Bac. — Et qui, placées là, vont au crime.

Me Lachaud. — Dans sa voix rude, dans son genre sauvage, dans son animation pittoresque, il y a quelque chose de grand et d'éloquent qui me saisissait hier profondément, et je disais : Cet enfant des montagnes, quel profond mystère ne révèle-t-il pas? Hier, j'ai assisté, je dois le dire, au plus magnifique combat que j'aie vu de ma vie La parole de Me Bac, cette parole que j'admire, et qui est pour moi une des plus belles que j'aie entendues, la parole de Me Bac était encore plus solennelle, plus large que de coutume. Ce n'était plus l'avocat animé de la famille de Marcellange, c'était l'homme impartial, consciencieux, éloquent. A cette pompeuse parole, qui a saisi tout l'auditoire comme moi, Me Bac joignait un geste et un organe pénétrants. Ce regard de Me Bac frappe le paysan grossier, le saisit, le transporte, l'élève jusqu'au sublime. Il y avait dans son œil une fierté mâle et noble qui répondait au regard mâle et noble de Me Bac; il y avait sur ses lèvres un sourire de force et de puissance qui semblait arrêter la parole de Me Bac. Et je vous le dis, Maître Bac, dans ce combat, que vous aurez bientôt à renouveler, ce paysan vous a vaincu par l'imposante éloquence de son silence. Cette nature extraordinaire explique bien des choses.

Voilà Arzac, Messieurs; je passerais volontiers dix ans de ma vie à étudier cet homme, grand et curieux, cette intelligence exceptionnelle. Si vous approfondissez bien le caractère d'Arzac, ne vous expliquez-vous pas les propos qu'il a tenus? En entendant parler de l'intérieur de Chamblas, qui nous répond qu'avec son imagination cet enfant n'ait éprouvé le besoin de se poser avec un grand secret? »

Après ce portrait d'Arzac, Me Lachaud trace celui de Marguerite Maurin. Il la représente comme une femme bavarde, inconséquente, véritablement folle, se débattant vainement sous la notoriété d'une mauvaise réputation. Elle a, dans le procès, dénoncé tout le monde : elle a d'abord reconnu François Besson, puis elle s'est rétractée, elle a dit qu'elle mentait. Elle a alors dénoncé Michel Besson. « Voilà votre témoin, monsieur le Procureur général, et vous avez oublié ces circonstances, et vous vous êtes appuyé sur cette femme, qui avait commencé par pousser à l'échafaud Michel Besson et François Besson! Vous n'oublierez pas en passant, Messieurs les Jurés, que ce sont les deux hommes placés en tête sur la liste où Marcellange, sous l'inspiration de son frère, avait inscrit les noms de ceux qu'il désigne comme ses assassins »

Il faudrait pouvoir peindre en même temps que raconter, pour montrer au lecteur la pantomime originale de ce jeune berger, de ce demi-sauvage, pendant que la parole brillante de Me Lachaud le poétise et verse l'ironie la plus puissante sur ce témoin qui l'a perdu. Arzac boit, ces paroles dont il s'exagère l'effet; il se lève à demi sur son banc, le doigt tendu, l'oreille en avant, enivré de cette justification qui lui semble invincible. Un rire triomphant se dessine sur ses lèvres, et, de temps en temps, il marmotte quelques prières en portant ses yeux agrandis du Christ aux juges, et des juges au défenseur de Besson. *Me Lachaud* s'arrête, épuisé de fatigue, et Arzac se laisse retomber sur son banc, désespéré de ce silence. On l'entend murmurer : « Quel dommage! ça allait bougrement bien! » Besson, lui, s'est concentré en lui-même; il paraît étranger aux débats. Derrière Me Lachaud, un homme attire tous les regards par sa ressemblance étonnante avec l'accusé; cet homme, c'est Étienne Besson, un des huit frères. La présence de ce Ménechme, autorisée par la Cour, ouvre le champ aux hypothèses les plus hardies pour les imaginations avides de mystère. Tous ces Besson, rencontrés dans des lieux si divers, à des heures si contradictoires, sont-ils bien un seul et même homme?

Le 25 décembre, après que *Me Lachaud* a discuté patiemment tous les témoignages, après une courte réplique de *Me Feuillade-Chauvin*, *Me Bac* prononce une réplique. Il nous faut bien, ici encore, arrêter le lecteur; car cette réplique est un chef-d'œuvre d'éloquence. En voici les parties essentielles :

Messieurs,

Besson est-il un martyr? Arzac est-il un héros? Les dames de Chamblas sont-elles des modèles de convenance et de vertu? Sommes-nous de lâches et d'odieux calomniateurs? La justice s'est-elle associée à nos haines insensées? L'opinion, trompée par nous, a-t-elle prononcé un de ces arrêts imprudents qu'elle doit déplorer plus tard? Si vous avez cru un moment, Messieurs, à ces créations poétiques d'une jeune et brillante imagination, si la magie d'un talent que nous connaissions, mais qui ne s'était jamais révélé avec tant de force et d'éclat, a pu changer à vos yeux la réalité des choses à ce point, eh bien! nous nous résignons. Qu'Arzac, réhabilité, monte sur le piédestal qu'on lui a élevé; qu'à ses côtés vienne prendre place Bernard, qu'on a eu tort d'oublier dans cette commune apothéose; que les dames de Chamblas sortent triomphantes de leur retraite et rentrent dans ce château où la présence de Louis de Marcellange ne les gênera plus; que Besson, désormais célèbre, puisse rêver en paix, sous les frais ombrages de la grande allée, à cette étrange destinée qui, de gardien des pourceaux de Chamblas, l'a élevé à la position de maître du château!

Quant à nous, pendant que se fera à Chamblas cette entrée triomphante, nous acquitterons les frais de la victoire, et puis, triste et pieux cortége, nous nous acheminerons vers les mêmes lieux; nous chercherons le tertre humide où reposent des restes auxquels il manque un tombeau que nous ne devions élever qu'après la vengeance, et là, sous ce ciel témoin des douleurs de Louis de Marcellange, près de ce château où il a si longtemps et si misérablement souffert, sur cette terre où gisent ses dépouilles, nous pourrons jurer au moins à ses mânes chéris que nous avons tout fait pour remplir les derniers vœux du mourant, et que les dernières paroles qu'il nous faisait entendre : « Si je meurs assassiné, vengez-moi, » ne sont pas restées sans écho, au moins dans notre cœur! (Sensation.)

Mais cela serait-il possible? Serait-il vrai que la partie civile, que la justice, que le jury du Puy, que le jury de Riom, que l'opinion tout entière eussent été jetés dans ces fatales erreurs?

Comment, par quel secret la défense, qui, dans une autre enceinte, se serait trouvée heureuse d'obtenir la pitié, se relève-t-elle aujourd'hui, et, changeant presque les rôles, devient-elle à son tour accusatrice? Que s'est-il donc produit d'inattendu? Quelles révélations nouvelles ont jeté un jour inconnu sur cette affaire? A quel spectacle avons-nous donc assisté à ces débats, que toutes les convictions doivent être changées? — Les mêmes témoignages se sont produits; ces témoignages qui, devant une autre justice, grande, ferme, digne, consciencieuse et impartiale aussi, ont suffi pour amener une condamnation, n'ont pas été altérés. De nouveaux témoignages se sont joints à ceux-ci. Qu'y a-t-il donc eu? Une déposition, celle de Bérard.

Oui, il s'est rencontré, dans je ne sais quelle boue, un homme assez misérable, assez infâme, pour venir ici profaner la sainteté du serment, jeter une parole d'accusation sur un malheureux accusé, faire une fausse déposition dont les résultats pouvaient être épouvantables! Oui, Bérard s'est rencontré! Mais d'où est-il sorti, cet homme? Qui a pu l'appeler ici? L'accusation! Dernier effort, disiez-vous hier, d'une accusation désespérée; voilà vos paroles. — L'accusation désespérée! et depuis quand? Est-ce après le verdict de Riom? Est ce lorsqu'un jury avait prononcé, dans sa conviction profonde, la peine la plus terrible qui puisse atteindre le coupable? Est-ce à ce moment que nous devions sentir le besoin de faire appel à de nouveaux témoins? Nos forces, devions nous en douter? Étaient-elles assez éprouvées? Un premier succès devait-il nous faire présager une défaite? Est-ce lorsque nous avions pour nous le préjugé d'une première décision que nous devions chercher des témoins nouveaux pour assurer notre triomphe? Qui donc était désespéré, de la défense ou de l'accusation?

Bérard! nous l'aurions appelé, nous! et pourquoi? Qu'ajoutait-il à nos forces? Mais, si nous eussions voulu recourir à cet infâme métier de suborneur, nous aurions placé ce témoin dans d'autres conditions; nous ne l'aurions pas mis en contradiction avec M. le curé Légat; nous n'aurions pas voulu que sa première parole fût une calomnie contre un homme que nous estimons; nous n'aurions pas voulu que cet homme commençât par ces mots : « J'ai dit à M. le curé que je savais bien des choses, mais il m'a empêché de les dire. » Nous avions tout intérêt à confirmer au lieu d'infirmer le témoignage de M. le curé Légat, ami de l'homme que nous pleurons.

Et puis rappelez-vous ce qui s'est passé. Qui a dévoilé ce témoin? Nous. (*Sourire au banc de la défense.*) Ah! votre sourire n'anéantira pas les faits. — Qui l'a dévoilé? M. Faure, l'homme que vous accusez, l'homme qui aurait été l'agent de nos intrigues; car, si nous avions cherché des faux témoins, à l'aide de qui l'aurions-nous fait? (Je ne prends pas vos paroles, je prends vos témoins; ils révèlent sans doute un peu vos pensées secrètes.) Ce serait à l'aide de M. Faure; c'est lui qui recevait dans sa maison et Roiron et tant d'autres; c'est lui qui leur disait : *Parlez, n'ayez pas peur; la justice vous protégera;* c'est lui qui leur disait : *Vous aurez de l'argent;* c'est lui, en un mot, qui, d'après vous, était notre pourvoyeur.

Vous n'avez pas osé le dire, mais vous aviez désiré le faire croire. Vous aviez appelé des témoins dans ce but. La pudeur vous est venue, et vous, Maître Lachaud, qui avez de la conscience et du cœur, vous n'avez pas voulu accuser un homme de conscience et de cœur, mais on l'avait fait pour vous.

Eh bien! c'est M. Faure, notre pourvoyeur, l'homme en qui nous avons confiance, qui est venu et a dit : Bérard est un faux témoin! Et s'il ne vous en avait pas apporté les preuves, vous ne les auriez pas.

Et quelle a été l'attitude de Bérard? Voulait-il pousser jusqu'au bout son faux témoignage? Non. Il n'a fallu que peu d'efforts pour le ramener à la vérité..., je me trompe, au mensonge pour lequel il avait été amené, car cet homme, se rétractant, s'est écrié qu'il avait menti, et qu'il avait menti à l'instigation de Roiron, j'ai presque dit de M. Faure!

Enfin, qu'avons-nous dit quand nous avons entendu Bérard? Nous avons rejeté ce témoin. Et qu'a fait la défense? Elle s'est levée et l'a revendiqué. A qui donc appartient-il? D'où est-il venu? Il ne pouvait rien faire pour la vérité, elle avait éclaté devant le jury de Riom; il ne pouvait rien faire pour nous, notre cause est celle de la justice même. Il appartient à ceux qui avaient tout à craindre et qui se sont emparés de sa déclaration; il a été envoyé par eux, et l'on avait bien compté sur lui, si nous en croyons les sourires de triomphe qui s'élevaient, pendant sa déposition, dans une partie de l'assemblée.

Ainsi, laissons Bérard, témoin infâme que tout le monde doit flétrir.

Et où en serions-nous, grand Dieu! s'il appartenait au premier misérable sorti de la fange de venir altérer la sérénité de la justice? Comment! il suffira qu'un faux témoin apparaisse, pour que l'honneur de la partie civile puisse être attaqué! Il suffira qu'un misérable comme Bérard se présente, pour que toutes les charges s'évanouissent, pour que les faits s'anéantissent! Et ce malheureux ne sera pas même exposé à expier son crime, car sa rétractation le mettra à l'abri de toute poursuite! Voilà un nouveau moyen de défense simple et facile, et dont la découverte sera précieuse aux coupables! Non, Messieurs, non; il ne suffit pas d'un homme impur pour souiller une accusation. Bérard doit être rejeté de cette enceinte, comme il est depuis longtemps rejeté de vos consciences. C'est dans les éléments primitifs, essentiels, qu'il faut rechercher les bases de l'accusation et celles de la défense.

Il sentait avec angoisse la voiture monter lentement la croupe abrupte du Mont-Anis (p. 56).

Ce faux témoignage de Bérard, on a cherché à s'en servir comme d'un coin pour désunir le témoignage de Marguerite Maurin, de Claude Reynaud, de Borie, de Gerbier, de tant d'autres. On a cru y trouver un instrument puissant d'attaque et de calomnie contre la famille de sa victime. Me Bac reprend donc un à un tous ces témoignages et les discute à nouveau. Il les passe tous en revue, depuis les pressentiments si sûrs de M. de Marcellange lui-même, le premier des témoins, jusqu'à celui des époux Pugin, qui assistèrent au retour du meurtrier.

Ah! dit la défense, nous ne suspectons pas Pugin et sa femme, nous avons la conviction qu'ils disent ce qu'ils croient avoir entendu. Mais écoutez : le vent du midi souffle avec fureur, l'ouragan mugit dans la montagne, la vieille ville du Puy, bâtie sur le granit, tremble sur ses bases solides, et, au milieu de ces harmonies arrachées par les vents aux murs de pierre des antiques maisons, comment voulez-vous distinguer une note perdue dans ces mille voix de la tempête?

Puissants effets de l'imagination! Le vent du midi

devient le vent d'une affreuse tempête qui fait trembler sur ses bases une ville de pierre ! Je croyais assister à une des descriptions enfantées par le génie du Dante, car ce n'est pas sans doute dans les villes habitées par les mortels que se lèvent les vents qui font trembler les murs de granit.

Arrivons à la réalité.

La ville de granit ne tremblait pas plus sur ses bases que ne tremble notre accusation.

Les époux Pugin ne pouvaient pas se tromper. Ils connaissaient le bruit de la porte des dames de Chamblas. Ils n'ont pas entendu cette voix de l'orage qui, selon vous, pouvait les tromper. Ils ont entendu le bruit d'une porte connue. Ils l'affirment, après de longues réflexions. Ils l'ont dit au moment où la porte roulait sur ses gonds et retombait sur elle-même, car la femme Pugin s'écria : « *Voilà quelqu'un qui est bien heureux d'être dedans !* »

Oh ! oui, il devait être bien heureux d'arriver à cette porte protectrice, lui qui avait eu à traverser les ravins et les bois, poursuivi par les terreurs qui s'attachent à l'assassin, entendant le dernier soupir de sa victime, voyant déjà près de lui le spectre sanglant qui désormais le suivra toujours !

Oh ! oui, il avait hâte d'arriver dans cette maison de Chamblas, où l'on devait le rassurer, où l'on devait lui répéter : Qu'importe ! c'était un homme de rien, un marcassin, un commis ! — Il avait hâte d'y arriver. C'est là qu'on lui avait donné la funeste pensée du crime, et que l'on devait lui rendre la force et l'audace qui ne l'ont plus abandonné depuis. (Mouvement.)

Le doute est-il possible, Messieurs ? Claude Reynaud, Borie, Matthieu Reynaud, les époux Pugin, ont-ils été réunis dans toutes ces dépositions par un crime ? (Mouvement.) Je dis par un crime, parce qu'il y aurait nécessairement un crime dans ce concert inouï, parce qu'il n'y aurait pas de Providence, parce qu'il n'y aurait pas de Dieu, si tous ces hommes avaient été réunis, par le hasard, dans une semblable déclaration. S'il est une Providence, elle ne peut pas souffrir que de tels faits se rencontrent et s'unissent pour accabler un innocent !!

Et si le lien de tous ces faits vous échappait, Marguerite Maurin viendrait vous en expliquer la signification. Elle aussi, on l'a récusée, démentie ; mais, peu à peu, de pas en pas, il a fallu lui céder quelque chose ; il a fallu avouer qu'elle avait dit vrai.

Eh bien, Marguerite Maurin ne ment donc pas toujours; elle disait la vérité sur cette chaîne ; elle n'était pas folle quand elle parlait ainsi ; ce n'était pas une hallucination. Je vous demande, à mon tour, de quel côté était le mensonge? de quel côté l'hallucination? Du côté d'Arzac apparemment, car, pressé de s'expliquer sur ce tardif aveu, il déclare ne s'être pas rappelé plus tôt ! Or, qu'est-ce que le défaut de mémoire chez un homme tel qu'Arzac, si ce n'est de l'hallucination ?

Mais puisque Arzac a eu la chaîne en sa possession, qu'il explique d'où il la tient.

Ici le doute est impossible. — Quand a-t-elle disparu? Dans la nuit de l'assassinat. — Quand le chien est-il revenu? Le lendemain de l'assassinat. — Et, le lendemain, on voit la chaîne dans les mains d'Arzac !!

Marguerite Maurin a donc dit la vérité, car quelqu'un a tenu le chien, ce quelqu'un a gardé la chaîne, et ce quelqu'un, c'est Arzac ; Arzac est donc nécessairement complice de l'assassinat.

Or, si Arzac avait un complice, ce complice est nécessairement Besson, car Arzac l'avait dénoncé avant comme après le crime.

Marguerite Maurin a dit, en effet, qu'avant le crime, son neveu lui avait fait la confidence que Besson lui avait proposé de l'argent pour empoisonner M. de Marcellange.

C'est un mensonge! dit-on. — En ce cas, il n'est pas isolé, car Arzac l'a fait à Hostein, à la fille Taris et à bien d'autres. Il a dit à Pierre et à Matthieu Maurin, « qu'il savait quelque chose d'effroyable, qu'il arriverait malheur à M. de Marcellange, mais qu'il ne voulait rien dire. »

Arzac ne nie pas ces propos, mais il dit : J'ai parlé au hasard, pour faire comme les autres. — A quelle époque parlait-il? — Après l'assassinat? — Non ; un an avant l'assassinat. Comprenez-vous cette prévision? Comprenez-vous cet homme qui annonce que M. Louis de Marcellange mourra assassiné, qui nomme à l'avance le meurtrier, qui dit qu'on lui a fait des propositions pour assassiner M. de Marcellange? Comprenez-vous cela? Invention de l'esprit, dites-vous. Quelle imagination étrange ! Mais M. de Marcellange est mort ! L'homme qu'on accuse est Jacques Besson ! Ce qu'annonçait Arzac est arrivé !!

Dites maintenant, défenseur de l'accusé, que cet homme n'a pas su comprendre sa fâcheuse position; dites que cet homme a été sourd aux avertissements paternels que lui donnait une voix dont la modération et la réserve augmentaient encore l'autorité; dites que cet homme a espéré, par je ne sais quelle erreur de son esprit grossier, l'impunité à force d'audace ; dites cela, Monsieur, mais ne dites pas que cet homme m'a vaincu ; ne dites pas que l'audace d'un scélérat peut vaincre ou égaler la fermeté d'un homme de bien. (Murmures approbateurs aux siéges de la Cour et dans toutes les parties de la salle.)

Voilà, Messieurs, la série des preuves matérielles de l'accusation rétablie. Je pourrais m'arrêter là, car, en vérité, qu'ai-je à prouver ? J'ai montré cet homme marchant armé vers le lieu du crime, je l'ai fait entendre revenant et fermant précipitamment la porte qui le met à l'abri de ses propres terreurs, je l'ai montré dénoncé par son complice ; mais ce n'est pas assez, je veux prouver plus encore, et c'est là surtout que la vérité triomphera de l'erreur et dissipera les nuages que le mensonge a pu un moment accumuler autour de cette cause.

On demande quel intérêt avait Jacques Besson au crime. — Cet intérêt, vous ne l'avez pas vu ! En vérité, vous êtes le seul : car si quelque chose a frappé les regards, si quelque chose a dirigé, dès le principe, les investigations de la justice sur Jacques Besson, c'est son intérêt. — Qu'est-ce qui faisait germer le soupçon dans la ville du Puy? Pourquoi, de toutes parts, dans les rues, dans les salons, dans les cabarets, dans la ville, dans la campagne, disait-on : *C'est Besson qui aura commis ce crime?* Pourquoi Besson, tourmenté d'inquiétudes, allait-il dire : *A quelque chose malheur est bon; sans la petite vérole, on n'aurait pas manqué de m'accuser?* Pourquoi disait-il au concierge de la prison qui l'accueillait si bien : *Je ne m'étonne pas d'être arrêté, mais ma justification est facile : j'ai été malade?* Pourquoi fatiguait-il les témoins de ses justifications anticipées? Pourquoi? C'est qu'il savait bien, avec tout le monde, qu'il avait intérêt au crime, et que cet intérêt l'accusait.

Quelle était la nature de cet intérêt ? On vous l'a

dit, elle était double : c'était la vengeance, c'était la cupidité ; vengeance personnelle, cupidité personnelle, en partie; vengeance des dames de Chamblas, cupidité des dames de Chamblas, en partie aussi.

Voyez la position de cet homme et la position de la famille où il vivait. Cette famille était en lutte avec M. de Marcellange. La lutte était vive et animée. Des procès avaient eu lieu; on vous en a parlé; on a oublié de vous dire une seule chose : c'est que les dames de Chamblas les avaient tous perdus.

Le but de ces procès, c'était de forcer M. de Marcellange à quitter le château de Chamblas. Ce but était manqué. La justice maintenait M. de Marcellange dans son château; on voulait pourtant l'en faire sortir. Quel moyen restait-il? Un crime.

A des faits semblables vous avez opposé des tableaux riches de coloris et de fraîcheur. Vous avez peint les dames de Chamblas sous des couleurs qui les auraient fait aimer. Il est fâcheux que votre imagination ait fait seule tous les frais de ces tableaux. Quels sont les faits que vous rapportez? Où sont les preuves? Où sont les témoignages? Où sont les écrits?

Ces complaisantes inventions, l'avocat les dissipe en racontant une fois encore les passions hostiles qui règnent dans la maison de Chamblas, les procès scandaleux qu'on y suscite, l'oubli de tous les devoirs de la mère et de la femme. Ces passions, un homme les épouse : c'est Besson. Le crime futur, un homme l'appelle de ses vœux et l'annonce : c'est Besson.

Et cet homme n'est pas l'assassin ? Lui qui a exprimé le désir si ardent du crime, qui l'a annoncé par des paroles si sauvages, cet homme n'est pas l'assassin? Où donc sera-t-il? Où le chercher? Suivrai-je la défense dans ses visions fantastiques? Entrerai-je dans ce royaume des ombres où on a voulu vous égarer? Vous montrerai-je cet homme un instant aperçu dans le bois de Chamblas?

Je sais que les efforts de la justice n'ont pas toujours le succès qu'ils devraient avoir. Il est des moments où elle peut s'égarer dans ses recherches. C'est ainsi que nous avons vu des innocents un instant soupçonnés. Mais leur justification a été complète. Tout est éclairci; il ne reste plus un coin du rideau à soulever; il n'y a plus d'ombres ni de ténèbres que pour ceux qui ont intérêt à obscurcir la vérité.

Messieurs, dans le principe, il a été heureux pour nous, heureux pour la justice, que les soupçons se soient portés sur divers individus, parce que ces soupçons ont donné lieu à une instruction minutieuse et sévère, parce que tous les coins de la vie de M. de Marcellange ont été visités, parce qu'on est allé fouiller de toutes parts, et que nulle part on n'a trouvé le moyen d'asseoir un soupçon fondé. On avait soupçonné Varennes. Il a été poursuivi et justifié. Tous les autres prévenus l'ont été également. Et quant à ce personnage mystérieux que la défense nous présentait comme l'assassin, je n'ai rien à en dire, parce que l'admirable raison de M. le Procureur général a fait hier justice en quelques mots des égarements de la défense. J'entends encore cette parole digne et grave, si pleine de réserve et de modération ; je l'entends, par quelques mots pleins de simplicité et de vérité, faire tomber cet échafaudage si péniblement élevé avec tant d'efforts et d'éloquence.

L'assassin, où donc est-il? Parmi les ennemis de M. de Marcellange : car ce n'est pas un assassin vulgaire; il n'y a que la haine ou la vengeance qui aient pu armer son bras. Eh bien! les ennemis de M. de Marcellange, qu'on les nomme. Il avait été sévère dans l'administration de ses domaines, cela est vrai : il y avait là une imprudence, j'en conviens, et, sous ce rapport, je me joins à la défense. Il devait respecter des usages établis dans cette vieille forêt de Chamblas, vieille comme le monde; il devait respecter des usages qui ont quelque chose de vénérable par cela seul qu'ils sont séculaires. Mais ce que M. de Marcellange avait pu refuser dans les premiers temps, il l'avait permis par la suite, et il est mort entouré de l'estime et de l'affection de tous. Il était le père des pauvres. Qui n'a été ému en entendant raconter que, quelque temps avant sa mort, il portait lui-même un panier de provisions et de médicaments à un paysan malade, ne voulant s'en fier à personne de ce soin pieux? Où sont-ils les ennemis de cet homme charitable ? Je vous somme de les nommer. Vous vous tairez, vous resterez dans des allégations vagues; vous me rapporterez des paroles ramassées je ne sais où ; vous me citerez l'opinion de M. Bujon, qui, revenant de ses premières préventions, a prononcé, comme président d'assises, le maximum de la peine contre Arzac.

Ainsi, nul ennemi connu de M. de Marcellange; nul, excepté Besson. C'est donc à Besson, à Besson son ennemi acharné, et le seul, à Besson qui avait le plus d'intérêt à sa mort, que doivent s'attacher tous les soupçons. N'y eût-il que ce fait, je dirais que Besson est coupable.

Mais l'*alibi*; Me Bac ne l'a pas même encore jugé digne d'être discuté.

Oh! cet alibi, nous avions cru sincèrement qu'on y renoncerait. On a voulu le fortifier, on l'a affaibli. Augmentez encore le nombre de vos témoins. Que le sonneur de la cathédrale, que le portier du séminaire, que tous ces hommes arrivent, et d'autres avec eux, je leur ferai à tous la même réponse :

Que signifie votre long silence? Pourquoi, quand un homme marchait à l'échafaud, n'êtes-vous pas venus à son secours? Il était votre ami, vous lui avez parlé, vous vous êtes enquis de sa santé. Vous deviez parler, l'amitié, l'humanité vous en faisaient une loi. Vous vous êtes tus. Est-ce par ignorance? Non; la ville du Puy était pleine du bruit de cette affaire. Vous avez tout su, vous avez été sollicités de parler. L'affaire a été jugée au Puy, à Riom; vous ne sauriez vous excuser par votre ignorance. Plus vous serez nombreux, plus votre silence sera inexplicable; et tout le monde se demandera comment cet *alibi* passé à l'état de notoriété publique n'a pas éclaté sur-le-champ; comment, quand Besson a été arrêté par la justice, la ville du Puy ne s'est pas levée tout entière pour dire : Cet homme est innocent; à l'heure où se commettait le crime, il était au milieu de nous! Non, non, les alibi évidents comme celui-là, publics comme celui-là, ne restent pas deux années dans l'ombre. Ils s'établissent d'eux-mêmes, au moment où se produit l'accusation. Ils sont pour l'accusé une si puissante défense, qu'elle se lève spontanément entre eux et la justice.

Maintenant, je veux parler du silence de ces dames pendant les premiers temps de l'instruction, de leur déposition aux assises du Puy-de-Dôme, et de leur absence à l'heure où je parle.

Vous nous disiez hier, en cherchant à justifier cette conduite, qu'elle avait été un modèle de convenance, et que vous reprochiez aux dames de

Chamblas une seule chose : de n'avoir pas assez fait pour l'accusé.

Vous aviez raison. Les dames de Chamblas ont fait trop ou trop peu pour cet homme : trop, s'il est coupable; trop peu, s'il est innocent.

S'il est coupable, je comprends tout; je comprends la fuite des dames de Chamblas, je comprends la disparition de Marie Boudon, je comprends cette protection honteuse qui a entouré l'accusé, je comprends les démarches pour obtenir de faux témoignages, je comprends tout, car il faut que le crime se défende par la fuite et le faux témoignage.

Mais si Besson est innocent, que voulez-vous que je comprenne à l'étrange folie de vos héroïnes? Que voulez-vous que je dise de ces femmes qui savent un homme innocent et qui ne viennent pas ici pour le défendre par leur présence? Que voulez-vous que je dise de ces femmes qui fuient devant la majesté de la justice? Comment voulez-vous que je comprenne cette attitude?

Vous me dites que ce sont de pauvres femmes sans appui, pleines de timidité et de faiblesse, et qui ont reculé devant l'audace de nos calomnies; vous me dites que ce sont de pauvres femmes que nous avons insultées, perdues et lâchement perdues, car nous nous sommes embusqués derrière un accusé pour tirer sur elles avec sécurité. Vous me dites cela! Comment voulez-vous que l'on vous croie! De pauvres femmes sans appui, les dames de Chamblas! les filles de cette antique maison, vénérée dans la vieille cité du Puy! Eh! elles n'avaient qu'à faire appel à leurs ancêtres, et leur nom aurait suffi pour les défendre si elles eussent été innocentes!

Ce sont des femmes sans appui! Mais songez à leurs relations, à leur fortune, à leur influence. Des femmes sans appui, elles, dont la famille étend, je crois, ses ramifications jusque dans les plus hautes influences de cette cité! Ce sont des femmes sans appui, elles qui ont été entourées des plus sages, des plus respectables et des plus puissants conseils! Ah! je vous l'ai dit, tout les défend, tout les protége, la puissance des souvenirs, l'influence de la fortune et de la famille, leur considération, leur réputation de piété, tout! jusqu'à la majesté de la religion. Je l'ai dit et je le répète, sûr que je suis de ne pas trouver un démenti dans cette enceinte.

Qu'est-ce donc qui pouvait les mettre en fuite? La calomnie? Mais la calomnie est-elle donc si puissante? La calomnie peut-elle avoir un facile accès dans l'enceinte des tribunaux? Entre la calomnie et l'innocence des dames de Chamblas, n'y avait-il pas l'impartialité de la magistrature, la voix si forte de la justice et de la vérité?

Elles ont été, dites-vous, retenues par la crainte d'être flétries. Mais leur fuite ne les flétrit-elle pas plus que ma parole?

Ont-elles craint que, sous l'empire des préventions, leur arrestation ne fût ordonnée?

Eh bien! je vous le dis, moi, si j'avais l'honneur d'être le conseil des dames de Chamblas, et que je fusse, comme vous paraissez l'être, convaincu de leur innocence, je leur dirais : Courez au-devant de l'accusation portée contre vous; faites face à la calomnie; venez dans l'enceinte des tribunaux; provoquez l'action de la justice; exigez qu'elle prononce entre vos calomniateurs et vous, et n'ayez pas de repos que votre honneur n'ait été purifié par l'épreuve d'un débat solennel. — Si vous reculez, si vous méconnaissez, au point de fuir, le sentiment de votre dignité, ma parole et mes conseils n'appartiennent plus à une cause qui se déserte et se flétrit elle-même!

Voilà, Messieurs, ce que je leur dirais; et, si ce langage ne leur a pas été tenu, ou si elles n'ont pas senti dans leur propre cœur ce besoin de justification qui oppresse les âmes honnêtes, c'est qu'elles savaient bien qu'elles ne pouvaient se justifier! L'innocence vient se jeter dans les bras de la justice; elle sait qu'elle y trouvera réparation, réhabilitation. Mais le crime fuit la lumière, mais le crime tremble devant la justice; il se cache et fuit d'une fuite éternelle.

Les dames de Chamblas ne comparaissent pas aujourd'hui. Que de garanties pourtant leur offrait cette enceinte! Est-ce que la voix puissante qui s'est élevée au seuil de ces débats, et qui les a solennellement appelées, n'est pas arrivée jusqu'à elles? Où sont-elles donc, que cette voix qui, à l'heure où je parle, retentit dans l'Europe entière, n'a pas frappé leurs oreilles?

Eh bien! je les appelle encore, l'écho seul me répond.

Leur fuite explique tout; il y a longtemps que leur conduite avait tout expliqué.

J'ai toujours pensé que Jacques Besson est innocent : voilà ce que bien tardivement on vous arrache. J'ai toujours *pensé !* c'est *je sais* qu'il fallait dire.

Voyez, en effet, Messieurs, l'attitude de ces femmes.

Besson est accusé, on l'arrête; les dames de Chamblas sont présentes, et elles se taisent.

Comment! Mesdames, un homme est arrêté, vous le savez innocent, et vous gardez le silence! Qu'est-ce donc qui vous ferme la bouche? L'indifférence? Vous l'avez dit mille fois : en échange du dévouement de Besson, vous lui deviez affection et protection. La peur? Mais expliquez-moi la peur dans l'âme de celui que rassure sa conscience.

Les mois s'écoulent, l'instruction se poursuit. Les dames de Chamblas sont au Puy, elles ont cherché des témoins justificatifs pour l'accusé, elles en ont adressé la liste aux magistrats; mais elles ne disent rien, elles ne s'inscrivent pas en tête de la liste qu'elles envoient.

Ah! Mesdames, vous êtes pieuses, vous croyez en Dieu, vous croyez en l'humanité; vous voyez les charges les plus accablantes peser sur un innocent que vous devez protéger, il va succomber; d'un mot vous pouvez le sauver, et vous ne direz rien! rien! rien!

Dans quelques jours l'échafaud va se dresser au milieu de la ville du Puy; cette tête sanglante va rouler auprès de votre maison; et vous la laisserez tomber, et vous garderez dans votre cœur le secret de l'innocence! Ah! cela n'est pas possible!

Si vous saviez quelque chose, vous parleriez; si vous saviez surtout qu'à huit heures du soir, Besson était chez vous, vous le diriez.

Mais non, vous ne dites rien.

Arzac est poursuivi, accusé, condamné; on dit que vous avez accueilli familièrement ce domestique, que vous, grandes dames, vous l'avez fait asseoir à votre table, que vous avez tâché d'obtenir son silence.

Et vous ne dites rien.

La voix de l'avocat des parties civiles s'élève et dit : Mesdames, avec vos pareilles, il n'y a que deux choses qui rapprochent ainsi les distances et fassent commencer l'égalité : la mort ou le crime. (Sensation prolongée.)

Et devant l'audace de cette voix accusatrice, vous ne protestez pas, vous ne dites rien.

Votre honneur est en jeu, le salut d'un innocent vous ordonne de parler.

Et vous ne dites rien.

On vous appelle devant le juge d'instruction, on vous interroge.

Ah! cette extrême convenance qui vous fermait la bouche va disparaître enfin! Le soin de votre défense vous arrachera la vérité! Non.

Qu'en croirez-vous, Messieurs? Avez-vous besoin d'autres lumières? Ne comprenez-vous pas la signification de ce silence si timidement gardé pendant deux ans, et rompu tout à coup par un audacieux mensonge?

Vous en savez assez sur Besson, n'en savez-vous pas trop sur d'autres personnes?

Si les dames de Chamblas ont altéré la vérité, dans quel intérêt, dans quel but? Qui peut porter des femmes si haut placées à faire un faux témoignage en faveur de Jacques Besson?

Sans doute, nous comprenons l'intérêt qu'on porte à un ancien serviteur; mais cet intérêt ira-t-il jusqu'au crime?

Oh! il n'y avait qu'une seule chose qui pût entraîner ces femmes à une complaisance aussi coupable, à une aussi terrible imprudence, et qui ait pu enfanter la solidarité fatale qui semble les unir à Besson, une seule chose :

La complicité! (Mouvement prolongé.)

Oui, la complicité! Si les dames de Chamblas n'ont rien dit pendant deux ans, c'est qu'elles ne savaient rien de favorable à l'accusé; si elles ont attesté l'innocence de Besson devant la Cour d'assises de Riom, c'est qu'elles y étaient contraintes, c'est qu'elles étaient ses complices!

On a voulu prouver l'innocence de Besson par sa calme énergie, par son impassibilité.

Cet homme est un martyr, a-t-on dit, et il serait monté à l'échafaud le front rayonnant d'innocence; voyez quel calme pur! quelle admirable fermeté!

Messieurs, le secret de cette fermeté, vous l'avez.

Il est des hommes placés dans une telle condition qu'ils croient à la puissance de leurs mystérieux protecteurs plus qu'à la force de la justice elle-même.

Ces hommes se persuadent que cette protection qui leur a promis le succès ne les abandonnera pas, qu'elle les suivra partout; ils le croient jusqu'au bout, et si les événements envoient quelques espérances dans leur cœur, ils les saisissent avec joie comme un signe que cette protection opère et doit triompher un jour.

Besson, votre calme est assis sur une erreur. Toutes les protections se brisent devant la puissance de la loi, devant la justice et l'impartialité du jury; rien ne vous servira, ni le faux témoignage, ni la protection des dames de Chamblas, ni les promesses qui vous ont été faites, rien; rien ne changera votre position. On devait protéger Arzac aussi : où est Arzac? On devait protéger Bernard : où est Bernard? Et vous, où serez-vous bientôt? Ah! que ceux qui, encouragés par je ne sais quelle influence, sont venus dans cette enceinte, persuadés qu'avec de l'adresse, des mensonges, des appuis puissants, on peut vaincre les magistrats, désarmer la sévérité de la justice, que ceux-là apprennent que rien n'empêche la vérité de se faire jour et le crime de subir ses expiations?

C'est à vous, Messieurs les jurés, de leur donner ce grand enseignement.

Les débats vont être clos; *Me Lachaud* tente un suprême effort, et cet effort a surtout pour objet la défense des dames de Chamblas, l'accusation retournée contre la partie civile. C'est là le malheur de cette cause, l'écueil forcé de ce beau talent.

— Pourquoi les dames de Chamblas se cachent-elles? Elles ont peur, dit-on. J'ai supplié, lundi dernier, les dames de Chamblas de venir ici; si elles avaient été complices, elles auraient obéi à ma parole. Si elles avaient été complices, elles suivraient Jacques Besson avec une obéissance passive, elles craindraient, par leur absence, d'exciter cet homme; elles seraient là pour lui jeter de ces regards de force et de solidarité qui devraient le soutenir.

Elles sont lâches, dites-vous; elles sont lâches! et c'est vous qui dites cela! Vous, Monsieur Turchy de Marcellange, vous qui avez eu le bonheur ou le malheur, car cette conduite vous coûtera cher, de faire passer votre haine dans la conviction d'un honnête homme, de Me Bac! Il vous a vu pleurer, il a pleuré avec vous, et quand il pleure, Me Bac ne sait plus deviner la pensée qui se cache sous les larmes; aussi ces malheureuses femmes, il les a accablées avec les trésors les plus terribles de son éloquence. Ah! vous croyez, monsieur Turchy de Marcellange, vous croyez qu'il est si facile de calomnier! Eh bien, je vous le dis : si les dames de Chamblas n'avaient pas été de pieuses femmes, si, au lieu de répondre à d'infâmes accusations, elles ne s'étaient pas agenouillées devant Dieu; si elles avaient voulu vous suivre sur ce terrain de la calomnie, croyez-vous qu'il eût été si difficile de vous atteindre?

Monsieur Turchy de Marcellange, je crois que votre cœur s'est brisé à la mort de votre frère; je crois à votre pieuse douleur, je crois à votre piété fraternelle, et cependant les dames de Chamblas auraient pu flétrir cette pieuse douleur, elles auraient pu l'empêcher de se faire croire. Savez-vous ce que vous avez dit? Votre douleur vous a égaré; vous avez fait des révélations étranges dont les dames de Chamblas auraient pu profiter!

Lorsque vous leur avez dit : Vous êtes complices, si elles vous avaient répondu : C'est vous qui êtes complice? N'aviez-vous pas eu des pressentiments sinistres? N'aviez-vous pas fixé le jour de la mort? (Mouvement.) Je veux vous prouver, M. Turchy de Marcellange, comment pouvait raisonner la calomnie contre vous.

Voilà la calomnie : vous l'avez dit vous-même, un testament vous donnait toute une fortune. Fait immense!...

Je vous le demande maintenant : croyez-vous que si elles eussent voulu calomnier, les dames de Chamblas auraient eu de la peine aussi à se faire écouter?

Le défenseur rappelle de nouveau la présence à Chamblas, le 31 août et le 1er septembre, de cet inconnu qu'il a déjà signalé, qui, pour lui, est l'assassin, que l'on n'a pu découvrir, et que l'on eût découvert sans les préoccupations de la partie civile; il termine en ces termes :

Je veux finir, Messieurs; aussi bien les forces m'abandonnent. Et, en finissant, je veux me justifier des reproches qui m'ont été adressés. J'ai fait de Besson un martyr, d'Arzac un héros! Voilà mes crimes. J'ai fait de Besson un martyr? Oui..., un grand, un noble martyr!

Oh! combien je voudrais qu'il me fût possible de peindre, sous des couleurs vraies, les tortures et la longue agonie de Jacques Besson! Oh! que je serais puissant, si je pouvais vous introduire près de cet homme!

Que ne puis-je vous faire entendre ce cri désespéré qu'il pousse sans cesse : « Je suis innocent, je suis innocent! » C'est un martyr; vous avez raison! Oui, je le dis bien haut, cet homme est innocent et sa condamnation serait une erreur déplorable de la justice!

Arzac? Mais je n'ai pas dit qu'Arzac fût un héros, je ne l'ai pas admiré. J'ai trop de respect pour la justice. Ce que j'ai trouvé de grand dans Arzac, c'est sa nature!

Je me suis arrêté avec étonnement devant sa force, son énergie, son éloquence sauvage!

M. le Procureur général. —Défenseur, il y a peut-être quelque chose d'immoral et de dangereux à parler ainsi de ce condamné.

Me Lachaud. — Non, je n'ai pas été trop loin! Non, je ne suis pas l'un des membres de cette secte qui se plaît à déifier le crime.

Je me souviens que j'ai un devoir à remplir; je me souviens que j'ai prêté un serment. Je me souviens aussi qu'il y a de nobles traditions dans le barreau; je suis jeune, et je veux m'y montrer fidèle.

J'ai fini, Messieurs les jurés; mais, je vous l'avoue, quoique ma voix soit épuisée, quoique mon cœur défaille, je ne puis me décider à vous quitter, car cette dernière parole a quelque chose de bien grave et de bien solennel. Tout à l'heure je vais me taire, et tout à l'heure vous allez juger!

Je prie Dieu en ce moment solennel qu'il vous inspire la conviction de l'innocence de cet homme; je prie Dieu qu'il vous éclaire, qu'il vous dévoile tous les mystères de ce sombre drame, et que, par sa puissance, il vous dise quel est le coupable, quel est l'innocent!

L'accusation et la défense ont enfin, après plus de deux ans, terminé leur tâche. *M. le Président* fait des charges et des moyens de défense un résumé impartial, dans lequel il n'oublie ni les intérêts de l'accusé, ni ceux de la société qui l'accuse, et pose au jury trois questions : la première concernant l'homicide volontaire; la seconde, la préméditation; la troisième, au cas d'une réponse négative sur la première question, la complicité du crime.

Pendant la courte absence du jury, les témoins du Velay donnent une preuve dernière, caractéristique, de leurs habitudes proverbiales; ils s'empressent de toucher leur taxe, serrent précieusement leur argent dans leur boursicot de cuir, et se retirent, presque tous, sans même attendre ce verdict qui va couronner ces longs débats.

Au bout de trente-cinq minutes, le jury rentre, et, sur la première question, répond : oui, à la majorité; sur la seconde question, oui, à la majorité. La déclaration se tait sur les circonstances atténuantes. Besson, rappelé, entend la lecture du verdict, qu'il paraît ne pas comprendre; mais, quand le Procureur général requiert la peine de mort, et l'exécution sur l'une des places publiques du Puy, Besson sent se briser tout à coup l'énergie qui comprima si longtemps ses angoisses; sa tête tombe dans ses mains, il pleure, il essuie machinalement ses yeux, et, quand l'arrêt est prononcé, quand les gendarmes l'emmènent, ses jambes refusent de le porter; il faut le soutenir jusqu'à la prison, où on le dépose à moitié privé de sentiment. Là seulement, il revient à lui, rappelé à la vie par les soins touchants que lui prodiguent les sœurs de charité et le vénérable curé de Martouret, un enfant de sa commune natale. Aux paroles de consolation que lui adresse le prêtre, Besson répond, d'une voix étouffée : « L'arrêt a parlé, il faut subir son sort. » Le concierge s'approche pour lui mettre les fers aux pieds. Il faut que le condamné retire ses bottes; le digne curé ôte, en pleurant, ses propres souliers et les donne à son malheureux compatriote.

Dans le même cabanon, se trouvaient deux hommes condamnés huit jours auparavant aux travaux forcés à perpétuité, pour assassinat, Obstancias et Pradet : — « Tu es bien heureux, toi, dit Pradet à Besson, j'aimerais mieux la mort que le bagne. Je n'en proteste pas moins de mon innocence; j'ai été condamné injustement. — On a beau protester, répondit Besson, c'est bien inutile. L'arrêt a parlé. »

Le 29 décembre 1842, le condamné se pourvut contre l'arrêt rendu l'avant veille.

C'est le 16 février 1843 que la Cour de cassation, chambre criminelle, s'assembla pour décider sur le nouveau pourvoi de Jacques Besson. M. le baron de Crouseilhes préside; M. le Procureur général Dupin, assisté de M. l'Avocat général Delapalme, occupe le siége du ministère public. Me Béchard soutiendra le pourvoi; Me Morin intervient au nom de la famille de Marcellange.

L'affaire Marcellange nous réservait cette nouvelle surprise, d'une intervention de la partie civile en cassation. C'est chose rare, sans doute, qu'une intervention semblable, et, s'il en est plus d'un exemple, il n'en est qu'un de célèbre, celui que donna l'affaire Fualdès. Le pourvoi des cinq condamnés à mort, Bastide, Jausion et autres, fut combattu par un avocat de la Cour pour le fils Fualdès, demandant, dans son intérêt civil, le maintien de la condamnation.

Dans l'affaire Marcellange, c'est un intérêt de défense personnelle qui amenait les parties civiles devant la Cour de cassation. Il leur avait paru que l'audace de leurs adversaires s'augmentait à mesure que se rapprochait le terme des débats. Le nombre croissant des témoins de l'*alibi*, les insinuations dirigées contre la famille de la victime, contre la justice et ses agents, le faux témoignage de Bérard si facilement démasqué, si singulièrement couronné par une accusation mensongère : tout cela faisait penser que les récriminations ne s'arrêteraient pas devant la Cour suprême, et que la famille de Marcellange devait être là pour répondre.

Le rapport fut présenté par M. le conseiller *Romiguières*. On le sait à l'avance, devant la Cour suprême il ne faut plus s'attendre aux scènes dramatiques produites par la présence simultanée des témoins et de l'accusé, aux coups d'éloquence qui signalent les plaidoiries devant les Cours d'assises; l'imagination, les hypothèses, les allusions, la passion n'ont plus rien à faire dans cette grave enceinte. La procédure a-t-elle été régulière? La peine a-t-elle été légalement appliquée? voilà tout ce qui pourra être examiné, décidé. Mais si l'intérêt dramatique manque à cette dernière et solennelle épreuve, un intérêt supérieur s'y agite : les personnes disparaissent devant l'imposante figure de la loi.

Et cependant, on vient de le voir, même devant cette haute juridiction, l'intérêt des personnes peut encore être représenté, quand il se confond, comme dans ce procès si remarquable à tant de titres, avec l'intérêt de la société elle même. D'accord avec la loi, avec la raison humaine, la jurisprudence de la Cour suprême admet l'intervention, en matière criminelle, de la partie civile qui a figuré aux débats.

Que venez-vous faire ici, dit à l'avocat de la famille de Marcellange l'avocat de Besson? demander une tête, dans un intérêt civil, un intérêt de dépens? — Non, répondit *Me Morin*, cette misérable question de dépens n'est pas ce qui nous amène ici. Pas plus que le fils de Fualdès, nous ne demandons de dommages-intérêts, et nous n'avons même pas voulu obtenir des condamnations pour nos frais. Rappelez-vous ce que disait récemment, avec une si haute éloquence, M. le Procureur général Dupin, devant les chambres réunies de cette Cour: « L'erreur capitale est de croire qu'il n'y ait qu'un préjudice matériel et d'argent qui puisse donner lieu à une action... C'est méconnaître la morale du droit, mettre l'argent à la place des affections, à la place de l'honneur. »

Quant au droit d'intervention, *Me Morin* n'eut pas de peine à le prouver. «Il est de l'intérêt de la justice, a dit Merlin, comme de l'intérêt des parties civiles, que celles-ci soient entendues en cassation quand elles croient devoir s'y présenter. La vérité le demande et le veut; et quelle est la loi qui s'y oppose? Il n'y en a pas.... Ce texte serait en opposition au droit naturel. Peut-on dire à un plaignant: — Il vous est bien libre d'accuser, de faire convaincre et condamner; mais de défendre le jugement de condamnation, cela ne vous est pas licite. En cassation, la carrière n'est libre que pour le condamné. Il a le privilége de pouvoir travestir les faits, de calomnier l'accusation, de déclamer à son aise contre les plaignants.— Non, Magistrats, vous n'entendrez pas notre Code dans ce sens insultant pour notre législation! »

Me Béchard présenta cinq moyens de cassation, dont un seul offrant une véritable importance. Ce moyen était pris de la violation des articles 431, 542 et suiv., du Code d'instruction criminelle, relatifs à la compétence des ressorts judiciaires, et de la violation de la chose jugée. Un premier arrêt de cassation avait dessaisi la Cour d'assises du Puy; un second arrêt de la même Cour avait cassé celui de la Cour d'assises de Riom, et cependant c'est à un juge d'instruction du tribunal du Puy qu'avait été adressée la commission rogatoire en vertu de laquelle avait eu lieu le supplément d'instruction.

Me Morin, et après lui *M. le Procureur général*, n'eurent pas de peine à repousser ce moyen. Le grief articulé, même fondé, eût été couvert par le silence de la défense devant la Cour d'assises. Ordonné, sur la réquisition du Procureur général de Lyon, par le président de l'assise dans la limite de ses pouvoirs, le supplément d'instruction avait été naturellement assigné au juge d'instruction de la résidence des témoins à entendre. Et, en effet, l'arrêt de cassation avait dessaisi tous les magistrats du ressort de la Cour d'assises de Riom, mais non ceux du tribunal du Puy, chef lieu de Cour d'assises, qui ne ressortissait pas de la Cour d'assises de Riom. Un arrêt antérieur avait, il est vrai, dessaisi la Cour d'assises du Puy, pour cause de suspicion légitime; mais pour ce cas, la loi ne dispose point qu'aucun juge du ressort de la Cour dessaisie ne pourra recevoir une délégation spéciale. Ce n'est pas même contre les magistrats qu'avait été invoquée la suspicion légitime, mais contre le futur jury qu'on allait tirer du sein d'une population prévenue et passionnée.

Le moyen principal et les quatre autres moyens secondaires furent donc repoussés par *M. le Procureur général;* mais *Me Béchard* avait pu, au moins, avec une singulière habileté, presser l'inconnu de ce procès mystérieux dans lequel, « après trois ans d'une instruction si activement secondée par le zèle des parties civiles, on n'a pu recueillir encore que des renseignements incertains, contradictoires, indignes de foi. » Cette instruction supplémentaire, dont M. Dupin démontrait la légalité, l'avocat de Besson put la montrer entachée des erreurs, des passions, des préventions populaires, souillée par la corruption de son milieu. Qu'étaient devenues, devant la cour du Rhône, toutes ces histoires ridicules de billets faits à Besson, de témoins oculaires du coup de fusil, de promesse de mariage faite à Besson par Mme de Marcellange? Qu'étaient devenus tous ces on-dit, tous ces ouï-dire, soigneusement enregistrés par l'instruction supplémentaire? «Mais quelque chose de pire encore que la prévention populaire a été favorisé par le choix du siége de l'instruction: la corruption et l'intimidation des témoins. » Et, parmi ces témoins corrompus, *Me Béchard* signale, à côté de Bérard, Claude Reynaud, le témoin *de visu* par excellence. Il demande si, en présence de motifs de doute aussi puissants, on peut permettre que la tête de Besson tombe avant qu'on ait éclairci le triple mystère du parjure avoué de Bérard, des onze dépositions relatives à l'*alibi*, et de la complicité d'Arzac. Avocat de la défense, ministère public, ont dit à l'envi qu'il y a dans le drame de Chamblas plus d'un crime et plus d'un coupable. Contradiction effrayante! on allègue le complot sans poursuivre les complices; on se réserve de poursuivre plus tard. « Réserve dérisoire! Il sera bien temps vraiment de poursuivre Arzac et les faux témoins quand la tête de Besson aura roulé sur l'échafaud! Tout sera dit alors, prenez-y garde, Messieurs, non-seulement pour le malheureux condamné, mais pour ceux que l'accusation a impliqués dans son crime. Il faudra les poursuivre tous... Que dis-je? il faudra les condamner tous, quelque certaines que soient les preuves de leur innocence, sous peine de faire crier le sang versé sur l'échafaud; car, si Besson est coupable, ils sont tous coupables!.... »

Là est la partie vraiment solide du plaidoyer de Me Béchard; cette argumentation, si elle ne peut rien contre la procédure, est assurément bien grave pour la conscience.

Me Béchard n'avait pu éviter ce grand écueil de la défense de Besson, les dames de Chamblas. Lui aussi dut les envelopper avec Besson dans une commune justification. Lorsqu'elles sont venues déposer, dit-il à l'accusation, vous vous êtes indignés de leur audace; se sont-elles abstenues de comparaitre, cédant à l'intimidation, vous les avez accusées de lâcheté, et vous vous êtes apitoyés sur la victime de leur trahison, tout en la poussant à l'échafaud. Toute cette attitude ne signifie pas *justice*, mais *vengeance*.

M. le Procureur général repoussa cet essai de justification des dames dans une péroraison remplie d'une indignation contenue et d'un mépris accusateur.

« Et elles cèdent, s'écria-t-il, à cette double crainte! et leur conscience, le sentiment de leur innocence ne raffermit pas une épouse, une mère, contre de pareilles appréhensions!.... Conduite étrange, en effet, situation bizarre, mais dont il ne faut accuser ni les parties civiles, qui ont si souvent adjuré ces femmes de comparaître, ni l'autorité judiciaire qui n'a pu les saisir.

« Elles qui devaient être les premières à solliciter les investigations de la justice, elles ne se sont pas présentées, malgré les avertissements qui leur ont été donnés et les prières qui leur ont été adressées. Ah! je regrette que l'autorité administrative n'ait pas mieux secondé l'autorité judiciaire, qu'elle ne soit pas parvenue à découvrir leur retraite, et n'ait pas réussi à les amener devant la Cour d'assises.

« Au contraire, la conduite des parties civiles a été louable : non-seulement elles ont usé d'un droit, mais elles ont accompli un grand devoir.

« Vous rappellerai-je, Messieurs, les dispositions de la loi romaine qui privaient des successions de leur parent assassiné, en les flétrissant comme indignes, ceux qui ne poursuivraient pas la vengeance de sa mort! Vengeance, non à la manière des temps barbares, en faisant à son tour des victimes, ou en partageant d'indignes compositions; mais vengeance légitime, celle qu'on demande aux lois et aux tribunaux de son pays!

« Ce devoir est imposé surtout à l'honnêteté et à la pudeur de la famille : *honestati enim hæredis convenit,* dit le jurisconsulte Paul, *qualemcunque defuncti mortem inultam non prætermittere.*

« Ce devoir est imposé au fils du défunt, au tuteur de l'enfant mineur, aux ascendants, aux collatéraux; enfin, et par une disposition à part, il est recommandé à l'époux survivant : il doit, suivant la belle expression d'un ancien, se présenter pour *plaider la cause de sa douleur,* pour mêler sa voix aux accents plus impartiaux, mais non moins sévères, du ministère public.

« Je le répète, il est à regretter que l'action administrative, qui a dû seconder l'action judiciaire, n'ait pas été suivie de succès; je regrette qu'elle ne soit pas parvenue à découvrir la retraite de ces mystérieux témoins, et qu'elle n'ait pu les amener devant la Cour d'assises.

« La présence des dames de Marcellange au procès était attendue, désirée, provoquée : le ministère public les y conviait, il les couvrait de sa protection, *au delà peut-être de ce qui eût été finalement en son pouvoir!...* Oui, l'épouse de la victime devait se présenter devant la Cour d'assises; dans toutes les hypothèses, elle se devait à la justice : ou pour justifier l'accusé si elle le croyait innocent, ou pour aider à confondre le vrai coupable!

« Mais on n'a pas dû les attendre indéfiniment; assez de temps s'était écoulé : deux années entières!... »

Le 17 février, sur les conclusions de *M. le Procureur général*, la Cour rejetta le pourvoi.

Tout était fini pour Besson. Quand le condamné apprit que l'arrêt était devenu définitif, il pleura abondamment. Mais, malgré les instances des magistrats, sa langue ne se délia point pour un aveu : « A quoi bon parler? disait-il; ce serait en mettre beaucoup dans l'embarras. » Et il ajoutait : « Ce qui me *fatigue*, ce n'est pas ma mort; il vaut autant en finir; mais c'est cet affreux voyage qui sera éternel. » Il pensait à son transport de Lyon au Puy. Le 27 mars on le fit monter dans une calèche de poste escortée par des gendarmes. Besson fut calme pendant la première moitié de ce voyage. Mais quand, à travers les volets de la chaise, il reconnut les collines sauvages et les *pinèdes* du Velay, il commença à s'agiter. Quand il vit les premières maisons de Saint-Hostien, son village natal, et le chemin qui conduit à Chamblas, il sanglota convulsivement. Une heure après, il sentait avec angoisse la voiture monter lentement la croupe abrupte du mont Anis, sur lequel s'élève la ville du Puy.

Le lendemain 28, Besson faisait à pied, au milieu d'une foule immense, le trajet de la prison au Martouret. Son pas était ferme, ses traits résignés. Rien n'indiquait chez lui l'émotion intérieure, si ce n'est une pâleur blafarde, que faisait ressortir encore une longue barbe noire. Près de l'instrument du supplice, il se débattit un instant contre les aides de l'exécuteur; un instant après, il emportait dans l'éternité le secret du drame de Chamblas.

Le berger Arzac est mort, en 1845, dans la maison de justice de Clermont. Le procès intenté aux dames de Chamblas est resté, par suite de leur absence, à l'état d'instruction.

21

CÉLESTINE DOUDET (1855).

C'est une si grande et si belle tâche que celle d'élever des enfants !

Le sentiment de justice que l'homme reçoit de Dieu en même temps que la vie le porte naturellement à s'indigner contre toute violence exercée par le fort contre le faible, et c'est une grande marque de corruption que de rester froid devant quelque exemple criant d'un abus de la force. Si le faible est un enfant, le sentiment de justice puise une énergie nouvelle dans les soulèvements de ce sentiment paternel placé dans tous les cœurs, même dans ceux qui n'ont jamais connu les joies de la paternité. Comment donc ne pas se sentir ému d'horreur et de pitié, quand le bourreau d'un enfant est celui-là même qui lui a donné le jour, quand la mère qui l'a porté dans ses flancs abrége par ses traitements dénaturés la vie de l'innocente victime? Eh bien! il y a quelque chose de plus affreux encore, si cela est possible. Supposez des enfants que la mort a privés de leur mère et qu'un malheureux père a confiés à une femme dont la mission sacrée est de remplacer auprès d'eux les soins de celle qui n'est plus; puis, imaginez cette femme torturant ces pauvres êtres dont elle devait être la seconde mère, et dites si tout votre cœur ne se soulève pas à la pensée d'un crime semblable.

C'est ce crime qui a été imputé à Mlle Célestine Doudet, c'est de ce crime qu'elle a été jugée coupable. Si la justice ne s'est pas trompée, quel monstre était donc cette institutrice? quelle dépravation du cœur ou quelle disgrâce du cerveau faut-il imaginer pour expliquer cette haine effroyable, hors nature, qui porte une femme à tuer à petits coups, à calomnier même, en les assassinant lentement, ces enfants qu'on lui avait donnés à aimer, à protéger, à élever?

Il y a là quelque chose de si monstrueux, qu'on se prend à douter, et si, comme dans cette cause, des sympathies nombreuses ont entouré la prévenue, soutenu l'accusée, consolé la condamnée, malgré tout le respect dû à la chose jugée, on se sent porté à désirer une erreur de la justice.

Le procès de Mlle Célestine Doudet est d'ailleurs remarquable par la persistance de l'accusation, qui y parcourut tous les degrés de juridiction; par les curieux points de droit qu'il renferme; par l'éloquence des défenseurs, et de l'avocat de l'accusation; enfin, par l'émotion dramatique, qui y naît des faits les plus vulgaires de la vie privée.

M. James Loftus Marsden, docteur en médecine à Great-Malvern, dans le comté de Worcester (Angleterre), avait, au commencement de l'année 1852, cinq filles, fruits d'un premier mariage. Sur le point de contracter une seconde union avec une jeune personne à qui il donnait des soins, dans la maison de santé qu'il dirigeait à Costwold-House, M. Marsden songea à quitter son établissement et à confier l'éducation de ses filles à une gouvernante. Des Anglais, qui habitaient la France, lui recommandèrent vivement une personne de trente-quatre ans, fort distinguée, Mlle Célestine Doudet. Un moment fille de garde-robe chez la reine d'Angleterre, Mlle Doudet en était honorablement sortie, avec ce certificat écrit de la main même de la reine :

« Je trouve mademoiselle Célestine Doudet une excellente personne, d'une disposition parfaite et douce, et d'un caractère aimable; mais son éducation a été trop soignée pour sa situation de fille de garde-robe, et je crois que celle d'institutrice lui conviendrait mieux. Je la crois d'une probité parfaite, digne de confiance.

« VICTORIA. »

« Buckingham-Palace, 8 mars 1842. »

Mlle Doudet avait, en effet, rempli les fonctions d'institutrice dans plusieurs maisons honorables, entre autres chez la marquise de Hastings, née baronne Grey; chez lady Hay, chez Mme Schwabe. Elle y avait laissé les meilleurs souvenirs. Une dame française, éminente par les qualités de son cœur et de son esprit, Mme de Chabaud-Latour, la recommandait chaleureusement.

Mlle Doudet fut agréée. Au mois de mars 1852, elle entra en fonctions. Elle trouva installée, à Malvern, une gouvernante, miss Adélaïde Burnell, chargée jusque-là de l'éducation des cinq enfants. Cette gouvernante conserva la direction des deux plus jeunes, Rosa et Alice; Mlle Doudet fut chargée des trois aînées, Lucy, Emily et Mary-Ann. L'aînée avait treize ans, la plus jeune sept ans.

Trois mois se passèrent, pendant lesquels Mlle Doudet remplit ses fonctions à l'entière satisfaction de M. Marsden. Le docteur était un de ces médecins excentriques, comme on en trouve fréquemment en Angleterre, systématique, entêté d'homœopathie et de somnambulisme, irritable et violent, s'occupant médiocrement de ses enfants.

Mlle Doudet fut tout à coup rappelée en France par une maladie grave de sa mère, qui occupait, à Paris, un appartement de la cité Odiot : elle fut remplacée provisoirement par une autre institutrice, miss Dowmann, et, pendant cette absence, miss Burnell fut renvoyée subitement, sans cause connue.

Mlle Doudet eut le malheur de perdre sa mère, et quand elle revint à Malvern, elle annonça son intention de fonder, à Paris, un petit pensionnat, dans l'appartement laissé vacant par la mort de sa mère, et ce projet décida M. Marsden à lui confier ses cinq enfants, pour les élever à Paris. Cette idée, déjà mise en avant lors du départ de Mlle Doudet, fut acceptée, et, le 15 juin 1852, les cinq jeunes personnes partirent pour Paris avec leur institutrice. M. Marsden avait traité avec Mlle Doudet pour six mois : elle recevait 3,000 fr., à la charge de donner aux cinq enfants le logement, la nourriture et tous les soins d'éducation, sauf les maîtres extraordinaires. C'était 100 francs par mois et par élève. Mlle Doudet se réservait le droit de donner des leçons à d'autres enfants.

On s'installa dans la maison de la cité Odiot : Mlle Doudet prit avec elle, pour l'aider dans ces éducations, sa sœur, Mlle Zéphyrine Doudet.

Tout alla bien d'abord. En septembre, M. John Rashdall, oncle maternel des enfants, ministre de l'église anglicane, visita Mlle Doudet, et se montra satisfait des soins qu'elle donnait à ses jeunes élèves. En octobre, l'institutrice sentit le besoin d'un appartement plus considérable, et demanda l'autorisation de louer, en supplément, un logement vacant, au rez-de-chaussée de la maison, immédiatement au-dessous de celui qu'elle occupait. M. Marsden y consentit. En décembre, M. Marsden, qui s'était marié, vint à Paris avec sa jeune épouse, dont la santé réclamait un voyage dans le midi de l'Europe. Il passa avec Mlle Doudet un nouveau bail de six mois. A son retour d'Italie, il vit encore ses enfants pendant plusieurs jours, et se montra satisfait des soins de l'institutrice. Les deux aînées des jeunes filles étaient un peu maigres; les trois autres avaient assez bonne apparence. Le père remarqua seulement chez ces enfants une voracité insatiable, et une certaine gêne de maintien qu'il attribua à la timidité. Au reste, les jeunes filles paraissaient adorer leur institutrice, et demandèrent, les larmes aux yeux, qu'on ne les ramenât pas en Angleterre.

Les époux Marsden partirent pour Londres dans la seconde quinzaine du mois de mars 1853.

Le 7 avril, Mlle Zéphyrine Doudet quittait sa sœur, pour remplir de son côté les fonctions d'institutrice dans une famille.

Dans le courant du mois de mai, M. Marsden fut averti par Mlle Doudet que quatre des jeunes filles avaient la coqueluche. Ces enfants avaient, en effet, dépéri progressivement, et, le 24 mai, la petite Mary-Ann, dite Poppy, âgée de douze ans environ, tomba gravement malade.

Depuis quelque temps, couraient, dans la cité Odiot, des rumeurs accusatrices contre Mlle Doudet. L'institutrice, disait-on, maltraitait les petites Anglaises, les privait de nourriture, les attachait, les enfermait dans une cave. On attribuait la maladie de Mary-Ann à une scène de brutalité inouïe.

Ces rumeurs avaient leur origine dans quelques paroles prononcées, avant son départ, par Mlle Zéphyrine Doudet. Les deux sœurs s'étaient trouvées en opposition sur le système d'éducation suivi à l'égard des jeunes filles de M. Marsden. Mlle Célestine Doudet, sur les indications, disait-elle, de M. Marsden, usait avec les enfants des corrections manuelles, et Mlle Zéphyrine ressentait pour ce système de sévérité une invincible répugnance. Elle combattait aussi le système de nourriture, consistant en déjeuners peu substantiels, composés de tartines et de lait coupé d'eau, en dîners où la viande n'apparaissait que trop rarement selon elle; système anglais, exagéré encore par les prescriptions particulières du père.

Les conversations tenues à ce sujet par Mlle Zéphyrine avec plusieurs dames du voisinage, furent interprétées comme la révélation incomplète de regrettables sévices. Mlle Célestine Doudet avait quelque hauteur dans le caractère; très-occupée d'ailleurs des soins incessants que réclamaient cinq jeunes filles, absorbée dans le jour par les leçons à donner à tout un petit pensionnat, elle ne voisinait guère, tandis qu'on voisinait beaucoup dans la cité Odiot. Elle avait même cessé d'envoyer les jeunes filles chez quelques-unes des dames du voisinage, entr'autres chez une madame veuve Espert, qui, au rapport des enfants, leur adressait des questions déplacées, et qui cherchait à s'ingérer dans leur éducation.

Le 31 mai 1853, Mlle Célestine Doudet reçut de cette madame Espert la lettre suivante :

« Chère demoiselle,

« Vous avez semblé désirer une liaison avec nous, et nous n'avons eu qu'à nous louer de vos procédés à notre égard; mais il faut absolument que nous ayons une explication très-franche avant d'aller plus loin. Il circule des bruits tellement chagrinants sur la manière dont vous traitez les pauvres enfants confiées à vos soins, que cela nous inquiète et nous indigne. La séquestration de Lucy, depuis un mois, est une chose tellement grave, que j'ai besoin d'avoir un éclaircissement à ce sujet avant de vous traiter encore en amie. Ce n'est pas pour la soustraire à la coqueluche, comme vous me l'avez dit, que vous l'enfermez ainsi toute seule. C'est une punition, et l'on dit même que Poppy ne doit le cruel accident qu'elle a éprouvé qu'à des traitements trop rigoureux. Il y a des personnes qui ont entendu battre ces malheureuses enfants, et leur mine dit assez qu'elles vivent sous un régime de terreur; et quand tout cela se rapporte à ce que dit votre sœur, qui ne vous a quittée que pour ce motif, ne pouvant être témoin de votre dureté à leur égard, puis à ce qu'ont dit les domestiques qui vous ont quittée, le cœur se déchire et se révolte à l'idée d'une apparence de bonté et de sensibilité extrêmes avec une sévérité aussi soutenue et aussi cruelle. J'aime à croire, chère demoiselle, que c'est un faux système d'éducation; mais, croyez-moi, il vous sera fatal comme aux enfants qui en sont les victimes : et si vous êtes chrétienne, ramenez la joie et la confiance autour de vous, sans cela vous compromettrez la santé, l'intelligence et la moralité de vos élèves, et vous cesserez vous-même d'être une personne digne d'estime et de considération. C'est une si grande et si belle tâche que celle d'élever des enfants, et surtout lorsqu'il s'agit de remplacer une mère près de pauvres orphelines! Vous devez comprendre cette mission, dont vous parlez si bien, et je laisse à votre conscience le soin de répondre à cette question : Votre mère vous a-t-elle traitée ainsi? Eh bien! vous qui semblez la regretter beaucoup, c'est en son nom que je vous engage à rentrer dans une voie d'éducation plus conforme à celle que vous avez reçue de vos parents. Autrefois les enfants venaient nous voir quelquefois : pourquoi n'en est-il plus ainsi? Mlle Doudet, croyez-moi, je vous parle encore en amie, adoucissez votre système d'éducation, ou je serai obligée de cesser de vous voir, parce que je ne veux pas autoriser une pareille conduite en ayant l'air de l'approuver par une liaison avec vous. Réfléchissez à tout ce que je vous dis et à ce que vous voulez faire. Mais il faut que Lucy rentre en grâce et que je la trouve près de vous, ou je ne vais plus chez vous, et, je ne vous prends pas en traître, j'écrirai au père des enfants; car il est impossible qu'il autorise de pareilles rigueurs, et s'il les autorisait, honorablement, vous ne devriez pas vous charger d'une telle mission. Je regrette, chère demoiselle, de vous écrire une lettre aussi pénible pour l'une que pour l'autre, mais je vous dois la vérité, et j'espère que vous la prendrez bien. En ce cas, croyez à l'affection que je vous porterai. »

Cette démarche, inspirée au fond par un louable sentiment, se ressentait peut-être aussi de l'irritation causée chez madame Espert par l'éloignement dans lequel la tenait l'institutrice. Mlle Célestine Doudet laissa pendant deux jours cette lettre sans réponse; puis, elle pria madame Espert de passer chez elle, s'excusa de son silence par les soins multipliés que réclamaient des enfants malades, et lui montra Lucy couchée, seule, dans une chambre du rez-de-chaussée dont les persiennes étaient fermées. Lucy, interrogée, déclara qu'elle était fort bien dans cette chambre.

Cette visite ne calma pas les soupçons des dames. Une dame Maling, tante de lord Normanby, une miss How, une dame Poussielgue, une dame Hooper, une dame Sudre, se réunirent dans le projet de poursuivre la punition des sévices attribués à Mlle Doudet.

Le 3 juin, M. Collomp, commissaire de police, reçut une lettre anonyme, dans laquelle on lui dénonçait les faits de séquestration et les sévices imputés à Mlle Doudet. Le lendemain matin de bonne heure, M. Collomp vint surprendre la petite pension. Il trouva deux des jeunes filles prenant des leçons d'un professeur de français; deux autres étaient couchées dans une pièce séparée; une de ces dernières était atteinte de la coqueluche, de manière à faire croire qu'elle ne pourrait guère survivre à cette maladie. La cinquième, c'était l'aînée, était dans la chambre du rez-de-chaussée. Mlle Doudet dit qu'elle l'avait isolée de ses sœurs, à cause de la coqueluche, dont elle craignait la contagion pour celle-là.

C'était là la jeune fille qu'on disait enfermée *dans une cave*. La prétendue cave était une chambre fort propre, donnant sur la cour de la cité, auprès de la loge du concierge; la fenêtre était ouverte et les persiennes étaient poussées contre.

Mlle Doudet, instruite par M. Collomp des motifs de sa visite, répondit que ces rumeurs malveillantes et ces dénonciations anonymes étaient l'œuvre de dames anglaises qu'elle ne voulait plus recevoir, parce qu'elles prétendaient intervenir dans les soins à donner aux enfants; ce qui avait accrédité ces calomnies, c'était la grande maigreur des enfants, produite surtout par de honteuses habitudes. L'aînée des jeunes filles, interrogée, dit « que Mlle Doudet était très-bonne pour elle, que jamais on ne l'avait mise dans un endroit obscur, et qu'elle ignorait où était la cave de la maison; qu'elle pouvait écrire directement à son père, lorsque cela lui était agréable. »

Cette première visite ne laissa à M. le commissaire de police aucune impression fâcheuse sur le compte de Mlle Doudet, qui, loin d'avoir intérêt à maltraiter ses élèves, devait tenir beaucoup à les conserver jusqu'à l'achèvement de leur éducation. Le docteur Gaston Gaudinot, ami de M. Collomp, et qui soignait alors les enfants, se montra fort étonné de tous ces bruits, et affirma à l'officier de police judiciaire qu'il n'y avait dans tout cela rien de fondé; que la coqueluche et les mauvaises habitudes étaient les seules causes de la maladie et de la maigreur de ces enfants, dont une laissait peu d'espoir de guérison.

Bien que convaincu qu'il n'y avait dans toute cette affaire que des commérages, comme le bruit des mauvais traitements avait pris une grande consistance dans la cité Odiot, M. Collomp crut devoir écrire à M. Marsden, et lui faire tenir la lettre anonyme qu'il avait reçue. Il l'engagea, de plus, à venir à Paris, ou à envoyer quelqu'un qui pût, autant dans l'intérêt de Mlle Doudet que dans celui des enfants, savoir si, dans toutes ces accusations, il y avait quelque chose de fondé.

Quelques jours après, M. Marsden écrivait à

M. Collomp, pour lui exprimer sa gratitude et l'informer que son beau-frère, oncle des enfants, allait venir s'assurer des faits par lui-même.

M. Rashdall, arrivé à Paris le 21 juin, alla voir les jeunes filles et passa, seul, trois heures avec les deux aînées; il eut beau les interroger de toutes façons, elles ne lui firent pas la moindre plainte contre leur institutrice. — Que préférez-vous, leur dit-il, aller en pension, ou rester avec Mlle Doudet? — Nous aimons mieux, répondirent-elles, rester avec Mlle Doudet. Autant en dirent les plus petites. Toutes persécutèrent leur oncle pour qu'il achetât à Mademoiselle une montre avec leur argent, et elles vidèrent dans ses mains leurs petites bourses.—Mais tout cela ne fait pas assez d'argent pour une montre, objecta le révérend. — Oh! oncle, s'exclamèrent les petites filles, achetez alors la plus jolie chose possible, qui ne coûte pas si cher, parce que nous voudrions bien faire à Mademoiselle un joli cadeau.

M. Rashdall avait vu, il avait entendu, et cependant il doutait encore. Les accusations avaient été si positives, si obstinées! Il alla rendre visite à une des protectrices de Mlle Doudet, Mme Erskine, et lui fit part, avec une grande honnêteté, mais avec les imaginations les plus ridicules, de ses perplexités incessantes. — Il faut, en vérité, disait ce naïf parent, un pouvoir bien extraordinaire du magnétisme, pour que Mlle Doudet puisse empêcher ainsi mes nièces de me parler avec franchise. Je les ai élevées; depuis leur enfance, je possède toute leur confiance. Et comment des enfants de l'âge de Lucy, qui a quatorze ans, est intelligente et énergique, consentiraient-elles à se laisser maltraiter, battre, priver de nourriture sans s'en plaindre à moi? Emily, par exemple, je suis bien convaincu qu'elle n'est pas fille à se laisser maltraiter sans parler.

Mme Erskine fut d'avis que, puisque M. Rashdall ne pouvait s'arrêter à une conviction, il devait faire venir quelque autre personne de la famille. Le révérend goûta cet avis, et écrivit à sa sœur de venir.

Ce qui causait les perplexités de M. Rashdall, c'est que, s'il avait vu par ses yeux, entendu par ses oreilles, il avait aussi visité le clan des dénonciatrices anonymes. Ce qu'il avait vu chez l'institutrice, ce qu'il avait entendu de la bouche des enfants, était en contradiction absolue avec les accusations passionnées que les vieilles dames et les commères de la cité Odiot répétèrent en chœur au révérend. Il écouta, continua à douter, et ne savait que résoudre.

Alors, le bataillon sacré de la cité Odiot résolut de forcer la main au révérend, et de pousser M. Marsden à une plainte. Le 29 juin, une Mme Sudre fut chargée d'écrire au père des jeunes Anglaises, et de lui signaler la faiblesse de M. Rashdall.

Mme Sudre s'acquitta de cette commission avec une passion violente; sa lettre, dans laquelle l'indignation revêtait tous les caractères de la haine, commençait par signaler *l'infâme conduite* de Mlle Doudet, à l'égard de laquelle, ajoutait Mme Sudre, « mon opinion est faite depuis longtemps. *L'indigne créature* à laquelle vous avez eu le malheur de confier vos enfants, est *une mercenaire* au-dessous de la mission que vous lui avez confiée. Il y a quatre mois que je sais qu'elle en est indigne. Les observations de *mes respectables amies*, en premier lieu, ensuite la sœur fuyant après des scènes de violences inouïes, deux servantes renvoyées, une ouvrière ne voulant plus travailler pour *ce monstre* : voilà ce qui m'a démontré son indignité..... Le révérend a terminé les explications qu'il a cru devoir vous donner par une prière de ne plus ébruiter cette pénible affaire. J'ai parfaitement compris les ménagements que l'on doit à *l'intéressante* Mme Marsden; j'ai parfaitement compris que, comme homme d'église, le révérend R... n'ait pas cru devoir *jeter Mlle Doudet par la fenêtre;* mais ce que je n'ai pas compris, et *ce que personne ne comprend, c'est qu'il ne l'ait pas mise à la porte.* Dans les circonstances forcées, l'énergie est de la prudence, elle sauvegarde l'avenir. *Vos enfants sont terrifiées; comme de jeunes chiens, ils lèchent la main qui les fouette pour l'adoucir. Jamais vous ne saurez d'eux la vérité, tant qu'une influence perverse les dominera.* Quant à l'explication de l'état déplorable auquel ils sont réduits tous les cinq par une coqueluche qui a été à peine d'un mois, et dont Lucy n'était pas atteinte *quand j'écrivis* (la lettre anonyme), s'il se trouvait un médecin assez *complaisant* pour prêter son autorité à cette assertion, *je lui dirais en face qu'il en a menti; sous des robes de soie, vos enfants ont souffert ce que souffrent les enfants des pauvres : le froid et la faim.* Je conclus par respect pour une famille honorable; je me tairai sur tout ce qui peut affliger le père et le gentleman, mais je n'entends pas que *notre* silence (je parle pour moi et pour vos amis) puisse servir à la glorification future de Mlle Doudet. *A Paris, elle est perdue. Votre appui ne lui servirait à rien, et vous déshonorerait; mais j'ose espérer que le père et le gentleman ne poussera pas là peur du scandale jusqu'à donner à cette odieuse mégère*, soit en paroles, soit par écrit, la possibilité de faire de nouvelles victimes en Angleterre. Je vous le dis, Monsieur, un tel acte émanant de vous ou de toute autre personne de votre famille, serait *une insigne lâcheté*.

« Satisfaite devant Dieu d'avoir accompli un grand devoir de *chrétienne* et de mère, je suis, Monsieur... »

Cette chrétienne, qui parle ainsi de perdre une femme, qui pousse la pitié jusqu'à la rage, qui se substitue à une famille tout entière pour obtenir la punition, a bien plutôt l'air de poursuivre une vengeance. Elle a si peur que cette femme odieuse, déjà perdue, ne lui échappe, qu'elle va jusqu'à menacer le père lui-même s'il résiste. Quel sentiment avait pu pousser Mme Sudre a écrire une pareille lettre? Le croira-t-on, Mme Sudre n'avait jamais vu Mlle Doudet: elle ne savait, de toutes les atrocités qu'elle dévoilait au père avec une sorte de fureur, que ce que lui en avaient raconté des voisines, des domestiques!

Pendant que cette lettre allait frapper au cœur M. Marsden, miss Fanny Rashdall, tante des jeunes filles, succédait à son frère dans la surveillance exercée sur l'institutrice. Mise en rapport avec les accusatrices de Mlle Doudet, violemment prévenue contre elle, miss Rashdall n'eut pas les ménagements qu'avait eus son frère: elle laissa percer ses soupçons, accusa, disputa, mais, chose étrange! elle laissa les enfants sous cette tutelle qui lui inspirait une si grande défiance, et se contenta d'apparaître à toutes heures, sans être attendue, cherchant toujours à prendre sur le fait ces sévices prétendus, et ne voyant jamais que des enfants soignées avec un dévouement qu'elles payaient en affection et en reconnaissance.

Mlle Doudet, cependant, avait, le 5 juin, renvoyé une fille Léocadie Bailleux, domestique, qui se répandit en propos contre son ancienne maîtresse, et rendit encore plus violente l'indignation bien légitime excitée chez tous ceux qui croyaient à ses dires. On voyait les enfants maigres et hâves; Léocadie attribuait cet état à de mauvais traitements systématiques; Mlle Zéphyrine Doudet avait dit, en quittant sa sœur, qu'elle ne pouvait partager ses idées sur l'éducation et sur la nourriture des enfants : il n'en fallut pas davantage pour que les rumeurs accusatrices se changeassent en une véritable clameur de haro. La mort de la petite Mary-Ann, survenue le 22 juillet, acheva de soulever tous les cœurs.

Accablé de lettres anonymes, frappé par cette mort de son enfant, M. Marsden arrivait à Paris le 31 juillet, avec son beau-frère, M. Rashdall. Il laissa, un jour encore, ses quatre filles chez Mlle Doudet, et, le lendemain, il les reprit et les emmena chez miss Rashdall. Pendant dix jours encore, les jeunes filles restèrent à Chaillot, visitant de temps en temps leur institutrice, lui écrivant quand elles ne la visitaient pas. Puis, Lucy, Emily et Rosa partirent pour l'Angleterre avec leur oncle. Alice resta à Paris avec sa tante.

Le 15 septembre, une dame Hooper, une de ces voisines de la cité Odiot qui avaient accusé Mlle Doudet, se transporta à la Préfecture de police, fit une déclaration émouvante des atrocités qu'aurait commises l'institutrice, montra la lettre de Mme Sudre, et cacha les résultats de la visite de M. Collomp. M. Boudrot, commissaire chargé des délégations judiciaires, fut commis pour faire une enquête.

Le 16, miss Rashdall lui amena la petite Alice et lui montra une bosse que l'enfant avait à la tête, et deux cicatrices d'égratignures à l'oreille et à la main, attribuant ces traces aux brutalités de Mlle Doudet. Les jours suivants, M. Boudrot entendit Mme Sudre, Mme Espert, Mlle How, Mme Poussielgue, une ouvrière couturière, qui répétèrent leurs accusations. Mais l'officier de police judiciaire constata qu'aucune de ces dames n'avait vu par elle-même, et qu'elles rapportaient seulement des *on dit*, attribués, soit à Mlle Zéphyrine, soit à la fille Léocadie.

Ainsi, le 20 septembre, madame Espert déclarait à M. Boudrot que, pendant tout le temps que la sœur Zéphyrine avait partagé le domicile de sa sœur, les jeunes filles avaient été parfaitement soignées et paraissaient jouir d'une parfaite santé, à l'exception pourtant de Mary-Ann, qui, ayant eu le choléra, était d'une complexion plus délicate que les autres. Cependant madame Espert avait appris par Zéphyrine que mademoiselle Doudet maltraitait gravement les enfants, et que, sous le moindre prétexte, elle les privait de nourriture. C'était même à la suite des altercations que cette conduite motivait, que Zéphyrine avait pris le parti de quitter la maison, en disant qu'elle aimait mieux se retirer et que *cela finirait mal*. Devenue libre par cette retraite, mademoiselle Doudet n'avait plus gardé de ménagements, et peu à peu les enfants avaient dépéri à tel point, qu'un jour qu'elle les fit sortir, il y eut une émotion des plus vives dans le voisinage. C'est alors que madame Espert avait écrit à mademoiselle Doudet qu'elle devait renoncer à ses relations avec elle, si ces mauvais traitements continuaient.

« Cette lettre, ajouta le témoin, resta deux jours sans réponse; puis mademoiselle Doudet me pria de passer chez elle; elle s'excusa de ne m'avoir pas répondu, en *prétextant* les soins qu'elle était obligée de donner à Mary-Ann, alors malade. Lui ayant alors demandé des nouvelles de Lucy, elle me conduisit voir cette jeune fille, qui était enfermée depuis plus d'un mois, seule, dans un logement au rez-de-chaussée dont les persiennes étaient constamment fermées. Je vis cette enfant qui était alitée. Mademoiselle Doudet lui adressa quelques questions pour savoir si elle se plaisait dans ce local vide, et en obtint une réponse affirmative. Je fis observer à mademoiselle Doudet que la séquestration de Lucy pouvait avoir pour la santé de cette enfant les suites les plus graves, étant ainsi privée d'air et d'exercice, mais elle me répondit : « Je sais bien que cela ne lui fait pas de bien. »

« Indignée de cette réponse, je cessai toutes relations avec mademoiselle Doudet, et ce que je sus par la suite me fut rapporté par Léocadie, la domestique. Cette fille me dit notamment que le jour où Mary-Ann fut blessée, elle avait été se promener au Jardin des Plantes avec son institutrice, et qu'en rentrant, celle-ci ayant eu une pénitence à lui infliger, l'avait frappée avec une telle violence, que l'enfant avait été renversée, avait perdu connaissance et était restée plus de quinze jours sans pouvoir donner signe de vie. C'est à la suite de cette maladie que Mary-Ann, qui avait été paralysée du côté droit, à ce que je crois, finit par mourir... Du reste, le plus grand mystère et même le plus grand silence régnaient chez mademoiselle Doudet, et jamais le moindre bruit ne s'entendait du dehors; ce qui est bien extraordinaire, surtout quand il s'agit de cinq enfants d'un âge où ordinairement ils sont fort bruyants. Cette particularité peut faire connaître de quelle crainte les enfants étaient saisies, et comme elles redoutaient les violences de leur institutrice. »

Entendue le même jour, la demoiselle How dit aussi avoir su par Zéphyrine les mauvais traitements et le mauvais régime auxquels étaient soumises ces enfants, à qui Zéphyrine était obligée de donner des vivres en secret pour les empêcher de mourir de faim. Appelée par mademoiselle Doudet à soigner Mary-Ann, mademoiselle How aurait passé la nuit auprès de cette jeune fille, qui était sans connaissance, et le concierge lui aurait dit que cette maladie avait été occasionnée par des coups. « Je parlai de cette conversation à l'institutrice, qui ne répondit rien pour se justifier. »

Madame veuve Poussielgue déclara également que Zéphyrine lui avait fait part des sévices graves exercés sur les petites Marsden, que mademoiselle Doudet laissait quelquefois vingt-quatre et même trente-six heures sans nourriture. Trois mois après le départ de Zéphyrine, les enfants étaient tombées, par suite de rigueurs croissantes, dans un tel état d'étisie qu'elles pouvaient à peine se soutenir et qu'elles vacillaient sur leurs jambes. La parcimonie de l'institutrice la poussait à acheter des rognures de beurre au plus bas prix, à ne donner de la viande qu'une fois par semaine et en quantité insuffisante, à multiplier les privations de nourriture et le pain sec. Elle, pourtant, l'institutrice, ne se privait aucunement, et mangeait, sous les yeux de ses pensionnaires, des gâteaux et des friandises dont elles n'avaient jamais leur part. « Je sais que Rosa a été enfermée pendant deux jours, sans feu, au mois de décembre, dans la pièce du rez-de-chaussée; c'est moi-même qui ai réchauffé dans mes mains les membres glacés de cette petite fille. Elle portait au-dessus de la tempe une forte contusion; je lui demandai où elle s'était ainsi blessée, mais mademoiselle Doudet s'empressa de répondre que Rosa s'était cognée, et qu'elle n'avait pas été sage. Elle avait également du sang à l'un de ses pieds... J'ai vu un jour Alice qui avait la figure boursouflée et écorchée par places; elle venait d'être débarbouillée par son institutrice. »

Le 21 septembre 1853, M. Boudrot reçut, à la demande de Mlle Doudet, la déclaration d'une dame *Gavelle*, somnambule. Cette dame avait été, huit ou neuf mois auparavant, consultée par M. et Mme Marsden sur les moyens à employer pour combattre un vice secret dont ces jeunes filles étaient atteintes. La somnambule conseilla une ceinture préservatrice, et M. Marsden la pria d'en faire fabriquer une et de la livrer à Mlle Doudet. Cette affaire traîna en longueur; mais, enfin, la ceinture fut livrée vers le milieu de juillet, Mlle Doudet vint elle-même, accompagnée d'une des jeunes filles. « Cet enfant était dans un état d'étisie des plus effrayants, et, pour moi, ajoutait le témoin, il fut évident que cet état de consomption était le résultat des habitudes vicieuses de cette petite fille. » Un médecin, *M. Carteron*, qui avait assisté à la consultation demandée par M. Marsden, se rappela que le père paraissait considérer les habitudes de ses quatre plus jeunes filles comme antérieures à leur arrivée à Paris.

Le 27, M. Marsden, qui avait été invité par M. le Préfet de police à envoyer la constatation des traces de coups et blessures qu'on disait exister sur le corps de ses filles, répondit en annonçant la mort de sa fille Lucy, emportée, disait-il, par la coqueluche et l'épuisement. M. Marsden exposait qu'il n'y avait pas eu de constatation de coups et blessures, ni des traces qu'ils auraient laissées. Et en effet, M. Marsden, bien que médecin, n'avait ni constaté, ni fait constater par d'autres les traces des mauvais traitements prétendus. Mais ce qu'il n'avait pas fait, l'active initiative des voisines avait cherché à le faire, et quelques jours auparavant, le 16 septembre, miss Rashdall, madame Hooper et une dame Rampalli, avaient amené Alice chez un médecin anglais demeurant à Paris, le docteur John Campbell, et lui avaient demandé un certificat constatant chez cette jeune personne des traces extérieures. M. Campbell vit et nota quelques petites cicatrices dans le dos, une petite plaie derrière la tête et, sur le nez, une légère égratignure, que miss Rashdall attribua aux ongles de Mlle Célestine Doudet. Au reste, dans sa réponse à M. le Préfet de police, M. Marsden affirmait qu'à l'heure présente, les traces non constatées sur Rosa ne consistaient plus qu'en « petites taches brunâtres ; » qu'il ne restait plus aucune marque sur le corps d'Emily; que, sur le corps de la petite récemment morte, il n'y avait plus qu'une large plaque noirâtre au bas du dos. M. Marsden persistait à accuser Mlle Doudet de sévices, renvoyait pour la preuve au dire des accusatrices, disait que déjà, échappées à leur institutrice, ses trois autres enfants redevenaient grosses et grasses, et ajoutait que s'il n'avait pas porté plainte, c'était pour ne pas voir le nom de ses filles accolé à un vice honteux, imaginé par Mlle Doudet pour cacher ses atrocités.

Jusque-là, Mlle Doudet n'avait opposé à des accusations qu'elle traitait de honteux commérages, qu'un froid dédain. Un de ses défenseurs a dit d'elle spirituellement que son plus grand défaut était d'être *lady-like*, c'est-à-dire d'afficher, elle petite bourgeoise, cette morgue aristocratique, ce respect de soi-même, qui distinguent en Angleterre les ladies de la haute vie. Quand elle se vit sérieusement, gravement attaquée par le père, elle descendit à se défendre. Elle invoqua le témoignage de sa sœur Zéphyrine qui déclara : que M. Marsden avait ordonné la plus grande sévérité vis-à-vis de ses enfants, l'usage du fouet pour punir leurs fautes; que les jeunes filles avaient un caractère dissimulé, de mauvaises habitudes, et qu'Emily, spécialement, avait été surprise par elle, se livrant à de honteuses pratiques; que le régime de nourriture était le système anglais imposé par le père, suivi peut-être trop exactement par Célestine.

Le commissaire de police reçut, le 11 octobre, de *M. Tessier*, médecin à l'hôpital Beaujon, une déclaration, en forme de lettre, portant : que, plusieurs mois avant octobre 1853, appelé pour la première fois à visiter les jeunes Anglaises, le déclarant avait été frappé tout d'abord de leur aspect particulier, *facies* amaigri, plombé, rachitique, avec pincement du nez, coloration foncée des paupières; que Mlle Doudet attribua cet état à de mauvaises habitudes, auxquelles ces malheureuses enfants se livraient avec frénésie, et que « les enfants n'hésitaient point à confirmer ce qu'avait dit leur maîtresse; » que, tout en soignant les enfants de la coqueluche, le déclarant ne cessa de leur donner, sur leur conduite, des avis particuliers, compris par elles à demi-mot; que, quelque temps après, une dame inconnue vint lui dénoncer Mlle Doudet comme exerçant sur ces petites filles les traitements les plus inhumains. Le docteur Tessier, qui n'avait rien constaté de pareil, qui avait toujours vu la maison et les enfants fort bien tenus, qui avait remarqué que « les enfants ne paraissaient éprouver aucun sentiment de crainte ou d'aversion vis-à-vis de leur maîtresse, » considéra cette démarche comme *un effet de la malveillance*, et les propos tenus comme *de purs commérages*. Désigné cependant par le père pour soigner ses enfants, le témoin résolut d'exercer une surveillance spéciale sur leurs rapports avec leur maîtresse, ainsi que sur leur régime général. Il fit des visites imprévues, et *jamais il ne put constater la trace du plus petit désordre ni la moindre négligence*, soit dans la tenue, soit dans le régime, soit dans l'administration des médicaments; à plus forte raison, il ne découvrit « aucun indice ni de sévices, ni de mauvais traitements. Si la chose m'eût paru possible même, j'en aurais instruit le père. »

Un autre médecin, *M. Gaston Gaudinot*, fut plus explicite encore. Appelé, le 24 mai, chez Mlle Doudet, qu'il ne connaissait pas, il avait constaté chez Mary-Ann *une attaque d'apoplexie qui avait amené la paralysie de tout le côté droit*, et causé une chute, de la chaise sur le parquet. Une médication fortement révulsive et dérivative avait amené une légère amélioration. La jeune malade, ainsi que ses sœurs, était atteinte d'une violente coqueluche, dans un état de maigreur effrayante, et sujette à une malheureuse passion. Leur régime alimentaire ne lui paraissant pas conforme à celui des enfants en France, il insista auprès de Mlle Doudet, qui le changea aussitôt. Les jeunes filles « ne parurent pas en être satisfaites, et l'aînée surtout bouda le docteur pendant quelques jours. Au bout d'une quinzaine, une lettre de M. Marsden désapprouva le nouveau régime, et il fallut revenir à l'ancien. » Comme la clameur publique était contre Mlle Doudet, M. Gaudinot *ne passait rien* à l'institutrice; et celle-ci, cependant, le seconda de la façon la plus louable, et il fallut tout son *zèle* et tout son *dévouement* pour modifier l'impression première. « N'importe à quelle heure je me présentais chez ma malade, j'étais certain de rencontrer Mlle Doudet au chevet du lit de son élève, et j'ai eu la conviction qu'elle passait même toutes les nuits auprès d'elle. » Questionnées *en particulier*, « toutes les jeunes filles témoignaient la plus vive affection pour Mlle Doudet. » Le témoin considérait comme des *bavardages de petite ville* les accusations portées contre l'institutrice. Il y avait autour des enfants une dame Hooper, à laquelle le docteur dut un jour parler sévèrement, parce qu'elle insistait pour faire une médication intempestive; elle avait imaginé de frotter la tête de la malade avec du rhum et du gros sel. En résumé, le témoin attribuait la mort de Mary-Ann à une excessive débilité, et aux désordres produits par la coqueluche. M. Gaudinot ajoutait qu'ayant visité la jeune Alice, il avait constaté sur elle « les marques locales de la passion. »

Un troisième médecin, *M. Shrimpton*, qui souvent avait visité les demoiselles Doudet, avait toujours vu les petites Anglaises occupées de leurs études ou de leurs repas. Elles étaient pâles, maigres et chétives; Mlle Doudet déplorait de les voir soumises au régime homœopathique; mais, suivant les conseils du témoin lui-même, elle se conformait aux instructions paternelles. M. Shrimpton avait toujours trouvé Mlle Doudet très-bienveillante dans ses rapports avec ses élèves, très-affligée de la maladie de Mary-Ann, à qui elle n'avait cessé de donner les soins les plus affectueux pendant la nuit et le jour, jusqu'au moment de sa mort.

Il était important d'entendre *Léocadie*, qui semblait être la source de tous les propos. Les accusatrices savaient son adresse, mais ne la donnaient pas : on la trouva. Le 26 octobre, elle fut entendue. Cette fille dit avoir été congédiée parce qu'elle avait manifesté son mécontentement dans le voisinage, au sujet des mauvais traitements infligés aux enfants par Mlle Doudet et que la sœur Zéphyrine lui avait fait connaître. Personnellement, Léocadie avait été témoin des faits suivants : privation de nourriture en quantité suffisante; les enfants attachées au pied de leur lit. Alice étant ainsi attachée, un jour, elle eut à satisfaire un besoin et pria Mlle Doudet de la détacher : celle-ci refusa et lui dit d'uriner par terre. Alice ayant obéi, Mlle Doudet la frappa, lui frotta le derrière sur le carreau et l'écorcha gravement. Léocadie avait encore vu l'institutrice frapper la tête des enfants contre la muraille; leur écraser les pieds, en montant dessus; leur arracher des poignées de cheveux; les faire rester des journées entières les bras en croix, et leur frapper les bras à coups de règle, lorsque la fatigue faisait que l'enfant changeait de position; les enfermer presque tous les jours dans la cave ou dans les lieux d'aisance. Le 24 mai, étant dans sa cuisine, Léocadie avait entendu le bruit d'un corps tombant lourdement au premier étage : c'était la petite Poppy, que Mlle Doudet venait de frapper, qui était en proie à des convulsions. Mlle Doudet attribua cet état à diverses causes, une chute de l'enfant en marchant, une chute de dessus la croisée, une quinte de coqueluche.

Le 29 octobre, Léocadie fut confrontée avec les deux sœurs Doudet. Elle persista dans ses dires; mais elle reconnut qu'elle n'avait pas vu frapper Poppy, et qu'elle tenait la majeure partie des faits de Mlle Zéphyrine, ce que celle-ci nia avec indignation.

Une dame *Patin*, née *Charlotte Routière*, confectionneuse de nouveautés, avait donné des leçons de musique aux jeunes Marsden deux fois par semaine, pendant toute la durée de leur séjour chez Mlle Doudet. Elle s'exprimait ainsi sur le compte de l'institutrice (27 octobre 1853) :

« J'ai toujours remarqué que Mlle Doudet avait pour ses élèves les soins et la sollicitude d'une mère. Jamais, lorsque j'étais seule avec les enfants, elles ne se sont plaintes de leur institutrice. Enfin, je crois que tous les bruits qui ont couru sont faux et mensongers. »

Un sieur *Bernard Laborde*, maître de danse, entendu le 24 octobre, disait :

« A la fin de 1852, Mlle Doudet a amené à mon cours de danse les cinq sœurs anglaises placées chez elle par le sieur Marsden, leur père. J'ai donné des leçons à ces jeunes personnes pendant trois mois. Pendant ce laps de temps, j'ai été à même de remarquer que Mlle Doudet paraissait aimer tendrement ses élèves, qui, de leur côté, avaient pour elle beaucoup d'affection. »

Enfin, la déposition suivante parut montrer quels moyens avaient été employés pour porter M. Marsden à se plaindre. Le 29 novembre 1853, fut entendu *M. Gabriel Guy*, homme de loi, qui déclara connaître depuis trois ans une dame Poussielgue, avec laquelle il était entré en relations par suite d'une réclamation de 600,000 fr. qu'elle voulait exercer contre le gouvernement anglais. Le témoin fit, à ce sujet, un voyage en Angleterre. Puis, cette dame Poussielgue l'avait entretenu de plusieurs autres affaires auxquelles il avait cru devoir rester étranger, une, entre autres, avec M. de Montalembert, une avec un bijoutier, une avec un ecclésiastique.

Elle avait fini par lui raconter d'une manière très-dramatique les griefs de M. Marsden et lui avait proposé de diriger cette affaire. M. Gabriel s'y refusait; elle insista, tira de lui le libellé d'une plainte au procureur impérial, des modèles de procuration pour lui et pour miss Rashdall. Mais, en réponse à l'envoi de ces pièces, M. Marsden écrivit qu'il fallait réfléchir, que certains griefs pouvaient être discutés. Miss Rashdall et Mme Poussielgue insistèrent, et M. Marsden, sollicité vivement, répondit enfin très-nettement que, sur le conseil de son *solicitor* (avoué), il était déterminé à ne pas suivre.

« La communication de cette lettre aux dames Rashdall et Poussielgue les indisposa vivement. » Une nouvelle lettre chercha à faire revenir le père sur sa décision. Mais tout ayant été inutile, M. Gabriel envoya sa note à M. Marsden. Celui-ci le renvoya aux personnes qui l'avaient consulté, et ne paya que sur la menace d'une réclamation faite en Angleterre dans les formes légales. « Il m'adressa à une dame Hooper pour obtenir mon payement, laquelle ne tenant pas compte de son mandat, se permit de m'adresser des observations que je trouvai déplacées. »

M. Boudrot se transporta chez *Mme Sudre*, auteur de la lettre du 20 juin 1853; l'officier de police judiciaire rend compte en ces termes des suites de son investigation :

« Où étant, et parlant à ladite dame Sudre, elle nous a déclaré *n'avoir été témoin que d'un fait matériel en ce qui concerne les jeunes filles* de M. Marsden, c'est-à-dire qu'elle les a d'abord vues dans un état de santé parfait, et, peu après, réduites à une position de marasme telle, qu'elles semblaient avoir peine à se mouvoir, et avoir été privées de nourriture depuis fort longtemps.

« Quant aux particularités relatées dans sa lettre, Mme Sudre *a dit les tenir*, soit de Mme Poussielgue, soit de la demoiselle Chardonnot, soit de la nommée Léocadie, ou enfin de la demoiselle How, qui a été appelée, pendant la maladie de Mary-Ann, pour donner des soins à cette enfant. »

Le 20 septembre, *Mlle Brigitte How*, couturière, interrogée, répondait comme suit à M. le commissaire de police :

« Laquelle a dit : *J'ai su par Mlle Zéphyrine* Doudet, sœur de l'institutrice des enfants de M. Marsden, que cette dernière maltraitait gravement les enfants qui lui étaient confiées, qu'elle les laissait manquer de nourriture, et qu'elle, Zéphyrine, était obligée de leur donner des vivres en secret pour les empêcher de mourir de faim.

« C'est pour échapper à ce spectacle pénible que Zéphyrine, qui n'avait pu obtenir que sa sœur apportât plus d'humanité dans l'exercice de ses fonctions, quitta sa maison et partit pour la Suisse.

« Un jour, Mlle Doudet vint me prier de venir donner des soins à la jeune Mary-Ann, qui était fort malade. J'y fus ; elle me dit que le *commissaire de police était venu pour prendre des renseignements* sur elle et sur les enfants qui lui étaient confiées, et ajouta qu'elle ne voulait plus rester seule avec la malade, dans la crainte qu'elle ne fût compromise si cette jeune fille venait à mourir.

« Je passai la nuit auprès de cette enfant, qui était sans connaissance, et lorsque je me retirai le matin, *le concierge de la maison me dit* que la maladie de Mary-Ann avait été occasionnée par les coups que Mlle Doudet avait portés à cette fille. Je parlai de cette conversation à l'institutrice, qui ne répondit rien pour se justifier.

« Je sais que Lucy a été enfermée pendant deux mois dans un logement au rez-de-chaussée. »

Riches et Pauvres.

Le 31 octobre, fut encore entendue par M. Boudrot *Mme Many*, couturière, qui fit la déposition suivante :

« En mars ou avril 1853, j'ai été chargé par Mlle Doudet de confectionner pour ses cinq jeunes élèves, cinq robes pareilles en foulards de soie ; sur ces jeunes personnes, deux étaient malades, ce qui m'a obligée d'attendre environ six semaines avant de pouvoir leur essayer leurs robes.

« Quant aux trois autres, elles étaient d'une maigreur telle, que leurs corps ressemblaient plutôt à trois squelettes qu'à des créatures vivantes.

« J'ai dû garnir les corsages de ouate afin de pouvoir donner un peu de tournure à ces jeunes filles.

« Il paraîtrait, d'après ce que m'a dit Mlle Doudet, que les robes en question étaient un cadeau de la belle-mère des jeunes personnes. »

Il ne parut pas qu'il y eût rien dans tout cela qui pût justifier une accusation. M. Mettetal, chef de division à la Préfecture de police, qui avait dirigé l'enquête, qui avait sévèrement interrogé Mlle Célestine Doudet, qui avait scrupuleusement analysé tous les témoignages, crut qu'il n'y avait pas lieu à suivre. Le père, d'ailleurs, bien que harcelé par miss Rashdall et par les voisines, se refusait à porter plainte. Il écrivait, le 3 novembre, à M. Gabriel, conseil des accusatrices, qu'il répugnait à se plaindre, parce qu'aux griefs articulés, Mlle Doudet ne manquerait pas de répondre « que j'avais aussi moi-même fouetté mon enfant en sa présence, et que les faits de..... pouvaient, jusqu'à un certain point, être admis pour quelques-unes de mes filles. » Miss Rashdall et Mme Hooper passèrent outre, et, dans les premiers jours de novembre, envoyèrent au parquet, au nom du père et malgré lui, une plainte contre Mlle Doudet.

Celle-ci, cependant, s'était contentée de repousser avec hauteur les accusations dont on l'accablait, et semblait dédaigner de se défendre. Le rapport de M. Collomp parla pour elle, et ce ne fut que peu à peu, comme par accident, qu'elle parla de cette visite de M. Collomp, et des lettres que lui écrivaient les enfants, après la séparation, et lorsqu'elles attendaient à Chaillot le jour de leur départ pour l'Angleterre. Ces lettres, qu'on lui fit produire, furent trouvées pleines de tendresse, de reconnaissance. On demanda à Mlle Doudet pourquoi elle n'avait pas fourni plus tôt ces preuves irrécusables de son innocence : elle répondit que l'accusation lui avait paru si absurde, qu'elle pensait n'avoir pas besoin de moyens de défense.

La plainte en resta là, et six mois se passèrent. Tout à coup, le 8 mai 1854, M. Marsden adressa au procureur impérial une plainte, dans laquelle il déclarait que l'honneur de ses filles lui faisait un devoir de poursuivre celle qui les avait calomniées. Il attribuait à Mlle Doudet la première proposition de l'éducation des filles à Paris, et disait que le dépit qu'elle avait conçu du mariage contracté par le père, l'avait poussée à se faire le bourreau des filles.

« Pour expliquer l'inconcevable dépérissement des enfants, Mlle Doudet les accusait d'avoir des habitudes honteuses. Leur retour subit à la santé, aussitôt que je les ai reprises, prouve assez que c'était à d'autres causes qu'il fallait attribuer leur déplorable état. Jamais Mme Marsden ni moi-même n'avons aperçu chez elles le plus léger indice de cette habitude, qui n'était qu'une infâme invention. »

Une instruction commença sur cette plainte, e M. Marsden fut entendu.

Au Café.

M. le Juge d'instruction fit observer à M. Marsden qu'il semblait résulter de plusieurs dépositions de témoins, que lui-même avait reconnu l'existence des mauvaises habitudes chez ses enfants. Il avoua qu'en effet, *avant l'entrée* de Mlle Doudet dans sa maison, la gouvernante de ses filles lui avait dit un jour qu'elle craignait que la petite Emily n'eût de mauvaises habitudes. Bouleversé par cette communication, il avait donné quelques coups à l'enfant par-dessus ses vêtements, avec une baguette qu'il tenait à la main. La sœur de la gouvernante s'était alors interposée, et avait dit que ce qu'avait remarqué sa sœur n'était que la conséquence d'une disposition de l'enfant à une maladie de femme. La chose n'avait pas eu d'autre suite. Mais, peu après son entrée dans la maison, Mlle Doudet lui avait dit que la bonne lui avait signalé Emily et Mary-Ann comme adonnées à ces mauvaises habitudes, révélation à laquelle *rien ne l'avait préparé.*

Il y avait là contradiction évidente, et d'ailleurs Mlle Doudet disait avoir, en entrant chez M. Marsden, remarqué avec surprise qu'Emily couchait à part, en dehors de la chambre commune des enfants (*nursery*).

Autre contradiction. La plainte du 8 mai disait en propres termes :

« Mlle Doudet, pendant la maladie de Mary-Ann, me faisait écrire par mes enfants des *lettres fréquentes* qui contenaient *toujours* un *bulletin favorable* sur sa santé, jusqu'au jour même de sa mort; et ces nouvelles *faussement rassurantes* n'avaient d'*autre but que d'empêcher mon arrivée,* que la demoiselle Doudet craignait par-dessus tout. »

Or, Mlle Doudet produisait une lettre écrite par M. Marsden lui-même à sa fille Emily, à la date du 13 juin 1854, c'est-à-dire pendant la maladie qui allait emporter la petite Mary-Ann. M. Marsden y disait :

« Nous envoyons bien des tendresses (*Our best love*) et des baisers à la pauvre petite Mary-Ann.

J'irais bien la voir, mais je pourrais à peine rester un jour; et encore cette courte absence me serait très-nuisible, au point qu'elle est presque impossible. James revient de sa pension à la fin de cette semaine; je compte l'envoyer chez M. Taylor, dont vous pouvez vous rappeler d'avoir vu ici la famille. Il a maintenant un pensionnat très-convenable d'à peu près dix garçons de l'âge de James. J'apprends que *vous devez vous attendre à voir un de ces jours votre tante Fanny,* qui voyage avec quelques amis; j'espère qu'elle vous trouvera meilleure mine que vous n'aviez toutes la dernière fois que je vous ai vues. La grand'maman Rashdall est retournée aujourd'hui à Cheltenham. L'oncle Jean et votre maman se joignent à moi pour envoyer nos compliments à Mlle Doudet, et nos tendresses pour vous toutes,

« Et je suis votre père affectionné,

« MARSDEN. »

Il devenait probable, par les termes de cette lettre, que Mlle Doudet avait présenté comme peu rassurant l'état de Mary-Ann, et avait engagé le père à venir à Paris. Il en résultait encore que, si elle s'était sentie coupable, Mlle Doudet n'avait pu s'endormir dans une trompeuse sécurité, et qu'elle pouvait s'attendre de jour en jour à des visites de quelque membre de la famille Marsden.

Les *bulletins rassurants* dénoncés dans la plainte, M. Marsden ne les fournissait pas. En revanche, le docteur Gaston Gaudinot apportait la lettre suivante de M. Marsden, à cette même date du 13 juin 1853 :

« Je vous remercie infiniment des *bulletins* que vous avez eu l'obligeance de m'envoyer sur la santé de ma petite fille. L'attaque me paraît être une apoplexie, un épanchement sanguin, résultant d'une détention prolongée du sang dans les vaisseaux du cerveau pendant une quinte de toux. Ai-je raison, et quel pronostic en donnez-vous? *J'en suis fort inquiet,* et je serais venu la voir, *mais il m'est impossible de quitter ma clientèle.* »

Cette lettre prouvait jusqu'à l'évidence que Mlle Doudet n'envoyait pas des bulletins rassurants; que les bulletins étaient envoyés par un médecin; que M. Marsden connaissait la gravité de la maladie et était fort inquiet.

Enfin, sur le point spécial de la nourriture insuffisante, Mlle Doudet produisait les premières lignes de cette même lettre, adressée le 13 juin 1853 par M. Marsden à sa fille Emily :

« MA CHÈRE EMILY,

« Je ne m'inquiète nullement qui blâme ou approuve l'homœopathie. Je serais cependant fâché qu'il y eût un sujet quelconque de rupture avec le docteur Tessier. Ci-inclus un billet pour le docteur Gaston. *Je pense que vous feriez mieux de vous en tenir à votre manière habituelle de vivre.* Je ne m'opposerai pas à quelques additions que le docteur Gaston pourrait suggérer : par exemple, une *soupe au lieu de lait et eau à déjeuner,* si cela vous plaisait. »

Il résultait de cette lettre que les déjeuners de lait et d'eau, que le régime homœopathique, étaient prescrits par M. Marsden; que M. Gaston Gaudinot avait insisté pour qu'on remplaçât par des soupes cette nourriture insuffisante; et que M. Marsden faisait, avec un regret visible, une concession aux craintes du docteur. D'un autre côté, Mlle Doudet représentait des reçus, des attestations, constatant qu'avant la maladie des jeunes filles, et pendant que la sœur Zéphyrine était encore à la maison, le boulanger fournissait tous les jours de dix à douze livres de pain, et plus tard, après le départ de Zéphyrine et pendant la maladie des enfants, de huit à neuf livres; les rôtisseurs, il y en avait deux, certifiaient qu'on faisait cuire, deux ou trois fois par semaine, de la viande chez l'un ou l'autre, dans la proportion de quatre à cinq livres; l'un d'eux ajoutait qu'on faisait cuire des pâtés. Deux bouchers fournissaient alternativement des morceaux.

On entendit à nouveau les médecins.

Tout en maintenant sa déclaration précédente, le docteur *Tessier* modifia singulièrement ses conclusions premières. Le 26 mai, le docteur Marsden lui avait amené deux de ses filles; il ne les reconnut que parce qu'elles étaient avec lui, tant leur état de santé était heureusement changé. « Je n'hésite pas à déclarer, ajouta le docteur Tessier, que si ces deux jeunes filles avaient eu réellement les funestes habitudes que leur attribuait Mlle Doudet, et dont elles s'accusaient elles-mêmes, elles n'auraient pu, au bout de quelques mois, se trouver complétement rétablies.»

Cette contradiction étrange entre le témoignage spontané de l'année précédente et la déclaration sollicitée par M. Marsden, ne détruisait pas les faits antérieurement déclarés, mais les interprétait d'une façon toute nouvelle, toute personnelle, essentiellement défavorable à la prévenue.

M. Gaudinot, lui, maintint entièrement ses précédentes déclarations. Il y ajouta qu'ayant, devant Mlle Doudet, reproché à Léocadie les propos tenus par cette fille contre sa maîtresse, Léocadie, mise en demeure de s'expliquer, n'articula aucun des faits avancés plus tard par elle.

Mlle Zéphyrine Doudet, entendue par M. le Juge d'instruction, dit persister dans ses déclarations précédentes. Selon elle, à leur arrivée à Paris, les jeunes filles « étaient bien portantes, mais il n'y avait rien d'extraordinaire dans leur santé. La petite Mary-Ann était fort maigre, peu développée pour son âge, et ne paraissait pas encore bien remise des suites d'une maladie qu'elle avait eue en Angleterre. Ma sœur a puni quelquefois ces enfants, mais beaucoup moins qu'elle ne l'aurait fait si elle avait suivi à la lettre les ordres de leur père. J'ai pu exprimer à madame Espert ou à d'autres un certain blâme sur le système d'éducation anglaise que je trouve trop sévère. J'ai pu avoir quelques difficultés avec ma sœur, comme il y en a dans toutes les familles; mais ces difficultés ne se rapportaient en rien aux enfants, et je n'ai jamais tenu sur le compte de ma sœur les propos qu'on m'attribue... A cette époque, j'étais malade moi-même; et, sous l'influence de la maladie, il est possible que j'aie tenu certains propos allant au delà de ma propre pensée; mais il est certain que ces propos ont été encore dénaturés et exagérés. »

M. le Juge d'instruction représenta à Mlle Zéphyrine deux lettres, l'une que lui écrivait Lucy Marsden à la date du 4 août, l'autre écrite par elle-même des Eaux-Bonnes, le 10 août, en réponse à la première. Lucy Marsden écrivait à Mlle Zéphyrine Doudet pour lui reprocher les propos tenus sur le compte de Mlle Célestine. Mlle Zéphyrine, dans sa réponse, disait qu'il n'y avait rien à répondre à une lettre dont chaque mot avait été dicté, et reprochait aux enfants leur ingratitude envers une personne qui avait fait tout son possible pour les rendre heureuses.

Mlle Zéphyrine répondit : — « Il s'agit toujours des mêmes propos que j'avais tenus, non pas contre ma sœur, mais contre M. Marsden, dont elle était bien obligée de suivre les instructions. »

Le docteur *Campbell* fut également appelé, et déclara que miss Rashdall et Mme Hooper avaient insisté près de lui pour lui faire rédiger son certificat, « de manière à le faire tourner, autant que possible, à la charge de Mlle Doudet. Cette insistance m'a paru aussi inconvenante qu'injuste, et contraire aux devoirs de ma profession. J'ai été tellement indigné, que j'ai été sur le point de prier ces dames de sortir de chez moi. »

Mlle Doudet fut interpellée sur les traces constatées par le docteur Campbell. Les accusatrices prétendaient qu'il y en avait sur le dos, sur la main.

Le certificat obtenu du docteur Campbell par les sollicitations de mesdames Hooper et Rashdall, le 16 septembre 1853, portait que le docteur, ayant examiné la jeune fille trois semaines auparavant, avait trouvé « le derrière de la tête décoloré, *par suite du mal qui lui a été infligé quelque temps avant.* » Un nouvel examen avait révélé « une blessure sur le côté gauche du nez et une cicatrice sur le dos; l'intérieur de l'oreille gauche était fortement décoloré, apparemment par l'écoulement d'une humeur âcre. » Les termes un peu ambigus de ce certificat impliquaient toutefois l'existence d'un *mal*, c'est-à-dire d'une maladie antérieure, ayant laissé une cicatrice pour trace. Mademoiselle Doudet expliquait la blessure du nez par l'habitude qu'avait l'enfant de se gratter sans cesse. Il n'était pas question dans le certificat de cicatrice à la main. La cicatrice du dos était la marque d'une blessure antérieurement reçue en Angleterre.

Disons ici tout de suite que M. Marsden, après avoir répondu, le 27 septembre 1853, à M. le Préfet de police, que les traces de sévices avaient disparu, produisit plus tard un certificat prouvant, selon lui, que de mauvais traitements avaient été exercés sur sa fille Lucy. Voici cette pièce :

Certificat de M. Francis Black, docteur en médecine, en date du 20 mai 1854, à Clifton (Angleterre).

« Je certifie par le présent que j'ai été appelé pour voir mademoiselle Lucy Marsden à Malvern, le . . . . 1853, et que je l'ai trouvée alors dans un état d'épuisement complet; l'état remarquable de la malade m'a fait faire l'observation à son père que, si elle n'avait pas été dans un état complet d'épuisement corporel, la coqueluche n'aurait pas du tout produit un pareil état d'amaigrissement et de complète prostration, comme celui que nous avions sous les yeux.

« *Sur le récit qui m'en a été fait et d'après les explications qui m'ont été données*, je n'eus pas et n'ai pas encore le moindre doute que le traitement auquel la malade avait été soumise à Paris a fortement contribué à cette fin fatale.

« *Signé :* Francis BLACK, docteur-médecin. »

Il est difficile de voir là autre chose qu'une opinion, une hypothèse fondée sur les explications du docteur Marsden lui-même.

Mlle de Chabaud-Latour vint déclarer, à son tour, à M. le Juge d'instruction, que, depuis plus de quinze ans, elle et sa mère connaissaient et considéraient particulièrement Mlle Doudet. « Nous avons vu, ajouta-t-elle, les jeunes Marsden à leur arrivée en France, et elles nous ont paru avoir *assez mauvais teint....* Chaque fois que ces enfants sont venues à la maison, elles m'ont paru affectueuses envers Mlle Doudet. Je considère celle-ci comme une personne désintéressée, complétement incapable d'avoir, dans un but de cupidité, réduit ses élèves à une nourriture insuffisante. Elle les élevait à l'anglaise, et c'est ce régime, auquel on n'est pas habitué en France, qui a pu étonner certaines personnes. Quant aux mauvais traitements, je suis bien convaincue qu'elle n'en a exercé aucun contre ses élèves. J'ai su, depuis toutes ces plaintes, que le père de ces jeunes filles lui avait recommandé une sévérité toute particulière, en raison des mauvaises habitudes que ces enfants avaient contractées... J'ai placé moi-même en Angleterre Mlle Doudet dans une famille des plus honorables, et je sais que partout on n'a eu que des éloges à lui adresser. »

Une veuve *Desitter*, domestique chez Mlle Doudet pendant la maladie de Mary-Ann, déclara que Mlle Doudet passait souvent la nuit auprès de cette enfant et lui prodiguait les soins d'une mère. Du 13 juin au 1er août, elle ne vit jamais Mlle Doudet frapper les enfants. « Seulement, quelquefois, lorsque Alice n'était pas sage, Mlle Doudet lui donnait deux ou trois claques sur le derrière, parce qu'elle avait remarqué qu'elle se... La nourriture était suffisante : elle se composait le matin, à huit heures, d'une tasse de thé et de tartines de beurre; à midi, un potage gras, un plat de viande et quelquefois des fruits (chaque jour je n'achetais pas moins de quatre livres de viande); et, à cinq heures, du thé, du pain et du beurre. Jamais les enfants n'ont été séquestrées, soit dans la cave, soit dans les lieux, soit ailleurs. La seule punition que j'aie vu infliger, c'était de dîner debout, à côté du buffet, au lieu de dîner à table. »

Mme Peyrebrune vint fournir à l'institutrice un témoignage spontané de quelque importance. Cette dame déclara qu'une Mme Maling, Anglaise, lui ayant raconté l'histoire de jeunes filles anglaises qu'on disait soumises à d'horribles traitements, elle eut, moitié intérêt, moitié curiosité, la pensée de voir par ses yeux. Elle s'introduisit chez Mlle Doudet sous un prétexte quelconque, et y vit l'institutrice, qui lui dit que, depuis vingt-deux jours, elle ne s'était pas couchée et avait passé toutes ses nuits près d'une des jeunes filles malades. Mme Peyrebrune vit trois autres des jeunes filles, assez maigres; mais elle fut frappée de la manière affectueuse avec laquelle elles parlaient à Mlle Doudet. « A toutes les questions que je leur ai adressées, elles m'ont répondu qu'elles se trouvaient parfaitement heureuses, et qu'elles aimaient beaucoup mieux rester en France que de retourner en Angleterre. En traversant la salle à manger, j'ai remarqué sur la table une grande pile de gâteaux et biscuits anglais. » Le résultat de cette visite fut de convaincre le témoin que Mlle Doudet avait été victime de propos calomnieux de la part de ses domestiques. Elle lui donna donc son nom et son adresse, en l'autorisant à invoquer au besoin son témoignage.

Parmi les enfants qui avaient été reçus, comme élèves externes, chez Mlle Doudet, et qui avaient dû nécessairement être témoins des sévices, il y avait un jeune garçon de huit ans, fils de M. Jules Nicolet, avocat à la cour impériale. Le jeune Nicolet avait passé chez l'institutrice, pendant plusieurs mois parmi lesquels avril et mai 1853, des journées entières, de dix heures du matin à quatre ou cinq heures du soir. Ce témoin assidu, observateur comme le sont les enfants, qu'avait-il vu?

Le 16 août, le jeune *Georges Nicolet* fut entendu par M. le Juge d'instruction. Il déclara que, bien qu'il ne mangeât pas aux heures des repas des autres enfants, il avait vu souvent les petites filles dîner, et qu'il ne se rappelait pas en avoir vu aucune dîner debout. Il n'avait jamais vu Mlle Doudet battre les petites filles; quelquefois elle leur donnait des chiquenaudes, mais pas bien fort. « J'ai vu quelquefois ces petites filles pleurer, parce qu'on les avait mises en pénitence; je ne les ai jamais vues rester en pénitence plus d'une demi-heure ou d'une heure. Il y avait du feu dans la chambre où nous prenions nos leçons, mais il n'y en avait pas dans les autres pièces. Les petites Anglaises ne parlaient pas très-bien français. Elles ne m'ont jamais dit avoir été battues par Mlle Doudet. »

M. Nicolet père déclara qu'au commencement de 1853, Mlle Célestine Doudet avait remplacé sa sœur, Zéphyrine Doudet, dans les leçons d'anglais données à son fils. Mlle Doudet ramenait souvent elle-même le jeune Nicolet, et profitait de l'occasion pour faire faire une promenade aux jeunes anglaises. « Ces jeunes filles *étaient d'apparence chétive et délicate* (*mai* 1853), *d'une maigreur extrême, et d'un aspect général qui expliquerait parfaitement bien les mauvaises habitudes.* » Le témoin n'avait jamais remarqué chez les enfants de traces de violences, et n'avait vu, dans la manière d'être de Mlle Doudet avec elles, rien qui fût de nature à éveiller ses soupçons. Il ne crut donc pas aux accusations élevées contre l'institutrice, à peu près à l'époque où il reprit son enfant, c'est-à-dire quelques jours avant la mort de Mary-Ann. Son jeune fils, interrogé par lui à plusieurs reprises, lui répéta toujours qu'avec lui et les jeunes Anglaises, « Mlle Doudet avait toujous été bonne et affectueuse... D'après ce qu'il nous a dit, il me semble que la table devait être servie d'une manière convenable, et que les enfants mangeaient à leur appétit.»

Les jeunes Marsden avaient eu, à la même époque, d'autres camarades, les deux jeunes filles de M. Lebey, propriétaire de l'hôtel Odiot. Les deux petites Lebey avaient passé chez Mlle Doudet, depuis octobre 1852 jusque vers la fin de janvier 1853, deux heures le matin et deux heures l'après-midi. *Marguerite Lebey*, interrogée si Mlle Doudet était bonne pour ses élèves, répondit : — « Ah ! oui, Monsieur, elle a toujours été bien bonne avec nous. Elle disait quelquefois des mots aux petites filles, quand elles le méritaient; mais *je ne l'ai jamais vue les battre.*» *Céleste Lebey* répondit que les petites Anglaises n'avaient jamais dit qu'on les battait.

Mais la coalition des témoignages accusateurs était si menaçante, que, cette fois, Mlle Doudet dut penser sérieusement à se défendre. Le docteur Marsden affirmait qu'il avait confié à l'institutrice cinq enfants pures, d'une santé florissante : il prétendait que le vice allégué comme cause du dépérissement des jeunes filles était inventé pour couvrir des tortures. Il niait la coqueluche, comme l'impureté. Mlle Doudet se trouva conduite à faire de son côté une enquête sur M. Marsden et sur les siens, et à rechercher quelles étaient les habitudes du docteur et de ses filles avant son arrivée à Costwold-House. M. Burrows fut chargé de cette enquête.

Ce M. Burrows était un très-honorable *solicitor* de Londres, avoué près la haute cour de chancellerie d'Angleterre et près les tribunaux, exerçant depuis plus de vingt-quatre ans; en outre, principal clerc et greffier des tribunaux du comté de Middlesex et commissaire pour la ville de Londres, chargé de recevoir les serments de chancellerie. Cet homme de loi expérimenté fut chargé de suivre l'enquête, dans la forme légale usitée en Angleterre, et qui suffit, aux termes de la législation de ce pays, pour faire admettre les déclarations ainsi obtenues en *évidence* (témoignage).

Cette enquête, insérée dans un Mémoire qui fut supprimé par un arrêt de la Cour impériale, il nous interdit de la reproduire. Il n'en est reste d'autres traces que les faits publics du procès.

Ce qui ressort, par exemple, de la plaidoirie de *Me Chaix d'Est-Ange*, c'est que l'enquête anglaise avait pour but de prouver, par le témoignage de voisins, d'anciens domestiques de M. Marsden, que les enfants avaient une mauvaise santé, de mauvaises habitudes, une disposition naturelle au mensonge, et que le père les châtiait avec une extrême rigueur.

On comprend à l'avance que cette enquête toute officieuse, ouverte, il est vrai, dans des formes légales quant à l'Angleterre, se présentant devant la justice française privée de tout contrôle, n'y pourrait être acceptée. Il y avait là, d'ailleurs, l'emploi d'un moyen toujours fâcheux de défense, qui, même en supposant l'innocence, avait l'inconvénient de repousser l'attaque par l'attaque, et d'ajouter au crime ou au délit, s'ils doivent être considérés comme constants, l'odieux de la diffamation et de la calomnie.

Toutefois, il est juste de dire, et on le verra tout à l'heure par le témoignage d'une des protectrices les plus ardentes de Mlle Doudet (Mme Schwabe), que M. Marsden, de son côté, répandait en Angleterre une Note ou Mémoire, renfermant des allégations d'une grande gravité contre Mlle Doudet; mais ce document n'affectait pas la forme légale, et ne fut pas distribué en France.

Quoi qu'il en soit, puisque nous avons été conduits à parler des assertions de l'enquête, il en est une au moins à laquelle nous pouvons opposer la contre-enquête : c'est celle relative à un vol de broche appartenant à Mlle Doudet, attribué à la petite Rosa pendant le séjour de l'institutrice à Costwold-House. M. Marsden fournit plus tard sur ce point le témoignage suivant de sa mère, Mme Henriette Marsden :

« Quand Rosa fut seule avec moi, je lui dis : « Maintenant, ma chère petite, dis-moi la vérité : as-tu pris la broche de mademoiselle Doudet? — Non, non, grand'maman, je ne l'ai pas prise.

« Alors, lui dis-je, pourquoi as-tu dit à mademoiselle Doudet que tu l'avais prise? » Et Rosa me répondit, je m'en souviens bien, « Mais, grand'maman, mademoiselle Doudet me disait de l'avouer tout de suite, et je l'ai fait. » Je dis à mademoiselle Doudet que l'enfant n'avait pas pris la broche. »

Les détails de Cour d'assises nous fournissent la déposition suivante, qui faisait, sous une autre forme et avec plus de développement, partie de l'enquête anglaise : c'est le témoignage d'une personne appartenant à une honorable famille, habitant une maison voisine de celle de M. Marsden, liée autrefois avec lui, la famille Candler :

Voici ce que dit plus tard *miss Hester Candler :*

« Un jour, dans le jardin, elles jouaient, et deux d'entre elles disaient aux autres : *shame! shame!* (fi ! fi !), Mary-Ann a dit : « Mes sœurs viennent de faire de vilaines choses, » et Alice répondait : « Poppy (Mary-Ann) fait d'aussi vilaines choses que nous. Nous sommes obligées de nous surveiller les unes les autres. » (Déposition de miss Hester Candler, Cour d'assises, audience du 24 février 1855.)

A cette allégation un peu vague, l'enquête ajoutait quelques témoignages relatifs à des points déjà prouvés selon elle : ceux, par exemple, de M. Baker, gentleman du Middlesex, et de sa femme. Les époux Baker avaient vu les enfants à leur départ pour Paris : elles leur avaient paru être « d'une constitution assez délicate; elles semblaient avoir un grand attachement pour Mlle Doudet, qui les traitait avec beaucoup de douceur. » Ces mêmes époux Baker avaient fait un voyage à Paris, et, entre le 4 et le 11 octobre, avaient vu les jeunes filles « extrêmement heureuses et contentes. La nourriture était de bonne qualité et en quantité suffisante, se composant de soupe, de mouton bouilli et d'autres mets simples, mais des plus sains. Mlle Doudet nous a dit qu'elle permettait à ses élèves de manger plus que le docteur Marsden ne les autorisait à le faire chez lui, attendu qu'elle considérait que ledit docteur Marsden ne leur accordait pas assez de viande. » Mlle Doudet s'étant plaint à M. Baker de ce qu'elle n'avait pu obtenir de réponse aux lettres qu'elle écrivait au père pour lui demander de l'argent, et pour savoir si elle conserverait ses élèves à l'expiration du terme stipulé, M. Baker écrivit en conséquence au docteur. Aucune plainte, du reste, contre Mlle Doudet n'était arrivée aux oreilles des époux Baker, qui la considéraient comme « incapable de traiter les enfants avec sévérité et rigueur. » (Déclaration légalisée du 12 avril 1854.)

Parmi les lettres dont Mlle Doudet appuyait les témoignages de l'enquête, il y en avait une du 10 août 1852, dans laquelle M. Marsden écrivait à Mlle Doudet :

« ..... Cela me fait de la peine que Lucy soit si méchante; *il faut la traiter comme une petite fille....* Pour la petite Alice, faites-vous obéir, et à l'instant : si elle refuse, *mettez-la sur votre genou, fouettez-la ferme;* je vous réponds qu'elle ne refusera pas une seconde fois.... *Ne lui permettez pas de sortir avec les autres,* voilà une punition qui lui conviendra.... J'espère que vous parviendrez à vaincre *les habitudes d'Emily,* sinon consultez M. Jobert (médecin distingué) : c'est une chose de dernière importance. Je suis content qu'elles sautent à la corde comme de petites Parisiennes, mais je vous prie de ne pas oublier que *la morale est au-dessus de toutes choses...* »

Une autre lettre de M. Marsden, du 16 août, était adressée, celle-là, à sa fille Emily, dont les malheureuses habitudes lui paraissaient exiger des recommandations particulières. « Je vous *supplie*, y disait-il, dans votre propre intérêt, de faire les plus grands efforts pour suivre les avis et les directions que je vous donnais *avant de vous quitter.* Si vous ne l'avez pas fait, j'en éprouverai une vive douleur quand je vous recevrai; ni le français, ni la musique, rien, en un mot, ne pourrait compenser, si vous négligiez de faire ce que je vous ai recommandé de faire sur ce sujet. Et la maladie, un cou goitreux, un dos voûté, des pieds tendres, et tout l'amour propre absorbant, cette maladie morale qui détruirait chaque bonne qualité que vous avez, vous ferait sentir personnellement, et oh! amèrement, lorsque vous vieillirez, et que *vous avez forcé les lois de la nature, à votre propre destruction,* et que vous avez désobéi à mes désirs, à votre propre ruine..... »

Le 13 octobre de la même année, toujours préoccupé de ce sujet, M. Marsden écrivait à mademoiselle Doudet : « Je vous serais infiniment obligé, si vous vouliez bien permettre à *Emily de coucher avec vous* : ceci est le seul moyen de *surveillance* que je puis employer. »

Si Emily donnait, depuis Malvern, des inquiétudes spéciales, les autres étaient aussi, de la part du père, l'objet d'avertissements d'une sévérité peu commune, et dont la lettre suivante (12 novembre 1852) indiquait assez le motif : « .... Je ne puis que dire qu'à moins que leur conduite ne change vraiment bientôt pour le mieux, ma conduite envers elles changera pour le pis; elles sont trop âgées à présent pour continuer de cette manière; que le poids de ne pas bien faire tombe sur leur propre tête; mais moi, je ne me sentirai pas bien plus longtemps porté à faire des sacrifices personnels de toute espèce pour des enfants *qu'il ne paraît pas possible d'élever.* Bientôt, je cesserai de gronder, je les placerai dans quelque pensionnat ordinaire, peu coûteux, et je leur permettrai de suivre *leurs propres penchants et leurs propres risques.* Voulez-vous, s'il vous plaît, dire ceci à celles d'entre elles qui puissent le comprendre?... »

Pendant que Mlle Doudet rassemblait ces témoignages, l'instruction recueillait tous les dires accusateurs, et en composait un ensemble formidable, qui parut plus que suffisant pour déterminer le renvoi de Flore-Marguerite-Célestine Doudet devant la Cour d'assises de la Seine, comme accusée d'avoir volontairement porté des coups et fait des blessures à Mary-Ann Marsden, lesquels coups portés et blessures faites sans intention de donner la mort l'avaient pourtant occasionnée. Mlle Doudet aurait ensuite à paraître devant la juridiction correctionnelle, sous la prévention d'avoir porté des coups et fait des blessures à Lucy, Emily, Rose et Alice Marsden.

Deux fois, en novembre et décembre 1854, l'affaire fut appelée devant le jury, et, deux fois, l'état de l'accusée ne permit pas de l'amener à l'audience. Enfin, le 21 février 1855, le procès s'ouvrit devant la Cour d'assises de la Seine, présidée par *M. Haton.*

L'accusée paraît; elle s'avance péniblement, appuyée sur le bras d'une jeune et gracieuse personne, que la médaille à ruban bleu dont elle est décorée désigne pour une des dames surveillantes de la Conciergerie. Mlle Doudet est de taille ordinaire; sa figure est régulière, non pas jolie peut-être, mais parfaitement expressive, intelligente et sympathique. L'arc bien dessiné de ses sourcils surmonte deux beaux yeux noirs, et son front élevé imprime à l'ensemble un grand cachet de distinction. Elle ne paraît être ni émue ni tremblante, mais seulement abattue par la souffrance, épuisée par la maladie. Car, depuis plusieurs mois, la terrible accusation qui pèse sur elle a détruit sa santé, et il a fallu l'autoriser, même pendant les débats, à résider dans une maison de santé. Sa toilette est simple et de bon goût. Elle se laisse tomber dans un fauteuil, en adressant un salut à son défenseur, *Me Nogent-Saint-Laurens.* M. Marsden, partie civile, est assisté de *Me Chaix d'Est-Ange.*

M. le premier avocat général *de la Baume* occupe le siége du ministère public; il est assisté par *M. Puget,* substitut du Procureur général.

On connaît d'avance l'acte d'accusation. Il est la reproduction des accusations des voisines, de Léocadie, de miss Rashdall, et des assertions de la plainte enfin arrachée à M. Marsden. Il nie absolument les vices impurs des jeunes filles, « odieuses suppositions de l'accusée, contre lesquelles protestait le jeune âge des demoiselles Marsden. » Il pose en fait que, sûre de l'empire que lui donnaient ces révélations inattendues, « Célestine

Doudet prétendit que la mort de sa mère la rappelait en France, et plaça ainsi M. Marsden dans la nécessité d'opter entre le sacrifice de la surveillance et du concours de Mlle Doudet, devenus si nécessaires, et l'expatriation de ses enfants. » Les demoiselles Marsden étaient arrivées à Paris *dans l'état le plus satisfaisant*. Bientôt se produit chez elles un dépérissement progressif, « dont la cause était inconnue, parce que Célestine Doudet exerçait sur ses jeunes élèves une fascination qui étouffait leurs plaintes. » Discipline arbitraire, séquestrations, privation de nourriture, ligature, coups, scènes horribles « dissimulées aux étrangers par les dehors trompeurs d'une tendresse affectée, » tous ces actes soulèvent une rumeur de réprobation, quand la scène du 24 mai 1854 vint y mettre le comble. « Elle se précipita sur Mary-Ann, lui lança des coups de poing dans la poitrine, la renversa deux ou trois fois sur le parquet, jusqu'à ce que Mary Ann y restât étendue et inanimée. » De là, une congestion cérébrale, une agonie de deux mois et la mort.

Soustraites à demi à cette fatale direction, les jeunes filles, transportées à Chaillot, continuèrent quelque temps à fréquenter Célestine Doudet, chez laquelle elles venaient prendre leurs leçons. « Conservant ainsi son funeste empire, elle employait le temps à couvrir ses méfaits en obtenant de ses élèves les témoignages mensongers d'une reconnaissance dont elle indiquait l'expression. »

C'est seulement quand elles se crurent soustraites pour toujours à la domination de leur institutrice, que les enfants racontèrent leurs tortures. Mais tandis que, sous la seule influence d'une nourriture saine et abondante, trois des filles revenaient à la santé, l'aînée, Lucy, succombait sans cause connue, sans maladie déterminée, par le seul épuisement des forces vitales.

La preuve des sévices est, selon l'accusation, dans la concordance naïve des dépositions des jeunes filles. Célestine Doudet se présente, il est vrai, devant le jury, « entourée de tels témoignages d'estime et d'affection, qu'il est peu de procédures criminelles où on en trouve autant de traces. Sympathies aussi vives qu'irréfléchies, qui ne sont pour la justice que des raisons de douter. »

Mlle Doudet, interrogée sur la cause du dépérissement progressif des enfants, l'attribue à de funestes habitudes que lui avait signalées M. Marsden.

D. Vous discréditiez M. Marsden devant tout le monde; c'était un homme léger, disiez-vous, s'occupant peu de sa famille. — R. Je ne crois pas l'avoir dit; mais si je l'avais dit, je ne le rétracterais pas; ce serait vrai.

D. Vous déchiriez aussi miss Rashdall? — R. Emilie, interrogée par le docteur Tessier sur ses habitudes, lui a dit que c'est de sa tante qu'elle les tenait. — D. Vous parliez de cela bien inconsidérément, à tout propos et à tout le monde. Si c'était vrai, où était l'utilité de le divulguer? — R. J'ai obéi à la nécessité de dire au médecin la cause de leur maladie. — D. Comment se fait-il que Lucy ayant été par vous mise à l'écart pour qu'elle n'eût pas la coqueluche, et n'ayant eu la coqueluche qu'après vous avoir quittée, eût déjà cet aspect de « spectre faisant mal à voir? » Comment se fait-il que l'effet ait précédé la cause? — R. Elle avait une maladie de poitrine que j'ai signalée au père.

M. le Président demande à l'accusée ce qu'il y a de vrai dans les horribles traitements que lui prête l'accusation. Mlle Doudet répond : Il y a beaucoup d'invention et d'exagération. — D. Cependant les enfants sont unanimes à vous accuser. — R. Je dois croire et craindre qu'on leur ait fait la leçon.

D. Le 24 mars 1853, à votre retour de la promenade avec Emilie et Alice, où était Mary-Ann? — R. Au premier, dans ma chambre, qu'elle affectionnait beaucoup. — D. On prétend que vous étiez allée la chercher en bas, et que vous l'aviez fait monter là; elle vous précédait d'une marche ou deux. Vous aviez à lui demander compte d'une tâche? — R. Elle n'avait pas de tâche à faire. Elle avait écrit des vers qui exprimaient ses bons sentiments : elle m'aimait beaucoup. — D. Il est *certain* qu'arrivée au haut de l'escalier, votre mauvaise humeur s'est traduite par un coup de genou qui a fait tomber tous ses petits cahiers. — R. Tout cela est imaginé; Mary-Ann n'était pas en bas. — D. Dans la salle à manger vous l'avez grondée, frappée de deux coups de poing dans la poitrine qui l'ont renversée? — R. C'est faux. — D. C'est donc une leçon que racontent les trois filles? — R. Oui, Monsieur. — D. Léocadie dépose nettement de ces faits. — R. Elle est gagnée par mistress Hooper et par le docteur Marsden. Elle est jeune et jolie, et peut avoir eu de l'influence sur le docteur Marsden, car elle en prend sur tout le monde.

D. Vous avez dit qu'elle avait eu des relations avec M. Marsden? — R. Pardonnez-moi, je n'ai pas dit cela; ce serait une légèreté de ma part. Si le juge d'instruction a écrit cela, il a été trop loin.

M. le Président fait observer à l'accusée qu'elle a expliqué la scène du 24 mai à Léocadie et aux médecins de plusieurs façons différentes, en disant que Mary-Ann avait eu une quinte de coqueluche, un accès de colère; qu'elle était tombée; que la veille elle s'était blessée à la tête dans l'escalier. L'accusée répond que, dans un accès de coqueluche, l'enfant s'est renversée de sa chaise; elle n'a jamais dit que cela.

D. Votre sœur a attribué cette mort aux coups portés par vous? — R. Elle a trop de principes pour avoir dit cela. — D. Quand vous portiez l'enfant dans vos bras, n'avez-vous pas dit : « Parle! parle seulement, et je te pardonne? » — R. Je n'ai pas dit cela.

Placée près du lit de l'enfant qui venait d'expirer et faisant remarquer l'expression de sa physionomie vous avez dit : « Voyez ce sourire! elle dit bien qu'elle me pardonne? » — R. Je n'ai pas dit cela.

On entend les témoins.

M. James Loftus Marsden, partie civile, raconte d'une voix émue, et dans un français mêlé d'anglicismes, les faits allégués dans sa plainte. Il dit qu'après la mort de Mary-Ann, arrivé sans être attendu il trouva deux de ses filles qu'il n'aurait pas reconnues dans un autre lieu, « les traits défaits, pas d'expression, pas de sourire. Je jetai les couvertures à bas, et je vis mes filles attachées au pied du lit. Alors je dis à Mlle Doudet : — Si vous n'êtes pas *coupable* vous n'êtes pas *capable* d'être institutrice. Comment vous attachez un corps vivant à un corps mort! Elle m'avait dit qu'Alice n'avait pas ce vice, et elle l'avait attachée avec Rosa qui en était infectée. On a répandu dans toute l'Angleterre que mes enfants avaient ce vice! Je suis venu ici pour combattre la calomnie. A ce moment, je croyais ce qu'elle m'avait dit.

« Je lui demandai : — Qui vous a dit d'attacher mes enfants? Elle m'a dit que c'était le docteur Tessier. Je suis allé le voir, et il m'a dit qu'il n'avait rien ordonné de semblable.

« Je fis lever mes enfants, je les fis habiller, et je les emmenai. Je fus obligé de les faire monter en voiture, parce que la foule s'assemblait autour de nous. Je les fis entrer au café, et elles dévorèrent des gâteaux. — Mes chères enfants, je ne veux rien vous refuser, mais vous mangez beaucoup. Je ne soupçonnais pas la faim. Elles ont été trois semaines avant de s'ouvrir à moi. Enfin, c'est Rosa qui a parlé la première, et, de l'une à l'autre, elles m'ont tout dit : que Mlle Doudet les battait de fond en comble, qu'elle les privait de nourriture, qu'elle les renfermait vingt-quatre heures dans les lieux d'aisance, dans la cave, toutes nues, livrées à la peur « des petites bêtes qui couraient. » Ces enfants disaient çà sans horreur.

« Ma fille aînée est morte en accusant Mlle Doudet, disant qu'elle la battait tous les jours sur la poitrine, qu'elle l'enfermait au rez-de chaussée pendant des semaines et la privait de nourriture. Elle disait que si Mlle Doudet lui avait dit de s'enfoncer un couteau dans la poitrine, elle l'aurait fait. A ses derniers moments, elle voulait toujours tenir la main de quelqu'un. Elle disait que Mlle Doudet l'avait menacée de se présenter à elle, morte ou vivante, si elle parlait. »

D. — Avez-vous constaté des traces de blessures, de cicatrices? — R. Oh ! il y en a encore sur les trois enfants qui existent, et cela après deux ans.

M. le président à l'accusée. — Avez-vous signalé ce vice de deux de ses filles au témoin? — R. C'est M. Marsden qui m'en a parlé. Je n'avais pas à l'informer de ce qu'étaient ses filles, puisque c'est lui qui m'a mise au courant des mauvaises habitudes de la tante Rashdall.

D. — Si les enfants avaient de mauvaises habitudes, il ne fallait pas les mettre ensemble. — R. Elles couchaient ensemble chez leur père. — D. Elles étaient liées par les pieds? — R. Oh ! si peu *serrément*, que c'était une simple précaution ; les enfants avaient des livres et jouaient sur le lit.

L'intérêt redouble quand on voit s'avancer une des jeunes Marsden, *Emily*, âgée de quinze ans, fraîche et jolie personne. Elle répond en bon français.

D. — Vous avez eu à vous plaindre de Mlle Doudet? — R. Elle me maltraitait. Elle nous battait et nous privait de nourriture, et nous enfermait dans la basse cuisine, sept heures, trois et quatre heures. — D. Avez-vous été personnellement battue? — R. Oui, avec la main, une règle ou tout autre objet qui tombait sous sa main. — D. Est-ce que vous aviez peur de Mlle Doudet? — Oui, parce qu'elle nous battait. — D. Lucy a eu une cicatrice? — R. Oui, je ne sais comment. — D. Elle était très-effrayée? — R. Oui. — D. De qui parlait-elle dans ses rêves? — R. De Mademoiselle, comme si elle en avait peur. — D. Elle disait qu'il lui semblait la voir en fantôme? — R. Je ne sais pas. — Avez-vous vu des traces de coups sur sa poitrine? — R. Je ne me rappelle pas l'avoir vu ; elle me l'a dit seulement.

D. Le 24 mai, qu'avez-vous fait? — R. Mademoiselle m'a amenée au jardin des Plantes, avec Alice et Léocadie. — D. Où étaient vos autres sœurs? — R. A la maison, Lucy au rez-de-chaussée, Mary-Ann dans la *cave-cuisine*, et Rosa dans une chambre au premier, attachée au lit. — D. Que s'est-il passé quand vous êtes rentrée? — R. Mademoiselle a détaché Rosa ; elle est allée chercher Mary-Ann dans la cuisine-cave. Rosa avait fait son devoir et eut un morceau de pain. Mary-Ann n'avait pas fait le sien ; elle fut grondée d'abord, frappée une première fois et renversée ; elle se releva et fut frappée de nouveau dans la poitrine et renversée sans connaissance.

D. Quand Mary-Ann est tombée, Mlle Doudet l'a prise dans ses bras pour l'emporter. Qu'est-ce qu'elle lui a dit dans ce moment? — R. Elle disait : « Qu'est-ce qu'on va dire? Le docteur dira que j'ai tué sa fille... Parle ! je te pardonne ! » En voyant qu'elle ne répondait pas, elle disait que c'était un accès de colère.

M. l'avocat général. — Combien de temps avez-vous été privée de nourriture? — R. Depuis le mercredi matin jusqu'au vendredi soir.

Un juré. — Pour quelles fautes étaient imposées ces privations? — R. Si nous faisions de petites fautes dans nos leçons.

M. le président. — On vous faisait lever la nuit? — R. Au moindre mouvement dans notre lit, Mademoiselle nous faisait lever, nous faisait tenir debout, en chemise, au pied de son lit, et même les bras étendus. — D. Pourquoi ne vous êtes-vous pas plaintes lors du premier voyage de votre père? — Parce que nous avions peur de Mademoiselle. — D. Elle vous disait qu'elle vous corrigeait par ordre de votre père? — R. Oui.

L'accusée. — Si cette jeune fille avait peur de moi, elle avait donc encore plus peur de son père, puisqu'elle ne se plaignait pas à lui? Tout cela est faux.

Emily. — Ce que je dis est bien la vérité.

Me Chaix-d'Est-Ange. — Le témoin sait-il pourquoi on avait enfermé Lucy? — R. C'était pour qu'elle ne gagnât pas la coqueluche. — D. A-t-on renfermé le témoin dans les lieux d'aisance? — R. Oui, pendant cinq heures. J'y ai été oubliée une fois jusqu'à onze heures du soir, pendant que Mlle Doudet était à un concours.

L'accusée. — La porte ne fermait pas.

Emily. — Oui, nous aurions pu en sortir, mais Mademoiselle mettait quelque chose devant la porte pour connaître si nous en sortirions.

Rosa Marsden, âgée de onze ans, et *Alice Marsden*, âgée de neuf ans, déposent des mêmes faits, dans des termes à peu près semblables.

On leur oppose les lettres pleines de tendresse qu'elles écrivaient à leur institutrice, alors qu'elles étaient soustraites à son influence. Elles répondent, ou qu'elles n'ont pas souvenir d'avoir écrit ces lettres, ou que Mlle Doudet leur disait de les écrire. *Me Nogent* demande à Rosa pourquoi, la veille de son départ pour l'Angleterre, elle écrivait à Mlle Doudet de si bonnes paroles ; la jeune fille répond : « Je cherchais à la rendre meilleure pour nous. » — *M. le Président* : — Vous alliez partir, vous ne deviez plus avoir peur.

Quand Mlle Doudet a vu les jeunes filles s'avancer pour déposer, elle a fait un mouvement vers elles, en disant à demi-voix : « Enfin ! » Mais M. le Président a fait signe à un gendarme de séparer l'accusée des témoins. Puis, lorsque Mlle Doudet a entendu les accusations reproduites par ses anciennes élèves, elle a paru frappée de surprise et de découragement.

On entend *Léocadie Bailleux*, qui, tout en affirmant les mauvais traitements, déclare qu'elle n'a pas vu, mais qu'elle a entendu porter les coups à Mary-Ann.

Mme Maling déclare qu'à leur arrivée les jeunes filles avaient « une brillante santé. » Avertie par Mme Hooper des mauvais traitements, elle alla voir Mlle Doudet, qui nia tout. Mais Mlle Zéphyrine lui confirma tous ces bruits. « Je lui demandai si Mary-Ann avait la coqueluche ; elle me répondit que non, sans me dire ce qu'elle avait. Elle me dit que les enfants étaient noires de coups, et ajouta : « Prions Dieu que l'enfant ne meure pas, car nous serions perdues. »

Le témoin ajoute qu'elle connaît depuis longtemps Mlle Doudet. « Je lui ai fait beaucoup de bien, dit-elle, et j'ai été payée par la plus noire ingratitude. »

L'accusée ne se rappelle aucun service que le témoin lui aurait rendu. Mme Maling avait cessé de venir, parce qu'elle ne voulait pas se rencontrer avec Zéphyrine.

Louis Tassin, ancien concierge, n'a jamais vu exercer sur les enfants de mauvais traitements; mais, selon lui, les approvisionnements étaient insuffisants. — « Lorsque nous prenions nos repas, et que les enfants étaient en récréation, ils dévoraient des yeux ce que nous mangions. J'ai été plus d'un mois sans voir Lucy, mais je voyais les autres assez souvent. » — D. Craignaient-elles Mlle Doudet? — R. D'un seul regard, elle les aurait fait passer dans le feu. C'était une fascination sans exemple. »

Le témoin prétend que l'accusée lui a fait part de ses craintes, lorsqu'on attendait M. Marsden, et qu'elle lui a parlé des propos tenus par sa sœur, et des mauvaises habitudes des enfants.

Mlle Doudet. — Je n'étais pas assez liée avec le concierge pour lui faire de semblables confidences.

Mme Hooper déclare être allée chez Mlle Doudet voir Mary-Ann que celle-ci soignait très-bien, et près de laquelle elle passait les nuits. Mais les quatre autres semblaient des spectres, et surtout Lucy, qui vivait séparée des autres. Mlle Doudet attribua l'état de cette dernière à de mauvaises habitudes. « Elle me dit tant de mal de M. et de Mme Marsden, que j'en fus révoltée. A l'en croire, ils auraient vécu dans le concubinage avant de se marier. »

Mlle Doudet. — Je n'ai jamais dit un mot de cela, et je ne sais quel peut être le motif de ces calomnies; mais je soupçonne Mme Hooper de beaucoup de perfidie envers moi : c'est après s'être introduite chez moi, et y avoir été en bons rapports qu'elle est allée me dénoncer.

Mme Sudre dit avoir vu les enfants à leur arrivée, « très-jolies, vives, gaies. » C'est sur la rumeur publique que le témoin écrivit à M. Marsden, dont elle sut le nom et l'adresse par Mlle Zéphyrine. Elle n'a rien su directement.

La femme Perette, domestique, est restée quinze jours chez Mlle Doudet, et en est partie parce que l'ouvrage était trop fort. — « On punissait les enfants très-sévèrement, on les battait, on les renfermait dans les lieux d'aisance, même la nuit, et on ne leur donnait que du pain et de l'eau chaude. Une fois, j'ai donné du pain aux enfants en cachette. En visitant leur bouche, Mademoiselle s'en est aperçue; elle m'a grondée, et je n'ai pas osé recommencer. Une autre fois, une des petites ayant uriné au lit, elle fut condamnée à rester dans le lit, avec du pain et de l'eau chaude pour toute nourriture. »

La femme Bonher, cuisinière au service de Mme Espert. — Un jour, j'ai vu Lucy qui montait et descendait les escaliers sans s'arrêter. Mary-Ann me dit que c'était une punition. Je dis résolûment que je ne voulais pas voir çà, que çà pouvait leur donner des convulsions; Mlle Doudet fit rentrer la jeune fille, et je ne vis plus rien de semblable. Mlle Doudet me disait que le père avait ordonné qu'on donnât seulement aux enfants de l'eau et du pain : je répondis que je comprenais la mode en fait de toilette, mais pas pour la nourriture. Un jour, une d'elles me dit, en pleurant, que Mademoiselle avait donné à Mary-Ann un coup de poing dans la poitrine, qu'elle l'avait renversée, et que sa sœur en avait le cou cassé.

Mme veuve Chardounot, couturière, a travaillé chez Mlle Doudet pour les enfants. Le matin et le soir, on leur donnait du pain et de l'eau. — « Mlle Zéphyrine m'a fait remarquer qu'on les battait, et m'a dit aussi qu'on les laissait jusqu'à trente-six heures sans manger. Un jour, j'ai entendu battre les enfants en bas; Mlle Doudet est remontée de suite après, très-gaie, et s'est mise à jouer son piano comme s'il ne s'était rien passé. A part ce fait, je ne l'ai jamais vue les frapper; mais elle les *bourrait,* et si quelqu'un entrait, elle devenait très-bonne, très-affectueuse pour les petites filles; mais dès que les étrangers avaient tourné le dos, elle reprenait son ton de sévérité. J'y suis restée huit ou dix jours; on ne m'a pas fait redemander, mais je n'avais pas l'intention d'y retourner. Je suis mère, et cela me faisait mal. Un jour, en rentrant chez moi et en embrassant mes enfants, je leur dis : — Vous êtes bien plus heureux que les pauvres enfants qui sont dans la maison d'où je viens, qui meurent de faim, de froid et de mauvais traitements. »

Adèle Liébaud, domestique de Mlle Doudet pendant le second semestre de 1852, dit que les enfants étaient mal nourries, souvent de pain et d'eau, et que Mlle Zéphyrine lui a dit plus d'une fois qu'elle voulait partir parce que sa sœur maltraitait les enfants.

L'accusée répond qu'elle a dû renvoyer la fille Liébaud, parce qu'elle avait volé un parapluie. « On est venu chez moi le réclamer, et, sur la menace d'une perquisition, elle l'a rendu. »

Mlle Dowmann, institutrice, dit qu'elle n'a jamais remarqué de mauvaises habitudes chez les enfants.

L'accusée. — Mademoiselle m'en a souvent parlé en Angleterre.

Mlle Dowmann, avec une grande énergie de geste et de parole : — Oh! c'est faux, c'est faux, très-faux! jamais, jamais!

M. Paul Tessier, docteur en médecine, déclare avoir été appelé, au printemps de 1853, à soigner les jeunes filles, dont « trois ou quatre avaient la coqueluche, » et dont l'état d'étisie fut attribué à de mauvaises habitudes. « Je les interrogeai, et elles me répondirent si nettement, la plus jeune surtout, avec un cynisme et un petit air de défi si prononcé, que je ne vis à conseiller que les moyens moraux. J'ordonnai des exercices de gymnastique. On en écrivit au père, qui répondit : *c'est trop cher.* Cela me donna une mauvaise opinion de M. Marsden. Plus tard, j'appris que Mary-Ann était malade, et j'y allai sans être appelé. On me parla d'une quinte de coqueluche, de convulsions, d'une chute. Je dis qu'il fallait écrire au père pour savoir s'il fallait que j'assistasse le médecin appelé. Il répondit qu'il fallait que le médecin appelé continuât; ma mauvaise opinion sur M. Marsden s'accrut devant cette marque d'indifférence. Plus tard, quand je vis M. Marsden, je fus tenté de lui fermer ma porte. Il était dans un tel état de chagrin, que je crus à des remords. Il me parla d'un procès qu'il voulait intenter. Je cherchai à l'en dissuader, en lui disant qu'un commissaire de police avait constaté que tout s'était régulièrement passé. M. Marsden revint me voir quelques mois après, avec une jeune fille fraîche, pleine de santé, dans laquelle j'eus beaucoup de peine à reconnaître l'enfant cadavéreux que j'avais vue chez Mlle Doudet. J'eus alors la conviction que leur état de marasme ne devait pas être attribué à de mauvaises habitudes. Quant à la mort de Mary-Ann, tout a très-bien pu se passer comme on l'a dit. »

Le témoin ajoute qu'à la première entrevue, Mlle Doudet lui dit que M. Marsden était « un homme fort léger, très-recherché des femmes, qui songeait beaucoup plus à ses plaisirs qu'à ses enfants. Je trouvai cela un peu vif pour une première conversation. Mlle Doudet me dit aussi que c'était miss Rashdall qui avait donné les mauvaises habitudes aux enfants et qui les favorisait. »

Interpellée par *M. le président*, l'accusée dit que si elle n'a pas appelé M. Tessier lors de la maladie de Mary-Ann, c'est qu'il demeurait trop loin. Elle n'a pas cru devoir écrire à M. Marsden, comme le demandait M. Tessier, parce qu'elle avait les instructions du père. Quant à miss Rashdall, c'est Emily qui en a parlé au docteur.

M. Tessier. — Je n'ai aucun souvenir de cela; je n'aurais pas fait une semblable question à cette enfant.

Mlle Zéphyrine Doudet est appelée. Elle est très-pâle et dépose avec une émotion visible. Elle dé-

.... Les passions violentes peuvent tout à coup transformer une âme.

clare, comme elle l'a fait déjà deux fois, « que les enfants étaient très-difficiles à élever. M. Marsden m'a parlé des mauvaises habitudes de ses filles, et il m'a demandé si ma sœur m'en avait parlé. Emily couchait dans ma chambre à cause de cela; j'ai pu d'autant plus facilement les constater sur elle. Ce n'étaient pas, comme on l'a dit, de beaux enfants, mais elles se portaient assez bien. Ma sœur en avait le plus grand soin de toutes les manières. Je dois dire qu'elle était quelquefois un peu sévère avec elles, surtout à cause de leurs fâcheuses habitudes, et, en somme, nous vivions en bonne intelligence. »

D. — Alors, pourquoi l'avez-vous quittée? — R. J'avais une position toute prête, et je l'ai acceptée. J'avais, d'ailleurs, été malade, et on m'avait ordonné de changer d'air. Je n'ai jamais donné d'autre raison de mon départ. J'ai pu blâmer le système d'éducation, mais je n'ai jamais parlé de tortures, d'emprisonnement, ni de rien de semblable. Je n'ai jamais vu ma sœur battre les enfants, et je n'ai jamais entendu crier celles-ci. »

Aux questions qui lui sont faites sur les deux lettres écrites de Chaillot par Lucy et par Emily, le témoin répond qu'elle a considéré ces lettres comme dictées par les parents.

Emily Marsden, rappelée, dit : — C'est Mlle Doudet qui m'a dicté cette lettre à la cité Odiot; elle me l'a fait dater de Chaillot pour qu'elle parût mieux venir de moi. Je l'ai transcrite à Chaillot; le brouillon était sur une feuille volante.

M. Gaston Gaudinot, docteur en médecine, a soigné Mary-Ann, après l'accident, qu'on lui a dit être une chute causée par une quinte de toux; l'enfant ne reprit pas la parole jusqu'à sa mort. Effrayé de l'état de dépérissement des autres jeunes filles, que Mlle Doudet attribuait à de mauvaises habitudes, le témoin leur donna des conseils énergiques et prescrivit un changement de système. Mlle Doudet suivit ces prescriptions; mais une lettre, adressée au témoin par M. Marsden, exigea qu'on reprît le système anglais. Le témoin ajoute que les jeunes filles, interrogées avec soin, n'avaient pour Mlle Doudet qu'éloges et affection. Un jour, M. Gaudinot trouva que Mary-Ann avait la main où elle ne devait pas l'avoir. « J'ordonnai qu'on lui attachât la main, et je procédai moi-même à cette opération. » Les jeunes filles avouaient leurs mauvaises habitudes et promettaient de n'y plus retomber.

D. On vous a dit, en allant vous chercher, que Mary-Ann s'était jetée par la fenêtre? — R. Oui. — D. Et, quand vous êtes arrivé, on vous a dit qu'elle était tombée dans un accès de toux? — R. Oui. — D. N'a-t-on pas parlé de suicide? — R. Je n'en ai pas souvenir. — D. Selon vous, quelles sont les causes de la mort de Mary-Ann? — R. J'ai dû l'attribuer à l'état de maladie de l'enfant et à la complication amenée par la chute. Mais mon attention ne s'est pas portée sur la contusion. La science admet comme possible l'épanchement au cerveau par suite d'accès de coqueluche; mais ce fait est à peu près inconnu en pratique. Si le fait est admis, c'est l'épanchement qui aurait entraîné la chute, et non pas la chute qui aurait causé l'épanchement. Mary-Ann avait une bronchite aiguë, qui avait été absorbée par la maladie beaucoup plus grave que je soignais. Quand le mieux est revenu, l'enfant a été reprise d'une toux sifflante, mais je n'ai pas vu de traces de coqueluche.

Me Nogent au témoin. — Quelles sont les habitudes de la cité Odiot? — R. Celles d'une petite ville; il y a beaucoup de bavardages.

M. Shrimpton, docteur en médecine, a constaté à la tête de Mary-Ann une tumeur d'un côté, la paralysie de l'autre. On lui a dit que, dans un accès de colère, l'enfant s'était jetée par terre, parce qu'elle aurait été « reprochée pour des habitudes épouvantables. »

M. Ambroise Tardieu, docteur en médecine, a procédé à l'autopsie du cadavre de Mary-Ann, plus d'un an après son inhumation. Il a trouvé, à la partie postérieure droite de la tête, une lésion, indice incontestable d'un épanchement sanguin. Il n'y avait pas d'autres lésions. Après un si long temps, le savant professeur n'a pu que poser des hypothèses. Il regarde comme fort probable, pour ne pas dire certain, que la mort a été causée par un épanchement extérieur d'abord, ayant donné lieu à un épanchement intérieur, et que l'épanchement extérieur a eu pour cause un coup ou une chute.

M. le président. — L'épanchement intérieur pourrait-il avoir eu pour cause une chute remontant à huit heures environ avant la paralysie?

Le docteur. — Ce n'est pas absolument impossible, mais c'est difficile à admettre.

MM. les docteurs *Jobert de Lamballe* et *Laugier*, qui ont opéré avec le docteur Tardieu, déposent dans le même sens.

Mme Poussielgue (*Marie-Antoinette*), déclare que Mlle Zéphyrine a dit qu'elle voulait quitter la maison, parce que sa sœur « maltraitait les enfants de la manière la plus grave. » Après l'accident arrivé à Mary-Ann, Mlle Zéphyrine lui aurait dit : « Si elle meurt, nous sommes perdues. » Le témoin aurait *constaté* sur les jambes et sur les pieds de Rosa des traces de coups de pied, et Mlle Zéphyrine lui aurait dit : « Si vous voyiez le corps de ces enfants, il est couvert de cicatrices. »

L'accusée. — C'étaient des engelures, le médecin l'a déclaré. Madame a vu les enfants déshabillées...

Mme Poussielgue, vivement : — Non, non, non, non, non, non.

M. le président à l'accusée. — Vous entendez cette dénégation par six fois répétée; le témoin vous en veut donc?

L'accusée. — J'ai prêté de l'argent à la sœur de Madame, et j'ai refusé de prêter à Madame une somme de 100 francs.

M. Rashdall, âgé de 45 ans, ministre de l'Église protestante, ajoute à ce qu'on sait déjà que Mlle Doudet avait attribué les propos de sa sœur Zéphyrine à « une inconcevable jalousie qui avait déjà produit beaucoup de troubles dans sa famille. » Il ajoute que les jeunes filles lui répondaient avec contrainte, et qu'Emily lui dit, en pleurant beaucoup, que si elle avait de mauvaises habitudes, ce ne pouvait être qu'en dormant. Mlle Doudet n'accepta qu'avec répugnance l'idée de faire venir à Paris miss Rashdall; et les enfants, qui aimaient beaucoup leur tante, écrivirent une lettre contenant des plaintes contre elle, lettre qui parut au témoin avoir été dictée. Rentrées dans leur famille, les enfants ont fini par parler d'elles-mêmes. A Chaillot, « j'ai cru devoir laisser continuer les visites chez Mlle Doudet, afin de ne pas laisser penser à leur jeune imagination qu'il y avait là-dessous quelque chose de grave. Elles ont même témoigné le désir de faire à Mademoiselle un cadeau, et je ne m'y suis pas opposé, quoique ça me surprît. Emily dit un jour que Mademoiselle avait annoncé qu'elle irait bientôt en Angleterre. »

M. le président. — C'est ce qui explique la conduite des enfants; elles avaient encore peur.

M. Rashdall ajoute ces faits, qu'il aurait recueillis dans une enquête. — « L'amiral Elliot m'a dit que la conduite de Mlle Doudet avait été tellement excentrique chez lui, qu'il ne serait pas éloigné de penser qu'il y avait en elle un commencement de folie. Elle avait déjà cherché à exciter les parents les uns contre les autres dans cette famille. L'amiral avait trouvé singulier qu'ayant vu un de ses neveux tenant le bras passé autour de la taille de sa sœur, en lisant un livre, Mlle Doudet s'était écrié que c'était un procédé inconvenant entre frère et sœur. »

L'accusée. — Je ne sais pas ce que cela veut dire. Je n'ai pas fait l'éducation de la fille de l'amiral.

Miss Rashdall n'ajoute rien aux révélations des enfants qu'elle raconte. *Ann Salisbury*, femme de chambre de miss Rashdall, dit avoir vu trois des enfants attachées au pied du lit de mort de Mary-Ann.

Mme veuve Espert rend compte des confidences que lui a faites Mlle Zéphyrine. On ne retrouve pas, dans cette déposition faite avec un grande modération, les articulations passionnées de quelques témoignages. Mlle Zéphyrine a commencé par dire que sa sœur lui paraissait bien sévère avec ses jeunes élèves, puis qu'elle les battait; enfin, qu'elle les privait de nourriture, ce qui l'obligeait à donner du pain en cachette à ces enfants. Quand Mary-Ann tomba malade, Mlle Célestine dit au témoin : « Poppy a eu une quinte, et elle est tombée à la renverse, en se frappant la tête contre un meuble. »

L'accusée. — Je n'ai pas parlé de meuble.

M. le président. — Vous ne pouvez soupçonner la sincérité de cette dame et ses bonnes dispositions pour vous? — R. Non. — D. Il y aurait tout au plus erreur de sa part? — R. Oui.

Mme Espert ajoute que, relativement à Lucy, elle la vit couchée seule dans la chambre du bas. « En approchant du lit où était l'enfant, Mlle Doudet lui dit : — N'est-ce pas, Lucy, que vous avez mangé ce que je vous ai envoyé? — Oui, Mademoiselle, dit Lucy, et, en même temps, elle me serra la main avec une expression que je n'oublierai jamais. Je dis à Mlle Doudet : — Est-ce que vous croyez que cette séquestration de Lucy puisse lui faire du bien? Elle me répondit : — Eh! je sais bien que ça ne peut pas lui faire de bien! J'ai éprouvé un étonnement profond de cette réponse. Mlle Doudet m'apprit le mariage de M. Marsden, en disant : — Les enfants sont furieuses et n'appelleront jamais cette femme *maman*. J'en parlai à Mlle Zéphyrine, qui me dit : — C'est ma sœur qui leur dit ça. »

L'accusée. — J'ai donné une petite fête en l'honneur du mariage de M. Marsden. Je ne comprends pas qu'on ait pu dire cela.

M. le président lit la lettre écrite par Mme Espert à Mlle Doudet : cette lettre, empreinte de modération et d'une conviction profonde, paraît faire une grande impression sur MM. les jurés.

Une dame *Many*, couturière, dit avoir vu arriver les enfants dans un état parfait de santé : les ayant revues depuis dans un état de maigreur effrayante, elle aurait refusé de travailler pour elles, parce que leur aspect la rendait malade pour plusieurs jours. Mlle Zéphyrine aurait dit au témoin : « Sans moi, elles seraient bien mal soignées. »

L'accusée. — C'est pendant le séjour du docteur Marsden à Paris que Madame a vu les enfants. Il ne les a pas trouvées si mal que dit Madame.

M. le président répond sévèrement à l'accusée : C'est-à-dire que le docteur Marsden a vu ses enfants dans cet état sans s'en préoccuper; mais il ne vous avait pas donné l'ordre de les faire maigrir.

On nous permettra de faire remarquer en passant que ce qu'aura sans doute voulu dire Mlle Doudet, ce qui est au reste prouvé, c'est qu'au moment où cette dame Many se disait si péniblement affectée par l'état des jeunes filles, le père, un médecin, se déclarait satisfait de cet état.

Le docteur Campbell déclare avoir visité une jeune fille chez miss Rashdall; il ne saurait préciser l'époque. L'enfant avait une bosse à la tête, des cicatrices sur le corps et une égratignure sur le nez. On lui a dit que c'étaient des marques de sévices.

M. le président demande au témoin ce qui l'a indisposé dans la démarche des dames qui lui ont amené l'enfant, et pourquoi il a eu l'idée de les renvoyer. Le témoin répond qu'il n'a été indisposé de rien, et qu'il n'a pas eu une idée semblable.

Me Nogent Saint-Laurens fait remarquer que ce témoin contredit de la façon la plus étrange sa déposition écrite.

Elise Bernalt, servante de M. Marsden, *Marguerite Fox*, *Suzanne Sores* et *Mary Hell*, également au service de la partie civile, disent n'avoir jamais remarqué chez les enfants de mauvaises habitudes.

Mlle Désirée Pacault dit avoir vu Lucy dans une chambre obscure, sans meubles. « L'enfant avait un air de désespoir. Elle me prit la main et me la serra... que ça me fit une impression!... Nous n'avions pu entrer dans la chambre que sur *réquisition*. Mademoiselle disait qu'elle ne trouvait pas la clef; mais nous n'avons pas cédé : nous voulions voir la petite fille, et nous l'avons vue. »

Marie Bedford, cuisinière, autrefois au service de M. Marsden, n'a que du bien à dire des enfants sous tous les rapports; mais elle ajoute que Mlle Doudet parlait des mauvaises habitudes des enfants avant de les amener en France, et que Mary-Ann prenait de l'huile de foie de morue.

M. le président. — Accusée, nous avons une déclaration à provoquer de vous dans l'intérêt de la vérité. Vous avez vu le chemin qu'ont fait les débats, et plus d'une émotion en est résultée. On vous a signalée sous le rapport de la dureté, de la violence et de la dissimulation. Tout cela peut tenir au caractère; on est violent et dur par caractère; dissimulé, parce qu'on est dissimulé. Cependant, nous sommes amenés à rechercher s'il n'y aurait pas une autre cause à votre conduite. Il y a quelques mois, venait s'asseoir à votre place une jeune fille de vingt ans, accusée, non pas de coups et de violences, mais d'un assassinat sur une jeune fille, un ange, disait-on. Elle avait voulu par deux fois la mettre à mort, soit par l'asphyxie, soit par la strangulation. Pressée de faire connaître les causes de sa conduite, elle dit : « J'avais à me venger d'un homme; j'ai appris que toute son affection se portait sur une jeune nièce, et j'ai voulu le frapper au cœur dans la personne de sa nièce que je ne connaissais pas. » Il y a un mot qu'il faut que nous relevions, et qui est tombé dans ce débat : c'est le mot *jalousie*. Vous avez dit à un docteur que vous voyiez pour la première fois : « M. Marsden a des succès auprès des femmes; c'est un homme de plaisirs qui, pour sa satisfaction, néglige ses enfants et vient de se remarier.» Le docteur fut frappé du sentiment de jalousie qui perçait sous ces paroles. Si nous rapprochons ces mots de ce que vous avez dit de Mme Marsden, nous nous demandons si vous n'auriez pas été mue par un double sentiment de jalousie contre M. Marsden, de haine contre Mme Marsden; et si, pour satisfaire ce double sentiment, vous n'auriez pas voulu frapper au cœur le père de famille?

L'accusée, simplement. — Non, Monsieur.

On entend les témoins à décharge. C'est d'abord *Mlle de Chabaud-Latour*, qui rend le meilleur compte des antécédents de Mlle Doudet. C'est le témoin qui, avec sa mère, s'est entremise pour faire placer Mlle Doudet chez la reine d'Angleterre et ailleurs; elle n'en a jamais reçu que des éloges. Depuis que Mlle Doudet a rendu les jeunes Marsden, elle aurait pu accepter à l'étranger des positions brillantes, entre autres en Amérique, où peut-être on ne serait pas allé la chercher. Le témoin, qui connaît parfaitement l'Angleterre, et dont la parole fait autorité en matière d'enseignement, affirme que, de l'autre côté du détroit, l'éducation est fort sévère, et que le régime des enfants y est conforme à celui qui, dit-on, était suivi chez Mlle Doudet. Elle ne croit pas possibles les faits allégués par l'accusation.

M. Jules Nicolet, avocat à la cour impériale, déclare, comme dans l'instruction, que son petit Georges, admis dans l'intimité de la petite famille, n'a jamais vu de mauvais traitements. Il s'asseyait *souvent* à la table des jeunes filles. Il y avait tous les jours de la viande, et Mlle Doudet donnait même *tous les jours* au petit Georges, soit des confitures, soit de la viande, tandis que le père avait prescrit que son fils ne mangeât qu'un morceau de pain à son second déjeuner.

Emily Marsden, interrogée sur ces faits, contredit l'honorable témoin, et prétend que Georges ne s'est mis à table que deux ou trois fois; qu'autrement, il mangeait son pain dans une autre chambre.

M. Moulle, professeur de langues, a donné, de mars à juin 1853, des leçons dans la maison de

Mlle Doudet, et n'a jamais vu employer qu'un châtiment, consistant à faire tenir les enfants debout près de la porte. Le témoin a remarqué que la petite Alice s'écorchait le nez en y fourrant les doigts.

Mme Erskine a interrogé Félicité Desitter, dernière bonne de Mlle Doudet, et cette fille lui a dit qu'elle avait souvent déshabillé et lavé les enfants, sans jamais constater la trace de mauvais traitements.

M. Collomp, commissaire de police, déclare que les enfants ne se plaignaient pas et désiraient sortir avec Mlle Doudet. Ces jeunes filles avaient la coqueluche.

Félicité Desitter a été au service de Mlle Doudet. Celle-ci avait pour les enfants les soins et les attentions d'une mère. Les enfants l'aimaient beaucoup. Elles étaient très-bien nourries; elles avaient du pain de première qualité et de la soupe grasse tous les jours. Le témoin a surpris Alice se livrant à de mauvaises habitudes. Elle l'a grondée et lui a dit que Dieu la prendrait comme il avait pris sa sœur Mary-Ann. Les jeunes filles, alors qu'elles étaient à Chaillot et qu'elles visitaient leur ancienne institutrice, disaient que leur tante n'avait pas la même pudeur que Mlle Doudet en s'habillant et en se déshabillant. (On trouve ces mots dans une des lettres écrites de Chaillot : « Notre tante fut bien indécente ce matin en s'habillant devant moi. »)

Le témoin ajoute qu'Emily, Lucy et Mary-Ann Marsden disaient qu'il y avait chez la tante Rashdall un prêtre protestant qui venait quand elle était au lit, et qu'il était *très-jovial* avec elle. En venant voir Mlle Doudet de chez leur tante, les enfants mettaient tant d'empressement à qui embrasserait Mademoiselle la première, que la petite Rosa tomba en montant l'escalier.

Les jeunes Marsden déclarent que tout cela n'est pas vrai, et *Rosa*, particulièrement, qu'elle n'a accusé sa tante que pour faire plaisir à Mlle Doudet.

M. le président fait observer que l'accusée donnait dans l'instruction un caractère plus grave aux entrevues de la tante Rashdall avec le pasteur. Elle disait « que le pasteur de Rochester était venu voir la tante dans son lit, et avait fait, en présence de l'enfant, des choses qu'une femme ne doit pas laisser voir. »

Mme Esther Perdrix sait que Mlle Doudet soigna Mary-Ann avec un dévouement maternel et passa vingt-deux nuits auprès d'elle. « Pendant que j'étais là, une petite fille entra sans m'avoir vue, et sauta sur les genoux de Mlle Doudet, qu'elle embrassa avec effusion. Je fus étonnée de cette démonstration, et je lui dis : — Vous aimez donc Mlle Doudet? — Oh! oui, dit-elle, avec un accent qui n'était pas joué et dont je fus fort émue. Les autres filles que je vis m'en dirent autant, et, bien que malades, paraissaient heureuses. C'était quinze jours avant la mort de Mary-Ann. »

M. Charles Lebey, dont les deux filles ont pris des leçons chez Mlle Doudet, de février à mai 1853, n'a jamais entendu ses enfants rien dire qui se rapportât aux faits de l'accusation. Les jeunes Marsden étaient si peu fraîches et bien portantes à leur arrivée d'Angleterre, que, le lendemain de leur installation à Paris, comme elles jouaient dans le jardin, sur lequel donne la salle à manger du témoin, Mme Lebey dit : — Mon Dieu! que ces enfants ont l'air malade! et la mère du témoin ajouta : — *Elles ont l'air de mourir de faim.* »

Mme Schwabe. — Je suis mère de sept enfants, et si je croyais que Mlle Doudet fût capable de la dixième partie de ce dont on l'accuse, je ne serais pas venue du fond de l'Angleterre ici lui apporter mon bon témoignage; car j'aurais songé à mes sept petits enfants qu'elle a élevés et très-bien élevés. Quand j'ai appris ce dont on l'accusait, j'ai dit à ma fille aînée : — N'est-ce pas, ma fille, que Mlle Doudet était bien méchante? — Oh! non, maman. — Qu'est-ce qu'elle faisait quand vous ne faisiez pas vos devoirs? — Elle prenait le grand air, et disait : « Sortez! » et les petites se mettaient à rire.

Tout le monde autour de moi lui porta le plus vif intérêt, jusqu'à une vieille bonne que j'ai chez moi, qui a pour les enfants plus que de l'amour, c'est de l'adoration, qui me dit : « Oh! madame, je suis bien contente que vous alliez défendre Mlle Doudet; elle est trop bonne, trop douce, trop chrétienne pour avoir fait ce qu'on dit. »

Je suis venue, parce qu'on m'a dit en Angleterre : « Mlle Doudet est innocente; mais *le docteur Marsden la fera condamner en France, parce que dans ce pays on y a beaucoup de sympathie pour les enfants*, et il n'y aura personne d'Angleterre pour la défendre. » Et alors, je me suis dit : Eh bien! j'irai, moi, et je suis venue. J'ai écrit au docteur Marsden que, si elle est coupable, ce que je ne crois pas, elle a assez souffert, que, si elle est innocente, il faut lui épargner l'agonie d'un... comment appelez-vous çà?... d'un *trial*... d'un jugement. Là-dessus, le docteur m'a répondu que j'ignorais le fait, et qu'il m'enverrait un mémoire, *ce qu'il a fait.*

Toute cette déposition, malgré le peu d'habitude qu'a le témoin de la langue française, a été faite avec une conviction chaleureuse, avec un inexprimable accent d'honnêteté et de loyale sympathie.

Mme Sterling, sœur de Mme Erskine, déclare que ce qu'on reproche à Mlle Doudet est impossible, et en opposition avec son caractère bien connu.

M. Mettetal, chef de division à la préfecture de police, déclare, avec une grande réserve, qu'il n'a pu recevoir sur cette affaire que des impressions, et ajoute qu'on y a mis beaucoup de passion : il lui a été démontré qu'il y a beaucoup de personnes qui dénonçaient Mlle Doudet par tous les moyens possibles, même par lettres anonymes.

M. Guillaume Candler, officier de la marine anglaise, a entendu les expressions de satisfaction avec lesquelles, à leur retour en Angleterre, MM. Marsden et Rashdall parlaient des soins donnés par Mlle Doudet aux jeunes filles. Le témoin a rencontré les jeunes filles après leur retour à Great-Malvern : elles lui ont dit qu'elles regrettaient de ne plus être avec Mlle Doudet.

Mlle Hester Candler a vu et constaté les mauvaises habitudes des jeunes Marsden. Elle raconte la scène du jardin.

M. Marsden cherche à affaiblir la portée de ces témoignages, en disant qu'il n'est pas en bons rapports avec la famille Candler.

M. Thieck, solicitor (avoué), a appris de divers témoins que les jeunes filles étaient menteuses, *ingouvernables*, que le père les battait souvent, que leur santé était mauvaise, et qu'elles prenaient de l'huile de foie de morue.

Mme Walter a fait des caleçons à plaque pour trois petites filles que leur amena Mlle Doudet, et qui avouaient leurs habitudes. Il y a eu du retard dans la livraison, et Mlle Doudet pressait pour qu'on les livrât. Cependant ces caleçons n'ont pas été portés. C'est, dit *l'accusée*, parce que M. Marsden m'a écrit qu'il ne voulait plus qu'on s'en servît. *M. Marsden* nie avoir écrit cela.

M. Riffault, administrateur d'une maison de santé, a été chargé par M. Marsden de voir les jeunes filles, qui portaient des traces évidentes d'habitudes vicieuses. Il attribue la guérison rapide des jeunes filles aux soins du père, intéressé à charger l'accusée; à l'épouvante de la mort de leur sœur, à une grande surveillance. Comme le témoin n'est ni médecin, ni officier de santé, et que, bien que non marié, il dirige la maison de la somnambule Gavelle, M. le président et M. l'avocat général blâment énergiquement son ingérence dans des constatations aussi délicates.

La parole est aux avocats : *Me Chaix-d'Est-Ange* plaide pour la partie civile. Force nous est ici de réserver la partie de ces discussions qui se réfère au procès correctionnel. et on voit quelle petite place tient en tout ceci le fait spécial de cour d'assises. Nous retrouverons plus tard l'illustre avocat cherchant à établir les faits de mauvais traitements, et signalant chez Mlle Doudet tout un système de calomnies. Quant au fait spécial du 24 mai, *Me Chaix-d'Est-Ange* accepte et dramatise la scène de violences racontée par les enfants et par la bonne.

« L'accusée prétend qu'il y a eu une chute, que l'enfant a glissé d'une chaise, puis est tombée sur un tapis. C'est impossible. Alors elle dit : — Mais elle était tombée dans l'escalier. Comment ! l'enfant s'était violemment frappée, et l'accusée la laisse toute une journée seule, sans lui donner aucun soin ! Le coup est mortel, et l'accusée n'a pas essayé d'en paralyser les effets ! Mais, Célestine Doudet, vous êtes un monstre ! vous mentez !

« Vous donnez une autre explication : il y a eu une congestion cérébrale. Les médecins admettent ceci en théorie. Seulement, cela ne s'est jamais vu en pratique; mais enfin je l'admets. L'épanchement se fait à droite, et la paralysie doit être à gauche. Or, l'épanchement est du même côté que le coup. N'y a-t-il pas là une coïncidence frappante? Il y a une suture, une disjonction; qui l'a produite, si ce n'est le coup?

« Pourquoi ordonnez-vous à Léocadie de dire que l'enfant s'était jetée par la fenêtre? Pourquoi disiez-vous au médecin : — Elle s'est jetée par la fenêtre? pourquoi disiez-vous à l'un : — Elle avait de mauvaises habitudes; à l'autre : — Elle avait des idées de suicide?...

« Que ce soit l'enivrement de la colère ou une autre cause, peu importe. Le crime existe; la mort a été donnée. A six semaines d'intervalle, les deux enfants sont mortes, frappées par la même main ! Elles sont mortes de la même mort ! Non; l'une a succombé en luttant contre la mort; l'autre, rendue à ses parents, se rattachait à la vie, mais elle a fini par succomber à son tour au mal profond qui la ravageait, cherchant inutilement à écarter le fantôme de sa persécutrice, qui la poursuivait dans son agonie, dans ses rêves; elle la voyait toujours, et elle se réfugiait en vain dans le sein de sa mère ! Un nom maudit revenait toujours sur ses lèvres, et c'était le nom de Celestine Doudet.

« L'autre est morte profanée; vous avez entendu les paroles de l'accusée. On soulève le voile qui cache le corps; devant la mort, qui fait penser à Dieu, elle s'écrie : — Elle sourit; il semble qu'elle me pardonne ! Elle souriait, en effet, à cette heure où l'âme n'a pas brisé tous ses liens; elle entendait déjà la voix de Dieu qui l'appelait, elle songeait aux maux qu'elle avait soufferts, elle souriait à la mort. Cet ange, qui fut votre victime, au nom de son innocence, peut désarmer la justice des hommes. Puisse-t-elle aussi désarmer la justice de Dieu ! »

La parole est à *Me Nogent Saint-Laurens*. L'habile défenseur commence par faire remarquer le peu de place qu'a tenu la discussion dans la belle plaidoirie de Me Chaix d'Est-Ange, consacrée presque tout entière à des mouvements dramatiques : laissant de côté les effets oratoires et la passion, qui obscurcit toute cette affaire, Me Nogent se contente d'examiner les faits, de démontrer les impossibilités morales de l'accusation. Nous ne devons pas suivre l'éloquent avocat dans cette argumentation, qui ferait double emploi avec les plaidoiries du procès correctionnel. « On me force à plaider l'affaire correctionnelle, dit fort bien Me Nogent à ce sujet, et si vous condamniez Mlle Doudet sur les faits admis à discussion, elle serait jugée deux fois sur la même chose. Tout cela n'est pas le procès.»

Y a-t-il eu un coup porté à Mary-Ann, ou l'enfant a-t-elle pu tomber par suite d'une convulsion de la coqueluche? Le dernier cas a été déclaré possible, le premier est affirmé par les enfants et par Léocadie. Les enfants, on le leur a persuadé; invention tardive, où la tête de Mary-Ann poussée contre un meuble apparait pour la première fois. Léocadie, elle se contredit à chaque pas. D'abord, elle était restée dans sa cuisine; puis, elle accourt à l'appel de Mlle Doudet : troisième version, elle regarde par le trou de la serrure. Et, enfin, elle n'a rien vu, elle n'a fait qu'entendre les coups. Et les autres témoins : c'est la femme Tassin, avec son : « Parle, je te pardonne ! » dont elle n'avait rien dit d'abord, mais qu'elle a entendu depuis, pour n'être pas en reste avec les autres.

On a été jusqu'à nier la coqueluche même, cette maladie qu'a soignée M. Tessier, qu'a reconnue M. Collomp, qu'il serait impossible aujourd'hui de nier sans aveuglement. Or, qu'est-ce que la coqueluche? « C'est, répond le *Manuel de thérapeutique médicale*, une maladie contagieuse, pouvant aller jusqu'à la congestion cérébrale, et amener des convulsions souvent mortelles. Il n'est pas rare de voir les enfants maigrir; la coqueluche épuise leurs forces. » Ceci ne semble-t-il pas écrit pour le procès?

On oppose le rapport d'autopsie; quelle certitude accorder à ces conclusions hésitantes, à cette opération faite après un pareil délai? Pour rendre probable un crime, il a fallu supposer un motif, et on n'a trouvé que celui-là : la jalousie, le dépit d'un mariage rêvé et manqué, la rage de n'avoir pu régner en maîtresse absolue dans la maison Marsden. « Voyons, soyez logiques ! s'écrie en terminant le défenseur. Le meilleur moyen de fasciner M. Marsden, de le dominer, de le soumettre, c'était de rester près de lui, chez lui ! et c'est elle qui a demandé à venir en France ! C'est elle qui emmène les enfants, pour les égorger sans doute, nouvelle Médée, loin des yeux de leur père. Ah ! le vrai danger de ce procès, c'est le courant d'opinion qui le traverse. Vous n'êtes pas les lecteurs d'un journal; vous êtes calmes, froids, et si vous voulez vous renfermer dans ce procès, qui doit être compris en dix minutes, vous direz que cette femme a été jetée ici par la calomnie et la passion, et qu'elle doit en sortir par la raison et la justice. »

Si la pathétique improvisation de Me Chaix d'Est-Ange avait remué tous les cœurs, cette sobre et lumineuse discussion de Me Nogent Saint-Laurens rappela les esprits à la réalité du procès. Le 28 février, le jury déclara Mlle Célestine Doudet non coupable d'avoir volontairement porté des coups et fait des blessures à Mary-Ann Marsden, lesquels coups et blessures, portés sans intention de donner la mort, l'auraient occasionnée.

Le 9 mars, l'affaire correctionnelle venait à la sixième chambre, présidée par M. Martel. Ce n'était, pour l'accusée, qu'une nouvelle épreuve, mais non pas la dernière; aussi, pour éviter les redites, nous contenterons-nous de faire connaître les faits nouveaux des témoignages et des interrogatoires.

Dans la déposition de *M. Marsden*, nous rencontrons quelques faits nouveaux. Dans la visite faite aux enfants, avant son voyage en Italie, il se serait aperçu que les enfants étaient fort mal disposées pour leur belle-mère. Quand il accourut à Paris après la mort de Mary-Ann, il aurait trouvé Mlle Doudet surprise et effrayée de sa visite. « Elle parut décontenancée et se plaçait devant la porte d'une chambre, comme pour m'empêcher de la franchir. » Les jeunes filles étaient attachées dans leur lit, « non pas avec des liens de précaution, mais avec des cordes. » Les sévices prennent, dans ce nouveau récit de M. Marsden, des proportions énormes. Alice, enfermée dans les lieux d'aisance, aurait été forcée par la soif de boire son urine. « Toutes ont bu de l'eau de savon. Sur la tête de mes malheureuses filles, il ne restait plus de cheveux. »

Emily Marsden ajoute à ce qu'elle a dit précédemment que Mlle Doudet la forçait de s'accuser par lettres, de mauvaises habitudes, et que les lettres écrites de Chaillot étaient dictées par elle sur des feuilles volantes : « Nous les recopiions, ces lettres que Mlle Doudet jetait elle-même à la poste. »

Rosa Marsden affirme qu'elle a été enfermée toute une nuit *dans une cave*, et que Mlle Doudet lui frappait la tête contre le mur, et lui écrasait les pieds endoloris par des engelures.

Alice raconte en peu de mots la scène du vase de nuit, et ajoute que Mlle Doudet, en lui faisant les ongles, lui coupait les doigts avec les ciseaux. « Une fois, elle m'a fait manger du savon. »

Mme Marsden, dans une déposition écrite, dit que, lors de son voyage à Paris, « les manières gênées des enfants auprès d'elle contrastaient péniblement avec les marques d'affection qu'elles prodiguaient à Mlle Doudet.

Voici le nouveau témoignage de *Mlle Zéphyrine Doudet* :

M. le Président à Zéphyrine : — Il résulte de l'instruction que vous auriez fait à plusieurs témoins des confidences sur les mauvais traitements exercés par votre sœur sur les jeunes filles qui lui étaient confiées? — R. Ces confidences ont été beaucoup exagérées. Il est vrai que je n'approuvais pas son système d'éducation.

D. Quel était ce système? — R. Le système anglais.

D. En quoi consiste le système anglais? — R. On fouette les enfants. Ma sœur me disait que ce qu'elle faisait lui était recommandé par M. Marsden.

D. Dans quel but? — R. Pour les corriger de certains défauts.

D. M. Marsden vous a-t-il parlé de ces défauts, à vous? — R. Oui, Monsieur. Une fois, il m'a dit qu'il fallait les corriger par le fouet. Ce jour, je lui ai demandé s'il voulait voir ses filles; il a refusé, en disant qu'il ne les verrait qu'après qu'elles seraient corrigées de leur défaut.

D. S'il n'y avait eu que cela, cela n'expliquerait pas votre départ de la maison, départ motivé par la peine que vous faisaient éprouver les mauvais traitements exercés sur les enfants. — R. On s'est mépris sur les motifs de mon départ; il y en avait deux : ma mauvaise santé d'abord, puis une occasion qui se présentait de me placer convenablement.

D. Mais, depuis la mort de votre mère, vous habitiez avec votre sœur, et c'était votre place naturelle; cependant vous la quittez; en même temps que vous faisiez confidence à des voisins de ce qui vous peinait dans la maison de votre sœur, vous receviez une lettre de Lucy Marsden, que vous déclariez ne vouloir pas recevoir, parce qu'elle avait été dictée. La nourriture était-elle suffisante chez votre sœur? — R. Oui, Monsieur.

D. Est-ce que vous ne donniez pas du pain en cachette aux jeunes filles? — R. J'ai pu leur en donner quelquefois, mais pas en cachette.

M. Marsden nie avoir jamais dit à Mlle Zéphyrine Doudet qu'il fallait fouetter ses filles.

Mlle Zéphyrine Doudet : — Vous me l'avez dit, Monsieur; vous m'avez même dit que vous les aviez quelquefois frappées.

M. Marsden : — Jamais personne ne rendra contre moi un pareil témoignage.

Mme Espert affirme un fait nouveau. « Après le second mariage de M. Marsden, Mlle Doudet était désolée; elle pleurait. « Avec tant d'enfants, disait-elle, c'est une horreur pour un homme de se remarier. »

Mme veuve Poussielgue avoue qu'elle ne sait rien personnellement des *derniers* faits qui se sont passés à la cité Odiot, c'est-à-dire avant même le départ de Mlle Zéphyrine. « Je me suis brouillée avec Mlle Doudet, j'ai cessé d'aller dans cette maison; on ne pouvait y demeurer sans être frappé de terreur. Il y régnait un froid glacial, un silence de mort; et quand je m'étonnais auprès des enfants, que je leur demandais pourquoi elles ne jouaient pas, elles me répondaient : « Nous ne savons pas jouer. »

Léocadie Bailleux dit avoir vu Mlle Doudet marcher sur les pieds de Rosa et d'Alice. Le parquet portait la trace de leur sang.

D. Et, à la vue de tels supplices, il ne vous échappait pas des cris d'indignation? — R. J'étais bien peinée, mais je n'osais rien dire. — D. Et comment vous traitait Mlle Doudet? — R. Elle a toujours été très-bonne pour moi.

L'accusée. — Tout ce que vient de dire cette fille est mensonge. Le simple bon sens indique que je ne pouvais agir ainsi devant des domestiques; c'eût été agir contre mon intérêt, comme une insensée.

M. Rashdall déclare que Mlle Robertson, petite-fille de l'amiral Elliot, lui aurait dit que, dans la colère, Mlle Doudet n'avait rien d'humain.

Un témoin nouveau est entendu; c'est *Mme Gallois*.

Me Chaix d'Est-Ange : — C'est nous qui avons fait venir ce témoin; il n'est point assigné; nous voudrions qu'il fût interrogé sur un seul point, à savoir ce qu'auraient dit les deux sœurs Célestine et Zéphyrine Doudet à propos d'une égratignure qu'on remarquait sur le visage de la petite Alice.

Le témoin : — Mlle Célestine m'a dit qu'elle s'était égratignée en tombant; mais sa sœur Zéphyrine m'a dit à part : « C'est ma sœur qui l'a frappée. »

Ce témoin déclare aussi qu'elle tient de Zéphyrine le récit de tourments que Mlle Doudet faisait éprouver aux enfants; ils n'étaient nourris que de pain et d'eau, étaient frappés, enfermés, attachés.

D. Vous a-t-on fait connaître la cause assignée par Mlle Doudet elle-même à ces mauvais traitements? — R. Je n'avais pas besoin de demander la cause. Je savais que ce qu'on me disait était dans le caractère de Mlle Doudet que je connais depuis dix-neuf ans.

D. Vous avez donc suivi la prévenue dans toutes les maisons où, depuis dix-neuf ans, elle a fait des éducations? — R. C'est par sa mère que j'ai appris ses habitudes violentes.

Parmi les témoins à décharge, *Mme Sterling* fait, avec une chaleureuse conviction, le plus complet éloge de Mlle Doudet, qu'elle connaît depuis longues années. « Quand elle est venue à Paris, à l'occasion de la mort de sa mère, elle me parut regretter d'être chez M. Marsden; je lui conseillai de ne pas quitter cette position : elle parut se rendre à mes exhortations, mais plutôt comme une personne résignée que comme une personne convaincue. »

M. Collomp, commissaire de police, ajoute à ce qu'il a dit déjà un nouvel exemple des commérages de la cité Odiot : on lui dénonça, par lettre anonyme, les mauvais traitements exercés contre une jeune négresse; la jeune négresse nia qu'on l'eût jamais maltraitée.

M. Rapelli, docteur en médecine, ancien secrétaire d'ambassade, occupant un appartement voisin de celui de Mlle Doudet, n'a jamais vu maltraiter les jeunes filles, n'a jamais entendu leurs cris. Souvent il les entendait tousser, et il dit à la femme Tassin : — Est-ce que ces enfants ont la coqueluche? Elle répondit que oui.

Mme Schwabe apporte une fois encore à l'accusée son témoignage. *M. le président* lui demande si elle a jamais remarqué des mouvements de colère chez Mlle Doudet. — Jamais, répond-elle. Je pèse mes paroles : si une seule n'est pas la vérité, M. Marsden peut m'attaquer en diffamation en Angleterre. Je lui ai écrit : « Je suis sûre que Mlle Doudet est innocente. » Il m'a répondu : « Il est trop tard pour retirer ma plainte. » Mais il n'est jamais trop tard, pensai-je, pour sauver un innocent, et, pour moi, j'aurais crevé dix chevaux pour une telle cause. M. Marsden m'a envoyé une espèce de mémoire qui était rempli de tant d'infamies, qu'à l'instant j'ai écrit à tous ceux qui connaissaient Mlle Doudet, et que j'ai pris la résolution de venir en France pour la défendre. Quand je suis venue à Paris, une femme est venue me serrer la main, en apprenant que je venais défendre Mlle Doudet. Elle me dit : « Et moi aussi, je viens la défendre; on l'a accusée d'avoir meurtri l'une des jeunes filles : on a examiné son corps, et on n'y a pas trouvé la moindre trace de coups. » Cette femme était Léocadie, l'ancienne bonne de Mlle Doudet!

M. le Président, à Célestine Doudet : — Vous avez entendu les articulations de la prévention. Vous êtes inculpée d'avoir porté des coups à Emily, Rosa et Alice Marsden, et de leur avoir fait des blessures. La prévention dit que vous leur donniez une nourriture insuffisante, que vous les maltraitiez, les enfermiez, qu'elles étaient élevées sous un régime de terreur. Qu'avez-vous à répondre?

Célestine Doudet : — Rien n'est vrai, Monsieur. Même après la mort de Mary-Ann, M. Marsden ne me reprochait rien. On n'a jamais constaté les traces des prétendus mauvais traitements que j'exerçais sur elles.

D. Précédemment à la plainte, vous avez reçu des lettres confidentielles qui vous avertissaient, de Mme Espert, par exemple. Cette lettre était de nature à éveiller votre attention? — R. Je voyais tout le monde dans l'erreur, même Mme Espert.

D. Ce n'était pas une raison pour être si longtemps sans répondre à Mme Espert, dont la lettre, pleine de gravité, de convenance, témoignait en même temps le regret qu'elle éprouvait d'avoir à vous entretenir d'un tel sujet. — R. J'ai été, en effet, un peu longtemps à répondre à Mme Espert; mais il faut comprendre ma position : j'avais à élever cinq jeunes filles, la plupart malades; tout mon temps était pris.

D. Comment étaient les enfants quand vous les avez amenées à Paris? — R. Déjà pas bien.

D. Eh quoi! déjà ces jeunes filles auraient été maladives, et vous les arrachez à leur père, à leur pays, vous les transportez dans un pays nouveau! Je vous ferai remarquer qu'à cet égard vous êtes en contradiction avec tous les témoins; tous ont déclaré qu'à leur arrivée à Paris, les cinq jeunes filles étaient dans un état florissant. — R. Je les ai entendus, Monsieur, sans comprendre pourquoi ils sont en contradiction avec moi. M. Marsden est père, il est médecin; c'était à lui à peser, et il le pouvait, si ses filles pouvaient le quitter. Il me les a confiées, quoique d'une santé faible; je pouvais les accepter de la main d'un père médecin.

D. Comment les corrigiez vous; par le fouet, avez-vous dit déjà? — R. Oui, Monsieur, quelquefois je levais leur petite robe, encore rarement.

D. Comment alors expliquez-vous le langage de ces jeunes filles rendues à leur père, et qui, toutes, vous accusent des atrocités que vous savez? — R. Puisque vous m'avez forcée, je vais tout dire. (Mouvement d'attention.) M. Marsden est très-sévère pour ses filles : il a l'habitude de les frapper; voici un exemple. Pendant que j'étais chez lui en Angleterre, une de ses filles avait fait une légère faute; M. Marsden, sans être en colère, descendit dans le jardin, ramassa des branches d'arbre, les apporta sur la terrasse où il fit venir l'enfant; là il lui cassa toutes les branches d'arbre sur les bras, sur les épaules, sur tout le corps. Il m'a demandé ensuite une cravache.

D. Où voulez-vous en venir? M. Marsden était violent, brutal; il frappait ses enfants; voulez-vous nous dire que vous avez marché sur ses traces, et que c'est là ce que vous appelez le système anglais? — R. Non, Monsieur, ce n'est pas cela qu'il faut conclure de ce que je vous dis. Ce qu'il faut en conclure, c'est ceci : c'est que les jeunes filles craignent leur père; c'est qu'il leur inspire une véritable terreur, et que, sous l'empire de cette terreur, il leur fait dire tout ce qu'il veut contre moi.

D. Accordons cela un moment pour M. Marsden; mais Zéphyrine, votre propre sœur, vous accuse comme M. Marsden. Comment expliquez-vous les confidences de votre sœur, si terribles contre vous, et si conformes aux autres témoignages? — R. Vous avez entendu ma sœur; ici, elle ne m'a pas accusée; elle a blâmé mon système d'éducation; libre à elle, mais elle n'a pas confirmé les prétendues confidences qu'on lui prête.

D. Et Léocadie Bailleux, votre ancienne domestique, qui ne dit que du bien de vous, en ce qui la concerne, comment expliquez-vous ses déclarations si graves contre vous? — R. Je ne puis les expliquer que par des amours-propres mis en jeu; chez mes ennemis, il y a une sorte de gageure à me perdre; on ne veut plus en avoir le démenti. La plupart de ceux qui m'accusent ne me connaissent pas, ne sont pas venus chez moi.

D. Nierez-vous aussi le témoignage de Lucy à son lit de mort? Cette jeune fille aurait-elle donc profané ses derniers moments en vous accusant? — R. J'ai expliqué cela par la terreur que leur inspire leur père.

D. Puis, après les membres de la famille Marsden qui vous accusent, viennent des étrangers : un concierge qui dit que vos élèves mouraient de faim; une couturière qui trouvait ses enfants plus heureux que les jeunes et riches enfants qui vous étaient confiées; des dames honorables, dans une position indépendante, qui gémissent longtemps en secret des douleurs de votre maison, qui vous avertissent, qui, enfin, irritées de votre persistance incompréhensible, de votre insensibilité, finissent par avertir le père de vos malheureuses victimes? — R. C'est la suite de leur système.

D. Et quelle cause assignez-vous à vos mauvais traitements? Vous accusez toutes ces jeunes filles d'habitudes honteuses; vous publiez ce fait qui, fût-il vrai, devait rester un secret de famille; vous le publiez partout, vous le dites à tout le monde, au premier venu! — R. Je puis reconnaître qu'en cela j'ai pu manquer de discrétion. Mais comme c'était l'occupation de toute ma vie que de rompre ces habitudes, j'en avais l'esprit continuellement occupé, et il m'arrivait d'en parler pour me soulager.

D. C'est une bien singulière explication. Niez-vous avoir attaché les enfants? — R. Je les ai attachées quelquefois par les bras, jamais autrement.

D. Mais des témoins les ont vues attachées par les pieds et deux à deux. — R. Il y a des gens qui voient des choses qui n'ont jamais existé.

D. Voici le résumé de vos réponses : Vous n'avez jamais maltraité les enfants, vous leur avez donné une bonne nourriture et suffisamment abondante; tout ce qu'on vous impute est faux, et vous êtes victime d'une conspiration organisée pour vous perdre. Je dois vous dire que vous avez été bien malheureuse dans votre défense. Selon vous, M. Marsden serait un homme de peu de considération; Mme Marsden, sa seconde femme, n'aurait pas droit à l'estime des honnêtes gens; la tante de vos élèves, miss Rasdhall, serait pis encore; dans vos jugements sur cette famille, rien ne vous arrête. Un document nouveau est venu dans les débats. Un témoin est venu dire que le second mariage de M. Marsden ne vous était pas indifférent, qu'en l'apprenant vous étiez désolée, que vous versiez des larmes. — R. Jamais, Monsieur, jamais.

D. Malgré vos dénégations, votre conduite laisse à penser que le mariage de M. Marsden a été un des mobiles de votre conduite vis-à-vis de ses filles. Ainsi, vous leur appreniez à mépriser leur père, à ne pas reconnaître sa seconde femme pour leur mère, et vous faisiez tout cela mentant à vous-même, car en entrant chez M. Marsden, vous le proclamiez un homme honorable. — R. Je le croyais, sans cela je ne serais pas entrée chez lui.

M. Pinard, avocat impérial, prononce son réquisitoire.

C'est dans les faits, non dans l'émotion du récit que M. le Substitut veut chercher ses preuves.

C'est d'abord le témoignage des jeunes filles. Mentent-elles, oui ou non? Si non, l'accusation est établie. Si oui, elles mentent sous l'influence de leur propre père. Mais où serait son intérêt et son but? Ne pas payer un reliquat de compte? Mais cette somme modique est depuis longtemps déposée chez des tiers. Tirer un bénéfice moral ou pécuniaire du procès? Mais il ne demande pas de dommages-intérêts, et il expose ses enfants à d'étranges récriminations.

Puis, viennent les témoignages des voisines, des concierges, des domestiques, et surtout celui de ces pauvres corps noirs de meurtrissures, de coups, d'ecchymoses.

A ces preuves, on objecte d'abord ce que M. le substitut appelle la *rétractation* de Zéphyrine. Ce langage d'aujourd'hui, cette hésitation devant la justice, on les comprend de la part d'une sœur; mais les témoignages sont là pour prouver que Zéphyrine pensait et parlait autrement jadis.

On objecte encore la correspondance des enfants.

Mais ces lettres pleines de tendresse, elles étaient dictées, elles étaient écrites avec la perspective de retomber sous cette effrayante tutèle.

Troisième objection, les mauvaises habitudes. Qui les établit? Ce ne sont pas les lettres : elles sont dictées. Ce ne sont pas les ceintures, qui n'ont jamais été portées. Ce n'est pas la santé des jeunes filles, fraîches et jolies en quittant l'Angleterre, et qui reprennent leur fraîcheur et leur gaieté quand elles ont quitté le terrible régime de la cité Odiot. Ce ne sont pas les domestiques, ces surveillantes de tous les instants, qui rendent hommage à la pureté des enfants. Ce n'est pas le docteur Tessier, que la résurrection de ces petits cadavres a éclairé sur les mensonges de leur accusatrice.

Et encore, qu'on les suppose ces mauvaises habitudes, êtes-vous justifiée? Non. Le docteur Tessier vous conseille la substitution des moyens moraux aux moyens coërcitifs, et vous continuez votre système de tortures! Vous savez qu'il faut, contre de pareils penchants, le travail, l'exercice, l'air, le soleil, la liberté, et vous attachez ces enfants! Vous cherchez à faire constater par tous ces mauvaises habitudes, comme une coupable demande à tous un moyen de défense.

Quatrième objection, le défaut de mobile. Mlle Doudet n'est pas folle; elle n'a pas cru corriger les enfants par ses sévices. Reste donc à choisir entre deux mobiles également honteux : la vengeance et la cruauté. La vengeance, dira-t-on, n'est qu'une hypothèse. Mais ces larmes, en apprenant le mariage, ce changement de langage envers M. Marsden!

Cinquième objection, l'impossibilité morale. Mais ce n'est là qu'un grand mot, qui chaque jour reçoit un démenti de l'expérience. Chacun porte en soi le bien et le mal, et ne doit le triomphe qu'à la lutte. La nature humaine, à tout âge, peut faillir, et les passions violentes peuvent tout à coup transformer une âme. Nos annales judiciaires ne montrent que trop d'exemples de ces chutes tardives.

Ce réquisitoire, d'une logique serrée, qui donne tout au raisonnement, rien à l'émotion, produit une sensation profonde.

Nous voudrions pouvoir reproduire ici la solide et brillante défense de *Me Nogent Saint-Laurens*, et la pathétique plaidoirie de *Me Chaix d'Est-Ange*; mais, et nos lecteurs vont s'en convaincre, ces développements feraient à chaque phrase, à chaque mot, double emploi avec la phase suprême du procès. Disons donc seulement qu'après une lutte admirable, dans laquelle, bien que malade, épuisé, Me Nogent se montra jusqu'au dernier moment le digne adversaire du redoutable jouteur choisi par la partie civile, le Tribunal rendit le jugement suivant :

« Attendu qu'il résulte de l'instruction et des débats que Célestine Doudet, à laquelle avait été confié par le sieur Marsden, en mars 1852, le mandat d'institutrice de ses cinq filles mineures, s'est acquittée de cette mission pendant les huit premiers mois environ d'une manière satisfaisante;

« Qu'il est constant qu'à partir de cette époque, et sous l'empire d'un sentiment que le Tribunal n'a pas à qualifier, les procédés d'éducation de Célestine Doudet envers les mineures Marsden ont été sensiblement modifiés; qu'à une sévérité raisonnable a succédé une dureté extrême, dont les effets se sont constamment aggravés jusqu'à la fin de juillet 1853, époque du décès de la jeune Mary-Ann;

« Qu'il est prouvé que Célestine Doudet, pendant cette période de huit à neuf mois, a maintes fois, et sous les prétextes les plus futiles, employé envers ces jeunes enfants, transportées dans un pays dont elles ignoraient la langue, et auxquelles elle interdisait toute communication directe avec leur famille, des châtiments et corrections qu'il est permis de qualifier de cruels;

« Que la privation de nourriture qu'elle a fait subir à ces enfants a été accompagnée, de sa part, de coups et de sévices qui ont laissé sur la personne des mineures Marsden des traces dont l'existence a été constatée;

« Qu'il est établi que ces voies de fait multipliées, excessives, que ces privations d'aliments qui ont gravement altéré la santé des cinq mineures Marsden, ont été notamment exercées envers Lucy, Emily, Rosa et Alice, dont le Tribunal doit exclusivement s'occuper;

« Attendu que Célestine Doudet, qui a méconnu ses devoirs comme institutrice en substituant aux corrections maternelles, toujours tempérées par l'amour, un système de répression impitoyable, de châtiments inouïs, a aggravé notablement ses torts en employant, comme moyen de défense personnelle, la divulgation, de son aveu, sans aucune réserve, de certaines habitudes qui ne sont aucunement justifiées et dont elle n'a pas craint de souiller l'honneur et l'avenir de ces jeunes orphelines;

... La dernière heure.

« Attendu que, dans de telles circonstances, et à raison de la nature tout exceptionnelle des faits, la pénalité édictée par la loi dont l'application est requise doit être épuisée;

« Par ces motifs,

« Et attendu que Célestine Doudet a, en 1852 et 1853, volontairement porté des coups et fait des blessures à Lucy, à Emily, à Rosa et à Alice Marsden; lesquels coups ou blessures n'ayant pas occasionné une maladie ou une incapacité de travail personnel de plus de vingt jours; lesquels faits constituent le délit prévu et puni par l'art. 311 du Code pénal;

« Condamne Célestine Doudet à deux années d'emprisonnement, 200 francs d'amende et aux dépens. »

Mlle Doudet fit appel de ce jugement, et en même temps, le ministère public faisait appel *à minimâ*.

Le 24 avril, s'ouvrit devant la Cour impériale le procès véritable, celui dans lequel nous allons concentrer toutes les indications et tous les renseignements de la cause.

M. de Gaujal, avocat général, occupe le siége du ministère public. Me Chaix-d'Est-Ange assiste la partie civile; MMes Berryer et Henry Celliez assistent la prévenue; Me Nogent Saint-Laurens doit également concourir à la défense.

Après les questions d'usage, le rapport est présenté par M. le conseiller *Thévenin*.

Cette récapitulation d'ensemble rappelle d'abord les traits généraux de la volumineuse procédure ouverte sur les faits déjà connus, tout en couvrant d'un silencieux respect la chose irrévocablement jugée.

Célestine Doudet a-t-elle ou n'a-t-elle pas, en 1852 et 1853, volontairement porté des coups et fait des blessures à Lucy, à Emily, à Rosa et à Alice Marsden? Voilà tout le procès actuel, voilà le terrain d'une lutte ardente entre les assertions de la prévention, d'une part, de l'autre, les dénégations ou les excuses de la défense.

Les dépositions peuvent se classer en groupes divers. M. le rapporteur signale d'abord un premier groupe de témoignages qu'il qualifie de *complétement désintéressés;* ce sont ceux de MM^mes Espert, Maling, How, Poussielgue, Dowmann, Liébault, des concierges Tassin, des voisins et des locataires de la cité Odiot. La prévenue y veut voir un concert malveillant, une trame ourdie pour la perdre par les ennemis dont elle se dit la victime; le rapport cherche en vain la trace de cette malveillance, l'apparence même d'un mobile blâmable.

Un autre groupe de témoignages consisterait dans la correspondance des jeunes élèves de Célestine Doudet, où seraient consignés à la fois l'aveu de leurs mauvaises habitudes et la reconnaissance d'une bonté toute maternelle chez la prévenue. Selon le sieur Marsden, cette correspondance menteuse aurait été écrite sous la dictée ou sous l'inspiration de celle qu'il appelle le bourreau de ses filles, et ne serait qu'une preuve de plus de la terreur sous la pression de laquelle gémissaient ces enfants. Voilà l'énigme du procès.

Autre groupe remarquable d'informations : c'est une masse de lettres, de dépositions, de certificats, attestant à l'envi la douceur de caractère, la complète honorabilité dont, en toute occasion, et en dehors des griefs qu'on lui impute, Célestine Doudet se serait montrée invariablement douée. « En voyant rayonner autour d'elle cette apologie presque universelle, en considérant combien elle contrastait moralement avec les résultats matériels de la procédure, on a pu, on a dû se demander s'il n'y avait pas là comme une nouvelle complication du problème né de ce bizarre non moins qu'affligeant procès. La prévention a cru pouvoir en indiquer la solution par une date, celle du second mariage du docteur Marsden, date à partir de laquelle se seraient tout particulièrement produits les faits imputés à Célestine Doudet, dont la conduite n'aurait fait à ce compte que réaliser une fois de plus le *furens quod femina possit* (ce que peut une femme en ses fureurs). »

Enfin, le rapport mentionne un envoi fait seulement la veille de cette audience, au nom et dans l'intérêt de la prévenue, du dossier d'une procédure « que nous ne savons trop comment qualifier. Il s'agit d'une sorte d'enquête ouverte en Angleterre, à la diligence du *solicitor* de Célestine Doudet, dans les formes toutes spéciales usitées de l'autre côté du détroit, échappant conséquemment à tout contrôle de ce côté-ci. »

L'intitulé de ce dossier est ainsi conçu :

Enquête opérée légalement en Angleterre, établissant par les témoignages des domestiques et des amis voisins : 1° que les enfants étaient pervertis, méchants, menteurs, avant l'arrivée de Mlle Doudet; 2° que le père était violent et les battait; 3° que M. Marsden a cherché à corrompre un témoin pour le faire cacher et l'empêcher de déposer.

En terminant son rapport, M. *Thévenin* pose ainsi le problème à résoudre, celui du mobile sous l'influence duquel, si elle est coupable, Célestine Doudet peut avoir agi; on peut le résumer dans cette alternative : Méchanceté de cœur instinctive et spontanée, ou mécompte, espérance déçue, qui, en brisant ce cœur naturellement bon, l'auraient instantanément perverti.

M. le Président. — Célestine Doudet, vous venez d'entendre le rapport de M. le conseiller, avez-vous quelque observation à faire sur ce rapport? Il contient, comme vous l'avez entendu, l'exposé de votre système de défense... Ce système est-il toujours le même?

Célestine Doudet. — Oui, monsieur le Président, je suis parfaitement innocente.

M. le Président. — Vous êtes parfaitement innocente... Nous ne pouvons pas alors ne pas vous rappeler ces témoignages si nombreux, qui, tous, isolément et dans leur ensemble, mettent à votre charge les faits qui ont motivé votre condamnation; ainsi le témoignage de votre sœur Zéphyrine, pour ne parler que de celui-là, comment l'expliquez-vous? C'est elle qui, la première, signale des faits d'une bien grande gravité; direz-vous qu'elle se livre au mensonge pour vous perdre? Mais alors qu'elle faisait ces confidences, elle était bien loin de supposer qu'il y aurait une instruction.

La prévenue. — On a dénaturé son langage; on a voulu faire jouer à ma sœur un rôle disgracieux; mais les choses dont on m'accuse sont impossibles, elles sont en dehors de la nature d'une femme.

M. le Président. — Vous dites que les faits qui vous sont reprochés sont contraires à la nature et aux sentiments humains, ce n'est malheureusement que trop vrai; mais dites-nous alors pourquoi votre sœur se sépare de vous; pourquoi, après avoir dit à bien des personnes qu'elle ne pouvait s'habituer au spectacle des souffrances de vos élèves, qu'elle vous quitterait, elle vous quitte en effet?

La prévenue. — On a mal représenté les choses. Ma sœur m'a quittée, c'est vrai, mais ce n'est nullement par le motif qu'on met en avant; ma sœur cherchait depuis longtemps une position personnelle; elle savait que je ne devais conserver l'éducation des enfants de M. Marsden que six mois.

M. le Président. — Mais votre sœur avait annoncé son départ et lui avait elle-même assigné un motif vingt fois répété, c'est qu'elle souffrait trop de vous voir maltraiter les enfants. Il est vrai que votre sœur est en partie revenue sur ses déclarations; c'est là un point d'appréciation qui n'échappera pas à la justice. Et puis rappelez-vous qu'il n'y a pas que votre sœur qui dépose de votre conduite cruelle : Léocadie Bailleux, votre servante, dit la même chose. Comment donc ces diverses personnes s'accorderaient-elles dans l'invention de faits si odieux?

La prévenue. — Je n'ai jamais craint le témoignage de mes domestiques; la preuve, c'est que je ne me cachais pas d'elles, n'ayant rien à dissimuler. Si j'avais eu peur de Léocadie, je ne l'aurais pas renvoyée.

M. le Président. — Vous savez cependant ce qu'elle a dit? L'a-t-elle inventé? Dans quel but?

La prévenue. — Je ne sais; ce dont je suis sûre, c'est qu'elle n'a pas dit vrai.

M. le Président. — Mais les époux Tassin, vous savez ce mot qui leur échappait : Ah! les pauvres petites, elles sont plus malheureuses sous leur robe de soie que la dernière enfant des rues sous la robe de bure! C'est une parole bien significative; et ce sont encore eux qui disent que les jeunes Marsden dévoraient des yeux les aliments dont eux, modestes concierges, se nourrissaient. Pouvez-vous faire croire que ce soient là des mensonges, des propos inventés à plaisir, imaginés pour perdre une innocente?

La prévenue. — Je n'en sais rien.

M. le Président. — Vous n'en savez rien! C'est précisément ce qui rend votre position d'autant plus grave. Si vous pouviez dire le motif qui aurait animé ces témoins, la justice l'examinerait et en tiendrait compte; mais vous êtes réduite à nous répondre que vous ne savez comment expliquer de pareils propos. Comment alors ne pas les supposer vrais, quand vous ne savez pas nous dire pourquoi ils seraient faux?

La prévenue. — N'étant pas sûre des causes qui ont fait agir les témoins, je n'ai pas le droit de faire des suppositions.

M. le Président. — Très-bien; vous n'avez pas le droit de faire des suppositions; remarquez bien aussi qu'il ne suffirait peut-être pas, pour détruire un témoignage, d'apporter des suppositions. Du reste, votre défense est là pour développer toutes ces nuances. Seulement, il ne faut pas oublier qu'il ne s'agit pas d'un, de deux, mais de plus de vingt témoignages, de ceux, en un mot, de toutes les personnes qui vous approchaient; il est vrai que vous avez parlé de complot, que vous avez prononcé même, si nous ne nous trompons, le mot de gageure... C'était peut-être dans la situation un mot assez mal placé, en tous cas bien invraisemblable; on ne trouverait guère vingt personnes pour s'associer à un complot ou à une gageure de ce genre...

La prévenue. — Mais, monsieur le Président, si vous voulez prendre la peine d'examiner de près quelques-uns de ces témoignages, vous verrez qu'il est des personnes qui ont parlé de choses, de détails, que véritablement elles ne pouvaient pas connaître. Ainsi, il y a madame Sudre, qui non-seulement a dit, mais qui a écrit que chez moi, le pain, la viande, manquaient; que les enfants avaient froid, avaient faim: et remarquez bien que jamais cette dame n'a mis les pieds chez moi; que je l'ai vue pour la première fois à la Cour d'assises.

M. le Président. — Eh bien! soit; acceptons cette observation en ce qui concerne madame Sudre, réservons cette déposition; mais toutes les autres, mais l'ensemble des faits n'est pas détruit par cela seul: reste, par exemple, la déposition de cette couturière qui fut si blessée, si offensée de ce qu'elle voyait dans votre intérieur, qu'elle refusa d'aller travailler chez vous... Ce sont là autant de faits qui, n'ayant pu être détruits, ont dû, vous le comprenez, déterminer les juges. Je vous les rappelle, je vous les signale sommairement, pour vous mettre à même, avant de donner la parole à votre défenseur, de les expliquer, de les réfuter, si c'est possible, d'une manière satisfaisante pour la conscience de tous.

La prévenue. — Quant à cette femme, à la déposition de laquelle vous faites allusion en ce moment, c'est la femme Many, je crois: eh bien! je vous dirai que cette femme n'est venue qu'à une seule époque chez moi, c'était pour faire des robes de soie aux enfants. Elle dit qu'elle les a trouvées fort maigres, si maigres qu'elle a refusé de leur faire d'autres robes: mais M. Marsden a vu ses enfants à la même époque, pendant son séjour à Paris; il est parti content, et il a décidé alors qu'il me les laisserait plus longtemps qu'il n'avait été convenu d'abord.

M. le Président. — Oui, mais écoutez: tout à l'heure, je vous demandais quel était l'intérêt qui aurait porté les témoins à se parjurer?... Eh bien! si cette couturière avait un intérêt, c'était de travailler, c'était de continuer à être votre ouvrière... Or, elle sacrifie, au contraire, son intérêt.

La prévenue. — Je vous demande bien pardon; je n'ai fait faire que deux robes aux enfants, une en étoffe de laine, au mois de décembre, et une en soie, lors du séjour à Paris de M. Marsden. Je n'ai plus commandé de robes depuis; l'ouvrière n'a donc pas eu l'occasion de refuser de travailler.

M. le Président. — Ce sont là autant de points qui seront examinés, discutés, appréciés... Disons un mot d'un autre ordre de faits: il est d'autres preuves, vous le savez, ce sont celles que ces pauvres enfants portaient sur leur corps: ce sont ces traces nombreuses de coups, ces contusions, ces noirs, ces cicatrices; ce sont là des témoignages qui ne peuvent être inventés et qui semblent confirmer singulièrement les propos nombreux que nous vous rappelions?

La prévenue. — Mais ces traces sont bien postérieures au départ des enfants de chez moi; je ne les avais plus sous ma surveillance, je ne puis être responsable de cela. Personne ne les a vues au moment où elles m'ont quittée.

M. le Président. — Prenez garde, ces traces ont, au contraire, été constatées très-peu de temps après que les enfants avaient quitté la cité Odiot, et il n'y avait pas à s'y méprendre: ces traces étaient celles de cicatrices déjà anciennes, qui remontaient évidemment à une époque contemporaine de leur séjour chez vous?

La prévenue. — Je n'ai jamais connu aux enfants que deux cicatrices: une qu'avait Alice; elle se l'était faite en tombant, un jour que je n'étais pas auprès d'elle; l'autre était une assez large cicatrice que portait Rosa et qui remontait à l'époque où elle habitait Great-Malvern, avant mon arrivée. J'en fis la remarque alors, et il me fut répondu que c'était une blessure que sa sœur Alice lui avait faite; je ne sais plus si c'était avec un couteau, un canif ou avec des ciseaux.

M. le Président. — C'est là votre explication? Soit! Reste aussi le témoignage des enfants eux-mêmes; vous cherchez à le détruire en disant que, placées sous l'influence de leur père, elles ont pu être amenées à mentir. Pensez-vous donc qu'il soit facile de croire que, si vous aviez toujours été pour ces enfants ce que vous deviez être, ce que doit être une institutrice, c'est-à-dire une seconde mère, ces enfant eussent pu jamais dire de vous des faits inouïs, monstrueux, et si en désaccord, selon votre expression, avec la nature et les sentiments d'une femme jeune, instruite, intelligente? Mais, outre que ces faits sont de ceux qui ne sauraient être inventés, surtout par des enfants, est-ce que la reconnaissance, le souvenir de vos bontés n'eussent pas glacé leur langue? Voyons, expliquez-nous cela?

La prévenue. — Ce qui est encore plus inexplicable, ce me semble, c'est que les enfants, ainsi maltraitées, aient toujours demandé à rester avec moi. Pendant que leur père était à Paris, je les ai très-souvent conduites chez lui, où je les laissais. Elles auraient pu se plaindre alors, s'il y avait eu lieu. On ne peut pas dire qu'elles étaient sous mon influence, lorsqu'elles habitaient la rue de Rivoli, et moi la barrière de l'Étoile.

M. le Président. — Elles étaient sous votre influence, parce qu'elles devaient y retomber le soir; elles étaient terrifiées.

La prévenue. — Mais, Monsieur, cela n'est pas. Au contraire; elles ne devaient rester que jusqu'au mois de juin, et un soir que j'allais les chercher chez leur père, elles m'apprirent qu'il avait décidé qu'elles resteraient encore six mois. Elles tapaient des mains ; elles étaient enchantées.

M. le Président. — Il est certain qu'il y a là un point mystérieux : même après les investigations de la justice, tout n'est pas également lumineux dans une affaire. Nous espérons que sur ces points la défense jettera des lumières, nous les attendrons et nous recueillerons par avance les explications que vous nous donnez. Ce qui semble au moins acquis sans contestation au débat, c'est que, de votre aveu, vous avez été sévère, bien sévère envers ces jeunes enfants?

La prévenue. — Je n'ai pas été sévère, j'ai été stricte.

M. le Président. — Stricte! Cela ressemble beaucoup à de la sévérité.

La prévenue. — J'ai corrigé Alice et Rosa, quelquefois avec la main. Je ne leur ai jamais donné des coups violents. J'ai suivi en cela les instructions de M. Marsden.

M. le Président. —Écoutez : vous êtes une femme qui avez de l'intelligence, de l'éducation, de l'expérience, et vous ne pouvez vous dissimuler que des corrections physiques, manuelles, exercées sur de si jeunes filles, ne soient bien près déjà des faits qu'on vous reproche. Il y a du plus ou du moins, sans doute; restera à rechercher la mesure dans laquelle vous vous êtes tenue. Il est un autre point plus délicat encore et qu'il nous faut bien aborder.... Nous vous demanderons, et ici nous ne saurions oublier que nous nous adressons à une femme qui devait avoir les entrailles et la délicatesse d'une mère, nous vous demanderons comment vous avez pu divulguer, comme vous l'avez fait, ces habitudes détestables que vous supposiez à ces enfants, dont la garde et l'honneur vous étaient confiés. N'avez-vous donc pas compris que s'il est quelque chose qui doive demeurer voilé à tout regard étranger, c'est précisément cette infirmité?... Il y allait de l'avenir et de la réputation de ces jeunes filles.... Comment avez-vous pu oublier cela, et en parler à tout le monde?

La prévenue. — Je n'en ai pas parlé à tout le monde, j'ai été dans une position bien embarrassante.

M. le Président. — Vous divulguez ces tristes confidences jusque dans la loge du portier : domestiques, voisins, tous le savent.

La prévenue. — Oh! pardon, monsieur le Président, je n'en ai pas parlé au portier, je n'en ai jamais parlé à des hommes, excepté au commissaire de police, quand il est venu chez moi, et aux médecins lors de la maladie des enfants.

M. le Président. — Vous en avez parlé avant la maladie. Que, depuis votre arrestation, et comme moyen extrême de défense, vous eussiez soulevé ce voile, peut-être cela pourrait-il être excusé jusqu'à un certain point; mais encore une fois, on ne saurait s'expliquer tout ce qui aurait été dit auparavant. Vous devez bien comprendre aujourd'hui que, dans les motifs qui ont poussé les premiers juges à la sévérité, ces derniers faits ont dû être d'un grand poids; c'est là, sans aucun doute, une considération qui a dû déjà toucher le plus directement votre cœur et votre intelligence.

La prévenue. — Que le docteur Marsden ne m'accuse pas d'avoir flétri ses enfants! C'est lui-même qui l'a fait; à la face de tout Paris. Quand j'ai vu mon élève, une jeune fille de quinze ans, avancer au milieu de deux rangs d'avocats à droite, de jurés à gauche, et les juges en face, le père tout auprès, j'ai été tellement peinée que j'ai détourné la tête; c'est bien alors que M. Marsden a flétri sa fille, car, dans ce moment même, il lui faisait oublier la pudeur d'une femme!

M. le Président. — Ce que vous dites-là n'est pas bien utile à votre défense et ne révèle pas une grande délicatesse.

La prévenue. — Monsieur le Président, daignez vous mettre à ma place.... persécutée comme je le suis depuis si longtemps....

M. le Président. — Persécutée! c'est un mot que nous n'admettons pas complétement; il y a eu à votre égard une information...

M. l'Avocat général. — Ne dites pas qu'on vous a persécutée ; dites qu'on vous a poursuivie.

La prévenue. — Il est possible que je n'emploie pas le mot juste. Mais auparavant, pendant près d'un an, ces femmes m'ont persécutée jusque chez moi.

M. le Président. —Vous avez été poursuivie judiciairement. On a même eu, en ce qui vous concerne, des ménagements que vous ne devriez pas oublier. Nous ne voulons pas encore une fois entrer dans des détails, nous tenions seulement à constater si vos moyens de défense étaient restés les mêmes, et recevoir vos explications sur les témoignages. Reste cette sorte d'aveu que vous aviez été au moins stricte; reste l'état physique des enfants tel qu'il a été constaté. Votre appel sera justifié d'ailleurs par votre défenseur.

Après cet interrogatoire, il est donné lecture des pièces du procès. Deux seulement sont nouvelles. C'est d'abord la lettre suivante, témoignage spontané envoyé par une des protectrices les plus ardentes de Mlle Doudet, Mme Schwabe :

« Ayant appris que le jugement de mademoiselle Célestine Doudet, devant la Cour impériale, va sous peu avoir lieu, je ne puis m'empêcher de vous adresser ces lignes et de répéter ce que j'ai dit devant la cour d'assises : que mademoiselle Doudet avait été plus de dix-huit mois dans ma maison, et que je suis moralement convaincue qu'elle est totalement incapable du crime atroce dont elle est accusée. Mademoiselle Doudet ne m'a pas quittée par sa propre faute, mais uniquement par la raison que, comme mes fils grandissaient, mon mari pensait qu'il valait mieux prendre un instituteur allemand et garder, en même temps, la gouvernante anglaise, afin que nos enfants apprissent à parler leur langue maternelle sans accent. Ces derniers restèrent pendant trois mois, seuls, aux soins de mademoiselle Doudet, pendant mon voyage sur le continent, et quoique je n'aie jamais entendu parler que de l'amitié et de la douceur que miss Doudet montrait à mes enfants, je trouvais cependant nécessaire, en entendant cette triste affaire, de questionner ma fille aînée, âgée de quinze ans, et mon fils âgé de quatorze, si mademoiselle Doudet n'était pas très-violente, à quoi tous deux m'assurèrent du contraire et ne purent assez me dire de sa douceur. Je fus vivement touchée de la sympathie qu'ils montrèrent pour leur ancienne institutrice. Lorsque je les instruisis du motif de mes questions, ma fille me pria de la mener avec moi à Paris, pour parler aux juges de la bonté de mademoiselle Doudet, et elle ajouta : Si je ne puis pas lui aider, je peux du moins la consoler; et mon fils aîné désira lui écrire, pour lui prouver que, dans son malheur, il lui restait encore des élèves qui n'étaient ni injustes, ni ingrats. Je n'aurais pas hésité à prendre mes enfants avec moi, à Paris, si je n'avais craint la vue de pareilles scènes pour leurs jeunes âmes. Ma vieille bonne, une femme très-pieuse, dont l'amour pour mes enfants est presque de l'adoration, et qui était déjà à mon service du temps de mademoiselle Doudet, ne put revenir de son indignation, et me dit la veille de mon départ : «Oh! madame, que je suis contente que vous alliez assister cette pauvre mademoiselle Doudet, je suis sûre qu'elle ne peut jamais être cruelle envers des enfants; pour cela elle a des principes trop religieux et le caractère trop doux. » Tout cela me fortifia pour concourir de tout mon pouvoir à faire connaître la vérité. En dernier lieu, et pour prouver ma conviction complète de son innocence, je déclare que mon intérêt pour mademoiselle Doudet n'est pas commisération, mais amour de la vérité, et cette conviction est si complète, si entière que, lorsque je visitai mademoiselle Doudet, à Saint-Lazare, le jour avant mon départ, je lui offris de la recevoir aussitôt qu'elle serait acquittée, comme autrefois, au sein de ma famille, de lui confier momentanément mes petites filles, l'institutrice que j'ai engagée ne pouvant se rendre chez moi avant le mois de juillet. J'aime certainement mes enfants, qui sont la seule consolation qui me reste, et si j'avais des doutes, je n'agirais pas de la sorte, risquant à la fois l'âme et le corps de ce que j'ai de plus cher au monde.

« Agréez, etc. *Signé :* J.-S. SCHWABE. »

M. le conseiller Thévenin donne ensuite lecture d'une déclaration écrite du docteur *Bonnet*, médecin de la Conciergerie, contenant l'indication d'un propos qu'aurait tenu Mlle Doudet, pendant les débats de cour d'assises. L'accusée, après une crise nerveuse qui venait de nécessiter les soins du docteur, lui aurait dit : « Je suis innocente; mais, si je suis condamnée, je souffrirai moins en pensant que M. Marsden souffrira aussi dans l'honneur de ses enfants. » « Si ce ne sont pas les paroles textuelles, ajoutait la déposition, c'en est le sens exact. Mme Chaudot, sous-inspectrice à la Conciergerie, a entendu notre conversation, et, sans doute, il lui sera possible de la reproduire. »

M. le Président à Mlle Doudet. — Reconnaissez-vous ce propos?

Mlle Doudet, dont l'état de souffrance est visible, répond d'une voix affaiblie. — J'étais dans un tel état de maladie que je ne me rappelle pas ce qui s'est passé.

M. le Président. — Ainsi, vous n'admettez ni ne niez ce propos?

M. de Gaujal a la parole, pour développer l'accusation.

« Je ne connais pas, dit en commençant M. l'*Avocat général*, de mission plus noble et plus belle que celle de l'institutrice; non-seulement elle doit former le cœur, féconder l'intelligence, ouvrir l'âme à tous les bons sentiments; mais, avant tout, elle a pour devoir de couvrir les enfants qui lui sont confiés partout et toujours d'une main protectrice, et d'assurer leur bien-être à tous les points de vue. Sa mission se résout en un seul mot qui dit tout : c'est une seconde mère! »

Cette mission, un père l'avait confiée à Mlle Doudet, pour cinq enfants placées, loin de leur père et de leur patrie, sous sa main maternelle, sans surveillance et sans contrôle. Comment l'a-t-elle remplie? La prévention dit que l'institutrice n'a été qu'un bourreau ; qu'après six mois passés sans sujet de plainte, ces enfants, arrivées pleines de santé, de gaieté, de fraîcheur, ont, par degrés, vu se changer l'affectueuse sévérité des premiers temps en des habitudes dures, cruelles, impitoyables. Punitions incessantes, extrêmes; alimentation toujours insuffisante, quelquefois nulle pendant des jours entiers; séquestration, coups à outrance, privation de feu, ligature cruelle des membres : voilà la vie de ces enfants, telle que la dépeint l'accusation. Au milieu de ces tortures, leur santé s'altère, leur gaieté disparaît; toute plainte, toute résistance est impossible; leur esprit et leur volonté sont asservis, comme leur corps est martyrisé : *Mary-Ann meurt à la peine.*

Ici, M. l'Avocat général se souvient qu'il y a chose jugée sur les causes de cette mort; mais il ne s'en souvient qu'après avoir prononcé ce mot terrible, qui remet en question l'arrêt définitif du jury. Il n'y reviendra plus.

Rendue à son père, Lucy, épuisée par cette vie de tortures, succombe à son tour. Les autres porteront encore longtemps les traces de leur martyre.

« Voilà la prévention. Si elle est fondée, il n'y a pas de paroles assez énergiques pour flétrir cette conduite. Les prévisions de la loi pénale ont été dépassées; la répression, quoi qu'il arrive, sera nécessairement inférieure à la gravité du délit. Les premiers juges ont épuisé la pénalité restreinte du § Ier de l'art. 311 du Code pénal : la pénalité épuisée même dans les conditions d'aggravation que je viens vous demander par mon appel, ne peut donner satisfaction ni à la morale outragée, ni au sentiment public qui se passionne, non sans raison, devant le tableau de pareils faits. »

Les faits sont-ils vrais? M. *de Gaujal* aborde l'examen des données de l'instruction.

D'abord, les violences ont laissé leur empreinte visible. Le docteur Black, en Angleterre, le docteur Tessier, à Paris, ont constaté des traces, des cicatrices, le dernier après plus de six mois écoulés.

Sept témoins ont attesté le bon état de santé des enfants, le 16 juin 1852, à leur entrée dans la cité Odiot; les mêmes témoins attestent plus tard, dans les termes les plus énergiques, le dépérissement affreux des cinq enfants. *De véritables cadavres vivants*, dit Mme Maling; *de véritables squelettes*, dit M. Tessier; *de petites ombres*, dit Mme Espert, *qui passaient sans un rire et sans un cri.* « Oui, la vie avait cessé dans ce petit monde; chez ces enfants on avait tout anéanti, cris, rire, joie, et jusqu'à la plainte. Comprenez-vous ce qu'il avait fallu de compression pour étouffer la vivacité enfantine qui est la vie de cet âge, la joie instinctive et sans cause, les espiègleries, l'expansion naturelle, et jusqu'au sourire qui ne se montrait plus sur ces lèvres décolorées! Oui, la vie avait cessé. C'étaient comme de petites ombres qui passaient sans un rire et sans un cri! »

Le dépérissement des enfants est donc un fait avéré. Voudra-t-on équivoquer sur les causes, parler de coqueluche? Tous les enfants dépérissaient, et tous n'ont pas eu la coqueluche. La maladie, d'ailleurs, eût commandé des ménagements d'autant plus grands, au lieu de ces rigueurs du système « qu'on a appelé improprement anglais, et que j'appelle, moi, le système des gens dénaturés et cruels. »

Mais les mauvaises habitudes ! Le fait est faux. Le père, abusé, a pu y croire un instant, sur l'assertion de l'institutrice. Le docteur Gaudinot en a parlé pour une seule de ces enfants, sans pouvoir contrôler par des observations sérieuses la déclaration de Célestine Doudet. L'enquête anglaise ? qui l'a faite ?

Les mauvaises habitudes n'existaient pas; car, si elles avaient été invétérées, ardentes, comme on l'a dit, si elles avaient résisté à tous les châtiments, comment se fait-il qu'à peine sorties de vos mains, au bout de quinze jours, les trois survivantes renaissent à la vie, retrouvent plus tard une santé florissante ?

Mais la conduite de Célestine Doudet suffirait à prouver qu'elle n'a pas cru elle-même à ces mauvaises habitudes. Ces caleçons préservateurs, faits à son instigation, on les a retrouvés neufs et intacts. Les prescriptions gymnastiques et morales du docteur Tessier, on ne les a pas suivies; l'institutrice a invoqué mensongèrement des défenses paternelles qui n'existaient pas. Bien plus, en attachant ensemble ces jeunes filles, en les enfermant, en les livrant à la solitude et à l'insomnie, en souillant leur imagination avec un cynisme révoltant, elle employait justement les moyens propres à faire naître le mal qui n'existait pas. Autre genre de preuves, les témoins *de visu*. Le premier est Zéphyrine, dont la noble indignation a été recueillie, non par des commères, mais par des femmes respectables; Zéphyrine, qui souffrait de voir cette immolation froidement prolongée, qui n'a pu résister plus longtemps au spectacle de tant de cruautés.

Mais Zéphyrine s'est rétractée, ou plutôt elle a atténué ses confidences. Elle est sœur, et ses efforts sont respectables. Mais ses actes et ses lettres donnent le sens véritable de ses paroles, recueillies d'ailleurs par des témoins dignes de foi. Le 9 avril 1853, Zéphyrine écrit à Lucy : « J'ai fait tout ce que j'ai pu pour vous rendre heureuses, et si cela eût été en mon pouvoir, *vous l'auriez été.* » Elles ne l'étaient donc pas, et Zéphyrine a bien lutté contre sa sœur pour ce résultat qu'elle n'a pu atteindre.

L'organe du ministère public considère comme désintéressés et honnêtes les témoignages des voisines, des domestiques et des ouvrières, qu'il appelle *de visu*, et ne voit, en faveur de Mlle Doudet, que cette masse de témoignages sympathiques, dont on ne pourrait tout au plus conclure que l'invraisemblance de l'accusation. Pour lui, donc, les sévices sont prouvés, et il leur reconnaît le caractère de faits lents, successifs, continus, impliquant un système, c'est-à-dire le caractère aggravant de la préméditation.

Après ce réquisitoire, *Me Berryer* prend la parole :

Messieurs, au commencement de cette audience, on a donné lecture d'une pièce dans laquelle est rapporté un propos attribué à mademoiselle Doudet. Je ne sais pas bien dans quels termes exprès ce propos aurait été en effet tenu ; mais il précise l'état de la cause que vous avez à juger... Oui, mademoiselle Doudet a pu dire : « Je suis innocente ; « mais si je suis condamnée, je souffrirai moins « que M. Marsden, car le procès a porté une grave « atteinte à l'honneur de sa famille! » Cela peut avoir été dit, cela n'est que trop vrai; car c'est là le problème affligeant, pénible, que nous avons à résoudre.

Un père de famille verra-t-il peser sur l'avenir des siens les conséquences des tristes révélations que le débat suscité par lui a rendues inévitables? Une femme serait-elle, au contraire, pour relever une famille du poids de ces révélations, condamnée injustement, condamnée à subir, non pas seulement la privation de sa liberté, mais la perte de son honneur, que dis-je? à devenir l'objet du mépris, de la haine, de l'exécration publics qui doivent la frapper à jamais si les faits de la cause étaient établis, étaient prouvés, si l'accusation pouvait être justifiée un moment !

L'indignation ! Il n'y en a pas assez, il n'y en a pas assez dans le cœur de l'homme le plus délicat, pour répondre à ce qu'il y a d'infâme dans les faits qui sont articulés.

Eh quoi ! une femme se présente comme institutrice, elle veut remplacer une mère, elle reçoit cinq enfants qui lui sont confiés pour nourrir leur esprit, pour éclairer et fortifier leur cœur, pour leur préparer un heureux avenir; et ces enfants, elle les livre aux tortures morales les plus abominables ! Tout fait horreur dans le détail des méfaits dont elle se serait rendue coupable. C'est la faim qu'elle fait sentir, le froid qu'elle fait endurer pendant des nuits entières à ces pauvres créatures ; elles les enchaîne à leur lit, les pieds nus; elle les enferme des nuits entières dans une cave, dans des latrines. Ils sont privés de nourriture, ils sont meurtris de la manière la plus violente ; des coups chaque jour leur sont prodigués sur la tête, sur la poitrine; on déchire leurs mains avec des pointes de ciseaux, leur poitrine et leurs jambes à coups d'ongles et d'épingles; on écrase leurs pieds jusqu'à ce que le sang jaillisse; et, enfin deux de ces pauvres êtres succombent à cette longue suite de tortures et de supplices ; l'une meurt à Paris, l'autre chez son père. Les dernières se relèvent à peine, et elles ne se relèvent pas dégagées de toutes les influences de ces odieux traitements, car il leur reste d'avoir été calomniées par leur institutrice, d'avoir été accusées par elles d'habitudes, de vices honteux !

Oh ! Messieurs, je comprends à merveille que, quand la cause se présente ainsi, il n'est que trop facile de soulever l'indignation publique.

Mais rien n'est vrai de cette accusation terrible; voilà ce qu'il faut prouver. Me Berryer rappelle les antécédents honorables de Mlle Doudet, les mille témoignages de considération et de sympathie dont elle se présente escortée.

Ainsi, voilà une conduite de toute la vie, voilà un caractère connu qui excite, je le répète, l'affection et la reconnaissance, qui pas un jour ne s'est trahi ou ne s'est présenté sous un autre aspect que celui que tout le monde a respecté et aimé, voilà encore ce caractère qui se montre dans les habitudes, dans la conduite, dans la direction donnée aux enfants même de M. Marsden.

D'où vient donc le changement subi signalé par l'accusation? Qu'est-ce qui a dénaturé cette femme? Non, ce n'est pas inutilement qu'on aura été une femme respectable pendant la plus grande partie de sa carrière, et mademoiselle Doudet aura toujours le droit, quand vous lui imputerez un fait affreux qu'elle nie, qu'elle repousse, d'opposer toute sa vie à cette imputation. Vous en devez tenir compte, et vous devez désormais dire à quoi vous attribuez ce changement si entier, si absolu qui s'est fait en elle.

On a dit, et ceci n'a été trouvé que très-récemment sur la supposition d'un témoin, car il n'y a aucune preuve, on a dit :

Elle est bien née, elle n'a pas de fortune, elle a reçu une grande et belle éducation, elle ne se marie pas. Elle a dû aspirer au mariage, et il est *possible* qu'en voyant le docteur Marsden veuf, malgré les sept enfants qu'il avait de son premier mariage, elle ait eu la pensée ambitieuse de devenir madame Marsden.

Il est bien difficile, avec le respect du jugement supérieur de Celui qui seul sonde les consciences, de venir, avec un peu d'autorité, dire : « Je suis sûr que ce sentiment est né dans son cœur. »

Comment établir un débat quand il n'y a aucune base, aucune trace, aucun fait? Non, vous n'en avez pas, vous n'avez pas d'indices, vous n'avez rien qui vous ait autorisé à dire que cette femme convertie en furie, en mégère, ait été poussée à ces excès par la jalousie née dans son cœur; vous n'avez rien qui vous autorise à le dire; ce n'est qu'une supposition, et une supposition détestable.

Mlle Doudet, lorsqu'elle était encore en Ecosse, a été recommandée à M. Marsden, qui s'est mis à sa recherche; elle ne le connaissait pas, lorsqu'il lui a proposé l'éducation de ses filles. Cinq semaines après être entrée chez lui, elle est allée à Paris, à cause de la mort de sa mère. Revenue en Angleterre, elle annonce son intention de se fixer à Paris, et accepte la proposition d'y emmener les jeunes filles. Est-ce là la conduite d'une personne qui, à peine entrée dans une maison, y convoite la position de dame et maîtresse souveraine, et veut s'y rendre indispensable? Et, lorsqu'elle est à peine installée à Great-Malvern, quand la maladie de sa mère la rappelle à Paris, si elle a ces projets ténébreux, elle va presser son retour. Non, elle reste dix-sept jours près de sa sœur malade.

L'insinuation relative à la continuation du mariage tombe d'elle-même, et il est impossible à l'accusation d'expliquer le motif qui aurait déterminé Mlle Doudet à ce rôle de bourreau.

Déjà, Mlle Doudet a paru devant un jury; elle a été acquittée; le jury a prononcé non-seulement que les coups n'avaient pas entraîné la mort, mais, répondant à deux questions distinctes, il a déclaré qu'elle n'avait pas porté de coups ni fait de blessures.

Toutes les parties de l'accusation sont liées; les faits qui vont nous occuper tout à l'heure sont connexes, sont étroitement engagés dans tous les actes relatifs au système des mauvais traitements qu'elle aurait employés vis-à-vis de Mary-Ann.

Vous n'aviez pas la pensée, vous, ministère public, quand vous étiez devant la cour d'assises, de soutenir qu'il y avait eu exceptionnellement pour Mary-Ann tout un plan et toute une pratique accoutumée de procédés atroces; que c'était vis-à-vis de Mary-Ann seule qu'on avait usé de mauvais traitements, qu'on était entré dans cette combinaison d'affamer et de faire périr les enfants de faim et de souffrances; que c'était vis-à-vis de Mary-Ann seule qu'on avait eu le procédé de les enfermer, et la nuit et le jour, pendant des journées entières, dans les latrines, dans des caves. Vous ne disiez pas qu'il s'agissait de Mary-Ann toute seule; que le système n'était appliqué qu'à elle : vous disiez que Mary-Ann était une des victimes, et, comme seconde question, que les mauvais traitements, pratiqués sur Mary-Ann comme sur les autres enfants, avaient eu pour elle la conséquence d'entraîner la mort. C'est sur ce point qu'il y a chose jugée. Mais la connexité des faits et ce que vous appelez la préméditation, c'est-à-dire le système préconçu d'être le bourreau de ces enfants, d'être la mégère placée à côté d'eux pour les tourmenter et les faire mourir à petit feu par les tortures de chaque jour, ce système-là est indivisible, ce système-là est étroitement lié.

Il est impossible que la cause ne soit pas ébranlée dans ses fondements quand il y a une décision judiciaire que les coups et blessures n'ont pas été commis sur Mary-Ann. Les actes de violence n'ont pas été établis à l'égard de Mary-Ann, cela est jugé, j'ai le droit de restituer à la décision du jury toute son autorité...

M. l'Avocat général. — Je la respecte.

Me Berryer. — Vous la respectez dans les mots.

M. l'Avocat général. — Et dans la pensée.

Me Berryer. — Dans la forme. Elle n'est pas respectée suffisamment dans le fond des choses...

Or, je montrerai que, dans la cause, c'est un bénéfice déjà que les faits soient connexes; je montrerai qu'il est impossible d'admettre raisonnablement qu'il y aurait un jugement respecté disant qu'il n'y a eu, à l'égard de Mary-Ann, aucun système de violence, qu'il n'y a pas eu, à l'égard de Mary-Ann, de coups portés, pendant qu'un autre jugement viendrait dire ensuite qu'il y a eu, à l'égard des filles de M. Marsden, un système de violences et de mauvais traitements! Les violences, les privations de tous genres, tout ce qui faisait l'objet de la première question, tout cela a été répondu négativement par le jury à l'égard de Mary-Ann. Eh bien! je dis que cette question ne peut plus être posée; que la connexité de ces faits, que l'unité du système pratiqué à l'égard des cinq sœurs à la fois est la base du système de votre accusation. Cela est jugé, et cela doit être respecté par l'opinion de tout le monde, par tous les magistrats en France; c'est là l'autorité, l'*omnipotence* du jury. Poser de nouveau la question des mauvais traitements, ce serait aller contre la raison, contre le bon sens, contre la vérité de la cause.

Ce n'est pas tout, continue le défenseur, les premiers juges eux-mêmes ont déchargé Mlle Doudet de la plus grande partie de l'accusation, en décidant que, pendant les huit premiers mois, elle a été irréprochable. Ce n'est pas contre cette appréciation de sa conduite, c'est contre la qualification des faits qu'on a interjeté appel. Il faudra se rappeler ce point, lorsqu'on s'occupera des calomnies relatives à cette période de temps, pendant laquelle Mlle Doudet vivait avec sa sœur Zéphyrine.

Et d'abord, on a nié les habitudes des enfants. Si Mlle Doudet avait inventé cette imputation, elle serait, en effet, bien coupable. Mais Me Berryer rappelle l'aveu de ces habitudes fait par le père, antérieurement à l'arrivée de Mlle Doudet. Il rappelle que plusieurs mois avant le mariage, qu'on a signalé comme la cause des fureurs de l'institutrice, celle-ci révélait déjà la malheureuse passion des enfants; il rappelle les preuves décisives fournies par l'enquête anglaise, les premières trouvées dans les lettres du père lui-même, dans la visite du père à cette somnambule, dans la commande des appareils. Mais, dit-on, Mlle Doudet elle-même ne croyait pas aux vices qu'elle signalait, puisqu'elle n'a pas employé les appareils coërcitifs.

Les appareils ont été livrés, et M. Marsden lui-même avait écrit pour en presser la confection; mais ils n'ont été livrés que le 18 juillet, et, dès le 15, le docteur écrivait à sa fille Émily de dire à Mlle Doudet de ne pas les employer. Les appareils ont été livrés, mais n'ont pas servi.

Et la coqueluche, peut-on la nier? Toutes ces enfants en ont été atteintes, Lucy et Rosa comme les deux autres, quoi qu'en ait dit M. l'avocat général. Les prescriptions du docteur Tessier portant le traitement de la coqueluche, s'appliquent aux quatre sœurs: autre cause de dépérissement dans ces corps énervés, fatigués, déjà appauvris.

L'explication du dépérissement des enfants donnée par Mlle Doudet reste donc tout entière, si les mauvaises habitudes pratiquées avec frénésie, d'un côté, si la coqueluche, de l'autre, sont, non des inventions, mais des faits matériels acquis.

Passons aux témoignages de tous ceux qui ont approché Mlle Doudet dans la cité Odiot. Quelle a été, là, son existence? La maison est de construction légère, retentissante; elle fait partie d'un groupe de maisons disposées pour de petits logements. L'avocat décrit l'appartement occupé par l'institutrice et ses enfants, sous la vue du portier, dans sa loge, d'un voisin au rez-de-chaussée, M. Rapelli, de deux voisins au second et au troisième, MMmes Espert et Pacault; tous ces logements communiquaient les uns avec les autres par un grand escalier, que les enfants montaient et descendaient sans cesse, pour se rendre du rez-de-chaussée au premier ou dans la cour. Rien de moins propre qu'une habitation semblable à une vie de supplices, de tortures, d'incarcération perpétuelle; tout s'y passe au grand jour. Elle est, du reste, parfaitement saine et éclairée.

Il y a, d'abord, les témoins habitant la maison. M. Rapelli, docteur en théologie, ancien secrétaire attaché à la légation de Sardaigne, homme honorable par ses fonctions et son caractère, certifie qu'il a entendu tousser les enfants Marsden, qu'il a très-bien distingué *le hoquet propre à la coqueluche*; qu'il a su que telle était, en effet, pendant les mois de mai et de juin 1853, la maladie de ces enfants; que la mort de Mary-Ann a été attribuée à des convulsions, ce qui lui a fait accueillir avec étonnement les accusations ultérieures portées contre mademoiselle Doudet; jamais il n'a remarqué de pleurs ou de soupirs plaintifs, jamais il n'a vu ou entendu de mauvais traitements exercés sur ces jeunes filles qui, tous les jours, jouaient dans la cour, sous la fenêtre, ou dans le vestibule contigu; jamais on ne lui a parlé de ces sévices. A leur arrivée à Paris, les trois aînées étaient très-maigres; il n'a jamais parlé à mademoiselle Doudet.

Madame Espert, au second étage, n'a rien vu non plus, rien entendu. Elle ne parle que sur la foi d'autrui.

Mme Pacault, au troisième, n'a jamais vu ni entendu de violences; elle n'a été témoin que de soins maternels, de marques de tendresse. Aux numéros 2, 4 et 6 de la cité Odiot, les habitants ont vu jouer les enfants; ils ont remarqué leurs épanchements d'affection pour Mlle Doudet.

Et la rumeur accusatrice partira d'une femme qui n'a jamais mis les pieds dans la maison, qui n'a jamais vu Mlle Doudet ni les jeunes Marsden!

Mlle Doudet a eu sans interruption d'autres élèves chez elle, les enfants de Mme Galway, ceux de Mme Lebey, élèves de Zéphyrine, celui de M. Nicolet; enfants et parents témoignent des bontés de Mlle Doudet.

Il n'y avait pas seulement des demi-pensionnaires, il y avait des visites, des communications de tous les jours avec d'autres enfants du voisinage. Et ces visites, ces enfants n'auraient rien vu, rien su, par une surprise, par une confidence, de « ces supplices affreux infligés à de jeunes filles, tous les jours enfermées ou privées de nourriture, rouées de coups, traînées par les cheveux, frappées sur la poitrine, renversées à terre, foulées aux pieds, les pieds écrasés pour en faire jaillir le sang! Tout ceci se sera commis journellement dans la maison où des camarades seront venues passer les journées, et elles n'en auront rien vu! Et il y aura eu des captivités de trente-six heures! Et ces enfants qui venaient jouer avec les captives n'auront rien vu de ce qui se passait dans cet appartement dont le développement est si simple, où il n'y a pas de lieu caché! S'il y a une chambre noire où l'on met les enfants en pénitence, tous les enfants la connaissent, ce n'est pas un endroit caché; elle est entre la salle à manger et le salon. Ils s'en seraient aperçus quand ils faisaient leurs repas. »

Et les maîtres de langue, de piano n'ont rien vu, rien entendu.

Les rumeurs accusatrices, c'est le dépérissement rapide qui les a causées. Mais ce dépérissement, c'est la coqueluche qui l'a amené, arrivant dans ces corps affaiblis par de détestables habitudes. Les conséquences de ce vice sont connues, et il faut n'avoir pas lu Tissot et le *Dictionnaire des Sciences médicales* pour méconnaître le développement que reçoit « ce vice insatiable, cette irritation implacable à laquelle on finit par ne pouvoir plus résister, même dès l'âge le plus tendre. On a des exemples de petites filles de quatre ans mourant victimes de cette déplorable habitude, à laquelle elles cédaient jusque dans les bras de la mort, comme la pauvre enfant que le docteur Gaudinot, il le déclare, ne pouvait pas arracher à ce vice quand elle était gisante sur son lit, à moitié paralysée. » Tous les enfants étaient adonnés à ce vice; chez eux tous, la coqueluche s'est déclarée. On l'a nié: certificats, ordonnances de médecin, rumeur publique, tout le démontre.

Arrivons au terrible événement du 24 mai. Un témoin l'attribue aux violences de Mlle Doudet, et c'est alors que commence l'agitation, qu'apparaissent les rumeurs, les lettres anonymes. Léocadie, chassée le 5 juin 1853, parce qu'elle répandait de mauvais propos sur la chute de Mary-Ann, part en disant: « Je me vengerai. » Elle accuse sa maîtresse au moment où elle sort, et lui dit devant Tassin: « Vous êtes la cause de la mort de Mary-Ann. » La rumeur court, et Mme Espert écrit la lettre du 31 mai. Étudions cette lettre.

« Il y avait une question qui se débattait souvent entre les deux sœurs. Il est parfaitement vrai que Mlle Doudet se conformait à des usages très réprouvés aujourd'hui en France, mais qui étaient très-fréquents il n'y a pas longtemps; il ne faut pas toute une vie d'homme pour avoir connu la pratique de ces usages dans notre pays, les corrections manuelles, en un mot. Elles ont été pratiquées plusieurs fois, conformément aux ordres du père; Mlle Zéphyrine a manifesté à sa sœur qu'elle avait pour ce système d'éducation une grande répugnance; elle a dit à Mme Espert qu'elle blâmait tout à fait cette sévérité. »

Or, la sévérité est l'objet unique de la lettre de Mme Espert. Des violences, Mme Espert n'a rien su, rien vu; elle ne parle que d'un système d'éducation trop sévère, dangereux. Et, quand elle écrivait cela, Mme Espert était blessée de ce que Mlle Doudet, sur l'ordre du père, n'envoyait plus les enfants chez elle.

La vérification faite, le 4 juin, par le commissaire de police, a démontré le peu de fondement des dénonciations anonymes.

La source de ces lettres, c'est Mme Maling, sans doute. Et, à propos de lettres, il y en a beaucoup au procès, celles des enfants, de Mlle Doudet, des médecins. M. Marsden déclare qu'on abusait de sa bonne foi en lui représentant les choses sous un jour favorable; mais comment se fait-il que sa propre correspondance démente ses assertions? Le docteur Gaudinot, par exemple, lui a envoyé *des bulletins* de la santé de Mary-Ann; M. Marsden en accuse réception avec reconnaissance : deux de ses lettres, aux dates des 29 mai et 13 juin, prouvent qu'on l'avertit journellement de la situation véritable, qu'on ne lui a pas caché le danger. « Voulez-vous bien remercier

Ils n'ont plus de mère.....

le médecin de ses bons rapports, que nous attendrons impatiemment chaque jour *jusqu'à ce que tout danger soit passé?* » Il parle à M. Gaudinot de la cause de la maladie, *une apoplexie résultant d'une détention prolongée du sang dans les vaisseaux du cerveau pendant une quinzaine de jours;* il est *fort inquiet.* Et on n'a que les réponses de M. Marsden; mais les lettres de l'institutrice, les lettres de ses élèves, les lettres du médecin, il n'en produit pas une. M. et Mlle Rashdall, envoyés pour exercer une surveillance, ont dû lui écrire. Pourquoi ne produit-il pas ces lettres? « Nous rapportons celles que nous avons reçues de vous; rapportez-nous celles que vous avez reçues des différentes personnes auxquelles vous en écriviez. Si nous avions les indications de la correspondance, nous aurions la vérité palpable. Il a tout caché, parce que tout est contraire au système d'accusation qu'il soutient aujourd'hui. »

Pour résumer cette vie intérieure, elle n'a été cachée à personne; deux événements funestes la terminent : la coqueluche et l'accident du 24 mai. Voyez, parmi les déclarations des médecins, celle de M. Tessier. On y surprend, entre le langage tenu à deux dates différentes, une différence d'esprit dont « il y a lieu d'être affligé et humilié. » Le 11 octobre 1853, le docteur Tessier, « lorsque, en quelque sorte, il pouvait sentir encore le battement du pouls des enfants malades, quand il était sous l'impression de toutes les circonstances récentes, » voyez dans quels termes il parle et de l'affection et des soins maternels de Mlle Doudet pour ses élèves; voyez son langage à l'égard des mauvaises habitudes dont il fait le portrait; quand il donne le *faciès* des malheureuses petites filles, il signale précisément les traits qui révèlent le plus les pratiques détestables dont ces enfants étaient victimes.

Mais, en mai 1854, loin des événements, après la visite de M. Marsden, son confrère en homœopathie, il parle sous une tout autre influence.

Quant au docteur Gaudinot, au docteur Shrimpton, leurs déclarations sont de précieux témoignages en faveur de Mlle Doudet. Tous deux montrent les soins, les procédés de l'institutrice envers ses élèves.

Cependant les bruits accusateurs du dehors éclatent, le 29 juin 1853, dans une lettre de Mme Sudre à M. Marsden. On y parle de *mégère*, de *bourreau*; il n'y a pas d'apostrophe injurieuse qui ne soit prodiguée à chaque ligne. « Et pourquoi? pour le déterminer à porter plainte et à faire un procès criminel à Mlle Doudet.» Sur quoi se fonde Mme Sudre? Y a-t-il, de sa part, un seul fait qui lui soit personnellement connu? Pas un. Elle a dit qu'elle tenait tout de la dame Poussielgue, ou de Léocadie, ou de la demoiselle How, ou de quelque autre personne encore, de la dame Chardonnot. Maintenant, si vous voulez examiner ce qu'ont dit toutes ces personnes, nous voyons d'abord que Mlle How n'a rien su que par Zéphyrine et par Tassin; Tassin invoque le témoignage de Léocadie; Léocadie puise ses allégations dans la colère d'un renvoi.

Autre autorité de Mme Sudre, Mme Poussielgue. Celle-là semblait avoir tout vu, tout su par elle-même; il lui a fallu depuis se rétracter : elle ne sait rien que par ouï-dire. Autre autorité, la couturière Chardonnot : celle-là n'a rien vu, elle a entendu seulement des plaintes, et on lui a dit que l'institutrice maltraitait les enfants. *Elle a entendu des plaintes :* les cris, peut-être, d'un enfant fouetté? Cela serait possible; qui le nie? Mais le témoin Chardonnot est forcé d'avouer qu'il ne fut jamais témoin de violence; il ajoute seulement que « le repas du matin des enfants se composait toujours *de pain et d'eau.* »

Dans tout cela, il n'y a qu'un témoignage à ramasser, un témoignage personnel, celui de Zéphyrine. Or, pendant tout le temps du séjour de Zéphyrine, tous les faits sont reconnus ou mal fondés ou innocents.

Il faut s'expliquer sur le système de nourriture. Pendant la maladie, le docteur Gaudinot conseille de faire manger des soupes aux enfants, et de ne pas se contenter de thé à tous les repas. Le 13 juin 1853, le père écrit à Emily : « Je ne m'inquiète nullement qui blâme ou qui approuve l'homœopathie. »

Ce déjeuner qu'on accuse était donc conforme aux prescriptions du père.

La nourriture était-elle insuffisante en quantité? Avant la maladie et du temps de Zéphyrine, pour cinq filles et deux femmes, le porteur de pain apportait de dix à douze livres de pain chaque jour; plus tard, quand la maladie a éclaté, il en apportait de huit à neuf livres. On ne mangeait pas de viande, dit-on? Deux rôtisseurs constatent qu'on faisait cuire deux ou trois fois par semaine de la viande, quatre ou cinq livres, et des pâtés. Deux bouchers fournissaient alternativement des morceaux. Félicité Desitter, la servante qui a succédé à Léocadie, déclare que la nourriture était suffisante, abondante.

Quand Mme Sudre écrivait, sur des ouï-dire, M. Rashdall était à Paris; il en partit, le 5 juillet, satisfait de ce qu'il avait vu, et Mme Sudre trouvait que le révérend était « un homme faible », parce qu'il ne se passionnait pas comme elle.

M. Rashdall était satisfait, et cependant les dénonciations, les lettres anonymes pleuvaient. Ces lettres, elles sont entre les mains de M. Marsden : pourquoi ne les présente-t-il pas? Le révérend Rashdall, pendant sa surveillance, sa sœur, qui lui succède, ont écrit à M. Marsden. Pourquoi ne communique-t-il pas leurs lettres?

Cependant, le 15 juillet 1853, la sécurité de M. Marsden est troublée par ces manœuvres souterraines; il écrit à Lucy et à Emily; il a écrit la veille à Mlle Doudet. A ses filles, il parle des accusations anonymes, des récits qu'on lui fait de leurs *mines affreuses*... On lui dit que Mademoiselle les fait mourir de faim. « *Je suis contraint par la nécessité* de vous retirer immédiatement de chez Mademoiselle, que l'un de mes correspondants m'engage à « jeter par la fenêtre, » ou bien de placer auprès de vous quelques parents pour vous surveiller de près, *ainsi que le commissaire de police m'a prié de le faire.* La seule personne qui ait pu se rendre auprès de vous est la tante Fanny; elle est là pour *exercer cette surveillance sur vous comme sur Mademoiselle.* Il se peut qu'elle n'y mette pas tout le tact désirable; mais toujours est-il qu'elle est vivement impressionnée de l'idée de vous voir toutes dans une telle position, qui est faite pour jeter de la déconsidération sur toute votre famille et sur tout votre entourage. Dans ces circonstances, *je n'ose pas être rassuré* et je ne serais pas justifié aux yeux de qui que ce soit, si je n'autorisais pas la seule parente que j'aie pour ainsi dire sous la main, à être présente à tous vos repas, du moment où elle le juge convenable, pour le déjeuner, le dîner, le thé et le souper.

« Je suis fort en peine de l'état où se trouve la pauvre Mary-Ann. Le rapport du médecin n'est que trop juste. Alice aussi paraît être dans un fort triste état et fort peu rassurant; le seul rayon de soleil dans tout cela, c'est de savoir que vous faites tout votre possible pour faire des progrès et pour vous corriger de vos défauts. »

Donc, il n'est pas vrai qu'on lui envoyât des rapports rassurants. Donc, il n'est pas vrai que M. Marsden tînt ses filles dans l'ignorance de tout ce qu'on disait sur Mademoiselle. Le père leur explique très-complétement tout ce qui se passe. Et vous dites que ces enfants averties d'une surveillance, d'une protection, ces enfants à qui l'oncle *a parlé clairement*, sont sous le coup de la tyrannie? Encore une fois, qu'écrivait Mlle Rashdall, quel compte rendait-elle de sa mission?

Vous dissimulez la correspondance; contentons-nous donc de la déposition de Mlle Rashdall devant le commissaire de police. Elle a « vu plusieurs fois Alice et Rosa couchées dans le même lit, les pieds attachés à l'extrémité de la couchette et les bras levés perpendiculairement et fixés, à l'aide de cordes, à la flèche du lit. Ayant demandé à Mlle Doudet pourquoi elle en usait ainsi, elle me répondit qu'elle suivait les instructions de son médecin, et employait ce moyen pour empêcher les enfants de... »

C'était donc une précaution nécessaire. On connait les appareils inventés contre ces habitudes, ces caleçons pour les deux sexes; ils ont des anneaux disposés de manière à pouvoir attacher les jambes, surtout pour les jeunes filles. Consultez le *Dictionnaire des Sciences médicales*, consultez *Tissot*; la raison en est donnée partout; il faut tenir les jambes écartées, en même temps que les mains sont tenues en l'air. On ne nie donc pas ces ligatures, et Mlle Rashdall a approuvé; elle n'a pas empêché que cela se renouvelât! Dans le cas contraire, elle se fût plainte à son beau-frère. Montrez ses lettres.

Suivons la déclaration de Mlle Rashdall devant le commissaire : «*Je vis plusieurs fois* ces dernières prendre leurs repas, et je m'aperçus qu'elles étaient nourries d'une manière sordide et ne mangeaient pas de viande. *Je ne fis pas d'observation* à la demoiselle Doudet, car je craignais qu'en mon absence elle ne redoublât de mauvais traitements, et que les enfants ne fussent victimes des bons sentiments qu'ils m'avaient inspirés.»

Ah! vous étiez surveillante, vous avez vu tout cela plusieurs fois, et vous n'avez rien dit! Mlle Rashdall sent si bien l'imprudence d'une telle déclaration, que, un an plus tard, elle dira : « Ce n'est pas moi qui ai vu les enfants.... Je n'ai jamais été témoin des repas des enfants. » Graves démentis, surtout quand on ne produit pas les lettres! Graves démentis, s'il est encore prouvé que la déclaration devant le juge d'instruction contredit celle qu'on avait faite devant le commissaire de police ! Plus graves encore, si l'on rapproche ces tardives modifications de la déclaration du docteur Campbell, dans laquelle on saisit les manœuvres employées pour tirer du médecin un certificat accusateur !

« Et c'est sur ces témoignages qu'on s'appuye ! Ah ! je dis que c'est jugé. »

La plainte même de M. Marsden montre sur quels éléments il a dû se décider : c'est la lettre de Mme Sudre, la lettre anonyme envoyée par le commissaire, la correspondance dissimulée de Mlle Rashdall. Éléments respectables : des cancans passionnés, des ouï-dire venimeux, des accusations démenties, entachées d'ailleurs de faux par cette tentative odieuse de subornation du docteur Campbell.

Encore M. Marsden a-t-il hésité deux mois; il se refuse à faire un procès.

Le 3 novembre 1853, M. Marsden ne veut pas de procès; il ne se déterminera à porter plainte que le 8 mai 1854; et cependant, au mois de novembre, une plainte est déposée. C'est Mlle Rashdall, c'est Mme Hooper qui *se passent* du docteur Marsden.

Et cette plainte, qu'est-elle devenue? Après une laborieuse enquête, dans laquelle M. le commissaire de police a reçu tant de témoignages favorables rectifiant complétement les faits annoncés dans les lettres anonymes, le préfet de police a répondu à M. Marsden. M. Marsden a dit depuis qu'il ne savait pas pourquoi le préfet de police n'avait pas donné suite à sa plainte : qu'il montre donc la lettre du préfet de police!

Les hésitations de M. Marsden, leurs causes, on peut les surprendre dans ses réponses aux lettres que fait écrire par M. Gabriel cette dame Poussielgue, qui a sollicité tant de procès, qui s'est si fort agitée pour donner la vie à l'accusation dirigée contre Mlle Doudet. M. Marsden répond qu'il renonce à poursuivre, parce que « Mlle Doudet pourrait facilement donner des explications. »

Dans la discussion du témoignage de Léocadie, *Me Berryer* rencontre une question jugée, celle de Mary-Ann; mais il s'y attache pour prouver l'origine de ce témoignage et ses variations incessantes. Léocadie est renvoyée le 5 juin, le lendemain de la visite du commissaire, lorsque les lettres anonymes et les accusations pleuvent, ce qui prouve, en passant, que Mlle Doudet ne craint rien. Léocadie, expulsée, accuse pour la première fois sa maîtresse, devant le portier Tassin, d'avoir causé par ses violences la mort de Mary-Ann. Mais quand M. Gaudinot lui reprochait les propos tenus contre sa maîtresse, pourquoi donc Léocadie gardait-elle le silence? Elle est entendue pour la première fois le 26 octobre 1853, et elle accuse Mlle Doudet d'avoir frappé Mary-Ann « sans motif apparent. *J'étais alors*, dit-elle, *dans ma cuisine. En entendant le bruit d'un corps tombant sur le parquet, fort lourdement, je m'avançai* dans le moment même que Mlle Doudet m'appelait auprès d'elle. » Confrontée trois jours après avec Zéphyrine, Léocadie se rétracte sur un point; elle reconnait qu'elle n'a pas vu frapper Mary-Ann; elle ajoute qu'elle tient de Zéphyrine « la majeure partie des faits, » ce que Zéphyrine nie d'une manière affirmative. Le 11 mars 1854, nouvelle variation devant le juge d'instruction. Ce n'est plus sans motif apparent que Mary-Ann aurait été frappée; Léocadie a entendu gronder cette enfant. « J'ai eu la curiosité de savoir ce qui allait se passer, *et j'ai écouté à la porte*. Alors, j'ai *entendu les coups redoublés* que Mlle Doudet portait à l'enfant, et j'ai *entendu la chute que ces coups ont produite.* » On saisit les différences! Et le 21 mai 1854, Léocadie loge chez Mme Hooper!

Le 5 septembre 1854, nouveau système. Léocadie était dans sa cuisine, elle a entendu du bruit, elle a voulu voir, elle a *vu frapper en montant l'escalier*. Elle a *vu* Mlle Doudet, qui aurait été chercher Mary-Ann à la cave, lui donner un coup de genou et faire tomber les livres que l'enfant avait sous le bras. Il fallait bien confirmer le mensonge primitif fait au portier.

C'est à travers ces inventions, ces passions, ces suggestions, que nous arrivons à la plainte du 8 mai 1854. Il y a près d'un an que M. Marsden a retiré ses filles à Mlle Doudet; il a hésité assez longtemps, sa plainte a été mûrie, tous les faits y seront justifiés, incontestables? Point : cette plainte fourmille d'erreurs.

En voici une, par exemple : M. Marsden dit qu'on enfermait les enfants dans les lieux d'aisance; « Emily y est restée enfermée jusqu'à onze heures du soir; elle en est sortie avec un rhume, n'ayant pas osé fermer la *fenêtre* qui était ouverte. » Que manque-t-il à ce récit pour être vrai? Une fenêtre. Il n'en existe pas; ce cabinet, situé dans la partie de la maison adossée à la maison voisine, n'est éclairé que par un verre dormant qui communique à la cuisine. Il y a là mensonge matériel, et nous faisons, ce qui est rare, la preuve d'un fait négatif. On n'a reculé, dans cette plainte, devant aucun moyen d'exciter l'indignation; on y dit positivement que Mlle Doudet « avait forcé ses filles à manger leurs excréments, et qu'elles étaient tellement épuisées par la faim, qu'elles n'avaient fait aucune résistance. » Où est la déclaration dans laquelle une de ces petites ait articulé, indiqué seulement un fait semblable? Non, il n'y a rien de semblable! Non, il n'y a rien de pareil, et cette articulation est aussi fausse que révoltante!

M. Marsden dit, dans la plainte, qu'il a *vu* le corps de sa petite fille couvert de contusions. Erreur :

le 27 septembre 1853, il écrivait à M. le préfet de police, qui lui disait de faire constater la trace de coups, que cette trace avait disparu. Le certificat du docteur Francis Black, invoqué par M. l'avocat général comme preuve de contusions reconnues, n'en dit pas le premier mot. M. l'avocat général s'est trompé évidemment!

Que dire encore de la plainte parlant de « nouvelles faussement rassurantes envoyées pour empêcher M. Marsden de venir, » quand M. Marsden lui-même (lettre du 15 juin 1853) se donne un démenti formel? Ces bulletins rassurants, vous les eussiez produits s'ils existaient. Produisez-les donc! Mais vous ne produisez rien de ce qui vous gêne. Nous, nous produisons en original cette lettre dans laquelle il s'excuse de ne pas pouvoir venir, ce qui prouve qu'il ment quand il dit qu'on lui écrivait de manière à l'empêcher de venir. Il dit qu'on le rassurait faussement, et, le 23 juin 1853, il écrivait au docteur Gaudinot : « L'attaque me paraît être une apoplexie, un épanchement sanguin résultant d'une détention prolongée du sang dans les vaisseaux du cerveau, pendant une quinte de toux...... *J'en suis fort inquiet*, et je serais venu la voir, mais *il m'est impossible de quitter ma clientèle.* »

Il en a donc menti, je ne puis pas prendre une autre expression.

Il dit encore, dans sa plainte, qu'il est arrivé *inopinément*. Nouveau mensonge. La mort du 28 juillet lui a été annoncée immédiatement par la tante, par Emily; on lui a donné tous les détails, on l'attend, et je demande s'il y a une circonstance dans laquelle un père puisse être plus naturellement attendu que celle où, après tout ce qui s'est passé, après tout ce qu'il a connu, après l'accusation qui a retenti, on lui annonce la mort d'une de ses filles.

Il fait la description du spectacle affreux offert à ses yeux : il a pénétré dans une chambre obscure où deux de ses filles sont garrottées, sont liées; dans son mémoire il parle même d'*oubliettes*, et dit qu'il a coupé les cordes qui les retenaient au lit. Mais la vérité est qu'il est arrivé le matin à une heure où les enfants sont encore au lit; qu'il les a trouvées dans une chambre fort grande, fort propre, qui est la chambre où habitaient les enfants, où avait logé Zéphyrine pendant qu'elle était encore dans la maison. Il a été introduit dans cette pièce, qui est au premier, qui est éclairée par une très-grande croisée, et il a vu les deux enfants, encore dans leur lit, liées, oui, non pas avec des cordes, mais avec des rubans. Il vit les jambes attachées au pied du lit, c'est vrai; elles avaient les mains liées aussi, cela peut être vrai : l'information n'est pas positive sur ce point. Mais il vient faire ici une scène dramatique, soulever toutes les imaginations, tous les cœurs, tandis que c'étaient des enfants à l'égard desquelles il fallait toujours prendre des précautions.

Sur les enfants de cet âge, il est bien difficile d'espérer que, par la raison, par les bons conseils, par les pensées religieuses, par la tendresse maternelle, on pourra vaincre ce vice involontaire qui dévore l'existence prématurément. A cet âge, les moyens coërcitifs sont les seuls qu'on puisse employer, et c'est en préservant les enfants, en les empêchant de céder à ces entraînements irrésistibles, qu'on peut les guérir, et non pas par des admonitions, dont, à cet âge, ils peuvent ne pas comprendre toute l'importance, et en leur parlant de l'avenir, qu'ils ne comprennent pas.

Ajoutons à tous ces mensonges la négation de la coqueluche. Lucy ne l'avait pas, dit-on. Or, voici l'acte de décès, rédigé avec un soin minutieux, comme on le fait en Angleterre. Il dit que Lucy est morte de *toux convulsive* ou *coqueluche*, après *épuisement*. Ce n'est pas tout : M. Marsden lui-même, le 27 août 1853, écrit à Mme Sudre que *Lucy est malade de la coqueluche*.

On a vu ce qu'étaient les témoignages ; voilà ce qu'est la plainte.

Qu'y a-t-il donc de réel au fond du procès? Pour s'en rendre compte sainement, il ne faut pas se laisser étourdir par cette indignation, trop juste quand il s'agit de faits de cette espèce, trop naturelle quand il s'agit d'une conduite exécrable comme celle qui est imputée à l'institutrice. Quand il s'agit d'un père qui s'est confié à la douceur de nos mœurs, à la protection active et éclairée de nos lois, quand on entend le récit d'un crime aussi grand, l'indignation s'allume; mais quand on a à prononcer le jugement, quand on a à discuter devant les magistrats les faits de la cause, il faut étouffer dans son cœur les sentiments qu'y fait naître la seule énonciation des actes... (Je ne connais pas Mlle Doudet, si je la croyais capable de ce crime, je ne voudrais pas la regarder en face....) il faut juger froidement les faits.

Ce qu'il y a de vrai, c'est que Zéphyrine a discuté avec sa sœur le régime de M. Marsden, ces punitions corporelles que Zéphyrine dit avoir été employées sans rigueur, sans exagération, avec la main. Zéphyrine, instruite, élevée en France, dit : « Je ne puis supporter cela. » Mais ce système de corrections manuelles, c'est celui de l'Angleterre, celui qui est pratiqué dans l'armée anglaise, dans les colléges anglais. Un autre point qui blessait Zéphyrine, c'était le régime alimentaire, le déjeuner d'eau et de lait prescrit par M. Marsden, l'homœopathe passionné. Il y a eu discussion sur ces habitudes; mais il est faux de dire que Zéphyrine ait quitté sa sœur par indignation. Zéphyrine a été demandée comme gouvernante à demeure. Aussi Zéphyrine dit-elle : « J'ai désapprouvé, mais je n'ai jamais accusé ma sœur. »

Or, c'est sur l'accusation de Zéphyrine que repose tout le système. Léocadie tient « la majeure partie des faits » de Zéphyrine. Mme Poussielgue ne sait rien que par Léocadie, ainsi que Mlle How, ainsi que Mme Hooper. Mme Sudre ne sait rien que par des bruits de quartier.

Il est un témoin qui donne un démenti complet à tous ceux qui se fondent sur la déclaration de Zéphyrine : c'est Mme Espert. Que dit-elle? qu'elle n'a rien vu, rien entendu, elle qui demeurait dans la maison, qui fréquentait les deux sœurs, et elle ajoute :

« Pendant *tout le temps que sa sœur Zéphyrine a partagé son domicile*, les jeunes filles de M. Marsden ont été *parfaitement soignées* et paraissaient jouir d'une *parfaite santé*, à l'exception pourtant de Mary-Ann, qui, ayant eu le choléra, était d'une complexion plus délicate que celle de ses sœurs. »

Comment donc soutenir une accusation bâtie tout entière sur des faits de cruauté qui auraient été *déclarés par Zéphyrine* comme *antérieurs à son départ?* On a évidemment dénaturé les propos de Zéphyrine.

Me Berryer arrive au dernier point de sa cause, les déclarations des enfants.

A ces déclarations, on peut opposer des lettres sans nombre adressées à Mlle Doudet à toutes les époques, lettres où les enfants témoignent de leur tendresse, de leur affection dans les termes les plus touchants. C'est la petite Lucy qui écrit : « Voulez-vous acceptez cette petite tablet pour porter dans votre poche ? Le petit médaillon que je veut acheté, c'est pour votre cheveux. J'espère que vous accepterez ce petit souvenir ; je l'ai fait de mon mieux. Je vous envoie mon meilleur amitié et amour. » C'est Rosa : « Voyez comme vous êtes bonne pour nous, vous avez sortait tout de suite après le médecin était parti pour acheter cette chose pour Marian ; et à présent je serait sage pour vous. Je vous envoie mon amour, chère demoiselle. »

Celles-là sont écrites en français de commençante ; la suivante, d'Emily, est traduite de l'anglais : « Ma chère demoiselle, j'ose à peine cette fois vous demander pardon, vous ayant tant de fois si *faussement trompée*. Je regrette d'avoir si mal répété mon catéchisme. A notre retour aujourd'hui, j'ai bien vu que votre mine était triste, et au lieu de faire mieux, afin de vous consoler, je n'ai fait qu'ajouter à votre tristesse. Mais demain vous verrez un changement réel. D'abord, je ferai attentivement et bien mes devoirs, et j'espère qu'avant le soir vous pourrez voir que je cherche à *regagner ma place auprès de vous*, et que je ne veux plus vous donner de cause de mécontentement. Hier, en me quittant, vous avez dit : « Que Dieu vous bénisse, chère enfant ! » Oh ! si vous saviez combien j'ai senti ces paroles, parce que je n'en méritais pas de si bonnes, vous ayant manqué si gravement. Croyez-moi votre élève affectionnée et repentante. »

Ces lettres, dit-on, ont été dictées aux enfants pendant que Mlle Doudet les avait chez elle. On se faisait donner apparemment des certificats de bonne et tendre conduite !

Mais voici que le père arrive le 31 juillet, et arrache à Mlle Doudet ces enfants garrottées, « ces cadavres qui ne parlaient plus, » qui avaient à peine l'apparence de la vie. Que va faire M. Marsden ? D'abord, il va se promener sur le boulevard avec ces malades abattues, en état de désorganisation complète, ne pouvant plus se soutenir sur leurs jambes. Après la promenade, il les fait entrer dans un café, et, lui médecin, à ces exténuées, il fait prendre du café ; et, dans cet état d'étisie, elles mangent trois corbeilles de gâteaux. Puis..., oh ! si son indignation est vraie, si son impression a le caractère qu'il a cherché à lui donner, que va-t-il faire de ses enfants ?.... Le soir, il les ramène à Mlle Doudet, les enfants reviennent coucher chez leur bourreau. Le lendemain seulement, on les conduit à Chaillot. De Chaillot, il y a une douzaine de lettres des enfants, les plus tendres et les plus affectueuses du monde. Écoutez celle-ci d'Emily :

« Ma chère demoiselle, je pense très-souvent à vous, et *je souhaiterais beaucoup revenir demeurer avec vous. Il faut avouer que c'est bien honteux de nous avoir séparées de vous d'une telle manière.* Je songeais, la nuit dernière, à la petite Mary-Ann ; *quel dommage qu'elle ne puisse pas être ensevelie près du tombeau de Mme Doudet !* Vous devez être très-isolée dans votre appartement, à présent que vous êtes seule ; je puis vous assurer que je vous regrette beaucoup, et je pense que Lucy et Rosa éprouvent les mêmes regrets que moi. *Notre oncle John dit que nous pouvons rester une heure ou deux avec vous, tous les jours. Je suis très-charmée d'apprendre que nous ne partirons que mardi....* Je tâcherai de vous écrire tous les jours tant que nous serons ici ; je sais que vous aimez à recevoir de petites lettres de notre part. Vous ne sauriez croire combien je suis fâchée d'avoir été méchante quand j'étais avec vous, tandis que j'aurais pu être si bonne. Je ne saurais oublier que je vous suis très-redevable ; vous vous êtes donné beaucoup plus de mal pour moi qu'aucune autre personne. Je ne saurais m'empêcher de penser que mon caractère est bien différent à présent de ce qu'il était quand vous êtes venue chez nous. J'ai dit à ma tante que le papa vous avait promis des cheveux d'Alice ; elle va bientôt en faire couper. N'oubliez pas, je vous prie, que vous avez promis de nous donner de vos cheveux ! J'y attacherai un si grand prix ! Si vous saviez combien je suis peinée de ne pouvoir achever votre jupon. Je comptais tellement là-dessus, que je pensais avoir le plaisir de vous le voir porter. Je serais enchantée si vous faisiez laver votre bonnet avant votre départ. Je serais bien aise de le voir. Je puis vous assurer, ma chère demoiselle, que je ne vous oublierai jamais ; vous avez tant souffert pour nous, vous avez tant fait pour nous et vous avez pris tant de peine, vous avez eu tant de soins de notre chère petite Poppy, que si je n'étais pénétrée d'une profonde reconnaissance, je serais aussi méchante, bien plus méchante qu'aucun de vos ennemis. Je vous remercie beaucoup de toutes vos bontés. On vous a fait beaucoup de tort ; on s'est comporté abominablement envers vous. Je ne suis pas étonnée si Mme Lebey, ainsi que toutes les autres, sont si indignées. »

Six lettres de Rosa sont pleines de petits détails enfantins, adressés à la *bien chère Zelly ;* sur l'intérieur nouveau, sur l'oncle John, sur la petite poupée qui « m'amusera beaucoup, je pense, parce que, hier, elle me disait une histoire que vous lui avez racontée, et elle était bien jolie..... Nous devons rester ici jusqu'à mardi.... C'est la dernière fois que je puis vous écrire, parce que nous partirons à une heure, jeudi ; mais je vous écrirai assez souvent d'Angleterre.... Vous écrirai-je en français ou en anglais, de Malvern ?... Vous ne pourriez vous imaginer combien nous sommes désappointées de ne pouvoir venir vous voir ce matin. J'ai donné à ma poupée le nom de Tinny (Et, en français :). Vous ne savait pas combien je suis fâcher d'avoir était si méchant, et de ne pas vous laisser dormir la nuit quand vous était malade... Vous ne savait pas combien je pleurait la nuit passée, parce que j'ai pensé combien vous avez était bonne pour moi, et comme j'ai était ingrat à vous... Alice est plus malade ici qu'à votre maison. Je me souviendrai toujours de vous, ma chère Zelly. Je suis votre affectionnée petite ancienne élève. »

« Ma chère Zelly, écrit Lucy, j'ai souvent pensé à vous depuis, et je penserai toujours à vos bontés envers nous toutes ; il en sera de même de la petite Mary-Ann. Pourrais-je oublier les peines, les inquiétudes que devaient vous occasionner mes leçons, que vous aviez la bonté de m'expliquer si bien ? Il m'est impossible de vous exprimer tout le regret que j'éprouve de n'avoir pas fait plus d'attention, tandis que j'avais une si belle occasion, et quand je songe à ma méchanceté. Mais veuillez tout oublier maintenant. Il faut que je vous dise adieu dans cette lettre.... »

Emily écrit à Mlle Doudet l'aînée, pour lui apprendre la mort de Mary-Ann. Cette lettre est datée de Chaillot, le 5 août 1853.

« Ma chère mademoiselle Doudet,

« Je vous écris pour vous dire quelque chose qui nous a causé beaucoup de chagrin ; notre chère petite sœur Mary-Ann, qui était si malade, a quitté ce monde. Chère Mademoiselle, comme je vous ai déjà dit, a eu le soin le plus continuel d'elle. Elle en sentit beaucoup la perte. C'est une grande consolation pour nous que de savoir qu'elle doit être enterrée ici, et chère Mademoiselle a promis de visiter souvent sa tombe. Chère petite Poppy expira dans les bras de Mademoiselle, à neuf heures un quart, le 28 juillet. C'était le matin, pendant que chère Mademoiselle l'arrangeait; peu de temps avant sa mort, elle était très-gaie et parlait comme à l'ordinaire. Sa mort fut subitement occasionnée par une accumulation de glaires à la poitrine, et lorsque ceci creva, elle fut instantanément asphyxiée.

« Vous ne sauriez vous imaginer combien elle et Mademoiselle s'aimaient, cequi, comme de raison, rendit la séparation bien plus douloureuse. Chère Mademoiselle l'avait veillée pendant toute la maladie et l'avait gardée avec un soin que, j'en suis sûre, aucune mère n'aurait montré.

« Je ne puis m'empêcher de sentir combien nous lui devons et combien nous avons à lui en être reconnaissantes. Outre ses attentions infatigables pour notre chère petite sœur, elle a été aussi la meilleure des amies pour nous. Ni mère, ni institutrice, ni professeur, ne se serait jamais donné tant de peine et de labeur pour nous faire avancer dans nos études, les rendant des plus faciles, toujours prête à nous aider et à nous encourager.

« *Le jour de la mort* de notre chère petite Poppy, *notre tante avait écrit un récit de tout à papa;* il n'a pu recevoir la lettre que le 30, qui était un samedi. Notre oncle John et notre papa partirent immédiatement et arrivèrent le *dimanche matin;* mais, quoique je fusse certainement bien aise de les revoir, j'aurais été cependant cent fois plus heureuse s'ils ne fussent pas venus, car ce n'était que pour nous arracher à chère Demoiselle le *lundi* suivant, trois jours après notre triste perte.

« Chère, chère Demoiselle ! la voilà maintenant dans la maison toute seule, privée de toutes espérances et de consolations. Je suis sûre que nous aurions donné tout pour pouvoir demeurer encore avec elle. Mademoiselle était si bonne ! Je l'aime beaucoup plus à présent que je ne l'ai jamais fait avant. Je suis certaine que je n'oublierai jamais ses bontés et tout ce qu'elle a fait pour nous.

« Cette pauvre Demoiselle a un grand nombre d'ennemis, mais je crois aussi qu'elle a une ou deux amies qui s'intéressent à elle.

« Je prends part à sa vive douleur. Vous ne sauriez croire l'ingratitude qu'on lui a montrée, l'injustice qui lui a été faite par les personnes mêmes qui auraient dû lui être le plus reconnaissantes et le plus portées à tout faire pour elle (j'aime mieux ne pas mentionner les noms).

« Pauvre chère Mademoiselle, elle paraît être dans un très-mauvais état de santé, mais je crois qu'elle doit aller aux eaux la semaine prochaine, ce qui lui fera, je l'espère, beaucoup de bien. Nous devons quitter Paris mardi pour aller en Angleterre.... »

Voilà ces lettres de Chaillot. Ont-elles encore été dictées ? On n'hésite pas à le dire. On le fait même dire aux enfants. « Oh ! disent-elles, Mlle Doudet nous disait les choses que nous devions lui écrire, nous les écrivions sur une ardoise, et, revenues chez notre tante, nous mettions les lettres au net pour les envoyer à Mlle Doudet. » Voilà le système auquel on est conduit à avoir recours, et ces martyres délivrées, ces esclaves affranchies du joug de leur tyran cruel, quand elles sont chez leur tante, passent leur temps encore à écrire des lettres dictées par le bourreau. Mais il est impossible que ces lettres aient été ainsi dictées, en partie sur une ardoise. Me Berryer en lit une d'Émily, datée du 6 août, qui a *seize pages* de minute, pleines de tendresse. Et cette lettre a été emportée sur l'ardoise !

Mais, fait-on dire aux enfants, nous ne savions pas que nous partirions ! Chacune des lettres de Chaillot parle de ce départ, on en fixe le jour. Ce départ était décidé, formel.

Comment expliquer la contradiction qui existe entre ces déclarations mensongères que font aujourd'hui les enfants et leurs lettres, leur langage constant, leurs continuelles démonstrations de tendresse et de reconnaissance envers Mlle Doudet? Comment expliquer leur silence sur les prétendues tortures qu'elles auraient subies?

En septembre 1852, pendant le séjour à Paris de l'oncle; en décembre 1852, pendant le séjour du père à Paris; au mois de juin 1853, pendant la surveillance de l'oncle; au mois de juillet, pendant la surveillance de la tante, comment ces enfants torturées ne se sont-elles pas plaintes? Et elles avaient été averties que leur tante était là pour les protéger ; et elles n'élevaient aucune plainte, et elles multipliaient, au contraire, les témoignages d'attachement ! C'est inadmissible.

On a senti cette contradiction entre la conduite du père, qui continue les relations des enfants avec l'institutrice, et toutes les hypothèses de l'accusation, celle surtout des lettres dictées par la terreur. On a cherché une explication.

Il fallait, a-t-on dit, se garder de rien dire aux enfants, de peur qu'elles ne perdissent le respect pour la nouvelle institutrice qu'on leur donnerait. Mais, si l'impression de M. Marsden, à la vue de ses enfants, le 31 juillet, avait été telle qu'il le raconte, comment admettre qu'il aurait tenu à conserver à ses enfants de l'estime pour cette abominable institutrice !

La vérité est que les six mois supplémentaires étaient expirés depuis peu, qu'il n'y avait pas de nouvelle convention écrite, que Mary-Ann venait de mourir, que les autres enfants étaient malades et que ces circonstances suffisaient pour expliquer le désir naturel de faire rentrer les enfants dans la famille.

La prétendue réserve du père vis-à-vis de ses enfants est encore démentie par la lettre du 15 juillet dans laquelle il écrit à Emily qu'on l'accable de lettres anonymes, qu'on accuse mademoiselle Doudet de faire mourir les enfants de faim. « J'ai reçu, écrit-il à Emily, une lettre qui me dit que je devrais jeter mademoiselle Doudet par les fenêtres. » Et on voulait conserver aux enfants le respect pour leur institutrice !

Mais, a-t-on dit plus tard encore, les enfants ont été séparées, Alice est restée en France. Ici, chose remarquable, le récit est différent dans trois parties. D'abord, M. Marsden déclare que les enfants n'ont consenti à s'expliquer qu'au bout de trois semaines; ailleurs, il dit qu'au bout de trois ou quatre jours, Rosa s'est plainte d'une douleur *au côté* que madame Marsden a vérifié, et que la petite été trouvée couverte de contusions; enfin, dans une première déclaration, le père prétend que les enfants ont commencé à parler à Malvern, parce que, au bout d'un plus grand nombre de jours, Rosa s'est plainte d'avoir une douleur *au genou*. — « D'où cela vous est-il arrivé? aurait-il dit alors. Et sa sœur aurait répondu : — C'est mademoiselle Doudet qui a frappé ma sœur; elle nous frappait tous les jours. » Alors, les révélations seraient arrivées.

Non, il n'en est pas ainsi : madame Hooper et tout le cortége des personnes qui avaient présidé aux lettres anonymes qui ont induit au mal mademoiselle Rashdall, qui l'ont mise dans la position d'être obligée de se rétracter devant le magistrat, qui l'ont accompagnée pour faire faire un faux certificat par M. Campbell, ne disent pas la vérité : les enfants étaient chez Mlle Rashdall, elles habitaient sa maison, elles y sont restées, et quand Mlle Rashdall déclare (je prie la cour de noter ceci) qu'elle ne faisait rien connaître à Alice de ce qui se passait, qu'elle a bien su que ses sœurs avaient parlé en Angleterre, mais qu'elle ne lui a donné aucun détail, et qu'Alice, restée chez elle, n'avait pas parlé avant que les autres eussent parlé en Angleterre, elle déclare encore une chose fausse et qui est démentie par sa propre femme de chambre, par la fille Salisbury, laquelle déclare formellement *qu'avant le départ des enfants pour l'Angleterre*, ces enfants avaient commencé à lui faire des confidences sur ce qui s'était passé.

Ainsi, tout est faux dans le récit qu'on fait de la manière dont les enfants ont été amenées à faire leur déclaration. La déclaration des enfants, elle est, je le répète, unanime : c'est presque toujours dans les mêmes termes et dans le même ordre de mots que les enfants répètent leurs déclarations devant les différents magistrats qui les ont entendues.

Comment les enfants ont-elles été amenées à faire ces déclarations? Les y a-t-on excitées? Leur a-t-on dicté leur leçon? Se la sont-elles faite à elles-mêmes, effrayées par la mort de Mary-Ann, par l'état dans lequel était Lucy, par tout ce qu'on a pu leur dire du danger de leurs habitudes? Sur le corps de Mary-Ann, comme on le raconte, c'est peut-être la vérité (on le nie parce que ce n'est pas certifié par des témoins), ne leur a-t-on pas fait jurer d'être plus sages? Cette résolution, qui ramène la santé et la vie chez les enfants, quand elles avaient été abandonnées trop longtemps à cet abominable penchant, cette résolution a-t-elle été prise en commun? Les enfants ont-elles voulu, ont-elles été entraînées dans la pensée, qui est la pensée unique du père, de s'excuser, de se défendre elles-mêmes; d'attribuer à toute autre cause que leurs mauvaises habitudes le triste état dans lequel elles étaient tombées? Je l'ignore; mais avec une grande facilité, tout-à-l'heure le ministère public disait : « Je vous rapporte la preuve du délit, je n'ai pas à me rendre compte des motifs qui vous ont déterminée et des sentiments qui vous ont poussée à le commettre. » J'aurais, moi, le même droit de dire : Je ne sais pas comment les enfants ont été amenées à faire ces déclarations; je sais seulement qu'il est établi que les enfants connaissaient ce qu'on avait reproché à leur institutrice, avant de se rendre en Angleterre. Elles savaient donc le thème de l'accusation.

« J'oppose à ces enfants leurs lettres. S'il est vrai, comme on l'a dit, qu'avant de partir, les enfants aient fait des révélations, il est impossible qu'elles aient fait des révélations et qu'elles aient écrit les lettres tendres et affectueuses qu'en même temps elles écrivaient à mademoiselle Doudet. Si elles faisaient des révélations, elles n'avaient pas de motif pour obéir à l'injonction d'écrire les lettres dans de certains termes.

« Il y a là un mystère que je n'ai pas à pénétrer, dont je n'ai pas à rendre compte. Il me suffit de prouver, par l'ensemble de ce procès, que le caractère, que la vie entière de mademoiselle Doudet, sont un démenti formel aux atrocités qu'on lui impute. Il me suffit d'avoir démontré qu'il n'est pas vrai qu'une passion jalouse soit née dans son cœur à cause de M. Marsden, et parce qu'elle aurait eu la prétention de l'épouser, elle qui s'était éloignée de lui presque aussitôt qu'elle avait mis les pieds dans sa maison. Il me suffit d'avoir démontré qu'il n'était pas vrai qu'elle eût cherché une fausse et mensongère explication de l'état de dépérissement des enfants, quand elle avait parlé de leurs mauvaises habitudes; d'avoir démontré qu'il n'était pas vrai que M. Marsden ignorât les habitudes de ses enfants, qu'il n'en eût pas eu connaissance, et que ce fût une invention. Il est prouvé que les enfants étaient atteintes de ce vice, cela est incontestable, cela est signalé par M. Marsden lui-même aux personnes auxquelles il s'est adressé pour en obtenir des remèdes contre le défaut de ces enfants. »

Il n'y a rien de vrai que l'exagération des récits sur des choses vraies, constatées, peut-être blâmables dans nos mœurs, l'application de peines corporelles, et le régime alimentaire homœopathique trop réduit, suivant les volontés du père.

« Voilà ce qui est vrai dans la cause. Les conséquences de la maladie sont devenues visibles dans l'état extérieur des enfants; on est venu à leur aide, on leur a envoyé des visites, une surveillance. Mademoiselle Doudet n'a rien caché à personne : toutes ces personnes qui sont venues chez elle ont vu les enfants; elle les a montrées, elle les a fait voir malades, elle menait à leur lit. Cela résulte des témoignages.

« Il n'y a rien qu'une exagération, exagération volontaire de la part du père. Dans sa lettre au juge d'instruction, du 6 septembre 1854, il explique comment il a été déterminé à faire le procès; il le dit, il n'a qu'un seul intérêt, ce n'est pas d'obtenir vengeance des cruautés, des rigueurs, que mademoiselle Doudet aurait pratiquées sur ses enfants : c'est l'avenir de ses enfants qui l'inquiète, et il veut aujourd'hui faire condamner mademoiselle Doudet pour sauver l'honneur de ses filles. Il le dit ouvertement, il n'a pas d'autre but, c'est là le but de la plainte. »

Si les enfants, comme cela est démontré, ont été entachées du vice qu'on cherche à nier, c'est en vain qu'on cherchera à les en laver en perdant celle qui a fait pour les guérir tout ce qu'aurait pu faire une mère, tout ce qu'ordonnent les livres, les médecins.

Me Berryer termine cette longue et patiente discussion, en montrant quelle situation différente peuvent faire à l'institutrice et aux jeunes filles les deux issues possibles du procès.

« Sans doute, le défaut reconnu chez ces jeunes filles est un mal, mais c'est encore plus une maladie; à l'âge où les filles de M. Marsden se sont livrées à ces habitudes, c'est beaucoup plus peut-être la conséquence d'une organisation nerveuse, irritée et irritable, un entraînement involontaire. Il est facile de comprendre qu'en grandissant, elles se soient guéries de ces habitudes par des soins, par une résolution ferme; qu'arrivées à l'âge de raison, elles retrouvent leur innocence, leur pureté, leur dignité dans le monde. Non, elles ne sont pas déshonorées à jamais.

« Mais pour celle-ci, après ce procès (vous lui rendrez justice, vous l'acquitterez, vous reconnaîtrez que l'accusation n'est pas fondée); mais restera-t-il, après de pareilles injures, après de pareils outrages, après de pareilles suppositions, après cette longue captivité préventive de plus d'une année; restera-t-il une mère de famille qui dise : Je peux confier mes enfants à Mlle Doudet? Toutes seront tremblantes, personne n'osera le faire : c'est son avenir qui est compromis, qui est perdu à jamais, aussi bien par votre acquittement, à l'époque où nous sommes du procès, qu'il pourrait l'être par une condamnation, sur la proportion de laquelle il ne m'appartient pas, dans cette cause, de discuter. Le *minimum* et le *maximum*, cela n'a aucune espèce d'importance; l'étendue de la peine ne lui soucie en rien, pas plus qu'à ceux qui ont pris sa défense dans la conviction de son absolue innocence. Ce qu'il faut à Mlle Doudet, c'est d'être entièrement purgée de l'accusation. »

Ainsi parla Me Berryer, et le lecteur aura reconnu que ce plaidoyer, prononcé avec cette chaleur d'éloquence qui distingue le prince du barreau français,

La Leçon.

fut surtout une discusssion logique, patiente, convaincue. C'est que Me Berryer avait commencé par être persuadé lui-même, avant de chercher à persuader les juges. D'abord, quand Me Nogent, après son premier triomphe de la Cour d'assises, avait senti ses forces physiques inférieures à son courage, et qu'il avait appelé Me Berryer à son aide, celui-ci avait refusé le secours de sa parole à l'institutrice, qu'il croyait coupable des ignobles violences énumérées dans l'accusation; mais, après qu'il eût entendu les arguments convaincus de Me Nogent, les supplications de tous ces protecteurs dévoués et désintéressés qui se groupaient autour de Mlle Doudet, il consentit à étudier cette triste affaire. Il passa de longues journées, sous les beaux ombrages de sa terre d'Angerville, à comparer les deux procédures antérieures, à scruter les débats, les dépositions, l'enquête anglaise, aidé dans ce travail par un des membres les plus honorables du barreau parisien, jugement froid et sain, expérience consommée, cœur honnête, *Me Henry Celliez.* Tous deux arrivèrent à cette conclusion que Mlle Doudet n'était pas coupable, et, un jour, Me Berryer consentit à la défendre. Mlle Doudet avait épuisé toutes ses ressources; M. Marsden lui refusait même le payement de 1,500 fr. encore dus, ne voulant pas, écrivait-il, lui donner les moyens de corrompre des témoins. De tous côtés, des mains généreuses s'ouvrirent pour assurer à Mlle Doudet le puissant concours de Me Berryer. Me Berryer fit ce que font si souvent nos avocats en pareille circonstance : il refusa tout salaire et accepta la cause; Mlle Doudet était pauvre, et il était convaincu de son innocence.

On a lu l'analyse de son plaidoyer; celui qui allait lui répondre et soutenir l'accusation, était aussi une des gloires du barreau français, *Me Chaix d'Est-Ange.* La défense si serrée, si logique de Me Berryer exigeait de l'avocat de M. Marsden des moyens d'attaque plus puissants que les entraînements d'une éloquence imagée, que ces cris du cœur et ces peintures dramatiques, par lesquels l'éloquent avocat s'était si souvent signalé. Il ne s'agissait pas ici d'un tournois oratoire, mais d'un duel de logique. Me Chaix d'Est-Ange le comprit.

Mais, avant de rapporter les arguments de la partie civile, il nous paraît nécessaire de reprendre ici, pour les rapprocher du plaidoyer de Me Chaix-d'Est-Ange, les parties principales de la discussion contenue dans le réquisitoire de M. de Gaujal. Ainsi l'accusation sera complétée à tous les points de vue, et le lecteur pourra comparer les deux adversaires de Mlle Doudet dans leurs moyens généraux.

Et d'abord, comment le ministère public avait-il accueilli l'enquête anglaise, et par quelles raisons l'avait-il repoussée? M. de Gaujal n'avait pas même voulu l'examiner, et il l'avait repoussée d'une manière absolue. On disait, il est vrai, qu'elle avait été faite, suivant les formes légales usitées en Angleterre, devant le magistrat compétent. Soit; mais qui l'avait faite? La partie intéressée, à son point de vue intéressé: non la justice, à un point de vue impartial. En Angleterre, si le procès avait dû y être jugé, à l'enquête du *solicitor* de Mlle Doudet on eût opposé la contre-enquête du *solicitor* de M. Marsden. Il n'en avait pas été ainsi. En s'adressant à la justice française, M. Marsden s'était conformé aux règles de la procédure française. L'accusée, dans son enquête, choisissait ses témoins, dirigeait les investigations, inspirait les déclarations, posait les questions. Elle avait fait tout cela loyalement, soit; mais obéissant malgré elle à la préoccupation du besoin de se défendre.

La Visite.

Telles étaient les raisons qui, aux yeux du ministère public, devaient faire repousser l'enquête anglaise.

Un autre point important du réquisitoire, c'était la valeur accordée au témoignage des enfants. C'est, disait la défense, une leçon qu'ils récitent. « Quant à moi, s'écria M. de Gaujal, si la défense doit continuer de rester sur ce terrain, je déclare que je proteste de toute mon énergie. Il y a assez de monstruosités prouvées dans ce procès, pour que nous n'en admettions pas sans preuves de nouvelles qui seraient cent fois pires. Quoi! le père aurait dressé ses enfants à ce rôle de mensonge et de calomnie! Quoi! ce père qui écrivait à Célestine Doudet, au sujet de ses enfants: *La morale est au-dessus de toute chose*, ce même père aurait dressé ses enfants à se jouer de la vérité et de la justice, et à mentir en plein prétoire, à la face d'un public immense, et sous l'image de Dieu qui les voit! Y a-t-on bien réfléchi? Quel père serait capable d'une telle infamie? »

Mais la seule logique repousserait cette thèse. Il faudrait de bien fortes passions, un intérêt bien puissant, pour étouffer à ce point le cœur paternel, pour en chasser le sentiment de la responsabilité, du devoir. « Où donc cet intérêt? où donc ces passions? Montrez-les; je vous attends. Persécuter Célestine Doudet!... Voilà un beau plaisir! Et pourquoi? Ne pas lui payer 1,500 fr. qu'on lui devait... Voilà un bel intérêt!... Et pour cela, quitter avec toute sa famille ses affaires, son pays, non pas une fois, mais maintes fois! Et pour cela, jeter ses enfants, leur pudeur, leur honneur, son propre honneur en pâture à l'opinion publique..... Allons donc, c'est absurde! »

C'est pour ces raisons que le ministère public avait considéré le langage des enfants comme aussi libre et spontané, qu'il était sincère et précis.

La contradiction inquiétante qui éclatait entre le témoignage actuel des enfants et leurs manifestations de tendresse pour leur institutrice, soit dans leur attitude, soit dans leurs lettres, avait inspiré à M. de Gaujal les réflexions suivantes :

« Les lettres et l'affection des enfants! Ah! n'en parlons pas : car ces deux faits, attentivement observés et bien compris, deviennent votre plus grande honte et sont votre condamnation.

« Les lettres! Nous savons ce qu'il faut en penser : c'est vous qui les avez dictées.

« Pour en être convaincu, il suffit de les lire.

« J'en prends une, par exemple celle du 28 juillet, adressée par Lucy à Zéphyrine, pour lui annoncer la mort de Mary-Ann.

« Le moment est solennel! c'est le jour même de la mort de Mary-Ann. C'est la sœur qui annonce la mort de sa sœur. L'émotion, la douleur, les larmes, tout cela, c'est la nature même; je n'ai pas besoin d'en parler. J'indique seulement la situation.

« Maintenant, prenez la lettre; il n'y a qu'un sentiment, qu'une seule pensée dans cette lettre : exploiter la mort de Mary-Ann, pour écraser Zéphyrine d'un remords à l'occasion de son départ. Du reste, pas un sentiment d'enfant, pas une manifestation de chagrin personnel; pas une expression de pitié; pas une larme pour la pauvre petite sœur éteinte. Tout est pour *Mademoiselle*, c'est-à-dire pour Célestine Doudet; c'est ainsi que les enfants l'appellent.

« *Jugez*, dit l'enfant, *jugez maintenant de l'isolement de Mademoiselle !*

« Puis, elle fait sur tous les tons l'apologie de Mademoiselle; et il n'est question que de Mademoiselle dans la lettre. C'est sa personnalité qui domine, parce que c'est elle qui dicte, et que la passion qui l'inspire ne lui laisse pas assez de sang-froid pour dissimuler son action.

« Vous avez la lettre au dossier, lisez-la, et vous verrez si j'exagère.

« Dans une autre lettre d'Émily à Zéphyrine, les reproches amers de la sœur à la sœur sont résumés et adressés avec beaucoup plus d'artifice qu'un enfant ne peut en avoir. *Humiliez-vous d'abord*, dit l'enfant, *et demandez pardon à Dieu et à Mademoiselle.*

« Voyez-vous cette enfant de douze ans parlant avec ce ton de hauteur, en s'adressant à la sœur de son institutrice ! *Humiliez-vous d'abord, et demandez pardon à Dieu et à Mademoiselle!* Tout est monté à ce diapason dans la lettre.

« A la fin de la lettre, il est dit : *Peut-être croirez-vous cette lettre dictée?*

« Je le crois bien : comment en pouvoir douter?

« *Mais elle ne sait pas seulement que j'écris.*

« *Elle ne sait pas seulement que j'écris!* Or, lisez le post-scriptum. La vérité va s'y faire jour, et l'écrivain s'y met en contradiction avec lui-même : *Mademoiselle m'a prié de vous dire qu'elle vous écrira plus tard.*

« Enfin, dans ce même post-scriptum, on lit encore ces phrases :

« *J'oubliais de vous dire que papa disait que Mademoiselle n'avait pas tenu son engagement, comme vous étiez toutes deux ensemble en arrivant à Paris ; qu'il n'était donc pas nécessaire qu'il tînt le sien. Et il a même diminué les conditions pour la pension; et il lui a laissé sur les bras les deux loyers de l'appartement pour six mois de plus.*

« Encore un remords jeté à la sœur par la main des enfants.

« On voit que tous les événements sont artificieusement exploités pour donner cours aux ressentiments, aux rancunes, aux reproches amers de la sœur à la sœur qui l'a délaissée.

« Ce ne sont certainement pas les enfants qui disaient spontanément de telles choses.

« Je pourrais prendre toutes les lettres une à une, et, dans toutes, je pourrais vous montrer sous la main des enfants l'inspiration et la pensée de l'institutrice.

« Mais à quoi bon? Est-ce que Zéphyrine ne dit pas elle-même qu'elles sont dictées, dans sa lettre du 9 août à Lucy? Est-ce que l'habitude à cet égard n'est pas suffisamment indiquée par cette précaution oratoire dans la lettre de Lucy : *Peut-être croirez-vous cette lettre dictée ?*

« Tenons donc pour certain que les lettres ont été dictées, et voyons-y une preuve de plus de l'oppression qui écrasait ces enfants.

« Quant aux témoignages incessants d'affection que les enfants ont donnés à leur institutrice pendant leur séjour dans la cité Odiot, ou aux époques qui ont suivi de près ce séjour, qui ne comprendrait cela?

« Il s'agit ici d'enfants échelonnés entre huit et quatorze ans; c'est-à-dire d'êtres essentiellement faibles, — faibles de corps, — mais plus encore, — faibles de volonté;

« Qui ne sait combien peut être absolu l'empire exercé sur les êtres faibles, notamment sur les enfants?

« Les enfants subissent tout sans se plaindre.

« Quand ils sont entre les mains d'une institutrice, ils savent que celle-ci a autorité sur eux ; mais ils ne savent pas et ne peuvent savoir jusqu'à quelles limites cette autorité peut légitimement s'exercer. Pour se plaindre, ou seulement pour s'indigner, il faut juger, c'est-à-dire avoir une certaine expérience. On ne juge que quand on a observé, comparé et formé sa raison. Quand on n'a pas encore formé sa raison, la souffrance même la plus extrême, on la subit comme une chose fatale, et l'on ne peut pas même avoir le sentiment de l'excès. Il y a plus, on caresse la main qui l'inflige, non pas précisément parce qu'elle l'inflige, mais parce qu'elle est l'autorité, et que l'autorité, c'est la force inévitable qui peut à son gré graduer la souffrance.

« Voilà ce qu'on pourrait dire en général de tous les enfants.

« Mais ceux-là, combien leur situation était plus difficile encore! Hors de leur patrie, sans mère, loin du père, sans parents, absolument isolés, livrés tout entiers à Célestine Doudet, jusqu'à quel degré ne devaient-ils pas subir la compression, quand ils entendaient bourdonner à leurs oreilles des paroles telles que celles ci : *J'ai pouvoir absolu sur votre corps et sur votre cœur; même quand je serais morte, je viendrais vous chercher et vous saisir!*

« Aussi, quel était le vrai de leur situation?

« C'étaient de pauvres victimes écrasées, tremblant toujours sous la main de leur bourreau ; mais léchant et caressant cette main, parce que c'était la seule action qui s'exerçât sur elles, et qu'elles sentaient par instinct qu'il fallait modérer et tempérer cette action.

« Madame Sudre peignait cette situation avec autant de vérité que d'énergie, quand elle écrivait au père : *Vos enfants sont terrifiés; comme de jeunes chiens, ils lèchent la main qui les fouette pour l'adoucir.*

« Quand leurs parents étaient passagèrement à Paris, quand leur oncle, le révérend Rashdall, est venu les voir, même quand on les a recueillis à Chaillot, tous ces enfants tremblaient encore. Les paroles de leur institutrice résonnaient toujours à leurs oreilles; et cette pauvre Lucy est morte dans d'effroyables terreurs, voyant sans cesse devant ses yeux le fantôme de Célestine Doudet, qui semblait s'approcher pour la saisir : son âme la fuyait quand elle brisait ses liens pour mourir; elle demandait asile à Dieu, et se réfugiait dans son sein.

« Laissons, Messieurs, laissons à l'écart toutes les objections qu'on essaye d'opposer aux témoignages des enfants. Elles n'altèrent pas ces témoignages, qui restent debout, précis, énergiques, pleins d'autorité, à l'égal au moins de tous les autres témoignages dont l'instruction a étalé sous vos yeux le faisceau. »

M. de Gaujal avait aussi pris corps à corps les deux objections fondamentales de la défense.

« Qu'oppose-t-on à tout cet ensemble de preuves? Jusqu'à présent, deux objections générales.

« D'abord, l'indignité du père et des enfants, les longues hésitations qui ont précédé la plainte, les incertitudes qu'elles impliquent.

« L'indignité! l'avocat de M. Marsden est là pour le défendre. Les hésitations! qui ne les comprend en face de pareilles imputations à discuter pour un père, et cela devant une justice étrangère? Il a fallu, pour aborder un pareil procès, le sentiment d'un grand devoir paternel à remplir.

« Seconde objection : L'impossibilité morale, tout un passé, tout un caractère incompatibles avec le délit, prouvés par les plus honorables témoignages.

« Oui, ces témoignagnes sont respectables, convaincus, ils prennent leur source dans les sentiments les plus droits et les plus purs; mais ils ne sont pas précisément pertinents, et ils ne s'attaquent pas directement à la prévention. Ce sont des opinions raisonnées, fondées sur des faits antérieurs, étrangers à la cause; ce sont des témoignages qui, tout au plus, prouveraient *l'invraisemblance*. »

Si peu qu'ils puissent prouver, prouvent-ils? L'invraisemblance par les antécédents n'est rien moins que démontrée.

« Célestine Doudet est institutrice depuis douze ans. Eh bien! quelle éducation a-t-elle faite, commencée et conduite à fin? Quelle jeune femme ou jeune fille est venue dire : Dans ma valeur morale, je suis l'œuvre de mademoiselle Doudet; elle a été ma seconde mère; elle a formé mon cœur; c'est à elle que je dois ce que je vaux : voyez et jugez-la par son œuvre. Pas une n'est venue dire cela; Célestine Doudet n'a fait que passer partout.

« Voilà à quoi se réduisent ses antécédents; quant à son caractère, on le connaît assez maintenant pour savoir qu'elle possède une nature intérieure forte et habituellement contenue, une de ces natures qui recèlent des mystères profonds, difficilement pénétrables. Les autres enfants qu'on lui a précédemment confiés, elle les a soignés sous le contrôle et sous les yeux des parents. Quelle différence! Avec une telle nature, peut-on conclure d'une situation à l'autre? »

Si, aux yeux du ministère public, l'invraisemblance de la prévention n'était pas prouvée par les antécédents de l'accusée, elle ne l'était pas davantage au point de vue du mobile. Qui a pu pousser Mlle Doudet à la cruauté? disait la défense. Nous vous mettons au défi de l'indiquer. Je ne vous dois pas l'indication du mobile qui a inspiré le délit, répondait M. de Gaujal; il suffit que je vous montre le délit. On ne peut pas toujours pénétrer l'intérêt, les passions qui poussent au crime; c'est le secret des consciences, et un seul juge peut y pénétrer : celui-là ne siége pas dans le prétoire de la justice humaine.

Mais ici, l'instruction fournissait assez d'éléments pour qu'on pût indiquer avec une certaine précision le mobile qui avait poussé Mlle Doudet.

« Fille d'un ancien officier de marine, placée par sa naissance dans de bonnes conditions sociales, Célestine Doudet a une grande dignité de mœurs, beaucoup de tenue; elle a reçu une éducation distinguée; elle a donc, à un certain point de vue, beaucoup de valeur, et constitue ce qu'on est convenu d'appeler *une personne d'élite.* » Mais elle est née sans fortune, elle n'a pû se marier. A trente-cinq ans, elle rencontre sur son chemin M. Marsden, homme de trente-six ans, qui, lui aussi, rencontre un obstacle à un second mariage dans la présence de cinq enfants d'un premier lit. Il y a quelque chose d'analogue dans les situations respectives; chacun d'eux peut être amené à faire quelque concession. Célestine Doudet a donc pu ne pas trouver extravagant de rêver un mariage avec le docteur Marsden.

« Célestine Doudet devient la seconde mère de ces cinq enfants. Or, de la mère à l'épouse, il n'y a qu'un pas. Franchir ce pas a pu lui paraître un rêve possible; ce rêve, elle a pu le caresser.

« Qu'on ne dise pas que, si telle eût été sa pensée, elle n'aurait pas quitté l'Angleterre, et qu'au contraire elle y serait restée, pour établir et assurer son empire sur l'esprit et le cœur du père.

« Il ne faut pas dénaturer les conditions de son voyage en France.

« Il est avéré que le voyage de l'institutrice et des enfants ne devait pas d'abord dépasser le terme de six mois. Après six mois de séjour en France, l'institutrice et les enfants devaient être de retour au foyer paternel.

« Le départ ne prouve donc pas que le rêve n'a pas été caressé.

« Voici maintenant les indices du rêve.

« D'abord, quand Célestine Doudet entre chez le docteur Marsden, à Great-Malvern, l'ancienne gouvernante des enfants dit au père :

« *C'est bien singulier : mademoiselle Doudet sait toutes vos affaires, et connaît toutes vos relations aussi bien que vous-même.*

« C'était, en effet, bien singulier! On peut se demander quel sentiment étrange avait pu diriger des investigations de cette nature, de la part de celle qui allait entrer dans la maison comme simple institutrice. Sans beaucoup de témérité, il est bien permis de voir là l'indice d'une certaine arrière-pensée très-marquée.

« Quoi qu'il en soit, Célestine Doudet arrive en France, le 16 juin 1852, avec le portrait du docteur Marsden. Sur la possession du portrait, je n'ai rien à dire : le fait s'explique très-facilement et très-simplement. Le portrait du père accompagnait les enfants sur le sol étranger, pour que sa pensée leur fût toujours présente pendant le séjour qu'elles allaient y faire.

« Mais, en arrivant en France, et en montrant le portrait, Célestine Doudet parlait du docteur Marsden avec respect, avec estime, avec affection.

« A madame Espert, elle en faisait les plus grands éloges. *Si vous saviez*, disait-elle, *comme il est aimable! Si vous saviez comme il est bon!*

« Voilà, Messieurs, quels étaient les sentiments et quelle était l'attitude de Célestine Doudet vis-à-vis du docteur Marsden, avant le mariage de celui-ci.

« A l'époque de son mariage, tout change.

« Les sentiments secrets de Célestine Doudet vont se trahir par la transformation de son langage, déterminée par cet événement, et ses émotions vont se faire jour.

« Madame Espert nous fait connaître qu'en apprenant cette nouvelle, elle a pleuré si fort, qu'elle n'en pouvait parler. Elle disait, en même temps, que les enfants étaient décidées à ne jamais appeler *maman* leur belle-mère.

« Cette émotion, ces pleurs, ces sentiments prêtés aux enfants, tout cela devait paraître assez étrange. Madame Espert en parle à Zéphyrine, et Zéphyrine lui répond : *Les enfants n'ont pas ces sentiments; c'est ma sœur qui leur fait dire cela.*

« A dater de ce moment, Célestine Doudet ne manque pas une occasion de diffamer le docteur Marsden, et même madame Marsden, ce qui est bien plus significatif encore.

« A madame Hooper, elle dit : *C'est un homme léger;* elle disait aussi que madame Marsden avait vécu pendant deux ans avec son mari avant le mariage.

« Et tout cela, chose étrange ! elle le disait même en présence des enfants, tant il y avait en elle un sentiment vif qui la poussait !

« Elle disait à peu près la même chose à madame Martin, qui, s'étonnant de l'extrême maigreur des enfants, la questionnait sur le père. *Le père*, disait-elle, *il ne s'en occupe pas.*

« Au docteur Tessier, elle tenait le même langage : *Le père, c'est un homme très-léger, qui a des succès auprès des femmes, qui ne s'occupe que de ses plaisirs; il vient de se remarier, et s'inquiète fort peu de ses enfants.*

« Le docteur Tessier ne s'y est point trompé, lui ! C'était la première fois qu'il voyait Célestine Doudet. Un tel langage dans une première entrevue lui parut singulier ! Les faits que nous connaissons aujourd'hui n'avaient point encore éclaté. Et cependant, en dehors de toute appréciation relative à ces faits, le docteur Tessier n'hésitait pas à voir un accès de jalousie dans l'attitude et le langage de Célestine Doudet au sujet du docteur Marsden.

« Ceci étant expliqué, on peut comprendre maintenant les faits odieux qui nous occupent, les mauvais traitements infligés aux enfants du docteur Marsden, et les abominables cruautés dont Célestine Doudet s'est rendue coupable envers eux.

« Zéphyrine disait à Léocadie Bailleux : *Il faut que ma sœur ait une vengeance pour agir envers les enfants comme elle le fait.*

« Zéphyrine connaissait bien sa sœur ; un tel propos dans sa bouche a évidemment une immense portée !

« Oui, Célestine Doudet avait une vengeance à exercer. Elle l'a exercée pendant huit mois, en faisant mourir à petit feu, froidement, lâchement, ces cinq martyres, dont trois seulement survivent à l'heure qu'il est. Elle l'exerce encore, sa vengeance, avec une audace et une obstination sans égales, en poursuivant, jusque dans cette enceinte, les enfants et le père, de ses odieuses et abominables calomnies !

« Au surplus, que Célestine Doudet ait agi par vengeance, c'est-à-dire avec la volonté froidement arrêtée de se venger, ou que ses mécomptes ayant aigri son esprit et son cœur, elle ait fait tomber sur ces pauvres victimes les effets de la mauvaise humeur et du ressentiment qu'elle en avait conçus contre le père, dans toutes les hypothèses, sa conduite a été infâme. Elle a dépassé tout ce qu'on peut imaginer en ce genre, et, de quelque sévérité que votre arrêt soit empreint, Célestine Doudet ne sera jamais aussi énergiquement punie qu'elle a mérité de l'être. C'est l'observation et le sentiment de tout ce qu'ont eu d'excessif ses procédés et ses pratiques, c'est là, avant tout, ce qui a déterminé mon appel *a minimâ*. Mais un autre motif, je l'avoue, m'a entraîné dans cette voie : c'est le système de défense adopté par Célestine Doudet.

« Les faits incriminés sont assurément bien abominables et bien odieux en eux-mêmes; mais il y a dans le procès quelque chose de plus abominable encore et de plus odieux, c'est le système de défense. Les efforts de Célestine Doudet ne tendent pas seulement à repousser la prévention : elle se fait accusatrice à son tour, et elle ose jeter l'infamie à la face tout à la fois de ce père, dont le seul tort a été de lui donner trop aveuglément sa confiance, et de ces pauvres jeunes filles, qu'il ne lui suffit pas d'avoir indignement martyrisées dans le passé, dont elle voudrait encore, par une tache indélébile, rendre l'avenir à jamais impossible. Elle a fait cela de sang-froid, méchamment, avec une perversité inouïe et une persévérance obstinée. L'état du débat ne permet plus que, sur ce point, on se méprenne; les sentiments les plus secrets de son cœur se sont trahis. La constatation, faite hier par M. l'avocat général Croissant, a mis à nu le fond de ce cœur, et elle jette sur le procès une lumière éclatante et inattendue. Célestine Doudet était sur le banc de la Cour d'assises, haletante encore sous les émotions du débat qui venait de finir, épuisée de forces, soutenue par le bras du médecin qui l'assistait. Eh bien ! là, dans cet instant suprême où la justice allait prononcer son arrêt, où elle attendait son sort avec anxiété, au milieu même de ses défaillances, la préoccupation de sa destinée était secondaire; le sentiment qui la dominait avant tout, c'était la satisfaction de la vengeance assouvie. *Si je dois être condamnée*, disait-elle, *je m'en consolerai, par la pensée que M. Marsden aura du moins à souffrir dans l'honneur de ses filles !*

« J'avoue, Messieurs, que le spectacle d'une telle attitude m'indigne et me rend impitoyable envers Célestine Doudet. »

Enfin, le réquisitoire avait insisté sur la préméditation.

La préméditation, les commentateurs les plus accrédités de la loi le disent, ne suppose pas nécessairement que le crime ait été combiné de sang-froid. Elle suppose seulement que la réflexion l'a précédé, qu'il n'est pas le résultat d'un premier mouvement. Toute action réfléchie est préméditée.

Or, ici, contestera-t-on ce caractère à des faits lents et successifs, continués et prolongés, chaque jour renouvelés pendant plus de huit mois, impliquant un système, une volonté permanente?

Mais on contestait à l'accusation le droit de relever cette circonstance aggravante, et on prétendait que la qualification avait été définitivement fixée par l'ordonnance de la Chambre du conseil. Non, répondait M. de Gaujal. L'ordonnance de la Chambre du conseil détermine s'il y a des indices suffisants de l'existence des faits à la charge des inculpés; elle prononce définitivement le renvoi à raison de ces faits; elle saisit le juge de la connaissance de ces faits; mais sur tous les autres points, compétence, culpabilité, qualification, l'ordonnance es purement indicative : elle n'a rien de définitif. De nombreux arrêts proclament ces principes. Ainsi, la Cour de cassation a jugé qu'un individu renvoyé devant le Tribunal pour tromperie sur la nature de la marchandise vendue, peut être condamné pour escroquerie; qu'un individu renvoyé pour outrages publics à la pudeur, peut être condamné pour attentat aux mœurs. Telle est la jurisprudence, et si ce principe est vrai pour la qualification en elle-même, dans son ensemble, quand il s'agit de la transformer tout entière, à plus forte raison cela est-il vrai quand il ne s'agit que de la modifier dans l'une de ses parties secondaires, et d'y ajouter ou d'en retrancher une circonstance accessoire.

Tels avaient été les points essentiels de la discussion de M. de Gaujal : nous allons les retrouver dans la plaidoirie de Me Chaix-d'Est-Ange, traités, soit à un autre point de vue, soit avec une autre nature d'éloquence. L'éloquent avocat de la partie civile commença par affirmer qu'à ses yeux la démonstration des faits incriminés était évidente, incontestable, facile à établir simplement et sans recherche de moyens oratoires.

Après avoir répondu à l'objection de la chose jugée, quant aux faits concernant Mary-Ann, par un appel au respect de l'indépendance des juridictions, Me Chaix-d'Est-Ange entrait dans la cause et esquissait les premiers rapports de M. Marsden avec l'accusée, jusqu'au jour du départ pour Paris.

Indigne légèreté! disent les amis de Mlle Doudet; un père abandonner ainsi loin de lui cinq jeunes filles! Mais celle à qui il les confiait, il la connaissait depuis trois mois et demi; elle avait été pour les enfants bonne, soigneuse; elle s'était rendue nécessaire; elle avait inquiété la tendresse paternelle, en révélant ce que personne jusqu'à elle n'avait soupçonné, ce qu'avait découvert sa sollicitude presque maternelle.

Elle s'établit à Paris avec les enfants. Mary-Ann meurt; des lettres anonymes sont écrites : sa confiance de père en est à peine ébranlée. Cependant, il a envoyé aux renseignements son beau-frère, sa belle-sœur.

« On ramène les enfants dans l'état que vous savez. Lucy mourut au milieu d'une effroyable agonie, tourmentée par un spectre, prononçant avec horreur le nom de son institutrice, la voyant qui s'approchait d'elle pour la prendre, car c'est là la menace terrible qui lui avait été faite perpétuellement, se rejetant dans le sein de celle qu'on lui avait défendu d'appeler sa mère, afin d'y trouver un asile et de se réfugier quelque part où cette femme ne pût pas l'atteindre! »

Voilà ce qui s'est passé.

Rentrées dans leur famille, les enfants laissent s'échapper leurs secrets; les révélations arrivent : le père en eut horreur. Fallait-il garder le silence? C'était une abominable lâcheté. Fallait-il exposer ces jeunes filles, bientôt nubiles, aux humiliations, à la publicité d'une audience; les exposer aux calomnies? L'hésitation était permise.

Mlle Rashdall ne pouvait comprendre le silence : son conseil, un M. Gabriel, devenu plus tard l'adversaire de M. Marsden, exhortait alors le père, au nom de sa propre dignité, de son affection pour ses enfants, de ses devoirs envers la société, à poursuivre celle qu'il appelait alors *la Doudet*. Consulté à son tour, l'avocat de la partie civile a cru qu'il n'y avait pas à balancer; que le sang des enfants criait; que garder le silence serait appeler la diffamation sur le père, sur toute la famille. La plainte a été portée.

Alors, on s'est trouvé en face d'un parti, d'une secte. L'adversaire de M. Marsden s'est appelé *Légion*. La calomnie a été jetée sur le père.

Ici Me Chaix-d'Est-Ange se trouve, à son tour, en face de l'enquête anglaise.

Des *solicitors*, dit-il, ont battu le pays, cherchant des témoins, parlant au nom des personnes les plus éminentes, au nom d'une femme menacée dans sa vie, placée sur le bord de sa tombe. On n'a épargné ni démarches, ni argent, ni influences, et on a obtenu ainsi quelques témoignages dont il faut peser la valeur.

Et d'abord, dans quelle forme sont-ils donnés? La sauvegarde du serment n'y existe pas; elle a été supprimée en Angleterre par suite d'effroyables abus. Il n'y a donc là aucune espèce de garantie. Ces témoignages sont de simples certificats, donnés sans contradicteur. Cela, dit-on, serait reçu en *évidence* devant les Cours de justice. Oui, mais avec la seule autorité d'un certificat.

Eh bien! ces témoins de l'enquête anglaise, M. Marsden a été les trouver; il les a priés de venir déposer à Paris, et deux de ces témoins, Maria Burford et Caroline Fox, ont déposé, sous serment, que les enfants étaient pures. On leur avait donc surpris le témoignage de l'enquête.

Il y a encore la déclaration d'une fille Caroline Mathews. Ce témoin, on accuse M. Marsden de l'avoir éloigné, de l'avoir caché; ce témoin, M. Marsden le craignait si peu, qu'il l'a fait venir deux fois devant la Cour d'assises. Si Caroline Mathews n'a pas déposé, c'est que Mlle Doudet n'était pas en état de comparaître. Ne pouvant revenir une troisième fois, cette fille a laissé entre les mains de la défense un certificat attestant qu'en effet M. Burrows est venu la trouver, lui a dit que M. Marsden et ses filles la calomniaient, qu'elle ne trouverait jamais à se placer. On lui a fait signer une déclaration qu'elle n'a pas même lue.

Il n'y a donc pas lieu de s'arrêter à des documents aussi misérables, obtenus sans contrôle, sollicités par tous les moyens imaginables. Il faut voir l'affaire dans les documents judiciaires du procès. Ici, Me Chaix d'Est-Ange rencontre le rapport, qui abrége singulièrement sa tâche.

L'avocat se contentera donc de peser les témoignages. Et d'abord, pour prouver que l'accusée a maltraité les enfants, il y a le témoignage des enfants eux-mêmes.

On prétend que les enfants ont menti devant la justice. Oui, l'enfant peut mentir. Mais, dès qu'on le presse de questions, il hésite, il se trouble; alors, la vérité éclate tout entière, et le mensonge est mis à nu. C'est là ce qui fait l'autorité immense des témoignages des enfants. Or, ici, les enfants ont persisté; la concordance de leurs déclarations sur les moindres détails, le ton de vérité qui brille dans leurs paroles, sur leur figure, fait qu'il est impossible de ne pas les croire.

Quel serait leur intérêt à mentir? D'accuser Mlle Doudet, afin de se disculper. Mais elles ont dit cela quand il n'était pas question pour elles de se disculper.

Le père, dit-on encore, a fait la leçon à ses filles. Qui le croira? Il aurait flétri la conscience de ses enfants par un mensonge, et cela sans intérêt! Car, lorsque ses filles ont commencé à parler, M. Marsden ne voulait pas faire de procès.

« Vous avez beau récuser les vivants : que ferez-vous du témoignage des morts? Quand Lucy est mourante là-bas, dans son pays; quand elle lutte, la pauvre enfant, contre une faiblesse insurmontable; quand elle s'attache à la vie, qu'elle espérait encore heureuse, fait-elle partie du complot? et quand, dans ses angoisses, elle touche à l'agonie; quand elle croit voir cette femme qui s'approche d'elle; quand elle se réfugie avec effroi jusque dans les bras maternels pour échapper à ce fantôme qui, pour l'empêcher de parler, l'avait menacée de venir la saisir, est-ce un jeu? est-ce un conte? est-ce une comédie? Est-il au monde quelqu'un, si éloquent qu'il soit, qui puisse le dire?

« Non. C'est fini. Les enfants l'ont dit, les enfants l'ont déclaré; ils ont persisté sans intérêt : il faut les croire. Pour moi, la parole de ces trois enfants, le souvenir de Lucy qui me poursuit et m'obsède, voilà des preuves qui suffisent. Devant elles, l'hésitation n'est possible pour personne.. »

Mais, d'ailleurs, il y a d'autres témoins que ces jeunes filles; il y a trois servantes. Il y a Léocadie, qui n'a rien vu, dit-on : elle a tout vu, les enfants privées de nourritures, séquestrées, battues. Il y a, il est vrai, une femme Desitter qui atteste que les enfants ont été très-bien soignées; « mais je crois que c'est un faux-témoin; j'ai le droit de le dire, c'est mon impression. » Et, quand elle dirait vrai, cela prouverait seulement que, avertie par la mort de Mary-Ann, se voyant sous le poids d'une accusation incessante, Célestine Doudet aurait eu plus de ménagements. Mais l'avocat ne croit pas à ce témoignage, parce que la femme Desitter a déposé d'une chose ignoble, abominable, impie, quand elle a dit qu'elle et Mlle Doudet, troublant l'agonie d'une enfant à moitié paralysée, scrutaient chez elle les signes de mauvaises habitudes.

Qui ne croira, au contraire, à cette impression saisissante dont témoigne Mme Martin, quand, revenue chez elle de cet intérieur qui a attristé, glacé ses deux filles, les enfants se jettent dans les bras de leur mère en pleurant, et la supplient de ne plus les conduire dans une pareille maison? On n'invente pas cela.

Et les femmes Many et Chardonnot, qui refusent de travailler dans cette maison qui leur faisait horreur; est-ce assez de preuves matérielles et morales? Non, il y en a d'autres encore : il y a le départ de Zéphyrine. Zéphyrine s'était engagée, comme sa sœur, avec M. Marsden : c'est en vain que l'accusée l'a nié. Pourquoi est-elle partie? Elle l'a dit elle-même : parce qu'elle ne pouvait plus supporter ce spectacle. N'y a-t-il eu entre les deux sœurs qu'une différence de système, qu'une nuance de méthode? Non : Zéphyrine a fui, pour ne plus voir les cruautés qu'elle a dévoilées.

Rien donc de plus clair que l'existence des mauvais traitements : la nourriture insuffisante, les jeûnes prolongés, le pain donné en cachette, les enfants attachées, torturées. On a épilogué sur un détail de la plainte, à propos d'une *fenêtre* des lieux d'aisance qui n'existait pas; il fallait mettre *porte :* l'enfant a pu se tromper. Ce détail des excréments que la prévenue a fait manger aux enfants, on s'en est étonné; les enfants n'ont pu l'inventer, et c'est un détail qui se reproduit souvent dans les affaires de cette nature.

La séquestration de Lucy est surabondamment prouvée par les dépositions de Mmes Maling et Hooper, figures amies, auxquelles elle a révélé ses souffrances dans une furtive étreinte. Il fallait, répond-on, la préserver de la coqueluche; mais, pour cela, fallait-il l'enfermer sous clef, sans air, sans jour, sans nourriture? La vraie raison de cette séquestration, celle que la prévenue, poussée à bout, donne à Mme Maling, c'est celle-ci, qui la trahit; « Je sais bien que ça ne lui fait pas de bien. » Et à M. Mouls, elle disait : Lucy est à la campagne; à d'autres, elle disait pire encore, que Lucy avait quinze ans, qu'elle échangeait des signes avec des jeunes gens du voisinage, et que c'était pour cela qu'elle ne l'envoyait pas dans la cour. « Et vous vous étonnez que je m'indigne quand je pense à tout cela, à cette malheureuse enfant ainsi torturée? Vous vous étonnez que je vous dise qu'elle a du poison dans ses mains et en met à tout ce qu'elle touche, cette femme? Est-ce que vous ne voyez pas qu'il n'y a rien de sacré pour elle? »

Lucy est morte à la suite d'épuisement et de coqueluche, dit le registre mortuaire : c'est vrai, mais si le père n'a pas fait inscrire la véritable cause, les violences et les tortures, c'est qu'une pareille déclaration aurait entraîné une enquête judiciaire sur le corps. Idée repoussante, devant laquelle a reculé le père.

Une dernière preuve des mauvais traitements consiste dans les traces, dans l'état matériel des enfants. Arrivées « magnifiques, charmantes, » quoi qu'en aient dit certains témoins, on les a rendues à l'état de squelettes.

Est-ce à la coqueluche qu'il faut attribuer ce dépérissement?

La coqueluche, elles ne l'avaient pas toutes; Lucy, par exemple, ne l'avait pas, et elle était dans un état plus effrayant que les autres.

Célestine Doudet répond en parlant de complot; ces honnêtes femmes, qui ont montré tant de sollicitude, elle les traite de commères. Mauvaises raisons, qui ne font que rendre l'affaire plus odieuse. Elles sont commères, parce qu'elles ont eu pitié des enfants. Mme Maling, amie et protectrice de votre famille, vous l'appeliez autrefois un ange de charité; Mme Espert, sa lettre la peint; Mme Poussielgue, Mme Hooper, vous invoquez contre elles leurs manœuvres auprès du docteur Campbell. Il n'y a pas eu de manœuvres. Le docteur Campbell, qui parle mal le français, s'est mal expliqué; il y a eu malentendu dans ses réponses.

L'accusée a un argument plus grave, la correspondance des enfants, leurs lettres pleines de tendresse : il faut en examiner la valeur.

Il y a deux sortes de lettres : l'une écrite à Zéphyrine, les autres écrites à Mlle Doudet. Dans la première, Lucy fait de la morale à Zéphyrine, parce qu'elle a quitté sa sœur. Il suffit de lire cette lettre pour affirmer qu'elle n'a pas été écrite spontanément par cette enfant. Elle a été dictée : on se préparait des arguments.

Toutes les autres lettres ont-elles été dictées? Non, sans doute. L'avocat pense, avec M. de Gaujal, que, de loin comme de près, l'accusée exerçait un empire absolu, terrible, sur ces malheureuses filles. La seule pensée de retomber entre ses mains terrifiait les enfants. Elle leur avait dit : « Vous m'écrirez tous les jours des lettres bien gentilles, bien tendres; » et elles écrivaient avec des prosternations, des tendresses qu'on n'enverrait pas à une mère, en même temps qu'avec des accusations de toutes espèces contre leur famille, contre elles-mêmes.

Il y a dans ces lettres des précautions transparentes. On a cité celle-ci, de Lucy : «Vous croirez, peut être, qu'on m'a dicté cela : ce n'est pas vrai.» En voici une autre : «Je vous prie de ne pas conserver ma lettre.»

Voici encore une de ces lettres, écrites spontanément :

«Je pense souvent à cette pauvre petite Poppy, et je sens que j'ai de vifs reproches à me faire ; si je pouvais seulement lui demander pardon de toutes mes méchancetés, je me trouverais beaucoup plus heureuse; mais une pareille chose est impossible. Elle est morte pour toujours, mais nous devons tous espérer la revoir dans le ciel. Là, vous le savez, il n'y a point de séparation ; il n'y a point de chagrin ni de douleur. Dieu séchera tous nos pleurs. Cette pensée vous consolera, n'est-ce pas? Je suis certaine que, s'il y a une personne digne d'aller au ciel, c'est vous.»

«Quel sacrilége ! quelle profanation ! quel odieux langage ! Comment, sur la tombe de Mary-Ann, on fait écrire cela à ces pauvres filles rendues étiques et squelettes, à la veille du jour où la fleur de leur jeunesse sera flétrie et déshonorée !

«S'il y a une personne digne d'aller au ciel, c'est vous. Je n'ai jamais vu quelqu'un remplir plus fidèlement son devoir que vous. Je pense tout de bon que vous avez eu autant de patience que Job.»

«Voilà cette enfant qui parle de Job, et spontanément : «Vous avez eu autant de patience que Job.» Et puis admirez cette distinction :

«Quoi qu'il n'y ait pas une bien grande épreuve extérieure, la vôtre est toute dans l'intérieur de la maison, et celle de Job me paraît si publique...»

«Mais c'est très-avancé, cela. Sérieusement, cette distinction entre l'épreuve intérieure et l'épreuve extérieure, cette distinction si fine, si subtile, viendrait de cette petite fille ! Il y a quelqu'un qui croit cela ! C'est impossible, cela a été dicté.

«Mais, tenez, voulez-vous en être encore plus convaincus? Voici une lettre de seize pages; les petites filles, à ce qu'il paraît, tenaient à user le papier qu'on leur avait donné.

«Ne vous ai-je pas écrit une bien longue lettre?...»

«Elle est immense, mon adversaire vous l'a dit, il a parfaitement raison.

«Je vous serai obligée de ne pas la garder et de ne la montrer à personne.»

«Voilà la précaution dont je vous ai parlé.

«Je suis persuadée qu'elle...»

«Elle parle de sa petite sœur qui vient de mourir.

«... qu'elle pense souvent à vous, et qu'elle serait bien aise de vous récompenser de tout ce que vous avez fait pour elle; mais attendez encore un peu, vous savez que cette terre ne sera pas longtemps notre lieu de repos. Ne pensez qu'à ce moment fortuné où il vous sera donné de la rejoindre pour ne vous en séparer jamais.»

«C'est cette petite fille anglaise, sachant mal le français, qui écrit cela !

«Ne pensez-vous pas que vous quitteriez le monde à présent avec bien moins de regrets qu'auparavant ? Savez-vous que je le ferais? Néanmoins, la crainte de la mort m'épouvante. La mort de notre chère petite sœur a été non-seulement pour moi, mais encore pour tous, un avertissement solennel. Je me la représente souvent sur son petit lit, chantant si gaiement.»

«Pauvre créature ! ô mon Dieu ! *iniquitas mentita est sibi*, l'iniquité se trahit, elle tombe dans les méprises les plus grossières ; elle se forge des armes, ces armes éclatent dans ses mains. Elle veut trop prouver, elle prouve contre elle-même. Venir dire que cette enfant, quand elle touchait à son dernier moment, quand l'hémiplégie, la paralysie avaient atteint la moitié de son corps, chantait gaiement dans son lit !

«Vous la représentez-vous dans son petit lit, chantant gaiement? Pauvre créature !

«Voilà la lettre que sa sœur écrivait pourtant ! Ah ! je m'en empare. Mes preuves étaient déjà bien graves, bien fortes, bien puissantes, bien complètes ; mais vous êtes venue, avec une habileté qui s'est déjouée, qui s'est trahie, qui s'est méprise, par un décret de la Providence, vous prendre dans votre propre argument, dans le propre filet que vous tendiez à la justice. C'est vous qui avez déposé ces lettres. Eh bien ! ces lettres vous condamnent, vous perdent plus que tous les témoignages.

«Ne parlons donc plus de tous ces témoins *de visu* et *de auditu*, de cet amas de preuves, de ces larmes qui coulent, de ce cri de l'humanité qui s'échappe de tous les cœurs; je rejette toutes ces preuves, je m'attache à ces lettres que vous m'avez opposées, et je vous répète qu'elles vous condamnent.

«Voilà vos lettres. Dans quel intérêt les avez-vous produites? Ah ! si vous aviez été bien conseillée, si la perversité était toujours aussi intelligente qu'elle est perverse, permettez-moi de vous le dire, vous n'auriez pas produit de pareilles lettres, vous n'auriez pas fourni cet argument, qui décèle votre ascendant, votre autorité, la terreur effroyable que vous inspiriez à ces enfants, et qui survivait encore à votre empire ; vous auriez compris que c'était vous qui les aviez inspirées, dictées, imposées à des agents si dociles, qu'ils n'osaient se refuser à aucun sacrifice, à aucun mensonge, et que, pour vous plaire, ils étaient disposés à sacrifier tout, la vérité, leur propre mère : non, vous n'auriez pas produit ces lettres, ces lettres qui sont la plus terrible des accusations. Voilà ce que j'avais à vous dire sur la correspondance, la dernière, la plus décisive de nos preuves.»

Tant de précautions dénotent une perversité qui épouvante ! «Ce n'est rien que la violence... O Dieu ! je vous demande pardon, car je suis père, et j'ai dit que ce n'était rien... non, non, je persiste, ce n'est rien ;» Mais cette duplicité, ces mensonges continuels, cela étonne, effraye. Chaque mot de cette femme est un mensonge certain, une calomnie misérable. Elle calomnie les témoins, Léocadie, par exemple, qui était *au mieux* avec M. Marsden ; miss Rashdall, qu'elle accuse d'avoir enseigné le vice aux enfants; Mme Marsden, qu'elle dit avoir vécu deux ans avec M. Marsden, avant son mariage ; M. Marsden lui-même, qu'elle représente comme un homme d'une inconduite notoire. Enfin, elle calomnie les enfants.

«Les enfants, savez-vous ce qu'elle en dit ? Oui, vous le savez ; ils ne devaient pas être épargnés plus que les autres : elle déclare que ce sont des enfants perdus, pervertis, livrés au mensonge, au vol, aux mauvaises habitudes, corrompus par leur père; elle fait tout au monde pour les déshonorer et les perdre à jamais. Mais est-ce vrai ? C'est le point même du procès. Je reconnais que si c'est vrai, quel qu'en soit le danger, elle a le droit de le dire, de le proclamer, de le plaider. Elle n'en avait pas le droit tant qu'elle n'était pas assise sur ces bancs; elle n'en avait pas le droit, tant qu'elle n'était pas sous la main de la justice, poursuivie par la plainte du père. Et cependant, à cette époque de liberté, avant toute plainte, avant toute accusation, quand les enfants dépérissaient sous sa main, n'a-t-elle pas dit à tout le monde, sans nécessité aucune, aux plus grands, aux plus petits, aux hommes, aux femmes, au portefaix, au portier, à la concierge, à tout le monde... vraiment c'est à confondre : « Elles ont de mauvaises habitudes, elles en sont imprégnées, c'est indomptable! » Ces choses ne se punissent ni à la Cour d'assises, ni à la police correctionnelle; la loi n'a pas édicté de peine pour de tels méfaits. Mais il n'y a pas de conscience qui ne se réveille, de cœur qui ne bondisse, indigné, quand on pense qu'il y avait des enfants, cinq petites filles confiées à une femme qui devait être leur seconde mère, qui devait les protéger, les couvrir de sa sollicitude, ouvrir leur cœur au bien, le défendre de toute approche mauvaise, et que cette femme, au contraire, au mépris de ses devoirs et de toute pudeur, allait semant partout contre ses élèves, sans raison, sans nécessité, des propos infâmes, et divulguait à tout venant des habitudes mauvaises, qu'elle aurait dû, eussent-elles été vraies, taire soigneusement. »

Mais ces habitudes sont-elles vraies? voilà le fond du procès.

Cinq jeunes filles d'âges aussi différents, également infectées de ce vice, ce serait prodigieux. Mais ce n'est pas vrai. Le père n'en a jamais eu aucun indice. On objecte, il est vrai, une histoire de coups donnés à Lucy. Sur un mot dit par miss Burnell, M. Marsden avait compris que sa fille aînée se livrait à de mauvaises habitudes. Prêt à monter à cheval, tenant une cravache à la main, il frappe Lucy d'un coup par-dessus ses vêtements. Mais une autre gouvernante l'avertit de son erreur, et lui dit qu'il ne s'agit que d'une maladie de femme. Voilà toute la scène; voilà l'indice.

Il n'y a que Mlle Doudet qui ait fait au père des révélations semblables. C'est qu'il lui fallait se rendre indispensable, se montrer clairvoyante, attentive.

Les enfants ont avoué les mauvaises habitudes, dit-on. Oui, à M. Tessier, par exemple; et on sait avec quelle candeur impudente. Quel prix attacher à de pareils aveux faits ainsi?

Reste la déclaration de miss Candler. Mais, après une ancienne liaison, les Candler s'étaient brouillés avec M. Marsden. L'insistance même de ce témoin unique le rend suspect. Elle est en désacord avec Mme Binnie, avec tous les domestiques de la maison Marsden, avec la grand'mère des enfants, qui, malgré ses quatre-vingts ans, a voulu leur donner par écrit son témoignage.

Chose étrange! M. Marsden se plaignait de l'état dans lequel lui avaient été rendus ses enfants; Mlle Doudet lui répond, s'excuse, allègue les saisons, les maladies contagieuses, et elle ne parle pas des habitudes.

Elle y croyait si peu elle-même, qu'en les attachant, elle oubliait la chose essentielle, à savoir d'attacher les mains. Elle attachait une enfant corrompue avec une autre qui ne l'était pas. Elle livrait ces enfants, qu'elle disait vicieuses, aux tentations de la solitude, de l'oisiveté, ces mauvaises conseillères.

Contre ces calomnies, qui se sont attaquées à tout ce qu'il y a de respectable, partout répandues, partout démenties, il faut obtenir justice. Le Mémoire qui les contient, on dit, il est vrai, qu'il n'est pas appelé à la publicité. Mais, si la défense a raison, M. Marsden est un misérable; père imprudent, il faut qu'il supporte les conséquences de sa faute, et que cet écrit circule. Si, au contraire, les enfants sont pures, si la justice le proclame, il ne faut pas qu'on puisse colporter un écrit qui salirait leur robe de pureté.

L'avocat de la partie civile termine donc en demandant la suppression du Mémoire, non pour tel ou tel passage, mais pour l'esprit général d'insinuation calomnieuse ou d'attaque directe qui y préside :

« Tel est l'esprit général du Mémoire. Il est impossible de laisser subsister de pareils écrits. Je sais bien que c'est pour cela que l'appel a été interjeté, non pas dans le dessein des défenseurs honnêtes autant qu'habiles qui assistent mademoiselle Doudet, mais dans ses desseins à elle. Le méchant qui se sent foudroyé par la justice éternelle et précipité dans l'abîme, n'a plus au monde qu'un espoir, c'est de s'attacher un innocent avec sa robe éclatante et pure; c'est de le perdre et de l'entraîner avec lui jusqu'au fond du gouffre; c'est là la joie infernale qui reste à cet esprit pervers qui, comme le dit Bossuet, ne pouvait plus vivre d'amour, mais se nourrissait de jalousie et de haine. C'est là ce qui l'anime, cette femme odieuse, c'est là l'espoir qui lui reste, c'est là la joie infernale qui la console. Vous le savez. Elle n'essaye même pas de vous tromper. Elle sait bien qu'elle ne peut pas se faire illusion, que le masque est tombé, que la condamnation est certaine, et alors vous avez pu entendre de ses propres lèvres cette parole que j'ai recueillie de sa bouche : « Cette enfant, à la face de tout Paris, a perdu sa pudeur de femme. »

« Dire cela devant les hommes qui ont entendu cette jeune fille déposer! Dire cela devant ceux qui ont vu l'innocence et la chasteté de ces enfants, placées dans l'effroyable nécessité de répondre aux questions que leur suscitaient les exigences de cette créature sans pudeur! Dire cela devant ceux qui savent avec quelle chasteté elles ont répondu, et avec quelle innocence touchante elles ont paru devant la justice. Mais c'est infâme! c'est insensé!

« Cette enfant à la face de Paris a perdu sa pudeur de femme. » Oui, je reconnais là le démon; sa fureur l'emporte; sa rage éclate; elle ne fait aucun effort pour la contenir, elle s'y abandonne. Et vous vous rappelez encore sa joie, sa consolation, son espérance quand la justice l'a frappée, à l'instant où, moins étourdie d'une condamnation inévitable que flattée du résultat qu'elle ambitionnait, elle s'écriait : « Je suis condamnée, c'est vrai; je suis innocente. Mais d'ailleurs il est perdu et ses filles sont déshonorées. »

Comment, vous lui laisseriez cet espoir dans la justice, vous pères de famille, vous honnêtes gens, vous magistrats? C'est impossible. Elle a essayé autant qu'elle l'a pu d'accomplir cette œuvre de destruction. Elle a fait regretter au père de famille le parti qu'il a pris, le conseil qu'il a suivi, la voie honorable, généreuse, périlleuse dans laquelle il s'est jeté. Mais il faut qu'au moins, après toutes ces embûches, après cette lutte affreuse, abominable, il faut que la justice triomphe et que la vérité se fasse jour. Ces enfants, qui ne comparaissent pas devant vous, qui, pour obéir aux prescriptions de notre loi de procédure, ne sont pas entendues par la Cour,

Paris. — Typographie de Firmin Didot frères, fils et Cie, rue Jacob, 56.

ces enfants que vous n'avez pas vues, et je regrette que vous n'ayez pas pu les voir, je les confie à vous, je les remets en vos mains; c'est là tout l'intérêt du procès. Cette femme est beaucoup plus coupable pour les avoir empoisonnées de ses paroles après, que pour les avoir meurtries de ses coups avant. Je vous demande donc justice: je n'ai pas le droit de savoir dans quelle mesure vous l'accorderez, mais je vous demande justice, et je suis sûr que l'étranger, au nom duquel je vous la demande, l'obtiendra tout entière de vous. »

Pour ne pas interrompre ce duel magnifique de l'attaque et de la défense, nous avons laissé de côté jusqu'à présent le point de droit curieux soulevé par l'appel. *Me Nogent Saint-Laurens* s'était réservé ce point important de la défense. Après avoir, avec une modestie digne du grand talent qu'il avait déployé devant deux juridictions différentes, cédé la première place au maître de l'éloquence française, Me Nogent se contenta de parler contre l'appel. La question était celle-ci : Peut-on ajouter une circonstance aggravante à un fait qualifié, quand cette circonstance n'a pas été relevée en première instance? — Oui, avait dit le ministère public, et c'est la jurisprudence de la Cour. — Non, répondit Me Nogent, et vous portez par là une grave atteinte aux franchises et aux droits de la défense.

« Messieurs, dit le défenseur, je viens m'expliquer uniquement sur l'appel interjeté par le ministère public. Me Berryer a daigné vous le dire hier: après une longue lutte, après neuf audiences où j'avais apporté tout mon courage et toute ma conviction, j'ai été saisi d'un moment de faiblesse et de chagrin. Malgré des prédictions nombreuses, le jugement de police correctionnelle m'a troublé; je me suis défié de moi-même. Alors, je suis allé chez ce grand maître, chez celui qui s'est trouvé assez grand et assez fort pour jeter sur notre barreau de Paris tout ce lustre et tout l'éclat de l'Académie française. Nous avons eu le bonheur d'acquérir cette conviction. Après cela, vous comprenez bien que je n'ai rien à dire sur la question des faits, rien à ajouter à cette discussion qui a toute la grandeur et toute la puissance de la simplicité : un mot de plus à cet égard serait chose indiscrète et superflue.

« Je viens parler de l'appel du ministère public. Ce n'est point de ma part le désir de marchander avec l'accusation sur une question de préméditation plus ou moins établie; non, je prends la question de plus haut, je parle contre cet appel parce qu'il me paraît porter une atteinte profonde aux franchises et aux droits de la défense. Je n'ai jamais été le partisan des libertés illimitées, mais je ne serai jamais pour la violation des droits lorsqu'ils sont légitimes et sacrés. Le ministère public vous a dit hier, qu'ajouter une circonstance aggravante à un fait qualifié, quand cette circonstance n'avait pas été relevée en première instance, c'était la jurisprudence de la Cour. Je l'ignorais; rien dans les recueils ne nous avait signalé cette grave innovation.

« Eh bien ! tant pis pour moi, c'est une difficulté de plus. La jurisprudence n'est pas la loi, et si vous ne permettez jamais la critique de la loi, vous permettrez toujours des observations sur la jurisprudence.

« Ainsi donc, il y a bien réellement l'appel du ministère public. Cette circonstance m'afflige et m'inspire une réflexion première: jusqu'où donc ira la poursuite, et quand finira ce procès? Il a duré sept jours aux assises. Tous les éléments correctionnels y ont été produits. Le jury a acquitté; la chose jugée doit être tenue pour la vérité.

« A cet égard, il faut que je vous dise une chose que j'ai sur le cœur. M. Marsden a écrit récemment une longue lettre au journal de Worcester dans laquelle il déclare qu'on lui a fait remise des frais auxquels il avait été condamné devant la Cour d'assises, et que le ministère de la justice avait sans doute voulu prouver par là l'opinion qu'il avait de la décision du jury.

« Voilà des paroles déplorables.

« Nous sommes arrivés en police correctionnelle en vertu d'une décomposition préalable des faits du procès. Les témoins entendus en Cour d'assises sont revenus, et, au lieu d'un acquittement, nous avons eu le maximum de la peine.

« Il y avait lieu de croire que la poursuite était satisfaite; point du tout, nous sommes en face d'un appel du ministère public. Pourquoi? parce que les premiers juges n'ont pas tenu compte de la préméditation. Je le dis sans hésiter: les réquisitions actuelles violent les droits de la défense et la règle des deux degrés de juridiction.

« Avant de juger le présent, voyons le passé. Le passé, c'est d'abord l'instruction longue et détaillée; puis des réquisitions écrites d'un substitut de première instance; puis une ordonnance de renvoi. Voilà quatre magistrats en mouvement, aucun n'a aperçu la préméditation.

« Si la préméditation avait existé, une voie était ouverte au Procureur impérial. Il pouvait former opposition à l'ordonnance, conformément à l'article 135 du Code d'instruction criminelle; il ne l'a pas fait.

« Le droit d'opposition appartenait-il également au Procureur général? Autrefois la jurisprudence s'était prononcée pour la négative. Des arrêts de cassation des 13 septembre 1811, 27 février, 19 mars 1812, et 6 mars 1818, refusaient ce droit au Procureur général.

« Le 14 avril 1844, la Cour a changé sa jurisprudence, par ce motif que le magistrat chargé de l'exercice de l'action publique dans toute l'étendue d'un ressort ne saurait avoir moins de pouvoir que ses substituts. M. Mangin a adopté cette doctrine.

« Le Procureur général pouvait donc former opposition, il ne l'a pas fait; il le fait implicitement aujourd'hui sous forme d'appel. N'y a-t-il pas là quelque chose de contradictoire et d'anormal?

« Nous avons été ensuite devant la chambre d'accusation. Là, et pour les faits relatifs à Lucy, la Cour a infirmé et renvoyé en police correctionnelle sans viser la préméditation. Voici encore sept ou huit magistrats et un substitut du Procureur général qui n'ont point aperçu cette circonstance aggravante. Le jour de l'audience correctionnelle est venu. La citation donnée en conformité de l'article 182 du Code d'instruction criminelle n'énonçait pas la préméditation. La défense ne pouvait rien dire, car on lui aurait imposé silence si elle avait parlé d'une question dont le Tribunal n'était pas saisi. Le ministère public n'a rien requis à cet égard.

« Le Tribunal pouvait-il, sans réquisition préalable, introduire la circonstance dont il n'était pas saisi? Il faut que la Cour le remarque bien : il ne s'agissait pas simplement de modifier la qualification d'un fait.

« Quant à ce pouvoir de changer la qualification, je dois reconnaître que la jurisprudence s'est prononcée pour l'affirmative, et pourtant, selon moi, ce pouvoir est exorbitant, il ne tend à rien moins qu'à défaire la chose jugée. L'ordonnance est bien la chose jugée. Contre l'ordonnance, le seul recours légal est l'opposition. C'est la chose jugée provisoirement ! dit-on... Ce caractère provisoire n'est écrit nulle part dans la loi. Mais au moins, en changeant la qualification d'un fait, il est bien convenu qu'on n'ajoutera rien à ce fait. Eh bien, la détermination d'une circonstance aggravante ajoute au fait ; elle est un élément nouveau, elle suppose des combinaisons nouvelles. Quant à moi, je trouve que c'est étendre considérablement le pouvoir donné aux tribunaux de changer la qualification d'un fait que de leur permettre encore d'ajouter à ce fait une circonstance aggravante.

« La jurisprudence qui permet de changer la qualification du fait est tirée de l'article 338 du Code d'instruction criminelle. Cet article, spécial aux matières criminelles, permet au Président des assises de poser au jury une question sur un fait nouveau résultant des débats.

« L'article 338 s'étendra aux matières correctionnelles... Soit... Mais au moins que l'analogie soit complète; que les garanties soient les mêmes. En Cour d'assises, la défense est toujours avertie, elle doit l'être en matière correctionnelle.

« Dans l'espèce, rien de pareil n'a eu lieu ; il y avait cinq magistrats et un substitut en police correctionnelle. Il n'y a eu ni réquisition, ni défense, ni décision sur la préméditation.

« Le maximum est appliqué, et ici l'on fait appel ; au lieu de deux ans, on veut cinq ans de prison. Allons ! courage !... Cinq ans et un an de détention préventive, cela fait six ans de prison.

« Il est vrai qu'il nous restera la consolation d'avoir été acquitté par le jury; en vérité, cela nous aura été plus nuisible qu'utile.

« Je résiste donc à cet appel. En principe, on ne peut appeler que lorsqu'on n'a pas obtenu ce qu'on avait demandé. Une partie civile qui n'a conclu qu'aux dépens pour tous dommages-intérêts ne peut réclamer de dommages-intérêts devant la Cour. Tout ce que le ministère public a demandé, il l'a obtenu ; pourquoi donc cet appel ? Par cet appel on ajoute au fait un élément nouveau, on m'intente un procès qui n'a pas été soumis aux premiers juges.

« Les droits de la défense sont donc méconnus, et il y a violation de la règle des deux juridictions. Je demande que les réquisitions actuelles soient repoussées. Je suis heureux de mettre à la disposition de la Cour une consultation rédigée dans ce sens par l'un de nos criminalistes les plus éminents, par l'honorable M. Morin, avocat à la Cour de cassation.

« Voilà le droit sur l'appel. Quant aux faits, j'ai entendu proclamer hier avec bonheur qu'il n'y avait qu'exagérations et mensonges dans ce procès ; je l'atteste à mon tour. C'est là ma conviction inébranlable ; je m'assieds à l'abri de cette conviction, et je prie le ciel et la conscience de vous inspirer la vérité. »

Nous n'ajouterons rien à cette excellente discussion. Le lecteur a désormais les éléments principaux du procès; il lui reste à en connaître les dernières péripéties.

M. l'Avocat général de Gaujal, considérant la discussion comme épuisée, se contente de dire à la Cour : « Ma conviction est profonde et inébranlable; la vôtre, j'en ai la confiance, est inébranlable comme la mienne. » Il s'explique, en quelques mots sur les conclusions de la partie civile relatives au Mémoire. Il les appuie. La défense, en l'imprimant et en le distribuant, a usé de son droit, à ses risques et périls; mais elle ne s'est pas bornée à repousser la prévention, elle a pris l'offensive. Elle a attaqué M. Marsden dans son honneur, dans sa moralité, dans la pudeur de ses enfants.

Or, l'une des accusations est vraie, c'est l'arrêt qui le dira. Si l'arrêt condamne Mlle Doudet, il réhabilite par le fait M. Marsden, et les diffamations, les calomnies imprimées contre lui et ses filles doivent disparaître.

Enfin, *Me Berryer* se lève pour dire le dernier mot de la défense : cette belle réplique est un nouveau plaidoyer dans lequel l'illustre orateur reprend un à un tous ses arguments, et réfute les assertions de ses adversaires.

« Oui, Messieurs, je viens user du droit suprême de la défense, comme l'a dit M. l'Avocat général. Est-ce de ma part un acte téméraire, dans l'état de cette cause? Sera-ce un effort évidemment inutile? Est-il vrai, comme M. l'Avocat général en est persuadé, que votre conviction, de lui connue, soit profonde, inébranlable, et que, quels que soient les efforts de la défense, elle ne saurait y rien changer ?....

Plusieurs de MM. les Conseillers. — Elle n'est pas connue.

M. le Président. — Le mot connu est peut-être un peu hasardé; c'est un mot pour un autre. Évidemment ce n'est pas votre pensée.

Me Berryer. — Je réponds à l'expression de M. l'Avocat général.

M. l'Avocat général. — C'est une confiance que j'ai manifestée.

Me Berryer. — J'ai la confiance contraire.

M. l'Avocat général. — Nous sommes chacun dans notre droit.

Me Berryer. — Avec beaucoup plus d'humilité dans ma position.

« Mais enfin je ne crois pas qu'il y ait témérité de ma part, et que mes efforts doivent être inutiles. Je me propose de ramener la cause à son véritable caractère, je veux dire la plaidoirie. Laissant de côté les émotions qui égarent le jugement, et n'appréciant toutes les parties de ce procès qu'au point de vue juridique, je veux m'abstenir de ce qu'on appelait tout à l'heure un flot de paroles qui voilent la vérité. Je vais être très-sobre, plus sobre encore que mon adversaire, de toute expression qui pourrait agiter ou l'auditoire ou l'esprit et le cœur des magistrats. Il ne s'agit pas de sortir de cette enceinte avec des sentiments, des hésitations du cœur; il s'agit pour vous de sortir de cette enceinte après avoir prononcé une sentence, un arrêt motivé sur lequel, et sur chaque point duquel votre conviction soit arrêtée par des raisons précises, jaillissant de la manière la plus étroite et la plus forte des pièces qui sont sous vos yeux. C'est à ce point de vue, dans ce sens, dans cette limite, que je vais suivre pas à pas les adversaires auxquels j'ai à répondre. »

Le défenseur relève en passant l'accusation de calomnie qu'on a ajoutée à l'accusation de sévices. Mlle Doudet a dû se défendre : M. Marsden s'est-il privé d'attaquer ? N'a-t-il pas inondé l'Angleterre de ses récriminations, comme le prouve cette let tre de lady Hastings qui le remercie des *papiers et journaux* qu'il lui a envoyés? La déclaration de lady Hastings est un jugement qui ne repose que sur les faits qu'on lui signale, et ne détruit en rien les témoignages de confiance, d'estime, d'affection, que lady Hastings et ses enfants donnèrent autrefois à Mlle Doudet.

Mlle Doudet, dit-on, a calomnié M. Marsden et sa famille. Elle a représenté le père comme pratiquant des violences sur ses enfants. Mais n'a-t-il pas lui-même, le 5 octobre 1853, écrit à M. Gabriel : « J'étais déterminé à vaincre de telles habitudes, qui me dégoûtaient et m'affligeaient; pour la première fois, je la fouettai *avec une petite cravache, plusieurs fois, pendant deux ou trois jours de suite.* »

A-t-on attaqué M. Marsden dans les journaux, comme il attaquait Mlle Doudet? Non, il n'y a eu que ce Mémoire, qui n'a pas été publié, qui n'a été connu que des magistrats et des avocats de la cause. On n'a dit que ce qu'il fallait dire pour se défendre, et on n'a point cherché à déshonorer une famille.

Mlle Doudet n'a pas seulement calomnié; elle a menti. Elle a, l'intrigante, présenté son père comme capitaine de frégate, tandis qu'il n'était que commis à 27 fr. *Me Berryer* prouve, par des pièces officielles, par des états sortis du ministère de la marine, par des certificats de l'autorité militaire, que M. Antoine Doudet était bien capitaine de frégate.

Elle a menti, dit-on encore, en produisant, sur sa vie passée, d'honorables témoignages.

Mlle Doudet est restée deux ans dans la maison Robertson, où on lui a conservé les plus affectueux souvenirs. Si le grand-père, M. Elliot, a dit : « Cette femme est folle, » c'est qu'on accusait auprès de lui Mlle Doudet d'avoir calomnié ses petites-filles.

La calomnie, elle est, non dans les nécessités de la défense, mais dans l'accusation de M. Marsden, que Mlle Doudet avait appris de différents côtés qu'il était veuf et riche, et qu'elle s'était présentée chez lui pour se rendre indispensable. Cela est faux : il est notoire que c'est M. Marsden qui est venu à Paris chercher une institutrice, et qui, sur les renseignements de Mme la comtesse de Chabaud-Latour, sur les témoignages les plus honorables, a été chercher Mlle Doudet en Angleterre.

Voilà la sincérité de l'accusateur. Et vous le trouverez ainsi toujours en contradiction avec les faits.

Or, on l'a bien senti, au système de tortures imputé à Mlle Doudet, il faut bien trouver un motif, une cause quelconque. Ce motif, ce sera le sentiment de jalousie, de fureur, que le mariage de M. Marsden a fait naître dans le cœur de Mlle Doudet.

Mais, encore une fois, toute sa conduite répugne à cette imputation. A peine arrivée en Angleterre, elle retourne en France, sur la nouvelle de la maladie de sa mère. Elle pense si peu à lier son existence à celle de M. Marsden, qu'elle va le quitter, et aller se fixer à Paris, au moins six mois. Les six mois de la convention ne sont pas expirés, qu'une prolongation de six mois est demandée et obtenue, et voilà cette femme, ambitieuse, cette femme qui veut pénétrer dans la maison de M. Marsden, qui prolonge l'état de séparation complète... Après le mariage, nouvelle prolongation du séjour des enfants à Paris, par delà le second terme de six mois. Où voit-on, dans cette séparation volontaire de M. Marsden, qu'elle a vu à peine, qu'elle n'a pas cherché, la plus légère apparence, la moindre manifestation de ce secret mobile, supposition toute gratuite dans le procès? Mlle Doudet n'a donc pu être portée, par ce mariage, convenu, arrêté avant même qu'elle ne quittât l'Angleterre, à une irritation jalouse, de là à la haine, enfin à la cruauté.

Tout le système de la plainte et de l'accusation est encore renversé par une considération générale, à laquelle l'avocat de la partie civ n'a pas répondu.

Comment se fait-il, disions-nous, que votre plainte ne soit appuyée d'aucun document, d'aucune correspondance? Vous dites que vous avez été trompé par la correspondance de vos enfants, trompé par les lettres de Mlle Doudet, trompé par les rapports des médecins. Pourquoi ne rapportez-vous pas une de ces lettres qui ont fait votre erreur, qui vous abusaient sur l'état des enfants, qui prouveraient les mensonges de Mlle Doudet? On vous écrivait sans cesse, de tous côtés; toute cette correspondance porterait la marque du calcul secret, des machinations hypocrites de Mlle Doudet; et vous n'en produisez pas une seule!

Vous dites : je les brûlais; vous en avez brûlé une, vous le dites dans une de vos réponses, vous avez brûlé une lettre où il était question des mauvaises habitudes d'Emily, voulant ainsi détruire, disiez-vous, le souvenir matériel de cette honte. Mais à qui ferez-vous croire que vous avez tout brûlé, lettres, rapports?

On prouve d'ailleurs à M. Marsden qu'il ment, quand il dit qu'on lui écrivait pour l'empêcher de venir. Qu'on se rappelle cette lettre, où, sur les rapports de M. Gaudinot, il décrit l'état dangereux de sa fille Mary-Ann; il a reconnu un cas d'apoplexie, mais il ne peut quitter sa clientèle. Et voilà la sincérité de cet homme, qui dit : On voulait m'empêcher de venir à Paris!

Mais, d'ailleurs, M. Marsden n'avait-il pas deux fois, lui-même, à Paris, vu ses enfants, passé de longues journées avec elles? N'avait-il pas, en 1853, pu les observer, pendant près de deux mois, avec la double clairvoyance du père et du médecin? Et il aurait pu être trompé!

Qu'a répondu l'avocat de la partie civile relativement à la discussion des témoignages? On lui a dit : tous les témoins à charge se réfèrent à ce qu'ils ont entendu dire par d'autres. Ils savent tous bien des choses, mais ils ne soutiennent rien comme étant à leur connaissance personnelle.

Cela n'a pas empêché qu'on n'invoquât ces témoignages.

On a invoqué celui de la sœur Zéphyrine.

Ah! s'il était vrai que Zéphyrine eût dit de sa sœur ce que les témoins prétendent avoir entendu dire, alors l'accusation aurait quelque force. Mais les paroles de Zéphyrine ont été dénaturées. Tout ce qu'on prétend avoir été dit par Zéphyrine est détruit par le témoignage de Mme Espert. Dans cette maison bâtie si légèrement, dans cette maison de verre, on n'a entendu aucune scène de violence, et Mme Espert déclare n'avoir rien entendu, rien vu par elle-même. Elle déclare aussi que, jusqu'au départ de Zephyrine, les enfants ont été bien soignées, que leur état de santé était satisfaisant.

Mais, dit-on, Zéphyrine était une protection pour les enfants. Elle est partie, indignée, bien qu'elle fût engagée, par contrat à rester avec sa sœur pour l'éducation des jeunes Marsden; elle est partie, révoltée des procédés de sa sœur, proclamant la cause de sa retraite.

D'abord, Zéphyrine n'était pas engagée ; comprise dans le premier contrat, elle n'était plus liée avec sa sœur, à partir du 15 décembre 1852; elle cherchait, elle avait trouvé une position particulière.

Zéphyrine est partie indignée, révoltée ! Mais elle part le 7 avril 1853; M. Marsden vient de passer près de deux mois à Paris, et n'est parti que le 30 mars. Donc, si Zéphyrine est partie indignée des actes de cruauté de sa sœur, si elle n'a pu résister davantage, ces actes de cruauté se placent pendant le séjour du père à Paris, pendant sa constante surveillance. Et ce père, qui venait tous les jours à la maison, Zéphyrine ne lui a rien dit !

Ce qu'il y a de vrai dans tout cela, encore une fois, c'est l'opposition de Zéphyrine aux deux systèmes de corrections corporelles et d'alimentation homœopathique, pratiqués, recommandés par M. Marsden.

Et voilà le témoin sur lequel tout le monde se reporte !

On a invoqué encore le témoignage de Léocadie. Mais Léocadie n'articule aucun fait; elle se contredit elle-même, et, sur le fait des coups portés à Mary-Ann, son témoignage est jugé. D'ailleurs, il semble d'abord qu'elle ait tout vu, tout su par elle-même, et, quand on vient aux preuves, elle tient la majeure partie des faits de Zéphyrine.

On a invoqué les témoignages d'une fille Perret, qui a passé quinze jours à la maison, avant décembre 1852; celui d'une fille Liébaut, qui, pour se venger de l'accusation d'un vol de parapluie, accuse Mlle Doudet de faits coupables, qu'elle place précisément à un moment où Mlle Doudet est reconnue irréprochable.

On a dramatisé, au profit de l'accusation, l'impression bien naturelle ressentie par les demoiselles Martin, en présence du triste spectacle de Mary-Ann paralytique, gisante sur son lit. En quoi cette émotion prouve-t-elle que Mlle Doudet soit coupable des souffrances de Mary-Ann?

On a maintenu le témoignage de la couturière Many, qui, entendue par M. Boudrot, ne disait pas un mot de ce qu'elle a dit plus tard.

On a maintenu le témoignage de la femme Chardonnot, qui n'a rien vu, rien entendu, mais qui, ayant travaillé huit jours chez Mlle Doudet, a trouvé qu'on s'y chauffait mal.

Et il en est ainsi de tous les témoins. Aussi, quelque grand qu'en soit le nombre, faut-il laisser de côté ces témoignages sans valeur et arriver aux faits de la plainte.

Cette plainte, avons-nous dit, malgré le temps qu'on a pris pour la méditer, est un tissu de mensonges, d'odieuses articulations.

Prenons en une entre autres : Emily, enfermée nu-pieds, toute une nuit, dans la garde-robe, s'enrhumant parce qu'elle n'ose fermer la fenêtre. Or, il s'est trouvé qu'il n'y avait pas de fenêtre. On a répondu : M. Marsden s'exprime mal en français; c'est porte qu'il voulait dire. Mais si la porte était ouverte, l'enfant n'était donc pas enfermée? Votre articulation première était un mensonge.

Autre articulation : On est venu, dans des termes très-chaleureux, très-pathétiques, imputer à Mlle Doudet la constatation des actes auxquels se livrait instinctivement Mary-Ann mourante. Mais lisez donc la déclaration du docteur Gaudinot : ce n'est pas Mlle Doudet, c'est lui qui surprenait la pauvre enfan s'abandonnant encore à ces habitudes mortelles.

Sur la mission de surveillance du révérend Rashdall et de sa sœur, l'avocat de la partie civile n'a rien répondu. Il reste acquis que le révérend Rashdall n'a rien vu de blâmable. On n'a pas expliqué pourquoi miss Rashdall a souffert que les enfants continuassent à être attachées dans leur lit, que l'alimentation restât insuffisante. C'est qu'en effet, les liens, le régime, n'ont été blâmés par elle que plus tard. Encore une fois, qu'on produise les lettres dans lesquelles miss Rashdall a dû rendre compte de sa mission de surveillance.

On a encore gardé le silence sur ce point essentiel, que les enfants n'ont jamais été livrées à Mlle Doudet, qu'ils ont toujours été sous les regards de quelqu'un. Et cependant, y a-t-il un plus grand moyen de défense contre l'imputation d'un système persévérant de mauvais traitements? Père, mère, dans leurs voyages; oncle, tante, pendant leurs missions de surveillance, ont presque constamment vu ce qui se passait; et cependant on imagine un système journalier de mauvais traitements, dont personne n'a jamais été témoin.

Le véritable motif du procès, c'est le désir de laver ces enfants du reproche de mauvaises habitudes. C'est là ce qui porte M. Marsden à inventer tout un système de cruauté, pour expliquer l'état déplorable produit par les mauvaises habitudes et la coqueluche.

La coqueluche, on l'a niée ! Et les ordonnances du docteur Tessier, particulières à Lucy, à Emily, à Rosa et à Alice, s'appliquent à cette maladie. Et l'acte de décès de Lucy donne pour causes à la mort la coqueluche et l'épuisement. On a, il est vrai, supposé que M. Marsden a admis les causes, afin de ne pas provoquer une enquête judiciaire, s'il déclarait la cause véritable. Délicatesse et susceptibilité singulières, chez l'homme qui, pendant plus de trois mois, a fait différer l'inhumation définitive de Mary-Ann, parce qu'il s'attendait, de jour en jour, à faire vérifier judiciairement les causes de sa mort.

Le mensonge qui nie la coqueluche a la même source que le mensonge qui affirme la séquestration de Lucy. La grande et belle chambre du rez-de-chaussée, pleine d'air et de lumière, donnée à la fille aînée pour la séparer de sa sœur qui a la coqueluche, on l'a appelée une cave. M. Collomp a dit, dans son procès-verbal, ce qu'était cette prétendue cave, ce qui n'empêche pas l'inspection de Mme Maling, et l'interprétation cruelle d'un mot innocent prononcé par Mlle Doudet. — Ce n'est pas très-bon pour cette enfant d'être si enfermée, dit Mme Maling. — Je sais bien que ça ne lui est pas bon, répond Mlle Doudet. Et elle a raison : ce qui est bon pour les enfants, c'est l'exercice ; s'ils sont malades, on ne peut qu'exprimer un regret de ne les pas laisser sortir. Voilà le vrai dans ce mot, qu'on a si étrangement perverti.

C'est dans le témoignage des enfants qu'on a voulu trouver l'élément de conviction le plus irrécusable. Eh bien ! moi, dit *Me Berryer*, j'oppose à la déclaration des enfants : la surveillance, leur propre silence et leurs lettres.

Comment croire aux tortures, quand, en tout temps, vis-à-vis de tout le monde, des parents, des visiteurs, des médecins, des camarades, les enfants gardent le silence, ou, mieux encore, font l'éloge de leur institutrice, lui témoignent leur affection plus encore par leur attitude que par leur langage, suppliant qu'on les laisse avec elle, se réjouissant de voir prolonger leur séjour chez elle? Maître de danse, maître de langue, maîtresse de piano, jeunes élèves qui partagent leurs études, leurs jeux, presque leur repas, personne ne soupçonne les tortures, personne n'entend proférer la moindre plainte.

Elles étaient, dites-vous, intimidées devant leurs parents? Mais leur père les avait averties que leur tante était chargée de surveiller leur institutrice aussi bien qu'elles-mêmes.

« Enfin, Messieurs, nous avons traversé la vie, nous avons été témoins des jeux, des confidences de nos enfants et des enfants de nos amis les uns avec les autres. Qui viendra nous dire sérieusement que des enfants étaient enfermées pendant des journées entières, soumises à des tortures, garrottées au pied d'un lit, qu'il soit venu d'autres enfants dans la maison, et que ces enfants n'aient jamais rien su, rien vu; qu'au milieu de ces tortures, il n'y ait pas eu un instant où une petite fille torturée, celle dont on écrasait les pieds pour en faire jaillir le sang, ait dit : Oh! j'ai bien mal! Eh bien! pas un cri de douleur, pas une plainte, pas la plus petite confidence à celles qui jouaient avec elle; il n'en est pas une qui ait su qu'on les enfermait. Et l'on me dira qu'il y a une enfant vivant journellement avec d'autres, qui ne s'apercevra pas de leur absence, qui ne demandera pas : où est Lucy, où est Rosa! Mais c'est là la plus naturelle des questions, et quand il dit : Je n'ai jamais su qu'on enfermait, qu'on battait, qu'on torturait, je n'ai jamais entendu une plainte, il faut en conclure que ces vexations, ces tortures, ces supplices dont auraient été victimes les jeunes Marsden ne sont que d'abominables mensonges que l'accusation a dirigés contre l'institutrice. »

On dit que les lettres des enfants ont été dictées, même celle du 6 août 1853, cette lettre de seize pages écrite par Emily. On oppose qu'elle est très-bien écrite; mais c'est une traduction. Le texte est en anglais de la main d'Emily. Quoi de plus naturel que ces détails de petits travaux d'enfants, que ces réminiscences de la Bible, dont les jeunes filles copient des versets tous les jours, que ce retour sur les souffrances de l'institutrice, que les lettres de M. Marsden ont montrée entourée de persécuteurs anonymes! D'ailleurs, voici une preuve matérielle que, le 6 août, pendant qu'Emily écrit sa longue lettre, les enfants n'ont pas vu Mlle Doudet. Le 7, Rosa écrit : « J'avais bien envie d'aller hier, mais *Auntry* ne voulait pas. »

Nous écrivions ainsi, disent aujourd'hui les enfants, parce que nous avions peur de retourner avec elle. Mais chacune de leurs lettres de Chaillot parle du jour prochain du départ pour l'Angleterre. L'excuse est aussi mensongère que la description faite par M. Marsden de l'état dans lequel il a trouvé ses filles, ce qui ne l'a pas empêché, après une longue promenade, de les ramener coucher dans l'appartement de la prétendue mégère.

Me Berryer ne reviendra pas sur l'enquête anglaise, bien qu'elle ait été faite de bonne foi, dans la forme légale; il n'en a pas besoin pour établir les mauvaises habitudes dont M. Marsden lui-même a donné la preuve. Cependant, à propos de la déposition si explicite de miss Candler, il veut répondre à une assertion par laquelle on a essayé de diminuer l'autorité de ce témoignage. Il y a inimitié, a-t-on dit, entre elle et M. Marsden. La preuve du contraire est dans une lettre écrite, le 6 mai 1853, par Mme Marsden à ses belles-filles : « Les demoiselles Candler sont fort contentes de vos cadeaux, et trouvent que vous avez été fort gentilles de vous souvenir d'elles, et elles vous font à toutes bien des civilités. »

Et quand c'est cette miss Hester qui dit : Je ne voudrais pas m'écarter des règles de la décence; mais enfin, lorsqu'il s'agit de l'honneur, de la vie peut-être d'un de mes semblables, je suis obligée de dire que j'ai surpris les enfants dans de telles attitudes, qu'il m'est arrivé souvent de dire à l'une d'elles, à Alice : — « Ne vous mettez-donc pas « ainsi les mains sous vos jupons, » quand mademoiselle Caudler dit cela en faisant violence à sa pudeur, est-ce qu'on peut douter de la sincérité de sa déclaration?

Les mauvaises habitudes, qui ont causé le dépérissement, qui, une fois vaincues, ont laissé renaître une santé brillante, voilà tout le procès.

Or, M. Marsden lui-même a prouvé qu'il les connaissait, qu'il avait appris leur existence par miss Burnell, le jour où il a châtié sa fille, non pas légèrement avec une cravache, mais avec une baguette.

Voilà, je ne saurais trop le répéter, voilà la cause, la voilà tout entière; il n'y a pas autre chose que la question de savoir si le vice des enfants était réel, s'il était connu du père, ou s'il est de l'invention de Mlle Doudet. S'il est démontré que le vice existait, l'accusation tombe, et vous devez redresser l'erreur des premiers juges.

Les premiers juges n'ont prononcé une condamnation que parce qu'ils ont considéré que les vices des petites filles n'étaient qu'une fausse allégation de Mlle Doudet, et une aggravation de torts qu'elle avait eus dans le gouvernement des enfants. Que si ces vices sont réels, que s'ils sont, avec la coqueluche, la cause véritable, la cause connue du dépérissement des jeunes Marsden, toute l'accusation s'écroule devant vous.

Mais quelle différence! Les jeunes Marsden, quoi qu'on ait persuadé à leur père, ne seront point flétries par l'acquittement de leur institutrice, autrefois chérie! Elles auront été affligées d'une maladie douloureuse; puis, sous l'empire des conseils, des sentiments religieux, des événements si terribles, elles se seront guéries; une fois revenues à la santé et à la vertu, leur avenir est à elles!

Cette pauvre fille, au contraire, qui depuis un an est captive, qui a cependant conservé l'amitié des personnes les plus recommandables, ne sera pas sauvée par son innocence et par cette amitié. Elle n'a d'autre ressource que sa bonne éducation, que l'honneur de sa famille, que la sagesse et le mérite d'une conduite toujours inattaquée. Eh bien! vous l'acquitterez; mais le souvenir de ce fatal procès la suivra partout, et son avenir est à jamais perdu, malgré l'acquittement que vous devez prononcer et que vous prononcerez.

On vous a parlé de conviction inébranlable, on vous a parlé d'efforts impuissants à détruire la conviction déjà formée dans le cœur des magistrats. Eh bien! messieurs, maintenant que vous connaissez tout, votre conviction doit être bien formée. Quant à moi, à mesure que j'ai étudié cette cause, à mesure que j'en ai vu toutes les parties, car je n'ai pas laissé passer un mot sans le rapprocher d'un autre, une date sans la contrôler, un témoignage sans le confronter, un aveu sans le vérifier, c'est ainsi que s'est éclairée mon intelligence, j'ai vu l'innocence; et à mesure que je parle, à mesure que je cherche à faire passer en vous la conviction de mon esprit, ma conviction à moi devient plus grande... J'ai rempli un devoir, je ne l'aurai pas rempli inutilement, vous acquitterez Mlle Doudet.

A l'audience du 27 avril 1855, la Cour rendit l'arrêt suivant :

« La Cour reçoit Célestine Doudet, appelante du jugement rendu contre elle par le Tribunal de la Seine, le 12 mars dernier ; reçoit également le procureur général près la Cour, appelant de la même sentence ; joint les appels et faisant droit ;

« Considérant que les appels respectifs du ministère public et de la partie condamnée ont pour effet légal, nécessaire, de remettre en question toute la cause devant la Cour, et par conséquent de l'investir, à l'égard des faits incriminés, de la plénitude de compétence que les premiers juges tenaient de l'acte qui leur en avait déféré la connaissance ;

« Considérant que la demoiselle Célestine Doudet a été renvoyée devant le Tribunal de police correctionnelle par une ordonnance de la Chambre du Conseil, sous la prévention des délits de coups et blessures volontaires, prévus et punis par l'art. 311 du Code pénal ;

« Considérant que cette ordonnance, indicative et non attributive de juridiction, laissait aux premiers juges le droit d'apprécier, dans la mesure de leur compétence correctionnelle, toutes les circonstances de la prévention de coups et blessures qui leur était soumise, d'en déterminer le véritable caractère et de lui assigner la qualification vraie qu'elle comportait au point de vue de la juridiction correctionnelle ;

« Considérant que la Cour, à qui les mêmes pouvoirs sont dévolus par suite desdits appels, a donc aujourd'hui tout à la fois le droit et le devoir d'examiner de nouveau lesdits faits avec toutes leurs circonstances, et ce avec les modifications qui peuvent résulter des débats ; et, par suite, de les ramener, s'il y a lieu, à leur vérité, et de leur imposer toutes les conséquences que, dans les limites de l'art. 311 du Code pénal, ils sont susceptibles de recevoir ;

« Considérant que l'appel spécial du ministère public, tendant à faire déclarer les coups imputés à Celestine Doudet aggravés par la préméditation, ne défère pas à la Cour un fait nouveau, différent de celui qui a été l'objet du renvoi en police correctionnelle et du jugement frappé par l'appel ; qu'il a seulement pour objet, en relevant une circonstance accessoire du fait qui l'aggraverait sans en changer la nature, de rectifier, par une qualification plus vraie et plus rationnelle, celle du fait dont le Tribunal et la Cour ont été également et complétement saisis avec plénitude de juridiction pour son appréciation et sa qualification ;

« En fait, considérant qu'il résulte de l'instruction et des débats que la demoiselle Doudet s'est rendue coupable, dans le cours des années 1852 et 1853, de coups et blessures volontaires vis-à-vis des mineures Lucy, Alice, Emily et Rosa Marsden ;

« Qu'il est établi par les mêmes débats et la même instruction que lesdits coups et blessures volontaires ont un degré de gravité et de persistance qui ne permet pas de les considérer comme constituant aux yeux de la loi ces actes spontanés et non réfléchis de violence que l'art. 311, § 1er, a pour objet de réprimer ; que, au contraire, par leur ensemble, leur répétition, leur habitude, ils témoignent manifestement chez leur auteur, quel qu'ait été d'ailleurs le mobile pervers qui l'ait inspiré, d'un dessein formé par elle à l'avance de les commettre ; qu'en cet état ces faits ne présentent pas seulement les caractères du délit de coups et blessures volontaires, indiqué par l'ordonnance du renvoi, à la charge de Celestine Doudet, comme prévu par le § 1er de l'art. 311, mais accessoirement, et aussi ceux du délit de même nature commis avec préméditation, lequel rentre également dans la compétence correctionnelle et est également prévu et puni par le même article, § 2 ; d'où il suit que, en substituant à la qualification primitivement indiquée dans l'ordonnance de renvoi celle ci-dessus rectifiée, il y a lieu de faire application à la prévenue, non de la pénalité énoncée au § 1er dudit art. 311, mais bien celle édictée au § 2 du même article ;

« Adoptant, au surplus, ceux des motifs des premiers juges, tirés de la nature honteuse des récriminations de la demoiselle Doudet contre les mineures Marsden, qui avaient été ses élèves, récriminations renouvelées devant la Cour avec un éclat et une insistance qui aggravent encore ce qu'un pareil système de défense a d'odieux et de diffamatoire ;

« En ce qui touche les conclusions de la partie civile, tendantes à la suppression du Mémoire ayant pour titre : *Mémoire pour mademoiselle Célestine Doudet contre le ministère public et M. Marsden*, en 117 pages ;

« Considérant que ledit Mémoire, dans son ensemble, et plus particulièrement aux pages 7, 9, 10, 11, 21, contient des passages injurieux pour l'honneur des mineures Marsden et de leur père ;

« Vu l'art. 1036 du Code de procédure civile et l'art. 23 de la loi du 17 mai 1819 ;

« Par ces motifs,

« La Cour met les appellations et ce dont est appel au néant, en ce que les premiers juges ont mal apprécié les faits imputés à Célestine Doudet en ne les qualifiant pas de coups et blessures commis avec préméditation, et n'ont par suite condamné la demoiselle Doudet qu'à deux années d'emprisonnement ;

« Emendant, déclare ladite fille Doudet coupable du délit spécifié au § 2 dudit art. 311 du Code pénal, et, lui faisant application dudit article, la condamne à cinq années d'emprisonnement ;

« Ordonne que le Mémoire ci-dessus mentionné sera et demeurera supprimé. »

Après la lecture de l'arrêt, Mlle Doudet demande la parole.

M. le Président. — Il y a arrêt. Emmenez la prévenue.

Mlle Doudet se penche vers son défenseur et lui remet un journal. Un gendarme veut lui prendre le bras ; elle se dégage avec un mouvement de fierté blessée, et marche seule vers la prison.

Quelques mots encore sur le dernier épisode de ce long procès, le recours en cassation. *Me Achille Morin* assistait Mlle Doudet devant la Cour suprême.

Le premier moyen de cassation était tiré du caractère particulier du procès-verbal en date du 23 avril 1855, relatant la déclaration du docteur Bonnet. Le lecteur aura compris que la production inopinée de cette pièce avait seule entraîné l'aggravation de peine.

Or, disait *Me Achille Morin*, quel est le caractère de cet acte ?

Le point véritable du procès, c'est le mobile des actes incriminés. En supposant même que les jeunes filles eussent été frappées, pourquoi avaient-elles été frappées ? Le mobile indiqué dans le procès de cour d'assises, développé dans les deux procès correctionnels, c'est un sentiment de vengeance inspiré par la jalousie. Par là, et par là seulement, était motivée l'imputation de préméditation introduite dans le procès en appel.

Mais il n'a pu échapper au lecteur que les insinuations relatives aux vues ambitieuses de mariage, et le témoignage isolé relatif à la douleur qu'aurait causée à Mlle Doudet le second mariage de M. Marsden, ne pouvaient former une preuve suffisante du mobile supposé. Cette preuve, les juges de l'appel croyaient l'avoir trouvée dans la déclaration du docteur Bonnet, contenant une sorte d'aveu indirect de la préméditation.

C'est contre cette déclaration, qui ne rappelait rien à ses souvenirs et dont le sens même lui avait échappé, que Mlle Doudet voulait protester, immédiatement après l'arrêt qui venait de la frapper.

Le procès-verbal contenant cette déclaration, dressé par M. l'avocat général Croissant, était, aux yeux de Me Morin, un acte d'information spécial, contenant une déclaration provoquée dans le but d'éclaircir les motifs des actes imputés à Mlle Doudet. Sans examiner ce qu'il pouvait y avoir d'insolite, de fâcheux, dans cette recherche des paroles qui avaient pu échapper à une femme malade, au milieu d'une crise nerveuse, dans cette situation étrange du médecin appelé à dénoncer les paroles entrecoupées de celle qu'il avait eu pour mission de soigner, l'avocat se contenta d'examiner la valeur légale du procès-verbal.

Il y avait eu là erreur sur la compétence, car il ne s'agissait ni de flagrant délit ni d'autre cas analogue, et cependant la déclaration avait eu lieu dans la forme des actes d'instruction de flagrant délit, sans serment et sans confrontation.

La cour d'appel était saisie, le procès engagé. le rapport et l'interrogatoire avaient eu lieu, le témoin Bonnet pouvait être appelé devant la cour : un avocat général ne pouvait, à cette heure, faire un acte d'instruction sans empiéter sur les pouvoirs des magistrats compétents. Or, un acte d'instruction vicié d'incompétence, vicie tout le procès.

« Mlle Doudet, ajoutait Me Morin, n'a même pas bien compris l'imputation se produisant par une lecture rapide. La première phrase du procès-verbal disait que le prétendu aveu lui serait échappé *au moment de sa condamnation*, ce qui lui faisait reporter ses souvenirs au jugement correctionnel, tandis qu'il s'agissait du moment où le jury délibérait et la déclarait non coupable. Toute la gravité du propos déclaré par le médecin se trouvait dans la *pensée* qu'il déduisait d'une exclamation, et qu'il traduisait en ajoutant deux mots : « Je suis innocente ; mais, si je suis condamnée, je souffrirai moins *en pensant* que M. Marsden souffrira aussi dans l'honneur de ses filles ; » interprétation odieuse, contre laquelle Mlle Doudet proteste de toutes les forces de son âme, aujourd'hui qu'elle comprend le sens qu'on a donné à ses paroles. »

Et c'est un pareil témoin qui n'avait pas comparu, qui avait affirmé sans serment une semblable interprétation, qui n'avait pas été confronté à celle qu'il perdait par deux mots, lui dont « la défense eût pu repousser l'audition sous une forme quelconque à raison du secret recommandé aux médecins par les règles de leur profession et par la loi elle-même. »

Par le fait de cet acte d'instruction illégal, toutes les garanties avaient été enlevées à la défense. Car, la haine et la préméditation une fois admises, la défense n'était plus possible, et l'arrêt stigmatisait les défenseurs eux-mêmes, en disant : « Récriminations renouvelées devant la Cour, avec un éclat et une insistance qui aggravent encore ce qu'un pareil système de défense a d'odieux et de diffamatoire. »

Un autre moyen de cassation était tiré de l'introduction au procès en appel d'une circonstance aggravante dont il n'avait pas été question jusque-là. « Attendu, dit la citation d'appel, que les coups et blessures à raison desquels elle a été *traduite* devant le tribunal *n'ont pas été qualifiés de préméditation*. » Expressions vagues, équivoques, que reproduira l'arrêt, et qui cachent mal une citation nouvelle et avec un simple changement de qualification ou d'appréciation des faits. Le changement de qualification n'ajoute rien au fait poursuivi, tandis que la circonstance aggravante le dénature ou l'aggrave au point de l'ériger en crime ou d'en faire un délit distinct du premier et passible de peines plus sévères. L'introduction d'une circonstance aggravante n'est autorisée que dans les débats en cour d'assises et par un texte spécial ayant ses motifs particuliers. Fallait-il l'autoriser encore en appel et dans les procès correctionnels ? La jurisprudence ne l'admettait pas encore.

L'appel fut rejeté par la Cour de cassation, et Mlle Doudet dut subir sa peine. C'est à Saint-Lazare qu'elle fut conduite. Elle y resta jusqu'au 6 décembre 1856, époque à laquelle elle fut dirigée sur la prison de femmes de Clermont (Oise). Le 23 avril 1858, elle fut envoyée dans la maison de Haguenau.

Ce que nous avons laissé entrevoir du caractère de Mlle Doudet, pourra faire comprendre combien de tortures morales furent ajoutées pour elle à la punition que lui infligeait la justice. Dignité naturelle de la femme, hauteur de la *lady*, roideur puritaine de la protestante, délicatesse et sensibilité exceptionnelle de la femme d'esprit et de goût, tout se réunissait en elle pour aggraver sa situation. La loi ne tient pas, ne peut tenir compte de ces inégalités de natures qui, malgré elle, établissent l'inégalité de châtiments. Mais, si Mlle Doudet envenimait comme à plaisir ses blessures, des amitiés infatigables s'occupaient à les panser.

C'est un des plus émouvants mystères de cette cause que la persistance, peut-être même faudrait-il dire la recrudescence, de ces sympathies, de ces dévouements. Telle des anciennes protectrices de Mlle Doudet qu'avaient éloignée la roideur et la sécheresse de ses manières, s'était sentie saisie d'une affection ardente pour celle à qui elle n'avait jamais pu refuser son estime. Il est de célèbres condamnées qui ont dû aux dramatiques incidents de leur procès, à la poésie de leurs traits, de leur langage, mille sympathies aveugles et subites : celles qui n'ont pas cessé de suivre Mlle Doudet étaient fondées sur une connaissance intime de ses habitudes et de ses qualités morales. Les protecteurs qui, tous, lui sont restés fidèles, appartenaient, non à la foule avide d'émotions passagères, mais à l'aristocratie du rang, du cœur et de l'esprit en France et en Angleterre. Nous ne voulons pas, nous ne devons pas citer les noms de tous ceux dont l'amitié n'a pas revêtu la forme d'un patronage public ; qu'il nous suffise de dire qu'un des plus ardents, un de ceux qui proclamaient avec le plus de certitude intime l'innocence de Mlle Doudet, fut notre grand peintre mystique Ary Scheffer, esprit élevé, noble cœur, physionomiste sagace, et disciple éminent de Lavater. Enfin, nous pouvons le dire, et ce ne sera pas le trait le moins remarquable, tout en reconnaissant les défauts particuliers de Mlle Doudet, ses trois défenseurs, l'élite du barreau français, ont conservé de son innocence, non cette conviction banale qui naît des entraînements passagers de la défense, mais une conviction réfléchie, inébranlable.

Comme elle avait vu naguère s'élever contre elle une coalition de témoignages accusateurs, Mlle Doudet vit se presser autour d'elle un bataillon de fidèles, qui réussit à adoucir son sort malgré elle. Quand elle quitta Saint-Lazare pour Clermont, Clermont pour Haguenau, on lui épargna les humiliations réglementaires. Mme la comtesse B..... d'abord, et Mme Beaten, Mme Schwabe ensuite, l'accompagnèrent jusqu'à sa nouvelle destination.

A Haguenau, la santé de Mlle Doudet devint si mauvaise, que M. Jacobs, médecin de la prison, déclara que prolonger sa détention serait la condamner à mort. On jugea que depuis le 8 mai 1854, jour de son arrestation, elle avait assez souffert, et, le 27 juin 1858, Mlle Doudet reçut sa grâce : grâce spéciale, qu'elle n'avait pas voulu solliciter.

Depuis cette épreuve, Mlle Doudet est rentrée dans le monde. Elle a passé quelque temps dans le grand-duché de Baden et en Angleterre, entourée des soins les plus affectueux; puis, elle est revenue en France, à Paris, où elle a trouvé des mères, que l'arrêt de la justice française n'a pu détourner de la laisser en contact avec leurs enfants.

Avec tout le respect dû à la chose jugée, il y a dans cette cause, il faut le dire, un problème inquiétant. Cette plainte provoquée par des voisines, sur des rumeurs dénaturées, exagérées peut-être; cette plainte si longtemps suspendue, que vient démentir une enquête de police soigneusement, sévèrement faite; ce premier arrêt, qui innocente toute une période de la vie de Mlle Doudet; cette accusation nouvelle, qui remet tout en question; ce jugement, encore aggravé par suite d'une exclamation surprise au chevet d'une malade : tout cela laisse l'esprit mal satisfait, et on n'entrevoit pas dans l'ensemble de l'accusation toute la simplicité, toute la netteté désirables.

Aussi, a-t-on voulu chercher à côté de la cause quelques-unes des raisons qui ont pu déterminer les juges. On a pensé que, comme l'opinion publique elle-même, l'opinion de la magistrature avait pu subir l'influence de ces sentiments si naturels, si développés en France, l'amour des enfants, la pitié pour le faible. On a cru que le contraste entre nos principes d'éducation si humains et le système un peu âpre de l'éducation britannique, avait produit l'illusion d'une dureté criminelle, là où il n'y avait qu'une différence d'habitudes, toute à l'avantage de nos mœurs.

Ne serait-il pas possible encore que le système de la défense, nécessairement fondé sur la récrimination, ait placé l'esprit des juges dans une disposition fâcheuse? Il y a toujours quelque chose d'affligeant, de blessant pour nos instincts les plus respectables, dans la parole qui flétrit ce que nous avons l'habitude de considérer comme l'innocence et la pureté mêmes.

Enfin, il n'y a pas jusqu'à la position spéciale, si digne d'intérêt, de cet étranger venant demander à la justice française la réhabilitation de ses enfants, qui n'ait pu avoir son influence dans la cause. Et on a fait remarquer que cet étranger était un Anglais, et que le procès intervenait au milieu des manifestations les plus ardentes de l'alliance anglo-française.

Quant à nous, si nous pouvions avoir une opinion en pareille matière, il nous paraîtrait que le plus dangereux adversaire de Mlle Doudet a été Mlle Doudet elle-même. Ce caractère hautain, cassant; cette attitude hérissée de pruderie et d'estime un peu exagérée de soi-même, n'ont pas dû prévenir en sa faveur le juge, qui, d'ordinaire, de ce qu'il voit conclut à tout ce qu'il ne voit pas. *L'orgueil* nous paraît avoir été le mobile de toutes les protestations, de toute la défense de Mlle Doudet, et elle nous semble en toute occasion beaucoup plus préoccupée de sa valeur personnelle, que de l'accusation qui la menace. « Jamais je ne me suis jetée aux pieds de M. Rashdall, non plus que d'aucun homme, » voilà ce qu'elle trouve à dire de plus intéressant pour elle-même contre une accusation terrible. Si on suppose dans toute sa conduite un mobile secret, l'espoir d'un mariage avec le père de ses élèves, ce qui l'occupe le plus, ce n'est pas de prouver que l'ensemble des faits dément cette hypothèse, c'est de démontrer, dans une protestation irritée, que la pensée d'une union avec elle eût été, de la part de M. Marsden, « une prétention présomptueuse. » Eh quoi! elle eût été « réduite à épouser le père de sept enfants pour avoir un morceau de pain, » elle qui gagnait 4,000 fr. par an, elle qui avait son établissement, son ménage, tandis que M. Marsden était en garni!

Si quelque chose pouvait faire ici soupçonner une erreur de la justice, ce serait assurément un caractère semblable, bien fait pour appeler, pour encourager, pour établir la prévention.

Paris. — Typographie de Firmin Didot frères, fils et Ce, 56, rue Jacob.

LE DUC D'ENGHIEN (1804).

... Grûnstein saisit le fusil du prince (*Page* 14.).

Pourquoi détournes-tu ta paupière éperdue?
D'où vient cette pâleur sur ton front répandue?
Qu'as-tu vu tout à coup dans l'horreur du passé?
Est-ce de vingt cités la ruine fumante
Ou du sang des humains quelque plaine écumante?
Mais la gloire a tout effacé.

La gloire efface tout... tout, excepté *le crime*.
Mais son doigt me montrait le corps d'une victime,
Un jeune homme, un héros, de sang pur inondé.
Le flot qui l'apportait passait, passait sans cesse;
Et toujours, en passant, la vague vengeresse
Lui jetait le nom de Condé!

C'est ainsi que, dans une de ces belles *Méditations* qui annonçaient un grand poëte à la France, M. de Lamartine, jeune alors et royaliste, jugeait la condamnation du duc d'Enghien. C'est ainsi, mais cette fois avec une nuance de haine passionnée, que le poëte vieilli, et devenu républicain, juge encore, dans son *Histoire de la Restauration*, cet acte si grave et si diversement interprété.

« C'est plus qu'un crime, c'est une faute; » tel est le mot qu'on prête à M. Fouché, mot que M. Fouché n'a jamais dit, qu'on a fait après coup, comme tant d'autres, et que M. Dubois s'est approprié après la restauration des Bourbons.

« Ce n'est pas une faute, c'est un crime, » dit à son tour M. de Vaulabelle, qui, lui au moins, n'a jamais changé de dossier.

Ce n'est pas une faute, c'est une erreur, un accident, selon M. Thiers, le plus impartial et le plus politique de tous les historiens du grand homme et du grand règne.

Ce fut « un odieux assassinat, une condamnation injuste et illégale, le crime de quelques hommes et non le crime des lois, » a dit le plus éminent de nos jurisconsultes modernes, M. Dupin aîné. Et il ajoute : « Cette mort a déshonoré le gouvernement consulaire, » se rencontrant ainsi, sans le vouloir, avec un historien hautement, passionnément, aveuglément ennemi de la France et de l'Empereur. « Ce fut et ce sera à jamais, dit sir Walter Scott, la tache la plus apparente et la plus ineffaçable qui ait souillé le caractère de Napoléon Buonaparte. » (*It has been and must for ever remain the most marked and indelebile blot upon the character of Napoleon Buonaparte.*)

Assassin! s'écrie Gustave-Adolphe, en apprenant

l'exécution d'un Condé. C'est *un forfait*, proclame à ses peuples le roi de Prusse Frédéric-Guillaume III; et l'empereur Alexandre Ier de Russie, oubliant trop vite combien souvent sont injustes ces jugements hâtifs qui condamnent les puissants, attache au nom de Napoléon cette qualification odieuse alors, plus tard ridicule, de *bête féroce*, d'*ogre de Corse*.

A Genève, dans les forêts vierges de l'Amérique, à Paris même, au milieu des splendeurs de l'Empire, l'esprit libéral, l'esprit parlementaire, l'esprit littéraire se réunissent dans une commune exécration du héros qui se change en meurtrier, dit M. de Chateaubriand; de l'assassin qui viole toutes les lois divines et humaines, dit Mme de Staël; du Tibère, dit M. de Fontanes, du roi pervers, dont les remords vengeront l'univers.

Ecoutons maintenant les admirateurs de Napoléon Ier; ils nous diront que la mort du duc d'Enghien fut une nécessité funeste; ils nous rappelleront ces tentatives criminelles, incessamment répétées, qui avaient menacé la vie de l'élu de la France; ils nous montreront l'assassinat installé à toutes les frontières de la France, et se cachant audacieusement dans Paris même; ils ajouteront que le duc d'Enghien conspirait et qu'il fut justement condamné. Mais ils diront aussi que ces douloureux sacrifices doivent être couverts d'un voile, et que l'histoire doit passer les yeux baissés devant ce sang fatalement, nécessairement, justement répandu.

Enfin, car il est équitable en pareille matière de consulter aussi celui qu'on accuse ou qu'on absout, Napoléon lui-même a jugé Bonaparte. Mais ici nouvelles incertitudes. Lui aussi a prononcé le mot de *faute*, de faute *inutile*, *nuisible*. Mais si Napoléon a dit cela, il a dit encore tout le contraire : Cela était *nécessaire*, *utile*, *mérité*; *j'agirais encore ainsi*.

Ce n'est pas tout; on a varié sur l'auteur même du fait. C'est Talleyrand, a dit l'un; c'est Savary, a dit l'autre; c'est Fouché, c'est Réal, affirme un troisième.

Voilà les appréciations bien diverses, bien ondoyantes, que nous fournit l'histoire sur ce procès que nous allons raconter. Notre tâche n'est pas d'y ajouter un jugement de plus, mais seulement d'apporter au lecteur tous les éléments de la cause. Peut-être alors comprendra-t-il, sans que nous ayons eu à formuler une opinion personnelle, comment un même acte a pu donner lieu à des interprétations aussi contradictoires, même de la part de son auteur. La passion, l'ignorance des faits, l'influence des circonstances extérieures, le défaut de perspective historique, toutes ces causes d'erreur ont pu, ont dû égarer la plupart des juges considérables dont nous venons de rapporter les arrêts. Aujourd'hui, il est permis d'échapper à toutes ces conditions fâcheuses. La passion n'est plus de mise, et Napoléon, désormais glorieusement installé dans l'histoire, n'inspire plus qu'aux esprits attardés les haines puériles ou le zèle aveugle. Les circonstances ont changé, comme les hommes mêmes; les faits sont connus; les événements, enfin, se sont reculés à un plan qui déjà permet de les embrasser d'ensemble.

Les documents à consulter sur le procès du duc d'Enghien sont nombreux, mais leur autorité n'est que bien rarement admissible.

Ce sont d'abord les pièces mêmes du procès. Nous en avons quelques-unes, mais nous ne les avons pas toutes. Ce dossier a disparu, en 1814, des archives de la secrétairerie d'Etat; il n'en a été retrouvé que quelques minutes des doubles de certaines pièces, produites plus tard par quelques intéressés. En 1823, la publication d'un extrait des *Mémoires* de M. le duc de Rovigo (Savary), renfermant une justification de la conduite de l'auteur dans cette affaire, provoqua une avalanche de réponses, de justifications, d'accusations, parmi lesquelles on peut trouver quelques indications utiles. De ces brochures, sérieuses ou futiles, les plus importantes sont : celle de M. le duc de Vicence (Caulaincourt); celle de M. le général baron Hullin, attribuée à M. Dupin aîné; celle enfin, surtout, qu'a avouée, sinon signée, le célèbre jurisconsulte. Le *Mémorial de Sainte-Hélène*; *Napoléon en exil*, journal d'*O'Méara*; les *Lettres écrites du Cap, ou Réfutation de celles du docteur Warden*; les *Mémoires* de l'honnête et véridique M. de Meneval; le *Testament* de l'Empereur renferment, sur la pensée de Napoléon, des renseignements précieux, mais qu'on ne saurait accueillir sans les discuter. Les *Mémoires et voyages du duc d'Enghien*, précédés d'une Notice sur sa vie, par M. le comte de Choulot (1841), sont à consulter.

Parmi les récits de la mort du duc d'Enghien que nous offrent les histoires générales ou particulières, le plus impartial, avons-nous dit, le plus politique, le plus bienveillant, peut-être, est celui de M. Thiers. Les livres XVIII et XIX de l'*Histoire du Consulat et de l'Empire* sont une étude très-complète et très-élevée du problème qui nous occupe.

M. de Vaulabelle et M. de Lamartine, dans leurs *Histoire de la Restauration*, n'avaient à toucher qu'en passant ce point historique. C'est ce qu'a fait très-sobrement le premier, avec un louable désir d'impartialité, avec une recherche de l'exactitude qui ne l'a pas sauvé d'une erreur de fait des plus graves. Le second, dans ce travail hâtif, impersonnel, qu'il a décoré du nom d'histoire, donne une place énorme à ce hors-d'œuvre; mais, selon sa regrettable habitude, ou il copie, sans les nommer, de consciencieuses études, ou il remplace la critique par l'imagination, par la passion et par la fantaisie.

Mme de Staël, dans ses *Dix Années d'exil*; M. de Chateaubriand, dans ses *Mémoires d'outre-tombe*, se font les échos de passions aujourd'hui disparues, et s'attribuent, dans cet événement comme dans tous ceux de l'époque, avec une singulière naïveté d'orgueil, une importance personnelle qui n'exista jamais que dans leur cerveau.

M. Desmarest, chef de la police de sûreté depuis le 18 brumaire jusqu'à la fin de l'Empire, esprit des plus fins et des plus cultivés, a dit, dans ses *Témoignages historiques, ou Quinze Ans de haute police sous Napoléon*, non tout ce qu'il savait, mais tout ce qu'il pouvait dire, et sa curieuse ébauche fait comprendre tout un côté de la conduite du premier Consul.

L'article *Enghien*, de la *Biographie universelle*, de M. le baron de Marguerit, porte l'empreinte des passions du temps; on y trouve des erreurs graves, entre autres des imputations absurdes de mauvais traitements et de procédés indignes dont l'illustre prisonnier aurait été victime. L'article paraît avoir eu pour but véritable de constater les prétendus services rendus par l'auteur et par M. Michaud aîné dans les conspirations royalistes du temps.

Cette courte revue des sources à consulter dit assez avec quelle défiance il y faut puiser. Mais il en est une qu'on peut déclarer presque excellente : c'est la monographie en 2 vol. in-8° (Paris, 1844) qu'a publiée M. Auguste Nougarède de Fayet, sous ce titre : *Recherches historiques sur le Procès et la*

Condamnation du duc d'Enghien. Ce travail très-complet, presque absolument impartial, dans lequel seulement la conspiration Georges-Moreau-Pichegru joue un rôle hors de proportion, a défrayé depuis lors tous les historiens et tous les publicistes. M. Thiers seul, selon ses habitudes de haute probité littéraire, le nomme avec de grands éloges.

Après avoir constaté les jugements si divers portés sur cette affaire depuis un demi-siècle; après avoir indiqué les sources d'une opinion définitive, il resterait peut-être à se demander, avec les amis zélés de nos gloires nationales les plus éclatantes, si mieux ne vaudrait pas, en semblable matière, se taire que de parler. Nous professons l'opinion exactement contraire. Le silence, de soi, n'est jamais bon à quelque chose et ne sert que la passion et la calomnie. Supposez un Tibère, plus encore, un brutal Caligula, un Claude imbécile, la publicité donnée à leurs actes en expliquera sans doute, en justifiera peut-être quelques-uns : le tyran le plus sanguinaire est homme par quelque côté, et il n'y a que l'histoire à la façon de Tacite, ou le mélodrame des boulevards, qui aient jamais imaginé le tyran abstrait et tout d'une pièce. Si donc la lumière peut être bonne, même à ces souverains qui ont déshonoré la puissance, comment imaginer qu'elle puisse être nuisible à celui dont ses ennemis eux-mêmes ont proclamé la grandeur? César fit plus d'une faute; en est-il moins César? Me cacherez-vous ses faiblesses et prétendrez-vous par là les faire disparaître? Vous ne réussirez qu'à les grossir. Singulier et dangereux hommage d'amis imprudents, qui nous voudraient tendre un voile devant les yeux, au risque de nous faire soupçonner derrière tout ce qui n'y est pas.

Napoléon, plus sage, aimait en tout la lumière, et rarement la redouta. Il fut, qu'on ne l'oublie pas, le plus infatigable publiciste de son siècle. Une fois seulement, peut-être, et ce fut à propos de cette malheureuse affaire, il garda, il ordonna le silence; et de ce silence, comme de la nuit mythologique, sont sorties ces noires Furies qui obscurcissent aujourd'hui encore un des actes de cette vie lumineuse, l'Erreur et la Calomnie.

La fausse paix d'Amiens venait d'être ouvertement violée par l'Angleterre, au printemps de 1803. Le premier Consul se voyait forcé à engager avec la première puissance maritime du monde une lutte suprême, et son génie, reprenant, pour les développer, les conceptions de Louis XVI et du Directoire, mûrissait le hardi dessein d'une invasion en Angleterre. Ce plan, bientôt deviné à Londres, y fut accueilli d'abord par des sourires d'orgueilleuse pitié; mais, lorsque la pensée ennemie se manifesta, sur les rivages de la Manche, par la présence d'une armée telle que l'Europe n'en avait pas encore vue de semblable, et d'une énorme flottille destinée à traverser le détroit, l'Angleterre se sentit tout à coup vulnérable. Chez une nation à ce point douée d'esprit national et d'esprit de suprématie, un danger grave enfante d'abord la folie de la peur, puis la folie de la haine. Les anxiétés subites du gouvernement britannique se traduisirent par un effort admirable de défense, et, quand il eût senti l'impuissance de ses précautions, il n'hésita pas (il n'hésite jamais) à employer, pour se couvrir, les moyens les plus honteux, les plus réprouvés par la morale générale.

Déjà, le 3 nivôse an IX (24 décembre 1800), un odieux attentat contre la vie du premier Consul, le complot de la Machine infernale, avait montré ce qu'on pouvait attendre d'un ennemi comme l'Angleterre. Bonaparte s'y trompa d'abord, et, par habitude, soupçonna les jacobins. Déjà il les avait fait déporter en masse; déjà il avait frappé les conspirateurs de l'Opéra, presque oubliés après leur tentative ridicule, les Aréna, les Céracchi, les Topino-Lebrun, les Demerville, et il croyait n'avoir affaire qu'aux traînards de 1793, quand il fut obligé de reconnaître que M. Fouché seul avait vu juste. M. Fouché, dès le premier jour, avait signalé les royalistes, accueilli par l'incrédulité de tous et par les épigrammes des habiles.

Il fallut bientôt reconnaître que le tonneau de poudre du 3 nivôse avait été envoyé de Londres, et qu'un royaliste en avait allumé la mèche d'amadou.

Dès lors, le vent tourna : on ne vit plus de conspirateurs que parmi les royalistes; d'une exagération on passa à l'exagération contraire.

Le fait est que, depuis le jour où Bonaparte avait substitué à l'anarchie républicaine un pouvoir fort, résumé dans sa personne, on conspirait un peu partout contre lui. « On conspire dans les rues, on conspire dans les salons, » disait avant de mourir Joseph Aréna, croyant par là justifier sa faute. Et c'était vrai. En moins de trois ans, le premier Consul fut sérieusement menacé sept fois, sans parler de cent petits complots avortés, dont la police tenait en main les fils. Le ministre anglais, M. Pitt, qui, trop souvent pour son honneur, fut au courant de ces tentatives, y puisait même un argument original à l'adresse des puissances continentales. « Quel fonds, disait-il à M. Otto, peut-on faire sur un gouvernement qui est à la merci d'un coup de pistolet? »

Ce que le premier Consul dut reconnaître, après le 3 nivôse, c'est que ces entreprises criminelles avaient leur source dans deux courants d'opinions bien distincts.

Les républicains attardés voyaient en Bonaparte un des leurs qui trahissait la cause de la liberté. Les institutions les plus démocratiques du Consulat, celle de la Légion d'honneur, par exemple, étaient saluées par des défiances singulières, et servaient de texte aux épigrammes haineuses. On applaudissait à Moreau décernant à son cuisinier une casserole d'honneur et donnant un collier d'honneur à son chien favori. La grande pensée du Concordat n'avait pas été mieux comprise; les purs avaient crié au calotin. On ne sait guère, aujourd'hui, jusqu'où les hommes les plus éminents de la Révolution se laissèrent entraîner par ces aveugles injustices. Bernadotte, commandant de l'armée de l'Ouest, faisait imprimer, à son quartier général de Rennes, des libelles-affiches, sous la forme d'adresses aux armées françaises. On y lisait les mots de *tyran corse*, d'*usurpateur*, de *déserteur*, d'*assassin de Kléber*, d'arrangeur de *capucinades*. On y faisait appel à l'insurrection, à *l'extermination*. Un exemplaire de ces pauvretés honteuses, plus habilement dissimulé que beaucoup d'autres, fut envoyé, dans un pot de beurre, à l'aide de camp du général Moreau, M. Rapatel. Moreau, qu'on soupçonna dès lors de menées secrètes, plaisanta agréablement sur la conspiration du pot de beurre.

L'autre courant hostile partait de l'émigration. Pour les royalistes, la Révolution n'était qu'un accident honteux, déplorable, illégitime. Voilà ce qu'il ne faudra jamais oublier lorsque nous nous trouverons, dans la suite de ce récit, en présence des émigrés. Une erreur commune consiste à juger aujourd'hui leurs actes, à distance, à l'aide des événements qui se sont passés depuis, à la mesure des principes désormais consacrés par l'histoire. Si nous les voyons en lutte avec la fortune naissante de Bonaparte, il nous est assez difficile de ne pas nous représenter tout un règne glorieux, tout un magnifique développement de la politique nouvelle, résumés dans le nom de Napoléon. C'est la société moderne elle-même qui nous semble mise en cause dans la résistance au gouvernement consulaire, dans les attaques à la personne du premier Consul.

Pour les royalistes de 1804, il n'en pouvait être ainsi. La Révolution, vue de près, n'était, aux yeux des partisans de la monarchie, que la folie sanglante de 1793, aboutissant à l'impuissance imbécile du Directoire. La crise était jugée : c'était une fièvre passagère, à laquelle succédait la période de réaction salutaire. La France revenait visiblement à la santé monarchique; elle avait l'instinct du remède sauveur; seulement elle se trompait de médecin. Cette erreur même souriait aux royalistes; c'était une transition utile, un état provisoire d'excellent augure, mais qu'il ne fallait pas laisser se perpétuer. Bonaparte avait commencé par résumer la Révolution dans un pouvoir unique, simplifiant par là la cure définitive, et retournant doucement l'esprit de la nation vers ses habitudes séculaires. Il refaisait, au profit des Bourbons, le tempérament de la France.

Là est le secret de cette réponse bruyante qu'avait faite Louis XVIII aux prétendues démarches tentées par le premier Consul pour obtenir son abdication. Le tempérament monarchique renaissait; on rappelait à la France qu'elle n'avait pas cessé d'avoir un monarque. Quant à Bonaparte, les royalistes ne voyaient en lui qu'un aventurier heureux, qui eût pu jouer le rôle de Monck, mais qui n'avait pas su le faire à temps; il suffisait, désormais, d'écarter ce soldat aveugle et impuissant, et de lui substituer le roi légitime.

Rien de plus logique que cette façon de juger les choses, surtout si l'on veut bien se rappeler que le vaste plan d'organisation enfanté par le génie de Bonaparte, était encore en germe; que les émigrés, n'assistaient que de loin à cette transformation de la France, ne la jugeaient qu'à travers leurs passions, leurs préjugés, leurs intérêts; que ceux-là mêmes qui la contemplaient de près, à travers les idées de la Révolution, ne la comprenaient pas encore.

Ce n'est guère qu'à la paix d'Amiens qu'un vague pressentiment avertit les royalistes des dangers que pouvait faire courir à leur cause le repos obtenu par Bonaparte de l'Europe. Il y avait à craindre que ce fantôme de monarchie ne devînt, à la faveur de la paix, une réalité gênante. La France avait soif d'ordre et de paix; mais elle ne devait pas tenir ces bienfaits d'un Bonaparte. On pouvait redouter une méprise de sa reconnaissance.

C'est pour ces raisons que l'émigration royaliste avait décidé la suppression du premier Consul. Voilà, certes, un moyen qui nous révolte aujourd'hui, et l'assassinat politique, rejeté désormais de l'arsenal des partis comme une arme à la fois ignoble et inutile, ne se trouve plus qu'aux mains de quelques fanatiques isolés; mais, au commencement du siècle, le sens moral de la France était, ne l'oublions pas, profondément perverti par la Révolution. Chassés de leur patrie, dépouillés de leurs biens, les émigrés avaient vu leur roi, leurs parents, leurs amis, juridiquement assassinés, leurs propres têtes mises à prix comme celles de bêtes malfaisantes. On leur avait fait un crime de l'émigration, sauf à les tuer s'ils n'émigraient pas. Un républicain n'était donc qu'un brigand, un voleur; la véritable France était devenue la proie d'une horde de criminels auxquels tout honnête homme pouvait courir sus, bêtes féroces à face humaine qu'on tue sans marchander, en vertu du plus naturel des droits, le droit de vivre.

Brigands est le mot usuel, à cette époque, celui par lequel royalistes et républicains désignent le plus ordinairement leurs adversaires. Le meurtre est sacré, en quelque sorte, en ce temps, et c'est avec une espèce d'exaltation religieuse qu'on se massacre. « Au moment d'allumer l'amadou (dit Saint-Réjaut, l'un des conspirateurs du 3 nivôse), j'élevai une prière à Dieu pour lui demander de détourner le coup si Bonaparte était nécessaire au repos de la France. » C'est un évêque d'Arras, Louis-Antoine-Marc-Hilaire de Conzié, directeur politique du comte d'Artois, qui avait conçu l'idée de la Machine infernale.

Ajoutez à cette perversion générale du sens moral l'habitude du sang répandu, le peu de cas fait, depuis quelques années, de la vie humaine.

Qui oublierait cette maladie des âmes après la Terreur risquerait de ne rien comprendre à ce qui va se passer. Deux hommes, hâtons-nous de le dire, échappent, par la supériorité de leur intelligence, à cette dépravation presque universelle : ce sont les deux chefs eux-mêmes des deux grands partis en présence, ceux qui résument en eux la Révolution et la Monarchie, Louis XVIII et Bonaparte. Celui-ci, incompris de ses amis comme de ses ennemis, entreprend de pacifier et d'humaniser les cœurs, de guérir les haines, et scandalise, pour ainsi dire, par sa mansuétude, les partis qu'il cherche à rapprocher; celui-là n'a pas oublié que le roi doit être aussi le père, et que la véritable sagesse ignore la violence.

Voilà quelle était la situation politique et morale de la France intérieure et extérieure au moment de la rupture de la paix d'Amiens. L'émigration vit dans cet événement une occasion providentielle d'en finir avec Bonaparte. La guerre allait désabuser la France, qui avait pu croire un moment trouver le repos sous un nouveau maître. Les mécontentements s'aigrissaient tous les jours dans le cœur des anciens camarades de l'officier de fortune, ses égaux naguère, ses inférieurs aujourd'hui. A ces chances générales offertes à un complot s'ajoutaient des facilités particulières. En 1802, Bonaparte avait désarmé sa police, en supprimant le ministère spécial que dirigeait M. Fouché. Puis, malgré les menaces qui s'accumulaient dans l'ombre autour de lui, le premier Consul ressentait, pour ces tentatives contre sa personne, le plus profond mépris, la plus absolue indifférence. C'est là un trait de caractère commun à tous les génies supérieurs, et qu'on retrouve chez César, par exemple. Ils sont trop positifs, trop pratiques, pour tenir grand compte d'un élément incertain, incalculable, tel qu'une menace d'assassinat, un complot. S'occuper d'un guet-apens possible, c'eût été pour Bonaparte du temps perdu. La surveillance autour de sa personne était affaire administrative, détail vulgaire et qu'il fallait lui cacher. « Surveillez tout le monde, excepté moi, » avait-il l'habitude de dire (Desmarest). On a appelé assez niaisement cette habitude d'esprit fatalisme oriental, croyance à l'étoile; c'était la juste appréciation d'un élément de ses calculs généraux. Et puis, disait-il à Davout, un jour qu'il avait le temps de rassurer ses fidèles : « Ce n'est pas si aisé de m'ôter la vie; je n'ai pas d'habitudes fixes, point d'heures réglées. Tous mes exercices sont rompus, mes sorties imprévues. Pour la table, de même : point de préférence pour les mets; je mange tantôt d'une chose, tantôt d'une autre, et aussi bien du plat le plus éloigné que de celui qui sera près de moi. »

Mais si Bonaparte était, par tempérament et par calcul, fort insoucieux de sa police personnelle, il attachait naturellement une haute importance à la police générale. Or la suppression du ministère de M. Fouché avait fait tomber ce service entre les mains du ministre de la justice, le grand-juge Régnier. C'est dire que cette administration spéciale avait perdu en habileté ce qu'elle avait gagné en honnêteté et en dévouement.

Bonaparte s'en aperçut bientôt, quand la rupture de la paix d'Amiens vint rendre certaine à ses yeux si pénétrants l'existence de menées nouvelles de l'émigration. On devait tramer quelque chose à Londres, et cependant le grand juge ne savait rien. Il n'y avait plus de Vendée possible, et cependant les paysans bretons s'agitaient; on arrêtait des conscrits réfractaires, des anciens chouans. M. Fouché, qui continuait à faire de la police d'amateur, reconnaissait, avec la seule aide de son flair subtil, qu'une conspiration s'organisait quelque part.

Cette conspiration insaisissable en vint bientôt à préoccuper vivement le premier Consul, parce qu'il lui trouva l'odeur d'une grosse intrigue politique. Voici ce qui l'avoit mis sur la voie.

Un intrigant d'une habileté hors ligne, un certain Méhée de la Touche, ancien jacobin avide et besoigneux, capable de tout pour nourrir ses vices, cherchait fortune à l'aveugle, vers l'automne de 1803. Il fit rencontre d'un évêque royaliste, M. du Chilleau, à qui il se présenta comme un homme revenu de ses erreurs républicaines. L'évêque, qui recrutait, ouvrit les bras au converti, et le recommanda à un comité royaliste établi aux portes de la France, à Offenbourg, dans le grand-duché de Baden. Introduit là, Méhée, qui cherchait mieux que des paroles, se dirigea vers le grand rendez-vous royaliste de Londres. Il s'y fit accepter à grand' peine; et, quand les appréhensions causées à l'Angleterre par le camp de Boulogne lui eurent fait l'occasion plus belle, il s'aboucha avec le ministère anglais et lui proposa une combinaison fort ingénieuse.

La machine de guerre inventée par Méhée était ce qu'on a appelé depuis une fusion; il s'agissait de fondre en un seul parti hostile à Bonaparte les jacobins et les royalistes, jusqu'au jour du triomphe, bien entendu, où les alliés d'occasion se disputeraient le champ de bataille. C'est l'histoire de toutes les fusions. M. Pitt, qui s'inquiétait fort peu de république ou de légitimité, mais beaucoup des dangers de son pays, embrassa vivement cette idée; et Méhée, fort de ce patronage, prêcha avec autorité parmi les émigrés un plan dont le dernier mot était celui-ci : Un 3 nivôse heureux, greffé sur un 18 brumaire retourné. Un prince français, un Bourbon, le comte d'Artois, se fit le chef de cette conspiration, hautement improuvée par le bon sens de Louis XVIII. Le ministère britannique indiqua aux émigrés de Londres trois bases d'opération sur le continent, Munich, Stuttgart et Cassel. En Bavière, M. Drake; en Wurtemberg, M. Spencer-Smith; en Hesse, M. Taylor, tous trois ministres britanniques, devaient servir d'intermédiaires à l'intrigue assassine; car, il ne faut pas l'oublier, il s'agissait de *supprimer* le premier Consul. Voilà un exemple de plus de cette démoralisation générale que nous signalions tout à l'heure : un grand homme d'Etat qui ne rougit pas de faire servir à des complots homicides les fonctions augustes de représentant diplomatique!

S'il pouvait être jamais permis de dire qu'en politique la fin justifie les moyens, il n'en resterait pas moins vrai que les moyens infâmes ont rarement une fin profitable et que l'improbité est presque toujours maladroite et malheureuse. L'intrigant Méhée n'eut pas plus tôt embarqué le gouvernement britannique dans cette odieuse aventure, qu'il songea à s'assurer les bénéfices d'une trahison. A peine mis en rapport avec les ministres anglais en Allemagne, il courut vendre son secret à M. Shée, oncle de Clarke, et préfet du Bas-Rhin. Bonaparte, averti, accueillit les ouvertures de Méhée, à la condition que celui-ci jouerait une double partie. L'agent secret devait continuer à conspirer avec Drake et ses collègues, leur vendre fort cher quelques prétendus secrets volés au portefeuille du premier Consul et force promesses décevantes; on aurait ainsi le rare plaisir de voir chaque jour l'ennemi s'enferrer davantage, et, à l'heure dite, de le prendre en flagrant délit. Méhée joua son rôle en comédien consommé, promettant de livrer telle ou telle place frontière importante, Besançon ou Strasbourg, et mettant en défaut ses complices sur les projets de Bonaparte à Boulogne.

Telle était l'intrigue dont, à la fin de 1803, le premier Consul tenait les fils. On n'oubliera pas ces deux points importants, à savoir : que ce complot diplomatique n'allait à rien moins qu'à l'assassinat de Bonaparte, et que la base d'opérations choisie, en cas de succès, était la frontière du Rhin, près de laquelle se rassemblaient en grand nombre les plus remuants et les plus audacieux des émigrés.

Mais l'assassinat, où, comment, par qui devait-on le tenter? Voilà ce que Méhée ne pouvait savoir de M. Drake ni des autres, par cette raison, peut-être, qu'ils l'ignoraient eux-mêmes; voilà ce que cherchait le premier Consul. Il y avait quelque part autour de lui une mine qu'on creusait. Depuis le 11 pluviôse an XII (2 février 1804), M. Réal venait d'être chargé spécialement, sous la direction du grand-juge, de toutes les affaires relatives à la tranquillité et à la sûreté intérieure de la République. M. Réal, lui aussi, pressentait, mais ne voyait rien encore. Un autre excellent instrument de police, le général Savary, cherchait en Vendée, et ne trouvait rien qu'une sorte d'agitation sourde, sans but et sans lien visibles.

Impatienté de ces impuissances, le premier Consul eut tout à coup l'idée d'examiner par lui-même la liste des individus suspects arrêtés dans les derniers temps. Examen fait des noms et des antécédents de ces hommes, il en pointa cinq. « Cherchez là, dit-il à M. Réal; l'un de ces hommes, au moins, sait quelque chose. Faites-les passer en jugement, promettez-leur la grâce s'ils parlent, et l'un d'eux, peut-être, parlera. »

Il ne s'agissait pour ces cinq hommes de rien moins que de passer devant une commission militaire spéciale, c'est-à-dire d'être fusillés dans les vingt-quatre heures s'ils étaient déclarés coupables. Deux furent acquittés faute de preuves; deux furent condamnés et fusillés, sans que la mort présente pût leur arracher d'autre aveu que celui de leur haine pour la République et de leur amour pour le roi légitime; le cinquième, Querelles, eut peur et parla.

Ce qu'il dit éclaira tout. On apprit à la fois que l'émigration de Londres avait des assassins en campagne; que plusieurs de ces conspirateurs avaient débarqué secrètement, depuis six mois, à la falaise de Biville, en Normandie; que leur chef était Georges Cadoudal, l'ancien chef des Bretons, le plus entreprenant, le plus redoutable des Chouans. Georges était à Paris, où il organisait dans l'ombre une troupe de meurtriers; il attendait, pour donner le signal de l'attaque, l'arrivée d'un prince qui, comme Georges et les siens, devait débarquer à Biville et se diriger sur Paris de gîte en gîte. Déjà même, en décembre et en janvier, étaient arrivés des personnages importants, un entre autres, homme d'une quarantaine d'années, grand, robuste, aux cheveux bruns, au teint coloré, toujours enveloppé d'un grand manteau bleu, à qui on ne parlait qu'avec le plus grand respect, et qu'on ne désignait que sous les noms de M. Charles ou du général. Le dénonciateur indiqua plusieurs lieux de rendez-vous où on pourrait saisir les Chouans cachés dans Paris.

Ainsi mise sur la voie, la police fit, les 18 et 19 pluviôse (9 et 10 février), plusieurs arrestations importantes, celles, entre autres, de Louis Picot, dit le Petit, ou *le Boucher des Bleus*, lieutenant de Georges; de Coster, dit Saint-Victor, et de Roger, dit Loiseau, ces deux derniers complices de la Machine infernale de nivôse. Ces bandits déclarèrent, avec l'impudence du désespoir, qu'ils étaient venus avec Georges pour *enlever* le premier Consul ou pour le tuer, soit sur la route de la Malmaison ou sur celle de Boulogne, soit à la parade ou au spectacle. On trouva dans leur logement des uniformes pareils à ceux des guides de la garde du premier Consul. Enfin ils dirent aussi que, parmi les personnes arrivées récemment chez Georges, il en était une à qui on témoignait de profonds respects, qu'on ne désignait que sous les noms de Charles ou du général, qui ne se laissait voir qu'enveloppé d'un vaste manteau bleu. Le signalement de ce mystérieux inconnu était bien celui-ci : quarante ans environ, l'air fort et robuste, les cheveux bruns, le teint coloré.

C'était un prince, à n'en pas douter; mais lequel? Le comte d'Artois, peut-être, accompagné de son fils, le duc de Berry, car les conspirateurs parlaient aussi d'un jeune homme à qui on témoignait une respectueuse considération.

On saisit encore un ancien officier supérieur de l'armée de Condé, amnistié depuis la paix, mais qui recevait des visites suspectes. Cet homme, nommé Bouvet de Lozier, interrogé habilement par M. Réal, laissa échapper sans le vouloir quelques indications révélatrices sur la présence de Georges à Paris. De désespoir, rentré dans sa prison, il essaya de se pendre, et, dans le délire qui suivit cette tentative, il fit connaître jusqu'au moindre détail toutes les phases d'une conspiration royaliste-jacobine, à la tête de laquelle étaient placés le héros de Sambre-et-Meuse, le vainqueur de la Hollande, Pichegru, et le vainqueur de Hohenlinden, Moreau. *Monsieur* (le comte d'Artois) devait passer en France et donner le signal de l'explosion.

Le 15 février, Moreau fut arrêté, et avec lui un général Lajolais, intrigant qui avait servi d'entremetteur entre les deux chefs militaires de la conspiration. Moreau se renferma dans un silence dédaigneux; Lajolais parla, et parla comme les autres.

De tous ces aveux, il ressortit en somme que l'émigration royaliste entretenait à Paris une bande d'assassins; que Georges, Pichegru et Moreau étaient les chefs du complot; qu'un prince français était attendu; qu'à son arrivée une troupe revêtue d'uniformes devait attaquer de vive force la voiture du premier Consul, et le tuer sur la place. Ce qu'il y avait de plus étrange, c'est que, en arrêtant les plans de ce guet-apens, Georges et le comte d'Artois lui-même ne se considéraient en aucune façon comme des assassins. « C'est, dit Bouvet de Lozier dans un de ses interrogatoires, c'est le comte d'Artois qui, *repoussant toute idée d'assassinat ou de machine infernale*, a imaginé le moyen d'une attaque de vive force contre l'escorte du premier Consul, voulant, lorsqu'il viendrait en France, pouvoir y payer de sa personne et y exposer sa vie. » Georges, de même, l'intrépide paysan breton, ne voyait dans cette surprise d'escorte qu'un acte militaire fort honorable, et qui ne ressemblait en rien à un meurtre. C'était le premier coup de dés, à force ouverte, d'une grosse partie politique. Depuis six mois qu'il se cachait à Paris, hardi et calme comme il l'était, il eût pu dix fois tuer le premier Consul; mais il ne voulait pas d'une aventure et croyait aller à un combat. Comprenne qui pourra ces subtilités de conscience et cet hébétement du sens moral : ils voyaient ainsi, voilà tout ce qu'on peut dire.

L'effet produit sur le premier Consul par ces découvertes fut profond, terrible. Il n'eut pas peur pour lui-même, mais il ressentit ce dégoût, cette horreur qu'inspire le contact du reptile. Voir tout un vaste système de gouvernement, toute une grande partie jouée de génie, menacés d'une ruine subite par le brutal coup de main de quelques sabreurs; sentir ce qu'on peut, savoir ce qu'on vaut, et se voir assimilé à une bête féroce que l'on traque et que l'on égorge sans scrupule! — Suis-je donc un monstre, un être mis hors la loi des gens et de l'humanité? s'écriait le premier Consul en lisant les exhortations du consul anglais Drake, dans lesquelles il était dit : « Il importe peu par qui *l'animal* soit terrassé; il suffit que vous soyez tous prêts à joindre *la chasse.* » Ce n'était pas même un meurtre que de tuer Bonaparte, on l'avait dit, on l'avait imprimé à Londres. *Le Courrier de Londres*, journal de l'émigration, avait refait contre le premier Consul le vieux mot des Têtes-Rondes : *Killing no murder*, tuer n'est pas assassiner (*Courrier* du 15 nivôse an XII, 6 janvier 1804). C'est toujours la hideuse théorie de Saint-Just, la féroce doctrine de Jersey : Un tyran est une bête féroce; *tu peux tuer cet homme avec tranquillité.*

Le 30 janvier, on avait placardé sur tous les murs de Londres l'affiche suivante, que répétait *le Morning Chronicle* du 1er février : « L'assassinat de Bonaparte et la restauration de Louis XVIII devant arriver, la plupart des Français retourneront dans leur patrie. C'est ce qui engage l'auteur de cette affiche à offrir ses services en qualité de maître de langue française. »

On comprend que, traité de la sorte, l'homme de génie qui gouvernait la France, ressentit une indignation profonde en voyant tout à coup sous sa main, réalisées, vivantes, armées du sabre et du pistolet, ces odieuses doctrines. Le sang lui monta au cerveau, et une effroyable colère de tempérament éclata dans sa tête. Il se prit, avec les ardeurs et les lumières de sa passion, à fouiller toute cette boue sanglante, pour en tirer d'un coup tous ces ennemis venimeux et en faire un exemple.

Il envoya, d'un côté, M. Savary à la falaise de Biville, pour tâcher d'y surprendre le prince dont on annonçait la venue. Il fit cerner Paris par un cordon de sentinelles, et garder à vue ces murs qui renfermaient Georges et Pichegru, toujours insaisissables; il fit barrer la Seine, en amont et en aval, par les matelots de la garde. Il s'institua lui-même son ministre de la police générale, scrutant tout, ordonnant tout, sans intermédiaires. Les terribles lois de 1793 sur le recel et la non-révélation des conspirateurs furent exhumées. Paris put se croire revenu aux jours de la Terreur.

Ces moyens extrêmes amenèrent enfin l'arrestation de Pichegru, puis celle de MM. Armand et Jules de Polignac, puis celle de M. de Rivière, puis enfin, le 9 mars, celle de Georges lui-même. Ce dernier avoua sans hésiter, simplement, fièrement, le projet d'attaque de vive force, sous la conduite d'un prince français.

Tandis qu'on instruisait le procès des conspirateurs saisis, Bonaparte tendait tous ses efforts à s'emparer de ces princes que tout signalait ou comme arrivés déjà ou comme sur le point d'arriver. C'était par là, surtout, qu'il avait résolu d'en finir. Un grand coup frappé sur un de ces fauteurs d'assassinats à distance lui paraissait devoir être la seule leçon instructive qu'il pût donner à l'ennemi retranché loin des frontières. Quelque chose révoltait son bon sens et son sens moral, dans la conduite de ces chefs de la noblesse qui envoyaient incessamment de malheureux séides se compromettre et périr inutilement pour eux. Qu'un de ces princes osât donc enfin tenter lui-même l'aventure, et une punition terrible mettrait un terme à ces légèretés sanglantes.

Bonaparte était dans ces dispositions lorsque le général Savary dut renoncer enfin à son embuscade de Biville : les arrestations de Paris avaient enlevé toute chance de ce côté. Mais le premier Consul n'abandonnait pas facilement une idée. Surprendre un prince en flagrant délit de complot assassin, en faire une terrible justice était sa préoccupation constante. Il avait été frappé vivement, lors des premières révélations relatives à Georges, des détails donnés sur ces mystérieux étrangers qu'on n'abordait qu'avec respect; il s'était demandé alors quels ils pouvaient être, et il avait fait la revue des princes de la maison de Bourbon. Louis XVIII et le duc d'Angoulême étaient à Varsovie. Le comte d'Artois et le duc de Berry étaient à Londres. Les ducs d'Orléans, de Montpensier et de Beaujolais y étaient aussi, mais tenus en défiance par la branche aînée. Les princes de la maison de Condé étaient également à Londres, sauf le plus jeune, qui, depuis la paix, habitait le grand-duché de Baden. Bonaparte avait, à cette époque, conclu que, si un Bourbon avait débarqué en Normandie, ce ne pouvait être que le comte d'Artois ou son fils. Les aveux de Bouvet de Lozier et de ses complices démontrèrent que nul prince n'était encore venu de Londres par Biville et que les mystérieux inconnus étaient : l'un, celui qu'on appelait M. Charles ou le général, Pichegru; l'autre, le plus jeune, M. Jules de Polignac.

Lorsqu'il fut clair qu'un Bourbon n'était pas venu et ne viendrait pas par là, Bonaparte pensa tout à coup à la frontière d'Allemagne, et à ce prince de Condé qui habitait près de là. L'intrigue de Méhée lui montrait de ce côté des rassemblements d'émigrés et la conspiration diplomatique de MM. Drake, Spencer-Smith et Taylor. Le Condé qui manquait à Londres n'était ni le prince de Condé, ni le duc de Bourbon, son fils, mais bien le plus jeune, le plus entreprenant, le duc d'Enghien. Déjà, en l'an VI, ce nom de Condé avait figuré dans une première conspiration de Pichegru. Les papiers trouvés dans les fourgons du général autrichien Klinglin avaient fait connaître la secrète connivence du général républicain avec les princes émigrés, et, ces papiers, Moreau les avait tenus longtemps en son pouvoir sans les livrer au Directoire; il n'avait révélé ces menées que lorsqu'il ne pouvait plus se taire sans se compromettre.

Tout cela fit lumière à la fois dans le cerveau du premier Consul. Et ce même d'Enghien était à Ettenheim, à quelques lieues d'Offenbourg, rendez-vous général des royalistes. Et il y était en relations constantes avec les Rohan. Or, un cardinal de Rohan, titulaire de l'évêché de Strasbourg, le Rohan du *Collier*, avait fait, en 1791, avec la légion du vicomte de Mirabeau, une entreprise sur Lyon; avec les trois Condé, une tentative sur Strasbourg. Ettenheim était le siége des Etats d'outre-Rhin de l'évêché de Strasbourg. Enfin, rapprochement nouveau, le résident anglais à Stuttgart, avant M. Spencer-Smith, M. Wickham, était celui-là même qui, autrefois, avait ménagé un secret accord entre Pichegru et les princes de Condé.

Plus de doute. Le pont de Kehl était le point de passage du complot par l'Allemagne, comme la falaise de Biville par l'Angleterre. Aussitôt cette persuasion formée dans l'esprit du premier Consul, il lança en quelques heures tous ses limiers sur cette piste. M. de Talleyrand fut chargé de mettre en éveil tous les ministres français en Allemagne. M. Réal eut à prendre des informations sur le prince auprès de M. Shée, le préfet du Bas-Rhin. Ce n'est pas tout. Parmi les moyens de police, le premier Consul en avait un plus puissant que tous les autres, d'abord parce qu'il était plus simple, ensuite, parce que les agents employés étaient généralement fort honnêtes. C'était le service de correspondance des brigades de gendarmerie. Ce service couvrait comme d'un réseau toute la France consulaire, et les renseignements, partis d'un point, arrivaient, de brigade en brigade, avec une rapidité singulière. A Paris, on les centralisait dans les bureaux du premier inspecteur général de la gendarmerie, Moncey, et M. Lagarde, chargé d'affaires et conseiller d'État depuis lors, les résumait dans un bulletin substantiel mis, tous les matins à onze heures, sous les yeux du premier Consul.

C'est par cette voie que Bonaparte fit passer rapidement à M. Shée l'ordre d'envoyer un gendarme intelligent à Ettenheim, pour s'assurer *de visu* de la présence et des habitudes du prince.

L'ordre était pressant : M. Shée le communiqua, sans tarder, au colonel Charlot, commandant de la gendarmerie à Strasbourg, qui lui désigna un maréchal des logis du nom de Lamothe, comme un homme propre à prendre des informations sur le lieu même, sans donner l'éveil au prince ou à ses amis. Lamothe partit le jour même : *le lendemain* (14 ventôse, 5 mars), il remettait son rapport.

Lamothe y disait avoir appris : que le duc était à Ettenheim; qu'il y était *avec l'ex-général Dumouriez*; qu'il y voyait souvent un colonel Grünstein et un lieutenant Schmidt, arrivés récemment d'Angleterre; qu'il avait été question d'un prochain voyage du prince à Londres; que, depuis quelque temps, sa correspondance avec Offenbourg et Fribourg était plus active; que le prince s'occupait de chasse et paraissait très-aimé dans le pays.

Il faut remarquer sur ce rapport, origine d'erreurs déplorables, d'abord qu'il avait été rédigé sur des renseignements superficiels, fournis par un maître de poste et quelques aubergistes; ensuite, que Lamothe avait accompli sa mission avec une précipitation singulière, puisque, arrivé de nuit à Ettenheim, il en était reparti à cinq heures et demie du matin, et avait eu le temps, dans cet espace de vingt-quatre heures, de s'assurer encore, à Offenbourg, de la présence d'une grande quantité d'émigrés français; enfin, que le nom de *Dumouriez* n'était autre que le nom prononcé à l'allemande d'un aide du camp du prince, M. de *Thumery*.

Il est à croire que la présence de Dumouriez à Ettenheim avait paru au maréchal des logis un fait capital, suffisamment significatif, et qui en disait davantage que tout ce qu'il aurait pu apprendre de plus.

M. Shée en pensa ainsi. Il informa aussitôt M. Réal de cette nouvelle si grave, ajoutant que l'on croyait pouvoir affirmer que le duc d'Enghien était venu plus d'une fois à Strasbourg *incognito* : le prince de Rohan-Rochefort avait un appartement à Binfelden, dans une auberge de la ville, et Binfelden est sur la rive gauche du Rhin.

Déjà, sur les rapports de M. Shée et des autorités de la frontière alsacienne, le premier Consul avait conçu l'idée de rompre violemment ce noyau d'émigrés réuni à Offenbourg. M. de Talleyrand, sur son ordre, avait envoyé au ministre français près l'électeur de Baden, M. Massias, une demande d'extradition concernant les membres du comité d'Offenbourg, notamment d'une certaine baronne de Reich, agent principal du comité. Le grand bailli du district, résident à Offenbourg, sommé assez cavalièrement, par un officier envoyé de Strasbourg, d'avoir à arrêter la baronne, s'y refusa, disant qu'il ne s'agissait point là d'un crime ordinaire, mais d'un délit politique, et qu'il fallait attendre un ordre de Carlsruhe.

... Le prince porte vivement la main sur le loquet et tire (*Page* 14.).

Cependant le rapport fait par M. Shée à M. Réal était en route. Le rapport direct de Lamothe à son chef gagna celui-là de vitesse, et, de brigade en brigade, arriva le 10 mars au matin entre les mains du premier Consul. Le nom de Dumouriez fut un nouveau trait de lumière. Tout était clair désormais : Georges à Paris, avec ses assassins, supprimait Bonaparte; l'obstacle disparu, le comte d'Artois apparaissait, d'un côté, donnant la main à Moreau et à Pichegru; de l'autre, un Condé, escorté de Dumouriez, enlevait Strasbourg et l'ouest de la France : Dumouriez, que *le Moniteur* (28 vendémiaire an XII, 21 octobre 1803), signalait comme récemment appelé de Hambourg à Londres, pour donner au duc d'York les indications nécessaires à la défense des côtes anglaises contre l'expédition projetée à Boulogne; Dumouriez, que les rapports de police des premiers jours de 1804 représentaient comme un des chefs de la conspiration royaliste, et prêt à partir secrètement pour l'Allemagne; Dumouriez, que le *Journal des Débats* (14 mars) disait revenu en France. Le duc d'Enghien avait passé plus d'une fois la frontière; donc il était venu à Paris, avait assisté aux conférences de Georges et de Pichegru; une pareille excursion ne demandait que quarante-huit heures pour l'aller, autant pour le retour.

Tout ce plan fut reconstruit par la pensée rapide de Bonaparte, et, avec la même soudaineté, il arrêta les mesures à prendre. Cette fois, la mer ne lui barrait plus le passage. Entre le duché de Baden et la France, il n'y avait qu'un pont. Il convoqua immédiatement, pour la forme, un conseil privé, auquel il appela les deux autres Consuls, les ministres, et M. Fouché. Sa résolution était prise; mais, suivant son habitude, il voulait sonder l'opinion et paraître la consulter. Sur un exposé de la situation fait par le grand-juge Régnier, M. Cambacérès, le second Consul, ouvrit l'avis de saisir le duc d'Enghien sur le territoire français, lors d'une de ces imprudentes escapades que l'on signalait. M. de Talleyrand objecta que les soupçons pouvaient être éveillés déjà, et que, sans doute, le prince ne s'exposerait plus à passer la frontière. D'ailleurs, en restant dans la légalité, on n'aurait que la personne du prince, non ses complices, ni surtout ses papiers. M. Fouché appuya cette opinion, et le premier Consul leva brusquement la séance pour envoyer ses ordres.

Voilà le vrai sur cette séance. M. Thiers y représente le consul Cambacérès résistant *courageusement* à l'avis du premier Consul, le « conjurant, pour sa gloire personnelle, pour l'honneur de sa politique, de ne pas se permettre un acte qui replacerait son gouvernement au rang des gouvernements révolutionnaires. » Il faut laisser dans les *Mémoires* écrits après coup ces actes de courage révélés par leurs auteurs.

M. Cambacérès, esprit éminent, manquait essentiellement de caractère; modéré par nature, mais profondément égoïste, il pouvait indiquer la route à

... Je pense qu'il n'y a pas d'indiscrétion à ce que j'en agisse ainsi (*Page* 18.).

qui la lui demandait, mais il ne faisait pas d'opposition. D'ailleurs, on ne parlait pas au premier Consul comme aurait parlé ce jour-là M. Cambacérès.

La formalité du conseil privé une fois accomplie, Bonaparte se leva, impatient. Déjà, le matin, il avait, sur une carte du Rhin, arrêté tous les détails d'une expédition armée. Il dicta rapidement les ordres qui suivent : le premier est adressé au général Berthier, ministre de la guerre.

Paris, le 19 ventôse an XII (10 mars 1804).

« Vous voudrez bien, citoyen général, donner ordre au général Ordener, que je mets à cet effet à votre disposition, de se rendre dans la nuit en poste à Strasbourg. Il voyagera sous un autre nom que le sien; il verra le général de la division.

« Le but de sa mission est de se porter sur Ettenheim, de cerner la ville, d'y enlever le duc d'Enghien, *Dumouriez*, un colonel anglais et tout autre individu qui serait à leur suite. Le général de la division, le maréchal des logis de gendarmerie qui a été reconnaître Ettenheim, ainsi que le commissaire de police, lui donneront tous les renseignements nécessaires.

« Vous ordonnerez au général Ordener de faire partir de Schélestadt trois cents hommes du 26e de dragons, qui se rendront à Rheinau, où ils arriveront à huit heures du soir. Le commandant de la division enverra quinze pontonniers à Rheinau, qui arriveront également à huit heures du soir, et qui, à cet effet, partiront en poste ou sur les chevaux de l'artillerie légère. Indépendamment du bac, il se sera déjà assuré qu'il y ait là quatre ou cinq grands bateaux, de manière à pouvoir faire passer, d'un seul voyage, trois cents chevaux. Les troupes prendront du pain pour quatre jours et se muniront de cartouches. Le général de la division y joindra un capitaine ou officier, un lieutenant de gendarmerie, et trois ou quatre (trentaine) brigades de gendarmerie.

« Dès que le général Ordener aura passé le Rhin, il se dirigera droit à Ettenheim, marchera droit à la maison du duc *et à celle de Dumouriez ;* après cette expédition terminée, il fera son retour sur Strasbourg.

« En passant à Lunéville, le général Ordener donnera ordre que l'officier des carabiniers qui a commandé le dépôt à Ettenheim se rende à Strasbourg en poste pour y attendre ses ordres. Le général Ordener, arrivé à Strasbourg, fera partir bien secrètement deux agents soit civils, soit militaires, et s'entendra avec eux pour qu'ils viennent à sa rencontre.

« Vous donnerez ordre pour que le même jour, à la même heure, deux cents hommes du 26ᵉ de dragons, sous les ordres du général Caulaincourt (auquel vous donnerez des ordres en conséquence), se rendent à Offenbourg, pour y cerner la ville et arrêter la baronne de Reich, si elle n'a pas été prise à Strasbourg, et autres agents du gouvernement anglais, dont le préfet et le citoyen Méhée, actuellement à Strasbourg, lui donneront les renseignements. D'Offenbourg, le général Caulaincourt dirigera des patrouilles sur Ettenheim, jusqu'à ce qu'il ait appris que le général Ordener a réussi. Ils se prêteront des secours mutuels.

« Dans le même temps, le général de la division fera passer trois cents hommes de cavalerie à Kehl, avec quatre pièces d'artillerie légère, et enverra un poste de cavalerie légère à Wilstadt, point intermédiaire entre les deux routes.

« Les deux généraux auront soin que la plus grande discipline règne, que les troupes n'exigent rien des habitants ; vous leur ferez donner à cet effet douze mille francs. S'il arrivait qu'ils ne pussent pas remplir leur mission, et qu'ils eussent l'espoir, en séjournant trois ou quatre jours et en faisant des patrouilles, de réussir, ils sont autorisés à le faire.

« Ils feront connaître aux baillis des deux villes que, s'ils continuent de donner asile aux ennemis de la France, ils s'attireront de grands malheurs.

« Vous ordonnerez que le commandant de Neubrisach fasse passer cent hommes sur la rive droite avec deux pièces de canon. Les postes de Kehl, ainsi que ceux de la rive droite, seront évacués dès l'instant que les deux détachements auront fait leur retour. Le général Caulaincourt aura avec lui une trentaine de gendarmes. Du reste, le général Caulaincourt, le général Ordener et le général de la division tiendront un conseil, et feront les changements qu'ils croiront convenables aux présentes dispositions.

« S'il arrivait qu'il n'y eût plus à Ettenheim ni Dumouriez, ni le duc d'Enghien, on rendrait compte par un courrier extraordinaire de l'état des choses.

« Vous ordonnerez de faire arrêter le maître de poste de Kehl, et autres individus qui pourraient donner des renseignements sur cela.

« *Signé* BONAPARTE. »

Ces instructions, ainsi que les ordres séparés destinés aux deux généraux, et au général Leval, commandant la division militaire de Strasbourg, furent expédiés sans retard, et le général Ordener reçut, des mains du premier Consul lui-même, ses ordres particuliers, la lettre adressée au général Leval, un bon de douze mille francs, un passeport sous un nom supposé, et l'injonction de partir dans la nuit.

Voici la teneur des ordres particuliers remis au général Ordener :

Paris, le 20 ventôse an XII.

« *Le ministre de la guerre au général Ordener.*

« En conséquence des dispositions du gouvernement, qui met le général Ordener à celle (*sic*) du ministre de la guerre, il lui est ordonné de partir de Paris en poste, aussitôt après la réception du présent ordre, pour se rendre le plus rapidement possible, et sans s'arrêter un instant, à Strasbourg. Il voyagera sous un autre nom que le sien ; arrivé à Strasbourg, il verra le général de la division. Le but de sa mission est de se porter sur Ettenheim, de cerner la ville et d'enlever le duc d'Enghien, Dumouriez, un colonel anglais et [illegible]t autre individu qui serait à leur suite. (Ici, les instructions reproduisent, mot pour mot, celles du général Caulaincourt. Le tout signé Alex. Berthier.) »

Mêmes recommandations, dans les mêmes termes, dans l'extrait fait, pour le général Caulaincourt, par le ministre de la guerre, de la partie qui le concernait dans les instructions du premier Consul.

La lettre pour le général Leval, commandant la cinquième divison, était ainsi conçue :

Paris, le 20 ventôse an XII de la République (11 mars 1804.)

« Je vous préviens, citoyen général, que le général Ordener et le général Caulaincourt se rendent à Strasbourg pour des missions très-importantes. Je vous ordonne, sous votre propre responsabilité, d'adhérer à toutes les demandes qui vous seront faites par le général Ordener et le général Caulaincourt, à l'effet de remplir la mission dont ils sont chargés. Ils vous feront connaître leurs instructions en ce qui vous concerne. Vous prescrirez à l'ordonnateur d'adhérer également à toutes les demandes qu'ils feront pour les vivres. Vous donnerez des ordres pour les mouvements des troupes, pour l'artillerie et les bateaux.

« *Signé* ALEX. BERTHIER. »

Ce qui ressort, à première vue, de ces instructions minutieuses, c'est l'extrême importance attachée par le premier Consul à la rapidité de l'exécution ; c'est aussi le parallélisme des deux missions des généraux Ordener et Caulaincourt, qui s'appuyent mutuellement et se concertent pour un but commun. Ce but doit être masqué par un prétexte spécieux ; aussi, les mouvements du général Caulaincourt, tête de l'expédition générale, auront-ils pour motif apparent l'inspection de la flottille que l'on construisait alors sur le Rhin. On peut surprendre cette pensée dans l'ordre additionnel qui suit :

Paris, le 21 ventôse an XII de la République française, une et indivisible.

« *Le ministre de la guerre au citoyen Caulaincourt.*

« Le premier Consul ordonne au citoyen Caulaincourt, son aide de camp, de se rendre en poste à Strasbourg. Il y accélérera la construction et la mise à l'eau des bâtiments légers qu'on y construit pour la marine. Il prendra des renseignements près du préfet et du citoyen Méhée, pour faire arrêter les agents du gouvernement anglais qui sont à Wissembourg et à Offenbourg, notamment la baronne de Reich, si elle n'est pas déjà arrêtée. Le chef de bataillon Rosey, envoyé près des ministres anglais, et qui a toute leur confiance, lui donnera tous les renseignements nécessaires sur les complots formés contre la tranquillité de l'État et la sûreté du premier Consul.

« Le citoyen Caulaincourt fera connaître aux baillis des villes de la rive droite qu'ils peuvent s'attirer de grands malheurs en donnant asile aux personnes qui cherchent à troubler la tranquillité en France, et il se concertera avec le général commandant la cinquième division militaire pour employer, au besoin, une force suffisante pour l'exécution du présent ordre.

« Il rendra un compte particulier au premier Consul du résultat de la mission du chef de bataillon Rosey.

« *Signé* ALEX. BERTHIER. »

Ce n'est pas tout. En même temps, M. de Talleyrand traçait au général Caulaincourt la partie diplomatique de ses instructions dans les deux lettres suivantes :

Le ministre des relations extérieures au général Caulaincourt.

Paris, le 21 ventôse an XII (12 mars 1804.)

« Général, j'ai l'honneur de vous adresser une lettre pour le baron d'Edelsheim, ministre principal de l'électeur de Baden ; vous voudrez bien la lui faire parvenir, *aussitôt que votre expédition d'Offenbourg sera consommée.* Le premier Consul me charge de vous dire que, si vous n'étiez pas dans le cas de faire entrer des troupes dans les États de l'électeur, et que vous apprissiez que le général Ordener n'en a point fait entrer, cette lettre doit rester entre vos mains et ne pas être remise au ministre de l'électeur. Je suis chargé de vous recommander particulièrement de faire prendre et de rapporter avec vous les papiers de madame de Reich.

« J'ai l'honneur de vous saluer.

« *Signé* CH.-MAUR. TALLEYRAND. »

Lettre de M. de Talleyrand, ministre des relations extérieures, à M. le baron d'Edelsheim, ministre d'État, à Carlsruhe.

Paris, le 20 ventôse an XII (11 mars 1804).

« Monsieur le Baron, je vous avais envoyé une note dont le contenu tendait à requérir l'arrestation du comité d'émigrés français siégeant à Offenbourg, lorsque le premier Consul, par l'arrestation successive des brigands envoyés en France par le gouvernement anglais, comme par la marche et le résultat des procès qui sont instruits ici, reçut connaissance de toute la part que les agents anglais à Offenbourg avaient aux terribles complots tramés contre sa personne et contre la sûreté de la France. Il a appris de même que le duc d'Enghien *et le général Dumouriez* se trouvaient à Ettenheim ; et, comme il est impossible qu'ils se trouvent en cette ville sans la permission de Son Altesse Électorale, le premier Consul n'a pu voir, sans la plus profonde douleur, qu'un prince, auquel il lui avait plu de faire éprouver les effets les plus signalés de son amitié avec la France, pût donner un asile à ses ennemis les plus cruels, et leur laissât ourdir tranquillement des conspirations aussi inouïes.

« En cette occasion si extraordinaire, le premier Consul a cru devoir donner à deux petits détachements l'ordre de se rendre à Offenbourg et à Ettenheim, pour y saisir les instigateurs d'un crime qui, par sa nature, *met hors du droit des gens* tous ceux qui manifestement y ont pris part. C'est le général Caulaincourt qui, à cet égard, est chargé des ordres du premier Consul ; vous ne pouvez pas douter qu'en les exécutant, il n'observe tous les égards que Son Altesse peut désirer. Il aura l'honneur de remettre à Votre Excellence la lettre que je suis chargé de lui écrire.

« Recevez, etc.

« *Signé* CH.-M. TALLEYRAND. »

Le général Ordener prit immédiatement la poste. Le général Caulaincourt, parti de Paris le 12 mars, arriva le 14 à Strasbourg, et tint conseil avec les généraux Ordener et Leval d'une part, avec le préfet Shée de l'autre. Un second gendarme, Pfersdorff, avait été envoyé sous un déguisement à Ettenheim, pour y reconnaître les maisons de Dumouriez et du prince, et fournir les indications topographiques nécessaires au succès du coup de main. Sur le rapport de Pfersdorff, arrivé dans l'après-midi, les deux expéditions furent décidées pour le soir même.

Le prince, cependant, était resté jusqu'alors à Ettenheim dans une sécurité presque absolue. Les avertissements, pourtant, ne lui avaient pas manqué, et ces pressentiments vagues que l'on néglige trop d'ordinaire, avaient porté ses parents, ses amis, ses serviteurs, à lui recommander la prudence. Vains conseils ! Le jeune prince, brave et chevaleresque comme il l'était, pur au reste de toute pensée criminelle, ne soupçonnait pas qu'il pût attendre de la République autre chose qu'une attaque ouverte, une bataille.

Louis-Antoine-Henri de Bourbon-Condé, duc d'Enghien, était fils de Louis-Henri-Joseph, duc de Bourbon et de Louise-Marie-Thérèse-Bathilde d'Orléans. Né à Chantilly, le 2 avril 1772, sa constitution faible et maladive avait fait longtemps craindre pour sa vie. Fortifié par l'exercice, et surtout par la chasse, devenue pour lui, comme pour tous ceux de sa race, une passion véritable, il n'avait que dix-sept ans lorsqu'il fut forcé de suivre sa famille dans l'émigration. Porté d'un goût ardent vers les choses militaires, le jeune prince, qui avait hérité de sa mère une imagination vive et une grande chaleur de cœur, se lança avec joie dans les hasards de cette guerre que l'Europe faisait alors à la République naissante.

Quoi qu'on en pense, il est certain, et l'orgueil français peut s'en réjouir, que, parmi les adversaires que rencontra la République, il n'en fut pas de plus redoutables et de plus loyaux que ceux de l'armée de Condé. Au siége de Mayence, à l'attaque des lignes de Weissembourg, au combat de Bersheim, pendant la campagne de 1793, le jeune d'Enghien se conduisit avec une valeur digne de son nom. A l'attaque du pont de Mucich, la solidité des émigrés avait seule sauvé les Autrichiens d'un désastre. Licencié, en 1797, après la paix de Léoben, le corps de Condé avait dû passer en Russie. Le duc d'Enghien y resta jusqu'en 1799 ; à cette époque, le corps de Condé protégea, en défendant la ville et le pont de Constance, la retraite des Russes battus à Zurich par Masséna.

Jamais, dans ces tristes rencontres, d'Enghien n'avait oublié qu'il combattait des Français. Si coupables que fussent à ses yeux ces fils rebelles, leur mère était la France, et un Condé devait s'en souvenir toujours. Plus d'une fois, d'Enghien protégea des prisonniers républicains contre les représailles des émigrés vainqueurs, et on le vit prodiguer ses soins aux blessés de Pichegru ou de Moreau comme aux siens propres. Il lui était même arrivé de sentir son cœur tressaillir de joie à l'annonce de quelque grande victoire remportée par les armées françaises, et le jeune héros de l'Italie n'avait pas eu de plus fervent admirateur.

Pour ne rien exagérer tout à fait, il ne faudrait voir dans le duc d'Enghien qu'un brillant soldat et un loyal jeune homme. Une flatterie posthume lui a attribué une portée qu'il n'eut jamais. Fou héroïque dans les premiers temps de sa jeunesse batailleuse, il s'était calmé depuis, avait gagné du coup d'œil; mais rien encore n'avait révélé en lui le grand capitaine. Il avait de l'imagination, beaucoup de noblesse de cœur, peu de suite et de longueur de vues.

Lorsque la paix avait amené la dissolution du corps de Condé, il avait obtenu de conserver son traitement de général réformé, et la permission de résider en Allemagne. Ce qui l'attirait particulièrement à Baden, c'était une passion vive et profonde qu'il ressentait pour la princesse Charlotte de Rohan-Rochefort, nièce du cardinal. Il l'avait, dit-on, secrètement épousée en 1801, contrairement aux vues de Louis XVIII, qui préparait de ce côté une alliance utile à ses projets.

Tout entier à cette passion, le duc vivait à Ettenheim, partageant son temps entre les plaisirs d'une douce intimité et les amusements de la chasse. Prince français, il attendait qu'une occasion lui permît de reconquérir bravement sa place près d'un trône. Mais les combinaisons politiques et les intrigues de conspirateur n'étaient point son fait. Le 15 janvier 1804, un ordre du conseil privé d'Angleterre avait enjoint à tous les émigrés qui recevaient des pensions, de se rendre sur les bords du Rhin, sous peine d'en être privés. Une solde de guerre leur fut dès ce moment allouée, et la réorganisation du corps de Condé fut commencée à Offenbourg. Le duc d'Enghien fut invité à s'entendre avec les officiers généraux qui allaient se rendre au quartier général. Il le fit comme un général qui prend ses mesures pour la bataille qui s'approche; mais ni lui, ni les Condé de Londres n'avaient été mis dans le secret de l'intrigue Méhée ou du complot Georges-Moreau-Pichegru. Il en est plus d'une preuve; nous en trouvons encore une dans une réponse à l'extrait des *Mémoires de M. Savary*, par M. le baron de Saint-Jacques.

« A cette époque, y est-il dit, deux généraux de l'armée de Condé, qui se trouvaient à Ettenheim, s'entretenant, en sa présence, de la découverte de la conspiration de Georges, le prince soutint qu'elle n'était pas réelle; car, ajoutait-il, si elle eût existé réellement, mon père et mon grand-père n'eussent pas manqué de m'en donner connaissance, afin que je prisse des précautions pour ma sûreté. »

Veut-on récuser ce témoignage d'un pieux serviteur, voici un extrait d'une lettre écrite par le duc d'Enghien à son grand-père, le 26 février 1804, à l'occasion de la découverte du complot de Paris : « Dieu veuille qu'il n'y ait pas beaucoup de victimes, et que cette malheureuse histoire, comme toutes celles de ce genre passées et à venir, ne fasse pas grand tort aux personnes dévouées à la bonne cause; jusqu'à présent, il paraît que le gouvernement sortira vainqueur de cette nouvelle crise, si tant est que c'en soit une et que tout ceci ne soit pas supposé, chose que je ne veux, ni ne désire savoir, car ces moyens ne sont pas de mon genre... »

Est-ce à dire cependant, avec M. Thiers, que les Condé ne jouassent en tout cela que le *triste rôle* de soldats *obéissant au gouvernement qui les paye*. Le grand historien a commis là, selon nous, une involontaire injustice. Qu'on se mette par la pensée à la place de ces princes, chassés de leur légitime domaine par une bande de factieux, obligés de reconquérir leur patrie et le trône de leurs pères, et on comprendra qu'ils usent de toutes les ressources, qu'ils réclament l'aide de rois alliés, qu'ils vivent de prêts et d'avances, eux à qui on a tout pris. Mais les Condé ne s'étaient jamais ravalés au rôle de mercenaires étrangers. « Je persiste plus que jamais à penser, écrivait le 28 février 1802, le prince de Condé à son petit-fils, que *vous ne devez entrer au service d'aucune puissance. Cela n'est pas fait pour vous, et jamais aucun des Bourbons passés ou présents n'a pris ce parti.* »

Et puis, qui ne sait les mirages de l'exil! Tandis que tout change dans le pays qui l'a repoussé, le prince exilé, seul, ne change pas. Sa pensée, ses habitudes sont restées au point de départ; il stationne dans ses souvenirs, confondus avec ses espérances. Tout autour de lui le confirme dans son erreur; rapports d'agents intéressés, vœux de serviteurs fidèles, tout contribue à l'illusion; il a emporté comme une atmosphère propre, dont il reste entouré, que rien ne pénètre. Le duc d'Enghien lui-même l'avoue naïvement dans ses *Mémoires et Voyages* : « Nous croyions tous trouver une facilité extrême à pénétrer en France; aucun de nous ne s'imaginait rencontrer la moindre résistance. Les patriotes, disions-nous, s'éloigneront à la seule vue d'une armée; tout cédera à des hommes qui ne sont que les ennemis du désordre; de tous côtés, on nous appellera; c'est plutôt une promenade que nous avons à faire jusqu'à Paris qu'une campagne.» Ainsi raconte-t-il ses illusions de 1792; en 1804, ces illusions vivaient encore.

Reste un reproche, un reproche grave à la charge du duc d'Enghien. Après tout, il était, à Ettenheim, en rapport avec le comité d'Offenbourg, placé comme un aimant pour attirer tous les émigrés de l'Allemagne; il menaçait la France, à l'abri du duché de Baden, et, par là, il violait ses engagements.

Voici la lettre par laquelle l'électeur grand-duc avait répondu, vers la fin de 1802, à la demande d'asile adressée par le prince au nom de ses compagnons d'armes.

Carlsruhe, 4 septembre 1802.

« L'intérêt que Votre Altesse daigne prendre à quelques Français qui ont eu l'honneur de la suivre à Ettenheim, et l'attachement qu'ils lui portent, *garantissent suffisamment leur conduite sage et tranquille*. En conséquence, je leur accorde avec d'autant plus d'empressement le séjour ultérieur à Ettenheim, que cette circonstance me procure la satisfaction de prouver à Votre Altesse le sentiment de haute considération.....

« *Signé* CHARLES-FRÉDÉRIC,
« Margrave de Baden. »

La condition était formelle, et personne ne voudra prétendre que le duc d'Enghien tint, dans Baden, ce que l'électeur grand-duc appelait une conduite sage et tranquille. Aussi, s'inquiétait-on sérieusement à Londres de la situation où se trouvait le jeune prince, à la proximité de la frontière française. C'est qu'à Londres, les princes de la branche aînée en savaient plus que n'en savaient les Condé, que n'en voulait savoir Louis XVIII lui-même. « Tout cela s'est fait (disait un des plus honnêtes parmi les complices de Georges, Bouvet de Lozier), à l'insu du roi, qui, instruit par le comte d'Escars, son envoyé à Londres, de ce qui se préparait, a aussitôt écrit pour protester contre toute négociation avec Pichegru et Moreau. » Le duc d'Enghien ignorait donc et la conspiration et les dangers qu'elle lui faisait courir, lorsque le bruit se répandit à Londres qu'il visitait souvent la France en secret, qu'il avait été vu plusieurs fois au spectacle à Strasbourg, que même il avait fait à Paris de rapides excursions. Parmi les émigrés, beaucoup ne virent dans ces escapades qu'une folie de jeune homme; quelques-uns, inspirés par l'esprit de défiance et de rivalité si ordinaire aux partis malheureux, soupçonnèrent dans ces démarches une trahison possible; le père et le grand-père du duc n'y virent qu'une chose, le danger que courait leur enfant. Le 16 juin 1803, le prince de Bourbon écrivit au duc, de sa résidence de Wansted-House, la lettre suivante :

« Mon cher enfant, on assure ici, depuis plus de six mois, que vous avez été faire un voyage à Paris; d'autres disent que vous n'avez été qu'à Strasbourg; il faut convenir que c'était un peu inutilement risquer votre vie et votre liberté; car, pour vos principes, je suis très-tranquille de ce côté-là, ils sont aussi profondément gravés dans votre cœur que dans les nôtres. Il me semble qu'à présent vous pourriez nous confier le passé, et, si la chose est vraie, nous dire ce que vous avez observé dans vos voyages. A propos de votre santé, qui nous est si chère à tant de titres, je vous ai mandé, il est vrai, que *la position où vous êtes pourrait être très-utile à beaucoup d'égards;* mais *vous êtes bien près, prenez garde à* vous, et ne négligez aucune précaution pour être averti à temps et faire votre retraite en sûreté, *en cas qu'il passât par la tête au Consul de vous faire enlever;* n'allez pas croire qu'il y ait du courage à tout braver à cet égard : ce ne serait qu'une imprudence impardonnable aux yeux de l'univers, et qui ne pourrait avoir que les suites les plus affreuses...»

Le duc d'Enghien répondit en ces termes à ce que disait cette lettre et à ce qu'elle laissait comprendre :

« Assurément, mon cher Papa, il faut me connaître bien peu pour avoir pu dire ou chercher à faire croire que j'avais mis le pied sur le sol républicain autrement qu'avec le rang et à la place *où le hasard m'a fait naître*. Je suis trop fier pour courber bassement la tête, et le premier Consul pourra peut-être venir à bout de me détruire, mais il ne me fera pas m'humilier. On peut prendre l'incognito pour voyager dans les glaciers de la Suisse...; mais, pour en France, quand j'en ferai le voyage, je n'aurai pas besoin de m'y cacher. Je puis vous donner ma parole d'honneur la plus sacrée, que pareille idée ne m'est jamais entrée et ne m'entrera jamais dans la tête...»

On peut noter dans cette réponse, comme trait de caractère, un mot qui exhale un léger parfum de jacobinisme, un mot de jeune homme atteint déjà sans le savoir par les idées nouvelles. Quant aux excursions secrètes, la réponse est péremptoire, et, si la parole d'honneur d'un Condé n'était pas pour suffire, les déclarations réitérées de ses serviteurs et de ses amis prouveraient que le prince n'avait pas remis une fois les pieds sur la terre française. D'ailleurs, au même temps qu'il écrivait à son père, le duc écrivait au chevalier Jacques, son secrétaire et intendant, une lettre confidentielle dans laquelle il lui parlait de ces bruits d'excursion et des craintes de son père : « Voyez, ajoutait-il, combien il me juge mal et connaît peu ma façon de penser. »

Ce fut même surtout pour démentir les bruits indignes qui couraient à Londres à cette occasion, que le duc d'Enghien fit demander du service dans la nouvelle guerre, mais comme chef d'un corps *d'auxiliaires* à former sur le Rhin. Il espérait voir ce corps se grossir d'une foule de déserteurs des armées républicaines. « Le nombre en serait grand, disait-il, ainsi qu'il avait été à même de s'en convaincre par le séjour qu'il faisait depuis un an sur les frontières de France. » L'illusion, toujours !

La demande du prince resta six mois sans réponse. Ce ne fut qu'au mois de janvier 1804, alors que tout était prêt pour le complot de Georges, que le duc fut mis en demeure de réunir les éléments de son corps et qu'un ordre du conseil privé d'Angleterre alloua une solde de guerre aux émigrés pensionnés, à la condition de se rendre sur le Rhin.

On se rend compte maintenant de l'éveil donné à Ettenheim sur les dangers courus par le prince. Seul, il ne croyait pas à ces dangers. Le roi de Suède, gendre de l'Électeur, lui avait écrit pour l'engager à prendre garde; la princesse Charlotte de Rohan, avertie sous main par un gendarme du colonel Charlot, autrefois attaché à la maison de Rohan, de l'enquête qui s'ouvrait à Strasbourg sur le duc d'Enghien, avait éveillé les inquiétudes des gens du prince, à défaut de celles du prince lui-même.

Le 23 ventôse (14 mars), vers huit heures du matin, le valet de chambre du prince, Féron, placé derrière une fenêtre du château, à Ettenheim, vit deux inconnus qui faisaient le tour de l'habitation et paraissaient l'examiner avec attention. Cela lui fut suspect : il appela un autre domestique, Canone, compagnon d'armes du prince et qui lui avait sauvé la vie en Pologne. Canone étudia les traits de ces étrangers, et, signalant le plus grand des deux à Féron. — J'ai vu cette tête-là quelque part .., à Strasbourg... Oui, c'est bien cela, ce doit être un gendarme déguisé.

Canone ne se trompait pas : l'homme désigné par lui était, en effet, le sous-officier Pfersdorff, accompagné d'un agent nommé Stohl. Les deux domestiques coururent avertir le prince, qui rit de leurs alarmes. Pourtant, un de ses officiers, le lieutenant Schmidt, sortit, suivit les deux hommes, les questionna, et ne les perdit de vue qu'à une lieue de là, dans une direction opposée à celle de la France.

Quelque temps auparavant, le maître de l'auberge du *Soleil* à Ettenheim était venu chercher le secrétaire du duc, le chevalier Jacques, et lui avait signalé un étranger suspect qui, en ce moment même, se trouvait à son auberge et prenait des informations. Le chevalier courut à l'auberge : le curieux visiteur en était déjà parti. Le chevalier, inquiet, prévint le prince, insistant sur cette disparition subite. — « Eh bien! dit celui-ci, n'allez-vous pas croire que c'est un sorcier? — Monseigneur, répondit Jacques, prenons garde que ce ne soit un revenant. »

Malgré sa sécurité, cependant, le prince, de guerre lasse et cédant aux tendresses inquiètes de son entourage, avait résolu de s'éloigner sous peu de jours, quand le rapport de Pfersdorff fit décider l'enlèvement pour la nuit du 14 au 15 mars (23 au 24 ventôse).

Tout était prêt à Strasbourg. Le soir du 14, le général Ordener, accompagné du général Fririon, chef d'état-major du général Leval, et du colonel Charlot, partit pour le bac de Rheinau. Là étaient déjà réunis trois cents hommes du 26e de dragons, trois brigades de gendarmerie, des pontonniers et des bateaux. La nuit faite, on passa le Rhin, et la petite troupe se dirigea, rapide et silencieuse, sur Ettenheim. En vue de la petite ville endormie, le général détacha un certain nombre de cavaliers pour la cerner et pour couper la retraite aux fuyards. Le reste entra dans la rue principale et se partagea en deux corps : l'un, sous les ordres du colonel Charlot, alla investir la maison du prétendu Dumouriez, qui n'était autre, comme on le sait, que le général marquis de Thumery, ancien lieutenant-colonel du régiment du prince au corps de Condé ; l'autre, commandée par Ordener lui-même, se dirigea vers l'habitation du prince.

C'était une sorte de petit château gothique appartenant au baron d'Ischterlzheim, auprès duquel s'élevait la maison qu'occupaient le prince de Rohan-Rochefort et sa fille, la princesse Charlotte. Il était environ cinq heures du matin : le jour blanchissait à peine. Le prince était déjà levé et habillé; le colonel Grünstein, qui logeait ordinairement dans la maison de M. de Thumery, avait couché cette nuit-là chez le prince, et donnait les derniers ordres pour une partie de chasse projetée dès la veille. Le duc d'Enghien était vêtu d'un costume de chasseur tyrolien, à longues guêtres de peau de chamois bouclées sur les genoux; il était coiffé d'une élégante casquette à double galon d'or, de laquelle s'échappaient ses cheveux blonds sans poudre, coupés ras sur le haut de la tête et longs sur les côtés. C'était alors un beau jeune homme de trente et un ans, aux traits fins, intelligents, ouverts; beau, non d'une mâle beauté, comme le dit M. de Lamartine, mais d'une beauté délicate, aristocratique, avec une nuance d'audace aventureuse exprimée par la courbure traditionnelle du nez d'aigle des Condé.

Le duc donnait un dernier coup d'œil à son costume et à ses armes, quand des pas précipités se firent entendre; c'était Féron qui accourait : — « Monseigneur, le château est cerné. Il y a, à la grande porte, un officier français qui nous somme d'ouvrir, menaçant de l'enfoncer si on n'obéit à l'instant. — Eh bien ! il faut nous défendre ! » s'écria le prince, dont les yeux brillèrent d'une résolution intrépide. Et, faisant jouer les chiens de son fusil de chasse à deux coups, il s'élança à la fenêtre, suivi de Canone, qui tenait un autre fusil. Le colonel Grünstein, attiré par le bruit, accourut au même temps. Déjà le prince couchait en joue l'officier, quand des pas lourds et pressés se firent entendre par derrière. Grünstein se retourna vivement, et voyant entrer dans la chambre un sous-officier de gendarmerie, suivi de plusieurs dragons, il saisit le fusil du prince : — « Monseigneur, vous êtes-vous compromis ? — Non. — Eh bien ! alors, toute résistance est inutile, nous sommes cernés, et j'aperçois beaucoup de baïonnettes. »

Le prince se retourna, et reconnut, dans le sous-officier de gendarmerie, l'espion de la veille : c'était, en effet, Pfersdorff, qui venait de pénétrer dans le château par les jardins. Le commandant des dragons arriva, et il fallut mettre bas les armes. On arrêta, avec le prince, le colonel Grünstein, Féron, Canone, et Poulain, autre domestique.

Tout était fini de ce côté, quand des cris *Au feu !* se firent entendre. Ils partaient du logis du prétendu général Dumouriez, et on commençait à y répondre dans les rues de la ville. Le colonel Charlot s'élança, craignant un soulèvement des habitants. Un homme courait vers l'église ; il allait peut-être sonner le tocsin. Le colonel l'arrêta : cet homme était un maréchal ferrant. Quelques instants après, parut dans la rue un habitant en costume de nuit : c'était le grand-veneur de l'électeur de Bade, qui s'informait des raisons de ces cris et qui s'étonnait à la vue de ces uniformes étrangers. Le colonel lui expliqua rapidement de quoi il était question, et ajouta, assez haut pour être entendu des habitants qui montraient aux portes et aux fenêtres leurs têtes effarées : « C'est convenu avec votre souverain. »

Dans la maison de Dumouriez on ne trouva, bien entendu, que M. de Thumery, et tous ceux qu'on interrogea sur la présence à Ettenheim du héros de l'Argonne, ne surent ce qu'on voulait leur dire.

L'expédition terminée de ce côté, on revint au château. On s'assura de la personne du chevalier Jacques, dont on saisit les papiers, ainsi que ceux du prince : puis, on avertit le général Ordener que rien ne s'opposait plus au départ.

Tandis qu'on réunissait les dragons disséminés autour de la ville, le prince et les prisonniers de sa suite furent déposés dans un moulin, dit la Tuilerie, situé à quelques centaines de pas des portes d'Ettenheim. Le chevalier Jacques connaissait ce moulin, et savait qu'une des portes de la chambre dans laquelle on se trouvait, ouvrait sur le cours d'eau qui faisait tourner la roue du moulin; une planche mobile servait par là de passage ; de l'autre côté de la planche, une prairie, des bois, la liberté. Le chevalier s'approcha d'un air indifférent du prince, le poussa doucement, l'œil toujours fixé sur les gendarmes, et tout bas : — « Ouvrez cette porte, passez la planche et jetez-la dans l'eau; moi, je leur barrerai le passage. » Le prince se dirige lentement vers la porte, pose vivement la main sur le loquet et tire. Malheur! la porte résiste ; un enfant du meunier, effrayé à la vue des soldats, avait fui par-là, et avait poussé le verrou extérieur. Averti par ce mouvement, le commandant fit placer deux sentinelles à la porte, et on serra de plus près le prisonnier.

Cependant on avait hâte de repasser le Rhin. La troupe du général Ordener arrivait, reformée. Le duc, résigné à son sort, pria le commandant d'envoyer à Ettenheim chercher son linge et ses habits. On y consentit, et on permit même à ceux de ses domestiques qui ne voudraient pas le suivre, de retourner au château. Pas un de ces braves gens n'usa de l'autorisation. Les effets arrivés, on fit monter le prince, le marquis de Thumery et le colonel Grünstein dans une charrette entourée de gendarmes. L'escorte s'ébranla; les autres prisonniers suivaient à pied, surveillés par l'arrière-garde. Le chien favori du prince courait joyeux autour de la charrette.

Sur la route, un peu avant qu'on n'arrivât aux bords du Rhin, le prince et ses officiers crurent remarquer dans les yeux d'un des chefs de l'escorte quelques signes rapides. Ces secrets avertissements voulaient-ils dire que la fuite serait possible dans le désordre forcé de l'embarquement? Sans doute les précautions étaient bien prises, car cette pantomime sympathique resta sans effet.

Rendus sur la rive, le prince fut placé dans le bateau où était déjà installé le général Ordener. Informé que c'était là le chef de l'expédition, le duc d'Enghien voulut enfin connaître les motifs de la violence qu'on venait d'exercer sur sa personne. Il chercha à lier conversation avec le général, lui rappelant qu'ils avaient croisé le sabre l'un contre l'autre, alors qu'Ordener était colonel du 10e de chasseurs. Le général, assez embarrassé de son rôle, se renferma dans le silence.

Le Rhin passé, le prince fut laissé à la garde du colonel Charlot, et tandis que le général se dirigeait au galop vers Strasbourg, les prisonniers continuèrent leur route sur le territoire français. Jusqu'à Pfosheim, le prince dut marcher à pied; après le déjeuner, pris dans cette petite ville, il put monter dans une voiture avec le colonel Charlot et Pfersdorff. Ses officiers et domestiques furent placés dans une charrette de paysans, mise en réquisition dans la ville.

C'est alors seulement que le prince put apprendre, de la bouche du colonel Charlot, de quoi on l'accusait. Au premier mot de complicité dans une tentative d'assassinat tramée par des Georges, des Pichegru, des Moreau, des Dumouriez, il s'écria avec chaleur « que de semblables projets étaient bien loin de sa pensée, comme de tels gens ne pouvaient avoir rien à faire avec lui; que personnellement il admirait le général Bonaparte, mais qu'en même temps, comme prince de la maison de Bourbon, il ne pouvait que faire dans toutes les occasions la guerre au premier Consul. »

Vers cinq heures de l'après-midi, la voiture entra dans Strasbourg. La maison du colonel Charlot fut la première dans laquelle le prince fut déposé, en attendant qu'on eût pu prévenir le général Leval. Là, seul avec le colonel, le duc d'Enghien lui exprima, dans les termes les plus vifs, l'horreur que lui inspirait l'idée d'être conduit à Paris, et d'y être gardé prisonnier. « J'aimerais mieux être tué tout de suite, » ajouta le prince, dont les instances cherchaient à engager le colonel à fermer les yeux sur une évasion. Le colonel, esclave de son devoir, parut ne pas comprendre. Quelques minutes après, un fiacre arrivait, et le prince, ainsi que les autres prisonniers, était écroué dans la citadelle.

Là, en attendant qu'un ordre de Paris disposât de son sort, il écrivit, selon sa constante habitude, ses impressions et ses pensées secrètes. Voici les pages de ce journal, qui se rapportent aux journées passées dans la citadelle de Strasbourg.

« Le jeudi 15, à Ettenheim, ma maison cernée par un détachement de dragons et des piquets de gendarmerie, total de deux cents hommes environ; deux généraux, le colonel des dragons, le colonel Charlot de la gendarmerie de Strasbourg; à cinq heures. A cinq heures et demie, les portes enfoncées; emmené au moulin près la Tuilerie; mes papiers enlevés, cachetés; conduit dans une charrette, entre deux haies de fusiliers, jusqu'au Rhin. Embarqué pour Rheinau. Débarqué et marché à pied jusqu'à Pfosheim; déjeuné dans l'auberge. Monté en voiture avec le colonel Charlot, le maréchal des logis de la gendarmerie, un gendarme sur le siége et Grünstein. Arrivé à Strasbourg chez le colonel Charlot vers cinq heures et demie; transféré une demi-heure après, dans un fiacre, à la citadelle. Mes compagnons d'infortune venus de Pfosheim à Strasbourg, avec des chevaux de paysans, dans une charrette; arrivés à la citadelle en même temps que moi. Descendus chez le commandant; logés dans son salon pour la nuit, sur des matelas par terre. Des gendarmes à pied dans la pièce d'avant; deux sentinelles dans la chambre; une à la porte. Mal dormi.

« Vendredi 16. — Prévenu que j'allais changer de logement, je suis à mes frais pour la nourriture, et probablement le bois et la lumière. Le général Leval, commandant la division, accompagné du général Fririon, l'un de ceux qui m'a enlevé, viennent me voir. Leur abord très-froid. Je suis transféré dans le pavillon à droite en entrant sur la place en venant de la ville. Je puis communiquer avec les chambres de MM. de Thumery, Jacques et Schmidt par des dégagements; mais je ne puis sortir, ni moi, ni mes gens; on m'annonce pourtant que j'aurai la permission de me promener dans un petit jardin qui se trouve dans une cour derrière mon pavillon. Une garde de douze hommes et un officier est à ma porte. Après le dîner, on me sépare de Grünstein, auquel on donne un logement seul, de l'autre côté de la cour. Cette séparation ajoute encore à mon malheur. J'ai écrit ce matin à la princesse. J'ai envoyé ma lettre par le commandant au général Leval; je n'ai point de réponse. Je lui demandais d'envoyer un de mes gens à Est; sans doute tout me sera refusé. Les précautions sont extrêmes de tout côté pour que je ne puisse communiquer avec qui que ce soit. Si cette position dure, je crois que le désespoir s'emparera de moi. A quatre heures et demie, on vient visiter mes papiers que le colonel Charlot, accompagné d'un commissaire de sûreté, ouvre en ma présence. On les lit superficiellement. On en fait des liasses séparées, et on me laisse entendre qu'ils vont être envoyés à Paris. Il faudra donc languir des semaines, peut-être des mois. Le chagrin augmente, plus je réfléchis à ma cruelle position. Je me couche à onze heures; je suis excédé, et ne puis dormir. Le major de la place, M. Machim, a des formes très-honnêtes; il vient me voir quand je suis couché; il cherche à me consoler par des mots obligeants. »

Le même jour, il écrivait à Ettenheim; on sait à qui était adressée cette lettre :

« A la citadelle de Strasbourg, ce vendredi, 16 mars 1804.

« On me promet que cette lettre vous sera fidèlement remise. Ce n'est qu'en ce moment que j'ai pu obtenir la faculté de vous rassurer sur mon sort. Je ne perds pas un instant pour le faire, vous priant de rassurer aussi tous ceux qui me sont attachés dans nos environs. Toute ma crainte est que cette lettre ne vous trouve plus à Ettenheim, et que vous ne soyez en marche pour venir ici; le bonheur que j'aurais de vous voir n'égalerait pas à beaucoup près la crainte que j'aurais de vous faire partager mon sort. Conservez-moi votre amitié, votre intérêt; il peut m'être fort utile, car vous pouvez intéresser à mon malheur des personnes de poids. J'ai déjà pensé que peut-être vous étiez partie. Vous avez su par le bon baron d'Ischterlzheim la manière dont j'ai été enlevé, et vous avez pu juger, à la quantité de monde que l'on avait employée, que toute résistance eût été inutile; on ne peut rien contre la force. J'ai été conduit par Rheinau et la route du Rhin. On me témoigne égards et politesse; je puis dire qu'à la liberté près, car je ne puis sortir de ma chambre, je suis aussi bien que possible : tous ces messieurs ont couché avec moi parce que je l'ai désiré; nous occupons une partie de l'appartement du commandant, et l'on m'en fait préparer un autre dans lequel j'entrerai ce matin et où je serai encore avec eux. On doit examiner les papiers que l'on m'a pris, et qui ont été cachetés sur-le-champ avec mon cachet, ce matin, en ma présence. D'après ce que j'ai vu, on trouvera des lettres de mes parents, du roi, et quelques copies des miennes. *Tout cela, comme vous le savez, ne peut me compromettre en rien de plus que mon nom et ma façon de penser ne l'ont pu faire pendant le cours de la Révolution.* Je crois que l'on enverra tout cela à Paris, et on m'a assuré que d'après ce que je disais on pensait que je serais libre sous peu de temps. Dieu le veuille ! On cherchait Dumouriez qui devait être dans nos environs. On croyait apparemment que nous avions eu des conférences ensemble, et apparemment il est impliqué dans la conjuration contre la vie du premier Consul. *Mon ignorance de tout cela me fait espérer que je pourrai obtenir ma liberté;* mais cependant ne nous flattons pas encore. Si quelques-uns de ces messieurs sont libres avant moi, j'aurai un bien grand bonheur à vous les renvoyer en attendant le plus grand. L'attachement de mes gens me tire à chaque instant des larmes des yeux; ils pouvaient s'échapper, on ne les forçait point à me suivre, ils l'ont voulu. J'ai Féron, Joseph et Poulain; le bon Mylof ne m'a pas quitté d'un pas. Je n'ai encore vu ce matin que le commandant, homme qui me paraît honnête et charitable, en même temps que prêt à remplir ses devoirs. J'attends le colonel de la gendarmerie qui m'a arrêté et qui doit ouvrir mes papiers devant moi. Je vous prie de faire veiller le baron à la conservation de mes effets; si je dois demeurer plus longtemps, j'en ferai venir plus que je n'en ai; j'espère que les hôtes de ces messieurs auront soin aussi de leurs effets.

« Le pauvre abbé Wembern et Michel sont de notre conscription et ont fait route avec nous. Mes tendres hommages à votre père, je vous prie. Si j'obtiens un de ces jours d'envoyer un de mes gens, ce que je désire beaucoup et ce que je solliciterai, il vous fera tenir tous les détails de notre triste position. Il faut espérer et attendre. Vous, si vous êtes assez bonne pour me venir voir, ne venez qu'après avoir été, comme vous le devez, à Carlsruhe. Hélas! outre toutes vos affaires et les longueurs insupportables qu'elles entraînent, vous aurez à présent à parler aussi des miennes; l'Électeur y aura sans doute pris intérêt, mais pour cela, je vous en prie en grâce, ne négligez pas les vôtres.

« Adieu, Princesse; vous connaissez depuis longtemps mon tendre et sincère attachement pour vous: libre ou prisonnier, il sera toujours le même.

« Avez-vous mandé notre désastre à madame d'Ecquevilly?

« *Signé* : L.-A.-H. DE BOURBON. »

Cette lettre touchante, toute remplie de tendresses voilées, fut remise par le prince au major Machim, qui la déposa entre les mains du général Leval. Il est peu probable qu'elle ait été envoyée. Quant aux papiers, en grand nombre, ils furent expédiés sur Paris par un courrier extraordinaire.

Il est facile de surprendre, dans ces extraits du journal du prince, dont les copies n'ont conservé que ce que nous donnons ici, les indices d'un abattement profond; mais on y lit aussi clairement la conscience d'une complète innocence et l'espoir que, toute accusation de complot devant tomber bientôt devant l'évidence des faits, on ne le gardera pas comme otage. Les notes du jour suivant expriment naïvement cette conviction :

« Samedi 17. — Je ne sais rien de ma lettre. Je tremble pour la santé de la princesse; un mot de ma main la réparerait. Je suis bien malheureux. On vient me faire signer le procès-verbal de l'ouverture de mes papiers. Je demande et obtiens d'y ajouter une note explicative, pour prouver que je n'ai jamais eu d'autres intentions que de servir et faire la guerre. Le soir, on me dit que j'aurai la permission de me promener dans le jardin, même dans la cour, avec l'officier de garde, ainsi que mes compagnons d'infortune, et que mes papiers sont partis pour Paris, par courrier extraordinaire. Je soupe, et me couche plus content. »

La note explicative, dont il est question dans cette partie du journal, reproduisait les protestations du duc d'Enghien contre toute participation à un attentat contre la vie du premier Consul. Il y était dit « que si le complot existait, on le lui avait laissé ignorer, et qu'on l'avait même trompé à cet égard; que, plus que personne, il était attaché à la France et admirait le génie du premier Consul; qu'il avait souvent regretté de ne pouvoir combattre sous ses ordres et avec des Français, et que peut-être, éloigné comme il était du trône et sans espérance, d'y arriver, il aurait songé à le faire, si les devoirs de sa naissance ne lui eussent fait une loi d'en agir autrement; qu'enfin il ne pouvait croire que le premier Consul lui fît un crime d'avoir soutenu, les armes à la main, les droits de sa famille et de son sang. »

Cependant, le jeudi 24 ventôse (15 mars), une dépêche télégraphique, expédiée de Strasbourg, avait informé le premier Consul du succès de l'expédition d'Ettenheim. Bonaparte fit aussitôt partir un courrier extraordinaire avec l'ordre, pour les généraux Caulaincourt et Leval, de faire partir immédiatement en poste le prince pour Paris; les autres prisonniers ne devaient partir que les jours suivants, par la diligence. Le courrier arriva dans la nuit du samedi 26 au dimanche 27 ventôse (17 à 18 mars.) Aussitôt, au milieu de la nuit, le colonel Charlot alla chercher le prince. Le journal raconte ainsi ce brusque départ :

« Dimanche 18. — On vient m'enlever à une heure et demie du matin; on ne me laisse que le temps de m'habiller; j'embrasse mes malheureux compagnons, mes gens; je pars seul avec deux officiers de gendarmerie et deux gendarmes. Le colonel Charlot m'a annoncé que nous allons chez le général de division, qui a reçu des ordres de Paris. Au lieu de cela, je trouve une voiture avec six chevaux de poste, sur la place de l'Église. On me campe dedans. Le lieutenant Pétermann monte à côté de moi; le maréchal des logis Blitersdorff sur le siége; deux gendarmes, un dedans, l'autre dehors. »

L'inquiétude manifestée dans les premières lignes, se changea en joie, quand le prince apprit qu'on partait pour Paris. Il allait donc enfin voir le premier Consul; « un quart d'heure de conversation, disait-il, en montant en voiture, et tout sera arrangé. » Pendant la route, qui se fit avec une extrême rapidité, car la chaise était attelée de six chevaux et l'escorte trouvait partout des relais préparés, il paraissait heureux de revoir la France; il se faisait dire les noms des villes et des moindres villages, et son cœur se dilatait à retrouver même ainsi la patrie depuis si longtemps perdue. Les officiers de l'escorte lui témoignaient un respect plein de prévenances, et, pour en montrer sa reconnaissance, il détacha d'un de ses doigts une bague qu'il donna au lieutenant Michel : triste et précieux souvenir, toujours gardé depuis dans la famille de cet officier.

Le 28 (19) vers neuf heures du soir, la chaise traversait Châlons-sur-Marne; le 29 (20) à trois heures de l'après-midi, elle entrait dans Paris par la barrière de la Villette. On suivit les boulevards extérieurs, la rue de Sèvres, et la voiture s'arrêta dans la cour de l'hôtel Galifay, rue du Bac, n° 84. C'est là qu'étaient installés les bureaux du ministère des affaires étrangères.

Le prince s'apprêtait à descendre, quand un huissier accourut, et fit signe d'attendre. Quelques minutes s'écoulèrent, une voiture partit, revint au bout d'une demi-heure, et le postillon de la chaise de poste reçut tout bas l'ordre de tourner bride. La voiture emporta de nouveau le prince à travers les rues et les quais de Paris.

Vers cinq heures et demie, la voiture, qui depuis quelque temps roulait dans les avenues d'un bois, passa sous une poterne, et ses roues retentirent sur le pavé d'une cour intérieure.

On était rendu au château de Vincennes.

Le prince était harassé de fatigue, transi de froid; car la matinée avait été froide et pluvieuse. Le commandant du château, M. Harel, vint recevoir le prisonnier, qu'il engagea, dans les termes les plus respectueux, à entrer se chauffer chez lui, jusqu'à ce qu'on eût achevé de préparer le logement qui lui était destiné.— « Je me chaufferai avec plaisir, com-

Le duc d'Enghien devant la commission militaire (*Page* 21.).

mandant, répondit le prince, et je ne serai pas fâché non plus de dîner, car je n'ai rien pris depuis ce matin.»

M. Harel, ancien sergent aux gardes-françaises, promu au grade de capitaine dans un régiment d'infanterie par l'influence des jacobins, dont il était un des plus ardents séides, avait été mis à la réforme au 18 brumaire. Il avait conspiré, comme tant d'autres; mais, initié par Céracchi, Aréna et Demerville, au complot de l'an IX, il avait dénoncé ses complices. Ce service de police lui avait valu le grade de chef de bataillon et le commandement de Vincennes.

Le 26 ventôse (17 mars), M. Réal écrivait au commandant de Vincennes, par ordre du premier Consul, et lui demandait un état détaillé des personnes se trouvant actuellement au château. L'état fut envoyé; mais, comme il ne contenait que les habitants militaires et les ouvriers, un autre ordre, pressé et secret, exigea l'état circonstancié et nominatif des habitants civils, et la désignation des logements vacants. Le nouvel état, envoyé le 18 mars, portait cinq personnes appartenant à l'état-major, quatre-vingt-dix-neuf hommes du train d'artillerie de la garde des Consuls, vingt-trois hommes du 18e de ligne, cinquante ouvriers et un certain nombre de bourgeois logés au château, hommes, femmes, enfants et domestiques; un seul logement était vacant, celui du pavillon du Roi.

Le 28 (19), sur de nouveaux ordres de Bonaparte, M. Réal avait adressé la lettre suivante au général Murat, gouverneur de Paris, beau-frère du premier Consul.

« Général, d'après les ordres du premier Consul, le duc d'Enghien doit être conduit au château de Vincennes, où les dispositions sont faites pour le recevoir. Il arrivera probablement cette nuit à destination. Je vous prie de faire les dispositions qu'exige sa sûreté, tant à Vincennes que sur la route de Meaux, par laquelle il vient. Le premier Consul a ordonné que son nom, et tout ce qui lui serait relatif fût tenu très-secret : en conséquence, l'officier chargé de sa garde ne doit le faire connaître à qui que ce soit; il voyage sous le nom de Plessis. Je vous invite à donner, de votre côté, les instructions nécessaires pour que les intentions du premier Consul soient remplies. »

En même temps, M. Réal écrivait à M. Harel :

« Un individu dont le nom ne doit pas être connu, doit être conduit dans le château dont le commandement vous est confié; vous le placerez dans l'endroit qui est vacant, en prenant des précautions pour sa sûreté. L'intention du gouvernement est que tout ce qui lui sera relatif soit tenu très-secret, et qu'il ne lui soit fait aucune question, ni sur ce qu'il est, ni sur les motifs de sa détention; vous-même devrez ignorer qui il est. Vous seul devrez communiquer avec lui, et vous ne le laisserez voir à qui que ce soit jusqu'à nouvel ordre de ma part. Il est probable qu'il arrivera cette nuit. Le premier Consul compte, citoyen commandant, sur votre discrétion et sur votre exactitude à remplir ces différentes dispositions. »

M. Harel ne savait donc pas encore à qui il avait affaire. L'importance seule attribuée au prisonnier par les ordres reçus, et la distinction qui éclatait dans les traits et dans la tournure du prince, motivèrent la respectueuse attitude du commandant. Le prince, un peu réconforté par la chaleur, fut conduit par M. Harel lui-même au pavillon du-Roi. Là avait été préparé un logement convenable, garni à la hâte des meubles nécessaires; un bon feu brillait dans la cheminée.

Tandis qu'un brigadier, Aufort, courait à Vincennes chercher le souper chez le traiteur Mavrée, dont la maison faisait face à la porte d'entrée du château sur la grande route de Paris, le prince, se promenant de long en large dans la chambre, s'entretint avec M. Harel. Il déclina son nom, que le commandant ne devait pas demander, mais qu'il ne pouvait pas refuser d'entendre. — « Je suis venu jadis, ajouta le prisonnier, visiter, avec mon grand-père, ce château et ces bois; cette pièce même, dans laquelle je me trouve, je crois la reconnaître. » Le duc d'Enghien ne prévoyait pas que sa détention pût durer longtemps; et, si ce malheur devait arriver, rappelant son goût pour la chasse, il disait à M. Harel, en caressant la tête intelligente de Mylof, le chien fidèle qui ne l'avait pas quitté : — « Qu'on me permette de chasser dans ces beaux bois, et je donnerai bien ma parole de gentilhomme et de Bourbon de ne point chercher à m'évader. »

Le souper arriva; le prince allait se mettre gaiement à table, quand il aperçut sur la table des couverts d'étain. Il les prit, les examina sans mot dire, les remit en place et continua sa promenade. Le commandant comprit, et envoya chercher sa propre argenterie. Ce n'était pas répugnance aristocratique chez le jeune soldat qui avait si longtemps vécu de la dure vie des camps; c'était le sentiment des égards dus à un prisonnier qui portait le nom de Condé. L'argenterie placée sur la table, le duc d'Enghien s'assit, et, comme son chien plaçait sa tête sur les genoux de son maître, en quêtant du regard, il lui donna sa part dans une assiette, ajoutant pour M. Harel, avec un sourire de fine politesse : — « Je pense, Monsieur, qu'il n'y a pas d'indiscrétion à ce que j'en agisse ainsi. »

Le souper fini, M. Harel, se retira, et le prince excédé de fatigue, se coucha et s'endormit profondément.

A Paris, cependant, rien n'avait transpiré encore de l'enlèvement d'Ettenheim. Seulement, le *Moniteur* du 29 ventôse contenait l'article suivant, destiné à préparer l'opinion :

« Tandis que l'Angleterre envoyait Pichegru, Georges et la bande d'exécution à Paris, elle prenait à sa solde tous les émigrés qui se trouvaient en Allemagne. Une circulaire du prince de Condé leur a fait un appel il y a deux mois; c'est un fait connu de toute la ville de Hambourg, qu'un nommé Maillard était chargé, en cette ville, des fonds pour recruter ces malheureux et les expédier sur le Rhin. La rive droite du Rhin se remplissait journellement de ces nouveaux légionnaires, que l'Angleterre appelle encore une fois à être les jouets et les victimes de son cruel machiavélisme.

« *Un prince Bourbon*, avec son état-major et quelques bureaux, était fixé sur ce point, d'où il dirigeait le mouvement. Le prince Gueménée, ainsi que plusieurs autres officiers, devaient arriver le 25 mars, pour compléter l'organisation des bandes. Les puissances du continent s'empressent de repousser de pareils éléments de troubles, et cette nouvelle tentative du cabinet britannique n'aura pas plus de succès que le crime organisé par lui à si grands frais contre le premier Consul. »

Que se passait-il en ce moment dans l'esprit de Bonaparte ? Est-il possible d'admettre que, lorsque le dernier des Condé s'endormait dans sa prison de Vincennes, le premier Consul avait déjà lu les papiers du prisonnier, lu cette note que le duc y avait fait joindre, compris que le duc d'Enghien ne conspirait pas plus contre sa vie que le prétendu Dumouriez des rapports n'était à Ettenheim avec le duc? Laissons parler ici M. Thiers :

« Le résultat de l'expédition aurait dû éclairer le premier Consul et ses conseillers sur la témérité des conjectures qu'on avait formées. L'erreur surtout commise au sujet du général Dumouriez était fort significative. Voici les idées qui s'emparèrent malheureusement du premier Consul et de ceux qui pensèrent comme lui en cette circonstance. On tenait l'un de ces princes de Bourbon auxquels il en coûtait si peu d'ordonner des complots, et qui rencontraient des imprudents et des fous toujours prompts à se compromettre à leur suite. Il en fallait faire un exemple terrible, ou s'exposer à provoquer un rire de mépris de la part des royalistes en relâchant le prince après l'avoir enlevé. Ils ne manqueraient pas de dire qu'après s'être rendu coupable d'une étourderie en l'envoyant prendre à Ettenheim, on avait eu peur de l'opinion publique, peur de l'Europe; qu'en un mot, on avait eu la volonté du crime, mais qu'on n'en avait pas eu le courage. Au lieu de les faire rire, il valait mieux les faire trembler. Ce prince, après tout, était à Ettenheim, si près de la frontière, dans des circonstances pareilles, pour quelque motif apparemment. Etait-il possible qu'averti comme il l'avait été (et des lettres trouvées chez lui le prouvaient), était-il possible qu'il restât si près du danger sans aucun but, qu'il ne fût pas complice à quelque degré du projet d'assassinat? Dans tous les cas, il était certainement à Ettenheim pour seconder un mouvement d'émigrés dans l'intérieur, pour exciter la guerre civile, pour porter encore une fois les armes contre la France. Ces actes, les uns ou les autres, étaient punis de peines sévères par les lois de tous les temps : il fallait les lui appliquer.

« Tels furent les raisonnements que le premier Consul se fit à lui-même et qu'on lui répéta plus d'une fois. »

Selon M. Thiers, « au moment où ce terrible sacrifice approchait, le premier Consul voulut être seul. Il partit le 18 mars, dimanche des Rameaux, pour la Malmaison, retraite où il était plus assuré de trouver l'isolement et le repos. Excepté les consuls, les ministres et ses frères, il n'y reçut personne. Il s'y promenait seul des heures entières, affectant sur son visage un calme qui n'était pas dans son cœur. La preuve de ses agitations est dans son oisiveté même, car il ne dicta presque pas une lettre pendant les huit jours de son séjour à la Malmaison : et cependant Brest, Boulogne, le Texel occupaient, quelques jours avant, toute l'activité de sa pensée.

« Sa femme, qui était instruite, comme toute sa famille, de l'arrestation du prince, sa femme, qui, avec cette sympathie dont elle ne pouvait se défendre pour les Bourbons, avait horreur de l'effusion du sang royal; qui, avec cette prévoyance du cœur propre aux femmes, apercevait peut-être dans un acte cruel des retours de vengeance possibles contre son époux, contre ses enfants, contre elle-même, sa femme, fondant en larmes, lui parla plusieurs fois du prince, ne croyant pas encore, mais craignant que sa perte ne fût résolue. Le premier Consul, qui mettait une sorte d'orgueil à comprimer les mouvements de son cœur, généreux et bon, quoi qu'en aient dit ceux qui ne l'ont pas connu, le premier Consul repoussait ces larmes dont il craignait l'effet sur lui-même. Il répondait à madame Bonaparte, avec une familiarité qu'il cherchait à rendre dure : Tu es une femme, tu n'entends rien à ma politique; ton rôle est de te taire. »

Quoi qu'on pense des résolutions déjà prises par Bonaparte (et nous avouons qu'il y a pour nous quelque chose d'excessif dans ce procédé historique de M. Thiers, racontant comme s'il lui avait été donné d'y assister, l'enfantement de la pensée napoléonienne), il paraît constant qu'à une certaine heure le premier Consul prit une décision irrévocable, qu'il en ordonna seul, que seul il en dirigea et en pressa l'exécution. Ce n'est pas le 18 mars, comme le dit M. Thiers, c'est le 12 (21 ventôse), qu'il partit pour la Malmaison; c'est là qu'il apprit l'arrestation; c'est de là qu'il régla le mode à suivre pour le jugement.

Quelle était la jurisprudence à suivre? Il a été prononcé, à ce sujet, tant de paroles passionnées, il a été si souvent parlé de tribunal habilement choisi pour une vengeance, de juridiction digne du conseil des Dix, de génie tragique et italien (M. de Lamartine), qu'il faut examiner ce point avec attention.

Il y avait alors un procès ouvert à Paris, relativement au grand complot dans lequel le duc d'Enghien avait semblé d'abord jouer un rôle important. Lors de l'arrestation de Moreau, ce général et ses complices n'avaient pas paru d'abord justiciables des mêmes tribunaux. Prévenu de correspondance avec les ennemis de l'Etat et de trahison, Moreau, général en activité de service, tombait sous la juridiction d'un conseil de guerre. Pichegru et les autres étaient justiciables d'une commission militaire. Mais la première juridiction donnait lieu à un recours; la seconde était sans appel. D'ailleurs il y avait un grave inconvénient à disjoindre la procédure. Le gouvernement consulaire pouvait encore, aux termes d'une loi du 18 pluviôse an IX, ériger par simple arrêté le tribunal criminel du département de la Seine en tribunal spécial. Mais, aux termes de cette loi, il lui fallait alors adjoindre aux quatre juges composant ordinairement le tribunal, huit juges nouveaux, désignés après la mise en prévention, et par là suspects de parti pris. En outre, les jugements de ce tribunal n'étaient pas sujets à cassation. Restaient, il est vrai, les tribunaux ordinaires, avec le jury; mais l'institution du jury, éprouvée aujourd'hui, et, dans certains cas, parfaitement adaptée à la connaissance des crimes et délits, était, en ce moment, mise en suspicion par le gouvernement de la façon la plus formelle. Dans un exposé des motifs du projet de sénatus-consulte sur la jurisprudence à adopter dans le jugement du complot de Paris, M. Regnault de Saint-Jean d'Angély, conseiller d'Etat, rappelait au Sénat (7 ventôse an XII, 27 février 1804) « les atteintes que les jurés ont portées à la reddition de la justice et à la sûreté de la République. » — « Faut-il, ajoutait l'exposé, dans ce moment où le cabinet britannique prodigue l'or pour corrompre chaque partie de nos frontières maritimes et le centre même de l'empire, laisser juger leurs criminels agents par des jurés pris au hasard sur le théâtre de leurs forfaits, au risque de faire prononcer sur le crime par ses fauteurs, sur la trahison par des traîtres, et de voir les jurés honnêtes, que le sort aurait désignés, corrompus par l'or de l'Angleterre et effrayés par ses agents? »

Aussi avait-on résolu de former, pour le cas spécial, un haut tribunal de la réunion des deux tribunaux civils et criminels du département de la Seine, et de suspendre les fonctions du jury dans toute l'étendue de la République pour jugement des crimes de haute trahison ou attentats contre la personne du premier Consul.

Le duc d'Enghien arrêté, le ferait-on juger par le même tribunal qui connaissait en ce moment de la conspiration ? Si on le considérait sérieusement, a-t-on dit, comme le complice de Georges et des autres, il n'y avait que cela à faire. Mais si la position spéciale du prince, tout en se rattachant au complot de Paris dans ses conséquences possibles, s'en séparait par l'absence de toute connivence, il fallait bien recourir à un tribunal spécial. Or, dès les premiers moments, Bonaparte (il l'a dit plus tard à Sainte-Hélène) avait débattu cette question avec lui-même. Alors que la police consulaire s'attendait à chaque instant à mettre la main sur un Bourbon, à Biville ou dans Paris même, le premier Consul avait eu l'idée de traduire ces hideuses machinations devant une haute cour nationale, et de faire asseoir sur la sellette un Bourbon assassin. Un jour même que des smugglers, faisant la contrebande dans la Manche, étaient venus lui offrir, au prix d'un million, la tête d'un Bourbon de Londres, Bonaparte, repoussant avec indignation l'idée d'un assassinat, avait offert un million de plus à ces contrebandiers pour un Bourbon vivant. Sa pensée était de faire une éclatante justice du chef des assassins de Londres.

Ainsi pensait-il encore faire aux premiers moment de l'arrestation du duc d'Enghien; un conseil de guerre, choisi parmi les généraux du Sénat, était la juridiction à laquelle il s'était arrêté d'abord. C'est ce qui ressort clairement du fait suivant, raconté par le général Jomini, dans sa *Vie politique et militaire de Napoléon*. Le 26 ventôse (17 mars), le général Murat manda le colonel Préval, officier très-jeune alors, mais déjà l'un des plus distingués de l'armée. Le colonel fut averti qu'on avait fait choix de lui pour remplir les fonctions de rapporteur près d'un *grand conseil de guerre* qui allait avoir à juger un conspirateur important, arrêté sur la frontière. Le colonel Préval ayant insisté pour connaître l'accusé, Murat prononça, en confidence, le nom du duc d'Enghien. A cette révélation, le jeune officier parut désagréablement surpris, et fit remarquer au gouverneur de Paris que non-seulement lui, Préval, avait servi dans le régiment du duc, mais que son père et son oncle y avaient fait leurs premières armes. Le colonel, obéissant à un sentiment de haute délicatesse, déclina l'honneur qu'on voulait lui faire.

Depuis ce moment, il ne fut plus question de grand conseil de guerre. Personne, assurément, ne voudra prétendre que le noble refus du colonel Préval ait suffi à modifier l'opinion du premier Consul. Il faut donc conclure qu'une raison puissante fit abandonner la pensée d'un jugement solennel. Quelle fut cette raison? Dira-t-on, avec M. Thiers, que le besoin de porter un coup terrible sur le cœur de la conspiration royaliste l'emporta sur l'esprit de justice, et que le duc d'Enghien fut victime parce qu'il fallait une victime? On comprendrait alors qu'à la pensée d'un jugement au grand soleil eût succédé celle d'un jugement secret, prompt comme la foudre; mais, en vérité, quand il s'agit d'attribuer des motifs semblables à un homme qui fut, dans presque tous ses actes, magnanime, généreux jusqu'à l'imprudence, bon par tempérament ou par calcul, il faudrait peut-être un peu moins d'assurance.

D'autres ont dit ceci: les royalistes se ralliaient en grand nombre, et ce parti était un des éléments considérables de la France, que Bonaparte essayait de reconstruire. Or, il ne fallait pas laisser se compromettre de nouveau, pendant les bruyantes lenteurs d'un procès semblable, ceux des royalistes qu'on avait eu tant de peine à rattacher au gouvernement consulaire, et, les uns par un noble retour à leur vieille cause, les autres par un reste de pudeur, ils n'auraient pas manqué de se conpromettre. Au contraire, quand éclaterait la nouvelle de l'arrestation, du jugement et de l'exécution, toute manifestation de parti serait enchaînée à l'avance; le fait serait accompli.

Nous qui n'avons qu'à raconter, non à expliquer ou à justifier, nous donnons ces raisons, comme nous avons rapporté l'explication de M. Thiers, mais en faisant observer que tous les avocats semblent plaider la circonstance atténuante.

D'ailleurs, tout ceci reste soumis à cette question préjudicielle: Bonaparte avait-il lu *tous* les papiers du duc d'Enghien, et pouvait-il croire encore que le prince fût coupable?

Il n'y a que ceci de certain, c'est qu'après avoir eu l'idée d'un jugement au grand jour, avec recours possible, pardevant un conseil de guerre, le premier Consul s'était tout à coup décidé pour une commission militaire. Motifs politiques ou colère aveugle et pressée, qu'elles qu'aient été les causes de cette détermination, il n'en est pas moins incontestable que la juridiction choisie était parfaitement régulière. La procédure des commissions militaires était régie par la loi du 19 fructidor an V. Lorsque nous aurons à dire les attaques portées contre la procédure suivie dans le procès du duc d'Enghein, il sera temps de rappeler comment fonctionnaient ces commissions.

C'est devant une commission semblable que, le 29 ventôse (20 mars), le premier Consul avait décidé de faire passer le duc d'Enghien. M. Réal fut chargé de rédiger un rapport détaillé sur tous les faits relatifs au prince, sur les menées découvertes en Allemagne et sur les documents trouvés chez le prévenu. Ce rapport, qui tint dans la procédure la place d'un acte d'accusation, fut résumé dans l'arrêté suivant:

LIBERTÉ. — ÉGALITÉ.

Registre des délibérations des Consuls de la République.

Paris, le 29 ventôse, l'an XII de la République une et indivisible.

Le gouvernement de la République arrête ce qui suit:

Art. 1er. Le ci-devant duc d'Enghien, prévenu d'avoir porté les armes contre la République, d'avoir été et d'être encore à la solde de l'Angleterre, de faire partie des complots tramés par cette dernière puissance contre la sûreté intérieure et extérieure de la République, sera traduit à une commission militaire, composée de sept membres nommés par le général gouverneur de Paris, et qui se réunira à Vincennes.

Art. 2. Le grand-juge, le ministre de la guerre et le général, gouverneur de Paris, sont chargés de l'exécution du présent arrêté.

Le premier Consul, *signé* BONAPARTE.

Par le premier Consul, *signé* HUGUES MARET.

Murat reçut, en même temps que cet arrêté, une missive du ministre de la guerre, qui l'invitait, aux termes de la loi du 19 fructidor an V, et en sa qualité de commandant de la division militaire dans l'étendue de laquelle le jugement devait être porté, à désigner les sept membres de la commission. Voici comment M. Thiers raconte l'impression produite sur Murat par cette mission pénible:

« Quand l'arrêté des Consuls lui parvint, il fut saisi de douleur. Murat, comme nous l'avons dit, était brave, quelquefois irréfléchi, mais parfaitement bon. Il avait applaudi, quelques jours auparavant, à la vigueur du gouvernement, quand on avait ordonné l'expédition d'Ettenheim; mais, chargé maintenant d'en poursuivre les cruelles conséquences, son excellent cœur faillit. Il dit avec désespoir à un de ses amis, en montrant les basques de son uniforme, que le premier Consul y voulait imprimer une tache de sang. Il courut à Saint-Cloud exprimer à son redoutable beau-frère les sentiments dont il était pénétré. Le premier Consul, qui lui-même, était plus enclin à la partager qu'il n'aurait voulu, cacha sous un visage de fer l'agitation dont il était secrètement atteint. Il craignait que son gouvernement ne parût faillir devant le rejeton d'une race ennemie. Il adressa de dures paroles à Murat, lui reprocha sa faiblesse, qu'il qualifia en termes méprisants, et finit par lui dire avec hauteur, qu'il couvrirait ce qu'il appelait sa lâcheté, en signant lui-même, de sa main consulaire, les ordres à donner dans la journée. »

Il est certain que le Murat ainsi mis en scène par l'historien du *Consulat*, est ressemblant, que ses actes et ses paroles sont bien de situation; mais comment Bonaparte, que nous savons être à la Malmaison, a-t-il pu recevoir à Saint-Cloud la visite de son beau-frère? Qui a assisté à cet entretien? Qui a pu lire sous le visage de fer du premier Consul l'agitation secrète qui le troublait? C'est ce que nous ne nous chargeons pas d'expliquer, et la scène, pour être peinte de main de maître, ne nous paraît pas plus historique.

Tout cela se passait dans la matinée du 20 mars, et, comme le temps s'était maintenu fort brumeux depuis l'avant-veille, Bonaparte n'avait pu recevoir encore la dépêche télégraphique annonçant le départ du prisonnier pour Paris. « Vers le midi, raconte M. Nougarède de Fayet, M. de Talleyrand vint à la Malmaison. Comme il se promenait, en causant avec le premier Consul, dans l'allée qui se trouve devant le salon du château, depuis le pont jusqu'à la lisière du bois, Joseph Bonaparte, frère du premier Consul, y arriva... Il trouva, en arrivant dans le salon, Joséphine qui vint au-devant de lui avec empressement et qui lui dit :

« Vous savez sans doute ce qui se passe : le duc « d'Enghien vient d'être arrêté sur la frontière, et « le premier Consul est fort irrité contre les tenta« tives des émigrés; je sais combien sa nature est « douce et bonne, mais ce sont ses conseillers que « je crains, et surtout ce maudit boiteux. Le pre« mier Consul vous entretiendra probablement de « cette affaire; tâchez de le porter à l'indulgence, « mais surtout ne lui dites pas que je vous en ai « parlé. »

« Joseph sortit pour aller au-devant de son frère, qui, en le voyant, quitta M. de Talleyrand et continua avec lui sa promenade. Le premier Consul lui parla, en effet, du duc d'Enghien, de son enlèvement, et du projet où il était de le faire juger comme ayant conspiré contre la France et contre lui. Joseph, alors, lui rappela un souvenir de leur jeunesse, lorsqu'étant, lui Joseph, au collége d'Autun, le prince de Condé, grand-père du duc d'Enghien, y était venu et lui avait fourni les moyens d'entrer dans l'artillerie, au lieu de l'état ecclésiastique auquel sa famille l'avait destiné; c'était même là ce qui avait décidé Napoléon à abandonner la carrière de la marine, qu'il voulait embrasser, pour entrer également dans l'artillerie. Joseph, en lui rappelant ces faits, l'invita à la clémence. « Qui nous eût dit alors, « ajouta-t-il, que nous aurions un jour à délibérer « sur le sort du petit-fils du prince de Condé? » En même temps il lui remit sous les yeux ses principes ennemis de toute réaction, et d'après lesquels il voulait, comme il le disait lui-même, rester la clef de voûte.

« Le premier Consul lui répondit qu'il ne s'agissait pas ici de réaction politique, mais de complots d'assassinat; qu'ils se succédaient l'un à l'autre sans interruption; que le duc d'Enghien était l'un des chefs de celui de Georges, et qu'il ne voyait pas de raison de laisser les princes de la maison de Bourbon venir impunément conspirer jusque sur la frontière. Le premier Consul rompit ensuite la conversation; il proposa à son frère de rester à dîner à la Malmaison; mais ce dernier lui dit qu'il avait lui-même invité quelques personnes, et retourna à Morfontaine. »

Voilà, certes, des détails précis, et nous n'aimerions pas mieux que d'y croire; car, ici comme dans le récit précédent de M. Thiers, les caractères sont parfaitement observés. Personne ne contestera la bonté de Joséphine, l'excellence du cœur et du sens, l'esprit de modération de Joseph. Mais voilà de bien longs discours, et nous ne voyons pas qui nous les rapporte; M. de Fayet, si exact, si scrupuleux d'ordinaire, toujours prêt à citer ses autorités, ne nous dit pas cette fois d'où il tient ces minutieux détails. Observons seulement que, à l'heure où l'on place cette conversation, Bonaparte aurait cru encore que le duc d'Enghien était un des chefs du complot de Georges, qu'il avait conspiré contre sa vie. Est-ce donc qu'il n'avait pas encore lu tous les papiers du duc?

Pour en revenir à l'histoire et aux faits incontestables, ce ne fut que vers quatre heures du soir que, ce jour du 20 mars, le premier Consul reçut enfin la dépêche télégraphique annonçant le départ du prisonnier pour Paris. Une heure après environ, il fut averti par un courrier de l'arrivée du prince à Paris.

Murat, cependant, avait notifié au gouvernement consulaire les choix faits par lui pour la composition de la commission militaire. Voici cette pièce :

Au gouvernement de Paris, le 29 ventôse an XII de la République.

Le général en chef, gouverneur de Paris,

En exécution de l'arrêté du gouvernement, en date de ce jour, portant que le ci-devant duc d'Enghien sera traduit devant une commission militaire composée de sept membres, nommés par le général gouverneur de Paris, a nommé et nomme, pour former ladite commission, les sept militaires dont les noms suivent :

Le général Hullin, commandant les grenadiers à pied de la garde des Consuls, président;

Le colonel Guitton, commandant le 1er régiment de cuirassiers;

Le colonel Bazancourt, commandant le 4e régiment d'infanterie légère;

Le colonel Ravier, commandant le 18e régiment d'infanterie de ligne;

Le colonel Barrois, commandant le 96e *idem;*

Le colonel Rabbe, commandant le 2e régiment de la garde municipale de Paris;

Le citoyen Dautancourt, major de la gendarmerie d'élite, qui remplira les fonctions de capitaine rapporteur.

Cette commission se réunira sur-le-champ au château de Vincennes, pour y juger, sans désemparer, le prévenu, sur les charges énoncées dans l'arrêté du gouvernement dont copie sera remise au président. J. Murat.

Les membres désignés par Murat étaient tous les colonels des régiments en garnison à Paris. Leur président, Pierre-Augustin Hullin, général de brigade, était un brave soldat, un bon chef d'état-major, et rien de plus. Malgré sa mission secrète auprès du dey d'Alger (1802), il ne faudrait pas se le représenter comme une tête politique. Enfant de Paris, né sous les piliers des Halles, dans la boutique d'un petit fripier, vainqueur de la Bastille à vingt et un ans, Hullin avait été républicain enthousiaste, comme tant d'autres. Mais, dégoûté, comme tant d'autres braves gens, de la République par ses excès, il s'était vu, sous la Terreur, accuser de modérantisme et enfermer comme suspect. Ce n'était donc ni un homme de sang, ni un homme politique : c'était un officier de troisième ordre, esclave de la discipline, attendant tout de l'homme qui gouvernait la France, et auquel il était sincèrement, aveuglément dévoué.

Les membres de la commission furent individuellement avertis d'avoir à se rendre chez Murat pour y prendre ses ordres; de là, ils furent dirigés sur Vincennes, sans savoir de quel prévenu il s'agissait. Les dispositions militaires nécessaires en pareille circonstance étaient en même temps prises par le premier Consul. Une brigade d'infanterie et la légion de gendarmerie d'élite furent choisies pour garder le château de Vincennes pendant le jugement. Le général Savary, colonel de la gendarmerie d'élite et aide de camp du premier Consul (c'est par erreur que M. Thiers le nomme seulement *colonel* Savary), fut désigné pour le commandement de ces forces.

« Je venais d'arriver depuis deux jours (dit M. Savary dans ses *Mémoires*), de retour de la mission dont j'avais été chargé sur les côtes de Normandie, lorsque vers les cinq heures du soir du 29 ventôse (20 mars), je fus appelé dans le cabinet du premier Consul, et je reçus de lui une lettre cachetée, avec l'ordre de la porter sur le champ au gouverneur de Paris, alors le général Murat; en arrivant chez celui-ci, je me croisai sous la porte cochère avec le ministre des relations extérieures, qui en sortait (M. de Talleyrand, qui venait savoir ce qu'il fallait faire du prisonnier, arrivé dans la cour de son hôtel). Le général Murat, qui était indisposé au point de ne pouvoir marcher, me dit que je devais connaître, dans les instructions dont j'étais porteur, celles qui me concernaient, et que je n'avais qu'à les exécuter. »

Suivons M. Savary dans l'exécution de ces ordres; sur ce point, il est notre seul guide.

« Vers huit heures du soir, je me rendis moi-même sur les lieux pour y rassembler la brigade. J'étais occupé à disposer ce corps et la gendarmerie à toutes les issues de la place, lorsque je vis arriver les membres de la commission militaire. Jusqu'au moment où l'on m'apprit à Vincennes que le duc d'Enghien y était arrivé à quatre heures du soir, venant de Strasbourg, sous l'escorte de la gendarmerie, je croyais fermement qu'il avait été trouvé dans une cachette de Paris, comme les compagnons de Georges, tant je m'étais peu arrêté à ce que l'on croyait savoir de la dépêche télégraphique. Il était impossible que ces circonstances n'excitassent pas en moi une vive curiosité. J'étais impatient de connaître les détails d'une affaire si extraordinaire. On aurait pu former une commission d'hommes exaltés; mais celle-ci fut, comme tout le monde sait, composée des divers colonels dont les régiments formaient la garnison de Paris, et le général commandant de la place en devenait naturellement le chef. Cette commission ne savait pas un mot des révélations qu'avaient faites les gens de Georges sur le personnage mystérieux; elle n'avait pour toute pièce du procès que le rapport de l'officier de gendarmerie envoyé à Ettenheim, et les documents envoyés par M. le préfet Shée. Les hommes qui la composaient n'étaient pas d'une opinion exagérée; ils étaient, comme toute la France, indignés d'un projet dont le but était l'assassinat du premier Consul; ils étaient persuadés, comme tout le monde, que Georges n'opérait que sous la direction d'un prince intéressé au succès de l'entreprise, lequel devait ou être à Paris, ou s'y rendre quand sa présence y serait nécessaire. On ne voyait que M. le duc d'Enghien qui, par sa position, pût jouer ce premier rôle. C'était sous ces couleurs qu'on le représentait. »

La brigade et la légion arrivèrent à la barrière Saint-Antoine comme la nuit se faisait. Là, elles furent arrêtées dans leur marche par la garde du poste d'octroi. Les mesures de surveillance, adoptées à toutes les portes de Paris, étaient ignorées de M. Savary, qui dut envoyer demander un laissez-passer au gouverneur Murat. Cela prit du temps; il était plus de huit heures du soir quand la troupe arriva à Vincennes. M. Savary disposa la brigade sur l'esplanade du côté du parc, fit ranger sa légion dans la cour intérieure et plaça des gendarmes d'élite à toutes les issues, avec défense de laisser entrer ou sortir qui que ce fût sans autorisation. Le château de Vincennes était désormais, et pour toute la durée du jugement, placé sous les ordres de M. Savary.

A la même heure à peu près, les membres désignés pour faire partie de la commission militaire se réunissaient chez le gouverneur Murat, qui régularisait leurs pouvoirs et envoyait à Vincennes, où se rendait de son côté le général Hullin, l'arrêté du gouvernement, le rapport de M. Réal et l'arrêté de nomination des commissaires. Ceux-ci arrivèrent à Vincennes, ignorant encore de quoi il était question, et ce ne fut que là qu'ils apprirent la nature de la mission qui leur était confiée.

Le prince avait passé toute cette soirée dans un état de découragement profond, éclairé par quelques lueurs d'espérance, lorsqu'il pensait à l'entrevue probable qu'il aurait bientôt avec le premier Consul. Ces vieilles tourelles qui, autrefois, avaient servi de prison au prince de Condé (1627) et au grand Condé, son fils (1649), rappelaient à sa mémoire de sombres souvenirs. Le vaste horizon des grands bois ajoutait à sa tristesse, en lui retraçant les forêts de Baden; c'était l'image de tout ce qu'il avait perdu, l'amour et la liberté.

Il s'était couché de bonne heure et demandait l'oubli au sommeil, quand, vers onze heures du soir, un lieutenant de la gendarmerie d'élite, M. Noirot, entra dans sa chambre, accompagné de deux gendarmes, les sieurs Lerva et Tharsis. Le lieutenant pria le prince de s'habiller et de le suivre. Le prince suivit bientôt ses trois gardiens dans une des pièces du logement du commandant. Là, se trouvait le capitaine rapporteur, major Dautancourt, qui procéda à l'interrogatoire du prévenu. En voici le procès-verbal :

L'an XII de la République française, aujourd'hui, 29 ventôse, douze heures du soir; moi, capitaine-major de la gendarmerie d'élite, me suis rendu, d'après l'ordre du général commandant le corps, chez le général en chef *Murat*, gouverneur de Paris, qui me donne de suite l'ordre de me rendre au château de Vincennes, près le général *Hullin*, commandant les grenadiers de la garde des Consuls, pour en prendre et recevoir d'ultérieurs.

Rendu au château de Vincennes, le général *Hullin* m'a communiqué : 1° une expédition de l'arrêté du gouvernement du 29 ventôse, présent mois, portant que le ci-devant duc d'Enghien serait traduit devant une commission militaire, composée de sept membres, nommés par le général, gouverneur de Paris; 2° l'ordre du général en chef, gouverneur de Paris, de ce jour, portant nomination des membres de la commission militaire, en exécution de l'arrêté précité ; lesquels sont les citoyens *Hullin*, général des grenadiers de la garde; *Guitton*, colonel du 1er de cuirassiers; *Bazancourt*, commandant le 4e régiment d'infanterie légère; *Ravier*, commandant le 18e d'infanterie de ligne; *Barrois*, commandant le 96e *idem*, et *Rabbe*, commandant le 2e régiment de la garde de Paris;

Et portant que le capitaine-major soussigné remplira auprès de cette commission militaire les fonctions de capitaine rapporteur : le même ordre portant encore que cette commission se réunira sur-le-champ au château de Vincennes, pour y juger, sans désemparer, le prévenu, sur les charges énoncées dans l'arrêté du gouvernement susdaté.

Pour l'exécution de ces dispositions, et en vertu

des ordres du gédéral *Hullin*, président de la commission, le capitaine soussigné s'est rendu dans la chambre où se trouvait couché le duc d'Enghien, accompagné du chef d'escadron *Jacquin*, de la légion d'élite, et des gendarmes à pied du même corps, nommés *Lerva* et *Tharsis*, et encore du citoyen *Noirot*, lieutenant au même corps : le capitaine-rapporteur soussigné a reçu de suite les réponses ci-après, sur chacune des interrogations qu'il lui a adressées, étant assisté du citoyen *Molin*, capitaine au 18e régiment, greffier choisi par le rapporteur.

— A lui demandé ses noms, prénoms, âge et lieu de naissance?

A répondu se nommer *Louis-Antoine-Henri de Bourbon, duc d'Enghien*, né, le 2 août 1772, à Chantilly.

— A lui demandé à quelle époque il a quitté la France?

A répondu : « Je ne puis pas le dire précisément; mais je pense que c'est le 16 juillet 1789. » Qu'il est parti avec le prince de Condé, son grand-père, son père, le comte d'Artois et les enfants du comte d'Artois.

— A lui demandé où il a résidé depuis sa sortie de France?

A répondu : « En sortant de France, j'ai passé, avec mes parents que j'ai toujours suivis, par Mons et Bruxelles; de là, nous nous sommes rendus à Turin, chez le roi de Sardaigne, où nous sommes restés à peu près seize mois. » De là, toujours avec ses parents, il est allé à Worms et environs sur les bords du Rhin; « ensuite le corps de Condé s'est formé, et j'ai fait toute la guerre. J'avais, avant cela, fait la campagne de 1792 en Brabant, avec le corps de Bourbons, à l'armée du duc Albert.»

— A lui demandé où il s'est retiré depuis la paix faite entre la République française et l'Empereur?

A répondu : « Nous avons terminé la dernière campagne aux environs de Grætz; c'est là où le corps de Condé, qui était à la solde de l'Angleterre, a été licencié, c'est-à-dire à Wendisch Faestrietz, en Styrie; » qu'il est ensuite resté pour son plaisir à Grætz ou environs à peu près six à neuf mois, attendant des nouvelles de son grand-père, le prince de Condé, qui était passé en Angleterre, et qui devait l'informer du traitement que cette puissance lui ferait, lequel n'était pas encore déterminé. « Dans cet intervalle, j'ai demandé au cardinal de Rohan la permission d'aller dans son pays à Ettenheim, en Brisgaw, ci-devant évêché de Strasbourg; » que depuis deux ans et demi il est resté dans ce pays. Depuis la mort du cardinal, il a demandé à l'électeur de Baden, officiellement, la permission de rester dans ce pays, qui lui a été concédée, n'ayant pas voulu y rester sans son agrément.

— A lui demandé s'il n'est point passé en Angleterre, et si cette puissance lui accorde toujours un traitement?

A répondu n'y être jamais allé; que l'Angleterre lui accorde toujours un traitement, et qu'il n'a que cela pour vivre.

A demandé à ajouter que, les raisons qui l'avaient déterminé à rester à Ettenheim ne subsistant plus, il se proposait de se fixer à Fribourg, en Brisgaw, ville beaucoup plus agréable qu'Ettenheim, où il n'était resté qu'attendu que l'Électeur lui avait accordé la permission de chasse, dont il était fort amateur.

— A lui demandé s'il entretenait des correspondances avec les princes français retirés à Londres? s'il les avait vus depuis quelque temps?

A répondu : Que naturellement il entretenait des correspondances avec son grand-père, depuis qu'il l'avait quitté à Vienne, où il était allé le conduire après le licenciement du corps; qu'il en entretenait également avec son père, qu'il n'avait pas vu, autant qu'il peut se le rappeler, depuis 1794 ou 1795.

— A lui demandé quel grade il occupait dans l'armée de Condé?

A répondu : Commandant de l'avant-garde, à partir de 1796. Avant cette campagne, comme volontaire au quartier général de son grand-père; et toujours, depuis 1796, comme commandant d'avant-garde; et observant qu'après le passage de l'armée de Condé en Russie, cette armée fut réunie en deux corps, un d'infanterie, et un de dragons, dont il fut fait colonel par l'empereur; et que c'est en cette qualité qu'il revint aux armées du Rhin.

— A lui demandé s'il connaît le général Pichegru, s'il a eu des relations avec lui?

A répondu : « Je ne l'ai, je crois, jamais vu; je n'ai point eu de relations avec lui. Je sais qu'il a désiré me voir. Je me loue de ne pas l'avoir connu, d'après les vils moyens dont on dit qu'il a voulu se servir, s'ils sont vrais. »

— A lui demandé s'il connaît l'ex-général Dumouriez, et s'il a des relations avec lui?

A répondu : Pas davantage; je ne l'ai jamais vu.

— A lui demandé si, depuis la paix, il n'a point entretenu de correspondance dans l'intérieur de la République?

A répondu : « J'ai écrit à quelques amis qui me sont encore attachés, qui ont fait la guerre avec moi, pour leurs affaires et les miennes. » Ces correspondances n'étaient pas celles dont on croit qu'il veuille parler.

De quoi a été dressé le présent, qui a été signé par le duc d'Enghien, le chef d'escadron Jacquin, le lieutenant *Noirot*, les deux gendarmes et le capitaine rapporteur.

« Avant de signer le présent procès-verbal, je fais, avec instance, la demande d'avoir une audience particulière du premier Consul. Mon nom, mon rang, ma façon de penser et l'horreur de ma situation, me font espérer qu'il ne se refusera pas à ma demande. »

Signé L.-A.-H. DE BOURBON.

Et plus bas :

NOIROT, *lieutenant*, et JACQUIN.

Pour copie conforme :

Le capitaine faisant fonctions de rapporteur,

DAUTANCOURT.

MOLIN, *capitaine greffier*.

Il y a plus d'une observation à faire sur ce procès-verbal. D'abord, il y est dit, contrairement à la vérité, que l'interrogatoire a été fait dans la chambre à coucher du prisonnier. La première rédaction du procès-verbal portait : *dans une des pièces du logement du commandant*. Ces mots ont été raturés sur la minute, et remplacés en marge par la nouvelle rédaction. En marge, ont été également ajoutés après coup, les noms des témoins, Noirot, Jacquin, Lerva et Tharsis; en interligne, a été ajouté également le nom du greffier Molin. Faut-il en conclure que l'interrogatoire a eu lieu sans témoin, et qu'on a voulu, par la suite, lui donner une apparence de publicité? En tout cas, cet interrogatoire paraît bien sommaire, et la question capitale, celle du complot, y est touchée d'une façon bien superficielle.

De la note qui précède la signature du prince, il ressort que la seule préoccupation du prisonnier, pendant cet interrogatoire, est d'obtenir les moyens de parler à Bonaparte.

L'interrogatoire terminé, le capitaine rapporteur vint en donner lecture aux commissaires, qui déjà avaient pris une connaissance rapide des pièces du procès. Sur le vu de la note ajoutée par le duc d'Enghien au procès-verbal, un des commissaires, le colonel Barrois, proposa de surseoir pour en référer au premier Consul. Mais l'arrêté du gouverneur Murat portait que la commission jugerait, *sans désemparer*, et M. Savary, qui avait les ordres directs de Bonaparte et la responsabilité de toute l'affaire, déclara qu'il n'y avait pas lieu de surseoir. La commission passa donc outre.

Le président donna l'ordre d'amener le prévenu. Le duc d'Enghien entra. Sa noble figure ne laissait plus entrevoir aucune inquiétude; il avait le regard assuré, la mine haute et fière des jours de combat. Il était vêtu d'un pantalon gris collant, sur lequel se découpaient des bottes à la hussarde ; à son col était nouée élégamment une cravate blanche brodée; à ses oreilles brillaient de petites boucles, que les hommes portaient encore à cette époque.

En entrant dans la salle, qui était une de celles du pavillon de la Porte-du-Bois, le duc d'Enghien souleva légèrement sa casquette à double galon d'or et jeta un regard sur l'assemblée. Le général Hullin occupait seul un fauteuil, au fond de la pièce; les autres juges étaient assis sur des chaises. Derrière le fauteuil du président, se tenait debout le général Savary, les basques de son habit dans ses mains et se chauffant au feu de la cheminée. Le chef d'escadron

Le duc d'Enghien.

Brunet, aide de camp du gouverneur Murat, était assis près de la cheminée. On avait laissé entrer dans la salle, pour composer un auditoire, les officiers des troupes réunies à Vincennes, et l'état-major de la place. Il était près de deux heures du matin.

Voici le procès-verbal de l'interrogatoire auquel fut soumis le prince, et du jugement qui fut rendu aussitôt après:

Aujourd'hui, le 30 ventôse an XII de la République,

La commission militaire, formée en exécution de l'arrêté du gouvernement, en date du 29 du courant, composée des citoyens Hullin, général commandant les grenadiers de la garde des Consuls, président; Guitton, colonel du 1er régiment de cuirassiers; Bazancourt, colonel du 4e régiment d'infanterie légère; Ravier, colonel du 18e régiment de ligne; Barrois, colonel du 96e; Rabbe, colonel du 2e régiment de la garde de Paris; le citoyen Dautancourt, remplissant les fonctions de capitaine-rapporteur; assisté du citoyen Molin, capitaine au 18e régiment d'infanterie de ligne, choisi pour remplir les fonctions de greffier; tous nommés par le général en chef, gouverneur de Paris,

S'est réunie au château de Vincennes,

A l'effet de juger le ci-devant duc d'Enghien, sur les charges portées dans l'arrêté précité.

Le président a fait amener le prévenu libre et sans fers, et a ordonné au capitaine rapporteur de donner connaissance des pièces tant à charge qu'à décharge, au nombre d'une.

Après lui avoir donné lecture de l'arrêté susdit, le président lui a fait les questions suivantes :

— Vos nom, prénoms, âge et lieu de naissance?

A répondu se nommer Louis-Henri de Bourbon, duc d'Enghien, né à Chantillly, le 2 août 1772.

— A lui demandé s'il a pris les armes contre la France?

A répondu qu'il avait fait toute la guerre, et qu'il persistait dans la déclaration qu'il a faite au capitaine rapporteur, et qu'il a signée. A de plus ajouté qu'il était prêt à faire la guerre, et qu'il désirait avoir du service dans la nouvelle guerre de l'Angleterre contre la France.

— A lui demandé s'il était encore à la solde de l'Angleterre?

A répondu que oui; qu'il recevait, par mois, cent cinquante guinées de cette puissance.

La commission, après avoir fait donner au prévenu lecture de ses déclarations par l'organe de son président, et lui avoir demandé s'il avait quelque chose à ajouter dans ses moyens de défense, il a répondu n'avoir rien à dire de plus et y persister.

Le président a fait retirer l'accusé; le conseil délibérant à huis-clos, le président a recueilli les voix, en commençant par le plus jeune en grade; le président ayant émis son opinion le dernier, l'unanimité des voix l'a déclaré coupable, et lui a appliqué l'art.... de la loi du..., ainsi conçu... et, en conséquence, l'a condamné à la peine de mort.

Ordonne que le présent jugement sera exécuté de suite, à la diligence du capitaine rapporteur, après en avoir donné lecture, en présence des différens détachements des corps de la garnison, au condamné.

Fait, clos et jugé sans désemparer, à Vincennes, les jour, mois et an que dessus; et avons signé: *Signé* P. Hullin, Bazancourt, Rabbe, Barrois, Dautancourt, *rapporteur*; Guitton, Ravier.

On ne peut s'empêcher, à première vue, de reconnaître que c'est là une singulière façon de minuter un jugement aussi grave. Evidemment, l'interrogatoire a été réduit, dans cette pièce, à sa plus simple expression, et on sent que cette rédaction est nécessairement infidèle. L'accusé est accusé de complot; on y voit seulement qu'il a déclaré avoir porté les armes contre la République et avoir touché une solde de l'Angleterre. On ne sait même pas de quoi l'accusé est déclaré coupable, et le rédacteur de l'arrêt ne sait quelles lois il applique, puisqu'il en laisse en blanc l'énoncé. C'est le général Hullin qui minuta lui-même cette pièce informe, et on dit qu'il eut grand'peine à s'en tirer, en raison de son inexpérience.

... C'était le dernier souvenir du prince pour la princesse Charlotte (*Page 27.*).

Un témoin important, mais suspect, M. Savary, va suppléer à l'insuffisance des renseignements contenus dans cette minute. Voici comment il raconte la scène que nous cherchons à esquisser:

« La commission s'assembla dans la grand'salle de la partie habitée du château; sa séance ne fut point mystérieuse, comme on l'a dit dans quelques pamphlets; elle avait été convoquée, non d'après un ordre du premier Consul seulement, mais d'après un arrêté du gouvernement, contresigné par le secrétaire d'Etat, et adressé au gouverneur de Paris, qui le remit au président.

« Chacun des membres qui la composaient avait reçu séparément sa nomination avant de se rendre à Vincennes, et cela sans avoir vu personne; car le temps qui aurait été physiquement nécessaire pour pratiquer quelques menées près d'eux n'avait pu exister, si leur caractère personnel d'ailleurs n'avait pas repoussé l'emploi de ce moyen. Les portes de la salle étaient ouvertes et libres pour tous ceux qui pouvaient s'y rendre à cette heure.

« Il y avait même assez de monde pour qu'il m'ait été difficile, étant arrivé des derniers, de pénétrer derrière le siége du président, où je parvins à me placer, car il me tardait d'entendre les débats de ce procès.

« J'arrivai trop tard pour voir entrer le prince. La discussion était déjà entamée et d'une manière fort vive; le duc d'Enghien repoussait avec indignation les imputations qu'on lui opposait de participation à un assassinat; et d'après ce que j'ai appris sur les lieux, il venait d'avouer qu'il ne devait rentrer en France que les armes à la main. A la chaleur avec laquelle il parlait à ses juges, il était aisé de voir qu'il ne se doutait nullement de l'issue que devait avoir ce procès.

« La commission le laissa parler autant qu'il le voulut; et quand il eut fini, on lui fit observer ou qu'il ne connaissait pas sa situation, ou qu'il ne voulait pas répondre aux questions qu'on lui adressait; qu'il se renfermait dans sa naissance et la gloire de ses ancêtres; qu'il ferait mieux d'adopter un autre système de défense. On ajouta qu'on ne voulait point abuser de sa situation; mais qu'il n'était pas probable qu'il ignorât aussi complétement qu'il le disait ce qui se passait en France, lorsque non-seulement le lieu qu'il habitait, mais la France et l'Europe entière en étaient occupés; qu'il ne parviendrait jamais à faire croire qu'il fût indifférent à des événements dont toutes les conséquences devaient être pour lui; qu'il y avait en cela trop d'invraisemblance pour qu'on ne lui en fît pas l'observation; qu'on l'engageait à y réfléchir, et que cela pouvait devenir sérieux.

« M. le duc d'Enghien, après un moment de silence, répondit d'un ton grave :

« Monsieur, je vous comprends très-bien; mon « intention n'était pas d'y rester indifférent. J'avais « demandé à l'Angleterre du service dans ses ar- « mées, et elle m'avait fait répondre qu'elle ne « pouvait m'en donner, mais que j'eusse à rester « sur le Rhin, où j'aurais incessamment un rôle à « jouer, et j'attendais. Monsieur, je n'ai plus rien à « vous dire. »

« Telle fut exactement la réponse du prince. Je l'écrivis aussitôt; je la cite aujourd'hui de mémoire; mais elle y était gravée si profondément, que je ne crois pas en avoir oublié une seule syllabe. D'ailleurs elle doit se trouver parmi les pièces du procès; et si elle n'y est pas, c'est assurément parce qu'on l'en a soustraite.

« Ces dernières paroles décidèrent du sort de M. le duc d'Enghien. Il avait précédemment parlé des secours pécuniaires qu'il recevait de la cour de Londres : c'était une pension que lui faisait l'Angleterre; mais il s'était exprimé d'une manière à faire croire qu'au lieu d'une pension alimentaire, ce pouvait être un argent corrupteur destiné, comme celui de Georges, à payer la conjuration; et, aucun de ses juges ne connaissant sa situation financière, cette particularité ajouta aux préventions qu'on avait déjà contre lui. La fatalité conduisait ce prince.

« La commission se croyant suffisamment éclairée, ferma la discussion, et fit évacuer la salle pour délibérer en secret. Je me retirai avec les officiers de mon corps, qui, comme moi, avaient assisté aux débats, et j'allai rejoindre les troupes qui étaient sur l'esplanade du château. »

Pour bien comprendre ce récit et pour en apprécier la valeur, il faut savoir que cet extrait des *Mémoires de M. le duc de Rovigo* (Savary) fut publié en 1823, pour répondre à quelques publications dans lesquelles tout l'odieux du procès était mis au compte du général Savary. Ceci dit, on pourra lire entre les lignes de ce récit et saisir la raison de ce ton de justification dont il est empreint. C'est pour laver le général Savary que M. de Rovigo cherche à faire croire qu'une séance à portes ouvertes, à salle pleine, n'a rien eu de mystérieux à deux heures du matin, dans une forteresse dont les pont-levis sont levés, dont toutes les issues sont gardées, dont tous les habitants sont consignés. C'est pour la même raison, que M. de Rovigo représente le général Savary n'arrivant que lorsque la séance est commencée. Mais les autres détails donnés par M. de Rovigo sont des plus importants, et peuvent suppléer en partie à l'incroyable indigence du procès-verbal. Il en ressort que le duc d'Enghien fut condamné pour avoir reçu une solde de l'Angleterre. Aussitôt cet aveu fait, et le prince le fit simplement, naïvement, en homme qui parle d'une chose notoire, d'une situation nécessaire, la commission se déclara ***suffisamment éclairée.***

Ecoutons maintenant un autre témoin, le général Hullin. Celui-là parle également en 1823, et cherche à justifier un rôle beaucoup plus simple d'ailleurs et mieux défini que celui du précédent témoin :

« Je procédai à l'interrogatoire du prévenu;.... il... repoussa loin de lui d'avoir trempé directement ni indirectement dans un complot d'assassinat contre la vie du premier Consul; mais il avoua aussi avoir porté les armes contre la France, disant... « qu'il avait soutenu *les droits de sa famille* et « qu'un Condé ne pouvait jamais rentrer en France « que les armes à la main. Ma naissance, mon opi- « nion, ajouta-t-il, me rendent à jamais l'ennemi « de votre gouvernement. » — La fermeté de ses aveux devenait désespérante pour ses juges. Dix fois nous le mîmes sur la voie de revenir sur ses déclarations, toujours il persista d'une manière inébranlable. « Je vois, disait-il, par intervalle, les in- « tentions honorables des membres de la commis- « sion, mais je ne peux me servir des moyens qu'ils « m'offrent. » Et sur l'avertissement que les commissions militaires jugeaient sans appel : « Je le « sais, me répondit-il, et je ne me dissimule pas le « danger que je cours; je désire seulement avoir « une entrevue avec le premier Consul. »

Ici, on le voit, le prince est condamné pour avoir avoué : qu'il a porté les armes contre la France, et que son intention était de combattre encore la République. Les insinuations bienveillantes que s'attribue, en 1823, le général Hullin, ne peut-on croire qu'elles eussent été parfaitement intempestives, personne ne pouvant faire que le duc d'Enghien n'eût pas porté les armes contre la République, et ne fût pas prêt à les porter encore.

Le jugement rendu, et pendant que le général Hullin rédigeait péniblement la minute que l'on sait, le duc d'Enghien fut reconduit à sa chambre, et M. Savary donna les ordres pour l'exécution. Laissons encore parler M. Savary :

« La commission délibéra fort longtemps : ce ne fut que deux heures après l'évacuation de la salle, que l'on connut son jugement.

« L'officier qui commandait l'infanterie de ma légion vint me dire avec une émotion profonde, qu'on lui demandait un piquet pour exécuter la sentence de la commission militaire. « Donnez-le, répondis-je. — Mais où dois-je le placer? — Là où vous ne pourrez blesser personne » (car déjà les habitants des populeux environs de Paris étaient sur les routes pour se rendre aux divers marchés).

« Après avoir bien examiné les lieux, l'officier choisit le fossé, comme l'endroit le plus sûr pour ne blesser personne : il n'y eut pas d'autre motif de préférence. M. le duc d'Enghien y fut conduit par l'escalier de la tour d'entrée du côté du parc, y entendit sa sentence, qui fut exécutée.»

Ici encore, nous ne pouvons ajouter une entière confiance au récit de M. Savary. Le premier interrogatoire est, on le sait, daté du 30 ventôse, douze heures, c'est-à-dire minuit passé. A supposer que la commission en ait pris sérieusement connaissance avant de mander l'accusé devant elle, le duc d'Enghien ne put comparaître qu'après une heure du matin. La minute du général Hullin porte, immédiatement après la date, ces mots : *deux heures du matin*, mots que nous n'avons pas reproduits parce qu'en effet ils ont été biffés après coup dans la minute. Mais il est évident que ce fut bien l'heure à laquelle le président commença la rédaction de sa minute. La délibération de *deux heures*, indiquée par M. Savary, n'est donc pas possible. On n'eut que le temps de recueillir les voix. Autre inexactitude, apparemment volontaire. On demande un piquet pour exécuter la sentence, et c'est à un officier qu'on le demande. M. Savary laisse faire, se contentant de recommander un endroit convenable. M. Savary, répétons-le, était substitué provisoirement à M. Harel dans le commandement du château. Lui seul avait des ordres à y donner; lui seul en donna.

Aussitôt qu'il eut reçu communication de la sentence, et ce fut avant même que cette sentence ne fût rédigée, M. Savary fit demander à M. Harel un ouvrier qui pût creuser une fosse. On appela un jardinier, Bontemps, attaché au château, et on lui commanda de creuser au plus vite une fosse dans un des fossés. Comme l'ordre était pressant, Bontemps, qui, descendu dans les fossés avec sa pelle et sa pioche, cherchait un endroit favorable, se rappela que la veille un manouvrier, Bonnelet, avait creusé une fosse pour y déposer des décombres et des immondices. Ce travail avait été fait au pied du pavillon de la Reine, au coin d'un petit mur de quatre à cinq pieds de haut. Bontemps se rendit là, trouva une fosse de deux pieds et demi de profondeur, sur trois de largeur et cinq à six de longueur; en peu de temps, il eut achevé de la creuser à la dimension convenable.

Pendant que s'exécutait ce sinistre travail, M. Savary faisait commander un piquet de gendarmes d'élite, et donnait ses instructions à l'adjudant Pelé, commandant de ce peloton. En même temps, les différents détachements des corps de la garnison recevaient l'ordre de descendre dans le fossé.

Ces diverses dispositions prirent une heure environ. Il était donc environ trois heures du matin, quand M. Harel reçut l'ordre d'aller chercher son prisonnier. M. Harel le trouva causant tranquillement avec le lieutenant Noirot, qui; sachant maintenant à qui il avait affaire, avait rappelé respectueusement au prince qu'il avait servi autrefois dans Royal-Navarre-Cavalerie, et qu'il avait eu l'honneur de rencontrer quelquefois Son Altesse chez le comte de Crussol, colonel de ce régiment. Le prince s'était enquis, avec une obligeante familiarité, de tout ce qui pouvait intéresser l'officier.

Au milieu de cet entretien, M. Harel entra. Le commandant tenait à la main une grosse lanterne; il invita le prince à le suivre, et tous deux descendirent, suivis par le lieutenant Noirot, les deux gendarmes et le brigadier Aufort.

Arrivés à la tour du Diable, au haut de l'escalier étroit et sombre qui conduisait dans les fossés, le prince s'arrêta, et, sondant de l'œil ces ténèbres: — « Où me conduisez-vous, s'écria-t-il; si c'est pour m'enterrer vivant dans un cachot, j'aime encore mieux mourir sur-le-champ. — Veuillez me suivre, répondit M. Harel, et rappelez tout votre courage.»

Ces derniers mots en disaient assez : le prince comprit, leva les yeux au ciel, et, avec l'assurance d'un vaillant soldat qui marche à l'assaut, il descendit.

Au bas de l'escalier, la petite troupe suivit quelque temps les fossés. Une pluie fine, froide et pénétrante, augmentait encore les ténèbres, que perçait à peine la lueur de la lanterne. On arriva au pied du pavillon de la Reine : là, attendait, l'arme au bras, le peloton commandé par l'adjudant Pelé. L'adjudant s'avança tenant à la main un papier : c'était la minute si laborieusement rédigée par le général Hullin. A la lueur de la lanterne que tenait M. Harel, l'adjudant lut, ou plutôt balbutia, d'une voix émue, la terrible formule. Le prince ne fit pas un mouvement; la lecture finie : — « Y a-t-il ici quelqu'un, dit-il d'une voix ferme, qui veuille me rendre un dernier service?» Le lieutenant Noirot s'approcha, et le prince lui dit quelques mots à l'oreille. — « Gendarmes, dit le lieutenant, l'un d'entre vous a-t-il une paire de ciseaux ? » — « Moi, » dit un des hommes. Les ciseaux passèrent de main en main. Le prince souleva sa casquette et coupa une longue mèche de ses cheveux. Il retira d'un de ses doigts un anneau d'or, prit dans sa poche une lettre, et enveloppa le tout dans un papier, qu'il donna au lieutenant Noirot. C'était le dernier souvenir du duc d'Enghien pour la princesse Charlotte.

Ce pieux devoir rempli, le condamné, fidèle à la foi de ses pères, demanda un prêtre. Il n'y en avait ni dans le château ni dans le village; on le lui dit : il se recueillit un instant, ses lèvres murmurèrent une prière, et il s'avança vers le peloton.

Le prince se trouvait alors à trois pas du petit mur dont nous avons parlé, près d'un pommier. Sur le petit mur avait été placée la lanterne, éclairée par plusieurs chandelles. Le peloton se recula à une huitaine de pas. Le prince attendait, immobile, la tête haute. Un homme placé vis-à-vis, dans l'ombre, sur le rebord extérieur du fossé, se pencha, et, d'une voix impatiente : — « Commandez le feu, » dit-il. Cet homme était le général Savary. — « En joue, feu ! » dit l'adjudant : Le prince tomba sur la face, sans mouvement.

Quatre gendarmes s'approchèrent du corps; l'un d'eux fouilla rapidement les poches de l'habit et en tira quelques papiers : c'était le journal du prince. Puis il prit dans le gousset une des deux montres que portait la victime. Les trois autres gendarmes prirent le cadavre par les pieds et par la tête, tournèrent le petit mur, et jetèrent leur fardeau dans la fosse, qui fut immédiatement comblée.

Voilà les seuls détails que l'on puisse admettre sur la fin tragique du jeune Condé. Nous les avons scrupuleusement extraits des relations authentiques (1), du procès-verbal de l'enquête faite le 18 mars 1816. La vérité est ici assez éloquente; il n'est pas besoin d'y ajouter les broderies de style, ou les calomnies inventées après coup par la haine ou même par une douleur légitime. Faisons donc justice, en passant, des plus misérables de ces inventions. M. de Lamartine, qui suit pas à pas le récit de M. de Fayet, sans en nommer l'auteur, y ajoute

(1) *Relation manuscrite du curé de Vincennes*, 1816; *Notice historique sur S. A. R. Monseigneur le duc d'Enghien, par un bourgeois de Paris*, 1822. (M. Durand, sous-chef de bureau au ministère de l'intérieur, d'après le brigadier Aufort.)

ceci : — « On pouvait, en quelques minutes, appeler le curé de Vincennes; mais on était pressé par la nuit, qui s'avançait et qui devait tout couvrir... Une voix, partie d'un groupe dans l'ombre, murmura avec ironie : « — Veux-tu donc mourir en capucin? » Le prince releva la tête et parut indigné. »

L'addition est malheureuse. Il n'y avait pas de curé à Vincennes, et personne ne prononça ce mot hideux. Le Concordat était bien récent; les républicains ne s'étaient pas encore habitués aux prêtres : mais les témoins de la mort du duc d'Enghien étaient de braves soldats, assistant à l'exécution d'un *ci-devant*, qui avait vécu, qui allait mourir en soldat. Pas un d'eux n'eût eu la pensée de l'insulter à sa dernière heure.

Autres calomnies, que M. de Lamartine n'a pas ramassées cette fois. On a prétendu (M. de Bourrienne) que la fosse avait été creusée dès la veille. C'est le travail exécuté par Bonnelet, avant l'arrivée du duc d'Enghien à Vincennes, qui a donné lieu à cette odieuse accusation. Enfin, on a dit que les gendarmes avaient dépouillé le corps, volé l'or des poches et les bijoux des mains : le procès-verbal d'enquête, dont nous parlerons tout à l'heure, répond à ces imputations.

Une seule assertion est vraie, parmi celles qu'on a répandues pour flétrir les exécuteurs; encore, tout triste que soit le fait irrécusable dont il s'agit, il trouve son explication dans les mœurs à demi sauvages de l'époque, dans ce mépris de la vie humaine dont la Terreur et la guerre avaient fait une habitude aux plus honnêtes gens. Walter Scott dit : « Le corps, tout habillé, fut jeté dans la fosse, sans le moindre respect pour les convenances les plus vulgaires et pour les usages de la sépulture, et avec aussi peu de cérémonie que les bandits de grand' route en mettent avec les carcasses de leurs victimes. (*The body, dressed at is was, and without the slightest attention to the usual decences of sepulture, was huddled into the grave, with as little ceremony as common robbers use towards the carcases of the murdered*). » A l'injure près, tout est vrai. Le cadavre fut jeté dans le trou tout habillé, *la face contre terre* (*Voyez* plus loin l'enquête), comme si cette dépouille n'eût pas été, je ne ne dis pas celle d'un prince, mais celle d'un chrétien.

Quand la sinistre détonation eut retenti, M. Harel se retira, pour rédiger la dépêche suivante :

Vincennes, 30 ventôse an XII de la République française.

« Harel, chef de bataillon, commandant d'armes, au Conseiller d'Etat Réal, chargé de l'instruction et de la suite de toutes les affaires relatives à la tranquillité et à la sûreté intérieure de la République.

« Citoyen conseiller, j'ai l'honneur de vous instruire que *l'individu* arrivé le 29 du présent au château de Vincennes à 5 heures et demie du soir a été, dans le courant de la même nuit, jugé par une co*m*ission militaire et fusi*lé* à 3 heures du matin, et ente*ré* dans la place que j'ai l'honneur de commander.

« J'ai l'honneur de vous saluer avec le plus profond respect.

« *Signé* HAREL. »

Un cavalier fut chargé de porter cette dépêche. Cependant, le général Savary donnait les ordres nécessaires pour le retour des troupes placées sous ses ordres. Les membres de la commission rentraient dans Paris, et, au petit jour, M. Savary montait à cheval et partait seul en avant, pour la Malmaison. Derrière lui, ses troupes s'ébranlèrent, et tout, à Vincennes, rentra dans le silence.

Nous arrivons ici à la partie la plus délicate de ce récit, à celle qui renferme la solution de l'énigme. Nous n'avons pas la prétention de l'avoir devinée; il nous suffira de rapporter toutes les explications contradictoires. Le lecteur jugera.

Il faut nous transporter maintenant à la Malmaison, et, s'il est possible, apprendre ce qu'on y faisait, ce qu'on y pensait, pendant que se dénouait si rapidement le drame de Vincennes. Ecoutons encore M. Thiers, nous décrivant les occupations du premier Consul :

« Pendant cette triste soirée du 20 mars, il était enfermé à la Malmaison avec sa femme, son secrétaire, quelques dames et quelques officiers. Seul, distrait, affectant le calme, il avait fini par s'asseoir devant une table, et il jouait aux échecs avec l'une des dames les plus distinguées de la cour consulaire (1), laquelle, sachant que le prince était arrivé, tremblait d'épouvante en pensant aux conséquences possibles de cette fatale journée. Elle n'osait lever les yeux sur le premier Consul, qui, dans sa distraction, murmura plusieurs fois les vers les plus connus de nos poëtes sur la clémence; d'abord ceux que Corneille a mis dans la bouche d'Auguste, et puis ceux que Voltaire a mis dans la bouche d'Alzire.

« Ce ne pouvait être là une sanglante ironie; elle eût été trop basse et trop inutile. Mais cet homme, si ferme, était agité, et il revenait parfois à considérer en lui-même la grandeur, la noblesse du pardon accordé à un ennemi vaincu et désarmé. Cette dame crut le prince sauvé, elle en fut remplie de joie. »

Il doit y avoir du vrai dans cette scène saisissante, bien que le plus digne de foi des témoins, M. de Meneval, jette, par un mot, le doute sur ces intimités du premier Consul à ce moment critique.

« Il se retira à la Malmaison, s'isola de tout le monde, *même de sa famille*, préoccupé de cette importante capture, et des lumières que la procédure allait jeter sur la conspiration. »

Voilà ce que dit le secrétaire intime de Bonaparte (*Napoléon et Marie-Louise*). Toutefois, M. Desmarest confirme le fait des citations marmottées par le premier Consul :

Prends un siége, *Sylla*; prends, et sur toute chose....

C'est ainsi que Bonaparte aurait écorché, selon son habitude, la citation de Corneille, et la préoccupation de clémence paraît prouvée.

Voici maintenant ce qu'affirme M. Savary :

« Après l'exécution du jugement, je repris le chemin de Paris. J'approchais de la barrière, lorsque je rencontrai M. Réal, qui se rendait à Vincennes, en costume de conseiller d'État. Je l'arrêtai pour lui demander où il allait. « A Vincennes, me répondit-il; j'ai reçu hier au soir l'ordre de m'y transporter pour interroger le duc d'Enghien. » Je lui racontai ce qui venait de se passer, et il me parut aussi étonné de ce que je lui disais que je le paraissais de ce qu'il m'avait dit... M. Réal retourna à Paris, et moi à la Malmaison, rendre compte au premier Consul de ce que j'avais vu. J'arrivai à onze heures. »

Une première observation sur ce récit. Le trouble

(1) Mme de Rémusat, qui raconte cette scène dans ses Mémoires encore inédits.

de la mémoire y est évident, à la seule inspection des heures désignées. M. Savary, poursuivi en 1823 par la calomnie, qui lui attribuait, dans l'exécution, le rôle principal, un rôle de bourreau trop pressé, retarde, volontairement sans doute, l'heure du feu de peloton. Comme on l'a accusé d'avoir attaché une lanterne sur la poitrine du prince, il affirme que l'exécution a eu lieu à six heures du matin, et qu'à cette heure, au 21 mars, il fait jour. Nous savons que M. Savary se trompe ici de trois heures; et, bien que M. de Fayet attribue poliment les nombreuses inexactitudes des *Mémoires du duc de Rovigo* à la perte ultérieure de ses papiers, on ne comprend pas bien comment une scène aussi lugubre n'aurait pas assez vivement frappé un acteur aussi important, pour ne pas le garder d'une erreur aussi étrange. C'est donc vers quatre heures, au plus tard, que M. Savary partit de Vincennes. Il en partit seul, à cheval, avant sa légion; il rencontra, en effet, une voiture dans laquelle il reconnut M. Réal. L'explication eut lieu, et tous deux tournèrent bride vers la Malmaison. M. Réal ne retourna pas à Paris, ce qui eût été la plus condamnable des négligences; seulement, il n'arriva qu'après M. Savary, qui courait à cheval.

C'est vers six heures et demie que M. Savary entra dans le cabinet du premier Consul. Celui-ci était déjà levé, chose rare, indice nouveau d'une préoccupation profonde; car il ne se levait pas ordinairement avant neuf heures. M. de Meneval travaillait déjà avec lui.

M. Savary commença à faire son rapport; quand il en vint à dire que le prince avait exprimé le désir de parler au premier Consul : « Et pourquoi ne m'a-t-on pas averti? interrompit Bonaparte avec vivacité? Et M. Réal, le prisonnier ne lui a-t-il pas fait la même demande? »

Alors, M. Savary dit sa rencontre avec M. Réal, et l'exécution faite avant l'interrogatoire par ce conseiller d'État.

« Le premier Consul, ajoute M. Savary, ne pouvait concevoir que l'on eût jugé avant l'arrivée du conseiller Réal. Il me fixait avec ses yeux de lynx, et répétait : « Il y a là quelque chose que je ne com« prends pas. Que la commission ait prononcé sur « l'aveu du duc d'Enghien, cela ne me surprend « pas; mais enfin on n'a eu cet aveu qu'en commen« çant le jugement, et il ne devait avoir lieu qu'a« près que M. Réal l'aurait interrogé sur un point « qu'il importait d'éclaircir. » Et il me répétait encore : « Il y a là quelque chose qui me passe; voilà « un crime qui ne mène à rien, et qui ne tend qu'à « me rendre odieux. »

Ce que M. Savary ne dit pas, c'est qu'au moment où il faisait son rapport, M. Réal entra dans le cabinet du premier Consul. « Eh bien! Réal, qu'est-il « donc arrivé? s'écria Bonaparte, et comment avez« vous attendu si tard à exécuter mes ordres? » Alors, selon M. Réal, selon M. de Fayet, selon M. Desmarest, selon M. Thiers, voici qu'elle aurait été l'explication donnée par M. Réal :

La veille, suivant les instructions du premier Consul, qui lui avait recommandé de se faire tenir averti de l'arrivée du prince pour aller aussitôt l'interroger, il avait mis un gendarme de planton à Pantin, qui était le dernier relai en venant de Strasbourg, avec mission de le prévenir aussitôt qu'une voiture de poste, escortée par la gendarmerie, serait arrivée; le gendarme était en effet venu vers les quatre heures de l'après-midi à son bureau, qui était alors quai Malaquais, n° 19, au coin de la rue des Saints-Pères. On avertit M. Réal que *le prisonnier était arrivé.* M. Réal ne songeait nullement alors au duc d'Enghien, qu'il pensait ne devoir arriver que dans la nuit, et attendait au contraire un des prévenus du procès de Georges, Moreau et Pichegru, qu'il avait fait extraire de la Force pour être interrogé par M. Desmarest; il crut que c'était là le prisonnier qu'on lui annonçait, et se contenta de répondre, sans s'en occuper davantage : « Eh bien! qu'on aille avertir Desmarest. » Rentré ensuite chez lui, et exténué de fatigue par plusieurs nuits passées sans dormir, ne doutant pas d'ailleurs d'être réveillé pendant la nuit, il se coucha vers les huit heures, recommandant à son domestique de l'avertir suivant son usage pour tous les avis qui lui seraient envoyés. Vers les dix heures, arriva la lettre que M. Maret avait été chargé de lui apporter de la Malmaison, et qui, en lui donnant avis de la réunion de la commission militaire, lui renouvelait l'ordre d'aller à Vincennes interroger le duc d'Enghien. Malheureusement, dans l'intervalle, deux lettres insignifiantes étaient venues, et M. Réal, qu'on avait réveillé pour les lui remettre, en avait témoigné beaucoup de mauvaise humeur : aussi le domestique, en ne voyant sur celle de M. Maret que le timbre de la secrétairerie d'État, n'avait pas osé le déranger de nouveau, et s'était contenté de la déposer près de lui. Vers les trois heures du matin, M. Réal s'était éveillé de lui-même, et, ayant fait apporter de la lumière, avait lu la lettre de M. Maret : instruit par là que la commission avait dû se réunir dans la nuit même, il s'était habillé en toute hâte, avait demandé ses chevaux et sa voiture, et s'était empressé de courir à Vincennes.

« M. le comte Réal, dit M. Desmarest, avait mission et se disposait pour aller interroger l'homme dont on annonçait la mort. » Et il ajoute que grande fut la surprise, à la Préfecture de police, quand on sut, par les rapports des soldats revenus à Paris, et des paysans arrivant dans les marchés, qu'on avait fusillé un prince Bourbon dans les fossés de Vincennes.

M. Thiers conclut ainsi :

« Le conseiller d'État, exténué de fatigue par un travail de plusieurs jours et de plusieurs nuits, avait défendu à ses domestiques de l'éveiller. L'ordre du premier Consul ne lui avait été remis qu'à cinq heures du matin. Il arrivait, mais trop tard. Ce n'était pas une machination ourdie, comme on l'a dit, pour surprendre un crime au premier Consul; point du tout. C'était un accident, un pur accident, qui avait ôté au prince infortuné la seule chance de sauver sa vie, et au premier Consul une heureuse occasion de sauver une tache à sa gloire. »

L'historien du *Consulat et de l'Empire* ajoute à cette explication ces belles paroles :

« Déplorable conséquence de la violation des formes ordinaires de la justice! Quand on viole ces formes sacrées, inventées par l'expérience des siècles pour garder la vie des hommes de l'erreur des juges, on est à la merci d'un hasard, d'une légèreté! La vie des accusés, l'honneur des gouvernements, dépendent quelquefois de la rencontre la plus fortuite! *Sans doute la résolution du premier Consul était prise;* mais il était agité; et si le cri du malheureux Condé demandant la vie fût arrivé jusqu'à lui, ce cri ne l'aurait pas trouvé insensible; il eût cédé à son cœur; il aurait été glorieux d'y céder. »

Au reste, sauf quelques détails de mise en scène, le récit de M. Thiers est parfaitement conforme à celui qui résulte des indications fournies par les autorités les plus sérieuses.

« Sa présence provoqua une scène de douleur. Madame Bonaparte, en le voyant, devina que tout était fini, et se mit à verser des larmes. M. de Caulaincourt poussait des cris de désespoir, en disant qu'on avait voulu le déshonorer. Le colonel Savary pénétra dans le cabinet du premier Consul, qui était seul avec M. de Meneval. Il lui rendit compte de ce qui avait été fait à Vincennes. Le premier Consul lui dit tout de suite : Réal a-t-il vu le prisonnier? — Le colonel avait à peine achevé sa réponse négative, que M. Réal parut, et s'excusa en tremblant de l'inexécution des ordres qu'il avait reçus. Sans exprimer ni approbation ni blâme, le premier Consul congédia ces instruments de ses volontés, s'enferma dans une pièce de sa bibliothèque, et y demeura seul pendant plusieurs heures.

« Le soir, quelques personnes de sa famille dînaient à la Malmaison. Les visages étaient graves et tristes. On n'osait point parler, on ne parla point. Le premier Consul était silencieux comme tout le monde. Ce silence finit par être embarrassant. En sortant de table, il le rompit lui-même. M. de Fontanes étant arrivé dans le moment, devint le seul interlocuteur du premier Consul. Il était épouvanté de l'acte dont le bruit remplissait Paris, mais il ne se serait pas permis d'en dire son sentiment dans le lieu où il se trouvait. Il écouta beaucoup, et répondit rarement. Le premier Consul parlait presque toujours, et, cherchant à remplir le vide laissé par le silence des assistants, discourut sur les princes de tous les temps, sur les empereurs romains, sur les rois de France, sur Tacite, sur les jugements de cet historien, sur les cruautés qu'on prête souvent aux chefs d'empire, quand ils n'ont cédé qu'à des nécessités inévitables; enfin, arrivant par de longs détours au tragique sujet de la journée, il prononça ces paroles : On veut détruire la Révolution en s'attaquant à ma personne : je la défendrai, car je suis la Révolution, moi, moi.... On y regardera à partir d'aujourd'hui, car on saura *de quoi nous sommes capables.* »

Nous ne voyons guère à retrancher de cette vigoureuse peinture que les cris de désespoir de M. de Caulaincourt. On ne se permettait pas de semblables démonstrations à la Malmaison, et il y avait une autre raison meilleure encore pour que M. de Caulaincourt ne fît pas une semblable scène. Il était (le 21 mars) à Lunéville. Le *Journal de Paris*, du 9 germinal (27 mars) annonce que le général Caulaincourt vient de repartir de Strasbourg le 29 ventôse (20 mars). Quatre témoins ont constaté depuis la présence de M. de Caulaincourt à Lunéville, le 21 mars.

La fatale méprise racontée par M. Réal, le premier Consul, qui avait prêté à son récit une attention profonde, fit quelques tours dans son cabinet, l'œil fixe et le front assombri; puis se tournant vers MM. Réal et Savary : — *C'est bien,* dit-il; et il sortit, les laissant, dit M. de Meneval, surpris et troublés de son silence.

C'est bien! Ce mot de Bonaparte, en présence d'un fait brutal, fatal, irrémédiable, expression de regret impuissant, selon tant de témoins honnêtes et sensés, devient, sous des plumes ennemies, « la satisfaction du meurtre qui s'applaudit à lui-même. » Nous verrons plus tard comment Napoléon lui-même, par sa conduite et par ses paroles, prêta le flanc à ces injustices haineuses.

Cependant, il fallait s'occuper de l'opinion publique, lui expliquer un aussi grave événement. Le premier Consul fit demander à Murat, à MM. Réal et Savary toutes les pièces de l'interrogatoire et du jugement. Voici, à ce sujet la correspondance qui s'engagea.

Paris, le 30 ventôse de l'an XII de la République.

Le Conseiller d'État, spécialement chargé de l'instruction et de la suite de toutes les affaires relatives à la tranquillité et à la sûreté intérieures de la République,

Au général de brigade Hullin, commandant les grenadiers de la garde.

Général,

Je vous prie de me transmettre le jugement rendu ce matin contre l'ex-duc d'Enghien, ainsi que les interrogatoires qu'il a prêtés.

Je vous serai obligé, si vous pouvez le remettre à l'agent qui vous portera ma lettre.

J'ai l'honneur de vous saluer,

RÉAL.

Le général est absent, il ne répond pas assez vite. Nouvelle missive de M. Réal.

Paris, le 30 ventôse de l'an XII de la République.

Le Conseiller d'État, etc.,

Au général de brigade Hullin, etc.

Général,

J'attends le jugement et les interrogatoires de l'ex-duc d'Enghien, pour me rendre à la Malmaison, auprès du premier Consul.

Veuillez me faire savoir à quelle heure je pourrai avoir ces pièces. Le porteur de ma lettre pourrait se charger du paquet, et attendre qu'il soit prêt, si les expéditions sont avancées.

J'ai l'honneur, etc.

RÉAL.

De son côté le gouverneur de Paris écrit le lendemain :

Au gouvernement de Paris, le 1er germinal an XII de la République.

Le général en chef, gouverneur de Paris;

Envoyez-moi, je vous prie, mon cher Hullin, copie de l'interrogatoire qu'on a fait au ci-devant duc d'Enghien.

Il pourrait être *utile* au citoyen Thuriot.

Je vous salue,

MURAT.

Mais déjà, le 30 vers midi, le général Hullin a envoyé l'expédition si instamment réclamée. Il y ajoute, deux jours après, cet autre envoi :

Paris, le 2 germinal de l'an XII de la République.

Le Conseiller d'État.... etc., etc.

A reçu du général de brigade Hullin, commandant les grenadiers à pied de la garde, un petit paquet contenant *des cheveux, un anneau d'or et une lettre,* ce petit paquet portant la suscription suivante : « Pour être remis à madame la princesse de « Rohan, de la part du ci-devant duc d'Enghien. »

RÉAL.

Quand le premier Consul eut pris connaissance de l'informe jugement que nous avons rapporté, il vit bien qu'une pièce semblable ne pourrait être rendue publique. Cet interrogatoire de six lignes, écrit après coup, qu'un greffier n'avait pas transcrit; ce jugement qui ne se référait pas même à un texte de loi, tout cela ne pouvait être avoué. On rédigea au plus vite un nouveau jugement, qui fut inséré dans le *Moniteur* du 1er germinal (23 mars). Voici cette rédaction nouvelle :

Au nom du peuple français,

Ce jourd'hui, 30 ventôse an XII de la République, la commission militaire spéciale formée dans la première division militaire, en vertu de l'arrêté du gouvernement, en date du 29 ventôse an XII, composée, d'après la loi du 19 fructidor an V, de sept membres; savoir, les citoyens :

Hullin, général de brigade, commandant les grenadiers à pied de la garde, président;

Guitton, colonel, commandant le 1er régiment de cuirassiers;

Bazancourt, commandant le 4e régiment d'infanterie légère;

Ravier, colonel du 18e régiment d'infanterie de ligne;

Barrois, colonel, commandant le 96e régiment de ligne;

Rabbe, colonel, commandant le 2e régiment de la garde municipale de Paris;

Dautancourt, capitaine-major de la gendarmerie d'élite, faisant les fonctions de capitaine rapporteur;

Molin, capitaine au 18e régiment d'infanterie de ligne, greffier; tous nommés par le général en chef Murat, gouverneur de Paris, et commandant la première division militaire.

Lesquels, président, membres, rapporteur et greffier, ne sont ni parents, ni alliés entre eux, ni du prévenu, au degré prohibé par la loi.

La commission convoquée par l'ordre du général en chef, gouverneur de Paris, s'est réunie au château de Vincennes, dans le logement du commandant de la place, à l'effet de juger le nommé Louis-Antoine-Henri de Bourbon, duc d'Enghien, né à Chantilly le 2 août 1772, taille de 1 mètre 705 millimètres, cheveux et sourcils châtain clair, figure ovale, longue, bien faite, yeux gris, tirant sur le brun, bouche moyenne, nez aquilin, menton un peu pointu, bien fait; accusé :

1° D'avoir porté les armes contre la République française;

2° D'avoir offert ses services au gouvernement anglais, ennemi du peuple français;

3° D'avoir reçu et accrédité près de lui des agents dudit gouvernement anglais, de leur avoir procuré les moyens de pratiquer des intelligences en France, et d'avoir conspiré avec eux contre la sûreté intérieure et extérieure de l'Etat;

4° De s'être mis à la tête d'un rassemblement d'émigrés français et autres soldés par l'Angleterre, formé sur les frontières de la France, dans les pays de Fribourg et de Baden;

5° D'avoir pratiqué des intelligences dans la place de Strasbourg, tendantes à faire soulever les départements circonvoisins, pour y opérer une diversion favorable à l'Angleterre;

6° D'être l'un des fauteurs et complices de la conspiration tramée par les Anglais contre la vie du premier Consul, et devant, en cas de succès de cette conspiration, entrer en France.

La séance ayant été ouverte, le président a ordonné au rapporteur de donner lecture de toutes les pièces, tant celles à charge que celles à décharge.

Cette lecture terminée, le président a ordonné à la garde d'amener l'accusé, lequel a été introduit libre et sans fers devant la commission.

Interrogé de ses noms, prénoms, âge, lieux de naissance et domicile,

A répondu se nommer Louis-Antoine-Henri de Bourbon, duc d'Enghien, âgé de 32 ans, né à Chantilly, près Paris, ayant quitté la France depuis le 16 juillet 1789.

Après avoir fait prêter interrogatoire à l'accusé par l'organe du président sur tout le contenu de l'accusation dirigée contre lui; ouï le rapporteur en son rapport et ses conclusions, et l'accusé dans ses moyens de défense; après que celui-ci a eu déclaré n'avoir plus rien à ajouter pour sa justification, le président a demandé aux membres s'ils avaient quelques observations à faire; sur leur réponse négative, et avant d'aller aux opinions, il a ordonné à l'accusé de se retirer.

L'accusé a été reconduit à la prison par son escorte, et le rapporteur, le greffier, ainsi que les citoyens assistants dans l'auditoire, se sont retirés, sur l'invitation du président.

La commission délibérant à huis-clos, le président a posé les questions ainsi qu'il suit :

Louis-Antoine-Henri de Bourbon, duc d'Enghien, accusé :

1° D'avoir porté les armes contre la République française, est-il coupable?

2° D'avoir offert ses services au gouvernement anglais, ennemi du peuple français, est-il coupable?

3° D'avoir reçu et accrédité près de lui des agents dudit gouvernement anglais; de leur avoir procuré des moyens de pratiquer des intelligences en France; d'avoir conspiré avec eux contre la sûreté extérieure et intérieure de l'Etat, est-il coupable?

4° De s'être mis à la tête d'un rassemblement d'émigrés français et autres soldés par l'Angleterre, formé sur les frontières de la France, dans les pays de Fribourg et de Baden, est-il coupable?

5° D'avoir pratiqué des intelligences dans la place de Strasbourg, tendantes à faire soulever les départements circonvoisins, pour y opérer une diversion favorable à l'Angleterre, est-il coupable?

6° D'être l'un des fauteurs et complices de la conspiration tramée par les Anglais contre la vie du premier Consul, et devant, en cas de succès de cette conspiration, entrer en France, est-il coupable?

Les voix recueillies séparément sur chacune des questions ci-dessus, commençant par le moins ancien en grade, le président ayant émis son opinion le dernier,

La commission déclare le nommé Louis-Antoine-Henri de Bourbon, duc d'Enghien,

1° A l'unanimité, coupable d'avoir porté les armes contre la République française;

2° A l'unanimité, coupable d'avoir offert ses services au gouvernement anglais, ennemi du peuple français;

3° A l'unanimité, coupable d'avoir reçu et accrédité près de lui des agents dudit gouvernement anglais; de leur avoir procuré des moyens de pratiquer des intelligences en France, et d'avoir conspiré avec eux contre la sûreté intérieure et extérieure de l'Etat;

4° A l'unanimité, coupable de s'être mis à la tête d'un rassemblement d'émigrés français et autres, soldés par l'Angleterre, formé sur les frontières de la France, dans les pays de Fribourg et de Baden;

5° A l'unanimité, coupable d'avoir pratiqué des

intelligences dans la place de Strasbourg, tendantes à faire soulever les départements circonvoisins, pour y opérer une diversion favorable à l'Angleterre;

6° A l'unanimité, coupable d'être l'un des fauteurs et complices de la conspiration tramée par les Anglais, contre la vie du premier Consul, et devant, en cas de succès de cette conspiration, entrer en France.

Sur ce, le président a posé la question relative à l'application de la peine. Les voix recueillies de nouveau dans la forme ci-dessus indiquée, la commission militaire spéciale condamne, à l'unanimité, à la peine de mort, le nommé Louis-Antoine-Henri de Bourbon, duc d'Enghien, en réparation des crimes d'espionnage, de correspondance avec les ennemis de la République, d'attentat contre la sûreté intérieure et extérieure de l'Etat.

Ladite peine prononcée en conformité des articles 2, titre 4, du Code militaire des délits et des peines du 21 brumaire an V; 1er et 2e, 2e section du titre 1er du Code pénal ordinaire du 6 octobre 1791, ainsi conçus, savoir :

Art. II (du 21 brumaire an V). « Tout individu, quel que soit son état, qualité ou profession, convaincu d'espionnage pour l'ennemi, sera puni de mort. »

Art. 1er (du 6 octobre 1791). « Tout complot ou attentat contre la République sera puni de mort. »

Art. II (*id.*). « Toute conspiration et complot, tendant à troubler l'État par une guerre civile et armant les citoyens les uns contre les autres, ou contre l'exercice de l'autorité légitime, sera puni de mort. »

Enjoint au capitaine rapporteur de lire de suite le présent jugement, en présence de la garde assemblée sous les armes, au condamné.

Ordonne qu'il en sera envoyé, dans les délais prescrits par la loi, à la diligence du président et du rapporteur, une expédition tant au ministre de la guerre, au grand-juge, ministre de la justice, et au général en chef, gouverneur de Paris.

Fait, clos et jugé sans désemparer, les jour, mois et an dits, en séance publique; et les membres de la commission militaire spéciale ont signé, avec le rapporteur et le greffier, la minute du jugement.

Signé GUITTON, BAZANCOURT, RAVIER, BARROIS, RABBE, DAUTANCOURT, capitaine rapporteur; MOLIN, capitaine-greffier, et HULLIN, président.

Pour copie conforme,
Le président de la commission spéciale,
P. HULLIN.
P. DAUTANCOURT, capitaine rapporteur;
MOLIN, capitaine-greffier.

La lecture des deux rédactions du jugement, la comparaison des divers récits ont suffisamment prouvé que le duc d'Enghien ne fit pas d'autre aveu que celui-ci : « J'ai porté les armes contre la République; je m'apprêtais à les porter encore; je recevais une solde de l'Angleterre. » Et cependant, c'est chose si difficile d'écrire l'histoire, qu'un historien souvent exact et toujours consciencieux, M. de Vaulabelle, a commis sur ce point une erreur étrange. Voici ce qu'il dit des aveux de l'accusé :

« Le président du conseil demanda au prince s'il n'était point venu à Strasbourg. L'accusé répondit, avec une noble et rare franchise, qu'absent de France depuis quatorze ans, et retiré à quelques lieues seulement de la frontière, il n'avait pu résister au désir de voir une ville française. Il était venu deux ou trois fois, disait-il, à Strasbourg, mais sans entrer chez aucun habitant, sans parler à personne, et ne restant, à chaque voyage, que quatre ou cinq heures au plus. *Cette déclaration fit la sentence.* » (*Histoire des deux Restaurations*, t. I, p. 81.)

La seconde rédaction du jugement, celle qu'on fit après coup et par pudeur, fut, jusqu'à la Restauration, considérée comme authentique. M. Dupin aîné, dans sa brochure anonyme, fit connaître le premier la substitution d'une pièce plus régulière à *un croquis de jugement*. Mais en même temps, dans une autre brochure écrite pour la justification d'un des acteurs principaux du procès, le savant jurisconsulte disait tout le contraire.

En 1823, au moment où chacun de ceux qui avaient joué un rôle dans ce malheureux procès cherchait à repousser loin de lui la responsabilité d'un acte qu'on qualifiait alors ouvertement de crime, M. Hullin parla à son tour. Voici ce qu'il dit dans une brochure, dont l'exact Barbier attribue la rédaction à M. Dupin aîné :

« Quant à la seconde rédaction (du jugement), la seule vraie, comme elle ne portait pas l'ordre d'*exécuter* de suite, mais seulement de *lire* de suite le jugement au condamné, l'exécution de suite ne serait pas le fait de la commission, mais seulement de ceux qui auraient pris sous leur responsabilité propre de brusquer cette fatale exécution.... — Hélas! nous avions bien d'autres pensées! A peine le jugement fût-il signé, que je me mis à écrire une lettre dans laquelle, me rendant en cela l'interprète du vœu unanime de la commission, j'écrivais au premier Consul pour lui faire part du désir qu'avait témoigné le prince d'avoir une entrevue avec lui, et aussi pour le conjurer de remettre une peine que la rigueur de notre position ne nous avait pas permis d'éluder. — C'est à cet instant qu'un homme qui s'était constamment tenu dans la salle du conseil, et que je nommerais à l'instant, si je ne réfléchissais que, même en me défendant, il ne me convient pas d'accuser... « Que faites-vous là? me dit-il en s'approchant de moi. — J'écris au premier Consul, « lui répondis-je, pour lui exprimer le vœu du conseil et celui du condamné. — Votre affaire est « finie, me dit-il, en reprenant la plume : maintenant cela me regarde. » — J'avoue que je crus, et plusieurs de mes collègues avec moi, qu'il voulait dire : *Cela me regarde d'avertir le premier Consul.* La réponse, entendue en ce sens, nous laissait l'espoir que l'avertissement n'en serait pas moins donné. Je me rappelle seulement le sentiment de dépit que j'éprouvai de me voir enlever ainsi par un autre la plus belle prérogative d'une fonction qui est toujours si pénible..... — Je m'entretenais de ce qui venait de se passer sous le vestibule contigu à la salle des délibérations. Des conversations particulières s'étaient engagées; j'attendais ma voiture, qui, n'ayant pu entrer dans la cour intérieure, non plus que celles des autres membres, retarda mon départ et le leur. Nous étions nous-mêmes enfermés, sans que personne pût communiquer au dehors, lorsqu'une explosion se fit entendre!.... Bruit terrible qui retentit au fond de nos âmes, et les glaça de terreur et d'effroi ! »

M. Hullin accuse M. Savary, comme M. Savary accuse M. de Talleyrand; toutes ces récriminations sont affaire de circonstance et ne prouveraient qu'une chose, à savoir qu'aucun d'eux ne fut coupable; mais il est impossible d'admettre l'explication contournée de M. Hullin, relativement à la seconde rédaction du jugement. Non-seulement cette seconde rédaction n'est pas la seule vraie, mais elle est, d'un bout à l'autre, un mensonge de procédure, et l'assertion de M. Hullin est si clairement controuvée, qu'elle nous inspire des doutes légitimes sur la réalité du débat qu'il raconte.

Il est curieux d'étudier l'effet que produisit à Paris et en France la nouvelle si brusquement donnée par le *Moniteur* de l'exécution d'un Bourbon.

A en croire les ennemis passionnés de Napoléon, cet effet aurait été terrible. Le pays tout entier aurait été plongé dans la stupeur, et se serait cru retombé dans les mains d'un *Robespierre à cheval*. Exagération ordinaire des partis! Le fait est qu'il y eut de l'étonnement; l'opinion n'était pas préparée, et un court article du *Journal de Paris* (30 ventôse, 21 mars) sur les complots d'outre-Rhin ne donna pas la clef de ce fait si grave. Le peuple, les bataillons d'Italie ne virent guère dans le duc d'Enghien qu'un ci-devant prince puni avant Georges, parce qu'il était plus coupable que Georges. C'est à peine, il faut bien le dire, si la multitude se rappelait ce que c'était qu'un Bourbon.

Mais les partis ne sont pas oublieux comme les

... Sur le petit mur avait été placée la lanterne, éclairée par plusieurs chandelles (*Page* 27.)

foules. Parmi les royalistes et parmi les républicains, l'effet fut profond; les uns brûlèrent leurs papiers et se tinrent sur le qui-vive; les autres ne purent dissimuler leur joie, s'imaginant que Bonaparte leur donnait des gages. Des deux côtés, au reste, avec l'accord qu'engendre une haine commune, on taxa tout bas l'exécution d'assassinat; on parla de fusillade sommaire, sans jugement, et la calomnie dénatura l'acte de Vincennes, comme elle allait dénaturer le suicide de Pichegru. Les gens sans passions, sans préjugés (ils sont rares), les vrais politiques, désapprouvèrent et l'acte et sa forme; on avait eu beau demander après coup l'extradition des émigrés au duc de Baden, ce n'en était pas moins une violation flagrante du droit des gens, un abus évident de la force; et puis, un Bourbon, pensaient-ils, un Condé, fût-il coupable, ne devait pas être traité avec ce sans-façon. Plus l'ennemi était grand, plus était évident l'intérêt qu'on avait à le détruire, plus il fallait respecter les formes de la justice, s'effacer devant la loi, agir hautement, en plein jour.

Tout cela, encore une fois, se disait à l'oreille; car la France, brisée, broyée, matée par la République, avait appris à se taire. Un rapport du préfet de police, en date du 21 mars, résume ainsi l'effet général produit par la nouvelle : « On raconte dans les réunions publiques et dans les sociétés particulières les événements du jour, sans y rien ajouter. En général, *Paris n'a jamais offert l'aspect d'un silence plus absolu.* »

Aussi, faut-il ranger parmi les inventions tardives de la flatterie et de l'intérêt, tous ces prétendus actes de courage, toutes ces paroles hardies, toutes ces honnêtes imprudences que plus d'un, en 1815, retrouva tout à coup dans ses souvenirs. Un seul homme, peut-être, crut de bonne foi à son audace, et fit, en tout cas, une action vraiment noble: ce fut M. de Chateaubriand. Il venait de se rallier, lui aussi, à la fortune consulaire, et avait été successivement nommé secrétaire d'ambassade à Rome, et représentant de la France près la république du Valais. Le 20 mars, raconte-t-il lui-même, il eut, aux Tuileries, son audience de congé. Il ne savait rien encore de ce qui se préparait, mais il en eut comme un pressentiment. «Je fus frappé de l'altération de son visage : ses joues étaient dévalées et livides, ses yeux âpres, son teint pâli et brouillé, son air sombre et terrible. » Il parut à M. de Chateaubriand que, pendant toute la durée de cette audience, *Bonaparte cherchait à l'éviter*. Le lendemain seulement, le jeune auteur d'*Atala* comprit et cette figure fatalement terrible, et ces yeux fuyants de la veille. Un crieur passait sous ses fenêtres, et criait le « Jugement de la Commission militaire spéciale convoquée à Vincennes, qui condamne à la peine de mort le nommé Louis-Antoine-Henri de Bourbon, né le 2 août 1772, à Chantilly. » Et le poëte, après avoir éloquemment décrit son indignation, faisant un retour sur ce qu'il avait vu la veille, en conclut « qu'une intelligence supérieure n'enfante pas le mal sans douleur, parce que ce n'est pas son fruit naturel, et qu'elle ne devait pas le porter. »

Le poëte, même alors qu'il écrit l'histoire, ne peut renoncer à ce beau privilége qui lui fut accordé de faire vivre par sa parole les êtres enfantés par son imagination. Cette audience des Tuileries, à l'heure où Bonaparte était à la Malmaison, ce secret remords, qui fait baisser les yeux du tout-puissant devant ceux de l'obscur diplomate, ce crieur : tout cela n'est pas de l'histoire, mais de la fantaisie, fantaisie de grand artiste, avec une pointe de vanité qui fait sourire. Mais ce qui est vrai, ce qui est beau, c'est l'acte même dont toute cette mise en scène ne saurait diminuer la grandeur. Aussitôt qu'il eut appris l'exécution du duc d'Enghien, M. de Chateaubriand donna sa démission.

Le grand écrivain crut dès ce moment avoir encouru la plus terrible colère que jamais tyran ait conçue. « Le lion avait goûté le sang, dit-il avec une complaisante emphase, ce n'était pas le moment de l'irriter. » Et il ajoute que « le tremblant Fontanes devint presque fou de peur, » en apprenant l'héroïque imprudence de son ami, non pas précisément par inquiétude pour M. de Chateaubriand lui-même, mais parce qu'il se figura qu'on allait fusiller M. de Chateaubriand et tous les amis de M. de Chateaubriand.

Cette histoire, exagérée comme tout le reste, des terreurs de M. de Fontanes, fait un singulier contraste avec les récits complaisants que M. de Fontanes fit plus tard de son indignation et de son énergie.

Le 21 mars, avant le jour, le premier Consul aurait fait appeler M. de Fontanes, et voici le colloque qu'on imagina entre les deux interlocuteurs :

— Eh bien! Fontanes, dit Bonaparte *avec un calme apparent*, vous savez que le duc d'Enghien est arrêté? — Je ne puis encore y croire, même en l'apprenant par vous. — Pourquoi cela? — C'est le plus grand malheur qui ait pu vous arriver. — Que feriez-vous donc à ma place? — Je me hâterais de le renvoyer libre. — Libre! quand je sais qu'il a pénétré plusieurs fois sur le territoire français, et qu'il y conspirait contre moi! — Cela fût-il vrai, c'est une raison de plus pour un homme tel que vous de le mettre en liberté. — Les lois veulent qu'il soit jugé, et je l'ai traduit à un conseil de guerre. — Non! vous ne ternirez pas ainsi votre gloire! — Il faut qu'il porte la peine de son crime. — O ciel! c'est impossible! C'est vous livrer aux jacobins..., c'est vous perdre!... Vous ne le tuerez pas! Non, vous ne le tuerez pas! — Il n'est plus temps, il est mort!...

Racontant cette même scène, M. Sainte-Beuve dit plus naturellement que M. de Fontanes «ne contint pas *son effroi*, son indignation. » Et, comme le premier Consul, ajoute-t-il, ordonnait à M. de Fontanes de parler, dans son discours de clôture du Corps législatif, du complot réprimé : « — Jamais! s'écria Fontanes, et il ajouta que, bien loin de répondre par un mot d'adhésion, il saurait marquer par une nuance expresse, au moins de silence, son improbation d'un tel acte. A cette menace, la colère faillit renverser Bonaparte; ses veines se gonflaient, il suffoquait : ce sont les termes de Fontanes, racontant le jour même la scène à M. Molé, de la bienveillance de qui nous tenons le détail dans toute sa précision. »

Le témoignage de M. Molé ne saurait être suspect, et il est certain que M. de Fontanes dut lui raconter cette scène comme la raconte M. Sainte-Beuve. Mais c'est là tout ce qu'il est possible d'admettre. En supposant que M. de Chateaubriand ait exagéré, de son côté, les terreurs de M. de Fontanes, il reste constant que M. de Fontanes eut peur. Le solennel harangueur, choisi par le premier Consul pour habiller de périodes fastueuses les pauvretés du Corps législatif, était un de ces royalistes prudents qui, tout en gardant au fond du cœur l'amour des pouvoirs tombés, savaient fort bien servir et flatter les pouvoirs nouveaux. Il avait reçu, au 18 fructidor, une trop rude leçon pour l'oublier jamais; compris dans la Saint-Barthélemy de journalistes qu'avait faite alors le Directoire, il s'était bien promis de vivre en paix avec les puissances.

L'anecdote serait donc invraisemblable, si l'on ne savait d'ailleurs qu'elle est absolument controuvée. Le vrai est que M. de Fontanes se rendit à la Malmaison, non le matin à six heures, mais le soir, après la séance du Corps législatif. La veille, le Tribunat et le Corps législatif avaient voté la réunion en un seul code de toutes les lois de la République; ce beau monument du génie de Napoléon, le Code civil, venait d'être terminé. La session législative était finie, et M. de Fontanes, président réélu à l'avance, allait s'entendre avec le premier Consul sur les travaux de la session nouvelle. Il trouva Bonaparte rêveur, préoccupé, chercha à placer quelques mots sur la mort du duc d'Enghien, sur l'effet fâcheux que cet acte allait produire dans un parti qu'on désirait rallier. Bonaparte répondit sèchement qu'il avait puni un chef de complot, et retomba dans sa rêverie, dont M. de Fontanes n'eut pas eu l'audace de le tirer. Encore une fois, personne ne parlait au premier Consul comme M. de Fontanes se vanta tout bas de lui avoir parlé. M. de Meneval et M. Gaudin (duc de Gaëte), ministre des finances, ont attesté depuis, d'accord avec tous les autres témoins, que Bonaparte ne permit alors à personne de discuter l'acte de Vincennes. Ce jour même du 21 mars, M. Gaudin trouva le premier Consul plongé dans une préoccupation si profonde, qu'il ne put même réussir à attirer son attention.

L'innocente vanterie de M. de Fontanes n'a de plausible que cette *nuance* si courageusement annoncée, et qui devait exprimer publiquement l'indignation de l'orateur. Le fait est que, le 3 germinal, répondant à un discours du conseiller d'Etat Fourcroy, le président du Corps législatif garda le plus profond silence sur les complots des Bourbons, et se renferma dans un pompeux éloge de Bonaparte. Mais le lendemain, comme l'opinion publique traduisait ce silence par une désapprobation, M. de Fontanes s'empressa de réparer son imprudence, et, dans un nouveau discours, il flétrit les conspirateurs du dehors : — « Ceux qui conspirent au sein d'une terre ennemie, renoncent irrévocablement à la terre natale; et que peuvent-ils opposer à l'ordre ascendant? Vous avez des armées invincibles : ils n'ont que des libelles et des assassins. » Mais, en parlant du Code civil, M. de Fontanes avait dit aussi : « La sage uniformité de vos lois en va réunir de plus en plus tous les habitants. » Le *Moniteur* modifia la phrase en ces termes : « La sage uniformité de vos *mesures.* » Cela n'avait plus de sens, et M. de Fontanes fit rétablir le seul mot possible par un *erratum;* puis, il se donna la satisfaction peu dangereuse de faire passer cette réclamation pour un acte de courage. Voilà l'histoire de la *nuance.* M. Sainte-Beuve, si judicieux et si sensé d'ailleurs, n'eût pas sans doute interprété de cette façon la conduite de M. de Fontanes ailleurs que dans une préface destinée à une édition des œuvres de M. de Fontanes, véritable édition de famille, commandée par la fille de l'illustre littérateur. Il n'eût pas dit encore que « Bonaparte fut profondément blessé, et *que,* depuis ce jour, la fortune de Fontanes resta toujours un peu barrée par le milieu. » M. de Fontanes continua, pendant quatre ans encore, à encenser Bonaparte consul et Napoléon empereur; à toucher, dans cette singulière disgrâce, cent mille francs de traitement, et plus tard, il fut *confiné,* c'est le mot de M. Sainte-Beuve, dans cette charge éclatante, la plus convenable à son talent, la grande-maîtrise de l'Université. Ce qui n'empêcha pas le courageux et disgracié M. de Fontanes de polir en secret ces vers vengeurs d'une *Ode sur la Mort du duc d'Enghien :*

> Malheureux! il demande un juge
> Et n'aperçoit que des bourreaux...
> Sous une toge mercenaire
> Paraissent de lâches soldats,
> Qui, pour un crime imaginaire,
> D'avance ont signé son trépas...
> Nous admirions un autre Auguste,
> Nous goûtions ses premiers bienfaits;
> Et c'est lui qui, las d'être juste,
> D'Octave imite les forfaits!
> Celui qui l'ôta la lumière
> Rétablit le culte et les lois;
> Il a dompté l'Europe entière,
> Il marche à la tête des rois.
> Vainqueur des passions coupables,
> La Nymphe aux voix infatigables
> Chaque jour le disait plus grand;
> Mais de ce règne qu'elle admire,
> Les yeux baissés, elle déchire
> La page teinte de ton sang!

Il était utile de regarder de près ces divers témoignages, pour se rendre bien compte de la situation d'esprit du premier Consul après la mort du duc d'Enghien, et de l'état de l'opinion publique. Ici et là, une sorte de stupeur silencieuse; aucun effort tenté pour éclairer l'opinion, qui elle-même se replie, indifférente ou prudente. Bonaparte, en pareil cas, en avait toujours appelé à la publicité. En l'an IX, les papiers de M. Hyde de Neuville, relatifs à la conspiration de Pichegru; plus tard, les papiers de Bayreuth, concernant les intrigues dans l'est de l'Europe, avaient été imprimés tout au long dans le *Moniteur*. En ce moment même, l'imprimerie de la République préparait la publication des intrigues de M. Drake et consorts. Sur l'affaire du duc d'Enghien, toute publicité fut interdite, et les journaux ne furent autorisés qu'à reproduire le texte de l'arrêt.

Ce ne fut que le 1er germinal, que, devant le conseil d'État, le premier Consul sortit de son silence. Voici ce qu'il y dit :

« Il savait tous les bruits qu'on faisait courir au sujet de la mort du duc d'Enghien : ce n'était pas la première fois qu'il avait lieu de s'apercevoir que la population de Paris n'était qu'un ramas de badauds, toujours disposés à ajouter foi aux contes les plus ridicules. N'avaient-ils pas imaginé, quelques jours auparavant, de dire que les princes (les princes mystérieux du complot de Georges) étaient cachés dans l'hôtel de l'ambassadeur d'Autriche? Comme s'il n'eût osé les aller chercher dans cet asile! On n'était pas à Athènes, où les criminels ne pouvaient être poursuivis dans le temple de Minerve : au temps de la conspiration du marquis de Bedmar, cet ambassadeur avait été arrêté dans sa propre maison, par ordre du sénat de Venise, et il aurait été pendu sans la crainte de la puissance espagnole. On parlait de la violation du droit des gens : mais avait-il été respecté à Vienne, à l'égard de notre ambassadeur Bernadotte, lorsque le drapeau national, arboré sur son hôtel, avait été enlevé par une foule menaçante? L'était-il par les Français qui venaient jusqu'à la frontière, conspirer contre la France et contre le chef de son gouvernement?...

« Je suis prêt, ajouta Bonaparte, à respecter les jugements de l'opinion publique quand ils seront légitimes; mais elle a ses caprices, qu'il faut savoir mépriser. C'est au gouvernement et à ceux qui en font partie de l'éclairer, et non de la suivre dans ses écarts. J'ai pour moi la volonté de la nation et une armée de cinq cent mille hommes; je saurai, avec cela, faire respecter la République.

« J'aurais pu faire exécuter publiquement le duc d'Enghien, jugé et condamné par un tribunal compétent; si je ne l'ai point fait, ce n'est pas par crainte, c'est pour ne pas donner aux partisans secrets de cette famille l'occasion d'éclater et de se perdre. Ils sont tranquilles, c'est tout ce que je leur demande; je ne veux point poursuivre les regrets au fond des cœurs. Aucune plainte ne m'est portée contre les émigrés amnistiés : ils ne sont pour rien dans la conspiration; ce n'est point chez eux que Georges et Polignac ont trouvé un asile, mais chez des filles publiques et chez quelques mauvais sujets de Paris.

« Je n'ai garde de revenir aux proscriptions en masse, et ceux qui affectent de le craindre ne le croient point; mais malheur à ceux qui se rendront individuellement coupables! ils seront sévèrement punis. »

Le sens général de ce discours est facile à comprendre. Bonaparte ne veut pas qu'on discute son acte de sévérité, qu'il représente comme nécessaire; mais il ne veut pas non plus qu'on croie à un système de terreur. La mort du duc d'Enghien lui sert d'épouvantail pour les conspirateurs; mais les hommes honnêtes des divers partis n'ont rien à redouter. Et, si toutes les craintes n'avaient pas été affectées, il est juste de dire que la modération bien connue du premier Consul rassura bien facilement ses ennemis secrets. On vit, au lendemain de ce discours, des royalistes prendre publiquement le deuil; on ne les inquiéta pas, et ces mêmes hommes eurent leur part de dignités, de titres et de traitements dans l'établissement du nouvel empire.

A l'étranger, l'effet produit par la nouvelle de l'arrestation du 21 mars fut plus vif et plus marqué. La douleur des émigrés fut profonde et sincère; leur indignation fut savamment bruyante. Le roi Louis XVIII s'empressa de renvoyer au roi d'Espagne l'ordre de la Toison-d'Or, dont Bonaparte venait d'être décoré : « Monsieur et cher Cousin, disait la lettre, il ne peut y avoir rien de commun entre moi et le grand criminel que l'audace et la fortune ont placé sur un trône qu'il a eu la barbarie de souiller du sang pur d'un Bourbon... » Gustave-Adolphe, le roi errant, renvoya également au roi de Prusse le cordon de l'Aigle-Noir. D'après les lois de la chevalerie, disait-il, il ne pouvait continuer à être le frère d'armes d'un assassin.

C'est en Prusse surtout, s'il faut en croire les écrivains de l'émigration, que l'événement de Vincennes fournit aux ennemis de Bonaparte les arguments les plus passionnés. Madame de Staël, qui, comme M. de Chateaubriand, aimait à se croire l'objet d'une malveillance et d'une jalousie spéciales de la part du premier Consul, raconte, dans ses *Dix Années d'exil*, comment elle apprit la fatale nouvelle. Ce fut le prince Louis-Ferdinand de Prusse qui l'en instruisit le premier, en lui envoyant le numéro du *Moniteur* contenant l'arrêt rendu contre « le nommé Louis d'Enghien. » La lettre du prince était signée : *Le nommé Louis de Prusse.*

Mais l'intérêt calma bientôt ces colères, et la politique prussienne n'en devint pas plus hostile à la France. Une lettre de Louis XVIII, adressée au roi de Prusse, lui fut renvoyée sans avoir été ouverte; et on fit témoigner assez froidement à l'exilé de Varsovie la satisfaction que le roi de Prusse avait ressentie, en apprenant que M. le comte de Lille n'avait pas trempé dans les complots dirigés contre la France et contre son chef. Ce ne fut qu'en 1806, que Frédéric-Guillaume rappela, dans un manifeste à la nation, le souvenir du *forfait*.

L'Autriche, plus prudente encore, s'empressa d'éloigner de son territoire tous les émigrés français, sur la demande de M. de Talleyrand.

En Russie, on ne sut pas ainsi garder la mesure. « L'empereur Alexandre, dit M. Montgaillard, fit élever dans l'église principale de Pétersbourg un monument funéraire en l'honneur du duc d'Enghien; l'inscription latine exprimait la plus forte indignation contre le meurtre de ce prince, *quem Corsica bellua immaniter trucidavit* (cruellement égorgé par la bête féroce de Corse). » L'empereur Alexandre et toute sa cour prirent le deuil. Le cabinet de Saint-Pétersbourg, en sa prétendue qualité de garant de l'empire germanique, prit fait et cause pour l'Allemagne, réclama diplomatiquement contre la violation du territoire de Baden, et se remua pour former contre la France une nouvelle coalition. Tout ce bruit n'aboutit qu'à une réponse vive et dure de M. de Talleyrand et à une allusion amère à la mort récente de l'empereur Paul Ier.

Déjà, au reste, l'électeur de Baden, qui n'existait que par le fait de la France, avait sanctionné cette violation de territoire, dont on faisait plus d'état à Saint-Pétersbourg qu'en Allemagne, et avait expulsé de l'électorat les émigrés que lui signalait M. de Talleyrand.

Un incident nouveau vint d'ailleurs affaiblir en Europe l'impression produite par l'événement de Vincennes. Le gouvernement consulaire publia par extraits au *Moniteur*, déposa au sénat en originaux et communiqua au corps diplomatique tous les documents de l'intrigue honteuse nouée par les représentants de l'Angleterre en Allemagne. Alors éclata la provocation qui avait amené la mort du duc d'Enghien; alors ceux-là mêmes qui reconnaissaient l'innocence du jeune prince, comprirent que les fusils de Vincennes avaient été chargés à Londres.

Le cynisme de la diplomatie britannique avait été fort habilement et très-hardiment mis en lumière. A Méhée, l'intrigant suspect dont il avait bien fallu se servir, avait succédé, dans le rôle délicat d'agent secret chargé de prendre l'Angleterre en flagrant délit, un jeune officier d'Égypte, M. Rosey. Très-intelligent et très-audacieux, M. Rosey sut tirer des ministres-résidents à Munich et à Stuttgart, des preuves autographes de leur infamie et une grosse somme d'argent. Le plus piquant de la mystification fut qu'on appliqua cette somme à l'armement de la petite flottille française du Rhin. MM. Drake et Spencer-Smith furent chassés de l'Allemagne, et le cabinet britannique n'eut d'autre ressource que de nier impudemment son crime.

Mais tout cela disparut bientôt dans l'éclat d'un événement d'une tout autre importance. L'Empire se fit, et les conspirations assassines n'avaient pas peu contribué à le faire. La France, qui avait confiance en Bonaparte, qui ne voyait pas d'autre gouvernement possible que le sien, sentit que l'hérédité serait la meilleure réponse à faire aux assassins, le bouclier le plus sûr pour l'homme nécessaire. « Nous avons fait plus que nous ne voulions, dit Georges en montant sur l'échafaud; nous venions donner un roi à la France : nous lui donnons un empereur. »

Georges disait vrai. Dès le 4 germinal (25 mars), trois jours après la mort du duc d'Enghien, de nombreuses adresses des colléges électoraux et de l'armée commencèrent à réclamer la perpétuité du pouvoir. Le 10 floréal (30 avril), près d'un mois et demi avant la condamnation de Georges et de ses complices, la motion du tribun Curée annonçait l'Empire.

« Aussitôt, dit M. de Chateaubriand, que le héros se fut changé en meurtrier, on se précipita dans les antichambres. » — « Il est, dit M. Thiers, affligeant pour l'honneur de l'humanité d'être obligé de dire que la terreur inspirée par le premier Consul agit efficacement sur les princes de Bourbon et sur les émigrés... A dater de ce jour, les complots de ce genre cessèrent. » Tout cela veut dire peut-être que, pour mériter le pouvoir, il faut savoir se défendre, et qu'un ennemi maladroit vaut mieux souvent que l'ami le plus habile.

Telle serait la seule conclusion à tirer de l'effet inattendu, mais logique, produit par les complots royalistes, si, au fond de cette affaire, ne restait le douloureux mystère du procès du duc d'Enghien. Maintenant que le problème est dégagé de toutes les circonstances extérieures à la cause, il est permis non d'en affirmer, mais d'en indiquer la solution.

Et d'abord, examinons la question de procédure. C'est de ce côté qu'ont été portées les accusations les plus sérieuses, les plus honnêtes, les moins passionnées. On comprend que nous voulons parler de la brochure de M. Dupin aîné, intitulée *Pièces judiciaires, historiques et inédites, relatives au procès du duc d'Enghien, précédées de la discussion des actes de la commission militaire*, Paris, Baudouin frères.

L'auteur avait vingt ans en 1804; à trente-un

ans, en 1815, il avait marqué sa place au premier rang du barreau français par sa belle défense du maréchal Ney.

Déjà, en 1809, dans un petit ouvrage intitulé : *Précis historique du Droit romain*, à une époque, dit M. Dupin aîné lui-même, « où le despotisme tout développé du nouvel empereur offrait plus d'un rapprochement avec les maîtres de l'ancienne Rome, » le jeune jurisconsulte avait fait un rapprochement plus hardi que juste entre Napoléon et Tibère, Germanicus et le duc d'Enghien. Parlant du successeur d'Auguste, il disait alors : « Il usa d'abord de politique et de ménagements, et, tant qu'il put craindre Germanicus, incertain de son pouvoir (*ambiguus imperandi*), il ne fit aucune loi sans consulter le Sénat. *Mais, dès qu'il eut souillé ses mains du sang de ce jeune prince, que ses vertus, ses rares qualités et l'amour des Romains lui rendaient redoutable, il devint tout autre.* Sa devise était : Qu'on me haïsse, pourvu qu'on me craigne ; *Oderint, dum metuant.* »

L'allusion fut comprise. M. Dupin aîné fut mandé à la police, tancé à huis-clos ; le livre fut saisi à domicile et l'édition supprimée. Mais il n'y eut pas de poursuites exercées. « C'est qu'alors, ajoute M. Dupin aîné, on en voulait plus aux libraires qu'aux auteurs, et qu'on jugeait plus prudent d'étouffer la pensée sans bruit que de la traduire avec éclat devant les tribunaux. »

La conclusion de la brochure de 1823 est d'une sévérité absolue :

« Le simulacre des formes judiciaires, alors même qu'elles auraient été ponctuellement observées, n'ôterait rien au jugement en lui-même de son effroyable iniquité. Des lois, si les lois de cette époque avaient pu autoriser une telle condamnation, laisseraient encore au législateur la honte de les avoir portées ; des juges, s'ils avaient eu réellement le pouvoir de prononcer, n'en seraient pas moins livrés au remords éternel d'avoir sacrifié l'innocent...

« Mais si aucune forme n'a été respectée, mais si les juges étaient incompétents, mais s'ils n'ont pas même pris la peine de relater dans leur arrêt la date et le texte des lois sur lesquelles ils prétendaient appuyer cette cruelle condamnation ; si le malheureux duc d'Enghien a été fusillé en vertu d'une sentence *signée en blanc*....... et qui n'a été régularisée qu'après coup ! Alors, ce n'est plus seulement l'innocence victime d'une erreur judiciaire ; la chose reste avec son véritable nom : c'est un odieux assassinat. »

Quel était, se demande M. Dupin aîné, l'état de la législation en 1804 ?

La loi du 28 mars 1793, art. 74, et celle du 25 brumaire an III, déc. 5, sect. 1, art. 7, voulaient que les émigrés qui, ayant porté les armes contre la France, seraient arrêtés, *soit en France, soit en pays ennemis ou conquis, fussent jugés dans les vingt-quatre heures par une commission de cinq membres* (nombre porté à sept par des lois postérieures) *nommés par le chef de l'état-major de la division de l'armée dans l'étendue de laquelle ils auraient été saisis.*

La loi du 19 fructidor an V avait étendu cette mesure à tous les émigrés, sans distinction, qui *seraient arrêtés dans le territoire de la République.*

Voilà la législation alors en vigueur ; était-elle applicable au duc d'Enghien ?

La première objection de M. Dupin aîné est celle-ci : Le duc ne pouvait être rangé parmi les simples émigrés. En sa qualité de *prince* français, il était dans une classe à part. L'*émigré*, absent par sa volonté, pouvait rentrer en obtenant sa radiation. Les Bourbons n'avaient pas cette faculté ; « un insolent décret avait déclaré ne plus reconnaître de princes français et les avait bannis à perpétuité du territoire. »

Seconde objection de M. Dupin : Les mesures plus humaines de l'an X à l'égard des émigrés, l'adoucissement des mœurs de la nation, avaient fait tomber en désuétude la loi de 1793, de l'an III et de l'an V, et le gouvernement « avait renoncé au droit féroce d'égorger les émigrés » qui n'avaient pas profité ou qui avaient été exceptés de l'amnistie ; on se bornait à les déporter.

Troisième objection de M. Dupin : Les lois précitées, alors même qu'elles eussent pu légalement s'appliquer à la victime et qu'elles fussent restées en vigueur, n'eussent été applicables qu'à l'émigré arrêté *dans le territoire de la République*, ou *en pays ennemis ou conquis*. Or, l'électorat de Baden n'était pas un département français ; le prince était en paix avec la France. L'arrestation n'avait donc eu lieu que contrairement à la foi des traités, en contravention formelle avec le droit des gens, qui proclame l'indépendance des souverains et l'inviolabilité des territoires.

Légalement donc, conclut M. Dupin, la personne du duc d'Enghien n'appartenait pas à ses ennemis ; il n'était pas prisonnier de guerre, puisqu'on était en pleine paix et qu'il n'avait pas été pris les armes à la main ; il n'était pas prisonnier à titre civil, car l'extradition n'avait pas été demandée. « C'était un *emparement* violent de sa personne, comparable aux captures que font les pirates de Tunis ou d'Alger, une course de voleurs, *incursio latronum*. »

Mais, poursuit M. Dupin, admettons un instant que le duc pût être justiciable d'un tribunal français, la Commission réunie en vertu de l'arrêté du 29 ventôse an XII, ne pouvait être compétente. L'arrêté montrait le duc prévenu *de complots tramés contre la sûreté intérieure et extérieure de la République*. Or, jamais la connaissance de ces complots n'avait été attribuée aux commissions militaires ; elle avait toujours été réservée aux tribunaux ordinaires. Lors même que la commission militaire aurait été compétente pour connaître des autres chefs de prévention, elle ne pouvait, même sous le prétexte de connexité, connaître de l'accusation de complots.

Non-seulement donc, le duc n'était pas justiciable d'un tribunal français ; mais celui qui l'a jugé n'avait aucun droit de le faire.

Ce n'est pas tout : dans cette procédure « infernale, » tout est irrégulier. D'abord, tout se fait *de nuit*. Or, il est de règle générale qu'on ne doit procéder que de jour. « Justice et exécution d'icelle se doivent faire de jour, « dit Loysel en ses *Opuscules*.

Dans l'interrogatoire fait par le capitaine-rapporteur, on remarque l'omission de deux formules importantes : 1° Il n'est pas fait mention qu'il en ait été donné *lecture*, formalité impérieusement prescrite par l'art. 17 de la loi du 13 brumaire an V ; et, ici cette formalité était d'autant plus essentielle, qu'il n'y avait contre le duc ni pièces, ni témoins, et que les commissaires paraissaient ne s'être décidés que sur des inductions tirées de cet interrogatoire. 2° Au mépris de l'art. 19 de la même loi, le rapporteur, après avoir clos l'interrogatoire, n'a pas dit au prévenu *de faire choix d'un ami pour défenseur ;* la loi ajoute : « Le prévenu aura la faculté de choisir ce défenseur dans toutes les classes de citoyens présents sur les lieux; s'il déclare qu'il ne peut faire ce choix, *le rapporteur le fera pour lui.* »

A la première objection de M. Dupin aîné, relative à la compétence du tribunal, M. Nougarède de Fayet répond qu'à aucun moment de cette affaire, il ne fut question d'appliquer au duc les lois rendues contre les émigrés. Cela eût eu lieu, en effet, si l'on avait suivi le conseil, donné par Cambacérès, d'attendre une occasion favorable pour saisir le duc *sur le territoire français,* dans une de ses prétendues excursions. Mais, cet avis repoussé, on s'était décidé simplement à faire enlever le duc *au delà de la frontière,* et à le faire juger *comme Français, coupable de complot contre la France et contre le chef de son gouvernement.* Aussi, l'auteur des *Recherches historiques* fait-il observer que, dans le jugement et la condamnation, il n'est absolument question que des *lois générales* et des dispositions du Code pénal ordinaire.

La loi du 13 brumaire an V avait été établie pour les *conseils de guerre permanents,* applicables *aux seuls militaires,* et nullement pour les *commissions militaires extraordinaires,* applicables à toutes sortes de personnes. Les juges du duc d'Enghien n'avaient donc pas à se préoccuper des dispositions de cette loi.

D'ailleurs, si, comme l'a cru à tort M. Dupin aîné, les juges du duc avaient dû appliquer, dans toutes leurs prescriptions, la loi de brumaire an V, pourquoi s'élever contre l'exécution faite *de suite?* L'article 36 de cette loi porte, en effet : « Le jugement de condamnation ainsi prononcé, le président ordonnera au capitaine rapporteur de faire ses diligences pour qu'il soit mis *de suite* à exécution. » Quelle était donc, dit à son tour M. Nougarède de Fayet, la législation existante, applicable au duc d'Enghien?

Il prouve que cette législation, ou plutôt cette jurisprudence, procédait directement de la Convention. C'est la Convention qui avait porté contre ses ennemis du dedans et du dehors les lois les plus terribles, prodigué les tribunaux militaires et extraordinaires, avec les formes de procéder les plus sommaires et les plus rapides.

Ainsi, d'après les lois du 19 mars et du 10 mai 1793, « tous les chefs de révolte ou émeute contre-révolutionnaire, » ceux qui avaient « pris la cocarde blanche ou tout autre signe de rébellion, les prêtres, les ci-devant nobles, les émigrés rentrés, leurs agents, leurs domestiques, » ceux qui étaient « saisis, soit sur les frontières ou en pays ennemi ou conquis, et faisant ou ayant fait partie de rassemblements armés contre la France, » devaient être, « dans les vingt-quatre heures, traduits devant une *commission militaire,* » et, s'ils étaient reconnus coupables, « livrés dans les vingt-quatre heures à l'exécuteur des jugements militaires pour être mis à mort. »

Ces commissions militaires jugeaient sans appel ni recours en cassation, n'étaient assujetties dans leur procédure à aucune forme spéciale, et employaient uniquement celles qui leur paraissaient nécessaires pour assurer leur conviction.

Tombées en désuétude après la Terreur, ces lois avaient été renouvelées par le Directoire, au 18 fructidor an V, à la suite de la première conspiration de Pichegru et des royalistes; seulement, pour ce qui concernait la formation des commissions militaires, on avait porté de cinq à sept le nombre des membres dont elles devaient être composées.

Le Directoire fit peu d'usage de ces lois; mais le premier Consul, aussitôt après le 18 brumaire, trouvant la France en proie au désordre, à l'anarchie, au brigandage, et la justice ordinaire impuissante contre les auteurs de ces crimes qui désolaient des groupes de départements (1), ressaisit cet instrument énergique des commissions militaires.

Toutefois, il en modifia l'emploi. Ainsi, au lieu de les appliquer indistinctement dans tous les cas, même prévus par les lois, il les réserva pour les cas d'urgence, pour les grandes nécessités de répression rapide.

Il faut le dire, à l'honneur du gouvernement consulaire, son avénement avait été accueilli par les émigrés eux-mêmes avec une telle confiance, que beaucoup d'entre eux, dès qu'ils virent à la tête de la France un homme énergique, un homme de gouvernement, s'empressèrent de rentrer, sans s'inquiéter des lois subsistantes et sans demander leur radiation. C'était faire un singulier honneur à ce Bonaparte, qu'ils continuaient à détester tout haut, que de se mettre à ce point à sa discrétion; car les lois ainsi bravées par les émigrés rentrant sans autorisation n'allaient à rien moins qu'à les faire fusiller dans les vingt-quatre heures, sur une simple déclaration de culpabilité rendue par une commission militaire.

Grand embarras pour la justice. Le conseil d'Etat, consulté, rendit, pour ce cas particulier, un avis (25 pluviôse an IX, 16 février 1802) reconnaissant que l'application des lois était impossible dans l'état des choses, et qu'il fallait recourir à l'intervention du pouvoir exécutif. « Le conseil estime, y était-il dit que, pour éviter de déplorables abus, le gouvernement devra, à l'avenir, se réserver à lui seul le droit de former toute *commission spéciale,* et d'y traduire l'émigré. »

Pour ces cas particuliers, comme aussi pour tous les crimes politiques, le premier Consul avait donc dû, dans l'intérêt de l'humanité même autant que dans celui de la sûreté publique, s'emparer de la faculté de traduire les prévenus, soit devant les tribunaux ordinaires, soit devant les commissions militaires spéciales. C'est ainsi qu'on voit Céracchi, Aréna et consorts, de même que les auteurs de la machine infernale de nivôse, traduits devant le jury, tandis que Chevalier et consorts, auteurs d'une machine semblable, sont jugés par une commission militaire spéciale et immédiatement fusillés.

Le droit du gouvernement consulaire à cet égard, est patent, incontestable.

Quant à la procédure des commissions militaires, elle était, par sa nature, entièrement sommaire et affranchie de toute espèce de règle. Il eût été assez inutile d'en prescrire pour des jugements qui n'étaient susceptibles ni d'appel ni de recours en cassation.

M. Dupin aîné nous semble donc convaincu d'avoir commis des erreurs graves dans la discussion. Il a confondu les *commissions militaires spéciales* avec les *conseils de guerre permanents,* institués pour les seuls militaires, par la loi du 13 brumaire an V. Il ne s'est pas aperçu que le premier Consul était armé du pouvoir extraordinaire de déférer certains crimes aux tribunaux ordinaires ou à des juridictions spéciales, et il a conclu, à tort, qu'on avait appliqué au duc d'Enghien une jurisprudence et un tribunal à part.

(1) *Voyez* à ce sujet les curieux détails de notre procès des *Chauffeurs.*

La procédure même des commissions militaires, qui peut à bon droit nous étonner et nous soulever aujourd'hui, avait, pour ainsi parler, *le droit d'irrégularité*, puisé dans l'urgence des circonstances. Depuis la loi du 13 brumaire an V, les commissions militaires appliquaient souvent les dispositions de cette loi relatives aux conseils de guerre permanents, mais sans s'y regarder comme obligées, non plus qu'à aucune autre forme. Ce n'est pas, en effet, à la loi du 13 brumaire an V, mais aux lois antérieures et révolutionnaires, que se réfère la loi du 19 fructidor an V, portant rétablissement des commissions militaires. Or, les lois révolutionnaires ne prescrivaient aucune règle de procédure. Si les cinquante jugements de commissions militaires, rendus en l'an XII (1803-1804), citent souvent la loi du 13 brumaire an V, ce n'est pas pour s'y référer comme à leur source, mais pour lui emprunter capricieusement telle ou telle formalité. Ainsi, bien que la loi de l'an V prescrive impérativement d'exiger l'audition des témoins, et la présence d'un défenseur, plusieurs de ces jugements ne font pas mention de témoin ou de défenseur.

Certes, ce sont là de déplorables façons de procéder, et une justice pareille peut, à bon droit, être dite non pas aveugle seulement, mais sourde. Mais est-ce bien à Bonaparte ou aux juges du duc d'Enghien qu'il faut s'en prendre? Autant vaudrait les rendre responsables des crimes de la Terreur, dont cette législation sauvage était le crime posthume. M. Dupin aîné peut donc s'écrier, avec la chaleureuse indignation du jeune avocat :

« Ah! sans doute le prince n'avait point d'*amis* parmi ceux qui l'entouraient; la cruelle déclaration lui en fut faite par un des fauteurs de cette horrible scène!..... Hélas! que n'étions-nous présents! que ne fut-il permis au prince de faire un appel au barreau de Paris? Là, il eût trouvé des amis de son malheur, des défenseurs de son infortune, des soutiens de son bon droit, des avocats qui, comme leurs devanciers et leurs successeurs, se fussent montrés jaloux de l'honneur de déplaire au despotisme, et qui n'eussent pas craint de braver ses coups!.....

« Le duc était seul!.... Mais ne parlons que de la loi : elle a été méconnue en ce point essentiel; l'avertissement qui, au moins pour la forme, eût dû être donné, ne l'a pas été : à défaut d'un défenseur choisi par le prince, on ne lui en a pas désigné un d'office; *il n'a pas été défendu!* Or, un accusé sans défenseur n'est plus qu'une victime abandonnée à l'erreur ou à la passion du juge; celui qui condamne un homme sans défense, cesse d'être armé du glaive de la loi, il ne tient plus qu'un poignard! »

Mais ces nobles paroles ne sont, après tout, qu'une erreur de chronologie. Le premier Consul n'eut pas à fouler, comme le dit notre grand jurisconsulte, les principes, les formes et les lois, et ce n'est pas aux juges que peut s'adresser cette éloquente apostrophe :

« Lave tes mains, Pilate!... Elles sont teintes du sang innocent! Tu l'as sacrifié par faiblesse: tu n'es pas plus excusable que si tu l'avais sacrifié par méchanceté!

« Juges iniques de tous les temps, de tous les pays, de tous les régimes; vous tous qui avez eu l'affreux malheur de juger sans pouvoir, sans formes et sans lois; instruments dociles des vengeances du pouvoir, de l'ambition d'un chef ou de la réaction des partis, que l'infamie vous suive à travers les âges futurs! Que la postérité vous déteste comme un exemple à fuir pour ceux qui seraient tentés de vous imiter! C'est le devoir et l'intérêt de toutes les générations! c'est mon sentiment particulier! »

Criminels *par faiblesse*, voilà le jugement porté par M. Dupin aîné sur les membres de la commission militaire; il est vrai que, de la même main qui portait cet arrêt si sévère, M. Dupin aîné justifiait, un mois plus tard, la commission et son président, dans la brochure qu'il écrivit pour M. Hullin.

Contradictions partout et toujours, voilà cet étrange procès. Et c'est ici le moment d'examiner la plus étonnante de ces contradictions, celle de Napoléon avec lui-même.

Écoutons d'abord Napoléon acceptant hautement, avec une sorte de fierté emportée, la responsabilité du jugement et de l'exécution :

« Je meurs prématurément, assassiné par l'oligarchie anglaise et son sicaire.... Je désavoue le Manuscrit de Sainte-Hélène, et autres ouvrages, sous le titre de Maximes, Sentences, etc., que l'on s'est plu à publier depuis six ans : là ne sont pas les règles qui ont dirigé ma vie. *J'ai fait arrêter et juger le duc d'Enghien, parce que cela était nécessaire à la sûreté*, à l'intérêt et à l'honneur du peuple français, lorsque le comte d'Artois entretenait, de son aveu, soixante assassins dans Paris; *dans une semblable circonstance, j'agirais encore de même*........ »

« Le duc d'Enghien périt, *parce qu'il était un des acteurs principaux de la conspiration de Georges, Pichegru et Moreau;* parce que ceux qui, de Londres, commandaient et dirigaient tous ces complots, se disposaient à entrer en France par l'est, pendant que le duc de Berry y pénétrerait par l'ouest. Il fut arrêté et traduit devant le tribunal *compétent :* la commission militaire, chargée de le juger, fut composée des colonels actuellement en garnison à Paris...

« J'aurais pu sans doute, *quoi qu'il fût coupable*, m'abstenir de le faire enlever et juger; mais pourquoi en aurais-je jugé ainsi? LUI *et les siens n'avaient d'autre but journalier que de m'ôter la vie;* j'étais assailli de toutes parts et à chaque instant : c'étaient des fusils à vent, des machines infernales, des complots, des embûches de toute espèce; je m'en lassai : JE SAISIS L'OCCASION DE LEUR RENVOYER LA TERREUR JUSQUE DANS LONDRES, ET CELA ME RÉUSSIT : A PARTIR DE CE JOUR, LES CONSPIRATIONS CESSÈRENT...

« Une grande nation m'avait mis à sa tête; la presque totalité de l'Europe avait accédé à ce choix; ne devais-je pas à la gloire et aux intérêts de la France de ne pas souffrir que les princes de la maison de Bourbon vinssent impunément, à quatre lieues de la frontière, ourdir des conspirations contre moi, envoyer des assassins jusque dans Paris, remettre en question ce qui s'était fait depuis quatorze ans?... *Mon sang, après tout, n'était pas de boue, et il était temps de le mettre à l'égal du leur.*

« Et qu'eût-ce donc été, si j'avais étendu plus loin mes représailles? *Si je répandis la stupeur* par ce *triste événement*, de quel autre spectacle n'aurais-je pas pu frapper le monde, et quel n'eût pas été le saisissement universel! Plus d'une fois, on m'a offert, à un million par tête, la vie de ceux que je remplaçais sur le trône. On les voyait mes compétiteurs; on me supposait avide de leur sang; mais, ma nature eût-elle été différente, eussé-je été organisé pour le crime, je me serais refusé à celui-ci, *tant il m'eût semblé purement gratuit;* je me trouvais si puissant, et ils me paraissaient si peu à craindre!

« Ce fut surtout à l'époque du complot de Georges, que, me voyant assailli d'assassins, on insista sur l'offre contre celui que la voix publique, en Angleterre aussi bien qu'en France, mettait à la tête de ces horribles machinations (1). Je me trouvais à Boulogne, où le porteur de paroles était parvenu; j'eus la curiosité de le faire venir, et de m'assurer par moi-même de la vérité et de la contexture de la proposition. — Eh bien, Monsieur? lui dis-je en le voyant. — Oui, citoyen premier Consul, nous vous le livrons pour un million. — Monsieur, je vous en promets deux, mais si vous me l'amenez vivant. — Ah! c'est ce que je ne saurais garantir, répondit-il. —Eh bien, Monsieur, sachez que je veux bien infliger un châtiment, *frapper un grand exemple*, mais que je ne cherche pas un guet-apens. Et je le renvoyai.

« Il y eut dans l'affaire du duc d'Enghien un acte irrégulier; ce fut l'arrestation opérée, à trois lieues de la frontière, sur le territoire de Baden; mais j'étais le protecteur de cette maison, je lui fis demander l'extradition par le général Caulaincourt, mon aide de camp, en même temps qu'Ordener passait le Rhin à Neubrisach, et arrêtait le prince et ses officiers dans la maison d'Ettenheim.

« D'ailleurs, la violation du territoire de Baden était étrangère au fond de la question; l'inviolabilité des territoires n'a pas été imaginée dans l'intérêt des coupables et pour protéger les violations du droit des gens, mais dans l'intérêt de l'indépendance des peuples et de la dignité des souverains : c'était donc au souverain seul de Baden à se plaindre, et il ne le fit pas; et, quand même il aurait cédé à cet égard à

... La femme voilée chancela, l'homme leva les mains au ciel (*Page* 46.)

son infériorité politique, tout cela ne fait rien encore à la question des conspirations et des assassinats.

« Au reste, les vrais meneurs, les seuls et grands responsables de cette catastrophe étaient les auteurs ou les excitateurs des complots dirigés contre moi; car, ou ils y avaient fait tremper le duc d'Enghien, et par là ils avaient prononcé son sort, *ou, en les lui laissant ignorer, ils l'avaient laissé dormir imprudemment sur le bord du précipice*, à deux pas de la frontière, quand on allait frapper un si grand coup au nom et dans les intérêts de sa famille. »

La première citation appartient au Testament de l'Empereur; la seconde est extraite *passim* du *Mémorial de Sainte-Hélène*, des *Lettres écrites du Cap*, du *Journal d'O'Meara*, et des notes écrites de la main même de Napoléon sur un exemplaire d'un livre appartenant à M. Fleury de Chaboulon.

Remarquons d'abord, sur le Testament, que Napoléon y parle à l'Europe, à l'histoire; il pourra donc officiellement y désavouer les récits de ses fidèles serviteurs de Sainte-Hélène : mais ce désaveu ne saurait diminuer l'autorité de ces honnêtes gens, recueillant au jour le jour les impressions, les sentiments, les *a-parte* de leur maître. On n'invente pas ainsi, et, dans chacun de ces ouvrages, on sent battre le cœur, on voit palpiter le cerveau de Napoléon.

Ici, les récits des serviteurs s'accordent avec la parole officielle du grand homme expirant. Le duc d'Enghien est coupable, il conspirait; il fallait frapper vite et fort. Seulement, Napoléon indique la possibilité de l'innocence, et, en ce cas, fait retomber la responsabilité de l'erreur sur les conspirateurs de Londres.

Mais l'Empereur ne tint pas toujours ce langage. Dans une *Lettre à M. Thiers*, Paris, Delloye, 1840, M. le baron de Meneval reproduit ces déclarations de Napoléon sur la culpabilité du duc d'Enghien,

(1) Le comte d'Artois.

mais les considère comme écrites *ab irato.* Il cite certains passages encore plus explicites, ceux-ci par exemple :

« La mort *méritée* du duc d'Enghien nuisit à Napoléon dans l'opinion, et ne lui fut d'aucune utilité politique. »

À cette question qu'on lui adressait à Sainte-Hélène : — « Est-il vrai que Votre Majesté ait eu, pendant les Cent-Jours, l'intention de faire publier au *Moniteur* une note semi-officielle concernant la condamnation du duc d'Enghien? » l'Empereur répondit : — « Cela est faux. *Napoléon ne s'occupait pas du duc d'Enghien,* qui avait été *justement* arrêté et puni par un conseil militaire. »

Et, comme on lui demandait si ses intentions n'avaient pas été outrepassées, s'il n'y avait pas eu zèle excessif, précipitation fatale : — « Cela est faux, répondit-il. Napoléon savait que si la commission militaire le trouvait coupable, elle le ferait exécuter dans les vingt-quatre heures. Le prince de Talleyrand s'est conduit, dans cette occasion, comme un fidèle serviteur, et l'Empereur ne lui a rien reproché là-dessus. Si l'affaire du duc d'Enghien était à recommencer, l'Empereur *ferait encore de même.* L'intérêt de la France, la dignité de la couronne et la loi d'une juste représaille lui en ont fait une loi. »

Fit-on auprès de lui des démarches pour changer sa résolution? Eut-il à repousser des sollicitations en faveur du prince? — « Cela est faux, dit-il; le duc d'Enghien fut jugé, condamné et fusillé avant que personne en fût instruit; et d'ailleurs on était

... Ne jouez pas là, mes enfants, je vous prie (*Page* 46.)

si indigné à ce moment de la conduite du comte d'Artois et des émigrés, que l'on était d'accord sur la nécessité de faire un exemple... Quant aux oppositions que j'aurais rencontrées, aux sollicitations qui m'auraient été faites par Joséphine, la reine Hortense, Lucien, Cambacérès, rien de plus faux; on ne les a imaginées que pour me rendre odieux. »

Mais M. de Meneval fait très-bien observer que c'est par un sentiment de fierté impériale que Napoléon accepte ainsi hautement la responsabilité de cette mort. C'est également l'opinion de M. de Las-Cases et de M. Nougarède. Le premier nous apprend que l'affaire du duc d'Enghien fut traitée *souvent* par l'Empereur à Sainte-Hélène, mais toujours avec des nuances bien marquées, se graduant depuis la justification hautaine d'un acte nécessaire, jusqu'à la reconnaissance d'une faute inspirée par l'entourage du premier Consul. Plus il y avait d'auditeurs de la parole impériale, plus l'illustre causeur inclinait vers la justification; si un étranger assistait à l'entretien, le doute sur la culpabilité n'était plus possible. Ceci nous explique le langage du Testament : Napoléon meurt à Sainte-Hélène, et les Bourbons sont montés sur le trône de France; et les anciens conspirateurs de Londres flétrissent sa mémoire et l'accusent d'un crime dont il leur rejette avec indignation la responsabilité. Telle est évidemment sa pensée : nous ne la discutons pas, nous l'expliquons.

C'est donc dans les entretiens particuliers, là où la parole de Napoléon ne l'engage pas en face du monde entier, qu'il faudrait chercher la vérité vraie. Or, quoi qu'il en ait dit, Napoléon s'occupait beaucoup de cette triste affaire du duc d'Enghien, et cette préoccupation seule serait un argument en sa faveur.

Voici ce qu'a raconté M. le comte Emmanuel de Las-Cases : M. le duc Decrès, ministre de la marine lui rapporta un jour, en ces termes, une conversation familière qu'il eut, en 1807, avec l'Empereur, dans laquelle Napoléon passait en revue les divers reproches que ses ennemis adressaient à sa conduite :

« Je le vis de si bonne humeur, ajouta M. Decrès, que je me hasardai à lui demander : — Mais, Sire, il y a encore un fait sur lequel on attaque souvent Votre Majesté, et avec plus de violence peut-être que sur tous les autres ; c'est la mort du duc d'Enghien. Quand on nous en parlera, que faudra-t-il répondre ?

« A ce mot, toute sa gaieté l'abandonna ; son front se rembrunit ; il fit deux ou trois tours dans la chambre, d'un air péniblement affecté, et, se tournant vers moi : — *A cela rien*, me dit-il, et il sortit. »

Un poëte ne manquerait pas à placer ici quelque belle tirade sur le remords et sur la conscience vengeresse ; l'homme de bon sens ne verra sans doute dans cette tristesse de Napoléon qu'un regret. Celui dont la fierté cachait une faute, une erreur, n'eût pas tacitement avoué un crime.

Mais hâtons-nous de rapporter les plus complets, les plus décisifs de ces jugements portés par l'Empereur, dans l'intimité de ses fidèles, sur l'affaire du duc d'Enghien.

« L'Empereur, dit le *Mémorial*, avec nous et dans l'intimité, disait que *la faute, en dedans*, pouvait être attribuée à un excès de zèle autour de lui, ou à des vues privées, ou enfin à des intrigues mystérieuses. »

Excès de zèle : On a traduit ces mots par des noms propres, ceux de MM. Réal et Savary ; le premier pourrait être taxé seulement de négligence : le second a assumé sur sa tête une responsabilité véritable en refusant d'en référer au premier Consul sur la demande d'audience du condamné, et en faisant exécuter immédiatement un jugement qui pouvait n'être exécuté que dans les vingt-quatre heures. Sur ce dernier point, la loi du 19 fructidor, an V, était formelle : son article 17 prescrivait le délai de vingt-quatre heures. La loi du 25 brumaire, an V, il est vrai, prescrivait l'exécution *de suite ;* mais on a vu que cette loi n'était pas applicable aux commissions militaires extraordinaires, mais seulement aux conseils de guerre permanents. Il est vrai que souvent il arrivait que, par suite des habitudes expéditives et essentiellement irrégulières de la justice militaire à cette époque, on exécutait des jugements portés sous l'empire de la loi du 19 fructidor, conformément aux prescriptions terribles de la loi du 25 brumaire ; mais on avouera que, lorsqu'il s'agissait d'un acte aussi grave que l'exécution du duc d'Enghien, on pouvait bien se renfermer dans les prescriptions de la loi spéciale.

On a prononcé encore à ce sujet le nom de M. le duc de Vicence (Caulaincourt). Napoléon lui-même s'est chargé de justifier d'un excès de zèle celui qu'il aimait à appeler un « homme de cœur et de droiture. » M. de Caulaincourt était un de ces rejetons des vieilles et nobles familles de la France monarchique, que Bonaparte emportait avec lui dans son mouvement d'ascension vers l'empire, et qui, dans sa pensée, devaient servir à marquer la réconciliation du présent et du passé. La part prise par M. de Caulaincourt à l'arrestation du duc d'Enghien fut exclusivement diplomatique et militaire.

« Caulaincourt, dit le *Mémorial*, a dû obéir à ses instructions ; Ordener a dû obéir à ses ordres... Il n'y a pas de doute que si Caulaincourt eût été nommé juge du duc d'Enghien, il eût refusé ; mais, chargé d'une mission diplomatique, il a dû obéir ; tout cela est si simple, que c'est folie ou délire d'esprit de parti que d'y trouver à redire. Il est vrai que c'est ce délire des partis qui, bien aise d'attaquer un ancien nom qui avait de nouveaux et d'honorables services, s'est acharné à calomnier Caulaincourt dans cette circonstance. Cette haine et cette injustice furent une des causes de sa faveur. »

Et cependant, en 1823, M. de Caulaincourt eut, comme bien d'autres, à se défendre ; mais, incident curieux et peu connu, il prouva, à cette époque, qu'il n'avait pas attendu jusqu'à ce jour pour se justifier.

Le 14-2 avril 1808, M. de Caulaincourt écrivait à l'empereur Alexandre la lettre suivante :

« Sire, les renseignements que V. M. *a reçus des bords du Rhin* m'ont justifié de *l'odieuse calomnie* qui pèse sur moi depuis trois ans. Il est des détails que V. M. peut ne pas connaître. Je dois à la confiance dont elle daigne m'honorer de les mettre sous ses yeux ; ils la convaincront à quel point je suis étranger à *l'arrestation* de M. le duc d'Enghien. Envoyé par le premier Consul à Strasbourg presque en même temps que le général Ordener, *le public a confondu nos missions*. Ce général était chargé de se rendre à Ettenheim pour y enlever M. le duc d'Enghien ; l'ordre et les pièces que je mets sous les yeux de V. M. lui prouveront *combien ma mission était différente de la sienne*, et que par conséquent *je n'ai été ni pu être en rien dans cette* MALHEUREUSE AFFAIRE... »

L'empereur Alexandre répondit :

« Je savais, général, par mes ministres en Allemagne, *combien vous étiez étranger à* L'HORRIBLE AFFAIRE dont vous me parlez. Les pièces que vous me communiquez ne peuvent qu'ajouter à cette conviction... »

M. Nougarède de Fayet s'étonne, en rapportant ces lettres, qu'un ambassadeur de France, représentant de l'empereur Napoléon, eût cru pouvoir entretenir une pareille correspondance avec le souverain près duquel il était accrédité, avec un prince dont il eût dû se défier comme d'un ennemi caché de la France, et qu'il savait s'être fait de cette condamnation même du duc d'Enghien une arme terrible contre l'empereur Napoléon.

Ici, le judicieux et impartial écrivain nous semble prendre le change. A qui fera-t-on croire, en effet, que le représentant de la politique impériale ait fait, sans autorisation, une pareille démarche ? Qu'on se rappelle la position du représentant de la France impériale en Russie, lorsque ce représentant pouvait être considéré comme un des acteurs principaux d'un drame qu'on avait qualifié avec tant de violence à la cour de Saint-Pétersbourg. Il entrait dans les vues de Napoléon d'avoir, auprès de son allié de Tilsitt, un homme sur lequel il pût compter ; le duc de Vicence était cet homme. Or, M. de Caulaincourt avait été accueilli tout d'abord avec une froideur significative. Il fallait bien lui rendre sa mission possible.

Vues privées, intrigues mystérieuses : nous touchons ici à une accusation terrible, bien autrement fondée que celle qu'on a dirigée contre Napoléon, et qui ne tendrait à rien moins qu'à disculper entièrement le premier Consul, à prouver son erreur, mais en rejetant sur d'autres le crime.

C'est M. Fouché, c'est M. de Talleyrand surtout, qu'on a accusés d'avoir poussé Bonaparte à l'exécution du duc d'Enghien. Nous avons déjà vu que, comme l'a dit M. Thiers, « M. Fouché, qui voulait se remettre en faveur, et qui, porté en général à l'indulgence, désirait néanmoins brouiller le gouvernement avec les royalistes, approuvait fort la nécessité d'un exemple. » L'historien ajoute : « M. de Talleyrand, qui certes n'était pas cruel, mais qui ne savait jamais contredire le pouvoir, à moins qu'il n'en fût devenu l'ennemi, et qui avait à un degré funeste le goût de lui plaire quand il l'aimait, M. de Talleyrand disait aussi, avec M. Fouché, qu'on avait trop fait pour les royalistes, qu'à force de les bien traiter, on était allé jusqu'à donner aux hommes de la Révolution des doutes fâcheux, et qu'il fallait punir enfin, punir sévèrement et sans exception. »

Il y aurait donc quelque chose de vrai dans cette opinion, que la mort du duc d'Enghien aurait été décidée comme le plus sûr moyen de cimenter l'alliance entre la Révolution et le premier Consul, l'Empereur du lendemain.

Cette opinion, nul ne l'a formulée avec plus de passion et de talent que cette femme que Napoléon appelait, en riant, Armide et Clorinde, Mme de Staël. Voici ce qu'elle dit, dans son pamphlet intitulé *Dix Années d'exil*:

« D'abord Bonaparte voulait rassurer le parti révolutionnaire, en contractant avec lui l'alliance du sang. Un ancien jacobin s'écria, en apprenant cette nouvelle : « Tant mieux ! le général Bonaparte s'est fait de la Convention. » Pendant longtemps, les Jacobins voulaient qu'un homme eût voté la mort du roi pour être premier magistrat de la République; c'était ce qu'ils appelaient avoir donné des gages à la Révolution. Bonaparte remplissait cette condition du crime, mise à la place de la condition de propriété exigée dans d'autres pays ; il donnait la certitude que jamais il ne servirait les Bourbons; ainsi, ceux de leur parti qui s'attachaient au sien, brûlaient leurs vaisseaux sans retour.

« A la veille de se faire couronner par les mêmes hommes qui avaient proscrit la royauté, de rétablir une noblesse par les fauteurs de l'égalité, il crut nécessaire de les rassurer par l'affreuse garantie de l'assassinat d'un Bourbon. Dans la conspiration de Pichegru et de Moreau, Bonaparte savait que les républicains et les royalistes s'étaient réunis contre lui ; cette étrange coalition, dont la haine qu'il inspirait était le nœud, l'avait étonné. Plusieurs hommes, qui tenaient des places de lui, étaient désignés pour servir la Révolution qui devait briser son pouvoir, et il lui importait que désormais tous ses agents se crussent perdus sans ressource si leur maître était renversé. Enfin surtout, ce qu'il voulait au moment de saisir la couronne, c'était d'inspirer une telle terreur, que personne ne sût lui résister. Il viola tout dans une seule action : le droit des gens européen, la Constitution telle qu'elle existait encore, la pudeur publique, l'humanité, la religion. Il n'y avait rien au delà de cette action : donc on pouvait tout craindre de celui qui l'avait commise. On crut pendant quelque temps, en France, que le meurtre du duc d'Enghien était le signal d'un nouveau système révolutionnaire, et que les échafauds allaient être relevés... Mais Bonaparte ne voulait qu'apprendre une chose aux Français, c'est qu'il pouvait tout, afin qu'ils lui sussent gré du mal qu'il ne faisait pas, comme à d'autres d'un bienfait. On le trouvait clément quand il laissait vivre; on avait si bien vu comme il lui était facile de faire mourir! »

A première vue, tout cela paraît absurde, si l'on compare ces intentions atroces avec toute la conduite de l'homme de génie qui gouvernait la France. Tous ses actes prouvent, en effet, que, le premier, le seul peut-être encore, il avait compris qu'une France nouvelle devait se composer de tous les partis, de toutes les opinions, de toutes les traditions réunies. Il n'avait pas à donner de gages à la Révolution contre la monarchie : celui qui s'apprêtait, avec l'assentiment de la France tout entière, à monter sur un trône, ne pouvait être soupçonné de jouer le rôle de Monk. Quant à l'accusation de cruauté froide et calculée, il faut, pour l'avoir portée, toute la haine d'un ennemi politique et d'une femme irritée. Napoléon avait la générosité dédaigneuse de la force. Celui qui pardonna à Moreau, à MM. de Polignac et de Rivière, qui allait pardonner à Pichegru, si ce soldat tombé n'avait désespéré du pardon, celui qui pardonnait à tant d'autres, n'eût pas été cruel pour le seul duc d'Enghien.

Mais tout ce que dit madame de Staël est singulièrement applicable à deux hommes tristement fameux par leur génie d'intrigue, par leurs habitudes de servilité sagace et toujours prête à la trahison : MM. Fouché et de Talleyrand. Ceux-là avaient tout intérêt à compromettre définitivement le premier Consul, et à enlever tout espoir à un parti dont le succès eût été, pour le moins, le signal de leur disgrâce et de leur exil.

Un historien qui, ce jour-là, ne fut que panégyriste, M. Mignet, a dit : « M. de Talleyrand fut-il mis dans le secret de ces meurtrières représailles, ou concourut-il seulement à l'arrestation du duc d'Enghien, sans connaître le sort qui lui était réservé? Rien n'indique qu'il ait été consulté sur cet acte sanglant, qui d'ailleurs était contraire à sa douceur et à sa modération naturelles. » On sait déjà que M. Mignet se trompe et que M. de Talleyrand fut consulté; on sait même qu'il fut du parti de la rigueur. Quant à la douceur et à la modération de ce diplomate, si l'on veut dire par là qu'il répugnait à la violence, on est dans le vrai; mais la ruse et la perfidie, en politique, sont souvent et nécessairement sœurs de la cruauté. Tant qu'il fut admis aux conseils de Napoléon, M. de Talleyrand ne cessa de lui représenter la nécessité de faire disparaître les Bourbons, pour assurer la perpétuité de l'Empire. M. de Talleyrand est indiqué formellement dans les conversations intimes du *Mémorial*, comme ayant proposé à l'Empereur l'assassinat du comte de Lille et du comte d'Artois. « Le prince de Bénévent ne comprenait rien à mes scrupules; il ne voyait dans un acte de cette nature qu'une simple mesure politique, que l'accomplissement d'un de ces devoirs rigoureux commandés aux gouvernements par le salut public et par le besoin de leur conservation. »

En 1808, dit une autorité peu suspecte, M. de Meneval, l'Empereur revint à la hâte d'Espagne à Paris, à la nouvelle subite de l'invasion de la Bavière par l'Autriche. Tout indiquait une intrigue politique fortement nouée, et Napoléon savait que M. de Talleyrand trahissait déjà, au profit des Bourbons, la fortune impériale, dans laquelle sa perspicacité lui montrait un germe de corruption future. Un conseil privé fut tenu à l'arrivée de l'Empereur, qui sut d'abord y contenir sa colère. Mais cette colère éclata tout à coup, terrible. Napoléon apostropha son ministre, tremblant comme le renard pris au piége ; il lui dit qu'il savait tout, qu'il connaissait ses intrigues, ses trahisons, la cause secrète de ses calomnies contre les projets de l'Empereur en Espagne. « Vous prétendez vous être opposé à la guerre, lui dit-il, tandis que c'est poussé par vos conseils que je l'ai faite. N'est-ce pas vous qui m'avez répété que tant qu'un Bourbon régnerait en Europe, je ne serais pas tranquille? N'avez-vous pas osé dire aussi que vous n'étiez pour rien dans la mort du duc d'Enghien?» M. de Talleyrand, pâle et tremblant, écoutait sans répondre. Il se retira dans une pièce voisine. On crut qu'il allait être arrêté. Mais Napoléon ne punit pas le traître. Les jours suivants, M. de Talleyrand, qu'on eût pu croire à tout jamais disgracié, reparut dans les antichambres impériales, et comme un valet chassé qui se cramponne à ses gages, comme un mendiant qui spécule sur l'importunité, quêta un regard du maître. Ce regard, méprisant sans colère, il finit par l'obtenir. Napoléon pardonna, « tant, disait le duc de Gaëte, présent à ces scènes intimes, Napoléon poussait jusqu'à la faiblesse l'indulgence pour ceux qui l'avaient une fois servi! » Napoléon pardonna; M. de Talleyrand ne devait pas pardonner.

Nous sommes à l'aise maintenant pour rapporter une de ces anecdotes que l'on ne doit accueillir qu'avec la plus extrême réserve, quand les preuves sérieuses ne surabondent pas. On raconte que, dans la nuit fatale du 20 au 21 mars 1804, M. de Talleyrand, se trouvant dans le salon de madame de Laval, nonchalamment étendu, selon son habitude, dans un vaste fauteuil, entendit sonner la pendule. — « Ah! deux heures, dit-il du ton le plus calme, en jetant un regard distrait sur sa montre, qu'il venait de tirer avec la plus grande lenteur; dans ce moment, le dernier des Condés a probablement vécu. »

Voilà l'anecdote; voici maintenant la révélation complète faite par Napoléon sur la conduite de M. de Talleyrand dans cette affaire.

Ecoutons le *Mémorial :*

« L'Empereur disait qu'il avait été poussé *inopinément;* on avait, pour ainsi dire, *surpris ses idées, précipité ses mesures, enchaîné ses résultats.*

« Tout avait été prévu d'avance, *les pièces se trou-« vèrent toutes prêtes ; il n'y avait plus qu'à signer.* »

« Assurément, si j'eusse été instruit à temps de certaines particularités concernant les opinions et le naturel du prince, si surtout j'avais lu la lettre qu'il m'écrivit, et qu'*on* ne me remit (Dieu sait par quel motif!) qu'après qu'il n'était plus, bien certainement j'aurais pardonné. »

« Et il nous était aisé de voir, ajoute le *Mémorial*, que le cœur et la nature seuls dictaient ces paroles de l'Empereur. »

« Et j'ai appris, disait un autre jour Napoléon avec un accent de douleur, qu'il m'était favorable, qu'il ne parlait pas de moi sans quelque admiration : et voilà pourtant la justice distributive d'ici-bas! »

Lisons maintenant le *Journal d'O'Méara :*

« Je demandai à Napoléon s'il était vrai que T....
« eût gardé une lettre écrite par le duc d'Enghien,
« et qu'il ne l'eût remise que deux jours après son
« exécution. — C'est vrai, répondit Napoléon; le
« duc avait écrit une lettre dans laquelle il m'offrait
« ses services, et me demandait le commandement
« d'une armée; et ce scélérat de T.... ne m'en
« donna connaissance que deux jours après que le
« prince eut été mis à mort. » (Tome Ier, page 321 et page 430.)

« Le duc d'Enghien se comporta devant le tribu-
« nal avec une grande bravoure. A son arrivée à
« Strasbourg, il m'écrivit une lettre; cette lettre fut
« remise à T...., qui la garda jusqu'à l'exécution. »

Revenons enfin au *Mémorial ;* l'obsession, la surprise y sont accusées encore avec plus de précision peut-être.

« Je me vois encore à demi assis sur la table où j'avais dîné, achevant de prendre mon café ; *on* accourt m'apprendre une trame nouvelle; *on* me démontre avec chaleur qu'il est temps de mettre un terme à de si horribles attentats; que le duc d'Enghien pouvait être pris sur le fait, faisant partie de la conspiration actuelle; qu'il fallait enfin donner une leçon à ceux qui s'étaient fait une habitude journalière de conspirer contre ma vie; les pièces mêmes étaient prêtes, et *il n'y avait plus qu'à signer.* » *Mémorial de Sainte-Hélène,* t. VII.

Ainsi, c'est Napoléon lui-même qui répond à cette question que nous adressions tout à l'heure : Bonaparte n'avait-il donc pas lu *tous* les papiers du duc d'Enghien? Non, il ne les avait pas lus; il ne connaissait, ni le Journal du prince, ni la Note écrite par lui à Strasbourg, pour être mise sous les yeux du premier Consul, et qui est évidemment cette lettre dont parle Napoléon, cette lettre « qui lui donnait lieu de croire qu'il aurait pu amener le prince à servir dans les armées françaises, et joindre ainsi, dans la France nouvelle, la gloire des Condés à celle de la génération qui venait de s'élever. » Maintenant, M. de Talleyrand, qui avait si rapidement, si obstinément manœuvré pour enlever l'arrestation du prince, poussa-t-il jusqu'au bout son œuvre en accumulant les ténèbres autour du premier Consul? Garda-t-il exprès ces papiers qui eussent sauvé le prince, afin de rendre sa mort inévitable, ou mit-il à remplir son devoir une négligence aussi inexplicable que le sommeil de M. Réal? Ce n'est pas à nous de le décider. Le lecteur a les pièces du procès : il prononcera. Faisons remarquer seulement que la déclaration de l'Empereur est nette, itérative, attestée par des autorités irrécusables; et rappelons, en même temps, que M. de Talleyrand était perdu, à cette époque, par une restauration de la monarchie : prêtre, il s'était marié, avait puissamment contribué à la constitution civile du clergé et à la vente des biens de l'Eglise; noble de vieille souche, il avait servi la République, fêté l'anniversaire du 21 janvier 1793.

Mais il ne suffit pas de dire quels documents manquèrent à Bonaparte, pour juger en connaissance de cause; il faut dire encore ceux qu'on lui mit sous les yeux, et qui, isolés de la Note et du Journal, rapprochés des menées de Londres et d'Allemagne et du complot de Paris, semblaient accuser clairement le prince. Voici une révélation nouvelle, due à M. Desmarest :

« Dans les papiers du général de Vauborel, se trouvait un billet à lui adressé de la main du duc d'Enghien. Je ne puis que le citer de mémoire, on verra tout à l'heure pourquoi : « Je vous remercie,
« mon cher Vauborel, de votre avertissement sur les
« soupçons que mon séjour ici pourrait inspirer à
« Bonaparte, et des dangers auxquels m'expose sa
« tyrannique influence en ce pays. Là où il y a
« du danger, là est le poste d'honneur pour un
« Bourbon. En ce moment, où l'ordre du conseil
« privé de Sa Majesté Britannique enjoint aux émi-
« grés retraités de se rendre sur les bords du Rhin,
« je ne saurais, quoi qu'il en puisse arriver, m'éloi-
« gner de ces dignes et loyaux défenseurs de la mo-
« narchie. »

« Dans les papiers du même général, était l'ordre ci-dessus mentionné du conseil privé... Ces deux pièces, vu leur importance, furent portées d'abord au premier Consul, qui les garda. Mais voici une autre lettre, dont M. Réal possède l'original, adressée au duc d'Enghien et trouvée dans ses papiers à Ettenheim ; elle est du comte de Lanau (colonel du régiment de son nom, à l'armée de Condé). Ses craintes et ses avertissements nous représentent bien la lettre du général Vauborel. J'en transcris ici textuellement le passage suivant.

Munich, 11 février 1804.

« . . . Si, comme je le pense, les *vues énergiques* « des gouvernements qui nous protégent si particu- « lièrement sont reconnues par de grandes puis- « sances, comme le seul moyen de rendre la tran- « quillité à l'Europe par une paix juste, ces bases « seront nécessairement le rétablissement de la « monarchie ; c'est ce qui nous fait désirer vivement « que Votre Altesse ait le projet de s'éloigner un peu « des rives du Rhin. Monseigneur verra également « que moi, que si l'ennemi a quelques craintes du « continent, sa première opération sera de prévenir « et d'occuper la rive droite du Rhin, et de couvrir, « par leur droite, la partie essentielle de la Suisse, « dont l'alliance peut être regardée comme *in*solide « (*sic*) ; c'est un coup de main qui ne demande pour « son exécution que l'ordre de marcher, et cette « idée m'est pénible. La personne de Votre Altesse « nous est trop précieuse pour ne pas être alarmée « des dangers qu'elle pourrait courir. Je mande à « M. de Thumery, sous le sceau du secret, les dé- « marches que l'ambassadeur nous a autorisés de « faire auprès de MM. de Lanjamets et de Rissous.

« Dans une lettre particulière (28 février), M. de Lanau accuse réception d'une lettre du prince, du 24, avec l'ordre du jour (probablement de Strasbourg) sur la découverte de la conspiration et sur l'arrestation de Moreau.

« Ces lettres tant de M. de Lanau que du prince au général de Vauborel, et l'ordre du conseil privé, auraient dû être produits en justice, car ils se rapportent à un grand plan d'hostilités contre la France, où le prince paraît engagé, tant par les périls qu'on lui signale, que par la résolution de rester à cet avant-poste de danger et d'honneur qui lui est assigné. »

Qui ne s'y fût trompé ? qui n'aurait cru le prince coupable ? qui n'eût pensé qu'il jouait sur le Rhin la même partie qu'on jouait à Londres ? Tout ce qui l'accusait était sous les yeux du premier Consul ; rien de ce qui pouvait prouver son innocence ne parvenait jusqu'à lui.

Ajoutez à ces causes d'erreur un de ces éléments que, trop souvent, l'histoire néglige, le tempérament. Nous avons dit l'état d'exaspération dans lequel la découverte des desseins atroces de ses ennemis avait jeté Bonaparte. Il était terrible à ces heures de fièvre, d'autant plus terrible que son cerveau fonctionnait alors avec une rapidité électrique, et, en même temps, avec une lucidité, une subtilité qui allaient à l'excès.

La colère : il l'a constatée lui-même et l'a peinte d'un seul mot, mot admirable :

« Il en est de même des motifs si variés qu'on m'a prêtés ; ces motifs ont pu exister peut-être dans l'esprit et pour les vues particulières des acteurs subalternes qui y concoururent ; mais, de ma part, il n'y a eu que la nature du fait et *l'énergie de mon naturel*. »

L'excès de pénétration : ce rare défaut éclate dans toute la vie militaire et politique de Napoléon ; il fait toujours trop d'honneur à ses ennemis ; il leur prête des plans plus vastes, plus habiles, qu'ils n'en concevront jamais ; il les mesure à sa taille ; il prévoit trop, afin de prévoir assez ; c'est un Philidor ou un La Bourdonnais, qui déroute à l'avance par des coups de génie des combinaisons auxquelles l'adversaire n'aurait eu garde de penser. Et, comme il aurait attaqué ainsi, il se persuade que l'ennemi doit attaquer de même. Ces préventions d'une intelligence sans égale s'établissent dans sa tête, y deviennent des réalités, et, à force de sagacité pratique, il arrive à combattre des chimères. C'est ainsi qu'il fait aux émigrés l'honneur d'un plan d'attaque immense, savamment combiné, tandis que tout se réduit, de leur part, à des velléités, à des tentatives décousues.

M. de Meneval (*Napoléon et Marie-Louise*, introduction) nous confirme les faits essentiels de la découverte des lettres Vauborel et Lanau, et de la colère de Bonaparte :

« Des lettres saisies lors de l'arrestation du prince, confirmèrent le premier Consul dans la conviction où il était que le duc d'Enghien réunissait autour de lui sur les bords du Rhin les émigrés de l'armée de Condé, et qu'il était, à défaut du duc de Berry, le Bourbon annoncé comme devant se mettre à la tête du mouvement qui aurait suivi la mort du chef de l'État.

« Ce fut pendant qu'il était dans la *fièvre d'exaltation* causée par les odieux moyens dont ses ennemis se servaient contre lui, que le général Moncey lui remit le rapport.

« Quand Napoléon, ajoute M. de Meneval, apprit de la procédure qu'il n'était résulté aucune des révélations *qu'il attendait de l'interrogatoire* de Réal, il fut douloureusement affecté, et la réflexion vint l'éclairer sur cet acte de rigueur inutile. »

Écoutons maintenant M. Desmarest :

« Le coup était porté, qui marquait le duc d'Enghien aux yeux de Napoléon comme ressort principal du complot contre sa vie. Qu'on ne cherche pas ailleurs que dans cette *forte préoccupation* les motifs de cette conduite. Elle n'a été inspirée ni par un prétendu conseil privé qu'il aurait consulté, ni par l'intention qu'on lui a supposée de rassurer les intérêts révolutionnaires contre tout rappel des Bourbons. Non, tout a été de *première impression, d'emportement subit*, sur une méprise de nom et une erreur de fait. »

Voilà toutes les pièces du procès. Encore une fois, nous nous contentons de rapporter ; le lecteur prononcera.

Le duc d'Enghien resta, pendant dix ans, couché sous le tertre du fossé de Vincennes, sans qu'une larme amie, sans qu'une prière chrétienne y vinssent évoquer le souvenir de la jeune victime. Seulement, pendant les premiers jours après cette mort déplorable, quelques âmes d'élite, quelques amis furtifs, quelques serviteurs fidèles, adressèrent de loin à la place funèbre un salut silencieux.

Le 21 mars, quelques heures après l'exécution, M. Harel avait été régler le compte du repas fourni au prince par le traiteur Mavrée. Comme il en sortait, non sans avoir raconté le drame de la nuit, une voiture s'arrêta devant la porte. Il en descendit deux personnes, un homme d'une quarantaine d'années, et une dame voilée. L'homme s'informa si, la veille, un prisonnier de distinction n'avait pas été conduit dans les prisons du château. Mavrée dit ce qu'il savait, l'arrivée, le jugement, l'exécution si rapide : la femme voilée chancela, porta la main à son cœur et comprima un cri de douleur; l'homme leva les mains au ciel. Puis, l'homme demanda qu'on leur montrât de loin le pavillon qui avait servi de prison, le fossé qui avait servi de tombeau. On les conduisit : l'homme soutenait la femme, qui sanglotait tout bas. Ils regardèrent longtemps en silence, et repartirent.

Ce même jour, presque à la même heure, une maîtresse de pension de Vincennes qui, tous les jours, venait chercher les filles de Mme Harel, Mme Bon, sortait avec la mère de ses élèves. Mme Harel lui racontait la lugubre scène. En passant sur le pont-levis, Mme Harel montra du doigt la place, derrière le petit mur, et dit : C'est là. Mme Bon, pauvre religieuse que la Révolution avait arrachée à son calme asile, fléchit à moitié les genoux et murmura une prière.

Un ami veillait sur le petit monticule de terre, à côté des pioches et des pelles qui avaient servi à creuser la fosse et qu'on y avait abandonnées. C'était le chien de chasse du prince, le fidèle Mylof.

Mme de Staël fait ce récit touchant :

« Une personne de ma connaissance m'a raconté que, peu de jours après la mort du duc d'Enghien, elle alla se promener autour du donjon de Vincennes ; la terre encore fraîche marquait la place où il avait été enseveli; des enfants jouaient au petit palet sur ce tertre de gazon, seul monument pour de telles cendres. Un vieux invalide, à cheveux blancs, assis non loin de là, était resté quelque temps à contempler ces enfants : enfin il se leva, et les prenant par la main, il leur dit, en versant quelques pleurs : « Ne jouez pas là, mes enfants, je vous prie. » Ces larmes furent tous les honneurs qu'on rendit au descendant du grand Condé, et la terre n'en porta pas longtemps l'empreinte. »

En 1816, le roi Louis XVIII résolut de donner au prince de son sang une sépulture expiatoire. Mais on ne savait pas même dans quel endroit gisaient ces déplorables restes. Le petit mur avait disparu; le pommier avait été arraché.

Une enquête fut ouverte, sous la direction d'une commission composée d'un conseiller d'Etat, M. Laporte-Lalanne; d'un membre de la Chambre des députés, M. Héricart-Ferrant de Thury, et de deux officiers de la maison de Condé, M. le chevalier Jacques, secrétaire du duc de Bourbon, et M. le chevalier de Contye, maréchal de camp, aide de camp du prince de Condé. M. le marquis de Puyvert, gouverneur du château de Vincennes, M. le comte Armand de Beaumont, lieutenant du Roi au château, et beaucoup d'autres illustrations monarchiques assistèrent à l'enquête.

Voici un extrait du procès-verbal d'enquête, à la date du 18 mars 1816 :

Le premier témoin entendu, *Blancpain* (*Jean-Baptiste*), brigadier de gendarmerie en retraite, dépose que :

— Ayant reçu, le 20 mars 1804, du général Savary, à la caserne des Célestins, rue du Petit-Musc, près l'Arsenal, l'ordre d'aller à Vincennes avec la gendarmerie d'élite dans laquelle il servait, il s'y rendit aussitôt. Arrivé au château de Vincennes avec ce détachement, il y fut sur-le-champ établi surveillant d'un prisonnier de haute importance, qu'il a su depuis être Mgr le duc d'Enghien, et, en sa qualité de surveillant, il fut placé au haut de l'escalier de son logement. Il l'a accompagné à deux reprises au pavillon dit de la Porte-du-Bois, dans lequel se tenait le conseil de guerre. Après le jugement rendu par ledit conseil de guerre, le général Savary l'a placé dans le fossé, sous le pont de la Porte-du-Bois, à cinquante pas environ du pavillon de la Reine, au pied duquel s'est faite l'exécution. Il en a été témoin de ladite place, sans pouvoir cependant distinguer bien précisément ce qui se passait; si ce n'est qu'il a entendu, à deux ou trois reprises, le général Savary, qui se tenait en haut sur le bord extérieur du fossé, et vis-à-vis, ordonner à l'adjudant Pelé de commander le feu. Il n'y avait d'autres lumières dans le fossé que celle d'une lanterne éclairée de plusieurs chandelles, et placée à quelque distance. Aussitôt après que le prince fut tombé, il a vu les gendarmes s'approcher de son corps et l'emporter tout habillé pour le déposer dans une fosse préparée derrière un mur de cinq à six pieds de hauteur environ, et distant de trois pas du lieu de l'exécution, lequel servait de dépôt de décombres. La fosse fut fermée sur-le-champ. Le prince était vêtu d'un pantalon gris, bottes à la hussarde, cravate blanche, ayant sur la tête une casquette à double galon d'or, laquelle, à ce qu'il a entendu dire, fut immédiatement jetée dans la fosse. Le prince portait deux montres dont l'une seulement lui fut enlevée par un gendarme et remise par lui au général Savary; l'autre est restée sur sa personne, ainsi que les bagues qu'il avait aux doigts et dont une portait un brillant. Enfin, sur le bord extérieur du fossé, avec le général Savary, se trouvaient plusieurs officiers généraux, parmi lesquels il a reconnu le général Caulaincourt, écuyer de Bonaparte, qu'il avait vu descendre de voiture dans la cour. (Erreur évidente du témoin. Le général Caulaincourt n'était, cette nuit-là, ni à Vincennes, ni à Paris, mais à Lunéville.)

Le second témoin entendu est *Bonnelet* (*Louis-François*), âgé de 60 ans, manouvrier, demeurant à Vincennes, rue de la Pissote, n° 107. Il déclare que, le jour même où le prisonnier est arrivé au château de Vincennes, le commandant du château, M. Harel, lui donna à lui, Bonnelet, vers les trois heures après-midi, l'ordre de creuser une fosse pour y retirer des décombres et immondices formés par un mur de quatre à cinq pieds de haut, au bas du pavillon de la Reine; qu'il y avait travaillé depuis trois heures après-midi jusqu'à la fin du jour, et qu'il y avait fait une fosse de deux pieds et demi de profondeur, sur trois de largeur et cinq à six de longueur; que, le lendemain, l'entrée du fossé lui ayant été interdite, ce n'est que le surlendemain qu'il a pu aller voir la fosse qu'il avait faite, qu'il l'a trouvée comblée et la terre relevée par-dessus en forme de sépulture ; que, pendant un certain temps, mais dont il ne peut déterminer la durée, il y a eu une sentinelle placée vis-à-vis en haut, sur le bord extérieur du fossé, et qu'elle ne permettait pas d'approcher pour regarder dans le fossé; enfin, que, dès le lendemain, tout le monde disait dans Vincennes que Mgr le duc d'Enghien avait été fusillé et enterré dans les fossés du château.

Lesquels deux témoins, *Blancpain* et *Bonnelet*, ayant déclaré ne savoir signer, ont apposé leur croix qui a été certifiée.

Le troisième témoin, *Godard* (*Guillaume-Auguste*,) employé aux octrois et demeurant à Vincennes, rue de la Charité, n° 181, âgé de 43 ans, a déclaré :

Qu'au mois de mars 1804, il était canonnier au 6e régiment d'artillerie, et employé comme artificier au château, sous les ordres du sieur Germain, garde d'artillerie; que le dit sieur Germain se trouvant, le 20 mars, indisposé, M. Harel, commandant, qui avait d'abord été chez le garde d'artillerie, fut le trouver lui, Godard, et lui donna l'ordre de délivrer trois pelles et trois pioches que des gendarmes vinrent eux-mêmes chercher au magasin, en présence de M. Harel; qu'ensuite, sur l'ordre qu'il en reçut de M. Harel, il se transporta chez ce commandant, dont l'épouse lui demanda de lui apporter deux bouteilles d'eau-de-vie, parce qu'elle n'en avait point et que *ces messieurs* pourraient en avoir besoin; que tout le monde, dans le château, était consigné, et que lui seul, Godard, en sa qualité, avait permission d'y circuler; qu'il savait qu'il était entré au château un prisonnier de distinction, arrivé dans une voiture à six chevaux, à l'entrée de la nuit, et qui avait une casquette à double galon d'or, lorsqu'il était descendu de voiture, lui présent; qu'il était persuadé, en fournissant les outils, qu'ils étaient destinés à répandre un grand tas de fumier nouvellement jeté dans le fossé par la troisième arcade de la cour, et s'élevant au-dessous de manière à pouvoir favoriser l'évasion du prisonnier; qu'après avoir porté à la dame Harel les deux bouteilles d'eau-de-vie qu'elle avait demandées, il fut se coucher vers les minuit et demi; que, le lendemain, il alla redemander au commandant les pelles et les pioches qu'il avait délivrées aux gendarmes et qu'il devait rétablir au magasin; que le commandant lui ayant dit qu'il pouvait les aller chercher dans le fossé, il y était descendu, et qu'ayant demandé à un homme qui travaillait, s'il savait où elles pouvaient être, cet homme répondit qu'elles étaient au pied du pavillon de la Reine; qu'en approchant au pied d'un petit mur alors existant, il aperçut à terre une espèce de calotte de maroquin vert, près d'un pommier (depuis arraché), et qu'ayant dès le matin entendu dire que monseigneur le duc d'Enghien était le prisonnier qu'il avait vu la veille, lequel avait été fusillé pendant la nuit, et enterré dans le fossé, la vue de cette calotte lui causa une émotion qui lui permit à peine d'y arrêter plus longtemps les yeux; qu'il se pressa d'entrer dans l'enceinte au pied du pavillon, et d'y ramasser ses pelles et ses pioches, qui étaient jetées çà et là sur une fosse nouvellement faite, et présentant une élévation d'un pied au-dessus de terre, dans la forme d'une sépulture.

Le 20 mars, la commission se réunit de nouveau, et entendit Mme *Bon* (*Madeleine*), ancienne religieuse, qui déclara :

Qu'étant, à l'époque du mois de mars 1804, maîtresse de pension à Vincennes, elle avait, entre autres élèves, les filles de Mme Harel, qui venaient prendre des leçons chez elle comme externes; que le 20 mars, les ayant ramenées à leur mère, sur les cinq heures après midi, elle vit arriver dans la cour du château une voiture à six chevaux, et en descendre un homme d'une figure et d'une taille distinguées, qui fut reçu par le sieur Bourdon, employé au château, et par le sieur Harel, commandant; qu'étant montée chez la dame Harel, elle y apprit, de la bouche même du commandant, que ce personnage était vraisemblablement un prince que le sieur Harel paraissait ne pas connaître; qu'elle ne put en savoir davantage, étant sortie sur les six heures de chez Mme Harel, qu'elle laissait dans une douleur profonde; que, le lendemain, on lui dit que le personnage qu'elle avait vu la veille était monseigneur le duc d'Enghien, lequel avait été fusillé dans la nuit, et enterré sur-le-champ dans les fossés; qu'on lui en montra même la place dans une enceinte au pied du pavillon de la Reine, formée par le petit mur de quatre à cinq pieds de hauteur.

Sur ces indications, la commission se transporta au pied du pavillon de la Reine; quatre terrassiers, parmi lesquels Bonnelet, furent mis sous la direction de MM. Héricart de Montplaisir, Delacroix, Guérin et Bonnie : le premier, médecin, le second, chirurgien honoraire du prince de Condé; le troisième, médecin du duc de Berri et du prince de Condé; le quatrième, chirurgien du prince de Condé. M. le comte Anglès, préfet de police, assistait à la fouille, pour en légaliser les résultats.

Voici le procès-verbal, dressé sur les lieux par les commissaires :

— Nous avons cru devoir, pour plus de sûreté, faire découvrir le terrain dans une étendue de dix pieds, sur douze environ, et, au bout d'une heure et demie de travail, la fouille étant à peu près à quatre pieds de profondeur, on a découvert le pied d'une botte, et, de ce moment, nous avons été assurés du succès de nos recherches.

MM. Héricart de Montplaisir, Delacroix, Guérin et Bonnie sont descendus dans la fosse, et ont pris personnellement la direction des travaux qui ont été continués avec les plus grandes précautions. Le résultat a été constaté par le rapport qu'ils en ont dressé, et qui sera annexé au présent.

Les personnes les moins exercées pourront se convaincre, par la lecture de ce rapport, qu'il ne nous est rien échappé des restes précieux que nous avions à recueillir. Nous en sommes particulièrement redevables au zèle religieux que MM. les médecins ont mis, non-seulement à diriger les travailleurs, mais à les remplacer eux-mêmes.

Après s'être assurés de la direction dans laquelle le corps était posé, ils se sont occupés de retirer, avec les plus grands ménagements et par parcelles, la terre qui le recouvrait. C'est ainsi qu'ils sont parvenus successivement à découvrir :

1° Une chaîne d'or avec son anneau, que M. le chevalier Jacques a reconnue pour être celle que le prince portait habituellement, et qui, en effet, a été trouvée près de ses vertèbres cervicales. Cette chaîne et les petites clefs de fer qui accompagnaient le cachet d'argent mentionné ci-dessous, nous avaient été annoncées d'avance par M. le chevalier Jacques, le fidèle compagnon d'armes de monseigneur le duc d'Enghien, qui s'est enfermé avec lui dans la citadelle de Strasbourg, et ne s'en est séparé que lorsque le prince a été emmené à Paris, parce qu'il ne lui a pas été permis de le suivre;

2° Une boucle d'oreille : l'autre n'a pas été retrouvée;

3° Un cachet d'argent aux armes de Condé, encastré dans une agrégation ferrugineuse fortement oxydée, et où nous avons reconnu une petite clef de fer ou d'acier;

4° Une bourse de maroquin à soufflet contenant onze pièces d'or et cinq pièces d'argent ou cuivre;

5° Soixante-six pièces d'or, ducats, florins et autres, faisant vraisemblablement partie de ceux qui lui avaient été remis par M. le chevalier Jacques au moment de leur séparation, renfermés dans des rouleaux cachetés en cire rouge, dont nous avons trouvé quelques fragments.

Tout ces objets, inventoriés par nous et par M. le

comte Anglès, ont été mis à part, et nous sommes restés chargés de ce précieux dépôt.

On a recueilli également des débris de vêtements parmi lesquels se trouvent les deux pieds de bottes, et des morceaux de la casquette portant encore l'empreinte d'une balle qui les avait traversés. Ces débris, ainsi que la terre recueillie autour du corps, ont été réunis aux ossements et placés dans un cercueil de plomb...

Voici maintenant le procès-verbal des docteurs :

— Nous soussignés, etc.,

Certifions qu'étant descendus dans la fouille, nous avons constaté que le premier objet qui avait été aperçu était un pied de botte, contenant des ossements que nous avons reconnus être ceux du pied droit, et que nous avons recueillis;

Ayant ensuite découvert dans leur tiers inférieur les os de la jambe à laquelle appartenait ce pied, leur position nous a fait présumer quelle pouvait être la situation du corps;

En continuant nos travaux, nous avons mis à découvert le coude du bras gauche, ce qui nous a fourni un indice de plus sur la direction du corps, et avons jugé, d'après l'élévation plus grande des pieds, que le corps et la tête devaient être plus profondément placés;

Nous avons fait creuser sur l'un des côtés dans la direction du corps, de manière à le pouvoir découvrir ensuite au-devant de nous, partie par partie;

Nous avons d'abord procédé à la recherche de la tête, que nous avons trouvée brisée;

Parmi les fragments, la mâchoire supérieure, entièrement séparée des os de la face, était garnie de douze dents;

La mâchoire inférieure, fracturée dans sa partie moyenne, était partagée en deux et ne présentait plus que trois dents;

Dans la terre qui avoisinait les os du crâne, nous avons trouvé des cheveux;

Nous avons acquis la certitude que le corps était *à plat sur le ventre*, la tête plus basse que les pieds;

Nous avons ensuite découvert et enlevé successivement les vertèbres du cou avec une chaîne d'or, l'omoplate gauche, le bras et la main gauche;

Le reste de la colonne vertébrale; l'omoplate droite, le bras droit, et la main allongée parallèlement au corps, sous lequel, et parmi des lambeaux de viscères, on a trouvé des pièces d'or et une bourse de maroquin;

Le bassin, dont l'os de la hanche gauche présentait, au-dessus de la cavité qui reçoit l'os de la cuisse, une fracture avec une échancrure circulaire;

Les os de la cuisse, de la jambe et du pied du côté gauche, parfaitement en rapport entre eux, mais la cuisse écartée en dehors, et la jambe fléchie en dedans sur la cuisse;

Enfin les os de la cuisse et de la jambe, du côté droit;

Tous ces ossements étaient complétement privés de parties molles et généralement bien conservés.

Le cercueil de plomb fut ensuite porté par les officiers de la garde royale jusqu'au pavillon de la porte du Bois : la salle du jugement avait été convertie en chapelle de dépôt temporaire, en attendant que fût restaurée l'ancienne Sainte-Chapelle du château, élevée autrefois par saint Louis.

Le lendemain, 21 mars, le clergé de Vincennes vint faire la levée du corps. Au pied du pavillon, M. le marquis de Puyvert attendait l'illustre dépouille. Il se découvrit et adressa aux soldats le discours suivant, curieux témoignage des sentiments exprimés à cette époque :

« Soldats,

« Cette pompe funèbre nous rappelle des souvenirs déchirant, mais biens chers à des cœurs français. Voilà tout ce qui nous reste d'un prince si brave, digne rejeton d'une race féconde en héros. Ses premiers exploits nous promettaient encore un Grand Condé. Leur éclat alarma l'insatiable ambition de ce tyran qui ravagea la France pour désoler l'Europe. Il fit de sa mort le gage sanglant d'une union régicide, et son atroce perfidie l'immola auprès de cet antique donjon où le plus illustre de ses aïeux fonda le berceau de la monarchie.

« Honorons sa mémoire par des regrets éternels, par un dévouement sans bornes à son auguste race; et pour lui rendre un dernier hommage, digne de son cœur, jurons à ses mânes de vivre et de mourir, comme lui, fidèles à nos serments, fidèles à nos rois légitimes.

« Vive le roi! Vivent à jamais les enfants de saint Louis! Gloire aux Condés! »

Puis le cercueil de plomb fut enfermé dans un cercueil de chêne et, sur une plaque de cuivre, fut gravée l'inscription suivante :

Ici est le corps
du Très-Haut et Très-Puissant Prince
Louis-Antoine-Henri de Bourbon-Condé, duc d'Enghien,
Prince du sang, Pair de France,
mort à Vincennes, le 21 mars 1804,
âgé de 31 ans 9 mois 13 jours.

LA VEUVE BOURSIER ET LE GREC KOSTOLO (1823).

. . . Il s'était assez rapidement introduit dans l'intimité des époux (PAGE 2.)

Il y avait à Paris, en 1823, au coin de la rue de la Paix et de la rue Neuve Saint-Augustin, une boutique d'épiceries des mieux achalandées. Les époux Boursier, qui, depuis plus de treize ans, étaient à la tête de ce petit commerce, jouissaient dans leur quartier d'une réputation méritée. Tous deux étaient dans la force de l'âge; mariés depuis 1809, ils travaillaient à l'envi l'un de l'autre pour élever leurs cinq enfants, dont l'aîné avait alors douze ans et le plus jeune cinq ans. Les bénéfices annuels de la boutique s'élevaient à près de 11,000 fr. Chacun des époux avait sa part bien distincte dans ces heureux résultats d'une commune activité. M. Boursier avait un rare talent pour les achats; il faisait *le dehors*, comme on dit, et passait de temps en temps des mois entiers au Havre ou à Bordeaux, pour l'achat des denrées coloniales. Voyageur de sa propre maison, il avait les allures, l'entrain jovial, l'activité bruyante du voyageur de commerce. Il s'absentait souvent dans le jour, pour faire la place, et passait la plupart de ses soirées avec des amis. Gros à l'excès, le cou court, la face enluminée, Boursier avait une de ces constitutions puissantes, mais pléthoriques, qui tuent leur homme en pleine santé. Il avait le caractère de sa constitution, bon, mais irritable ; ses vivacités, au reste, duraient peu: *la main tournée*, disait-on, il ne pensait plus à ses plus grosses colères.

Mme Boursier avait trente-six ans, de l'embonpoint aussi, mais dans des proportions moins formidables que son mari ; point jolie, gravée de variole, la figure brune et dure, des cheveux très-noirs, des sourcils noirs, fournis, arqués, rapprochés, tous les signes d'une constitution impérieuse, exigeante; la bouche agréable, d'ailleurs, et les dents très-blanches. L'expression générale de cette figure était la volonté, l'habitude et l'amour du commandement. Et, de fait, Mme Boursier était maîtresse au logis, surtout à la boutique. Admirable pour le détail, elle régnait au comptoir et dirigeait avec une rare intelligence tout un petit monde de subordonnés : la veuve Flamand, sa tante, parente pauvre de soixante-onze ans; Delonges et Béranger, gros garçons de boutique; Mlle Reine, fille de comptoir; Halbout, le teneur de livres; Joséphine Blin, la cuisinière.

Mme Boursier, quelle que fût son aptitude au commerce, était née dans un milieu social plus élevé. Elle était fille de M. Bodin, avocat avant la Révolution, depuis fonctionnaire et magistrat distingué.

Tels étaient les époux Boursier. On n'eût pas trouvé à citer dans tout le quartier une maison plus paisiblement prospère, un couple mieux assorti, vivant en meilleure intelligence.

Tout ce calme bonheur finit le 28 juin 1823. Ce

jour-là, M. Boursier, après avoir mangé quelques cuillerées d'un potage au riz, son déjeuner ordinaire, fut pris de vomissements violents. Il se mit au lit dans un état de prostration complète. On envoya chercher en toute hâte le docteur Bordot, un ami de la maison. De pareils accidents n'étaient pas rares chez M. Boursier : le médecin ne s'inquiéta pas d'abord; mais, vers le soir, l'état du malade empirant, il fallut recourir aux sangsues et aux sinapismes. Le lendemain matin, un autre médecin, le docteur Tartra, fut appelé en consultation. Le mal augmentait visiblement : pendant la nuit suivante, un élève en médecine, le sieur Toupié, fut chargé de veiller le malade. Le 30 juin, vers quatre heures du matin, une crise suprême emporta M. Boursier.

La douleur de la veuve fut telle qu'on devait l'attendre d'une femme qui perdait à la fois le compagnon de sa vie, le père de ses enfants, le soutien de sa maison.

Cependant des bruits étranges ne tardèrent pas à circuler. Un Grec, domestique sans place, nommé Kostolo, avait bénévolement veillé M. Boursier, et avait aidé sa femme à préparer les remèdes et les boissons ordonnés par les médecins. M. Boursier mort, ce Kostolo avait fait remarquer à l'élève Toupié que les ongles du cadavre étaient devenus bleuâtres; cette coloration, disait-il, il l'avait observée déjà chez des personnes mortes empoisonnées. Les médecins, néanmoins, ne conçurent aucun soupçon contre la veuve.

Mais, quelques jours après, Kostolo se vantait, auprès des amis et des voisins, d'être au mieux avec la veuve, et allait jusqu'à dire qu'un projet de mariage était arrêté entre eux. On se rappela alors que les visites de Kostolo avaient été fréquentes, du vivant de M. Boursier; que ce Grec s'était assez rapidement introduit dans l'intimité des époux pour avoir été choisi, lui sans ressources apparentes, sans profession connue, venant on ne savait d'où, pour tenir sur les fonts de baptême une petite-nièce de Mme Boursier. Depuis la mort du mari, les visites de Kostolo n'avaient pas cessé, et on disait même qu'il avait accès dans la chambre de la veuve.

De son côté, la veuve racontait, avec force redites, la fin si subite de son mari, et disait : « Quand M. Boursier eut goûté de son potage, il appela Joséphine et lui dit : Quel goût! ce riz est *empoisonné!* — Mais, Monsieur, répondit Joséphine, cela est bien étonnant; le potage devrait être meilleur qu'à l'ordinaire, car j'y ai mis trois jaunes d'œuf au lieu de deux. Alors M. Boursier m'a appelée, et m'a dit : — Je ne puis pas manger mon potage, il a un goût de *poison*. J'en ai goûté une cuillerée, et je l'ai trouvé comme à l'ordinaire. — Puisqu'il est bon, a dit alors M. Boursier, il faut le manger. Et il en a pris deux ou trois cuillerées. Mais le pauvre cher homme avait toujours son mauvais goût dans la bouche, et il a renoncé. Alors, les vomissements l'ont pris, et il a rendu le peu qu'il avait pris de son potage, avec des flots de bile. »

Ce mot de poison, qui se trouvait dans la bouche de Mme Boursier comme dans celle de Kostolo; ces rumeurs qui signalaient un adultère et laissaient pressentir une complicité criminelle, tout cela finit par éveiller l'attention de la justice. Les deux médecins furent mandés au parquet du Procureur du roi, et interrogés sur la nature de la maladie de M. Boursier. Toujours éloignés de soupçonner un crime, ils prévinrent la veuve, qui s'empressa d'aller demander aux magistrats l'exhumation et l'autopsie du cadavre. On lui fit remarquer que l'autopsie avait été proposée par les deux médecins, le jour même de la mort de M. Boursier, et qu'elle s'était refusée à l'autoriser; on ajouta même qu'elle avait fait faire des démarches pour précipiter l'inhumation.

Kostolo, interrogé à son tour, déclara, avec une remarquable impudence, qu'il avait été, qu'il était encore l'amant de Mme Boursier; que, du vivant du mari, celle-ci l'avait visité plus d'une fois dans sa chambre, et lui avait donné de l'argent à l'insu de M. Boursier.

La veuve Boursier essaya d'abord de démentir ces relations adultères; puis, vaincue par l'évidence, elle dut les reconnaître. Mais elle nia énergiquement que jamais elle eût pensé à un mariage avec Kostolo; si elle avait eu le tort de céder aux désirs de cet homme, elle ne s'était rendue coupable qu'une seule fois. Elle n'avait pas donné d'argent à Kostolo, mais lui en avait prêté sur reconnaissance.

Le 31 juillet, le Procureur du Roi requit qu'il fût procédé à l'exhumation. MM. Orfila et Gardy, docteurs et professeurs de la Faculté de Médecine, firent l'autopsie du cadavre, et déclarèrent qu'ils n'avaient pas trouvé trace des désordres auxquels on avait attribué la mort, à savoir une congestion cérébrale, ou une rupture soit du cœur soit des gros vaisseaux; en revanche, ils attestaient avoir trouvé dans les intestins une quantité d'arsenic suffisante pour donner la mort.

Le 2 août, une nouvelle expertise fut faite par MM. Orfila, Gardy et Barruel. Voici les passages essentiels du procès-verbal signé par ces trois médecins et chimistes :

« L'estomac est énormément distendu par des gaz. Il ne contient aucun aliment solide ni liquide. Sa face interne est tapissée par une couche assez épaisse de mucus jaunâtre... On remarque, près de l'extrémité splénique, une tache d'un jaune serin, correspondant à une tache semblable placée sur la surface externe. Ces mucosités ayant été recueillies avec soin, et la face interne nettoyée, on voit que la membrane offre quelques traces d'inflammation, surtout près du cardia, de l'extrémité splénique et du pylore. On observe aussi, sur ce dernier point, des ecchymoses que l'on fait disparaître en grattant légèrement la membrane muqueuse. La face interne du duodénum présente un mucus semblable au précédent. On rencontre la même matière colorante dans le jéjunum, mais elle diminue à mesure qu'on avance vers l'iléum. Tout l'intestin grêle est vide; mais on voit çà et là, dans plusieurs points de son étendue, des parties emphysémateuses; du reste, il n'est pas enflammé. On aperçoit, vers la fin de l'iléum, *quelques grains d'un aspect blanchâtre et assez résistants*. Ces grains, recueillis, présentent *tous les caractères physiques de l'oxyde blanc d'arsenic*; mis sur des charbons ardents, ils se volatilisent, en répandant une fumée blanche et une odeur d'ail; traités par l'eau, ils se dissolvent, et la dissolution, mise en contact avec l'acide hydrosulfurique liquide, précipite du sulfure d'arsenic jaune, surtout lorsqu'on le chauffe et que l'on y ajoute quelques gouttes d'acide hydrochlorique.

« Ces faits nous permettent de conclure : 1° que l'estomac soumis à notre examen offre des traces manifestes d'inflammation; 2° que le canal intestinal renferme une quantité d'oxyde d'arsenic suffisante pour produire cette inflammation et pour déterminer la mort. »

D'où provenait l'arsenic trouvé dans le cadavre? L'instruction découvrit que, le 15 mai 1823, c'est-à-dire quelques semaines avant la mort de M. Boursier, celui-ci avait acheté une demi-livre d'arsenic, dans le but de détruire les rats et les souris qui infestaient ses caves et ses magasins; il avait acheté également de la mort-aux-rats. Une partie seulement de ces substances avait été employée ; le reste ne se retrouvait pas. Mme Boursier ne put donner d'indication à cet égard, et affirma que jamais elle n'avait vu d'arsenic à la maison.

Tous ces graves indices motivèrent la mise en accusation de Marie-Adélaïde Bodin, veuve Boursier, et de Nicolas Kostolo, la première sous la prévention d'empoisonnement, le second sous celle de complicité.

Les deux accusés comparurent, le 27 novembre 1823, devant la Cour d'assises de la Seine. *M. Hardoin* présidait. Le siége du ministère public était occupé par M. l'Avocat général *de Broë*. *Me Couture* assistait la veuve Boursier; *Me Théodore Perrin* assistait Kostolo.

L'affaire de l'empoisonnement de M. Boursier avait excité dans Paris une grande émotion. Depuis quelques jours seulement venaient d'être clos les débats du célèbre procès de Castaing. (*Voyez* cette affaire.) L'empoisonneur hypocrite d'Auguste Ballet attendait l'issue de son pourvoi en cassation contre l'arrêt qui le condamnait à mort. Des hommes éminents, entraînés par les passions politiques et religieuses, avaient pris, en grand nombre, parti pour le scélérat qui déguisait sous un masque de piété sa cupidité criminelle. La condamnation de Castaing eut pour résultat d'exciter dans le public une indignation véhémente contre ces crimes d'empoisonnement, si tristement fréquents à cette époque dans la société française. La veuve Boursier et Kostolo furent condamnés à l'avance par l'opinion : l'adultère prouvé, l'arsenic découvert dans le cadavre de la victime, n'étaient-ce pas là des preuves suffisantes d'un forfait? Chose étrange! ceux-là mêmes qui avaient plaidé si chaleureusement la cause de Castaing; qui, avec une conviction honorable, mais aveugle, s'inscrivaient en faux contre le verdict du jury, ceux-là étaient les plus acharnés contre l'épicière et contre son amant, le Grec.

C'est sans doute un peu sous l'empire de ces impressions que Me Couture avait d'abord refusé de se charger de la défense de Mme Boursier. Il faut dire aussi que Me Couture avait eu plusieurs succès éclatants dans des instances en séparation de corps, et on l'appelait plaisamment, au Palais, la Providence des femmes. Le souvenir de son heureuse plaidoirie pour Mme Levaillant (*voyez* cette cause) lui avait fait craindre qu'on ne l'appelât désormais la Providence des empoisonneuses.

Mieux informé cependant des faits et de l'état de la procédure, Me Couture avait accepté la difficile mission qu'on lui offrait.

Les accusés sont introduits. Kostolo est un homme de trente ans à peine, d'une haute stature. Il est élégamment vêtu d'un frac noir, qu'il porte avec aisance. Sa taille est fine et bien prise, sa tête haute, sa mine assurée. Ses traits sont réguliers, accentués : c'est un vigoureux et beau garçon; il le sait et se donne en spectacle à l'assistance. La veuve Boursier est en grand deuil. Elle couvre ses traits d'un mouchoir; toute sa contenance dénote la tristesse et la honte.

Aux questions d'usage, l'accusée répond d'une voix étouffée. Kostolo, lui, répond d'une voix sonore qu'il est né à Constantinople et n'a point d'état.

On lit l'acte d'accusation, dressé par *M. Amelin*, substitut du procureur général. Ce document, après avoir rappelé les rapports coupables établis entre la veuve Boursier et Kostolo, les dons d'argent, les rendez-vous, insiste sur les faits qui ont précédé la mort de M. Boursier. La fille Blin a préparé le potage au riz sur le fourneau de la cuisine, dans une casserolle en fer battu, qui servait toujours à cet usage. Le potage prêt, elle l'a apporté, dans la casserole même, sur un petit secrétaire, dans la salle à manger. Comme à l'ordinaire, la fille Blin a prélevé sur le déjeuner de M. Boursier deux assiettées de potage, une pour elle-même, l'autre pour le plus jeune enfant de M. Boursier. L'enfant et la cuisinière ont mangé leur portion sans en être incommodés.

« Lorsque M. Boursier était prévenu par la domestique que son potage était préparé, il arrivait souvent qu'il ne le mangeait pas tout de suite, quand il était occupé à quelque chose qu'il désirait terminer. Ce potage restait quelquefois un quart d'heure à l'endroit où la servante le plaçait, c'est-à-dire sur le secrétaire qui était dans la salle à manger, *à peu de distance du comptoir où se tenait habituellement la femme Boursier.* »

Après la mort si prompte de M. Boursier, les deux médecins, selon l'accusation, n'auraient réclamé l'autopsie que parce qu'ils ne pouvaient pas s'expliquer cette maladie.

Mme Boursier s'y serait refusée, même quand on insista auprès d'elle, en alléguant l'intérêt de ses enfants. De même, elle aurait fait presser l'inhumation, « sous prétexte que son mari était très-replet, et que la putréfaction occasionnée par les chaleurs pourrait nuire aux comestibles du magasin. »

Avertie par ces bruits sinistres de taches bleuâtres, « indices presque certains d'une mort violente, » la justice fait procéder à une autopsie, et les chimistes experts découvrent dans le corps une quantité d'arsenic suffisante pour donner la mort. Évidemment, Boursier, heureux père, commerçant prospère, ignorant les désordres de sa femme, ne s'était pas empoisonné lui-même. En vain, la veuve Boursier l'a-t-elle insinué : elle a déclaré qu'un nommé Henri Clap, ami de son mari, vint la prévenir un jour qu'un certain Charles, domestique, lui aurait dit : « Boursier est mort empoisonné, parce qu'il était las de vivre. » Appelés devant le juge d'instruction, Clap et Charles se sont accordés à nier le propos.

Toute l'attitude de la femme Boursier la signale comme l'empoisonneuse. Aussitôt que les vomissements ont commencé, elle prend la casserole qui contenait le riz, jette le restant du potage dans une terrine sale, passe de l'eau dans la casserole, et ordonne à la fille Blin de la nettoyer, ce que fait celle-ci en la frottant avec du sable et de la cendre.

Interrogée sur la question de savoir si elle connaissait l'existence chez elle de l'arsenic, tantôt elle dit que Boursier ne lui a jamais parlé d'arsenic, tantôt qu'il lui a parlé de mort-aux-rats et d'arsenic.

« Interrogée sur les personnes qui fréquentaient habituellement sa maison, la veuve Boursier cita tous les amis de son mari; mais elle tut d'abord le nom de Kostolo, et dit ensuite qu'elle n'avait jamais eu de relations intimes avec lui. Mais Kostolo, assez impudent pour ne rien ménager, déclara la nature de ses liaisons avec la veuve Boursier, et celle-ci, forcée par l'évidence à avouer ses coupables habitudes, avoua d'abord qu'elle voyait Kostolo avec intérêt et plaisir, et bientôt fut contrainte de confesser que, dans la chambre même du défunt, elle s'était abandonnée aux coupables vœux du misérable séducteur. Elle avait ouvert sa bourse à Kostolo, elle le déclare aussi; et, bien qu'elle affirme ne l'avoir fait qu'à titre de prêt, on en tire la conséquence que, puisqu'elle n'ignorait pas l'état de dénûment de Kostolo, elle stipendiait ses coupables assiduités, et lui livrait le patrimoine de ses enfants...

« Sa conduite après la mort de son mari, les projets formés entre elle et Kostolo de s'unir en mariage, la promesse qu'elle lui en avait faite, la crainte qu'elle avait qu'il ne changeât d'avis, démontrent suffisamment l'intérêt qu'elle avait au crime et le motif qui l'a portée à le commettre.

« Quant à Kostolo, nul doute qu'il ne soit son complice. On le voit attaché au chevet du lit du malade, administrant à celui-ci les boissons prescrites par les médecins, et pouvant bien y avoir introduit de nouvelles doses de substances vénéneuses. Kostolo était sans ressources, sans moyens d'existence et pouvait avoir un grand intérêt à s'associer à une femme qui le mettait à la tête d'un établissement florissant. Et, d'ailleurs, les visites faites journellement par Kostolo à la veuve Boursier, après le décès de son mari, semblaient donner un nouveau poids aux intentions ultérieures de ce couple adultère. »

On passe à l'interrogatoire des accusés.

M. le Président à la veuve Boursier. — Avez-vous eu des relations intimes avec Kostolo? — *L'accusée* cache sa figure dans son mouchoir et ne répond pas. — D. Vous alliez le trouver aux Champs-Elysées? — R. Oui. — D. Vous lui donniez donc des rendez-vous? — R. Je ne puis pas dire si c'était lui ou moi. — D. Mais enfin, vous saviez l'y trouver? — R. Oui. — D. N'avez-vous pas fait confidence de cette liaison à la demoiselle Reine? — R. Non, ce fut lui. — D. N'avez-vous pas été chez Kostolo? — R. Oui. — D. Deux fois? — R. Oui. — D. Avec la fille Reine? — R. Oui. — D. Ne vous y a-t-elle pas laissée seule? — R. Oui, une fois. — D. N'avez-vous pas fait une promenade à Versailles avec Kostolo? — R. Oui. — D. A l'insu de votre mari? — R. Oui. —D. Depuis la mort de votre mari, Kostolo est venu vous voir tous les jours? — R. Oui. — D. Vous l'avez reçu dans votre chambre à coucher? — R. Une fois seulement, il m'y a suivie. — D. Vous vous y êtes abandonnée à lui? -- R. Non, Monsieur. — D. Vous l'avez avoué vous-même à M. le Juge d'instruction en ces termes : « En me livrant à lui, j'ai cédé à ses pressantes sollicitations; ma volonté n'y était pour rien. » — R. Il m'a entraînée, mais il ne s'est rien passé de plus entre nous; on a mal interprété mes réponses. — D. Les médecins sont venus chez vous quelque temps après la mort de votre mari? — R. Oui. — D. Ne vous ont-ils pas dit que l'autorité avait conçu des soupçons sur l'empoisonnement de votre mari? — R. Ils ne m'en ont rien dit. — D. N'est-ce pas d'après leur avis que vous êtes allée chez M. le Procureur du Roi pour demander que votre mari fût exhumé? C'est d'après le conseil de M. Bordot que vous vous êtes déterminée à faire cette démarche? — R. Oui, Monsieur. — D. Je vous demande si ce n'est pas après la visite des médecins que vous avez recommandé à Kostolo de rendre ses visites plus rares? — R. Je ne puis le dire. — D. Cependant il l'a déclaré. Vous êtes allée chez le Procureur du Roi; il a d'abord manifesté quelques doutes sur la possibilité d'une semblable opération. Vous y êtes retournée : alors, vous avez hésité; vous avez prétendu que cette exhumation porterait atteinte à votre commerce? — R. Cela s'est passé à peu près comme vous le dites; j'ai ajouté cependant, en répondant à M. Bordot, que, si cela était indispensable, j'y consentirais.

D. Vous savez à présent que votre mari est mort empoisonné. Vous reconnaissez que votre mari n'avait aucun motif pour s'être empoisonné lui-même? — R. Bien certainement, il ne s'est pas empoisonné. — D. On vous a demandé si vous pensiez que cet empoisonnement avait pu avoir lieu par accident; vous avez dit que cela était impossible? — R. Et je le répète. — D. Avez-vous quelques présomptions sur la cause ou l'auteur de la mort de votre mari? Pouvez-vous donner à MM. les jurés quelques renseignements sur les circonstances de ce crime? — R. Si j'en avais, je n'aurais pas attendu aujourd'hui pour les produire.

D. Vous vous êtes abandonnée à Kostolo, vous aviez pour lui le plus vif attachement; vous lui prêtiez de l'argent; vous aviez formé des projets de mariage : vous pouviez donc avoir intérêt à la mort de votre mari. Voyez quels moyens l'accusation tire de ces faits. Mais pouvez-vous supposer à quelqu'un l'intention de faire périr votre mari? — R. A personne. *Il n'avait pas d'ennemis : il était si bon!* D'ailleurs, s'il avait été empoisonné, ne l'aurais-je pas été moi-même, puisque j'ai goûté le riz et que je n'ai pas même été indisposée. — D. Vous avez reconnu que les soupçons ne pouvaient pas porter sur la fille Blin? — R. Je ne la soupçonne même pas encore.

— D. La veille de la mort de votre mari, n'avez-vous pas pris de l'émétique? — R. C'était une potion émétisée que j'ai prise par ordonnance de M. Bordot.

D. Avez-vous quelquefois acheté de l'arsenic chez les pharmaciens? — R. Jamais. — D. Votre mari ne vous a-t-il pas parlé de l'arsenic qu'il avait acheté? — R. Non.

D. Avez-vous vu de l'arsenic? — R. Jamais.— D. Mais il faut que ce mélange de l'arsenic avec le riz ait été fait par quelqu'un qui connût les habitudes de Boursier, car le mélange n'aurait pu se faire aussi facilement dans d'autres substances.

Toutes les réponses de l'accusée ont été faites avec une expression de honte visible, quand il est question de ses rapports adultères avec Kostolo, avec une fermeté triste et calme, quand elles portent sur l'empoisonnement.

Kostolo est interrogé à son tour.

D. Depuis quelle époque habitez-vous la France? — R. Depuis six ans. — D. Pour quel motif? — R. Après avoir été en Grèce combattre contre mes ennemis les Turcs, je suis venu en France pour chercher une existence, parce que je connaissais le peuple français assez bon. — D. Mais n'avez-vous pas dit à Boursier que vous aviez commandé un vaisseau? — R. Non, une petite barque. Je me rends à Marseille pour rejoindre en Grèce; je monte, comme je vous dis, une petite barque avec quarante Grecs. Je veux pénétrer dans les îles de l'Archipel; nous rencontrons les Anglais; ils nous arrêtent et ne veulent pas nous laisser pénétrer en Grèce.

A mesure que Kostolo s'engage plus avant dans le récit de ses hauts faits, son langage, d'abord assez pur malgré l'accent, devient plus inintelligible. Le beau Grec cambre sa haute taille et se livre, tout en parlant, à l'admiration du public, en homme qui sait que les Colocotroni et les Ipsilanti sont à la mode en France.

M. le Président, interrompant cette explosion de jargon héroïque: — N'avez-vous pas porté le nom de Brouski? — R. Jamais! jamais! Kostolo, toujours Kostolo! — D. Ne connaissez-vous pas une femme Olivereau? — R. Oui, depuis un an. J'étais venu à Paris avec un prince grec, le prince Kaiarki. Ce prince a le désir de voyager en Italie, je me rends à Marseille avec lui; mais bientôt je le quitte pour revenir à Paris, parce que j'avais grand plaisir à revoir encore la ville. Je crois y trouver une subsistance pour moi, mais aucune place ne se présente. Je retourne à Constantinople, j'apprends que les Turcs font la guerre aux Grecs...

Et Kostolo s'échappe encore en inintelligibles descriptions de ses exploits, avec accompagnement de pantomime furieuse, d'yeux blancs roulant dans leurs orbites et de dents blanches grinçant sous une moustache noire.

M. le Président met de nouveau un terme à ce récit burlesque. — Vous connaissez la femme Olivereau. Elle a été votre maîtresse? — R. Oui. — D. Vous avez eu avec elle des relations jusqu'au moment de votre accusation? — R. Oui. — D. Depuis quand connaissez-vous la veuve Boursier? — R. Depuis deux mois avant mon arrestation. — D. Comment l'avez-vous connue? — R. Par M. Charles, domestique. J'ai fait connaissance avec Mlle Reine, qui a demandé une place pour moi à Mme Flamand, tante de Mme Boursier, qui en a parlé à cette dernière. Elle me dit la première fois que je la vis: « Vous me croyez donc bien méchante, puisque vous n'avez pas osé entrer? (C'est vrai que je n'osais pas.) J'ai déjà placé bien des personnes; on s'adresse volontiers à moi. Je pourrais avoir le plaisir de vous placer. » Pour lors, après, j'allais *de temps en temps continuellement* chez Mme Boursier. Un jour, sa tante me dit: « Je pense que vous avez besoin d'argent. — Je dis non. — Ma nièce voudrait bien vous en offrir. — Je dis que j'étais extrêmement sensible. — Si, si, vous avez besoin de 200 francs. » Et voilà! M. Boursier m'avait offert souvent à dîner; c'était un bien brave homme. J'avais refusé un jour, ils sont venus me prendre de force pour dîner. La nièce de Mme Boursier venait d'accoucher; on cherchait un parrain qui pût tenir l'enfant avec la tante. On me propose: j'accepte. Je me rends à Saint-Roch; nous retournons à la maison. — D. A combien s'élève la totalité des sommes que la veuve Boursier vous a prêtées? — R. A 600 ou à 700 francs. — D. Femme Boursier, vous disiez 300 francs? — R. Et c'est vrai.

D. Kostolo, n'avez-vous pas donné rendez-vous à la veuve Boursier sur le boulevard? — R. Oui, trois fois. — D. Avec la fille Reine, pour aller aux Champs-Elysées? — R. Oui. — D. Le mari ignorait tout à fait cette liaison? — R. Oui. — D. N'avez-vous pas fait un voyage à Versailles avec la veuve Boursier? — R. Oui. — D. La femme Boursier a été plusieurs fois chez vous? — R. Deux fois. — D. Reine a laissé la femme Boursier seule chez vous? — R. Oui. — D. Est-ce d'après l'avis de la femme Boursier que vous fîtes confidence à Reine de votre liaison? — R. Oui; elle m'a dit: « C'est une bonne fille, et il faut une confidente dans ces choses-là. » — D. Ainsi, la femme Boursier s'est livrée à vous dans votre chambre? — R. Oui, Monsieur.

Cette réponse est faite avec une sorte de satisfaction impudente et brutale, qui excite un mouvement de dégoût dans l'assemblée.

D. Avez-vous demandé à la femme Boursier, lors du voyage que devait faire son mari, à venir coucher dans sa maison...? — R. Quand on a des amourettes... Je causais avec elle; elle me disait: « Non, cela est impossible. » Mais je n'ai jamais eu d'intentions positives. — D. Vous vous félicitiez avec elle du voyage de Boursier? — R. Oui. — D. Vous avez su que Boursier avait renoncé à ce voyage? — R. Non. — D. A quelle époque devait-il faire ce voyage? — R. Avant sa mort.

Cette naïveté non cherchée excite une bruyante hilarité dans l'auditoire. Kostolo paraît heureux de l'effet qu'il a produit, bien qu'il n'ait pas l'air d'en avoir compris la cause.

D. Le 28 juin, à quelle heure êtes-vous allé chez Boursier? — R. A trois heures de l'après-midi. — D. Avez-vous parlé à Boursier? — R. Oui; je lui ai dit: « Qu'est-ce que vous avez? » Il m'a répondu: « Ce n'est rien. » Je suis revenu le soir. — D. Qui vous a chargé de passer la nuit près de Boursier? — R. C'est moi qui le demandai. Mme Boursier refusa; j'insistai. C'est bien. La nuit, il avait soif: Mme Boursier apprêtait l'eau de tilleul, et je lui en donnais.

D. Kostolo, quelles remarques avez-vous faites sur l'état du cadavre? — R. Les ongles étaient devenus bleus. Chez nous, j'ai vu un prince empoisonné avoir les mêmes symptômes. — D. Ainsi, vous avez eu des soupçons d'empoisonnement à l'instant de la mort de Boursier? — R. Oui.

D. Depuis la mort de Boursier, vous êtes allé tous les soirs chez sa veuve? — R. Oui. — D. Elle vous a reçu souvent dans sa boutique; vous êtes monté dans sa chambre? — R. Oui, certainement. — D. Elle s'est abandonnée à vous quinze jours après la mort de son mari?

Kostolo d'un air triomphant: — Oui, Monsieur.

Ce cynisme est accueilli par de violents murmures.

L'accusée, confuse, et cachant sa honte sous son mouchoir: — La vérité est ce que j'ai dit.

D. Kostolo, après la mort de Boursier, n'avez-vous pas fait des propositions de mariage à sa veuve? — R. Est-ce que j'aurais voulu épouser une femme qui a cinq enfants, et surtout *une femme que je n'aime pas!* — D. Cependant vous lui faisiez des protestations d'attachement; vous receviez d'elle de l'argent; continuellement vous l'excitiez à se livrer à vous. Votre conduite annonce, non-seulement de l'immoralité, mais encore la plus grande bassesse. Je suis forcé de vous le dire.

Au ton sévère sur lequel ont été prononcées ces paroles, *Kostolo* juge qu'il est convenable de paraître affligé. Il roule de gros yeux, essuie une larme qui ne coulait pas, et s'écrie d'un air contrit: — C'est bien!

D. Vous aviez une femme avec laquelle vous viviez? — R. Oui. — D. Qui vous nourrissait? — R. Oui. — D. Et vous acceptiez les bienfaits de la veuve Boursier, et vous lui faisiez des protestations d'attachement! Justifiez-vous. — R. Je ne sais pas m'exprimer; j'en demande pardon à tout le monde. Mais *ce que j'ai fait est très-commun. Je n'avais pas d'autre moyen d'existence* que le bien qu'elle me faisait.

Kostolo est interrompu par un frémissement d'indignation et de dégoût; il semble décidément étonné de cette étrange pruderie de l'auditoire.

D. Vous dites ne pas lui avoir fait de propositions de mariage? — R. Non. — D. Ou bien que c'était par plaisanterie? — R. Oui. — D. Vous saviez que Boursier gagnait beaucoup d'argent? — R. C'est bien vrai. — D. Que la veuve voulait continuer son commerce, et vous prétendez que c'était pour rire que vous lui parliez de mariage? Cela se conçoit difficilement, quand on songe que, pour vivre, vous étiez obligé de mettre à contribution les femmes que vous connaissiez, et que la veuve Boursier était à la tête d'un grand commerce.

Il est probable que les justes mépris prodigués à Kostolo par le magistrat et par l'auditoire, au sujet de ses étranges principes et de son ignoble métier, n'ont pas fait sur lui une impression bien profonde; car, son interrogatoire terminé, il lorgne avec impudence la partie féminine de l'assistance, et semble chercher une occasion nouvelle de trafiquer de ses charmes.

On entend les témoins. C'est d'abord la fille *Joséphine Blin*, qui a été un moment soupçonnée de complicité dans l'empoisonnement. La déposition de cette fille présente quelques divergences avec le récit de Mme Boursier. Ainsi, selon la fille Blin, au moment où elle apportait le déjeuner sur le secrétaire, Mme Boursier était dans le comptoir de vente, à trois ou quatre pas de là; Mme Boursier affirme, au contraire, qu'elle était dans le même comptoir que son mari. La fille Blin dit qu'elle a reçu l'ordre de sa maîtresse de laver au sablon la casserole, tandis que Mme Boursier déclare lui avoir dit seulement de la nettoyer. Au reste, le témoin pense qu'il ne s'est guère écoulé plus de quatre minutes entre le moment où elle a apporté le potage et celui où M. Boursier est venu le prendre; pendant ce temps, le témoin a vu Mme Boursier écrire et faire ses comptes.

La fille *Reine* n'a jamais reçu de confidences de Mme Boursier. Elle l'a accompagnée deux fois chez Kostolo, mais elle ne s'est doutée de rien.

Plusieurs témoins, amis ou parents des Boursier, déclarent que M. Boursier avait souvent des indispositions, qui commençaient par des vomissements. *M. Borde*, médecin, a soigné M. Boursier pour une maladie semblable à celle qui l'a emporté.

M. Toupié, élève en médecine, a soigné M. Boursier un an avant sa mort, parce qu'il se trouvait dans le même état que le 28 juin. Il a entendu Mme Boursier consulter ses amis et ses parents sur la question de l'autopsie. Elle y répugnait; mais c'est seulement sur leur avis qu'elle s'y est refusée. Le docteur *Tartra* fait une déposition semblable.

M. Orfila persiste dans l'opinion émise par lui dans le procès-verbal d'analyse. *M. Lesieur* est de l'avis de M. Orfila. *M. Gardy* revient sur ses conclusions premières. Il a remarqué que la plupart des grains blancs observés par lui le 1er août avaient disparu le lendemain. L'analyse a porté sur des quantités trop minimes, et le docteur doute que ce qui a été reconnu pour de l'oxyde pût suffire à causer la mort. *M. Barruel* déclare que dans la matière glaireuse on avait extrait à peine un grain d'arsenic. On mit cette particule sur des charbons ardents, et *l'expérience fut très-équivoque*. On avait cru d'abord à la présence d'une forte portion d'arsenic blanc, mais il fallut reconnaître que *ce n'était qu'une quantité de petits corps gras*. Le témoin ne saurait conclure, aujourd'hui comme le 1er août, qu'il y avait assez de poison pour causer la mort.

Bailli, ancien commis de M. Boursier, avait aidé son patron à distribuer dans les caves et magasins l'arsenic et la mort-aux-rats. Il savait bien que tout n'avait pas été employé. Mais, pendant le cours de l'instruction, il lui avait été impossible de se rappeler où il avait serré le reste. Il se le rappelle maintenant : l'arsenic non employé est dans un casier à bouteilles.

On fait observer au témoin qu'il a bien subitement retrouvé la mémoire; mais un ami et collègue de M. Boursier, *M. Rousselot*, épicier, vient confirmer le dire de Bailli. Ils ont cherché ensemble; Bailli a évoqué tous ses souvenirs, et ils ont fini par découvrir le paquet d'arsenic au fond d'un casier à bouteilles, à côté de la mort-aux-rats. Ils ont remis là ces substances dangereuses et ont cloué une planche par-dessus.

D. Rousselot, pourquoi n'avez-vous pas dit cela plus tôt? — R. Je croyais que vous le saviez.

Un sieur *Donzelle*, employé au ministère du Roi, explique, en termes confus, que les tergiversations de Bailli dans l'affaire Boursier lui ont paru suspectes; que ce témoin, d'abord très-animé contre la veuve Boursier, l'a défendue depuis avec chaleur. Le témoin tient d'un tiers que la belle-sœur de Mme Boursier aurait corrompu des témoins à prix d'argent; le sieur Bailli, par exemple, aurait été vu sortant de chez le défenseur de l'accusée avec des sacs d'écus sous les bras. *Bailli* se récrie, et s'offre à prouver que si, en effet, il a été chez Me Couture, il en est sorti comme il y était entré, avec deux sacs de sel gris. *Me Couture*, indigné, se lève pour protester contre l'insinuation du témoin Donzelle; mais *M. le Président* et *M. l'Avocat général* s'empressent de dire à l'honorable avocat qu'il n'a pas besoin de se justifier. *Donzelle* est renvoyé à sa place avec des paroles sévères.

M. l'Avocat général *de Broë* prononce son réquisitoire. Pour qui ne connaîtrait ce magistrat que par les plaisanteries enfiellées de Paul-Louis Courier, c'eût été un burlesque personnage que ce « maître Jean de Broë, homme de petite taille, prenant son papier, car il lisait, et que personne ne comprendrait, tant ses pensées sont obscures, son langage impropre. » Cela veut dire seulement qu'en politique M. de Broë n'était pas du même avis que Courier; il était, au reste, difficile de rencontrer chez un magistrat une élocution plus pure, une action plus noble, des principes plus nets, une modération plus honorable. M. de Broë s'exprime ainsi :

Un homme robuste et dans sa force est tombé malade le 28 juin, à dix heures du matin. Le 30, à quatre heures du matin, il n'existait plus.

Un mois plus tard, le corps fut exhumé; une substance, en assez grande quantité, fut trouvée dans ses entrailles : *c'était de l'oxyde d'arsenic*. Cet oxyde a été reconnu *à la couleur, à la teinte de la flamme* produite par la combustion, *à l'odeur* d'ail qui s'en est exhalée et *à la facilité de la dissolution* opérée par les hommes de l'art.

La quantité, en considérant surtout celle perdue par l'absorption, a suffi pour causer une inflammation de l'estomac, dont les traces ont été manifestement remarquées, et pour déterminer la mort.

L'empoisonnement est certain : est-il aussi évident qu'un crime a été commis?

Il y a eu crime, s'il n'y a eu ni accident ni suicide. Le poison était dans le riz au maigre servi à

M. Boursier pour son déjeuner; il s'en est aperçu aux deux premières cuillerées et s'est écrié : — Que ce riz est mauvais! Quel détestable goût il a! Ce riz est empoisonné!

Par quel accident, par quel effet du hasard l'arsenic en grande quantité serait-il tombé dans ce potage, dans la casserole où il fut cuit, dans l'assiette où il fut servi? Personne ne l'indique, et la domestique, Joséphine Blin, assure que, ce jour, le déjeuner de M. Boursier fut préparé et porté sur la table comme il l'avait été tous les autres jours et depuis longtemps.

La pensée d'un suicide a été repoussée de toutes parts; il n'est personne qui n'ait été frappé de cette réflexion toute simple, que M. Boursier ne se serait pas plaint de l'amertume de son potage, et ne l'aurait pas abandonné à la quatrième cuillerée, si lui-même il y avait mêlé la substance dont le goût le révoltait.

Il y a donc un crime. Quel est le criminel? C'est le seul examen que vous avez à faire. Ce n'est pas la fille Blin: les meilleurs témoignages ont été donnés sur sa conduite. M. Boursier se louait de son service; la dame Boursier est la première à la défendre contre le soupçon qui s'élèverait contre elle. Quel intérêt pouvait avoir cette domestique à faire périr par le poison un maître dont elle n'eut jamais à se plaindre? Il doit être douloureux pour cette fille d'entendre parler d'elle à l'occasion du malheur dont sans doute elle fut profondément affligée. M. Boursier était bon, et il était naturel que ceux qui le servaient s'attachassent à lui.

Ce n'est pas un inconnu. M. Boursier n'avait pas d'ennemis. Personne, d'ailleurs, n'a été aperçu ni dans la cuisine où le riz fut préparé, ni dans la salle à manger où il fut apporté.

M. Boursier n'avait pas d'ennemis, avons-nous dit, mais il avait un faux ami, mais un traître venait journellement chez lui : c'était Kostolo. A celui-là, la perversité et l'intérêt ne manquaient pas. Il était pervers, puisqu'il flétrissait une mère de famille au milieu de ses enfants et à la face de leur père; il n'était pas sans intérêt à ce que la mort frappât M. Boursier, puisqu'il était sans biens, sans emploi, sans ressources, et qu'il tendait à gouverner Mme Boursier, soit comme amant, soit comme époux. Mais la vérité est que cet étranger ne fut vu le matin par personne dans le domicile de M. Boursier, tandis que plusieurs témoins déclarent que, fidèle à ses habitudes, il ne vint ce jour-là qu'à trois heures de l'après-midi. Ajouterai-je, Messieurs, que ces libertins, qui colportent leur jeunesse partout où il y a profit à en tirer, déshonorent les maris sans scrupule, mais ne les assassinent pas?

Il n'y a donc que Mme Boursier en qui l'on puisse, selon tous les raisonnements humains, trouver l'auteur du crime. C'est horrible à dire, puisqu'elle était l'épouse de la victime.

Mme Boursier était infidèle; son cœur était rempli d'une passion adultère : devoirs, vertus et pudeur avaient été sacrifiés à un méprisable intrigant, pour les dépenses duquel elle avait détourné des deniers dont elle n'était que dépositaire; c'était la bourse de son mari.

Mme Boursier était là, le 28 juin au matin. Elle est allée à son gré, soit dans la cuisine, soit dans la salle à manger. Il a été constaté même que, de son comptoir, elle pouvait jeter l'arsenic dans l'assiette servie à M. Boursier. C'est elle qui, sur la plainte portée par son mari à la première ou à la seconde cuillerée du potage, l'a encouragé à en prendre davantage; elle ne l'a fait qu'après l'avoir dégusté, dit-elle; mais cette dégustation n'est alléguée que par elle; si elle a porté la cuiller à la bouche, a-t-elle réellement avalé ce qu'elle contenait? Qu'y avait-il dans cette cuiller? Avait-elle pris quelque chose? quelle quantité? N'aurait-elle pas touché à peine le bord de l'assiette et su distinguer la partie du riz que le poison n'avait pas atteinte?

Il y a des faits plus certains que cette dégustation, et ils sont accablants. A peine M. Boursier avait abandonné le potage, rejeté ce qu'il en avait pris et poussé quelques cris de douleur, que Mme Boursier est allée jeter ce potage dans une terrine sous l'évier, a passé de l'eau dans l'assiette, puis, et simultanément, a donné à la fille Blin l'ordre de nettoyer à fond la casserole, s'assurant, par ces précautions empressées qu'elle faisait concourir, le moyen de faire disparaître la plus légère trace que l'arsenic jeté par elle dans l'aliment aurait pu laisser à sa charge.

Coupable, elle devait en agir ainsi; innocente, elle devait faire tout le contraire : conserver précieusement la casserole et l'assiette pour que le contenu fût examiné et soigneusement exploré, acquérir ainsi une connaissance qu'elle eût été ardente à se procurer, si sa conscience ne lui avait crié : « Malheureuse! tu ne l'as que trop!... »

M. Boursier est au lit, où de cruelles souffrances lui apprennent que l'on peut désirer sa mort; sa femme ne le quitte pas... Le craint-elle? L'aime-t-elle? Le regrette-t-elle? Sa douleur est-elle sincère ou jouée? Est-ce parce qu'il peut l'accuser ou parce qu'elle va le perdre qu'elle s'attache à lui? Qui peut le dire? L'infidélité d'une femme autorise la défiance de tous ceux qui l'entourent : c'est une grande peine déjà!

Mais comment cette femme a-t-elle souffert que l'étranger auquel elle s'était abandonnée approchât son mari, lui donnât des secours, lui fît prendre des tisanes, et fût témoin de ses derniers moments? Comment, elle-même, a-t-elle supporté cette double présence de l'amant trompeur et du mari trompé; de celui pour qui s'ouvre un nouvel avenir, de ce mourant qui déjà appartient au néant?

C'est Kostolo qui, le premier, a dit : « M. Boursier est mort... » Eh bien! que va faire la veuve? Les médecins sont d'avis que le corps soit ouvert; Mme Boursier s'y oppose; ils font solliciter son consentement par l'un de leurs élèves : Mme Boursier résiste; on lui dit encore, d'une commune voix, qu'il y va de l'intérêt de ses enfants... Mme Boursier ne se laisse convaincre par quoi que ce soit, et l'autopsie n'a pas lieu.

Pendant qu'elle se défend ainsi contre une opération qui la devait confondre, il lui tarde que la terre ait couvert ce corps inanimé; elle presse l'inhumation, et c'est, en effet, avant l'accomplissement du temps prescrit par les règlements que cette inhumation est faite!

Ce fut peu de jours après que Mme Boursier passait, en un moment, de la préoccupation à la gaîté. Ce fut quinze jours après qu'elle fut embrassée par Kostolo, dans la chambre même où avait souffert et s'était éteint M. Boursier. C'est un mois après que son Grec lui parlait mariage, et qu'elle répondait qu'il fallait laisser l'année de deuil s'écouler.

C'est aussi un mois après qu'elle fut avertie par d'indiscrets médecins qu'ils avaient été appelés par M. le Procureur du Roi et interrogés sur la maladie de M. Boursier, et qu'à cette nouvelle, elle crut de sa politique de faire une démarche auprès de ce magistrat, pour lui dire qu'elle provoquait elle-même ses recherches et ses informations.

« Où donc aurais-je pris l'arsenic que je ne connus jamais? » a dit souvent Mme Boursier; mais toujours il lui fut répondu que son mari en avait acheté une demi-livre, le mois de mai précédent, pour détruire les rats et les souris qui l'incommodaient dans ses caves et jusque dans sa boutique, et qu'elle n'avait certainement ignoré ni cet achat, ni le lieu du dépôt de cette substance.

Vous connaissez maintenant, Messieurs, qu'il y a eu crime, et la femme qui l'a commis. L'empoisonnement est de tous les crimes le plus alarmant et le plus lâche : on peut se défendre contre un meurtrier; que faire contre un empoisonneur? que faire surtout contre l'empoisonneur que protége l'intimité d'une existence devenue commune, qui marche à côté de sa victime, connaît ses moindres habitudes, épie le moment favorable, et peut le choisir à son gré, aujourd'hui, demain, à chaque instant du jour, à chaque jour de l'année? Que faire contre un crime qui est consommé par un geste, et que couvrent des démonstrations perfides, qui semblent être celles du cœur et du devoir?

Songez-y bien, de pareilles causes retentissent dans l'intérieur des familles. Leur décision y porte la méfiance ou la sécurité, l'encouragement ou le salutaire effroi du crime. Plus le fait matériel est constant, plus aussi l'impunité peut être fatale. Si vous devez aux accusés une scrupuleuse appréciation des charges, vous la devez aussi à la société qui vous a remis aujourd'hui ses droits et qui vous demande justice.

. . . J'en ai goûté une cuillerée (PAGE 2.)

Quant à Kostolo, si vous étiez appelés pour déclarer ce qu'il vaut, vous le proclameriez le plus vil des hommes; mais s'il vous est demandé s'il est coupable de l'empoisonnement, il me semble qu'en mettant dans votre conscience, dans votre estime, cet homme à sa place, c'est-à-dire au dernier degré, vous devez répondre qu'il n'est pas coupable.

Me Couture se lève ensuite.

Messieurs, dit-il, quel est donc ce cruel empressement à croire aux forfaits? Ce n'est ni la simplicité, ni la bonté du cœur que l'on atteste par cette pente. La défense contre la précipitation et l'erreur est dans la magistrature et votre institution; vous n'abandonnez pas au hasard d'une opinion extrajudiciaire et sans guide l'honneur et la vie des accusés sur lesquels vous avez à délibérer. Vous voyez, vous entendez avec calme tout ce qui les intéresse, et vous vous isolez de tout ce qui les expose. M. l'Avocat général a parlé : tout ce que vous devez de respect et de confiance à son beau talent, à son noble caractère, a mis un poids dans la balance; permettez qu'à mon tour j'y dépose mes paroles. Mon zèle est pur, je vous l'atteste; car, si c'est un don que de persuader aux autres ce qu'on ne croit pas soi-même, la nature me l'a refusé.

Mme Boursier était heureuse chez elle; son mariage ne lui avait laissé rien à désirer : enfants, aisance, autorité même pour la direction des affaires, réputation d'une commerçante intelligente et d'une venderesse honnête, toutes les conditions du bonheur se trouvaient réunies dans son intérieur; sa seule ambition était de grossir son actif pour assurer à ses enfants des moyens d'éducation et d'établissement.

Avant le 28 juin, la paix régnait chez elle; peu de jours après, M. Boursier partait pour ses achats, et son absence devait être d'un mois au moins.

Ce jour-là même, Mme Boursier ne s'était pas levée à six heures du matin, selon sa coutume; son mari monta dans sa chambre, la trouva endormie, et si profondément endormie qu'il eut la fantaisie de noircir un bouchon, de faire des moustaches à sa femme, et d'attendre son réveil pour se faire un jeu de sa surprise, quand elle jetterait les yeux sur sa glace. Ce moment arrivé, Mme Boursier, mécontente de n'avoir par été sur pied de meilleure heure, prit mal la plaisanterie et gronda son mari. Descendue dans sa boutique vers huit heures, la mauvaise humeur ne tint pas contre les caresses du coupable; les époux s'embrassèrent, et chacun d'eux vaqua aux affaires.

Le déjeuner de M. Boursier fut servi à dix heures. *Cet honnête homme portait la mort dans son sein.* Le germe se développe à l'instant, avec rapidité et violence; le surlendemain, 30 juin, à quatre heures du matin, le malade avait succombé.

Un mois après, une rumeur s'élève; l'autorité redemande à la terre les restes de M. Boursier pour les livrer à l'examen des médecins : leur rapport atteste la présence du poison; la voix du peuple se fait entendre, et de toutes parts, on dit à la veuve : « Cette mort que l'honnête homme portait dans son sein, c'est vous qui l'y avez fait entrer. M. Boursier est mort du poison; c'est vous qui l'aviez mêlé à ses aliments. »

Non, non! M. Boursier n'a pu périr par le poison... Qui donc aurait conçu ce grand crime? A qui pouvait-il profiter? A qui son existence pesait-elle?

Le Rendez-vous.

Quelle haine avait-il allumée? Quelle vengeance cet homme simple, bon, inoffensif, avait-il excitée? M. Boursier empoisonné! C'est impossible. Les médecins se trompent; M. Boursier a eu peu de vomissements; son abattement fut général; il ne fut pas déchiré par les coliques et soulevé par les convulsions; pas un des trois médecins appelés près de lui n'a cru à un empoisonnement; c'est au sang et à ses mouvements désordonnés qu'ils s'en prirent; plusieurs fois ces accidents avaient mis M. Boursier en danger, et sa constitution éminemment sanguine portait en elle-même la probabilité du malheur qui lui est arrivé.

« C'était un homme volumineux, vous a dit le médecin Tartra; il avait la tête dans les épaules : son état me parut apoplectique; la tête demeurant néanmoins assez libre, j'ai cru à un mouvement du sang vers la tête ou le cœur, à une lésion du cœur. »

« Pour moi, dit l'autre médecin M. Bordot, j'avais attribué l'accident au sang; ce fut pour m'en assurer que je proposai l'autopsie. »

Toupié, l'élève en médecine placé près du malade, vous a dit, Messieurs, qu'ayant été employé au même office un an avant, *parce que M. Boursier se trouvait dans le même état*, il avait été, cette fois, très-bien reconnu par lui que le sang qui lui fut tiré était noir comme dans le cas d'asphyxie; que rien n'était comparable à la fétidité des évacuations de ce malade; qu'il a été chargé par MM. Bordot et Tartra de proposer à Mme Boursier l'autopsie; leur but étant de s'assurer quel était l'organe lésé ou la partie vitale dans laquelle le sang avait fait ses ravages. Voilà l'analyse des opinions que s'étaient formées les médecins.

Le premier rapport, de M. Orfila seul, déclare qu'il n'a été trouvé aucune trace de lésion, de rupture du cœur ou des gros vaisseaux; mais il est permis de se demander si les décisions de l'art sont infaillibles dans le cas où, comme l'expose M. Orfila lui-même, le cadavre est *entièrement tuméfié*, exhale une odeur tellement forte qu'il est impossible d'en approcher sans risquer d'en être suffoqué, à moins de recourir aux aspersions de chlorure, et présente des altérations *résultant de la décomposition putride déjà fort avancée.*

Le second procès-verbal, signé des trois médecins et chimistes, a constaté la présence, à l'extrémité de l'iléum, de *quelques grains* blanchâtres, présentant *tous les caractères physiques* de l'oxyde blanc d'arsenic : odeur d'ail dans la volatilisation ; prompte dissolution dans l'eau ; précipité de sulfure d'arsenic jaune, produit par la mise en contact de cette dissolution avec l'acide hydrosulfurique liquide, et l'acide hydrochlorique.

Un troisième examen conduit un nouveau chimiste à douter des résultats de la seconde expertise, qui n'a porté que sur une quantité extrêmement petite d'oxyde, et il est d'avis que ces globules blancs en si grande quantité, pris d'abord pour de l'arsenic en forte proportion, n'étaient que de petits corps gras.

Si M. Orfila et M. Lesieur ont persisté dans leur opinion première, M. Gardy a signalé la disparition, à vingt-quatre heures d'intervalle, de la presque totalité de ces grains blancs, et il a douté que ce qui avait été reconnu pour de l'oxyde d'arsenic eût suffi pour causer la mort.

Vous éprouvez comme moi, Messieurs, un adoucissement de la peine que vous faisait la certitude des faits de l'empoisonnement ; toutes vos idées sont déplacées sur ce point de départ de l'accusation. D'un côté, sont les médecins qui ont traité M. Boursier pendant sa maladie de quarante-trois heures, qui ne l'ont pas quitté, et n'ont pas eu la pensée que les souffrances qu'ils voyaient pussent être causées par le poison ; que l'abattement progressif jusqu'à la mort pût se confondre avec la torture convulsive d'un homme plein de vie et de force, dévoré par l'oxyde d'arsenic blanc. Du même côté, sont deux médecins chimistes, peu convaincus par les expériences, inquiets sur le procès-verbal qu'ils ont signé, confessant qu'ils ne peuvent plus assigner pour cause de la mort l'empoisonnement.

De l'autre côté, vous avez la persévérance de MM. Orfila et Lesieur, et le fait qu'un peu d'oxyde d'arsenic blanc a été trouvé à l'extrémité inférieure du gros intestin.

Quel parti allez-vous prendre ? Réfléchissez. Mme Boursier attend, et vous voyez qu'elle est calme et confiante.

Ce n'est pas par accident, a dit M. l'Avocat général, que cet arsenic s'est trouvé dans le corps. Mais peut-il, lui si consciencieux, en être bien sûr ? Ne savez-vous pas que, cinq semaines avant l'événement, M. Boursier avait apporté chez lui une demi-livre d'arsenic blanc ; que, dans cette demi-livre, il y avait 4818 grains ; que des distributions ont été faites çà et là dans les caves, dans les armoires, dans les cases de la boutique même ; que l'arsenic a été, pour ainsi dire, semé partout où les ennemis à détruire pouvaient avoir accès ? Ne vous a-t-il pas été déclaré que le baril, placé debout, contenant le riz que chaque jour on venait prendre pour le déjeuner de M. Boursier, était la plupart du temps sans couvercle ; que maintes fois on avait trouvé, à la surface du riz, les déjections de petits animaux qui, au moment de leur larcin, pouvaient être saturés de l'arsenic entré dans la pâte préparée contre leur frêle existence ? Quelques grains, enveloppés dans des excrétions si légères et inaperçus dans le riz, n'ont-ils pas pu être servis à M. Boursier, soit le 28 juin, soit avant ? Car il ne s'agit plus de la maladie et de la mort de M. Boursier, mais de se rendre compte de la présence d'un peu d'arsenic dans un cadavre.

N'y a-t-il pas encore la possibilité de quelques particules d'oxyde mêlées avec le sel blanc ? Que sais-je ? Dans une maison où était cette substance, où elle était nue, enveloppée, déguisée et divisée en tant de lieux, est-il un esprit désintéressé qui admette l'impossibilité d'un accident, d'un malheur ?

Je ne suis pas désintéressé, moi, Messieurs, il s'en faut de beaucoup : cette mère de cinq enfants, dont la vie dépend de vos impressions, vous le dit assez. Je ne ferai donc pas la réponse, je la laisse à votre prudence et à votre discernement.

Là est un dissentiment marqué entre M. l'Avocat général et la défense. M. de Broë rejette la possibilité d'un accident, moi je l'admets. M. de Broë croit que l'arsenic a causé la mort, moi je ne le crois pas. Mes motifs, à ce dernier égard, sont dans les graves atteintes portées dans le débat au procès-verbal du 2 avril, par deux des chimistes qui l'avaient signé ; dans l'opinion des médecins appelés auprès de M. Boursier, dont pas un sur trois ne fut, pendant les quarante-trois heures de traitement, frappé de l'idée d'un empoisonnement, encore qu'ils fussent instruits qu'à la première cuillerée du potage, M. Boursier s'était écrié : « Quel goût ! cette soupe est empoisonnée ! » ; dans le rapport même de M. Orfila, où il a constaté que la membrane de l'estomac *n'offrait que quelques traces d'inflammation*, que l'intestin grêle *n'était pas enflammé*, et que les ecchymoses du pilore disparaissaient en grattant légèrement la membrane muqueuse.

Je n'ai, dans ces matières, que le bon sens du vulgaire ; mais il n'en faut pas plus, à mon avis, pour juger qu'une quantité d'arsenic, suffisante pour déterminer la mort, n'aurait pas agi pendant quarante-trois heures sur ces organes sans les corroder, les déchirer et y laisser bien d'autres témoignages de son impitoyable puissance.

N'est-il donc pas permis d'assigner pour cause possible de la mort un épanchement, une congestion au cerveau, lorsque l'on considère que M. Boursier, un médecin l'a dit, avait eu plusieurs atteintes de cette nature, lors desquelles il avait eu des vomissements et des déjections semblables à celles des 28 et 29 juin ; que M. Boursier, peu d'heures après l'attaque du 28 juin, était tombé dans la prostration et l'abattement que les congestions produisent ; que, selon les signataires du procès-verbal d'autopsie, aucune partie du corps n'était comparable à la tête pour la décomposition qui s'y remarquait ?

Je n'ajouterai rien, Messieurs, à cette discussion ; elle a porté sur deux points : L'arsenic a-t-il donné la mort ? Sa présence dans l'extrémité inférieure du gros intestin est-elle le signe infaillible d'un crime commis sur la personne de M. Boursier ? Vous êtes éclairés par les plaidoiries contradictoires : vous jugerez.

Le crime, pour moi, n'est plus qu'une hypothèse : je le suppose prouvé seulement à l'instant d'examiner si Mme Boursier serait convaincue de l'avoir commis.

Eh bien ! que lui oppose-t-on ? Ce n'est pas une vie antérieure flétrie par des vices : elle n'en avait aucun; ce n'est pas l'oisiveté qui les engendre : c'était une femme renommée dans le commerce pour son activité et son courage; ce n'est pas le dégoût des embarras de sa famille, des soins qu'exigeaient ses cinq enfants : elle était bonne mère, et, en les privant de leur père, elle se chargeait seule de ce doux fardeau; ce n'est pas un amour effréné chez elle : elle en était en pleine possession; ce n'est pas un besoin de liberté temporaire pour être à l'étranger qui la détournait de ses devoirs : cinq jours après l'événement du 28 juin, M. Boursier se mettait en route pour ses achats et s'éloignait pour plus d'un mois de Paris; ce n'est pas un dessein formé pour briser un joug odieux, pour se soustraire à des sévices, à des dangers, aux fureurs d'un jaloux, aux caresses d'un libertin : le ménage était cité pour la bonne intelligence qui y régnait, les époux pour leur attachement mutuel, et l'on se rappelle que, le 28 juin, deux heures avant le déjeuner, M. Boursier embrassait en riant sa femme, à laquelle, pendant un sommeil profond, il s'était fait un jeu de figurer des moustaches.

Sommeil profond, à six heures du matin et jusques à huit heures! N'êtes-vous pas frappés de ces mots, Messieurs? N'est-ce pas là l'un de ces traits de lumière qui éclairent la conscience des hommes? Mme Boursier a empoisonné son mari à dix heures; et à six, et à sept, et à huit heures, elle goûtait, en paix avec elle-même, les douceurs du sommeil! C'est un repos du corps et de l'âme qu'un mari n'a pu rompre, qui a été le précurseur de l'exécution d'un grand crime! Serait-il assez abominable ce renversement des lois de la nature?

Ce serait donc pour se venger d'un jeu d'enfant, du baiser marital reçu à huit heures, que Mme Boursier aurait, deux heures plus tard, jeté de l'arsenic à pleines mains dans le potage de M. Boursier?

Cet arsenic, l'avait-elle? Qui le vit en sa possession? qui la vit, soit aller au fourneau pendant que le potage était sur le feu, soit quitter le comptoir où elle était assise, pour s'approcher du potage servi dans la salle à manger? Lorsque M. Boursier se plaignit de l'amertume du riz, lorsque sa femme vint près de lui, lorsque la cuisinière, appelée par sa maîtresse, accourut, le mari ou celle-ci virent-ils Mme Boursier troublée et agitée? Si M. Boursier s'est écrié, en mangeant le riz, qu'il était mauvais, qu'il était empoisonné, qui l'entendit? Ce fut Mme Boursier! Qui s'empressa de répéter que M. Boursier trouvait à son potage un goût de poison? Ce fut Mme Boursier. Qui répéta cette exclamation à la famille, aux amis, aux médecins, au juge d'instruction, dans ces débats mêmes? Ce fut Mme Boursier!

Maintenant, réfléchissez quelques instants, et daignez me dire s'il était naturel que la femme qui avait administré le poison redît au moment même et répandît tout le jour, et toujours depuis, que son mari, en goûtant le riz, s'était écrié : « Il est empoisonné! » Pour moi, Messieurs, l'innocence de Mme Boursier sort triomphante par la toute-puissance d'une circonstance si simple en apparence, si décisive quand on s'en rapporte aux mouvements du cœur humain. Docile à ces mouvements, elle eût étouffé dans son sein cette exclamation révélatrice de son mari, et elle eût voulu que tout Paris ignorât que sa victime avait pénétré et proclamé à haute voix le genre d'attentat qui lui coûtait la vie.

N'est-ce rien encore que ce conseil donné à M. Boursier de tâcher de surmonter sa répugnance pour son potage de tous les jours, et de prendre encore quelques cuillerées pour être plus certain de son amertume? Car, elle, elle venait d'y goûter et n'avait rien senti d'extraordinaire. Ce conseil aurait donc été donné par l'épouse qui avait mêlé l'arsenic avec le riz? Dans le but de s'assurer le succès de son entreprise, elle aurait enveloppé dans ce conseil ces mots : « Allons, mon ami, courage!... Il y a du poison dans ce riz; tu le crains, tu le dis, ton cœur se soulève : prévention que tout cela! Mange, mange toujours... Je suis l'envoyée de l'enfer, tes souffrances seront ma joie et ta mort comblera mes vœux. »

Indigne exagération de l'accusation! Qu'après une longue épreuve de mauvais traitements, et pour échapper à la tyrannie d'un furieux, une femme conspire contre lui; que, dans un accès de jalousie ou de colère, elle jette dans des aliments le poison qui se trouve sous sa main, et, en quelques minutes, reçoive l'offense et en tire vengeance, ce sont là des faits que la raison humaine peut admettre; mais quand les mauvais traitements manquent, quand la tyrannie manque, quand la jalousie ou la colère manque, quand l'offense et un motif de vengeance manquent, lorsqu'il s'agit d'un bon ménage et qu'il arrive que l'accusation d'empoisonnement dirigée contre l'épouse ne sait à quoi se prendre ni dans le passé, ni au jour même de l'acte auquel elle s'attache, il est contre nature d'entendre dire à une pauvre femme : « Le deuil que vous portez est votre ouvrage, perfide! vous avez empoisonné le déjeuner de votre mari, et lorsque, pour défendre sa vie, il repoussait le potage; vous avez feint d'en prendre une partie et vous l'avez poussé à sa perte en le pressant de le manger en entier. » Non, non! l'accusation passe le but et conséquemment le manque.

Mme Boursier, a-t-on dit, avait un amant, et par conséquent un intérêt à la mort de son mari! Cet indigne amant, elle l'avait accepté depuis peu de temps. Au sacrifice de ses devoirs, elle avait ajouté celui de 150 fr. *pour prêt, dont elle a exigé la reconnaissance*. Elle s'était mise en garde contre la bassesse de cet intrigant; elle n'avait pas perdu la tête avec l'honneur; elle n'a pas cette excuse, hélas! C'est une femme positive, sans imagination, dont le Grec Kostolo avait attaqué les sens, sans se soucier du cœur : les pieds ont glissé, mais le jugement n'a pas failli; cette femme n'a pas entendu que le mari, habile commerçant pour les achats, disparût pour faire place à un jeune homme étranger au commerce; elle n'a pas entendu que la pleine autorité qu'elle exerçait chez elle lui fût disputée par un usurpateur inconnu; que ses cinq enfants, chers à leur père, passassent sous le joug d'un intrus sans état, sans bien et sans talents. La pensée de rompre, en criminelle, un premier lien pour en former, en dupe, un deuxième, ne lui vint jamais. Kostolo en convient, et vous savez, Messieurs, que, lorsqu'après la mort de M. Boursier, le Grec prononça le mot *mariage*, Mme Boursier garda d'abord le silence, et, sur une nouvelle question, répondit : « Rien ne presse, l'année de deuil ne fait que commencer. »

Ce corsaire, sorti des îles du Levant, avait quelques avantages physiques. Ses protestations d'amour ont pu tromper une femme à qui manquaient à la fois l'esprit et la jeunesse; mais le désordre introduit passagèrement dans des mœurs jusque-là irréprochables n'alla pas jusqu'à l'ivresse; et vous n'avez entendu de la bouche de qui que ce soit, que Mme Boursier fût folle sous le charme, au point d'assassiner son mari pour posséder le Grec plus à l'aise.

Il ne faut donc rien exagérer, et c'est exagérer que conclure du caprice à la scélératesse, d'une faiblesse à l'accomplissement du plus monstrueux crime.

Mme Boursier s'est hâtée de faire disparaître le riz : vite, a-t-elle dit à Joséphine Blin, nettoyez assiette et casserole, et que M. Boursier voie que l'une et l'autre étaient propres. Oui, elle a fait et dit cela. La première elle en a rendu compte, et sa justification est dans l'opinion qu'elle avait qu'aucune induction fâcheuse n'en pourrait être tirée contre elle. C'est un malheur pour elle par l'événement, puisqu'on la presse par l'argument qu'elle n'a agi et parlé ainsi que pour rendre l'examen du potage impossible. L'argument est fort si elle est coupable; son explication est suffisante si Mme Boursier est innocente. Ce n'est donc pas par ce fait à deux faces qu'elle peut être convaincue d'empoisonnement, mais par l'ensemble des charges, et c'est cet ensemble que j'ai discuté.

On reproche encore à cette accusée, contre laquelle on tourne, incline et plie tous les événements, qu'elle n'a pas voulu l'ouverture du corps et qu'elle a pressé l'inhumation. Cependant, Messieurs, plusieurs membres de la famille et plusieurs amis du défunt vous ont appris qu'il serait injuste de tourmenter Mme Boursier pour ces faits; qu'elle s'en est entretenue avec eux; que l'on n'y attachait pas, le 1er juillet, l'importance qu'on leur donne aujourd'hui; qu'ils ont pensé que, dans des lieux si resserrés, à cette époque ardente de l'année, au milieu de marchandises accumulées, il y avait nécessité d'employer la célérité et d'éviter l'autopsie. Dans les cas ordinaires, les époux survivants repoussent cette curiosité des médecins : ce qui accommode l'art leur paraît irrespectueux. Les enfants pensent de même à l'égard des restes de leurs père et mère, et la recherche des causes leur importe peu au moment où ils gémissent sur l'irrévocabilité des effets. Ces parents et amis vous ont ajouté que Mme Boursier n'avait pas opposé de refus, n'avait pas donné des ordres; qu'elle s'en était rapportée à leur avis, et qu'il avait été donné conformément à ce qui avait été exécuté.

Relèverai-je ces remarques secondaires sur les passages de la douleur à la gaîté, sur ces inégalités, sur ces soubresauts de l'âme de la veuve, quinze jours après la perte immense qu'elle avait faite? On ignore donc que ces saillies d'impressions contraires sont dans la nature; que le cœur se briserait sans ces alternatives de souffrance muette et de dilatation verbeuse; que ces contrastes attestent que l'âme ne se possède pas, qu'une tempête intérieure l'agite en sens inverse? On ignore qu'on pleure et qu'on rit à la fois dans ses infortunes extrêmes; que l'on est fou dans la douleur comme dans la joie, et que c'est de l'expérience communément faite de ces vicissitudes inexplicables, qu'est sorti cet axiome : Les extrêmes se touchent.

Que vous dirai-je de ce baiser donné à la veuve par Kostolo, quinze jours après la mort de M. Boursier, dans la chambre même où cet homme lui avait fermé les yeux? Kostolo l'a offert, il ne trouve aucun inconvénient à le dire; mais il faut ajouter qu'il fut repoussé avec horreur. Dans cette scène d'un moment, Mme Boursier et lui sont à leur place.

Pour moi, Messieurs, il est un fait que je vous recommande hautement : à peine M. Boursier était inhumé, que sa veuve fit apporter dans sa chambre à coucher et placer sur le panneau où est appuyé le pied de son lit, le portrait de son mari, de sorte qu'elle ne pouvait ouvrir les yeux sans que ce portrait fût le premier objet qui les frappât. La mère de cinq enfants qui a fait cela est celle qui est accusée de l'empoisonnement de son mari! A son réveil, chaque jour et à tous les instants de la journée, elle jouit de la satisfaction qu'elle s'est ménagée de dire : « Voilà l'homme que j'ai empoisonné! »

Je crois avoir, en le divisant, porté une rude atteinte à cet ensemble de charges que le talent de M. l'Avocat général avait rendu d'autant plus imposant, qu'il l'avait présenté avec la noble modération qui le distingue. La prévention populaire n'avait pas procédé de même, et il n'est pas d'excès auxquels on ne se soit abandonné dans de furibondes déclamations contre Mme Boursier : c'était une erreur déplorable que cet emportement de l'opinion. Ah! Messieurs, craignons et redoutons l'exaltation en toutes choses, et soyons raisonnables si nous voulons être justes.

On a beaucoup parlé de l'intérêt des accusés au crime, et on s'est jeté dans le vaste champ des conjectures. Ecoutez : Kostolo n'est pas atteint par les débats; son défenseur est sans crainte; sa sécurité est profonde et doit l'être... Dieu me garde de la troubler! Cependant ne pourrait-on pas lui dire : On ne sait positivement d'où vous venez; vous n'attendiez d'existence à Paris que d'une condition que vous y cherchiez; vous ne vous êtes attaché à la maison Boursier que comme à une ressource provisoire; vous n'avez détourné une mère de famille de ses devoirs que pour en tirer de l'argent; dès sa première démarche chez vous, vous lui avez montré des reconnaissances du Mont-de-Piété, pour qu'elle payât, à l'insu de son mari, au détriment de sa maison, la rançon des effets que vous aviez engagés; vous étiez sans amour pour elle, et vous dites vous-même qu'elle était sans passion pour vous; sortant de sa maison, vous entriez chez une autre femme, à laquelle vous imposiez, aux mêmes conditions, les mêmes sacrifices; dans vos froides et vénales caresses consistait l'industrie qui, seule, vous faisait vivre; vous avez assisté le mari malade et souffrant; mais pouviez-vous soutenir son aspect? C'est dans vos bras, dit l'acte d'accusation, qu'il a expiré; mais vos bras pouvaient-ils encore le recevoir? Il meurt... Vous soupçonnez le poison, vous en êtes troublé; votre vie court, le lendemain, des dangers, et vous avez aussitôt proposé le mariage à la veuve; et dans la maison de deuil, faisant de vos premiers avantages sur elle le plus cynique abus, si l'on vous en croit, vous avez tenté d'enchaîner par le sacrilége, après l'avoir subjuguée par la séduction, l'esclave que vous n'aimiez pas. Sa fortune seule brillait à vos yeux. M. Boursier, l'exagérant de beaucoup, vous avait dit que, sous peu de temps, il pourrait quitter son commerce et se retirer avec 15,000 fr. de rente : Voilà la conquête, voilà l'intérêt! car vous n'aviez rien au monde, ni passé pour vos souvenirs, ni présent pour vos besoins, ni avenir pour l'espérance; vous aviez, dans la maison même, une confidente, concubine d'un autre, d'après l'instruction, et, hors la maison, une maîtresse qui, instruite aujourd'hui de vos infidélités, pouvait demain courir à la vengeance. Vous vantez en vain vos derniers soins pour M. Boursier, les tisanes que vous lui avez servies de votre main; vous l'aviez trahi, vous le trahissiez encore; vous avez bravé sa mémoire par des propositions de mariage ; vous êtes Grec, en un mot, et, du haut de l'histoire, tombe la fameuse réponse : *Timeo Danaos et dona ferentes.* (Je crains les Grecs jusque dans leurs présents.)

Voilà pourtant, Messieurs, jusqu'où peut s'étendre la liberté des inductions dans la recherche d'un intérêt possible à une action. Condamnerez-vous pour cela un accusé contre lequel aucune charge directe ne s'élève, aucun témoignage positif ne porte, qu'une ordonnance avait mis hors du procès, et qui n'a été retenu devant la Cour qu'à raison d'une prévention de complicité qui a si peu de fondement réel, que l'on pourrait douter qu'une défense lui fût nécessaire?

Quant à l'intérêt de Mme Boursier, quelle ardeur a-t-elle mise dans ses liaisons avant le malheur du 28 juin? Après, quel empressement pour former l'union que l'on présente comme la fin et le fruit du crime dont elle est accusée? « Quand je lui parlais de mariage, a dit Kostolo, elle ne s'expliquait pas, ou elle se taisait, ou elle ajournait en disant : Je consulterai mes parents; il faut attendre un an. » Elle ne lui a fait part d'aucun projet, si ce n'est celui de continuer son commerce.

Ce commerce était, en effet, son bonheur et comme sa gloire, car elle en était l'âme, avec son talent particulier pour la vente; et cette opinion qu'elle avait d'elle-même, le public et les étrangers la partageaient. Pour les achats, la réputation de M. Boursier était la même; il la méritait. Pouvait-elle penser à se passer d'un appui et à lui substituer un inconnu qui sollicitait une place de valet de chambre? Elle avait cinq enfants à élever; était-il intéressant pour elle de hâter le moment d'en être seule chargée, et d'arracher la vie à un père dont, si jeunes encore, ils avaient un si grand besoin?

Fille d'un père honorable, bien élevée et d'une vie paisible et pure jusqu'à son mariage; laborieuse, estimée et fière d'une prospérité et d'une considération qu'elle regardait comme le fruit de ses œuvres; mariée depuis quinze ans avec un homme vif, emporté, mais essentiellement bon; vivant en bonne intelligence constante et n'essuyant de lui de temps à autre que le reproche d'être trop facile à rendre des services, et trop peu réservée dans ses actes de charité; maîtresse absolue chez elle, agréant, renvoyant garçons et domestiques; recevant, payant seule, la majeure partie du temps, soit que M. Boursier fût en voyage, soit que, suivant sa coutume de tous les jours, il s'absentât dans Paris et allât passer ses soirées chez ses amis, comme il l'avait fait, le 27 juin, chez M. Pihan.

C'était le 28 juin, et M. Boursier attendait, à dix heures, un ami pour passer la journée en promenade avec lui. C'était le 28 juin, et, quatre à cinq jours après, M. Boursier partait pour le Havre et allait être un mois hors de sa maison. C'était le 28 juin, et, la veille, Mme Boursier, indisposée, avait pris l'émétique et s'était fatiguée... Ce serait le 28 juin, vers dix heures, que l'accusée aurait mêlé le poison avec le riz, et, à sept heures, elle dormait assez profondément pour que des moustaches faites par son mari ne l'éveillassent pas; et, à huit heures et demie, elle dormait encore, puisque la domestique, l'arrachant au sommeil, lui présenta le miroir; c'était donc vers neuf heures qu'elle boudait de l'espièglerie de son mari, tandis qu'il en riait, lui, de tout son cœur. Ce fut donc entre neuf et dix heures que, l'abordant dans son comptoir, pour faire la paix, la paix fut faite et scellée par un baiser dont il y eut plusieurs témoins...

Et ce serait vers dix heures que cette épouse aurait profité d'un intervalle de quelques minutes pour porter la mort dans le sein du mari, du père qu'elle venait d'embrasser! Elle l'aurait empoisonné soit dans le riz, soit pendant ses quarante-trois heures de souffrance, et quand il eût, objet de pitié, sur un lit de mort, désarmé la main du plus impitoyable des assassins! Et non-seulement elle se serait précipitée à plusieurs reprises sur son corps inanimé, sans que Dieu, par un miracle, le ranimât pour la repousser; et non-seulement, comme l'a dit Kostolo, elle n'eût montré ni inquiétude ni trouble dans les jours qui ont précédé et dans ceux qui ont suivi, mais, quelques jours après, elle aurait envoyé demander à la sœur de M. Boursier le portrait de son frère, l'aurait placé sous ses yeux pour jouir de l'aspect de sa victime, et ne plus vivre désormais qu'en présence de son accusateur. Eh! mon Dieu! la nature, trop féconde en scélérats, n'en aurait jamais produit un semblable!!!

On dira peut-être (et l'on aura tort) : le crime est certain; si ce ne sont les accusés ensemble, c'est l'un d'eux qui l'a commis; l'impuissance de la justice serait un scandale, l'impunité une calamité...

Faut-il pour cela leur faire tirer l'échafaud au sort? Et, quand il y aurait certitude dans le corps du délit, serait-ce la première fois que les preuves, les probabilités, les éléments de conviction manqueraient sur de prétendus auteurs ou complices?

La main criminelle, s'il y a un crime, n'est pas saisie, et c'est là, Messieurs, ce qui cause dans l'accusée un désespoir dont j'ai été vingt fois le témoin. Qu'y peut-elle faire? C'est dans le temps et dans les révélations de la suprême justice qu'il faut mettre sa confiance. La suprême justice a toute la mienne. Je l'invoque pour qu'elle vous inspire et vous guide. Si ma conviction est aveugle, elle rendra mes paroles stériles; mais, si les efforts de mon ministère lui sont agréables, si leur succès est dans ses décrets, comme dans mes vœux et mon attente, mes sentiments deviendront les vôtres, et votre décision en faveur de Mme Boursier n'aura rien de pénible pour vos consciences.

Me Théodore Perrin se borne à prononcer quelques mots en faveur de son client, et, après une heure de délibération, le jury déclare les deux accusés non coupables. *M. le Président* leur fait connaître ce verdict, et, s'adressant à Mme Boursier :

« Veuve Boursier, dit-il, vous allez recouvrer la liberté, que les plus graves soupçons vous avaient fait perdre. Le jury vous a déclarée non coupable du crime qui vous était imputé. Puissiez-vous trouver la même absolution dans le témoignage de votre conscience! Mais n'oubliez jamais que la cause de vos malheurs et du déshonneur qui couvre peut-être à jamais votre nom fut le désordre de vos mœurs et la violation des nœuds les plus sacrés. Que votre conduite à venir efface la honte de votre conduite passée, et que le repentir remplace l'honneur que vous avez perdu. »

Dans cette curieuse affaire, il est facile de saisir un point resté obscur, l'existence même de l'arsenic. Le corps du délit n'est pas suffisamment mis en lumière, et le doute sur le fait de l'empoisonnement découle naturellement des contradictions de l'expertise.

L'excellente plaidoirie de Me Couture présente aussi un côté faible : c'est la discussion du point de fait et la réfutation de l'analyse médico-légale. Le défenseur sent bien que la certitude dans le corps du délit, comme il s'exprime, n'est pas complète, que les éléments de conviction manquent; mais la preuve positive manque pour l'innocence comme pour la culpabilité, et l'accusée reste sous le poids de cet inconnu que l'avocat invoque, plutôt comme une absolution de faveur que comme une justification du crime.

Me Couture se contente, et avec raison, de demander, pour sa cliente, le bénéfice du doute, et d'en appeler aux révélations du temps.

Ces révélations n'ont pas fait défaut à la cause. La science a refait cent fois, depuis 1823, l'œuvre des experts dans le procès Boursier. Des procédés nouveaux, des principes plus sûrs ont détrôné les procédés et les principes que suivaient alors M. Orfila et ses collègues, et si Me Couture avait pu devancer les résultats conquis par la science, il lui eût été facile de démontrer rigoureusement au jury, aux juges, aux chimistes eux-mêmes, que, de l'analyse légale dont on rendait compte, il résultait qu'*on n'avait pas trouvé dans le corps de Boursier un seul atome d'arsenic*.

Que dirait aujourd'hui l'avocat en présence des affirmations de MM. Orfila et Lesueur, des aveux et des scrupules de MM. Gardy et Barruel? Il dirait : Vous qui affirmez que le corps de Boursier renfermait assez d'oxyde d'arsenic pour donner la mort, vous n'en avez pas même dégagé une parcelle. Vous dites, il est vrai, que vous avez *vu* l'arsenic. A quoi l'avez-vous reconnu? A l'odeur d'ail d'abord! Je vous concède le fait, bien que M. Barruel ait déclaré l'expérience *très-équivoque*. Que prouve-t-il? Rien. En brûlant ce petit grain blanc, vous n'avez fait que détruire, sans résultat, la substance suspecte.

Vous l'avez reconnu encore, dites-vous, à la facilité de la dissolution? Si l'arsenic était la seule substance soluble dans l'eau que présentât la nature, ceci serait une preuve. Passons.

Mais, enfin, ajoutez-vous, les acides sulfhydrique et hydrochlorique ont déterminé, dans la dissolution, un précipité de sulfure jaune d'arsenic. Et moi, je nie que ce fût du sulfure, et ma négation vaut preuve jusqu'à ce que, du sulfure prétendu, vous ayez retiré *l'arsenic métal*.

A ces arguments, les experts, aujourd'hui, n'auraient rien à répondre.

En effet, le principe aujourd'hui admis dans les cas d'expertise chimico-légale, faite à propos d'une suspicion d'empoisonnement par l'oxyde arsénieux, c'est qu'il faut, de toute nécessité, représenter l'arsenic métal. C'est le *desideratum* obligé, le seul élément de conviction acceptable.

L'odeur de la substance suspecte, sa solubilité, la production d'un précipité jaune n'ont aucune valeur. Prouvons-le.

L'odeur? A propos de cette preuve, si longtemps et si légèrement admise, M. Orfila lui-même dira plus tard :

« Il est souvent arrivé que les médecins chargés de faire des rapports devant les tribunaux ont affirmé qu'il y avait eu empoisonnement par l'acide arsénieux, parce qu'ils avaient trouvé dans le canal digestif une matière qui répandait une odeur alliacée lorsqu'on la mettait sur des charbons ardents. *Je blâmerai sévèrement cette manière d'agir*. En effet, le phosphore, l'ail et quelques autres substances offrent la même odeur. Il peut se développer dans l'estomac, pendant la digestion, des matières qui exhalent une odeur analogue lorsqu'on les chauffe. D'ailleurs, n'arrive-t-il pas souvent que l'on se trompe sur le véritable caractère des odeurs? Nous étions rapporteurs, Vauquelin et moi, dans une affaire d'empoisonnement ; la matière suspecte fut mise sur les charbons ardents, à quatre reprises différentes, et, deux fois seulement, nous crûmes reconnaître l'odeur d'ail. Nous nous assurâmes bientôt après que cette matière ne contenait pas un atome d'acide arsénieux. » (*Traité de Médecine légale*, t. III; Paris, Labé, 1848.)

Le sulfure d'arsenic? Mais il fallait isoler le métal du soufre auquel il pouvait être uni, ou ne pas affirmer sa présence. Qui indique cette nécessité? qui contredit ainsi M. Orfila de 1823? M. Orfila de 1830. Dans une affaire où la suspicion d'empoisonnement par l'oxyde d'arsenic avait été établie par rapports d'experts, MM. Orfila et Barruel démontrent que la matière colorante jaune, prise pour du sulfure d'arsenic, est de la *bile* très-riche en matière colorante, et ne renfermant pas la plus petite trace d'arsenic. Ils le démontrent par des expériences impuissantes à dégager l'arsenic métallique, expériences *indispensables*, et qui manquent absolument dans les expertises de l'affaire Boursier.

Qu'on relise le procès *Lafarge*, on verra comment, en 1840, M. Orfila traite les experts de Brives qui se contentent de produire un précipité jaune serin, sans isoler l'arsenic métal. (Lettre à Me Paillet.)

Autre exemple. En 1835, un ancien chirurgien de Marmande trouve, au fond de la cafetière qui vient de servir à la confection de son café, une matière blanche, restée insoluble. Menacé plusieurs fois de mort par son fils, il soupçonne l'arsenic : d'horribles souffrances viennent bientôt confirmer ses soupçons.

Aux cris de la victime, le parricide accourt, et, voyant que ces cris vont le dénoncer, il perd la tête, saisit un pistolet et brûle la cervelle à son père. Des témoins arrivent; le flagrant délit est constaté. Les dernières paroles du père ont été recueillies.

Une expertise est faite par M. Roturier, pharmacien à Marmande. L'empoisonnement n'est ici qu'un accessoire du parricide; mais la procédure doit être régulière et complète. Le coupable avoue pendant l'instruction. L'arsenic est retrouvé dans le cadavre en abondance; mais, dans quelques-unes des réactions produites, à l'aide de l'acide sulfhydrique et de l'acide hydrochlorique, sur les liquides trouvés dans les tubes intestinaux, M. Roturier obtient un précipité floconneux, de couleur jaune, qui se comporte comme le sulfure jaune d'arsenic, sans cependant donner d'arsenic métal à la réduction. Mêmes résultats pour les liquides de l'estomac; mais la réduction donne de l'arsenic métal en abondance. Plusieurs opérations successives présentent invariablement les mêmes phénomènes contradictoires, et l'expert est forcé de conclure que, dans certains cas, on trouve une matière ayant une similitude singulière avec le sulfure jaune d'arsenic, matière encore mal connue, « dont l'existence a dû être la cause de bien des funestes erreurs. » (*Journal de Chimie médicale*, t. VI, 1840.)

L'erreur par omission du procédé essentiel d'isolement, l'erreur par affirmation fondée sur une expérience sans valeur, ne sont pas les seules à signaler dans le rapport des experts de 1823. Non-seulement ils n'ont pas fait sublimer en vase clos leur arsenic prétendu, non-seulement ils ne l'ont pas dissous par l'acide azotique concentré et pur, mais encore ils ont confondu une substance animale, aujourd'hui bien connue, avec une substance minérale. Laissons un des experts de 1823 nous expliquer lui-même la nature de ces petits points blancs, brillants, trouvés, le premier jour, *en grande quantité*, dans l'intestin de Boursier, et qui, le lendemain, avaient disparu pour la plupart.

« *Certains experts*, dira plus tard M. Orfila (*Traité de Médecine légale*, t. III), ont pris pour de l'acide arsénieux les points brillants dont la membrane muqueuse de l'estomac et des intestins est quelquefois tapissée, et qui sont composés de graisse et d'albumine. » M. Orfila ne rappelle pas, à cette occasion, et pour cause sans doute, son expertise dans l'affaire Boursier; mais il conseille de traiter ces points brillants par l'eau bouillante, ajoutant que la dissolution, traversée par un courant de gaz acide sulfhydrique, ne fournira point de sulfure jaune d'arsenic. C'est là le *criterium*. Mieux éclairé en 1824, ou plutôt sauvé d'une erreur nouvelle par l'absence d'un précipité bilieux concolore au sulfure, M. Orfila, consulté par la Cour d'assises de l'Aube à propos d'une affaire *veuve Laurent*, détermina, comme nous venons de le dire, la nature des globules graisseux et albumineux trouvés dans le cadavre.

Et ce n'est pas seulement l'albumine et la graisse qui peuvent ainsi tromper l'œil du chimiste; dans les réactions qu'ils provoquent, bien d'autres substances peuvent déterminer la production de précipités qui prêtent à l'illusion, et que la recherche de l'arsenic métal peut seule démasquer. C'est ainsi que, en 1830, dans une expertise confiée à MM. Orfila et Barruel, ces deux chimistes obtinrent un précipité *grenu blanc*, qui, séché, se présenta sous la forme de *petits grains d'un blanc opaque*, « lesquels, *examinés sans prévention*, dit leur rapport, *ont toute l'apparence de l'oxyde blanc d'arsenic.* » (*Annales d'Hygiène publique et de Médecine légale*, t. III, 1830.)

Allons plus loin. Il y avait, dans le procès Boursier, des indications suffisantes pour faire fortement douter d'un empoisonnement, même avant toute expertise.

Non-seulement, comme l'a fort bien mis en lumière Me Couture, la maladie qui emporta Boursier était indiquée par sa constitution même et l'avait déjà frappé plus d'une fois, avec des circonstances identiques, mais les indices matériels d'empoisonnement, relevés par l'accusation, étaient en désaccord absolu avec les effets connus du poison soupçonné.

Selon l'accusation, à peine Boursier a-t-il touché des lèvres le potage empoisonné, que la saveur dégoûtante de l'aliment le repousse. Evidemment, le dégoût subit, foudroyant pour ainsi dire, est ici l'effet du mal envahissant, de la bile qui monte, non du poison. Il est dans le malade, non dans l'aliment. L'arsenic, en effet, n'a pas cet affreux goût, ce déboire accusateur que semblerait révéler l'empoisonnement attribué à la femme Boursier. Sa saveur *peu prononcée*, légèrement styptique, et *qui ne se fait pas sentir immédiatement*, a quelque analogie avec celle d'une pomme sure, et peut être facilement masquée par des substances liquides, grasses ou sucrées.

Ce n'est pas tout. Les symptômes constatés dans l'état de Boursier, immédiatement après l'ingestion prétendue de la substance mortelle, ont un caractère foudroyant qui ne s'accorde pas avec les effets ordinaires de l'arsenic pris à petite dose. Car, il ne faut pas l'oublier, Boursier a pris seulement deux ou trois cuillerées de potage; il a vomi, aussitôt après, abondamment. L'arsenic, si le riz en avait contenu, n'eût donc été ici ingéré qu'à dose très-minime. Il n'est pas ici question du crachotement continuel, de la constriction du pharynx, de l'agacement des dents, des faibles nausées qui, pendant une demi-heure au moins, précèdent les vomissements.

L'affaire Boursier nous paraît être une leçon de modestie donnée à la science, une leçon de prudence donnée à la justice, et la conclusion que nous en voudrions tirer serait celle-ci :

Des experts, en 1823, affirment la présence du poison, c'est-à-dire l'existence d'un crime, à la suite d'expériences que ces mêmes experts, quelques années plus tard, déclarent être absolument sans valeur. Cela est grave, et si le jury s'était laissé égarer avec eux, comme cela est arrivé plus d'une fois sans doute, ce serait désolant, irréparable.

Or, qui nous dit que l'affirmation du chimiste d'aujourd'hui ne sera pas démentie par les découvertes du chimiste de demain, le même peut-être? Qui nous dit que l'expérience, concluante aujourd'hui, ne sera pas demain convaincue d'impuissance ou d'erreur? Au bout de ce doute, il y a la vie ou la mort des accusés!

La science, dites-vous, a marché depuis ces jours dont vous évoquez le souvenir! Elle a marché, oui, mais s'est-elle arrêtée? A-t-elle dit son dernier mot? N'ai-je pas le droit de craindre qu'un fait inconnu ne surgisse tout à coup, qui explique de la façon la plus innocente le résultat le plus accablant pour un accusé? L'accord est-il fait, entre les savants de l'heure présente, sur les questions les plus graves que soulève l'intoxication par l'arsenic? Si cet accord existait, ce ne serait pas assez, sans doute, pour me rassurer; mais il n'existe pas.

Celui-ci (M. Orfila) déclare que l'arsenic existe, à l'état normal, dans les os de l'homme, et qu'il en a trouvé, en 1839, des quantités *bien caractérisées;* mais, en 1847, opérant exactement par le même procédé, il n'en trouve plus un atome (*Traité de Médecine légale*, t. III). Un autre affirme qu'on en trouve également dans la chair musculaire. Tous m'apprennent que les réactifs destinés à démasquer le poison en contiennent eux-mêmes. Il y a de l'arsenic dans le creuset, dans le verre des ballons et des agitateurs, et je vois qu'on discute si la volatilisation du minéral mortel a dû se faire pendant la fabrication de ce verre.

J'ouvre les chimistes : ils me montrent de l'arsenic partout.

L'arsenic, disent-ils, se trouve dans un grand nombre de substances et à divers états, où, sans causer d'empoisonnement proprement dit, il peut cependant s'introduire dans la circulation, y causer des désordres plus ou moins graves, et, à l'autopsie, égarer la science du chimiste et la religion du juge. Le *vert arsénieux* ou *vert de Schweinfurt* (arsénite de bioxyde de cuivre) en recèle; cette substance toxique est surtout employée dans la préparation des papiers peints, et M. Gimelin pense que des cas d'intoxication peuvent être attribués à des papiers de tenture colorés par ce composé dangereux. On l'a introduit, vers 1830, et à des doses énormes, dans la composition de ces belles chandelles qu'on nommait *Bougies de l'Etoile*. Une enquête, alors, prouva que les vapeurs de cet éclairage empoisonné tuaient en peu d'heures des oiseaux et des rats. Qu'un homme eût été empoisonné ainsi (il y en eut peut-être); qu'un réactif eût signalé le poison, une erreur judiciaire était possible.

On emploie l'arsenic, au mépris de la loi, pour colorer les liqueurs, les sucreries, leurs enveloppes, les jouets d'enfants! L'arsenic s'emploie également, en grand, pour *chauler* les blés. Certaines préparations médicales, en liqueurs, en emplâtres, certains remèdes secrets ou non secrets, contiennent de l'arsenic, par exemple la *teinture minérale de Fowler* (arsénite de potasse).

Nos bergers mêlent l'arsenic au savon vert pour laver leurs moutons; nos boutiquiers en couvrent des assiettes pour se délivrer des mouches; nos épiciers, comme au temps de Boursier, en composent des pâtes pour tuer les rats; et voyez comme se révèlent de jour en jour des faits nouveaux, tout gros d'explications consolantes ou terribles : les journaux américains nous apprennent l'empoisonnement de tout le personnel d'un hôtel garni, et il est avéré, peu après, que les coupables sont des rats, de pauvres rats, qui, empoisonnés par les hommes, sont venus expirer dans l'eau du réservoir qui alimente la maison.

La terre même des cimetières, où vous prenez les sujets de vos expériences, est souvent imprégnée d'arsenic, et on ne voit pas, ici encore, que vous soyez d'accord sur la façon dont se conduit, dans la terre, le minéral normal.

Dans une expertise faite, en 1844, sur les cadavres de Roturier et de Martinic-Chabot, devant la Cour d'assises de la Vendée, l'expert, M. Flandin, qui a reconnu que la terre du cimetière était arsenicale, déclare que l'arsénite, insoluble dans les laboratoires par l'eau même bouillante, a pu être dissous dans la nature par de lentes et mystérieuses réactions. « La science n'est pas fixée », dit modestement le savant chimiste.

M. Orfila, lui, prononce, de son côté, dans le sens de l'affirmation tranchante.

L'un conclut, par le doute, à l'innocence de l'accusé; l'autre conclut au crime, à la mort!

La science n'est pas fixée. On le voit de reste; il suffit pour cela d'énumérer les méthodes, les procédés employés pour obtenir l'arsenic métal.

Ces méthodes, ces procédés sont en nombre infini. Nouvelle raison de défiance pour l'homme de bon sens. Procédés de Rapp; de MM. Flandin et Danger, qui condamnent le procédé de M. Orfila, lequel condamne celui de MM. Danger et Flandin; procédés de Rose, de M. Chevallier, de M. Devergie, de M. Pettenhofer, de MM. Frésénius et Babo; enfin, et c'est ici le triomphe de la science, procédé de Marsh. Vingt fois modifié depuis que, en 1836, il valut à M. James Marsh la grande médaille d'or de la Société des Arts de Londres, ce procédé a fait grand bruit lors des procès *Lafarge* et *Lacoste*. Il décèle des quantités impondérables d'arsenic, et fait produire, par exemple, plus de cent zones bien caractérisées de métal à un demi-centième de gramme d'arsenic dissous dans 28,000 fois son poids d'eau! Mais cette sensibilité inouïe est encore un danger, une cause d'erreur. M. Orfila, qu'on trouve presque toujours du côté de la certitude tranchante, est le seul qui ait osé dire que l'appareil de Marsh est facile à manier.

« Suivant la manière de conduire ce terrible appareil, dit M. Briand (*Manuel complet de Médecine légale*), on peut ne recueillir aucune trace des substances qui renferment le poison, ou s'en laisser imposer par des apparences trompeuses qui en feraient apercevoir là où il n'est pas. » On peut, comme dans l'expertise Lafarge, surchauffer ou briser un tube, et, dès lors, l'expert anéantit tout ou partie du corps du délit. On peut encore surprendre involontairement la religion du juge, en lui montrant des quantités de poison impuissantes à donner la mort. Il semble reconnu aujourd'hui que la méthode de Marsh ne doit être employée que comme ressource extrême, alors que *tous* les autres moyens restent insuffisants. Le procédé dit *de Valentin Rose*, fournissant, par la réduction du sulfure avec les alcalis, de l'arsenic métallique dont on peut sûrement vérifier les caractères, est admis comme préférable. Qu'en sera-t-il demain?

Et les questions redoutables de l'absorption, de l'élimination, de la concentration, qui les jugera? On les voit judiciairement évoquées, pour la première fois, dans le procès *Lacoste* (*Voyez* ce nom). M. Devergie y conclut dans un sens favorable à l'accusée; M. Orfila s'empresse d'écrire qu'il eût conclu tout autrement.

Ce n'est pas nous qui parlons ici, du haut de notre ignorance, c'est un illustre médecin, M. Magendie, qui a pu dire, à propos de ces contradictions si fréquentes de la science : « Quant à aller rechercher, à l'aide de moyens très-délicats, d'un emploi difficile, la présence de matières absorbées dans les tissus, pour en déduire des conclusions qui s'appliqueraient à la médecine légale, ce genre d'investigation, *où les hommes les plus habiles peuvent aisément s'abuser, offre le plus grand inconvénient, et peut entraîner des erreurs funestes dans les décisions de la justice.* ». (*Comptes rendus des séances de l'Académie des Sciences*, 14 juin 1841, p. 1110.)

Il serait donc peut-être plus prudent de s'en tenir, au moins pour les empoisonnements par l'arsenic et dans les cas douteux, à la preuve morale. C'est ce que fit instinctivement le bon sens du jury qui acquitta la veuve Boursier.

Dans cette affaire, les enseignements du temps ont confirmé le verdict des jurés, en démontrant à la fois la vanité de l'accusation, l'erreur de la magistrature persistant dans ses soupçons même après un arrêt solennel d'acquittement, l'injustice, enfin, de l'opinion publique. Il y a dans ces débats une leçon pour tous, leçon de prudence qu'il sera bon, désormais, d'avoir sous les yeux au début de tout procès d'empoisonnement par l'arsenic. Mais, s'il ne faut jamais oublier l'impuissance et l'incompétence de la science humaine en ces matières, il faut remarquer aussi que les terreurs d'un châtiment immérité, les tortures du scandale, la flétrissure qui survit à l'acquittement, sont ici la juste expiation de l'adultère. La justice divine se sert ainsi quelquefois de la justice humaine pour punir ici-bas nos fautes; tout lui est bon pour le châtiment, même l'erreur des hommes. La veuve Boursier sortit de ces débats innocente aux yeux de la loi, mais flétrie aux yeux de la morale, mais punie dans son honneur, punie dans ses enfants, dont la petite fortune disparut dans cet orage. A ce point de vue, ce procès d'empoisonnement à tort évoqué par les hommes est un procès d'adultère souverainement jugé par Dieu.

Paris. — Typographie de Firmin Didot frères, fils et Cie, 56, rue Jacob.

36

LE GARÇON DE BANQUE D'ORLÉANS. — MONTÉLY (1842.)

. . . Un mouvement d'horreur remua les spectateurs de cette scène (PAGE 1.)

Le mardi 22 novembre 1842, une foule curieuse avait envahi la cour de l'administration des Messageries générales, à Orléans. Le Procureur du roi, un commissaire de police, plusieurs agents et quelques gendarmes venaient de faire une descente de justice dans le hangar affecté aux bagages dans cet établissement.

Pendant que le Procureur du roi se faisait représenter le registre des départs, un homme qu'on nommait Bénard, et qui tenait, dans la rue de la Hallebarde, l'hôtel de l'Europe, s'approcha du commissaire de police, et, désignant une énorme malle posée sur champ, dit : C'est celle-là.

Deux camionneurs furent appelés, abattirent la malle, en firent sauter la serrure, et, le couvercle abaissé, on aperçut un énorme paquet de grosse toile d'emballage. La toile fut dépliée et un mouvement d'horreur remua les spectateurs de cette scène : ils venaient d'apercevoir deux jambes humaines, livides, souillées de sang noir et entièrement détachées d'un cadavre mutilé placé sous ces hideux débris.

Ce cadavre était recouvert de vêtements ; la tête pendait, presque détachée du cou par une énorme blessure, qui laissait voir les carotides coupées et jusqu'aux vertèbres.

Le visage était tailladé de blessures. Un des assistants, sur l'invitation du Procureur du roi, s'approcha, et, à la seule inspection des habits, s'écria : — « C'est bien notre concierge de la Banque, notre pauvre Boisselier ! »

La veille au matin, lundi 21, c'est-à-dire, dans les habitudes de la ville d'Orléans, jour de grosse échéance pour les faubourgs, Boisselier était parti en recette vers huit heures, emportant douze effets à toucher chez plusieurs négociants et particuliers du faubourg Banier ; réunis, ces effets formaient une somme de 8,304 fr.

Le soir, on s'étonna de ne point voir revenir cet homme, dont la probité était connue. En l'absence du directeur de la Banque, un des administrateurs, M. Chavannes, avertit le Procureur du roi de cette étrange disparition. On prit des informations, et on apprit que Boisselier était en relations avec des gens d'une moralité douteuse, entre autres, un certain Montély, agent d'une Compagnie d'assurances de Saint-Germain-en-Laye.

On s'était, en même temps, transporté chez toutes les personnes que Boisselier avait dû visiter la veille, et chez lesquelles il avait dû toucher le montant des effets. Tous les effets, à l'exception de deux, avaient été encaissés ; les souscripteurs signalaient, comme s'étant présentés, les uns, un homme petit, trapu, aux cheveux noirs et portant moustaches ; les autres, un cocher de cabriolet, qu'il ne fut pas difficile de retrouver, le nommé Dupont. Cet homme dit avoir été pris à l'heure par un bourgeois qu'il avait conduit dans le faubourg Banier; ce bourgeois, court et trapu, noir de cheveux et de moustaches, était blessé au pouce, et avait quelques égratignures aux joues. Deux fois, Dupont avait été chargé par lui de descendre lui-même pour présenter des billets.

Un des billets encaissés était taché de sang.

Le signalement de ce bourgeois se rapportait exactement à celui de Montély.

On sut encore que, la veille au soir, un homme en tout semblable à ce Montély était parti en cabriolet pour Artenay. Cet homme tenait à sa main une petite valise.

Enfin, on retrouva la trace d'une entrevue qui avait eu lieu, dans un café, entre Boisselier et ce Montély.

Cependant, le sieur Bénard, propriétaire de l'hôtel de l'Europe, vint avertir le Procureur du roi d'une étrange découverte qu'il venait de faire.

Un voyageur disant se nommer Morel était, dit-il, descendu à son hôtel, y avait pris ses repas, avait fait apporter dans sa chambre une grande malle et de la toile d'emballage, puis avait fait transporter cette malle aux Messageries, à la destination de Toulouse.

A partir de ce moment, on n'avait pas revu ce voyageur. Le lendemain matin, ne le voyant pas descendre, la dame Bénard était montée à cette chambre, avait frappé, et, comme elle n'obtenait pas de réponse, elle avait introduit une allumette dans un vide qui existait sous la cloison de la chambre; l'allumette était revenue couverte de sang caillé.

Les époux Bénard croyaient à un suicide; le magistrat comprit qu'il était sur la trace de l'assassin. Il se fit dépeindre le voyageur Morel; c'était bien le signalement de Montély.

Le Procureur du roi se rendit sur-le-champ à l'hôtel de l'Europe. La chambre qui portait le n° 2 fut ouverte par un serrurier. L'ordre le plus parfait y régnait en apparence; mais le carreau portait les traces d'un lavage récent; une serviette chiffonnée était rouge de sang par places; dans un angle de la chambre correspondant au point où la dame Bénard avait introduit l'allumette, le carrelage était blanchi par un lavage; le papier de tenture avait été aussi lavé, mais, à peu de distance du sol, on y remarquait des gouttelettes rougeâtres. Au pied de la cloison, une petite mare de sang avait échappé à l'action du lavage.

Des placards situés à droite et à gauche de la cheminée présentaient de nombreuses et larges taches de sang essuyé; une éponge imbibée de sang se trouvait en outre dans le placard à droite. Les grands rideaux blancs des croisées étaient légèrement tachés de sang à la hauteur d'un demi-mètre, et à l'un de ces rideaux il existait une large tache de sang qui paraissait avoir été lavée. Un fauteuil en étoffe rouge, placé entre les deux croisées, présentait aussi quelques légères taches de sang. Enfin, un paquet ficelé avec un soin minutieux, et contenant des linges et des effets ensanglantés et déchirés, était caché sous les matelas du lit, qui ne paraissaient pas avoir été soulevés. On reconnut notamment la casquette de Boisselier.

Le doute n'était plus possible; c'était dans cette chambre que le garçon de banque avait été assassiné. La malle devait renfermer le cadavre. C'est après cette découverte que les magistrats s'étaient transportés aux Messageries. On sait ce qu'ils avaient trouvé dans la malle.

Trois médecins, les docteurs Corbin, Payen et Thion, furent chargés de faire l'autopsie du cadavre. Ils constatèrent que la blessure du cou avait dû causer une mort foudroyante: la victime n'avait pas lutté, n'avait pu crier; quelques mouvements instinctifs avaient porté, sans doute, les bras vers le siége de la douleur, ce qui expliquait quelques excoriations existant sur les mains. Les jambes avaient été désarticulées par une main sûre et ferme, mais ignorante de l'anatomie; au reste, il était évident que cette mutilation n'avait été exercée qu'après la mort. De même aussi, les plaies qui sillonnaient la face n'avaient pas dû précéder le crime et n'avaient été faites, sans doute, que pour rendre le cadavre méconnaissable.

L'estomac renfermait un liquide alcoolique.

Cependant, un des commissaires de police d'Orléans, M. Laisné, était parti pour Saint-Germain-en-Laye, porteur d'un mandat d'amener lancé contre Montély, et, en même temps, la gendarmerie recevait l'ordre de suivre les traces du voyageur parti pour Artenay. Le 23 novembre, au matin, Montély fut arrêté dans son domicile. Son costume était bien celui qu'avaient dépeint les renseignements d'Orléans. Son pantalon avait été porté chez le dégraisseur. Ses moustaches étaient coupées de la veille. On trouva, dans la paillasse de son lit, une cassette en bois de citronnier, renfermant un billet de banque de 1,000 fr. et 2,000 fr. en or; dans un secrétaire, 196 fr. en argent. Il fut constaté que, la veille, Montély avait payé des dettes importantes, avait dégagé des effets du Mont-de-Piété.

Transféré dans la maison d'arrêt d'Orléans, il fut reconnu par tous les témoins.

Quand M. Corbin, le médecin d'Orléans, fut appelé à visiter Montély, il fut frappé de voir, sur son bras gauche, un tatouage semblable à celui que portait le cadavre de Boisselier : une femme, dessinée en bleu et en rouge. Les deux confrères de M. Corbin, MM. Payen et Thion, remarquèrent, comme lui, que les ecchymoses et les blessures que portait Montély se rapportaient parfaitement aux positions respectives qu'ils avaient imaginé tout d'abord avoir été celles du meurtrier et de la victime : la victime assise, le meurtrier avait dû la saisir par derrière, tirer la tête en arrière, en appuyant sur le menton ou sur la bouche, pour faire tendre le cou, et trancher ainsi la gorge. Dans cette position, Montély avait pu, en dirigeant l'arme du bras droit, se faire une plaie qu'on lui trouva sur le bras gauche, à peu près transversale, de deux centimètres de longueur, dont la netteté démontrait que l'instrument qui l'avait faite était très-tranchant. Cette plaie ne pouvait guère remonter à plus de quatre ou cinq jours.

A l'une des chemises sanglantes, marquée de la lettre M et d'une croix, on trouva sur la manche gauche une incision nette, correspondant parfaitement à la blessure du bras de Montély. La poitrine de l'homme arrêté présentait les ecchymoses qu'on pouvait s'attendre à y trouver, en supposant une pression violente exercée par le meurtrier contre le fauteuil, pour contenir la victime.

Montély, cependant, malgré les preuves qui s'accumulaient autour de lui, niait avec opiniâtreté le crime, et même sa présence à Orléans dans la journée du 21 novembre. On fit une enquête sur cet homme.

Les antécédents de François Montély, sans être absolument mauvais, le montraient toujours aux prises avec une situation difficile, et peu scrupuleux lorsqu'il lui fallait trouver des ressources. Sa famille, originaire de Limoges, avait quitté cette ville vers 1818. A cette époque, le père de Montély, ouvrier mouleur à l'hôtel de la Monnaie, avait subi une condamnation à cinq ans de prison pour vol, et, en 1843, on le retrouvait à Bordeaux sous la surveillance de la haute police. La mère de Montély avait été poursuivie plusieurs fois pour vol.

Elevé au milieu de ces exemples et souillé de ces taches originelles, Montély, d'abord ouvrier porcelainier, s'était engagé, avait fait la guerre d'Afrique. Au régiment, sa conduite n'avait pas été des plus régulières ; mais, enfin, il avait fait bravement son devoir; il s'était fait des amis parmi ses compagnons d'armes et avait obtenu le grade de sergent.

Libéré en 1834, il avait occupé un emploi dans les douanes, à Bordeaux. De là, il s'était transporté dans le Pas-de-Calais et s'y était marié. Il s'était établi épicier à Aire, et n'avait pas réussi. On le retrouvait ensuite à Parmain, près l'Ile-Adam, ouvrier porcelainier, comme dans sa jeunesse, après une vaine tentative d'association avec son patron qui n'avait abouti qu'à la création de nombreux billets de complaisance, et même, disait-on, de faux billets sur lesquels il imitait la signature de son beau-père.

Après quelques années ainsi passées dans un désordre besoigneux, au milieu de négociations véreuses, Montély, devenu veuf, s'était remarié, près de Bordeaux, au commencement de 1842, avec Cœlina Fénélon. Il s'était monté un ménage, s'était acheté des meubles, qu'il avait payés en un billet dont le souscripteur imaginaire n'avait jamais pu être retrouvé.

A cette époque se plaçait, dans la vie de Montély, une tentative d'escroquerie plus caractérisée que les précédentes. Il avait tiré d'un sieur Labouisse, ouvrier fondeur à Bordeaux, 3,054 fr., en se présentant à lui comme propriétaire d'immeubles, et en lui montrant un lingot d'argent prétendu, extrait du sable d'une mine. Le lingot n'était composé, en grande partie, que de cuivre.

Au mois d'avril 1842, Montély, alors âgé de 35 ans, quittait Bordeaux, et venait visiter à Orléans ses deux anciens camarades de régiment, Frinault et Boisselier, le premier cafetier, le second garçon de banque. Il venait de vendre son mobilier, et s'apprêtait, disait-il, à partir pour Lille. A peine eut-il quitté Orléans, où il avait passé trois semaines avec sa seconde femme et un enfant du premier lit, qu'un mandat d'amener arriva contre lui dans cette ville, par suite d'une plainte en escroquerie portée par Labouisse. On fit, à Lille, des recherches infructueuses : Montély était reparti pour Paris, et était allé, à Saint-Germain-en-Laye, travailler à la fonderie de caractères de M. Laboulaye. A la fin d'octobre, il quittait la fonderie pour une place à la Compagnie d'assurances *la Française*. Forcé de fournir un cautionnement de 550 fr. pour la garantie de ses recettes, il souscrivit à la Compagnie un billet payable le 4 décembre suivant. Puis, on trouvait Montély versant un cautionnement de 1,200 fr. pour une place dans un Office général des Deux-Mondes, dont la faillite venait bientôt aggraver sa position.

Ces difficultés, un ménage à nourrir, une femme enceinte, lui avaient évidemment inspiré la pensée d'un crime.

On multiplia les preuves. On fit vider la fosse d'aisances de l'hôtel d'Europe, et on y trouva les débris d'un portefeuille, une sacoche double en toile : c'étaient le portefeuille et la sacoche de Boisselier. On y trouva un couteau à découper, l'instrument du crime sans doute. A Saint-Germain, on avait trouvé la fourchette vendue avec ce couteau, et on reconnut ces deux objets comme ayant été achetés, le 21 au matin, par Montély, chez un coutelier d'Orléans.

On retrouva le quincailler qui avait vendu la malle; cet homme reconnut Montély pour l'avoir vu vers dix heures, très-pressé, demandant une malle des plus grandes. — En voici une, lui avait-il dit, dans laquelle vous pourriez vous coucher. — C'est ce qu'il me faut, avait répondu Montély.

Malgré ces preuves accablantes, Montély persista à nier. Le 26 février 1843, il comparaissait devant la Cour d'assises du Loiret, sous l'accusation d'homicide volontaire avec préméditation et guet-apens, ayant pour but de consommer un vol.

La Cour est présidée par M. le Conseiller *Leber*. M. l'Avocat général *Diard* occupe le siége du ministère public. Le bâtonnier du barreau d'Orléans, *Me Légier*, a été nommé d'office pour défendre l'accusé.

L'affluence est énorme dans le prétoire; car les horribles détails de l'attentat, qui rappelle une tentative célèbre du fameux Lacenaire (*Voyez* ce procès), ont éveillé une curiosité ardente. On veut voir ce misérable, qui a eu l'affreux courage d'égorger un ami, le sang-froid terrible de le dépecer. On se raconte, sur Montély, des observations curieuses. Il n'a été, dit-on, affecté que par deux choses : les fers qu'on lui a mis tout d'abord aux pieds et aux mains, et sa séparation d'avec sa femme, jeune, jolie, et pour qui il semble ressentir un amour profond, exalté.

Sur les murs de son cachot, il a tracé des inscriptions qui révèlent les préoccupations constantes de son esprit, celle-ci par exemple :

O Cœlina, mon épouse chérie, tu possèdes le plus malheureux et le plus infortuné des hommes!...

Détenu dans un cachot des prisons d'Orléans, où il ne vit que pour toi, seul dans ce lieu de souffrance.

Le 2 novembre 1842.

MONTÉLY.

Montély, se dit-on encore, a, pendant sept jours, refusé obstinément toute espèce d'aliments, et ce n'est pas la peur de la mort, c'est l'influence de la religion, qui l'a fait revenir sur cette résolution.

On amène l'accusé. C'est un homme de petite taille, aux larges épaules, aux traits expressifs, un peu durs. Ses cheveux et ses moustaches, qu'il a dû laisser repousser, sont d'un noir bleu. Il est très-pâle.

Après la lecture de l'acte d'accusation, qui groupe les faits déjà connus du lecteur, on passe à l'interrogatoire de l'accusé. Après les questions d'usage, *M. le Président* dirige ses investigations, d'abord sur les antécédents de Montély, puis sur ses ressources pécuniaires au moment du crime.

D. Avez-vous connu Boisselier autrefois? — R. Oui, au régiment. — D. Vous étiez lié avec lui? — R. Oui. — D. Pendant votre séjour à Orléans, vous avez souvent mangé chez lui? — R. Une seule fois. — D. Vous l'avez plusieurs fois accompagné dans ses recettes? — R. Oui. — D. Vous avez su ainsi les habitudes de Boisselier et ses jours de recettes? — R. J'espérais entrer à la Banque.

D. Avec quelles ressources viviez-vous à Orléans? — R. J'avais les 1,000 francs de mon mobilier. Là-dessus, j'ai payé 200 francs à M. Chevalier pour ma dépense.

D. Aviez-vous un emploi lorsque vous êtes parti d'Orléans pour Paris? — R. Non. Je suis resté quatre ou cinq jours à Paris; de là, je suis allé à Saint-Germain, où j'ai travaillé d'abord comme ouvrier fondeur, et où j'ai trouvé ensuite une place.

D. Quels étaient vos moyens de vivre? — R. Mes gains suffisaient à ma dépense, et puis j'avais encore de l'argent de mon mobilier, puis les 3,054 fr. de Labouisse, car je ne croyais pas les lui devoir. — D. Comment? Vous avez déclaré dans l'instruction que vous attendiez un moment plus heureux pour les lui rendre. — R. Je les avais conservés parce que je ne croyais pas les lui devoir.

D. Dans les mois de mai et de juin vous avez écrit à Frinault de vous chercher un emploi à la Banque. Vous n'en aviez donc pas à Saint-Germain? — R. Je voulais quitter l'état de fondeur; cet état me nuisait.

D. Quel jour avez-vous remboursé les 876 francs que vous deviez à un sieur Carle? — R. Le 21 ou le 22 novembre; le reçu en fait foi.

D. On verra si, le 21, vous étiez à Saint-Germain. Vous avez été arrêté le 23 novembre; quelle somme aviez-vous? — R. 3,000 fr. dans une boîte, 196 fr. dans le secrétaire, et des montres que j'avais achetées à Pontoise, en 1840. — D. Tous les horlogers de Pontoise ont été entendus, et, à aucune époque, aucun d'eux ne vous a vendu de montre. — R. Vous pouvez avoir des témoins du contraire. J'ai acheté un câble, une épingle jumelle et des boutons en or, le tout pour 380 fr., que j'ai payés avec un billet que la femme de l'horloger a été changer.

D. Les montres ont été confectionnées à Paris, chez Leroy. D'ailleurs, on vous les a vues pour la première fois le jour de votre retour à Saint-Germain. D'où vous vient tout l'or trouvé chez vous, et caché de côté et d'autre, mais avec soin? — R. J'ai changé, à la Bourse de Bordeaux, pour 4,000 fr. d'or, avant de partir. J'ai payé en or, à l'hôtel de France, à Orléans, où j'étais resté trois jours, au mois d'avril. J'ai payé aussi en or chez Chevalier, et j'ai donné deux pièces d'or à Frinault.

D. C'est la première fois que vous parlez de ce change d'or à Bordeaux. Puis, je vous répète que cet or était caché avec soin, et que les deux montres étaient empaquetées avec le tout, comme pour un voyage. Au moment de votre arrestation, on a remarqué sur vous quelques traces de blessures? — R. Oui, une ici (montrant la joue droite), et l'autre au bras.

D. A l'hôtel de l'Europe, on a trouvé, sous le lit, un paquet contenant une chemise, un gilet de flanelle sans manches et un morceau de toile. Comment la chemise porte-t-elle votre marque? — R. Je n'en sais rien. — D. Vous avez commencé à l'expliquer, en disant que votre blanchisseuse du mois d'avril avait pu perdre votre chemise, et qu'un malfaiteur avait pu s'en emparer. — R. Je n'ai pas dit cela. On peut écrire ce qu'on veut. — D. La chemise a une coupure correspondant exactement à la blessure de votre bras. Les médecins ont comparé votre blessure et le trou de cette chemise; ils ont reconnu une correspondance parfaite entre la blessure et la coupure. D'où vient cette blessure que vous aviez au bras? — R. De la chute d'une enseigne. — D. Où? quel jour? — R. La semaine d'avant mon arrestation. — D. Les médecins l'ont reconnue comme bien plus récente. La chute d'une enseigne devait produire une contusion, et non une incision?

Montély, troublé, crache, et ne répond pas.

D. Avez-vous signalé à quelqu'un la chemise que vous portiez le jour de la chute de cette enseigne? Avez-vous, au moins, signalé cette incision? — R. Non, Monsieur. — D. Vous en avez parlé seulement à la fin de l'instruction, et lorsque la vérification était impossible. Vous avez dit qu'un pharmacien de Saint-Germain en avait eu connaissance; il a été entendu, et a dit ne vous avoir jamais vu. Avez-vous passé la nuit du 20 au 21 à l'hôtel de France?

L'accusé, d'une voix affaiblie. — Non. — D. Avez-vous été à l'hôtel de l'Europe? — R. Non. — D. Avez-vous habité la chambre n° 2? — R. Non.

D. Avez-vous vu Boisselier? — R. Non. — D. Ainsi, vous ne l'avez pas attiré à cet hôtel? vous ne l'avez pas accompagné? vous ne vous êtes pas fait conduire par le cocher Dupont chez diverses personnes d'Orléans? — R. Non.

D. Vous n'avez pas passé par Toury? Vous n'avez pas auparavant acheté une malle, un couteau? — R. Non.

D. Tous les témoins se trompent donc? Avez-vous fait voir votre passe-port à Artenay? — R. Non; il n'est jamais sorti du tiroir où la police l'a trouvé chez moi. — D. Cependant, le commis de la poste l'a vu à Artenay et en a retenu les énonciations? — R. Ce n'est que le jour de mon arrestation qu'il a été pris à Saint-Germain. — D. N'avez-vous pas logé à l'hôtel de France au mois d'avril? — R. Oui, pendant trois jours, avec ma femme et mon enfant. — D. Pendant ces trois jours, on a eu le temps de vous voir et de vous connaître, si bien que, lorsque vous y êtes revenu en novembre, la fille Julie Fleury vous a reconnu, et, vous-même, vous lui avez dit, en vous présentant : Est-ce que vous ne me reconnaissez pas? — R. Je suis innocent.

D. Le 21, au matin, vous avez passé rue d'Iliers, et vous avez chargé un allumeur de réverbères d'aller dire à Boisselier que vous l'attendiez. Vous avez passé rue Meslée, devant une veuve Riant, qui vous a reconnu. Vous étiez avec Boisselier? — R. Non.

D. Avez-vous acheté un couteau chez Seveste-Cintract? — R. Non, Monsieur. — D. D'où vient la fourchette trouvée chez vous? — R. Je l'avais rapportée de Bordeaux. — D. Cependant le coutelier la reconnaît? — R. Il peut se tromper.

D. Ainsi, vous niez tout? — R. Oui, je nie le crime. Je ne suis pas coupable.

D. Ce n'est que le 22 que vous avez payé Carle, car il fixe le jour du payement au jour où vous avez fait venir le perruquier? — R. Je l'avais payé auparavant. — D. Pourquoi avez-vous fait couper vos moustaches? — R. Je n'ai pas fait venir le perruquier pour cela. Depuis quinze jours, je lui disais que je ne voulais qu'un collier. J'avais eu une moustache brûlée en allumant ma pipe. — D. Le perruquier n'a pas vu cette brûlure, et il dit avoir coupé vos moustaches le 22. Vous aviez emprunté une valise à M. Fercy, votre propriétaire, la veille de votre départ, le samedi 19? — R. J'ai emprunté cette valise au moins un mois avant cela. — D. Quel jour l'avez-vous rendue? — R. Trois ou quatre jours avant mon arrestation. — D. Fercy dit que vous étiez parti le 19, après avoir bu avec lui, et que c'est le 22, dans la journée, que vous lui avez rendu sa malle. Plusieurs témoins ont reconnu cette malle et votre carton à chapeau, pour les avoir vus à Orléans le 20? — R. Je suis innocent de l'assassinat.

D. La chemise qui a été trouvée imbibée de sang, et qui porte votre marque, présente une coupure nette et tranchée au bras gauche, laquelle correspond exactement à votre blessure du bras; mais le gilet de tricot que vous portiez ne présente aucune trace de coupure. Comment expliquez-vous cela? — R. Ce n'est pas une blessure. J'ai à dire que je ne suis pas l'assassin, et ma conscience est nette. J'assure que j'ai perdu une malle, et qu'une chemise n'a pas été retrouvée.

D. Je vous fais observer qu'un témoin affirme qu'il vous a rendu tout votre linge. D'ailleurs, c'est à la fin d'avril que vous auriez perdu cette chemise, et c'est au mois de novembre que le crime a été commis. Il faudrait admettre que l'assassin aurait trouvé ou volé votre linge six mois auparavant, et serait venu précisément au mois de novembre le déposer dans cet hôtel. Et, en outre, l'assassin y aurait laissé la marque, pour donner le change à la justice? — R. Si j'étais l'assassin, j'aurais pris des précautions autres que celles-là.

D. Cette circonstance est d'une grande force; mais elle en trouve encore plus, quand un rapport de médecins constate une blessure à la face interne du bras, d'une largeur de deux centimètres. Vous auriez reçu le coup d'une enseigne sur la partie externe. — R. Je pendais cette enseigne; naturellement, elle m'est tombée en dedans.

D. Vous vous débattez en vain contre l'évidence.

On apporte la chemise sanglante, et *M. le Président* fait remarquer la correspondance de la coupure à la cicatrice du bas. Dans un autre paquet, se trouve une autre chemise, tachée de sang en moins grande quantité, et dont la marque a été enlevée. Une sensation d'horreur et de certitude se fait remarquer au banc du jury.

M. le Président. — Messieurs les Jurés, permettez-moi de vous prier de ne manifester vos sentiments en aucune manière.

Montély. — Ces chemises-là ne m'ont jamais appartenu; mon linge est marqué d'une M et d'une croix; la marque d'une de ces chemises ressemble à la mienne, voilà tout ce que je peux dire. — D. Comment cela se fait-il? — R. Je n'en sais rien.

D. Encore une observation relativement à l'inscription faite sur le livre de poste de Toury. Vous dites qu'elle n'est que du 24. Eh bien! voici une lettre d'un gendarme, reçue par le maréchal des logis, datée du 22 novembre, qui constate que, le 21, votre passe-port visé pour Lille a été vu; que vous êtes allé à l'auberge; que vous avez acheté divers effets et que vous avez voulu changer des billets de banque; que le commis de la poste a fait l'inscription signalée d'après votre passe-port. Ainsi, le 21, vous étiez bien à Toury. Qu'avez-vous à dire à cela? — R. C'est le commissaire de police qui a fait enregistrer mon passe-port en revenant.

D. Soit; mais, alors, comment le gendarme a-t-il pu savoir que, le 21, on avait visé votre passe-port?

Me Légier. — Monsieur le Président, est-il mathématiquement sûr que la lettre a été écrite avant le passage de M. le commissaire de police?

M. le Président. — Mathématiquement, non; mais cela sera expliqué plus tard.

Le maréchal des logis. — C'est moi qui l'ai reçue, à cinq heures et demie du soir; le commissaire de police est parti à une heure; la lettre que j'ai reçue a dû être écrite de Toury à deux heures.

M. Chavannes, raffineur à Orléans. — J'ai fait les démarches nécessaires à la police, aussitôt qu'on m'a appris la disparition du concierge de la Banque. Le lendemain, je m'informai près des amis de Boisselier; on me signala Montély. En sortant, je rencontrai M. Laisné, commissaire de police, qui m'annonça qu'un cabriolet, appartenant à M. Gagé, avait conduit à Artenay un homme dont le signalement se rapportait à celui de Montély. La veuve Boisselier me dit que son mari avait un autre ami nommé Frinault; celui-ci, consulté, dit qu'il avait reçu, quinze jours auparavant, une lettre de Montély, avec son adresse. C'est ainsi qu'on fut mis sur sa trace.

D. Quelle somme portait Boisselier? — R. 8,314 francs 41 c.; il avait encaissé 5,114 fr. 41 c.

D. Aviez-vous, antérieurement, rencontré Montély dans la loge de Boisselier? — R. Non, Monsieur. J'ajoute que, nous étant transportés dans les maisons où il y avait des effets à recevoir, on nous signala un individu ressemblant à Montély, et un autre individu qui, depuis, a été reconnu pour le cocher Dupont.

D. Vous avez parlé des habitudes d'ivrognerie de Boisselier? — R. Oui, Monsieur, mais je n'ai connu ces habitudes qu'après cette affaire. Nous connaissions d'abord Boisselier pour un homme d'une excellente probité.

Sur la demande de *Me Légier, M. le Président* explique que Boisselier était un homme de cinq pieds trois pouces; qu'il y avait treize effets à toucher; que deux n'avaient pas été encaissés, et qu'un troisième avait été échangé contre un mandat sur M. Varnier, banquier. Un des deux effets non encaissés fut payé le lendemain à la caisse par le débiteur, sans la représentation du billet.

M. Laisné, commissaire de police, rend compte des démarches qui l'ont mis sur la voie de Montély. Boisselier avait été vu, chez une marchande, avec un individu dont le signalement se rapportait à celui de Montély. Boisselier avait dit à cette marchande, en revenant : je vais déjeuner avec *l'individu de ce matin.* La lettre de Frinault, les souvenirs des différents débiteurs de billets, tout précisa le signalement. Chez un des débiteurs, M. Teissier, on vit un billet ensanglanté. A la Banque, on eut l'indication que Montély avait été conduit par un cocher de cabriolet, qu'il avait à la main des blessures. L'érosion à la joue fut signalée par une autre personne, qui ajouta que l'individu était resté chez elle quelque temps, fort agité, qu'il avait été aux latrines, où il était resté peu de temps. A Artenay, l'aubergiste dit avoir vu, le soir, un individu, blessé au pouce de la main droite, en gilet à palmes rouges, paletot brun, pantalon écossais, l'air très-préoccupé, portant une petite valise lourde, qui sonnait l'argent. A Toury, la directrice de la poste signala un individu petit, trapu, portant moustaches, en paletot écossais, qui disait s'être blessé au pouce en descendant du cabriolet. Il prit quelque nourriture et demanda la poste; on exigea l'exhibition de son passeport; la directrice montra, sur son registre, l'inscription faite, au nom de Montély, d'un passe-port visé d'Orléans pour Lille. C'est bien, dit le témoin, le lendemain de l'assassinat, et en me dirigeant sur Saint-Germain, que j'ai vu à Toury l'inscription du nom de Montély. Il y a plus, c'est que le brigadier de gendarmerie, qui avait, avant mon arrivée, reçu le signalement de Montély, me montra une lettre tout écrite, dont il a rompu le cachet, et qui contenait les renseignements que je vous donne en ce moment. J'avais vu le registre avant de voir le brigadier. Le nom de Montély y était écrit avec deux l. L'individu ainsi nommé avait, me dit-on, beaucoup d'argent et des billets de la Banque d'Orléans, qu'il voulait changer.

Mes soupçons ainsi fixés, je continuai ma route jusqu'à Saint-Germain-en-Laye. Arrivé à la maison habitée par Montély, le propriétaire me dit qu'il avait chez lui un homme de ce nom. Nous montâmes à la chambre. Montély était au lit; il avait une égratignure à la joue. Dans la paillasse fut trouvée une boîte renfermant deux montres, de l'argent et un billet de banque. Montély dit que ses blessures lui étaient arrivées en descendant au Pecq. Il avoua avoir un pantalon écossais, mais l'avoir envoyé chez le dégraisseur; ce pantalon était taché de sang. Son gilet était bien à palmes rouges.

A Paris, j'appris que, le 20, les époux Billard avaient reçu un individu qui, par une discussion, avait attiré leur attention. Cet homme, dont le signalement était bien celui de Montély, s'était fait conduire par un commissionnaire aux Messageries, pour prendre la voiture d'Orléans.

Montély prétendait, le jour de l'événement, avoir été vu à l'embarcadère du chemin de fer de Saint-Germain, y avoir bu, y avoir eu la pituite; le cabaretier n'avait vu rien de semblable.

M. le Président. — Revenons au pantalon; dans quel état l'avez-vous vu?

Le témoin. — Il était encore souillé de boue et avait des taches de sang à la hauteur de la hanche et du gousset.

Montély. — C'est le pantalon que j'avais porté le 20 novembre 1842; il avait plu beaucoup ce jour-là.

M. le Président. — Lorsque vous l'avez surpris au lit, dans quel état était-il?

Le témoin. — Dans un affaissement complet; il s'est remis peu à peu, et n'a pas même demandé pourquoi on l'arrêtait.

Montély, vivement. — Ça n'est pas ça. Je me suis levé tranquillement, et j'ai mis mon pantalon.

M. Laisné. — Du tout. Nous avons d'abord mis Montély tout nu, et nous lui passions un à un tous ses vêtements, mais après les avoir fouillés et palpés, afin qu'il n'y restât rien de suspect ou de dangereux.

M. le Président à l'accusé. — Qu'avez-vous à dire sur cette coïncidence du pantalon et du gilet qu'on a trouvés chez vous avec ceux signalés sur toute la route?

L'accusé ne répond rien.

Le témoin ajoute que le propriétaire lui a dit que l'accusé lui avait rendu la veille une valise.

M. le Président. — Je vous répète de nouveau d'expliquer la coïncidence des vêtements.

Montély. — Je ne peux rien dire; c'est bien là mon gilet et mon pantalon.

M. le Président. — Et le paletot à larges boutons?

Montély. — C'est celui que je porte.

M. le Président. — Comment expliquez-vous cette tache de sang qui se trouve au gousset du pantalon?

Montély. — Je m'étais coupé le pouce, et c'est en prenant ma montre dans ma poche que j'aurai taché la doublure et le gousset.

M. le Président. — Quelle est la cause de vos blessures?

Montély. — Je me suis coupé avec un canif et à un autre endroit avec un clou, et aussi en montant du bois dans mon grenier la veille du jour où l'on m'a arrêté.

M. le Président. — Vos moustaches ont été coupées, vous dites que vous vous êtes brûlé, mais votre pipe est trop longue pour cela!

Montély. — Je me suis brûlé comme je l'ai dit, mais avec une autre pipe.

M. le Président. — Votre pantalon était mouillé par le bas; n'aurait-il pas été lavé?

Montély. — Non, c'est la pluie et la boue de la veille.

Un juré. — On a fait déshabiller Montély, a-t-on remarqué des blessures aux bras et à la poitrine?

M. Laisné. — Non, mais je ne l'ai fait déshabiller que pour m'assurer qu'il n'avait rien sur lui. L'accusé reconnaît lui-même qu'il avait la blessure au bras avant le jour de son arrestation.

M. le Président au témoin. — Avez-vous vu une enseigne au-dessus de la porte?

Le témoin. — Non, il faisait à peine jour.

Montély. — Vous avez dû la voir dans ma chambre?

Le témoin. — Je ne l'ai pas vue. Nous avons fait vider les lieux d'aisances de l'hôtel de l'Europe, et nous y avons trouvé un grand couteau de table que voici, ainsi qu'une sacoche.

On représente la cassette trouvée dans la paillasse du lit.

M. le Président. — Avez vous dit à votre femme que cette cassette était cachée dans la paillasse?

Montély. — Elle n'était pas cachée, ma femme n'a rien su.

Le témoin. — Elle était si bien cachée que l'agent de police a été obligé d'introduire le bras dans la paille.

Le coutelier reconnaît le couteau pour l'avoir vendu. *L'accusé* se refuse à reconnaître ce couteau; il reconnaît la fourchette comme lui ayant déjà été représentée dans l'instruction; mais il nie que ce soit celle que sa femme a revendue à Saint-Germain.

M. l'Avocat général. — Je ne comprends pas que vous l'ayez reconnue devant le juge d'instruction et que vous niiez aujourd'hui. Quel est donc votre intérêt?

M. Laisné. — J'ajoute que, partout où des renseignements m'ont été donnés sur Montély, on m'a déclaré qu'il avait un accent méridional.

Me Légier au témoin. — La vidange de la fosse d'aisances a-t-elle été faite complétement? — *Le témoin.* — Je le crois; on a extrait une très-grande quantité de matières.

M. Bénard (*Stanislas*), maître de l'hôtel de l'Europe. — Le 21 novembre, j'avais trois ou quatre voyageurs à l'hôtel; je sortis pour aller leur chercher ce qu'ils demandaient; je rentrai, il n'était pas huit heures. Pendant mon absence, un voyageur vint demander une chambre; elle lui fut donnée. Il sortit au moment où je revenais, après m'avoir dit: « Patron, je prendrais bien un verre de vin blanc. » Je n'en avais que du rouge; il le refusa. A dix heures moins un quart, j'entendis ma femme causer avec ce voyageur, qui lui donnait 35 fr. pour payer une note au nom de Morel.

Bientôt on apporte un paquet de toile d'emballage. Le voyageur dit qu'il dînera à deux heures; puis il remonte dans sa chambre à midi, il appelle le garçon et lui fait descendre une malle; arrivé au bas de l'escalier, on met la malle sur une brouette. Je fais l'observation que la valise s'est changée en malle, et qu'elle est bien lourde; le voyageur répond: « C'est une malle que j'ai achetée 18 fr.; elle est pleine de calicot que j'envoie à Toulouse. »

Le garçon revient avec le voyageur; ce dernier change de la monnaie, donne la pièce au garçon, et insiste pour dîner de suite; on lui sert bien vite un plat de raie. Tout à coup, je le vois tousser, comme s'il s'étranglait; il se lève, il sort de la salle à manger et se plaint d'une arête. « Eh bien! mangez-moi ça, que je lui dis en lui servant une côtelette; ça fera couler l'arête. » Au reste, ça me paraissait bien un peu drôle, et je me disais : Mais il n'y a pas d'arêtes dans la raie; il n'y a que des tendons; tout s'avale. Je lui donne un bouillon mêlé de vin, pour faire passer son arête; mais il toussait toujours; il essaye de manger, mais ne peut parvenir à chasser l'arête. Il remonte dans sa chambre. Je ne l'ai plus revu.

Le soir, à dix heures, je dis à ma femme : Et le voyageur? — Va voir, me dit-elle, il n'est pas redescendu. — Je monte, je tourne le loquet, mais la porte était fermée. Je regarde par le trou de la serrure, et je ne vois rien. — Ah! bah! me dit ma femme, laisse-le, il dort.

Le lendemain le facteur me raconta l'histoire de Boisselier disparu. Je rentre sur les midi, je demande si le voyageur du n° 2 est descendu, on ne l'a pas encore vu. Sur les quatre heures je vais au bureau, je vois encore la malle; mais, sur des bruits répandus dans le public, je commence à avoir des soupçons; je monte encore à la chambre, on fourre une allumette sous la cloison, on la retire ensanglantée. Ma femme me dit tout de suite: Il s'est suicidé! — Moi, je n'en fais ni une ni deux, je vais chercher M. Villeneuve. On donne des ordres au bureau des diligences pour empêcher d'expédier la malle; enfin on ouvre la porte de la chambre, et on trouve tous les indices d'un assassinat. Du sang partout, par masse ou par gouttes: du sang aux rideaux, du sang sur les carreaux, dans le placard qui finit en pointe. Dans la cheminée, il y avait une éponge pleine de sang. Je remue le lit, et je trouve un ballot tout rond et tout mouillé de sang. Ma femme me dit : Ah! si c'était la tête! C'étaient des chemises. Moi, je dis : Bien sûr que le cadavre est dans la malle.

Nous allons au bureau des Messageries faire l'ouverture de la malle; nous y voyons quoi? Un cadavre.

M. le Président au témoin. — Savez-vous à quelle heure il est monté le matin? — R. A neuf heures moins un quart. — D. Est-il possible de monter à la chambre n° 2 sans être vu par vous? — R. Oui, Monsieur. — D. A-t-il été inscrit sur votre registre, et sous quel nom? — R. Oui, sous le nom de Morel. A deux heures et demie, il a demandé un petit linge pour s'envelopper le doigt; ce n'est qu'à dîner que j'ai reconnu des traces de blessures à la joue et à la main.

M. le Président. — Quelle était la couleur de son gilet?

Le témoin. — Un gilet rouge en cachemire.

M. le Président. — Regardez l'accusé; le reconnaissez-vous?

Le témoin. — C'est bien lui; je le reconnais trop malheureusement pour lui à son tic nerveux. (Profonde sensation. Montély demeure impassible.)

M. le Président. — A-t-il les mêmes vêtements?

Le témoin. — Non; ce n'est ni son gilet, ni son pantalon, ni son paletot.

On représente au témoin le pantalon et le gilet; il reconnaît le gilet, mais non le pantalon.

M. le Président. — Vous êtes bien sûr que c'est lui?

Le témoin. — Oui, Monsieur.

L'accusé (froidement). — Monsieur se trompe.

M. le Président. — Dans quel état se trouvaient les rideaux des croisées de la chambre n° 2?

Le témoin. — Ils étaient pliés et ramassés; mais quand on les a développés, on les a trouvés parsemés de taches de sang; ils étaient probablement fermés quand le crime a été commis. Les fauteuils et les meubles étaient aussi couverts de sang.

Me Légier. — Le matin, le voyageur était-il aussi bien rasé que dans le courant de la journée, au moment de son crime?

Le témoin. — Je ne me le rappelle pas.

La femme Bénard raconte, comme son mari, les incidents de la journée du 21 novembre; elle y ajoute que, sur les trois heures, elle vit le voyageur à une fenêtre, tenant à la main un pot dont il se hâta de jeter le contenu. En faisant une autre chambre, elle s'aperçut qu'elle avait du sang au pied. Elle entendit le voyageur *gazouiller* dans sa chambre l'air de *la Grâce de Dieu.*

Le témoin reconnaît la valise et le gilet.

M. le Président. — Avait-il de l'argent dans ses poches et dans ses mains quand il vous a donné 35 francs?

Le témoin. — Oui, Monsieur, beaucoup.

M. le Président. — Regardez l'accusé; le reconnaissez-vous?

Le témoin. — Oui, c'est bien lui.

M. le Président. — Mais, lors de votre première déposition, vous émettiez quelques doutes.

Le témoin. — Il est bien plus reconnaissable aujourd'hui. C'est bien lui, j'en suis bien certaine.

M. le Président. — A-t-il le même vêtement?

Le témoin. — Il avait un paletot à peu près semblable. Je reconnais le pantalon que vous me présentez.

Me Légier. — Que sont devenus les 35 fr.? Les a-t-on réclamés?

Le témoin. — Je les ai gardés. Il y a des réparations à faire aux meubles et aux placards, et on ne s'est pas opposé à ce que je les garde.

M. Gaillon (Antoine), parent de Boisselier, demeurant à Orléans, et commis de la Banque. — J'ai reconnu Boisselier dans le cadavre disloqué qui m'a été présenté. Je reconnais aussi les vêtements.

Me Légier, au témoin. — Quelle était la taille de Boisselier? — R. La mienne à peu près, cinq pieds deux ou trois pouces.

M. Corbin, médecin à Orléans, dit que la plaie du cou devait infailliblement donner la mort; elle excluait, même sans la désarticulation, toute idée de suicide. Cette plaie terrible avait dû enlever à l'instant la voix et la vie; car l'instrument avait pénétré jusqu'à la colonne vertébrale, en tranchant le pharynx et une artère. La victime n'avait pas dû crier.

Le témoin voit, dans le couteau qu'on lui représente, un instrument qui explique parfaitement les plaies. Il dit : *les plaies*, car, bien qu'il n'y en eût qu'une béante à l'extérieur, les vertèbres avaient été atteintes trois fois; une vertèbre postérieure avait été coupée. L'instrument avait donc dû être tourné et retourné dans la plaie.

Quant au pouce blessé de Montély, on peut supposer que le meurtrier a saisi le couteau, non pas seulement par le manche, mais aussi par la partie inférieure de la lame.

M. le Président au témoin. — Pensez-vous qu'on ait donné à la victime un breuvage narcotique? —

R. Le liquide brunâtre, à odeur alcoolique, trouvé dans l'estomac, ne l'indiquait pas. Il eût fallu, pour produire un effet subit, une grande dose de narcotique.

On apporte les fauteuils qui garnissaient la chambre n° 2. *M. Corbin* pense que la victime a dû être frappée par surprise et assise, Boisselier étant plus grand que Montély. D'ailleurs, la plaie du cou allait en montant.

On fait asseoir le témoin sur un des fauteuils; Montély est placé derrière, debout, et il ne paraît pas, d'après les hauteurs non correspondantes de la poitrine et du dossier du fauteuil, que les ecchymoses de la poitrine puissent être expliquées comme l'avaient fait les médecins.

Me Légier fait remarquer qu'il a été trouvé aussi un manche en écaille, pouvant s'adapter à la lame d'un rasoir anglais; ce manche a disparu.

Les docteurs *Payen* et *Thion* déposent d'une manière identique à celle de leur confrère.

M. Parrache, pharmacien à Saint-Germain, ne reconnaissant pas Montély, qui invoquait son témoignage au sujet de la blessure causée par une enseigne, *Montély* se rabat sur l'élève de l'officine. On lui demande de dépeindre cet élève; il donne un signalement absolument contraire à la réalité. Quant à la boutique, il la décrit exactement.

M. Dufour, entrepreneur de vidanges, a fait vider la fosse de l'hôtel. Il déclare que l'extraction des matières a été faite jusqu'à un endroit où elles devenaient compactes et résistantes comme un parquet, jusqu'au dur, enfin; nous appelons cela le

En Afrique.

chapeau. Une lame de rasoir n'aurait pu échapper aux recherches, les matières ayant été passées à la main.

A ce moment, *Montély* dit à M. le Président :

— Puis-je parler?

M. le Président. — Vous en avez le droit.

Montély. — Je vais vous dire la vérité tout entière.

Et il s'exprime ainsi, au milieu d'un silence profond :

J'avais prêté 300 fr. à Boisselier, qui m'avait prié de n'en rien dire à sa femme. Je vins, le 2 novembre, à Orléans pour chercher mon argent. Ce jour-là, je soupai chez lui avec Frinault et d'autres, Mariton, un garçon de caisse. Ils m'ont reconduit à la diligence, et ils doivent avoir entendu que je dis à Boisselier : «Fais bien attention de ne pas manquer à ce que tu m'as promis. Voilà que tu m'as fait perdre 50 fr. pour rien. » Il me répondit : « Tu peux y compter. »

Une quinzaine après, ne voyant rien venir, je me décidai à retourner à Orléans.

Le 20 novembre, je partis pour Etampes; de là, je suis descendu à l'hôtel Saint-Aignan, à Orléans; il n'était pas jour encore. Je suis entré dans l'hôtel du Berry, rue du Colombier, où je trouvai la fille de la maison et la domestique; je leur demandai une chambre, elles n'en avaient pas; je suis sorti de là et j'ai été directement à l'hôtel de l'Europe, où j'ai déposé ma valise, mon carton à chapeau et mon paletot; je me suis dirigé vers la demeure de Boisselier; j'ai accosté un allumeur de réverbères en lui disant : Dites au concierge de la Banque que Montély demande à lui parler. Il vint; nous allâmes prendre un verre de vin blanc: il n'avait pas mon argent, mais il me dit qu'un de ses amis lui viendrait en aide. Il s'en retourna chez lui s'habiller pour aller demander de l'argent et me payer. Je rentrai à l'hôtel et je dis à Mme Bénard : Si quelqu'un vient me demander, dites que j'y suis.

Boisselier vint; il n'avait pas d'argent. Je venais de me raser; le rasoir m'avait légèrement écorché et j'avais quelques gouttes de sang. Boisselier, qui avait des effets à la main, me dit : Je n'ai pas d'argent, mais j'ai un cousin qui est relieur et qui m'en prêtera. Je lui dis : Tu vas me faire comme la dernière fois. Je lui pris ses effets, dont deux furent déchirés. Je le menaçai d'en parler à sa femme et au directeur de la Banque. Alors il me dit, en saisissant mon rasoir : Si tu fais cela, je vais me tuer. J'allai du côté de mon lit et j'entendis derrière moi : «Ah !» Je vis Boisselier qui se coupait la gorge (rumeur dans l'auditoire). Je voulus lui enlever son rasoir, mais il le tenait si fermement, que je cassai le manche; je jetai le manche et la lame dans la fosse d'aisances. Les couteaux n'ont été achetés qu'à midi et demi, et non à huit heures du matin; le marchand de couteaux a fait un faux serment. Je n'avais plus la tête à moi...; je ne me servis des couteaux que pour les jambes...

M. le Président. — Et vous avez touché le montant des effets? — R. Oui, Monsieur, d'une partie; on a dû en trouver deux déchirés dans ma chambre. — D. Votre argent n'est donc plus le résultat de l'emprunt fait à Labouisse? — R. Si, Monsieur, il y en a une partie. — D. Avez-vous donné 35 fr. à Mme Bénard? — R. Non, Monsieur; je ne me le rappelle pas.

M. le Président ordonne la comparution des témoins indiqués par Montély, et une nouvelle vidange de la fosse de l'hôtel de l'Europe.

Me Légier, d'une voix émue. — Il se passe un incident grave : la révélation que vous venez d'entendre m'a été faite, mais ce système n'a pas été inspiré à l'accusé par les débats. Je dois le dire, la révélation avait été faite auparavant à une autre personne. Messieurs les Jurés, je vous dois à cet égard une explication. Dimanche soir, je reçus une lettre; je ne l'ai pas décachetée, parce que j'ai pensé qu'elle avait trait à une affaire civile, et je ne l'avais pas encore décachetée le lendemain à huit heures, lorsque M. l'abbé Pelletier, aumônier des prisons, entra dans mon cabinet. C'était lui qui m'avait écrit cette lettre... Nous la lûmes ensemble, la voici.

Dans le cachot.

(La lettre contient les explications dans lesquelles Montély vient d'entrer. M. Pelletier les communiquait à Me Légier avec la permission de l'accusé, mais confidentiellement.)

Me Légier continuant. — J'allai trouver Montély, et, après lui avoir fait remarquer que ce nouveau système présentait des invraisemblances et de grands dangers, qu'un mensonge reconnu lui enlèverait la compassion que le jury pourrait avoir pour lui, et que d'ailleurs il nuisait à la mémoire de l'infortuné Boisselier, je le pressai de déclarer la vérité. N'inventez pas de système, lui dis-je; dites plutôt une chose invraisemblable, si elle est l'expression de la vérité, qu'une chose fausse quand même elle serait vraisemblable. Si vous êtes innocent, la Providence viendra à votre secours. M. l'abbé Pelletier joignit ses instances aux miennes; Montély persista. Cela vous explique, Messieurs, quelques observations par moi faites au cours du débat, par exemple sur le manche de rasoir. Chargé par la loi de cette défense, je désire faire triompher la vérité. La vérité est-elle dans ce qu'il vient de dire? Je le souhaite, je l'espère; mais pour en être convaincu, j'attends encore.

Frinault (Jean-Baptiste), limonadier à Orléans, ancien camarade de régiment, en Afrique, de l'accusé, a soupé, le 4 novembre, avec Montély, chez Boisselier. Peu après, il reçut de Montély une lettre, datée de Saint-Germain, que celui-ci défendait de communiquer à Boisselier. Le témoin n'a pas entendu l'accusé faire à Boisselier la recommandation dont il parle. Il ne sait pas que Boisselier eût des dettes, et il doute qu'il ait fait un emprunt de 300 francs.

Montély. — Boisselier m'a emprunté ces 300 fr. en avril, en disant que c'était pour donner à une veuve Riant, épicière.

Frinault. — Je n'ai jamais entendu parler de relations entre une veuve et Boisselier; il faisait bon ménage. Ce n'était pas un homme à se suicider, quand même il aurait craint de perdre sa place. Il était tailleur de pierre, et il n'aurait jamais manqué; et puis, il était gai et calme. Il n'était pas facile à intimider.

M. le Président au témoin. — Attendiez-vous Montély le 23 novembre? Vous avait-il parlé de son retour prochain? — R. Non, et je ne crois pas qu'il en eût parlé davantage à Boisselier, qui me l'aurait dit. Si Boisselier avait été pressé, il aurait pensé à moi; j'avais assez d'aisance pour l'obliger.

Le garçon de banque *Mariton* dépose dans un sens identique.

En conséquence de son nouveau système, *Montély* reconnaît pour siennes les deux chemises sanglantes.

On appelle *Mme veuve Boisselier.* Une curiosité émue et douloureusement sympathique accueille la pauvre femme tout en larmes, et qui se soutient à peine. Montély baisse les yeux en la voyant s'avancer. — Le 4 novembre, dit-elle, il a dîné à la maison. Un jour, jouant avec mon mari, je l'ai entendu lui dire : « Voici comme on s'y prend pour se débarrasser d'un homme, quand on n'est pas le plus fort. » Je n'ai pas vu ce jeu, que mon mari a fait cesser.

Le 21, au matin, on est venu le demander. Au bout d'une demi-heure, il est revenu pour s'habiller, et m'a quittée, en me disant : « Notre affaire est bonne; j'ai vu les papiers, et j'entrerai en place au 1er janvier. » Il ne voulut pas me dire où il allait; mais je pensai qu'il s'agissait de Montély, qui lui avait promis de lui trouver une place. Mon mari sortit, tout joyeux...

D. Saviez-vous que votre mari attendait Montély ce jour-là? — R. Non; le 4, Montély avait dit qu'il reviendrait dans trois mois.

D. Aviez-vous de l'argent dans votre ménage? — R. Oui, une centaine de francs. Si mon mari avait eu besoin d'argent, il se serait adressé à mon père, qui est assez aisé, et qui lui en aurait prêté.

D. Votre mari avait une montre d'argent; la portait-il ce jour-là? — R. Oui, il l'a remontée en partant.

M. le Président, à l'accusé. — Avez-vous volé cette montre avec les billets; il le faut pour qu'on ne l'ait pas retrouvée? — R. Non, Monsieur.

Mme veuve Boisselier ajoute qu'elle vivait en bonne intelligence avec son mari, qui rapportait à la maison tout ce qu'il gagnait.

M. le Président, à l'accusé. — Boisselier portait, dites-vous, ses billets à la main. C'est fort improbable. Mais, alors, pourquoi avez-vous pris le portefeuille, et l'avez-vous jeté dans la fosse? — R. Il avait ôté son portefeuille de sa poche, il en tira les billets, et quand je les lui arrachai, le portefeuille tomba. Alors, je le jetai, pour ne pas me compromettre.

La veuve Flipon, blanchisseuse, sœur de Boisselier, déclare n'avoir jamais égaré de chemises à Montély. Elle dit que son frère avait de petites querelles avec sa femme. On a parlé d'une veuve, mais le témoin n'y a jamais cru. Le ménage n'était pas gêné.

Adélaïde Pourret, domestique à la Banque. — Boisselier vivait avec sa femme plutôt mal que bien; sa femme disait que c'était un coureur.

M. Boursier, directeur de la Banque d'Orléans. — La conduite de Boisselier n'était pas régulière; je n'étais pas très-content de lui, et il le savait. Je ne crois pas qu'il eût des liaisons hors de son ménage. Il y avait très-peu d'aisance chez lui. C'était, d'ailleurs, un homme calme, fort et très-agile.

M. Corbin est entendu de nouveau. Il est appelé à s'expliquer sur le nouveau système de l'accusé. Il demande si Boisselier, après s'être coupé la gorge, a laissé tomber le rasoir de la plaie, ou si l'instrument a été retiré par une main étrangère. *Montély* se trouble, et répond qu'il ne peut guère expliquer ce qui a eu lieu; il était trop ému. Il se souvient seulement qu'il lui a arraché violemment le rasoir, et que la lame s'est cassée.

Boisselier était-il debout? demande *un juré.* *Montély* répond : — Il était debout, mais il chancelait, et il a fini par tomber contre la cloison, après avoir fait deux ou trois pas.

Un Juré. — Dans quelle position se trouvait Boisselier quand il a fait les blessures remarquées sur l'accusé?

Montély. — Je n'en sais rien. Je ne me suis aperçu de ces blessures que lorsqu'on m'a arrêté.

M. le Président. — La veille de votre arrestation, vous aviez acheté de la pommade pour cette coupure.

M. l'Avocat général. — Est-il possible qu'on ait une blessure comme celle du bras de Montély sans s'en apercevoir plusieurs jours?

M. Corbin. — C'est impossible.

L'accusé. — Je ne m'en suis aperçu que dans la voiture de poste qui me ramenait à Orléans.

M. Corbin. — La blessure a dû saigner, et beaucoup; ce qui le prouve, c'est que le gilet porté par l'accusé lors de notre visite avait des taches de sang, et il y avait déjà plusieurs jours que la blessure était faite. Le docteur ajoute : Il est absolument impossible d'expliquer les faits par un suicide, voilà mon opinion en mon âme et conscience. Le courage peut varier suivant les individus; mais la force humaine que l'on peut estimer ne suffirait pas pour produire la lésion des vertèbres; car le malheureux Boisselier était mort avant d'avoir pu pénétrer jusqu'aux vertèbres, qui ont plusieurs lésions. En résumé, cette hypothèse est inadmissible, parce qu'elle est absurde. La plaie, telle qu'elle est, n'a pas été faite par Boisselier; il n'en aurait pas eu la force. Seulement, après le suicide, si on l'admet, il faut qu'une main étrangère ait continué la plaie.

MM. Thion et Payen partagent l'opinion de leur confrère.

Cependant *M. Laisné,* commissaire de police, vient rendre compte de la nouvelle opération pratiquée dans la fosse de l'hôtel de l'Europe; elle n'a amené aucune découverte qui justifie les dires de l'accusé. *Montély* persiste à soutenir qu'il a jeté le rasoir en même temps que le couteau.

M. Laurent (Napoléon), directeur du Mont-de-Piété de Saint-Germain, déclare que, le 22 novembre, l'accusé vint retirer des effets déposés le 21 octobre et le 16 novembre précédents. Il a payé en or.

M. le Président. — Montély, d'où vous venait cet or? — R. D'Orléans. — D. Pourquoi aviez-vous engagé vos effets? — R. J'étais dans la détresse. — D. Ainsi, vous abandonnez la fable des 3,000 francs Labouisse? — R. Oui, Monsieur. — D. Persistez-vous à dire que vous avez prêté 300 fr. à Boisselier? — R. Oui.

Barignan, conducteur de diligences, à Orléans, a conduit Montély venant de Paris, le 20 novembre. — Nous sommes partis à huit heures du matin; il a fixé mon attention parce qu'il disait à un autre voyageur que la veille un homme avait coupé la gorge à un autre avec un rasoir dans la rue du Bouloi. Je ne cause jamais avec les voyageurs; mais je lui ai dit : C'est impossible; il aurait été interrompu. Il a dit : Je l'ai vu.

Montély. — Je n'ai pas voyagé avec ce témoin; je n'ai été confronté avec lui qu'un mois après.

Le témoin. — Si, je vous reconnais bien; vous vous appeliez Moreau.

M. l'Avocat général. — Morel?

Le témoin. — Non, Moreau tout court.

M. le Président à l'accusé. — Voilà l'intérêt que vous aviez à nier votre départ à la date du 20; c'est cette conversation attestant que déjà vous méditiez le crime.

L'accusé. — Non, Monsieur.

Un juré. — Qu'avez-vous fait à Paris dans la journée du dimanche? — R. Je suis parti vers dix heures pour Etampes, avec un conducteur grand et blond.

M. le Président. — Comment n'avez-vous pas parlé de cela dans l'instruction? On aurait vérifié. — R. On m'a traité comme un martyr; j'ai eu les fers aux pieds et aux mains pendant vingt-huit jours.

M. l'Avocat général. — Depuis un mois, vous ne les avez plus, et vous n'avez rien dit de votre système. Je vous ai visité, et vous ne m'avez non plus rien dit.

Julie Fleury, domestique à l'hôtel de France. — Le dimanche soir, 20 novembre, un voyageur s'est présenté en me disant : Vous ne me reconnaissez pas, la bonne? je suis venu au mois d'avril. Je l'ai reconnu et il a passé une nuit. Le lendemain matin, à six heures environ, il est parti en me disant qu'il reviendrait peut-être le soir. Je reconnais l'accusé pour être ce voyageur. C'est le commissionnaire Léger qui lui avait apporté sa valise et son étui à chapeau.

M. le Président à l'accusé. — Eh bien, persistez-vous à nier? — R. Certainement.

Lauvray (*Jean-Pierre*), allumeur de réverbères. — Le 21 novembre, un homme me pria d'aller avertir le concierge de la Banque qu'il voulait lui parler. Si la femme y est, me dit-il, demandez à dire deux mots au mari. Boisselier vint; ils se donnèrent la main : c'était au coin de la rue Meslée. Il était environ sept heures et demie. Boisselier dit : Tiens, c'est toi! Tu es encore ici?

Un juré. Boisselier était donc surpris? — R. Bien surpris.

L'accusé. — Je reconnais l'allumeur; je lui ai dit mon nom en le chargeant d'appeler Boisselier.

Le témoin. — Non, non.

L'accusé. — L'allumeur n'a pas pu entendre ce que me disait Boisselier; il était trop loin. Ensuite Boisselier n'a pas été surpris de me voir.

M. le Président. — Vous aviez donc peur que la femme ne vous vît? — R. C'était convenu que nous agirions ainsi.

Veuve Riant, épicière, rue Meslée. — Le 21 novembre, j'ai vu passer devant ma porte Boisselier et Montély; je connaissais Montély pour l'avoir vu en avril. Il était sept heures.

L'accusé. — C'est vrai; c'est de cette femme que j'ai parlé, et à qui Boisselier m'avait dit de donner de l'argent.

D. Connaissiez-vous Boisselier depuis longtemps? — R. Depuis six mois; il venait presque tous les jours chez moi, le matin. — D. Etes-vous veuve depuis longtemps? — R. Depuis huit ans. — D. Boisselier vous a-t-il prêté de l'argent? — R. Jamais.

M. le Président au témoin. — Auriez-vous entendu l'accusé réclamer de l'argent à Boisselier? — R. Non. Ils avaient l'air de deux amis, de deux sous-officiers qui se rencontrent.

L'accusé. — Si j'avais eu des secrets à dire, je n'aurais pas souffert que vous pussiez les entendre.

Cintract (*Seveste*), coutelier à Orléans. — Le lundi 21, entre huit et neuf heures du matin, un individu m'acheta une douzaine de couteaux de table. Il me demanda un couteau à dépecer; je ne pouvais le donner sans la fourchette; il prit les deux objets. Puis, comme j'étais occupé avec un autre, il me dit : « Dépêchez-vous donc de vous payer, la voiture m'attend. » Je me rappelle bien le jour, car c'est le lendemain que j'ai appris l'assassinat. — D. Reconnaissez-vous le grand couteau qui est là? — R. Oui, Monsieur. — D. Reconnaissez-vous l'accusé? — R. Oui, Monsieur.

L'accusé. — C'est à midi que j'ai acheté le couteau; vous le verrez par la suite.

Le témoin. — C'était avant neuf heures, avant mon déjeuner. Il m'a remis 15 fr., je lui ai rendu 50 centimes. Il me disait : Ça ne peut pas passer pour 14 fr.?

M. l'Avocat général. — Qu'a-t-il demandé en arrivant? — R. D'abord douze couteaux de table, et ensuite un couteau à dépecer.

M. Cointepas, cafetier, à Orléans. — Je sais que le 21 novembre, de sept à huit heures, un monsieur en paletot brun, c'est l'accusé, est venu avec Boisselier. Le monsieur a dit : Une bouteille de blanc, n'est-ce pas? Boisselier dit : C'est beaucoup. Ils en ont bu une demi-bouteille. J'écoutai un peu la conversation; l'accusé disait : « Mon cher, ne confions aux femmes que ce que nous voulons perdre. » Il dit en partant : « C'est une affaire de 2,400 fr. »

L'accusé. — Le témoin ment *impunément*.

Le témoin. — Vous avez même ajouté : Moi, pour ma femme, je ne lui ai appris ma place qu'après l'avoir obtenue.

Un juré, à Montély. — A quelle heure avez-vous désarticulé les membres? — R. Bien après midi.

Mme Bénard. — Il a dîné à une heure. A ce moment il avait une blessure au doigt; je l'ai pansé.

L'accusé. — Je n'ai mangé qu'à quatre heures.

Mme Bénard. — Mensonge!

Femme Thierry, marchande, à Orléans. — Le 21 novembre, j'étais à acheter des marchandises chez M. Seveste. Un monsieur est entré en disant : Je voudrais de bons couteaux de table. Ensuite il a acheté un grand couteau. Il était entre huit et neuf heures. C'est l'accusé.

L'accusé. — Il était midi, peut-être et demi.

Le témoin. — Je vous jure sur l'honneur qu'il était huit ou neuf heures, car en sortant j'ai vu les ouvriers aller déjeuner.

Houdas, commis du coutelier, fixe l'achat entre huit et neuf heures.

Leroy (*Marie-Sophie-Alexandrine*), couturière. — L'accusé est venu nous présenter un effet de

la Banque vers dix heures et demie, le lundi 21.
D. Etait-il blessé? — R. Non, Monsieur. — D. Avait-il l'air ému? — R. Non, il était très-aimable; il a causé beaucoup.

M. le Président à l'accusé. — Vous disiez hier que vous aviez été très-agité à la vue du cadavre de Boisselier?

L'accusé ne répond rien.

Dupont (Joseph), cocher. — J'ai conduit l'accusé chez différentes personnes pour y toucher des effets de la Banque. Un billet de 1000 fr. a été refusé faubourg Banier, faute de fonds.

D. Quelle heure était-il quand l'accusé est monté dans votre cabriolet? — R. Il était neuf heures vingt minutes. J'ai regardé à ma montre. — D. Etait-il ému? — R. Oui, et très-pressé.

Femme Fouquet. — Elle a payé à Montély, le 21, un bon de 500 fr.; elle ajoute que Montély lui a parlé d'un bon à toucher chez M. Berruyer, dont il a demandé l'adresse.

M. le Président. — Accusé, le billet Berruyer est un des deux qui auraient été déchirés dans votre lutte avec Boisselier; vous voyez qu'il existait encore à dix heures. C'est ainsi que le billet Besnard-Auger, faubourg Banier, a été présenté. Les deux billets n'ont donc pas été déchirés? — R. Ils l'ont été.

Mme Barué. — Elle a payé à Montély un billet de 484 fr. 50 c. Le billet était taché de sang. Montély lui-même était blessé. Il m'a dit qu'il s'était coupé.

M. Berruyer, propriétaire à Orléans. — J'avais un effet de 400 fr. à payer. On s'est présenté de neuf à dix heures, en mon absence; ma bonne me l'a dit. Voyant que le garçon de banque ne revenait pas, je suis allé à une heure porter mes fonds à la Banque. C'est ainsi que j'ai donné l'éveil.

Madeleine Botter, domestique de M. Berruyer, reconnaît l'accusé pour celui qui s'est présenté chez son maître le lundi 21 vers dix heures. — D. Quel air avait-il? — R. L'air impatient.

Cependant, la Cour a décidé qu'elle se transporterait, avec le Jury, sur le lieu du crime, afin que l'inspection de la chambre fatale pût faire mieux saisir les impossibilités du système de défense imaginé par Montély.

L'accusé est amené à l'hôtel de l'Europe, dans une voiture, au milieu d'une foule immense, échelonnée sur son passage. Dans la chambre n° 2, les magistrats en robe rouge et les jurés sont réunis. Montély entre, livide, les yeux attachés au carreau. L'enquête cherche à établir l'endroit où la victime devait être placée au moment où elle a été surprise par l'assassin. Il semble probable que c'est dans un angle formé par une cloison en retour. Les traces de sang montrent que c'est là que le malheureux Boisselier est tombé. Montély confirme cette supposition, mais il persiste à expliquer la mort par un suicide.

« J'étais là, dit-il, le dos tourné, les billets à la main, en caleçon, prêt à changer de chemise. Le rasoir était placé sur cette commode... J'entends le râlement... Je me précipite... Boisselier va tomber dans cet angle... C'est à cette même place que, plus tard, j'ai coupé les jambes. »

M. Corbin et ses collègues jugent, au contraire, qu'entre l'endroit où Boisselier se serait frappé, et l'angle où il est tombé, la distance était trop grande pour qu'un homme mortellement frappé, foudroyé pour ainsi dire, pût la franchir. Après la section des carotides, la mort se produit avec une rapidité indéfinissable; il y a un *collapsus* général, tel que l'homme s'affaisse instantanément sur lui-même, et les mouvements convulsifs qui peuvent encore se produire sont incapables de le porter à une certaine distance.

Ainsi parlent les experts. Montély se trouble, s'agite; des larmes abondantes, les premières qui, depuis le commencement des débats, aient mouillé ses yeux, se font jour, accompagnées de sanglots.

« Faites-moi mourir, s'écrie-t-il, oui, faites-moi mourir tout de suite, mais croyez que je dis l'entière vérité!... Si je pouvais être acquitté, demain je n'existerais plus, tant l'existence m'est actuellement insupportable. »

Nous sommes au 4 mars. Les débats sont clos; le Jury a recueilli tous les éléments de conviction. *M. l'Avocat général Diard* prononce son réquisitoire. La preuve du crime, de la préméditation, l'impossibilité d'un suicide, tout cela n'était que trop facile à établir. M. l'Avocat général le fait avec force et clarté, et il termine en ces termes :

« Vous condamnerez donc l'accusé sur tous les chefs; et comment ne le condamneriez-vous pas? Y a-t-il, dans nos fastes judiciaires, l'exemple d'un crime qui ait excité plus d'horreur et soulevé l'indignation à un plus haut degré? Boisselier avait été son compagnon d'armes; il était son ami; tous deux portaient sur le même bras la même figure de femme, les mêmes couleurs, symbole d'une intime confiance. Eh bien! l'un des deux est devenu le lâche assassin de l'autre, et il a mis dans son crime la plus profonde scélératesse et le plus odieux sang-froids. On conçoit, Messieurs, un crime sous l'impulsion des passions humaines, ardentes, poussées jusqu'à la folie; mais caresser sa victime pour l'attirer dans un guet-apens, calculer le moment, puis la position favorable, pour se jeter sur elle et l'assassiner dans le mystère, de cette main ferme qui fait pénétrer l'instrument dans les vertèbres, et le tourne et le retourne dans la plaie, oh! il semble que ce ne soit pas là l'action d'un homme, mais l'action d'une bête féroce à qui la nature a donné le meurtre pour destinée et la ruse pour instinct. Puis, que vous dirai-je de cette audace qui le fait aller, couvert de sang, et calme, et de sang-froid, toucher ce qu'il a volé à sa victime? Que vous dirai-je de ce courage avec lequel il demande un bouillon après cette horrible boucherie, et de cet effroyable courage qui accompagnait la mutilation? Que vous dirai-je? En désarticulant les membres de sa victime, il chantait une romance, expression touchante de la tendresse maternelle, un air d'espérance et d'amour adressé par une mère à l'enfant qui s'éloigne! Ah! ici la conscience est descendue au dernier degré d'abrutissement et de perversité; tout cela appelle la sévérité de la loi. »

Après ce réquisitoire, *Me Légier* prend la parole. Le défenseur d'office cherche à écarter l'idée de la préméditation. Elle n'existait pas, selon lui, lorsque Montély est parti de Paris, ni lorsqu'il est arrivé à Orléans; car son premier soin a été de se faire reconnaître à l'hôtel de France. Rien ne prouve même que la préméditation ait précédé l'événement dans la matinée du 21; car c'est avec un rasoir apporté de Saint Germain, M. l'Avocat général a bien voulu l'admettre, et ce n'est pas avec le couteau acheté à Orléans, que le crime aurait été commis. Et même, y a-t-il eu crime? Il ne suffit pas qu'il soit possible, vraisemblable, probable même; il faut qu'on n'en puisse douter sans être absurde.

La raison le dit, l'humanité le commande. Or, personne n'a vu l'assassinat, et le suicide n'a rien d'impossible. La médecine d'aujourd'hui, qui contredit celle d'hier, et qui sera peut-être contredite par celle de demain, n'a pas le pouvoir d'entraîner les convictions.

Le suicide de Boisselier n'est pas impossible; s'il n'est pas certain, c'est à l'accusation de démontrer qu'il n'a pas eu lieu.

Les experts ont affirmé, n'ont pas prouvé. « La médecine, je la respecte fort; les médecins, je les aime beaucoup, sans pourtant croire à leur infaillibilité. Ils ont déclaré le suicide impossible : je croyais ce mot rayé de leur dictionnaire; car tel qui, dans notre siècle, serait condamné sur le rapport d'un prince de la science, dans le siècle suivant sera absous, parce qu'un monarque de la science aura fait faire à celle-ci un pas de plus. »

L'honorable bâtonnier d'Orléans, après s'être acquitté de la tâche ingrate qui lui avait été imposée, ne pouvait se dissimuler qu'il n'avait convaincu personne, ni lui-même. Discuter le fait, combattre l'accusation, cela était impossible; mieux valait, dans l'intérêt même de l'accusé, recourir à l'indulgence du jury, lui demander si, des circonstances de la cause, ressortait pour la société la nécessité d'appliquer la peine la plus sévère. A la demande même de Me Légier, un avocat du barreau de Paris, *Me Auguste Johannet*, était venu essayer de remplir cette mission de pitié suprême. Me Johannet avait, à cette époque, acquis une grande notoriété par ses plaidoyers en faveur des accusés vendéens. — « Aidez-moi, lui avait dit Me Légier; vous pouvez faire ce qui nous est impossible. Personne n'ignore que nous avons tous ici, moi le premier, ressenti une émotion profonde à la nouvelle de l'événement du 21 novembre; nous avons vu avec plaisir le criminel arrêté; et il est bon qu'il ait au moins un défenseur qui n'ait pas été sous l'influence de l'indignation générale. » C'est ainsi que Me Johannet avait été conduit à accepter un rôle dans la défense.

Dès les premiers jours, l'honorable avocat de Paris avait compris que, s'il ne réussissait pas à sauver Montély des rigueurs de la justice humaine, il pouvait au moins le réconcilier avec lui-même, ouvrir ce cœur au repentir, à la résignation, et lui faire accepter l'échafaud comme une expiation salutaire. Noble mission, qui fut noblement remplie. Aidé du respectable aumônier de la prison, Me Johannet ne s'occupa pas un seul instant, auprès de Montély, des moyens de défense à présenter aux jurés. Les illusions n'étaient plus de mise. L'avocat reconnut, en étudiant cet homme, que la faiblesse de caractère avait dû avoir plus de part à son crime qu'une monstrueuse dépravation. Sans doute, un certain jour, une idée fatale l'avait obsédé, et il n'avait pas su s'y soustraire. La misère, les privations n'avaient pas trouvé ce cœur assez trempé. Mais il y avait chez Montély deux sentiments profonds, qui avaient pu contribuer à sa perte, et qui donnaient prise à celui qui voulait le sauver : c'étaient un certain sentiment d'honneur mal compris, et une tendresse vive pour sa femme, enceinte au moment du crime.

Me Johannet appuya habilement sur ces deux points sensibles. Lorsque Montély se vit relevé dans sa propre estime, il se sentit plus accessible aux consolations de la religion. C'est en faisant appel à l'honneur de l'ancien soldat, à l'amour de l'époux et du père, que l'avocat réussit à le faire renoncer au suicide. D'un criminel, abandonné, en horreur à lui-même, il avait refait un chrétien.

Tel était l'avocat qui venait solliciter la pitié du jury.

Me Johannet chercha d'abord à atténuer ce qu'avaient pu présenter de fâcheux les antécédents de Montély. Son père avait été, en effet, condamné à cinq ans de prison, mais pour un fait peu grave sans doute, car il avait été gracié de quatre ans et demi, et, depuis, sa conduite avait été irréprochable. La famille de Montély était mal famée, disait-on; il n'avait donc eu que plus de mérite à se bien conduire jusqu'à dix-huit ans, à bien servir son pays.

Au régiment, il avait eu, disait-on encore, une conduite irrégulière. Il avait été, en effet, cassé du grade de sergent pour un duel, mais il avait bientôt reconquis ce grade.

Le régiment de Montély est envoyé en Afrique. Un jour, un Arabe, avec son cheval qui fend l'air, court, cruellement joyeux, jeter une tête française aux pieds de son chef, qui sourit et le récompense, en l'envoyant à un nouvel assassinat. Bientôt, en effet, l'Arabe vise un autre soldat; mais celui-ci l'ajuste en même temps et le renverse, heureux d'avoir à la fois vengé un compagnon d'armes et vaincu un ennemi de la France; puis il s'empare de son yatagan et de son poignard. Ce soldat, c'était Montély; ce poignard, c'est celui que vous voyez parmi les pièces du procès. L'yatagan a été offert par Montély à son commandant, M. Marcellary.

Le reste de sa vie se compose d'insuccès nombreux, d'entreprises malheureuses, dans lesquelles l'accusation a relevé, mais n'a pas prouvé contradictoirement des fautes.

« Il se remarie avec une jeune fille qu'il aime, avec une charmante enfant, Cœlina Fénélon. Il devient agent d'assurances; il se croit enfin sur la voie de la fortune. Son amour, son amour-propre se réunissent pour lui montrer le bonheur dans un poste avantageux; mais, avant tout, le bien-être de Cœlina lui semble en devoir résulter. Un amour, un amour idolâtre, l'occupe sans cesse, domine toutes ses idées; il l'avait en vue dans tous ses travaux...

« Vous le savez, Messieurs, de nos jours les affaires d'industrie de tous genres accaparent et surexcitent toutes les imaginations, tourmentent les esprits, dessèchent les cœurs. Il y a partout, et jusque dans l'air, je crois, un insatiable besoin d'honneurs, de richesses, un amour fiévreux de tontines, de commandites, de locomotives, de tout ce qui est chances, périls, hasards, moyens de fortune rapide, de tout ce qui brave les dangers sans vouloir les mesurer, défie les catastrophes, et opère tant de déclassements dans les diverses conditions, tant de criminels attentats de la part même de quelques dépositaires de la confiance publique (1), que la société tout entière en est ébranlée et en reste constamment inquiète.

« Montély subit peut-être un instant cette influence; mais, au lieu de songer à satisfaire de sordides et impures passions, il reportait uniquement et exclusivement ses pensées à cet amour légitime et sacré qui l'unissait à sa femme, amour bien prosaïque et bien rare, si l'on en croit les récits et les enseignements des productions de l'époque, mais amour réalisant à lui seul tous les rêves, toutes les

(1) L'avocat légitimiste fait ici allusion à quelques scandales contemporains, par exemple la célèbre affaire *Hourdequin*, alors pendante.

peintures fantastiques, tous les désirs, toutes les illusions, dont surabondent les romans modernes; amour que, sans doute aussi, ces lectures avaient stimulé, transformé, fait sortir, si je puis m'exprimer ainsi, de sa condition première, et qui, voyant tout permis aux liaisons d'un jour, aux immoralités conquises à prix d'or, a subi un déplorable entraînement, et n'a plus su ni en apprécier les conséquences, ni se tenir en garde contre elles... »

Arrivant à la scène du 21 novembre, l'avocat se contente de rappeler le doute émis par Me Légier, la possibilité que les menaces soudaines faites par Montély à un homme fort gêné et débauché l'aient subitement poussé à un acte de désespoir.

Mais, même en admettant l'accusation, en s'indignant avec elle, il faut considérer le criminel plutôt que le crime, il faut se demander s'il ne reste plus dans ce cœur la moindre ressource pour une expiation autre que celle du dernier supplice.

Si l'accusation est vraie, il faut s'écrier avec douleur : Rien n'est plus infâme que le crime de cet homme choisissant pour victime son compagnon d'armes, son camarade de lit. Mais, la réflexion survenant, on se demande comment ce criminel, qu'on a représenté comme si habile, a pu se rendre à plaisir coupable de tant de minutieuses cruautés, de si horribles combinaisons; tuer cet ami, qu'il aimait tant, quand il eût pu facilement le plonger dans l'ivresse. Mais c'est de la folie!... Il le coupe en morceaux! Mais c'est du délire!... Il chante! Mais c'est de la frénésie!... Sa main n'a donc été guidée ni par son cœur, ni même par sa tête; elle a été un instrument matériel mis soudain en œuvre par un atroce, par un inénarrable désordre d'idées.

« Et j'ai entendu dire qu'il fallait lui appliquer la peine du talion!... Mot cruel et stupide!... Mais, alors, ne le tuez pas d'un seul coup, tuez-le tous les jours, coupez-le en morceaux par les tortures du bagne; qu'à chaque heure, qu'à chaque instant, il soit haché menu par la voix du garde-chiourme, par l'aspect et le poids de la livrée de l'infamie, par l'horreur que, malgré son repentir, sa vue inspirera aux passants!... Oh! oui, voilà vraiment, pour la société, pour lui surtout, la peine du talion!...

« Et ne croyez pas que je veuille me livrer à une opposition systématique et générale contre la peine de mort; je veux seulement vous présenter quelques considérations en faveur de sa non-application à l'accusé, si vous veniez à le croire coupable.

« En effet, Messieurs, je comprends que la société ne se désarme pas d'un droit terrible; mais qui doit-elle exclusivement en frapper? Voilà la véritable question. N'est-ce pas cette classe d'hommes qui, profondément et à jamais pervertis par les productions horriblement excentriques de l'époque, veulent le succès n'importe par quels moyens, regardent leurs forfaits comme un drame dont ils sont les héros?

« Pour des hommes ainsi faits, l'indulgence ne saurait être invoquée, car ils recommenceraient sans doute, puisqu'ils regardent une condamnation à mort comme un dénoûment malheureux des romans ou des feuilletons qui envahissent toutes les classes, malgré la loi qui prohibe l'usage et la vente des poisons; puisque, proclamant que l'expiation n'est qu'un mot dérisoire, et l'échafaud un martyre plutôt qu'un supplice pour ceux qui n'ont pas réussi, ils y montent comme sur un théâtre où ils croient achever leur rôle, en léguant à leur nom une affreuse célébrité. »

Montély ne saurait être rangé dans la classe des scélérats incorrigibles. « Voyez-le plutôt, chargé de l'or pris dans la chambre fatale, se rendant en toute hâte, et tout sanglant encore, pour payer des créanciers, dégager les effets de sa femme et retrouver celle que son amour gémit de revoir dans la gêne, à laquelle il rapporte tout avec un calme, un sang-froid, j'allais dire un naturel, qui déconcertent toutes les observations faites jusqu'à ce jour sur les pensées et le but des grands criminels.

« Les Robert-Macaire, les Lugarto (1) ne se préoccupent pas ainsi de leurs familles. N'est-il pas possible qu'un amour chaste, ardent, mais jaloux, mais passionné au plus haut degré, ait soudain égaré l'imagination de Montély, aliéné sa raison, et fermé un instant son cœur à tout autre sentiment qu'à l'affection conjugale, ou plutôt qu'à cette sorte de frénésie qui le saisissait à la seule pensée de la détresse de sa femme, de la misère de ses enfants?...

« Je voudrais, Messieurs, je vous le jure, que les doctrines, les écrits, les actes de notre siècle ne me permissent pas cette comparaison; mais elle peut être faite dans toute sa force, dans toute sa vérité, car les mauvais exemples se propagent de toutes parts; non-seulement les théories, mais la pratique, et jusqu'à l'argot du crime triomphant, sont répandus à pleines mains. Ce poison circule avec fureur, et produit, hélas! son effet, plus actif encore que la morphine ou l'acide prussique.

« Voyez, Messieurs, je vous en conjure, au cas où vous croiriez l'accusé coupable d'un seul ou d'un double crime, voyez s'il n'aurait pas été traîtreusement surpris par une de ces hallucinations absorbantes, une de ces inspirations spontanées, infernales sans doute, dont le germe maudit est dans les lieux publics comme dans les salons, tendant à se développer partout, et qu'il n'aurait pas eu la force de repousser.

« Voyez surtout, Messieurs, que cet homme n'est point un être corrompu, dégradé, préméditant sans cesse le mal, et arrivant par gradation à un grand crime.

« Ecoutez deux de ces lettres nombreuses que Cœlina Fénélon a écrites à son mari :

« Bordeaux, 24 décembre 1842.

« Mon cher ami,

« Aussitôt mon arrivée, je prends la plume pour te dire que j'ai fait un bon voyage et que je suis arrivée sans accident à Bordeaux. Il y avait longtemps que l'on m'attendait à la diligence. Quel a été leur bonheur de pouvoir me serrer dans leurs bras, de pouvoir me prodiguer leurs soins et leurs consolations!

« Cependant il me manque quelques-unes de tes caresses pour me faire oublier tout ce que je souffre; mais non, j'ai beau les chercher, je ne te vois plus, toi qui es mon bonheur; mais au moins je vois tout ce qui me rappelle notre bonheur, la chambre où tu m'as parlé pour la première fois de ton amour, où nous nous sommes juré de nous aimer, où je t'ai promis ton bonheur; et cependant nous sommes séparés d'une manière bien cruelle pour moi; je ne sais comment supporter toutes les insultes que tu as à supporter... (Suivent des détails de ménage...)

« Ta femme chérie, Cœlina Montély. »

« Boulac, le 26 février 1843.

« Mon cher Montély,

« Tu as dû apprendre par la lettre de maman qu

(1) Héros d'un mauvais roman de M. Eugène Sue.

j'étais accouchée d'un garçon il y a huit jours. Combien j'aurais voulu te donner de mes nouvelles plus tôt; mais cela m'est impossible, la fièvre ne m'a quittée qu'hier. En tous cas, ne t'inquiète pas pour moi : ce ne sont que des fièvres de nerfs ; tu sais que j'y suis sujette. J'ai commencé à souffrir un dimanche soir, et je ne suis accouchée que le dimanche ensuite. A deux heures du matin j'avais le plus joli petit garçon que l'on puisse voir, car il te ressemblera comme deux gouttes d'eau ; ainsi mes vœux sont exaucés, j'ai le portrait de celui dont je suis séparée depuis si longtemps. Oh ! mon ami, je reçus une lettre de toi dans le plus fort de mes douleurs. Oh ! combien elle m'a fait mal, et cependant elle m'a donné de la force pour supporter mes maux... »

« L'homme qui inspire de tels sentiments ne peut pas être indigne de pitié, continue Mᵉ Johannet, même en le supposant coupable. Il est encore capable de fournir à la société l'expiation qu'elle réclame de l'homme dont elle épargne la tête, et il n'est plus dangereux pour elle.

« De ce moment, je vous l'affirme, il est voué à un repentir qui durera autant que lui. Je l'ai vu dans son cachot : il n'a pas prononcé une plainte en ce qui le concerne. Toutes ses pensées sont portées vers sa femme, vers son enfant, vers la journée du 21 novembre. Interrogez le pieux aumônier, qui sait si bien juger le cœur des criminels ; il vous dira que, dans le cœur de Montély, la religion a trouvé sa place, en même temps que l'amour paternel et conjugal y est resté si vivace, si dominateur, si indéracinable ; il s'est incliné devant Dieu, et a demandé pardon !

« J'invoque votre omnipotence, dont la loi la plus sévère vous laisse, dans tous les cas, le libre usage ; cette prérogative si haute, sorte de droit de grâce en ce qui touche la tête d'un accusé que vous ne croyez pas inaccessible au repentir. En cette circonstance, je ne vous convie pas seulement à être les représentants de la justice humaine, je vous supplie d'être, sur la terre, les dispensateurs de la miséricorde divine.

« Appliquez donc les circonstances atténuantes, non sans doute pour l'horreur du crime, sous ce rapport il n'y en aurait pas de possibles, mais pour que la pénalité résultant de la loi descende d'un degré et fournisse à la société une vengeance plus réelle, plus utile.

« Mais, dira-t-on, pourquoi Montély, coupable, repentant, n'a-t-il pas avoué son crime ?

« S'il est coupable, n'attribuez pas, je vous en supplie, son silence à une persistance dans une dénégation déplorable, à un endurcissement de son âme... Sous ce rapport, son amour conjugal, son respect pour sa famille, le jetteraient dans une illusion malheureuse, sans doute ; il s'imaginerait que son aveu déshonorera à jamais sa famille et le nom qu'il a donné à Cœlina Fénélon, tandis qu'il se persuaderait que l'ombre d'un doute, semblant, par sa constante dénégation, s'attacher encore au principal événement du 21 novembre, il en résulterait moins de honte et moins d'infamie pour sa femme et pour ses enfants...

« Ce serait là une erreur, sans doute, mais une erreur qui trouverait son explication dans les sentiments prodigieusement exaltés que je vous ai signalés, et qui ne peuvent lui enlever le bénéfice de votre indulgence.

« Son silence, vous le voyez donc maintenant, n'a rien de commun avec un sang-froid cruel, avec une impénitence finale.

« ... Voyez, au teint plombé de Montély, à sa figure souffrante, à son maintien rempli à la fois d'abattement et de résignation, combien le chagrin l'a épuisé et l'épuisera encore ! Car ce n'est pas la crainte de la mort ; vous savez, en effet, que, durant sept jours, il s'est roidi contre les horreurs de la faim, et a péri moralement ; c'est la honte, avant tout, qui l'oppresse. Eh bien ! Messieurs, ne lui épargnez pas la honte, prodiguez-lui l'infamie, et il en tirera parti au profit du repentir. Il servira d'exemple, sous ce rapport, et ses tortures de tous les jours vaudront mieux pour la société que l'exécution sur la place publique !

« Que si, dans votre pensée, il faut un supplice avec son appareil, veuillez vous souvenir qu'avant-hier, l'accusé a subi une véritable épreuve dont vous lui tiendrez compte.

« Lors de la descente sur les lieux, la foule, qui venait de se porter, joyeuse, sur le passage du nouvel évêque, refluait soudain, joyeuse encore, sur le passage de Montély, afin de donner un nouvel aliment à son avide curiosité. Ses clameurs indécentes ont procédé à une sorte de hideuse répétition de la scène sanglante qu'elle attend, qu'elle espère peut-être, plutôt comme un spectacle que comme une satisfaction donnée à la justice.

« Vous avez vu son maintien dans la funèbre chambre, vous avez entendu ses paroles entrecoupées de sanglots.

« Suicidé ou assassiné, le cadavre de Boisselier s'est dressé plus d'une fois devant lui, durant ses terribles heures de captivité et d'insomnie...

« Croyez-vous qu'il ne se redresserait pas encore, qu'il ne se redressera pas toujours, et que les traits de Montély ne porteront pas la marque indélébile du remords, de cet éternel bourreau ?...

« Messieurs, ce matin, au sortir de la messe, en quittant le pied des saints autels, Montély relisait une lettre de sa femme, et il protestait de ne plus tenir à la vie que pour Cœlina et son enfant. Il est donc résigné à mourir ; eh bien ! Messieurs, au lieu de faire une veuve et un orphelin, au lieu d'ensanglanter une tombe, une couche et un berceau, condamnez Montély à vivre, condamnez-le à vivre d'un supplice terrible, celui de voir sa femme et son enfant rougir et se dérober en le visitant au bagne !...

« Ainsi, Messieurs, je crois sincèrement que votre justice sera satisfaite, que la société sera vengée. C'est au nom de Cœlina Fénélon, et d'un nouveau-né qui ne connaîtrait jamais les sourires de son père, que je vous demande grâce pour les jours de Montély. Pour moi, Messieurs, si les paroles que j'ai prononcées devant vous pouvaient vous déterminer à un verdict qui sauverait sa tête, je vous devrais pendant toute ma vie un immense bienfait. »

Ce plaidoyer, tout rempli d'émotions honnêtes et sincères, était le seul effort que l'on pût faire, avec quelque chance de succès, en faveur de Montély.

Après que M. le Président a résumé ces longs débats, le jury se retire et revient, au bout de trois quarts d'heure, avec un verdict affirmatif sur les divers chefs d'accusation, sans circonstances atténuantes. (On a su, plus tard, que les circonstances atténuantes avaient réuni une minorité de cinq voix.)

En conséquence, Montély est condamné à la peine de mort, et la Cour ordonne que l'exécution aura lieu sur l'une des places publiques d'Orléans.

Montély entend l'arrêt dans un état de prostration visible. — Je suis innocent, dit-il faiblement... J'ai dit la vérité... la mort me fera plaisir!... Ainsi, vous voyez bien...

La parole expire sur ses lèvres.

Le lendemain, grâce aux exhortations de l'aumônier et aux conseils de Mᵉ Johannet, Montély avait repris courage. Le généreux défenseur consentit sur sa prière à rester quelques jours encore à Orléans, et à le réconforter par ses visites. La religion s'emparait doucement de lui, chassait les idées de suicide, et faisait renaître dans cette âme des espérances qui n'étaient plus de ce monde.

Un seul jour il revint à son caractère d'autrefois : il venait d'apprendre que sa femme avait accepté un emploi de dame de comptoir dans le café principal de Limoges. Comme au temps de Fieschi et de Nina Lassave, un spéculateur effronté avait eu la pensée d'exploiter la curiosité publique en exhibant la femme de l'assassin d'Orléans. Exposer aux regards avides cette beauté, cette honte, ce malheur; montrer à l'avance cette veuve qu'allait faire l'échafaud, c'était une excellente affaire, et, le jour de l'exécution, une recette énorme!

Montély, jalousie ou pudeur, les deux peut-être tout ensemble, s'indigna que sa femme eût accepté une position semblable. Il lui écrivit une lettre des plus dures, et se reprit à ses idées de suicide. Cœlina lui répondit :

« Mon cher ami,

« Ta lettre m'a fait tellement de mal, que je n'y peux plus tenir, et, ayant envoyé ta lettre à maman, elle a été tellement fâchée que tu la traites comme cela, qu'elle ne peut plus rester un moment tranquille. Ainsi, je pars pour retourner à Bordeaux, et te promets que, dorénavant, je ne me placerai plus; tu peux compter sur la parole que je t'en donne. Je pense que tu pardonneras à ta femme la démarche que la misère lui avait fait faire. Adieu, mon ami, je t'embrasse de tout mon cœur; mais il faut que tu me promettes de ne pas m'en vouloir, ni à notre mère. Adieu encore, reçois les mille baisers de ta Cœlina. »

Calmé par cette lettre, et par les sages conseils de Mᵉ Johannet, Montély écrivit à ce dernier.

« ... Le bonheur est venu se verser dans mon cœur, à l'instant où je recevais une lettre de mon épouse, qui est arrivée à Bordeaux le 1ᵉʳ avril, en annonçant qu'elle avait accompli mes désirs, en se repentant de cette démarche si funeste à son honneur et à sa tranquillité; car elle avait été trompée, je n'en doute point. Il ne me reste plus qu'à remercier Dieu d'avoir accompli mes désirs avant de mourir. Recevez les adieux du malheureux qui ne cessera de prier Dieu dans l'éternité pour vous et votre famille. C'est toute la récompense que ma reconnaissance peut vous offrir.

« Je vous prierai, Monsieur, quand mon fils aura l'âge de travailler, de lui procurer un emploi qui puisse lui donner l'existence d'un honnête homme. Je pense que mon beau-frère fera tous ses efforts pour lui donner une bonne instruction, et qu'avec votre secours il pourra sans doute être heureux; puis, son malheureux père n'a plus rien, pas même le bonheur de le connaître. Connaissant votre cœur, j'espère que vous veillerez sur lui. Recevez les adieux de celui qui attend sa dernière heure tous les jours. Je suis, avec un profond respect et une grande humiliation, l'infortuné « MONTÉLY. »

Il persistait, cependant, par amour-propre, à nier son crime, et, sans craindre la mort, il avait horreur de l'échafaud. Il écrivit, une fois encore, à son défenseur, qui avait tiré de lui la promesse de ne pas attenter à ses jours.

« Monsieur,

« J'ai reçu votre honorée et consolante lettre, pour laquelle j'ai mis tous mes efforts à vous satisfaire. Je ne cesse de m'entretenir avec M. l'aumônier, qui prend toujours tant de part à ma malheureuse position. Vous me rappelez que je vous ai promis que le prêtre saurait toute la vérité; eh bien! Monsieur, je vous jure qu'à l'heure de la mort je ne pourrais plus lui en dire davantage. J'ai demandé bien pardon à Dieu, et je ne m'occupe plus qu'à cela, depuis que, comme vous l'avez dit, l'amour a perdu tout droit de me maîtriser. Je suis donc tout prêt à la mort, et je veux me la donner, puisque j'ai rempli ma promesse envers vous. Mais j'ai encore voulu vous en prévenir; car je suis engagé par la parole que je vous ai donnée le premier jour où je vous ai vu. Je compte que vous ne me refuserez pas; je vous en prie au nom de ma femme, de mes enfants et de ma famille. »

Il fallait encore éclairer cette pauvre âme sur les véritables devoirs de l'expiation et de la résignation chrétienne; il fallait lui montrer que c'était un nouveau crime que de se soustraire à la satisfaction que réclamaient la justice humaine et la société. Mᵉ Auguste Johannet sut trouver, pour le faire, de ces mots triomphants qu'inspire à l'honnête homme une piété éclairée. Il mit aussi Montély en face de ses vieux souvenirs d'honneur militaire et de dévouement au devoir, et il lui inspira ce vrai courage qui ne devance pas la punition, mais qui l'attend simplement, avec calme.

« Mon bon M. Auguste Johannet, écrivit le condamné, j'ai reçu votre lettre; vous le voulez, Montély ne manquera pas à sa parole; vous serez satisfait... »

Dès lors, Montély ne pensa plus qu'à bien mourir. La lettre suivante, adressée par lui à M. l'abbé Victor Pelletier, aumônier des prisons, montre quelle était la situation de son âme à la veille de l'exécution.

« Monsieur l'Aumônier,

« A ma dernière heure, je viens vous exprimer mes dernières pensées. J'aime de toutes les forces de mon âme une religion qui fait un devoir à ses ministres de consoler l'homme que les lois ont frappé de mort, et qu'elles rejettent du sein de la société. Les mauvais conseils et les mauvaises sociétés conduiront toujours l'homme faible à sa perte. Avec la religion il doit être facile de marcher dans le chemin du devoir et de l'honneur; sans religion, il est trop facile de s'égarer. Hommage et respect au digne ministre qui m'a prodigué les soins et les consolations qu'exigeait ma malheureuse position! Abandonné de la présence de mon épouse et de mes parents, vous seul étiez mon soutien dans ma triste existence. Je suis, avec un profond regret, le malheureux, l'infortuné

« MONTÉLY. »

Le 8 avril, Montély montait à l'échafaud avec la résignation d'un chrétien.

LE COLLIER DE LA REINE (1786).

Mme DE LA MOTTE, LE CARDINAL DE ROHAN, CAGLIOSTRO, LA D'OLIVA.

. . . Le major de la cour, M. d'Agoult, emmena le cardinal (PAGE 6.)

Au printemps de 1785, l'auteur bruyant du *Mariage de Figaro*, Caron de Beaumarchais, avait été enfermé quatre jours à Saint-Lazare pour une antithèse malsonnante échappée à sa verve. « Quand j'ai dû vaincre *lions* et *tigres* pour faire jouer une comédie, écrivait-il à Suard qui le poursuivait de ses piqûres dans le *Journal de Paris*, pensez-vous me réduire, ainsi qu'une servante hollandaise, à battre l'osier tous les matins sur l'*insecte vil de la nuit?* »

M. le comte de Provence eut la malice de persuader à Louis XVI que *tigre* désignait suffisamment le monarque, qui avait déclaré *la Folle Journée* détestable et injouable, et qui en avait si longtemps arrêté la représentation. Louis XVI eut le tort de croire ce que lui disait son frère, et le bon sens de faire sortir bien vite Beaumarchais de cette prison où on n'eût pas dû le faire entrer.

Marie-Antoinette, la gracieuse protectrice de Beaumarchais, voulut réparer la faute, et obtint que *le Barbier de Séville* fût représenté sur son petit théâtre de Trianon, en présence de l'auteur. Marie-Antoinette elle-même jouait le rôle de Rosine.

Ce jour-là, la reine de France entendit la tirade un peu prétentieuse que l'auteur met dans la bouche de l'organiste don Basile :

« La calomnie ! dit en souriant Basile, vous ne savez guère ce que vous dédaignez; j'ai vu les plus honorables gens près d'en être accablés. Croyez qu'il n'y a pas de plate méchanceté, pas d'horreurs, pas de conte absurde, qu'on ne fasse adopter aux oisifs d'une grande ville, en s'y prenant bien. Et nous avons des gens d'une adresse !... D'abord un bruit léger, rasant le sol comme l'hirondelle avant l'orage, *pianissimo*, murmure et file, et sème en courant le trait empoisonné. Telle bouche le recueille, et, *piano, piano*, vous le glisse en l'oreille adroitement. Le mal est fait; il germe, il rampe, il chemine, et, *rinforzando*, de bouche en bouche, il va le diable. Puis, tout à coup, ne sais comment, vous voyez la calomnie se dresser, siffler, s'enfler, grandir à vue d'œil. Elle s'élance, étend son vol, tourbillonne, enveloppe, arrache, entraîne, éclate et tonne, et devient, grâce au Ciel, un cri général, un *crescendo* public, un *chorus* universel de haine et de proscription. Qui diable y résisterait? »

La calomnie ! Marie-Antoinette n'avait pas attendu ce jour-là pour la connaître, mais le trait empoisonné n'avait pas encore produit sa moisson. On en était alors au *pianissimo*. Dans les jours hideux du *chorus* universel de haine et de proscription qui poursuivit la reine jusque sur les marches d'un échafaud, Marie-Antoinette se rappelait peut-être la tirade de don Basile, lorsqu'elle répondait, en soupirant, à quelques derniers fidèles qui craignaient le poison pour leur maîtresse : — « Allez, mes amis, les Brinvilliers ne sont pas de ce siècle-ci. On a la calomnie, qui vaut beaucoup mieux pour tuer les gens ! »

L'histoire de ce procès du *Collier*, c'est l'histoire des premières calomnies lancées contre la reine de France; de celles qui, jusqu'alors murmurées à l'oreille, imprimées dans une cave ou vendues sous le manteau, osèrent retentir en plein air, s'étaler aux yeux, éclater sur la place publique.

Comment et pourquoi la haine s'était-elle attaquée à cette noble femme? C'est ce qu'il nous faut dire en peu de mots.

Accueillie par l'enthousiasme populaire lorsque, le 7 mai 1770, elle mit pour la première fois le pied sur la terre de France, la jeune Dauphine Marie-Antoinette-Joséphine-Jeanne, archiduchesse de Lorraine, eut d'abord contre elle, à la cour de Versailles, toutes les qualités, tous les dons qui l'avaient rendue chère au pays.

Elle eut sa beauté : beauté singulière, piquante, charmante, qu'avaient acclamée avant Paris, avant Versailles, l'Alsace, la Lorraine, la Picardie. « Qu'elle est jolie, notre Dauphine ! » s'écriaient les populations accourues sur son passage.

Telle qu'elle était, mignonne, charmante, ingénue, et déjà imposante à ses heures, la Dauphine parut un danger. L'ignoble courtisane que Louis XV n'eut pas honte de faire asseoir à la même table que cette adorable enfant, eut peur de ces grâces pudiques. Le vieux roi blasé fut tout d'abord sous le charme, et tout réjoui de voir cette jeune beauté s'envoler, légère et rieuse, par les jardins de Marly.

Mme du Barry s'empressa de mettre ordre à ces admirations inquiétantes, et, quelques jours après le mariage, Louis XV, ramené à sa fange, disait en soupirant : « Je sais bien que Mme la Dauphine ne m'aime pas. » Le vieux roi se sentait jugé et méprisé. A partir de ce jour, pour le parti de la courtisane, la Dauphine ne fut plus que *la petite rousse.*

Marie-Antoinette eut contre elle encore son esprit. Elle avait été, à Vienne, élevée à la française par un abbé de Vermond, homme d'esprit, sceptique, railleur. Cet abbé, bon homme au fond, ne gâta ni le cœur ni la raison de l'archiduchesse; mais il lui enseigna, peut-être un peu plus qu'il n'eût fallu, le mot vif, la repartie acérée, la raillerie voilée sous un sourire, le trait qui dessine un ridicule. Bonne comme elle était, Marie-Antoinette n'employa ce talent tout français qu'à se venger innocemment de toutes les haines qui la harcelaient; mais les haines n'en devinrent que plus impitoyables.

Marie-Antoinette eut contre elle encore la simplicité d'habitudes, l'aimable familiarité, si chères à la cour patriarcale de Vienne. La cour corrompue de Versailles ne voulut voir dans cette charmante ignorance des minuties de l'étiquette qu'une légèreté inconvenante, une dépravation précoce. Les plus charitables la taxèrent d'imprudence.

La morgue des valets insolents qui composaient la cour s'irrita de quelques préférences inspirées à la jeune Dauphine par les plus innocentes sympathies; on calomnia ses amitiés, on calomnia ses plaisirs enfantins. Un jour Marie-Antoinette eut la fantaisie d'assister, à la sortie d'un bal, au lever de l'aurore. Toute la famille royale, excepté Louis XVI qui aimait à se coucher de bonne heure, toute la cour, les ambassadeurs suivirent Marie-Antoinette à Trianon. Le lendemain, un pamphlet, le premier, sorti des presses secrètes du Palais-Royal, racontait que Marie-Antoinette, quittant la cour sous un vain prétexte, s'était enfoncée sous les bosquets du parc, où tous les yeux pour longtemps l'avaient perdue de vue.

Le Lever de l'aurore, c'est le titre du pamphlet, commença dignement la honteuse série de ces calomnies atroces, auxquelles, dit le comte de la Marck, on finit par croire bêtement.

Telle était la disposition des esprits quand, en 1785, éclata la mortelle calomnie du *Collier.*

Dans la première année du règne de Louis XVI, c'est-à-dire en 1774, le joaillier de la cour, Boehmer, avait réussi à terminer une œuvre qui l'occupait depuis plusieurs années; c'était un assortiment des plus beaux diamants qu'on pût alors trouver dans le commerce. Il en avait, avec son associé Bassange, composé un collier à plusieurs rangs, que son prix énorme, 1,600,000 francs d'alors, 3,000,000 au moins d'aujourd'hui, destinait évidemment à un écrin royal.

Boehmer, dans les derniers temps du règne de Louis XV, avait eu la pensée d'offrir ce rare bijou à la favorite régnante, Mme du Barry; la mort du vieux roi avait empêché la réalisation de cette espérance.

Il fallait faire agréer le collier par la jeune reine. Boehmer, craignant d'être repoussé s'il faisait une offre directe, chercha à intéresser à cette négociation M. de Campan, mari de la première femme de chambre de Marie-Antoinette. M. de Campan se refusa à proposer une pareille dépense dans un moment où, à la cour, il n'était question que d'économies. Dames d'honneur, dames d'atours déclinèrent également la commission. Alors Boehmer s'adressa au premier gentilhomme d'armes de service chez le roi, qui consentit à présenter le collier. Louis XVI admira cette parure unique, incomparable, et voulut la voir au cou de la jeune reine. Marie-Antoinette admira aussi ce splendide rendez-vous de diamants (elle était femme et jeune, et belle entre les belles); mais elle se souvint à temps qu'elle était reine, et reine d'un pays épuisé par les prodigalités de toute sorte. — « Je serais très-affligée, répondit-elle, qu'on fît une pareille dépense pour cet objet. J'ai déjà de beaux diamants, et je ne les porte guère que quatre ou cinq fois l'an. Il faut renvoyer ce collier. Nous avons, à l'heure qu'il est, plus besoin d'un vaisseau que d'un bijou. (1) ».

Déjà Boehmer avait vendu à la reine des girandoles du prix de 360,000 francs, que la reine paya par annuités sur sa propre cassette. Cette cassette, sous Louis XVI comme sous les deux règnes précédents, était de 400,000 livres, et, malgré l'énorme changement survenu dans les valeurs, elle ne fut augmentée de 200,000 livres qu'à la naissance du Dauphin.

Depuis, le roi fit présent à la reine d'une parure de rubis et de diamants blancs, et d'une paire de bracelets de 200,000 livres. Avec les parures apportées d'Autriche, la reine pouvait donc trouver son écrin assez riche, elle surtout qui montrait dans son vêtement, comme dans ses mœurs, une simplicité tout allemande.

Un an après sa première tentative, Boehmer fit

(1) *Mémoires secrets et universels sur les malheurs et la mort de la reine de France*, par Lafont d'Aussonnes; Paris, 1824.

encore proposer au roi d'acheter son collier, partie en payements à diverses échéances, et partie en rentes viagères. Le roi en parla de nouveau à la reine.

« Ce fut en ma présence, dit Mme de Campan. Je me souviens que la reine lui dit que, si réellement le marché n'était pas onéreux, le roi pouvait faire cette acquisition, et conserver ce collier pour les époques des mariages de ses enfants, mais qu'elle ne s'en parerait jamais, ne voulant pas qu'on pût lui reprocher dans le monde d'avoir désiré un objet d'un prix aussi excessif. Le roi lui répondit que ses enfants étaient trop jeunes pour faire une dépense qui serait augmentée par le nombre d'années où elle resterait sans utilité, et qu'il refuserait définitivement cette proposition. »

Ainsi repoussé, Boehmer s'agita, courut les influences, le tout vainement : on ne voulait pas entendre parler du collier. Le malheureux joaillier avait enfoui dans ces pierres la plus claire partie de sa fortune; il se sentit perdu s'il ne réussissait à le vendre. Il avait acheté la charge de joaillier de la couronne et avait ses entrées à la cour; il se résolut à demander une audience de la reine. L'ayant obtenue, il se jeta aux genoux de Marie-Antoinette, et, les mains jointes, les yeux inondés de larmes, lui parla ainsi :

— « Madame, je suis ruiné, déshonoré, si vous n'achetez mon collier. Je ne veux pas survivre à tant de malheurs. D'ici, Madame, je pars pour aller me précipiter dans la rivière.

— « Levez-vous, Boehmer, lui dit la reine avec un ton assez sévère pour le faire rentrer en lui-même; je n'aime point de pareilles exclamations, et les gens honnêtes n'ont pas besoin de supplier à genoux. Je vous regretterais, si vous vous donniez la mort, comme un insensé auquel je prenais intérêt, mais je ne serais nullement responsable de ce malheur. Non-seulement je ne vous ai point commandé l'objet qui, dans ce moment, cause votre désespoir, mais, toutes les fois que vous m'avez entretenue de beaux assortiments, je vous ai dit que je n'ajouterais pas quatre diamants à ceux que je possédais. Je vous ai refusé votre collier; le roi a voulu me le donner, je l'ai refusé de même; ne m'en parlez donc jamais. Tâchez de le diviser et de le vendre, et ne vous noyez pas. Je vous sais très-mauvais gré de vous être permis cette scène de désespoir en ma présence et devant cette enfant (la jeune princesse, fille de la reine). Qu'il ne vous arrive jamais des choses semblables. Sortez ! »

Pendant quelque temps on n'entendit plus parler de Boehmer ni de son collier. Le magnifique bijou fut offert sans succès à toutes les cours de l'Europe. Désespéré, le joaillier se raccrocha à la reine, avec l'aveugle ténacité d'un homme qui se noie. Il avait couru en vain les grosses influences; il se rabattit sur les petites, et descendit enfin jusqu'aux intrigants les plus tarés, offrant de riches épingles à qui le sauverait du naufrage. Puis Boehmer se calma, parut satisfait.

La reine était alors en couches de Mme Sophie. Un riche financier, M. de Sainte-James, trésorier de l'extraordinaire des guerres, la fit tout à coup prévenir que Boehmer s'occupait encore de son collier, ajoutant que Sa Majesté devait, *pour sa propre tranquillité*, chercher à savoir ce que cet homme en avait fait.

Sur l'ordre de la reine, Mme de Campan fit la question à Boehmer, à quelques jours de là; le joaillier répondit « qu'il était bien heureux, qu'il avait vendu le collier à Constantinople pour la sultane favorite. »

Cette réponse charma la reine, qui, pourtant, parut étonnée qu'on achetât à Paris des diamants pour le Grand-Seigneur.

Les excentricités, comme nous dirions aujourd'hui, du désespéré joaillier l'avaient fait écarter de la cour, malgré sa charge officielle; Marie-Antoinette avait décidé qu'un de ses valets de chambre serait seul chargé des réparations à faire à ses parures. Mais un jour vint où on vit Boehmer s'agiter de nouveau, rôder autour des appartements, s'inquiéter d'une occasion propice pour parler à la reine. Il voulait, cette fois, disait-il, non pas supplier Sa Majesté, mais mettre à ses pieds toute sa gratitude.

L'occasion saisie par Boehmer fut celle du baptême du duc d'Angoulême. Le roi avait fait présent à Marie-Antoinette d'une épaulette et de boucles de diamants; Boehmer, que la reine évitait depuis quelque temps, vu sa tête exaltée, reçut l'ordre de remettre ces objets à la reine; il les lui présenta accompagnés d'une lettre, en forme de placet. Dans cet écrit le joaillier disait « qu'il était heureux de la voir en possession des plus beaux diamants connus en Europe, et qu'il la priait de ne point l'oublier. »

« La reine, dit Mme de Campan, ne comprit rien à ces phrases et n'y vit qu'une preuve nouvelle d'aliénation d'esprit. Elle brûla la lettre à une bougie allumée, en disant : « Cela ne vaut pas la peine d'être gardé. »

Dans un autre passage de ses *Mémoires*, auxquels nous empruntons ces détails, Mme de Campan dit encore que la reine, ayant lu, ajouta : — « Vous qui devinez les énigmes du *Mercure*, trouvez donc le mot de celle que ce fou de Boehmer vient de me remettre. »

Le papier brûlé, la reine ajouta : « Cet homme existe pour mon supplice; il a toujours quelque folie en tête. Songez bien, la première fois que vous le verrez, à lui dire que je n'aime plus les diamants, que je n'en achèterai plus de ma vie; que, si j'avais à dépenser de l'argent, j'aimerais bien mieux augmenter mes propriétés de Saint-Cloud par l'acquisition des terres qui les environnent. Entrez dans tous ces détails avec lui pour bien l'en convaincre et les bien graver dans sa tête. »

Le 3 août, Boehmer, inquiet de ne pas avoir eu de réponse à son placet, vint trouver Mme de Campan à sa maison de campagne de Crespy, et lui demanda si elle n'avait pas quelque commission pour lui. Quand il connut la réponse qu'avait faite la reine, et qu'elle avait brûlé la lettre sans l'avoir comprise :

— « Ah! Madame, s'écria-t-il, avec un visage tout bouleversé, cela n'est pas possible; la reine sait qu'elle a de l'argent à me donner.

— « De l'argent! monsieur Boehmer : il y a longtemps que nous avons soldé vos derniers comptes pour la reine.

— « Madame, vous n'êtes pas dans la confidence; on n'a pas soldé un homme, que l'on ruine en ne le payant pas, lorsqu'on lui doit plus de 1,500,000 liv.

— « Avez-vous perdu l'esprit? Pour quel objet la reine peut-elle vous devoir une somme si exorbitante?

— « Pour mon grand collier, Madame.

— « Quoi! encore ce collier, pour lequel vous avez inutilement tourmenté la reine pendant plusieurs années! Mais vous m'aviez dit que vous l'aviez vendu pour Constantinople?

— « C'est la reine qui m'avait fait ordonner de faire cette réponse à tous ceux qui m'en parleraient.

— « Allons donc! monsieur Boehmer, la reine vous l'a refusé, votre grand collier, elle l'a refusé au roi.

— « Elle a changé d'idée.

— « Je n'ai jamais vu ce collier dans les diamants de la reine.

— « Elle devait le porter le jour de la Pentecôte; j'ai été bien étonné de ce qu'elle ne l'a pas fait. »

C'est alors que ce *fatal imbécile*, comme l'appelle Mme de Campan, dit que la reine lui avait fait acheter le collier par le cardinal de Rohan. A ce nom, la femme de chambre entrevit quelque noire intrigue. — « Mais ne savez-vous donc pas, dit-elle au malheureux, que la reine n'a pas adressé la parole une seule fois au cardinal depuis son retour de Vienne? Il n'y a pas d'homme plus en défaveur à la cour. — Elle le voit si bien en particulier, que c'est à Son Eminence qu'elle a remis 30,000 livres pour premier à-compte, et elle les a pris, en sa présence, dans le petit secrétaire de porcelaine de Sèvres qui est près de la cheminée de son boudoir. J'ai, au reste, des ordres précis de la reine, des billets signés par elle, et j'ai dû les montrer à des banquiers pour obtenir une prolongation des époques de mes payements. »

Mme Campan conseilla à Boehmer d'aller à Versailles, de solliciter immédiatement une audience du baron de Breteuil. Au lieu de suivre ce conseil, l'inquiet Boehmer courut chez le cardinal.

Pour bien comprendre ce qui va suivre, il faut dire ce que c'était que le cardinal de Rohan.

Cardinal de la sainte Eglise romaine, évêque et prince de Strasbourg, landgrave d'Alsace, prince d'Etat d'Empire, grand-aumônier de France, commandeur de l'ordre du Saint-Esprit, proviseur de Sorbonne, et même Académicien, Louis-René-Edouard de Rohan, autrefois ambassadeur à Vienne, avait, en 1785, environ cinquante ans. Débauché, perdu de dettes, ce prince de l'Eglise avait coutume de dire : « Je ne conçois pas qu'un galant homme puisse vivre avec 1,200,000 livres de rentes. » Diplomate, Louis de Rohan avait fait preuve de peu de cervelle, et, bien que sa vanité le persuadât qu'un homme comme lui devait un jour gouverner la France, il n'avait pas su, lui représentant de la France en Autriche, tirer parti, pour sa fortune politique, de l'hostilité maladroite qu'il avait déployée contre la cour de Vienne. Il s'était aliéné à jamais la reine Marie-Thérèse et la future reine de France, et il n'avait pas su se rendre utile aux ennemis de l'Autriche et de M. de Choiseul.

La disgrâce du cardinal de Rohan était un fait public, dont tout le monde à la cour savait la cause. La reine, dès le premier jour où elle avait mis le pied sur le sol de la France, s'était un moment trouvée en présence du cardinal de Rohan : en arrivant à Strasbourg, elle avait été reçue par le cardinal à la tête de son chapitre. Le prince Louis de Rohan, alors coadjuteur, avait complimenté la jeune Dauphine en lui disant : « C'est l'âme de Marie-Thérèse qui va s'unir à l'âme des Bourbons! »

Mais, depuis cette flatterie du premier jour, pendant son ambassade à Vienne, le cardinal de Rohan avait, à propos du partage de la Pologne, écrit à M. d'Aiguillon une dépêche dans laquelle on lisait ces mots : « J'ai effectivement vu pleurer Marie-Thérèse sur les malheurs de la Pologne opprimée; mais cette princesse, exercée dans l'art de ne point se laisser pénétrer, me paraît avoir ses larmes à commandement : d'une main elle a le mouchoir pour essuyer ses pleurs, et de l'autre elle saisit le glaive de la négociation, pour être la troisième puissance copartageante. »

Et cette dépêche, qui accusait et insultait la mère de Marie-Antoinette, elle avait été lue par Mme du Barry à la fin d'un souper, et l'ignoble favorite en avait pris texte pour gloser sur la fille de la reine d'Autriche, sur cette Dauphine détestée, sur cette *petite rousse!*

Voilà ce qui rendait absurde, aux yeux de Mme de Campan, l'intervention du cardinal dans la prétendue vente du collier faite à la reine.

Marie-Antoinette, avertie par Mme de Campan des assertions étranges du joaillier, voulut entendre de la propre bouche de Boehmer la confirmation de cet étonnant mensonge. Elle envoya quérir Boehmer, et, ne voyant encore dans les propos de cet homme qu'un moyen nouveau de lui faire accepter son collier, lui demanda par quelle fatalité elle avait encore à entendre parler de sa folle prétention de lui vendre un objet qu'elle refusait toujours. — « J'y suis bien forcé, Madame, répondit Boehmer, ne pouvant plus calmer mes créanciers.

— « Eh! que me font vos créanciers? »

Alors Boehmer confessa successivement tout ce qui, selon lui, avait amené la négociation du collier. Quand il en arriva à parler d'entrevues mystérieuses qui auraient eu lieu entre la reine et le cardinal, Marie-Antoinette se leva indignée, et chercha à imposer silence à l'insolent; mais Boehmer, tout à son idée : — « Madame, il n'est plus temps de feindre; daignez avouer que vous avez mon collier, et faites-moi donner des secours, ou ma banqueroute aura bientôt tout dévoilé. »

La reine renvoya Boehmer, n'en pouvant rien tirer de plus. Dans un état d'agitation difficile à décrire, elle fit appeler l'abbé de Vermond et le baron de Breteuil. Tous deux haïssaient le cardinal : l'un n'avait pas oublié qu'autrefois Louis de Rohan lui avait soufflé l'ambassade de Vienne; l'autre avait été, pendant cette ambassade, l'objet des sarcasmes du cardinal. Tous deux donnèrent à la reine le dangereux conseil de démasquer l'intrigant, le vicieux hypocrite; ils ne songèrent pas, les imprudents, que le nom de la reine allait se trouver mêlé à ce scandale, et que les partis ennemis piétineraient à plaisir dans cette boue pour en éclabousser le manteau royal.

Marie-Antoinette, superbe d'indignation, marchait à pas pressés dans sa chambre, s'arrêtant seulement de fois à autre pour s'exclamer : — « Il faut que les vices hideux soient démasqués... Quand la pourpre romaine et le titre de prince ne cachent qu'un besoigneux, un escroc... qui ose compromettre l'épouse de son souverain... il faut que la France entière et l'Europe le sachent. »

L'éclat résolu, on demanda à Boehmer et à Bassange un Mémoire relatant les circonstances diverses de la négociation mystérieuse que le cardinal avait nouée avec eux. Les deux associés firent le récit qu'on va lire (1).

« Le 24 janvier de la présente année, M. le cardinal de Rohan vint chez nous et nous demanda de lui montrer divers bijoux. Nous profitâmes de cette occasion pour lui faire voir le grand collier. Après

(1) Premier *Mémoire*, présenté à la reine, le 12 août 1785 par les sieurs Boehmer et Bassange.

l'avoir examiné, il nous dit qu'il en avait entendu parler, et qu'il était chargé d'en savoir le prix... Nous fixâmes celui de 1,600,000 livres... Le prince répondit qu'il rendrait compte de la conversation; qu'il se chargerait de l'acquisition, non pour lui, mais pour un acquéreur dont il était persuadé que nous accepterions les arrangements, nous prévenant qu'il ignorait s'il lui serait permis de le nommer; que, dans le cas où il ne lui serait pas permis, il ferait des arrangements particuliers...

« Deux jours après, le prince nous fit venir ; sur la recommandation du plus grand secret, il nous communiqua, écrites de sa main, les propositions qu'il était chargé de nous faire, dont voici la copie :

« Le dernier prix du collier sera fixé d'après « MM. Doigny et Maillard (experts), en cas que le « prix qu'on veut le vendre (de 1,600,000 livres) « paraisse trop fort.

« Le payement du prix convenu ne commencera « que dans six mois, et alors pour une somme de « 400,000 livres, et de six mois en six mois de « même.

« On pourra faciliter le calme dans les affaires du « vendeur en donnant des délégations. Si les con- « ditions conviennent, le collier sera prêt à partir « de mardi, 1er février, au plus tard. »

« Nous mîmes sous ces propositions notre acceptation, à la date du 29 janvier.

« Le 1er février au matin, le prince nous envoya quérir, par un billet de sa main, sans signature, avec l'objet en question. Il nous fit connaître dans cette entrevue que S. M. la reine faisait l'acquisition, et nous montra les propositions que nous avions acceptées, signées : *Marie-Antoinette de France*, avec des *approuvés*, en marge, de chacune des propositions.

« Ce même jour, nous reçûmes une lettre de la main du prince, conçue en ces termes :

« M. Boehmer, S. M. la reine m'a fait connaître « que ses intentions étaient que les intérêts de ce « qui sera dû, après le premier payement du mois « fin d'août, soient payés successivement avec les « principaux, jusqu'au parfait acquittement. »

On remarquera que, dans ce premier récit, les joailliers ne mettent absolument qu'une seule personne en cause, le cardinal. Lui seul avait eu l'initiative de la proposition, lui seul avait conduit, terminé la négociation.

Ce n'était pas la première fois qu'une intrigue osait ainsi compromettre le nom de la reine : dès les premiers temps du règne, une madame de Villers avait su tirer de Béranger, le fermier général, une somme de 800,000 livres, en lui montrant une prétendue lettre de Marie-Antoinette, où cette somme lui était demandée; mais qu'un prince de l'Eglise, qu'un Rohan s'abaissât à de pareilles manœuvres, cela dépassait en odieux tout ce qu'il était permis d'imaginer. Une escroquerie vulgaire eût été déjà, chez le cardinal, quelque chose de monstrueux; mais lui, publiquement disgracié, mêler le nom de la reine à cette escroquerie, supposer une entente secrète avec sa souveraine, cela cachait peut-être un piége infâme. Voilà pourquoi Marie-Antoinette courut au-devant de la lumière.

Le Mémoire des joailliers terminé, on fit connaître l'intrigue à Louis XVI; on lui montra la copie de l'autorisation prétendue que la reine aurait donnée au cardinal pour traiter de l'achat du collier. Boehmer livra une lettre que lui avait écrite M. de Rohan à ce sujet. L'arrestation du cardinal fut décidée.

Le 15 août, c'était un dimanche, jour de l'Assomption, le cardinal, revêtu de ses habits sacerdotaux, allait se rendre à la chapelle du palais de Versailles. Vers midi le roi le fit mander. La reine, M. le baron de Breteuil et quelques courtisans étaient auprès du roi. Alors celui-ci :

— « Vous avez acheté des diamants à Boehmer?

— « Oui, Sire.

— « Qu'en avez-vous fait?

— « Je croyais qu'ils avaient été remis à la reine.

— « Qui vous avait chargé de cette commission?

— « Une dame appelée la comtesse de la Motte-Valois, qui m'avait présenté une lettre de la reine, et j'ai cru faire ma cour à Sa Majesté en me chargeant de cette commission. »

Alors la reine : — « Comment, Monsieur, avez-vous pu croire, vous à qui je n'ai pas adressé la parole depuis huit ans, que je vous choisissais pour conduire cette négociation, et par l'entremise d'une pareille femme? A qui persuaderez-vous, s'il vous plaît, que j'aie donné le soin de mes atours à un évêque, à un grand-aumônier de France?

— « Je vois bien, répondit le cardinal, que j'ai été cruellement trompé. Je payerai le collier. L'envie que j'avais de plaire à Votre Majesté m'a fasciné les yeux. Je n'ai vu nulle supercherie, et j'en suis fâché. »

Et M. de Rohan tira de son portefeuille une lettre, celle que cette dame de la Motte avait attribuée à la reine et qui lui donnait la commission. Le roi prit la lettre, et, d'un premier coup d'œil, vit que l'écriture n'avait aucun rapport avec celle de la reine. La signature était celle-ci : *Marie-Antoinette de France*. — « Comment vous, Monsieur, s'écria le roi, vous, un prince de la maison de Rohan, vous, un grand-aumônier de France, avez-vous pu croire que la reine signât ainsi? Personne n'ignore que les reines ne signent que leur nom de baptême.

— « J'ai été trompé, murmurait le cardinal éperdu, j'ai été trompé ! »

Le roi, alors, lui présentant une copie de sa lettre à Boehmer : — « Avez-vous écrit une lettre pareille à celle-ci? »

Le cardinal parcourut la lettre d'un air effaré, et balbutia : — « Je ne me souviens pas de l'avoir écrite.

— « Et si l'on vous montrait l'original signé de vous?

— « Si la lettre est signée de moi, elle est vraie.

— « Expliquez-moi donc toute cette énigme, Monsieur, dit le roi avec plus de calme. Je ne veux pas vous trouver coupable, je désire votre justification. Expliquez-moi ce que signifient toutes ces démarches auprès de Boehmer, ces assurances et ces billets. »

Le cardinal pâlissait visiblement; il fut obligé de s'appuyer contre un meuble.

— « Sire, je suis trop troublé pour répondre à Votre Majesté d'une manière...

— « Remettez-vous, Monsieur, et passez dans mon cabinet; vous y trouverez du papier, des plumes et de l'encre; écrivez ce que vous avez à me dire. »

La reine raconta plus tard que, pendant cet interrogatoire, il lui vint à l'esprit une idée effrayante : elle voyait une intrigue, mais n'en soupçonnait pas le but. Elle pensa que ses lâches ennemis avaient résolu de la perdre aux yeux du roi et de la France, et que, peut-être, le cardinal allait affirmer qu'elle avait le collier, qu'il avait été honoré de sa confiance pour cette acquisition faite à l'insu du roi, et indiquer un endroit secret de son appartement où il l'aurait fait cacher par quelque traître.

La bonté, faut-il dire la faiblesse du roi reprenait le dessus. Après avoir fait la faute de permettre un éclat, Louis XVI, comme il lui arriva trop souvent, faisait la faute contraire : à un coup d'autorité maladroitement asséné succédait une dangereuse indulgence.

Le cardinal passa dans le cabinet du roi, y écrivit une sorte de confession confuse comme ses premières paroles, et revint avec le papier au bout d'un demi-quart d'heure. Mais il avait eu le temps d'écrire un billet, adressé à l'abbé Georgel, son grand-vicaire; ce billet ne contenait que ces mots : — « Je vais être arrêté; brûlez tout. »

Pendant que Louis XVI parcourait l'informe récit du cardinal, celui-ci put glisser le billet à son heiduque, qui attendait à la porte du salon d'Hercule. Le valet s'échappa sans être vu, courut à Paris à bride abattue, arriva au Palais-Cardinal au moment où son cheval allait tomber mort dans ses jambes, et le portefeuille qui contenait les papiers compromettants disparut. Une perquisition faite à temps, puisqu'on optait pour le scandale, eût dévoilé tout le secret, et mis à nu tout à la fois la sotte crédulité et les vices honteux de ce prince de l'Eglise. Mais l'irrésolu Louis XVI ne sut jamais rien faire à propos.

Cependant le roi avait lu l'écrit du cardinal. — « Je vous préviens, Monsieur, dit-il sévèrement, que vous allez être arrêté.

— « Ah ! Sire, s'écria le cardinal, j'obéirai toujours aux ordres de Votre Majesté; mais qu'elle daigne m'épargner la douleur d'être arrêté dans mes habits pontificaux, aux yeux de toute la cour!

— « Il faut que cela soit.»

Et le roi sortit brusquement sans vouloir rien écouter de plus.

— « Monsieur, dit alors M. le baron de Breteuil en s'avançant vers Louis de Rohan, de la part du roi, suivez-moi. »

Le major de la cour, M. d'Agoult, emmena le cardinal, qui, le surlendemain, fut conduit à la Bastille. Le lieutenant de police, M. de Crosne, sur l'ordre de M. de Breteuil, fit mettre les scellés sur les papiers du cardinal. On a vu qu'il était trop tard.

Qu'était-ce que l'âme de toute cette intrigue, que cette dame de la Motte, dont le nom, laissé dans l'ombre par les joailliers, était invoqué tout à coup par le cardinal?

Cette femme, qui portait le nom éteint des Valois, était en effet une Saint-Rémy de Valois, des seigneurs de Luz, chevaliers de Fontette.

Les Saint-Rémy descendaient directement, par les mâles, d'un bâtard de Henri II, le baron de Saint-Rémy. Mme de la Motte prétendait qu'après la mort de Henri III les Saint-Rémy avaient cessé de porter le nom de Valois, pour ne pas porter ombrage à la maison de Bourbon. Depuis, ne se jugeant plus dangereux sans doute, ils avaient repris le nom que personne ne leur disputait. Le vrai est que les descendants du bâtard de Henri II étaient tombés d'échelon en échelon au plus bas de l'échelle, et que, depuis longtemps, ils ne s'alliaient plus qu'à des vachères ou à des servantes.

Il parait même que, déjà sous Louis XIII, ces Valois bâtards se livraient à de singulières industries. On raconte qu'un d'eux, habitant la terre de Gros-Bois, venait de loin en loin à la cour. Louis XIII lui ayant demandé ce qu'il pouvait faire pour rester ainsi toujours à la campagne : « Sire, répondit le Valois campagnard, *je n'y fais que ce que je dois.* » La réponse fut jugée noble et fière; mais elle renfermait un double sens des plus ingénieux : le Valois en question faisait de la fausse monnaie.

Le père de Mme de la Motte n'avait fait ni pis ni mieux que ses nobles ancêtres; il avait épousé la fille d'un concierge, le concierge de *sa maison* de Fontette.

Le baron de Saint-Rémy de Valois, seigneur de Fontette, petit domaine situé près de Bar-sur-Seine, avait légitimé les liens qui l'unissaient depuis plusieurs années à cette fille, non pas sans doute par scrupule d'honnête homme et de chrétien, mais, tout simplement, parce qu'il s'était laissé dominer par la belle et ambitieuse Marie Jossel. Etre baronne, habiter Paris, voir la cour, y faire fortune par bonheur ou par adresse, était le rêve de Marie Jossel. Quand elle fut devenue baronne de Valois il lui en fallut rabattre. Paresseux, débauché, prodigue, le baron eut bientôt dévoré le peu qui lui restait de l'héritage paternel. Il vendait à vil prix ses terres, et on peut imaginer qu'elles ne valaient pas grand'chose. « Quand il apprenait que quelqu'un des paysans de Fontette avait tué son cochon, il allait le trouver, et lui donnait un champ, ou un pré, ou une chenevière, pour un quartier de l'animal (1). »

Sa femme l'aidait à ce beau métier, et les Jossel rongèrent ce que ne dévoraient pas les deux époux. Le jeu dura peu. Le baron se trouva un beau matin avec une femme et trois enfants, sans un pouce de terre, sans un sou vaillant.

Mme de la Motte était l'aînée de cette famille.

De son propre aveu, Mme de la Motte était née, avait vécu toute sa jeunesse au milieu des souffrances et des hontes de la plus effroyable misère qui se puisse imaginer, une misère irlandaise, une misère de sauvages! Celui qui plus tard fut son conseil, son défenseur, son apologiste, parle ainsi de la famille de Saint-Rémy (2) :

« Mon père... se transportait chaque année dans le canton d'Essoye pour la répartition des tailles. Lorsqu'il passait dans la paroisse de Bastelle, le curé ne manquait pas de lui couper la bourse pour les pauvres enfants de Saint-Rémy. Ces enfants étaient au nombre de trois, abandonnés dans une chétive masure percée sur la rue d'une petite trappe par où les habitants leur apportaient, chacun à leur tour, de la soupe ou quelques aliments grossiers. « J'en ai été le témoin, disait mon père, et le curé n'osait pas ouvrir la porte de la masure, dans la crainte de m'affliger par le tableau de ces enfants nus et nourris comme des espèces de sauvages; il me disait que mon aumône contribuerait à les habiller. » Mon père ne racontait rien que d'exact. »

« Mon père, dit ailleurs M. Beugnot, avait vu le chef de cette triste famille; il le peignait comme un homme de formes athlétiques, qui vivait de la chasse, de dévastations dans les forêts, de fruits sauvages et même de vol de fruits cultivés. »

Une nuit, revenant à ses rêves de grandeur et de fortune, la baronne tira ses trois enfants du bouge qu'ils habitaient, pendit à la fenêtre du fermier Durand, riche paysan qui avait profité plus que tout autre des folies du baron, le berceau d'un quatrième enfant, à qui, depuis peu, elle avait donné le jour, et la famille de Saint-Rémy-Valois prit à pied le chemin de Paris.

(1) *Mémoires du comte de la Motte-Valois.*
(2) *Mémoires inédits du comte Beugnot.*

Arrivés à Vaugirard dans le dénûment le plus complet, on envoya, pour faire ressource, la future Mme de la Motte parcourir les guinguettes et demander l'aumône en disant : — « Messieurs, Mesdames, ayez pitié d'une petite orpheline qui descend en ligne directe de Henri II de Valois, roi de France. »

La gentillesse de la petite Jeanne, jolie sous ses guenilles, et la singularité de sa formule excitaient la curiosité, quelquefois la pitié des buveurs. Mais le père ne tarda pas à être jeté en prison pour usurpation d'un nom que l'on croyait éteint. Il ne sortit du cachot que pour terminer sur un grabat sa déplorable vie.

Restée veuve, la Jossel s'empressa de faire ménage avec un soldat originaire de Sardaigne, un certain Raimond, qui crut avoir hérité du mort le nom en même temps que la femme. Raimond eut l'effronterie d'aller mendier, sous le nom de baron de Valois, à la porte des Tuileries. L'imposture fut connue, et le soldat fut condamné à être mis au pilori sur la place Louis XV, et à y rester vingt-quatre heures, avec un écriteau portant ses titres prétendus ; il fut ensuite banni de Paris pour cinq ans.

La Jossel suivit son amant, abandonnant ses enfants à la pitié publique. Jeanne fut ramassée par un marquis de Boulainvilliers; élevée par les soins de la marquise, mais sans cesse exposée de la part du marquis à des séductions qu'elle prétendait avoir toujours repoussées, elle finit par entrer au couvent. Elle s'en échappa un beau jour, gagna Bar-sur-Seine, pays témoin de sa triste enfance, et, en 1782, y épousa un gendarme nommé de la Motte.

Jeanne de Saint-Rémy de Valois, comtesse de la Motte, avait alors vingt-six ans. En 1775, d'Hozier et Chérin, les savants généalogistes, avaient reconnu la filiation des Saint-Rémy de Valois, et, sur les sollicitations du marquis de Boulainvillers, M. de Maurepas avait fait accorder à chacun des enfants du feu seigneur de Fontette une pension de 800 livres.

Cette pension avait été, en 1784, portée à 1500 livres; mais il n'y avait pas là de quoi satisfaire la soif de luxe et d'ambition qui dévorait Jeanne de Valois. Tantôt établie à Versailles dans la modeste hôtellerie de la Belle-Image, tantôt cachée à Paris dans quelque grenier, Mme de la Motte s'agitait, cherchant quelque issue vers la fortune. Son mari la secondait, peu scrupuleux, comme elle, mais de beaucoup inférieur à sa femme en fait d'intrigue. Jeanne, d'ailleurs, avait des séductions naturelles dont elle se proposait de tirer bon parti.

« La comtesse de la Motte, dit l'abbé Georgel, sans avoir l'éclat de la beauté, se trouvait parée de toutes les grâces de la jeunesse. Sa physionomie était spirituelle et attrayante; elle s'énonçait avec facilité; un air de bonne foi dans ses récits mettait la persuasion sur ses lèvres. »

Cette femme, ainsi faite, eut le bonheur de trouver sur sa route le cardinal de Rohan, le dispensateur des aumônes royales. Une Valois, jolie, bien disante, n'eut pas de peine à séduire le débauché cardinal. Mais Mme de la Motte ne se fût pas contentée du rôle vulgaire d'une maîtresse; il lui fallait mieux.

Tout en implorant modestement des secours, la comtesse laissait entendre qu'elle avait droit à des restitutions importantes. Les grandes terres de sa maison avaient été, disait-elle, plutôt envahies qu'acquises. Les aliénations n'avaient pas, sans doute, été toutes légitimées par la possession. Parmi ces terres, celles de Fontette et de Noëz étaient entrées depuis peu dans le domaine royal; avec du crédit on les en pourrait faire sortir. Les biens de son père avaient été proprement livrés au pillage plutôt que vendus : ce n'était pas là une possession légitime. Il y avait aussi, en Berry, une certaine succession du marquis de Vienne, ouverte en collatérale montant à plus de 90,000 livres; on y avait des droits évidents; n'était-on pas, en effet, petite-fille d'Elisabeth de Vienne et de Nicolas-René de Saint-Rémy de Valois? C'était, il est vrai, de grosses recherches à faire, des titres à rassembler, des Mémoires à rédiger. Il y faudrait du temps et de l'argent, de l'argent surtout; mais, à la fin, un protecteur n'y pourrait perdre.

C'est ainsi que la comtesse de Valois sut déguiser l'aventurière. Le cardinal, ébloui, charmé, fit les premiers dons, croyant ne faire que des avances.

C'est ainsi qu'en 1784 le ménage de la Motte put quitter son taudis et s'établir dans un appartement convenable de la rue Neuve-Saint-Gilles. Bientôt le bruit se répandit que Mme de la Motte était reçue à la cour, qu'elle avait les petites entrées, qu'elle disposait du crédit de la reine. Puis Mme de la Motte eut chevaux, équipage, livrée; on vit chez elle, tout à coup, des meubles rares, magnifiques, des marbres d'Adam, des bronzes de Chevalier, des cristaux de Sikes, une grosse argenterie, des diamants, et jusqu'à un oiseau automate de 1,500 liv.

Cette fortune subite s'expliquait-elle par les seules libéralités du cardinal, ou ne prenait-elle pas plutôt sa source dans une gigantesque escroquerie? Pour éclaircir ce mystère on lança contre Mme de la Motte un mandat d'amener. Elle n'était déjà plus à Paris; mais, le 18 août, les agents envoyés de Paris la trouvèrent fort tranquillement établie à Bar-sur-Aube, recevant, visitant ses voisins, mettant en ordre ses richesses emballées à Paris.

Elle jeta les hauts cris quand on vint l'arrêter.

« Vous avez là, dit le commissaire de police à Mme de la Motte, un mobilier d'un bien haut prix; cela va bien à 200,000 livres. — Mes meubles, répondit-elle, ma garde-robe et mes bijoux peuvent valoir tout au plus de 60 à 70,000 livres, et je les tiens des bontés de M. le cardinal de Rohan, ainsi que de celles de plusieurs personnes considérables de la famille royale. »

Il y avait donc, en effet, de secrets rapports entre le cardinal et cette femme; mais cette comtesse de la Motte avait-elle, comme le disait le cardinal, joué le rôle principal dans la négociation du collier? Boehmer et Bassange n'en avaient dit mot jusqu'alors.

Les joailliers, interrogés de nouveau, et informés de l'arrestation de Mme de la Motte, complétèrent leurs déclarations premières. (*Mémoire instructif sur la connaissance de la comtesse de Valois avec les sieurs Boehmer et Bassange*, 23 août 1785.)

« Dès le mois de décembre 1784, dirent-ils, nous avons été instruits qu'une dame de l'auguste maison de Valois pourrait s'intéresser à la vente du collier auprès du roi et de la reine. Indécise si elle ferait la démarche, elle témoigna la curiosité de le voir. Le 29 décembre, le sieur Bassange va chez elle avec un sieur Acher; elle ne veut rien promettre; elle répond qu'elle n'aime pas à se mêler de ces sortes d'affaires, que peut-être il se trouvera une occasion favorable. Trois semaines se passent sans qu'ils aient occasion de la revoir. Au bout de trois semaines, le gendre du sieur Acher, M. la Porte, la voit, prie les joailliers de passer chez elle; elle espère alors, dit-elle, qu'ils réussiront. Ce sera un très-grand seigneur qui sera chargé de traiter, et elle leur conseille de prendre avec lui toutes leurs précautions.

« Quelques jours après, la dame de Valois et son mari viennent chez eux leur annoncer que le grand seigneur va venir. Un moment après, on annonce M. le cardinal de Rohan... »

Le reste du Mémoire montrait la négociation continuée et terminée sous les seuls auspices du cardinal.

Pourquoi les joailliers n'avaient-il pas tout d'abord mis en avant le nom de Mme de la Motte? C'est, on peut le croire, parce que, préoccupés avant tout du payement de leur collier, ils avaient tenu à concentrer toute la responsabilité sur le grand seigneur, riche, puissant, solvable. Mme de la Motte elle-même, cheville ouvrière de toute l'intrigue, avait, dit un contemporain, impudemment montré aux joailliers la nécessité de s'occuper beaucoup moins de faire punir l'escroquerie que de se faire rembourser.

Voici l'explication que donne la *Correspondance écrite* : « Cette femme criminelle ne connaît pas plutôt que tout va se découvrir qu'elle envoie chercher les joailliers, et leur déclare que le cardinal s'est aperçu que l'engagement qu'il croyait signé par la reine est une pièce fausse et contrefaite. — Au surplus, ajoute-t-elle, le cardinal possède une

. . . la gentillesse de la petite Jeanne excitait la pitié des buveurs (PAGE 7.)

fortune considérable, et *il est bien en état de vous payer.* »

Là serait le secret du silence gardé d'abord par les joailliers sur Mme de la Motte et de l'audacieuse tranquillité de l'intrigante au fond de sa province.

Quoi qu'il en soit, on avait trouvé chez les la Motte les traces d'une opulence inexplicable par les 1,500 livres de rente de la pension royale. On avait trouvé en fonds deux sommes de 30,000 livres, placées chacune à constitution de rente, et provenant, déclara-t-elle, de ses épargnes. Elle avait, en outre, acheté, à Bar-sur-Aube, une maison de 18 à 20,000 livres. Ajoutez à cela les bijoux, les meubles, et il fallait bien soupçonner quelque escroquerie énorme.

On eut la maladresse de laisser s'échapper M. de la Motte, et on sut bientôt qu'il avait gagné Londres par la Hollande.

On avait cependant levé les scellés chez le cardinal, et on n'y avait rien trouvé, comme bien on se l'imagine, si ce n'est un petit *Memento* sur feuille volante, oublié dans un tiroir. On y lisait :

« Aujourd'hui, 3 août, B. a été à la maison de campagne de Mme C., qui lui a dit que la reine n'avait jamais eu son collier et qu'il était trompé! »

Il y avait là l'indication d'un doute, d'un effroi subit, à la première apparition d'une machination ténébreuse, et cela plaidait en faveur du cardinal.

Le prince, cependant, avait été conduit à la Bastille, où il était traité aussi bien que possible; on lui avait accordé deux valets de chambre et un secrétaire. Dans les premiers interrogatoires qu'on lui fit subir, il donna très-naïvement la clef de toute l'intrigue.

— « J'ai, dit-il, depuis le mois de septembre 1781, aidé de quelques secours une femme du sang des Valois, que m'avait présentée Mme de Boulainvilliers. Cette femme, ayant su par moi combien me pesait la disgrâce dans laquelle j'avais eu le malheur de tomber auprès de ma souveraine, m'a persuadé qu'elle avait un accès secret près de la reine, qu'elle trouverait peut-être une occasion de me réhabiliter dans son esprit. Un jour vint où elle me dit : « Je suis autorisée par la reine à vous demander par écrit la justification des torts qu'on vous impute. » Transporté de joie à cette nouvelle, je m'empressai de rédiger une apologie toute remplie de protestations d'un dévouement sans bornes. Quelques jours se passèrent, et Mme de la Motte apporta, triomphante, un petit papier doré sur tranche, sur lequel étaient tracés ces mots : « J'ai lu votre lettre; je suis charmée de ne plus vous trouver coupable : *je ne puis encore vous accorder l'audience que vous désirez*. Quand les circonstances le permettront, je vous en ferai prévenir. SOYEZ DISCRET. »

Au mois d'août 1784, une entrevue d'un moment, que Mme de la Motte me procura, la nuit, dans les jardins de Versailles, et dans laquelle ma gracieuse souveraine voulut bien me confirmer elle-même l'oubli du passé, acheva de me convaincre.

Aveuglé par la certitude où j'étais de rentrer en grâce, je ne pus rien soupçonner lorsque Mme de la Motte me demanda, au nom de la reine, 60,000 livres d'abord, 100,000 ensuite, pour des infortunés que la reine voulait obliger, sans en avoir les moyens.

A la fin de décembre 1785, j'étais parti pour Saverne; j'y reçus, par l'entremise de Mme de la Motte, une lettre écrite de la même main; on y disait :

« Le moment *que je désire* n'est pas encore venu; mais je hâte votre retour pour une négociation secrète qui m'intéresse personnellement, et que je

. . . Une entrevue d'un moment dans les jardins de Versailles (PAGE 9).

veux ne confier qu'à vous. La comtesse de la Motte vous dira de ma part *le mot de l'énigme*. »

Cette négociation, Mme de la Motte me l'apprit, c'était celle d'un collier de diamants que la reine désirait acheter à l'insu du roi; j'étais chargé de suivre les détails et de régler les conditions de l'achat. Je le fis, croyant obéir à un ordre de ma souveraine; plus tard je n'ai pas caché le nom de l'auguste acquéreur, j'en ai même, je crois, parlé depuis au financier Sainte-James. Le collier me fut livré sur le vu du traité accepté par la reine. Alors je me rendis chez Mme de la Motte, qui me dit : « La reine attend. » En ce moment parut un homme qui se fit annoncer comme un envoyé de la reine. Retiré par discrétion dans un cabinet vitré, j'ai cru reconnaître cet homme pour un valet que j'avais vu à Versailles. D'ailleurs cet homme fit voir un billet, de la même écriture que les lettres précédentes, portant ordre de remettre le collier au porteur. Le collier fut remis. C'est alors que, pour la première fois, je donnai, dans une lettre écrite à M. Boehmer, une preuve de l'acquisition faite par la reine.

A partir de ce jour, je donnai ordre à mon heiduque Schreiber de voir s'il n'y avait rien de nouveau dans la parure de Sa Majesté. Plusieurs fois, rencontrant le sieur Boehmer ou le sieur Bassange, je les exhortai à adresser à la reine leurs très-humbles remercîments.

La reine, toutefois, ne portait pas le collier. Cela m'inquiétait; mais Mme de la Motte relevait ma confiance en me promettant une audience qui n'arrivait jamais. Elle me disait que la reine trouvait le prix du collier excessif, et ne le porterait pas avant d'avoir obtenu une diminution de 200,000 livres. Les joailliers consentirent la réduction, et Mme de la Motte me montra une nouvelle lettre, de l'écriture de la reine, annonçant qu'elle gardait le collier, et qu'elle payerait 700,000 livres au lieu de 400,000 à l'époque de la première échéance.

Cette échéance arrivée, il me fut dit qu'on ne pouvait payer, qu'on acquitterait seulement les intérêts. Je m'alarmai. J'eus occasion de voir de l'écriture de la reine : elle ne ressembla ! pas à celle des billets venus par Mme de la Motte. Mais celle-ci eut l'art de me rassurer; et, d'ailleurs, elle, pauvre, qui ne vivait que d'aumône, elle m'apporta 30,000 livres de la part de la reine, pour les intérêts.

Le 4 avril, quand le sieur Boehmer me raconta sa conversation avec Mme de Campan, il me dit : « Votre intermédiaire ne nous trompe-t-il pas tous deux? » Mais j'étais tellement sous le charme que je le rassurai, croyant qu'on avait des raisons pour dissimuler avec Boehmer. Tout à coup Mme de la Motte, alléguant des persécutions secrètes, des inimitiés conjurées contre elle, vint me demander un asile, et, le 5 août, partit précipitamment pour Bar-sur-Aube. »

Tel fut le récit de M. de Rohan. Tout cela était possible, mais difficilement croyable; toute cette conduite dénotait, chez un homme du monde, une crédulité si robuste, qu'on ne pouvait s'empêcher de soupçonner encore une honteuse complicité.

On objectait au cardinal l'opulence ostensible de Mme de la Motte; il répondait : Elle avait soin de dissimuler à mes yeux cette opulence. Quand j'allais chez elle, ce qui n'arrivait que rarement, elle me recevait dans un grenier.

Même en admettant ces explications, une chose restait à la charge de M. de Rohan, un crime sans excuse, celui d'avoir pu croire un moment que la reine se compromettait en sa faveur par des emprunts mystérieux, par des correspondances, par des négociations, par des entrevues secrètes. Si bien jouée qu'eût été la comédie, il n'y avait pas de niaise crédulité qui pût faire excuser cette confiance insolente.

Interrogée, Mme de la Motte nia tout. On lui avait, en effet, présenté un joaillier, qu'elle avait reçu d'assez mauvaise humeur. Ce joaillier lui avait proposé de s'entremettre pour faire vendre un collier; mais elle lui avait répondu : « Non, Monsieur; je ne me connais pas en pierres, et ne me mêle pas de ces affaires. »

Elle en avait parlé au cardinal avec indifférence, et, celui-ci ayant paru désireux de connaître l'adresse des joailliers, elle la lui avait procurée. Peu après elle avait vu le cardinal, enchanté d'avoir fait affaire, et qui lui avait dit : « Je vous le dirais bien, mais vous ne savez pas garder le plus petit secret... C'est pour notre souveraine. »

Si le cardinal avait fait une négociation, il l'avait faite seul; quant à elle, elle ne s'en était jamais mêlée. Une seule fois le cardinal lui avait montré une boîte pleine de petits diamants sur papier, en lui disant :

— « Je sais ce que cela peut valoir; j'en ai la note. Si vous étiez intelligente... Mais non... votre mari... Il me dirait ce qu'on en offre... — Prince, il n'est pas connaisseur. Cependant je lui en parlerai; mais il est inutile que je les emporte. »

Malgré sa répugnance, elle avait cherché, n'avait trouvé personne et avait rendu les diamants. Il lui en avait alors remis vingt-deux plus gros que les premiers, la priant encore de les vendre. Elle avait alors trouvé un joaillier de Paris qui en avait donné 36,000 livres, qu'elle lui avait apportées. Alors le cardinal lui avait fait présent des plus petits.

A la même époque, Mme de la Motte avouait avoir vendu ses propres diamants au même joaillier, Régnier, en mars pour 9,000 livres, au commencement d'avril pour 2,440 livres, à la mi-avril pour 3,100 livres, sommes qui, pour la plupart, avaient servi à payer d'anciennes dettes contractées envers Régnier.

Puis le cardinal avait demandé à Mme de la Motte, qui le lui avait procuré, un portrait de la reine, destiné à orner une bonbonnière et à être serti dans un entourage de gros diamants. Enfin le cardinal avait fait don à Mme de la Motte de diamants de la valeur de 13,000 livres, pour avoir porté une dépêche pressée à Saverne.

Voilà tout ce que savait Mme de la Motte. Quant à ces diamants, qu'elle avait vus entre les mains du cardinal, venaient-ils du collier? Elle avait lieu de le croire. Mais le prince de Rohan n'avait, sans doute, joué en tout cela qu'un rôle de dupe; il avait tiré les marrons, ou, si l'on veut, les diamants du feu, au profit du comte de Cagliostro.

Qui était ce comte de Cagliostro, si brusquement introduit dans les révélations de Mme de la Motte?

Il est à peu près convenu aujourd'hui que cet imposteur célèbre avait pour véritable nom celui de Joseph Balsamo. Forcé de quitter la Sicile, sa patrie, pour échapper aux poursuites que lui avait attirées une escroquerie commise au préjudice d'un orfévre, il avait parcouru l'Europe et une partie de l'Afrique sous des noms différents. Revenu en Europe vers 1773, il avait visité, en Holstein, le fameux comte de Saint-Germain, avait fait quelque bruit dans les cours du Nord, et, en 1780, était arrivé à Strasbourg.

Quatre ans après, il était à Paris, entouré de la considération la plus haute, rassemblant dans ses salons l'élite de la noblesse et des lettres, puissamment riche, véhémentement soupçonné de faire de l'or et de composer de gros diamants avec des petits. La société incrédule et blasée du XVIIIe siècle rejetait bien loin l'Evangile et les traditions catholiques, mais elle acceptait sans difficulté les bourdes débitées par un charlatan qui se disait contemporain de Jésus-Christ et possesseur des arcanes de la vieille Egypte.

Comment un Italien besoigneux peut faire fortune en faisant des dupes, Cagliostro le savait. Au XVIIe siècle, le chimiste milanais Borry en avait donné la recette. Borry, qui, lui aussi, avait débuté à Strasbourg, en 1659, s'était fait, à Amsterdam, une réputation de médecin et de faiseur d'or. Bayle raconte que cet habile escroc avait su tromper des gens de qualité, des gens d'esprit et jusqu'à des princes. « Une maison achetée 15,000 écus, cinq ou six estafiers vêtus en habit à la française, le refus de quelque argent offert par les personnes qu'il avait traitées, cinq ou dix rixdales distribuées, en temps et lieu, à de pauvres gens, quelque insolence de discours et tels autres artifices ont fait dire à des personnes crédules qu'il donnait des poignées de diamants, qu'il faisait le grand œuvre, et qu'il avait la médecine universelle. »

C'est ainsi que Cagliostro avait procédé à Strasbourg; il avait soigné quelques malades sans demander d'honoraires, avait adroitement distribué quelques aumônes, et fait publier à son de trompe sa science sans pareille et sa royale générosité.

Le cardinal de Rohan s'était laissé prendre, comme bien d'autres, à cette mystérieuse réputation. Il avait voulu voir l'homme à la mode; Cagliostro avait habilement irrité ce désir par un refus. « Si M. le cardinal est malade, avait fait répondre superbement le charlatan, qu'il vienne, et je le guérirai; s'il se porte bien, il n'a pas besoin de moi, ni moi de lui. » Le cardinal eut, à point nommé, un asthme qui lui ouvrit la porte du médecin sans pareil... Les jongleries de Cagliostro eurent bientôt subjugué le faible prince. Soit admiration béate pour les grands mots de philosophie mystique dont Cagliostro assaisonnait ses discours; soit enthousiasme pour l'élixir d'immortalité à 10 livres le flacon; soit cupidité crédule alléchée par l'espoir de consommer le grand œuvre et de remplir incessamment sa bourse toujours vide, M. de Rohan devint le disciple le plus ardent, le plus infatigable prôneur de l'Italien, et bientôt son introducteur dans ce monde parisien, véritable but, théâtre désiré de l'empirique. Une recommandation officieuse du lieutenant de police défendait à Cagliostro le séjour de Paris; une maladie du prince de Soubise permit d'enfreindre la défense. Cagliostro vint secrètement à Paris, pour soigner le prince; il s'engagea à ne pas empiéter sur les droits de la Faculté, ce qui ne l'empêcha pas d'accueillir les malades qui accoururent en foule à son hôtel garni du Palais-Royal. La police ferma les yeux; le comte de Vergennes, ministre des affaires étrangères, et le garde des sceaux, marquis de Miromesnil, étaient au premier rang des protecteurs du charlatan.

Venu pour quelques jours seulement à Paris, le 30 janvier 1785, Cagliostro y achetait bientôt, au coin de la rue Saint-Claude et du boulevard, une maison qu'il fit meubler avec le plus grand luxe. Tout y était calculé pour l'effet. Un contemporain décrit ainsi les ornements mystérieux du grand salon de réception :

Dans un grand cadre noir, placé en face de la cheminée, on lisait en lettres d'or ces deux paragraphes de la prière universelle de Pope:

« Père de l'univers, toi que tous les peuples adorent sous les grands noms de Jéhova, de Jupiter et de Seigneur! suprême et première cause, qui caches ton adorable essence à mes yeux et ne fais connaître que mon ignorance et ta bonté, donne-moi, dans cet état d'aveuglement, de discerner le bien du mal, et de laisser à la liberté humaine ses droits, sans porter atteinte à tes saints décrets. Enseigne-moi à craindre plus que l'enfer ce que la conscience me défend, et à préférer au ciel même ce qu'elle m'ordonne.

« Père de l'univers, auquel l'espace entier sert de temple, et dont la terre, la mer et les cieux sont l'autel, écoute le concert de louanges que tous les êtres entonnent à ton honneur, et que l'encens de leurs prières parvienne jusqu'à toi. »

Une console, placée entre deux fenêtres, supportait un buste d'Hippocrate; au-dessus de ce buste était appendu à la muraille un portrait de femme d'une excellente beauté.

Certains appartements intérieurs étaient, dit-on, disposés pour les initiations à la loge de maçonnerie égyptienne que Cagliostro ne tarda pas à établir à Paris, et dont il s'était institué de sa propre autorité le grand cophte ou président.

Dans d'autres salons plus mystérieux encore Cagliostro réunissait, racontent les pamphlets du temps, à des banquets où coulait à flots le vin de Tokai du cardinal, les adeptes de la science hermétique; quelques fauteuils vides y marquaient la place des illustres morts invités à ces orgies, et les *esprits* de Voltaire, de Montesquieu, de d'Alembert, du grand Frédéric, y donnaient la réplique aux dîneurs. On voit que les esprits frappeurs ne sont pas précisément d'invention moderne, et que le charlatanisme et la crédulité ne changent guère que d'habit en ce monde.

Tel était l'homme que Mme de la Motte accusait d'avoir joué le rôle principal dans la fourberie du collier. C'était à cet homme qu'il fallait demander ce qu'étaient devenus les diamants disparus. C'était cet homme qui en avait reçu le dépôt des mains de M. de Rohan, qui l'avait « dépecé pour en grossir le trésor occulte d'une fortune inouïe; » c'était cet *empirique*, ce *bas alchimiste*, ce *rêveur sur la pierre philosophale*, ce *faux prophète*, ce *professeur du seul culte vrai*, qui se qualifiait par lui-même comte de Cagliostro.

Pour voiler son vol, Cagliostro avait *commandé* à M. de Rohan, *par l'empire qu'il s'était créé sur lui*, d'en faire vendre et d'en faire monter de faibles parcelles, à Paris, *par la comtesse de la Motte*; d'en faire monter et vendre des portions plus considérables en Angleterre, *par son mari*. « M. de Rohan avait reçu, sur son propre banquier à Paris, les traites venues de Londres pour les objets vendus : il avait reçu en nature aussi d'autres objets montés. »

Ainsi les accusations mêmes portées par Mme de la Motte soulevaient peu à peu le voile et la mettaient en contradiction avec elle-même. Ce n'était plus une fois seulement, et pour se débarrasser des importunités du cardinal, qu'elle avait consenti à s'entremettre pour vendre des diamants. Une partie de diamants, et c'étaient bien des diamants du collier, avait été vendue, soit à Paris par Mme de la Motte, soit à Londres par son mari.

Pour donner créance à sa dénonciation contre Cagliostro, Mme de la Motte racontait ainsi une scène de magnétisme, au moyen de laquelle il avait trompé le cardinal. C'est en sa présence, disait-elle, que la scène s'était passée, et, pour lire dans l'avenir le succès d'une négociation mystérieuse, le charlatan avait demandé une jeune fille innocente, que Mme de la Motte s'était chargée de fournir dans la personne de sa nièce, Mlle de la Tour :

« Vingt bougies sont allumées dans la chambre de M. le cardinal; un paravent est mis devant le lit; une table devant le paravent, avec d'autres flambeaux, et une carafe d'eau extrêmement claire. Cagliostro tire son épée, la pose sur la tête de l'enfant à genoux, et entame avec elle la conversation, dont il lui avait fait une leçon secrète derrière le paravent.

« L'enfant commence. — Je t'ordonne, dit-elle à Cagliostro, au nom de Michaël et du grand Coëfe (dernier nom qui est du style cabalistique), de me faire voir tout ce que je voudrai. — Petite, reprend Cagliostro, qui vois-tu? — Rien. — Frappe du pied. Qui vois-tu? — Rien. — Frappe fort. Ne vois-tu pas une grande femme vêtue en blanc? Connais-tu la reine? L'as-tu vue? La reconnais-tu? — Oui, Monsieur, je vois la reine. — Vois, à ta droite : ne vois-tu pas un ange, qui a une belle figure, qui veut t'embrasser? Embrasse-le fort...

« On entendit le cliquetis de ces baisers, donnés en rapprochant les lèvres l'une de l'autre.

« — Regarde encore, au bout de mon épée, par-dessus le paravent : ne me vois-tu pas parler à Dieu? Je monte au ciel : vois-tu? — Non. — Eh bien! frappe, et dis : Je t'ordonne, par le grand *Coëfe* (Mme de la Motte veut dire sans doute grand Cophte) et par Michaël... Vois-tu, vois-tu la reine? — Oui, Monsieur, je la vois...

« Mais, après la cérémonie finie, la jeune de la Tour avoua à la dame de la Motte qu'elle avait reçu sa leçon derrière le paravent ; « et, lorsque vous « avez entendu, ma tante, l'ange me baiser, c'est « moi qui baisais ma main, comme M. le comte « me l'avait ordonné. »

« L'enfant, néanmoins, convint qu'il y avait quelque chose d'extraordinaire, prestige d'une tendre imagination exaltée. Lorsqu'on avait remué la bouteille d'eau très-claire, *elle avait réellement vu la reine*.

« Cependant M. le cardinal, en extase, *rampait* aux pieds du magicien, lui baisait les mains, levait les siennes vers le ciel. — Vous voyez, disait-il à la comtesse de la Motte, il peut tout, ce grand homme; mais, si vous parlez de ses mystères, il peut le bien comme le mal. »

La conclusion que Mme de la Motte tirait de tout ce récit, c'est que « les organes de M. de Rohan étaient dérangés, » et que « sa crédibilité sur la puissance de Cagliostro » était complète.

Toutes ces jongleries, signalées par Mme de la Motte, auraient eu pour but et pour résultat de pousser le cardinal à faire vendre par M. de la Motte, en Angleterre, le reste des diamants détachés du collier. Pour cela M. de la Motte aurait reçu 2,000 écus pour son voyage, et aurait été adressé, par M. de Rohan, à Perregaux, *banquier du cardinal*, lequel aurait donné à M. de la Motte une lettre de change à vue sur son correspondant de Londres. Et, ajoutait Mme de la Motte, si j'avais volé le collier, serait-ce au banquier ordinaire de M. de Rohan que mon mari se serait adressé pour en faire vendre les débris en Angleterre?

Que si Mme de la Motte s'était tue jusqu'alors sur tout cela, c'est qu'on l'avait fait *jurer sur des croix*.

Les diamants vendus à Londres, M. de la Motte en avait rapporté la valeur en traites sur Perregaux, et le cardinal avait reçu, tant en argent qu'en diamants montés, une somme intégrale de 307,000 francs, montant de cette dernière négociation... Toutefois M. de la Motte, *depuis l'événement désastreux*, avait été obligé de laisser une partie des diamants invendus à Londres, *à cause de l'impatience du cardinal*, et la comtesse disait ignorer si ces diamants avaient fait retour à Paris.

Qu'était devenue la grosse part du collier, dont on ne retrouvait environ que 335,000 livres ayant passé par les mains du cardinal? Mme de la Motte ne le pouvait dire. Sans doute *le noble tissu* était devenu la proie de ce qu'elle appelait *le projet de Cagliostro*, le véritable auteur de la *distillation* du collier.

Pourquoi le cardinal, qui savait fort bien que le collier n'existait plus, puisqu'il en avait vu circuler les débris, avait-il, à un certain moment, conseillé à Boehmer et à Bassange de s'adresser à la reine? C'était encore là, sans doute, un effet des *enchantements* de Cagliostro.

Enfin un coup de partie, dans cette affaire, avait été d'obliger les époux de la Motte à fuir, afin de les désigner comme coupables.

M. de Rohan n'avait pas craint d'accuser clairement la comtesse de la Motte; elle, à son tour, devait reporter l'accusation sur la tête des vrais coupables. Donc elle se voyait obligée de déclarer que, le 1er ou le 2 août, le cardinal lui avait montré une petite lettre à vignette, qu'il plia du haut en bas, pour ne lui en laisser voir que le milieu. Elle lut : *J'envoye par la petite comtesse...* et, à la suite, un nombre de chiffres qu'elle ne put additionner. Elle lut encore... *pour tranquilliser les malheureux; je serais fâché qu'ils fussent dans la peine.*

Et à cette lecture M. de Rohan se serait écrié : « M'aurait-elle trompé, la petite comtesse? Mais cela est impossible, je connais trop *madame de Cagliostro*. »

La comtesse intermédiaire dans toutes ces négociations, ce n'était donc pas Mme de la Motte, mais Mme de Cagliostro.

A partir de ce jour, ajoutait Mme de la Motte, les alarmes du cardinal avaient augmenté; il lui avait fait jurer de nouveau de ne jamais parler de ce qu'elle avait vu, des ventes de diamants. Il l'avait fait venir, pour plus de sûreté, dans son propre hôtel, avec son mari, et les avait enfermés sous clef dans un appartement des combles. Enfin, le 5 août, il leur donnait l'ordre de s'expatrier, de passer le Rhin, et voyait avec inquiétude qu'ils se contentaient de partir ostensiblement pour Bar-sur-Aube.

C'est ainsi que Mme de la Motte (1) prétendait détourner et rejeter l'accusation sur le cardinal et sur Cagliostro. Quant à une entrevue procurée à M. de Rohan avec la reine, la nuit, dans les jardins de Versailles, Mme de la Motte répondait qu'il était grossièrement indécent et inepte d'inventer qu'un homme de l'importance de M. de Rohan eût pu être présenté par *une femme qui n'avait aucun titre pour voir sa souveraine*. Il devait y avoir là quelque *mascarade nocturne*, dans laquelle, comme dans la scène du salon, Cagliostro ou un de ses élèves avait fait voir au prince abusé *on ne sait quel fantôme*. « Dans ce rêve extravagant, M. de Rohan a-t-il donc reconnu ce port majestueux, ces attitudes de tête qui n'appartiennent qu'à une reine, fille et sœur d'empereur?»

Le Mémoire auquel nous avons emprunté les réponses de Mme de la Motte se terminait en regrettant que les tribunaux éclairés du temps ne condamnassent plus à des peines capitales le sortilége proprement dit; mais, sans doute, ces tribunaux s'étaient réservé des censures, lorsque le sortilége se présentait accompagné de maléfices, de vols, d'escroqueries, lorsqu'il faisait école.

Si bizarres que pussent paraître les dénonciations de Mme de la Motte, on s'empressa d'arrêter Cagliostro et sa femme. Le charlatan fut amené devant les magistrats qui procédaient à une information sommaire, et, aux premières questions adressées sur son nom et sur ses antécédents, il répondit par la confession suivante :

« J'ignore le lieu qui m'a vu naître et les parents qui m'ont donné le jour. J'ai passé ma première enfance dans la ville de Médine, en Arabie. J'y ai été élevé, sous le nom d'*Acharat*, dans le palais du muphty Salahym.

« Je me rappelle que j'avais autour de moi quatre personnes : un gouverneur, âgé de 55 à 80 ans, nommé *Althotas*, deux domestiques noirs et un blanc.

« Althotas avait pour moi les soins et les affections d'un père. Il cultiva les dispositions que j'annonçais pour les sciences. La botanique et la physique médicinale furent celles dans lesquelles je fis le plus de progrès.

« J'avais atteint ma douzième année; l'envie de voyager s'empara de moi. Althotas m'annonça un jour que nous allions quitter Médine et commencer nos voyages. Il fait préparer une caravane et

(1) *Mémoire pour dame Jeanne de Saint-Rémy de Valois.*

nous parlons. Nous arrivons à la Mecque, et nous descendons au palais du chérif. Mon gouverneur me présenta au souverain, qui me fit les plus tendres caresses. A l'aspect de ce prince un bouleversement inexprimable s'empara de mes sens. Mes yeux se remplirent des plus douces larmes, et je fus témoin de l'effort qu'il faisait pour retenir les siennes. Je restai trois années à la Mecque, et chaque jour voyait croître l'attachement du chérif. Dévoré d'une curiosité infructueuse, je n'osais interroger mon gouverneur, qui me reprenait avec sévérité, comme si je ne pouvais pas sans crime chercher à connaître les auteurs et le lieu de ma naissance.

« La nuit je m'entretenais avec le nègre qui couchait dans mon appartement; mais, si je parlais de mes parents, il était sourd à toutes mes questions. Une nuit que je le pressais plus vivement que de coutume, il me dit que, si jamais je quittais la Mecque, j'étais menacé des plus grands malheurs.

« Mon goût pour les voyages l'emporta sur ces pressentiments. Après les adieux les plus tendres et les plus touchants du chérif, qui, me serrant dans ses bras, me dit que je connaîtrais un jour mon sort, je partis. Je vis d'abord l'Egypte et ses fameuses pyramides, où je fus introduit dans des lieux où le commun des voyageurs ne pénétra jamais.

« Après avoir visité les principaux royaumes de l'Afrique et de l'Asie, j'arrivai, en 1776, à Malte, où je fus reçu par le grand-maître *Ponto* avec une distinction toute particulière.

« Ce fut à Malte que je pris pour la première fois l'habit européen et le nom de Cagliostro. Ce fut aussi là que j'eus le malheur de perdre mon meilleur ami, mon maître, le vénérable Althotas. Cette perte me causa un profond chagrin et me rendit le séjour de l'île insupportable. Je la quittai pour voyager en Europe. Après avoir visité la Sicile, parcouru les principales villes de l'archipel, vu Naples, j'arrivai à Rome... Un matin, comme j'étais enfermé chez moi, mon valet de chambre m'annonça la visite du secrétaire du cardinal *Orsini*. Son Eminence désirait me voir; je m'y rendis. Le cardinal me fit toutes les politesses imaginables, et me fit connaître la plupart des cardinaux et princes romains, notamment le cardinal *Ganganelli*, devenu pape sous le nom de Clément XIV.

« J'étais alors (1770) dans ma vingt-deuxième année. Le hasard me fit connaître une demoiselle de qualité nommée *Seraphina Felichiani*. Elle était à peine au sortir de l'enfance. Ses charmes naissants allumèrent dans mon cœur une passion que seize années de mariage n'ont fait que fortifier... Depuis, j'ai visité tous les royaumes de l'Europe. En Espagne, en Portugal, à Londres, en Hollande, en Courlande, à Pétersbourg, en Pologne, partout j'ai été accueilli par les souverains, par les grands seigneurs et par le peuple de tous les pays, où je n'ai jamais fait autre chose que de guérir les malades et de soulager les pauvres... »

C'est dans le Mémoire publié par Cagliostro, le 18 février 1786, qu'il faut chercher la trace du curieux interrogatoire qu'il subit sur l'affaire du collier. Et, pour le dire en passant, les pièces de la procédure n'existant plus, ce n'est que dans les Mémoires des accusés et dans les publications contemporaines qu'on peut puiser les renseignements judiciaires. Cagliostro, donc, rapporte ainsi ses réponses.

D. Quel est votre âge? — R. Trente-sept à trente-huit ans.

D. Votre nom? — R. Alexandre Cagliostro.

D. Le lieu de votre naissance? — R. Je ne puis assurer si je suis né à Malte ou à Médine. J'ai toujours été avec un gouverneur qui m'a dit que mon extraction était noble, que j'ai perdu mon père et ma mère à l'âge de trois mois, etc.

D. Combien y a-t-il de temps que vous êtes à Paris? — R. J'y suis arrivé le 30 janvier 1785.

D. Quand vous y êtes arrivé, dans quel endroit avez-vous logé? — R. Au Palais-Royal, dans un hôtel garni, où je suis resté vingt jours, plus ou moins.

D. Quand vous êtes arrivé, aviez-vous avec vous l'argent nécessaire pour monter une maison? — — R. Très-sûrement.

D. Qui a pris la maison de la rue Saint-Claude, vous ou le prince? — R. J'ai prié M. de Carbonnières de passer ce contrat, n'en ayant jamais fait moi-même dans aucune partie du monde. Je lui fournissais l'argent nécessaire pour tout payer.

D. Qui a pourvu à votre entretien? — R. Toujours moi pour tout.

D. Mais le prince allait manger chez vous? — R. Quoiqu'il vînt chez moi, ce n'était pas moins à mes dépens que cela se faisait. Quelquefois cependant, comme il venait dîner avec ses amis ou protégés, il ordonnait qu'on apportât de chez lui un ou deux plats; mais, malgré tout cela, je ne remboursais pas moins tous les soirs à mon cuisinier la dépense faite dans le jour.

D. Avez-vous vu le prince aussitôt votre arrivée? — R. Non, mais deux ou trois jours après.

D. Quelle chose vous a-t-il dite aussitôt que vous l'avez vu pour la première fois? — R. Il m'a engagé de rester à Paris, sans voyager davantage.

D. Le prince allait-il tous les jours manger chez vous? — R. Dans les commencements il venait rarement dîner; mais, depuis, il venait trois ou quatre fois la semaine.

D. Avez-vous connu une dame appelée la Motte? — R. Certainement; la première fois que je la vis elle me dit que je l'avais vue *en habit d'homme*, au bas de mon escalier, à Strasbourg; qu'elle m'avait demandé des nouvelles de la marquise de Boulainvilliers.

D. L'avez-vous vue depuis ici, dans la maison du prince? — R. Très-certainement.

D. Vous avez fait une opération avec une de ses nièces?

Ici Cagliostro raconte la scène de l'évocation par *l'innocente*.

D. On dit que vous avez mis à la fille un crucifix sur le col, et des rubans de couleur noire, verte, rouge, et autres couleurs, avec un tablier à franges d'argent, et que vous avez fait jurer à genoux ladite fille? — R. Cela est faux; je crois seulement me ressouvenir que le prince ajouta à la parure de cette fille, *pour lui faire plaisir*, quelques rubans. Je crois également que je me trouvai, *par hasard*, dans mes poches, un tablier de maçonnerie ordinaire; *mais je ne suis pas sûr qu'il ait servi à la fille*, oui ou non. Je m'en rapporte, là-dessus, à la mémoire du prince, et ce qu'il dira deviendra véritable pour moi.

D. Avez-vous mis une épée, je ne sais comment, sur la même fille? — R. Je ne sais autre chose sinon qu'ayant mon épée au côté, *je me suis désarmé*.

D. Et à l'égard du serment? — R. Il est faux. Je vous ai déjà dit la raison pour laquelle j'ai fait tout ce que j'ai fait en cette occasion.

D. Est-il vrai qu'après la seconde opération, la

petite fille s'étant retirée, vous ayez passé avec le prince et la dame la Motte dans une autre chambre, au milieu de laquelle il y avait un poignard, des croix de Saint-André, une épée, des crucifix, des croix de Jérusalem, des Agnus-Dei, et, en outre, le nombre de trente bougies allumées? qu'alors vous ayez fait faire un serment à ladite dame la Motte, en lui déclarant qu'il était nécessaire qu'elle jurât qu'elle ne dirait rien à personne de tout ce qu'elle verrait? que vous ayez dit ensuite au prince: « Eh bien ! prince, prenez ce que vous savez; » et qu'en effet le prince le prit, et qu'il dit à la dame la Motte : « Eh bien ! Madame, je vous donne 6,000 livres et ces diamants; vous les donnerez à votre mari, et vous lui direz de faire promptement le voyage de Londres pour vendre et faire monter ces diamants, et de ne point revenir qu'il n'ait exécuté tout cela ? » — R. Cela est faux, et très-faux, et j'ai des preuves du contraire.

D. Quelles sont les preuves que vous pouvez produire? — R. D'abord, *toutes les fois* que s'est fait *ce magnétisme*, c'est M. de Carbonnières qui a préparé la chambre, et, après la seconde opération achevée, il entra une personne *respectable, que je ne veux point nommer;* mais le prince Louis vous dira quelle est cette personne, parce que je ne veux point appeler un homme respectable pour une pareille *bêtise*. Le prince Louis et ces deux personnes pourront bien dire qu'il n'y avait dans la chambre ni croix, ni poignards, ni Agnus-Dei; que tout ce qu'on a pu dire à cet égard est faux, et qu'il n'a point été prononcé de serment. Toute la maison du prince peut être appelée en témoignage contre l'histoire des trente bougies.

D. Est-il vrai que vous ayez donné l'espérance au prince de le faire avancer dans le ministère? — R. Cela est faux, lui ayant toujours conseillé de quitter Paris et de se retirer à Saverne, parce qu'il pourrait y faire beaucoup plus de bien et y vivre plus tranquillement.

D. Est-il vrai que vous ayez dit ou fait croire au prince que votre femme était l'amie intime et confidente de la reine, avec qui elle entretenait une correspondance journalière? — R. Parbleu! cela est trop fort, et, si le prince dit cela, avec tout le respect que je lui dois, je dis que c'est une imposture.

A ce moment de l'interrogatoire, *M. le Rapporteur* montre à l'accusé un billet, en lui disant : — Connaissez-vous ce billet, oui ou non?

Cagliostro, après l'avoir attentivement examiné : — Je ne sais ce que c'est que ce billet; l'écriture en est évidemment contrefaite, et je ne connais point cette écriture. Ma femme et moi n'avons jamais été à Versailles, et jamais nous n'avons eu l'honneur de connaître la reine. Jamais nous ne sommes sortis de Paris. De plus, ma femme *ne sachant point écrire*, comment tout cela pourrait-il être possible?

D. Le prince ne vous a-t-il jamais donné des diamants, ni à votre épouse?

Cagliostro dit avoir fait présent au prince d'une pomme de canne très-curieuse, contenant une montre à répétition entourée de diamants; mais il n'a rien voulu recevoir en échange, et sa femme seule a reçu quelques présents consistant en un Saint-Esprit de petits diamants pour entourer un portrait, et une petite montre avec sa chaîne en petits diamants, dont il y en avait cinq un peu plus gros que les autres. Quant au reste de ses diamants, ils sont connus de toutes les cours étrangères où il a été.

D. Mais vous faites de la dépense. Vous donnez beaucoup et vous dites que vous ne prenez rien. Comment donc faites-vous pour avoir de l'argent? — R. Cette demande n'a aucun rapport au fait dont il s'agit, mais je veux bien vous satisfaire. Eh! qu'importe de savoir si je suis le fils d'un monarque ou le fils d'un pauvre, et pourquoi je voyage sans vouloir me faire connaître? Qu'importe de savoir comment je fais pour me procurer de l'argent, aussitôt que je respecte la religion et les lois, que je paye tout le monde et que je ne fais que du bien? Mais sachez que j'ai toujours eu du plaisir de ne point satisfaire là-dessus la curiosité du public. Je veux bien cependant vous avouer ce que je n'ai jamais voulu dire à personne. Apprenez que la ressource que j'ai est que, aussitôt que je vais dans un pays, j'ai un banquier qui me fournit tout ce qui m'est nécessaire, et qui est remboursé ensuite; comme, par exemple, pour la France, j'ai Sarrasin, de Bâle, lequel me donnerait toute sa fortune si je la voulais, ainsi qu'à Lyon, M. Sancostar; mais j'ai toujours prié ces Messieurs de ne jamais dire qu'ils étaient mes banquiers; et j'ai, en outre, d'autres ressources dans *diverses choses qui me sont connues*.

D. Le prince vous a-t-il fait voir un billet avec la signature *Marie-Antoinette de France?* — R. Je crois que, quinze ou vingt jours avant d'être arrêté, il me montra le billet dont vous me parlez.

D. Qu'est-ce que vous avez dit? — R. J'ai dit que je ne pouvais pas croire autre chose sinon que la dame de la Motte était une fourbe et qu'elle trompait le prince. En effet, j'ai toujours dit au prince de prendre garde à elle et qu'elle était une scélérate; mais le prince n'a jamais voulu me croire, et j'ai constamment pensé que le billet était faux.

D. Voyez ce billet, et dites-moi si c'est le même.

M. le Rapporteur montre à Cagliostro un billet portant pour signature : *Marie-Antoinette de France*. L'inculpé répond :

— Je ne puis attester que ce soit le même, parce qu'il s'y trouve des chiffres que je n'y avais pas vus.

D. Mais sachez que ces chiffres sont faits par vous. — R. Cela est égal pour moi; je dis qu'en ma conscience je ne puis pas certifier que ce soit le même, et, outre cela, je l'avais trop peu examiné, parce que, comme c'était une affaire qui ne me regardait pas, il ne m'importait guère de savoir s'il était vrai ou faux.

Il y a dans ces réponses des indications importantes. Evidemment Cagliostro a connu la négociation du collier, puisque la pièce contenant les fausses approbations renfermait des chiffres tracés par lui. Evidemment aussi la scène de magnétisme jouée devant le cardinal a pu être exagérée à dessein par Mme de la Motte; mais les détails maçonniques, les jongleries sacriléges ne sont pas une invention romanesque de l'intrigante.

Mais quel était le but de la scène magnétique? Selon Mme de la Motte, c'était de pousser plus avant le cardinal dans l'intrigue du collier. C'est aussi le dire du grand-vicaire du cardinal, racontant à son tour, dans les *Mémoires* qu'il a laissés, la scène de jonglerie exécutée par Cagliostro.

« Ce Python, dit l'abbé Georgel, monta sur son trépied; les invocations égyptiennes furent faites pendant une nuit éclairée par une très-grande quantité de bougies, dans le salon même du cardinal. L'oracle, inspiré par son démon familier, prononça : « Que la négociation était digne du prince; qu'elle aurait un plein succès; qu'elle mettrait le sceau aux bontés de la reine, et ferait luire le jour heureux qui découvrirait, pour le bonheur de la France et de l'humanité, les rares talents de M. le cardinal. »

Cagliostro donnait une explication bien différente de la scène magnétique. Le cardinal lui aurait présenté une dame Valois de la Motte, qui voyait la reine journellement et désirait calmer les inquiétudes de S. M. La reine était, dit le cardinal, plongée dans la plus grande tristesse, parce qu'on lui avait prédit qu'elle devait mourir dans son accouchement. Il s'agissait de la rassurer, en lui promettant qu'elle accoucherait heureusement d'un prince.

Cagliostro aurait répondu que toutes les prédictions n'étaient que des sottises, et que, ce que S. M. avait de mieux à faire, c'était de se recommander à *l'Eternel*. Mais, comme on insistait, il aurait demandé qu'on lui procurât une créature *innocente*. Le lendemain, la comtesse avait amené sa nièce.

« J'imaginais que cette nièce innocente était une enfant de cinq à six ans. Je fus fort étonné en trouvant le lendemain chez le prince une demoiselle de quatorze à quinze ans, plus grande que moi. — « Voilà, me dit la comtesse, l'innocente dont je vous ai parlé. » J'eus besoin de composer mon visage pour ne pas éclater de rire; mais enfin je tins bon, et je dis à la demoiselle de la Tour (c'est le nom de la nièce de la comtesse de la Motte) : — « Mademoiselle, est-il bien vrai que vous soyez innocente?» Elle me répondit, avec plus d'assurance que d'ingénuité : « Oui, Monsieur. » — Eh bien ! Mademoiselle, je vais dans un instant connaître si vous l'êtes. Recommandez-vous à Dieu et à votre innocence; mettez-vous derrière ce paravent, fermez les yeux, et désirez en vous-même la chose que vous souhaitez voir. Si vous êtes innocente, vous verrez ce que vous désirez voir; mais, si vous ne l'êtes pas, vous ne verrez rien. »

« La demoiselle de la Tour se plaça aussitôt derrière le paravent, et je restai en dehors avec le prince, qui se trouvait à côté de la cheminée, non pas *en extase*, comme l'a prétendu la dame de la Motte, mais la main sur la bouche, pour ne pas troubler, par un rire indiscret, nos graves cérémonies.

« La demoiselle de la Tour étant donc derrière le paravent, je me mis, pendant quelques moments, à faire quelques gestes magnétiques; puis, je lui dis : — « Frappez un coup par terre avec votre pied *innocent*, et dites-moi si vous voyez quelque chose. » — « Je ne vois rien, » me dit-elle. — « Eh bien ! Mademoiselle, lui dis-je alors en donnant un grand coup sur le paravent, vous n'êtes point innocente. » A ces mots la demoiselle de la Tour, piquée de l'observation, s'écria qu'elle voyait *la reine*. Je vis alors que la nièce innocente avait été endoctrinée par la tante, qui ne l'était pas.

« Désirant voir comment elle jouerait son rôle, je lui demandai la description du fantôme qu'elle voyait. Elle me répondit que la dame était grosse, qu'elle était habillée de blanc, et elle détailla ses traits, qui étaient précisément ceux de la reine. — « Demandez, lui dis-je, à cette dame si elle accouchera heureusement. » Elle me répondit que la dame baissait la tête, et qu'elle accoucherait sans aucune suite fâcheuse. — « Je vous commande, lui dis-je enfin, de baiser respectueusement la main de cette dame. » L'innocente baisa sa main propre et sortit de derrière le paravent, très-contente de nous avoir persuadés sur le chapitre de son innocence.

« Ainsi finit une comédie aussi innocente en elle-même que louable dans son motif. »

Certes, lorsque Cagliostro prétend que le prince de Rohan riait sous cape de ces jongleries, il ment effrontément; car, pour parler comme don Basile, qui donc eût-on trompé? Il paraît démontré, par les aveux mêmes des deux imposteurs, que tous deux, chacun à sa façon, exploitaient la crédulité du prince : dès le premier moment l'intrigante avait flairé le charlatan, comme le charlatan avait éventé l'intrigante, et, sans jouer peut-être le même jeu, ils avaient dû instinctivement se prêter l'épaule. Si, comme cela est probable, Cagliostro n'avait joué qu'un rôle secondaire dans la comédie du collier, son apparition au premier plan, dans les révélations de Mme de la Motte, devait avoir eu pour motif le désir d'atténuer l'accusation portée contre le prince. « Pour que je sois innocente, dit Mme de la Motte dans son *Mémoire*, faut-il donc que M. le cardinal de Rohan reste coupable de tout? »

Toutes ces explications, cependant, n'expliquaient pas grand'chose, et les récriminations mutuelles des accusés semblaient démontrer qu'ils étaient tous coupables. Mais à quelle juridiction recourir dans une affaire dont on commençait à entrevoir un peu tard les difficultés et les scandales? La situation spéciale du principal accusé réclamait alors des ménagements qu'on ne comprendrait guère aujourd'hui. Rohan, l'accusé, tenait à la plus puissante maison de France; cardinal, il était couvert par les priviléges du clergé.

Aussitôt après la déclaration de Mme de la Motte le roi avait fait demander au cardinal s'il désirait un jugement judiciaire, exigeant que la résolution fût signée de lui et de ses parents. C'était donner à entendre qu'on pouvait s'en rapporter à la clémence royale.

Le cardinal répondit qu'il avait espéré qu'une confrontation pourrait suffire à convaincre le roi de la fraude, et il n'eût en ce cas, disait-il, souhaité d'autres juges que sa justice et sa bonté; mais, cette espérance étant évanouie, il acceptait, avec une respectueuse reconnaissance, la permission de faire éclater son innocence par les formes juridiques. Il suppliait, en conséquence, le roi d'ordonner que son affaire fût renvoyée et attribuée au Parlement, les chambres assemblées. Les parents du cardinal signèrent.

C'était un défi ; il fallut bien l'accepter. Le 5 septembre, le roi donna les lettres patentes dont la teneur suit :

« Louis, par la grâce de Dieu roi de France et de Navarre, à nos amés et féaux conseillers, les gens tenant notre Cour de Parlement, à Paris, SALUT.

« Ayant été informé que les nommés Boehmer et Bassange auroient vendu un collier au cardinal de Rohan, à l'insu de la reine notre très-chérie épouse et compagne, lequel leur auroit dit être autorisé par elle à en faire l'acquisition, moyennant le prix de seize cent mille livres payables en différents termes, et leur auroit fait voir, à cet effet, de prétendues propositions qu'il leur auroit exhibées comme approuvées et signées par la reine; que, ledit collier ayant été livré par lesdits Boehmer et Bassange audit cardinal, et le premier payement convenu entre eux n'ayant pas été effectué, ils auroient eu recours à la reine : nous n'avons pu voir sans une juste indignation que l'on ait osé emprunter un nom auguste et qui nous est cher à tant de titres, et violer avec une témérité aussi inouïe le respect dû à la majesté royale. Nous avons pensé qu'il étoit de notre justice de mander devant nous ledit cardinal, et, sur la déclaration qu'il nous a faite, qu'il avoit été trompé par une femme nommée la Motte de Valois, nous avons jugé qu'il étoit indispensable de nous assurer de sa personne et de celle de ladite dame de Valois, et de prendre les mesures que notre sagesse nous a suggérées pour découvrir tous ceux qui auroient pu être auteurs ou complices d'un attentat de cette nature, et nous avons jugé à propos de vous en attribuer la connoissance, pour être le procès par vous instruit, jugé, la grand'chambre assemblée. »

Le 26 octobre, de nouvelles lettres patentes ordonnèrent que l'instruction serait faite à la Bastille. Elles furent enregistrées en la Cour du Parlement, les Grand'Chambre et Tournelle assemblées, les 6 septembre 1785 et 10 janvier 1786.

Puis le Procureur général rendit plainte.

Dans l'ordre régulier de la procédure, les joailliers auraient dû être demandeurs au civil ou accusateurs au criminel; mais ils n'avaient pas de titre, et l'importance soudainement donnée à l'affaire par l'évocation du nom de la reine changeait nécessairement leur rôle et faisait d'eux des témoins.

Jusque-là, les accusés n'étaient détenus que sur lettres de cachet. Le Parlement saisi, le Procureur général lança des prises de corps contre le cardinal, la comtesse et Cagliostro; Seraphina Felichiani continua à rester sous le coup d'une lettre de cachet.

Le cardinal fit tout d'abord ses réserves, comme justiciable de la seule juridiction ecclésiastique; puis il présenta une requête au fond, demandant que son décret fût converti: il en fut débouté. Il fit observer que cette affaire était d'un genre particulier, que deux accusés s'y trouvaient en opposition, et que l'un des deux ne pouvait être justifié sans que l'autre ne fût en même temps convaincu; en sorte que le Procureur général, chargé par son ministère de poursuivre tous les deux à la fois, ne paraissait pas pouvoir, sous prétexte que les faits justificatifs ne sont reçus qu'en jugeant, refuser d'appeler les témoins indiqués par l'un des accusés contre l'autre. En conséquence il demandait l'audition de témoins indiqués en Angleterre et à Bar-sur-Aube. La requête fut rejetée quant à présent et jointe au fond.

Par une seconde requête, le cardinal demanda encore que l'affaire fût renvoyée, *quant au délit commun*, au tribunal ecclésiastique compétent, pour y être *préalablement* jugée. Il fut débouté, le procès réglé à l'extraordinaire, et on procéda aux récolements et confrontations.

Mr Dupuis de Marcé fut désigné, comme conseiller rapporteur, pour procéder à l'instruction, avec Pierre de Laurencel, l'un des substituts du Procureur général.

Cependant le procès à peine entamé soulevait des émotions profondes. Les Rohan et la maison de Condé faisaient entendre les plaintes les plus vives. On vit les Condé, les Rohan, les Soubise, les Guéménée prendre le deuil et se mettre en haie devant MM. de la Grand'Chambre, pour les saluer lorsqu'ils se rendaient au Palais. L'audace des Rohan allait jusqu'à accuser hautement la reine d'avoir attiré le cardinal dans un piége pour assouvir une vieille rancune. Et ce n'était pas seulement une famille qui s'agitait ainsi contre la reine. Ecoutons un écrivain du temps :

« La haute noblesse jette feu et flammes contre le despotisme exercé envers le cardinal de Rohan. On sait que Mme de Marsan s'est jetée aux genoux de la reine pour qu'il ne fût pas dans le lieu où il est exilé... S. M. lui a répondu « qu'il fallait que le cardinal se soumît aux ordres du roi. » On ajoute que Mme de Marsan, très-mécontente, a dit à la reine « que ce refus lui faisait connaître combien sa personne était désagréable à S. M., et qu'en conséquence, c'était la dernière fois qu'elle avait l'honneur de se présenter devant elle. » (*Mémoires secrets pour servir à l'histoire de la république des lettres*, t. XXXII, 9 juin 1786.)

Comme on aurait pu, comme on aurait dû s'y attendre, le clergé prit hautement le parti du cardinal.

Le pape (c'était Pie VI) prit un biais fort habile pour soutenir le cardinal: il le réprimanda; mais ce ne fut pas, comme on pourrait le croire, au nom de la morale et de la religion indignement outragées par un prince de l'Église. Un bref, délibéré à l'unanimité en consistoire, déclara que le cardinal avait essentiellement péché contre sa dignité de membre du sacré collége « en reconnaissant un tribunal étranger et séculier. » Suspendu pendant six mois, et menacé d'être définitivement rayé du nombre des cardinaux, Louis de Rohan envoya plaider sa cause à Rome par un docteur de Sorbonne, l'abbé Lemoine. Il ne fut pas difficile à cet envoyé de démontrer que le cardinal ne s'était soumis à la juridiction désignée par le roi qu'après avoir fait toutes les protestations relativement à la conservation de ses prérogatives. Le pape, satisfait de ces explications, déclara le cardinal réintégré dans tous les droits et honneurs de la pourpre romaine.

La procédure, cependant, suivait son cours, au milieu de ténèbres toujours croissantes, quand, tout à coup, la lumière se fit.

Un religieux minime, le Père Loth, vint spontanément offrir son témoignage, et voici ce qu'il déclara.

Refusé, pour un de ses sermons qu'il avait soumis au grand-vicaire du cardinal, le Père Loth, qui brûlait du désir de prêcher devant le roi, avait cherché une influence qui pût lui faire obtenir la protection du cardinal. Il n'avait pas tardé à savoir qu'on pouvait tout sur M. de Rohan par Mme de la Motte. Il s'était donc insinué auprès de cette dernière, et avait réussi, en effet, à obtenir par elle l'honneur si désiré d'un sermon prêché à la cour. A partir de ce moment, le minime était devenu l'ami dévoué, le commensal de Mme de la Motte. Or, un jour qu'il dînait chez elle, il y avait vu, non sans surprise, une jeune et belle personne, dont les traits offraient une grande ressemblance avec ceux de la reine. Un soir du mois d'août, il avait revu cette personne, habillée, coiffée, comme l'était ordinairement la reine. Il y avait aussi dans la maison la Motte un certain Rétaux de Villette qui avait tout l'air à cette époque de conduire quelque mystérieuse intrigue, dans laquelle jouait un rôle cette jeune personne, nommée la baronne d'Oliva.

On rechercha cette baronne d'Oliva, et on apprit qu'elle n'était autre qu'une fille galante nommée Leguay, et portant pour sobriquet galant celui de la d'Essigny. Cette fille avait disparu de Paris un peu avant l'arrestation du cardinal. Le 17 octobre, elle fut arrêtée à Bruxelles. Le 19 janvier 1786, elle fu décrétée de prise de corps, sur sa déposition, dont voici l'analyse.

« Je ne connais, avait répondu cette fille (1), je n'ai jamais connu, et je n'ai jamais vu, ni M. le cardinal de Rohan, ni les joailliers Boehmer et Bassange, ni les sieur et dame de Cagliostro. Je n'ai jamais entendu parler d'un collier de diamants.

« De tous les accusés, je n'ai jamais connu que les sieur et dame de la Motte, et je n'ai rien su par eux de toute l'intrigue, dans laquelle ils m'ont fait jouer le rôle d'un instrument crédule et docile.

« Je suis née à Paris, le 1er septembre 1761, d'une famille peu fortunée, mais honnête. » Laissée sans ressources par la mort de sa mère, la le Guay glissait rapidement sur les premières années de sa jeunesse. Arrivant à l'époque où, libre de ses actions, elle habitait un petit appartement dans le quartier Saint-Eustache, c'est-à-dire vers le mois de juin 1784, la le Guay raconta ceci :

« J'occupais un petit appartement, rue du Jour, peu éloigné du jardin du Palais-Royal dont j'avais fait ma promenade habituelle. J'y passais fréquemment deux ou trois heures de l'après-midi, avec quelques voisines, ou avec un enfant de quatre ans

. . . Ce Python, dit l'abbé Georgel, monta sur son trépied (PAGE 14.)

que ses parents me confiaient. Un jour, j'étais assise dans le jardin avec le petit enfant qui jouait près de moi. Je vis passer plusieurs fois un jeune homme qui se promenait seul ; il m'était inconnu. Il me regarde avec persistance. Une chaise était vacante près de la mienne ; il vient s'y asseoir. Ses yeux ne cessent d'errer sur toute ma personne. Une curiosité inquiète et ardente paraît l'agiter. Il semble mesurer ma taille, et saisir tour à tour toutes les parties de ma figure. Plusieurs jours de suite, il revint au Palais-Royal, et finit par m'adresser la parole. Un soir, je venais de le quitter; il m'avait suivie sans que je m'en aperçusse; je le vois tout à coup paraître dans mon appartement. Il se présente avec tous les témoignages de respect et d'honnêteté. C'était le comte de la Motte, chargé, me dit-il, de m'apprendre qu'une personne d'une grande distinction, une comtesse qui a beaucoup entendu parler de moi, a le plus grand désir de me voir et qu'il me l'amènera le lendemain, et il se retire sans autre explication.

« Le lendemain, le comte revient, et m'annonce la personne dont il m'a parlé. A peine est-il sorti, qu'effectivement je vois une dame entrer dans ma chambre, et qui m'aborde de l'air le plus gracieux.

« — Vous devez, me dit-elle en souriant, être un peu surprise de ma visite, puisque je ne suis pas connue de vous?

« Je lui réponds que, d'après ce que l'on m'a annoncé, cette surprise ne peut m'être qu'agréable.

« Elle s'assied, puis se penchant vers moi d'un air à la fois mystérieux et confiant, elle me tient à voix basse l'étrange discours qu'on va lire :

« — Ayez confiance, mon cher cœur, dans ce que « je vais vous dire. Je suis une femme comme il faut « et attachée à la cour. »

« En même temps, la dame tire de sa poche un

(1) *Mémoire pour la demoiselle le Guay d'Oliva, fille mineure, émancipée d'âge, etc.*; rédigé par Me Blondel, avocat.

portefeuille, l'ouvre, et me montre plusieurs lettres qu'elle me déclare lui avoir été écrites par la reine.

« — Vous le voyez, j'ai toute la confiance de la reine, et je suis avec elle comme les deux doigts de la main. Elle vient de m'en donner une nouvelle preuve, en me chargeant de lui trouver une personne qui puisse faire quelque chose qu'on lui expliquera quand il en sera temps. J'ai jeté les yeux sur vous. Si vous voulez vous en charger, je vous ferai présent d'une somme de 15,000 livres, et le cadeau que vous recevrez de la reine vaudra bien davantage. Je ne peux pas me nommer à présent, mais vous saurez bientôt qui je suis. »

« J'aurais donné mon sang pour la reine, je ne pouvais pas me refuser à une demande, quelle qu'elle fût, que je croyais faite en son nom; j'acceptai.

« Elle m'annonce alors que le comte de la Motte viendra me chercher, le lendemain au soir, pour me conduire à Versailles, et elle sort, me laissant enivrée de joie et d'espérance.

« Le lendemain, le comte vient chez moi avec une voiture de remise, et nous partons pour Versailles. Près de la grille du château, nous trouvons la dame qui nous attendait. Elle était accompagnée de sa femme de chambre. Elle fait arrêter, dit au comte de me conduire chez elle, et disparaît. On me mène dans un hôtel garni, place Dauphine. M. de la Motte, après m'y avoir déposée, disparaît à son tour, et m'y laisse seule avec la femme de chambre.

« Deux heures après, ils reviennent, et la dame m'apprend que la reine qu'elle vient d'instruire de mon arrivée, en a ressenti le plus grand plaisir, et désire avec la plus vive impatience que minuit arrive, pour savoir comment la chose se sera passée.

« — Quelle est donc cette chose que vous voulez que je fasse? lui dis-je.

« — Oh! la plus petite chose du monde, répondelle, vous la saurez. »

« Ce fut alors qu'elle m'apprit qu'elle était née Valois, qu'à la cour, on ne l'appelait que la comtesse de Valois, et que c'était sous cette qualité que la reine lui écrivait.

« — Mais à propos, me dit-elle, ne vous faut-il pas aussi une qualité pour paraître à la cour? » Et à partir de ce moment, elle ne m'appela plus que baronne d'Oliva; ce qui m'amusait beaucoup, quoique je n'eusse aucune prétention à usurper ce titre.

« Bientôt après, la comtesse s'occupe de ma toilette, et veut elle-même m'habiller. Je fus mise en robe blanche de linon moucheté; c'était une robe à l'enfant, ou une *gaule* (chemise) rose, et l'on voulut que je fusse coiffée en demi-bonnet.

« Entre onze heures et minuit, je sors avec le comte et la comtesse de la Motte. J'avais un mantelet blanc, et une *thérèse* sur la tête. Nous arrivâmes dans les jardins du parc. Là, je reçus de la main de la comtesse une rose et un petit billet cacheté.

« — Vous remettrez cette fleur et ce billet, me dit-elle, à la personne qui se présentera devant vous; et vous lui direz seulement : « Vous savez « ce que cela veut dire. » Songez que la reine sera là, près de vous, derrière cette charmille. »

« Et le comte et la comtesse s'éloignèrent.

« Je ne vis point la reine: mais persuadée qu'elle était là, j'attendais toute tremblante, lorsqu'un grand seigneur paraît devant moi. Il m'aborde en s'inclinant; je lui présente la rose, en lui disant : « Vous savez ce que cela veut dire. »

« Dans le même moment, la comtesse accourt, et dit tout bas, d'un air effaré :

« — Madame! et madame la comtesse d'Artois! »

« L'inconnu s'éloigne aussitôt avec madame de la Motte, tandis que le comte de la Motte me prend le bras et me ramène à l'hôtel garni, où bientôt arrive la comtesse, qui m'annonce qu'elle sort de chez la reine, qu'elle a laissée on ne peut plus enchantée de ce que je venais de faire...

« Le lendemain, je fus ramenée à Paris par le comte de la Motte. »

Cependant, dans son trouble, la demoiselle le Guay avait oublié de remettre la lettre cachetée; elle la rendit au sieur de la Motte, et la comtesse ne la gronda pas pour cet oubli.

Le lendemain, pour mieux l'assurer qu'on était content d'elle, on lui lut une lettre qu'on lui dit être adressée à Mme la comtesse de Valois par la reine. Il y avait à peu près ceci : « Je suis très-contente, ma chère comtesse, de la personne que vous m'avez procurée. Elle s'est acquittée de son rôle à merveille. Je vous prie de lui dire d'être assurée d'un sort heureux. »

La lettre lue, la dame de Valois la déchira, en disant : « Ce ne sont pas là de ces choses à laisser traîner. »

Pendant quelque temps, après cette scène, la dame de Valois l'invita plusieurs fois à manger chez elle, et en compagnie, soit à Paris, rue Neuve-Saint-Gilles, soit à Charenton, où elle avait une maison de campagne; et elle lui remit, soit en argent, soit en billets de caisse, 4,068 livres, au lieu de 15,000 livres promises.

Puis, peu à peu, un grand changement se fit dans les manières de la dame. Son accueil devint froid, son ton, digne et grave. Sa porte se ferma, et, au mois de juillet 1785, forcée de fuir ses créanciers, la demoiselle le Guay suivit à Bruxelles une dame flamande, six semaines environ avant l'arrestation du cardinal de Rohan.

Tel fut le récit de cette fille. C'était la confirmation éclatante des révélations du père Loth ; Mme de la Motte n'en persista pas moins à tout nier, accusant hautement Cagliostro, laissant entrevoir dans ses perfides réticences une complicité de la reine, qui eût présidé elle-même à la comédie des jardins de Versailles, pour se venger du cardinal et le faire tomber dans un piége. (*Sommaire pour la comtesse de Valois de la Motte.*)

L'arrestation, à Genève, de Rétaux de Villette, ancien gendarme du même corps que M. de la Motte, fit disparaître enfin les dernières obscurités.

Dans les papiers de cet homme, on trouva un Mémoire d'affaires, écrit de sa main, dont l'écriture ressemblait à celle des fausses approbations. Décrété de prise de corps et interrogé, Villette reconnut sienne l'écriture du Mémoire, mais non celle des faux. Son procès fut réglé à l'extraordinaire, et, dans un de ses interrogatoires, sans rien avouer positivement, il laissa entrevoir la possibilité d'un aveu. « Supposons, dit-il, que ce soit moi ou tout autre qui ait fait les signatures et les approuvés, ce ne serait pas pour cela un faux, parce qu'on n'aurait pas entendu imiter, contrefaire l'écriture, encore moins signer le nom de la reine, qui n'est pas *de France;* il est possible même qu'on n'ait écrit ainsi que sous la condition que l'acte ne sortirait jamais des mains de M. le cardinal. » Villette ajouta même que, s'il avait des aveux à faire, il ne les ferait qu'à son roi seul.

Une confrontation eut lieu quelques jours après entre Villette et Mme de la Motte; à la lecture des interrogatoires de ce dernier, Mme de la Motte comprit que l'aveu n'était pas loin. Elle prit l'avance et s'écria audacieusement : — « Monsieur, il n'y a qu'un coupable qui puisse parler ainsi. — Vous avez raison, Madame, répondit Villette; aussi, n'ai-je fait ces suppositions que parce qu'on me soupçonnait d'être l'auteur. »

Enfin, le 5 mai, un nouvel interrogatoire tira de Villette la vérité qu'il avait indiquée. Il avoua être l'auteur de la signature et des approuvés, et avoir écrit sous la dictée de Mme de la Motte. Il dit avoir été entraîné à cet acte, dont il ne soupçonnait pas la criminelle importance, par la promesse d'une fortune que Mme de la Motte lui montrait dans la protection du cardinal.

Le soir du même jour, nouvelle confrontation. Mme de la Motte se récria. Villette lui conseilla d'avouer, dans son propre intérêt. Car n'était-il pas trop connu, ne serait-il pas prouvé par de nombreux témoins, que Mme de la Motte s'honorait des bontés de la reine ?— On vous aura dit, répondit Mme de la Motte avec sang-froid, que si vous ne faisiez pas d'aveux, vous seriez condamné, sur la seule ressemblance des écritures, à des peines corporelles; que si vous faisiez des aveux de vous-même, votre position serait allégée. Et voilà pourquoi vous parlez ainsi.

Comme l'intrigue s'éclaircissait ainsi, un incident inattendu sembla l'obscurcir de nouveau.

Un chirurgien de Saint-Omer, intrigant de bas étage, venu à Paris pour solliciter le privilége des *Almanachs chantants*, et qui, après avoir fait quelques dupes, s'était fait arrêter comme prévenu d'escroquerie, demanda à faire d'importantes révélations sur l'affaire du collier.

Cet homme se nommait Bette d'Etienville. Voici ce qu'il déclara :

« — J'ai, dit-il (1), rencontré, au mois de février 1785, au café de Valois du Palais-Royal, un particulier qui m'a dit se nommer Augeard, et être chargé des affaires d'une dame de distinction. Je cherchais un emploi; il me promit, d'un ton important, de faire ma fortune, n'exigeant de moi qu'une docilité sans bornes, une discrétion à toute épreuve.

Chargé, ajouta-t-il, d'une négociation importante, il voulait m'y associer. Il s'agissait de trouver un gentilhomme titré, de bonne maison, disposé à épouser une dame encore jeune et jolie, d'un caractère très-doux, d'une figure très-aimable, jouissant d'ailleurs de 25,000 livres de rente, et au sort de laquelle un prince s'intéressait. On ne pourrait voir la future avant le mariage que par son intermédiaire. Le contrat stipulerait la séparation de biens, mais on serait dédommagé par une pension de 6,000 livres, et par un gros présent le jour des noces. Les dettes du gentilhomme seraient payées avant la célébration, s'il en avait, et il en aurait sans doute.

Je commençai à *fureter*, et, en deux jours, je trouvai dix épouseurs pour un; mais la justification des titres de noblesse les mit bientôt en fuite. Enfin, le 21 mars, se présenta un certain baron de Fages, se recommandant de M. Mulot, chanoine régulier, grand prieur de l'abbaye royale de Saint-Victor, à qui j'avais confié la mission dont j'étais chargé. Je l'agréai, et le fis voir à M. Augeard, qui voulut l'examiner sans être connu de lui. M. Mulot me remit les titres de noblesse du baron, et je les portai à M. Augeard, qui s'en déclara satisfait.

Alors, je sus que la dame à marier se nommait Mme de Courville, et que le prince qui faisait les frais du mariage était M. le cardinal de Rohan. J'obtins d'être abouché avec ces deux personnes, mais sous la condition expresse que je ne chercherais pas à connaître l'endroit où je les verrais, sans quoi j'étais un homme perdu.

M. Augeard, avec qui je pris rendez-vous au café de Valois, me fit monter avec lui dans une voiture de place dont les panneaux étaient fermés, et, après quinze minutes environ de marche, nous arrêtâmes vis-à-vis d'une porte cochère un peu basse. Nous entrâmes, nous montâmes vivement, sans parler au portier, et, au premier étage, je fus présenté à une femme charmante, qui me fit l'accueil le plus gracieux. Elle me fit beaucoup de questions sur le baron de Fages, me loua beaucoup de mes services, et me répéta qu'il fallait me laisser conduire aveuglément.

Depuis ce jour, 4 avril, jusqu'au 14 août suivant, j'eus avec Mme de Courville plusieurs entrevues semblables.

Des époques furent successivement fixées pour le mariage, qu'on reculait toujours, et on m'apprit que ces retards avaient pour cause la gêne de M. le cardinal, qui ne pouvait momentanément réaliser une somme de 300,000 livres, destinée à la dot, et sur laquelle le baron devait recevoir un cadeau de noces de 100,000 livres.

J'étais très-rassuré; j'avais vu les bijoux de la dame, qui étaient en grand nombre et fort riches; j'avais admiré surtout une partie de brillants non montés, estimés, disait-elle, 432,000 livres, et qui étaient renfermés dans une boîte de layetterie. Elle me dit que ces diamants provenaient d'une rivière, dont M. le cardinal lui avait fait présent. Cette sorte de parure n'étant plus à la mode, elle désirait les réaliser avant son mariage.

Je savais bien des choses, et la dame m'avait même confié qu'elle était d'une grande maison d'Allemagne, et m'avait montré un cordon et un ordre de chanoinesse. Je voulus savoir plus encore. Malgré la terrible menace de M. Augeard, je cherchai à connaître le lieu des rendez-vous, et j'y parvins. C'était l'appartement de Mme la comtesse de la Motte, rue Neuve-Saint-Gilles, au Marais, n° 13. Je crus d'abord que Mme de Courville et Mme de la Motte n'étaient qu'une seule et même personne; mais j'ai su, par la suite, que cette supposition n'avait rien de fondé.

Le baron de Fages, cependant, demandait un à-compte de 6,000 livres, qu'on refusa nettement. Les délais se multipliaient. Pour réchauffer nos courages et nos patiences, on m'aboucha avec M. de Rohan, un homme d'une belle figure, âgé à peu près de cinquante ans, haut en couleurs, ayant les cheveux d'un gris blanc, et le devant de la tête dégarni; d'une grande taille et bien fait, d'une marche noble et aisée, quoique chargé d'un certain embonpoint. Je le reconnus parfaitement pour le cardinal de Rohan, que j'avais vu à la cour et à la ville. Il était vêtu d'une redingote de couleur sombre, et portait un chapeau rond. Lorsque je lui dis *Votre Éminence*, il me dit qu'une fois pour toutes, il désirait que je l'appelasse *Monsieur*.

(1) *Mémoire à consulter pour Jean-Charles-Vincent de Bette d'Etienville, bourgeois de Saint-Omer en Artois*, etc.; rédigé par Me Mestier, avocat.

M. le cardinal me répéta les injonctions et les promesses qu'on m'avait déjà faites, et m'apprit que le mariage ne pouvait se faire que vers le 15 juillet.

Ce retard était fâcheux; car les créanciers de M. de Fages, qu'il berçait des promesses de son mariage, commençaient à s'impatienter. Sur les instances du baron, on lui promit, au cas où le mariage n'aurait pas lieu, de lui assurer une somme de 30,000 livres. Cette promesse fut minutée par Mme de Courville en un dédit, qui me fut remis sous enveloppe et cacheté, sous la promesse par moi de représenter cette pièce, toutes les fois qu'on le jugerait convenable. Je déposai le dédit entre les mains de M. Mulot.

C'est alors que M. de Fages s'autorisa de l'existence de ce dédit pour se faire livrer, par le bijoutier Loque, différentes marchandises de son état, pour une somme de 18,000 livres.

Avec cette bijouterie, le baron comptait faire de l'argent, pour calmer ses créanciers les plus pressants. Il exécuta cette opération, dans laquelle je n'intervins en aucune manière.

Je n'ai, d'ailleurs, profité personnellement, en quoi que ce soit, des réalisations faites par le baron; pendant tout le cours de la négociation, j'ai constamment refusé les cadeaux qui m'étaient offerts, ne voulant voir, au bout du succès, qu'une protection puissante qui me mettrait en état de faire ma fortune.

Le délai du 15 juillet se passa, sans que le mariage se fit, et M. le cardinal fixa une autre époque, le 12 août. M. de Rohan ne pouvait toujours trouver la somme nécessaire.

Cependant arrivait le premier terme des engagements pris par le baron envers le sieur Loque, et c'est alors que je cautionnai le baron, pour lui faire obtenir un répit de deux mois.

Tout à coup, aux approches du 12 août, je m'aperçus que M. Augeard et Mme de Courville étaient plongés dans de vives inquiétudes, dont la cause me restait inconnue. Un nouveau retard au mariage me fut annoncé, et, le 13 août, Mme de Courville me redemanda le dédit, et le déchira précipitamment, dès qu'il fut entre ses mains.

A mes violents reproches, elle répondit, en pleurant, qu'elle n'avait aucune intention de faire tort à M. de Fages; et, me montrant un portefeuille rempli de billets noirs de la caisse d'escompte, elle m'avoua qu'elle était perdue, qu'il n'y avait plus de sûreté pour elle en France, et qu'elle partagerait avec moi toute sa fortune, si je voulais la suivre en pays étranger.

Ce propos me pétrifia. Je voulus connaître ces périls dont elle me parlait vaguement. Elle refusa de m'en instruire, en persistant à me dire qu'il fallait se hâter, et qu'elle ne me remettrait les 30,000 livres qu'à la condition que je la suivrais jusqu'à un port de mer.

Il y fallut consentir; mais, à Saint-Omer, elle rebroussa chemin subitement vers Paris, et, depuis ce moment, je ne l'ai plus revue. M. Augeard est également devenu introuvable. Les créanciers du baron de Fages, se croyant dupés par des chevaliers d'industrie, nous ont poursuivis tous deux, et le baron lui-même m'a fait arrêter pour me faire rendre les 30,000 livres que je n'ai pas reçues. »

Cette histoire bizarre et compliquée semblait donner une nouvelle face au procès. Jusque-là, tout accusait Mme de la Motte, et montrait le cardinal coupable seulement d'espérances outrageantes et de niaise crédulité; mais, s'il fallait ajouter foi à d'Etienville, le cardinal devenait l'auteur du délit, dont Mme de la Motte n'était plus que la complice.

Le 11 mars, d'Etienville fut confronté avec la d'Oliva; il déclara que cette personne lui était entièrement inconnue; la d'Oliva dit également qu'elle n'avait jamais vu cet homme.

Mis en présence de Mme de la Motte, d'Etienville lui dit : — « Je vous reconnais, Madame; je vous ai vue chez Mme de Courville, dans le mois de mai; elle vous considérait comme son amie. Elle m'assura que vous seriez de la noce. »

Le magistrat qui présidait à la confrontation dit à d'Etienville que cette dame était Mme de la Motte. Celle-ci se récria, affirmant qu'elle n'avait jamais vu d'Etienville; mais elle avoua que, dans la semaine sainte de 1785, elle avait vu, et cela une seule fois, chez le cardinal, une dame que M. de Rohan nommait Mella de Courville, et dont le vrai nom était Sulbark. Cette dame Sulbark, femme d'une belle taille, aux yeux et aux cheveux noirs, était baronne et chanoinesse d'un chapitre noble de Colmar. Elle avait une magnifique rivière de diamants, une lévite brune et des boutons en brillants. Le cardinal disait qu'il voulait la marier à un baron de Fages, avec une dot de 500,000 livres.

C'était la première fois que Mme de la Motte prononçait ce dernier nom; on le lui fit observer.

D'Etienville fit ensuite du logis de Mme de la Motte une description que celle-ci dut reconnaître exacte; mais elle répondit que jamais elle n'avait reçu M. d'Etienville, et que sans doute le cardinal, pour la perdre, avait disposé de son appartement et corrompu ses gens.

Dès lors, on put penser qu'en effet Mme de la Motte avait servi d'instrument à une intrigue ténébreuse, dont le cardinal était l'âme, et qui avait eu pour but de pourvoir une maîtresse, disaient les uns, une fille, disaient les autres. Et cependant les déclarations de la d'Oliva et de Rétaux de Villette avaient surabondamment prouvé qu'une audacieuse comédie avait été jouée vis-à vis du cardinal, pour l'abuser au profit de Mme de la Motte. On cherchait en vain le mot de l'énigme.

Mme de la Motte, après avoir longtemps nié la scène des jardins de Versailles, vaincue par l'évidence, l'avait enfin avouée. Elle l'expliquait ainsi : « Impatientée de sa jactance (du cardinal), de ses vœux pour la dignité de premier ministre, de ses espérances de voir à ses pieds ses rivaux humiliés, enfin d'un outrage grave fait à elle personnellement, elle se détermina à une vengeance, seul reproche qu'elle ait à se faire; c'est la scène scandaleuse jouée par la demoiselle Oliva. » (*Sommaire pour la comtesse de Valois la Motte.*) Mais, ajoutait Mme de la Motte, la fille le Guay n'avait pas su quel rôle on l'appelait à jouer, et ne connaissait pas même le cardinal. Sans doute, la mystification était coupable; mais plus coupable encore était la conduite de M. de Rohan, qui avait sciemment outragé la majesté royale.

Le dernier voile disparut avec l'histoire de d'Etienville. Cette histoire n'était qu'un roman laborieusement imaginé par un escroc dans l'embarras. D'Etienville avait poursuivi cette double fin, de colorer une série de filouteries consommées au moyen de l'invention du mariage de de Fages, et de tirer, s'il se pouvait, pied ou aile de l'affaire du collier. Du fond de son cabanon du Petit Châtelet, il avait envoyé son roman, sous forme de factum, au prince de Soubise, avec un humble post-scriptum représentant que de pareilles révélations pourraient être fort nuisibles à M. le cardinal de Rohan, et qu'on les supprimerait volontiers pour 2,000 écus. Le prince de Soubise se refusa à saisir l'amorce et d'Etienville se résigna à prendre rôle dans le procès. Il fit, au reste, une bonne affaire en publiant son factum, si bien vendu, qu'il y donna coup sur coup deux suppléments.

Mais c'est en vain que la police s'évertuait à saisir les personnages divers indiqués par d'Etienville. A l'exception du chanoine Mulot, qui, en effet, avait reçu le dépôt d'un dédit de 30,000 livres, Augeard et Mme de Courville étaient introuvables. C'est que ces personnages n'avaient jamais existé que dans la féconde imagination du chirurgien. Quand il eut bien vendu ses Mémoires, il se décida à avouer sa ruse. Mais, même alors, le chevalier d'industrie ne voulut pas faillir à ses habitudes; il se fit payer sa rétractation. Il écrivit à un valet de chambre du cardinal une lettre touchante, dans laquelle il exposait ses besoins, sa détresse, et, racontant une fois de plus la scène du salon de Mme de Courville, disait qu'on l'avait trompé en lui laissant croire que la personne présente était M. le cardinal. Le valet de chambre envoya cinq louis à d'Etienville; d'Etienville, pour la forme, en fit son billet, et se rétracta solennellement.

Alors il fallut bien que Mme de la Motte renonçât de son côté à la partie de ses déclarations qui confirmait le roman de Bette d'Etienville. Dans ses dernières confrontations, elle avoua qu'elle n'avait jamais entendu parler d'une dame de Courville, qu'elle ne l'avait jamais vue chez le cardinal; et, si elle avait dit le contraire, c'est qu'elle avait cru utile à ce moment d'appuyer la fable de d'Etienville.

Elle eut même un joli mot à cette occasion; comme le magistrat lui opposait les termes de son Mémoire : « Eh! Monsieur, lui dit-elle, on met tout ce qu'on veut dans un Mémoire! »

On laisse à penser quel bruit faisaient dans Paris, et même en Europe, tous ces incidents, tous ces scandales. La société spirituelle et corrompue de ce temps savourait ces turpitudes, riait de ces infamies. La religion, alors si indignement représentée, fulminait gravement, contre les impies qui persécutaient un prince de l'Eglise, des anathèmes dont s'égayait la foule. Le vicaire général de la grande aumônerie, ce complaisant taré, ce factotum du crédule et débauché Rohan, ce même Georgel qui, dans ses Mémoires, nous dépeint son maître comme un homme *immoral et crédule*, publiait un mandement pour le carême, commençant par ces mots :

« Envoyé vers vous, mes très-chers frères, comme le disciple de Timothée le fut au peuple que *Paul dans les liens* ne pouvait plus enseigner, il nous a dit : Je dépose en vos mains le pain de la divine parole, pour le rompre aujourd'hui dans l'assemblée des fidèles... »

Et l'impudent valet anathématisait les impies.

La politique mêlait ses rancunes à ces passions. Le Parlement voyait dans le scandale du collier l'occasion de prendre sur la royauté une éclatante revanche. Tout un parti Rohan s'était formé dans la grand'chambre. Le chef de ce parti était Duval d'Eprémesnil, qui déjà s'essayait au rôle de séditieux; « d'Eprémesnil, dit un pamphlet du temps, un conseiller qui magnétise comme il dénonce; qui a froncé le sourcil devant la grand'chambre lorsqu'elle a lancé son exil contre les novateurs physiciens; un des treize premiers adeptes de la franc-maçonnerie égyptienne. » Ce disciple de Cagliostro trahissait ses devoirs de magistrat au profit du cardinal. « M. d'Eprémesnil, dit l'abbé Georgel, trouva des moyens secrets pour nous instruire de particularités très-intéressantes, dont la connaissance nous a été de la plus grande utilité..... Un maître des requêtes, ami du prince, écrivait tout ce qui s'était dit aux séances, et le faisait passer à ses conseils qui trouvèrent les moyens d'en instruire M. le cardinal, et d'y joindre le plan de conduite qu'il devait tenir. »

On exploita, pour grossir au parlement le parti Rohan, la vénalité des uns, les passions secrètes des autres. Mme de Campan nous apprend que le substitut du Procureur général, Pierre de Laurencel, fit parvenir à la reine, après la conclusion du procès, une liste des noms des membres de la grand'chambre, avec les moyens dont s'étaient servis les amis du cardinal pour gagner leurs voix pendant la durée du procès. On voyait, par ces renseignements, que les femmes avaient joué dans ces tristes négociations le rôle le plus honteux. C'était par des femmes gagnées elles-mêmes à prix d'argent, que les plus vieilles et les plus respectables têtes avaient été séduites.

Tout ce travail des partis tourna peu à peu l'opinion publique. Abandonnée à ses instincts de justice naturelle, elle avait d'abord flétri, brocardé, chansonné l'ignoble intrigante et sa dupe immorale, ce *grand innocent*, disaient les épigrammes rimées qui couraient la ville. Bientôt, les Rohan, les parlementaires, le parti d'Orléans, la coterie des tantes du roi, toute la meute, enfin, des ennemis de la reine, réussissaient à tromper l'opinion, et il n'était plus permis de douter que Marie-Antoinette n'eût eu pour amant un prince de l'Église, ne l'eût rançonné comme une courtisane, escroqué, puis livré à la justice.

Quoi de plus clair, cependant, que ce procès? L'intrigue, si habilement ourdie, y est successivement éventée, démasquée, prise sur le fait. Mais la passion ne voit que ce qu'elle veut voir.

Sur les confrontations, sur les témoignages, les renseignements n'abondent pas. On en trouvera quelques-uns dans la défense du cardinal.

Nous pouvons surprendre, dans les Mémoires, l'attitude des deux principaux accusés dans ces confrontations. Voici un échantillon des conversations échangées entre le cardinal et Mme de la Motte, et nous l'empruntons au *Sommaire* de Mme de la Motte elle-même :

Le cardinal. — Mais, Madame, vous devriez au moins convenir que M. le comte de Cagliostro est innocent; enfin, cet homme est privé de sa liberté!

Mme de la Motte, avec fureur.—Est-il possible, Monsieur le cardinal, que vous osiez me tenir ce langage, en demandant avec pitié la liberté d'un homme qui ne faisait que vous tromper! Et vous oubliez de demander la mienne, cette liberté dont je suis privée au prix de l'honneur, et c'est par vous! et vous savez que je suis innocente, et vous voudriez que je mentisse pour sauver *ce monstre et vous!*

Mais il semble que Mme de la Motte ait tout calculé, même ses fureurs. Evidemment, cette femme, admirablement douée pour l'intrigue, eut le monopole de l'habileté dans tout ce procès. Seule coupable, tenant tous les fils de l'affaire, elle sut pendant de longs mois déjouer la sagacité, lasser la patience de ses juges, effrayer ses dupes, intéresser à la lutte inégale qu'elle avait osé entamer.

Il est si vrai de dire qu'elle avait tiré tout cela de son cerveau, que, mise au pied du mur, elle ne put trouver à faire citer qu'un seul témoin : ce fut Desclos, ce garçon de la chambre de la reine et musicien de la chapelle, à qui, disait-elle, elle avait remis le collier. Elle avait nommé cet homme, parce qu'elle l'avait connu par hasard, ayant passé une soirée avec lui chez la femme d'un petit chirurgien accoucheur de Versailles. Car cette femme, qui sut persuader un Rohan de sa faveur auprès de la reine, elle n'avait jamais mis le pied à la cour!

Le 7 décembre, le Parlement entendit une curieuse déposition, celle de la comtesse du Barry. La royale courtisane fut reçue avec tous les honneurs réservés aux plus hauts personnages. Le greffier vint la prendre et lui donner la main ; un huissier portait le flambeau devant elle.

Mme du Barry déclara que Mme de la Motte, depuis la mort du feu roi, s'était offerte à elle comme dame de compagnie, et que, voyant l'étalage que cette dame faisait de son nom et de sa naissance, elle lui répondit : — Je ne suis pas assez grande dame pour prendre une dame de compagnie d'une aussi haute qualité que Mme de Valois.

Peu déconcertée par cette défaite polie, Mme de la Motte revint à la charge, se bornant cette fois à recommander à Mme du Barry un placet au roi, dans lequel elle demandait une augmentation de pension. Mme du Barry, en jetant les yeux sur ce placet, vit avec surprise qu'il était signé : Jeanne de Saint-Remy de Valois *de France*.

On a vu les fautes des parlementaires, des nobles et du clergé ; il est juste de montrer celles des amis de la reine. Le haineux M. de Breteuil, pour mieux perdre le cardinal, allait jusqu'à donner l'ordre d'arrêter un homme qui allait faire à Londres ce qu'eût dû faire la police française elle-même. Cet homme, nommé Ramond de Carbonnières, gendarme de la garde du roi, dévoué au cardinal, était envoyé par ce dernier pour faire une enquête sur les ventes de diamants opérées à Londres, et y retrouver, si faire se pouvait, la trace du collier. Averti à temps, Ramond dépista les agents du ministre, arriva à Londres et y commença ses recherches. Le 15 octobre 1785, il faisait comparaître par-devant Jean-Paul du Bourg, notaire et tabellion royal, un abbé Mac-Dermott, ancien aumônier de l'ambassadeur de France et religieux capucin. Cet abbé déposa que, présenté au comte de la Motte par un capitaine O'Neil, il avait vu le comte en possession de bijoux nombreux, dénotant une fortune peu ordinaire, et d'une somme de 3,200 livres sterling, en une traite qu'il convertit en lettre de change sur le banquier de Paris Perregaux. C'est *mon* banquier, disait le comte ; et il ajoutait que sa fortune lui venait des bontés de la reine, à qui il servait d'intermédiaire auprès de diverses personnes, notamment de Mgr de Rohan. L'abbé avait, au départ du comte pour Paris, été chargé par lui de retirer des mains d'un joaillier Gray des bijoux invendus.

On se transporta chez ce joaillier et on lui soumit un état formant description du collier(1). Il reconnut avoir acheté du comte huit pierres du fil, un brillant pendeloque, cent vingt-huit brillants formant l'esclavage ; quelques brillants des bandes de côté ; et quarante-deux brillants des glands. Il reconnut aussi en avoir vu et monté quelques autres parties.

Gray et un autre joaillier, Jefferyes, déclarèrent que la valeur énorme des diamants vus par eux entre les mains de ce particulier, et la perte considérable qu'il consentait à essuyer, leur avaient causé de la surprise ; ce particulier expliquait sa possession par l'héritage qu'aurait fait sa femme d'une pièce d'estomac qu'elle ne voulait pas porter.

Ces dépositions furent certifiées et légalisées par le lord maire de Londres.

Voilà les seuls éléments d'instruction et de procédure qu'on puisse trouver dans les écrits du temps. Mais il est un document capital qu'on ne saurait passer sous silence, c'est le Mémoire de l'avocat et académicien Target. Ce n'est pas un factum amusant ou scandaleux, comme les Mémoires écrits pour Cagliostro et Mme de la Motte par les avocats Thilorier et Doillot. Le jour où parut ce beau Mémoire, on ne fut pas obligé d'envoyer le guet, comme il arriva pour les deux autres, garder la porte de l'avocat : c'est une très-grave, très-éloquente, très-concluante plaidoirie pour le cardinal de Rohan. Il explique et résume toute l'affaire au point de vue du cardinal ; et c'est, à peu de chose près, le point de vue véritable. Nous en devons l'analyse à nos lecteurs.

Target commence par ce bel exorde :

— Les révolutions qui arrivent dans la destinée des grands réveillent subitement parmi les hommes toutes les passions à la fois : dans les uns, une joie mal dissimulée, une affliction circonspecte, dans les

(1) *État détaillé du grand collier en brillants, avec son esclavage et quatre glands.*

Savoir :

1° Le fil autour, composé de dix-sept brillants, pesant depuis 18 jusqu'à 33 grains pièce.

2° Quarante et un brillants, formant les trois festons tenant au fil d'en haut, pesant depuis 12 jusqu'à 20 grains pièce, l'un dans l'autre.

3° Deux brillants pendeloques, pendant dans les deux festons de droite et de gauche, pesant 50 grains.

4° Un brillant pendeloque, tenant au fil d'en haut par un trèfle, pesant 34 grains, pierre superbe en qualité.

5° Quatorze brillants, entourage de ladite pendeloque, pesant 7 cinq huitièmes karats.

6° Trois brillants dans le trèfle, pierres de 13 grains.

7° Un brillant pendeloque au bas du feston, pesant 45 grains.

8° Quatorze brillants, entourage de ladite, pesant 10 karats.

9° Trois brillants dans le trèfle au-dessus, pesants 17 et 10 grains, pierres de la plus grande beauté.

10° Cent vingt-huit brillants forts, formant l'esclavage, depuis le fil d'en haut jusqu'au nœud des glands, toutes pierres assorties, du poids de 8, 9, 10, 11 et 12 grains.

11° Soixante-deux brillants dans l'esclavage, pierres de 3 et 4 grains.

12° Un brillant au milieu de la rosette du milieu de l'esclavage, pierre très-belle, sans aucun défaut, pesant 45 grains.

13° Huit brillants pour entourage, pierres de 12 et 15 grains pièce.

14° Quatre-vingt-seize brillants, formant les deux bandes de côté, pierres assorties, du poids de 6, 7, 8 et 9 grains.

15° Quarante-six brillants, petits chatons dans lesdites bandes pesant 2 et 3 grains pièces.

Glands.

16° Quatre brillants à la tête des glands, pierres superbes et assorties, du poids de 14 et 15 grains.

17° Douze brillants pendant au bas des glands, superbes pour la blancheur, pesant de 16 à 26 grains.

18° Seize brillants ronds dans les glands, pesant de 11 à 1[illegible] grains pièce.

19° Douze dito dans les glands, pesant de 8 à 10 grains pièce.

20° Trente dito dans les glands, pesant de 6 à 8 grains pièce.

21° Trente dito dans les glands, pesant de 4 à 6 grains pièce.

Le karat évalué ensemble à 80 karats.

autres; ici, l'orgueil inquiet et attristé; ailleurs, la bassesse qui se console à la vue de ces revers; partout une curiosité remuante, qui va se repaissant de vérités et de mensonges, et qui ne voit, dans les événements extraordinaires, que des bruits à recueillir et des nouvelles à répandre.

Le temps arrive enfin de substituer un intérêt véritable à ces vaines agitations.

M. le cardinal de Rohan est dans les fers: c'est du faîte des hauteurs qu'il est descendu dans une prison; sa captivité dure depuis plus de neuf mois, et M. le cardinal de Rohan est innocent; ce spectacle est digne de la sensibilité publique et de l'attention de l'Europe.

Les piéges ont été semés sous ses pas, les prestiges de la fraude ont ébloui ses yeux, il a eu le malheur de déplaire à la reine par les soins mêmes que lui ont imposés sa soumission, son dévouement et son respect. Offense involontaire! Mais il sent qu'il est plus facile de s'en justifier que de se la pardonner à soi-même. Son âme en est accablée lorsque sa conscience est tranquille : et sa seule consolation est de croire qu'une erreur si funeste pourra enfin être expiée par ses malheurs.

L'innocence de M. le cardinal de Rohan n'est plus un problème. Mais il doit à la société tout entière l'exposition des preuves qu'il a successivement développées sous les yeux des magistrats : et ceux qui n'ont plus de doutes à éclaircir y verront avec intérêt l'histoire du procès le plus extraordinaire.

En dévouant à la haine publique les manœuvres dont il fut le jouet et la victime, quels vœux avons-nous à former pour nous-même? Que le profond respect pour la majesté et l'amour ardent de la justice s'allient ensemble au fond de notre cœur, et s'augmentent l'un par l'autre! Dans une affaire que le roi a replacée lui-même sous l'empire de la loi, gardons-nous d'imaginer que nous ayons besoin de courage, et souvenons-nous que la liberté de notre ministère est un présent de la puissance. »

Quel est d'abord, disait le Mémoire, le point précis de la question soumise au jugement de la Cour? Il ne s'agit pas de juger si M. de Rohan s'est annoncé comme autorisé à l'acquisition d'un collier pour la reine, s'il a montré aux joailliers de fausses approbations : tout cela est avoué; il ne s'agit que de découvrir les auteurs et complices du délit consistant dans l'abus d'un nom auguste : c'est donc la bonne foi de M. le cardinal qui est en cause. A-t-il été trompeur ou trompé?

Pour démontrer que M. de Rohan n'a été que dupe, Target fait l'historique de ses rapports avec la dame de la Motte.

Présentée au cardinal par madame de Boulainvilliers, la dame de la Motte lui parut digne de pitié par son origine, par sa vertu, par ses malheurs. Après la mort de sa protectrice, elle se recommanda à M. de Rohan, qui lui donna une légère marque d'intérêt. « Ce n'était ni une aumône du roi, ni un prêt, mais une libéralité modique, qui en amena d'autres. La dame de la Motte reçut de M. le cardinal, de temps en temps, trois, quatre ou cinq louis, une seule fois vingt-cinq. Ces secours et un cautionnement pour une somme de cinq mille livres qu'elle devait au juif Isaac Beer, et qu'il fut obligé de payer pour elle en 1785, voilà le tableau fidèle de ses bienfaits. »

Malgré ces faibles secours, la dame de la Motte était, pendant toute l'année 1782, restée en proie à une gêne visible, et c'est dans deux chambres à demi meublées d'un petit hôtel, qu'elle vivait avec son mari, son frère et sa sœur. Sortie, non sans quelque scandale, de cette demeure peu décente, la dame de la Motte avait vécu çà et là, au hasard, et grâce à des charités d'ordre infime, jusqu'en mai 1783, époque où elle s'était installée dans un appartement de douze cents livres, très-simplement meublé. Encore n'avait-elle pu y parvenir que grâce à la garantie d'un juif. « On ne lui connaissait que les faibles bienfaits de M. le cardinal, les avances de la dame Briffaut, et une pension de huit cents livres, qui, vers la fin de 1783, fut portée à quinze cents livres. »

La détresse persista : le ménage la Motte dut recourir aux emprunts, vendre ou engager ses meubles, aliéner ses pensions en avril 1784. Il n'est donc pas vrai, comme le dit le Mémoire de la dame de la Motte, qu'elle ait reçu du cardinal cinquante ou soixante louis; que le cardinal ait envoyé deux cents louis pour la demoiselle de Valois; qu'il ait fait des avances pour les frais de voyage à la cour; qu'il ait fourni dix mille livres pour acquitter les dettes du baron de Valois, et payé celles du mari. La fausseté de ce dernier fait ressort évidemment du Mémoire même où la dame de la Motte dit que son mari fut forcé d'obtenir un arrêt de surséance. « Pendant la maladie de la sœur, M. le cardinal n'avait envoyé que vingt-cinq louis; mais admettons tous ces mensonges, et prenons-les pour vérité même. Des dettes payées dissipent les inquiétudes du moment, mais n'enrichissent pas. Deux cent soixante louis et quelques meubles en deux ans, ne sont point une fortune, et la pauvreté de la dame de la Motte n'en sera pas moins incontestable. »

Quelle preuve donne-t-elle du présent de deux cents louis à sa sœur malade? c'est qu'elle en a donné reçu en présence de trois femmes de chambre. « Ce qu'il y a d'étrange, c'est qu'elle avait en effet des femmes de chambre au sein de la pauvreté; mais le reçu est aussi fabuleux que le présent. Supposons pourtant encore ces deux cents louis. En sera-t-il moins prouvé que la dame de la Motte a vécu dans la misère jusqu'au milieu de l'année 1784? »

Mais les faits vont se perfectionnant pour elle à tel point, qu'elle se rappelle tout à coup que le cardinal lui a remis dix-huit mille livres au mois d'août 1782, neuf mille au mois de décembre, puis sept mille dans le même mois; et, en 1783, soixante-trois mille cinq cents livres; enfin, en 1784, en trois fois, trente-quatre mille livres. On demande les preuves de ces nouvelles fictions : aucune; les indices : il n'y en a point; les témoins : pas davantage. Les preuves du contraire, elles sont dans ces déclarations écrites portant que M. de Rohan ne lui a remis que six mille deux cent quarante livres, et que ses conseils ont été le plus grand de ses secours.

En présence de ces contradictions, la dame de la Motte est forcée de désavouer son Mémoire et son avocat.

Target, après avoir établi que la dame de la Motte était réduite, jusque dans le courant de 1784, à une indigence réelle, aborde l'esquisse de l'imposture. Il a montré dans l'adversaire de M. de Rohan un caractère artificieux et hardi; il montre dans son client une crédulité qui prend sa source dans un excès de franchise. « Il est, comme tous les hommes, plus disposé encore à croire ce qu'il désire, et il avouera que ce qu'il désirait avec le plus d'ardeur, c'était de sortir de la disgrâce de la reine. Cette ambition le dominait, et voilà sur quels fondements la dame de la Motte construisit, en projet, tout l'édifice de sa fortune. » De là, ces fables colportées de tous côtés, qui violaient le profond respect dû à la majesté royale; de là, ce crédit offert dans de mensongères confidences, ces faux commis, ces lettres montrées. La demoiselle d'Oliva, Me de la Porte, un religieux, les sieurs de Cagliostro, Grénier, Rétaux de Villette, en déposent ou en conviennent. Que répond la dame de la Motte? tous les témoins mentent, dit-elle, et elle retourne contre le cardinal tout ce qu'on lui attribue. « Ce qu'elle a fait, elle l'impute. Ce dont elle est convaincue, elle en accuse. Voilà l'une des clefs de sa défense. Système de calomnie absurde autant qu'abominable! Transportera-t-elle sur M. le cardinal l'intérêt qu'elle avait d'en imposer? Pourquoi l'aurait-il trompée, et quel fruit eût-il espéré de cette fraude? Conciliera-t-elle ses imputations avec l'aveu qui lui est échappé tant de fois, que M. le cardinal avait été trompé? Un seul témoin s'élève-t-il contre lui, et tous les témoins ne crient-ils pas contre elle? »

Ici, Target raconte, comme on la connaît, la scène des jardins de Versailles, venant couronner les flatteuses espérances versées dans ce cœur crédule.

« Exécrable imposture! s'écrie-t-il, que de maux tu as faits! Et cette horreur si extraordinaire et si funeste, elle est prouvée au procès! » Quand le cardinal en écrivait de sa main le récit, pouvait-il prévoir alors que, plus de deux mois après, la déclaration de la demoiselle d'Oliva en donnerait la preuve? Et ce n'est pas elle seule qui le déclare, au péril de s'accuser elle-même d'indiscrétion et d'imprudence : le baron de Planta, la femme de chambre qui fut chargée d'habiller le Sosie, Rétaux de Villette, en témoignent. Ce qui n'empêchera pas la dame de la Motte de répondre qu'elle n'avait jamais vu la demoiselle d'Oliva, qu'une fois par hasard. Plus tard, il est vrai, accablée par un concert unanime de preuves, elle avoue qu'elle a menti, que la scène de Versailles est vraie; mais elle invente même alors un nouveau mensonge, affirmant que, sur ce que le cardinal, après s'être faussement vanté de l'honneur d'approcher de la reine, parlait tout aussi faussement d'un nuage élevé entre lui et sa souveraine, elle, la Motte, aurait promis au cardinal de lui faire obtenir son pardon. Alors aurait été jouée la scène des jardins.

. . . Un jour, j'étais assise dans le jardin (PAGE 17.)

« Mais quelle absurdité révoltante! que de contradictions misérables! La dame de la Motte oublie qu'elle avait prétendu n'avoir jamais parlé de son crédit imaginaire; elle ne voit pas que, dans ce nouveau système, le cardinal aurait consenti que, pour disposer la reine en sa faveur, on lui fit toucher du doigt ses propres mensonges.

« Tout est donc faux, excepté les vanteries de la dame de la Motte, excepté ses écritures fabriquées, excepté la scène criminelle qu'elle a fait exécuter pour entraîner M. le cardinal dans le piége. Que la demoiselle d'Oliva ne se soit point rappelé les expressions précises que M. le cardinal a entendues dans les jardins; que, dans le trouble où elle était, tremblante à l'idée que la reine était auprès d'elle, et l'observait, elle ait oublié une partie des paroles qu'elle a dites; que la dame de la Motte se soit ménagé à elle-même, avec son artifice ordinaire, un double avantage, celui de donner à la demoiselle d'Oliva des instructions incompatibles avec le rôle qu'elle voulait lui faire jouer, et celui de l'empêcher en même temps de les suivre en jetant le désordre dans l'âme de son actrice; qu'elle se soit assuré par là de produire l'illusion qu'elle projetait, et d'avoir cependant des circonstances à opposer à ce projet, lorsqu'elle en serait convaincue; que la demoiselle d'Oliva ajoute quelques faits que M. le cardinal n'a pas pu remarquer, tout cela n'enlève rien aux preuves de la fraude. »

Mais qu'est-il besoin de preuves? La machinatrice fait l'aveu de son crime.

Quel a dû être l'effet produit sur le cardinal par la scène des jardins? Ce n'est plus, dit Target, de la confiance, de la crédulité, c'est de l'aveuglement; c'est une soumission profonde, respectueuse, reconnaissante, aux ordres qui lui arriveront par Mme de la Motte; celle-ci se hâte d'en profiter. Elle demande, au mois d'août 1784, un secours de 60,000 livres pour des infortunés à qui la reine s'intéresse. En novembre, elle demande 100,000 livres pour le même objet. Et dès lors, cette femme sans ressources, qui vient de vendre sa pension et celle de son frère pour 9,000 livres, elle commande à Régnier l'orfèvre une belle argenterie, des bracelets de diamants, pour 15,483 livres. Mais elle cache ces dépenses au cardinal; elle évite ses regards; elle le voit peu, surtout chez elle. En trois ans, elle ne l'a reçu que quatre ou cinq fois, et toujours dans une chambre haute, où elle avait soin de laisser paraître tout le dénûment de l'indigence. Et cependant, le sieur de la Motte achète une voiture, des chevaux, emmène trois nouveaux domestiques à Bar-sur-Aube, y achète une maison de 18 à 20,000 livres. On voit entre les mains de Mme de la Motte, au mois de novembre, une grande quantité de billets de caisse. En décembre, elle prête des sommes considérables à trois personnes; elle prend un carrosse au mois.

. . . Le Collier fut remis (PAGE 9).

Cette révolution subite dans la destinée de Mme de la Motte est la conséquence de l'apparition trompeuse des jardins de Versailles.

Le succès de cette première fraude en inspire une autre plus importante. L'infaillible autorité des lettres imaginaires lui fait concevoir le dessein de s'approprier le fameux collier. « Rien d'aussi grand ne s'était vu depuis longtemps dans les annales de l'intrigue. Mais aussi, rien de plus facile ne s'était fait, depuis que la fraude s'occupe à dresser des piéges, tant l'erreur de M. le cardinal était profondément enracinée ! »

C'est dans le mois de décembre 1784, que Mme de la Motte conçut son projet, et en prépara l'exécution. M. de Rohan était alors à Saverne, dont il ne revint que le 5 janvier 1785. Mme de la Motte a voulu faire croire qu'en novembre et décembre 1784, le cardinal était à Paris, où il lui aurait fait des présents de sa main. Cela est faux, et le contraire est prouvé par des actes authentiques. De même, elle a supposé que Cagliostro était, pendant le mois de décembre, caché à Paris dans un hôtel garni; un acte de notoriété prouve qu'il habita Lyon jusqu'au 27 janvier.

En décembre donc, Boehmer et Bassange sont mis en rapport avec une dame, qu'on leur présente comme honorée des bontés de la reine. Cette dame, c'est Mme de la Motte. On lui fait voir le collier; elle paraît hésiter à se mêler de la négociation, mais elle laisse des espérances. On offre un cadeau, et, après trois semaines d'hésitation, Mme de la Motte annonce que la reine désire le collier, et qu'un grand seigneur sera chargé de traiter cette négociation pour Sa Majesté. Elle conseille aux joailliers de prendre leurs précautions. Le traité est conclu. On s'étonne que la reine ne porte pas le collier; elle répond que Sa Majesté ne le portera que lorsqu'elle l'aura payé. Elle montre des prétendues lettres de la reine, sur papier à vignette, avec cette suscription : A *ma cousine* la comtesse.

Tout cela est prouvé par les dépositions. Mme de Valois arrange tout autrement ce récit. S'il fallait l'en croire, ce serait d'eux-mêmes, sans aucun motif d'espérance, que les joailliers seraient venus présenter à une femme dénuée de ressources un collier de 1,600,000 livres. Elle et son mari auraient à peine regardé le collier, en auraient dit avec indifférence un mot au cardinal, qui aurait fait demander l'adresse des joailliers. Elle aurait envoyé pour la savoir. Puis, l'adresse sue, Mme de la Motte serait encore allée chez les joailliers. Pour quoi faire? Elle ne l'explique pas. « Elle a senti qu'il lui était impossible de supprimer toutes les traces de sa correspondance avec Boehmer et Bassange, et elle a cherché un milieu entre la vérité et le mensonge. »

Ainsi, c'est en l'absence du cardinal, qu'une femme, qui n'a pas même accès près de la reine, prétend faire acheter ce collier pour la reine, par un homme qui n'a pas l'honneur d'approcher la reine. L'intention de la fraude est évidente, dès la première entrevue avec les joailliers. Un grand seigneur doit être chargé par la reine de négocier l'achat; ce grand seigneur, c'est M. de Rohan, qui ne parle pas à la reine. C'est donc Mme de la Motte qui le *chargera*. On lui objecte la disgrâce de M. de Rohan; elle répond que cette disgrâce a cessé. C'est sur elle que tout roule; c'est elle qui est le pivot de la négociation, elle qui annonce et présente le négociateur, elle qu'on remercie du succès. Le collier est vendu au cardinal, et ce n'est encore que par Mme de la Motte que les joailliers savent que l'acquéreur est la reine.

Le cardinal revenu de Saverne, Mme de la Motte lui fait le même conte qu'elle a fait aux joailliers, lui montre des lettres; il croit sans balancer, et ne voit là qu'une occasion précieuse de marquer son respect et de montrer son zèle. Il va chez les joailliers; on lui montre le collier; il ne cache pas l'intention de traiter, non pour lui-même, mais pour une personne qu'il ne nomme pas, mais qu'il obtiendra peut-être la permission de nommer. Dans une seconde entrevue, il leur fait connaître les conditions d'acquisition, sans nommer personne.

Quand Mme de la Motte lui rapporte l'approbation de la reine, avec la signature : *Marie-Antoinette de France*, s'étonnera-t-on que cette signature n'ait pas excité ses soupçons? Mais, s'il eût commandé la fausse signature, il l'aurait fait faire avec plus d'intelligence. Il n'a eu aucun soupçon, parce qu'il est convaincu des relations de Mme de la Motte avec la reine, parce qu'il est frappé d'un aveuglement complet. « La confiance ne soupçonne pas. Examine-t-on ce qui vient d'une main sûre ? »

Dans le billet du 1er février, par lequel il avertit les joailliers de la conclusion du traité, pas un mot de la reine. Il reçoit le collier, sans que le nom révéré ait été prononcé une seule fois par lui-même.

Possesseur des diamants, que va-t-il faire? Si c'est tout ce qu'il désirait, il a lieu d'être content. Les joailliers n'ont dans les mains aucune preuve, aucun indice qu'ils aient cru vendre à la reine. S'ils exigent un reçu, qu'il le leur donne, et tout est fini. Mais c'est quand il possède le collier qu'il parle pour la première fois de la reine. Ce trait est caractéristique, et d'un homme persuadé. « Il commence à parler, au moment où un coupable commencerait à se taire. » Et il montre l'écrit d'acceptation. Ils le rendent; il les invite à en prendre une copie qu'ils ne demandaient pas.

Le cardinal, parce qu'il était de bonne foi, avait conçu l'idée de délégations à demander à la reine. Mme de la Motte, qui voyait là une opération à faire à l'instant même, et dont l'inexécution aurait trop tôt démasqué l'artifice, sentit qu'il fallait que la reine parût s'y refuser. « Je ne traite pas ainsi avec mes joailliers, » fait-elle dire à la reine. Au contraire, si les joailliers demandent que les intérêts leur soient payés, à compter du jour de la première échéance, Mme de la Motte, qui voit six mois devant soi, fait consentir la reine.

Qu'on le remarque, à ce moment, les joailliers n'ont encore, pour prouver qu'ils ont vendu à la reine, qu'une copie de leur main; pièce qui ne fait pas titre, que la plus simple dénégation suffira pour écarter. C'est alors que M. de Rohan écrit aux joailliers : « La reine *m'a fait connaître...* »

Qu'on aille plus loin; cette fausse approbation dont il n'existe qu'une copie non authentique, si le cardinal la sait fausse, il va la brûler. Non; il garde religieusement ce coupable écrit; il le conserve avec tout le respect qu'on devrait à un papier émané de la reine. Il le représente plus tard aux sieurs Boehmer et Bassange, il le fait voir au créancier des joailliers, le sieur de Sainte-James. Ce n'est pas tout; il réfléchit sur les hasards des événements, et il enveloppe l'écrit dans un papier blanc, avec cette suscription de sa main : « En cas de mort, cette pièce doit être remise aux sieurs Boehmer et Bassange. » Et ce n'est que par le cardinal qu'on a eu ce papier. Cette pièce crie en faveur de celui à qui seul on la doit. Considérée en soi, c'est un corps de délit qui démontre un coupable; dans les mains du cardinal, c'est une preuve de son innocence.

Il faut cependant arriver au dernier acte de cette commission fidèlement remplie. Le cardinal va porter le collier à Versailles. Il le livre sur un nouveau billet de la reine, apporté par un homme que le cardinal croit reconnaître pour un homme attaché à la chambre et à la musique de la reine, et qu'il a déjà vu dans les jardins de Versailles, le 11 avril 1784.

L'imposture et le vol sont consommés. Dans la suite des faits, on va continuer à voir, d'un côté les caractères de la bonne foi, de l'autre, la fausseté qui s'accuse elle-même.

Sûr que le collier a été remis aux mains de la reine, le cardinal s'inquiète de savoir si rien n'est changé dans la parure de Sa Majesté. Le lendemain, à Versailles, il rencontre Bassange, Boehmer et sa femme. « Apparition terrible, s'il est coupable ! Au lieu de trembler, il leur dit avec empressement : « Avez-vous fait vos très-humbles remercîments à la reine? » Qu'on essaye de faire parler la bonne foi elle même, il sera impossible de lui prêter un langage plus vrai, plus naïf. Ils n'ont pas remercié; il les presse de le faire, et plus d'une fois. Ce fait si frappant, les joailliers l'attestent, un sieur Serpaud en a déposé, Mme de la Motte elle-même le confesse, et, confondue par ce mot seul, elle n'échappe que par une puérilité : elle ose dire que c'est une extravagance enfantée par les enchantements du sieur de Cagliostro. »

En mai, le cardinal part pour Saverne, et n'en revient qu'au milieu du mois suivant. Mme de la Motte le visite à Saverne et lui annonce qu'elle a obtenu pour lui une audience de la reine à son retour. Deux cent vingt lieues faites exprès, pour porter cette heureuse nouvelle, rien n'était plus propre à raffermir le cardinal dans sa confiance; au moment de l'exécution, les prétextes ne devaient pas manquer pour justifier les délais. Le cardinal s'en afflige, mais ne s'en inquiète pas.

Cependant il s'étonne de ce que la reine ne porte pas le collier. Alors, Mme de la Motte fait dire à la reine que le prix est excessif, qu'une réduction est nécessaire. La réduction est acceptée; nouvelle lettre de la reine, qui, satisfaite de la réduction, fera payer 700,000 livres au lieu de 400,000, à la première échéance. Le cardinal en informe les joailliers, les pressant une fois encore de remercier la reine par écrit : « Il faut que vous écriviez, et que vous portiez vous-mêmes votre lettre à la reine. » Ils écrivent, le cardinal corrige leur lettre. Où trouver plus de candeur?

Opposez à ces preuves éclatantes de droiture la conduite de Mme de la Motte. Depuis qu'elle est nantie du collier, ses profusions augmentent. De février en juillet, Régnier lui fait pour 12,050 livres de fournitures nouvelles; elle paye *en diamants;* elle lui en vend pour 27,540 livres en quatre parties; elle lui en confie pour 40 à 50,000 livres, et il les a montés pour elle. En juin, elle lui en porte d'autres d'une valeur de 16,000 livres, et cette fois, elle dit qu'elle est chargée de les vendre. En mars, un autre joaillier, Paris, lui achète des diamants pour 36,000 livres. Au commencement d'avril, le sieur de la Motte part pour Londres, s'y montre chargé de diamants, dit à celui-ci qu'il les tient de la succession de sa mère, à celui-là, que ce sont des présents dont sa femme est honorée par la reine, à un autre, que c'est le prix du crédit dont jouit sa femme, à un autre, enfin, que ce sont les marques de reconnaissance qui ont été prodiguées à sa femme par ceux qu'elle a servis. Il vend tant de diamants, qu'il en fait baisser la valeur en Angleterre. On s'étonne des pertes qu'il consent à subir; on en conçoit des soupçons. Il en vend pour plus de 240,000 livres, et il en laisse pour 60,000 livres à monter, et il en rapporte de montés pour 60,000 livres.

Le banquier anglais Perregaux lui donne une lettre de change de 122,000 livres. Mme de la Motte prétend que Perregaux est le banquier du cardinal, et il se trouve que jamais le cardinal n'a eu le moindre rapport avec Perregaux. Qu'est devenu tout cet argent? Le sieur de la Motte en a employé une partie en profusions de toute espèce : médaillons de diamants, nœuds de perles, montres, épées, boucles d'oreilles. Et Mme de la Motte, qui avait d'abord dissimulé le voyage de son mari, annonce bientôt qu'il a fait des gains considérables dans les paris pour les courses.

M. de la Motte arrive au commencement de juin: diamants, perles, bijoux, sont vus entre les mains de Mme de la Motte. Elle paye en diamants à Foret le prix de ses chevaux, de ses livrées, de ses pendules. La masse de richesses qu'on soupçonna à cette époque entre les mains des deux époux, ne va pas à moins de 6 à 700,000 livres.

Si, maintenant, ces diamants vendus ou vus en Angleterre, sont reconnus extraits du fameux collier, que manquerait-il à la preuve? Mme de la Motte a prétendu que les diamants laissés en Angleterre devaient revenir entre les mains de M. de Rohan; or, dans sa fuite en Angleterre, après l'arrestation de sa femme, M. de la Motte s'en est ressaisi.

Comment Mme de la Motte explique-t-elle ses profusions, ses richesses?

Elle répond que, pendant le cours de l'année 1785, le cardinal lui a fait présent de *quelques diamants, dont une partie se monte à 15,000 livres et dont une autre partie lui a valu 13,000 livres.* Ainsi, 28,000 livres expliqueraient des dépenses de 5 à 600,000 livres qui sont sorties tout à coup du sein de la pauvreté même! Quant aux diamants qu'elle prétend lui avoir été remis par le cardinal, et dont elle lui aurait rendu le prix, elle prétend les avoir vendus de la main à la main, sans quittance, sans trace. Elle n'a pas profité des produits de ces ventes; d'où lui venaient donc les sommes énormes dont on trouve qu'elle et son mari ont disposé? « Ils ont tout rendu, » dit-elle, et ils possèdent tout!

Entrant ensuite dans l'examen des faits qui composent la défense de Mme de la Motte, le Mémoire trouve à chaque pas les preuves de l'imposture.

A l'en croire, le cardinal lui a fait voir, en mars 1785, une boîte contenant des diamants détachés. Le cardinal, lui, déclare qu'il n'a jamais eu un seul diamant démonté en sa possession. Ces diamants détachés, il aurait proposé à Mme de la Motte de les vendre. Elle aurait refusé de se charger de cette commission. Le cardinal cependant lui aurait envoyé la boîte, avec ces mots : *défaites-vous de cela au plus vite.* Billet étrange, après un refus. Et ce billet, où est-il? Seul, il ne prouverait rien; mais on ne le montre pas. Mais, dit-elle, elle a montré les diamants; à qui? à un coupeur de corps. Un coupeur de corps pour vendre des diamants! Cet artisan aurait amené un juif nommé Bert Ibrahim: cet homme ne lui inspirant aucune confiance, Mme de la Motte aurait rapporté la boîte au cardinal, qui, bien qu'édifié sur la maladresse de sa commissionnaire, aurait tiré de la boîte vingt-deux gros diamants et seize autres plus gros encore, et, bien qu'elle ne voulût pas, qu'elle ne pût pas les vendre, se serait acharné à les lui remettre, pour les faire vendre. Elle les aurait confiés à un avocat de Bar-sur-Aube, qui les aurait vendus 36,000 livres au joaillier Paris. Cette somme, elle l'aurait remise au cardinal, et c'est alors qu'il lui aurait fait présent de petits diamants restant au fond de la boîte.

Ce présent, d'environ 15,000 livres, le premier dit-elle, qu'elle aurait reçu, elle en aurait employé le produit à payer un reliquat de 9,000 livres dû sur une commande antérieurement faite à Régnier. Puis, elle aurait fait à Régnier de nouvelles commandes. Ainsi, c'est le premier présent qu'elle reçoit, et elle a déjà fait à Régnier des commandes si fortes, qu'elle redoit 9,000 livres. Et elle fait de nouvelles commandes. Sur quelles espérances? Sur les faibles libéralités qu'elle avoue avoir tenues du cardinal? Combien tout cela est absurde!

Mais Régnier déclare que, du 5 janvier au mois de juillet, il a fait pour 12,850 livres de nouvelles fournitures; que, du 10 mars au 28 avril, il a acheté, non pour 15,000, mais pour 27,540 livres de diamants, et qu'il en a monté d'autres pour Mme de la Motte? Il y a là, de la part de Mme de la Motte, quelques mensonges d'oubliés, qui auraient été bien utiles pour colorer sa fable.

De toutes les impostures de Mme de la Motte, la plus grave est précisément la plus absurde. Le cardinal lui aurait donné, pour les vendre en Angleterre, des diamants, en présence de Cagliostro, à la suite d'une scène magique qu'elle surcharge de tous les rêves d'une imagination en délire. Elle s'y donne elle-même comme livrée à la plus vile superstition, et obéissant sans savoir pourquoi aux plus ridicules jongleries. Toutes les assertions qu'elle a apportées en preuve de cette nouvelle imposture, ont été démenties par les faits. Le cardinal n'a jamais été en rapport direct ou indirect avec les joailliers ou les banquiers de Londres. Le sieur de la Motte s'est présenté partout, en Angleterre, comme le seul possesseur de ces richesses; enfin, comme les diamants rapportés de Londres ont été vus entre les mains de Mme de la Motte, il a bien fallu qu'elle inventât un nouveau mensonge, qu'elle dît que ces diamants lui avaient été donnés par le cardinal. 60,000 livres de diamants données par un homme qu'on représente comme ayant besoin d'argent! Un don de cette importance, dont on ne parle que lorsqu'on est poussé dans ses derniers retranchements! Et ce don fait à Paris, le 29 mai, par le cardinal, qui alors est à Saverne! Tout cela est bien extraordinaire.

Toute cette fable, un seul témoignage a paru l'appuyer un instant, celui de Mlle de la Tour, à qui on avait fait jouer un rôle dans la scène en question. A la confrontation, cette personne a rétracté presque toutes ses déclarations, et a confessé qu'elle n'avait déposé que selon les inspirations de sa tante.

Un autre instrument de la fraude, Rétaux de Villette, a démasqué la fraude. Il a confessé qu'il était présent à la scène de la demoiselle d'Oliva; l'écriture de cet homme, rapprochée du corps du délit, a montré entre les caractères une effrayante ressemblance, et tous les faux, il l'a confessé, sont sortis de sa main. Il n'a jamais connu le cardinal; il n'a fait qu'exécuter les ordres de Mme de la Motte.

Il n'y a donc plus de procès. Et si Rétaux de Villette ose dire que, selon lui, le cardinal a dû partager les produits du crime, est-il besoin de démontrer que celui-ci n'a pu être à la fois trompeur et trompé? Capable d'un crime, le cardinal n'aurait-il pas mieux aimé retirer 800,000 livres des diamants démontés d'un collier qu'il fallait payer le double, que d'en abandonner 400,000 pour un service dont il n'aurait pas eu besoin? La scène des jardins, les lettres supposées, les fausses approbations, tout cela n'était nécessaire que pour entraîner le cardinal dans un piége.

L'auteur de l'abus du nom de la reine est connu maintenant. Le cardinal a dû se défendre; et de quel crime? «Oserons-nous le dire? d'un faux, d'une escroquerie!... A ces mots la plume échappe des mains, et le cœur se révolte!»

Ici, revenant une fois encore sur l'étonnante crédulité de M. de Rohan, Target cherche à l'expliquer en moraliste. «Mettez-vous à sa place. Il est aveuglé; il ne doute point. Après ce qu'il a fait, entraîné par sa confiance, le commencement d'un doute serait, à ses yeux, le plus grand des malheurs. Voyez comme sa destinée, dans l'innocence, est enlacée avec le sort de la dame de la Motte dans le crime. Voyez de quelles chaînes la fatalité lie son intérêt à celui d'une coupable; combien tous les partis seraient affligeants et dangereux à prendre; avec quelle terreur il doit repousser tous les soupçons. Un penchant naturel nous porte tous à reculer le moment d'une certitude désespérante; jugez donc quelle énergie ce sentiment a dû prêter à tout ce qui pouvait confirmer son erreur, et comme il a dû affaiblir à ses yeux les circonstances qui pouvaient la combattre. Tel est l'homme: être fait ainsi, c'est sa nature, et ce n'est pas un crime.»

Mais il n'y a pas eu qu'une seule intrigue; on avait disposé contre le cardinal une attaque plus ténébreuse encore.

Ici, le Mémoire touche l'épisode de Bette d'Etienville, épouvantable ramas de folies, d'absurdités. D'ailleurs, d'Etienville lui-même, dans un dernier Mémoire, n'a-t-il pas avoué qu'il s'était trompé, qu'on l'avait trompé?

Et voilà les témoins qu'on nous oppose!

«L'unique délit dont la connaissance est renvoyée à la Cour est donc parfaitement éclairci. L'innocence de M. le cardinal est tout entière dans le moment de la négociation. Il a cru traiter pour la reine, c'est pour la reine qu'il a remis le collier; il a été persuadé que ce collier avait passé dans les mains de la reine. Dès ce moment, le crime tout entier et sans partage se fixe aussi sur la tête des auteurs de la fraude: trompeurs, ils ne peuvent devenir innocents; trompé, M. le cardinal de Rohan ne peut ni être coupable ni le devenir; leur état ne peut plus changer; leur destinée est irrévocable, et le procès est jugé sans retour.

«Sans doute, vers les derniers temps, les rayons qui pénétraient dans cette nuit d'intrigues lui montraient un demi-jour affreux, et tout ce qui confirmait son aveuglement prenait, au contraire, à ses yeux, le précieux caractère de la vérité. Depuis la lettre qu'il avait fait écrire par les joailliers le 12 juillet, et qui démontre en lui tant de simplicité et de candeur, la catastrophe, en s'approchant, lui envoyait comme des précurseurs qui troublaient sa tranquillité. Qu'il ait alors senti le besoin de s'attacher plus fermement à son erreur; qu'il se soit éloigné par instinct des lueurs qui, en éclairant la fraude, lui eussent fait entrevoir un abîme de douleurs pour lui-même; que tous les faits qui pouvaient appuyer, justifier sa confiance, l'aient enfoncé plus avant dans une illusion nécessaire à son repos; que, par un mouvement irréfléchi, invincible, il ait travaillé à redoubler d'assurance avec lui-même et avec les autres, parce qu'il tremblait de douter: c'est là le cœur humain, c'est là l'effet d'une longue erreur, quand la vérité est terrible, et ces agitations douloureuses dans une âme droite et pure, loin d'ébranler les preuves acquises de son innocence, en sont peut-être le plus touchant caractère.

«Parcourons les faits des derniers temps: qu'une femme de chambre de la reine, par exemple, passe pour avoir dit que Sa Majesté ne sait ce que la lettre du 12 juillet signifie, M. le cardinal est agité; mais il ne l'a pas entendue parler lui-même, et il doute; peut-être la femme de chambre est-elle mal instruite, et il se laisse aller à cette idée rassurante; peut-être des raisons qu'il ignore imposent-elles le secret, et il le recommande aux joailliers; il demeure encore tellement convaincu que la reine possède le collier, qu'il ne doute pas que le payement ne s'exécute au 1er août, comme la dame de la Motte l'avait annoncé.

«Si le trouble momentané que cette nouvelle avait excité en lui le porte à se procurer de l'écriture de la reine; s'il est frappé de la différence entre le caractère et celui des fausses approbations, peu après il voit la dame de la Motte, il la voit tranquille et assurée. Elle jure, ce qu'il avait envie, ce qu'il avait besoin de croire, que les ordres ont été donnés par la reine, que le collier est dans les mains de la reine. Doute-t-il néanmoins encore, cette femme, toujours pauvre à ses yeux, toujours nourrie de ses bienfaits, même en 1785, va lui remettre demain 30,000 livres de la part de la reine pour le payement des intérêts; elle lui apporte en effet cette somme; il en conclut que ses yeux ont été trompés dans la comparaison des caractères. Son âme, qui ne demandait qu'à se rassurer, qui ne cherchait que la paix, qui devait être si facile sur les preuves, à qui il en aurait fallu moins encore, trouve que celle-ci est touchante. Il se repose des fatigues que lui causait le soupçon; le voilà replongé dans sa première erreur, et les 30,000 livres sont payées aux joailliers au nom de la reine.

« Hommes froids, qui pesez dans la balance d'un jugement rassis, qui calculez méthodiquement et les erreurs et les faiblesses, non, vous n'en serez jamais de justes appréciateurs. Tâchez de sentir le vif intérêt de M. le cardinal à repousser loin de lui tous les doutes, l'horreur du tourment qu'il éprouvait, quand on essayait d'ébranler sa confiance, vous concevrez alors le ton affirmatif qu'il a dû prendre pour assurer qu'il n'avait point été trompé. Il remarque dans la dame de la Motte une affectation qui lui donne le soupçon de quelque intrigue; il le dit au sieur de Cagliostro. Celui-ci croit qu'il est instruit d'une fraude commise contre lui dans l'affaire du collier, et lui conseille de dénoncer la coupable. M. le cardinal, qui est encore persuadé que la dame de la Motte est innocente à cet égard, loin de se prêter à cette idée, résiste à un conseil qui blesserait la justice, conseil que M. le cardinal aurait à peine eu la force de suivre quand il aurait été persuadé du crime. Dans ce cas, le parti qu'il eût pris aurait été sans doute d'étouffer l'affaire en payant, et non de lui donner le funeste éclat qui aurait suivi une dénonciation.

« Le sieur Bassange, averti, à l'insu de M. le cardinal, par la dame de la Motte, vient lui dire, le 4 août : *Votre intermédiaire ne nous trompe-t-il pas tous les deux?* Concluons de là, d'abord, que les joailliers savaient bien que M. le cardinal ne traitait que par la voie d'une tierce personne : ils avaient en effet négocié avec elle avant de lui parler à lui-même; il leur avait dit, en juillet, que sa lettre ne parviendrait que par la main d'un tiers, et ce langage ne les avait pas étonnés. Ils le savaient donc; mais, à ce mot du sieur Bassange, M. le cardinal, sans admettre aucun doute, se sent importuné d'une idée affreuse; il l'éloigne de toutes les forces que lui prêtait son erreur; il se recueille; il rassemble dans son esprit tout ce qui peut assurer sa confiance; il affirme que la reine a le collier, qu'il en est sûr autant que s'il avait traité directement avec elle. Le sieur Bassange prétend, il est vrai, que M. le cardinal a été plus loin; qu'il a dit, qu'il a affirmé avoir traité directement; qu'il a recommandé le secret, qu'il a menacé de nier si Bassange parlait; fait bien extraordinaire, qui ne se trouve ni dans les Mémoires des joailliers, voisins de l'époque de cette conférence, ni dans leurs conversations, ni dans leur déclaration ministérielle, ni dans leur déposition judiciaire; fait contraire à la vérité, fait que M. le cardinal nie, et que le sieur Bassange déclare seul.

« Mais quoi! S'il était vrai que, pour dissiper les doutes inquiétants du joaillier, et pour se rassurer lui-même, M. le cardinal de Rohan, encore plongé dans les mêmes illusions, se fût dit : La dame de la Motte ne m'a pas seulement parlé des ordres de la reine, mais elle m'a montré des lettres; ces lettres étaient destinées à m'instruire des volontés dont l'exécution m'était confiée; sans être à mon adresse, elles étaient écrites pour moi; n'ai-je pas moi-même entendu dans les jardins, par la médiation de la dame de la Motte, une parole qui devient à mes yeux la garantie personnelle et directe de tous les ordres transmis par la même voie? Si ces réflexions, secondées de tout le désir que M. le cardinal devait avoir alors de les trouver décisives, avaient fait une profonde impression sur son âme agitée; si elles avaient entraîné sa conviction, et si le mot que le sieur Bassange dit avoir entendu était échappé dans ce moment de tumulte, la bonne foi de M. le cardinal ne serait-elle pas évidente?

« Quant au sieur de Sainte-James, qui prétend que M. le cardinal lui a dit qu'il avait *vu* dans les mains de la reine sept cent mille livres, dont il n'avait pas voulu se charger pour le payement des joailliers, l'erreur est si évidente, qu'il est impossible qu'elle fasse la moindre impression :

« M. le cardinal a dû dire au sieur de Sainte-James, *qu'il avait vu écrit de la main de la reine qu'elle avait sept cent mille livres.*

« Mais sur quoi les magistrats ont-ils à prononcer? Sur le procès renvoyé à leur décision par les lettres patentes, le faux employé dans la négociation du collier, la tromperie dont M. le cardinal de Rohan a été la victime. Ce sont là les deux points dont le roi confie la poursuite et le jugement à la Cour. Ce sont *les auteurs et les complices de cet attentat* qui sont l'unique objet de la procédure. Ils sont convaincus, ils sont confondus par leurs propres aveux. Les preuves se sont élevées successivement jusqu'au degré où nous les voyons aujourd'hui.

« M. le cardinal de Rohan était innocent, comme il l'est encore, lorsque la loi de l'honneur lui fit accepter un jugement légal; mais, si de la position où il est parvenu il reporte ses regards en arrière, ce n'est pas sans frémir des dangers auxquels l'exposait alors son courage. Soupçonné par le roi, environné de nuages, il entendait le cri de son cœur et celui de la vérité; mais ses preuves, où étaient-elles? La dame de la Motte était captive avec lui; mais, sur des faits qui s'étaient passés entre eux deux, il aurait affirmé, elle aurait nié, et l'opinion générale aurait donc pu demeurer suspendue; cette idée était plus affreuse que la mort : l'invraisemblance du crime dont il était accusé, sa conduite soutenue, son silence sur le nom de la reine jusqu'après l'acquisition du collier consommée; la franchise avec laquelle il avait prononcé ce nom auguste, aussitôt après avoir reçu les diamants; la lettre qu'il avait écrite alors aux joailliers; l'invitation pressante qu'il leur avait faite le surlendemain de porter leurs remercîments à la reine; la lettre qu'il leur avait fait écrire en juillet; le soin religieux de garder l'écrit faux, comme une pièce vraie et respectable : voilà ce qu'il aurait prouvé. Mais la preuve directe du crime contre celle qui l'avait trompé, pouvait-il espérer de l'acquérir tout entière?

« Il n'avait pas même le secours des contradictions qui échappent entre deux coupables; la dame de la Motte était seule, et son mari n'était point arrêté; la scène des jardins, madame de la Motte l'aurait niée, comme on voit qu'elle le fait encore, et dans son Mémoire, et jusque dans les confrontations. Qui pouvait concevoir l'espérance que la demoiselle d'Oliva, restée plus d'un mois à Paris depuis l'éclat de cette affaire, serait, deux mois après, arrêtée en pays étranger et conduite à la Bastille? Cette faveur du ciel, pouvait-on raisonnablement l'attendre? et, sans la présence de la demoiselle d'Oliva, la coupable aurait-elle été forcée d'avouer ses parjures, et de confesser enfin la vérité après l'avoir niée tant de fois? L'instruction ne semble-t-elle pas avoir lentement parcouru toutes les nuances insensibles qui séparent les premières présomptions de la dernière évidence? On aurait vu la dame de la Motte vendre, faire vendre, débiter en détail une quantité immense de diamants; mais c'est un témoin, arrivé tout récemment d'Angleterre, qui nous apprend qu'à Londres, le sieur de la Motte répétait les mêmes fables dont sa femme abusait à Paris; qu'il y parlait de son crédit imaginaire, de ces présents chimériques de la reine, de ces faux ordres donnés ou confiés à la dame de la Motte.

« Le roman de d'Etienville est venu dans le procès : il a excité l'indignation publique; mais ce n'est qu'aux derniers instants que la dame de la Motte a été réduite à confesser, après vingt affirmations contraires, qu'elle n'avait connu, ni ce fantôme de la dame de Courville, évanoui pour jamais, ni tous les autres auteurs de cette scène idéale. Et le sieur Rétaux de Villette, il était parti; la dame de la Motte l'avait fait disparaître. Où les retrouver? Grâces soient encore rendues à la justice suprême, qui veille pour les innocents et qui ramène les coupables avec lenteur au châtiment qu'ils avaient fui! Cet homme nous est rendu; et il force la dame de la Motte à s'avouer l'auteur de la scène des jardins, qu'il a vue. C'est sa main qui a tracé les caractères des faux approuvés et de la fausse signature; il le déclare quand on l'arrête, puis il le nie lorsqu'on l'interroge, puis il balbutie, chancelle, et enfin il confesse tout son crime, déjà évident par la comparaison des écritures, et constaté depuis par le jugement des experts. C'est encore par lui qu'ont été arrêtées ces lettres qui ont livré M. le cardinal à une erreur si longuement expiée : c'est lui qui, le premier, a vendu les diamants détachés du collier que M. le cardinal a rendu à la dame de la Motte.

« Tel est l'état actuel du procès. Mais qui pourrait penser sans émotion aux sentiments dont M. le cardinal devait être agité, lorsqu'en attendant les preuves, il s'avançait, accompagné de sa conscience et de la justice éternelle, dans la terrible carrière d'un procès qui allait décider de sa destinée? C'est à présent que vous prononcez son absolution, vous tous qui dans l'Europe avez les yeux ouverts sur ce procès trop fameux : mais c'est alors que, placé entre le témoignage de son cœur et les erreurs possibles de l'opinion, il demandait justice, en éprouvant le tourment affreux de la crainte, au milieu de toutes les consolations de l'innocence. Quelle âme assez sensible, quelle âme assez tendre, assez clairvoyante sur les infortunes des autres pourra donc sonder ses plaies et pénétrer dans toute la profondeur de ses peines! Tâchez de ne vous pas laisser attendrir sur sa captivité si longue; non, ce n'est point ici un malheur ordinaire; gardez votre sensibilité pour de plus grandes infortunes : si vous aviez pu observer ce mélange de calme et d'altération, de tristesse et de sérénité, cette profonde et vénérable empreinte de l'innocence affligée, et cette conscience pure sous le nuage de la douleur, c'est alors que vous pourriez commencer à prendre une légère idée des maux qu'il a soufferts.

« Depuis ce jour dont la mémoire ne s'effacera point, tous les moments de sa vie n'ont été remplis que de pensées déchirantes : suspect au roi, accablé de sa disgrâce, poursuivi par l'affreuse idée d'avoir pu déplaire à la reine, accusé, discrédité, interrogé sur les plus viles imputations; défendu par les preuves morales, défendu par les caractères ineffaçables de sa bonne foi, mais appelant par des vœux redoublés les preuves directes de la fraude, osant à peine espérer alors celles que la Providence lui a rendues depuis; souvent privé des secours de ses conseils, seul avec sa douleur, entre les murs de sa prison, pendant que son nom remplit l'Europe; suspendu de ses droits par le souverain pontife, tandis qu'il s'efforce en France de concilier ce qu'il doit à son honneur et ce qu'il doit à ses priviléges; appelé à un combat personnel contre une femme odieuse et fausse, confronté à deux intrigants qu'il ne connaît pas, soumis sans relâche à l'activité d'une procédure dont les rigueurs devaient lui être étrangères; déchiré du spectacle que l'imagination, plus cruelle encore que les yeux, lui présentait sans cesse, de tant d'innocents que son malheur a chargés des mêmes fers, obligé enfin de prouver qu'il n'est pas coupable; et de quels crimes encore!..... Et c'est donc M. le cardinal de Rohan qu'une exécrable fraude a plongé dans cet affreux abîme! Voilà l'horreur des maux où l'a conduit une funeste crédulité! Oh! le plus malheureux des hommes! puisse-t-il trouver dans cet écrit un peu de ces consolations douces dont son cœur a besoin! Puisse la voix publique, pénétrant dans la terrible enceinte, traverser le silence qui l'environne, et porter jusqu'à son oreille l'accent de l'intérêt, si précieux aux infortunés! Puisse l'opinion générale, prévenant la décision des magistrats, remplir du bruit de son innocence tous les lieux où le soupçon avait pénétré! N'en doutons pas, ces vœux que nous inspirent l'amour de la vérité et le sentiment de la justice, ils vont être remplis. Combien nous en jouirons nous-mêmes! Eh! n'est-il pas juste que les efforts de notre zèle trouvent aussi leur récompense? »

Le seul artifice qu'on puisse noter dans cette excellente plaidoirie, consiste à grossir outre mesure la crédulité du cardinal, afin de dissimuler le plus possible les espérances insolentes, les désirs outrageants qui l'avaient livré sans défense aux ruses de l'intrigante.

Après plus de neuf mois, l'affaire du collier arriva enfin à son terme. Dans la nuit du 29 au 30 mai 1786, les prisonniers de la Bastille furent transférés à la Conciergerie par un huissier du parlement. Le cardinal fut mis en dépôt dans le cabinet du greffier en chef, sous la garde du lieutenant du roi de la Bastille.

Les interrogatoires durèrent depuis six heures du matin jusqu'à quatre heures et demie du soir.

Mme de la Motte était, disent les journaux du temps, parée avec soin, ainsi qu'elle l'avait toujours été dans sa prison. Elle a énergiquement nié ce détail dans ses Mémoires.

Quand l'huissier lui montra l'ignoble sellette, en lui disant : — Madame, mettez-vous là! elle recula d'effroi. Mais, quand elle se fut placée sur le siége de mauvais augure, elle reprit son sang-froid ordinaire, et, dit un contemporain, s'arrangea si bien, avec une contenance si assurée, qu'elle semblait être dans son appartement et couchée sur la meilleure bergère.

Cette assurance semble même avoir été jusqu'à l'impudence. Ainsi, à une question posée par un conseiller-clerc, l'abbé Sabathier, elle s'écrie : — Voilà une question bien insidieuse; je m'attendais que vous me la feriez, et je vais y répondre.

L'habile comédienne changea de ton dix fois, essayant des larmes après l'audace, entassant les contradictions, les réticences.

Mme de la Motte sortie, le premier président ordonna d'ôter la sellette, et envoya avertir le cardinal que « la sellette ayant été enlevée de la chambre, il pouvait se présenter devant la Cour. »

Le cardinal entra. Il était revêtu d'une robe longue, de couleur violette, la couleur de deuil des cardinaux; calotte rouge, bas rouges, ses ordres au col et en sautoir.

Le pauvre prince n'avait rien de l'assurance qu'avait déployée Mme de la Motte.

Malgré les assurances secrètes qu'on n'avait cessé de lui donner, il était très-pâle. Les plus furieux ennemis de la reine attribuaient cette pâleur à une tentative d'empoisonnement à laquelle M. de Rohan n'avait échappé que par miracle.

— « M. le cardinal se trouve mal, s'écrièrent quelques-uns de ces magistrats; il faudrait le faire asseoir. »

Le premier Président d'Aligre dit alors : — « M. le Cardinal est le maître, s'il veut, de s'asseoir. »

Le prince profita de la permission et s'assit à l'extrémité d'un banc. Peu à peu rassuré, il répondit d'abord bien, puis mieux, et enfin parla avec chaleur, renouvelant ses protestations, et sur son innocence, et contre toute la procédure instruite à son égard. Son discours fini, il salua le *grand banc* et les autres magistrats; tous lui rendirent son salut.

On appela la demoiselle d'Oliva. L'huissier vint dire que, prévoyant qu'elle allait être séparée de son enfant pendant quelques heures, elle était occupée à l'allaiter, et qu'elle suppliait la Cour de lui accorder un moment de répit. La Cour attendit.

Cagliostro seul égaya la séance. Il parut vêtu d'un habit vert brodé en or; ses longs cheveux tressés depuis le haut de la tête, tombaient en petites queues sur les épaules, à la façon des cadenettes qu'on porta depuis. Il avait vraiment, dans cet équipage, l'apparence d'un riche charlatan.

Ses premiers mots donnèrent la mesure de sa grotesque emphase. — « Qui êtes-vous, d'où venez-vous? » dit le magistrat. — « Noble voyageur, » répondit l'illustre.

A ces mots, les visages se déridèrent, et Cagliostro, enchanté d'avoir produit son effet, entama une longue harangue, comiquement entre-mêlée de grec, d'italien, d'arabe, de latin, avec un peu de français, le tout assaisonné d'une patomime frénétique, à l'italienne.

Le lendemain, 31 mai, la Grand'Chambre devait prononcer son arrêt. On connaissait déjà, et on commentait avec passion les conclusions du Procureur général. Elles étaient : que le cardinal fût tenu de déclarer à la Chambre assemblée qu'il avait agi témérairement, qu'il en demandait pardon au roi et à la reine, en présence de la justice; qu'il fût tenu de se démettre de la charge de grand aumônier, et de n'approcher d'aucun lieu où serait la famille royale; qu'il fût condamné à une amende, dont la Chambre déterminerait la quotité, et à rester en prison jusqu'à ce que le jugement fût exécuté.

Conclusions *sauvages!* s'écriaient les coalisés: ces justes humiliations, imposées au prêtre audacieux et débauché, eussent satisfait à ce qu'exigeaient l'honneur de la reine et la dignité du trône. Voilà ce qu'il fallait éviter. Les conseillers Freteau, Robert de Saint-Vincent, d'Eprémesnil, d'Outremont, Barillon, Morangis, Hérault de Séchelles cabalèrent pendant toute une nuit pour faire écarter les conclusions.

Les juges s'assemblèrent à cinq heures trois quarts du matin; ils étaient au nombre de soixante-deux, bientôt réduit à quarante-neuf, lorsque les conseillers-clercs se furent retirés, comme il était d'usage en matière de peines afflictives. La délibération dura toute la journée, sans autre interruption que celle d'un dîner, servi de deux à trois heures, dans la salle Saint-Louis; encore la plupart des juges mangèrent debout.

Pendant ce temps, dix mille curieux stationnaient patiemment dans la salle des Pas Perdus, sur les escaliers, dans les cours du Palais. Beaucoup de femmes portaient des rubans rouge et paille, invention récente de la mode qui rappelait le *cardinal sur la paille*.

Ce ne fut qu'à plus de neuf heures du soir que fut prononcé le dispositif suivant :

« Marc-Antoine-Nicolas de la Motte est condamné à être battu et fustigé nu de verges, et flétri d'un fer chaud en forme de trois lettres G. A. L. sur l'épaule droite, par l'exécuteur de la haute justice; ce fait, être mené et conduit ès galères du roi, et y être détenu comme forçat à perpétuité.

« Louis-Marc-Antoine Rétaux de Villette, banni à perpétuité du royaume.

« Jeanne de Valois de Saint-Remy de Luz, femme de Marc-Antoine-Nicolas de la Motte, à être, ayant la corde au col, battue et fustigée nue de verges, et flétrie d'un fer chaud en forme de la lettre V., sur les deux épaules, par l'exécuteur de la haute justice; ce fait, menée en la maison de force de l'hôpital de la Salpêtrière, pour y être détenue et renfermée à perpétuité.

« Marie-Nicole le Guay, dite d'Oliva, est mise hors de cour et de procès.

« Alexandre de Cagliostro et Louis-René-Edouard de Rohan, déchargés des plaintes et accusations contre eux intentées, à la requête du procureur général du roi, et ordonne que les Mémoires imprimés par Jeanne de Saint-Rémy de Valois de la Motte, seront et demeureront supprimés, comme contenant des faits faux, injurieux, calomnieux, tant audit cardinal de Rohan qu'audit Cagliostro.

« Fait au Parlement de la Grand'Chambre assemblée.

« *Signé* : LECOUSTURIER. »

Les conclusions du Procureur général avaient été repoussées par vingt-six voix contre vingt-trois.

Ce jugement fut accueilli par les acclamations de joie, par les applaudissements de la foule, à l'adresse du prince et des juges. Quand M. de Rohan regagna librement son hôtel, on fit à ce prêtre indigne l'ovation qu'eût méritée un grand citoyen. Cagliostro lui-même eut part à ces honneurs populaires.

Nous savons par Mme de Campan quel fut l'effet produit sur la reine par ce jugement qui mécontentait tout le monde :

« Elle m'appela; je la trouvai fort émue... Faites-moi votre compliment de condoléance, me dit-elle avec une voix entrecoupée; l'intrigant qui a voulu me perdre, ou se procurer de l'argent en abusant de mon nom et prenant ma signature, vient d'être pleinement acquitté. Mais, ajouta-t-elle avec force, comme Française, recevez aussi mon compliment de condoléance. Un peuple est bien malheureux d'avoir pour tribunal suprême un ramas de gens qui ne consultent que leurs passions, et dont les uns sont susceptibles de corruption, et les autres d'une audace qu'ils ont toujours manifestée contre l'autorité, et qu'ils viennent de faire éclater contre ceux qui en sont revêtus. »

Le roi entra à ce moment, ajoute Mme de Campan, s'approcha de la reine, et la prenant par la main :

« Cette affaire, dit-il, vient d'être outrageusement jugée; elle s'explique cependant aisément. Il ne faut pas être Alexandre pour trancher ce nœud gordien. Le Parlement n'a vu dans le cardinal qu'un prince de l'Église, un prince de Rohan, le proche parent d'un prince du sang, et il eût dû voir en lui un homme indigne de son caractère ecclésiastique, un dissipateur, un grand seigneur dégradé par ses honteuses liaisons, un enfant de famille aux ressources, comme il y en a tant dans Paris, et *faisant de la terre le fossé*. Il a cru qu'il donnerait d'assez forts payements à Boehmer pour acquitter avec du temps le prix du collier; mais il connaissait trop bien les usages de la cour, et n'est pas assez imbécile pour avoir cru Mme de la Motte admise auprès de la reine, et chargée d'une semblable commission. »

Jusqu'au dernier moment, on le voit, le roi et la reine considéraient le cardinal comme coupable, non seulement d'insolence, mais encore d'escroquerie.

Erreur d'honnêtes gens qui ne savaient pas tout; car si l'affaire du collier ne renferme plus de mystères aujourd'hui, il en était un alors, qu'on avait su dérober en partie à la juste indignation du roi, à la pudeur de la femme et de la reine. On n'avait pu cacher au couple royal les insultantes espérances qu'avait fait naître, dans l'âme du cardinal, la comédie des jardins de Versailles; mais il ignorait jusqu'à quel point l'audacieuse intrigante avait exalté les séniles convoitises du prince de Rohan. Ces lettres, soustraites et détruites par Georgel; ces lettres, écrites, ainsi que les billets et les approbations, de la main du faussaire de Villette, elles eussent démontré jusqu'à l'évidence que le coupable prélat avait outragé, plus encore qu'on ne pouvait le croire, la majesté du trône et l'honneur de la reine. Georgel, qui, dans ses Mémoires, a l'impudeur de les attribuer à Marie-Antoinette, dit que l'ardeur lubrique y dépassait toutes les bornes. La courtisane éhontée, qui attisait, au profit de sa cupidité, les crédules désirs du cardinal, n'avait trouvé que ce style de mauvais lieu pour duper l'indigne vieillard; et il s'était laissé prendre à ces grossières amorces! Là était le véritable crime du prince de Rohan.

Ce fut donc comme escroc et comme faussaire, honteusement absous par la justice du pays, que le roi et la reine résolurent de punir celui qui bravait leur vengeance. Le cardinal, dépouillé de ses dignités et de tout ce qu'il tenait de la cour, fut exilé à l'abbaye de la Chaise-Dieu. Cette punition, qui réformait en partie un arrêt solennel, fut surtout provoquée par les rancunes tenaces du baron de Breteuil; le cardinal n'en devint que plus populaire, et la calomnie n'y voulut voir qu'une vengeance de femme irritée, qu'une preuve de plus contre Marie-Antoinette.

La d'Oliva, Rétaux de Villette, quittèrent tous deux la France, et il ne fut plus question d'eux à partir de ce jour. Cagliostro, invité à passer la frontière, se rendit en Angleterre. De là, après quelques autres voyages, il eut l'imprudence de se rendre à Rome. Le Saint-Office s'empara du thaumaturge, lui fit son procès et le condamna à mort. Sa peine fut commuée en une détention perpétuelle, qu'il subissait encore en 1795 au château de Saint-Léon dans le duché d'Urbin, quand une explosion de poudrière mit fin à la vie de l'aventurier.

Mme de la Motte était restée seule à la Conciergerie. Tous les jours, une foule avide attendait l'exécution de son arrêt; toutes les fenêtres étaient louées à l'avance, et des échafauds avaient été construits autour de la place; mais les jours se passaient, et l'arrêt ne s'exécutait pas. Les ennemis de la reine triomphaient déjà de ces lenteurs et disaient tout haut qu'il fallait bien ménager une complice, quand, le 20 juin, on reçut à la Conciergerie l'ordre d'exécuter l'arrêt. Le lendemain, à six heures du matin, Mme de la Motte fut avertie, dans sa prison, qu'on la demandait au parloir. Croyant à une visite de Me Doillot, son avocat, elle descendit à la hâte, à demi vêtue. Saisie et garrottée à l'improviste, elle fut portée dans la cour du Mai, où l'échafaud avait été monté. Le greffier Breton s'apprêta à lire l'arrêt; mais cette femme, si frêle, opposait aux bourreaux une résistance désespérée. Elle égratignait, elle mordait, et, de sa bouche écumante, s'échappaient d'atroces injures à l'adresse de la reine et du cardinal. Vaincue, enfin, presque en lambeaux, la malheureuse sentit siffler dans sa chair nue le fer qui la marquait du V infâme, et elle tomba inanimée sur l'échafaud. On l'emporta, on la plaça dans un fiacre et on la conduisit à la Salpêtrière. L'heure matinale, l'annonce plusieurs fois répétée de l'exécution qu'on reculait toujours, n'avaient permis qu'à de rares curieux d'assister à ce hideux spectacle.

M. de la Motte, cependant, vivait en Angleterre, où il dissipait en orgies le produit des derniers diamants du collier. En 1787, il eut l'impudence de menacer, si l'on ne relâchait pas sa femme, d'inonder l'Europe de pamphlets contre la reine. Le baron de Breteuil, dont l'objet principal était atteint par la disgrâce et par l'exil du cardinal, conseilla au roi un acte d'indulgence que la calomnie devait interpréter comme elle avait interprété l'acte de rigueur. Mme de la Motte, dont la captivité avait été insensiblement adoucie, reçut en secret les moyens de s'évader et s'échappa de la Salpêtrière le 5 juin 1787. A peine arrivée à Londres, elle y écrivait de scandaleux Mémoires, dans lesquels elle se représente comme l'instrument et la victime de Marie-Antoinette. La fin de cette misérable intrigante fut digne de sa vie; elle fut jetée par la fenêtre, au milieu d'une orgie, par ses compagnons de débauche. Quant à M. de la Motte, la révolution lui rouvrit les portes de la France; il avait à invoquer un titre à l'estime des révolutionnaires : il avait contribué à flétrir et à perdre une reine. L'intrigant subalterne réclama la révision de son arrêt, et il l'obtint! Il fut donné à cet homme de survivre à tous les acteurs de ce honteux prologue de la révolution française. M. de la Motte mourut vers 1832; depuis longtemps il ne vivait plus que du jeu, de l'escroquerie et de la mendicité à domicile.

En 1848, le procès du collier a eu un épilogue qui a réveillé une fois de plus ces déplorables souvenirs. Une citation édictale de la cour de Radstadt, dans le grand duché de Bade, a convoqué nominativement les créanciers de la maison de Rohan, parmi lesquels on a remarqué les héritiers des joailliers Boehmer et Bassange.

LE JEU (1814).

DAUTUN LE FRATRICIDE ET GIROUARD.

LA BELLE HOLLANDAISE. — SERRES DE SAINT-CLAIR.

. . . Je fus même forcé de m'arrêter et de m'asseoir (PAGE 3).

Dans cette instructive galerie des folies et des crimes, où l'humanité joue incessamment les *cent actes divers* de la vraie et terrible comédie, nous ne saurions oublier une des plus funestes passions, pourvoyeuse infatigable des Cours d'assises, des bagnes et de l'échafaud : la passion du **Jeu**. C'est dans les effets de cette passion inexorable que le drame moderne a trouvé ses émotions les plus poignantes, inférieur encore et de beaucoup à la réalité. Nous, historien sans prétention, sans invention, des misères humaines, nous voulons, à notre tour, raconter le drame du jeu, avec ses triviales terreurs, avec ses hontes sanglantes, que l'imagination n'a jamais égalées. C'est dans une des plus honorables conditions sociales que nous chercherons deux exemples entre mille ; c'est parmi ces hommes qui, en France surtout, sont considérés, à juste titre, comme types et gardiens de l'honneur national. Dautun et Serres de Saint-Clair furent officiers tous deux ; tous deux furent assassins et voleurs, joueurs tous deux.

C'est en 1814 et 1815 que se placent ces deux aventures parallèles, c'est-à-dire à une de ces époques profondément troublées, où l'anarchie morale, l'habitude de la violence, le besoin des plaisirs tumultueux et faciles qui délassent des dangers courus en étourdissant sur les dangers à courir encore, précipitent tout un peuple sur la pente du vice bruyant et brillant ; époques où l'on vit au hasard et de hasard, et dont le hasard est le seul dieu. Depuis la réaction du Directoire contre les sombres folies de la Terreur, la passion du jeu s'est emparée des âmes avec plus de puissance que jamais : on l'avoue, on l'étale, on lui bâtit des palais, presque des temples ; elle trône au Palais-Royal dans les salons dorés de l'aristocratique 129 et du démocratique 113 ; elle se cache dans les boutiques enfumées de la loterie ; elle dévore les fortunes d'un jour et les économies de vingt ans ; elle peuple la Morgue et les prisons ; elle est devenue une institution sociale, patentée, protégée, un moyen de gouvernement, un instrument de police.

Les deux procès contemporains de Dautun et de Saint-Clair furent le signal d'une réaction morale contre ces turpitudes autorisées ; et, si l'indignation des honnêtes gens ne remporta pas alors la victoire, si la plaie sociale ne fut cautérisée que plus tard, c'est que le mal vient vite et lentement s'en va : mais il est facile de surprendre, dans l'impression produite par les crimes de ces deux hommes, le premier tressaillement de l'honnêteté publique, le premier réveil de la moralité nationale.

Le 9 novembre 1814, le bruit se répandit dans Paris que des bateliers venaient de trouver au bord de la Seine, au bas de l'escalier du quai Desaix, un lourd paquet, renfermant une tête d'homme fraîchement coupée. Cet horrible débris était enveloppé dans deux serviettes et un essuie-main, marqués A D, L S et D.

Quelques heures après, un passant vint avertir un factionnaire qu'un gros paquet gisait abandonné, au long des planches qui, alors, entouraient la colonnade, les jardins et les constructions inachevées du Louvre. Le chef du poste se transporta à l'endroit indiqué, et trouva dans ce paquet un tronc d'homme, enveloppé dans une chemise et dans deux draps marqués A D, P C.

Enfin, dans la soirée, on découvrit encore, près d'un des quatre fossés qui s'ouvraient alors dans la place Louis XV (place de la Concorde), un autre paquet, renfermant deux cuisses et deux jambes. L'enveloppe se composait d'un drap et de deux serviettes, marqués A D, et d'une redingote noisette.

Ces restes, réunis, recomposaient le corps d'un homme, dont la poitrine était percée de plusieurs coups. Le chirurgien Dupuytren, un nom déjà populaire à cette époque, fut appelé à la Morgue, et reconnut que la victime avait quarante ans environ, qu'elle avait dû boiter visiblement, qu'on l'avait frappée par surprise, et tout habillée, de plusieurs coups, dont le dernier seul, à la poitrine, avait causé la mort. L'assassin avait dû porter un premier coup à la gorge. La désarticulation des membres indiquait une main inexpérimentée.

Pendant plusieurs jours, les débris humains furent exposés à la Morgue, sans qu'on pût recueillir aucun renseignement, ni sur l'assassin, ni sur la victime. Une servante de libraire avait vu, sur les degrés de l'église de Saint-Germain-l'Auxerrois, le 9 novembre au soir, un homme, pliant sous le poids d'un gros paquet. Cet homme, elle ne put le dépeindre.

Quand on se trouva forcé d'inhumer les fragments du cadavre, on exposa quelque temps encore, dans une des salles de la Morgue, le buste de la victime modelé en plâtre. Personne n'en reconnut les traits.

Un mois s'était écoulé, et la curiosité publique était vivement excitée par ce mystère, quand une femme de ménage, qui relevait à peine d'une maladie grave, entendant raconter l'histoire du cadavre inconnu, qui avait une verrue au menton et une jambe plus courte que l'autre, s'écria : « Ah ! mon Dieu ! mais vous me dépeignez là M. Auguste Dautun. Lui serait-il arrivé malheur? »

Cette femme, nommée Calamar, avait été quelque temps au service d'un sieur Auguste Dautun, autrefois receveur de l'enregistrement de Bruxelles, et, depuis la Restauration, revenu à Paris, où il logeait dans une chambre de la rue Saint-Germain-l'Auxerrois, n° 79.

Inquiète, elle se rend aussitôt à la demeure de Dautun. Elle frappe à la porte : pas de réponse. Elle s'informe auprès des locataires de la maison, et on lui répond qu'un commissionnaire a emporté des meubles et des paquets, et que M. Auguste Dautun n'a pas reparu.

Alors, bien que souffrante encore, la femme Calamar se rend à la Morgue : l'homme boitait, avait une verrue au menton, c'est tout ce qu'on peut lui dire; mais le buste en plâtre est déposé à la préfecture de police. Elle s'y traîne, elle reconnaît les traits d'Auguste Dautun.

La police se transporte au domicile d'Auguste Dautun. La porte ouverte, on ne trouve que quelques meubles et effets sans valeur, du sang partout. Tandis que le commissaire verbalise, arrive un homme, qu'accompagne le propriétaire de la maison. « Monsieur, dit le propriétaire, est venu, dans une autre maison que j'habite, me demander des nouvelles de son frère, M. Auguste Dautun. Je lui ai appris sa disparition, et il pense se rappeler que son frère doit être en ce moment à la campagne, chez un parent. Comme les meubles sont enlevés, que je ne suis pas payé, que je n'ai pas même la clef du logement, j'ai cru devoir prier Monsieur de donner ce renseignement à la justice. »

L'homme amené par le propriétaire déclara, en effet, qu'il était le frère d'Auguste Dautun. Il se nommait Charles Dautun, lieutenant d'infanterie, licencié en 1814. Le commissaire de police lui apprit la mort funeste de son frère, et, à son air inquiet, embarrassé, jugea qu'il était en présence du meurtrier. On arrêta Charles Dautun, qui protesta de son innocence, déclarant qu'il n'avait vu qu'une seule fois son frère, depuis qu'il était à Paris.

Les perquisitions les plus minutieuses ne purent faire trouver, dans la chambre occupée par Charles Dautun, rue de la Montagne-Sainte-Geneviève, aucun indice accusateur; mais les renseignements obtenus sur le passé de Dautun n'étaient pas de nature à faire tomber les soupçons.

Né à Sedan, en 1780, d'un petit industriel de cette ville, Claude-Jean-Charles Dautun avait reçu, ainsi que son frère aîné, une éducation libérale. Leurs parents morts, Charles, encore mineur, fut confié par un conseil de famille aux soins d'un oncle, médecin à Paris, M. Vaumes. L'oncle essaya d'enseigner au jeune Charles la profession qu'il exerçait lui-même; mais les goûts du neveu le portaient vers la paresse ou la débauche; il hantait les estaminets et montrait une passion précoce pour le jeu. M. Vaumes abandonna son pupille, qui, après quelque temps d'une vie d'aventures, s'enrôla. Le mauvais sujet devint un bon soldat, et, la guerre aidant, un officier brave et suffisamment capable. L'armée licenciée en partie, lors des événements de 1814, il dut revenir à Paris, où il vécut d'emprunts et de jeu. Il se fit, comme tant d'autres anciens officiers ou officiers en demi-solde, pilier d'estaminets et de maisons suspectes, hôte habituel du 113. La chute de l'empire rejetait ainsi dans les dangers et dans les hontes de l'oisiveté une foule d'hommes jeunes intelligents, qui ne savaient que la guerre, que les nécessités et les devoirs de la vie civile trouvaient sans défense. Les bons et les forts se transformaient et apprenaient la vie responsable; les faibles et les mauvais glissaient dans l'abîme. Charles Dautun fut de ces derniers.

En fouillant cette vie, on fit une découverte étrange.

Le 19 juillet 1814, une vieille dame, qui vivait seule dans un petit appartement de la rue Grange Batelière, n° 7, n'ayant point paru depuis trois jours, les voisins et le portier s'alarmèrent. On monta, au moyen d'une échelle, jusqu'à la hauteur des croisées de son appartement, on y entra, et on découvrit, dans la cuisine, son corps percé de deux coups, l'un à la gorge, l'autre à l'estomac. La pauvre vieille était en déshabillé du matin; elle tenait encore, dans sa main glacée, sa tabatière; elle avait donc été surprise, et n'avait opposé au meurtrier aucune résistance. Quelques bijoux, des couverts d'argent, avaient disparu; mais on retrouva intacts son argent et une reconnaissance d'une assez grande valeur. Comme cette dame, d'un caractère soupçonneux, ne recevait ordinairement aucune visite, rien ne put mettre sur la trace de l'assassin, et le crime resta impuni.

Mais cette dame se nommait Vaumes; elle était l'épouse, séparée, du docteur Vaumes, autrefois tuteur de Charles Dautun. Ses blessures avaient offert une étrange coïncidence avec celles d'Auguste Dautun. On dut penser que le meurtrier de l'un avait été le meurtrier de l'autre.

Dautun nia le premier crime, comme il avait nié le second. Mais, un jour enfin, soit remords, soit lassitude, il entra dans la voie des aveux. « Je suis coupable, dit-il, mais je ne suis pas seul coupable. Nous étions trois. Celui qui m'a entraîné dans le crime est mon cousin Girouard. »

Ce Girouard, élevé à Sedan dans le même pensionnat que les Dautun, s'était engagé comme Charles. Ils s'étaient retrouvés dans les camps, avaient été licenciés à la même époque, et, depuis quelques mois, vivaient ensemble à Paris. Girouard avait un passé déplorable. Il avait volé, déserté, avait obtenu un emploi dans l'administration des postes, l'avait perdu et avait vécu depuis lors, comme Charles Dautun, des hasards d'une vie sans règle et sans but.

La femme Calamar se rappela que ce Girouard avait été consigné à la porte d'Auguste Dautun, qui paraissait redouter ses visites. On arrêta Girouard.

Voici comment Charles Dautun racontait le meurtre par eux commis sur son frère :

« Oui, disait-il, j'ai eu le malheur d'accompagner Girouard, quand il tua mon frère. C'est à ma voix seule, qu'Auguste ouvrit la porte de sa chambre; car mon frère n'eût pas voulu ouvrir à Girouard, dont il fuyait la société. Nous étions trois, le troisième assassin est un ami de Girouard. C'est Girouard qui a pris Auguste à bras-le-corps, et l'a frappé d'un premier coup de couteau. Auguste est tombé sans vie. Alors, nous l'avons dépecé. C'est moi qui ai porté la tête à la rivière; puis, je suis revenu chercher les cuisses et le tronc. J'étais anéanti, brisé de fatigue. Le court chemin qu'il me fallut faire de la chambre au Louvre me parut d'une longueur mortelle. Je fus même forcé de m'arrêter quelques instants et de m'asseoir sur les degrés de l'église Saint-Germain-l'Auxerrois. Puis j'ai vendu l'argenterie à un juif, et les bijoux à un orfèvre. Girouard avait gardé pour sa part des bijoux en petite quantité et quarante-trois pièces d'or, qui lui ont servi à payer ses dettes. »

On voulut connaître le troisième assassin; Charles Dautun le retrancha tout à coup de son récit, et soutint que lui seul et Girouard avaient fait le coup.

Bientôt il mit en avant une version nouvelle; il dit qu'un jour, Girouard était entré chez lui, en lui disant : « L'affaire est faite; j'ai tué Auguste, j'ai coupé et jeté sa tête dans la rivière et dispersé ses membres. » Il ajouta que, quelque temps auparavant, Girouard lui avait dit, d'un ton menaçant : « Ton frère m'a refusé de l'argent; mais ce bancal me le payera. »

« Mais, enfin, dit le Juge d'instruction à Charles Dautun, il doit vous être facile d'établir quelque preuve matérielle contre votre complice, et de le charger autrement que par des affirmations. » — « Des preuves ! s'écria Charles Dautun; on n'en aura jamais contre lui. Je vois bien que je suis perdu ! »

Et, après avoir tenu quelque temps sa tête entre ses deux mains : — « Tenez, dit-il au magistrat, puisqu'il faut l'avouer, c'est moi seul qui ai tué mon frère, moi qui ai coupé, jeté, dispersé tous ses membres et enlevé tous ses effets. Mon cousin Girouard n'avait pas même connaissance de ce projet, que je méditais depuis longtemps. Si, d'abord, j'ai accusé un innocent, c'est que je n'ai pas eu la force de me charger seul du poids d'un pareil forfait; mais mon intention a toujours été de faire connaître son innocence à la justice. »

Et alors, Dautun avoua également le meurtre de sa tante Vaumes. Il l'avait assassinée pour la voler, mais il n'avait eu que le temps et la force de s'emparer de quelques bijoux.

Ces aveux ne furent spontanés qu'en partie. L'instruction avait retrouvé le commissionnaire qui avait emporté les meubles et les effets d'Auguste Dautun, et ce commissionnaire avait reconnu Charles. On retrouva aussi un logeur de la rue Mouffetard, qui avait acheté une partie des meubles, et, dans une des chambres de ce logeur, secrètement habitée par Charles Dautun, sous le nom de Claude, des draps et des serviettes aux marques A D.

Quant à Girouard, il nia tout. Au milieu du mois de novembre, disait-il, il avait été quitté par sa femme, et il avait dû demander un asile à Charles, son cousin; mais il n'avait en rien participé à un meurtre qu'il ignorait.

Malgré les variations et les contradictions de Charles Dautun, Girouard comparut avec lui devant la Cour d'assises de la Seine, le 23 février 1815.

La Cour est présidée par *M. Bastard de l'Etang*; *M. Girodet*, Avocat général, soutient l'accusation; *Me Dumolard*, nommé d'office, présentera la défense de Dautun; Girouard a pour avocats *Mes Bexon et Lardet*.

Le long mystère, les détails hideux qui ont signalé ces deux crimes, la position spéciale du principal accusé, ont attiré dans la salle des assises une foule immense. La passion politique s'est jointe à la curiosité pour augmenter l'affluence. Partisans de l'Empereur déchu, amis de la dynastie restaurée, se sont donné rendez-vous pour accuser ou pour défendre cette armée qui a eu le malheur de compter Dautun parmi ses membres.

Charles Dautun est un homme de trente-cinq ans, aux traits durs et vigoureusement prononcés; il paraît calme. Girouard est abattu, malade; sa tête moutonnière est enveloppée d'un mouchoir de couleur; il peut à peine marcher; des gendarmes le soutiennent.

La table des pièces à conviction est chargée d'objets hideux : la redingote sanglante, le linge aux plaques rouge brun, le vase de grès dans lequel l'assassin recueillit le sang de sa victime, le buste en plâtre qui fit courir tout Paris à la Morgue.

Après la lecture de l'acte d'accusation, *M. le Président* ordonne à l'huissier de faire sortir Girouard et les témoins. Cet ordre exécuté, on procède à l'interrogatoire de l'accusé principal.

M. le Président. — A quel âge avez-vous perdu vos parents?

Dautun. — En 1793; j'avais alors treize ans.

D. Quel a été votre tuteur? — R. M. Vaumes, mon oncle.

D. Ne vous a-t-il pas prodigué des soins? — R. Il m'a donné les premiers principes de son art.

D. Qu'avez-vous eu de vos parents? — R. 600 livres de rente.

D. Ne les avez-vous pas vendues? — R. Oui.

D. N'en avez-vous pas joué l'argent? — R. Non.

D. Votre malheureuse tante l'a dit. — R. Elle s'est trompée.

D. Votre tante vous aimait beaucoup? — R. Oui, Monsieur! (Mouvement d'horreur dans l'auditoire.)

D. Quel est celui de vos parents qui vous a fait passer de l'argent plusieurs fois à votre régiment? — R. Mon frère, Auguste Dautun.

D. Ne donna-t-il pas une fête, en réjouissance de votre retour à Paris? — R. Oui, Monsieur.

D. A votre arrivée à Paris, êtes-vous allé voir votre tante? — R. Oui, Monsieur, trois ou quatre fois. Lorsque j'y allais, elle me faisait toujours prendre quelque chose. J'ai appris sa mort par la femme Calamar.

D. Pourquoi n'assistâtes-vous pas à la levée des scellés? — R. La douleur que j'ai ressentie m'a empêché de m'y trouver.

D. Quand vous avez appris le meurtre de votre tante, qui en avez-vous accusé? — R. M. Vaumes, son mari.

D. Comment! Votre tuteur, votre oncle, qui vous avait comblé de soins et de bienfaits! Et pourquoi l'avez-vous soupçonné de ce crime atroce? — R. Parce qu'il avait souvent maltraité ma tante.

D. Vous avez dit à la police que vous aviez tué votre frère : persistez-vous dans cette déclaration? — R. Je n'y persiste pas.

D. Pourquoi l'avez-vous faite? — R. Pour sauver mon cousin Girouard.

D. Vous avez tout nié d'abord. Ensuite, dans plusieurs interrogatoires successifs, et non dans un premier moment de trouble, vous avez avoué que vous étiez l'assassin de votre tante et celui de votre frère. Le crime, dans lequel vous impliquiez d'abord votre cousin comme complice, vous l'avez ensuite revendiqué en entier, chez M. le Juge d'instruction. Plusieurs jours après, vous avez réitéré les mêmes aveux. — R. Oui, Monsieur; j'ai tout avoué dans un mouvement de désordre, pour me charger de tout et me dévouer pour Girouard; je voulais lui conserver une place qu'il allait obtenir; et puis, j'étais sensible au désespoir de son épouse.

D. Mais on ne soupçonnait pas Girouard du meurtre de votre tante. — R. On aurait pu le soupçonner par la suite; j'ai voulu tout prévenir.

D. Enfin, à quelle déclaration vous arrêtez-vous? — R. Je persiste à dire que je ne suis pas coupable, et je soupçonne que c'est Girouard.

D. Connaissez-vous les circonstances de la mort de votre frère? — R. Non, Monsieur.

D. Vous ne les connaissez pas? — R. Non.

D. Si l'on vous prouve que vous en connaissez parfaitement tous les détails, MM. les jurés seront convaincus que vous êtes complice du meurtrier, ou le meurtrier même. Vous avez dit à la police que, le jour de l'assassinat, vous aviez vu votre frère couvert d'une redingote et d'une chemise, et c'est couvert d'une redingote et d'une chemise qu'il a été trouvé après sa mort. Vous avez dit que vous aviez enveloppé sa tête dans un nombre désigné de serviettes, et c'est ce nombre juste qui renfermait cet horrible dépôt. Vous voyez que, de toutes parts, les preuves vous écrasent, et que vous ne pouvez résister à leur évidence. — R. Je persiste à dire que je ne suis pas coupable. J'ai donné des détails au hasard... J'ai dit ce qui me venait à l'esprit...

Ici, Dautun hésite, se trouble, balbutie, et ajoute en bégayant : — J'ai dit des mensonges pour me faire croire coupable, parce que c'était alors mon projet... Il le fallait bien...

D. Mais les détails véridiques que vous avez rapportés n'ont pu vous être donnés par personne. Comment, par exemple, le nombre des effets que vous êtes convenu d'avoir volés chez votre tante est-il conforme au nombre qui a été effectivement pris? — R. Je ne sais pas.

D. Quand on vous a demandé à quel orfèvre vous aviez vendu la montre, vous avez dit que vous ne saviez pas son nom; mais vous avez indiqué, sur le quai de la Ferraille, une boutique à laquelle on monte par des degrés; vous avez assuré que vous la reconnaîtriez; vous avez ajouté que vous en aviez eu soixante et quelques francs, et une fleur de lis. On vous a conduit au lieu désigné; vous reconnaissez la boutique; le marchand ouvre son registre, et, à la date du 16 juillet au soir, jour probable de l'assassinat, on voit qu'un nommé André (vous aviez donné un faux nom) a vendu une montre pour soixante-quatre francs et une fleur de lis. Prétendez-vous faire croire que le hasard vous ait fourni des renseignements si justes? — R. C'est Girouard qui m'avait raconté sur lui-même tous ces détails; ils me sont revenus à l'idée, et c'est même ce qui me l'avait fait croire coupable de l'assassinat de ma tante.

D. Vous n'avez fait aucune démarche pour en découvrir l'auteur? — R. J'étais occupé du matin au soir; j'attendais mon frère, et d'ailleurs, ma sensibilité m'en ôtait l'idée et le pouvoir.

D. Vous avez dit au sieur Guéroult que votre tante était morte naturellement et subitement, et vous lui avez demandé 40 francs à emprunter pour faire mettre les scellés. Comme il vous connaissait pour un mauvais payeur, il vous les a refusés, en disant que l'apposition des scellés se faisait sans frais. — R. Je lui ai dit que ma tante venait d'être assassinée; je ne me souviens pas de lui avoir demandé de l'argent... J'étais dans un état d'aliénation.

D. Vous avez écrit à Guéroult la lettre que voici : « Le cher Guéroult se souvient que je lui ai dit que ma tante venait d'être assassinée; il sera appelé pour cela; qu'il soutienne que la chose est réelle, en répondant seulement: Oui, il me l'a dit; il obligera un malheureux. *P. S.* Ne dites à personne que vous avez reçu cette lettre; brûlez-la. » — Vous vouliez dicter à un témoin un mensonge en votre faveur? — R. Non; j'ai voulu lui rappeler la vérité.

D. Pourquoi ces précautions : Ne parlez pas de ma lettre; brûlez-la? — R. Parce que j'étais au secret.

D. Ce n'est jamais un crime de faire parvenir une lettre.

M. le Président, ramenant une dernière fois l'accusé sur ses différentes contradictions, lui demande quelle est enfin sa dernière résolution, et sa dernière parole. — Que dites-vous aujourd'hui sur la mort de votre frère? En êtes-vous seul l'auteur? Avez-vous commis le crime de complicité avec Girouard, ou ne l'imputez-vous qu'à lui seul?

Dautun, accablé. — Je ne sais pas... Girouard m'a dit : Ton frère est à la campagne; j'ai pris chez lui une quarantaine de napoléons. Alors, il m'a remis la clef, et j'ai pris le reste des effets.

D. Comment avait-il la clef? — R. Je n'en sais rien; c'était peut-être un passe-partout.

D. Pourquoi ne l'avez-vous pas accusé? — R. Je le craignais.

D. Et c'est par crainte que vous vous accusez vous-même, que vous vous offrez à une mort certaine, à une mort ignominieuse? Que pouvez-vous craindre de plus que l'échafaud?

Dautun balbutie quelques explications confuses.

M. le Président. — Mais vous vous chargiez d'un crime pour un homme que vous ne sauviez même pas, puisque vous l'accusiez d'abord de complicité. Enfin, vous persistez dans vos dénégations, malgré l'évidence.

On fait rentrer Girouard. Il s'avance, soutenu par deux gendarmes; il est pâle et défait. On l'interroge.

D. Vous avez été arrêté pour vol? — R. Huit jours seulement; on reconnut mon innocence, et je fus relâché.

D. Vous avez été condamné comme déserteur? — R. Oui, Monsieur, deux fois.

D. Vous avez été condamné par un conseil de guerre à la peine de dix ans de boulet? — R. Je n'y suis resté que quinze mois; je fus amnistié. Je partis ensuite pour l'Espagne dans le 118e régiment, et, après la retraite de l'armée, je revins à Paris. Je m'y suis marié le 13 octobre 1813, et ma femme m'a abandonné le 16 novembre 1814.

D. Vous avez revu souvent Charles Dautun, depuis votre retour d'Espagne? — R. Oui, monsieur, presque tous les jours; il mangeait avec moi; je le traitais comme un frère.

D. Vous lui avez prêté de l'argent? — R. Oui, Monsieur, plusieurs fois.

D. Combien? — R. Beaucoup, mais sans compter.

D. C'est à cette époque que vous avez réalisé votre petite fortune? — Oui, Monsieur.

D. Comment l'avez-vous mangée? — R. En jeune homme qui aime trop le plaisir.

D. Vous êtes joueur? — R. Sans l'être.

D. Vous avez, un jour, dans un accès de colère, jeté vos meubles par la fenêtre? — R. Je n'ai jeté qu'un oreiller.

D. Vous avez dit à votre femme, le 5 novembre, trois jours avant le crime, que bientôt vous auriez trente louis, et qu'elle pouvait emprunter à crédit? — R. C'était pour me débarrasser de ses demandes d'argent.

D. Quand avez-vous revu le malheureux Auguste Dautun? — R. Le 6 octobre, au café de la Comète, au Palais-Royal. J'ai la vue très-faible, et je ne l'aurais pas reconnu. Il vint à moi, m'embrassa et me dit : Vois-tu mon frère? Je lui répondis : Non. Il demeure, continua-t-il, rue de la Montagne-Sainte-Geneviève. Allons-y déjeuner demain. Au lieu d'un déjeuner, ce fut un dîner qui eut lieu. Quelques jours après, je me rendis chez Auguste pour le prier de me prêter quelque argent; j'essuyai un refus, mais je ne me décourageai pas pour cela. J'envoyai ma femme lui faire la même demande; elle ne réussit pas mieux que moi.

D. Avez-vous revu Auguste Dautun depuis cette époque? — R. Non, Monsieur. L'état de gêne dans lequel je me trouvais, et qui s'accroissait tous les jours, me détermina à m'adresser à Charles Dautun, qui était mon débiteur; mais ce dernier, non-seulement me refusa, mais il me fit encore défendre sa porte. J'avais cessé enfin de le voir, lorsque, dans un état complet de détresse, où le brusque départ de ma femme m'avait réduit, je fus contraint d'aller lui demander un asile le 15 ou le 16 novembre.

D. N'avez-vous pas dit que vous aviez été à la Morgue, et que vous n'aviez pas reconnu le corps? — R. J'ai dit que j'avais voulu y aller, mais que la foule m'avait empêché d'y entrer.

D. N'avez-vous pas dit à Mme Cassard que vous voudriez recevoir un coup d'épée qui vous tuât, que votre vie était vouée à l'échafaud, et qu'il vous importait peu que ce fût un peu plus tôt, un peu plus tard? — R. Jamais je n'ai parlé d'échafaud. Je crois me souvenir d'avoir dit à M. Huet que j'étais las de vivre, et que je voudrais recevoir un coup d'épée qui me tuât sur-le-champ.

D. Pendant que vous partagiez le domicile de Dautun, n'avez-vous remarqué aucune altération dans son caractère, aucun changement dans sa conduite? — R. Oui; je l'attribuais à ses pertes au jeu. J'en ai parlé à sa femme de ménage. J'ai cru que ma présence le gênait; je le lui ai demandé; il m'a répondu que non, et m'a engagé à rester chez lui.

M. le Président. — Je dois vous faire part de ce que l'accusé Dautun a dit en votre absence; il affirme que vous l'avez entraîné dans le crime par vos conseils, et que c'est vous qui avez porté le coup mortel.

On lit, non le récent interrogatoire de Charles Dautun, mais la déclaration dans laquelle, pendant l'instruction, l'accusé s'avouait complice et désignait Girouard comme l'instigateur et l'auteur principal. A cette lecture, Girouard s'écrie, avec l'accent de l'indignation : — « C'est une infamie horrible et sans exemple; jamais, non, jamais, je n'ai conçu l'idée, ni donné le conseil d'un pareil crime. Que Dautun rende hommage à la vérité, qu'il cède aux remords qui doivent le dévorer, et qu'il dise si j'ai coopéré en rien à cet assassinat! »

M. le Président. — Dautun, qu'opposez-vous à cette dénégation?

Dautun. — J'ai déjà dit que je rétractais la déclaration dans laquelle j'avouais le crime et j'accusais Girouard de complicité. J'en ignore absolument l'auteur. J'ai accusé Girouard et moi-même dans un moment d'effervescence. Je le croyais coupable, parce qu'il m'avait remis la clef de la chambre de mon frère.

D. Comment pouvez-vous appeler effervescence d'un moment une disposition d'esprit, une suite d'idées qui se prolongent pendant toute la durée d'un interrogatoire, pendant un long récit dont les circonstances sont de la plus grande exactitude?

M. le Président rappelle à Girouard combien sa conduite a été depuis longtemps digne de blâme. — Vous êtes joueur, ajoute-t-il; on sait trop quelles suites funestes entraîne cette passion.

Girouard. — Jamais le jeu ne m'a dégradé au point de me faire commettre une bassesse, encore moins un crime.

L'audition des témoins commence. On entend d'abord ceux qui ont constaté l'état du cadavre de Mme Vaumes. Les détails qu'ils donnent sur la position dans laquelle ils ont trouvé le corps s'accordent avec ceux que fournissait Dautun, lorsqu'il était entré dans la voie des aveux.

La femme *Calamar* raconte ce qu'on sait déjà, comment elle a donné l'éveil à la police. Elle ajoute qu'Auguste Dautun avait particulièrement excepté Girouard du nombre des personnes auxquelles il l'avait chargée de faire connaître son adresse.

M. le Président, à Girouard. — Auguste Dautun vous craignait, vous fuyait : nous sommes donc fondés à croire que vous n'avez pas dit la vérité quand vous avez assuré que c'est lui qui, au café de la Comète, est venu vous embrasser et vous inviter à déjeuner chez son frère.

Girouard persiste dans son assertion.

Dautun (*Pierre*), cousin de l'accusé, ci-devant employé dans les droits réunis à Liége, dit ne pas connaître Charles Dautun, même de vue. Il connaissait Auguste, avec qui il avait des relations intimes; mais il n'a pas reconnu son cadavre à la Morgue. Quant à Charles, le seul rapport qu'il ait eu avec lui est une lettre qu'il en a reçue, par laquelle il l'invitait à retirer, à la levée des scellés chez Mme Vaumes, un brevet d'officier qu'il avait laissé chez elle.

M. le Président. — Ainsi, Charles Dautun craignait de revoir les témoins muets de son premier assassinat.

La femme Leblond ne reconnaît pas l'accusé. Elle ne donne que des détails sans apparente importance, mais qui en acquièrent par leur rapport avec une circonstance racontée par Charles Dautun, à l'époque où il avouait son crime. Au début de l'instruction, l'accusé avait dit qu'en portant le tronc du cadavre, la lourdeur du fardeau l'avait obligé de se reposer un instant sur les marches de l'église Saint-Germain-l'Auxerrois. Or, la femme Leblond dépose que, ce même jour, à huit heures et demie du soir, elle a vu un homme chargé d'un gros paquet, le placer pendant quelques minutes sur les marches de l'église. « Je craignais même, ajouta-t-elle, que cet individu n'eût le projet de détourner quelque chose de la boutique du libraire chez lequel je suis domestique; mais je fus rassurée, en voyant cet homme reprendre son paquet et continuer son chemin. »

M. le Président fait remarquer à l'accusé l'accablante coïncidence de cette déposition avec ses premiers aveux.

Dautun.—J'ai dit tout cela à l'époque où j'avais la tête perdue; je faisais alors tout pour me charger.

M. le Président. — Mais vous ignoriez alors qu'un témoin eût assisté à votre station sur les degrés de l'église Saint-Germain-l'Auxerrois, et ce détail ne pouvait être inventé par vous dans le but de vous charger vous-même.

Dautun garde le silence.

M. Dupuytren explique que le rapprochement des lacérations observées sur les divers lambeaux de redingote et de chemise qui recouvraient les plaies, prouve que la victime était au moins enveloppée dans ces deux vêtements. « Des deux plaies principales situées à la gorge et à la poitrine, dit-il, le sang a coulé perpendiculairement, d'où l'on doit conclure que l'homme assassiné était debout quand il a reçu ces coups, dont le second seul a causé la mort. A l'ouverture du corps, on n'a pas trouvé de trace d'aliments dans l'estomac : ainsi on doit penser qu'il a été frappé à jeun, ou du moins longtemps après le repas. »

Or l'accusé, lorsqu'il s'avouait coupable, avait déclaré qu'Auguste Dautun n'avait sur lui qu'une chemise et une redingote, et qu'il avait reçu le coup mortel à huit heures du matin, et étant debout.

Sommé de répondre, *Charles Dautun* dit : — Je n'ai pas connaissance de tout cela.

M. l'Avocat général demande à M. Dupuytren s'il croit que les signes observés sur le cadavre puissent faire présumer que la victime ait lutté contre une ou plusieurs personnes.

M. Dupuytren. — Je prie le tribunal de ne pas donner à mes conjectures plus de valeur qu'elles ne doivent en avoir; mais je pense qu'il y a eu lutte de l'individu assassiné contre plusieurs, et voici sur quoi je fonde cette opinion, que je n'ai garde d'avancer autrement que comme une probabilité.

On frappe un homme debout : les mains sont les premières parties qu'il oppose aux coups. Les mains de la victime n'offrent pas les moindres traces de blessures : elles avaient donc été écartées du danger. Elles n'avaient pu être contenues par la même personne qui portait les coups. On remarquait plusieurs blessures à la tête : on peut présumer que, par un mouvement naturel, la tête s'était opposée au coup qui menaçait la poitrine. Toutes les blessures ont dû précéder celle de la poitrine, qui a nécessairement fait tomber sur-le-champ, ou du moins presque aussitôt, celui qui l'a reçue, puisqu'on a trouvé dans sa poitrine une agglomération de quatre livres de sang. Ce coup mortel rendait les autres inutiles. La section des parties du corps était faite d'une manière trop inégale et trop grossière, pour qu'on puisse l'attribuer à un homme de l'art. D'ailleurs, Auguste Dautun étant boiteux, la disnodation devenait chez lui plus difficile.

M. Brison, propriétaire de la maison rue Saint-Germain-l'Auxerrois qu'habitait Auguste Dautun, raconte la manière dont l'accusé s'est présenté chez lui pour demander des nouvelles de son frère. « Il parut d'abord, dit-il, étonné d'apprendre que M. Auguste eût disparu. Puis, comme frappé d'un souvenir, il s'écria tout à coup : — Ah! je me rappelle qu'il doit être allé à la campagne chez un de mes oncles. Ça me parut drôle. Je l'invitai à venir avec moi rue Saint-Germain-l'Auxerrois, car j'habite une autre maison que celle dont je suis propriétaire. Il m'accompagna. Quand nous arrivâmes à la chambre, M. le commissaire de police y était, qui dressait un procès-verbal. L'accusé parut très-troublé. J'engageai M. le commissaire de police à lui demander si, par hasard, il n'avait pas une clef que nous cherchions inutilement.

M. le Président, au témoin. — Pour faire cette demande, vous aviez donc quelques soupçons sur Charles Dautun.

Le témoin. — Son air embarrassé me donnait bien quelques légers doutes; mais M. Auguste Dautun était si bon et si doux, qu'il me fut impossible de croire qu'un de ses parents l'eût assassiné.

M. le Président, à l'accusé. — Dautun, pourquoi n'avez-vous pas été d'abord chez votre frère, et vous êtes-vous plutôt présenté chez le témoin, qui n'habite pas la même maison? — R. Parce que je croyais qu'il pourrait me donner des nouvelles d'Auguste.

D. Pourquoi paraissiez-vous si troublé devant le commissaire de police, et pourquoi n'avez-vous pas déclaré alors que vous étiez venu plusieurs fois chercher des paquets dans l'appartement de votre frère? — R. Un rien me dérange dans ces moments-là.

M. Brison ajoute que le commissaire de police fit appeler une femme de la maison, qui crut reconnaître à sa taille l'accusé Dautun pour être celui qui était venu chercher les effets.

M. le Président, à l'accusé. — Encore une fois, Dautun, pourquoi, si vous n'aviez à vous reprocher que le détournement des effets, ne le déclariez-vous pas au commissaire de police?

Dautun. — Parce qu'il aurait fallu accuser Girouard, qui m'avait remis la clef.

M. le Président. — Mais est-ce bien Girouard qui vous a remis la clef? Regardez-le bien. Est-ce lui?

Dautun. — Oui, monsieur le Président.

Girouard. — Je n'ai jamais remis de clef à Dautun. J'ignorais absolument sa conduite. Il est très-dissimulé. Les plus légères observations le mettaient en fureur. Je n'ai jamais su qu'il avait un logement dans la rue Mouffetard. Il avait, dans le logement que nous habitions en commun, un tiroir qu'il fermait avec le plus grand soin. Il avait souvent un air triste et rêveur.

Dautun. — Mon air triste venait des pertes que je faisais au jeu.

M. l'Avocat général. — Témoin Brison, expliquez-nous comment il se fait que, dans votre maison, personne n'ait entendu de bruit le jour de l'exécution du crime.

Brison. — Cela tient à ce que la chambre située au-dessous de celle de M. Auguste est occupée par mon fils, qui sort tous les matins avant sept heures, et qu'il n'y avait alors personne dans le logement au-dessus.

La femme *Calamar* donne quelques nouveaux détails sur des bijoux qu'Auguste lui avait donnés à garder, et qu'elle désigne de façon à les faire bien reconnaître. Il n'en a été trouvé aucun en la possession de Girouard.

Un garçon marchand de vins dépose qu'il a aidé l'accusé Dautun à charger sur des crochets une malle, qu'il reconnaît pour être celle déposée sur la table des pièces à conviction.

Hussel, commissionnaire, dit avoir porté chez le marchand de meubles de la rue Mouffetard les effets qu'il a été prendre rue Saint-Germain l'Auxerrois, sur l'ordre de Charles Dautun. Il ne connaît pas Girouard.

Edon, marchand de meubles, tenant maison garnie rue Mouffetard, déclare avoir loué, le 16 novembre, une chambre à l'accusé Dautun, et avoir acheté de lui des meubles et des coffres, dans la persuasion où il était que ces objets lui appartenaient. Il ajoute que Dautun voulait avoir deux chambres, afin de pouvoir, disait-il, loger sa gouvernante.

Dautun. — J'ai demandé deux chambres, parce que je voulais en offrir une à mon cousin Girouard, ou le laisser habiter seul mon logement de la rue de la Montagne-Sainte-Geneviève.

M. le Président, à Dautun. — Vous avez couché dans la chambre de la rue Mouffetard?

Dautun. — Oui, monsieur le Président.

D. Combien de fois? — R. Deux ou trois fois.

Girouard. — Cela est faux. Dautun a continuellement couché dans son logement, rue de la Montagne-Sainte-Geneviève. Je dois le savoir, puisqu'il rentrait tous les soirs, ou, au moins, toutes les nuits. Une seule fois, il est rentré à cinq heures du matin, sortant du jeu.

La femme *Lallemand* a acheté à Dautun, pour la somme de 48 fr., des draps qu'elle a été chercher rue Mouffetard, et que l'accusé lui a dit être ceux d'une femme avec qui il s'était brouillé. Elle ne connaît pas Girouard.

Girouard. — Je jure devant Dieu et la justice que je suis innocent.

M. le Président. — Voyons, Dautun, je vous adjure de dire la vérité. Est-ce Girouard qui vous a remis la clef? Regardez-le bien.

Dautun regarde Girouard, mais ne peut soutenir son regard et détourne les yeux.

M. l'Avocat général. — Pourquoi ne pouvez-vous l'envisager?

Dautun. — C'est qu'il me fait horreur.

Girouard. — C'est toi qui me fais horreur, monstre; et tu veux me perdre.

M. le Président. — Remarquez, Girouard, qu'en vous accusant il ne se sauve pas.

Girouard. — Je jure devant Dieu et en face de la justice, devant qui j'ai honte de paraître pour le forfait dont je suis innocent, que je ne lui ai jamais donné de clef. C'est un scélérat.

On ordonne pour la seconde fois à Dautun de regarder fixement Girouard.

Un Juré. — Dautun, c'est toujours vous qui détournez les yeux.

Dautun. — C'est, je le répète, parce que je ne puis le voir sans horreur.

M. le Président. — Comment pouvez-vous voir Girouard avec tant d'horreur, puisque vous n'avez contre lui que des soupçons qui ne vous ont pas empêché de coucher pendant un mois avec lui depuis la consommation du crime, et de vouloir vous dévouer pour lui?

Dautun. — C'est un parent que je voulais sauver.

Anne Conrad, femme *Garnier*, attachée au service de Dautun. — Le 10 ou le 11 novembre, dit-elle, je vis rentrer M. Charles, à dix heures du soir, avec un commissionnaire chargé d'un paquet de linge; il partit après l'avoir serré dans un tiroir, et ne revint qu'à minuit. Alors il lut auprès du feu quelques papiers timbrés, et ensuite il les brûla. Le lendemain et les jours suivants, il m'occupa à substituer aux marques A D qui se trouvaient au linge qui lui avait été remis les lettres C D. Peu de jours après, M. Charles m'amena avec lui, et me fit attendre à la porte d'une maison, rue Mouffetard, et me remit un paquet de linge qu'il m'ordonna de porter rue Saint-Victor, chez une marchande à qui il le vendit. Je suis certaine aussi que c'est le 16 novembre que Girouard vint demander asile à Charles Dautun. Le pauvre homme était plongé dans la douleur. On était à table quand il entra. Il refusa de s'y mettre avec nous; il ne put pas même avaler un verre de vin. Du reste, je n'ai rien entendu dire à Girouard qui aurait annoncé une intention sinistre quelconque; tout ce que je me rappelle de sa conversation se borne à ces seuls mots : « Je suis au désespoir : ma femme m'a quitté. » Girouard n'était pas, comme on le croit, très-lié avec Charles Dautun; il ignorait même tellement sa conduite, qu'il ne savait pas que Charles eût loué une chambre rue Mouffetard. »

M. de l'Etang, ancien avoué, chargé autrefois de la direction des affaires de famille de Girouard et de Dautun, confirme l'opinion assez peu avantageuse qu'on était en droit de concevoir sur les mœurs des deux accusés. Puis il ajoute : « La femme Girouard vint chez moi l'un des jours du mois de novembre dernier, et me pria de lui prêter 150 fr., en me disant, avec le plus grand trouble : « Je ne puis rester avec mon mari, il faut que je le quitte. Je me suis arrangée avec mon propriétaire, il est payé. Je n'ai plus que vingt-quatre heures à rester dans mon domicile; mais je ne sais où reposer ma tête. Je dois tout craindre de mon mari, il a commis un *acte infâme.* »

En entendant cette déposition, Girouard manifeste un trouble visible. « Monsieur le Président, s'écrie-t-il, c'est impossible qu'elle ait dit cela. Je vous en supplie, ordonnez que ma femme soit appelée pour déclarer si elle a tenu ce propos, et quel sens elle y a attaché. La détresse seule a pu contraindre mon épouse à se séparer de moi. »

La Cour se réserve de prononcer sur cette demande.

Camille Gabriac d'Agliez, ancien employé des domaines. — Je rencontrai Girouard à sept heures et demie du matin, le 11 ou le 12 novembre; je crois pourtant que c'était le 11, et j'appuie mon souvenir sur la profonde impression que j'avais ressentie à l'aspect du cadavre d'Auguste Dautun que j'avais vu la veille à la Morgue, avant que les cuisses eussent été rapprochées du reste du corps; et dans ce cas, il est constant que ce ne peut être que le 11. Je payai un verre d'eau-de-vie à Girouard, et la conversation tomba naturellement sur cet assassinat. « Ce ne peut être qu'une vengeance de famille, dit Girouard. — Il faut être bien cruel, repris-je, pour mutiler ainsi un homme. — Oh! continua Girouard, on ne l'a pas fait souffrir; on l'aura tué avant de le dépecer. »

Le témoin ajoute que Girouard lui dit qu'il venait d'être abandonné par sa femme, et qu'il se rendait chez son cousin qui avait bien voulu lui donner un asile.

Le Président fait observer au sieur d'Agliez qu'à l'époque qu'il vient de citer, l'accusé n'était pas encore séparé de sa femme. Girouard se souvient parfaitement bien d'avoir rencontré le témoin; mais il fixe cette rencontre au 17 ou au 18 novembre. « Je revenais, dit-il, de la diligence de Senlis, voir si ma femme n'avait pas retenu une place pour cette ville. »

Noël Cellier, garçon du café de la Comète. — Girouard parla un jour dans le café de la conduite de sa femme avec tant de vivacité, tant de colère même, qu'en frappant sur la table près de laquelle il était

. . . Elle descendait l'escalier, arrosant chaque marche de son sang (PAGE 12).

assis, il brisa un verre, et se fit une blessure assez grave à la main. Du reste, jamais je ne lui ai vu faire aucune dépense exagérée; il m'a même dû six francs pendant l'espace de deux mois, sans être en état de me les rendre.

M. d'Harcourt, propriétaire de la maison habitée par les époux Girouard, rend compte des plaintes que la femme lui a faites plusieurs fois de son mari. — Girouard, ajoute le témoin, était jaloux, emporté, violent, et se livrait envers sa femme à des excès qui ont bien pu être l'unique cause pour laquelle celle-ci l'a abandonné.

Cette déclaration se trouve fortifiée par les dépositions de la femme *Dunot*, du sieur et de la dame *Cassard*. Ces deux derniers ont entendu dire à Girouard, le 17 novembre : « Si je trouve ma femme, je lui casserai les bras : je n'ai rien à craindre; ma tête est à prix et l'échafaud m'attend. » En outre, il leur avait appris antérieurement qu'ayant déserté, il avait été condamné à mort.

Girouard nie tous ces propos.

Les sieurs *Milan*, marchand de nouveautés au Palais-Royal, et *Junot*, marchand de vins sur la place de ce palais, sont entendus. Ces deux témoins s'accordent à dire que Girouard, buvant un jour un verre d'eau-de-vie dans la boutique de Junot, déplora sa triste situation en ces termes : « Je n'ai plus de place, et, pour comble de malheur, ma femme vient de me quitter, en enlevant mes meubles. » On vint à parler ensuite du meurtre commis sur la *Belle Hollandaise*, fille publique, qui avait demeuré dans la maison de Junot : on s'indigna contre le misérable qui l'avait si lâchement assassinée. « Ah! s'écria Girouard, de la vertu au crime il n'y a qu'un pas. J'en ferais autant : j'en prendrais où j'en trouverais. » C'est Milan qui rapporte ce propos; mais au lieu de ces mots *de la vertu au crime*, Junot a entendu ceux-ci : *de la vie à la mort*.

Girouard répond par la plus formelle dénégation.

Mᵉ Bexon demande que la femme de Girouard soit entendue. — *M. l'Avocat général* y consent, après toutefois avoir pris acte que c'est à la réquisition de l'accusé que ce témoin est appelé.

On introduit la femme Girouard. L'aspect de cette malheureuse épouse, forcée de contempler son mari sur le banc des accusés, cause à la Cour et à l'assistance une impression pénible.

La femme Girouard nie le propos que lui a prêté le sieur d'Harcourt, son ancien propriétaire.

M. le Président. — Quel motif vous a déterminée à quitter votre mari?

La femme Girouard. — Sa conduite irrégulière, et le dénûment dans lequel il me laissait.

M. le Président. — Girouard vous a-t-il dit : Tu ne périras que de ma main?

La femme Girouard. — Il me le disait sans cesse. Je me souviendrai toujours qu'une nuit (c'était dans les premiers jours de novembre), il rentra tout égaré, à une heure du matin : j'étais couchée. Il se déshabilla, resta en chemise sur une chaise pendant longtemps, et, me regardant d'un air furieux, me menaça de me faire périr. J'ai bien cru que c'était mon heure dernière.... J'étais en proie à toutes les angoisses possibles, et je pouvais craindre que ses débordements ne lui fissent manquer à l'honneur; mais je n'ai jamais eu la pensée qu'il se fût rendu coupable d'un *acte infâme*. Pendant les dix jours qui précédèrent mon départ, mon mari se levait de grand matin, pour aller, me disait-il, prendre au saut du lit Charles Dautun qui lui devait quelque argent. Il ne prenait plus aucun repas à la maison, et

Un poignard tombe à terre. . . Les gendarmes s'emparent des bras de Saint-Clair (PAGE 16).

quand je lui disais : — Comment fais-tu donc pour vivre? il me répondait : — Quand j'ai besoin de dix francs, je les trouve : il me reste encore des amis.

Un jour, il m'avait raconté qu'il avait été condamné à mort, et une autre fois que je m'entretenais avec quelques voisines de l'assassinat du malheureux dont on avait exposé le cadavre à la Morgue, il dit : « J'y suis allé, je l'ai vu : c'est un Anglais. Un peintre a été chargé de faire son portrait. — Je voudrais, répliqua une de ces femmes, que le meurtrier fût coupé en morceaux, comme ce pauvre homme. — Taisez-vous, s'écria mon mari, vous parlez comme des femmes. »

Le Président demande à Girouard ce qu'il a à répondre à ces faits et à ces propos : celui-ci les nie tous.

M. l'Avocat général prononce son réquisitoire.

« Messieurs les Jurés, dit-il, dans une affaire où il est difficile de trouver le fil directeur, je m'abstiendrai de tout détail oiseux. Je n'examinerai point si la femme Vaumes et d'autres sont morts assassinés : faire des recherches à cet égard, ce serait tenter d'obscurcir la vérité même. Il est impossible de douter de ce double crime; on ne peut douter non plus qu'il ait été commis volontairement et avec préméditation.

« Lorsque c'est pour voler qu'on assassine ; lorsque la cupidité éveille le désir du gain, en couve l'espérance, en attend le fruit, il est impossible de ne pas croire à la préméditation. Une seule question doit vous occuper. Charles Dautun est-il coupable? Eh! Messieurs, pouvez-vous hésiter à la résoudre? Les aveux sont positifs. Il a tout vu, tout dirigé; il est vrai que depuis il a tout nié; mais ses réponses, misérablement invraisemblables, ne font qu'ajouter à l'idée qu'il est coupable.

« Charles Dautun nous présente l'image du crime bourrelé par les remords, qui cherche à se fortifier, si je puis m'exprimer ainsi, de tous les remparts de l'imposture; mais bientôt tous ces remparts s'écroulent, et il s'offre à nos regards sans défense, et dans une honteuse nudité. Rien ne peut donc mettre en doute désormais la criminalité de Charles Dautun. Mais il est un autre adversaire plus digne de la sagacité des ministres de la justice. Son air de désespoir, vrai ou affecté, l'état de maladie dans lequel il se trouve, tout semble faire une loi de l'examiner avec plus de soin. Sous le rapport de la morale, il ne peut inspirer aucun intérêt : arrêté pour vol, et, depuis, condamné au boulet pour des désertions réitérées, il a depuis longtemps la plus mauvaise réputation. Un homme de l'art, dont la pénétration est presque divine, vous l'a dit, Messieurs : c'est par deux personnes qu'Auguste Dautun a été assassiné. Charles Dautun est un des coupables : quel est l'autre? Je vois entre Charles Dautun et Girouard des liaisons établies : joueurs tous deux, tous deux élevés ensemble, ils n'avaient jamais été plus tendrement unis qu'à l'époque du meurtre. Girouard était sans place, sans espoir; et si je me laisse entraîner à l'idée que le crime a été conçu par ce dernier, c'est parce que le caractère de Charles Dautun est faible et incertain. Encore effrayé par l'ombre de sa tante, il craignait le spectre d'un frère : c'est Girouard qui doit avoir dissipé ses scrupules tardifs; Girouard, qui s'écria, quand Dautun refusa de lui prêter une somme : *Le boiteux me le payera; il a de l'argent, il me le payera.*

« Vous vous en souvenez, Messieurs, Girouard veut que les lois du mariage, ces lois sacrées, soient, sinon détruites (elles ne peuvent pas l'être dans cette auguste enceinte), mais au moins un moment suspendues... Il demande que sa femme soit entendue... Il le requiert : elle parle, et c'est pour le couvrir d'opprobre à vos yeux. Si Girouard n'était pas coupable, il justifierait l'emploi de son temps dans les journées du 8 et du 9; il se défend au contraire par des dénégations; et ce n'est pas là se défendre. Je vous le demande, Messieurs, ne peut-on pas croire qu'époux sans amour conjugal, père de famille sans maison, fonctionnaire sans place, frère sans tendresse fraternelle, il a coopéré au forfait qui fait frémir la nature? C'est ce que vous aurez à peser dans l'arrêt que vous avez à prononcer au nom de la loi et de la société. »

Me Dumolard, avocat d'office de Dautun, se contente de le recommander à la sagesse et aux consciences des magistrats et du jury.

Me Bexon prend la parole pour Girouard. L'avocat, après un long résumé de toutes les circonstances de l'affaire, saisit et met en lumière quelques points essentiellement favorables à son client. D'abord, il n'est pas nécessairement établi que l'assassinat de Dautun ait été commis par deux personnes; d'ailleurs, de cette première nécessité ne découlerait pas forcément cette conséquence, que Girouard seul pût être complice. La comparaison que les deux meurtres permettent d'établir dans leurs circonstances principales, indique que le meurtrier de Mme Vaumes est aussi celui d'Auguste Dautun.

« Souvenez-vous de la manière dont la femme Vaumes a été assassinée; celui qui l'a tuée est entré chez elle, lui a porté un coup de couteau à la gorge et un dans le sein, dont elle est morte. Celui qui a tué Auguste Dautun lui a porté un coup de couteau à la gorge, et un autre coup dans la poitrine, dont il est mort. Quel est donc celui qui peut commettre un crime avec un si grand caractère d'imitation? Celui qui est l'inventeur et le seul machinateur du forfait; même similitude dans les inquiétudes causées à l'assassin véritable après chacun de ses crimes. Un mois après l'assassinat de la femme Vaumes, Charles Dautun va demander des nouvelles de sa tante; un mois après l'homicide de son frère, il va s'informer de lui. Chaque fois, sans doute, il veut détourner les soupçons. Charles Dautun soutient que c'est Girouard qui lui a remis la clef de l'appartement de son frère, le 14 novembre, et, dès le 10, le 11 et le 12, il avait enlevé les meubles et les effets de cet appartement. Vous le voyez, l'imposture est palpable.

« Si Girouard avait contribué à l'assassinat, quel aurait été son motif? Evidemment, le vol. En a-t-il profité? Où sont les traces? Sa profonde misère repousse cette idée et en détruit jusqu'à la plus légère vraisemblance.

« Je recommande ces réflexions à votre sagesse et Girouard à votre justice. »

Me Lardet, également chargé de la défense de Girouard, ajoute quelques réflexions sur l'attitude différente des deux accusés, et supplie MM. les Jurés de s'épargner un remords, en confondant l'innocent avec le coupable.

M. l'Avocat général ne réplique point.

M. le Président. — Charles Dautun, les débats vont être fermés; vous pouvez encore éclairer la justice. Recueillez vos idées : pourquoi avez-vous accusé Girouard et deux autres personnes d'avoir coopéré à cet assassinat?

Dautun. — Comme Girouard m'avait remis la clef de la chambre de mon frère, j'ai craint qu'il ne fût compromis. C'est mon seul motif, je vous l'assure.

D. Vous persistez donc à dire qu'il vous a remis la clef? — R. J'y persiste.

M. le Président, d'un ton solennel. — Dautun, c'est pour la dernière fois que je vous adjure. Je le répète, il est peut-être encore un moyen pour vous de fléchir le courroux céleste. Dites la vérité.

Dautun. — Je n'ai pas tué mon frère.

M. le Président, d'une voix altérée : — Les débats sont fermés.

M. le Président fait ensuite le résumé de cette horrible affaire.

« Si, dit-il, tous les habitants de cette grande cité furent saisis d'horreur en entendant le récit incomplet de ce crime atroce, quelles douloureuses pensées ne doit pas faire naître dans vos esprits le hideux tableau qu'on vient de dérouler sous vos yeux?

« Livrons-nous donc, sans crainte comme sans mesure, à la profonde affliction que doit nous causer l'exécrable oubli des lois les plus saintes. Le crime d'un citoyen n'est-il pas une calamité publique? Dans les temps de nos malheurs, pourquoi n'en vit-on jamais d'aussi atroce? Un frère plonger le poignard dans le sein de son frère!... Cette idée seule révolte les cœurs les plus froids, les âmes les plus insensibles. Si l'ambition, dangereuse conseillère, fait commettre un crime, le coupable intéresse; on punit, mais on plaint, et l'on sent qu'il n'a manqué au criminel qu'une direction utile, pour qu'une passion effrénée devînt une émulation louable. Mais la cupidité vile et basse, en redoublant notre horreur pour le crime, nous laisse presque sans pitié pour le criminel. Il faut le dire, cette passsion n'a jamais été plus commune que de nos jours.

« Espérons que ces affreux principes seront remplacés par des maximes tutélaires; déjà l'on reprend partout l'amour des vieilles mœurs et des vertus de nos pères. Nous croyons que l'exemple de nos princes achèvera ce retour au bien.

« Charles Dautun, qui paraît aujourd'hui devant vous, et qui a essayé son bras sur sa tante, sur sa bienfaitrice, sur sa seconde mère, avant de répandre le sang de son frère, n'aurait peut-être jamais eu l'idée du crime, s'il n'avait nourri dans son cœur la funeste passion du jeu, et jamais, peut-être, ne l'aurait-il éprouvée, s'ils avaient été fermés pour jamais, ces lieux ouverts à tous les citoyens, où l'amour de l'or, irrité par les calculs de l'espérance, exalte d'abord les têtes, et finit par déshonorer les âmes. Oh! quand viendra donc le jour où l'on fermera ces salons du vice et de la perversité, où des pères barbares jouent le pain de leurs familles, où des fils avilis consomment la ruine de leur fortune et la honte de leur nom!

« Girouard est-il complice de l'assassinat commis sur Auguste Dautun? C'est ce que vous aurez à décider, Messieurs; vous pèserez toutes les circonstances qui lui sont favorables ou nuisibles, et vous prononcerez d'après vos consciences. »

Le Jury se retire dans la salle de ses délibérations, et ressort, après trois heures, avec ce verdict concernant Girouard :

Non, il n'est pas constant que Charles Girouard ait commis de complicité un assassinat sur la personne d'Auguste Dautun.

Des bravos se font entendre. *M. le Président* les réprime, et, s'adressant à Girouard :

« Girouard, il est doux pour moi, dans un jour si triste, de pouvoir vous rendre à la liberté. Si de violents soupçons ont pesé sur votre tête, ne vous en prenez qu'à vous-même. Si votre conduite eût toujours été bonne, elle aurait suffi pour vous mettre à l'abri de l'accusation. Réprimez les penchants honteux qui ont failli vous perdre pour jamais; travaillez, et tâchez de reconquérir l'estime publique que vous avez depuis si longtemps perdue. »

Girouard, que l'émotion a brisé, balbutie quelques paroles de reconnaissance, et s'évanouit. On l'emporte, et quelques dames organisent une quête en faveur de ce malheureux que la misère et le désordre ont conduit si près de l'échafaud.

Puis on amène Dautun, et on lui fait connaître le verdict qui le concerne. Il est ainsi conçu :

Oui, Charles Dautun est coupable d'avoir assassiné, le 16 juillet 1814, la femme Vaumes, sa tante, volontairement et avec préméditation.

Oui, Charles Dautun est coupable d'avoir soustrait frauduleusement une montre d'or, de l'argenterie et autres effets appartenant à ladite femme Vaumes.

Oui, Charles Dautun est coupable d'avoir assassiné, le 8 novembre 1814, Auguste Dautun, son frère, volontairement et avec préméditation.

Oui, Charles Dautun est coupable d'avoir soustrait frauduleusement des meubles et effets appartenant à Auguste Dautun.

Chacun de ces *oui* terribles semble frapper Dautun comme un coup de hache; il s'agite convulsivement, en articulant des dénégations sourdes; et, quand *M. le Président* prononce l'arrêt de mort, il le regarde avec stupeur, laisse échapper un gémissement, et, d'une voix étranglée : — « Je suis perdu... Non, je n'ai pas commis le crime... Je ne suis coupable que d'avoir enlevé les effets... »

M. le Président, d'une voix émue : — « Dautun, il ne vous reste plus qu'une ressource : jetez-vous dans les bras de la religion. Les crimes que vous avez commis sont bien grands, sans doute; mais la miséricorde de Dieu est plus grande encore : implorez-la. »

« J'en appellerai, j'en appellerai, » balbutie Dautun qu'on entraîne.

Son pourvoi fut rejeté, le 27 février, et, le 29 mars, il dut se préparer à la mort.

Dautun se montra calme et résigné. Il eut avec son confesseur un long entretien. Un quart d'heure avant l'exécution, M. de Piis, secrétaire général de la Préfecture de police, entra dans sa prison, et lui demanda à laquelle de ses déclarations diverses il voulait enfin s'arrêter. — « Observez, lui dit M. de Piis, que vos déclarations ne sauraient, désormais, nuire à Girouard, qui ne peut plus être remis en jugement pour le même fait. Si je vous demande cet éclaircissement, c'est pour la tranquillité des magistrats et pour celle de votre propre conscience. »

Dautun persista à répondre qu'il ignorait si Girouard était, ou non, coupable; qu'il ne savait qu'une chose, que c'était de lui qu'il avait reçu la clef de la chambre de son frère, et il mourut en murmurant ces mots entrecoupés. — « Mon Dieu!... quel sort!... mourir sur l'échafaud... un soldat!... Je suis innocent!... »

Le célèbre docteur Gall disputa, sans succès, à l'Ecole de Médecine, la tête de ce malheureux, qu'il considérait comme un des types les plus accomplis de l'instinct de destructivité.

L'émotion produite par le procès de Dautun fut d'autant plus grande, que, quelques jours après la découverte du cadavre en lambeaux d'Auguste Dautun, une fille, cette *Belle Hollandaise* dont il vient d'être question dans les dépositions précédentes, avait été assassinée et volée sans doute, et l'on attribuait ce nouveau crime à la même passion qui avait armé le bras fratricide de Charles Dautun, à la passion du jeu. Et, cette fois encore, le meurtrier appartenait à l'armée.

Malgré les inquiétudes politiques qui pesaient alors sur la France, ces sinistres enfantements du jeu remuèrent toutes les âmes, et l'on se prit à déplorer les malheurs sortis de ces antres patentés. Martainville, qui rendit compte du procès Dautun dans le *Journal de Paris*; M. Salgues, l'honnête défenseur de Lesurques (*Voyez* cette cause célèbre), tonnèrent contre la démoralisation publique, et contre le jeu qui l'envenimait encore. Le réquisitoire officieux de M. Salgues, inséré dans la *Quotidienne*, porte l'empreinte curieuse du temps :

« En ce moment, un homme, convaincu d'un horrible fratricide, vient d'entendre la sentence qui le condamne au dernier supplice. Il a coupé son frère par morceaux; il a égorgé sa tante. Demandez quel noir génie lui a inspiré ces forfaits : la passion du jeu... Un général (1) a quitté son domicile, et n'y a plus reparu. Sa famille, ses amis, le redemandent en vain à toutes les personnes, à tous les lieux qu'il fréquentait. Personne ne répond. Par quelle fatalité a-t-il perdu la vie ? C'est encore les maisons de jeu qu'on soupçonne, c'est elles qu'on accuse de ce malheur. Dans quels lieux a-t-on fabriqué ces machines infernales, dont la détonation (2) subite porte l'ef-

(1) Le général Quesnel, maréchal de camp des armées du roi. Son corps fut retrouvé, flottant sur la Seine, entre Boulogne et Saint-Cloud.

(2) M. Salgues fait allusion à un fait curieux dont une maison de jeu du Palais-Royal, celle du n° 129, venait d'être le théâtre. Le 18 mars, un filou, s'étant glissé parmi les joueurs, jeta sous la table un sac de toile contenant une livre de poudre et fortement

froi et le désordre partout? Dans les maisons de jeu...»

M. Salgues terminait par la tirade obligatoire pour tout bon royaliste :

« Oui, bientôt, la bouche de ces antres cessera de s'ouvrir pour engloutir des victimes humaines. S'il n'est pas possible de les fermer encore, *n'en accusons que Buonaparte;* c'est l'état désastreux où il a laissé nos finances qui suspend le cours des bienfaits de notre roi; attendons tout de sa sagesse et de ses vertus. »

On sait combien de temps encore il fallut attendre la réforme salutaire que M. Salgues réclamait en 1815, avec tous les honnêtes gens. Et le roi Louis XVIII ne fut pas plus coupable du maintien des maisons de jeu et de la loterie, que *Buonaparte* ne l'avait été de leur établissement.

Telle était la disposition des esprits, quand le procès Dautun et le meurtre de la *Belle Hollandaise* frappèrent d'horreur Paris et la France tout entière.

L'homme accusé d'avoir assassiné la *Belle Hollandaise* était, comme Dautun, un officier de l'Empire.

Antoine Serres de Saint-Clair, né à Bourgoin (Isère), capitaine de grenadiers au 31e régiment de ligne, faisait, en 1814, partie de la garnison de Paris. Serres de Saint-Clair avait alors vingt-sept ans. Il avait mérité par de bons services son grade et la croix de la Légion d'honneur, et l'on se rappelait qu'il avait su se faire distinguer parmi les braves de l'intrépide 32e demi-brigade.

Le 14 novembre 1814, à neuf heures du soir, des cris étouffés, partant de l'appartement situé au troisième étage d'une maison, rue Neuve-des-Petits-Champs, n° 17, en face le Trésor public, attirèrent l'attention de quelques voisins. Une femme s'en échappait, et, demi-nue, descendait l'escalier péniblement, en arrosant chaque marche de son sang. « Au secours! je me meurs ! » criait cette femme, d'une voix étranglée, en tendant vers les assistants une main, qui agitait convulsivement un lambeau de linge ensanglanté. — « Bon Dieu ! s'écria la portière, c'est la *Belle Hollandaise* qui vient d'être égorgée. » La Belle Hollandaise était le sobriquet galant qu'on substituait habituellement au nom peu euphonique de Cornélie Kaersmaker, femme Monet, fille de plaisir très-courue à cette époque. — « Qui vous a arrangée ainsi? » demanda-t-on à la pauvre fille. Elle ne put que balbutier ces mots : « Des ciseaux... des ciseaux... Coupez... coupez... dépêchez-vous... » Et elle indiquait son corset, dont la pression l'étouffait. Ce furent ses dernières paroles. Le sang, qui coulait en abondance d'une large plaie qu'elle portait au cou, l'eut bientôt épuisée. Elle tomba dans les bras des assistants, et, quand on la remonta chez elle, elle avait rendu le dernier soupir.

Le lit de la Belle Hollandaise était à peine foulé ; on y remarquait seulement la large empreinte d'une main sanglante. L'appartement ne présentait aucun désordre. Les riches habillements de la pauvre fille, sa bourse nouée, trois pièces de 5 francs, plusieurs bagues, tout semblait d'abord attester qu'une pensée de vol n'avait pas été la cause de ce meurtre. Et cependant on disait la Belle Hollandaise bien pourvue d'argent et fort économe, et aucune somme d'argent ne fut trouvée chez cette fille.

On compta sur le corps de la victime dix-sept blessures, toutes faites avec un couteau à lame ronde. Celle du cou, seule, était mortelle. Du reste, pas un seul indice qui pût mettre sur la voie de l'assassin. Cornélie, expirante, n'avait pu prononcer le mot accusateur, et un bureau de prêt établi dans la maison y amenait trop de monde pour qu'on pût faire à chaque visiteur une attention particulière.

Cependant, quelques instants après, le capitaine Serres de Saint-Clair arrivait au café de l'Europe, situé sur le boulevard du Temple. Il était connu dans cette maison, où il avait logé quelque temps. Il y mangeait souvent et y avait dîné ce même jour. Le capitaine était tout en désordre; ses traits étaient pâles et bouleversés. Il avait la tête nue, du sang aux mains et au visage. Il raconta qu'ayant cédé, au Palais-Royal, à l'invitation d'une de ces femmes galantes qui en encombraient les galeries à cette époque, il avait trouvé chez elle deux hommes, dont l'aspect n'avait aucunement surpris cette femme; car elle s'était mise en devoir de quitter son chapeau, son châle et sa robe. Lui, n'avait pu se défendre d'un mouvement de crainte, mais il avait su le dissimuler.

La femme avait, cependant, adressé aux deux hommes quelques mots en allemand, et l'un des deux avait dit à Saint-Clair : — « Monsieur est sans doute militaire? » — « Je m'en fais honneur, » avait répondu Saint-Clair, en se préparant à la retraite. Mais, tout à coup, l'un des hommes s'était précipité sur lui, l'avait dépouillé de sa montre et de sa bourse, et même d'un petit couteau *à lame ronde*, sans qu'il pût opposer aucune résistance; car l'autre homme lui tenait les mains captives. Saint-Clair parvint cependant à se dégager, saisit une chaise, et, la manœuvrant avec vigueur, en frappa au front un de ses agresseurs. La femme faisait mine de le secourir contre ces deux assassins; mais celui qui s'était emparé du couteau la repoussa, la jeta sur le lit, et la frappa à plusieurs reprises. Alors, les deux assassins s'enfuirent, et Saint-Clair les poursuivit précipitamment, en criant : Au voleur! à l'assassin!

Au bas de l'escalier, les deux hommes prirent, l'un à gauche, l'autre à droite, et Saint-Clair lui-même, éperdu, courut, sans s'arrêter, jusqu'au café de l'Europe, à une grande distance du théâtre de ce tragique événement.

Voilà ce que raconta Serres de Saint-Clair. Les propriétaires du café lui prodiguèrent tous les secours dont il avait besoin. Il était blessé à la main; sa chemise était déchirée, et couverte de taches de sang, ainsi que son gilet; une des manches de la chemise était en lambeaux. On se servit provisoirement d'un des morceaux pendants de cette manche pour étancher le sang du visage. On allait le faire changer de linge, quand un des assistants exprima l'opinion qu'il était plus convenable que Saint-Clair allât, dans l'état même où il se trouvait, faire sa déclaration chez un commissaire de police. Saint-Clair reconnut la sagesse de cet avis, et monta seul dans une voiture de place. Mais, au lieu de se rendre chez l'officier de police judiciaire, il fit toucher au Palais-Royal, et entra dans la boutique du bijoutier Barthélemy. Là, il avait fait à diverses époques plusieurs emplettes, et une sorte d'intimité s'était établie entre lui et le marchand.

Le matin même, Saint-Clair avait été faire ses adieux à Barthélemy, ainsi qu'à plusieurs personnes

ficelé. La mèche, qui communiquait avec l'intérieur du sac, fit partir ce brûlot d'un nouveau genre avec un bruit épouvantable. Effroi général parmi les assistants. Mais, malgré le désordre, les croupiers et les gardiens ne perdirent pas la tête; les portes se trouvèrent fermées en un clin d'œil, et le mineur fut arrêté, sans avoir réussi à faire sa main. C'était la troisième tentative du même genre qui avait lieu, depuis dix-huit mois, au Palais-Royal.

de la famille du bijoutier. A tous il avait annoncé que, le lendemain, il partait pour Lyon. Saint-Clair fit à Barthélemy le même récit qu'il avait fait au café de l'Europe. — « Mais, dit Barthélemy, on a arrêté, ce soir même, au Palais-Royal, deux hommes qui ont été conduits au corps de garde du Lycée. Ils doivent probablement y être encore; avant d'aller chez le commissaire, il est à propos de vous assurer si ce sont vos assassins. »

Saint-Clair se rend au corps de garde, accompagné de Barthélemy et de sa femme. Mais, à leur insu, deux agents de la police secrète se sont attachés à leurs pas; ils ont recueilli quelques mots qui ont éveillé leur curiosité. Dans le récit de son aventure, que Saint-Clair, tout en marchant, recommence une troisième fois, sans prendre garde à ses écouteurs, il introduit une circonstance nouvelle. Ce n'est plus dans la chambre de la femme qu'il a trouvé les deux hommes, c'est dans le cabinet d'aisance, où il a été obligé de monter. Ce cabinet est situé au septième étage.

On arrive au poste. Des deux individus arrêtés, un seul est au violon; l'autre était militaire, on l'a renvoyé à son quartier. L'officier de gendarmerie présente à Saint-Clair celui qui reste; Saint-Clair ne le reconnaît pas, et se transporte enfin, toujours accompagné des époux Barthélemy, chez le commissaire de police. Celui-ci est absent; on est venu le requérir pour se transporter rue des Petits-Champs, n° 17, dans une maison où une fille publique vient d'être assassinée. Il faut l'y aller trouver. On arrive. Déjà les deux écouteurs du Palais-Royal y ont précédé Saint-Clair.

Devant le commissaire, Saint-Clair revient à sa première version; mais l'un des deux agents s'avance, lui fait remarquer la contradiction dans laquelle il tombe. Des soupçons s'élèvent; on interroge Saint-Clair; son récit paraît invraisemblable.

Sans s'arrêter à l'étonnante contradiction dans laquelle il tombe, relativement au lieu de la scène, et même en admettant que la lutte se soit passée dans la chambre, comment cette lutte si longue, si horrible, entre quatre personnes, n'a-t-elle pas laissé la plus légère trace de désordre? Un guéridon, tout chargé de porcelaine et de cristaux, est encore debout au milieu de cette pièce d'une dimension médiocre. Comment les voisins, comment la portière, n'ont-ils entendu ni le combat, ni les cris que Saint-Clair dit avoir poussés dans sa fuite? On s'assure, par l'examen des localités, que le moindre bruit est facilement entendu de toutes les parties de la maison, et que trois individus, descendant avec une bruyante rapidité, n'auraient pu échapper à la surveillance de la loge.

D'ailleurs, objecte-t-on à Saint-Clair, comment, puisque vous ne doutiez pas que la malheureuse fille ne fût morte, avez-vous couru sans but à une autre extrémité de Paris, sans chercher, dans un quartier aussi populeux, à faire arrêter les assassins?

Saint-Clair répond qu'il n'a jamais connu la Belle Hollandaise, avant la soirée où il se laissa conduire par elle dans la rue Neuve-des-Petits-Champs. Cette assertion se trouve bientôt démentie par une note trouvée dans le carnet-journal où Saint-Clair inscrit ses dépenses. Dans le courant du mois de novembre, une légère somme est relatée pour visite faite à la Belle Hollandaise.

On cherche le mobile qui a pu porter ce jeune officier à un tel crime. Est-ce l'amour jaloux qui a armé sa main? Non : Saint-Clair fréquente les maisons de jeu. On en trouve encore la preuve dans son carnet : il y notait ses bénéfices et ses pertes, et, comme on le pense bien, la balance est en perte. Dans l'espace de cinq mois, il a perdu 5,439 francs. Quelques jours auparavant, il a mis sa montre en gage. A-t-il donc pensé trouver chez une fille publique de quoi réparer ses pertes?

Traduit devant le deuxième conseil de guerre de la première division militaire, Saint-Clair fut, dès la première audience, traité par le président, *M. Bijex*, avec une sévérité qui fut relevée par le défenseur comme une atteinte à l'impartialité de la justice. Mais, malgré les efforts de l'avocat, *Me Brachet-Ferrière*, l'accusé ne put échapper à l'évidence. En vain, plusieurs témoins vinrent attester sa moralité, la douceur de son caractère; en vain, *Mme Barthélemy* vint-elle déposer que Saint-Clair, dans les récits différents faits devant elle, n'avait en rien modifié les circonstances de lieu; l'opinion du conseil était faite à l'avance.

On vit, parmi les témoins, paraître le célèbre *M. Williaume, agent général de mariages*, qui s'exprima ainsi : — Messieurs, je connais depuis longtemps M. de Saint-Clair; il est doux et honnête, et si faible, que, d'une main, je le renverserais. Je me suis *laissé dire* qu'on l'accusait d'avoir été *mouchard;* alors, il gagnerait bien mal son argent.

Le capitaine rapporteur, *M. André Viotti*, frère du célèbre violon de ce nom, ne chercha pas à nier les difficultés qui s'étaient opposées d'abord, pour lui, à la découverte de la vérité.

« Oui, dit-il, l'accusé avait, dans son corps une très-bonne réputation; oui, c'était, au dire de tous ses camarades, un homme brave, doux, d'une excellente moralité! L'instruction était pleine de ténèbres... Heureusement, le prévenu s'est dévoilé lui-même. On a trouvé chez lui un registre-journal écrit de sa main, qui est contre lui la pièce de conviction la plus forte. On y voit que, du mois de juin au mois de novembre, il a dépensé 6,500 francs, quoique, de son propre aveu, il n'eût pour vivre que ses appointements de 1,500 francs, et qu'il n'ait reçu, en supplément de cette somme, que deux lettres de change de 1,000 francs. On voit encore dans ce journal qu'il jouait souvent; on y trouve aussi qu'il connaissait la fille dite la *Belle Hollandaise*, et qu'il lui avait donné 8 francs. On savait que M. Saint-Clair laissait sa mère dans l'indigence; on en a conclu qu'il était, à la fois, joueur et mauvais fils. Sa criminalité est démontrée par les débats; il dit qu'il a été attaqué chez la Belle Hollandaise par deux hommes, qu'il a lutté avec eux, et on n'a rien trouvé de dérangé dans la chambre. Il dit qu'il a crié à l'assassin, et plus de dix locataires de la maison attestent n'avoir rien entendu. L'absurdité de la fable, les contradictions grossières de l'accusé, tout me prouve qu'il est l'auteur du meurtre, et je demande qu'il soit déclaré coupable d'homicide volontaire et prémédité. »

Malgré les efforts de *Me Brachet-Ferrière*, le Conseil va se retirer dans la chambre de ses délibérations, avec une conviction terrible qui se lit sur l'énergique figure du président, l'adjudant commandant Bijex. L'accusé se lève, et s'écrie :

« Messieurs, où la vérité manque d'appui, elle ne trouve que des écueils. Un cœur né pour le crime s'annonce de bonne heure; vous connaissez ma conduite; je me tais... Votre décision peut me rendre l'honneur; mais jamais elle ne ramènera dans mon âme le repos, que la prévention du crime en a banni. »

Le Conseil, à l'unanimité, déclara Antoine Serres de Saint-Clair, capitaine de grenadiers, membre de la Légion d'honneur, coupable d'homicide volontaire et prémédité. En conséquence, sur les conclusions de *M. Charles de Fitz-James*, Procureur du roi, l'accusé fut condamné, à l'unanimité, à la peine de mort.

La mère de Saint-Clair se jeta vainement aux genoux du roi Louis XVIII, pour obtenir la grâce de son fils. Le mobile du crime avait été trop ignoble pour que la clémence s'étendît sur le condamné. L'agonie du malheureux jeune homme fut prolongée par les réjouissances du carnaval, qui ajournèrent l'assemblée du conseil de révision chargé de prononcer sur son pourvoi. Ce ne fut que le 17 février que le conseil se réunit, sous la présidence de M. le maréchal de camp *Béteille*.

Comme il n'arrivait que trop souvent à cette époque, les vices de forme, les erreurs, abondaient dans l'instruction, et dans le jugement qui en avait été la suite. Convaincu, à l'avance, de la culpabilité de l'accusé, le Président Bijex avait, comme on dit, *sabré* l'affaire. Entre autres irrégularités graves, que dut signaler *M. Picot de Sainte-Marie*, capitaine rapporteur, le procès-verbal de l'audition des témoins ne disait pas que l'on eût constaté les pièces contradictoirement avec eux, formalité impérieusement exigée par la loi; les pièces de conviction n'avaient pas été présentées au bijoutier Barthélemy; enfin, le greffier avait écrit par erreur : Lecture faite à M. Serres de Saint-Clair, au lieu de : à M. Doyen, l'un des témoins.

Saint-Clair avait confié sa défense aux premiers efforts d'un jeune talent déjà plein d'espérance, celui de *M. Berryer fils*.

« Messieurs, dit l'avocat, je viens dénoncer à votre sagesse une longue instruction, qui n'est qu'une preuve de plus des erreurs des hommes. Je viens attaquer un jugement qui ôte à un militaire français la vie et l'honneur, et dans lequel on a violé toutes les formes.

Antoine Serres de Saint-Clair, qui a fait quatorze campagnes, qui s'est trouvé à soixante combats, qui n'a dû qu'à lui-même son avancement, qui a toujours joui de l'estime et de la considération de ses chefs, est accusé du crime le plus odieux, le plus inexplicable. Oui, Messieurs, le plus inexplicable! L'homme n'est pas cruel sans motif; et quel a été le motif de M. de Saint-Clair? Ce n'est pas la cupidité; la victime ne possédait rien. Ce n'est pas la jalousie; on n'en a pas pour une prostituée. Sur quoi repose donc l'accusation? Sur des apparences, sur des indices. Les coupables fuient ordinairement l'œil de la justice, et Saint-Clair se livre à ses regards. Il arrive sur le théâtre du crime, tout chargé des indices qui auraient pu attirer, et qui ont attiré, en effet, sur lui, tous les soupçons. Heureusement, Messieurs, je ne suis pas obligé d'entrer dans ce dédale immense, et je ne dois vous entretenir que des vices de forme qui se rencontrent dans le jugement. Ils se présentent en foule ! »

Le défenseur les énumère et n'en trouve pas moins de dix. Il conclut en ces termes :

« Ainsi, Messieurs, je vous le répète, le jugement est nul, de toute nullité. Que de raisons n'ai-je donc pas d'espérer, Messieurs, que vous annulerez un jugement dont mille irrégularités ont vicié les formes. »

M. le Procureur du roi Debry ajouta aux motifs de nullité si nombreux dénoncés par le rapporteur et par le défenseur deux motifs nouveaux des plus graves. Le jugement n'avait pas été rendu sans désemparer, et le procès-verbal portait que l'interruption avait eu lieu pour donner du repos au conseil. On avait aussi négligé d'informer de cet ajournement le général de la division. Or, l'art. 23 de la loi était ainsi conçu : « Tout conseil de guerre jugera sans désemparer, à moins qu'il n'y ait un motif très important; et alors, on en rendra compte au général de la division. »

Puis, le jugement était daté du 30 janvier, bien qu'il n'eût été réellement rendu que le 1er février.

L'organe du Roi requit donc, à son tour, la nullité du jugement.

Le conseil, à l'unanimité, cassa et annula ce jugement étrange, fait pour nous donner la plus triste idée de la science et de l'esprit de légalité qui présidaient alors aux séances des conseils de guerre.

Quelques jours après la cassation, Napoléon accomplissait cette courte et brillante aventure, qui commença au golfe Juan pour se terminer à Waterloo. Il ne pouvait être question, à ce moment où la guerre civile semblait devoir préluder à la guerre étrangère, d'occuper à juger un criminel vulgaire les officiers que se disputaient deux souverains. Saint-Clair fut oublié, et son avocat, Me Berryer fils, prit la cocarde de volontaire royal.

Ce ne fut que le 15 mai, que l'affaire fut enfin soumise à l'examen d'un nouveau conseil de guerre que présidait *M. Collot*, adjudant-commandant. Le Procureur impérial était *M. Chanet; M. Delon* chef de bataillon, faisait les fonctions de rapporteur.

Une nouvelle instruction avait été faite avec un soin qui n'avait pas présidé à la première. On avait été jusqu'à confronter Saint-Clair avec Dautun quelques jours avant l'exécution de ce dernier; ces deux hommes ne se connaissaient pas.

Il ressortit encore de cette nouvelle instruction qu'une contradiction grave avait existé entre le récit fait par Saint-Clair à l'officier de gendarmerie rue du Lycée, et sa déposition chez le commissaire de police.

Quelques faits nouveaux parurent établir des habitudes d'immoralité et de criminelles pratiques chez la fille Kaersmaker, dite la Belle Hollandaise, ou du nom d'un de ses amants, la femme Monet. Un jeune étudiant, apprenant la scène qui s'était passée rue Neuve-des-Petits-Champs, s'était écrié : — « La Belle Hollandaise ! Ah ! la coquine, elle m'en a fait autant. Elle m'a attiré une fois par ses agaceries dans une allée, où j'ai été frappé et dépouillé ! »

Le bourgmestre d'une petite ville de Hollande, *M. Wouters*, fit, par écrit, cette confession naïve — « J'ai connu, en 1802, la fille Kaersmaker. Je lui ai loué un joli petit appartement. Le lendemain de son installation, j'ai été bien surpris, moi qui la croyais sage, quand elle m'a avoué, sans marchander, qu'elle avait eu un enfant. Je lui ai demandé ce qu'elle avait fait du petit : alors, elle m'a dit que n'ayant pas de quoi le nourrir, elle l'avait abandonné, la nuit, dans une rue. Je lui ai donné 4[illegible] florins pour retirer son enfant, qu'avait recueilli la piété publique. Pendant deux ans qu'elle resta avec moi, l'enfant fut bien soigné; mais, un beau jour elle disparut, m'emportant 350 louis et me laissant l'enfant. »

Après une longue lecture de toutes les pièces de la procédure de première instance, on passe à l'interrogatoire de l'accusé. Saint-Clair a attiré dans la salle de la rue du Cherche-Midi une affluence inac coutumée. Les dames sont en majorité. On remarque que la jeune fille du Président a pris place au premier rang des curieuses.

La rumeur publique attribue pour mobile au crime de Saint-Clair, non-seulement un vol ignoble, mais le désir infâme de réaliser les turpitudes criminelles imaginées par le délire d'un fou lubrique, dans un roman trop fameux.

Saint-Clair paraît. C'est un jeune homme aux traits distingués, à la taille svelte, élégante, au corps frêle. L'intelligence et la douceur respirent sur sa figure. Il répond avec calme aux questions d'usage.

D. On vous a volé, dites-vous, 17 napoléons qui étaient dans votre bourse, et on a laissé la bourse, plusieurs pièces de 5 francs et d'autres objets de quelque valeur? — R. Je suis sûr que ce ne sont pas les voleurs qui ont emporté les napoléons: ils les avaient mis sur la cheminée; j'ignore qui a pu, dans l'intervalle, s'en emparer.

D. Qui que ce puisse être, on aurait tout simplement enlevé la bourse. — R. J'avoue que c'eût été plus dans l'ordre naturel; mais je ne puis vous expliquer...

D. Pourquoi, le 24 novembre même, étiez-vous allé prendre congé de plusieurs personnes, en leur annonçant votre départ pour Lyon? — R. Je prétextais ce voyage pour me détacher de la société de quelques personnes qui me déplaisaient.

On représente à l'accusé trois bagues, qu'il reconnaît pour lui appartenir. Sur l'une, est gravé le mot *chut;* et, dans une autre qui s'ouvre, on lit: *Adèle à Saint-Clair.*

D. N'est-ce pas parce que vous vous rappelâtes que votre nom serait retrouvé chez la fille Monet, que vous retournâtes le soir chez elle?—R. Non; j'y suis allé parce que le commissaire y était, et que je voulais faire ma déclaration.

D. Vous dites que la fille Monet s'est jetée, au péril de sa vie, entre vous et les deux assassins; comment aurait-elle introduit elle-même ces deux hommes pour vous voler et vous assassiner? — R. Je ne sais pas ce qui a pu lui faire concevoir d'abord un projet, et s'en détourner ensuite.

D. On vous a indiqué, au café de l'Europe, le commissaire de police de la rue d'Angoulême; pourquoi n'y êtes-vous pas allé? — R. J'ai dit d'abord au fiacre de m'y conduire; mais il ne savait pas sa demeure: alors, je lui ai dit d'aller au Palais-Royal, où j'avais des connaissances.

D. Le cocher ne pouvait ignorer que ce commissaire a devant sa maison une lanterne qui la rend reconnaissable? — R. Apparemment, celui-là ne le savait pas.

D. Comment se fait-il que vous ayez eu deux taches de sang sur le dos de votre chemise? — R. Je ne sais comment l'expliquer.

Mais remarquez, Messieurs, que, des dépositions des témoins, et du procès-verbal des docteurs, résulte une probabilité très-importante. L'assassin était vraisemblablement penché sur la victime, dont le sang a rejailli sur une glace qui ornait le fond de l'alcôve. N'est-il pas naturel qu'en rejaillissant, le sang ait taché surtout le devant de la chemise du meurtrier, à la place de la poitrine? Et, cependant, voyez ma chemise, c'est précisément la poitrine qui ne porte la trace d'aucune tache; le bas n'a été ensanglanté que par la blessure de mon pouce, quand j'ai voulu me rajuster.

Et l'accusé, qui a saisi, pour sa démonstration, cette pièce à conviction, la rejette avec un mouvement d'impatience et de dégoût.

L'accusation n'a malheureusement que trop clairement établi que le fragment de manche, agité par la Belle Hollandaise mourante, comme un signe dénonciateur, est celui qui manquait à la chemise de Saint-Clair.

Les témoins entendus, *M. Delon*, rapporteur, entra dans l'examen de la cause. Il fit particulièrement ressortir la contradiction que nous venons de signaler, l'invraisemblance de la lutte, des cris poussés, et conclut à ce que Saint-Clair fût déclaré coupable d'homicide volontaire et avec préméditation.

Me Berryer fils prend la parole. Il s'exprime ainsi :

« C'est encourir une responsabilité énorme, que d'entreprendre la défense d'un accusé déjà frappé d'une condamnation. C'est pour la première fois qu'un si grand fardeau pèse sur moi; et, je vous l'avoue, je serais trop au-dessous d'une pareille tâche, si vous ne m'accordiez pas le secours de votre bienveillance favorable. Je vous le dis franchement, Messieurs, je n'aurais pas prostitué, pour défendre l'accusé, le noble ministère que j'exerce, si je n'étais pleinement, sincèrement, complétement persuadé que cette conviction entière, cette conviction exclusive de tout doute, qui seule peut faire condamner un accusé, ne résulte pas des débats et des preuves présentées contre Saint-Clair.

« Un premier arrêt l'a déclaré coupable d'un homicide volontaire, commis avec préméditation. Serait-ce en vain que j'aurais eu le bonheur de faire casser le jugement? Serait-ce en vain que j'aurais fait entrer l'espoir dans le cœur de l'accusé, dans le cœur de sa mère, de ses parents et de tous ses amis qui l'entourent? Et n'aurais-je prolongé les jours de Saint-Clair que pour prolonger son agonie? Non, Messieurs, je ne puis le croire, et je me fie à vos esprits éclairés, à votre impartialité connue. »

Ici, le jeune avocat succombe un moment à son émotion, et ne peut s'empêcher de laisser couler quelques larmes, non de ces larmes commandées, qu'essuye quelquefois l'avocat émérite, mais de belles et éloquentes larmes, vraiment sorties du cœur.

Bientôt, il reprend la parole et entre dans la discussion.

« Tout crime suppose un motif. Quel motif a pu diriger l'accusé Saint-Clair?

« Dois-je aborder ici une horrible question, une accusation épouvantable, qu'on n'a pas osé prononcer, mais qu'on a fait circuler? Oui, je le dois; c'est à moi que cette tâche funeste est réservée. On a répandu le bruit d'un forfait atroce, qui fait reculer l'imagination; des rumeurs sinistres sont parvenues jusqu'aux juges. La prévention se serait-elle assise parmi eux? Se serait-elle assise parmi vous? On a dit, Messieurs, je frémis de le répéter, que le capitaine Saint-Clair n'avait obtenu les faveurs de la fille Monet, que pour la poignarder plus sûrement. Ah! Messieurs, il est des crimes si grands qu'ils ne sont pas possibles, et qu'il ne faudrait pas punir, s'ils existaient, pour ne pas prouver qu'on a pu les commettre. N'oublions pas que l'homme capable d'infecter ses ouvrages de tout le venin d'une imagination dissolue, a été relégué parmi les fous de Charenton, et ne nous arrêtons pas à l'idée d'un crime qui outrage la nature dans la nature même. »

Me Berryer invoque ensuite le témoignage de l'empereur Charlemagne, qui dit dans ses *Capitulaires*, que « les preuves par indices ne suffisent pas pour condamner un accusé; il faut des preuves plus claires que le jour: ce n'est pas assez que le crime puisse avoir été commis par le prévenu, il faut encore qu'il ne puisse avoir été commis que par lui. » Fort de cette autorité, le jeune avocat examine successivement toutes les charges, et cherche à démontrer qu'aucune n'est suffisante pour motiver une accusation capitale. Puis, s'adessant aux juges, il leur dit : « Demandez-vous, Messieurs, si l'esprit d'ordre qu'on remarque dans Saint-Clair, est compatible avec le crime dont on l'accuse. Demandez-vous, et c'est surtout à vous qu'il appartient de répondre, si un militaire distingué, dont la vie a été pure et sans reproche, peut devenir tout à coup étranger à l'honneur. Ah! si quelqu'un des officiers de l'armée a pu se rendre coupable, ce n'est pas celui qui fut toujours fidèle à l'honneur. Vous allez passer, Messieurs, dans la chambre des délibérations; je vous en conjure, rendez le capitaine Saint-Clair à vos travaux, à vos périls, qu'il brûle de partager; rendez-le à la société, qu'il a constamment embellie par son aimable caractère; rendez-le, surtout, à la tendresse d'une mère, qui n'ose approcher de cette enceinte, et qui attend dans les angoisses du désespoir l'arrêt que vous allez prononcer. »

Après ce chaleureux plaidoyer, dans lequel, on l'aura remarqué, l'avocat invoquait surtout, en faveur de son client, les bénéfices du doute, *M. le Président* demande à Saint-Clair s'il a quelque chose à ajouter à sa défense.

Saint-Clair se lève, et, d'une voix altérée, prononce ces paroles :

« Je dois être trop court dans ce que j'ai à vous dire... Les longues explications ont été données; vos moments sont précieux. Il s'agit de rendre à la société un honnête homme, un brave officier, ou d'en bannir un monstre, un scélérat, un cruel, dont notre langue ne pourrait caractériser le crime. S'il vous reste encore quelques soupçons, ne craignez pas d'enlever à la patrie un de ses braves défenseurs, et faites-moi subir une mort qui sera du moins honorée par les regrets et par les larmes de mes amis. Je demande, surtout, que vous écartiez ces perfides probabilités, ces conjectures, qui ne sont jamais que des incertitudes; ma conduite a offert aux yeux de la saine morale des irrégularités, mais l'honneur et la probité n'ont aucun reproche à lui faire. »

Les membres du conseil entrent dans la chambre de leurs délibérations. Après deux heures d'attente, ils en sortent, et *M. le Président* prononce l'arrêt suivant :

Oui, à la majorité de 6 contre 1, Antoine Serres de Saint-Clair est coupable de l'homicide commis, le 14 novembre dernier, sur la personne de la fille Kaersmaker.

Oui, à la majorité de 6 contre 1, cet homicide a été commis volontairement.

Non, à la majorité de 6 contre 1, cet homicide n'a pas été commis avec préméditation.

En conséquence, le conseil condamne Antoine Serres de Saint-Clair à la peine des travaux forcés à perpétuité, à être dégradé à la tête de sa compagnie, et, de plus, à payer les frais de la procédure.

M. le Rapporteur sort pour lire au condamné son jugement, en présence de la garde assemblée. Conformément à l'arrêté de ventôse an XII, Saint-Clair est ensuite ramené pour être dégradé de la Légion d'honneur. Il rentre, pâle, mais le regard assuré. Sur son chemin, il rencontre M. Delon, qui veut se dérober à ses regards. Il va à lui, lui saisit la main, et, la portant à ses lèvres : — « Vous avez fait votre devoir, lui dit-il; M. Berryer a aussi rempli le sien: mais je suis innocent, on le saura quelque jour. »

M. Delon, très-ému, prend de nouveau place à la table du conseil, pour remplir un dernier devoir, plus pénible encore. Il requiert l'application de l'arrêté de ventôse.

— « Saint-Clair, dit *M. le Président*, vous avez manqué à l'honneur...

— « Arrêtez, s'écrie Saint-Clair, un moment, monsieur le Président, je n'ai pas manqué à l'honneur... »

Et, par un mouvement trop rapide pour qu'on puisse le prévenir, il dirige avec force son bras contre lui-même, et se frappe à trois reprises. Alors, seulement, on soupçonne l'affreuse vérité. Un poignard tombe à terre; un jet de sang s'échappe de la poitrine du condamné.

— « Gendarmes, saisissez-le, » s'écrie le Président. Les gendarmes s'emparent des bras de Saint-Clair. Des cris de femme se font entendre. — « Mon père, sauvez-vous! » s'écrie Mlle Collot, qui s'imagine que Saint-Clair veut frapper son père. Le désordre est extrême.

Le Président, cependant, se hâte d'achever sa triste formule : « Vous ne faites plus partie de la Légion... » — « Non, non, dit Saint-Clair, d'une voix affaiblie, je le jure devant Dieu qui m'entend, je suis innocent... » Il déboutonne son habit, et, montrant une large blessure au-dessous du cœur : — « Vous le voyez, je suis un homme perdu; je vous pardonne ma mort... Mais, je vous en prie, en me débattant, n'ai-je blessé personne? »

— « Non, non! » lui crient les assistants, profondément émus de cette scène déchirante.

Un gendarme s'avance pour arracher la décoration de Saint-Clair. — « Qu'on ne me l'arrache pas, dit-il, je vais la rendre. »

On entraîne le malheureux, dont les forces s'affaiblissent, et dont les traits se décomposent. — « Je me meurs, dit-il sur l'escalier; n'y a-t-il pas un prêtre pour recevoir mes derniers soupirs? » — Un médecin se présente. — « Non, pas de secours... Mes amis, ôtez-moi un reste de vie... le moindre coup suffira. »

Près de la voiture qui va l'emmener, se tient le jeune avocat, tout en larmes, se reprochant de n'avoir pas su sauver son client. Saint-Clair lui tend la main et lui dit : — « Je vous remercie... Dieu sait que je suis innocent. »

Comment finit ce drame lugubre, et que devint Saint-Clair? Succomba-t-il à sa blessure, repentant et consolé de la mort par l'idée d'échapper à la honte? On voudrait le croire, car on sent que tout n'était pas perdu pour le bien dans cette nature incomparablement supérieure à celle de Dautun. Mais les journaux du temps ne nous apprennent pas la mort de Saint-Clair, et, malgré la gravité des événements qui s'acomplissaient alors en France, ce crime avait assez vivement préoccupé les esprits pour que la presse consacrât quelques lignes à la mort du criminel. Il est donc probable que l'expiation de Saint-Clair fut plus longue et plus terrible que celle de Dautun. Le jeu n'avait demandé à l'un que sa vie; le jeu fit survivre l'autre à son honneur de soldat.

Paris. — Typographie de Firmin Didot frères, fils et Cie, 56, rue Jacob.

LA REINE CAROLINE D'ANGLETERRE (1820).

ACCUSATION D'ADULTÈRE AVEC LE COURRIER BERGAMI.

. . . . « Londres lui avait préparé une réception magnifique. » (PAGE 8).

Deux procès célèbres, dans lesquels était gravement intéressé l'honneur de deux monarchies, ont, à un siècle de distance, ému et troublé la France et l'Angleterre; en France, le *Procès du Collier* (*Voyez* ce nom); en Angleterre, le Procès de la reine Caroline. C'est un instructif et douloureux spectacle que les résultats si différents de ces deux grands scandales dans les deux pays.

En France, deux honnêtes gens couronnés se trouvent, sans le vouloir, sans le savoir, compromis dans les intrigues d'un prêtre indigne et de quelques intrigants de bas étage. Le nom de la reine et jusqu'à ses traits, empruntés pour servir de leurre à une dupe insolente, permettent à la haine et à la calomnie de jeter sur les vertus les plus hautes un soupçon flétrissant. Le procès éclate, provoqué par les vrais coupables, et l'innocence de la reine en sort, évidente comme la lumière. N'importe : la calomnie n'est pas perdue; elle empoisonne lentement la monarchie et poursuit la reine jusque sur l'échafaud. La faveur populaire entoure les intrigants, acclame les coupables, leur compose un triomphe, et l'opinion n'a d'outrages que pour les victimes.

En Angleterre, un couple mal assorti s'asseoit sur le trône. L'époux, débauché, perdu de vices ignobles, repousse l'épouse, qui se réfugie dans les plus bas adultères. Cet époux, qui n'a pas même le droit de se dire offensé, médite à loisir, fait éclater au grand jour le scandale de ses plaintes. Le crime est prouvé par cent témoins. N'importe; l'évidence ne peut rien sur cette multitude, dont la voix est, dit-on, la voix de Dieu. De toutes ces hontes, l'opinion fait une couronne à l'épouse coupable, et le monarque, vaincu dans cette lutte ridicule et misérable, se rasseoit, respecté, sur un trône qu'il n'a pu réussir à ébranler.

Le prince de Galles, c'est-à-dire l'héritier présomptif de la couronne d'Angleterre, était, en 1794, ce George-Auguste-Frédéric, qui fut plus tard George IV. Fils du pauvre George III, ce fou mélancolique et bonhomme, qui, depuis deux ans déjà, ne régnait plus que de nom, le prince de Galles eût été, dès 1792, le régent et, à vrai dire, le roi d'Angleterre, s'il ne s'était pas trouvé tout à la fois incapable et indigne de cette haute position.

Élevé dans les stricts principes de moralité privée, de dévotion minutieuse et d'économie qui distinguaient George III son père, et sa grand'mère, la princesse Augusta de Saxe-Gotha, le prince de Galles s'était jeté, dès l'époque de sa majorité, déclarée en 1781, dans les plaisirs les plus bruyants, dans les dissipations les plus folles. Comme un fils de famille qui échappe tout à coup à la triste régularité de la maison paternelle, il avait rempli Londres du bruit de ses prodigalités. Bien fait, spirituel, cultivé, il était devenu naturellement le chef de cette *fashion* qui empruntait son nom à la seule religion qu'elle reconnût, la mode. C'étaient les whigs, ou membres de l'opposition, qui donnaient surtout l'exemple du scandale élégant, de l'immoralité raffinée. L'Angleterre avait sa régence, et les roués de ce temps-là étaient ces Fox, ces Burke, ces Sheridan, ces Erskine, ces Grey, ces Russell, qui surent allier les capacités les plus hautes aux plus honteux désordres.

Le prince de Galles fut donc whig, non pas seulement parce qu'il était de bon goût pour l'héritier de la couronne d'être dans les rangs de l'opposition, mais parce que les whigs étaient l'expression la plus complète de la jeune Angleterre, usée, blasée, prodigue, magnifique, endettée. Le prince eut des attelages superbes, des maîtresses coûteuses, des jardins et des palais où la fantaisie d'un jour entassait des sommes folles. Fox présida à ses banquets, renouvelés des orgies de Rome en décadence; Sheridan fut son maître en immoralités exquises, en impiétés de bon ton. Comme le duc d'Orléans, son ami, le prince George descendait trop souvent de la débauche raffinée à la grossière débauche des tavernes. Il n'avait pas même la probité vulgaire du dissipateur, et on l'accusait, non sans grande apparence de vérité, de tricher au jeu ruineux des courses. Il dut, un jour, se retirer honteusement de New-Market.

Un revenu de 50,000 livres sterl., auquel venaient s'ajouter des redevances du duché de Lancastre et sa pension paternelle, c'est-à-dire deux millions de francs environ par année, ne pouvaient suffire à ces dépenses insensées. Dans les trois premières années de sa majorité, le prince de Galles avait englouti près d'un demi-million sterling (12,500,000 fr.). Il y eut des émeutes de créanciers, et le roi fut averti de ces désordres. George III refusa de payer. Le prince de Galles vendit bruyamment ses chevaux, ses équipages, réforma sa maison, joua à la victime; mais le jeu ne lui plut guère, et il recommença bientôt sur nouveaux frais. Carlton-House, son palais favori, retentit de nouveau du bruit de ses fêtes.

Il fallut pourtant aviser; le scandale des dettes avait dépassé toute mesure. Un état des dettes du prince fut soumis aux communes, et, après des débats honteux, les whigs réussirent à faire voter par la chambre une somme de 161,000 livres sterl. (4,025,000 fr.). Parmi les dettes du prince figuraient environ 300,000 fr. de parfumerie et de poudre à la maréchale.

Jusque-là, la conduite du prince de Galles n'avait pu nuire qu'à sa considération personnelle. Bientôt, il parut aux ministres tories de George III qu'elle menaçait l'avenir de la monarchie. Le prince n'avait encore cherché ses maîtresses que dans les régions infimes de la société anglaise; il avait eu d'abord mistress Robinson, actrice célèbre par le talent qu'elle déployait dans le rôle de Perdita, du *Winter's Tale* de Shakespeare; puis, il était descendu plus bas. Mais, un jour, il lui était arrivé de subir la domination d'une femme habile, belle, imposante, Mme Fitz-Herbert. Cette femme était veuve; elle appartenait à une grande famille catholique d'Irlande. Elle eut l'adresse d'irriter la passion du prince sans la satisfaire, et de l'amener à un mariage secret. Bien que frappée de nullité, puisqu'elle était contraire aux lois du royaume qui ne permettaient pas le mariage aux princes de la famille royale avant l'âge de vingt-cinq ans sans le consentement paternel, une telle union n'en était pas moins un danger; car elle pouvait être, plus tard, le prétexte de troubles sérieux, le mariage du prince héréditaire avec une catholique entraînant de droit l'exclusion du trône.

On résolut de marier légalement, et au plus vite, le prince de Galles. Justement, en 1794, les prodigalités du prince nécessitaient une liquidation nouvelle de sa situation. Ses dettes atteignaient à ce moment le chiffre monstrueux de 642,890 livres sterl. (plus de 16 millions de fr.). Le gouvernement résolut de profiter de cette situation pour abandonner le prince à ses difficultés tant qu'il ne consentirait pas à contracter un mariage légal.

Un refus des plus formels fut opposé aux premières ouvertures du prince relativement à un supplément de subsides.

A cette situation, le prince, à bout de ressources, ne voyait de remède que dans un long voyage, une sorte d'exil volontaire. Il alla trouver son confident ordinaire, James Harris, plus tard comte de Malmesbury, négociateur célèbre pendant les guerres de la République et de l'Empire français, diplomate ingénieux qui a laissé des Mémoires et un Journal où abondent des révélations piquantes sur l'histoire secrète des cours de l'Europe (*Diaries and Correspondence of James Harris, first earl of Malmesbury*). « Harris, lui dit le prince, je ne puis plus me tirer d'affaire à Londres. Tu pars pour la Haye, emmène-moi; je vivrai incognito en Hollande. — Ne vaudrait-il pas mieux, mon prince, répondit Harris, vous réconcilier avec votre père? — Non, mon cher Harris, cela est impossible. Le roi me hait: il veut me mettre aux prises avec mon frère; je n'espère rien de lui. Nous sommes trop éloignés l'un de l'autre. Il m'a trompé, il m'a poussé à tromper les autres; je ne puis avoir confiance en lui, ni lui en moi. Il empêchera le parlement de me venir en aide, jusqu'à ce que je me marie. — Eh bien! mon prince, mariez-vous donc. — Harris, le remède est pire que le mal. — Voyons, si je proposais à M. Pitt de porter votre pension à 100,000 liv. par an (2,500,000 fr.), vous pourriez là-dessus mettre de côté tous les ans 50,000 l. pour payer vos dettes, et le roi vous rendrait sa bienveillance. — Non, décidément, Harris, le roi me hait! — Alors, mariez-vous. — Je ne me marierai jamais; ma résolution est bien prise. J'ai arrangé cela avec Frédéric (son frère). Non, je ne me marierai jamais. » Alors, Harris changeant de ton: «Permettez-moi, Monsieur, de vous dire, avec le plus grand respect, que vous ne pouvez pas avoir réellement pris cette résolution. *Il faut que vous vous mariiez;* vous le devez à votre pays, au roi, à vous-même. — Je ne dois rien au roi; Frédéric se mariera, et la couronne ira à ses enfants. »

James Harris avait été choisi secrètement pour mener à bien cette négociation; il avait pleins pouvoirs du roi et du ministère. L'influence de Mme Fitz-Herbert l'emporta quelque temps sur le besoin d'argent; mais, Harris aidant, les créanciers devinrent de plus en plus insupportables; le prince, dans un moment d'ennui, se détacha de Mme Fitz-Herbert et prit une autre maîtresse, moins dangereuse et plus accommodante. Enfin, un jour, le prince consentit à ce mariage, qu'il appelait un suicide.

La femme qu'on lui avait choisie était la princesse Caroline-Amélie-Elisabeth de Brunswick, fille de ce duc de Brunswick qui, en 1792, envahit si bruyamment la France. La mère de la princesse était une Auguste d'Angleterre, sœur aînée de George III.

A dix-huit ans, la princesse Caroline avait, en Allemagne, une réputation d'esprit et de grâce, et Mirabeau disait d'elle : « Elle est tout à fait aimable, spirituelle, jolie, vive et sémillante. » Mais, en 1794, la princesse Caroline avait un défaut : elle était née le 17 mai 1768, ce qui lui donnait plus de vingt-six ans. On faisait, de plus, courir sur son compte certains bruits d'amours contrariées, de fuite romanesque avec un jeune officier de la cour de Brunswick. Ce qu'il y a de certain, c'est que la princesse, toute franche, toute en dehors, avide de plaisirs et de jeunes folies, avait, fort innocemment sans doute, fait plus d'une fois scandale dans cette petite cour militaire, triste, rogue, guindée. On la disait difficile à marier.

C'était là, il faut bien l'avouer, un choix étrange, quand il ne s'agissait de rien moins que d'une reine d'Angleterre, appelée peut-être par les hasards de l'avenir à régner elle-même.

Au mois de novembre 1794, M. de Malmesbury partit pour aller faire à Brunswick la demande officielle. Il trouva, c'est lui qui nous le dit, une petite fille assez triviale, assez jolie, un peu gênée, ayant de beaux yeux, des dents à demi gâtées, des épaules *impertinentes*. Le 2 décembre, le contrat était signé. La petite cour allemande nageait dans le ravissement.

Au milieu de ces joies, le père prit à part le négociateur, et lui tint un grand discours, dont voici la substance :

« Elle n'est pas bête, mais elle n'a pas de jugement; elle a été élevée sévèrement; *il le fallait*. Surtout, recommandez-lui de ne pas faire de questions, de ne pas se montrer jalouse avec le prince. S'il a *des goûts*, qu'elle n'y prenne pas garde. »

Le duc avait fait de ces conseils un petit memento, une sorte de catéchisme conjugal. C'était peu rassurant.

Après le duc, ce fut le tour d'une Mlle de Herzfeldt, le *goût* du duc. Celle-là parla plus clairement encore.

« Monsieur le baron, dit la favorite (lord Malmesbury n'était encore que baron), il faut tenir sévèrement la princesse; elle n'est point méchante, mais elle manque de tact. Je vous en prie, faites que le prince, au commencement, lui fasse mener une vie retirée. Elle a toujours été très-gênée et très-observée : *c'était nécessaire*. Si elle se voit tout à coup jetée dans le monde, sans lisière, elle ne marchera pas *en mesure*. Elle n'a point le cœur gâté ; elle n'a jamais mal fait; mais, chez elle, la parole va toujours plus vite que la pensée ; elle parle sans réflexion, se livre, et par là il arrive que, même dans cette petite cour, on lui prête des inclinations et des sentiments qui n'ont jamais été les siens. Que sera-ce donc en Angleterre, où, dit-on, il ne manque pas de femmes habiles, intrigantes, qui l'entoureront, s'empareront d'elle; auxquelles (si le prince souffre qu'elle mène la vie dissipée de Londres) elle se livrera à corps perdu; qui mettront dans sa bouche tels propos qu'il leur plaira, puisque malheureusement elle parle à tort et à travers. Il y a en outre chez elle un bon fonds de vanité; et, bien qu'elle ne manque pas d'esprit, elle est toute en superficie. Qu'on la caresse, qu'on l'adore, la tête lui tournera. Ainsi arrivera-t-il si le prince la gâte ; il lui faut se faire craindre d'elle autant que se faire aimer. En un mot, qu'il la tienne *serrée*, s'il ne veut pas qu'elle *bronche*. »

La princesse Caroline eut aussi son entretien avec le baron. Elle s'y montra très-modeste, très-défiante d'elle-même. « Guidez-moi, » disait-elle. Le diplomate lui conseilla de parler peu, de se taire *surtout* pendant les premiers temps. Excellent moyen pour ne pas se compromettre. Avant toute chose, qu'elle ne se mêlât pas de politique, qu'elle ne fît pas de commérages, qu'elle fût bienveillante sans familiarité. La princesse prit tous ces avis à merveille, et montra une soumission exemplaire.

Il y eut, ce soir là, bal masqué, opéra. Le diplomate se promena gravement par les salons avec la princesse, l'observant, attendant l'occasion de placer un sermon, parlant à cette jeune fiancée du service divin, des devoirs religieux.

« Le prince va-t-il à l'église? demanda la princesse. — Vous l'y ferez aller. — Mais s'il ne veut pas? — Alors vous irez sans lui, et, à la fin, il ira avec vous. — Voilà une conversation bien sérieuse pour un bal masqué. »

Le baron, tout empesé dans sa mission, n'en devint que plus grave. Il se mit à rehausser l'honneur que faisait à la princesse une telle alliance. Elle, sur ce propos :

« Je voudrais, milord, être aimée du peuple. — Vous n'y réussirez, princesse, qu'en vous faisant rare. Se faire aimer du peuple, c'est là une illusion. Un pareil sentiment ne peut être partagé que dans un cercle très-étroit. Toute une nation ne peut que respecter et honorer une grande princesse, et c'est en réalité ce sentiment qu'on appelle mal à propos l'amour d'une nation. Ce n'est pas par la familiarité qu'on se le concilie, mais par une stricte observance des convenances et par un soin toujours éveillé à se tenir dans son rang — Ah ! dit la princesse un peu refroidie... A votre sens, milord, quelle serait la meilleure princesse de Galles, de moi ou de ma belle-sœur? »

Lord Malmesbury frémit; la question lui parut prodigieusement inconvenante, et il s'empressa d'y répondre de façon à dégoûter la pauvre Caroline de semblables échappées. « Princesse, vous avez tout ce que n'a pas votre belle-sœur, la beauté, la grâce... quant aux autres qualités, la réserve, la discrétion, le tact, vous pouvez les acquérir. — C'est donc à dire que je ne les ai pas, monsieur le baron? — Vous n'en sauriez assez avoir. — Mais comment se peut-il faire que ma belle-sœur, qui est plus jeune que moi, les ait plus que moi? — C'est qu'elle a été élevée dans les épreuves, et elle a maintenant l'avantage d'avoir mangé son pain bis le premier. — Ah bien, je n'apprendrai jamais cela ; je suis trop communicative, trop légère. — Réfléchissez seulement, et vous vous corrigerez. »

Il faut convenir que si jamais mariage apparut triste et rebutant à une pauvre fille, ce dut être dans les sermons du pédant diplomate.

La princesse partit le cœur gros. En chemin, le mentor ne tarit guère en gronderies. Caroline, très-bonne, faisait l'aumône sur la route; mais quoi!

elle la faisait en bourgeoise, de bon cœur, possible, mais sans dignité. Là où le ministre anglais donnait dix louis, la princesse en donnait un. Habitude pardonnable au début, et qui sentait sa petite cour gênée. Mais le baron ne pardonnait rien. Il se gonflait d'indignation, quand Caroline, s'oubliant, disait à ses femmes : « Mon cœur, ma petite, ma chère. » Et M. de Malmesbury malmenait dignement les femmes, et jetait par la portière quelque riche aumône, en s'écriant bien haut : « J'exécute les ordres de S. A. R. — C'est bien à moi, en vérité, de vous donner des ordres, » et la pauvre princesse boudait.

Autre sujet de fâcheries : la princesse s'habillait trop vite. « Le prince, Madame, disait l'ambassadeur, est très-curieux des soins de propreté. » « Le lendemain, écrit gravement lord Malmesbury dans son Journal, la princesse revint *très-bien lavée du haut en bas.* » Ecoutons ces curieux Mémoires :

« J'ai eu deux conversations avec la princesse Caroline, une sur la politesse, sur la propreté, et une autre sur la réserve dans les termes. J'ai tâché, *autant que le peut faire un homme*, de la convaincre de la nécessité de beaucoup d'attention dans toutes les parties de son habillement, soit en ce qui se voyait, *soit en ce qui était caché*... Je savais qu'elle portait de gros jupons, de grosses chemises et des bas de fil, et encore n'étaient-ils ni bien lavés ni changés assez souvent !... C'est étonnant comme sur ce point son éducation a été négligée, et combien sa mère, quoique Anglaise, y faisait peu d'attention. Notre autre conversation a été sur la manière légère dont elle parlait de la duchesse (sa mère), se moquant toujours d'elle et devant elle... Elle comprend tout cela, mais elle l'oublie.... »

Voilà quel fut, pour la princesse Caroline, l'avant-goût du mariage. Arrivée à Greenwich, elle y fut accueillie par une première grossièreté du prince de Galles. C'était sa nouvelle maîtresse, lady Jersey, que le fiancé envoyait à sa fiancée pour la recevoir à son premier pas sur la terre d'Angleterre. Encore, lady Jersey se fit attendre !

On arriva à Londres. Laissons lord Malmesbury raconter la première entrevue des futurs époux :

« Selon l'étiquette, je lui présentai la princesse Caroline, personne autre que nous n'étant dans la chambre. Elle se disposa, comme je lui avais dit de le faire, à s'agenouiller devant lui. Il la releva (assez gracieusement) et l'embrassa; il dit à peine une parole, tourna le dos, s'en alla dans un coin de la chambre, et m'appelant, il me dit : « Harris, je ne suis pas bien; ayez-moi, je vous prie, un verre d'eau-de-vie. Je lui dis : « Monsieur, ne feriez-vous pas mieux de prendre un verre d'eau? » Sur quoi, de très-mauvaise humeur, il me dit : « Non, je m'en vais chez la reine... » et il s'en alla. La princesse, laissée seule, était dans la stupéfaction, et elle me dit : « Mon Dieu ! est-ce que le prince est toujours comme cela? Je le trouve très-gros, et point du tout aussi bien que son portrait. » Je répondis que Son Altesse royale était naturellement affectée de cette première entrevue; mais qu'elle le trouverait certainement différent au dîner. »

Au dîner, la princesse chercha à venger son outrage; elle ne trouva que quelques traits lourds et déplacés à l'adresse de lady Jersey. Celle-ci ne répondit rien; mais Caroline venait, en quelques mots, de transformer une rivale triomphante en une ennemie implacable.

La première nuit des noces fut digne de ces fiançailles. Après quelques heures, le prince de Galles quittait le lit nuptial, sans dissimuler son trouble, sa colère et son dégoût. Que penser des mystères de cette nuit? On a parlé d'ivresse, de transports lubriques, de découverte humiliante. La scène du premier baiser d'entrevue permet de mettre au compte du royal dandy les torts véritables de cette séparation qui devait être éternelle.

Quoi qu'il en soit, il est certain que le prince, ivre comme un portefaix, passa la plus grande partie de la nuit couché, non dans le lit conjugal, mais sur un tapis.

Le premier prétexte officiellement choisi pour une rupture éclatante, fut une partie de promenade sur les bords de la mer, pendant laquelle le capitaine Pole, celui-là même qui commandait le yacht royal dans lequel la princesse avait fait le voyage d'Angleterre, fut l'objet de prévenances spéciales de la part de Caroline. Lady Jersey sut jeter des soupçons flétrissants sur ces démonstrations peut-être imprudentes.

Caroline, cependant, était mère. Elle accoucha le 7 janvier 1796, c'est-à-dire neuf mois après la consommation du mariage. La naissance de la princesse Caroline-Charlotte-Auguste de Galles ne put resserrer une union conclue sous d'aussi funestes auspices. Il semble même que cet événement ne fit que précipiter la réalisation d'un projet bien arrêté par le prince, celui d'une séparation définitive, absolue, consentie des deux parts. La princesse de Galles eut le beau rôle dans ce divorce moral. Elle accepta la répudiation en princesse outragée, mais elle en repoussa la responsabilité, que le prince de Galles se hâta d'assumer.

Une sorte de négociation se suivait à ce sujet entre les deux époux, depuis quelques mois ; elle aboutit, au commencement de mai 1796.

Les formes et les conditions respectives de la séparation furent arrêtées d'un commun accord, comme il résulte de la correspondance suivante :

Au château de Windsor, 30 avril 1796.

« Madame, lord Cholmondeley m'apprend que vous désirez que je définisse par écrit les termes auxquels nous devons vivre ensemble; j'essayerai de m'expliquer à cet égard avec autant de clarté et autant de convenance que la nature du sujet peut l'admettre. Nos inclinations ne sont pas en notre pouvoir, et l'un de nous ne saurait être rendu responsable vis-à-vis de l'autre de ce que la nature ne nous a pas créés à notre convenance mutuelle. Cependant une société tranquille et même agréable est en notre pouvoir; bornons à une semblable société nos liaisons, et je souscrirai formellement à l'engagement que vous me faites demander par l'intermédiaire de lady Cholmondeley, savoir, que même dans le cas où il arriverait malheur à ma fille, ce que la Providence, je l'espère, détournera dans sa miséricorde, je ne transgresserai point les termes de la restriction convenue, en proposant à aucune époque une liaison d'une nature plus intime. Je termine ici cette correspondance peu agréable, dans l'espoir que, après une explication complète de nos sentiments mutuels, le reste de notre vie se passera dans une tranquillité sans interruption.

« Je suis, Madame, en toute sincérité, votre

« GEORGE P. »

La princesse répondit :

Le 6 mai 1796.

« L'aveu de ce que vous aviez dit au lord Cho[lmondeley]

mondeley ne m'a ni surprise ni blessée; il ne fait que confirmer ce que, depuis une année, vous m'aviez donné à entendre. Mais, après cela, il y aurait de ma part un manque de délicatesse, ou plutôt une faiblesse indigne, à me plaindre des conditions que vous vous imposez à vous-même. Je n'aurais même pas répondu à votre lettre, si elle n'avait été conçue de façon à faire douter si cet arrangement venait de vous ou de moi; or, vous savez que le mérite en appartient à vous seul. Puisque, comme vous me l'annoncez, cette lettre est la dernière que je recevrai de vous, je suis obligée de communiquer au roi, comme à mon souverain et à mon père, votre aveu et ma réponse. Vous trouverez ici une copie de ma lettre à Sa Majesté; je vous en instruis, pour que vous ne m'accusiez pas de rechercher le bruit, moi qui n'ai plus désormais de protecteur que le roi et qui ne peux en référer qu'à lui en cette matière; s'il approuve ma conduite, ce me sera en quelque sorte une consolation. Je suis toujours pénétrée de reconnaissance de ce que, par votre grâce, je me trouve, comme princesse de Galles, avoir les moyens d'exercer une vertu chère à mon cœur, la charité. Mon devoir sera encore maintenant d'offrir un modèle de patience et de résignation dans toutes les épreuves. Rendez-moi la justice de croire que je ne cesserai jamais de prier pour votre bonheur et d'être votre très-dévouée,

« CAROLINE. »

A partir de ce jour, la princesse de Galles se retira à Black-Heath, dans le Devonshire.

Là, pendant plusieurs années, sa vie fut solitaire, obscure, sa conduite prudente. Elle avait été suivie dans sa retraite par les sympathies de son beau-père et de la nation, qui n'avait que mépris pour son époux. Caroline se donna tout entière à l'éducation de sa fille et à la culture des arts. De temps en temps, elle faisait une apparition à la cour, où le prince de Galles évitait soigneusement sa présence.

En 1804, quelques rumeurs fâcheuses coururent sur le compte de la princesse. On parlait, dans l'entourage du prince de Galles, de démarches scandaleuses, de rapports intimes avec lord Eardley. Un ami du prince, le comte de Moira, fit subir au concierge d'une maison de plaisance dite le Belvédère, un interrogatoire infructueux. L'émissaire du mari apprit seulement que Caroline y était venue avec quelques dames et un gentleman. L'implacable lady Jersey suivit cette trace, espérant de trouver quelque moyen de perdre la princesse. Mais ce ne fut qu'à la fin de 1805 qu'on put faire éclater un scandale. Une dame d'honneur de la princesse, lady Douglas, renvoyée par sa maîtresse, se vengea en l'accusant de relations adultères avec l'amiral Sidney Smith, avec un capitaine Manby. Elle ajouta que, depuis le mois de novembre 1801, on avait apporté à Black-Heath un tout jeune enfant, nommé William Billy Austin, qui était le fruit des amours adultères de la princesse. Sir John Douglas et le comte de Sussex, envoyés par le prince de Galles, avertirent de ces accusations le chancelier Turlow et le roi lui-même. La belle-mère de la princesse prit hautement parti pour son fils contre sa bru, et le roi ne put refuser une enquête.

Les commissaires nommés furent le lord chancelier, lord Grenville, lord Erskine, lord Ellenborough, et le comte Spencer. De nombreux témoins furent entendus, parmi lesquels le duc de Kent. L'enquête (la *delicate investigation*) n'établit que quelques familiarités sans importance et dont on ne pouvait faire un grand crime à une princesse délaissée. Caroline s'était promenée avec celui-ci, avait causé avec celui-là, avait reçu de sir Sidney Smith des dessins représentant la tente de Mourad-Bey pour une tenture d'appartement.

Quant au jeune Austin, on trouva qu'il avait été déposé, le 11 juillet 1801, à l'hôpital de Brownlow-Street, et qu'il était le fils de Sophie Austin et d'un charpentier de Deptfort, recueilli par la charité de Caroline. Si la princesse avait, comme on le crut toujours plus tard, dissimulé une grossesse, ses précautions avaient été bien prises.

Les conclusions de la commission d'enquête et du conseil privé, qui eut à statuer sur les résultats de l'enquête, furent :

« Nous nous félicitons de pouvoir déclarer à Votre Majesté qu'il n'y a aucunement lieu de croire que l'enfant qui se trouve actuellement entre les mains de la princesse de Galles soit son fils (ce qu'on avait soupçonné), ni qu'elle ait mis au monde aucun enfant dans le cours de l'année 1801. Il nous a paru également qu'il n'existait aucun motif de présumer que la princesse se fût trouvée enceinte dans le cours de cette même année, ni à aucune époque de l'espace de temps qu'ont embrassé nos recherches.

« Nous acquittons la princesse de Galles, et nous pensons que ses accusateurs mériteraient d'être poursuivis avec toute la sévérité des lois, s'il ne nous avait pas paru évident qu'ils n'ont été conduits à provoquer cette enquête délicate que par le désir de rassurer la postérité sur l'hérédité de la couronne qui pouvait être compromise, et par d'autres motifs également propres à servir les intérêts de la nation. »

Caroline reparut à la cour; mais, à la façon outrageante dont elle y fut reçue par les partisans du prince de Galles et de la reine-mère, elle comprit bientôt que sa situation n'y serait pas supportable. L'enquête avait été tenue secrète; la déclaration d'innocence était restée secrète comme l'enquête. Mais le scandale s'était accru de ce mystère même, et le conseil de Caroline, M Perceval, l'engagea à en appeler franchement à la publicité. Elle le fit, par cette lettre adressée à son beau-père :

« Sire,

« Je viens me plaindre à vous amèrement de la façon légère et peu convenable dont on a instruit l'accusation dont j'ai été l'objet.

« Les résultats de cette mystérieuse enquête n'ayant jamais été soumis à l'examen du public (circonstance tout à fait dérogatoire aux droits de tout citoyen qui a le bonheur de vivre sous cette constitution britannique, qui est le plus beau patrimoine des Anglais), il s'ensuit que j'ai été jugée à huis clos, et sans avoir été confrontée ni entendue en ma propre défense, contre l'esprit et la lettre de la loi. Est-il donc vrai que, dans ce pays comme ailleurs, on puisse éluder la justice?

« J'ose supplier Votre Majesté de daigner considérer que, la procédure intentée contre moi par mes accusateurs ayant démontré leur perversité, c'est bien le moins qu'on m'accorde la satisfaction de rendre la nation juge de l'opinion qui m'est due, en lui donnant connaissance de toutes les pièces du procès. C'est devant le public que j'ai été scandaleusement attaquée; c'est devant le public que je dois me défendre et prouver mon innocence.

« J'implore comme une grâce que Votre Majesté daigne ordonner que les diverses procédures de la commission spéciale du conseil privé seront publiées sans restriction, ou tout au moins consentir à ce que je me pourvoie devant la Chambre des lords, pour y être condamnée ou absoute comme de droit.

« J'invoque, Sire, un privilége qui appartient au dernier des sujets comme au prince du sang, celui d'être jugé par ses pairs. Si je suis coupable, pourquoi cacher mon crime, et retenir le glaive de la loi suspendu sur ma tête? Si je suis innocente, pourquoi épargner le même châtiment à ceux qui ont entrepris de me déshonorer et de me perdre? La dignité du pays veut un grand exemple. Les amis de mon époux le désirent sans doute. L'humanité, la justice le réclament impérieusement. »

George III répondit :

« Madame, je conviens que, parmi les lois si belles de la Grande-Bretagne, il n'en est pas une plus belle que celle qui autorise une femme outragée dans sa vie à rendre public le résultat de l'enquête légale dont sa conduite a été l'objet. Dans la vie privée plus particulièrement, c'est un avantage inappréciable. La liberté de la presse, qui donne à chaque individu le droit de porter sa cause devant le public, est un moyen sûr, ou d'empêcher le scandale, ou de le guérir; mais, dans un cas comme le vôtre, il est certaines formes par lesquelles on doit se laisser guider. Et pourquoi tiendriez-vous à mettre au jour des choses dont la seule imputation blesse la délicatesse, lorsque moi, le prince et mon conseil privé, avons jugé à propos de les envelopper des voiles du mystère?

« Quant au jugement que vous demandez à subir, ne vous suffit-il pas que votre conduite ait été jugée irréprochable, et que la sentence de la commission spéciale, instituée pour en connaître, vous ait rendu ce témoignage; que le conseil privé, la revisant ensuite, l'ait confirmée, en ajoutant à votre honneur que vous n'aviez rien fait, non-seulement de criminel mais même d'inconvenant (*improper*)?

« Que signifierait donc désormais un jugement? Cependant, si vous tenez à ce que la procédure soit imprimée, j'ordonnerai que l'on vous satisfasse sur ce point, en réservant la totalité des exemplaires pour la famille royale seule, et je la rassemblerai de nouveau, si cela est nécessaire, pour prendre en considération votre cas et la réparation qu'il exige. »

Caroline consentit à céder aux prières de son beau-père, mais à la condition que la réhabilitation serait complète, que ses priviléges de reine et de mère seraient entièrement respectés. Le prince de Galles se refusa énergiquement à cette réparation, et la princesse menaça de faire paraître la procédure. L'apparition de ce recueil, *the Book*, comme on l'appelait à l'avance, faisait déjà prévoir un scandaleux retentissement, quand la chute du ministère Grenville et Grey amena aux affaires M. Perceval, qui, sous le duc de Portland, devint ministre dirigeant. L'ancien conseil de la princesse conjura l'éclat; le *Book* fut supprimé, et, pour donner satisfaction à la princesse, George III lui fit, à Black-Heath, une solennelle visite. Pareilles démarches de déférence furent faites par les deux frères du prince de Galles, qu'accompagnait le duc de Cumberland, un des plus chauds partisans de Caroline. Une décision publique du conseil d'Etat confirma l'innocence de la princesse, et, pendant six ans, le calme se fit de nouveau dans la famille royale.

Mais la démence de George III, jusqu'alors accidentelle, ayant pris un caractère qui rendait impossible sa participation aux affaires, le prince de Galles se rallia aux tories, et, par cette attitude nouvelle, obtint d'être investi de la régence.

Alors, les persécutions recommencèrent contre Caroline. Les rancunes inassouvies se traduisirent en outrages; on lui interdit la vue de la princesse Charlotte, sa fille. Caroline réclama contre ces restrictions insultantes, dans une lettre écrite à son mari, le prince-régent, le 14 janvier 1812. Cette lettre, qu'avait écrite M. Brougham, nouveau conseil de la princesse, fut renvoyée deux fois sans avoir été lue. La troisième fois, il fallut bien la recevoir, et les journaux de Londres la publièrent, au grand émoi du parti du régent. L'opinion populaire s'en empara comme d'un grief nouveau contre les tories. Le conseil privé fut consulté de nouveau sur cette lettre et sur l'ensemble des pièces de la procédure de 1806. Le conseil se prononça de nouveau pour l'innocence de la princesse de Galles, mais en approuvant les restrictions apportées à ses communications avec la princesse Charlotte.

Alors, Caroline adressa au *speaker* (orateur ou président) de la chambre des communes une demande en communication de pièces, et une prière de procéder à un jugement public de sa conduite. Les motions qui tendaient à donner satisfaction à ces prières furent écartées, grâce aux efforts du ministère. Alors le *Book* parut. De leur côté, les partisans du régent mettaient en avant sir John et lady Charlotte Douglas, qui n'avaient pas honte de se dire prêts à soutenir devant une Cour de justice la vérité de leurs accusations premières.

Après la victoire des alliés sur la France, au mois de mai 1814, le roi de Prusse et l'empereur de Russie étant venus à Londres, la reine-mère écrivit à la princesse de Galles pour l'avertir qu'elle ne serait pas admise aux cercles de la cour, le régent ne pouvant se rencontrer avec elle. Caroline en référa directement au régent pour lui demander la raison de cette exclusion. Il ne fut pas répondu à sa lettre.

Cette invincible résistance de la princesse donnait au prince-régent de graves soucis, ameutait contre lui l'opinion populaire, et le tenait en échec jusque dans ses projets de politique et de père. Il y parut, quand il voulut marier la princesse sa fille.

Elevée loin de la cour, par l'évêque d'Exeter, assisté de la duchesse douairière de Leeds et de lady Clifford, la princesse Charlotte avait montré de bonne heure une fermeté d'esprit et une décision singulières. Lorsqu'elle fut en âge d'être mariée, le prince-régent arrêta pour elle une alliance de famille, et la destina au prince d'Orange, héritier présomptif du trône des Pays-Bas. La jeune princesse avait déjà donné son cœur à un prince qui se fit plus tard, sous le nom de Léopold Ier, roi des Belges, une réputation méritée d'honnêteté et de sagesse. La princesse Charlotte, toutefois, résolut d'obéir aux ordres de son père; mais, sur la liste dressée par elle-même des personnes invitées à son mariage, le premier nom qu'elle écrivit fut celui de sa mère. L'inflexible George retourna la liste, après en avoir effacé le nom de la princesse Caroline sa femme. Alors Charlotte, à son tour, renvoya la liste à son père; elle y avait aussi biffé un nom, celui de son futur époux.

La rancune aveugle du prince-régent, qui ne craignait pas de flétrir une mère aux yeux de sa fille, n'eut pas raison des résistances de la jeune princesse. Elle vint se réfugier dans la demeure de cette mère qu'on voulait lui apprendre à mépriser.

Pourtant, les sages conseils de M. Brougham amenèrent une transaction. Dans une lettre écrite au prince-régent le 25 juillet 1814, tout en énumérant une fois de plus ses nombreux griefs, Caroline fit part à son époux de la résolution qu'elle avait prise de quitter l'Angleterre et de se rendre à Brunswick, d'où elle partirait pour un long voyage. Son traitement de princesse de Galles avait été fixé par le parlement à 50,000 livres sterl.; elle déclarait n'en accepter que 35,000. Le prince-régent, qui quelques jours auparavant proposait au parlement de réduire ce traitement à 12,000 livres, se hâta d'accepter et d'acheter l'absence de la princesse.

Elle partit donc, le 9 avril 1814, sous le nom de comtesse de Wolfenbüttel.

De Brunswick, où elle ne fit que passer, elle partit pour la Suisse, visita l'Italie, la Grèce, la Turquie, la Palestine, Tunis, et revint s'établir dans deux résidences qu'elle habita alternativement, à Pesaro et à la villa d'Este, sur les bords du lac de Côme.

Sa suite se composait d'abord de gentilshommes et de dames d'honneur de la noblesse anglaise : lady Charlotte Lindsay, lady Elisabeth Forbes, M. Saint-Léger, M. William Gell, sir Keppel Craven, le capitaine Hesse, le docteur Tolland. Tous la quittèrent, au bout de peu de mois, sous différents prétextes. La maison de la princesse ne fut bientôt plus composée que de serviteurs italiens. Pendant ce long voyage de cinq ans, Caroline fit peu de bruit dans le monde. On sut seulement que, dans les premiers temps, elle avait été reçue avec distinction par le roi de Naples, Murat.

Mais la rancune persistante du prince de Galles la suivait dans son exil volontaire. La princesse Charlotte, sa fille, devenue duchesse de Saxe-Cobourg, mourut sans que le prince régent daignât même l'informer de cette perte. Elle n'apprit également que par hasard la mort de son beau-père, George III, arrivée le 29 janvier 1820.

L'élévation du prince de Galles au trône d'Angleterre, sous le nom de George IV, présageait à Caroline de nouveaux outrages. Le 12 février 1820, un ordre du conseil arrêta que désormais les prières de la liturgie britannique, qui s'étaient dites jusqu'alors pour le roi, la reine, le prince et la princesse de Galles, ne se diraient plus que pour le roi. A cette nouvelle, Caroline se hâta d'écrire au ministre comte de Liverpool pour se plaindre de l'omission insultante de son nom; elle annonçait en même temps qu'elle allait réclamer à Londres même ses priviléges de reine. L'opposition whig triompha de cette résolution, qui préparait à la royauté nouvelle des difficultés inattendues. Les tories menacèrent la reine d'un procès scandaleux, si elle osait toucher le sol de l'Angleterre. Depuis longtemps, George IV prenait ses précautions contre Caroline. Il l'avait entourée d'espions pendant son long voyage, sachant bien que sa conduite prêterait le flanc à des accusations graves. Lord Stuart, et un certain baron d'Ompteda, ancien ambassadeur à Vienne du roi de Westphalie, Jérôme Bonaparte, avaient institué à Milan une commission secrète, chargée de recueillir à l'avance les preuves d'intimités adultères. De ces preuves, on avait fait, disait-on, un faisceau redoutable.

Pendant deux mois, des notes furent échangées entre la reine et le ministère, par l'entremise de M. Brougham. On ne put parvenir à s'entendre, et, dans les derniers jours de mai 1820, Caroline arriva tout à coup en France.

Toutefois, sa résolution était encore chancelante, et elle ne s'avançait que lentement, quand, à Montbard, entre Dijon et Paris, elle rencontra l'alderman Wood. L'alderman, politique d'opposition, bruyant et violent, chercheur de popularité et prévoyant que la reine allait devenir l'idole des cockneys (badauds), offrit respectueusement à la reine ses conseils et son appui. Il lui représenta la nécessité d'arriver au plus vite, et Caroline pressa son voyage.

Sachant qu'elle était appelée en Angleterre par les vœux du peuple, elle brûla Paris et courut à Saint-Omer. Elle y trouva M. Brougham.

M. Henri Brougham, conseil légal de la reine, encore jeune, très-ambitieux, brillant de science et d'éloquence, s'était fait, dans le parti whig, une réputation du premier ordre. Il avait pris, par la défense du démagogue Hunt, une place éminente dans le barreau anglais. Depuis 1810, il siégeait au parlement.

M. Brougham, en 1814, avait désapprouvé l'exil volontaire de Caroline; à Saint-Omer, il laissa entendre à la reine que lord Liverpool ferait de larges concessions, pour conjurer sa présence. Mais il ne dit pas un mot d'un accord secret proposé par ce ministre, qui offrait comme condition de l'absence de Caroline, d'élever son traitement annuel à 50,000 livres sterl. Caroline, bien entendu, s'engagerait à rester pour toujours en pays étranger, et à ne jamais prendre le titre de reine, ni aucun autre appartenant à la famille royale d'Angleterre. Ce fut lord Hutchinson qu'on chargea de faire cette ouverture à la reine. Caroline la repoussa avec indignation, et, le 3 juin 1820, elle s'embarqua sur le paquebot anglais *le Prince Léopold*.

Quelle avait été dans tout cela l'attitude de M. Brougham? On comprend jusqu'à un certain point qu'on ait soupçonné des motifs secrets à sa conduite. Il avait d'abord proposé d'éloigner la reine, puis il lui avait, de son propre aveu, caché le consentement du ministère au maintien de sa pension de 35,000 livres, et plus tard l'offre supérieure à cette proposition même. Enfin, s'il avait fait avertir la reine des intentions nouvelles de lord Liverpool, ç'avait été de façon à les faire repousser à coup sûr. Lord Brougham a, depuis lors, expliqué sa conduite; il a dit que les sentiments du roi à son avénement ne permettaient pas d'espérer un arrangement amiable entre les deux époux, et que d'autres événements *secrets, étranges et impossibles à dire*, l'avaient empêché lui-même de suivre sa première idée. Que lord Brougham ait varié dans ses résolutions et dans sa conduite, il n'y aurait pas là de quoi surprendre ceux qui connaissent la vie de cet homme illustre; mais peut-être seulement fut-il contrecarré par la nouvelle influence qui s'était emparée de la reine, celle de l'alderman Wood, qui sut la jeter et la retenir dans la résolution d'une lutte ouverte, publique, avec le roi.

Le 4 juin, le paquebot entra dans le port de Douvres, battant pavillon royal et salué par l'artillerie des forts. La population tout entière accueillit la reine de ses acclamations frénétiques. Il en fut de même partout sur son passage. Chaque ville, chaque bourg, lui présenta son adresse de félicitations enthousiastes et respectueuses.

A Londres, cependant, le ministère apprenait à la fois, et ce retour, et l'accueil des populations. Il crut arrêter la marche triomphale de la reine en réalisant ses menaces, et, le 6 juin, à cinq heures du soir, un Message royal était présenté par lord

Liverpool à la chambre des lords, par lord Castelreagh à la chambre des communes. Sur le bureau de cette dernière, était déposé un sac vert contenant les documents accusateurs. La reine était formellement accusée, dans le Message, de liaisons adultères et d'indignités. La formule consistait à « appeler l'attention du parlement sur certains documents concernant la conduite de la *princesse de Galles*, depuis son départ du royaume. » Lord Liverpool demandait la formation d'un comité secret de quinze membres, pour prendre connaissance des pièces.

« Au reste, Milords, ajouta-t-il, en voyant beaucoup de visages consternés, le fait d'un adultère commis au dehors avec un étranger ne constitue qu'une *injure* dans l'ordre civil. »

Cela voulait dire que l'accusation, ne portant pas sur un crime, n'entraînait pas la peine de mort.

La reine arrivait pendant ce temps-là. Londres lui avait préparé, en quelques heures, une réception magnifique, que ses partisans comparaient à celle des souverains alliés, et ses ennemis, à la marche menaçante de Hunt et de ses radicaux. On voulut dételer ses chevaux et traîner sa voiture. En passant

La Reine Caroline d'Angleterre.

devant la résidence du roi, Carlton-House, l'immense cortége s'arrêta et poussa trois grognements (*groans*) formidables. La reine descendit chez l'alderman Wood. A la nuit, des illuminations éclatèrent par la ville, et des bandes hurlantes veillèrent à ce que l'enthousiasme brillât en lignes de feu à toutes les fenêtres.

Cependant, en réponse au message royal, la chambre des lords s'était formée en comité secret.

Aucune conciliation ne paraissait possible; à ce moment, toutefois, eut lieu un essai de transaction. La reine fut officiellement informée des propositions officieuses que lui avait faites lord Hutchinson; elle consentit à les faire discuter par ses deux conseils, MM. Brougham et Denman. Le roi, de son côté, nomma pour arbitres le duc de Wellington et lord Castelreagh.

La reine resta intraitable sur l'article de la liturgie, que les arbitres du roi soutinrent, d'abord parce que le roi ne voulait rien rétracter, puis parce que la mesure avait été prise indépendamment de l'enquête parlementaire, enfin, parce que cette mesure rentrait dans la prérogative du chef de la famille.

Ces deux obstinations rendaient la lutte inévitable. Le 22, les lords firent une dernière démarche; quatre d'entre eux apportèrent à la reine une respectueuse motion de la chambre, tendant à la dissuader d'insister sur la liturgie. Ils la lui présentèrent à genoux. La foule, qui les avait hués au passage, criait pendant l'entrevue : « Que Votre Majesté ne renonce pas à ses droits. » Des hourras formidables éclatèrent quand on apprit que la reine ne cédait rien. Vive Sa Majesté! Vive l'innocente! hurlait la multitude. Des bandes coururent sur Carlton-House, lancèrent des pierres contre les vitres; l'attitude imposante de la garde put seule sauver le palais.

A partir de ce jour, Caroline quitta prudemment le voisinage de la résidence royale, et prit pour demeure Brandenburg-House.

Le 28, les lords commencèrent l'examen des pièces. Quant aux communes, elles avaient pris en considération le Message; mais elles s'étaient refusées à ouvrir le sac vert.

Le 29 juin, lord Liverpool lut le bill suivant, dit bill de peines et châtiments (*Bill of pains and penalties*):

Attendu que, dans l'année 1814, S. M. Caroline-Marie-Elisabeth, alors princesse de Galles et maintenant reine-épouse d'Angleterre, résidant alors à Milan, prit à son service le nommé Barthélemy Bergami ou Pergami, étranger de basse condition,

Le courrier Bergami.

ayant été domestique; attendu, qu'après que ledit Bergami fut entré au service de S. A. R., il y eut entre eux une intimité inconvenante et dégoûtante, et que non-seulement S. A. R. l'éleva à un poste éminent dans sa maison et l'admit à des relations confidentielles avec sa personne, mais encore lui conféra les marques les plus extraordinaires de faveur et de distinction, en lui obtenant des ordres de chevalerie et des titres d'honneur, et en lui conférant un prétendu ordre de chevalerie que S. A. R. avait pris sur elle d'instituer, sans en avoir le droit ni le pouvoir; attendu que ladite A. R., oubliant encore davantage l'élévation de son rang et ses devoirs envers V. M., n'ayant plus aucun égard à son honneur ni à son caractère, s'est conduite avec ledit Bergami, en d'autres occasions, tant en public qu'en particulier, avec une familiarité indécente et une choquante liberté, dans les divers pays visités par S. A. R., et qu'enfin elle a eu un commerce licencieux, dégradant et adultère (*licentious, disgraceful, and adulterous intercourse*) avec ledit Bergami, commerce qui a été continué pendant un long laps de temps durant le séjour de S. A. R. dans l'étranger, au grand scandale et déshonneur de la famille royale et de ce royaume;

A ces causes, voulant manifester notre conviction intime que, par cette scandaleuse, déshonorante et vicieuse conduite, S. M. la reine a violé ses devoirs envers V. M., et s'est rendue indigne du rang élevé de reine-épouse de ce royaume; voulant témoigner un juste respect pour la dignité de la couronne et l'honneur de la nation; nous, les très-soumis et très-fidèles sujets de V. M., les lords spirituels et temporels, ainsi que les députés des communes, assemblés en parlement, nous supplions V. M. d'ordonner ce qui suit :

Qu'il soit ordonné par la Très-Excellente Majesté du roi, avec l'avis et le consentement des lords spirituels et temporels et des députés des communes, réunis dans le parlement présentement assemblé, et par leur autorité, que ladite Majesté Caroline-Amélie-Elisabeth, dès que cet acte aura passé, sera dépouillée du titre de reine et de tous les droits, priviléges, prérogatives et exemptions qui lui appartiennent comme reine-épouse de ce royaume; qu'elle sera déclarée incapable d'exercer aucun de ces droits et de jouir d'aucune de ces prérogatives; et, de plus, que le mariage entre S. M. le roi et ladite Caroline-Amélie-Elisabeth soit, par le présent acte, dissous pour toujours, totalement annulé et mis au néant sous tous les rapports et dans toutes ses conséquences.

C'était une mesure grave que cette proposition d'un bill de peines, et qui devait donner à l'affaire un tout autre retentissement que la procédure ordinaire par la voie d'*impeachement* (accusation). Dans ce dernier cas, un vote de la chambre des communes eût suffi; dans le premier, les charges contenues dans le bill devaient être examinées par les deux chambres, et le jugement de la chambre des lords devait être soumis à la chambre des communes.

Les preuves furent remises après la seconde lecture du bill, qui fut fixée au 17 août.

Les conseils de la reine étaient MM. Brougham, Denman, le docteur Lushington, John Williams, Tindal et Wildes.

L'accusée ne reçut pas, comme il était d'usage en pareil cas, une notification spécifiée des charges qu'on allait lui imputer, ni la liste des témoins qu'on devait produire pour prouver ces charges.

Le 17 août, le Procureur général de la couronne (*general attorney*), sir Samuel Shepherd, communiqua l'acte d'accusation.

Ce long exposé, qui occupa deux séances, et fut plus d'une fois interrompu par les défenseurs de la reine, peut être résumé ainsi qu'il suit dans les points principaux :

La reine Caroline, après avoir quitté l'Angleterre en 1814, non pas, comme on avait voulu le faire entendre, malgré elle, mais de son propre gré et par des raisons bien connues d'elle, s'était rendue d'abord à Brunswick, et de là en Italie.

En quittant le royaume, la reine avait une maison composée de personnes « assorties à son rang et prises dans la classe élevée, dans les familles distinguées de ce pays. » Ces personnes, à l'exception d'une seule, M. Saint-Léger, la suivirent à Milan.

Dans la première quinzaine de son séjour à Milan, la princesse prit à son service un individu nommé Bergami, en qualité de courrier, valet de pied ou valet de place.

Partie pour Rome, S. M. se rendit ensuite à Naples. Déjà, dès le premier jour où elle fut installée à Naples, la reine ordonnait que l'enfant, William Austin, ne coucherait plus dans sa chambre, comme précédemment, donnant pour raison qu'il n'était plus d'âge à permettre un tel rapprochement.

Un soir, une des femmes de chambre de la reine la vit singulièrement agitée, au retour de l'Opéra; elle avait fait préparer, à côté de sa chambre à coucher, une autre pièce avec un lit, pièce communiquant directement avec la sienne. On crut que ce lit était destiné à l'enfant; mais ce fut Bergami qui fut destiné à l'occuper. La femme de chambre, qui offrait ses services à S. M., fut renvoyée; cela l'étonna beaucoup. Mais le lendemain, elle fut bien plus surprise, en voyant que le lit de la reine était resté dans le même état où il se trouvait la veille au soir, tandis que le lit de Bergami portait les marques évidentes qu'il avait servi de couche à deux personnes.

Cette seule circonstance, isolée de toutes les autres, disait sir Samuel Shepherd, suffirait à établir devant un jury la preuve de l'adultère. Mais il fallait se résoudre à peindre par le détail la longue série de ces rapports licencieux, rendus plus scandaleux encore par une foule de circonstances aggravantes.

Bergami, à ces premiers moments du commerce adultère, remplissait encore les fonctions d'un simple valet à table et d'un simple courrier en voyage. Cependant, les domestiques apercevaient déjà entre la reine et lui les familiarités les plus indécentes. Il déjeunait seul avec elle dans sa chambre à coucher, et on les vit se promener sur la terrasse de la maison, se donnant le bras. La reine ayant donné au roi de Naples et à la noblesse de cette capitale un grand bal masqué, elle y parut dans divers costumes indécents pour une femme, et, chaque fois qu'elle en changea, elle se retira seule avec Bergami, sans être accompagnée d'aucune de ses femmes.

Autre fait plus positif encore. Bergami, blessé d'un coup de pied de cheval, était malade, et avait obtenu qu'un de ses amis fût introduit dans la maison pour le soigner. Cet individu, couché près de la chambre de Bergami, entendit plusieurs fois, après que tout le monde se fut retiré, la reine se glisser avec précaution, à travers le corridor, dans la chambre de Bergami. Ayant prêté l'oreille, cet individu entendit distinctement des bruits qui lui prouvèrent que la reine et Bergami s'embrassaient. (*He could hear sounds which convinced him that Her Majesty and Bergami were.... were.... in short he could hear them kissing.*)

Cette phrase, dont nous n'avons pu rendre pour le lecteur français les réticences ignobles et la chute brutale, excita dans l'assemblée les murmures les plus vifs de dégoût ou d'indignation.

Du mois de novembre au mois de mars, continuait l'exposé d'accusation, le commerce adultère devint plus intime. Dans ses parties de plaisir, la reine se montrait rarement avec les dames anglaises de sa suite. Un jour, elle se présenta au théâtre San Carlo, et à une mascarade publique, dans un costume si indécent, que le public l'insulta, et qu'elle fut obligée de se retirer.

De Naples, la reine alla à Rome, à Civita-Vecchia à Gênes. Etant à bord de la frégate *la Clorinde*, capitaine Peachall, elle fit servir Bergami derrière sa chaise, ce qui n'empêcha pas qu'à Gênes la même familiarité ne fût remarquée entre eux. Bergami l'accompagnait à la promenade. Peu à peu, il commença à se soustraire aux fonctions serviles. Il avait fait placer dans la maison une fille à lui, âgée de deux à trois ans, nommée Victorine. La reine ne pouvait pas ignorer qu'il était marié. Des témoins prouveraient que, dans les auberges de Gênes, l reine faisait constamment loger Bergami dans une chambre qui communiquait avec la sienne; que les femmes de chambre, tous les matins, trouvaient le lit de la reine intact, de sorte qu'elles n'avaient besoin que de remettre un peu la couverture, tandis qu'elles voyaient les preuves évidentes que le lit de Bergami avait servi à deux personnes...

A Milan, complétement abandonnée des Anglais de sa suite, la reine, vers la fin de mai 1815, prit dans sa maison et plaça à sa table, comme dame d'honneur, une comtesse Oldi, sœur de Bergami, et celui-ci n'en restait pas moins son courrier. Les autres domestiques ignoraient que la comtesse Oldi fût la sœur de Bergami.

Arrivée à Venise, la reine se compromit encore, aux yeux de sa maison, par d'autres marques de familiarité.

Un jour, après le dîner, lorsque les domestiques se furent retirés, une servante de l'hôtel vit la reine donner une chaîne d'or à Bergami, et la lui passer elle-même au cou. Bergami l'ôta ensuite et la mit, en jouant, au cou de la reine, qui l'ôta à son tour et la replaça au cou de Bergami.

En août 1815, la reine visita le Saint-Gothard; elle dîna dans une auberge, à Varèse, et, après le dîner, passa avec Bergami dans une chambre à coucher, où ils restèrent enfermés très-longtemps.

Aux îles Borromées, que la reine avait déjà visitées en revenant d'Allemagne, elle descendit à la même auberge, mais elle ne voulut pas occuper l'appartement où elle avait logé la première fois, parce que la chambre à coucher ne communiquait avec aucune autre, et elle prit un appartement moins somptueux que le premier, parce qu'il offrait cette commodité.

A Bellinzone, la reine commença à admettre à sa table Bergami, qui y prit place en habit de courrier.

A Villa d'Este seulement, sur le lac de Côme, en novembre 1815, elle se décida à élever Bergami au rang de chambellan, afin de sauver les apparences. Depuis ce temps, il dîna toujours à la table de la reine.

En novembre 1815, la reine s'embarqua sur le *Léviathan*, pour passer en Sicile. On avait destiné à deux femmes de chambre une cabine voisine de celle de la reine; elle la fit donner à Bergami.

A Messine, la chambre de la reine était séparée de celle de Bergami par la chambre de la comtesse Oldi. Une femme de chambre déclarait qu'elle avait vu souvent la reine traverser la chambre de la comtesse comme si elle venait de celle de Bergami. Souvent, la reine se retirait de bonne heure, et n'appelait aucune de ses femmes pour la coucher. On la voyait fréquemment aussi s'enfermer, sans motif apparent, et l'on pensait que c'était pour passer ces instants avec Bergami, qu'elle traitait en public de la manière la plus affectueuse, l'appelant son ami, et quelquefois son *cœur*.

Le 6 janvier 1816, la reine s'embarqua sur la frégate *la Clorinde*, à bord de laquelle elle avait déjà fait un premier voyage, sous le même capitaine Peachall. Cet officier pria S. M. de lui épargner le désagrément de s'asseoir à sa table avec un homme qu'il avait si récemment connu domestique. La reine, au lieu de montrer un juste mécontentement de cette démarche, se borna à refuser la table du capitaine, et se fit servir à part avec Bergami.

A Syracuse, même arrangement pour les chambres. A Catane, les filles de chambre ayant une fois veillé pendant presque toute la nuit, virent la porte de la chambre de Bergami s'ouvrir, et la reine sortir de cette chambre, dans un état qui annonçait qu'elle y avait couché. Elle était déshabillée, et portait sous son bras un oreiller.

A Catane encore, la reine avait obtenu pour Bergami le titre de chevalier de Malte; peu de temps après, à Augusta, celui de baron Francini della Francina. Dans l'une et l'autre ville, elle avait fait faire plusieurs fois son portrait et celui de cet homme, qu'elle échangeait avec le sien. Dans l'un de ces portraits, la reine était représentée en Madeleine, avec une grande partie du corps découverte; dans un autre, elle s'était fait peindre en costume turc, et elle avait fait peindre également Bergami sous ce costume.

A bord du bâtiment qui transporta la reine à Tunis, le seul passage pour gagner sa chambre à coucher traversait celle de Bergami. A cette époque, Bergami entrait librement dans la chambre de la reine, même lorsqu'elle était au lit.

Le 12 avril 1816, la reine couche à Savona. Là se passent, selon l'exposé d'accusation, des faits prouvant encore plus évidemment l'adultère.

Il n'y avait pas de lit dans la chambre de Bergami, mais il y en avait un grand dans celle de la reine; et, comme le matin il paraissait évident que deux personnes y avaient couché, il était également certain que la reine n'y avait pas couché seule.

Un fait seul suffirait pour établir l'adultère. D'Afrique, la reine alla à Athènes. Un capitaine de vaisseau anglais étant venu présenter ses respects à sa souveraine, on lui fit traverser un jardin, et on le conduisit à une alcôve, où il trouva la reine assise avec Bergami et la comtesse Oldi. L'officier vit, avec surprise, Bergami se lever et se retirer, sans saluer S. M., de manière à faire croire qu'il se considérait comme son égal.

A Éphèse, la reine se fit arranger une chambre à coucher dans le vestibule d'une vieille église entourée d'arbres. On lui servit à dîner pour elle et pour son chambellan; elle était assise, dans cette salle, sur un petit lit de voyage. Bergami était assis par terre, à côté d'elle, et après le dîner, ils restèrent ensemble un temps considérable.

A Aum, en Syrie, autres faits d'une nature bien plus frappante. On éleva une tente à la reine; un lit y fut placé; on l'y vit déshabillée et Bergami presque déshabillé à côté du lit. Il resta un temps considérable, et sortit dans cet état.

A Jérusalem, la reine fait nommer Bergami chevalier de l'ordre du Saint-Sépulcre, et crée un nouvel ordre, qu'elle appelle Sainte-Caroline de Jérusalem; elle donne cet ordre à plusieurs de ses domestiques, et Bergami en est nommé le grand maître.

Dans la traversée de Jérusalem à Jaffa, la reine, vû l'extrême chaleur, refuse de coucher dans sa chambre; elle fait dresser une tente sur le pont; son lit y est placé, et, tout près, sans aucune espèce de séparation, est établi un lit pour Bergami. Ils couchent ainsi désormais sans interruption, jusqu'à son retour en Italie. A bord du bâtiment, la reine prend souvent des bains, et Bergami est la seule personne qui la soigne, et qui reste seule avec elle pendant qu'elle se baigne.

Le 24 août, jour de la Saint-Barthélemy, patron de Bergami, on est en mer; la reine choisit ce jour pour donner une grande fête à bord du navire, et tout l'équipage boit à la santé de la reine, en joignant son nom à celui de Bergami.

Revenus à Villa d'Este, le frère de Bergami est créé préfet du palais. Sa mère, à l'avenir, s'appellera Mme de Livris. Au théâtre de Villa d'Este, on joue des pièces où la reine choisit des rôles dans lesquels Bergami est son amant.

Une fois, un courrier que Bergami avait expédié à Milan revient dans la nuit; personne n'étant, à cette heure, levé pour l'introduire, ce courrier juge convenable d'aller droit à la chambre de Bergami; il ne l'y trouve point; mais, bientôt, il le voit sortir en robe de chambre de la chambre de la reine. Bergami comprend la nécessité de trouver une excuse, et il dit au courrier qu'ayant entendu pleurer sa petite fille dans la chambre de la reine, il est allé l'apaiser. Il recommande, toutefois, le secret à cet homme.

Bientôt, la reine achète pour Bergami, dans le voisinage de Milan, une terre et une maison à laquelle elle donne le nom de Villa Bergami ou la Baronna; « et cette maison devint, dans le carnaval de 1817, le théâtre de scènes dégoûtantes, plus dignes d'un lieu de débauche (*common brothel*), que de la résidence d'une princesse anglaise. »

De là, la reine alla visiter le Tyrol.

Un jour, Bergami étant parti pour Inspruck, et ne devant pas revenir le soir, la reine fit coucher une de ses filles de chambre auprès d'elle; Bergami revint au milieu de la nuit et alla droit à la chambre de la reine, qui renvoya la fille et garda Bergami.

Dans un voyage qu'elle fit ensuite à Carlsruhe, la reine logea dans une auberge, et voulut avoir, pour elle et Bergami, des chambres qui communiquassent entre elles. Le lendemain matin, la servante entrant dans la chambre de Bergami pour lui apporter de l'eau, vit, avec étonnement, la reine assise sur le lit de son chambellan, avec un bras passé autour de son cou. Lorsque la servante fit le lit, elle y trouva une robe qu'on alla ensuite porter à la reine. « Et, dans ce lit, furent remarquées des traces qui... pour ne pas entrer dans des détails plus précis, ne laissaient aucun doute sur la nature des rapports qui avaient existé entre S. M. et Bergami. (*And, on that bed also were discovered marks which... not to enter into a more particular explanation, could leave not doubt of the nature of the intercourse which have taken place between Her Majesty and Bergami.* »

Résumant les faits à la charge de la reine, le Procureur général observa que, jusqu'à l'époque de sa liaison avec Bergami, elle avait toujours conservé sa dignité de princesse anglaise et protestante, qu'elle n'avait pas cessé d'assister au service, là où il se célébrait suivant le rite de l'Église anglicane; mais que, à partir de cette époque, elle avait ostensiblement accompagné Bergami dans les églises catholiques, et y avait assisté au service, à genoux, à ses côtés.

Ce valet, disait sir Samuel Shepherd, presque sans ressources lorsqu'il était entré au service de la reine, avait bientôt déployé l'opulence la plus éhontée. Il avait établi à côté de lui, à divers titres, mère, frère, sœur, enfant, cousines, toute sa famille enfin, à l'exception de sa femme.

De cet ensemble de faits, ressortait donc invinciblement pour l'accusation l'évidence de l'adultère.

Pendant ces longs préliminaires, l'agitation publique allait croissant. Des bandes menaçantes de dix mille et de vingt mille hommes parcouraient les rues de Londres en acclamant la reine et en insultant le roi. Des adresses arrivaient de toutes les villes du royaume, pour encourager Caroline à la résistance.

L'exaltation des partisans de la reine allait jusqu'à contester, à son profit, les droits du roi à la couronne. Ainsi, un M. William Franklin, dans un placard intitulé : *Mal à celui qui pense mal!* s'écriait, en langage mystique : — Il ne s'agit pas de vaines protestations de dévouement, il faut des actes. Organisons une souscription pour un service de vaisselle digne de notre souveraine.... De grands événements sont ensevelis dans l'obscurité de l'avenir...

« Après tout, hormis les accidents sans valeur de sexe et de primogéniture, quel droit le roi possède-t-il sur la nation, que la reine ne possède en commun avec lui? L'Angleterre fut-elle jamais plus heureuse qu'aux jours d'or de la bonne reine Bess (Elisabeth), ou sous le règne glorieux de la reine Anne? Nos libertés anéanties sont sûres de ressusciter dans l'*instrumentalité providentielle* (*providential instrumentality*) de cette noble princesse, dont tout présage la prochaine et éclatante absolution. — On souscrit chez... »

On eut le bon sens de ne pas poursuivre ce Franklin, et le *Times* en tira la conclusion que le placard était une invention des ennemis de la reine, qui cherchaient à l'envelopper dans une accusation de haute trahison.

L'audition des témoins commença le 11 septembre.

Le premier témoin à charge entendu est *Majocci* (*Théodore*), de Solandi, près Lodi. En entendant prononcer ce nom, l'accusée s'écrie, avec émotion : *Quoi! Théodore!* Elle se lève aussitôt, et se retire précipitamment dans l'appartement qui lui a été destiné.

Caroline expliqua cette exclamation à ses amis, en leur disant qu'elle n'avait pu supporter l'ingratitude d'un homme qu'elle avait comblé de bienfaits.

Majocci dit d'abord qu'en 1813 et 1814, il avait connu Bergami valet au service du général Pino; Bergami était alors plus pauvre que riche, car il n'avait que sa paye, montant à trois livres de Milan par jour. A la fin de 1814, il avait revu à Naples Bergami courrier ou écuyer de S. A. R. Au commencement de 1815, Majocci entra lui-même au service de la princesse.

— Bergami portait la livrée comme moi. J'étais couché dans un petit cabinet voisin de la chambre de Bergami. Je vis la reine passer deux fois, et entrer dans la chambre de Bergami, où elle resta environ quinze minutes. En passant, elle parut examiner si je dormais, et, croyant que je ne pouvais la voir ni l'entendre, elle passa outre. Je les entendis alors parler ensemble à voix basse. J'ai vu souvent le lit de la princesse intact, et j'ai pu reconnaître que le lit de Bergami avait servi à deux personnes.

A Terracine, j'ai vu Bergami, en faisant ses adieux à la princesse, la baiser sur la bouche. J'apportais l'eau, pour les bains de la princesse, dans la cabine du vaisseau; Bergami y conduisait S. A. R., fermait la porte et restait seul avec elle...

J'ai vu souvent Bergami et la princesse aller tous seuls ensemble sur le lac de Como. Je les ai vus s'enfermer seuls à clef. J'ai vu les *ginocchi* du Turc Mahomet, devant la reine et Bergami, à la Villa d'Este.

(Ces *ginocchi*, que l'acte d'accusation traduisait par *scènes scandaleuses et dégoûtantes*, les amis de la reine disaient que c'étaient tout simplement des *salamalecs*, des manières de faire un compliment; mais l'explication, comme on le verra, n'était pas admissible.)

Toujours, continue *Majocci*, la chambre de la reine communiquait avec celle de Bergami. J'ai vu, un jour, S. A. R. panser, de ses mains, la blessure d'un coup de pied de cheval qu'avait reçu Bergami.

A Gênes, j'ai vu la princesse venir déjeuner dans la chambre de Bergami. J'ai vu Bergami prendre la princesse à bras-le-corps pour la monter sur un âne.

A Villa Villani, j'ai vu Bergami revêtu une robe de chambre doublée de rouge qu'avait portée la princesse.

A Messine, les chambres à coucher de la princesse et de Bergami étaient séparées par la chambre de la sœur de Bergami, tandis que les autres personnes de la suite couchaient dans une autre partie de la maison.

A Syracuse, il y avait un escalier secret qui communiquait de la chambre de la princesse avec celle de Bergami.

A Catane, les deux chambres étaient séparées par une cour dans laquelle personne ne pouvait pénétrer quand la porte était fermée.

A la grotte des Sept-Dormants, la princesse et Bergami dînèrent seuls sous une tente. Je fus chargé du service, et je vis que, pendant que la princesse était sur un lit, Bergami était à ses pieds. Dans la tente intérieure, et pendant le temps destiné au sommeil, Bergami et sa petite ont été vus sur un lit ou sofa.

En mer, sur la route de Jaffa, Bergami passait les nuits dans la tente dressée sur le pont, qui contenait un sofa et un lit de voyage; il fermait cette tente chaque soir, de manière que personne ne pût voir ce qui s'y passait.

Commencée le 21 août, la déposition de *Majocci* continue le 22; ce jour-là, la reine est présente. Elle a pris place à un endroit où il lui est possible de regarder le témoin bien en face; elle a levé son voile, et écoute attentivement.

Le témoin.—En Allemagne, comme en Italie, la chambre de la princesse et celle de Bergami communiquaient presque toujours, et étaient séparées des chambres des personnes de la suite. Tous deux firent le voyage dans la même voiture: j'y trouvai un jour une bouteille qui avait servi aux besoins naturels de tous les deux.

A Villa Villani, j'ai vu Bergami entrer chez la princesse en robe de chambre, en bas et en caleçon (*cangianti*).

M. Brougham contre-examine le témoin.

D. N'avez-vous pas été chassé du service du général Pino pour avoir tué un cheval, et ne l'avez-vous pas dit à quelqu'un? — R. Non.

D. La reine n'avait-elle pas l'habitude d'aller voir tous les gens de sa maison lorsqu'ils étaient malades? — R. Je n'en sais rien.

D. N'êtes-vous pas le chef de la bande endoctrinée et soldée par votre ami Ompteda, ministre d'Hanovre?

L'Attorney général. — Le témoin ne doit pas répondre à la question, parce que c'est supposer que le témoin était ami d'une bande de voleurs.

M. Brougham. — C'est le baron Ompteda qui était le chef de cette bande.

D. N'avez-vous pas frappé une nuit violemment à la porte de Bergami? — R. C'est à l'époque où l'on avait commis un vol chez la princesse.

D. Avez-vous regardé par la fenêtre? — R. Oui, et, parce que j'aperçus un homme fort grand, je pris un fusil et tirai dessus.

D. Vîtes-vous, à cette occasion, quelqu'un avec une épée nue.—R. Je ne me le rappelle pas (*Non mi ricordo*).

D. Vîtes-vous le capitaine Human? — R. *Non mi ricordo.*

D. Geronimo y était-il? — R. *Non mi ricordo.* Toute la maison y était, mais je ne suis pas sûr de chaque individu.

D. Bergami y était-il? — R. Oui, je l'ai vu.

D. Combien de temps après la première alarme frappâtes-vous à la porte de Bergami? — R. Environ trois minutes après le coup de fusil.

D. Après avoir frappé à la porte, voyant qu'on ne vous répondait pas, n'ouvrîtes-vous pas la porte? — R. Je ne l'ouvris pas.

D. Où étiez-vous quand Bergami sortit? — R. Je frappai à la porte, et, ne recevant point de réponse, je courus en bas, où je trouvai toute la maison, et, parmi les autres, Bergami.

D. Combien de temps après avoir tiré vîtes-vous sortir Bergami et le reste de la maison? — R. Je tirai, puis j'allai frapper à la porte de Bergami; je ne reçus pas de réponse; je retournai au lieu d'où j'avais tiré, et je m'écriai : *Au voleur! nous avons des voleurs dans la maison!* Je restai là, et les gens se retirèrent.

D. Combien de temps restâtes-vous à la porte de Bergami? — R. Je restai quelque temps, frappant toujours de plus fort en plus fort.

D. Descendîtes-vous en quittant la porte de Bergami? — R. J'allai au lieu où avaient été les voleurs.

D. Où vîtes-vous pour la première fois Bergami après cela? — R. Dans la même chambre où j'avais été, et où j'avais vu les voleurs.

Le contre-examen roule ensuite sur les habitudes de la reine en voyage.

D. La reine, avez-vous dit, se servit de postes dans une partie du voyage, et voyageait la nuit. Comment voyageait-elle? — R. Elle montait à cheval.

D. Pendant combien d'heures de la nuit S. A. R. était-elle d'ordinaire à cheval? — R. Elle partait au coucher du soleil et voyageait jusqu'à son lever.

D. Je vous demande combien d'heures elle restait à cheval sans s'arrêter? — R. *Non mi ricordo.*

D. Était-ce quatre heures, six heures, trois heures? — R. *Non mi ricordo.*

D. Prendrez-vous sur vous de jurer qu'elle n'est jamais restée à cheval pendant huit heures sans s'arrêter? — R. *Non mi ricordo.*

D. S. A. R. était-elle très-fatiguée quand elle descendait de cheval? — R. On disait qu'elle était très-fatiguée, et elle allait se reposer sur l'ottomane.

D. N'était-elle pas fatiguée une heure avant l'arrivée? — R. Quand elle était descendue de cheval, elle se jetait sur l'ottomane pour reposer.

D. Ne vous reposâtes-vous pas plusieurs fois, durant le jour, dans l'espace qui se trouvait entre les portes intérieures et extérieures qui servaient à S. A. R.? — R. Oui, Carlino et moi nous nous y reposions fréquemment.

D. Il n'y avait pas de matelas sur le sofa? — R. *Non mi ricordo.*

D. Le sofa n'était-il pas placé comme il l'aurait été dans une chambre? — R. Au milieu de la tente, il y avait une colonne ou pilier, et le sofa était auprès.

D. S. A. R. n'avait-elle pas, dans son voyage, la constante habitude de se reposer le jour sans ôter ses habits? — R. C'est à quoi je n'ai pas fait attention.

D. Voulez-vous jurer que, pendant tout le voyage, la princesse de Galles ait jamais ôté la moindre partie de ses vêtements? — R. Après que S. A. R. était descendue de cheval, elle ôtait la robe de dessus.

D. Est-ce la robe que vous voulez dire, ou seulement le surtout avec lequel elle montait à cheval? — R. *Non mi ricordo.*

D. Avez-vous vu jamais William Austin se reposer dans la tente? — R. *Non mi ricordo.*

D. Y avait-il une chambre qui donnât dans la salle à manger du navire, autre que celle où était placée la baignoire? — R. *Non mi ricordo.*

D. Pouvez-vous jurer qu'il n'y avait pas là deux chambres, une pour la princesse, et l'autre pour la comtesse Oldi? — R. *Non mi ricordo.*

D. Qui a payé votre voyage de Milan à Vienne? — R. Mon père.

D. Quel est l'état de votre père? — R. Charretier; il conduit des marchandises.

D. Entre Vienne et Milan, n'est-ce pas? — R. Non, pas d'ordinaire.

D. Vous a-t-il conduit à Vienne dans sa charrette? — R. Non, nous sommes venus dans une espèce de calèche.

D. Votre père gagne-t-il beaucoup d'argent? a-t-il quelque fortune? — Non, il n'a rien.

D. Vous étiez au service du marquis d'Odescalchi; depuis que vous l'avez quitté, de quoi avez-vous vécu? — R. L'ambassadeur anglais me donnait de quoi vivre.

D. Lors de votre retour de Vienne à Milan, qui payait la dépense? — R. Mon père et moi.

D. Qui vous donnait de l'argent pour payer? — R. Le colonel Brown.

D. Dans l'auberge où vous êtes logé se trouve-t-il d'autres Italiens que vous, votre *respectable* père et votre *charmante* épouse? (Des murmures, partis des bancs de la chambre, avertissent l'avocat de l'inconvenance de ces épithètes; il répète la question sans les reproduire.) — R. Il y a soixante Italiens.

D. Etes-vous logé dans une auberge? Y a-t-il une enseigne à la porte? — R. Je n'en sais rien.

D. Vous présente-t-on la carte à payer? — R. Non.

D. Avez-vous jamais été dans un endroit semblable, où l'on soit logé et nourri, sans qu'on vous présente la carte à payer? — R. Non.

L'Attorney général examine à nouveau le témoin.

D. Votre père vous a-t-il dit pourquoi il vous menait à Vienne? — R. Oui, il m'a dit que c'était pour déposer dans l'affaire de la reine d'Angleterre.

D. Pourquoi le colonel Brown vous donna-t-il de l'argent? — R. Pour payer les frais de mon voyage.

D. Avez-vous eu un certificat en quittant la princesse à Pesaro? — R. Oui, j'en ai eu un.

M. Brougham s'oppose à ce qu'il soit donné lecture de cette pièce, attendu qu'elle n'émane pas de la princesse, mais de Schivinia, son majordome.

L'Attorney général au témoin. — Quelle était l'autorité de Schivinia dans la maison de la princesse? — R. Schivinia commandait par-ci; Bergami commandait par-là. On ne pouvait savoir quel était le maître.

L'Attorney général renonce, pour le moment, à la production de la pièce.

Quelques pairs adressent des questions au témoin.

Lord Grey. — Quand vous vîtes la princesse passer par le petit cabinet pour aller chez Bergami, aviez-vous les yeux ouverts ou fermés? — R. Je les avais fermés à moitié pour faire semblant de dormir, mais assez ouverts pour voir la princesse.

Lord Duncan. — Pouvez-vous jurer qu'il n'y avait aucune des femmes de la princesse dans le cabinet des bains où était entré Bergami? — R. Oui, je le jure.

Lord Grey. — N'y avait-il personne que Bergami et la reine? — R. Je n'ai vu entrer que Bergami et la reine pendant que je restai à la porte.

Lord Auckland. — Avez-vous vu la princesse et Bergami quitter le bain ensemble? — R. Non; mais j'ai vu Bergami en sortir, et je l'ai entendu dire à une femme : « Mademoiselle Dumont, allez habiller la princesse. »

Le marquis de Lansdowne. — Pourquoi avez-vous quitté le service de la princesse? — R. Parce que je la voyais entourée de mauvaises gens.

D. N'avez-vous pas éprouvé un refus lorsque vous avez voulu y rentrer? — R. *Non mi ricordo.*

Le long interrogatoire subi par ce témoin est curieux à plus d'un titre. Il montre, parfois, la puérilité de l'accusation, comme celle de la défense. Il fait pressentir chez le témoin un caractère contenu, une jalousie soigneusement cachée pendant trois ans contre l'homme qui a su captiver les faveurs de la reine; contre cet homme qui, autrefois l'égal de Majocci en domesticité comme en misère, était devenu son supérieur. On se demande comment il serait possible de qualifier le rôle de cet argus, qui, pendant de longues années, a curieusement tenu note de tous les petits faits, de tous les petits mots qui pourraient servir de base à une accusation contre sa maîtresse; une maîtresse, après tout, bonne et généreuse aux siens, charitable pour tous.

Il y a lieu aussi de faire remarquer l'opposition singulière qui, dans ces réponses, existe entre les détails si précis donnés sur tout ce qui peut servir l'accusation, et l'absence subite de mémoire, relativement à tout ce qui pourrait être utile à la reine. Le *Non mi ricordo* arrive invariablement dans ces derniers cas. Le peuple s'en aperçut, et Majocci ne fut bientôt plus connu dans Londres que sous le sobriquet de *Non mi ricordo.*

Le second témoin appelé est *Gaetano Paturzo*, quartier-maître à bord du bâtiment qui avait conduit la reine à Augusta, en Sicile. Il déclare que la cabine de la princesse était divisée en deux parties: à droite, était la chambre de la princesse; à gauche, celle de la comtesse Oldi. La chambre de Bergami était très-près de la poupe, voisine de la salle à manger. Après le voyage de Tunis, le lit de Bergami fut placé près de la chambre de la princesse, dans la salle à manger.

Pendant le voyage par terre à Jérusalem, on voyageait toute la nuit, et la princesse se reposait pendant la grande chaleur. Depuis Nazareth, on dressa une tente qui contenait deux lits... Le témoin ne saurait dire qui couchait dans le second lit.

Quand la tente, au retour de Jaffa, fut dressée sur le pont du navire, le témoin aida quelquefois à la fermer, et y vit S. A. R., Bergami et quelques autres personnes de la suite. Le matin, on la levait; le témoin y voyait généralement la princesse, Bergami et l'enfant. On la fermait quelquefois le jour pendant une demi-heure, et S. A. R., Bergami et quelques autres personnes y restaient renfermés. Quelquefois, la princesse et Bergami se promenaient sur le pont, en se donnant le bras.

M. Denman contre-examine le témoin.

D. Quelle est votre profession? quel est votre

ays? Pourquoi êtes-vous venu en Angleterre? Que ous a-t-on promis? — Je suis pilote et marchand, ernièrement établi à Messine. Je suis venu en Angleterre sur l'invitation du vice-consul. Il m'a été romis 4,000 fr. par mois.

Cette dernière réponse cause une grande agitation ans la chambre.

Lord Ellenborough. — Bergami n'avait-il d'autre ndroit pour coucher que la tente de la reine? — . Non, et j'ai la certitude morale qu'il y passait la uit.

Le troisième témoin (24 août), *Vincenzo Borgiulo*, apitaine de l'*Industrie*. — Les lits n'étaient qu'à ix pieds l'un de l'autre. La princesse et Bergami nt couché dans les deux lits de Jaffa à Anzio.

D. Lorsque la tente était entr'ouverte, dans quelle tuation avez-vous vu Bergami et la princesse? — . Souvent elle était assise sur le lit.

D. Dans quelle position était-il couché? — R. Sur dos, la plupart du temps.

D. Lorsque Bergami était couché, avez-vous reçu ordre de la princesse de fermer la tente? — R. Oui, me souviens d'en avoir reçu l'ordre un jour. Bergami était couché sur le dos, la princesse assise à ôté de lui.

D. La princesse était-elle toujours accompagnée e Bergami quand elle allait prendre le bain? — . Toujours; il l'accompagnait toutes les fois qu'elle escendait pour un besoin quelconque dans sa cabine. J'ai vu la princesse, et cela plus d'une fois, ssise sur les genoux de Bergami; ils se donnaient es baisers.

D. Le jour de la Saint-Barthélemy, Bergami, ne t-il pas quelques *farces* pour amuser la reine, devant tout le monde? — R. Oui; il prit des coussins, s mit sous sa *toge*, et, s'étant fait ainsi un gros entre, il se mit à faire divers mouvements comiques.

Sur la demande de *M. Brougham*, le témoin eodoro *Majocci* est rappelé. — Je consens, s'écrie-il, à être décapité, si j'ai fait un seul mensonge.

M. Brougham. — Vous avez été, en Angleterre, u service de Hyatt, à Glocester. Ne lui avez-vous as dit mille fois, ainsi qu'à toutes les autres personnes de sa maison, que la princesse était une excellente femme? — R. J'ai dit seulement bonne.

D. N'avez-vous pas avoué qu'elle avait toujours nu une bonne conduite? — R. *Non mi ricordo*.

D. Avez-vous dit à M. Johnson, en diligence, u'on vous avait fait des offres considérables pour ous engager à déposer contre la reine? — R. Je eux perdre la tête (*lo mettrò la mia testa*) si j'ai mais tenu un pareil discours.

D. N'avez-vous pas dit à ce Johnson que le gouvernement anglais vous avait fait offrir une place? - R. *Non mi ricordo*.

Une discussion s'engage sur les mots dits à Hyatt: *uona donna* veut dire *bonne maîtresse*, selon Majocci; *xcellente femme*, selon M. Brougham.

Le quatrième témoin, *Francesco Boriolo*, a vu, à unis, Bergami sortir de la chambre de la reine, et est aperçu que le lit de Bergami n'avait pas été défait. Le témoin ajoute qu'il a été malade, et que la ine est venue le visiter pendant qu'il était au lit.

Le cinquième témoin, *Peachall*, capitaine, ayant çu une première fois la reine à son bord, a vu ergami manger avec les autres domestiques. Une conde fois, la reine m'ayant admis à sa table, mme la première, voulut y faire manger Bergami. insistai pour qu'elle voulût bien ne pas me contraindre à traiter en convive celui dont j'avais reçu les services. La princesse ne voulut pas céder, et se chargea du soin de sa propre table, où elle mangea seule avec Bergami.

Lord Oxford au témoin. — Un enfant qui aurait été votre domestique et qui serait devenu garde-marine, et enfin officier, vous paraîtrait donc indigne de s'asseoir à votre table?

Cette question, faite d'un ton ironique, excite quelques murmures.

Briggs (Thomas), capitaine du *Leviathan*, en 1815, sixième témoin, a été chargé par le capitaine Peachall de faire des observations à la reine sur l'admission, à sa table, de Bergami. Il résulte de son contre-interrogatoire qu'une communication, pendant la nuit, entre la reine et Bergami était presque impossible. Il n'a rien vu, dans la conduite de la reine, de contraire à la décence.

Après deux dépositions peu importantes, le huitième témoin, *Pietro Puchi*, intendant de la Grande-Auberge, à Trieste, dit avoir logé la reine pendant six jours. — Comme ma chambre, dit-il, donnait sur un corridor où étaient les chambres des deux voyageurs, je m'avisai, un matin, de regarder par le trou de la serrure, et je vis Bergami sortir de la chambre de la princesse, en robe de chambre, en caleçon et pantoufles. Les draps du lit de Bergami étaient toujours dans le même état, et je crois qu'il ne couchait jamais dans son lit.

Barbara Krantz, neuvième témoin, était servante dans l'auberge de Carlsruhe où descendit la reine. Elle déclare qu'étant entrée, un soir, entre sept et huit heures, dans la chambre de Bergami, elle avait trouvé la princesse assise sur le lit dans lequel il était couché.

D. Pouviez-vous voir si Bergami était habillé? — R. Je ne pouvais pas le voir, mais je distinguai son bras, qui était blanc. Il tenait ce bras autour du cou de la princesse, et, lorsqu'il me vit, il laissa tomber son bras. La princesse se leva précipitamment et parut effrayée.

La reine lance un regard d'indignation au témoin, et quitte la salle. Cet incident fait remettre au 26 la suite de la déposition. Ce jour-là, il résulte du contre-interrogatoire de *Barbara Krantz* que ce ne fut pas la reine, mais elle-même, qui fut effrayée et se retira précipitamment.

D. Est-ce vous qui faisiez le lit de la chambre n° 12? — R. Oui.

D. Avez-vous trouvé quelque chose dans ce lit ou sur ce lit en le faisant? — R. J'ai trouvé un manteau dans le lit.

D. Un manteau de femme? — R. Cela était probable, puisqu'il y avait une espèce de capuchon; le manteau était de soie grise, et, le lendemain, la princesse en portait un de même couleur; mais je ne puis jurer que ce fût le même.

D. Qu'avez-vous remarqué dans l'intérieur du lit?

A cette question, Barbara se trouble, rougit, et paraît près de se trouver mal.

Pressée de questions, elle finit par déclarer qu'elle a remarqué des taches significatives.

Après cet interrogatoire, les conseils de la reine élèvent la prétention de différer le contre-interrogatoire des témoins jusqu'au moment des plaidoiries. Ce mode, incompatible avec une procédure régulière, est repoussé par quelques membres; mais il est admis par d'autres que les conseils devraient avoir la liberté de rappeler les témoins, pour les interroger à nouveau. — Si vous limitez mon droit de contre-examen, objectait M. Brougham, vous vous exposez à m'interdire souvent la preuve de faits importants, que je n'arriverais à connaître que plus tard; par exemple, la preuve des faits de corruption. Une difficulté énorme, pour la défense, c'est qu'on nous accuse d'avoir commis un adultère, non pas ici, ou là, dans un endroit déterminé, mais en Europe, en Asie, en Afrique. Rien ne nous indique les témoins à charge qui pourront être cités, ni ceux dont nous pourrons avoir besoin. Coupable, nous pourrions les deviner; innocente, comment le pourrions-nous?

Sur ces protestations, il est décidé que les conseils de la reine pourront différer leur contre-examen, pourvu toutefois que les avocats de la couronne ne soient pas obligés de terminer leurs plaidoiries avant que les avocats de la reine aient déclaré leur contre-examen entièrement clos.

Ce petit engagement, dans lequel les partisans de la reine l'avaient emporté de 15 voix (121 contre 106), les ayant mis en goût d'exigence, *lord Erskine* propose à la chambre de s'ajourner, afin de laisser à la reine le temps de pourvoir à sa défense. Il demande, en outre, qu'on fournisse à S. M. la liste des témoins à charge qui restent à examiner. Cette nouvelle motion est rejetée.

Barbara Krantz est contre-interrogée par *M. Brougham.*

Elle répond, à des questions nombreuses, qu'elle demeure avec son frère, maître potier; que personne ne lui a donné d'argent, mais qu'on lui a promis, à son retour, un dédommagement pour son temps perdu. C'est un certain duc de Birgsted, ministre à Baden, qui lui a fait cette promesse.

Sur le fait dont Barbara a témoigné, elle donne des détails nouveaux. Ce n'est plus le matin, c'est après le déjeuner du matin, qu'elle a vu les familiarités dont elle a parlé; ce n'est plus en apportant de l'eau, sans être attendue, c'est en apportant, sur l'ordre qu'elle en avait reçu, un linge pour essuyer quelque chose dans la chambre. Le long contre-examen auquel se livre M. Brougham ne donne, au reste, que des résultats insignifiants. Barbara paraît être une honnête femme, car elle est mariée, fort occupée de son service, ayant fait fort peu d'attention à ce qui s'est passé chez la reine. Elle a signalé, simplement et avec décence, deux faits fort indécents, dont elle s'est trouvée être le témoin involontaire. Elle a reçu quelques ducats pour son voyage; on lui a promis une compensation pour son temps perdu; voilà tout ce qu'elle sait.

Joseph Bianchi, portier de l'auberge de la Grande-Bretagne, à Venise, a vu la reine pendant trois jours. S. A. R. fit venir un joaillier, et lui acheta une de ces chaînes d'or vénitiennes, qu'on appelle *manine*. C'était après le dîner. La compagnie avait quitté la salle, à l'exception de la reine et de Bergami; ce dernier était vêtu en courrier. — La princesse, après avoir ôté la chaîne de son cou, la mit autour de celui du courrier; le courrier, alors, l'ôta de son cou, la mit à celui de la princesse, la prit ensuite par la main, et l'accompagna au salon, où l'on était allé prendre le café. La seconde fois, quand la reine revint à Venise, par Trieste, Bergami n'était plus courrier, mais baron et tout garni d'ordres et de bijoux. Deux fois, la princesse et Bergami allèrent seuls en promenade sur les canaux. Quand ils sortaient, ils se tenaient toujours sous le bras, et Bergami lui donnait la main pour la faire entrer dans la gondole.

D. Avez-vous donné le bras à la princesse, ainsi que le faisait Bergami? — R. Jamais le bras; quelquefois, je l'ai prise par la main, pour la soutenir dans la gondole.

M. Denman contre-examine le témoin : D. Est-ce par le trou de la serrure que vous vîtes le jeu de la chaîne? — R. J'étais dans la salle à manger.

D. Alors je suppose qu'on devait bien vous voir, là? — R. J'y étais.

Le témoin dit avoir seulement reçu les dépenses de son voyage. On ne lui a rien promis; mais, si on lui donne quelque chose, il le prendra. C'est un colonel Brown qui l'a fait venir en Angleterre. Il demeure, avec une vingtaine d'autres témoins italiens, dans la même auberge que Majocci.

Paolo Ogione, de Lodi, a été sous-cuisinier de la reine pendant près d'un an. Il a connu, en 1809 et 1810, Bergami à Lodi, et en prison.

D. Où, en prison?

M. Denman s'oppose à ce que la question soit faite, car elle n'a aucun rapport à l'affaire. La question n'est pas faite.

D. Quelle était la situation de Bergami pendant la durée de votre service? — Il était baron. (Rires.) Il commandait dans la maison. Je l'ai vu se promener avec la princesse, tous deux se tenant par le bras. A la Baronna, la princesse donna des bals, auxquels assistaient les habitants du pays de toutes classes, même ceux de basse condition. La princesse y dansait, quelquefois seule, quelquefois avec Bergami. La noblesse des environs ne venait pas à ces réunions.

D. De quelle manière Mahomet dansait-il devant la princesse?

Le témoin s'avance vers la barre, élève sa main et ploie ses doigts, danse de tout le corps en même temps que des jambes.

D. Mahomet, dans ces occasions, faisait-il quelque chose avec son habit? — R. Il faisait un rouleau d'une partie de ses vêtements, et faisait des mouvements de son corps.

Le témoin imite gauchement ce détail lascif des danses populaires du *Karagheuz* (sorte de Polichinelle turc).

D. La princesse regardait-elle? — R. Elle riait.

Au contre-examen, le témoin avoue qu'il a déjà été interrogé, à Milan avant son départ, à Londres après son arrivée. Mais si on a voulu connaître ses futures réponses, on ne les lui a point dictées, et on ne lui a pas promis d'argent.

Contre-examiné par lord Liverpool, le témoin dit qu'aux bals, pendant les séances données par Mahomet, il n'y avait d'autre femme présente que la reine.

Mlle Dumont (Louise), née dans le pays de Vaud, en Suisse, est interrogée en français. Elle a vu d'abord Bergami servir comme courrier et comme domestique de table. Dans les commencements, le jeune Austin couchait habituellement dans la chambre de S. A. R. Après l'entrée au service de Bergami, la reine dit au témoin : — Voici que William commence à devenir trop grand pour coucher dans ma chambre; il faut qu'il en ait une particulière pour lui.

A partir de ce moment, Bergami eut, en voyage une chambre contiguë à celle de S. A. R., communiquant avec cette chambre. Ainsi, lors de l'arrivée à Naples, les deux chambres n'étaient séparées que par un cabinet et un passage. Austin coucha dans le cabinet, dont la porte fut fermée. La princesse paraissait extrêmement agitée, et fit sortir le témoin au bout de quelques minutes, contre son usage ordinaire.

D. Le témoin sait-elle où coucha Bergami cette nuit-là? — R. Je le crois.

M. Brougham. — Nous n'avons pas besoin de savoir ce que vous croyez.

Le lendemain matin, continue le témoin, je vis que, des deux lits qui étaient dans la chambre à coucher de S. A. R., un grand lit et le petit lit de voyage, le grand seul avait été occupé.

Lorsque la reine faisait sa toilette, souvent Bergami y assistait; il allait et venait pendant que la princesse était déshabillée.

D. Le témoin se rappelle-t-elle avoir vu Bergami. la nuit, dans le passage? — R. Je l'ai vu.

D. Où était alors la princesse? — R. Dans sa chambre à coucher.

D. Était-elle habillée ou déshabillée? — R. Déshabillée.

D. Où étiez-vous alors? — R. Près de la porte de la chambre de S. A. R.

D. Où vîtes-vous Bergami? — R. Je l'ai vu entrer de sa chambre à coucher dans le passage, allant dans la direction de la chambre à coucher de S. A. R.

D. Dans quel état d'habillement était-il? — R. Il n'était point habillé du tout.

Elle avait les bras nus, le sein nu, avec une simple draperie autour du corps. (PAGE 17.)

D. N'avait-il rien que sa chemise? — R. Et des pantoufles.

D. Et la reine était dans son lit? — R. Non.

D. Que fit le témoin, quand elle vit Bergami dans le passage, dans le costume qu'elle vient de dépeindre? — R. Je me suis échappée par une petite porte près de moi, hors de l'appartement de la princesse.

D. Quelle apparence avait le grand lit, le matin? — R. Il était comme si plus d'une personne y avait couché.

A Naples, continue le témoin, S. A. R. a donné un bal masqué au roi, dans une maison près de la mer. Elle s'habilla, pour ce bal, au second étage de la maison. Elle parut d'abord sous le costume d'une paysanne des environs de Naples, puis sous celui du génie de l'histoire. Ce ne fut point moi qui aidai à la princesse à changer d'habits. Bergami était entré dans la chambre de toilette; moi, je restai dans l'antichambre, et le changement d'habits dura près de trois quarts d'heure. Dans son costume de génie, la princesse avait les bras nus, le sein nu, avec une simple draperie autour du corps. Une dernière fois, la princesse vint changer de costume; cette fois, elle prit celui d'une paysanne turque. Bergami, qui était resté dans l'antichambre, s'était déguisé en Turc; elle et lui partirent dans cet équipage, bras dessus, bras dessous. Mais Bergami revint presque aussitôt, et je ne me rappelle pas si la princesse revint aussitôt que Bergami.

L'interrogatoire porte ensuite sur un bal masqué au théâtre San-Carlo, de Naples. Le témoin y alla avec la princesse et Bergami, en voiture de louage; la nuit était sombre et pluvieuse; S. A. R. avait un grand manteau; Bergami était en domino rouge, avec un grand chapeau sur la tête.

Arrivés dans un salon du théâtre, beaucoup de

vilains masques nous environnèrent, firent grand bruit, et commencèrent à nous siffler. Nous eûmes peine à nous retirer.

D. Quelle était la cause de cet accueil? — R. Le costume de S. A. R. sous le grand manteau.

D. Qu'avait donc de particulier ce costume? — R. Il était très-vilain, monstrueux.

Le témoin donne encore une preuve des familiarités de Bergami avec la reine. Lui seul, entre tous les domestiques, entrait, sans frapper, dans la chambre de S. A. R.

D. Quelques personnes de la suite de S. A. R. ne l'abandonnèrent-elles pas pendant son séjour à Naples? — R. Non; mais, quand nous quittâmes Naples, plusieurs personnes y restèrent, entre autres lady Forbes. A Gênes, une seule chambre séparait les deux chambres de la princesse et de Bergami.

D. La porte entre votre chambre et celle de la princesse était-elle, la nuit, ouverte ou fermée? — R. Elle était fermée; la princesse tournait la clef en dedans, et, le matin, elle m'appelait de sa chambre et m'ouvrait.

D. Voyiez-vous au lit de la princesse si on y avait couché ou non? — R. Le plus souvent, on n'y avait pas couché.

D. Après que la princesse avait fermé de son côté la porte à clef, entendiez-vous quelque bruit, comme celui d'une porte qu'on ouvre? — R. J'ai quelquefois entendu le bruit d'une porte qu'on ouvrait du côté de la princesse; mais je ne sais pas si c'était la porte de la chambre. Il y avait, dans cette direction, une troisième porte qui conduisait au cabinet de toilette de S. A. R.

D. Et après que vous aviez entendu ouvrir cette porte, entendiez-vous encore quelque bruit dans la chambre à coucher de la princesse? — R. Tout était tranquille.

D. Et, le matin, faisiez-vous le lit entièrement? — R. C'était très-rare. Il n'en était pas besoin, il était resté fait.

Quand lady Campbell fut remplacée, dit le témoin, la princesse me dit que la comtesse Oldi allait entrer à son service, comme dame d'honneur, et que c'était une femme noble. Je sus seulement deux mois plus tard que la comtesse était la sœur de Bergami. Mais je m'étonnai d'abord de l'entendre parler un italien vulgaire.

D. Avez-vous remarqué si les manières de la comtesse Oldi étaient celles d'une *gentlewoman* (d'une personne de distinction)?

L'interprète se refuse à transmettre cette question, attendu qu'il n'y a pas, dans la langue française, une expression qui corresponde à *gentlewoman*. Remarquons, en passant, que l'interprète est un certain marquis Spinetti, en sorte qu'un Italien est chargé de traduire les réponses et les questions, de l'anglais en français, et du français en anglais. — R. A partir du jour où, par la retraite de lord Holland et de M. Burrel, il n'y eut plus un seul Anglais dans la maison de la princesse, il y eut plus de liberté. Tous les soirs, la princesse jouait dans le salon, avec ses domestiques, à des jeux gais: la main chaude, par exemple.

Les déclarations du témoin portent ensuite, avec de longs détails toujours uniformes, sur la communication constante des chambres à coucher. Un seul fait nouveau s'y produit : c'est que, lorsque la princesse adressait la parole à Bergami, elle lui disait : *Mon cœur, mon cher ami.* Elles les a entendus s'embrasser, mais ne les a pas vus. Elle a vu Bergami et la princesse porter alternativement le même manteau de soie blanc, le même bonnet de soie rouge; elle a trouvé une fois les mules blanches de Bergami dans la chambre à coucher de la princesse.

Dans la maison du comte Pias, étant couchée près de la princesse, elle vit, la nuit, Bergami, porteur d'une petite lampe, passer dans sa chambre pour se rendre dans celle de la princesse.

A la Baronna, qui appartenait à Bergami, les chambres de S. A. R. et de Bergami n'étaient séparées que par un passage où se trouvaient un petit escalier et un petit cabinet ou corridor. La nuit, la porte du corridor était fermée, et alors personne ne pouvait entrer dans la chambre de S. A. R. ou dans celle de Bergami, à moins que ce ne fût par l'autre passage au haut de l'escalier. Il y avait bien quatre chambres donnant sur le corridor occupées par des personnes de la suite; mais quand la porte du corridor était fermée, il ne pouvait y avoir de communication entre les quatre chambres et celle de S. A. R.

Quelquefois, la princesse tutoyait Bergami, qui l'appelait seulement princesse, tandis que les autres personnes de la suite lui disaient : Votre Altesse Royale.

D. Aux bals de la Baronna, la conduite des personnes invitées n'était-elle pas si inconvenante, qu'un jour Bergami en parla à la princesse et à quelques autres personnes? — R. Bergami raconta une histoire, mais si indécente, que je ne puis la rapporter.

D. Ne pouvez-vous nous dire ce que c'était que cette histoire? — R. C'était une histoire relative à un gentleman et à une jeune femme qui étaient au bal. Bergami racontait tout ce qui s'était passé, entre ces deux invités, sur un lit.

A Catane, vers dix heures du matin, le témoin vit la princesse sortant de la chambre de la comtesse Oldi, qu'occupait alors Bergami. La princesse tenait à la main l'oreiller sur lequel elle avait l'habitude de dormir.

D. Comment était-elle habillée? — R. Elle ne l'était pas: elle était déshabillée, comme je l'avais laissée la veille au soir, c'est-à-dire en petite robe blanche de nuit et petit manteau de soie.

D. Lorsque la princesse avait à la main l'oreiller, vous vit-elle? — R. Elle me regarda avec beaucoup d'attention. Puis, sans parler, elle entra dans sa chambre.

D. Quand S. A. R. passa par votre chambre, étiez-vous levée? — R. J'étais levée.

D. Quelque autre personne était-elle dans la chambre? — R. Ma sœur, je crois.

D. Votre sœur était-elle au lit, ou levée? — R. Elle était levée.

D. Quand la princesse vous voyait, le matin, vous parlait-elle d'habitude? — R. Oui, généralement, elle me disait : « Bon matin ! »

A Augusta, dit encore le témoin, la princesse se fit peindre, d'abord en femme turque, puis en Madeleine pénitente, le sein découvert, jusque-là, dit le témoin posant sa main au creux de l'estomac. Bergami, lui aussi, se faisait peindre en Turc; la princesse lui aida à arranger son costume, et releva son turban, en lui disant qu'elle l'aimait mieux comme cela.

Un matin, Bergami entra dans la chambre de la princesse, à Jérusalem, et se mit, en plaisantant, sur le lit. Quelquefois ils se promenaient ensemble, le matin, dans les galeries du couvent, la princesse n'ayant que son manteau du matin. A bord, quand la princesse prenait un bain, Bergami l'accompagnait, et c'était lui qui venait prévenir le témoin lorsqu'il fallait habiller la princesse.

D. Quand vous vous rendiez dans la chambre de bain, sur l'invitation de Bergami, dans quel état trouviez-vous S. A. R.? — R. Elle était dans la baignoire.

D. Quel vêtement avait-elle? — R. Le même que j'ai déjà dit qu'elle avait quand je l'avais déshabillée, une robe de nuit.

D. A quoi s'occupait Bergami à bord? — R. Il restait presque toute la journée sur son lit. Quelquefois il jouait à divers jeux, pour amuser S. A. R. Je l'ai vu prendre un coussin, le mettre sur sa poitrine et se promener sur le pont.

D. Que faisait la princesse en voyant cela? — R. Elle riait. Un jour que la comtesse Oldi faisait des chemises, Bergami dit qu'il en avait besoin, et S. A. R. dit qu'elle lui en ferait.

D. Que répondit à cela Bergami? — R. Il souriait.

D. Avez-vous vu Bergami jouer la comédie à la Villa d'Este? — R. Oui, il dansait, habillé en Arlequin, et S. A. R. était habillée en Colombine.

D. Bergami portait-il des boucles d'oreilles quand il entra au service de la princesse? — R. Oui, il les changea pour d'autres, et j'ai vu les siennes aux oreilles de S. A. R.

A Carlsruhe, les chambres de S. A. R. et de Bergami n'étaient séparées que par la salle à manger. A Baden, pendant le crépuscule du soir, le témoin vit, dans la chambre à coucher, la princesse assise sur un sofa. Bergami était assis à côté d'elle, son bras passé autour du corps, la main sur le côté de S. A. R., qui avait la tête appuyée sur le bras de Bergami.

A la Villa Caprini, Bergami était couché sur un sofa, et la princesse était assise sur un coin de ce meuble.

A Pesaro, la princesse mit un pantalon, et Bergami lui dit : Votre Altesse Royale est bien mieux comme cela, et il tourna autour d'elle, en lui disant : Que vous êtes gentille, que je vous aime comme cela !

D. Alors que S. A. R. était en pantalon, comment était-elle vêtue du reste? — R. Son cou et sa gorge étaient découverts, et elle était à sa toilette.

D. Quand la princesse résidait à Naples, avait-elle un chapelain à sa suite? — Les prières se disaient à la maison tous les dimanches.

D. En était-il ainsi à la Villa d'Este, à la Villa Villani, à la Decora? — R. Non; après Gênes, il n'y eut plus de prières.

D. Avez-vous vu la princesse aller à l'église? — R. Oui; elle s'y mit à genoux, avec Bergami. Elle me dit qu'elle entendrait des messes pour le repos de l'âme du père de M. Bergami. (On rit.)

Le 1er septembre, commence le long contre-interrogatoire de *Mlle Dumont.*

M. Williams lui demande si elle n'a pas pris, dans une maison de la rue d'Oxford, le nom de comtesse Colombia. Elle répond qu'elle ne saurait dire si ceux qui l'ont placée dans cette maison lui ont donné ce nom.

Une série de questions insidieuses, fastidieuses, oiseuses, est posée au témoin pour la prendre en contradiction avec elle-même sur certains détails de ses déclarations.

D. Est-ce de votre propre volonté que vous avez quitté le service de la princesse? — R. J'ai été renvoyée.

D. N'avez-vous pas été renvoyée pour avoir dit une chose qu'on reconnut être fausse? — R. Oui, et, dans le fait, elle n'était pas vraie.

D. Comment l'argent ne vous a-t-il pas manqué depuis votre départ, puisque vous n'êtes pas entrée au service ailleurs? — R. J'avais des fonds en Suisse, et ils portaient intérêt.

D. N'avez-vous pas, cependant, avoué à quelqu'un que vous n'aviez pas fait d'économies au service de S. A. R.? — R. Je ne puis le jurer, mais je ne me le rappelle pas.

Le témoin déclare qu'on s'est adressé à elle pour l'engager à déposer, mais seulement un an après son renvoi.

D. Avez-vous dit que la princesse était entourée d'espions en Italie? — R. Je ne me le rappelle point.

D. Vous connaissez le baron Ompteda? — R. Je l'ai vu une fois, à la Villa Villani. La princesse se plaignit de sa conduite. Il s'agissait de fausses clefs; je n'en sais point davantage.

D. Depuis que vous avez été renvoyée de chez la reine, n'avez-vous pas dépeint son caractère comme excellent? N'avez-vous pas écrit que, si la princesse pouvait lire dans votre cœur, elle verrait que vous donneriez la moitié de votre vie pour elle? qu'elle serait convaincue du respect infini, de l'attachement illimité, de la parfaite affection que vous avez pour elle? — R. Je ne me le rappelle pas.

D. Vous jurez ne pas avoir écrit à votre sœur dans ce sens. — R. J'ai pu écrire dans ce sens; mais c'était peu de temps après mon départ; j'étais alors fort attachée à S. A. R.

M. Williams lisant : — « Vous ne pouvez vous figurer le bruit que mon journal a fait ici. On se l'arrache; tout le monde le lit. Mme Paulizzo demanda à le prendre, à Lausanne, pour quelques Anglais qui ont voulu le voir. J'ai eu bien du plaisir, car vous savez que j'y ai dit un grand bien de la meilleure et de la plus aimable princesse qui soit au monde. » Au témoin. — Avez-vous écrit cela? — R. Je ne me le rappelle pas.

D. Pouvez-vous jurer que vous n'avez pas écrit cela? — R. Je ne saurais le jurer. J'ai souvent écrit à ma sœur; j'étais alors fort attachée à S. A. R.

D. N'avez-vous pas encore écrit à votre sœur que l'argent commençait à vous manquer, que vous gagniez peu d'argent, que vous étiez pauvre? — R. Je ne sais pas si je l'ai dit, mais cela n'était pas.

M. Williams montre une lettre au témoin, qui en reconnaît l'écriture. Il lit : — « J'ai presque oublié de vous confier ce qui vous surprendra autant que cela m'a surpris. Le 24 du mois dernier, comme j'étais à prendre quelques rafraîchissements, à..., j'appris qu'il y avait là une personne inconnue qui avait une lettre pour moi, qu'elle ne voulait pas remettre à d'autres. Je vins au bas de l'escalier, et j'engageai cette personne à m'accompagner dans ma chambre. Jugez de mon étonnement, quand, ayant brisé le cachet, je trouvai qu'on me proposait de me rendre à Londres, pour y être gouvernante. On me promettait une haute protection, et, dans peu de temps, une brillante fortune. Cette lettre était sans signature; mais, pour m'assurer que ce qu'elle contenait était vrai, on m'informait que je pouvais tirer sur un banquier, pour autant d'argent que je voudrais. »

Mlle Dumont avoue ensuite qu'après avoir été interrogée, à Milan, par un certain M. Powell, elle a dû affirmer en Angleterre, par-devant un magistrat anglais, sa déposition de Milan. Elle a juré sur un livre, en le baisant.

M. Brougham. — Vos Seigneuries ne trouveront-elles pas que ceci vicie la déposition du témoin tout entière? Eh quoi! elle a été menée devant un magistrat, elle y a prêté serment par le fait des conseils de la couronne, et, cela, quand la procédure était déjà commencée! Voilà une influence évidente, un outrageant procédé!

Le lord Chancelier fait remarquer que si la circonstance en question peut affecter la croyance aux paroles du témoin, on pourra faire des réserves lorsque toute la déposition aura été entendue.

On lit plusieurs lettres du témoin à sa sœur Mariette. Elle s'y taxe elle-même d'imprudence et de légèreté, et s'offre à sa sœur comme un modèle qu'il ne faut pas imiter. « Je suis triste, lui dit-elle, et ce qui cause ma tristesse, c'est le regret d'avoir quitté S. A. R., et de savoir qu'elle a soupçonné mon caractère, qu'elle m'a accusée d'ingratitude... Souvent, ici, dans un cercle nombreux, j'ai, avec enthousiasme, énuméré toutes ses grandes qualités, ses rares talents, sa douceur, sa patience, sa charité, enfin toutes les perfections qu'elle possède à un degré si éminent! Souvent, j'ai vu mes auditeurs affectés, je les ai entendus s'écrier : Que le monde est injuste de causer tant de malheurs à celle qui en mérite si peu, et qui est si digne d'être heureuse!... Vous savez, ma chère, avec quelle promptitude agissent toujours les ennemis de notre généreuse bienfaitrice; il y a continuellement beaucoup d'espions autour d'elle. Je n'ai pas eu plutôt quitté Pezaro, que cela a été connu dans la capitale de l'Europe (Londres, sans doute). On a pensé trouver en moi une personne vindicative et ambitieuse; mais, Dieu merci! je n'ai point ces vices, et l'argent acquis aux dépens du repos et du devoir ne me tentera jamais, fussé-je aux dernières extrémités. Le Tout-Puissant n'abandonne personne, encore moins ceux qui agissent comme il lui convient : une bonne renommée vaut mieux que ceinture dorée...»

Suit une autre lettre dans laquelle *Mlle Dumont* implore à genoux le pardon de la princesse, et lui expose l'épouvantable état dans lequel elle est plongée. Elle y avoue sa faute, « faute irréparable », mais l'amour est aveugle.

Le témoin fait cette réponse générale aux objections tirées de ces lettres, qu'elle parlait ainsi pour ne pas nuire à sa sœur Mariette. Elle savait que ses lettres étaient interceptées.

D. Pour quelle faute avez-vous été renvoyée du service de S. A. R.? — R. On avait dit que S. A. R. avait de l'amour pour M. Sacchi; j'écrivis une lettre à M. Sacchi, où je lui disais que la princesse l'aimait et l'estimait, comme du temps passé. S. A. R. m'a renvoyée, parce qu'elle croyait que je voulais dire qu'elle aimait d'amour M. Sacchi. Ce n'est pas ainsi que je l'entendais.

D. Et Bergami vous avait vue écrire cette lettre? — R. Oui. J'allai la porter moi-même à la poste, et, quelque temps après, S. A. R. me la montra.

D. Qu'y eut-il encore? — R. Bergami m'accusa d'avoir passé une nuit dans le corridor avec M. Sacchi. Je répondis que ma sœur était présente, qu'elle pouvait déclarer que j'avais couché avec elle.

Quelques pairs contre-interrogent le témoin.

Lord Limerick. — Dites dans quel état était le lit le matin du second jour après l'arrivée à Naples? — R. Je ne puis; il faudrait employer des mots qui ne seraient pas décents.

Lord Limerick insiste.

Mlle Dumont. — Eh bien! il y avait sur le lit des choses que je n'avais encore jamais vues.

D. Quelles étaient ces choses? — R. Des taches, de grandes taches.

D. En dedans, ou sur la couverture? — R. Sur la couverture.

D. Qu'entendiez-vous quand vous parliez du monstrueux habillement de la princesse? — R. J'ai voulu dire qu'il n'avait point de forme.

Le 4 septembre, seulement, on appelle un nouveau témoin, *Louis Cardini*, de Doglio, près le lac de Côme, maçon. Il a travaillé de son état à la Villa d'Este, et il a bâti la maison de Gugieri, agent de la princesse. Un jour, il vint chercher ce dernier à la Villa d'Este, et, montant au hasard, il vit, dans une petite chambre, la princesse et le baron (Bergami), qui étaient assis à côté l'un de l'autre. Le baron avait un bras passé autour du cou de la princesse; celle-ci avait la gorge entièrement découverte. Quand j'ouvris la porte, le baron me prit par le bras, me poussa et me dit : Que viens-tu faire ici, fils de chien (*figlio di cane*)?

Je les ai vus, une autre fois, monter sur un âne, devant la maison; Bergami était à pied, auprès de la princesse, ayant une main sur la cuisse de la princesse.

Contre-interrogé par *M. Williams*, le témoin avoue qu'en 1817 ou 1818, il a été appelé à Milan, qu'on l'y a interrogé. Il y avait là un colonel du nom de Brown, un avocat anglais. On payait au témoin 10 livres par jour pour ses dépenses. Pour le faire venir en Angleterre, on lui a promis 10 livres par jour. Il ne sait pas qui paye ses dépenses à Londres.

Le duc d'Hamilton. — Lorsque vous avez surpris Bergami avec la princesse, S. A. R. était-elle habillée, avait-elle quelque chose pour lui couvrir le cou? — R. Je ne puis dire qu'une chose; j'ai été surpris; j'ai vu la gorge nue.

D. Le bras était-il autour du cou ou derrière? — R. Tenez, je suis la princesse, et vous le baron...

Et le témoin fait comprendre, par sa pantomime avec l'interprète, que Bergami avait la main sur la gorge de la princesse.

Alessandro Pinetti, peintre d'ornements, a été employé à la Villa d'Este. Il a vu, le matin, entre dix et onze heures, Bergami ayant seulement sa robe de chambre et ses caleçons; il regagnait sa chambre, venant du côté de la chambre de la princesse.

Il a vu, à Rupinetti, la princesse dans la chambre de Bergami, qui était malade; elle lui donnait des remèdes, et, quand on bassinait son lit, Bergami en sortait, en présence de la princesse.

Pendant le voyage de Rome à Ancône, il a vu la princesse entourant Bergami de ses bras.

Le soir de l'arrivée à Caprino, dans un chemin qui conduit aux jardins, il les a vus encore, se tenant enlacés par les bras.

A la Villa d'Este, il les a vus se baiser mutuellement.

Le témoin n'est pas contre-examiné.

Domenico Bruza, maçon, a été employé, de 1815 à 1817, à la Villa Villani, à la Baronna. Il a vu la princesse et Bergami plusieurs fois ensemble, en bateau sur le lac, et seuls. — Ils étaient seuls, car je ramais. (On rit.)

A la Villa Villani, il les a vus tous deux, dans une chambre, se caressant l'un l'autre avec les mains.

D. Quelle partie du corps se touchaient-ils? — R. Le visage.

Antonio Bianchi a vu la princesse et Bergami se baigner dans la petite rivière de Brescia, dans un endroit où l'eau avait peu de profondeur. Tous deux étaient habillés de même; S. A. R. avait de longues braies qui tombaient sur ses pieds. Tous deux sortirent de l'eau quand ils aperçurent le témoin.

Giuseppe Sacchi, de Bellingino, a été au service de la reine pendant un an, d'abord en qualité de courrier, puis comme écuyer. Un jour que la princesse l'avait envoyé avec une dépêche à Parme pour la duchesse, il en rapporta la réponse pendant que la princesse dînait avec Bergami. La princesse lut, déposa la dépêche sur la table, et Bergami la prit et la lut à son tour, sans en demander la permission.

Envoyé à Milan, le témoin revint de nuit rapporter une réponse. Il monta à la chambre à coucher, en trouva la porte ouverte, le lit défait et personne dedans. Comme il allait se retirer, il entendit, de l'autre côté, une voix qui disait : Qu'est-ce? — C'est le courrier de Milan, répondit-il. Alors, Bergami parut, et dit que la réponse n'était pas si pressée qu'il fallût l'éveiller.

D. Comment Bergami était-il habillé? — R. Je ne lui ai vu que la chemise.

D. Où était-il quand vous l'avez vu? — R. Dans la chambre où il y avait une porte, en face de celle de la chambre.

D. D'où venait-il? — R. Je n'ai pu le voir, il faisait sombre.

La princesse se servait avec Bergami des expressions les plus familières; elle lui disait : Mon cœur, mon ange, mon amour.

D. Quelles étaient les personnes qui assistaient aux bals de la Baronna? — R. Au commencement, outre les personnes de la suite, il y avait quelques personnes de distinction, d'un rang élevé. Ensuite, il n'y vint plus que des gens de basse condition, à cause des grandes libertés qui y régnaient.

D. De quelle espèce de libertés entendez-vous parler? — R. Les hommes en faisaient sortir les femmes avec eux, selon leur plaisir et leur volonté. Un jour, pendant que j'étais dans la cour avec S. A. R. et Bergami, la princesse me dit qu'elle voulait faire un présent à ces filles qui assistaient aux bals. — Comment pouvons-nous, me dit-elle, habiller ces vierges (*virginelle*)? Et, ajouta-t-elle, croyez-vous qu'elles le soient? — Autant que j'en puis juger, répondis-je, je les crois honnêtes filles, et qu'il n'y a rien à dire contre elles. — Alors la princesse : Vous plaisantez; je le sais : vous avez couché avec trois d'entre elles. — Surpris du compliment, je voulus persuader à S. A. R. qu'on l'avait trompée. Alors, Bergami se mit à rire, et à crier : C'est vrai, c'est vrai !

Une fois, il vint une jeune fille dans la chambre de S. A. R., et celle-ci, la montrant du doigt : — Comment, dit-elle, en riant, la population de la Baronna ne s'augmenterait-elle pas!

Le témoin a accompagné la princesse dans son voyage en Allemagne. Bergami, pendant la route, acheta une voiture à deux places. Un jour, Bergami et la princesse se jetèrent dans cette voiture, sans que d'abord le témoin eût le temps de les suivre. Il ne les rejoignit qu'à la première poste. Là, comme il s'informait de la princesse, on lui indiqua une chambre. Il y monta, frappa : on lui cria : Entrez, et il vit la princesse et Bergami sur le lit, mais décemment vêtus, et placés à une certaine distance l'un de l'autre, le dos tourné du côté du mur.

A Savignana, la princesse fut surprise par de violentes douleurs, et n'eut auprès d'elle, pour la soigner, que Bergami et la comtesse Oldi. Tous deux chauffèrent du linge, et, quand ce linge fut chaud, ils le portèrent dans la chambre de la princesse.

D. Avez-vous observé Bergami et la princesse en voiture? — R. Je les ai vus deux ou trois fois, et les mains de l'un sur l'autre.

D. Comment étaient ces mains? — R. Bergami avait la sienne posée sur une partie du corps de la princesse, et la princesse était dans la même position relativement à Bergami. Les caleçons de ce dernier étaient à moitié ouverts, sans attache, déboutonnés. J'ai aussi vu Bergami baiser le cou de S. A. R.

M. Brougham contre-interroge le témoin. Il résulte des réponses que Sacchi n'a pris aucun autre service, depuis qu'il n'est plus attaché à la princesse; qu'un avocat italien l'a déjà interrogé à Milan, en 1818, devant MM. Brown, Cook et Powell, et qu'à Londres, on lui a fait affirmer par serment la vérité de cette déposition.

— Vous avez pris le titre de comte, dit *M. Brougham* au témoin; vous avez dit à un Marietti que la princesse vous devait de l'argent. Vous avez cherché à rentrer au service de la princesse, et vous avez imploré sa pitié. Vous vous êtes, vous-même, accusé d'ingratitude envers elle.

Sacchi oppose à toutes ces demandes des dénégations énergiques. Il avoue avoir été à Colombier, c'est-à-dire dans cet endroit de la Suisse où s'était retirée Mlle Dumont. C'est lui qui a été chercher ce témoin pour la mener à Milan.

D. Avec qui êtes-vous venu ici? — R. Avec M. Crouse.

D. M. Crouse est-il le gentleman arrêté dernièrement, à Paris, pour avoir distribué de faux billets de banque? — R. Je n'ai jamais entendu parler de cela.

Ici, il faut dire au lecteur une des mille histoires scandaleuses qui se racontaient, qui s'imprimaient pendant le procès.

Le Crouse dont parle M. Brougham, était un des individus attachés à la commission de Milan. Il prenait le titre de courrier du cabinet britannique, et était chargé d'aller, par toute l'Europe, à la recherche des domestiques congédiés par la reine. De temps en temps, il portait, de Milan à Londres, le résultat des travaux de la commission.

Dans un de ces voyages, il avait profité, disait-on, de son séjour à Paris, pour y répandre de faux billets de la banque d'Angleterre. Crouse fut arrêté, mis en prison; l'examen de ses papiers prouva son crime; on trouva dans son porte-manteau un grand nombre de faux billets, semblables à ceux qu'il avait émis.

Mais, en dépit du flagrant délit, Crouse fut relâché, sur les instances de l'ambassade britannique. Crouse fut réclamé comme appartenant au personnel diplomatique, et on promit que son crime serait poursuivi en Angleterre. Il n'en fut rien, et Crouse continua d'être employé.

L'histoire était-elle vraie? Nous ne saurions le garantir. On la trouvera tout au long dans le *Times*.

M. Brougham au témoin : — Avez-vous porté d'autre nom que celui de Sacchi? — R. On m'a appelé aussi Milani.

D. N'en avez-vous pas un autre encore? — R. J'ai été appelé d'un autre nom, et je le suis encore.

D. Quel est cet autre nom? — R. Je demande à l'honorable chambre la faveur de ne pas répondre.

Si je disais le nom dont on m'appelle, je serais exposé à la furie de ceux qui ont de mauvaises intentions contre moi. A tout événement, je demande que la chambre interpose son autorité pour que ce nom ne soit pas inséré dans les feuilles publiques.

M. Brougham. — Après ce que vous venez de dire, je ne vous demande plus ce nom.

L'Attorney general fait savoir que Sacchi a servi dans l'armée d'Italie, sous Bonaparte, et qu'il a été fait lieutenant sur le champ de bataille.

Sacchi déclare que la commission de Milan ne lui a rien promis, rien donné pour ses peines; il espère seulement être remboursé pour son temps perdu.

L'Attorney general. — Pourquoi, à Londres, avez-vous pris le nom de Milani? — R. C'est à cause des dangers que les autres témoins italiens avaient courus à Douvres. Mon nom était connu.

Lord Grosvenor. — Le témoin pourrait-il faire connaître à Leurs Seigneuries tous les noms qu'il a pris pendant les dix dernières années? (On rit.) — R. Je n'en ai changé que deux fois.

Le comte Darlington. — Pourquoi avez-vous été renvoyé du service de la princesse? — R. Pour une dispute que j'avais eue avec le confiseur.

D. Vous n'aviez pas eu quelque querelle récente avec Bergami. — R. Je ne me le rappelle pas.

Il est donné lecture du certificat délivré à Sacchi par la princesse : ce certificat rend le meilleur témoignage de l'assiduité et du zèle de Sacchi, et n'attribue son renvoi qu'à des motifs d'économie. Selon les usages de la procédure anglaise, cette pièce n'a pu être lue qu'après qu'un témoin, *M. Robert Phaer*, caissier chez *Coutts et Cie*, banquiers à Londres, a affirmé reconnaître la signature de S. A. R.

L'Attorney general expose que trois témoins de Lugano, qui devraient être entendus, ne le seront pas en ce jour (6 septembre), parce que, avertis en France des scènes de Douvres, ils ont craint d'être maltraités s'ils venaient en Angleterre. On a envoyé des personnes pour rassurer ces témoins; ils n'ont pu être rattrapés qu'à Lucerne. Là, on est parvenu à faire changer leur résolution. Ces témoins doivent être en route, et comme leur témoignage paraît être d'une extrême importance, l'Attorney général demande qu'on accorde à ces témoins quelque délai.

— Jamais, s'écrie *M. Brougham*, on n'a, pour l'absence d'un témoin, suspendu un procès. Vous avez eu tout le temps de vous préparer; vous avez eu des mois, vous avez eu des années pour produire cette affaire devant la Cour. Déjà, vous avez demandé des délais, par cette raison que les témoins n'étaient pas prêts. Ces délais, on vous les a accordés, tandis qu'on a refusé aux conseils de la reine le délai de trois ou quatre jours qu'ils demandaient. Et cependant, le *Solicitor general* de la reine était malade, et produisait un certificat de médecins. Et, aujourd'hui, l'Attorney général vient apprendre à la chambre qu'il attend trois ou quatre témoins, et il veut rapiécer la cause à l'aide des dépositions de quelques Luganiens qui ont eu peur. Mais, dans les cas ordinaires, l'absence d'un témoin matériel, au milieu d'une procédure, conduit à l'acquittement du défendeur. Leurs Seigneuries rejetteront donc une demande qui n'a point de précédent.

Le lendemain 7, l'Attorney général avertit la chambre qu'un délai plus long que celui dont il avait parlé, serait nécessaire pour faire venir les témoins indiqués. Dans une pareille conjoncture, il déclare renoncer à la demande d'une suspension de la procédure.

M. Brougham fait rappeler *Majocci* et le contre-interroge de nouveau.

D. Connaissez-vous Jules-César Lavazzi? — R. Je n'ai jamais entendu prononcer ce nom.

D. Connaissez-vous un Cavini? — R. Oui, un Italien de Milan, un joaillier.

D. Il ne s'agit pas de celui-là, mais d'un Cavini qui est à Londres. N'avez-vous pas dîné avec lui? Ne lui avez-vous pas montré une lettre? — R. Oui, une lettre de Milan, de ma femme.

D. Il ne s'agit pas d'une lettre de votre femme, mais d'une lettre dont on vous avait chargé pour lord Stewart? — R. Je me le rappelle.

D. N'avez-vous pas montré à Cavini un certain nombre de napoléons que vous aviez reçus en même temps que la lettre? — R. Oui, c'étaient des napoléons pour mon voyage; quatre-vingts, je crois.

D. N'avez-vous pas dit que les personnes qui vous avaient remis ces napoléons vous avaient donné plus que vous n'aviez demandé pour payer vos dépenses? — R. Je n'ai pu dire cela; j'ai seulement demandé pour mon voyage.

D. Connaissez-vous une personne qui demeure rue Liquorpond? — R. *Non mi ricordo.*

D. Cette personne se nomme Bisetti? — R. Je ne la connais pas. Je suis venu ici dans un sac et suis parti dans une malle. (On rit.)

D. N'avez-vous pas été, sous la conduite d'un Italien, le jour ou le lendemain des funérailles du roi, à l'extrémité méridionale de la ville, dans une grande maison où il y avait une sentinelle à la porte? N'y avez-vous pas vu un gentleman du nom de Powell? — R. Oui, on m'a dit que cette maison était le palais du roi.

D. N'avez-vous pas eu, avec ce M. Powell, une conversation sur vos dépenses, sur leur payement, en présence de cet Italien, votre guide? — R. *Non mi ricordo.*

D. M. Powell ne vous a-t-il pas dit, en présence de votre guide, qu'on ne tenait point à l'argent; que vous en auriez davantage, si vous en aviez besoin. — R. Non.

D. Peut-être que M. Powell ne vous a jamais parlé de l'affaire de la reine?

L'Attorney général veut s'opposer à cette question; mais il est passé outre.

R. M. Powell m'a parlé une fois de cette affaire, à Milan, quand j'ai fait ma déposition; mais depuis, nous ne nous sommes jamais entretenus ensemble sur ce sujet.

D. Voyez-vous cette lettre devant vous? — R. Je ne l'ai jamais vue. D'ailleurs, je ne sais ni lire ni écrire.

D. Connaissez-vous cette personne que je vous présente? — R. Oui, c'est le maître de la taverne du Globe.

D. Avez-vous employé cette personne pour écrire une lettre à mistriss Blackwell? Vous y rendez compte d'une commission faite pour elle; vous vous rappelez au souvenir de mistriss Hugues, de Mme Cangiatelli, et vous terminez en disant à mistriss Blackwell que, depuis que vous l'avez quittée, vous ne pouvez manger, ni boire, ni dormir. Que signifie cela? — R. C'était une manière de compliment.

D. Est-ce aussi par manière de compliment que vous vouliez épouser mistriss Blackwell? — R. Oh oui, je voulais épouser mistriss Blackwell, Mme Cangiatelli, mistriss Hugues, et toutes les femmes qui étaient dans la maison. (On rit.)

Après cet interrogatoire, *le marquis de Lansdowne* appelle l'attention de lord Liverpool sur une lettre publiée dans les journaux, et attribuée à un M. Marietti père. Elle avertit Marietti fils que le bruit court à Milan que sa conduite, relativement à l'affaire de la princesse de Galles, a été signalée comme suspecte au colonel Brown, et qu'il est question de lui faire quitter le pays, en lui appliquant l'*alien-bill* (Ce Marietti avait fait des recherches sur le témoin Sacchi). — Une telle intervention, dit le lord, est-elle justifiable, surtout quand la conduite de la personne contre laquelle elle est dirigée, a été renfermée dans les strictes limites du droit et de la justice? Il faut que l'intention contenue dans cette lettre soit désavouée, et même que l'agent du gouvernement, si le colonel Brown a vraiment ce caractère, soit tenu à donner une explication de sa conduite.

Lord Liverpool répond qu'il ne savait pas encore que le fils Marietti fût en Angleterre, et qu'il n'a jamais été question de lui appliquer l'*alien-bill*. Quant au colonel Brown, il est véritablement agent accrédité du gouvernement à l'étranger, pour cette affaire.

Après cet incident, *M. Brougham* déclare, en son nom et au nom de ses collègues, qu'il ne sera plus fait de contre-examen, *dans aucun temps*. Sur cette assurance, l'Avocat général (*Solicitor general*) se lève pour faire le résumé de la procédure. (7 septembre.)

Nous désirons, dit le *Solicitor general*, éviter toute expression qui puisse marquer une intention arrêtée d'avilir la reine; mais il est de notre devoir de constater les faits qui ressortent des témoignages.

Cet arrangement constant des chambres à coucher, en vue de permettre à Bergami de passer dans celle de la reine; ces témoins qui l'en voient sortir: tout cela est assez clair.

Mais, dira-t-on, cela ne constate pas le fait même de l'adultère. Je vous rappelle que les cas sont rares, où l'adultère peut être directement, matériellement prouvé; d'ordinaire, on n'arrive à le prouver que par induction. C'est un principe de jurisprudence, proclamé par nos juges les plus autorisés, dans des cas semblables à celui-ci. Sans doute, les inductions doivent être établies sur des faits certains; elles ne doivent pas être des conclusions artificiellement déduites, mais telles, qu'elles puissent frapper tout homme de bon sens.

Je sais qu'une circonstance importante, celle de la présence de Bergami au bal de Naples, n'est prouvée que par un seul témoin, Mlle Dumont, et qu'on cherche à jeter des soupçons sur la sincérité de ce témoin. Que pourrait-on répondre à un fait semblable, si on ne repoussait pas la déposition? Dira-t-on que ce fait, même prouvé, ne démontre pas l'adultère?

A propos de la visite nocturne de la reine à Bergami, dont Majocci avait témoigné, le *Solicitor general* dit: On a essayé d'ébranler la foi due à ce témoin; on lui a fait subir trois immenses interrogatoires; je ne vois pas qu'on l'ait fait tomber, une seule fois, en contradiction avec lui-même. On s'est attaché à une phrase, *non mi ricordo;* mais, quand on tourmentait ce témoin par des chicanes absurdes ou insignifiantes, que pouvait-il répondre, sinon qu'il ne se rappelait rien de semblable.

Il y a des faits qu'on affecte de traiter de bagatelles, des faits prouvés, qu'on ne nie pas, celui par exemple des promenades bras dessus, bras dessous, de la reine avec son valet. Il me semble, d'après ma façon de juger, que ce fait, bagatelle en soi-même, je le veux, démontre pourtant la culpabilité.

Le renvoi des dames anglaises, l'invasion de la maison par la tribu des Bergami, surtout l'apparition de cette soi-disant comtesse Oldi; l'élévation de cette femme du peuple, à peine capable de converser avec la reine, à la dignité de dame d'honneur: toutes ces circonstances réunies ne forment-elles pas un faisceau de lumière?

A la Villa d'Este, les dépositions s'accumulent. Là, elles ne viennent pas seulement des domestiques de la reine. Des ouvriers, des artisans, employés accidentellement dans la maison ou dans le jardin, témoignent d'intimités telles, qu'elles ne laissent pas le plus petit doute sur le commerce adultère. En un mot, on observe, entre la reine et Bergami, un si grand nombre de familiarités, que, s'il s'agissait d'une femme de condition privée, aucun jury n'hésiterait à la reconnaître coupable.

La circonstance de l'oreiller sous le bras arrête un moment l'attention du *Solicitor general*. Le malheureux attachement avait donc, peu à peu, pris sur la princesse un tel ascendant, qu'elle ne se cachait plus!

Mais cette circonstance est encore tirée des dépositions de Mlle Dumont. Le *Solicitor general* comprend donc la nécessité de repousser les inductions défavorables à ce témoin. On a voulu lui refuser toute confiance; on lui a opposé des lettres écrites par elle à sa sœur, dans lesquelles elle vantait la générosité, la charité, la bonté de la princesse.

Je suis loin de vouloir contester ces vertus à la reine. Quand je me rappelle de quelle illustre maison elle est issue, je ne doute même pas qu'elle ne les possède dans toute l'étendue que montrent les lettres du témoin. Mais c'est aller trop loin, que de dire que la générosité la plus élevée, la charité la plus étendue, la sensibilité la plus exquise, ne peuvent se rencontrer dans le cœur d'une femme avec un attachement ignoble et coupable. Pour qui connaît le cœur humain, de pareilles contradictions n'ont rien qui puisse surprendre.

D'ailleurs, il serait facile d'expliquer les lettres de Mlle Dumont par d'autres circonstances. Cette demoiselle avait une sœur au service de la reine; elle savait qu'on ouvrait ses lettres; il est de toute vraisemblance qu'elle ait dit plus de bien qu'elle n'en pensait, qu'elle ait même imaginé des circonstances calculées pour conserver à sa sœur les bonnes grâces de la reine.

Enfin, Mlle Dumont dépose d'une foule de circonstances qui se sont passées lorsque elle, la reine et Bergami, étaient seuls présents. Or, s'il n'y a rien de mystérieux dans l'histoire de ce courrier; s'il a été élevé à des dignités, uniquement à cause de ses fidèles et respectueux services, quel témoin plus propre que lui à contredire les dépositions de la femme de chambre? Si les liaisons de Bergami avec la reine sont telles qu'il est dit dans le *bill*, il fait certainement bien de ne pas se présenter à la barre de cette chambre; mais si ces liaisons sont pures et à l'abri du reproche, pourquoi ne l'oppose-t-on pas à Mlle Dumont? Pourquoi ne vient-il pas déposer qu'on attaque faussement l'honneur de la reine?

Les témoins de la polacre, *Guergilo*, *Paturzo* et *Birollo*, ne fournissent-ils pas une preuve par induction du commerce adultère? Qui ne condamnerait pas la reine sur ce seul fait d'avoir été vue assise sur un canon, dans les bras de Bergami, à qui elle prodiguait les plus tendres marques d'amour? Qu'opposera-t-on aux dépositions qui prouvent que Bergami et elle ont constamment couché sous la même tente?

Les avocats de la reine ont essayé de démontrer que Bergami avait un autre endroit pour coucher, et qu'il n'entrait que dans la matinée sous la tente. Mais comme les témoins l'ont vu sortir de grand matin de la tente pour certains besoins, comme ils l'ont vu couché sur son lit, à dix heures, cette explication ne peut guère réussir.

Enfin, la circonstance du bain n'a pas besoin de commentaire.

Pour obscurcir ces preuves, on a interrogé Paturzo et Guergilo sur les indemnités qu'ils reçoivent. La meilleure preuve qu'ils ne sont pas corrompus, c'est la franchise et la promptitude avec lesquelles ils ont répondu à ces questions, en déclarant les sommes qu'ils reçoivent. Tous nos commerçants savent par leur propre expérience combien il est difficile d'engager des marins à venir déposer, et quelles indemnités on est forcé de leur allouer.

Il n'est pas jusqu'aux plus petites circonstances, les baisers d'adieu, les baisers de retour, par exemple, qui ne nous montrent chez la reine et chez Bergami les habitudes d'un couple d'époux.

Les scènes indécentes des bals de la Baronna, les farces grossières jouées par le Turc Mahomet devant la reine, tout cela ne prouve-t-il pas qu'elle était la victime d'une passion déplorable! Il se peut que Bergami ait introduit ces scandaleux spectacles; mais une honnête femme n'aurait-elle pas banni Mahomet de sa maison, de la manière la plus ignominieuse?

Une déposition, dont le caractère précis et la sincérité ont été remarqués, est celle de Barbara, de Carlsruhe. L'Attorney général y insiste, ainsi que sur celle de Sacchi, ce vieux soldat, fait lieutenant sur un champ de bataille; cet ancien serviteur de la reine, qui a reçu d'elle le certificat le plus honorable. L'attitude indécente, décrite par Sacchi, suffirait seule pour prouver l'adultère.

La princesse tenait à la main l'oreiller sur lequel elle avait l'habitude de dormir. (PAGE 18).

L'Attorney général termine par ces mots: J'ai rempli mon devoir. Je n'ai pas cherché à donner aux faits une couleur factice. Je désire, du plus profond de mon cœur, que S. M. la reine soit en état de prouver son innocence, à la satisfaction de Vos Seigneuries et à celle de la nation. L'aspect actuel de la cause semble-t-il en laisser quelque espoir? C'est ce qu'il ne me convient pas de décider. Mais je dois dire que, jusqu'à présent, les griefs d'accusation sont complétement prouvés par les dépositions, à moins que les témoins qui pourront être produits de la part de la reine, n'en fournissent une réfutation claire, distincte, satisfaisante.

Le tour des avocats de la reine est venu. *M. Brougham*, le premier, prend la parole.

Milords, dit-il en commençant, ce n'est pas cet auguste tribunal qui m'inspire de la crainte; j'ai si souvent éprouvé votre indulgence! C'est encore moins la cause de S. M. la reine qui m'inspire de l'inquiétude; car je suis soutenu par la conviction de la justice, et par les vœux de l'univers. Je ne viens pas excuser des erreurs, je me place sur le terrain plus élevé d'une innocence absolue: je nie que la reine ait rien commis de ce qu'on lui impute; je nie que la reine soit coupable, même de simples erreurs de conduite; je nie qu'aucune action indigne d'elle ait été prouvée contre elle par les dépositions que vous avez entendues.

Il est un fait que je dois admettre; c'est que la reine, forcée de quitter l'Angleterre, n'a pu faire sa société de ceux que son rang appelait autour d'elle, les pairs et les pairesses d'Angleterre, et que, vivant à l'étranger, elle a été obligée de s'entourer de la noblesse italienne...

(Ici, quelques sourires échappent aux juges, et l'on entend circuler sur leurs bancs le nom du *baron* Bergami.)

... Et même, continue sans se troubler l'avocat, de quelques personnes d'une naissance commune. Ce n'est pas à vous de lui imputer à crime cette circonstance; car ce serait alors vous-mêmes qui en seriez les instigateurs. Elle vous a ouvert sa maison, elle a recherché votre société; mais dès qu'on a commencé cette longue série de persécutions contre elle, vous vous êtes éloignés d'elle: il ne lui est resté d'autre alternative que de mendier indignement la société de quelques Anglais et Anglaises d'un rang convenable, au risque de se voir encore refuser, ou bien de s'exiler dans une contrée lointaine, et de vivre avec des étrangers. Qu'on se rappelle toutes les insultes qu'elle a eues à souffrir, tous les outrages publics par lesquels on a tout éloigné d'elle! Sa fille unique est mariée: la nouvelle en est annoncée à toute l'Angleterre, à toute l'Europe, excepté à la mère, puisqu'elle ne l'apprit que par l'intermédiaire du courrier qui la portait au pape, l'ancien et honorable allié de la cour protestante d'Angleterre.

Quelque temps après, la mort de cette fille qui plongea l'Europe dans le chagrin, fut annoncée officiellement à tous, excepté à la mère, que le hasard seul instruisit de la perte qu'elle venait de faire.

Alors, fut établie la commission de Milan. S. M. avait toujours eu le malheur de perdre ses amis les

... Plusieurs fois ensemble en bateau sur le lac, et seuls. (PAGE 20).

plus ardents au moment des plus grands dangers. C'est ainsi qu'elle perdit M. Pitt, son plus ferme appui. Il l'avait léguée à M. Perceval; mais le bras d'un assassin, en privant ce dernier de la vie, devint le signal d'une seconde persécution. Un malheur lui enleva aussi M. Withbread, et la tempête la menaça de nouveau; mais la princesse Charlotte vivait encore, et le monde adorait le soleil naissant.

Pour en revenir à la commission de Milan, Naples fut, dit-on, le premier théâtre du crime d'adultère. On prétend que, le lendemain de son arrivée, la reine alla à l'Opéra; qu'elle revint de bonne heure, et passa ensuite dans la chambre de Bergami; enfin, que, le lendemain, elle ne fut visible que très-tard pour les domestiques, et inaccessible aux étrangers qui venaient lui rendre leurs devoirs. Remarquez, Milords, que tous ces détails, loin d'être prouvés, ont été contredits même par les témoins à charge. La demoiselle Dumont a hésité dans tout ce qu'elle a dit; elle a prétendu qu'elle ne savait point où avait été la reine, où était Bergami à cette époque; elle a affirmé positivement que la reine s'était levée, le lendemain, à son heure ordinaire; elle n'a pas dit un mot des étrangers qui s'étaient présentés chez elle.

On a fait un crime à S. M. de ce qui s'est passé au bal masqué, du refus de l'admettre au Casino. D'abord, il ne faut pas oublier que le Casino existait en même temps que la commission de Milan, et qu'il y avait alors un colonel Brown. Quant au bal masqué, Leurs Seigneuries se rappelleront que la demoiselle Dumont a décrit l'habillement, le masque de S. M. comme *monstrueux*, c'est-à-dire *très-laids*, et qu'elle a ajouté qu'il y avait plusieurs vilains masques autour d'elle. Il n'y a pas de doute que tout s'est passé comme dans toutes les mascarades possibles, où un masque, se trouvant découvert malgré son déguisement, sort pour en prendre un autre.

On a prétendu que les domestiques de la reine étaient surpris de la familiarité qui existait entre elle et Bergami; que la noblesse avait entièrement cessé de la voir, et qu'elle était traitée dans les pays étrangers comme elle l'a été par quelques personnes en Angleterre, et par des motifs bien connus. Mais comment se fait-il donc que lady Charlotte Lindsay ait rejoint la reine à Milan après son long voyage? que cette lady ait permis à ses domestiques de fréquenter ceux de la reine, bien que ces personnes fussent si dégoûtées de la conduite de S. M.? Comment se fait-il que la reine ait été traitée avec tous les égards possibles par des personnes d'un haut rang; qu'elle ait été reçue par le souverain légitime de Bade, par les Bourbons légitimes de Palerme; qu'elle ait été courtisée par les légitimes Stuarts de Sardaigne; qu'un prince d'un haut rang, le dey de Tunis, ait eu des égards pour elle?

Quant aux familiarités particulières dont la reine est accusée, beaucoup de circonstances s'expliquent par les usages du pays : *s'embrasser est une manière de se saluer;* et comment croire que la reine et Bergami, s'ils avaient cru commettre un acte blâmable, aient toujours attendu pour *se saluer* que les domestiques fussent entrés!...

Evidemment, les dépositions sont invraisemblables sur un trop grand nombre de points, pour être crues. Plus les actions imputées à la reine ont un caractère criminel, plus aussi les témoins ont le soin de placer la reine dans un endroit bien public. La circonstance d'avoir été assise sur les genoux de Bergami est si bien arrangée, qu'au moins onze personnes prétendent l'avoir vue.

Mais pourquoi donc, au lieu de se livrer sur le pont d'un vaisseau à des familiarités indécentes, n'auraient-ils pas choisi quelque endroit bien caché, quelque Caprée nouvelle? Non! ils se compromettent en plein jour, en public, devant des valets, des courriers, des matelots! Connaît-on, dans l'histoire des faiblesses humaines, un semblable trait de folie?

Mais quel degré de foi méritent ces témoins? Vos Seigneuries peuvent s'en faire une idée, en se rappelant l'exemple de ces docteurs de l'Université qui, dans le procès de divorce de Henri VIII contre la reine Catherine, avaient vendu, argent comptant, leurs déclarations favorables au roi.

Voyons maintenant comment on a essayé de prouver les faits. Si l'on eût tramé une conspiration contre la reine, on aurait pris précisément les mêmes moyens. Sans le secours des domestiques, il était impossible de réussir; avec leur assistance, on avait la plus belle espérance de succès. Et, si ces domestiques sont des étrangers, stylés à l'avance, amenés à grands frais dans un pays qui leur est inconnu, où ils ne s'inquiètent pas de l'opinion bonne ou mauvaise qu'on pourra prendre d'eux, ce sont les meilleurs instruments que l'on puisse choisir pour une semblable affaire.

Je ne prétends pas dire que tous les étrangers se ressemblent; mais je crois que, de tous les pays du monde, le lieu le plus propre pour trouver de pareils témoins, c'est le pays d'Auguste et de Borgia. De tout temps, la perfidie a eu son tarif dans ce pays. Je ne dis pas non plus que tous les Italiens se ressemblent; il en est auxquels je n'hésiterais pas à confier ma vie et mon honneur; mais les hommes honnêtes d'Italie avoueraient eux-mêmes que la basse classe de leur pays est la plus dépravée qui existe sur toute la surface du globe.

La commission de Milan a reçu les premières dépositions des témoins. Elle a pu être trompée. Je ne veux pas l'accuser d'avoir suborné des témoins; mais, enfin, aucun n'a paru à la barre de cette chambre sans avoir auparavant passé par les mains de cette commission; on craignait sans doute que leurs dépositions ne fussent pas concordantes. Après toutes les démarches préliminaires, après toutes les manœuvres qu'exigeait la prudence, après tous les préparatifs imaginables, nous voyons ces témoins débarquer en Angleterre. On les entasse tous dans le même dépôt, afin qu'ils puissent causer ensemble et se concerter; et, enfin, ils reçoivent les récompenses de leurs services. On a mis un singulier raffinement dans la manière d'exercer ces témoins; on les a divisés en petits détachements, composés, non pas selon les lieux de provenance, mais selon l'objet des dépositions particulières qu'ils seraient appelés à faire.

Je demande pourquoi ces témoins ont été placés hors de l'œil du public. Pourquoi le seul Sacchi vivait-il à Londres, avec la paye d'un feld-maréchal, y dépensant au moins 4 à 500 livres sterling?

Majocci se trahit par les soins minutieux avec lesquels il rappelle les moindres détails qui inculpent la reine. Est-il question d'une visite que S. M. aurait faite à Bergami pendant la nuit, le témoin a compté les minutes; c'était, une fois, quatorze ou quinze, une autre fois, seize ou dix-sept. Mais lui demande-t-on d'autres circonstances tendant à disculper la reine, aussitôt il n'a plus ni montre ni mémoire; il se réfugie derrière le fameux *non mi ricordo,* paroles qui vivront longtemps dans les annales de l'Angleterre. Malgré ses subterfuges, Majocci a laissé échapper assez de contradictions, soit avec lui-même, soit avec les autres. Par exemple, à Naples, l'Attorney général met beaucoup d'intérêt à avoir les chambres à coucher aussi rapprochées l'une de l'autre que possible; mais il échappe à Majocci de dire qu'elles étaient éloignées (*lontane*).

Le capitaine Guergilo, le contre-maître Paturzo, ont avoué qu'ils recevaient un traitement annuel bien supérieur à tout ce qu'ils pourraient gagner pendant leur vie entière. Eux aussi ont donné des détails minutieux sur les familiarités indécentes qu'ils prétendent avoir vues entre la reine et Bergami; mais l'un va beaucoup plus loin que l'autre. Or, Milords, la reine, à bord d'un bâtiment, serrant dans ses bras son domestique, et même quelquefois le baisant, c'était là un spectacle bien capable d'attirer l'attention du capitaine et du contre-maître; et comment se fait-il que le compte que ces deux hommes rendent de ce fait diffère essentiellement?

Il y a deux témoins que l'Attorney général a introduits avec bien plus de pompe que le capitaine et le contre-maître: ce sont Sacchi et Mlle Dumont. Ces deux témoins sont liés l'un à l'autre; ensemble, ils ont servi la princesse; ensemble, ils ont été renvoyés avec éclat de son service; ensemble, ils ont continué à vivre dans les montagnes de la Suisse, après leur sortie de chez la reine; ensemble, ils ont passé une année entière à Londres. Je ne sais pas bien tout ce qu'ils ont fait ensemble, mais je sais qu'ils ont étudié avec succès les grands écrivains classiques de notre littérature, et qu'ils ont acquis une connaissance étendue de notre langue. Ils ont eu la modestie de ne point s'en vanter, mais, en même temps, l'adresse d'en profiter; car ils se sont fait répéter par un interprète les questions qu'ils entendaient très-bien.

Et ici, *M. Brougham* trace de Mlle Dumont un portrait plein *d'humour*.

Je n'ai pas la prétention de la dépeindre; elle s'est si bien fait connaître elle-même! Elle a une disposition d'esprit romanesque qui lui est naturelle, et que l'usage du monde a augmentée; elle est ennemie du mariage, ainsi que cela se voit dans ses lettres. Elle hait le genre humain en général, quoiqu'elle puisse avoir des affections particulières. *Amica omnibus, quamlibet inimica.* Mais, dans sa haine du genre humain, elle a fait une exception pour un ami tel que Sacchi, le gentleman italien comme elle l'appelle, bien que l'ingrat n'ait pas répondu au compliment en lui rendant de la comtesse. Elle n'aime point le mariage, elle aime la liberté, *la nymphe des montagnes, la douce liberté.* Et suivez-la dans ces montagnes où elle est née, vous verrez quelle est sa société de prédilection. En vérité, comment reconnaître toutes les perfections de cette dame? Elle est le plus parfait modèle de soubrette que le monde ait jamais vu. Molière, Lesage, Congrève, Ciber, sont restés fort au-dessous de cet admirable original.

Quelques-unes de ses grandes qualités ont paru, lors de son contre-examen par M. Williams; elle a montré que son éducation faisait honneur à son habileté naturelle; elle a montré qu'elle était douée d'une grande circonspection; qu'elle avait un véritable talent pour ajuster une partie d'une déposition avec une autre. Elle a fait preuve d'une égale habileté pour accorder le récit qu'elle avait fait avec le contenu de ses lettres; lettres qu'elle n'avait point oubliées, quoiqu'elle ignorât si on les produirait contre elle. Et, si elle eût prévu qu'on les avait conservées, si ses patrons n'avaient connu leur contenu, jamais Vos Seigneuries n'auraient entendu parler d'elle; jamais on n'aurait produit un pareil témoin. On l'aurait embarqué pour sa patrie, comme tant d'autres.

M. Brougham passe ensuite à Sacchi.

On ne peut s'empêcher de remarquer que le siècle fait des progrès, et que peu d'années ont suffi pour nous élever au-dessus des préjugés répandus contre les Français et leur chef. Je me souviens encore du temps où peu de personnes se seraient hasardées à présenter comme témoin principal, surtout dans une cause si délicate, un soldat de Buonaparte, qui a servi sous lui pendant tant de campagnes, qui a été élevé à des grades par l'usurpateur corse, par l'aventurier révolutionnaire, par le chef tyrannique (1).

On a jugé néanmoins qu'un pareil témoin serait assez bon contre la reine d'Angleterre, et, en venant ici, il s'est, de sa propre autorité, constitué gentleman. Et celui qui avait été simple soldat dans l'armée française, puis courrier au service de la reine, nous est donné comme un témoin en qui nous devons avoir la plus grande confiance! Je n'oppose point à Sacchi sa profession de soldat, quoique je ne pense pas que, dans l'armée française, les soldats italiens, surtout ceux du nord de l'Italie, se soient habituellement montrés les plus scrupuleux les hommes. Mais Sacchi a fait trop usage de détours; il a porté trois noms entiers et un diminutif de nom. Deux de ces noms sont connus; mais le troisième ne l'est pas. Sacchi a donné pour cause à un de ces changements de noms le tumulte de Douvres. Il oubliait que ce tumulte est de l'année 1820, tandis que le changement de nom remonte à juillet 1819. Il a autant d'histoires différentes que de noms.

(1) On n'oubliera pas que nous sommes en 1820; et que c'est un Anglais qui parle.

Il est venu ici à la suite d'une famille espagnole; il est venu ici par suite d'un procès.

Il a vaillamment soutenu n'avoir reçu aucun salaire de ceux qui l'emploient. Mais, renvoyé du bas office de courrier, il est venu en Angleterre, et y vit en gentleman qui a de la fortune.

Qu'attendre d'un pareil témoin? Il a menti dans tout ce qu'il a déclaré sur la position dans laquelle il dit avoir trouvé la princesse et Bergami dans une voiture, d'abord parce qu'il n'était pas courrier à cette époque, ensuite, parce que la voiture de la princesse était une voiture anglaise fermée, dont les stores ne pouvaient être levés qu'au moyen d'un ressort placé à l'intérieur.

En suivant la liste des témoins à charge, *M. Brougham* trouve étrange qu'on n'en ait fait venir que de l'Italie, et aucun des autres endroits où a résidé la reine; seuls, Mlle Dumont, Suisse et femme de chambre de S. M., et Barbara Krantz, domestique d'auberge en Allemagne, font exception à la règle. Barbara Krantz a menti sur ce qu'elle a vu dans l'auberge de Carlsruhe, comme elle a menti sur sa propre condition, elle qui prétend avoir été en service dans plusieurs maisons particulières, tandis que nous avons la preuve qu'elle a toujours été fille d'auberge.

De même aussi nous pouvons prouver que, le jour où Bergami arrive à Carlsruhe chez la reine, celle-ci assistait à un concert dans le palais de son illustre parent, qu'elle y resta jusqu'à neuf ou dix heures, et fut ensuite souper avec le margrave. Bergami, sa sœur et son enfant étaient chez la reine. Bergami se mit au lit, malade.

Je demande pourquoi on n'a pas fait entendre plus de personnes sur l'événement de Naples? C'est qu'à leur examen, elles auraient pu se contredire. Pourquoi n'a-t-on pas produit plus de témoins sur l'examen de l'état des lits? Pourquoi n'a-t-on pas examiné l'état des draps? Et où est la blanchisseuse? Ce n'est pas l'usage, dans des causes semblables, de produire de ces sortes de personnes. Ne l'avait-on pas fait, lors du complot Douglas, où cela n'a pas réussi? Et cet insuccès n'est-il pas la raison pour laquelle on n'a pas eu, dans ce cas-ci, recours à cet expédient?

Si vous croyez les témoins, le cas d'adultère est aussi prouvé qu'il peut l'être pour obtenir un divorce dans Westminster-Hall ou dans cette Chambre. Si vous ajoutez foi à des Dumont, à des Sacchi, non-seulement la reine est coupable d'adultère, mais d'actions qui associent son nom à celui de Messaline; et, si ces témoins ont faussement déposé, ils sont aussi pervers que les jacobins qui ont tenté de prouver le crime de Marie-Antoinette.

J'ai entendu dire que nous n'avions prouvé la fausseté des témoignages que relativement à des choses particulières et peu importantes. Mais cette observation ne peut venir d'un homme de loi. Tout homme de loi sait qu'on ne peut rien prendre de la déclaration d'un témoin qui a été surpris en mensonge, même sur des choses de nulle importance. Et où serait la sûreté de l'homme contre des ennemis? Où serait la chance d'échapper à un parjure, si la fausseté reconnue d'une partie d'une déposition n'en faisait pas tomber le reste? Je demande à Vos Seigneuries ce qui doit constituer leur sûreté contre des témoins parjures! Supposez un de ces grands malheurs qui peuvent frapper un individu, un malheur aggravé par la délicatesse de celui qui l'éprouve; supposez, comme il est arrivé à quelques uns des meilleurs et des plus purs des hommes, comme il peut arriver encore, qu'un infâme mercenaire accuse l'une de Vos Seigneuries d'un crime dont la seule idée souille malheureusement, quoique bien à tort, la meilleure réputation : je vous le demande, comment combattre le témoin parjure, si l'on abandonne ce principe tutélaire? Ce conspirateur contre votre réputation, contre votre honneur, n'aura besoin que de trouver un jour, un lieu, une heure, où l'une de Vos Seigneuries aura été seule. Au contraire, si l'on suit la règle ordinaire, il sera repoussé, vous serez acquitté, si votre vil accusateur énonce la moindre fausseté sur un objet même des plus insignifiants.

Je n'exige rien de plus, et me borne à réclamer pour la reine la sûreté que Vos Seigneuries réclameraient pour elles-mêmes dans une circonstance semblable.

Milords, j'ai répondu aux dépositions des témoins, j'ai fait un appel aux principes généraux de la justice criminelle; ainsi, je n'ai pas besoin d'insister sur les faits. Je n'en ai parlé que parce qu'on n'a épargné aucune recherche sur la conduite de la reine, et qu'il est devenu par là nécessaire de confondre les artifices de ses calomniateurs. Si les accusations contre S. M. se bornaient à un oubli de sa dignité, à des actes qui, quoique non criminels en eux-mêmes, seraient une dérogation à son rang, je me placerais dans une autre situation pour répondre à ces accusations. Mais, Milords, il n'y a, dans la conduite de la reine, aucune légèreté, aucun fait digne de blâme. J'invoque le témoignage de sa vie antérieure, alors qu'elle était au milieu de ses parents, alors qu'elle était abritée sous leur protection, alors qu'elle avait le plus puissant des appuis, la protection du vénérable souverain que nous avons perdu. Je tiens dans mes mains, Milords, un témoignage qui ne peut être lu qu'avec le plus profond respect, dont Vos Seigneuries comprendront toute la gravité, et qui réveillera dans leurs âmes les regrets les plus amers. Vous allez entendre, Milords, ce que notre vénérable souverain disait de mon illustre cliente; vous allez savoir ce qu'il ressentait pour elle. Il la connaissait bien, lui, il la connaissait mieux que les autres; elle était plus chérie de lui que du reste de la famille, de ceux-là même à l'affection desquels elle avait de si justes droits. Tel est le sens évident, irrécusable, de la lettre que je vais vous lire.

Château de Windsor, 13 novembre 1804.

Ma très-chère bru et nièce,

Hier, moi, ainsi que le reste de ma famille, nous avons eu une entrevue à Kew avec le prince de Galles. On a eu soin, de part et d'autre, d'éviter tout sujet d'altercation ou d'explication; conséquemment, la conversation n'a été ni instructive ni agréable; mais elle laisse le prince de Galles dans une situation qui lui permet de montrer si son désir de retourner à sa famille est réel, ou s'il se réduit à des mots: il est ce que le temps seul fera connaître. Je ne suis point oisif dans mes désirs de faire des recherches qui puissent me mettre à même de communiquer quelque plan pour l'avantage de cette chère enfant (la princesse) Charlotte; vous et moi avons tant de raisons de nous y intéresser. Et, comme un plan semblable doit me procurer le bonheur de vivre avec vous, ce n'est pas un faible motif pour me former quelques idées sur ce sujet; mais rien ne peut être décidé sans votre entière et cordiale assurance, et ce sera toujours mon objet de soutenir votre autorité comme mère.

Croyez-moi, en tout temps, ma très-chère bru et nièce, votre très-affectionné beau-père et oncle.

Telle était l'opinion que notre souverain, qui connaissait si bien la nature humaine, avait toujours conservée de sa fille chérie.

Je dois maintenant présenter à Vos Seigneuries une lettre de son illustre successeur. A la vérité, elle n'est pas écrite sur le même ton, elle ne contient pas les mêmes sentiments de considération, mais elle est loin d'être dépourvue d'expressions de respect; et, bien certainement, elle n'indique pas dans le prince le projet de faire épier la conduite de sa royale épouse. Cette lettre suggérera bien l'idée que les deux époux devaient plutôt être heureux par leur séparation que par leur union; mais elle établit bien clairement que le prince de Galles ne jugeait pas que la conduite de la princesse pût fournir matière à un bill de peine.

M. Brougham lit cette lettre, à la date du 30 avril 1796, que nous avons rapportée plus haut. C'est une déclaration d'incompatibilité d'humeurs, dans laquelle le prince se donne galamment tous les torts.

Milords, ajoute l'avocat, au risque de me répéter, je vous supplie encore de ne point perdre de vue les deux grands points sur lesquels je m'arrête. D'abord, les faits n'ont point été prouvés par les témoins croyables qu'on aurait pu faire entendre, et les témoins qu'on s'est hasardé à produire sont indignes de toute confiance. Comment est-il possible qu'un complot soit découvert autrement qu'à l'aide de ces deux principes? Il est des exemples que plusieurs l'ont été par l'application du second, quand celle de l'autre avait été inutile.

Des témoins d'une bonne réputation s'étant fait entendre, des personnes au-dessus de tout soupçon s'étant présentées pendant quelque temps à des plans coupables, la victime s'est miraculeusement dérobée aux embûches par le moyen du second principe, et tout à coup les dépositions ont été pulvérisées dans un moment où l'on ne s'attendait pas qu'elles seraient passées au crible. Vos Seigneuries se rappelleront le passage des écrivains sacrés dans lequel le complot des vieillards contre Suzanne est tracé dans un langage à la fois éloquent et poétique. Les cœurs des vieillards s'étaient détournés du ciel pour faire prononcer un jugement inique. Leur récit, clair, plausible, n'avait point été attaqué, et leur victime n'échappa que parce qu'ils se contredirent sur un fait qui semblait bien léger, celui des arbres.

Du genre de la déclaration des vieillards est cette partie de la déposition de Majocci, dont le commis banquier vous démontrera toute la fausseté. Cette partie de la déposition et beaucoup d'autres circonstances paraissent peu importantes en elles-mêmes; mais elles montrent la foi que l'on doit aux témoins, et ces circonstances ne sont pas accidentelles. Des hommes légers ou aveugles peuvent les nommer ainsi; mais elles sont des dispensations de cette Providence qui ne veut pas que le coupable triomphe, et qui porte secours à l'innocence opprimée.

Allez-vous maintenant, dit en terminant M. Brougham, condamner la reine d'Angleterre comme coupable des crimes les plus monstrueux, sur des dépositions qui ne seraient pas reçues dans une cause ordinaire? Je vous conjure de vous arrêter un moment sur les bords du précipice. Réfléchissez sur un jugement qui, j'ose le dire, manquerait son objet, et retomberait sur ceux qui l'auraient prononcé. Sauvez l'Etat de ces funestes conséquences; sauvez-vous vous-mêmes, car vous êtes l'ornement et l'élite de cette nation. Mais, séparés du peuple, vous ne pouvez que languir et périr, comme la fleur séparée de sa racine. Sauvez, non pas la reine, mais la couronne, l'aristocratie, le parlement, le peuple lui-même. Le roi a voulu que le nom de la reine ne retentît plus dans les prières publiques de l'Eglise; elle n'en a point besoin: les prières d'un peuple entier les remplacent. Elle n'a pas besoin de mes prières; mais j'éprouve le besoin d'élever mes vœux jusqu'au trône de la miséricorde divine, pour que Dieu accorde à ce pays plus de clémence que son gouvernement ne mérite, et pour qu'il tourne vers la justice le cœur des puissants.

Ce que nous n'avons pu faire passer dans cette traduction résumée d'un chef-d'œuvre, c'est la verve soutenue, c'est pour ainsi dire, la férocité de ce plaidoyer célèbre. Sûr de la popularité de sa cause, de l'extrême impopularité du roi et du clergé, encouragé par la faiblesse de l'Attorney général, M. Brougham s'était laissé aller à toutes les ardeurs de son génie. Abandonnant le plus souvent la cause de Caroline, il s'était acharné sur l'Eglise, qu'il avait mordue de ses sarcasmes. Vénalité, rapacité, servilité, il lui avait reproché tous ces vices dans le plus magnifique langage. Ce fut tout à la fois, dit l'historien anglais Merivale, du Démosthène et du Mirabeau.

Un autre avocat de la reine, *M. Denman*, se leva ensuite.

M. Denman crut devoir revenir particulièrement sur la déposition de Mlle Dumont, relative à la rencontre de Bergami en chemise (*in his shirt*). La seule apparition d'un homme, en déshabillé de nuit, dans un corridor commun à deux chambres, ne suffisait pas à décider où il allait, ce qu'il allait faire. Eh! qui dit que ce n'était pas à la *vertueuse* Mlle Dumont elle-même qu'il rendait une visite? Cette *chaste* personne prétendait s'être enfuie devant lui; mais, dans le contre-interrogatoire, il lui était échappé des circonstances qui prouvaient qu'elle n'avait pas été si sauvage. Elle n'avait pu soutenir le point de sa porte fermée à la clef, et elle avait fini par avouer n'avoir pas positivement vu Bergami entrer chez la reine. En supposant donc que ce témoignage renfermât quelque chose de vrai, les contradictions qu'on y remarquait ramenaient la scène nocturne aux complaisantes inventions de l'imagination d'une fille de chambre.

Paturzo, Guergilo, pourquoi ces deux hommes avaient-ils déposé contre la reine? Parce qu'ils n'avaient pu lui extorquer autant d'argent qu'ils l'auraient voulu; parce qu'ils espéraient tirer de la partie adverse tout ce qu'ils n'avaient pas eu de ce côté. Et pourquoi ce choix de témoins? Pourquoi n'avait-on pas cité les vingt-deux matelots de la polacre? Comment! Aucun autre que ceux-ci n'avait aperçu des marques de tendresse si répétées, si extravagantes?

Les lieutenants Hownam et Flynn, ceux-là n'avaient rien vu d'indécent dans la conduite de l'accusée. Sans doute, ils étaient convenus que Bergami avait pu, du moins quelquefois, rester la nuit sous la même tente avec la reine. Et, à cette déclaration, quelle joie cruelle n'avaient pas fait éclater les ennemis de la reine? Quel murmure de triomphe, parti du banc des avocats de la couronne? Eh! mais nous ne nions pas le moins du monde le fait de la présence de Bergami sous la tente. Mais qu'y faisait-il? Il était là pour garder la personne de la reine, exposée sur le pont d'un vaisseau. Il était là pour la secourir en cas de tempête. Et, qu'on ne l'oublie pas, la reine couchait tout habillée, et le sofa sur lequel reposait Bergami était dans le coin opposé de cette tente, dont l'entrée restait toujours ouverte.

Sacchi, cet honnête lieutenant, ce n'est pas autre chose qu'un Tigellin. La comparaison est permise quand on voit l'innocente et malheureuse Caroline exposée à une persécution dont l'histoire d'Angleterre n'offre aucun autre exemple, et pour laquelle, si on y voulait trouver un modèle, il faudrait remonter jusqu'à celle d'Octavie par Néron!

Sacchi, serviteur congédié, soi-disant officier, prétendu gentleman, est convaincu d'avoir dit ce qui n'était pas.

Ecoutez-le, en effet, affirmer qu'il a vu pendant trois ou quatre jours Bergami en chemise et en robe de chambre chez la princesse; or, la princesse n'est restée qu'un jour à Trieste.

Reste la déposition de la servante de Carlsruhe. Un témoin a déposé qu'à l'heure indiquée pour le fait à la charge de la reine, S. M. était à la cour du grand-duc.

M. Denman cherche également à faire justice des reproches adressés à sa cliente pour l'élévation de Bergami. Cet homme était-il un indigne? Non; il appartenait à une famille distinguée, ruinée par la révolution. Le marquis Ghisliero, chambellan de S. M. l'empereur d'Autriche, non-seulement l'avait recommandé pour être admis au service de la reine, mais le traitait même sur un pied d'égalité. Qu'y avait-il donc d'inconvenant dans les dignités et titres par lesquels la reine avait récompensé son fidèle garde du corps pendant des voyages périlleux? D'ailleurs, faisait remarquer M. Denman, on n'observe pas, dans les Etats du continent, à l'exception de l'Espagne, des principes aussi rigoureux qu'en Angleterre sur l'acquisition des titres de noblesse. En Italie, on peut acheter assez bon marché le titre de baron.

« Si la reine était coupable, dit en terminant M. Denman, est-ce qu'elle n'aurait pas accepté les riches revenus qu'on lui offrait, pour aller s'ensevelir dans quelque voluptueuse retraite, à Como, à Pesaro, avec son prétendu complice? Au contraire, elle est venue affronter les accusations, braver tous les dangers. Ce seul fait suffirait pour prouver sa parfaite innocence... Comme hommes, comme pairs d'Angleterre, vous ne pouvez refuser votre protection à cette femme, si injustement persécutée, et qui est assez malheureuse pour trouver un ennemi dans celui qui devrait lui servir de protecteur... Si vous la condamnez à être dégradée, divorcée, détrônée, Milords, j'ose le dire, vous ne le ferez que par un acte de votre seule volonté; car il n'y a pas devant vous, dans les dépositions, de quoi justifier une condamnation légale. »

On s'était malignement étonné de ne pas voir au procès le héros de ces amours adultères, le beau courrier dont la gravure avait déjà reproduit par toute l'Europe l'encolure robuste, le visage agréable et les favoris noirs qui firent époque dans l'histoire de la mode. M. Denman expliqua ainsi l'absence de cet homme:

« On a souvent répété que nous pouvions produire Bergami, pour déclarer si toute cette accusation n'était qu'une fiction; certes, ce serait la première fois, depuis le commencement du monde, qu'un individu, accusé d'adultère, aurait été appelé pour prouver le contraire. Ou le crime existe, ou il n'existe pas : s'il n'existe pas, il est inutile d'appeler un témoin; s'il existe, aucun homme n'ajouterait foi aux dénégations du complice. Subtils casuistes, examinez la question sous les deux faces : je crois fermement que les sentiments humains devraient l'emporter ici sur la rigide probité, et un pareil témoin serait plus excusable de nier un secret aussi sacré, que de trahir sa complice. Son mensonge ne serait qu'un péché véniel. »

La plaidoirie de M. Denman avait duré deux jours.

Le troisième défenseur de la reine, le Dr *Lushington*, prit la parole le 26 octobre.

Il chercha un moyen de justification pour sa cliente dans cet argument passablement original :

La première singularité qui doit frapper tout juge impartial dans cette accusation, c'est *l'âge avancé* de l'accusée. Les annales judiciaires offrent-elles un seul exemple d'une personne âgée de cinquante ans, contre laquelle une charge pareille ait été dirigée? Je défie qui que ce soit de citer aucun antécédent aussi absurde et ridicule.

Après ce défi quelque peu imprudent, le Dr Lushington faisait remarquer cette autre singularité du procès, l'époux réclamant le divorce, après avoir été, de sa propre volonté, librement, séparé de son épouse pendant plus de vingt-quatre ans, sans que celle-ci eût alors fourni le moindre prétexte pour une telle séparation, tandis que, pour satisfaire son caprice, cet époux avait brisé le lien sacré qui l'unissait à sa compagne. — Quel est donc le membre de cette chambre qui oserait dire que l'époux ait eu, dans le principe, aucun sujet de se plaindre? Qui oserait dire que le roi a été relevé de son vœu de mariage, et émancipé de la loi de Dieu, quelles que puissent être les prérogatives que, sous d'autres rapports, la loi lui accorde? Qui osera prétendre que l'assertion contenue dans le bill, que S. M. la reine a *de nouveau* oublié ses devoirs, soit fondée? Quels devoirs avait-elle à remplir? Qui avait négligé ceux qui enchaînaient mutuellement les deux époux? Osera-t-on dire qu'il existe, à cet égard, d'autres lois pour un roi que pour un simple particulier? Qui est l'auteur de la séparation, qui a négligé les devoirs qui lient également les grands et les petits? Qui ne rougirait pas, en outre, en apprenant la manière dont cette malheureuse femme a été persécutée, après avoir été forcée de quitter l'Angleterre?

Je pourrais développer cet argument de la manière la plus fâcheuse; je pourrais démontrer que, même abstraction faite de toutes les autres circonstances, le roi n'est pas recevable à se plaindre de la conduite de la reine, après lui avoir offert 50,000 livres sterl. pour l'engager à rester dehors, en continuant, autant qu'il lui plairait, cette conduite.

Les conseils de la reine ont produit la défense; ils vont maintenant produire leurs témoins. Mais, auparavant, *lord Grey* se lève, et, rappelant que l'influence du gouvernement a pesé sur les puissances étrangères, par exemple, quand le ministre de Bade a dit à Barbara Krantz que, si elle ne voulait pas se rendre à Londres de bon gré, on l'y forcerait, le noble lord regrette que cette influence n'ait été exercée que pour faire produire des témoins à charge. Mais le chambellan du grand-duc de Bade, mais le général Pino, témoins essentiels pour la défense, ont été retenus loin de l'Angleterre. On a, il est vrai, permis au général Pino de se rendre à Londres, mais sous l'expresse condition qu'il n'y porterait pas son uniforme ; et cette condition si extraordinaire a pu faire craindre au général la perte de son rang dans l'armée.

Lord Liverpool proteste de l'impartialité du gouvernement; il s'est mis à la disposition des conseils de la reine pour toutes les réquisitions à faire aux puissances étrangères. Aujourd'hui encore, si on requiert certains témoins, le gouvernement se hâtera de les faire mander. Quant au général Pino, il a dû obéir à la règle générale posée par le gouvernement autrichien, à la suite des scènes de Douvres.

Les principaux témoins à décharge, produits par les défenseurs de la reine, furent *lady Charlotte Lindsay*, *lord Guilford*, *sir Glumbervie*, *lord Llandaff*, *sir Keppel Craven*, *sir William Gell*, *le docteur Tolland* et leurs domestiques, *le lieutenant Howнam*, etc. Leurs interrogatoires, qui durèrent six jours, se réduisirent à ceci, qu'ils n'avaient rien vu d'indécent dans la conduite de la reine avec Bergami. Dans le contre-examen, ces témoins éprouvèrent quelque embarras. Des débats de la nature la plus délicate s'élevèrent sur les intrigues auxquelles on avait eu recours pour obtenir les dépositions à charge, sur les corruptions d'argent, sur les disparitions de témoins généraux.

Après le troisième plaidoyer, l'*Attorney general* avait répliqué en faveur du bill. Un de ses arguments les plus forts consista à demander aux conseils de la reine pourquoi ils n'avaient pas produit plusieurs témoins qu'ils auraient pu faire venir d'Italie, la sœur de Louise Dumont, par exemple, présente au passage de la reine avec son oreiller, et qui eût pu démentir sa sœur; ou encore Schiavini, la comtesse Oldi ; ou encore ce Cavazzi, qu'on disait avoir servi de cicerone à Majocci, dans Carleton-House.

Les pairs vont quitter leurs siéges, quand M. Denman les invite à ne point se séparer. Le Procureur général de la reine va leur faire une importante communication. M. Brougham, en effet, s'avance, et déclare qu'il a entre les mains plusieurs lettres du baron d'Ompteda, signées de lui, et adressées à plusieurs personnes de la maison de S. M., pour les séduire et les engager à déposer contre leur maîtresse. Une de ces lettres est adressée à Mariette Dumont, sœur de Louise.

Des cris se font entendre : *A l'ordre! à l'ordre! que le conseil se retire!* « On n'a jamais vu, dit le Procureur général de la couronne, une pareille démarche dans un pareil moment. » « Je viens seulement de recevoir ces lettres, » répond M. Brougham, « et si j'avais perdu un seul instant avant de vous les communiquer, j'aurais pu paraître manquer de franchise. »

Les conseils de la reine reçoivent l'ordre de se retirer. *Lord Carnavon* propose à la chambre de recevoir les lettres; cette motion, appuyée par le *duc d'Hamilton*, combattue par les *lords Grey*, *Holland* et *Lansdowne*, est rejetée à la majorité de cent quarante-cinq voix contre seize.

Mais le coup est porté. Le lendemain, les feuilles publiques donneront les copies des lettres du ministre de Hanovre.

Le 2 novembre, l'*Attorney general* et le *Solicitor general* ont terminé leurs répliques. Le lord chancelier résume l'accusation. Il abandonne les dépositions de Majocci et de Mlle Dumont, bien que, sur plusieurs points, ces témoins puissent avoir dit la vérité. Mais que, à bord de la polacre, la princesse et Bergami aient couché sous la même tente, ce fait ressort des dépositions de Flynn et de Hownam, comme de celles de Paturzo et du capitaine. Dans les cours inférieures, l'adultère est toujours regardé comme certain quand il y a preuve que les parties ont couché dans le même lieu pendant un certain temps. La question n'est pas si les parties ont été vues dans l'acte d'adultère, mais si, des circonstances de temps, de lieu, de fait, on doit inférer que l'adultère a eu lieu.

Bergami n'a pas été produit, pas plus que les autres membres de sa famille. Plusieurs fois, quoi qu'on en ait dit, les adultères eux-mêmes ont paru à la barre.

Quant à l'observation générale faite contre les témoins, à savoir qu'ils ont reçu une indemnité, comment concevoir un autre moyen pour faire venir en Angleterre des témoins étrangers?

L'accusation semble donc prouvée, et il ne reste plus qu'à voter pour la seconde lecture du bill.

Lord Erskine se lève pour parler contre la seconde lecture. Après quelques mots prononcés sur la marche inconstitutionnelle des ministres dans cette affaire, le noble lord tombe frappé d'une soudaine attaque; on l'emporte, et la chambre s'ajourne.

Dans les séances suivantes, *lord Grey*, tout en blâmant la publicité donnée par la reine aux réponses faites par elle aux adresses qui lui ont été présentées, ne voit pas que le crime puisse être prouvé par cette habitation commune de la tente, qui paraît avoir déterminé l'opinion du lord chancelier. Voter pour le bill serait voter pour l'injustice. Le seul vote qui puisse mettre en repos la conscience du noble lord, c'est celui-ci : *Non content*.

Lord Ellenborough, qui a voté pour la première lecture, repousse la seconde, comme impolitique. La culpabilité est prouvée par les dépositions ; mais beaucoup ne pourront déclarer la reine innocente, qui ne voudront pas dire : elle est coupable.

Le 4, pendant ces derniers débats, la reine arriva au Parlement, sans autre suite que lady Hamilton. Les pairs se levèrent en grande hâte, découverts, et prêts à recevoir la royale visiteuse; mais ces marques de respect, qui faisaient avec la procédure un si piquant contraste, se trouvèrent perdues. La reine ne vint point visiter la salle, et resta enfermée avec ses conseils, dans son appartement particulier.

Le 6, *lord Rosselyn* dit le vrai mot de beaucoup de dissidents contre la seconde lecture : Vous allez, par un vote, rallier toutes les oppositions; vous allez, en dégradant la reine, dégrader le trône même, et compromettre le parlement aux yeux du peuple. On fit taire l'orateur; mais beaucoup de membres approuvaient tout bas l'opinion qu'ils repoussaient tout haut.

Ce jour-là, enfin, les débats furent clos; on fit la division. L'appel et le résultat des votes pour la seconde lecture fut : 123 pour le bill, 95 contre; majorité pour le bill, 28.

Le bill fut donc renvoyé à un comité de toute la chambre.

Usant de tous ses avantages, la reine ne manqua pas de protester contre ce vote. Vous avez, dit-elle dans une adresse, laissé siéger comme juges ceux qui représentent la partie poursuivante; quelques-uns d'entre vous ont entendu les dépositions à charge, et n'ont pas même daigné assister aux plaidoiries de la défense. Faites ce que vous voudrez désormais, je ne m'en occupe plus. J'attends le bill à l'autre chambre.

Cependant, à mesure qu'on approchait du dénoûment, les opinions se divisaient de plus en plus, même parmi les ennemis les plus déclarés de la reine. Effacez du bill les mots : *commerce adultère*, si vous voulez que le bill soit voté, disait *lord Ellenborough*. Dégrader la reine et ne pas prononcer son divorce, qu'est-ce autre chose que dégrader tout ensemble et la reine et le roi? Le divorce pour cause d'adultère, déclarait *l'archevêque de Cantorbéry*, est autorisé par la parole de Dieu, par celle du Sauveur lui-même. L'Ecriture, répondait *l'archevêque d'York*, ne regarde pas l'adultère comme une cause suffisante de rupture du lien conjugal. — La reine est coupable, s'écriait *l'évêque de Glocester*, mais le Sauveur lui-même recommande la clémence. Jetterez-vous la première pierre? — Rappelez-vous, ajoutait *l'archevêque de Thuam*, la réprobation dont l'Ecriture frappe l'époux qui abandonne l'épouse. Le prophète Malachie a annoncé que Dieu avait détourné sa face d'Israël à cause de ce grand péché. Je repousse le divorce. — La reine n'a pu se défendre comme toute autre femme eût pu le faire, disait *l'évêque de Worcester*; je repousse le divorce. — *The King can do no wrong* (le roi ne peut mal faire), voilà ce qui est écrit dans la loi, objectait *l'évêque de Londres*: le bill des peines est fondé sur des raisons d'Etat; je soutiens la clause du divorce.

Vous voulez prononcer le divorce en cette cause, disait *lord Harrowby*; vous voilà forcés de déclarer que vous en ferez autant, sans acception de personnes, toutes les fois que se présenteront les mêmes circonstances. — Un parlement, ajoutait *lord Fitz-Williams*, peut être une bien haute puissance; mais ses prérogatives ne vont pas jusqu'à séparer ce que Dieu a uni. — *Lord Redersdale*, au contraire, voulait voir surtout dans le mariage un contrat civil, et il arrivait, par cette route, à une conclusion identique à celle de lord Fitz-Williams. En effet, disait-il, dans le contrat qui lie un roi et une reine, il y a d'autres intéressés qu'eux-mêmes; ce n'est point là un acte ayant un caractère purement personnel; c'est un acte public.

Il devenait évident que la clause du divorce, en blessant les sentiments religieux, si puissants en Angleterre, allait compromettre le bill. *Le lord Chancelier* faiblit. — Ne pourrait-on, dit-il, imaginer une autre clause, qui produise le même résultat? — Mais n'avez-vous pas vous-même, dit *lord King* en s'adressant à lord Liverpool, des motifs d'indulgence tout personnels? J'ai ouï dire que, lorsque la reine n'était encore que princesse de Galles, vous vous divertites fort avec elle. S. A. R. n'a-t-elle pas consenti à jouer à colin-maillard avec votre Seigneurie? Il est vrai que nous étions alors sous la régence, que Votre Seigneurie n'était plus au pouvoir, et cherchait une porte pour y rentrer.

La noble chambre éclate d'un rire homérique, et *lord Liverpool* assure gravement à lord King que Sa Seigneurie a été mal informée.

On passe au vote, et la clause du divorce est maintenue par 129 voix contre 62 : majorité, 67. Le duc de Clarence a voté contre la clause.

Nouvel incident. *Lord King*, qui cherche évidemment à semer la discorde, fait remarquer que la reine se trouve placée dans la ligne de la succession, et que, par la mort de certaines personnes, elle peut arriver au trône. Il faut donc pousser jusqu'au bout les conséquences du bill, et décréter que, dans le cas de dévolution de la couronne à S. M. Caroline-Amélie-Elisabeth, le bill en discussion sera regardé comme faux et calomnieux.

On peut imaginer les cris de fureur et de joie que soulève dans la chambre cette application inattendue des règles de la logique. Cette motion originale est rejetée sans division.

C'est à travers ces discussions brûlantes qu'on arrive au vote sur la troisième lecture. 108 membres votent pour, 97 votent contre : majorité, 9. Une salve d'applaudissements éclate; la majorité s'est amoindrie, le bill s'abîme dans sa victoire. Il n'est plus permis de penser à envoyer à la chambre des communes un acte voté à neuf voix de majorité, et lord Liverpool met aux voix le renvoi du bill *à six mois*. C'est la formule consacrée pour un enterrement honorable. La motion est votée sans division (9 novembre).

Cette défaite des ennemis de la reine fut accueillie par le peuple avec une joie frénétique. Des bandes hurlantes coururent par la cité, forçant les partisans du roi à illuminer leurs fenêtres. On brûla en effigie Majocci et la Dumont. Les amis particuliers du roi ne pouvaient sortir en voiture, qu'on n'arrêtât les chevaux et qu'on ne forçât le maître à crier : Vive Caroline! Lord Lauderdale, qui eut cette épreuve à subir, s'en tira spirituellement. — Je vous souhaite à tous, dit-il, une femme comme la princesse Caroline.

Ces saturnales populaires durèrent trois jours. La reine, cependant, allait en grande pompe à Saint-Paul, remercier Dieu de l'avoir fait échapper aux machinations de ses ennemis.

Caroline, après sa victoire, vécut loin de la cour, dans sa résidence de Brandenburg-House. Lorsque, en mai 1821, tout s'apprêta pour le couronnement du roi Georges, elle réclama de nouveau ses droits de reine-épouse, et prétendit être couronnée elle-même. Les Mémoires qu'elle adressa à ce sujet, furent soumis au conseil privé, composé des princes du sang, des ministres et des principaux officiers de la couronne. M. Brougham soutint devant ce conseil les droits de sa cliente; mais l'Attorney général repoussa la réclamation, par cette raison qu'aucun texte de loi n'établissait le droit des reines-épouses à partager les honneurs du couronnement. « Le couronnement du roi, dit-il, est un acte politique avec lequel le couronnement de la reine n'offre aucune connexité. Sans doute, l'usage est de couronner les reines d'Angleterre, mais l'usage ne fait pas droit, et l'accomplissement de cette cérémonie dépend du bon plaisir du souverain. »

Caroline voulut encore en appeler à l'émeute. Le jour du couronnement, elle se présenta tour à tour à chacune des portes de l'abbaye de Westminster. On lui demanda respectueusement son billet, et on lui refusa l'entrée. Caroline s'attendait à une démonstration populaire; elle ne recueillit que des huées, des grognements et des sifflets.

Les jours de l'enthousiasme populaire étaient déjà passés. Le bon sens instinctif de la nation lui disait qu'en conservant son titre de reine et d'épouse, Caroline avait obtenu tout ce qu'elle était en droit de réclamer. Après tout, si le roi s'était indignement conduit, la reine avait souillé la majesté du trône; sur 218 pairs du royaume, elle en avait trouvé 123 pour la déclarer adultère, et beaucoup de ceux qui l'avaient déclarée non coupable s'étaient hâtés de proclamer que des motifs étrangers à l'accusée retenaient sur leurs lèvres l'affirmation d'une culpabilité profondément gravée dans leurs cœurs. C'était un acquittement infamant. L'alliance des partisans de la reine avec les radicaux avait seule pu attirer sur cette cause indigne la faveur populaire.

L'humiliation de Westminster fut pour Caroline le coup de la mort. Quelques jours après, le 30 juillet, elle tombait malade, en sortant de Drury-Lane. Le 7 août, elle succomba à une inflammation d'entrailles.

Ses derniers vœux furent que William Austin héritât de tous ses biens, qu'on transportât sa dépouille mortelle à Brunswick, et qu'on inscrivît sur sa tombe : CI-GIT CAROLINE-AMÉLIE-ELISABETH DE BRUNSWICK, REINE OUTRAGÉE D'ANGLETERRE. (*The injured queen of England.*)

Tel fut ce procès scandaleux, dont notre ordinaire respect pour le public nous a forcé plus d'une fois d'adoucir les teintes un peu crues. Au point de vue politique, les circonstances et les résultats de cette cause accusent les différences profondes qui séparent les deux gouvernements et les deux nations de France et d'Angleterre; et, il faut bien le dire, l'avantage n'est pas de notre côté. C'est un honorable spectacle, et qu'un Français peut secrètement envier, que celui d'un peuple assez sage pour ne pas rejeter sur l'institution les fautes de l'homme, pour ne pas imputer à la souveraineté même le crime du souverain.

A un point de vue plus général, à celui de la morale éternelle, dont les principes gouvernent aussi bien les monarques les plus illustres que les plus obscurs particuliers, le procès de la reine Caroline est une leçon pour les puissants. Placés en spectacle et en exemple, leurs fautes leur sont deux fois comptées; ils ne peuvent faillir comme hommes, sans manquer gravement à leurs devoirs de rois, et ils se trouvent être responsables de tous les désordres qu'enfante et justifie leur exemple. Si quand Auguste boit, la Pologne est ivre, une Messaline peut bien mettre l'adultère à la mode; et, sous un Louis XV, le vice couronné corrompra la nation tout entière.

La reine Caroline, si on la dépouille du prestige dont l'entoura quelque temps une intrigue politique, ne fut après tout qu'une petite bourgeoise allemande, fort inférieure au rôle que lui destinait la fortune. Esprit court et décousu, vaniteuse, imprudente, avide de plaisirs, elle ne sut être, ni princesse honorée, ni reine délaissée; elle n'eut ni la tenue dans la haute fortune, ni la dignité dans le malheur. Tombée du trône, avant même d'y avoir monté, elle s'empressa de montrer qu'elle n'en avait jamais été digne. Sa décadence morale a justement fait d'elle un objet de mépris, en même temps que de pitié. Elle eut toujours conscience de sa vulgarité native : « *Ach mein Gott!* écrivait-elle, ce pauvre petit moi-même serait volontiers l'esclave d'un homme qu'il aimerait; d'un homme qu'il n'aime pas, c'est impossible. »

Mais soyons juste. A ces hauteurs sociales, comme dans les conditions moyennes et infimes de la vie, la plus grosse part de la faute retombe sur l'homme, dont l'indignité appelle presque toujours, et quelquefois même excuse l'adultère de sa compagne. Il n'a peut-être manqué à Caroline de Brunswick, pour être une honnête femme, qu'un mari honnête homme.

LE TESTAMENT DU DUC DE BOURBON, PRINCE DE CONDÉ (1830).

. . . Il en frappe la porte à coups redoublés. (PAGE 4.)

Un mois après la révolution de 1830, vers la fin d'août, le bruit se répandit tout à coup dans Paris que le dernier des Condé venait de succomber à une attaque d'apoplexie foudroyante. Quelques jours après, on sut que ce rejeton oublié d'une souche illustre avait péri d'une mort honteuse; qu'on l'avait trouvé pendu à l'espagnolette d'une fenêtre. Enfin, de sourdes rumeurs accusèrent de cette mort étrange une femme qui s'était emparée de la vieillesse du prince, une baronne de Feuchères, que ce suicide faisait dix fois millionnaire. On ajoutait tout bas que le reste de l'énorme fortune du prince était dévolu au jeune duc d'Aumale, l'un des fils du nouveau roi, par un testament qu'on attribuait à l'influence de cette même baronne de Feuchères.

Cette dernière insinuation put seule intéresser les masses, alors profondément remuées par une récente commotion politique et sociale. Quant à ce vieillard, dernier représentant d'une maison presque royale, son nom avait cessé d'être populaire en France. Le temps n'était plus où le poëte pouvait dire :

Condé, Bourbon, Enghien, se font d'autres Rocrois,
Et, prodigues d'un sang chéri de la victoire,
Trois générations vont ensemble à la gloire (1).

(1) Delille, poëme de *la Pitié*.

De ces trois noms, autrefois si aimés, le premier n'était plus qu'un brillant souvenir historique; le second ne rappelait au peuple qu'une longue guerre civile, commencée aux jours de l'émigration, et terminée la veille par la chute bruyante d'une dynastie; le troisième seul réveillait quelques regrets sympathiques. On savait vaguement que ce Condé, mort d'une façon indigne de ce grand nom, n'avait su rappeler ses ancêtres que par quelques éclats d'un courage mal employé, et par une passion ardente pour la chasse. Indications assez justes, mais trop sommaires, qu'il nous faut compléter pour l'intelligence de ce récit.

Louis-Henri-Joseph, duc de Bourbon, prince de Condé, fils de Louis-Joseph de Bourbon et de Charlotte-Godefride-Elisabeth de Rohan-Soubise, était né le 13 août 1756. Il avait, très-jeune encore (1771), épousé une princesse Louise d'Orléans, sa cousine, et ce mariage d'amour, mêlé d'incidents romanesques retracés dans l'opéra-comique de Laujon (*l'Amoureux de quinze ans*), n'avait pas été longtemps heureux.

Le jeune prince avait eu à se reprocher quelques écarts scandaleux; c'était, alors, la mode chez les princes, et la princesse ne tarda pas à suivre aussi la mode. Un incident de bal masqué fut la cause d'un duel entre le duc et le comte d'Artois, amant de la duchesse de Bourbon, qui s'était oublié jusqu'à insulter publiquement sa maîtresse jalouse et dédaignée.

Ces commencements assez tristes avaient été bientôt effacés par la brillante valeur que déploya le duc de Bourbon au siége de Gibraltar, où il fut blessé à côté du comte d'Artois, son ancien rival.

Pendant l'émigration, le prince avait suivi la fortune de son père, et commandé un corps d'émigrés, qu'il avait levé dans le pays de Liége. Il se distingua par son intrépidité dans la plupart des affaires où fut engagée l'armée de Condé, principalement au combat de Berstheim, où il reçut une blessure au poignet.

Après le licenciement de l'armée des princes, le duc de Bourbon se rendit en Angleterre avec son père, le prince de Condé. C'est là qu'en 1804, il eut la douleur d'apprendre la mort de son fils, le jeune duc d'Enghien. (*Voyez* ce nom.) Cette perte, dont il ne se consola jamais, lui enlevait tout espoir de voir se perpétuer le nom de Condé; car si la duchesse de Bourbon vivait encore, depuis longtemps séparée de son mari, elle avait passé des plaisirs scandaleux de sa jeunesse aux mortifications d'une ascète, et, dans ses mystiques excès, elle recommençait Mme Guyon. La duchesse de Bourbon mourut, le 10 janvier 1822, laissant à son neveu, le duc d'Orléans, une fortune considérable.

Pendant les Cent-Jours, le duc de Bourbon essaya, sans succès, de diriger un soulèvement dans la Vendée. A la restauration de 1815, il fut nommé colonel-général de l'infanterie légère et pair de France. Mais il se tint à l'écart d'une cour où il lui fallait rencontrer ce prince de Talleyrand, dans lequel il ne pouvait voir que l'assassin de son fils. Les idées nouvelles, d'ailleurs, répugnaient à cet esprit roide et étroit, obstinément attardé dans les préjugés de l'ancienne monarchie.

Lorsque, le 13 mai 1818, la mort de son père eut fait passer sur sa tête le titre et le nom de prince de Condé, il continua de se faire appeler duc de Bourbon. Héritier de la charge de grand maître de la maison du roi, il ne parut à la cour que pour y remplir, à de rares intervalles, ses devoirs d'étiquette. Il se sentait mal à l'aise en face du monarque, ce spirituel impotent qui, du fond de son fauteuil à roulettes, le plaisantait sur ses goûts de sauvage Hippolyte. Ce ne fut même, à vrai dire, qu'après le 15 février 1820, qu'une véritable réconciliation s'opéra entre le prince de Condé et le reste de la famille royale. Il n'avait pas paru depuis plusieurs années à la cour, quand le crime de Louvel l'y ramena. (*Voyez* ce procès.) Le père du duc d'Enghien connaissait trop bien par sa propre expérience la douleur qui venait de frapper le comte d'Artois, pour n'y pas compatir. Il accourut aux Tuileries, et, oubliant ses vieux griefs de Versailles et de Quiberon, il tomba dans les bras du père du duc de Berry.

Depuis ce jour, le duc partagea son existence entre le Palais-Bourbon, où l'appelaient de temps à autre les devoirs de sa charge, Saint-Leu, et Chantilly, sa résidence favorite. Placé entre le tombeau de son père et celui de son fils, séparé de sa sœur, qui s'était vouée à la vie religieuse et s'était retirée dans le sombre palais du Temple, le duc de Bourbon vivait dans un isolement que son goût pour le plaisir lui rendit bientôt difficile à supporter.

Une femme s'empara de sa vie : elle se nommait Mme de Feuchères. Anglaise d'origine, elle avait épousé, en 1818, un loyal militaire, le colonel de Feuchères, qui occupa pendant quelque temps un charge dans la maison du prince. On disait qu'autrefois Sophie Dawes (c'était le premier nom de Mme de Feuchères) avait paru sur les planches du théâtre de Covent-Garden, et qu'elle avait été publiquement entretenue par un riche et noble étranger à Turnham-Green. C'était d'ailleurs une spirituelle et charmante créature, et il suffisait de la voir et de l'entendre pour comprendre l'influence qu'elle pri bientôt sur l'esprit du prince.

Quelque temps après son mariage, le baron de Feuchères se sépara de sa femme, non sans scan dale.

La situation des époux ne fut régularisée qu'e 1829. A cette époque, Mme de Feuchères poursuivi une séparation de biens contre son mari. M. de Feu chères ayant donné prise par des outrages, ell forma une demande en séparation de corps; et, l 26 août 1829, les tribunaux prononcèrent qu'attend qu'il était constant que le baron de Feuchères s'é tait rendu coupable d'injures graves envers la dam de Feuchères, celle-ci était et demeurait séparée d corps et de biens d'avec lui.

Mme de Feuchères n'en était pas moins resté dans la maison du duc de Bourbon, bien que, dè le premier jour de ces débats conjugaux, le mari se fû démis de sa charge. Le scandale de cette séparation la position suspecte de Mme de Feuchères, lui firen dès lors fermer la porte des Tuileries. Elle se con tenta de régner à Saint-Leu, à Chantilly, au Palais Bourbon. A mesure que le duc de Bourbon avança en âge, cette domination, comme il arrive toujours devenait plus étroite et plus absolue. Mme de Feu chères avait entouré le prince de ses créatures. E 1827, elle avait marié sa nièce, Mathilde Dawes, M. le marquis de Chavannes, et le prince avait donn sur sa cassette un million à la jeune parente d Mme de Feuchères. Le frère de Mathilde Dawes, si James Dawes, avait reçu un domaine et le titre d baron de Flassans; il occupait, à côté de sa tante la charge d'écuyer commandant dans la maison d prince.

Quelle part se réservait Mme de Feuchères dans l fortune du duc de Bourbon? On ne le savait pas en core. Mais déjà, disait-on, elle avait prélevé su l'héritage futur des sommes énormes et d'impor tants domaines.

Cet héritage du duc de Bourbon était le point d mire de cupidités nombreuses. Les héritiers nature étaient les princes de Rohan; mais le duc de Bour bon ne les aimait pas et s'était refusé longtemps les voir. Il penchait, disait-on, pour le jeune duc d Bordeaux; mais il se sentait arrêté dans ses sympa thies par cette idée que le fils du duc de Berry éta appelé à monter sur un trône, et qu'il ne pourra lui léguer le nom de Condé.

Le duc de Bourbon était l'oncle du duc d'O léans; mais on disait que les souvenirs sinistres d la Révolution se dressaient entre eux deux. C'éta un d'Orléans qui avait, le premier, porté la hach dans le trône légitime, et dressé l'échafaud d Louis XVI. Louis-Philippe d'Orléans lui-même n'a vait-il pas combattu côte à côte avec Dumouriez?

Cependant, il était probable que ces souvenirs fâ cheux commençaient à s'affaiblir, car le duc d Bourbon avait consenti à tenir sur les fonts de ba tême le duc d'Aumale, quatrième fils du duc d'O léans.

Le 12 novembre 1828, un journal, *l'Aristarqu* annonçait que M. le duc de Nemours, second fils d duc d'Orléans, était institué héritier de M. le duc de Bourbon, à la condition de prendre le titre de prince de Condé. Cette nouvelle fut immédiatement rectifiée par une lettre qu'adressa M. de Broval, secrétaire des commandements du duc d'Orléans, à M. de Gatigny, intendant du duc de Bourbon. Cette lettre déclarait que le duc d'Orléans était entièrement étranger à de semblables publications. « Leurs Altesses Royales, disait la lettre, ne se dissimulent pas le grand avantage dont seraient, pour un de leurs enfants et sa postérité, les dispositions que l'on suppose ainsi ; et, pour un prince descendant de nos rois qui y serait appelé, quel honneur que celui d'hériter du nom de Condé, si cher à la France et si brillant de gloire! Mais les sentiments de Leurs Altesses Royales pour l'auguste parent auquel elles sont tendrement et vivement attachées, leur ont fait vivement regretter qu'on ait publié de semblables articles dans les journaux. »

Rien n'était donc fait encore, et la lettre du duc d'Orléans, rendue publique, ne laissait entrevoir qu'un désir encore bien éloigné de l'espérance.

Là en étaient les choses, quand éclata la Révolution de juillet. L'effet produit sur l'esprit du duc de Bourbon par cette commotion nouvelle fut terrible. Sa mémoire évoqua tous les sanglants souvenirs d'un autre âge, et il crut à un nouveau 93. Il habitait alors Saint-Leu, et l'on y aimait cet innocent vieillard, dont le luxe et les charités enrichissaient tout le pays d'alentour. Mais, frappé de terreur par la chute de la monarchie, le duc de Bourbon s'obstinait à trembler pour lui-même et pour les siens. Les chants de liberté, dont l'écho se faisait entendre jusque dans sa calme demeure; quelques excès commis par ces bandits isolés, écume que soulèvent les révolutions; ce drapeau tricolore, étendard de la République, remplaçant le drapeau blanc des anciens rois; Charles X et sa famille partant pour l'exil, tandis que la faveur populaire élevait au trône le fils d'Égalité : tout cela troublait profondément le prince, et lui parlait de confiscation, d'émigration, d'échafaud.

La petite cour de Saint-Leu se composait d'un certain nombre de serviteurs, décorés de fonctions plus honorifiques pour la plupart que sérieuses. C'était M. le comte de Lavillegontier, pair de France, et premier gentilhomme du prince; M. le baron de Préjan, gentilhomme de la chambre; M. le comte de Choulot, capitaine des chasses; M. le baron de Flassans. Ces quatre gentilshommes étaient mariés, et leurs femmes habitaient Saint-Leu. Parmi les commensaux de premier ordre, on comptait encore M. de Belzunce, gentilhomme de la chambre; M. de Quesnay, ancien écuyer; M. le général Lambot, aide de camp; M. de Jonville; M. le baron de Surval, intendant général de la maison du prince ; M. l'abbé Pelier de la Croix, aumônier.

Cette petite cour de Saint-Leu reproduisait les passions et les divergences d'opinion qui divisaient alors la France tout entière. On y trouvait des exagérés de toutes sortes, surtout des exagérés de légitimité : ceux-là étaient MM. de Préjan, de Belzunce, de Choulot, de Quesnay. Ils voulaient entraîner leur maître dans le stérile mouvement de résistance que le parti vaincu commençait contre les vainqueurs ; et ils ne reculaient pas devant l'idée d'arracher ce vieillard à ses chères habitudes, pour le jeter dans les hasards d'un exil volontaire.

Tel était l'état des esprits à Saint-Leu, le 26 août 1830. Ce jour-là, vers onze heures et demie, le duc de Bourbon était rentré, comme à l'ordinaire, dans son appartement.

Pour l'intelligence de ce qui va suivre, il est nécessaire d'esquisser le plan de cet appartement du prince.

La chambre à coucher, assez petite, éclairée par deux fenêtres, l'une au nord, l'autre au levant, n'avait qu'une porte, fermant par une serrure à demi-tour, avec un verrou en cuivre placé en dedans.

Cette chambre était précédée d'un très-court passage, au bout duquel s'ouvrait une porte vitrée portant aussi une serrure à demi-tour et un verrou.

A gauche du petit passage, était une garde-robe ayant une porte sur le grand corridor du château. Cette porte se fermait par une serrure à double tour et à clef, et par un verrou.

Le petit passage conduisait dans une pièce d'attente, aboutissant, en face de la fenêtre qui l'éclairait, à un petit cabinet de toilette, dont la porte, avec serrure à double tour et à verrou, donnait sur le grand corridor. La pièce d'attente s'ouvrait encore sur un petit escalier, par une porte à un seul tour et à verrou, et sur un salon donnant lui-même par une porte à un tour et à verrou sur le grand corridor.

Le plus souvent, le prince, laissé seul, poussait lui-même le verrou en cuivre de sa chambre à coucher, et se trouvait ainsi hermétiquement enfermé dans cette chambre, dont les fenêtres étaient closes par des volets intérieurs.

La porte vitrée du petit passage restait ordinairement ouverte. La porte donnant de la garde-robe sur le grand corridor était toujours fermée, et, tous les soirs, après le coucher du prince, le valet de chambre de service fermait également la porte du petit cabinet de toilette donnant sur le grand corridor, et en emportait la clef. Les deux portes de la pièce d'attente étaient fermées tous les soirs au verrou.

Le petit escalier, aboutissant à la pièce d'attente du prince, communiquait intérieurement avec l'appartement de Mme de Feuchères. Du vestibule, qu'on trouvait au bas du grand escalier, partait un corridor toujours ouvert, qui conduisait à un palier placé au pied du petit escalier montant à l'entre-sol. Sur ce palier, on rencontrait une première porte, celle de l'appartement de Mme de Flassans; puis, une seconde porte, donnant dans une salle de bain, aboutissant à un cabinet de toilette, et contiguë à la chambre à coucher de Mme de Feuchères.

A l'entre-sol, se trouvait un second palier, auquel aboutissait un second corridor, toujours ouvert, qui menait au grand escalier. Dans le corridor, se trouvaient la porte de la chambre de M. l'abbé Briant, celle de la veuve Lachassine, celle de Duprez et de sa femme, cette dernière, femme de chambre de Mme de Chabannes. Les chambres des époux Duprez et de la veuve Lachassine étaient situées à l'entre-sol, au-dessus de l'appartement de Mme de Feuchères, et au-dessous de l'appartement du prince.

Comme on le voit, le petit escalier était ouvert de toutes parts, et c'était le passage habituel, nécessaire de Mme de Flassans, de M. l'abbé Briant, de la veuve Lachassine, de Duprez et de sa femme.

Ceci expliqué, rappelons que, le 26 août, vers minuit, le prince avait été laissé seul dans sa chambre. Pendant la nuit, selon l'habitude, gendarmes et gardes-chasse avaient fait leurs rondes dans le parc. Les habitants de l'entre-sol, qui pouvaient entendre les moindres sons partis du petit escalier ou de l'appartement du prince, n'avaient été réveillés par aucun bruit suspect.

Le matin du 27, à huit heures, suivant l'ordre qu'il en avait reçu la veille, le valet de chambre Lecomte se rendit à l'appartement de son maître. Il traversa le grand corridor, ouvrit la porte du petit cabinet de toilette, dont il avait la clef, et frappa à la porte de la chambre à coucher. Il n'obtint pas de réponse. La porte était, selon l'habitude presque invariable du prince, fermée en dedans. Pensant que le prince était encore endormi, Lecomte sortit, et attendit pendant quelques minutes le réveil de son maître.

Sur ces entrefaites, arriva le premier chirurgien du prince, M. Bonnie, qui venait faire son service. Il frappa à son tour; même silence.

Lecomte et M. Bonnie revinrent tous deux faire à la porte de la chambre à coucher une nouvelle tentative; rien ne leur répondit.

Inquiets de ce silence, qui présage un malheur, le chirurgien et le valet de chambre se transportent chez M. de Lavillegontier; il est sorti depuis six heures du matin : il a appris que, la veille, le curé de Saint-Leu a été insulté par un colporteur, et il a voulu s'assurer par lui-même de ce fait, assez grave, vu l'état des esprits.

Lecomte, cependant, et M. Bonnie se décident à aller chez Mme de Feuchères, qu'ils trouvent profondément endormie; réveillée en sursaut, avertie de ce silence inquiétant, elle se lève à la hâte, et, à moitié vêtue, se précipite vers l'appartement du prince. Elle l'appelle à haute voix; puis, à grands cris : « Monseigneur! Monseigneur, ouvrez! c'est moi, Monseigneur!... » Rien ne répond; alors, elle donne l'ordre d'enfoncer la porte.

Le valet de chambre Dubois va chercher une masse de fer; un autre valet, Manoury, en frappe la porte à coups redoublés : un panneau cède, M. Bonnie se glisse le premier par cette ouverture; Manoury et Lecomte le suivent.

Manoury s'est dirigé à grands pas vers le lit; le lit est vide, découvert et affaissé. La chambre est à peine éclairée par la lueur que laissent filtrer les volets, et c'est à l'aide de la faible clarté que jette dans l'âtre une bougie sur le point de s'éteindre, que Manoury et M. Bonnie entrevoient le prince, debout, contre la fenêtre du nord, la joue droite appuyée contre le volet, immobile, dans la position d'un homme qui écoute.

M. Bonnie se précipite vers le prince, écarte une chaise placée auprès de lui et qui lui barre le passage; Manoury saisit son maître dans ses bras, veut le reporter dans son lit : le corps est roide, le visage et les mains sont froids. On ouvre les volets de la fenêtre du levant. Alors, on voit que le corps du prince est pendu par un mouchoir à l'espagnolette de la croisée; la tête est inclinée sur la poitrine, les genoux sont ployés, les bras roidis et pendants, l'extrémité des pieds touche le tapis.

M. Bonnie veut couper le mouchoir; mais, comme il a déclaré que le prince est mort et que tout secours est inutile : — « Qu'allez-vous faire? s'écrie Manoury; on nous accuserait d'un crime, et nous sommes tous innocents. »

On ouvre alors la porte; les gens de la maison, les grands officiers, se pressent dans la chambre : on a retenu Mme de Feuchères dans une pièce voisine, pour lui épargner ce triste spectacle. Bientôt, M. de Lavillegontier fait évacuer la chambre, et les portes de l'appartement sont fermées par son ordre jusqu'à l'arrivée des autorités, qu'on a été prévenir.

Le maire de Saint-Leu, M. Tailleur, arriva au château, à neuf heures trois quarts, accompagné de son adjoint, M. Leduc, et d'un membre du conseil municipal, M. Vincent Saint-Hilaire. M. Letellier, chirurgien, s'y rendait au même moment.

En présence de ces trois personnes, le maire reçut les déclarations de M. Bonnie, de Lecomte, de Manoury et de Leclerc.

Le procès-verbal, dans lequel M. Tailleur constata ces premières déclarations, ainsi que les circonstances de la mort, l'état des lieux, celui du cadavre, peut être considéré comme la base de toute appréciation sur les faits de cette cause. Voici cet important document (1).

L'an mil huit cent trente, le vendredi vingt-sept août, neuf heures trois quarts du matin:

Moi, Pierre-Gervais Tailleur, maire de la commune de Saint-Leu, assisté du sieur Leduc, mon adjoint, et en présence de M. Guillaume-Vincent Saint-Hilaire, propriétaire, demeurant en la commune de Saint-Leu, et de M. Alexandre-Jean-Denis Rouen-Desmallets, chevalier de la Légion d'honneur, demeurant à Taverny et ancien préfet, de M. Louis-Spiridion Frain, comte de Lavillegontier, pair de France, premier gentilhomme de la chambre de S. A. R. monseigneur le prince de Condé, de M. Paul de la Venue, comte de Choulot, capitaine-général des chasses de S. A. R. et chevalier de Saint-Louis, et de M. Charles-Philippe-Henri-Louis, vicomte de Belzunce, chevalier de la Légion d'honneur, gentilhomme de la chambre de S. A. R., et de M. Pierre Bonnie, chevalier noble de Saint-Michel et de la Légion d'honneur, premier chirurgien de S. A. R., et de M. Louis-Charles Lecomte, valet de chambre de service de S. A. R., et de M. Louis-Auguste Manoury, aussi valet de chambre, de M. Louis Leclerc, aussi valet de chambre, de M. Jean-Baptiste-Louis Letellier; médecin, demeurant à Saint-Leu;

Averti par M. Payel, l'un des valets de pied de S. A. R., de me transporter au château de Saint-Leu, à l'effet de constater le décès de S. A. R. monseigneur le prince de Condé, me suis transporté audit château, où, étant, j'ai rédigé le présent procès-verbal;

Introduit par M. le comte de Lavillegontier en l'appartement de S. A. R., situé au premier étage du château, à l'angle gauche dudit château, ayant vue sur le parc par deux croisées, l'une au nord et l'autre au levant, où étant, M. Lecomte nous a déclaré que S. A. R. lui avait donné l'ordre hier à minuit d'entrer dans son appartement aujourd'hui à huit heures du matin; que, lorsqu'il s'est couché hier à minuit, il a reçu l'ordre de S. A. R. de le réveiller aujourd'hui à huit heures; que, par suite de ces ordres, il s'est présenté aujourd'hui, à huit heures du matin précises, à l'appartement de monseigneur, lequel est fermé par une première porte pleine, à un seul vantail, placée à l'entrée de la chambre à coucher de S. A. R.; laquelle porte n'a pour fermeture qu'un bec-de-cane ouvrant en dedans et en dehors, et un verrou qui est placé à l'intérieur de ladite porte; étant expliqué que ladite chambre à coucher est précédée d'un salon et d'un cabinet de toilette, ayant trois portes, toutes trois donnant sur le grand

(1) La série des procès-verbaux et des expertises constituant tout le fond solide du procès, il nous a paru indispensable d'en donner au lecteur le texte *in extenso*.

corridor dudit château; qu'il y a en outre dans lesdits appartements deux autres portes, l'une communiquant dans les appartements à la suite de celui du prince, et une autre donnant dans un escalier dérobé; que toutes les portes dont est ici question étaient toutes fermées en dedans dudit appartement, soit par des verrous, soit par des serrures fermant à clef, de manière que l'on ne pouvait pénétrer ni entrer par icelles dans l'appartement du prince; que la seule porte par laquelle on pouvait y entrer était la porte du milieu des trois, donnant sur le grand corridor; que la clef de cette porte était entre les mains de lui, sieur Lecomte, auquel elle avait été confiée, comme étant de service;

Qu'il était d'usage que cette clef restât entre les mains du valet de chambre de service, lequel venait ouvrir tous les jours le matin à l'heure indiquée par le prince pour venir le servir;

Que le prince avait l'habitude en se couchant de mettre le verrou en dedans de sa chambre à coucher, et qu'habituellement, quand le valet de chambre de service se présentait pour entrer dans la chambre du prince, il trouvait cette porte ouverte, à moins que le prince ne fût endormi, dans lequel cas le valet de chambre frappait à la porte, et qu'alors le prince se levait pour ôter le verrou et se remettait dans son lit; que lui, sieur Lecomte, d'après l'ordre qu'il avait reçu hier à minuit du prince, s'est présenté aujourd'hui à la porte donnant sur le corridor, avec la clef dont il était porteur, déclarant qu'il a trouvé la serrure de ladite porte fermée à double tour, comme il l'a laissée fermée hier;

Que n'ayant point trouvé ouverte la porte de la chambre à coucher du prince, il a frappé à plusieurs fois sans entendre remuer le prince, ni aucune réponse; qu'il s'est retiré dans sa chambre à coucher de lui valet de chambre; qu'il y est resté vingt minutes à attendre; que M. Bonnie, premier chirurgien de S. A. R., s'est présenté dans la chambre de lui, valet de chambre, à l'effet d'être introduit dans la chambre à coucher du prince pour y faire son service ordinaire; que lui, sieur Lecomte s'est présenté de nouveau à la porte de la chambre à coucher du prince, et y a frappé de nouveau beaucoup plus fort, et que n'ayant rien entendu, et voyant la porte toujours fermée, il est revenu trouver M. Bonnie, qu'il avait laissé dans sa chambre, lui témoignant son inquiétude de ne pas entendre le prince; qu'alors ils sont revenus tous deux, et qu'ils ont frappé à coups redoublés tous deux à la porte de ladite chambre à coucher;

Que n'entendant aucune réponse, ni remuer le prince, ils se sont transportés de suite à l'appartement de M. de Lavillegontier; que ne l'ayant point trouvé, ils sont descendus de suite à l'appartement de Mme la baronne de Feuchères, laquelle était couchée; qu'ils lui ont fait part des inquiétudes qu'ils concevaient de n'avoir point entendu le prince répondre;

Que de suite Mme la baronne est montée avec eux et beaucoup d'autres personnes du château, et qu'alors M. Manoury, en présence de tout ce monde, a enfoncé le panneau du bas de la porte de la chambre à coucher du prince avec une masse de fer;

Qu'alors il est entré par ledit panneau cassé, avec M. Bonnie, qui est entré le premier, a aperçu, à la lueur de la bougie qui était placée par terre dans la cheminée, le corps de S. A. R. suspendu à l'attache du haut de l'espagnolette des volets intérieurs de la croisée côté du nord de ladite chambre; que de suite il a ouvert les volets, la croisée et les persiennes de la croisée donnant au levant dans ladite chambre, étant observé que M. Bonnie, en voulant s'approcher du corps du prince, a déplacé une chaise qui était placée à côté de ladite croisée, à l'angle gauche et à côté du corps du prince;

Que la première chose qu'a faite M. Bonnie, a été de toucher le corps du prince, pour s'assurer s'il existait encore et lui porter des secours, mais sans rien déranger à la position dans laquelle se trouvait le prince. Ayant reconnu que tout secours était inutile, alors M. Manoury a ouvert le verrou de ladite porte de la chambre à coucher, et a laissé entrer toutes les personnes présentes, et, quelques moments après, on a fait sortir tout le monde de la chambre à coucher, en observant que M. Leclerc, valet de chambre, qui était dans ladite chambre avec tout le monde, avant de se retirer, a fermé les trois tiroirs d'une commode en acajou placée dans ladite chambre et en a pris la clef : toutes lesquelles déclarations ont été affirmées sincères et véritables par MM. Lecomte, Manoury, Bonnie, Leclerc;

De suite, moi Tailleur ai constaté et reconnu que j'ai trouvé le corps de S. A. R. Mgr le prince de Condé suspendu à l'attache du haut de l'espagnolette placée à six pieds et demi de hauteur du sol de la chambre de la croisée donnant sur le nord, au moyen d'un mouchoir de poche en toile blanche, passé dans un autre mouchoir aussi en toile blanche, formant anneau autour de son cou, et noué aux deux extrémités l'un et l'autre; lequel mouchoir autour du cou est noué par devant, un peu sur le côté droit du cou; le corps accroché à ces deux mouchoirs, et tourné la face du côté de la croisée, à la partie gauche; la joue droite en contact avec le volet, la tête inclinée un peu sur la poitrine par rapport au mouchoir sur lequel il est suspendu, attaché à celui qui l'a étranglé, qui se trouve placé derrière le sinciput, inclinant sur la colonne vertébrale; la langue hors de la bouche, le visage décoloré, des mucosités qui viennent de la bouche et du nez, les bras pendants et roides, placés en avant, les deux poings fermés, les bouts des deux pieds touchant le tapis de ladite chambre, les talons élevés, savoir : le gauche de trois pouces, et le droit d'un pouce et demi, les genoux à demi fléchis; le corps dudit prince vêtu d'un caleçon de toile blanche, noué au-dessous des genoux avec des cordons, ledit caleçon déboutonné d'un bouton seulement; d'une chemise en toile blanche nouée au cou par un bouton, et aux manches chacune par un double bouton en or, portant des cheveux dedans; un gilet de flanelle sur la peau, boutonné dans sa longueur, la tête coiffée d'un foulard rouge et jaune en soie, noué sur le front par un nœud et deux rosettes; plus un anneau uni en or au doigt de la main gauche, les cheveux noués à la nuque d'un ruban noir, les deux jambes nues, un peu ecchymosées d'ancienne maladie;

Après avoir procédé à la description et position du corps de S. A. R., nous nous sommes occupés de constater l'état du lit dans lequel couchait le prince. Nous avons reconnu que ledit lit était ouvert et affaissé, ce qui nous a fait présumer que le prince s'y était couché; le bandage qu'il portait habituellement dans le jour, et qu'il quittait dans la nuit, s'est trouvé dans l'intérieur de son lit; son mouchoir de poche en toile blanche s'est trouvé placé sous le traversin, et les deux pantoufles du prince, en maroquin vert, placées au bas de son lit;

De tout ce que dessus nous avons rédigé le présent procès-verbal pour servir et valoir ce que de raison, et être communiqué à toutes les autorités qui en doivent connaître ; et nous avons signé ledit procès-verbal avec MM. Leduc, Vincent Saint-Hilaire, Rouen-Desmallets, comte de Lavillegontier, comte de Choulot, vicomte de Belzunce, Bonnie, Lecomte, Manoury, Leclerc, Letellier; le tout après lecture faite, et en présence de Lucien Collin, faisant les fonctions de brigadier.

De leur côté, M. Bonnie et M. Letellier, chirurgien à Saint-Leu, décrivaient l'état du corps, sur l'invitation de M. le maire de Saint-Leu. Voici ce procès-verbal particulier :

Nous soussignés, etc., d'après l'invitation de M. le maire de la commune de Saint-Leu, nous avons examiné le corps de S. A. R.; nous l'avons trouvé suspendu à une espagnolette de croisée, au moyen de mouchoirs, dans la position que nous avons indiquée dans le procès-verbal, et après l'avoir examiné scrupuleusement sur toute l'habitude de son corps, nous avons reconnu que la mort était certaine;

Le cadavre était froid, les membres supérieurs et inférieurs étaient roides;

D'où la mort a été certainement produite par la strangulation;

D'après la position du corps et des objets qui l'environnaient, indiquée dans le procès-verbal, il est très-probable que S. A. R., après s'être couchée, s'est relevée peu après, est montée sur la chaise placée auprès, s'est attaché les mouchoirs très-serrés, a repoussé la chaise;

Alors le poids du corps a fait glisser peu à peu les nœuds du mouchoir passant dans celui qui était noué en cravate jusqu'à ce que, le bout des pieds s'arrêtant sur le sol, le corps soit resté dans la position où on l'a trouvé, la roideur cadavérique qui existait déjà ayant empêché une plus forte dépression des jambes jusqu'au contact des talons;

Le froid et la roideur cadavérique déjà bien déterminés prouvent qu'il y avait au moins huit heures que le prince était suspendu quand nous l'avons examiné, à dix heures moins un quart;

En foi de quoi nous avons délivré le présent certificat, fait au château de Saint-Leu, le vingt-sept août 1830.

Vers une heure, arriva M. le juge de paix d'Enghien. Le corps était encore attaché à la fenêtre. Le juge de paix donna l'ordre de le replacer sur le lit. Autre procès-verbal, autre document important. Le voici :

L'an 1830, le vingt-sept août, à une heure de relevée,

Nous, Jean-Marie de la Rousselière-Clouart, juge de paix du canton d'Enghien, assisté de Jean-Baptiste Flan, ancien huissier, demeurant audit Enghien, que nous avons commis, pour l'absence du greffier ordinaire de cette justice de paix ; lequel sieur Flan, après avoir prêté serment en nos mains de remplir les fonctions de commis greffier, a promis de remplir lesdites fonctions en son âme et conscience;

Sur la réquisition de M. le comte de Lavillegontier, premier gentilhomme de S. A. R. Mgr le duc de Bourbon, que Sadite Altesse est décédée cette nuit, nous nous sommes transporté, et le commis-greffier susnommé, au château de Sadite Altesse, à Saint-Leu-Taverny, où étant arrivés, au premier étage, dans une chambre ayant vue sur le parc et entrée par le corridor, nous y avons trouvé M. Louis-Spiridion Frain, comte de Lavillegontier, pair de France, premier gentilhomme de S. A. R. Mgr le prince de Condé; M. le comte de Choulot, capitaine général des chasses de S. A. R., chevalier de Saint-Louis; M. Louis-Auguste Manoury, valet de chambre de S. A. R.; M. François Obry, concierge général de S. A. R. au château de Saint-Leu; Louis Leclerc, valet de chambre de Sadite Altesse;

Ces messieurs ont ouvert la porte d'une chambre qui précède; nous avons aperçu un homme suspendu à la croisée au moyen de deux mouchoirs noués ensemble, fixés à l'espagnolette des volets intérieurs; ces messieurs m'ont déclaré que c'était M. le prince de Condé qui avait été trouvé là ce matin vers neuf heures moins un quart : nous avons ordonné que le corps fût descendu et placé sur le lit;

Nous avons appelé M. Pierre Bonnie, premier chirurgien de S. A. R., et M. Jean-Baptiste-Louis Letellier, docteur en médecine; nous les avons invités à visiter le corps, après leur avoir fait prêter serment, ce qu'ils se sont empressés de faire, nous déclarant qu'ils rapporteraient un procès-verbal qui serait annexé au présent;

Et d'ailleurs M. le chirurgien en chef du prince nous a déclaré avoir été présent, lorsque S. A. R. a été trouvée dans la position où nous l'avons vue, et qu'il s'était assuré de la mort du prince, raison qui l'avait empêché de détacher le corps;

Étaient aussi présents, lors de l'ouverture de la chambre à coucher, M. Manoury et M. Lecomte, tous deux valets de chambre du prince; lesquels nous ont déclaré avoir frappé à la porte vers huit heures du matin, et que, n'ayant point eu de réponse, vers neuf heures moins un quart, ils avaient pris le parti d'enfoncer la porte par le panneau de bas; qu'entrés dans l'appartement, ils avaient aperçu ce tableau déchirant. Et ont, tous les susnommés, signé avec nous et le commis greffier le présent procès-verbal.

Dès onze heures, la nouvelle de la mort avait été portée à Paris, au Palais-Bourbon; à onze heures et demie, le roi Louis-Philippe la recevait, au Palais-Royal. S. M. ordonna immédiatement à M. de Rumigny, l'un de ses aides-de-camp; à M. le baron Pasquier, président de la Chambre des Pairs, et à M. le marquis de Sémonville, grand référendaire de la même Chambre, de se rendre à Saint-Leu, pour y réunir tous les renseignements possibles sur cet événement regrettable. Ces trois personnes, désignées par le roi, partirent, accompagnées du général Lambot, officier de la maison du duc de Bourbon; de M. Cauchy, archiviste de la Chambre des Pairs, et de M. Guillaume, secrétaire du cabinet de S. M. Elles arrivèrent à Saint-Leu, à trois heures, en même temps que M. le Juge d'instruction de Pontoise, M. le Procureur du roi de l'arrondissement, et deux docteurs en médecine, MM. Godard et Deslions, dont le ministère avait été requis par la justice.

Les deux magistrats de Pontoise commencèrent leur enquête. Il faut s'attendre à retrouver dans leur procès-verbal des faits déjà connus; mais ce document, qui confirme l'exactitude des premières constatations, doit être mis, dans son intégrité, sous les yeux du lecteur.

L'an 1830, le vendredi 27 août, à trois heures de relevée, nous, Armand Soret de Boisbrunet, juge d'instruction près le tribunal de première instance de l'arrondissement de Pontoise, accompagné de M. Charles-Ernest Vinnet, juge auditeur, faisant fonctions de procureur du roi, en l'absence et par empêchement de M. le procureur du roi près ledit tribunal, et assisté de Jean-Claire Petit, greffier dudit tribunal, sommes arrivés au château de Saint-Leu, où nous nous sommes transportés sur la réquisition de mondit sieur faisant fonctions de procureur du roi, et par suite de la lettre à lui adressée cejourd'hui par M. le comte de Lavillegontier, premier gentilhomme de S. A. R. Mgr le duc de Bourbon; ladite lettre annonçant le décès de Son Altesse Royale, et invitant M. le procureur du roi à se transporter de suite audit château de Saint-Leu;

Nous avons trouvé audit château M. de la Rousselière-Clouart, juge de paix du canton d'Enghien, lequel avait fait procéder à la levée du corps de Son Altesse Royale, et venait de dresser un procès-verbal dont nous avons pris connaissance;

Nous avons également pris connaissance d'un rapport dressé par les sieurs Pierre Bonnie, premier chirurgien de Son Altesse royale, et Letellier, docteur en médecine, demeurant à Saint-Leu; puis nous avons pris connaissance d'un procès-verbal commencé à neuf heures trois quarts du matin, cejourd'hui, par le maire de la commune de Saint-Leu. Nous avons ensuite été conduits, accompagnés et assistés comme dessus, par M. le comte de Lavillegontier, en la chambre à coucher de Son Altesse Royale; ladite chambre sise au premier étage du château, et éclairée par une fenêtre au levant donnant sur le parc, et d'une autre au nord donnant aussi sur le parc. Nous avons trouvé sur un lit, étant dans la susdite chambre, un cadavre que M. le comte de Lavillegontier nous a déclaré être celui de S. A. R. le duc de Bourbon, prince de Condé. Nous avons requis MM. Godard et Deslions, docteurs en médecine, le premier, chirurgien en chef, le second, médecin en chef de l'hospice de Pontoise, de procéder à la visite du corps; ce à quoi ils ont procédé en notre présence, après serment par eux préalablement prêté de procéder à ladite visite avec la plus grande exactitude, et de nous en faire connaître le résultat en leur âme et conscience; ladite visite n'étant néanmoins que préliminaire et en attendant l'arrivée de MM. les docteurs Marc et Marjolin, que M. le baron Pasquier, président de la Chambre des pairs, et M. le marquis de Sémonville, grand référendaire de ladite Chambre, venus pour constater le décès du prince, ont requis de se transporter à Saint-Leu. Nous avons ensuite constaté ainsi qu'il suit l'état de la chambre et des pièces qui la précèdent;

Les deux fenêtres de la chambre sont garnies de persiennes et volets intérieurs fermant avec espagnolettes. Il résulte du procès-verbal dressé par M. le maire de Saint-Leu, et de celui dressé par M. le juge de paix, comme des déclarations qui nous ont été faites par les personnes de la maison, que c'est à la fenêtre du nord que Son Altesse Royale a été trouvée ce matin suspendue par deux mouchoirs à la patte de l'espagnolette. Nous avons vérifié que, les volets fermés par l'espagnolette, on peut passer un mouchoir entre ladite patte et le bois de la croisée. Le dessus de la patte de l'espagnolette, à laquelle un mouchoir était encore attaché, est à six pieds et demi au-dessus du tapis qui recouvre le plancher. Près de la fenêtre nous avons trouvé deux chaises rembourrées dont le dessus a un pied trois pouces et demi de hauteur. Une effraction considérable existe à la porte de la chambre; le panneau inférieur de ladite porte, lequel est de deux pieds cinq pouces de haut, a été enfoncé et n'est plus sur les lieux; la tapisserie qui recouvre intérieurement ladite porte est déchirée tout le long du panneau et même au-dessus : la porte est dans son pourtour de quinze lignes d'épaisseur, mais les panneaux sont moins épais : la serrure de cette porte ne ferme qu'à un demi-tour et s'ouvre au moyen d'un bouton placé à chaque côté; un verrou en cuivre, placé au-dessus de la serrure est tiré et courbé, la pointe vers la chambre et de manière à prouver que la porte a été poussée violemment du dedans en dehors; c'est-à-dire, il paraît que le panneau a d'abord été fracturé du dehors en dedans, ensuite, ne pouvant tirer le verrou à cause des pesées que l'on a faites à l'extérieur, on a poussé violemment du dedans au dehors, ce qui a courbé le verrou; le bois de la feuillure est arraché et a fait place au passage du verrou, lequel a trois pouces trois lignes de long, six lignes de largeur et deux lignes et demie d'épaisseur; un peu au-dessus de la gâche de la serrure est une pesée, de quatorze ou quinze lignes; plus haut est une seconde pesée, de vingt et une lignes; au-dessus, une troisième, d'un pouce, une quatrième, de six lignes, enfin une autre peu marquée, d'environ neuf lignes: toutes ces pesées sont faites à l'extérieur. La chambre du prince est précédée d'un petit passage, au bout duquel est une porte garnie d'une serrure à demi-tour, avec bouton de chaque côté. Il paraît que cette porte restait ordinairement ouverte. Dans ce petit passage, est, à gauche, une porte qui donne dans une garde-robe, laquelle a une porte qui donne sur le grand corridor du château; la première est fermée par une serrure à demi-tour, avec bouton de chaque côté; la seconde est fermée par une serrure à clef et garnie d'un verrou en dedans, au dehors est un bouton pour ouvrir le demi-tour : il paraît que cette porte était habituellement fermée en dedans. Après le petit passage dont vient d'être parlé, est une petite pièce dans laquelle est une porte qui donne dans un passage, lequel donne sur le corridor; cette porte est garnie d'une serrure fermant à demi-tour: ladite serrure est à un tour fermant en dedans, au-dessus est en dedans un verrou de cuivre. La porte du corridor est garnie d'une serrure à clef et à bouton pour le demi-tour, plus, d'un verrou au-dessus. Il paraît que le soir, en quittant le prince, le valet de chambre de service fermait cette porte à clef et emportait la clef. Dans la petite pièce dont vient d'être parlé, sont deux autres portes; l'une donne sur un escalier dérobé et l'autre, dans un salon. Là, la première est fermée par une serrure à demi-tour et à bouton de chaque côté, et à verrou en dedans. Au-dessus de la serrure est un verrou en cuivre. L'autre porte donne dans un salon : elle est garnie d'une serrure à bouton et d'un verrou de cuivre au-dessus et en dedans. La chambre du prince est un carré long. Le lit est placé à gauche en entrant, en face de la fenêtre du levant. La fenêtre du nord est dans le coin, et à peu de distance de celle du levant. La chambre est étroite. La cheminée est à droite en entrant, presque en face la fenêtre du nord. La chambre ne pouvait avoir aucune autre issue que les deux fenêtres et la porte qui a été décrite. Nous avons vérifié dans le corridor qu'aucune issue ne donnait directement dans la chambre. Dans un coin de la chambre, entre les deux portes, est un fusil simple à pierre, qui n'est point chargé, et dont la platine et le bassinet sont clairs comme si le fusil n'eût jamais été chargé;

De tout ce que dessus nous avons dressé le présent procès-verbal, que nous avons signé avec mondit sieur Vinnet, M. le comte de Lavillegontier et le greffier, après lecture faite.

En même temps, une nouvelle visite du corps était faite par les docteurs Godard et Deslions, qui en dressaient le procès-verbal suivant :

Nous soussignés, etc...

Etant entrés dans la chambre du prince, accompagnés de M. Vinnet, remplissant les fonctions de procureur du roi, et de M. de Boisbrunet, juge d'instruction, nous avons trouvé le corps étendu sur un lit, la face tournée vers la muraille.

La tête était couverte d'un foulard, et le corps d'un gilet de flanelle, d'une chemise et d'un caleçon noué au-dessous des genoux, qui étaient à demi fléchis;

Autour du cou se trouvait une cravate blanche, formant deux tours; le cou, à ses parties antérieures, latérales et supérieures, présentait une empreinte sans ecchymose, avec une dépression plus prononcée vers la partie latérale gauche du cou, où était placé le nœud de la cravate; une seule petite excoriation se remarquait vers la partie latérale gauche;

La langue, d'une couleur violacée, sortait d'environ un pouce de la bouche;

Les deux jambes, à leur partie antérieure, présentaient deux longues excoriations récentes;

Un incident de bal masqué fut la cause d'un duel. (PAGE 1.)

Du sang s'écoulait du canal de l'urètre; l'état extérieur du corps, dans la partie antérieure que nous avons seulement examinée, ne présentait rien autre chose de remarquable;

Le côté droit, sur lequel reposait le corps, présentait la lividité cadavérique qui arrive nécessairement après la mort vers les parties les plus déclives du corps;

En conséquence, nous pensons que le prince a probablement succombé à une asphyxie par une strangulation, mais que l'ouverture du corps est nécessaire pour déterminer d'une manière précise la cause de la mort.

A Saint-Leu-Taverny, le 27 août 1830.

Signé : A. GODARD et DESLIONS.

Ce que ne disent pas ces deux derniers documents, c'est que, pour mieux vérifier l'état primitif des choses, on avait fait placer le corps dans la position où il avait dû être au moment de la suspension. M. Bonnie, pour rendre cette représentation plus exacte, avait replacé la chaise trouvée par lui près du corps, à la place qu'elle occupait, dans une position oblique aux jambes.

A neuf heures du soir, les docteurs Marc, Pasquier et Marjolin arrivèrent au château. Nouvelle constatation de l'état du corps, sur l'invitation des magistrats; nouvelle confirmation des observations précédentes. Il est dit, dans le procès-verbal des trois docteurs, que « les jambes et les pieds sont le siége d'un œdème ancien; » qu'on ne remarque, sur le visage, ou sur le tronc « aucune trace de contusion ou d'autres lésions; » qu'une petite quantité de mucosité s'échappe « par les deux narines; » que la langue, « livide, gonflée, fait saillie entre les mâchoires légèrement écartées, et déborde de trois lignes la lèvre supérieure qu'elle soulève; » que « les taches larges, d'un rouge livide, non circonscrites, observées dans toutes les régions rendues déclives, sont produites par la stase du sang dans les vaisseaux capillaires; » que « le cou présente, sur les parties antérieures et latérales, une dépression d'une ligne à une ligne et demie de profondeur, d'un pouce de largeur en avant à sa partie moyenne, de vingt lignes vers ses extrémités latérales, » et que « la peau qui correspond à cette dépression est dure, sèche, comme parcheminée, de couleur jaune livide; on y remarque une excoriation très-superficielle, arrondie, de trois lignes de diamètre, au-dessous et au niveau de l'apophyse mastoïde gauche et sur le bord inférieur de la dépression; à la partie postérieure du col, cette dépression n'existe plus. »

Le procès-verbal constatait encore : « une ecchymose légèrement saillante, d'un pouce environ de largeur, à un pouce au-dessous de la partie postérieure de l'articulation du bras avec l'avant-bras droit; et, sur la partie antérieure externe de la jambe droite, une excoriation très-superficielle, récente, teinte par du sang, irrégulière, longue de six pouces, large de deux vers sa partie moyenne; et, sur la jambe gauche, deux excoriations également récentes et superficielles, larges de deux pouces, irrégulières, situées le long de la face interne du tibia, un peu au-dessous de sa partie moyenne. »

De ces remarques diverses, les trois docteurs concluaient : 1° Que la mort avait dû être produite par strangulation; 2° Que, vu l'absence de désordre dans les vêtements, de signes de violence ou de résistance sur la face ou sur le corps; vu la largeur et l'obliquité de l'empreinte observée sur le cou, l'absence de prolongation de cette empreinte au delà

La reine Amélie était venue elle-même à Saint-Leu pour le rassurer. (PAGE 15).

du niveau de l'apophyse mastoïde, « la strangulation n'a point été opérée par une main étrangère; quant à la contusion de l'avant-bras droit, et aux excoriations des deux jambes, ces lésions légères sont le résultat de quelques frottements de ces parties contre le bord saillant de la chaise voisine de la fenêtre, et contre la boiserie de celle-ci, dans les derniers moments de la vie. »

Il est bon de résumer ici les divers moments de l'information judiciaire, pendant cette journée du 27 août. D'abord, intervention des autorités de Saint-Leu, une heure après la découverte de l'événement, et constatation par elles de l'état primitif et présent des choses. Puis, intervention d'un magistrat d'Enghien, levée du corps, nouvelle constatation des faits. Enfin, intervention des autorités judiciaires de Pontoise, constatations nouvelles, en présence d'une sorte de haute commission déléguée par le roi. A ces trois moments de l'information judiciaire, correspondent trois examens du corps. Les officiers et domestiques du prince assistent à toutes les opérations, sont consultés à propos de chaque procès-verbal.

Une quatrième et plus haute intervention avait été jugée nécessaire par le garde des sceaux, M. Dupont (de l'Eure). Ce même jour, à huit heures du soir, M. le Procureur général Bernard (de Rennes) avait reçu l'ordre de se rendre à Saint-Leu, pour diriger lui-même les recherches de la justice sur les causes et les circonstances de la mort du duc de Bourbon. M. Bernard partit, accompagné de l'un de ses substituts, M. Legorrec. Les deux magistrats furent conduits par erreur à Chantilly; après toute une nuit de voyage, ils n'arrivèrent à leur destination véritable que le 28, à huit heures du matin.

Le premier soin de M. Bernard fut de prendre connaissance de toutes les pièces de la procédure, et, sans tenir compte des constatations qu'elles renfermaient, il fit procéder de nouveau, sous ses yeux, en présence des mêmes témoins, à une visite des lieux et à un nouvel examen du corps, qui donnèrent les résultats déjà connus.

L'autopsie cadavérique devait apporter des lumières nouvelles : les docteurs Marc, Marjolin et Pasquier furent requis d'y procéder.

La dissection du cou montra que « les téguments correspondant à l'empreinte du lien étaient amincis, durs et comme parcheminés dans toute leur épaisseur; il n'existait aucune ecchymose dans le tissu cellulaire, ni dans les autres parties subjacentes, ni à la nuque. » (§ 1 du procès-verbal d'autopsie.)

Le crâne scié, la dure-mère se présentait « fortement adhérente aux os, comme cela arrive fréquemment chez les vieillards; les vaisseaux qui se distribuent sur la surface des hémisphères, et notamment sur la partie antérieure, étaient gorgés de sang, au niveau de la partie moyenne supérieure des deux hémisphères, et près de la grande scissure qui les sépare; l'arachnoïde était opaque, épaissie dans l'étendue d'un pouce environ en tous sens, altération produite par une inflammation de cette membrane à une époque éloignée. » (§ 6.)

« Les deux ventricules latéraux, le troisième et le quatrième ventricule contenaient près de deux onces de sérosité limpide. » (§ 7.)

« La langue, tuméfiée, livide et desséchée dans la portion qui dépassait les dents, était, en arrière, également tuméfiée, mais humectée, ainsi que l'intérieur de la bouche et du larynx, par des mucosités. » (§ 12.)

« La muqueuse, à l'intérieur des bronches et de leurs divisions, était injectée d'une couleur rouge obscure d'autant plus foncée, que les divisions bronchiques étaient plus petites : toutes les divisions des bronches étaient remplies de mucosités spumeuses sanguinolentes. » (§ 14.)

« Les poumons, dont la surface était libre de toute adhérence, étaient crépitants, de couleur noire ardoisée; leur parenchyme était gorgé d'un sang noir très-fluide; toutes leurs portions surnageaient dans l'eau. (§ 15.) Le cœur et le péricarde étaient sains, ce dernier ne contenait que très-peu de sérosité limpide; les deux ventricules et les deux oreillettes étaient vides de sang; les vaisseaux afférents au cœur étaient sains. » (§ 16.)

« L'estomac, le duodénum, le reste de l'intestin grêle, tous sains, contenaient une petite quantité d'aliments presque entièrement digérés. (§ 18.) Le rein gauche, plus volumineux et plus mou que le droit, contenait plusieurs graviers (§ 19). L'ecchymose existant près de l'articulation du coude droit ne pénétrait pas au delà du tissu cellulaire sous-cutané. Les excoriations des jambes n'étaient que superficielles, et devaient être attribuées à la cause indiquée. » (§ 20.)

De l'ensemble de ces observations, et notamment de celles contenues dans les paragraphes 1, 6, 7, 12, 14, 15, 16 et 20, il résultait *évidemment*, selon le procès-verbal, « que la mort a été la suite de la strangulation; que la strangulation n'a pas été opérée par une main étrangère. »

Aussitôt après l'autopsie, le procureur général fit procéder à l'interrogatoire sommaire des personnes de la maison et des gens du prince.

La première personne entendue fut *Sophie Dawes, baronne de Feuchères*, qui fit la déclaration suivante : — Depuis les événements de juillet dernier, j'ai remarqué que le prince était tombé dans une profonde mélancolie; il a plusieurs fois déclaré devant moi qu'il ne survivrait pas à ces événements, qu'il avait trop vécu, et d'autres propos semblables. Il répétait aussi qu'il concevait très-bien qu'on pouvait se détruire, et qu'il en avait formé le projet à l'époque des Cent-Jours, lorsqu'il était dans la Vendée. J'ajoute que, mercredi dernier, vers trois heures après midi, m'étant présentée chez lui, je le trouvai écrivant une lettre, qu'il cacha à mon arrivée, et qu'il refusa de me laisser voir, disant que c'était une chose trop triste. Au surplus, je sais qu'il était très-effrayé depuis le mois de juillet, et qu'il manifestait souvent la crainte qu'on vînt envahir le château.

M. Lambot, général, aide de camp du prince. — Jeudi, 26 de ce mois, j'allais partir pour Paris, où le prince m'envoyait en mission, lorsque arriva au château M. le comte de Cossé-Brissac, qui vint entretenir S. A. R., comme grand-maître de France, des malheurs et de la position fâcheuse de plusieurs personnes qui faisaient partie de la maison de Charles X. Le matin du même jour, et en faisant mon travail ordinaire avec le prince, je l'avais trouvé calme; mais, après l'entrevue avec M. de Cossé, il me parut ému et agité, sans que je puisse dire si cette agitation venait de l'effet que produisait ordinairement sur le prince la visite d'un étranger, ou de sa conversation avec M. de Cossé. En général, le prince était fort inquiet des rassemblements qu'on disait avoir lieu à Paris, et sur le sort du roi Louis-Philippe et de sa famille, et, en général, de la France. J'ajoute que, depuis les événements de juillet, il avait totalement cessé de chasser, qu'il ne prenait aucun exercice, et qu'il était toujours absorbé et mélancolique.

M. le baron de Flassans, écuyer, commandant les équipages du prince. — J'étais absent lors du fatal événement, de sorte que j'ignore les circonstances qui l'ont accompagné. Mercredi dernier, le prince s'entretint avec moi de la réforme d'un de ses équipages de chasse. Néanmoins, j'ai remarqué que, depuis le mois dernier, il était triste et silencieux, quoique, depuis l'avénement du roi Louis-Philippe, il fût plus rassuré qu'auparavant.

M. le baron de Préjan, gentilhomme de la chambre du prince. — Depuis les événements du mois de juillet, le prince était inquiet, triste, et ne nous adressait que rarement la parole. Il disait qu'il avait peur pour nous, pour ceux qui l'entouraient, et il répétait qu'il avait trop vécu, que c'était trop de voir deux révolutions. Jeudi soir, après le dîner, M. de Cossé raconta devant le prince que, dans une rue voisine de Tivoli, un homme avait été rencontré par un groupe qui s'était écrié : Voilà un suspect! et qui l'avait massacré. Cette narration attira l'attention du prince; son regard devint fixe et morne, sans que je puisse dire si c'était d'effroi ou de douleur.

M. le vicomte de Belzunce, gentilhomme de la chambre du prince. — Le 26 de ce mois, j'étais à la table du prince, auprès de M. de Cossé-Brissac. Ce dernier vint à parler des caricatures publiées dans Paris depuis la déchéance de Charles X; il en rappela particulièrement une très-indécente, et déclara que, de toutes celles qu'il avait vues, il n'y en avait qu'une qui fût d'assez bon goût. Ce propos parut affecter vivement le prince, qui, se penchant vers madame de Feuchères, lui dit : Dites-lui donc de se taire. Depuis les événements de juillet dernier, le prince m'a paru profondément affecté, et je lui ai entendu dire : J'ai trop vécu; voir deux révolutions, à mon âge cela me tuera.

Lecomte, valet de chambre du prince. — Je déclare que, jeudi soir, j'assistai au pansement ordinaire des jambes du prince, et, contre sa coutume, il ne proféra pas une parole, si ce n'est que, lorsque je lui demandai ses ordres pour le lendemain, il me dit de venir à huit heures. Je déclare de plus que mercredi dernier le prince me demanda un couteau de table. J'allai en prendre un à l'argenterie, et je le lui présentai. Il le prit de la main droite, et, l'appuyant par la pointe sur le pouce de la main gauche, il me dit, en me regardant, qu'il ne piquait pas. J'allai aussitôt en chercher un second, que je déposai sur son bureau. Ce couteau a été trouvé dans un tiroir de la commode, et nous avons remarqué que le tranchant en était émoussé.

Manoury, valet de chambre du prince. — Avant-hier, me trouvant dans la chambre à coucher du prince, il m'invita à lui tâter la main en me disant : « Voyez, j'ai la main chaude. » Je lui répondis qu'elle ne me paraissait pas telle. Sur quoi il serra fortement ma main dans les deux siennes, avec une grande expression de sensibilité, et, les larmes aux yeux, il m'invita à aller chercher M. de Choulot à Chantilly, ajoutant qu'il avait quelque chose à lui communiquer. J'exécutai cet ordre; mais M. de Choulot n'est arrivé qu'après le décès du prince. Il y a trois jours que le prince m'ordonna de remettre à la femme Amaury une somme de quarante francs, à titre de bienfait. Sur mon observation qu'il paraissait plus opportun de remettre cette somme lorsque S. A. serait à Chantilly, il me dit : « Chargez-vous-en, vous serez toujours à même de la remettre; quant à moi, je ne sais pas. » Depuis environ dix jours, je remarquai que le prince éprouvait assez fréquemment des mouvements convulsifs, et, en le rasant, dimanche dernier, je lui en fis même l'observation.

Leclerc (*Louis*), valet de chambre du prince. — Je me suis aperçu, depuis quelque temps, et surtout depuis le mois de juillet, que le prince était triste et chagrin; nous en faisions l'observation entre nous, mes camarades et moi; nous disions que le prince était *affaissé*.

Obry (*François*), concierge général du château, dépose que, chaque nuit, il a fait faire, autour des bâtiments, des rondes d'heure en heure, par un garde ou un gendarme; dans la nuit du jeudi au vendredi, ces sentinelles n'ont aperçu aucun étranger, soit sous les fenêtres de l'appartement du prince, soit dans les jardins et le parc.

Pendant ces interrogatoires, M. le procureur général faisait dresser un plan ou élévation de la fenêtre, avec un dessin représentant la situation du cadavre, au moment de la découverte : M. Piart, employé dans les chancelleries du prince, qui avait assisté aux premiers moments de la découverte, fut chargé de ce travail, qu'on annexa à la procédure, après en avoir fait constater l'exactitude par plusieurs témoins.

La cheminée du prince contenait une assez grande quantité de papiers brûlés. Pendant la journée du 27, plusieurs des personnes présentes à l'information ramassèrent dans l'âtre, sur la couche de papiers consumés, quelques fragments non atteints par le feu, présentant des mots de l'écriture du prince. M. de Rumigny, M. de Lavillegontier, un valet de chambre, M. Guillaume, ramassèrent ces fragments sans y attacher grande importance. M. Guillaume en mit quelques-uns dans sa poche, puis, le soir, en les examinant, y trouva ces mots, qui attirèrent son attention : *pillés*, *Vincennes*, *château*. M. le juge d'instruction fut averti de cette découverte, et on ordonna une recherche plus exacte. Le valet de chambre Lecomte retrouva d'autres fragments dans la cheminée du salon contigu à la chambre à coucher, et M. Guillaume se rappela que c'était lui-même qui avait jeté là ces débris, provenant, comme ceux qu'il avait gardés, de la cheminée du prince. On chercha à recomposer avec les fragments l'écrit déchiré; on n'y put parvenir. Mais, le 28, M. le procureur général Bernard, informé de la découverte des fragments, s'écria : « La vérité est là, il faut la trouver. » Et alors, lui et M. Guillaume passèrent plusieurs heures à rapprocher les fragments. Leur patience fut enfin récompensée : ils arrivèrent à recomposer les deux écrits suivants, dont l'un, sauf quelques corrections, était évidemment la copie de l'autre. En voici l'exacte disposition :

Saint-Leu appartient au roi
Philippe
ne pillés, ni ne brûlés
le château ni le village
ne faites de mal à personne
ni à mes amis, ni à mes
gens. On vous a égarés
sur mon compte, je n'ai
urir en aïant
cœur le peuple
et l'espoir du
Bonheur de ma patrie

— Saint-Leu et ses dépend
appartiennent à votre roi
Philippe : ne pillés ni ne brûlés
le le village
ne mal à personne
ni es amis, ni à mes gens
on vous a égarés sur mon compte
je n'ai qu'à mourir en souhaitant
bonheur et prospérité au peuple
français et à ma patrie
Adieu pour toujours
L. H. J. DE BOURBON,
Prince de Condé.

P. S. Je demande à être enterré
à Vincennes, près de mon infortuné fils.

Procès-verbal fut dressé de ce travail de recomposition. Dans le rapport sur les actes de son information, qu'il adressa, le 30 avril, à M. le garde des sceaux, M. le Procureur général appréciait, comme il suit, les deux écrits retrouvés :

« En comparant ces deux pièces, on voit que la première a été le premier thème du prince; elle ne porte pas de signature; elle énonce dans sa seconde ligne une invitation qui, par la ponctuation de la phrase, paraîtrait s'adresser au roi; ce dont l'auteur se serait aperçu après coup, et il l'aurait supprimée dans la seconde pièce, qui semble être son projet corrigé et arrêté; car il termine par une signature à laquelle il ajoute un *post-scriptum* dicté par la douleur paternelle; ce projet ne porte aucune date, mais on est assuré qu'il ne remonte pas à plus de trois jours avant le décès du prince, par la connaissance généralement acquise que le prince prenait constamment le titre de *duc de Bourbon*, et ne commença à substituer à cette qualification celle de *prince de Condé* que depuis l'époque toute récente où le roi l'avait désigné par ce dernier titre.

« La résolution d'attenter à une vie que des terreurs continuelles et chimériques lui avaient rendue insupportable, se manifeste si clairement par cet écrit, qu'il suffirait à lui seul pour convaincre irrésistiblement d'une vérité acquise d'ailleurs par tous les éléments de l'information, et sans qu'aucune circonstance se soit rencontrée qui pût donner la moindre ouverture à toute autre supposition. »

Le 27 septembre 1830, M. le procureur du roi présenta ce réquisitoire :

« Nous, procureur du roi près le tribunal de première instance séant à Pontoise,

« Vu l'information commencée au château de Saint-Leu, les 27 et 28 du mois dernier, pour constater les causes et circonstances de la mort de S. A. R. le duc de Bourbon, prince de Condé, arrivée dans la nuit du 26 au 27 dudit mois;

« Attendu qu'il résulte, d'une manière évidente, que la mort du prince a été le résultat d'un suicide; que la vindicte publique n'a, dans cette circonstance, aucun renseignement nouveau à rechercher, ni aucun coupable à poursuivre, et que la procédure est complète;

« Requérons qu'il plaise au tribunal, sur le rapport de M. le juge d'instruction, déclarer n'y avoir lieu à suivre, et en conséquence ordonner le dépôt des pièces au greffe.

« Au parquet, le 2 septembre 1830.

« Signé : ROUSSIGNÉ. »

Faisant droit à ce réquisitoire, le tribunal de Pontoise statua, le 7 septembre 1830, de la manière suivante :

« Nous, etc...

« Vu etc..,

« Et attendu qu'il résulte de l'information, d'une manière évidente, que la mort du prince de Condé a été volontaire et le résultat d'un suicide; que la vindicte publique n'a, dans cette circonstance, aucun renseignement nouveau à rechercher, ni aucun coupable à poursuivre, et que la procédure est complète;

« Déclarons qu'il n'y a lieu à suivre, et en conséquence ordonnons le dépôt des pièces au greffe.

« Fait et délibéré en ladite chambre du conseil du tribunal de première instance séant à Pontoise, le 7 septembre 1830, par MM. Soret de Boisbrunet, juge d'instruction, Picard, juge, et Mondain, juge suppléant, appelé à défaut de juge.

« Signé : PICARD, SORET DE BOISBRUNET, et MONDAIN, juges. »

Jusqu'alors, rien n'est venu troubler l'évidence du suicide, proclamé par tous les témoins, constaté par la science, résultant de toute une longue et minutieuse procédure. Le bon sens, à défaut de tant de preuves sans réplique, trouve dans l'état moral du prince de Condé, dans la fermeture intérieure de sa chambre, dans l'absence de tout désordre accusateur, les arguments les plus forts contre la possibilité d'un crime. Mais, bientôt, l'opinion va se partager en deux courants contraires. Ce qui semblait indiscutable va paraître douteux à quelques-uns, et, du doute, on les verra passer peu à peu à l'affirmation d'un assassinat. Quelles furent les causes de cette étrange réaction?

Le 28 août, dans la soirée, le testament fut ouvert. Voici quelle en était la teneur :

« Au nom du Père, du Fils et du Saint-Esprit, je recommande mon âme à Dieu.

« Moi, soussigné, Louis-Henri-Joseph de Bourbon, duc de Bourbon, prince de Condé, etc., etc.;

« Je nomme et institue mon petit-neveu et filleul, Henri-Eugène-Philippe-Louis d'Orléans, duc d'Aumale, mon légataire universel, voulant qu'à l'époque de mon décès il hérite de tous les biens et droits, mobiliers et immobiliers, de quelque nature qu'ils soient, que je posséderai à cette époque, pour en jouir en toute propriété, sauf les legs que j'institue par ces présentes, ou que je pourrai instituer par la suite.

« A défaut du duc d'Aumale désigné, je nomme et institue pour mon légataire universel le plus jeune des enfans mâles de mon neveu Louis-Philippe d'Orléans.

« Je lègue à la dame Sophie Dawes, baronne de Feuchères, une somme de deux millions, qui sera payée en espèces aussitôt après mon décès, quitte de tous droits d'enregistrement ou autres frais, qui seront acquittés par ma succession.

« Je lui lègue aussi en toute propriété :

« 1° Mon château et parc de Saint-Leu;

« 2° Mon château et terre de Boissy, et toutes leurs dépendances;

« 3° Ma forêt de Montmorency et toutes ses dépendances;

« 4° Mon domaine de Morfontaine, tel qu'il se compose et que je l'ai acheté de madame de Villeneuve, suivant contrats des 21 et 22 juillet 1827, et 20 août 1829;

« 5° Le pavillon occupé par elle et ses gens au Palais-Bourbon, ainsi que ses dépendances;

« 6° Le mobilier que comprend ce pavillon, ainsi que les chevaux et voitures affectés au service de ladite dame baronne de Feuchères. Cette dernière mesure est également applicable aux officiers de ma maison meublés par moi. Les frais d'actes, de mutation, d'enregistrement, et autres généralement quelconques, nécessaires pour mettre ladite dame baronne de Feuchères en possession des legs ci-dessus, seront à la charge de ma succession; de telle sorte qu'elle entre en jouissance desdits objets quitte et libre de tous frais pour elle.

« Mon intention est que mon château d'Ecouen soit affecté à un établissement de bienfaisance en faveur des enfans, petits-enfans ou descendans des anciens officiers ou soldats de l'ancienne armée de Condé et de la Vendée. Je donne alors ce château et le bois qui en dépend à ladite dame baronne de Feuchères, en la chargeant de fonder l'établissement dont il s'agit; voulant en cela lui donner une nouvelle marque de mon attachement et de ma confiance. J'affecte au service des dépenses de cet établissement une somme de 100,000 fr. qui sera payée annuellement et à perpétuité par mon petit-neveu le duc d'Aumale, ou par ses représentans. Je m'en rapporte, au surplus, aux soins de madite dame baronne de Feuchères, pour que mon intention soit remplie, ainsi que sur le mode d'après lequel cet établissement devra être formé, et aux autorisations qu'elle aura à solliciter et à obtenir pour y parvenir.

« Je donne et lègue, à titre de pensions, à chacun de mes gentilshommes, secrétaires de mes commandemens, membres de mon conseil, officiers, employés ou secrétaires de ma maison qui se trouveront à mon service au moment de mon décès, en telle qualité que ce soit, savoir :

« 1° A ceux qui auront dans ma maison plus de vingt ans de service, la totalité des appointemens ou gages dont ils jouiront;

« 2° A ceux qui auront plus de quinze ans de service, les trois quarts desdits appointemens ou gages;

« 3° A ceux qui auront plus de dix ans de service, la moitié desdits appointemens ou gages;

« 4° A ceux qui auront moins de cinq ans de service, le quart desdits appointemens ou gages;

« 5° A ceux qui auront moins de cinq ans de service, et plus de deux ans, une année de leurs appointemens ou gages, à titre de gratification, une fois payée :

« Entendant qu'ils jouissent de ces pensions cumulativement avec les traitemens attachés aux fonctions qu'ils pourront remplir dans la maison de mon petit-neveu le duc d'Aumale.

« Je recommande à mon petit-neveu le duc d'Aumale, les officiers et serviteurs de la maison, lui enjoignant de traiter avec bienveillance tous ceux qui m'ont servi avec zèle et m'ont donné des marques d'un attachement particulier.

« Je prie le Roi d'agréer mon vif désir et ma demande expresse que ma dépouille soit déposée à Vincennes, auprès des restes de mon fils bien-aimé.

« Je nomme pour mon exécuteur testamentaire M. le baron de Surval, et lui donne, conformément à la loi, la saisine pour l'exécution du présent testament.

« Fait à Paris, en notre Palais-Bourbon, le 30 août 1829. »

La lecture de ce testament fut un coup de foudre pour la plupart de ceux qui l'entendirent. Grands et petits officiers, valets de toutes classes, s'attendaient bien à voir Mme de Feuchères et les parents, quels qu'ils fussent, du prince emporter la plus grosse part de cette énorme fortune; mais ils se croyaient tous assurés de legs importants. La déception fut cruelle; le mot d'ingratitude fut prononcé.

Pour ceux qui connaissaient la bonté et la générosité du prince, il était évident qu'une influence l'avait porté à restreindre les bienfaits laissés à ses serviteurs à quelques indemnités et pensions viagères. L'absence d'un codicille en faveur des officiers et domestiques, l'énormité du legs fait à Mme de Feuchères, disaient assez quelle avait été cette influence. L'exécuteur testamentaire, M. de Surval, ne cacha pas que c'était la baronne qui avait empêché le prince de faire une disposition particulière en faveur des gens de sa maison. C'était même malgré elle, et sur les instances pressantes de M. de Surval, que les indemnités et pensions avaient été réglées.

Cela se dit tout bas d'abord, car on espérait encore dans la générosité des deux légataires. Mme de Lavillegontier, femme du premier gentilhomme du prince, accourut du fond de la Bretagne, et vint prier Mme de Feuchères d'intéresser le roi au sort des officiers de la maison. Mme de Feuchères répondit qu'il ne lui appartenait pas de dicter au roi ce qu'il avait à faire en faveur des serviteurs de la maison de Condé.

Alors, éclata librement l'indignation de tous les intéressés; alors, on commença à douter du suicide et à parler d'attentat. L'intérêt des officiers déçus dans leurs espérances s'unit à l'intérêt de la famille de Rohan, qui, comme on pouvait s'y attendre, n'était pas mentionnée dans le testament. Les princes qui représentaient alors cette famille, plus d'une fois fatale à la royauté (*Voyez* le procès du *Collier*), virent dans un scandale un moyen d'intimider les légataires, de surprendre l'opinion, et, peut-être, de saisir tout ou partie de cette fortune inespérée qui rehausserait l'éclat un peu terni de leur gloire, et redorerait leur écusson besoigneux (1).

L'esprit de parti s'empara, à son tour, de ce scandale, pour s'en faire une arme contre la monarchie de juillet. Montrer le prince de Condé cédant à des cupidités coalisées; n'instituant son petit-neveu légataire universel que de guerre lasse, et dans la pensée de révoquer un jour ces dispositions suggérées; le montrer, lors de la chute du trône légitime, décidé à suivre son roi dans l'exil, et, tout à coup, arrêté par une main criminelle : quel coup de partie! Les passions politiques sont aussi d'avis que de la calomnie il reste toujours quelque chose.

Ces passions, ces intérêts, trouvaient à Saint-Leu un champ tout préparé. La longue domination, la faveur sans rivale de Mme de Feuchères, humblement acceptées tant qu'avait vécu le prince, avaient jeté dans bien des cœurs des semences de haine et d'envie. La favorite s'était attiré, sans le savoir, sans le vouloir, bien des sourdes rancunes; on ne lui avait pardonné ni son bonheur, ni son crédit, même ceux-là qui en avaient profité le plus. Le jour où l'on put décemment, utilement, faire éclater les mépris et les haines soigneusement contenus jusqu'alors, ce fut une explosion véritable.

Dans les derniers rangs de la livrée, ces sentiments se traduisirent par des crudités, par des violences de langage, qu'on recueillit plus haut sans en rien perdre. Un valet de pied, Romanzo, qui avait voyagé en Egypte et en Turquie, se rappela que les pendus, dont il avait vu des centaines, ne présentaient pas les caractères cadavériques remarqués chez le prince; tous avaient, à l'entendre, la figure noire, les yeux ouverts, la langue sortie de la bouche. Un autre valet de pied, l'irlandais Fife, appuya ces remarques, ayant vu, lui aussi, des pendus en Angleterre. Les valets de pied Echotte et François firent chorus. Evidemment, monseigneur avait été étouffé.

M. Bonnie, ce même M. Bonnie qui avait si clairement noté toutes les particularités démonstratives du suicide, qui avait décrit les moyens employés par le prince pour l'accomplir, s'associa aux déductions des valets de pied.

Puis, la suspension était incomplète, les pieds du prince touchaient le tapis. Tous, M. Bonnie avec les autres, avaient parfaitement compris dès l'abord que cette position était l'effet du relâchement successif des mouchoirs; mais, quand l'intérêt parla, cette explication si simple fut oubliée.

Un garde-inspecteur des forêts du prince, M. Méry-Lafontaine, s'imagina de prouver l'impossibilité du suicide. Pour cela, il attacha à l'espagnolette de la fatale fenêtre des mouchoirs disposés comme ceux auxquels le prince avait été trouvé suspendu; il se souleva sur la pointe des pieds, passa la tête à travers le second mouchoir, et crut démontrer ainsi qu'on pouvait être dans cette position sans être pendu ni étranglé. De se placer dans la situation primitive, avant le relâchement des mouchoirs, nul n'y pensa.

Une difficulté, cependant, arrêta l'accusation prête à s'échapper des lèvres des mécontents : la porte de l'appartement du prince avait été trouvée fermée en dedans par un verrou, ce qui excluait l'idée d'un assassinat et paraissait prouver le suicide.

(1) Il y avait alors trois princes de Rohan vivants et une princesse de Rohan-Rochefort, tous descendants d'Elisabeth de Rohan, fille du maréchal prince de Rohan-Soubise, aïeul du duc de Bourbon mort en 1830.

M. Méry-Lafontaine imagina l'explication suivante :

Qu'on supposât un moyen de refermer intérieurement le verrou, en sortant de l'appartement, et le verrou fermé en dedans ne prouvait plus rien. Or, qu'on prît un ruban de soie légère, qu'on le pliât en deux, qu'on le passât par l'anneau au bouton du verrou, il n'y avait plus qu'à sortir, fermer sur soi la porte en tenant les deux bouts de ruban, tirer à soi et le verrou se fermerait; on lâcherait ensuite un des bouts du ruban, et on tirerait l'autre à soi pour ramener le ruban tout entier.

L'expérience du lacet ne pouvait être faite sur la porte du prince, cette porte ayant été enfoncée et brisée en partie; on la fit sur une autre porte, une porte vitrée de cuisine, qu'on eut soin de choisir si peu jointe, que l'écartement entre les deux battants était de plusieurs lignes.

Ici encore, on s'inquiéta peu de la différence qui devait exister entre une porte de chambre à coucher, hermétiquement jointe, tapissée en dedans, et une porte banale et disjointe. Le verrou joua au moyen du lacet. C'est tout ce qu'on voulait. M. de Jonville, M. de Préjan, répétèrent l'expérience; M. l'abbé Pelier y assista, avec des airs de douleur et de surprise. On alla même jusqu'à dire que, le jour de la mort du prince, un lacet, celui sans doute qui avait servi aux assassins, avait été trouvé dans l'escalier dérobé par le comte de Jonville, qui, ce jour-là, n'était pas à Saint-Leu.

Alors éclata le *tolle*. Les grands officiers purent accueillir l'idée d'un attentat. On raya, d'un trait de plume, les procès-verbaux, la procédure; on refit une enquête après coup; on discuta l'état de la chambre, la position des pantoufles, du bougeoir, des chaises; on accueillit toutes les circonstances qui écartaient l'idée d'un suicide. Et d'ailleurs, un Condé pouvait-il se pendre? pas plus qu'il ne pouvait laisser ses serviteurs dans l'indigence.

L'accusation ne resta pas longtemps circonscrite entre les murs de Saint-Leu. Ce fut M. l'abbé Pelier qui, le premier, la fit retentir au dehors.

Cet abbé Pelier de la Croix s'était introduit dans la maison du prince d'une façon qui mérite d'être rapportée. Il avait compris à quelle influence il fallait s'adresser, et avait poursuivi Mme de Feuchères des protestations d'un dévouement sans bornes; il lui avait adressé force pièces de vers, une entre autres où l'on trouve ceux-ci :

> Exécrable tyran, à l'œil sombre, au cœur faux,
> Toi, dont la barbarie a causé tant de maux,
> Toi, qui sais réunir l'audace et la bassesse,
> Et qui peux du serpent défier la souplesse,
> Toi, pour qui le carnage eut toujours tant d'attraits.

C'est de Napoléon qu'il s'agit; conduite et vers, il y a là de quoi juger un homme.

Au moment de la mort du prince, la position de l'abbé Pelier à Saint-Leu était gravement compromise; il avait déplu, à la fois, à sa première protectrice, Mme de Feuchères, et au prince, qui parlait de prendre un autre aumônier, M. l'abbé Briant.

Ce fut lui cependant qui, se trouvant en charge après le décès, fut chargé de diriger le service religieux des funérailles.

Le 4 septembre, le corps embaumé, qu'on gardait depuis six jours en chapelle ardente dans l'église de Saint-Leu, fut porté à Saint-Denis, pour y être enseveli dans les caveaux de la famille royale. Deux escadrons de hussards, un bataillon de troupe de ligne et la garde nationale de Saint-Leu formaient l'escorte. Quatre des fils du roi suivaient le corps, qui fut reçu à la porte de l'abbaye par le clergé épiscopal. Car, malgré le suicide, les prières de l'église ne devaient pas être refusées au duc de Bourbon. Toutefois, on remarqua l'absence de la plupart des chanoines de Saint-Denis. L'office fut dit dans la sombre basilique, entièrement tendue de noir. Il ne fut pas prononcé d'oraison funèbre, et le corps du dernier des Condé fut déposé silencieusement à côté de celui de son père. Le vœu du mourant, qui implorait une sépulture à Vincennes, n'avait pas été respecté.

Une dernière cérémonie restait à accomplir : le cœur du prince fut porté à Chantilly, et, là, fut célébré un nouveau service, à la suite duquel l'abbé Pelier monta en chaire, et, dans une sorte d'oraison funèbre, déclara que le prince était « innocent de sa mort devant Dieu ».

C'était une première dénonciation, tombant du haut de la chaire sacrée. On l'appuya immédiatement par un libelle intitulé : *Appel à l'opinion publique sur la mort du prince de Condé.*

L'intérêt qui avait dicté ce libelle n'était pas difficile à découvrir. On y disait que le prince, « laissant la forte moitié de ses biens au duc d'Aumale, Condé futur, se proposait de *restituer* aux Montmorency, aux la Trémouille, aux *Rohan-Guéménée*, ce que divers mariages avaient amené dans sa maison. »

Après un éloge significatif, adressé aux princes de Rohan-Guéménée, pour leur courageuse initiative, relativement à la *captation et à la mort violente de leur auguste parent*, le libelle rappelait les crimes les plus célèbres, déguisés par leurs auteurs sous les apparences du suicide ou de la mort *naturelle*: le colonel anglais Wright et Pichegru, égorgés et étranglés, *par désespoir;* Desrues, l'empoisonneur hypocrite, publiant le suicide *par désespoir* de Mme de la Motte; Castaing, trahi par le testament de sa victime.

On trouvait même dans le libelle, sous la forme d'un songe, la désignation la plus claire de l'un des assassins. « J'ai pu reconnaître leur chef, faisait-on dire au fantôme du prince; il a l'audace de Catilina, jointe à la force prodigieuse d'Hercule. Je le savais avec répugnance dans mon hôtel; on l'y a maintenu malgré mes ordres, et j'ai péri d'une mort affreuse, malgré mes longs pressentiments. »

C'était l'aide de camp du prince qu'on prétendait désigner, le général Lambot, qui n'eut pas de peine à établir que, parti de Saint-Leu le 26, à dix heures du soir, il était arrivé à Paris à minuit, et n'avait appris la mort que le 27, dans la soirée.

A cette publication, inspirée par la passion et l'intérêt, vint s'en joindre une qui caractérise parfaitement cette époque d'anarchie morale. Un certain M. Adolphe de Belleville, nom supposé sans doute, fit paraître dans un journal l'annonce suivante :

« Sous presse : *Les Secrets de Saint-Leu.* Notice sur ce château et ses propriétaires, depuis Aglantine de Vendôme, la reine Hortense, etc., suivie d'une biographie complète sur Mme la baronne de Feuchères, et détails sur la mort du duc de Bourbon, *ouvrage indispensable aux avocats de la famille de Rohan. En attendant le choix d'un libraire*, chez l'auteur, Adolphe de Belleville, de six heures à midi, passage de l'Opéra, n° 29. (Une nouvelle annonce précédera la publication.) »

L'auteur envoya la première épreuve de son libelle à Mme de Feuchères, avec ces mots : « Première épreuve, pour être imprimé d'ici à trois jours, et mis en vente le 12 du courant. » Un journal, contenant l'annonce ci-dessus, était joint à l'épreuve, et le cachet qui fermait le paquet, représentait un lion endormi, avec cette devise : *Paisible ou fougueux, toujours généreux.*

Mme de Feuchères se refusa à comprendre, et le libellé parut chez le libraire Ledentu.

Appelé plus tard devant le juge d'instruction, le prétendu Adolphe de Belleville déclara avoir composé ce libelle sur des matériaux fournis par des gens du duc de Bourbon.

Cependant, comme on l'avait espéré, le scandale faisait son chemin. L'esprit de parti s'était avidement emparé de cette fâcheuse affaire. Légitimistes et républicains croyaient ou affectaient de croire à un assassinat, et visaient Mme de Feuchères pour atteindre plus haut qu'elle. On disait que la fatale baronne avait, après la mort du prince, quitté précipitamment Saint-Leu pour le Palais-Bourbon; que, pendant quinze nuits, une terreur profonde l'avait poursuivie pendant son sommeil; qu'elle avait fait coucher l'abbé Briant dans sa bibliothèque, et Mme de Flassans dans sa chambre, comme pour se garder contre d'invisibles fantômes.

La calomnie s'attaqua même aux médecins chargés des expertises dans l'enquête de Saint-Leu. On répandit sourdement contre eux les insinuations les plus odieuses; on se dit à l'oreille que chacun d'eux avait reçu du roi 100,000 francs. A ce compte, que de complices, en comptant les magistrats?

A la faveur de l'impression produite par le libelle, qui fut distribué gratuitement et avec profusion, les princes de Rohan lancèrent, dans le courant du mois d'octobre, une demande en supplément d'instruction, signée : Jules-Armand-Louis de Rohan.

Aussitôt qu'elle fut informée qu'un supplément d'instruction était sollicité, Mme de Feuchères envoya à M. le Procureur général un exemplaire de l'*Appel à l'opinion publique*. « Il n'y a, disait-elle dans la lettre jointe à l'envoi, ni patience, ni sentiment intime d'une conscience pure qui puisse résister plus longtemps aux attaques odieuses dont je suis l'objet. Des propos de salon sont tous les jours répétés avec malveillance ou légèreté; quelques journaux s'en sont faits les échos, avec des insinuations perfides; nulle part, il est vrai, je ne suis nommée, comme l'auteur du plus épouvantable des forfaits, mais partout je suis désignée de manière à ne laisser aucun doute sur l'intention des accusateurs. Mon honneur me défend de garder plus longtemps le silence, je me vois condamnée à rester dans l'inaction, tant que l'on ne publiera pas l'instruction déjà faite, ou que l'on ne procédera pas à un supplément d'information, s'il est nécessaire. Il est dans l'intérêt public, si la justice n'est pas suffisamment éclairée; c'est aussi dans mon intérêt particulier, pour que je puisse jouir enfin de la tranquillité sur laquelle j'ai le droit de compter.

« La loi m'autorise, me dit-on, de poursuivre la diffamation; mais la diffamation existe par la seule publication d'un fait faux ou vrai : une pareille poursuite ne m'offrirait pas une réparation suffisante. J'ai besoin, maintenant, d'établir que ces horribles imputations ne sont pas seulement diffamatoires, mais calomnieuses.

« J'invoque donc, Monsieur, tout votre zèle pour que tous les témoins soient entendus; que les mesures les plus sévères soient prises, et que l'on interroge principalement les auteurs de ces bruits injurieux. Voilà la faveur que je demande, et j'espère que vous ne me la refuserez pas. »

Cette demande ayant été accueillie, Mme de Feuchères transmit au Procureur du roi une liste de témoins désignés comme ayant passé, au château de Saint-Leu, la nuit du 26 au 27 août, et ayant connu, le lendemain, les circonstances du décès. Elle invoquait tout aussi bien le témoignage de ses ennemis que celui de ses amis.

Le 1er novembre, M. le Procureur du roi de Pontoise requit M. le juge d'instruction d'informer sur la plainte de MM. de Rohan. Le réquisitoire était ainsi motivé :

« Considérant, en fait, que, d'une plainte annexée, transmise au parquet par M. le prince Jules-Armand-Louis de Rohan, et d'un ouvrage rendu public par la voie de l'impression, intitulé *Appel à l'opinion publique*, etc., il paraît résulter que tous les témoins entendus dans l'information n'ont pas entièrement déclaré ce qu'ils savent..... »

Nouvel indice d'un état singulièrement troublé des esprits. Dans un ordre régulier, quel magistrat invoquerait comme autorité un libelle punissable?

L'enquête commença devant le tribunal de Pontoise. Puis, le 20 février 1831, une évocation devant la Cour royale de Paris ayant été obtenue, l'enquête se poursuivit sous la direction de M. de la Huproie, conseiller-rapporteur. Elle porta d'abord sur l'état mental du prince pendant les journées qui suivirent la révolution de Juillet, et là, comme à Saint-Leu, il ressortit des déclarations unanimes des officiers et serviteurs, que le duc de Bourbon n'avait pu voir ces événements sans tristesse et sans terreur. Il en ressortit surtout ce fait important que, jusqu'au dernier jour, deux opinions ennemies s'agitaient autour du prince, les uns lui conseillant une adhésion solennelle au gouvernement nouveau, les autres lui faisant un point d'honneur de partager l'exil de son roi. L'ordonnance relative au port de la cocarde tricolore fut l'occasion d'une de ces luttes. Le général Lambot avait fait, par prudence, quitter la cocarde blanche aux gendarmes détachés pour la garde de Saint-Leu, et leur avait fait arborer les nouvelles couleurs. M. de Choulot disait, de son côté, qu'on lui marcherait sur le corps avant de planter le drapeau tricolore sur les domaines d'un Condé. Le prince se décida pour l'obéissance au nouvel ordre de choses; mais ce ne fut pas sans que MM. de Préjan et de Belzunce s'écriassent amèrement que ce n'était pas à un Condé à donner l'exemple. De là, des débats violents qui affectèrent vivement le duc de Bourbon. (Déposition du général *Lambot.*)

— « Monseigneur, lui disait M. de Quesnay, vous êtes déshonoré si vous restez en France. Est-ce qu'en 1793, le prince de Condé, quand il courut aux armes, a pris les conseils du duc d'Orléans?»

Malgré ces reproches, qui le troublaient profondément, le duc de Bourbon avait reconnu le nouveau gouvernement et avait écrit au duc d'Orléans, la veille de sa prestation de serment comme roi des Français, une lettre d'adhésion qui finissait par ces mots : « Si je vous écris aujourd'hui comme au lieutenant-général du royaume, demain, je serai de cœur avec vous, et vous trouverez toujours en moi un sujet aussi fidèle que dévoué. »

Cette résolution ne fit point taire les protestations royalistes, et, la nouvelle reine, la bonne Marie-Amélie, informée des inquiétudes persistantes du vieillard, étant venue elle-même à Saint-Leu pour le rassurer, toute la maison dut prendre le ruban tricolore. Ce fut une occasion de scènes nouvelles.

Toute cette politique intempestive dut influer sérieusement sur le vieillard, en rompant ses habitudes, en menaçant ses goûts les plus chers. Ainsi, il n'osait plus sortir : « Il n'allait plus à la promenade après le déjeuner. On le voyait souvent, pensif et soucieux, lire les journaux avec un air d'inquiétude, assis sur un banc vis-à-vis de la salle à manger. » (Déposition de *Mme veuve Lachassine.*)

Plusieurs témoins, attachés au service des chasses, déclarèrent qu'il était question, dans les derniers jours, de supprimer l'équipage de la chasse au sanglier, celui auquel le prince tenait le plus. Cette chasse avait paru incompatible avec les idées démocratiques, bien que les dégâts commis par les sangliers ou par les chasseurs fussent toujours payés par le prince au centuple.

Pourquoi le prince avait-il fait mander M. de Choulot pour le 27? Y avait-il un projet de départ, et quelle était la signification de ce projet? Voilà ce que dut rechercher l'enquête.

Manoury déclara que, le 26 août, sur les huit heures et demie du matin, il avait entendu beaucoup de bruit dans le salon où était le prince; celui-ci en avait ouvert la porte à Mme de Feuchères, en lui disant : « Laissez-moi tranquille. » Puis, il avait refermé la porte avec violence, contre son habitude. Le prince était ensuite rentré dans sa chambre, pâle et dans une situation extraordinaire. Il demanda de l'eau de Cologne à Manoury. Le soir, il fit tâter ses mains à Manoury, en lui disant : « Elles sont brûlantes. » Le nom de M. de Choulot avait été prononcé plusieurs fois pendant la scène du matin.

M. de Choulot, interrogé sur les projets de départ du prince, dit que « l'époque du départ avait été fixée et changée tant de fois, » que lorsqu'il reçut, le 26 août, un courrier du prince, il put croire que c'était encore du départ qu'il était question.

M. de Cossé-Brissac mit la justice sur la voie de la scène du 26 août, en racontant que, ce jour, il était venu à Saint-Leu et avait eu de longs entretiens avec le prince.

M. le général Lambot ajouta que ce n'était qu'après ces entretiens avec M. de Cossé-Brissac, que le prince avait paru agité. M. de Cossé avait donné au prince des détails sur les événements de Paris, et le prince, après un dernier entretien, dit, en voyant arriver l'heure du dîner : « Tout cela sont de tristes choses, mais il n'en faut pas parler à table à cause des gens. » Et, comme le général lui parlait de deux pétitions pour lesquelles Mme de Feuchères demandait son apostille, il ne voulut pas remettre au lendemain pour les signer, bien que le jour fût tombé.

Une déposition intéressante fut celle de l'homme qui avait donné le signal des accusations, et qui passait pour l'auteur du libelle l'*Appel à l'opinion publique.*

M. l'abbé Pelier déclara que, attiré par les cris qui partaient de l'appartement du prince, il arriva d'abord au cabinet de toilette. Là, était Mme de Feuchères, assise près de la fenêtre dans un fauteuil, étendant le bras gauche vers ceux qui entraient ou sortaient. M. Bonnie paraissait faire auprès d'elle l'office de consolateur.

Le reste de cette déposition mérite d'être rapporté textuellement; on y trouve résumé tout le système développé par les parties civiles.

Après avoir décrit le vêtement du cadavre, *M. Pelier* ajoute : — Les deux pieds (le gauche plus que le droit) touchaient le tapis. Les jarrets étaient ployés, de manière à perdre au moins deux pouces de la hauteur du corps, et le corps lui-même se trouvait encore ployé vers la ceinture, de manière à perdre au moins deux pouces encore de sa hauteur, en sorte que l'infortuné vieillard eût pu frapper les pieds sur le tapis.

Le corps était non suspendu, mais accroché à l'agrafe supérieure du volet intérieur de la croisée par le moyen de deux mouchoirs passés l'un dans l'autre, dont le plus haut faisait un anneau entièrement aplati, et le second formait un ovale dont la base inférieure supportait ce qu'il y avait de poids du corps par la mâchoire inférieure. Ce second mouchoir m'a paru être comme une mentonnière dont la partie supérieure se terminait, non point sur le cou, mais presque sur le haut de la tête par derrière, en sorte qu'il n'y avait aucune pression sur la trachée-artère ou sur la gorge, le point d'appui ne partant pas de derrière le cou. Le mouchoir ne faisait pas nœud coulant, et les deux tours étaient passés dans le mouchoir supérieur.

La bouche étant un peu ouverte, on n'apercevait que fort peu la langue, qui paraissait comme reployée sur elle-même. Mais le visage ne m'a point paru défiguré, et il était beaucoup moins coloré que le derrière du cou.

J'ai appris par Manoury que, lorsqu'on a eu déposé le cadavre sur le lit, la bouche s'est ouverte promptement d'elle-même.

Il n'y avait aucune chaise auprès du corps, ni même placée auprès de la croisée. Il n'y avait non plus aucune chaise ni pantoufle au milieu de la chambre ni devant la cheminée.

Le lit m'a paru éloigné du mur d'environ huit à dix pouces; il m'a paru aussi qu'il était bouleversé.

Le corps accroché, ainsi que je l'ai décrit, à la croisée, présentait le bras droit le long de l'espagnolette. Ce bras, ainsi que le gauche, était roide et les poings fermés. Cette position m'a paru contre les premières lois de la gravitation; car le point d'appui partant du haut de la tête par derrière, les épaules devaient être appliquées contre les volets de la croisée. Cette position m'a paru aussi être celle où une main étrangère eût soutenu le corps par-dessous les cuisses, pendant qu'un autre l'accrochait. Ceci paraît d'autant mieux fondé, que, à cause du garde-feu en tôle, qui était devant la cheminée, la bougie, qui brûlait dessus, ne pouvait éclairer le tapis sur lequel reposaient les pieds du cadavre.

Le mouchoir qui était autour du cou était fermé par un nœud placé presque sous l'oreille droite : ce qui ne m'a pas paru naturel pour le prince, qui ne pouvait lever la main gauche assez pour toucher sans effort ce côté de sa coiffure. Les montres du prince étaient remontées. Son mouchoir, trouvé sous son oreiller, portait un nœud, selon l'usage du prince quand il voulait se rappeler quelque chose ; toutes circonstances excluant un suicide.

L'abbé Pelier ajouta que Manoury lui avait dit que souvent il arrivait au prince de s'endormir sans fermer le verrou intérieur. Manoury lui avait dit encore que, dans la quinzaine avant la mort, le prince voulait partir incognito, dans une voiture commune; il fallut renoncer à ce projet faute de passe-port. Autre propos de Manoury : Pendant la scène « très-violente » entre le prince et Mme de Feuchères, celle-ci aurait dit : « Choulot est un exalté! » Le prince aurait plusieurs fois répété à Manoury « de se défier de cette femme, de prendre garde qu'elle ne sût rien des commissions qu'il lui donnait, et spécialement de ne dire à personne qu'il envoyait un courrier à M. de Choulot. » Manoury aurait eu aussi en dépôt pendant cinq ou six jours les diamants du prince, « parce que celui-ci craignait qu'ils ne lui fussent enlevés par cette femme. »

Les insinuations du témoin, car on aura remarqué comment il procède, ne désignèrent pas seulement l'auteur principal du crime, mais encore les complices. « Il m'a été rapporté, dit-il, que le fils Colin, employé au Palais-Bourbon, étant entré le 27 août, vers huit heures du matin, chez M. Lambot, le trouva dans un état d'affaiblissement et de distraction tel, qu'il n'en put obtenir une seule réponse. Comme Colin en exprimait son étonnement à une femme Chaponnet, celle-ci répondit : « Ah! c'est qu'il est fatigué sans doute. Il est rentré tard cette nuit, il était plus de deux heures. » On sait déjà que le général Lambot prouva facilement qu'il était à Paris à l'heure du coucher du prince.

Autre insinuation de l'abbé Pelier : « J'ai été frappé d'entendre M. Briant dire, à la vue du cadavre, que la mort du prince était le résultat d'un mouvement de délire; que, depuis longtemps, il radotait. Le même jour, il s'est rendu à l'argenterie, et a

Une chasse en forêt.

dit au chef Dovert d'avoir bien soin de tout, parce que tout était à Madame. »

Après ce témoignage, si habilement formulé, vint la série des dépositions plus ou moins hautement accusatrices. *M. de Lavillegontier* dit, avec beaucoup de modération, que ce n'était que depuis la mort du prince qu'on avait su qu'il était loin d'être heureux dans sa vie intérieure. Le témoin s'en référa aux dires des valets de chambre. M. de Lavillegontier ajouta que « le prince craignait la mort. » Ce fut aussi la déclaration de *M. le baron de Saint-Jacques,* ancien aide de camp, renvoyé pour avoir manqué au prince. Le dentiste du prince, *Hostein*, se prétendant honoré de la confiance intime du duc de Bourbon, déclara que le prince, entendant raconter un suicide, avait dit : « Il n'y a qu'un lâche qui puisse mourir ainsi. »

Non-seulement, au dire de plusieurs témoins, le suicide était en horreur au prince, mais les moyens employés rendaient le suicide invraisemblable. *M. Bonnie*, qui avait tout d'abord admis l'idée du suicide, décrit les moyens employés par le prince, déclara que le prince, ayant eu une cuisse cassée, n'aurait pu monter sur une chaise. Contredisant son propre procès-verbal, qu'il dit avoir signé sans le lire, il affirma que la chaise, dérangée par lui à son entrée dans la chambre, était placée, non pas à côté de la croisée, à l'angle gauche et à côté du corps, mais à côté du bureau, assez loin du corps pour que le prince n'eût pu s'en aider.

Plusieurs serviteurs du prince déclarèrent que, blessé à la main droite, et ayant eu la clavicule gauche cassée, il ne pouvait se servir de ses mains et élever les bras qu'avec peine. D'autres disaient que le prince faisait lui-même le nœud de sa cravate.

M. de Lavillegontier affirma que le prince n'eût pas su faire le nœud de tisserand remarqué sur un des mouchoirs. Mais le maire de Saint-Leu, *M. Tailleur*, entrepreneur de bâtiments, expliqua que les nœuds des mouchoirs étaient des nœuds de poupée;

sorte de nœuds qui s'allongent facilement. Le maître de poste de Chantilly, *M. Chalot*, compléta l'explication, en déclarant que, racontant au prince la façon dont un sien beau-frère s'était pendu au moyen de deux mouchoirs, le prince se fit expliquer très-longuement ce procédé, la situation du corps, la position des mouchoirs, la nature des nœuds qui les attachaient. L'un de ces nœuds était un nœud de poupée.

Nous retrouverons dans la discussion des avocats un certain nombre d'autres indications moins importantes, qui, selon quelques témoins, tendaient à démontrer l'impossibilité du suicide. Disons seulement ici que, parmi les cent cinquante-deux témoins entendus chacun plusieurs fois pendant l'instruction nouvelle, un certain nombre formulèrent progressivement avec plus de netteté leurs accusations contre Mme de Feuchères. Le dentiste *Hostein*, après avoir dit d'abord que « les peines du prince lui avaient paru causées par une mésintelligence plus ou moins prononcée entre lui et la baronne », alla bientôt jusqu'à dire qu'il aurait conseillé au prince de briser des liens qu'il ne pouvait plus porter. Le prince lui aurait répondu : « Vous croyez cela si facile ; quand on a soixante et onze ans, il est presque impossible de se soustraire à l'empire d'anciennes habitudes ; je l'ai tenté plusieurs fois, et toujours sans succès ; avez-vous quelquefois vu une mouche effleurer une toile d'araignée ; pour peu que sa patte y touche, elle y reste, et l'animal vorace lui jette un fil qui l'enlace et la met à sa discrétion. Eh bien ! me voilà ! »

M. Bonnie ajouta à sa déposition première qu'il avait entendu le prince s'écrier : « Ah ! les canailles ! ils m'ont trompé ! la méchante femme ! » — « Savez-vous de quelle femme il voulait parler ? » demanda M. de la Huproie. — « Ma pensée est à moi, chacun la devine, » répondit le témoin.

Dupuis, valet de chambre, parla d'une lettre vue par Manoury, dans laquelle M. de Feuchères « engageait le prince à se méfier de la baronne, parce qu'elle était capable de se porter à tous les excès. »

M. de la Huproie remonta à la source de ce propos, et il se trouva qu'il s'agissait, non d'une lettre écrite par M. de Feuchères, mais d'une prétendue conversation entre M. de Feuchères et un carrossier du nom de Courtois.

Courtois, entendu, déclara qu'il ne se rappelait rien de semblable.

Le témoin *Bonardel*, ancien garde du prince, rapporta qu'en 1827, le jour d'un grand repas donné par le prince à Chantilly, vers la mi-novembre, étant dans la faisanderie, entre le mur et la charmille, alors très-épaisse, il entendit la conversation suivante entre Mme de Feuchères et son neveu, M. James, depuis baron de Flassans :

— M. James : Monseigneur fera-t-il bientôt son testament ? — Mme de Feuchères : Il en a été question hier au soir, et cela ne sera pas long. — M. James : Oh ! il vivra encore longtemps. — Mme de Feuchères : Bah ! il ne tient guère ; aussitôt que je le pousse avec mon doigt, il ne tient pas. Il sera bientôt étouffé. — M. James : Silence ! voilà le prince !

Le valet de pied *François* déclara que, dix-huit mois avant la mort du prince, à l'instant où Mme de Feuchères allait remonter en voiture au rendez-vous de chasse de Chantilly, une des personnes de la société disait que la mort du prince serait un bien grand malheur pour la maison. A quoi Mme de Feuchères aurait répondu, avec un ton de légèreté et d'indifférence qui révolta le témoin : « Que son existence se prolonge un an ou deux, et il en arrivera ce qu'il pourra. »

Enfin, *M. le baron de Saint-Jacques* déposa qu'à propos d'une lutte élevée entre Mme de Feuchères et Mme de Rully, fille naturelle du duc de Bourbon, la baronne ayant voulu faire révoquer M. de Rully de ses fonctions d'aide de camp du prince ; ce dernier dit au témoin, en parlant de la baronne : « Si vous saviez comme elle me traite ; elle me bat ! » Il fallut céder à Mme de Feuchères, qui pourtant osa affirmer au baron de Saint-Jacques que c'était le prince qui voulait cette destitution, et qu'elle l'avait en vain supplié à genoux de maintenir M. de Rully dans ses fonctions.

Le dernier coup fut porté par *M. Bonnie*, qui raconta que, le 11 août 1830, le prince lui avait montré, au grand angle de son œil gauche, une forte contusion, avec de légères excoriations, et une plaie encore saignante qui divisait la conjonctive. Le témoin remarqua, en outre, des empreintes d'ongle sur la partie de la face contiguë à l'œil. Le prince expliqua ces blessures par une chute contre sa table de nuit ; puis, il raconta à M. de Lavillegontier qu'après une vive altercation avec Mme de Feuchères, comme il la reconduisait à la porte de l'escalier, le pied lui ayant manqué sur la première marche, il était tombé sur le côté gauche et la tête avait porté.

Manoury reconnut le fait ; mais il nia qu'il eût été question d'une altercation préliminaire. Plus tard, il dit que le prince « reconduisait avec vivacité » Mme de Feuchères.

Enfin, il fut prouvé par les dépositions contradictoires des valets que le prince ne portait pas d'empreintes d'ongle sur la figure, et que, le 11 août, ce n'était pas Manoury, mais Leclerc, qui était de service près du prince. Manoury, qui s'était posé comme témoin quasi oculaire, n'avait rien su que par les bruits du château.

Pour donner une idée de ces propos envenimés que l'instruction dut peser et comparer avec une longue patience, disons encore que *Gouverneur*, sous-piqueur, sa femme, le valet de chiens *Pichonnier* et le porte-mousqueton *Namur* déclarèrent que *M. Obry* leur avait raconté ceci : Quinze jours avant la mort du prince (c'est de la scène du 11 août qu'il s'agit encore), M. Obry avait trouvé le prince à peine vêtu, dans un état d'agitation très-marquée, l'œil gauche ensanglanté ; le prince avait dit à M. Obry : « Mme de Feuchères est une méchante femme ; voyez dans quel état elle m'a mis ! N'en parlez à personne. »

M. Obry, ancien officier, décoré, filleul du prince, affirma sur l'honneur qu'il avait, ce jour-là, remarqué avec peine l'altération croissante des traits du prince ; mais qu'il n'avait vu aucune espèce de contusion sur sa figure, aucun désordre dans ses vêtements, et qu'aucune conversation du genre de celle qu'on mettait en avant n'avait été tenue.

Les époux *Duprez*, la veuve *Lachassine*, *Mme de Flassans*, dont les logements étaient placés immédiatement au-dessous de l'appartement du prince, déclarèrent n'avoir rien entendu d'extraordinaire pendant la nuit fatale. Les magistrats s'assurèrent que, de ces divers logements, on entendait distinctement tous les bruits un peu forts venus de la chambre du prince. Pendant le silence de la nuit, on entendait même marcher, tousser, cracher, se moucher chez le prince, ouvrir et fermer la porte. Et cependant, rien n'avait éveillé l'attention de ces divers témoins. Mme de Flassans avait entendu Mme de Feuchères se coucher, et avait veillé jusqu'à deux heures du matin, c'est-à-dire jusqu'à l'heure que l'état du corps assignait comme celle de la mort. On accusa sourdement les époux Duprez d'en savoir plus qu'ils n'en disaient. Une fille *Florine Payel*, une femme *Camus* et le valet *Fife*, déclarèrent, avec force contradictions de détail, que le petit enfant des Duprez avait dit à d'autres enfants qu'un jour, faisant semblant de dormir, il avait vu son père et sa mère compter beaucoup d'argent. L'enfant, pressé de questions habiles, ne sut ce qu'on voulait lui dire. Il en fut de même d'un prétendu propos tenu par Duprez, chassé par Mme de Feuchères : « F..., elle est bien heureuse que je n'aie pas parlé ! » Ainsi encore d'un autre propos attribué à Lecomte : « J'en ai gros sur le cœur. » Duprez et Lecomte affirmèrent qu'ils n'avaient rien dit de semblable. »

Mme de Feuchères fut entendue la dernière. Sous l'impression de nombreuses dépositions accusatrices, M. le Conseiller rapporteur l'interpella tout d'abord sur un ton solennel et sévère. Elle commença par s'en référer entièrement à sa déclaration du 28 août, à Saint-Leu. Puis, interrogée plus spécialement sur les circonstances dans lesquelles le prince aurait manifesté la pensée du suicide, elle dit :

— « J'ai entendu plusieurs fois le prince raconter que, se trouvant dans la Vendée pendant les Cent-Jours, sa maison entourée par des gendarmes, il avait une paire de pistolets sur la table : « J'ai conçu, disait-il, alors, l'idée de me détruire pour ne pas tomber entre leurs mains. » Ces divers entretiens m'ont toujours *fait tableau;* M. et Mme de Choulot peuvent l'avoir entendu comme moi. Il me semble qu'il nous a raconté cela quand il était heureux, et en se livrant aux charmes de l'intimité et de la confiance; je crois que c'était avant les événements de juillet, car, depuis cette époque, il était devenu sombre et morose. »

M. de la Huproie opposa à ces souvenirs de Mme de Feuchères les assertions des serviteurs du prince et de Hostein, touchant les idées d'honneur et de religion qui faisaient considérer par le prince un suicide comme un crime méprisable. Elle répondit, avec une vive émotion :

« Lorsque j'ai appris que le prince s'était suicidé, les conversations que je lui avais entendu tenir se sont retracées à mon esprit, et j'ai raconté, sans y attacher aucune importance, ce que je lui avais entendu dire, sans en tirer la conséquence que le prince était porté au suicide sans même dire qu'il eût jamais exprimé devant moi le regret de ne s'être pas suicidé pendant les Cent-Jours; mais je dois exprimer l'indignation dont je suis pénétrée en voyant que, par des insinuations perfides, on cherche à déverser sur moi l'odieux de cet événement.

« L'abbé Pelier de Lacroix, aumônier du prince, a dit au docteur Fontanelle qu'il savait parfaitement bien que le prince s'était suicidé, mais qu'il devait soutenir le contraire, parce qu'autrement il ne pourrait assister à son enterrement.

« On a cherché à accréditer l'idée d'un horrible assassinat; mais qui doit en rendre compte? n'est-ce pas M. de Lavillegontier, qui avait la garde du château? n'est-ce pas le valet de pied de service, qui couchait dans l'antichambre en bas? ne sont-ce pas les gendarmes qui faisaient toutes les nuits la ronde autour du château? L'appartement que j'occupais était éloigné de celui du prince; il était au rez-de-chaussée; et, à l'entresol, étaient les gens de service. L'appartement de M. de Lavillegontier était de plain-pied avec celui du prince, et il pouvait mieux que personne entendre le moindre bruit qui s'y serait fait. Il est déchirant pour moi, qui étais honorée de la confiance et des bontés du prince, et qui aurais donné ma vie pour conserver la sienne, de me voir en butte à des insinuations qui empoisonnent mon existence : la fortune n'est rien, l'honneur est tout.

« J'étais à Paris dans les journées de juillet; j'ai tout bravé pour retourner à Saint-Leu auprès du prince et l'entourer de mes soins. J'avais même annoncé au Palais-Bourbon que peut-être n'y reviendrais-je pas, décidée à suivre le prince partout où il voudrait aller.

« M. de Vitrolles peut attester que dix fois je l'ai consulté sur le parti qu'il conviendrait de faire prendre au prince; mais malheureusement celui-ci avait perdu toute énergie. Il avait été décidé qu'il se retirerait à Chantilly; les ordres avaient été donnés à M. Dubois, architecte, d'y faire tout disposer pour son retour. »

D. Les événements de juillet avaient donc fait une impression très-vive sur l'esprit du prince? — R. L'impression que les événements avaient produite sur l'esprit du prince était telle, qu'il m'a été impossible de le distraire en aucune manière, de le déterminer à se promener, soit à pied, soit en voiture, à aller à la chasse, et même à faire sa partie le soir. Ce n'est que quand il eut acquis la certitude que la famille royale était en sûreté, qu'il s'est déterminé à faire sa partie le soir. Le prince paraissait douloureusement affecté du sort de Charles X et de sa famille; il en demandait à chaque instant des nouvelles avec anxiété.

D. N'est-ce pas ce sentiment douloureux qui a dicté au prince ces expressions d'une âme noble : « J'ai trop vécu? » Et lorsque, le jour de sa fête, les musiciens chantaient l'air : *Où peut-on être mieux qu'au sein de sa famille*, n'est-ce pas ce même sentiment d'affection pour la famille déchue qui a arraché au prince ces paroles que l'on a pu considérer comme les avant-coureurs du suicide : « Ah ! quelle fête, quelle fête pour moi ! » — R. J'ai cru que le prince, ayant été témoin et victime de tant de révolutions, envisageait avec effroi les conséquences de celle qui venait d'éclater, et que ce sentiment l'absorbait.

D. La visite que S. M. la reine a daigné faire au prince quelques jours avant sa mort, et l'invitation qu'elle lui a faite de reprendre le cours de ses habitudes, n'ont-elles pas dissipé ses craintes, et le témoignage de dévouement que lui donnaient les habitants de Saint-Leu, ne lui avaient-ils pas rendu sa sérénité habituelle? — R. Je ne l'ai pas remarqué.

Interrogée sur la contusion à l'œil gauche du prince, qu'elle aurait présentée comme le résultat d'une tentative de suicide, elle répond qu'il est de notoriété qu'elle n'était pas à Saint-Leu, lors de cet accident; qu'elle ne l'a appris qu'à Paris.

Interrogée de nouveau sur l'état mental du prince, pendant les derniers temps, elle répond que son esprit était vivement affecté par les événements, et qu'elle cherchait à éloigner de lui les préoccupations politiques, « que sa pauvre tête n'était point en état de supporter. » C'est ainsi qu'elle aurait blâmé une conversation sur la politique, provoquée par le prince Louis de Rohan et Mlle de Lavillegontier. « J'ai l'intime conviction que Mgr n'a point été assassiné, et qu'il n'a pu l'être; mais je suis convaincue qu'*il l'a été moralement* par les personnes qui l'entouraient, en l'inquiétant sur les événements qui venaient de se passer. » *Mme de Feuchères* indique spécialement ici la longue conférence de M. de Cossé-Brissac avec le prince.

D. N'est-ce pas dans un intérêt privé que vous auriez fait conseiller au prince la réforme de ses équipages de chasse? N'était-ce pas pour subvenir aux frais d'enregistrement que nécessitait la conversion des dispositions testamentaires du prince en votre faveur en une donation entre vifs et irrévocable?

Mme de Feuchères explique que ces frais devaient être payés par le prince. Elle ajoute qu'à sa connaissance le prince n'avait formé aucun projet de départ; qu'il voulait seulement se retirer définitivement à Chantilly, et qu'elle fut envoyée par lui chez le roi, dans les premiers jours d'août 1830, pour consulter S. M. Louis-Philippe sur ce projet de retraite. Dans l'audience très-bienveillante que le roi et la reine lui accordèrent, il fut proposé à Mme de Feuchères de vendre à la liste civile le domaine de Saint-Leu, berceau de l'enfance de Mlles d'Orléans. Le prince de Condé s'intéressa vivement à cette transaction, dont les bases furent posées par les intendants du roi Louis-Philippe et du prince, mais qui ne put aboutir.

Si Mme de Feuchères était intervenue avec quelque vivacité dans les discussions causées par l'exaltation de M. de Choulot, ç'avait été dans le seul intérêt de la conservation du prince et du calme de ses vieux jours.

Mme de Feuchères repoussa avec indignation, mais avec une grande simplicité de parole, les allégations diverses relatives aux scènes qu'elle aurait faites au duc de Bourbon, ou aux propos qu'elle aurait tenus.

Il est à remarquer, pour donner une idée de ces interrogatoires, qu'une série de questions posée par MM. de Rohan, et contenue dans un *Mémoire* attribué à Me Hennequin, fut religieusement suivie par M. le Conseiller rapporteur, qui laissa ainsi les parties civiles tracer à l'instruction sa marche, depuis le premier jour jusqu'au dernier. Ce Mémoire, qui devait rester secret, comme toutes les pièces de la procédure criminelle, fut, par une violation évidente de la loi, publié un mois avant les plaidoiries en matière civile.

Car, il nous faut le dire maintenant, parallèlement à l'instruction criminelle, les princes de Rohan avaient lancé une demande civile en invalidation du testament, et il est permis de croire que la demande en supplément d'instruction n'avait été faite que pour venir en aide au procès civil.

C'est le 16 janvier 1831 que les princes de Rohan attaquèrent le testament comme n'étant pas de la main du prince.

Il ne fut pas longtemps possible à MM. de Rohan de rester dans les termes de ces allégations premières. Le testament était là; il suffisait de le regarder pour voir qu'il était tout entier de la main du prince. MM. de Rohan furent obligés de céder à l'évidence, et de quitter cette première ligne d'attaque, établie sur la méconnaissance d'un testament olographe.

Alors, ils prétendirent que les dispositions du duc de Bourbon étaient entachées de substitutions, et viciées par des *fidéi-commis* prohibés. La prétention n'était pas soutenable; la simple lecture du testament la fit tomber.

En troisième lieu, s'attaquant non plus seulement au légataire universel, mais aussi à Mme la baronne de Feuchères, ils se rattachèrent à cette allégation, exprimée sous la forme d'un doute, que le testament semblait être le fruit de la captation et de la suggestion.

Le procès civil était pendant, quand, le 9 juin 1831, sur un réquisitoire de *M. le Procureur général*, les chambres de mise en accusation et des appels de police correctionnelle de la Cour royale de Paris, furent réunies à l'effet d'entendre le rapport de la procédure. M. le Procureur général requérait qu'il plût à la Cour, statuant sur l'évocation par elle prononcée, de déclarer qu'il n'y avait lieu à suivre. « Vous pensez bien, disait *M. le Procureur général*, qu'après les preuves qui ne nous laissent aucun doute, aucune incertitude, nous n'abuserons pas de vos moments pour suivre les parties civiles dans la recherche qu'elles font des personnes capables d'avoir assassiné le prince. J'ai trouvé bien de la témérité dans leurs allégations; mais ce n'est pas à nous d'en demander la répression. »

Le 16 juin suivant, la Cour entendit un long rapport sur les faits de l'instruction. Avant de délibérer, le mandataire des princes de Rohan présenta requête à fin d'obtenir un sursis à statuer, pour pouvoir communiquer à la Cour un *Mémoire relatif à quelques questions de médecine légale* relatives au prince; ce Mémoire, qui courait déjà depuis quelque temps dans le public, sous ce titre : *Mémoire médico-légal sur la mort du prince de Condé*, avait été écrit dans l'intérêt de MM. de Rohan par un médecin distingué, M. Gendrin. M. Gendrin, qui ne parlait que par ouï-dire, y soutenait, contre l'opinion des médecins qui avaient vu le corps, cette opinion: que, s'il y avait une induction à tirer de l'état de l'empreinte trouvée sur le cadavre à l'endroit où portait le lien, c'était l'induction contraire à celle établie par les experts; car, disait-il, si l'ecchymose au sillon du lien peut manquer lorsque l'individu a été pendu vivant, il n'en est pas moins vrai qu'elle manque toujours lorsqu'il a été pendu mort. Ainsi selon le docteur Gendrin, la seule conséquence qu'il était permis de tirer de l'empreinte, c'était la probabilité puissante que le cadavre avait été pendu après la mort pour simuler un suicide.

L'un des experts, M. le docteur Marc, réfuta cette théorie de probabilité dans une brochure intitulée *Examen médico-légal sur la mort de S. A. R. le prince de Condé*. Nous retrouverons plus tard les arguments échangés à cette occasion.

La Cour consentit à s'ajourner au 21 juin, et ce jour, rouvrant sa délibération, elle prononça, par l'organe de son premier président *M. Séguier*, un arrêt longuement motivé, dans lequel elle déclarait qu'il n'y avait lieu à suivre.

Le procès criminel échoua définitivement contre un arrêt de la Cour de cassation, en date du 23 juillet. L'arrêt déclarait la partie civile non recevable dans son pourvoi, par ce motif principal que la partie privée ne peut poursuivre son action devant les tribunaux criminels lorsque le ministère public n'agit point, ou acquiesce au jugement rendu sur ses premières poursuites.

Restait à prononcer au civil sur la demande en nullité du testament. L'affaire était pendante par devant le tribunal de première instance de la Seine. Les plaidoiries commencèrent le 9 décembre 1831

M. Debelleyme présidait; *Me Hennequin* se présentait pour les princes de Rohan; *Me Lavaux* pour la baronne de Feuchères; *Me Dupin jeune* pour M. le duc d'Aumale.

Le procès civil, c'était le scandale décuplé par l'éloquence des avocats, propagé par les mille voix de la presse, qui, alors, on se le rappelle, poussait jusqu'à la licence la plus effrénée la liberté de tout dire. L'échec des princes de Rohan devant la Cour royale n'avait pas été aussi complet qu'on pourrait le croire en ne considérant que l'arrêt. L'évocation même devant la Cour avait été pour les parties civiles un demi-triomphe; elle leur avait permis de présenter devant des magistrats nouveaux des assertions diamétralement opposées à celles de l'instruction première, et que les magistrats de la première heure n'eussent pas aussi facilement admises. Les nouveaux juges n'avaient ni vu ni entendu; on avait pu leur dire ce qu'on n'eût osé dire à d'autres. Puis, sous couleur d'éclairer la justice, les parties civiles, usant très-largement du droit de fournir des renseignements au magistrat instructeur, avaient réussi à diriger l'instruction, à grouper habilement des accusations, qui, pour être repoussées par un arrêt, ne seraient pas pour cela perdues pour la malignité publique. Le scandale avait été grand; il pouvait devenir plus grand encore. Les mandataires du légataire universel pouvaient désirer une transaction.

On sait déjà que ces espérances furent trompées; le roi Louis-Philippe comprit qu'il ne devait pas reculer devant un scandale qu'il n'avait pas cherché. Une transaction eût donné gain de cause à toutes les calomnies.

Me Hennequin prit le premier la parole. Ce célèbre avocat est resté dans les souvenirs du barreau français comme un type d'élégance, de verve à la fois brillante, ingénieuse et modérée. D'autres furent plus vigoureux, plus savants; aucun ne fit parler à la raison et à la morale un plus aimable langage. « Il écrivait et récitait avec autant de naturel que s'il eût improvisé », dit de lui M. Dupin aîné dans ses *Mémoires;* c'est à cet heureux défaut que nous devons de pouvoir reproduire ici, tels qu'ils furent prononcés (chose rare!), les plus beaux passages d'un de ses plus beaux plaidoyers. Me Hennequin, alors âgé de quarante-sept ans, avait débuté en 1813. Sa première grande affaire avait été la défense de M. Fiévée, ou plutôt de la liberté de la presse.

Au moment où se place ce récit, Me Hennequin venait de défendre, on sait avec quel éclat, un des ministres de la dynastie déchue, M. de Peyronnet; plus récemment encore, il avait été désigné par Mme la duchesse de Berry pour porter le secours de sa parole aux Vendéens trahis par la fortune.

C'est cet élégant orateur qui avait accepté la tâche difficile de poursuivre une accusation impossible, sans heurter de front tant de situations délicates engagées dans ce procès, tant de convenances qu'un honnête homme se doit à lui-même de respecter toujours. Il s'exprima ainsi :

« Il était dans la destinée de la plus illustre maison de France d'expier l'immensité de sa gloire par l'immensité de ses malheurs. Le premier des Condé tombe frappé d'un coup mortel dans l'un de ces moments où la victoire désarmée ne doit plus écouter que la voix de l'humanité; son fils, digne émule d'Henri IV, descend avant le temps dans la tombe, et des preuves certaines d'empoisonnement expliquent sa fin prématurée; le vainqueur de Rocroy consume une partie de sa noble vie dans des guerres détestées qui ne lui laissent que d'amers souvenirs; et, cependant, ces grandes infortunes ne l'emportent pas sur celles des deux Condé qui se sont éteints sous nos yeux. Le chef de cette petite armée, *qui grandissait sous la mitraille,* devenu par le malheur des temps l'allié de l'étranger, combat en gémissant ses compatriotes, et ne se console pas de survivre à son héroïque petit-fils. Le duc de Bourbon, que la catastrophe de Vincennes vient de frapper de plus près, n'épuise pas dans cette grande douleur la coupe de l'adversité. Il échange les malheurs de l'exil contre les tourments que doit lui susciter dans sa patrie son opulent héritage. Il meurt, les ténèbres environnent ses derniers instants, et le soupçon le plus odieux vient s'asseoir sur sa tombe. Que ses mânes s'apaisent! l'alliance, l'amitié, lui réservaient des vengeurs : le jour pénètre déjà dans l'événement de Saint-Leu. On ne croit plus que le dernier des Condé ait voulu clore par un suicide l'histoire triomphale de sa maison, et, je crois pouvoir le dire avec assurance, le plus beau nom de l'histoire restera pur d'une si flétrissante accusation.

« Une autre satisfaction est due à la mémoire de ce prince infortuné.

« Il faut avoir ignoré l'existence du duc de Bourbon parmi nous pour ne pas connaître les orages qui troublèrent les dernières années de sa vie, et qui prenaient leur source dans les projets formés sur sa fortune. On sait que la pensée de choisir l'héritier de son nom et de son patrimoine dans cette partie de sa famille dont il combattit toute sa vie les opinions, le pénétrait de douleur; que d'autres exigences l'indignaient, et que sa résistance surpassa ce qu'il était permis d'attendre de sa vieillesse, comme aussi de l'inexplicable asservissement dans lequel il vivait depuis longtemps. On sait qu'en subissant la loi d'une volonté dominatrice, il ne voulut que payer du sacrifice de ses sentiments personnels et de ses intentions véritables un peu de repos pour ses vieux jours, et que l'on chercherait en vain dans ce qu'on appelle la dernière volonté du duc de Bourbon cette liberté, cette indépendance, qui, suivant la pensée de d'Aguesseau, doivent surabonder dans les actes testamentaires. Aussi la seule question que des circonstances tombées dans le domaine de la notoriété publique laissaient encore à résoudre, était celle de savoir si les droits du sang seraient immolés par le silence des héritiers au triomphe d'un acte nul, parce qu'il fut le fruit d'une ardente et cruelle obsession. Les princes de Rohan ne l'ont pas pensé, et, après avoir rempli les devoirs qu'une noble alliance leur imposait, ils viennent en exercer le droit. Forts de la certitude et de la gravité des faits qu'ils veulent soumettre à l'épreuve d'une enquête, appuyés sur des principes consacrés par la jurisprudence de tous les temps, ils se présentent avec assurance; et ce n'est pas au milieu d'eux qu'il faut chercher ce qui manque à leur cause, devenue, depuis une année, la constante occupation de ma conscience et le trop juste effroi de ma faiblesse!...

« Que ne peuvent-ils se ranimer pour une lutte qui semble les réclamer, ces orateurs qui d'âge en âge ont couvert le barreau de leur gloire! leur puissance tout entière suffirait à peine à ces graves discussions qui doivent demander des souvenirs à l'histoire, des enseignements à la philosophie, des règles à la doctrine et à la législation, des exemples à la jurisprudence! C'est là, Messieurs, le vœu qui s'est exhalé de mon âme dans la méditation de cette cause, où de si grands intérêts se trouvent unis à de si grands souvenirs. Ramené vers moi-même, il m'a semblé que, si je ne savais pas élever ma parole à la hauteur des intérêts dont je suis l'organe, je puiserais du moins de la confiance dans mes études, et peut-être aussi dans la puissance de ma conviction. »

Après cet exorde, où l'on voit nettement établies les prétentions des demandeurs : 1° Le prince ne s'est pas suicidé; 2° le prince n'a pas testé librement; *Mᵉ Hennequin* retrace l'histoire des relations du prince avec Mᵐᵉ de Feuchères.

Et d'abord, qu'est-ce que Mᵐᵉ de Feuchères? « Parée, à ce que l'on assure, de toutes les grâces qui séduisent, et douée, comme ses lettres le prouvent, d'un esprit très-habile, » on la voit, dès 1822, vivre dans l'intimité du prince. Ces relations témoignent-elles du désintéressement dont on a cherché à la décorer?

Au moment de son mariage, Sophie Dawes reçut du duc de Bourbon une constitution dotale de 7,000 fr. de rente, au capital de 140,000 fr. Depuis le 1ᵉʳ avril 1824, elle a joui du revenu de Saint-Leu, 20,000 fr. par année. Dans le cours de 1825, les sommes reçues par elle du prince s'élèvent à un million. A partir de 1829, Mᵐᵉ de Feuchères, qui joint à la jouissance anticipée de Saint-Leu celle de la forêt d'Enghien, voit son revenu atteindre à 100,000 fr. par an. Dès 1824, son sort est assuré. Un testament olographe, remis entre ses mains, lui lègue Boissy et Saint-Leu, dont le revenu lui est, dès lors, abandonné.

Voilà pour le désintéressement.

En 1824, elle fait un voyage en Savoie, en Italie, et la correspondance échangée entre elle et le prince pendant cette absence, prouve un vif attachement de la part de celui-ci. Cet attachement a-t-il suffi pour dicter le testament? Non; on prouvera que des procédés d'une autre nature ont amené les dispositions attaquées.

« Forte de la faiblesse du duc de Bourbon, Mᵐᵉ de Feuchères avait à satisfaire des ambitions de plus d'un genre. Elle ne comptait pas rester dans les limites étroites du testament de 1824; elle espérait que les certitudes d'une donation entre-vifs la délivreraient des instabilités d'une disposition testamentaire; mais, surtout, elle voulait voir révoquer l'ordre de Louis XVIII, qui lui interdisait l'accès de la cour, et à cet égard elle était à la fois sollicitée par son orgueil et par un des alliés que lui avait donnés sa fortune.

« Le prince écrivit à ce sujet au roi; mais ce rappel, qui devait offrir quelque chose de plus marqué qu'une simple tolérance, éprouvait des difficultés. Mᵐᵉ de Feuchères avait besoin d'un patronage qui réunît à autant de puissance une plus grande activité. »

Ici, l'avocat montre Mᵐᵉ de Feuchères jetant les bases d'une profonde combinaison. « Le legs particulier pouvait s'accroître encore et laisser un immense intérêt au titre adoptif ou de légataire universel du prince de Condé, et l'on comprend sans peine qu'une puissante et féconde maison ait désiré voir ces titres se fixer sur l'un de ses rejetons. »

Mais les difficultés à vaincre étaient nombreuses; toute la vie politique du prince semblait élever entre un pareil projet et le succès une barrière insurmontable. « Tandis que la maison d'Orléans embrassait les idées de réforme et d'émancipation qui se sont développées depuis 1789, la maison de Condé, invariablement attachée à cette ancienne constitution française qu'elle avait défendue contre la Cour en 1771, se rangeait, dès les premiers jours de la révolution, du côté de la couronne. Opposés dans leurs sentiments politiques, les princes des deux maisons ne le furent pas moins dans leur conduite. Aussi, tandis que le prince de Condé ne faisait pas mystère, dans son intimité, du peu de sympathie que la maison d'Orléans lui inspirait, il ne laissait échapper aucune occasion de faire éclater le tendre attachement qu'il portait au chef de la branche aînée. Identité de doctrines et de sentiments, confraternité d'armes devant Gibraltar, conformité de destinées, souvenirs de l'exil, voilà ce qui rattachait Louis-Henri-Joseph à Charles-Philippe; et cependant venait de naître dans cette maison, désolée par un crime qui devenait entre les deux pères une ressemblance de plus, un enfant que la seule puissance des choses devait longtemps encore éloigner de la couronne. » C'est donc dans la famille du duc de Berry que le prince voulait choisir son héritier.

« D'autres pensées germaient au Palais-Royal. C'est un principe certain du droit public français, que, par son avénement, le roi perd sa fortune personnelle, qui vient se réunir au domaine de l'État. Était-ce pour la réunion que tant de biens devaient être légués? N'était-il pas plus naturel de laisser à une famille qui comptait tant de rejetons, l'honneur de continuer la gloire des Condé? »

Ces réflexions se conçoivent. Affections, préventions à part, on les peut admettre; mais, encore une fois, il était bien difficile d'amener à de pareilles idées le signataire du *Mémoire des princes* et le commandant de la cavalerie noble dans l'armée de Condé.

« Dès 1822, on avait obtenu de ce respect pour toutes les convenances sociales et de famille dont le prince était pénétré, que l'un des enfants du duc d'Orléans fût tenu sur les fonts baptismaux. C'était un succès, sans doute; mais, à l'époque où les attaques ont commencé, le jeune prince ne devait pas annoncer encore ce qu'il pourrait être un jour : il était plus habile d'appeler l'attention du duc de Bourbon sur ce jeune duc de Nemours, qui paraît réunir aux grâces extérieures, apanage de toute la race, l'esprit le plus aimable et le cœur le plus généreux. »

De là cette nouvelle lancée dans l'*Aristarque* de 1828, et cette rectification, dans laquelle la cause du Palais-Royal est habilement plaidée. Rendant au duc de Bourbon compte de la correspondance échangée à ce sujet avec le duc d'Orléans, son intendant, M. de Gatigny lui disait : « Monseigneur jugera sans peine l'esprit de cette lettre. J'ai mis entre parenthèses quelques phrases qui peuvent paraître une espèce de contradiction avec le commencement. Je me borne à accuser réception. »

« Monseigneur a donc nommé le donataire de Chantilly? » dit, à l'occasion de l'article du journal, un des officiers du prince. — « Non, répondit celui-ci, *c'est une pensée que l'on veut me suggérer*. Mais vous connaissez tous ma volonté à ce sujet; *vous savez à qui je le destine*. »

« Préoccupée de son intérêt personnel, Mᵐᵉ la baronne de Feuchères était comme absorbée dans son égoïsme. Et cependant une réflexion qui s'offrait d'elle-même devait lui faire comprendre combien il serait avantageux que ses intérêts se trouvassent liés dans un même acte testamentaire à ceux de la maison d'Orléans.

« Qu'importait, en effet, à Mme de Feuchères qu'un legs universel la fît succéder à toutes les richesses de la maison de Condé, si l'énormité d'une semblable disposition devait soulever contre elle la France indignée, et la laisser sans patronage et sans appui? N'était-il pas préférable de se renfermer dans un legs de quelques millions et d'acquérir des droits à la protection, j'allais dire à la reconnaissance d'une illustre et puissante maison? Quel bonheur de joindre les satisfactions de l'opulence aux honneurs du désintéressement! Ce fut donc par Mme de Feuchères que l'adoption fut proposée, dans une lettre du 1er mai 1829; cette lettre, « chef-d'œuvre d'habileté, » la voici :

« Il y a bien longtemps, *my dearest friend* (mon cher ami), qu'un projet bien important m'occupe; mais jusqu'à présent je n'ai pas eu le courage de vous ouvrir mon cœur entièrement, dans la crainte de vous affliger. Le moment est venu où je me vois forcée de remplir un devoir sacré envers vous. Les malveillants ne cessent de publier que je veux profiter de la tendre amitié que vous me portez pour m'emparer de votre fortune. Forte de la pureté de mes intentions à cet égard, j'ai négligé jusqu'à ce jour de faire les démarches nécessaires pour me justifier vis-à-vis de la famille royale, qui, je ne puis en douter, me rendra justice quand cette démarche auprès de vous sera connue. Lorsque je vous ai vu, *my dearest friend*, si indisposé dernièrement à Chantilly, les réflexions les plus cruelles se sont emparées de moi; et, en effet, si cette maladie était devenue plus grave, quelle aurait été ma position? Moi qui, dans un tel moment, devais espérer de vous rendre les soins les plus tendres, j'aurais été la première qu'on eût éloignée de vous, et cela par suite des vues intéressées qu'on me suppose sur votre fortune. Pardonnez-moi, *my dearest friend*, si je suis obligée d'entrer dans quelques détails trop déchirants pour mon cœur; mais je vous ai déjà dit que c'est un devoir sacré que je m'impose pour vous implorer à genoux, s'il le fallait, pour vous décider à remplir le devoir imposé à tout homme de quelque classe qu'il soit, et bien plus encore à un prince qui porte un nom aussi illustre que le vôtre. Le roi et la famille royale désirent que vous fassiez choix d'un prince de votre famille pour hériter un jour de votre nom et de votre fortune. On croit que c'est moi seule qui mets obstacle à l'accomplissement de ce vœu; et même on va jusqu'à croire que, si je n'étais pas près de vous, cette espérance de la France entière aurait déjà été réalisée. Cette position m'est trop pénible, pour que je puisse la supporter plus longtemps, et je vous supplie, *my dearest friend*, au nom de ce tendre attachement que vous m'avez témoigné depuis tant d'années, de faire cesser cette cruelle position où je me trouve, en adoptant un héritier.

« Après bien des réflexions, mon opinion est que c'est le jeune duc d'Aumale qui réunit le plus de titres à cette haute faveur; ce jeune prince est votre filleul, et vous est doublement attaché par les liens du sang. Il annonce de plus, dans un âge aussi tendre, des moyens qui le rendent digne de porter votre nom. Ne vous arrêtez pas, je vous en conjure, à l'idée que cette adoption va vous causer le moindre embarras. Rien ne sera changé dans votre manière de vivre habituelle; c'est une simple formalité à remplir, et alors vous serez tranquille sur l'avenir, et on me laissera près de vous, sans penser à m'éloigner dans aucune circonstance. Si, malgré tout ce que je viens de vous dire, votre cœur trop froissé ne vous portait pas à faire cette adoption, j'ose dire que l'affection et le désintéressement que je vous ai toujours montrés méritent que vous le fassiez pour moi; vous assurez par là, *my dearest friend*, la bienveillance de la famille royale et un avenir moins malheureux à votre pauvre Sophie. »

On sent, à chaque ligne de cette lettre, le sentiment d'inquiétude qu'inspire l'obstacle opposé par les sentiments bien connus du prince. C'est pour cela qu'on y fait appel à une affection puissante : « Que ce soit pour votre pauvre Sophie. »

Mme de Feuchères, à l'insu du duc de Bourbon, fit passer un double de sa lettre au duc d'Orléans, qui, le 2, lui fit tenir une lettre pour le duc de Bourbon, annonçant en même temps que, sur le point de partir ce jour-là même pour l'Angleterre, il viendrait voir Mme de Feuchères.

Ce même matin, Mme de Feuchères écrit au duc de Bourbon le billet suivant :

« Je viens à l'instant, *dearest* (très-cher), de recevoir la lettre ci-jointe de M. le duc d'Orléans. Ce n'est qu'en tremblant que je vous l'envoie; cependant, au fond, vous ne devez pas m'en vouloir. Je vous assure que je serais au désespoir si je croyais que ma démarche près de vous serait sans effet. Pensez, *dearest*, que c'est pour votre Sophie que vous le feriez, qui vous a toujours aimé tendrement. »

Elle tremble, à la seule idée de l'accueil que va recevoir son projet! Voici, maintenant, la lettre annoncée :

« Neuilly, 2 mai 1829.

« Je ne puis, Monsieur, résister au désir de vous exprimer moi-même combien je suis touché de la démarche si honorable pour elle que madame de Feuchères vient de faire envers vous, et dont elle a bien voulu m'instruire. Il ne m'appartient pas, sans doute, dans une circonstance où il dépend de votre seule volonté de procurer un si grand avantage à l'un de mes enfants, de présumer ce qu'il peut être, avant que vous me l'ayez fait connaître; mais j'ai cru vous devoir et devoir aussi à ce même sang qui coule dans nos veines, de vous témoigner combien je serais heureux de voir de nouveaux liens resserrer ceux qui nous unissent déjà de tant de manières, et combien je m'enorgueillirais qu'un de mes enfants fût destiné à porter un nom qui est si précieux à toute notre famille, et auquel se rattachent tant de gloire et de souvenirs. »

Le prince s'indigna de la « trop habile indiscrétion » de Mme de Feuchères, et le Palais-Bourbon vit un de ces orages dont la baronne finissait toujours par se rendre maîtresse. En voici la trace dans cet autre billet, par lequel Mme de Feuchères annonce au prince l'arrivée du duc d'Orléans :

« Vous m'avez reproché d'une manière si dure la démarche que j'ai faite auprès de monseigneur le duc d'Orléans, que je crois à présent de mon devoir de vous dire que monseigneur le duc d'Orléans doit venir chez moi ce matin pour vous voir avant son départ pour l'Angleterre. Je vous en prie, ne me refusez pas de venir déjeuner avec moi comme à l'ordinaire. Cette visite vous sera beaucoup moins embarrassante de cette manière, et cela vous évitera une réponse par écrit, ou de rien dire de *positif* (mot souligné par madame de Feuchères dans l'original); et si vous ne venez pas, cela va faire un bien mauvais effet. Si vous aimez mieux que je ne sois pas avec vous, alors monseigneur le duc d'Orléans irait chez vous. »

Ces reproches, ces craintes, ces précautions disent assez quelle impression fâcheuse le projet de Mme de Feuchères avait produit sur l'esprit du prince.

Celle-ci, cependant, poursuivait imperturbablement sa pensée égoïste, et ne se préoccupait des intérêts d'autrui qu'au point de vue des siens propres. Elle cherchait à faire comprendre la forêt de Montmorency dans son legs particulier. Le prince ne voyait ce désir qu'avec un déplaisir extrême; il y dut cependant consentir, et accorder à son amie la jouissance anticipée des revenus de cette forêt; mais ce don fut fait de la main à la main, et le nom de Mme de Feuchères ne parut pas dans les écritures.

Une des craintes les plus sérieuses du prince, une des causes de ses répugnances pour la combinaison, c'était le pressentiment qu'une fois le testament fait, ses jours pourraient courir des risques. « Une fois que je leur aurai tout donné, disait-il, je puis n'être plus en sûreté. » Mais des scènes, sans cesse renouvelées, l'obsédaient. Il dépeignait ainsi, lui-même, sa situation morale :

« Je n'ai pas fermé l'œil de la nuit; tous ces tourments-là m'enflamment le sang d'une manière épouvantable. » « Y a-t-il rien de plus affreux que de se voir pressé avec cette violence pour faire un acte qui m'est aussi désagréable? » « On n'a plus à me parler d'autre chose à présent; ma mort est la seule chose qu'on ait en vue. »

Mme de Feuchères avait compris que le prince n'aurait jamais l'énergie de se séparer d'elle, que

. . . Il serra fortement ma main dans les deux siennes (PAGE 11).

tout se réduirait pour lui à conquérir, par des sacrifices, quelque repos pour la fin de ses jours. Il fallait donc lui faire un *enfer* de son intérieur, lui montrer de quel prix il pouvait payer la paix, lui laisser même entrevoir les suites dangereuses d'un refus.

Au mois d'août, on fit abandonner au prince, pour venir à Paris couronner l'œuvre, sa résidence chérie de Chantilly. Le départ fut précédé de scènes épouvantables, que les témoins n'ont pas révélées; ils en avaient donné leur parole au prince.

C'est alors que le duc de Bourbon imagina, dans sa détresse, d'implorer la générosité du duc d'Orléans lui-même. Il lui écrivit cette lettre :

« L'affaire qui nous occupe, Monsieur, entamée à mon insu et un peu légèrement par madame de Feuchères, et dont elle s'est chargée de presser la conclusion auprès de moi, m'est infiniment pénible, vous avez déjà pu le remarquer; outre les souvenirs déchirants qu'elle me retrace, et auxquels je ne puis encore habituer mes tristes idées, je vous avoue que d'autres motifs ne me permettent point de m'en occuper en ce moment. On me taxera peut-être de faiblesse à cet égard, mais c'est sur vous que je compte pour excuser et faire excuser cette faiblesse, bien pardonnable à mon âge et dans ma triste position. Mon affection pour vous, Monsieur, et les vôtres, vous est assez connue; elle doit donc vous garantir l'intention dans laquelle je suis, et que je vous manifeste ici, de vous en donner un témoignage public et certain. Je viens aujourd'hui en appeler à votre générosité, à votre amitié pour moi, et à la délicatesse de vos sentiments, pour que je ne sois pas tourmenté et harcelé, comme je le suis depuis quelque temps, pour terminer une affaire qui se rattache à d'autres arrangements, et que je ne veux d'ailleurs conclure qu'avec toute la maturité et la réflexion dont elle est susceptible. Je compte donc sur votre amitié pour moi, je vous le répète, pour obtenir de madame de Feuchères qu'elle me laisse tranquille sur ce point; de vous il dépend d'éviter entre elle et moi une brouille, ou au moins un froid, qui ferait le malheur du reste de mon existence. Recevez, Monsieur, avec votre amabilité accoutumée, l'expression de la constante et bien sincère amitié que je vous ai vouée pour la vie. »

Ainsi, c'est Mme de Feuchères qui a entamé cette affaire, — à l'insu du prince, — affaire infiniment pénible pour lui, — ainsi que le duc d'Orléans lui-même a pu le remarquer; et le témoignage public et certain d'affection qu'on promet au duc d'Orléans ne saurait se confondre avec l'institution d'héritier qu'on veut conjurer.

Le duc d'Orléans va-t-il le comprendre?

Qu'on en juge par sa réponse:

« Neuilly, 20 août 1829.

« Je suis au désespoir, Monsieur, que les intentions pleines d'amitié et de bonté que vous avez bien voulu me manifester dans une conversation dont le souvenir m'est si cher, soient devenues pour vous une cause de chagrins et de contrariétés. Je suis bien reconnaissant de ce que vous voulés bien me répéter, à cet égard, dans la lettre que je viens de recevoir de vous, et vous avés bien raison de compter sur moi pour faire en cela, comme en tout, d'abord ce qui sera conforme à vos désirs, ensuite ce qui pourra mieux vous prouver la sincérité de mon attachement et de mon affection pour vous personnellement. Je tiens infiniment à ce que vos bonnes dispositions à l'égard de mes enfans ne soient la cause d'aucun embarras pour vous, de

. . . Le corps du prince est pendu par un mouchoir à l'espagnolette de la croisée (PAGE 4).

quelque nature qu'ils fussent, et je tiens surtout à éviter tout ce qui pourrait renouveler vos trop justes douleurs, et blesser votre cœur si cruellement déchiré. Je vais donc me rendre tout à l'heure chez madame de Feuchères pour remplir vos intentions, en causant avec elle, et vous pouvés être sûr que tout en lui manifestant, comme je le dois, combien nous sommes sensibles, moi et les miens, aux efforts qu'elle a faits près de vous pour obtenir ce témoignage public et certain de vos bontés, dont vous voulés bien m'assurer, je lui témoignerai aussi combien nous serions tous affligés de vous causer de nouveaux chagrins et de troubler la paix de votre intérieur. Votre lettre, Monsieur, m'impose le devoir de lui demander de ne plus vous presser, et d'attendre ce qui vous sera dicté par votre cœur et vos sentiments pour ceux qui sont issus du même sang que vous, et je le remplirai dans toute son étendue; trop heureux si vous pouvez y voir une nouvelle preuve de tous les sentimens que je vous porte, de ma confiance dans ceux que vous me témoignés, et de la constante, bien vive et bien sincère amitié que je vous ai vouée pour la vie. »

On voit que, dans la conversation à laquelle il est ici fait allusion, il n'a été question que de *témoignage public et certain*, non de l'institution d'héritier. On voit aussi que M. le duc d'Orléans ne s'occupe que des *trop justes douleurs*, et laisse de côté les *autres motifs* de répugnance. Au reste, la réserve finale de cette lettre est honorable; il fallait attendre; mais on n'a pas attendu. La résolution exprimée par le duc d'Orléans est généreuse; il travaillera contre son intérêt. En effet, deux heures après, M. le duc d'Orléans vient trouver Mme de Feuchères, et, en présence d'un témoin, fait « sans doute » ce qu'annonçait la réponse au duc de Bourbon. Mais Mme de Feuchères ne promet rien, et le lendemain matin, le duc de Bourbon, les larmes aux yeux, raconte à M. de Surval que « M. le duc d'Orléans n'a pu rien obtenir. » Il ajoute : « J'ai eu hier soir une scène terrible; il faut en finir, car l'état dans lequel je suis depuis quelque temps n'est point exister. »

Alors, le prince s'occupe de rédiger le testament qui lui est imposé. Cependant rien n'aboutit. Le 29 août, autre scène, si violente, que Mme de Feuchères, effrayée de son ouvrage, se voit dans la nécessité d'appeler elle-même un tiers. — « Mais voyez donc, dit-elle au témoin, dans quel état se met le prince. — Madame, dit le malheureux vieillard, les yeux enflammés et avec un accent d'exaspération qu'on n'avait pas encore remarqué chez lui, Madame, c'est une chose épouvantable, atroce, que de me mettre ainsi le couteau sous la gorge, pour me faire faire un acte pour lequel vous me connaissez autant de répugnance. — Et, avec une pantomime expressive, lui mettant la main sous le menton, il s'écrie : — Eh bien ! Madame, enfoncez-le donc tout de suite, ce couteau ! enfoncez-le ! »

Et c'est sous l'impression d'aussi horribles scènes, que, le lendemain, le testament, rédigé par M. de Surval, fut copié, signé, et déposé entre les mains de Me Robin, notaire.

Le testament signé, son existence est connue des intéressés; « et il est assez simple que des remercîments soient adressés par la reine Amélie à celui qui vient de créer un état si considérable pour l'un de ses enfants. Le prince répond à cette lettre; Mme de Feuchères procède à la rédaction de cette réponse, et s'efforce de lui donner tous les caractères d'une ratification. Le brouillon même de la lettre porte l'empreinte de l'influence exercée. Voici la lettre; les mots en italiques sont, sur le brouillon, de la main de Mme de Feuchères :

« 3 septembre 1829.

« Madame, j'éprouve une *véritable satisfaction* des choses aimables que vous me dites à l'occasion des dispositions que j'ai faites en faveur de vos enfants. Mon cœur et mon amitié pour toute votre famille me les ont dictées, et je serai très-empressé de vous le répéter lorsque j'aurai le plaisir de vous voir.

« Madame de Feuchères me charge de vous témoigner combien elle est sensible à votre *bonté nouvelle*. Il est vrai qu'elle a mis dans cette affaire une chaleur qui m'a fait vaincre les difficultés que je rencontrais pour la terminer aussi promptement. Je peux vous confier, Madame, qu'elle mérite votre intérêt par les sentiments *nobles* et distingués qui la caractérisent. C'est toujours avec empressement que je vous renouvelle, Madame, l'assurance du tendre attachement et de la sincère amitié que je vous ai voués pour la vie. »

Ainsi, la ratification du testament est écrite dans les mêmes conditions de liberté que le testament même. On a voulu, après avoir satisfait à la cupidité, pourvoir à la sûreté par cette lettre « codicillaire. Les illustres obligés ne peuvent plus rien ignorer. Le patronage est acquis; le double but de la puissante combinaison est atteint. »

Un fait semble rejeté du procès par sa date; et cependant, « s'il était démontré pour vos consciences que, dans les temps qui ont précédé la mort du prince, Mme de Feuchères a porté sur lui une main coupable et que j'appellerai sacrilége, me serait-il alors difficile de vous donner une idée des scènes qui ne pourraient être retracées qu'en interrogeant dans d'autres circonstances la douleur du prince et l'exagération de son désespoir? »

Ce que *Me Hennequin* appelle *le crime du 11 août 1830*, réfléchit, selon lui, une horrible lueur sur le passé. On se rappelle Obry, filleul du prince, trouvant ce dernier dans un état effrayant, à peine vêtu, portant à la figure des traces d'une horrible violence, l'œil ensanglanté. — « C'est elle, s'écrie-t-il, c'est Mme de Feuchères, c'est cette méchante femme qui m'a frappé. » Puis, cette révélation à peine échappée, il la regrette, recommande le silence à Obry, donne à Manoury l'explication inadmissible de la table de nuit. Il s'inquiète de savoir ce que fait Mme de Feuchères; Manoury va aux informations, apprend qu'elle va partir pour Paris. Une lettre est glissée sous la porte de l'escalier dérobé; le prince la lit dans le plus grand trouble. Elle va à Paris, cependant, où M. de Lavillegontier la rejoint dans la soirée. Ils se parlent de l'événement du matin, comme d'une chose connue à Mme de Feuchères. Elle a nié, dans un procès plus grave, qu'elle en eût eu connaissance avant son départ; l'*alibi* est inadmissible. Elle était encore à Saint-Leu trois heures avant l'événement.

Mme de Feuchères inspirait donc au prince une terreur ancienne et profonde. C'est bien là la femme dont le baron de Feuchères, qui la connaissait bien, disait au prince « qu'il eût à se méfier d'elle, qu'elle était capable de se porter à tous les excès. » Son absence éclairait la figure du prince; arrivait-elle, il devenait morne et taciturne.

Le duc de Bourbon, cependant, accablé de ses chaînes, essaye de s'en dégager; « et, dans une question de liberté morale, c'est un fait remarquable que les efforts tentés par lui pour se soustraire à la servitude dans laquelle il gémissait. »

Le prince prépare sa fuite dans les mois de juillet et d'août 1830; il se cache de Mme de Feuchères. Pourquoi ne brise-t-il pas violemment ses entraves? Ah! demandez à la faiblesse pourquoi elle est la faiblesse!

Il y a eu trois projets de fuite qu'il ne faut pas confondre. Il faut convenir qu'au milieu des événements de juillet, des dispositions avaient été prises pour mettre le prince à l'abri d'un danger pressant; mais cet état de choses n'a pas duré, et cependant le projet de fuite n'a pas été abandonné. M. de Surval avait remis au prince, dans les premiers jours de juillet, un million en billets de banque, et le prince lui demandait de cacher à Mme de Feuchères l'importance de la somme, c'est-à-dire l'usage auquel elle était destinée.

Le mouvement de juillet commence à s'arrêter, les appréhensions du prince se calment; il remet le million à M. de Surval, mais sans en vouloir quittance, parce qu'il veut considérer le million comme restant à sa disposition. Le projet de départ n'est donc pas abandonné; c'est que la véritable cause du départ subsiste. Le prince veut quitter la France; il supporte impatiemment son joug; ses sentiments pour Mme de Feuchères sont totalement changés. Dans les quinze derniers jours, lorsque la baronne demande à être admise auprès de lui, il en témoigne beaucoup d'impatience. « Qu'est-ce que cette femme me veut? » dit-il, presque tremblant.

On n'a pu obtenir de passe-ports; il faut se résigner à rester, la terreur du prince est croissante. Le 22 août, il parle à Manoury de coucher à la porte de sa chambre : terreurs qui prouvent la servitude et démontrent que le testament n'aurait pas survécu longtemps à l'émancipation du testateur.

La mort du duc de Bourbon a mis obstacle à l'affranchissement. « Horrible catastrophe, qui demandait impérieusement que la présence d'une partie civile vînt seconder l'action de la partie publique. Le prince Louis de Rohan, instruit de l'existence du testament, a compris qu'il était un droit sacré dont une institution d'héritier ne le dépouillait pas; et certes, la gravité des circonstances, devenue bientôt notoire, faisait un devoir à la puissante tutelle du duc d'Aumale de prendre une part active dans la poursuite.... La maison d'Orléans a gardé le silence; elle a contemplé du rivage les efforts généreux des héritiers du sang. Aussi, et dans un intérêt moral que tous les cœurs élevés comprendront, je montrerai qu'il ne convenait pas de délaisser ainsi la mémoire de celui dont on se proposait de revendiquer l'héritage. »

Ici, *Me Hennequin* entre dans la discussion légale, et combat « cette vaine et vulgaire argumentation qui croit avoir tout trouvé dans la forme extérieurement accomplie d'un testament ou d'un contrat. C'est une question de liberté morale qui s'agite devant vous. »

L'avocat donne quelques exemples des effets que la contrainte peut exercer sur les actions humaines, celui, entre autres, de Mme Manson, dans le célèbre procès Fualdès; c'est là la violence matérielle; la violence morale abolit au même degré la liberté de l'acte. Il n'y a pas liberté quand la cause impulsive de l'acte n'est pas dans celui qui le fait, mais dans celui qui impose la nécessité de cet acte. Or, a dit d'Aguesseau, la doctrine est établie qu'il faut la plus haute indépendance, la position la plus dégagée de toute espèce d'influence, dans les contrats testamentaires. Et, en effet, les contrats ordinaires ne s'appliquent qu'à des intérêts spéciaux, isolés; le testament devient la loi de toute l'hérédité, il devient dès lors nécessaire que la liberté s'y rencontre dans toute sa puissance.

Voilà la doctrine, consacrée par toutes les législations; on la retrouve dans la consécration des incapacités légales, fondées sur l'ascendant présumé du donataire ou du légataire, sur la crainte de l'influence morale résultant des positions respectives.

Ainsi, un testament peut exister en fait, être écrit en entier de la main du testateur, et n'être cependant pas l'ouvrage de la volonté indépendante du testateur.

L'avocat cite un certain nombre d'arrêts qui ont annulé, pour suggestion et pour captation, des testaments intervenus « dans des circonstances qui, sous le rapport de la gravité, ne peuvent être mises en balance avec celles de cette cause. »

Or, les articulations de la partie civile sont que des scènes violentes ont précédé, amené la confection du testament, qui consommait l'immolation de toutes les affections, de tous les sentiments d'un vieillard épuisé par l'âge et par de longs malheurs.

On opposera sans doute un argument qui doit toucher bien des cœurs. « Eh quoi! dira-t-on, le duc d'Aumale, embelli de toute l'innocence de son âge, sera-t-il donc victime de violences qu'assurément il n'a pas exercées? Comment voulez-vous qu'un puissant intérêt ne se rattache pas à ses jeunes années? Je comprends quel texte magnifique l'illustre légataire doit fournir au magnifique talent de son défenseur! Mais est-ce là notre cause? M. le duc d'Aumale ne trouve des droits au legs universel que dans le testament du 30 août 1829. Si cet acte est l'ouvrage de la violence, comment pourrait-il en profiter? Je veux bien célébrer avec vous ses grâces, sa jeunesse : la discussion ne commence qu'au legs universel. Le prince est tout à fait en dehors de la violence, mais il ne doit pas en être enrichi.

« Je dirai plus, je dirai qu'il n'est pas nécessaire que le duc d'Aumale fonde son avenir sur de pareils actes; qu'il sanctionne, en en profitant, les actions qui ont arraché le testament; qu'il est bien, au contraire, que le jeune prince se dégage d'une fortune stigmatisée par de si tristes souvenirs. Pourquoi faut-il que, trop jeune encore, il ne puisse pas s'adresser à ses juges? Ah! s'il pouvait accourir dans cette enceinte; si là, devant vous, au milieu de ses concitoyens, il pouvait se faire entendre, comme il abdiquerait les fruits d'une sinistre influence! « Oh non! s'écrierait-il, ce n'est pas là une fortune qui me convienne; le nom de Condé est glorieux sans doute,.... j'en saurai renouveler les merveilles. Je serai Condé sur les champs de bataille; je n'ai pas besoin de l'être dans votre testament! »

« Et dans la vérité, magistrats, quelle compensation au malheur d'éveiller les susceptibilités nationales! quelle alliance faut-il subir! envers qui tant de reconnaissance imposée! Un titre qui devient un reproche, des biens dont on voudrait pouvoir cacher l'origine, toute la vie du protégé de la baronne en proie aux préventions, et, si l'on veut, aux injustices de l'opinion...... C'est dans ma cause que les intérêts véritables du jeune légataire sont défendus.... Oui, prince, je vous conteste des droits qui sont indignes de vous!...... »

Arguera-t-on des ratifications obtenues du prince après le testament même? Mais ces écrits postérieurs ont été faits dans les mêmes circonstances, sous la même oppression; ce ne sont que des conséquences d'un premier fait.

Après cette excellente discussion légale, *Me Hennequin* aborde l'articulation des faits.

« Une pensée, dit-il, s'offre à tous les esprits : La politique, et près d'un demi-siècle d'opinions, de guerres et de souvenirs, avaient élevé comme une barrière entre les maisons de Condé et d'Orléans : c'est l'amour de l'or qui s'est efforcé de créer des relations factices entre ceux que tant d'obstacles séparaient; c'est à cette passion qu'il faut reporter l'honneur d'un acte que tant de raisons rendaient impossible; mais les œuvres de la cupidité ne sont pas durables et ne soutiennent pas les regards de la justice. »

Les faits de la cause vont prouver que l'acte testamentaire ne saurait être maintenu.

Et d'abord, peut-on apercevoir, du côté du testateur, une volonté contraire à celle exprimée? Oui; le prince a formellement déclaré qu'il observerait toujours avec la maison d'Orléans les convenances, mais qu'il n'arriverait jamais avec elle jusqu'à l'intimité. Quels ont été, en effet, leurs rapports?

Dans la correspondance entretenue entre les deux ducs, une partie des lettres se rapporte à des questions d'étiquette; affaire de hiérarchie, devoirs et droits mutuels du rang, dans l'accomplissement ou pour le maintien desquels il était bon de se concerter ensemble.

Seconde espèce de lettres : les naissances, les baptêmes, les compliments de bonne année. Affaire de formules officielles.

Troisième espèce de lettres : celles qui se rapportent à la position de parrain, à ce patronage des fonts baptismaux auquel il est si difficile de se soustraire. Dans cette série, et à l'occasion du baptême du duc d'Aumale, le duc d'Orléans écrivit au duc de Bourbon la curieuse lettre que voici :

« 9 mai 1822.

« Vous avés bien raison, Monsieur, de compter sur la satisfaction bien réelle avec laquelle nous voyons approcher un jour qui doit resserrer les liens qui nous unissent déjà, et nous donner un gage de plus de votre amitié pour nous. Si nous n'avons invité que Mme de Rully parmi les femmes de votre maison (M. le baron de Feuchères était alors gentilhomme de la chambre), c'est d'abord que nous n'ignorons pas qu'elle a l'honneur de vous appartenir particulièrement, et ensuite c'est que c'est la seule de ces dames que nous connaissions; et quoique nous ayons su que les trois dames que vous voulés bien me nommer ont été présentées au roi et aux princes nos aînés (Mme de Feuchères avait eu cet honneur, qu'un ordre d'exclusion lui a fait perdre depuis), néanmoins elles n'ont pas demandé à l'être à Mme la duchesse d'Orléans et à ma sœur; mais nous ne pouvons mieux faire que de nous en remettre à vous, Monsieur, pour faire à cet égard tout ce que vous jugerez à propos, et vous pouvés être bien sûr que nous recevrons toujours bien volontiers toutes les personnes qu'il vous conviendra de nous amener. C'est de tout mon cœur que je vous renouvelle l'expression du tendre, constant et sincère attachement que vous a voué pour la vie,

« L.-P. d'Orléans. »

On voit qu'en 1822, Mme de Feuchères était étrangère au Palais-Royal, et que cette exclusion avait été la cause, au moins, d'un peu de refroidissement dans la correspondance. Et, qu'on y réfléchisse, en 1829, Mme de Feuchères est remplie d'ardeur pour la maison d'Orléans. « Certes, j'ignore la cause de cette métamorphose; mais lorsque je vois plus tard intervenir de puissantes sollicitations pour rendre à Mme de Feuchères l'entrée qu'elle avait perdue aux cercles de la cour, je ne me défends pas de cette pensée, que ces sollicitations, qui ont suivi le testament, pourraient bien n'être que l'accomplissement des promesses qui l'avaient précédé. »

En 1827, on trouve, dans cette catégorie de la correspondance, une lettre de M. le duc d'Orléans annonçant une visite à Saint-Leu, et une assez froide réponse du duc de Bourbon, qui l'invite, « soit à déjeuner, soit à dîner, ou à tous les deux, si cela peut lui être agréable. » Il y a là un certain sentiment de résignation; encore, au brouillon, l'invitation est-elle de la main de Mme de Feuchères, qui n'est plus, pour la maison d'Orléans, l'indifférente de 1822; le duc de Bourbon, lui, s'était contenté d'abord de la plus laconique des réponses.

Même année, autre lettre du duc d'Orléans, annonçant le projet de présenter le duc d'Aumale à son parrain; langage d'amitié, exaltation des bontés du duc de Bourbon. Mais c'est surtout sous la plume de ce dernier que ce langage pourrait avoir quelque importance. Or, du prince de Condé, on ne trouve, pour justifier la reconnaissance de la famille d'Orléans, qu'une invitation, à la date de 1822, pour les princes et princesses d'Orléans, de se rendre à Chantilly. La famille d'Orléans est à Compiègne; de Compiègne à Chantilly, en passant par Senlis, on trouve dans les bois, surtout au mois de juin, une route enchanteresse et parfumée. Le prince vient, à l'occasion des cérémonies du baptême, d'être fêté au Palais-Royal; il invite donc les princes d'Orléans à passer par Chantilly, en revenant de Compiègne.

Le duc d'Orléans célèbre avec enthousiasme cette invitation si naturelle :

« Vous êtes, Monsieur, mille fois trop bon et trop aimable, et je ne puis vous exprimer combien nous sommes sensibles à votre attention; nous profiterons avec le plus vif plaisir de ce que vous voulés bien nous proposer, et nous accepterons le dinés que vous voulés bien nous offrir.... »

On citera cependant un fait, la présence de M. le duc d'Orléans à la Saint-Hubert de 1822.

« Tout le monde sait que M. le duc d'Orléans a la sagesse de ne pas mettre son temps, ses devoirs à la merci d'une passion qui finit par s'emparer de la vie tout entière; on sait aussi que cette passion datait de la première jeunesse chez le sauvage Hippolyte. Des habitudes qui se retrouvent les mêmes chez tous les princes n'étaient encore que des oppositions chez les deux illustres parents, qui, si parfaitement opposés dans les choses graves, ne s'entendaient pas même sur les plaisirs; et il faut être Mme la baronne de Feuchères pour avoir trouvé dans la Saint-Hubert une occasion de rapprochement. »

M. le duc d'Orléans était venu faire une visite à Chantilly; Mme de Feuchères, pendant la promenade, lui demanda s'il ne lui serait pas agréable d'assister à la fête de la Saint-Hubert. Sur sa réponse affirmative, la baronne en prévint le duc de Bourbon, qui en fut vivement contrarié et fit entendre par des expressions positives le peu de plaisir que cette visite lui causerait.

Qu'on ne parle donc pas de tendresse, de confiance, de sympathie entre le testateur et le père du légataire universel; il n'y en a pas vestige, et c'est une volonté différente qui reste établie au procès.

Autre fait : Un jour, postérieurement à la naissance du duc de Bordeaux, le prince, se promenant à pied dans les Champs-Elysées, fit la rencontre de l'un des officiers qui l'avaient accompagné à l'Opéra, dans la nuit de l'assassinat du duc de Berry. Cette catastrophe étant devenue le sujet de la conversation, le prince dit : « Le duc de Berry était brusque, mais il était bien bon; jamais il n'a fait de mal à personne. Je l'aimais beaucoup; il avait été le compagnon d'armes de mon fils. » Après quelques instants de silence, il reprit : « Eh bien! puisque ses enfants sont orphelins, je leur servirai de père; *ils seront mes héritiers.* »

Là est le sens de cet autre mot : « Vous savez à qui je le destine. »

L'idée d'un prince de la maison d'Orléans a été suggérée par Mme de Feuchères; ses lettres le démontrent. On sait comment cette suggestion fut accueillie. On tremblait, en faisant cette proposition, tant on savait combien peu elle était en harmonie avec les sentiments connus du prince. Invention de Mme de Feuchères, silence désapprobateur du prince, désir du duc d'Orléans, voilà ce qui saute aux yeux. Mme de Feuchères, après cette proposition, va jusqu'à craindre que le prince ne veuille éviter avec le duc d'Orléans une entrevue *embarrassante.* « Si vous ne venez pas déjeuner chez moi, écrit-elle au duc de Bourbon, *cela va faire un bien mauvais effet.* » Elle sait la valeur de l'argument; car elle connaît la réserve excessive du prince, ennemi du bruit, craignant avant tout de sortir de ses habitudes et de donner un texte aux discours.

« Cependant le Palais-Royal ne se décourage pas. Un projet de testament y est préparé à l'insu du prince : ce projet arrive au Palais-Bourbon, où cette officieuse proposition n'obtient que ce mot à M. de Surval : *Voyez ce qu'on me demande!...* »

Dans sa lettre du 20 août 1829, le duc de Bourbon a exprimé lui-même au duc d'Orléans les répugnances que lui causait le projet. Est-il bien empreint de liberté, le testament qu'on cherche à conjurer par de semblables démarches? Cet appel touchant à la générosité, à l'amitié, à la délicatesse du duc d'Orléans, cet appel fut entendu; et la scène entre le duc d'Orléans et l'inflexible baronne achève de révéler les sentiments du duc de Bourbon.

Ajoutez qu'à l'éloignement que le prince éprouvait pour une distribution de sa fortune qui devait être le désaveu de toute sa vie, venait se joindre un sentiment de terreur. « Il redoutait le moment où son existence ne serait plus considérée par la cupidité que comme un obstacle, et même comme un danger.»

De tout cela ressort évidemment la preuve : que le testament n'était pas l'expression de la volonté du prince; que le prince n'avait pas voulu l'adoption, le legs universel; qu'il n'avait pas voulu le testament.

Mais, sans doute, on dira qu'il ne faut voir dans les refus du prince que le désespoir d'un père appelé à nommer un autre fils, rappelé ainsi au souvenir de celui qu'il a perdu, et mis, pour ainsi dire, en présence des fossés de Vincennes. Puis, la conclusion du testament demandait, au préalable, d'autres arrangements : de là, les délais.

« Oui, la catastrophe de Vincennes a plané comme un sombre nuage sur la tête du malheureux vieillard; la pensée d'un testament a dû s'allier comme invinciblement avec ce cruel souvenir, et il y eut peu d'humanité à raviver, par tant d'insistance, une plaie si douloureuse. Mais, enfin, le prince voulait faire un testament. Il saurait y résigner sa douleur, et même puiser dans cette loi de l'avenir une sorte de consolation. Oui, si quelque chose pouvait désormais adoucir l'amertume de ses regrets, c'était le soin de substituer au fils perdu dans la tempête l'enfant qu'un malheur tout semblable avait privé d'un père, et que le vieux prince pourrait considérer comme le représentant naturel de ses idées sur le gouvernement des hommes. Le duc de Bourbon était d'ailleurs trop éclairé pour voir la mort dans un choix de cette nature. Un testament, c'est la résurrection de l'homme. Le prince de Condé voulait tester; mais il ne voulait pas que son testament fût le désaveu de toute sa vie.

« Quand il parlait d'autres arrangements, de réflexions à faire, on a eu cette cruauté de ne pas comprendre. En s'adressant au duc d'Orléans, il ne pouvait pas, il ne devait pas être plus clair, plus explicite. Quoi donc! vouliez-vous qu'il parlât plus nettement de ce qu'il faut sans doute appeler ses injustices? Vouliez-vous que les mots de révolution, de crime, de malheurs, se trouvassent dans son langage? Non, il en a dit assez, trop peut-être; car les excuses qu'il allègue sont comme transparentes, à force d'être inadmissibles; la mauvaise raison qu'il donne ne montre que trop bien celle qu'il ne veut pas donner. »

Me Hennequin arrive aux faits de *suggestion*, de *captation*, de *violence*.

La suggestion : les prières, les sollicitations, ne sont pas en elles-mêmes un moyen de nullité, si l'on n'y retrouve pas le dol et l'artifice incessamment occupés à tendre des piéges sous les pas du testateur. Il ne suffirait donc pas que Mme de Feuchères ait provoqué la résolution; il faut encore qu'elle ait placé le prince dans une cruelle situation, en informant secrètement le duc d'Orléans de la proposition faite. Ce n'est plus là une simple sollicitation, c'est une manœuvre; elle spécule sur la timidité du prince, qui va se trouver violemment placé en présence du duc d'Orléans.

« Le lendemain de cette communication, si habilement donnée, arrive au Palais-Bourbon une lettre du duc d'Orléans. Eh quoi! sur l'avis au moins très-indiscret d'une femme sans autorité, et qui devait attendre avec respect la décision de son seigneur et maître, le duc d'Orléans croit pouvoir prendre le parti d'écrire au duc de Bourbon! Le duc d'Orléans est touché de la démarche de Mme de Feuchères, et il ne résiste pas au désir de le dire au duc de Bourbon! Le duc d'Orléans fait plus; il joint l'expression de ses désirs, de ses vœux, à ceux de Mme de Feuchères, et voilà le duc de Bourbon réduit, par une indiscrétion calculée, à la nécessité d'immoler ses sentiments personnels ou d'affliger un prince de son sang. Les embarras de cette situation, on saura les accroître.

« Il est dans l'usage du duc d'Orléans de profiter de ses voyages, ce qui, au surplus, est fort naturel, pour faire ses visites de famille, et la date de la lettre écrite par Mme de Feuchères se trouve à cet égard merveilleusement choisie; elle écrit le 1er mai, et le duc d'Orléans part le 2 mai pour l'Angleterre, où il va conduire son fils aîné. Mais désormais, et grâce toujours à la communication donnée, à la correspondance commencée, la pensée testamentaire est jetée entre les deux princes. Ainsi, dans vingt-quatre heures, le vieux prince apprend les projets formés sur son héritage, et se trouve dans la nécessité de prendre une détermination. Que dis-je? la conversation est commencée; c'est au vieillard de répondre!

« Et ce n'est pas directement au duc de Bourbon que le duc d'Orléans s'adresse; l'entrevue aura lieu chez Mme de Feuchères. Elle a espéré que, s'il n'est pas fait de promesse positive, le prince devra, au moins, adoucir ses refus, laisser tomber quelques paroles qui pourront plus tard donner des armes contre lui.

« C'est sans doute une chose bien téméraire que de préparer le testament d'un homme à son insu, et de le lui envoyer à lui-même. » Que sera-ce, si on a la certitude que la pensée du testament est en opposition absolue avec celle imprimée dans le projet officieux? C'est ce qui a existé.

Un jurisconsulte, membre du conseil de la maison d'Orléans (1), rédige un projet de testament; qui l'en a chargé? Le duc de Bourbon? Non; il ne soupçonne pas même les soins que l'on veut bien prendre pour lui. Le jurisconsulte a dû croire qu'on était d'accord. Quant au duc de Bourbon, il a dû recevoir ce projet avec quelque étonnement, et non sans quelque douleur. On lui faisait dire dans cette pièce : « Mon attention s'étant *naturellement* portée sur le jeune duc d'Aumale, *j'ai conçu le dessein* et *formé la résolution...* »

On sait comment ce projet fut accueilli par le prince; mais on n'ignorait pas la puissance d'un écrit tout préparé, d'un projet facile à transcrire, émané d'un célèbre jurisconsulte, « à qui il n'a manqué qu'un mandat. »

Ainsi, la cruelle adresse développée dans cette

(1) Me Dupin aîné.

affaire a été de jeter celui dont on désirait l'héritage dans des embarras toujours croissants, d'aggraver la démarche du jour par les commentaires du lendemain, de conduire le prince avec artifice dans les piéges préparés, de manière à ce que le prince, dominé par une pressante initiative, entraîné, hors d'haleine, perdant l'espérance de remonter le torrent, de restituer à ses paroles leur sens véritable, et ne voulant pas surtout que l'on puisse un moment suspecter sa foi, finisse par souscrire un testament dont on veut qu'il ait donné l'espérance, et que tout le monde a fait.

Voilà la suggestion.

La captation : c'est l'acte de celui qui parvient à s'emparer de la volonté d'un autre et à s'en rendre maître. Le prince a-t-il été, relativement à Mme de Feuchères, dans cette situation où l'âme, subjuguée, n'a plus la force de résister aux ordres d'une puissance dominatrice?

Qu'on se rappelle les révélations d'Hostein, le prince gémissant sur l'impossibilité de briser son lien, se comparant à la mouche prise dans une toile d'araignée; qu'on se représente cet attachement invincible, mêlé d'effroi, cimenté par l'habitude, et on aura la mesure de cet ascendant, de cette domination impérieuse. Le prince n'a donc pu tester; il n'a pu qu'obéir.

La violence : il a fallu l'appeler en aide à la suggestion et à la captation, qui n'eussent pas suffi; la violence morale s'y est ajoutée, procédant, soit par d'éternelles dissensions qui changent un intérieur en enfer, soit par la sourde menace d'une sinistre résolution. La preuve est dans la pensée criminelle, que révèle la conversation avec M. James, dans la charmille; elle est dans ces lettres qu'on faisait écrire au prince, même celles qui lui répugnaient le plus; elle est dans cette scène avec M. le baron de Saint-Jacques, à propos de M. le comte de Rully; elle est dans cet aveu douloureux du prince, disant : *Elle me bat.*

Et cette scène de 1828, à Chantilly, dont un engagement d'honneur n'a pas permis de révéler les détails, il a fallu qu'elle fût bien grave, pour que le prince, dans l'excès de sa bonté, ait cru devoir exiger du témoin un silence éternel. Et ces altercations qui redoublent, lorsque Mme de Feuchères, en août 1829, veut faire quitter au prince Chantilly pour Paris; pourquoi cette exigence d'un côté, cette répugnance de l'autre? C'est qu'il s'agit de déposer le testament chez le notaire, à Paris.

L'existence seule de ces scènes démontre que Mme de Feuchères a voulu dicter au prince un testament différent de celui que réclamaient les sentiments personnels de S. A. R. Le prince n'a pas testé pour tester; il a cédé à la force, comme fait un voyageur pour se sauver, lorsqu'il est surpris dans une forêt.

A quels excès de violence Mme de Feuchères se portait quelquefois, un fait, postérieur au testament, le montre; c'est le crime du 11 août 1830. Par cette violence, nous comprenons celle qui dut être exercée un an auparavant; il y a là une révélation d'anciennes habitudes.

Cet état d'asservissement, le plus complet qu'on puisse imaginer, donne la clef des tentatives d'émancipation de 1830. Une fuite clandestine devait être le seul moyen imaginé par cette faiblesse. Il ne laisse, en même temps, aucun doute sur l'usage que le prince aurait fait de sa liberté, s'il avait pu la reconquérir. Quel regret pourrait donc éprouver la justice, en anéantissant un testament qu'une mort inopinée, environnée de ténèbres, a seule sauvé d'une révocation?

Si la puissante maison que le testament appelait à recueillir l'héritage de la victime ne s'est pas fait un devoir de la vengeance, sans doute l'âge du légataire ne permet pas de voir un moyen d'indignité dans une inaction dont il n'est pas même possible de lui demander compte; et cependant « il faut convenir que cet abandon de la mémoire du testateur environne d'une juste défaveur le legs universel. » Mais si l'on n'invoque pas l'indignité, on produit au moins une grave considération morale, qui doit rester un puissant auxiliaire pour la cause.

La Cour de Paris, en jugeant qu'il n'était pas établi que la mort du prince fût le résultat du crime, a gardé le silence le plus absolu sur cette question : existe-t-il des traces d'assassinat et des indices de culpabilité? Ordonner une enquête, dont la partie civile offre les faits, ne sera donc pas se mettre en opposition avec l'arrêt de non-lieu. Cet arrêt troublait l'ordre de juridiction, en usurpant les pouvoirs de la Cour d'assises.

Mais le ministère public ne s'étant pas pourvu contre l'arrêt, la Cour de cassation a pu déclarer, comme elle l'a fait, qu'elle n'était pas légalement saisie, et que l'arrêt échappait à son examen. On ne propose donc pas de méconnaître la chose jugée.

« La carrière est parcourue, et cette grande cause se résume en quelques mots.

« Il y a violence morale au procès, magistrats, ou ces mots n'ont plus de sens.

«Quel motif pourrait donc vous arrêter dans cette discussion préparatoire, qui ne se propose encore qu'une question de pertinence et d'admissibilité? Les faits articulés sont-ils donc conciliables avec cette liberté, cette indépendance, qui doivent surabonder dans les actes testamentaires? Quel obstacle à la recherche de la vérité?.... De grands noms sont, il est vrai, prononcés dans cette lutte, où la civilisation ne semble prodiguer toutes ses magnificences que pour que le principe protecteur de la liberté morale de l'homme y soit proclamé avec plus d'éclat. Du reste, qu'importent à la loi civile les appréhensions de la politique, qui, plus éclairée, solliciterait aussi l'examen que nous appelons de tous nos vœux et de tous nos efforts? Je ne vous dirai pas cependant que le Roi saura se consoler de la défaite du père de famille; des paroles moqueuses ne sortiront pas de ma bouche, rien de vulgaire ne doit trouver place dans de pareils débats; c'est un langage qui fut celui du barreau de l'antiquité, et que n'a point abdiqué le barreau de l'Angleterre, que je vais parler devant vous.

« Dieu et la vertu, magistrats, voilà ce que l'homme retrouve incessamment au fond des choses sociales.

« Rois, magistrats, guerriers, hommes d'Etat, de tribune ou de barreau, nous ne sommes puissants que par l'accomplissement des devoirs généraux imposés à toute créature intelligente, et des devoirs spéciaux confiés à notre bonne foi. Que si, dans un rang quelconque, l'intérêt personnel nous entraîne, si nous cédons à quelques sophismes du cœur, si nous nous élançons vers un but que nous montre un sentiment respectable quelquefois en lui-même, mais qui nous aveugle et nous égare, nous devenons coupables d'une perturbation qui doit être réparée. Athlètes consacrés aux luttes du barreau, jurisconsultes livrés aux méditations de la retraite, magistrats dépositaires de l'un des attributs de Dieu même, rappelons-nous tous, dans ces graves circonstances où tant de réflexions nous abordent et nous préoccupent, qu'encore un peu de jours, et chacun de nous ira rendre compte des facultés et des puissances qui lui furent confiées. Rois, magistrats, hommes de toutes les classes, que restera-t-il de nous dans l'océan des âges? Rien que le souvenir des vertus qui nous auront illustrés!... rien que le souvenir des devoirs que nous aurons remplis! »

Cette belle plaidoirie avait rempli les audiences des 9 et 16 décembre. Le 23, *Me Lavaux* parla pour Mme de Feuchères.

Il est, dans les plaidoiries de Me Lavaux et de Me Dupin jeune, des parties communes, où la discussion suit pas à pas les généralités du système d'accusation. Notre résumé gagnera en clarté à fondre les arguments des deux avocats; nous isolerons ensuite ce qui, dans chacun des deux plaidoyers, se réfère plus spécialement à l'intérêt de chacun des clients. Le plaidoyer de Me Lavaux ayant été, depuis, étendu et renforcé par des arguments nouveaux, dans un ouvrage spécial (1), nous puiserons également dans cet ouvrage pour l'analyse de l'argumentation commune.

Nous adoptons, pour plus de clarté, les divisions imposées par l'accusation à la défense.

1° État moral du prince après la révolution de juillet. — Les journées de juillet avaient jeté le prince dans une mélancolie profonde. Il était, depuis lors, *inquiet, triste, parlait rarement*, disait qu'*il avait trop vécu*, que *c'était trop de voir deux révolutions* (déposition de M. de Préjan); on le voyait *pleurer* (M. de Belzunce); il parut *profondément affecté* d'une lettre relatant ce qui s'était passé à Rambouillet, et ajouta : « *Il ne faut pas trop parler de tout cela; j'en éprouve un mal affreux;* » *on le reconnaissait à peine* (Mme de Chabannes); on le vit *verser des larmes*, on l'entendit *souvent pousser des soupirs* (Mme de Sainte-Aulaire); il craignait qu'on ne vînt piller Saint-Leu, et *d'être obligé*, à son âge, *de retourner en pays étranger* (M. l'abbé Pelier); il disait : « *Que ne suis-je mort dix ans plus tôt!* » (M. de Choulot).

2° État moral du prince a la veille de sa mort. — Il serra les mains à un visiteur, le 24 août, *avec une expression toute particulière*, et ses manières affectueuses et *extraordinaires* donnèrent l'idée d'*un dernier adieu* (M. le curé de Saint-Leu); le 25, il est *fort triste et fort affligé* (M. de Surval); le 26, un valet entend beaucoup de bruit dans le salon où est le prince, et celui-ci dire à Mme de Feuchères : *Laissez-moi tranquille;* puis, ce valet entend le prince refermer la porte avec violence, *contre son habitude;* rentré dans sa chambre, le prince est vu *dans une situation qui parut extraordinaire*, assis sur une banquette, *préoccupé*, demandant de l'eau de Cologne (Manoury); ce même jour, le prince, sortant de converser secrètement avec M. de Cossé, a *le teint fort animé* et *les traits fort altérés;* M. de Cossé a raconté devant le prince des événements de Paris, *dont le résultat était des assassinats* (M. de Belzunce); le prince a causé *avec tristesse* des événements du jour, et, à l'heure du dîner, a dit :

« Tout cela sont *de tristes choses; il ne faut pas en parler à table à cause des gens;* » il a refusé de remettre au lendemain la signature de deux demandes de secours, et comme on lui disait que, le lendemain, il pourrait les signer, *il a répondu que non* et a témoigné le désir de les signer *tout de suite* (M. Lambot); le soir du 26, se retirant dans son appartement, le prince a fait à ses gens *un signe d'adieu qui les étonna fort, n'ayant jamais eu l'habitude de le faire* (M Collinet); le lendemain, 27, *tous les gens parlaient* de ce signe d'adieu, *comme l'ayant remarqué;* le propos de M. de Cossé, relatif aux caricatures, avait paru *affecter vivement* le prince (M. de Belzunce); le prince, seul avec un valet dans la journée du 26, l'invite à lui tâter la main, en lui disant : « Voyez, j'ai la main chaude, » et lui serre fortement la main, *avec une grande expression de sensibilité et les larmes aux yeux;* le prince charge ce même valet de remettre une aumône de 40 fr., en lui disant : « Chargez-vous-en; vous serez toujours à même de la remettre; *quant à moi, je ne sais pas;* » depuis dix jours, le prince éprouve *assez fréquemment* des mouvements convulsifs.

3° Avant le coucher du prince. — On a montré le prince montant ses montres, ôtant son bandage; de tels faits n'ont aucune importance, et les réfuter serait inutile. Un médecin qui, pendant de longues années, a étudié le suicide, dit « que les personnes qui sont dominées par le suicide calme ou philosophique, se livrent jusqu'au dernier moment aux habitudes *matérielles* qu'elles ont contractées. »

4° Annonce de la mort, arrivée de Mme de Feuchères par l'escalier dérobé. — On a soutenu que la porte de l'escalier *dérobé* était ouverte à l'instant où le prince a été trouvé mort. D'abord, il n'y a pas d'escalier *dérobé*, descendant intérieurement dans l'appartement de Mme de Feuchères, comme on l'a insinué, mais un escalier intérieur, ouvert de toutes parts; escalier de service fréquenté par la veuve Lachassine, les Duprez, l'abbé Briant, Mme de Flassans, qui n'ont pas d'autre voie pour gagner leur chambre ou en sortir. Ensuite, comment prouve-t-on que Mme de Feuchères a monté par l'escalier prétendu dérobé? C'est M. Bonnie qui l'affirme, ajoutant que c'est *par prudence* que Mme de Feuchères a monté avec lui par le grand escalier; car, dit-il, *si elle avait pris par le petit escalier, on se serait aperçu sur-le-champ que la porte était ouverte.*

Le procès-verbal du maire de Saint-Leu constate, sur les déclarations de Lecomte, Leclerc, Manoury, M. Bonnie, que, le 27 au matin, *toutes les portes étaient fermées*, par conséquent aussi celle du petit escalier. Le 17 novembre seulement, à Pontoise, M. Bonnie prétend, pour la première fois, que Mme de Feuchères est montée, avec Lecomte et lui, par le grand escalier, et que, arrivés dans le salon d'attente, lui, Bonnie, a remarqué que le verrou de la porte du petit escalier était ouvert.

Lecomte a démenti formellement M. Bonnie; il a soutenu que *tous deux*, sortant de chez Mme de Feuchères, sont montés par le grand escalier; qu'arrivés *tous deux* dans le salon d'attente, Mme de Feuchères, *qui avait pris le petit escalier*, a frappé à la porte, qui était fermée, et que lui, Lecomte, *a tiré le verrou* pour qu'elle pût entrer.

De l'aveu même de M. Bonnie, lui, Lecomte et Mme de Feuchères sont arrivés les premiers; donc, il faut écarter tous les autres témoignages sur le verrou ouvert ou fermé, et il reste à choisir entre

(1) *Examen de la procédure criminelle instruite à Saint-Leu, à Pontoise et devant la Cour de Paris, sur les causes et les circonstances de la mort de S. A. R. le duc de Bourbon, prince de Condé*, par MMes Lavaux et Amédée Lefebvre, ouvrage publié dans l'intérêt de Mme de Feuchères.

les affirmations contradictoires de Lecomte et de M. Bonnie. Ce dernier, pour prouver que Mme de Feuchères a monté par le grand escalier, invoque le témoignage de Jérôme-Hippolyte, de Dubois et de Romanzo, qui, arrivés trop tard, ont naturellement dit qu'ils n'avaient pas vu.

Au reste, MM. de Rohan, dans leur *Mémoire*, ont, en partie, prudemment supprimé les dépositions qui infirmaient ou contredisaient celles de M. Bonnie.

5° État de la chambre mortuaire. — L'ordre le plus parfait régnait dans la chambre; cela n'a pas été contesté. Le lit a paru aux témoins qui l'ont vu les premiers, *légèrement foulé*. D'autres ont cru remarquer qu'il était *bouleversé*. Manoury dit d'abord que le lit n'était *pas plus défait que de coutume;* il sera plus tard *moins défait que de coutume;* et, enfin, il lui aura paru *plutôt arrangé que défait*. On voit la gradation. La couverture a semblé aux uns *brusquement jetée*, aux autres *relevée avec soin*. Toujours des contradictions capitales.

Les habitudes du prince ont été consultées pour constater l'état d'affaissement du lit. Ordinairement, il en sortait sans relever sa couverture; laissant glisser ses pieds vers la terre, et, assis pendant quelques instants, passait autour de ses oreilles son foulard qu'il détachait. Et, parce que l'inclinaison accoutumée du lit n'aurait pas existé; parce que, dans un état si voisin de la mort, ses habitudes auraient été méconnues, on voudrait conclure à l'assassinat! Mais l'affaissement du bord du lit, moins grand qu'à l'ordinaire, s'explique par l'absence d'un lit de plume qui avait servi longtemps au prince; qui avait subi une dépression sensible, et qu'on venait de remplacer par un matelas piqué, plus épais et plus rembourré sur le devant. (Dép. Leclerc, omise dans le *Mémoire* de MM. de Rohan.)

On dit, d'après Manoury, que les assassins ont commis une méprise, en replaçant entre le bureau et la fenêtre, la chaise qu'on mettait tous les soirs devant le foyer pour déshabiller le prince, et que l'on retrouvait *toujours* le lendemain près de la cheminée. M. Bonnie, lui, dément Manoury, en disant qu'on replaçait très-souvent cette chaise.

Autre méprise des assassins: les pantoufles trouvées près du lit, tandis qu'elles restaient *toujours* placées à côté de la chaise, *parce que le prince ne s'en servait jamais* (Dupin). Mais un autre valet de chambre dit: *presque jamais* (Manoury); un autre dit que le prince *s'en servait souvent* (Louis Leclerc).

Contradictions plus apparentes que réelles. Le prince avait les pieds sensibles; il avait fait garnir de cuir les semelles de son pantalon à pieds. Quand il portait ce vêtement, les pantoufles lui devenaient inutiles; mais, quand il sortait de son lit, les pieds nus, les pantoufles lui devenaient nécessaires. Or, le dernier jour, le prince avait été quitté déshabillé, au moment de se mettre au lit; s'il a écrit, s'il a fait quelques préparatifs, si même il a lutté avec cette horrible pensée de la mort, il a dû se servir d'abord de ses pantoufles; puis, il les a quittées pour se mettre au lit, et elles sont restées près du lit, quand il s'est précipité vers la fenêtre.

Troisième méprise des assassins: ils se seraient trahis en remuant le bougeoir. Manoury a vu des gouttes de cire, en assez grand nombre, tombées dans le plateau du bougeoir; donc on l'a porté çà et là.

Eh bien! après? le prince n'a-t-il pu déplacer ce bougeoir? On a oublié de dire, ce qu'avouait la première déposition de Manoury, que *cela arrivait fréquemment*. (Déposition omise dans le *Mémoire* de MM. de Rohan.)

Enfin, dit-on, le lit n'était pas à sa place ordinaire, touchant presque le fond de l'alcôve, mais à distance, dans la chambre. Cette distance, les uns ne la peuvent préciser; les autres disent *huit à dix pouces* (M. l'abbé Pelier), *un pied* (M. Méry-Lafontaine), *dix-huit pouces* (M. Bonnie). Le bon sens et le témoignage d'un valet de chambre, tranchent la difficulté: dans une chambre petite comme une cellule, où les meubles étaient tellement pressés qu'il fallait, pour avancer ou reculer l'un d'eux de quelques pouces, déplacer tous les autres, un aussi grand déplacement que huit à dix-huit pouces eût sauté aux yeux de tous, car *le lit aurait nécessairement dépassé l'emplacement des rideaux* (Lecomte).

Supposez, d'ailleurs, que le déplacement du lit ait précédé la mort du prince, qu'il ait été l'œuvre d'assassins: le prince aura été réveillé; les rideaux se seront retrouvés tombants en forme de tente; la tenture aura gardé quelque trace des mouvements violents d'une attaque. Point: tout, au contraire indique dans la chambre l'isolement du suicide; et il faut en conclure que l'éloignement du lit, apprécié par les témoins de façons si contradictoires, n'a été remarqué qu'après que le corps du prince a été détaché et déposé sur le lit.

6° État des vêtements. — Aucun désordre dans les vêtements du prince (M. de Rumigny, M. l'abbé Briant, Lecomte); *la chemise n'était pas froissée* (Lecomte); *la toilette du prince était dans le même état que la veille au soir* (M. Saint-Hilaire). Pour simuler le suicide, il aura donc fallu ne pas chiffonner même le jabot et les manchettes, conserver au linge sa fraîcheur et son apprêt, repeigner les cheveux, les renouer avec soin, les replier dans le foulard, auquel on aura conservé son lustre et sa fraîcheur; pendant la lutte, anneau, boutons de manches n'auront fait aucune impression sur cette peau si tendre.

7° La chaise a-t-elle pu servir au suicide? — Dans sa première déposition, M. Bonnie déclare avoir trouvé et dérangé une chaise placée auprès du corps, chaise qui avait dû servir au suicide. Le 1[?] novembre, dans le supplément d'instruction, M. Bonnie ne dit pas un mot pour démentir cette déclaration première. Ce n'est qu'après l'évocation devant la Cour, que, tout en continuant de dire qu'il a *déplacé* la chaise avec son pied, il affirme que cette chaise n'a pu servir au suicide. Or, M. Bonnie avait seul, dans le premier procès-verbal, dressé par le maire de Saint-Leu, fait consigner ce fait, que la chaise était *à côté du corps, dans l'angle de la croisée*. Il déclare, en présence de tous les autres témoins, qui, en effet, n'ont vu la chaise que placée à un pied du corps, que c'est lui qui a déplacé cette chaise, en se précipitant au secours du prince, *entre la chaise et le corps*. Quand il faut expliquer aux médecins experts les excoriations remarquées à la partie interne des jambes, c'est M. Bonnie qui, naturellement, *replace la chaise dans l'état où il l'avait trouvée, dans une position oblique, relativement à la position des jambes du prince* (M. Pasquier). Quand M. le Procureur général se fait expliquer les faits à son tour, c'est toujours M. Bonnie qui démontre comment le prince a dû monter sur la chaise (M. Marc), et qui fournit des indications pour le dessin de M. Piart. Et ce même M. Bonnie osera plus tard, déclarer qu'une chaise n'a pas été tro vée à côté et à portée du corps! Cette contradiction, indispensable à la calomnie, on n'eût pas eu l'audace de la risquer à Pontoise, devant des magistrats qui avaient vu et entendu. Devant la Cour, dont les magistrats n'avaient pas assisté à la première instruction, on s'est senti plus à l'aise. Mais, si l'affaire eût été renvoyée devant les assises, quelle eût été la position de M. Bonnie, écrasé par tant de témoignages, et, par le sien propre, convaincu de mensonge?

8° LA SUSPENSION INCOMPLÈTE. — Le mouchoir qui entourait le cou par un double tour, pressait fortement le larynx, remontait dessous les mâchoires, passait derrière les oreilles, formant, par derrière, une anse brisée, à l'endroit où se liait un second mouchoir fixé à l'espagnolette. La nuque était à découvert. Le mouchoir du cou était *lâche par derrière*, à y passer *le doigt sans effort*, et sa forme d'anse brisée *s'expliquait par le poids du corps* (M. de Choulot); on pouvait *insinuer le doigt* de côté (Manoury): on pouvait y passer *la main* (Romanzo); on pouvait y passer *facilement le poing* (Echette). Toujours la gradation. Le vrai est que ce mouchoir, qui avait dû *couler* (M. Leduc), *pressait*

Le duc de Bourbon, prince de Condé.

extrêmement la partie antérieure du cou; que, de ce côté, on ne pouvait passer le doigt entre le cou et le mouchoir; que ce n'était pas la trachée-artère, mais *le larynx* qui était *fortement comprimé;* qu'à la partie postérieure, le mouchoir s'éloignait du cou, toujours très-tendu, laissant *la nuque un peu à découvert* (M. Letellier). Le larynx était si fortement comprimé, que le mouchoir y avait causé une dépression profonde, qui ramenait et faisait plier la tête sur la poitrine.

L'extrémité des pieds touchait le tapis, les genoux à demi fléchis, les talons *élevés*, le gauche, de trois pouces, le droit, d'un pouce et demi : voilà les termes précis du procès-verbal du maire de Saint-Leu. L'exactitude de cette description est attestée par plusieurs témoins (MM. Saint-Hilaire, de Choulot, Louis Leclerc, Lecomte, de Belzunce, Manoury). Mais, devant la Cour, un témoin, se contredisant (les contradictions sont perpétuelles), dit que *la plante des pieds était empreinte sur le tapis* (Manoury); *la plante des pieds touchait le sol,* dit un autre (M. Méry-Lafontaine); *il était impossible de passer la main sous les talons* (MM. Méry-Lafontaine et Obry).

Le bon sens, et le témoignage de M. Letellier, indiquent que la pression du larynx a dû suspendre instantanément la respiration, et que le bout des pieds n'a touché le sol que par suite de l'allongement successif du mouchoir. La tache bleue, horizontale, semi-circulaire, qui dessinait la pression du mouchoir, en montant vers le derrière de la tête, démontrait, par la profondeur de son empreinte, la force et la continuité de la pression.

La suspension a donc été complète à son origine; et M. Gendrin, bien qu'écrivant dans l'intérêt de MM. de Rohan, n'a pu s'y tromper, comme l'ont fait des témoins ignorants ou prévenus.

9° LE PRINCE ÉTAIT-IL CAPABLE DE SE PENDRE LUI-MÊME? — Il était, a-t-on dit, incapable d'élever la main gauche au-dessus de sa tête, pour nouer les mouchoirs. Plusieurs témoins l'ont déclaré; et cependant le prince faisait, à la chasse, plus habilement qu'aucun autre, le coup dit *du roi*; malgré la fracture ancienne de la clavicule de l'épaule gauche, il tirait au vol et chargeait son fusil lui-même (M. de Flassans). Or, pour faire le coup du roi, il faut, on le sait, élever beaucoup le bras gauche. M. Bonnie, seul, a pu prétendre que le mouvement du corps suffisait pour tirer en l'air; il faut encore, de toute nécessité, que le bras gauche se rapproche du tronc et se trouve au-dessus de la tête. D'ailleurs, pour se suspendre, *le prince n'avait pas eu besoin d'élever les mains plus haut que le menton* (M. Pasquier). En effet, l'anneau de l'espagnolette était à six pieds et demi du sol, et le prince, qui avait cinq pieds sept pouces à peu près, avait, étant monté sur une chaise, cet anneau au niveau du cou. Rien, à l'autopsie, ne fut remarqué *qui pût nuire au mouvement des bras* (M. Pasquier); et une fracture, depuis longtemps consolidée, de la clavicule gauche, *ne pouvait pas être un obstacle au mouvement des bras* (M. Marjolin).

Mais le prince avait-il pu monter sur une chaise? Plusieurs témoins assurent qu'il montait les escaliers avec peine, appuyé sur une canne, d'où ils concluent que le prince n'a pu monter sur une chaise. Ces mêmes témoins oublient que, dans l'instruction première, cette impossibilité ne leur est pas même venue à la pensée, et que toute la maison a admis, sans difficulté, que le prince s'était servi d'une chaise pour se pendre. On avouera que pour monter seul à cheval, pour se mettre en selle, il faut un plus grand effort que pour monter sur une chaise. Or, jusqu'à la fin, le prince est monté à cheval. *Pouvant monter à cheval, il pouvait, à plus forte raison, monter sur une chaise* (M. de Flassans, Lecomte).

Mais, a-t-on dit encore, le prince, atteint d'une hernie inguinale, n'a pu, sans accidents, faire les mouvements nécessaires à l'accomplissement du suicide. Cette opinion, toute gratuite, de M. Bonnie, a trouvé tous les autres médecins pour contradicteurs.

On a même refusé au prince l'adresse nécessaire pour faire un nœud de poupée ou de tisserand. Et le prince avait été soldat, chasseur! Aux affirmations si positives de cinq témoins (MM. de Préjan, de Lavillegontier, Echette, Dupin, Obry), on peut opposer victorieusement celles des valets de chambre, celles du chirurgien. Le prince *faisait toujours lui-même le nœud de sa cravate* (Leclerc, Lecomte, Manoury); *il faisait des nœuds à son mouchoir* (M. Bonnie), et ces nœuds étaient des nœuds de poupée.

Le prince s'était fait donner une véritable leçon de suicide, et sa mort a reproduit les circonstances de celle qu'il s'était fait raconter (M. Chalot).

10° LA STRANGULATION A-T-ELLE EU LIEU PENDANT LA VIE? — De ce que l'ecchymose *peut manquer* au sillon du lien lorsque l'individu a été pendu vivant (M. Gendrin), on pourrait déjà conclure en faveur du suicide. Mais, si l'ecchymose manque souvent; si elle est considérée par de graves autorités comme *un signe équivoque de la suspension avant la mort* (M. Esquirol); si le plus grand des médecins légistes va même jusqu'à dire que l'ecchymose, au cas de strangulation pendant la vie, est *un phénomène excessivement rare*, et qu'*il est impossible d'établir la plus légère présomption que la suspension ait eu lieu avant ou après la mort d'après l'état dans lequel on trouve le plus ordinairement le sillon* (Orfila, *Médecine légale*), alors on pourra tirer hardiment la conclusion contraire à celle de l'accusation.

Le phénomène de virilité constaté chez le prince serait à lui seul un indice certain de la strangulation pendant la vie (MM. Bonnie, Godard, Deslions, Marc, Marjolin, Pasquier) (1).

La flexion des pouces dans l'intérieur des deux mains, dont les doigts étaient à demi fléchis; la tuméfaction et la couleur violacée de la langue, sont indiquées par les médecins experts comme des signes *certains* de la mort par strangulation.

Les mucosités couleur de tabac, remarquées sur la boiserie des fenêtres (Lecomte), sur le tapis (M. de Choulot), au bas du volet (M. de Rumigny), indiquent par leur situation la place de la mort. Dans le système de l'accusation, il eût fallu les trouver dans le lit, ainsi que les taches de sang qu'eussent faites les excoriations des jambes, ainsi que les taches *sui generis* dues au phénomène de virilité.

L'absence de contusions, de traces de doigts sur le corps, autre signe. Il est vrai qu'on a voulu voir (M. Gendrin) une preuve d'assassinat dans la petite excoriation constatée au-dessous de l'oreille, sur le bord inférieur de la dépression du mouchoir; mais il est clair que, dans l'acte du prince se précipitant de la chaise, la secousse a dû faire remonter violemment la cravate, qui a lésé la place qu'elle abandonnait. Aussi trouve-t-on l'excoriation juste au-dessous de la place nouvelle prise par la cravate.

Le prince avait la peau *tellement fine et sensible, que la moindre pression y laissait une trace qu'il conservait plusieurs jours* (M. de Belzunce); et pas de taches sur le ventre, sur les cuisses, aux poignets, aux chevilles, sur la poitrine! Entre les épaules, on n'a remarqué qu'*une rougeur*, de la largeur *des deux mains* (Manoury), *du poing* (M. Bonnie), *un peu moins large qu'une pièce de cent sous* (Leclerc), invisible pour d'autres (Romanzo, Colin, MM. Deslions, Leduc). Cette rougeur, si elle existait, a dû être produite par la stase du sang dans les vaisseaux capillaires, et M. Gendrin lui-même abandonne ces preuves prétendues d'assassinat.

Les excoriations des jambes ont prêté plus facilement à l'accusation. Les médecins les ont attribuées aux frottements contre la boiserie de la fenêtre, contre la chaise. Mais, a-t-on dit (M. Gendrin), la boiserie ne présente aucune saillie. Les médecins, M. de Belzunce, ont vu, ont touché ces saillies, la plinthe du lambris.

D'ailleurs, pour tout finir, ces excoriations n'exis-

(1) Il nous a paru impossible de faire connaître au lecteur cet élément si important de l'information sans recourir au latin, qui a le privilége de *braver l'honnêteté* :

Inventum fuerat corpus erectâ mentulâ, cum magnâ spermatis copiâ in femoralibus diffusâ. In extremâ membri virilis parte gutta sanguinis conspiciebatur. Ex quo signo constat recenter emissum fuisse sperma; nam, ut comprobavit doctor *Bonnie*, septimo aut octavo ante obitum anno, princeps tres calculos per uretrum emiserat, et ex illo tempore, quotiescumque coitum exercebat, commixtum sanguine sperma ejaculari solebat. Quæ intra mortem pollutio, rarissimum quidem in strangulatione symptôma, hominem vivum strangulatum fuisse planè demonstrat.

taient pas lorsqu'on a trouvé le corps suspendu (MM. Letellier, Leduc, Lecomte); elles ont été produites pendant le transport du corps de la fenêtre au lit, d'autant plus facilement, que le prince avait mal aux jambes, et que la peau en était couverte d'un épiderme mince, luisant, rouge, qui est resté en partie aux mains de M. Leduc pendant le transport.

Quant à l'ecchymose du bras droit, il a bien fallu convenir qu'elle provenait du contact de ce bras avec l'espagnolette.

11° Par où des assassins seraient-ils arrivés? — Par les dehors du château? mais des gardes et un gendarme veillaient continuellement autour de la résidence. Par la porte du petit escalier? mais *toutes les portes étaient fermées* (MM. Bonnie, Lecomte, Leclerc, Manoury). On n'a commencé à nier ce fait que le 17 novembre (M. Bonnie). Et ce petit escalier, qu'on a faussement qualifié de *dérobé*, était rempli de portes ouvrant sur des appartements habités. Aucun de ses habitants n'a entendu du bruit, et l'un d'eux (Mme de Flassans) ne s'est couché qu'à plus de deux heures du matin, c'est-à-dire quand le prince devait être déjà mort.

Enfin, d'ailleurs, fait patent, incontesté, la porte de la chambre à coucher du prince était fermée au verrou. *C'était l'habitude du prince de s'enfermer ainsi* (Lecomte, Leclerc). Les plus prévenus disent que cela lui arrivait *quelquefois* (Dupin). Quatre témoins ont signé la partie du procès-verbal du maire de Saint-Leu dans laquelle il est dit que le prince *avait l'habitude*, en se couchant, de mettre le verrou intérieur (Lecomte, Manoury, Leclerc, M. Bonnie).

Il est vrai qu'on a imaginé l'expédient du lacet, idée extraordinaire, merveilleuse expérience, pour laquelle on a eu le soin de choisir une porte toute différente de celle de la chambre du prince, une porte mal jointe, un verrou lâche. On avait été jusqu'à dire qu'un lacet avait été trouvé dans le petit escalier par M. de Jonville; M. de Jonville a déclaré le contraire.

Et c'est cependant sur l'invention du lacet que repose toute l'accusation! Car, si le prince, comme cela est évident, s'est enfermé intérieurement, pas de crime possible, suicide certain.

Voilà les éléments de la vigoureuse discussion dans laquelle les deux avocats des défendeurs suivirent, pas à pas, les assertions, les hypothèses de l'accusation. Ils y ajoutèrent quelques considérations sur des généralités invoquées par les demandeurs, et sur des faits isolés, sans grande importance.

On avait, par exemple, assigné à l'écrit trouvé dans la cheminée, « par un miracle de la Providence, » le caractère d'une proclamation, écrite pour empêcher le pillage du château. « Est-ce sérieusement qu'on présente une explication semblable? y a-t-il rien là qui ressemble à un placard? Eh quoi! pour bien disposer les habitants, le prince va commencer par les prier honnêtement de ne pas piller, brûler, assassiner, ce qui suppose qu'ils sont capables de le faire! Il voulait partir, a-t-on dit. Ah! quel voyage! Lisez donc ses derniers vœux, cette sinistre annonce: *Je n'ai plus qu'à mourir*, cette demande d'une tombe, et, la main sur la conscience, dites si ces tristes mots ont pu être tracés comme l'annonce d'un départ pour l'exil. »

On s'est épuisé en argumentations pour établir que l'écrit a été trouvé le soir du 27, et non le matin; qu'il était par-dessus ou à côté des papiers brûlés. La seule question importante est de savoir s'il est de la main du prince.

On a objecté l'horreur du prince pour le suicide, et on en a donné pour preuve « je ne sais quelles paroles cicéroniennes d'un dentiste. » Dans la Vendée, pendant les Cent Jours, le prince concevait *qu'on pût avoir l'idée de se brûler la cervelle* (M. de Choulot). Quelque temps avant sa mort, il s'informait curieusement des procédés employés par un suicide, et qu'il a reproduits exactement (M. Chalot): que deviennent donc toutes les grandes phrases qu'on a faites sur l'incompatibilité du suicide avec le nom de Condé?

Enfin, pour un meurtre, il faudrait des meurtriers. Qui a-t-on désigné? Mme de Feuchères: mais, évidemment, on n'a osé lui imputer que le crime moral, non l'exécution matérielle. M. l'abbé Briant: un prêtre sexagénaire, qu'on a eu le ridicule de présenter comme haï, redouté par le prince, tandis qu'il devait remplacer l'abbé Pelier dans les fonctions d'aumônier (M. de Lavillegontier). C'est même sans doute à cause de cette circonstance que l'abbé Pelier a été si *frappé* d'entendre M. Briant dire que la mort du prince était le résultat d'un *mouvement de délire;* phrase bien naturelle en pareil cas. Les époux Duprez: ces honnêtes gens, ces vieux serviteurs, sont coupables de n'avoir rien entendu. Reste le propos prêté au petit Duprez par Florine Payel, Fife et la femme Camus, qui se contredisent sur les circonstances. L'interrogatoire si pressant, si prolongé du petit Duprez a suffisamment réfuté cette calomnie atroce. Le général Lambot: il a fait la preuve de son absence, et MM. de Rohan ont dû faire amende honorable au général. Lecomte: c'est lui, en effet, qui a dû introduire les meurtriers, s'il y a eu meurtre. C'est lui, le serviteur fidèle, dévoué. On a reculé devant l'idée de le faire assassin; on ne l'a accusé que d'un acte de *complaisance*, innocent dans son intention: Lecomte, tout en croyant à un assassinat, a repoussé avec fermeté, avec persistance, la possibilité même d'une *imprudence* commise en laissant ouvert le verrou de la porte sur l'escalier. Ce qui répond à tout, c'est que cette porte était fermée, comme toujours. Lecomte n'a eu qu'un tort, celui de se plaindre de l'oubli du prince dans des termes qui ont prêté à la calomnie. C'est là l'explication du *j'en ai gros sur le cœur*. Il avait perdu pour rien son établissement de coiffeur, il était dans la misère.

Et, à ce propos, quel est donc celui des meurtriers du prince qui s'est enrichi par ce meurtre? On a dû cependant dépenser des sommes énormes pour acheter leurs bras.

Et comme la haine est aveugle dans le choix qu'elle a fait des coupables! Duprez et sa femme, Mme de Feuchères les a chassés, et repris seulement par pitié quand ils se trouvaient sans ressources. Le général Lambot, on le voit maintenant au nombre des ennemis de Mme de Feuchères. L'abbé Briant, il est resté fidèle à sa cause, mais débile et pauvre. Allons! les assassins choisis par Mme de Feuchères étaient des gens désintéressés!

Détachons maintenant de la plaidoirie de Me *Lavaux* toute la partie spécialement consacrée à la défense de Mme de Feuchères.

Après avoir raconté l'histoire de cette femme, qui, « depuis son enfance avait été l'objet de l'affection du duc de Bourbon, et qui avait justifié cette haute marque de faveur par un dévouement d'une vie tout entière,» l'avocat croit pouvoir conclure que Sophie Dawes a le droit de repousser les insinuations calomnieuses et les mépris dont on a voulu l'accabler. De l'immense correspondance depuis si longtemps établie entre elle et le duc de Bourbon, il résulterait, selon *Me Lavaux*, qu'on a dénaturé les rapports d'intimité qui ont existé entre le prince et sa cliente.

En 1817, elle consulte son *bienfaiteur* sur la convenance d'un mariage d'inclination. Le mariage manque, et le prince écrit (14 novembre 1817): « Je vois avec peine que vos espérances ne se trouvent pas réalisées pour le moment dans toute leur étendue; mais vous ne doutez pas de l'intérêt que je prends à tout ce qui peut contribuer à votre bonheur; c'est un sentiment que vous me connaissez depuis longtemps, et que vous méritez si bien lorsque l'on est à portée d'apprécier les qualités de votre cœur et de votre esprit... Quant à la figure, votre miroir vous dit assez ce qu'il y a à en penser. »

Le prince fut encore consulté pour le mariage contracté, en 1818, entre M. de Feuchères et Sophie Dawes. Ce fut, pour tous les habitants de Chantilly, une vérité notoire que, pendant quatre années, le mariage fut complétement heureux.

Au bout de ce temps, le colonel de Feuchères « conçut quelque jalousie. Une imprudence, commise par un de ses amis, vint jeter du trouble dans l'intérieur du ménage. Des révélations, que je ne saurais comment expliquer, amenèrent une situation des plus pénibles. Mme de Feuchères offrit de se mettre à la disposition de son mari et d'abandonner le prince. Je ne veux pas entrer dans les détails de ces déplorables débats : ce que je crois pouvoir dire, c'est que M. de Feuchères, dans cette circonstance, n'a pas eu le courage de mépriser la calomnie. Il a cédé devant elle; il a abandonné sa femme, probablement pour sauver ce qu'il considérait comme son *honneur*. »

On citera, sans doute, la lettre par laquelle M. de Feuchères signifiait au prince son éloignement; *Me Lavaux* lit la réponse du prince :

« 10 mars 1824.

« Mon cher Feuchères, car je ne vous parlerai jamais en tous lieux, en tous temps, en toutes circonstances, que comme à l'ami le plus sincère, le plus franc, le plus loyal que j'aie dans le monde; au nom de Dieu, de votre mère, de tout ce que vous avez de plus cher, venez me voir un moment; cela ne vous engage à rien; et vous aurez la satisfaction d'avoir, au moins, par cette démarche, soulagé le cœur d'un ami oppressé par les malheurs de tout genre qui l'accablent; ne craignez pas de rencontrer votre femme malgré vous; la pauvre malheureuse est dans son lit, souffrante, et n'est point instruite de la lettre que je vous écris en ce moment. Venez, venez, mon cher de Feuchères, venez causer avec votre ami. »

M. de Feuchères fut inébranlable. Mme de Feuchères se réfugia dans un couvent. « Elle avait pris la ferme résolution de fuir la cour et le monde. Il faut cependant le dire, les instances du prince vinrent la poursuivre dans sa retraite. C'est encore une chose notoire que Mme de Feuchères ne céda qu'à ces instances. »

Plus tard, il fallut régler des intérêts. « M. de Feuchères montra des exigences, » et des propositions d'argent « paraissent avoir été mises en avant. » Cela résulterait, selon l'avocat, d'une lettre de Mme de Feuchères à M. Tripier, dans laquelle on trouve ces passages :

« Parmi ces propositions, il m'eût été bien doux d'en trouver qui fussent dignes d'un homme d'honneur... Depuis le jour qu'il m'a abandonnée, je n'ai trouvé de sa part, pour récompense de tant d'années d'affection, que persécution et mensonge... Il me fait des propositions déshonorantes; plutôt mourir que de consentir jamais à recouvrer ma liberté par de viles concessions. Quoi! lorsque je suis innocente et que je n'ai rien à me reprocher, dois-je me laisser accuser faussement? Non, je préférerais être réduite à mendier mon pain... A l'égard de mes revenus, si mon mari est assez peu délicat pour m'empêcher de les toucher, et pour vouloir se les approprier, eh bien! j'en fais le sacrifice plutôt que de m'avilir. »

C'est parce que le duc de Bourbon aurait été profondément ulcéré de ces manœuvres que « sa bienveillance dut naturellement s'accroître en faveur de Mme de Feuchères, qui lui sacrifiait jusqu'à sa considération. Il voulut au moins que cette considération fût défendue par une sorte de prestige de fortune. »

De là le premier testament de 1824.

Me Lavaux raconte ensuite les relations continuées pendant le voyage dans le Midi et en Italie; il insiste, en passant, sur un témoignage singulier d'estime que l'archevêque de Paris aurait donné à sa cliente, à Florence. L'anecdote est tirée d'une lettre de Mme de Feuchères (juillet 1825) :

« ... Pouvez-vous, *dearest*, vous figurer l'archevêque de Paris venant me faire visite avec deux de ses grands vicaires dans une auberge, à Florence? Il faut avouer, *dearest*, qu'il n'y a qu'à moi qu'il arrive de pareilles choses. Un homme qui a refusé de venir même dans votre palais parce que j'y étais! Du reste, *dearest*, je vous dirai qu'il a été fort aimable. Il n'a resté ici que vingt-quatre heures... Quand M. et Mme de Choulot ont su que l'archevêque était arrivé dans l'auberge, ils ont été le voir, et c'est comme cela que j'ai su qu'il était dans la maison. Après ce qui s'est passé à Paris, vous pensez bien, *dearest*, que je ne voulais pas lui faire la *première* visite. Enfin tout cela s'est bien passé. Lorsqu'il est parti, il est encore revenu pour prendre congé, *avec un bouquet à la main*, qu'il nous a laissé *comme un petit souvenir*, disait-il. »

Les scrupules de moralité de Mme de Feuchères seraient également prouvés par une lettre du prince relative à un scandale que M. Bonnie aurait donné à Chantilly, pendant un voyage à Londres de la baronne. M. Bonnie aurait essayé d'établir *une dame* au château. « Sachant que ce n'est pas votre avis, écrit le prince à Mme de Feuchères, je crie au scandale... J'avais imaginé un moyen lumineux, et lui avais dit qu'il devrait l'épouser. Mais, Monseigneur, s'est-il écrié, comment faire? *Elle a un mari, et moi, une femme!* »

Me Lavaux cite encore une lettre du 8 juin 1826. Celle-là est du prince Louis de Rohan, qui alors, « les temps sont bien changés, » écrivait ainsi à Mme de Feuchères :

« Vous me donnez de bonnes nouvelles de celui pour lequel mon attachement ne peut disputer avec le vôtre que par droit d'ancienneté. Soignez-le toujours bien... »

A cette époque, donc, Mme de Feuchères n'était pas l'objet de cette réprobation qu'on a su depuis élever autour d'elle.

En 1827, Mme de Feuchères s'oppose à la vente

d'une portion du palais Bourbon (celle où fut élevée la chambre des députés); on en donnait 4,500,000 fr., et, pour déterminer le prince, on lui offrait l'autorisation de chasser dans tous les bois royaux. Mme de Feuchères, qui, si elle n'avait pensé qu'à son intérêt personnel, n'avait qu'à laisser faire une transaction qui donnait une somme considérable au prince, l'en détourna, parce qu'elle pensa qu'une pareille vente avait quelque chose de peu honorable pour celui dont la gloire fut le soin de toute sa vie. Voulait-on introduire dans la cour du duc de Bourbon des serviteurs indignes, elle l'en dissuadait, au péril de sa tranquillité. Dans une occasion semblable, elle écrit au prince : « Je n'ai pas pu dormir de la nuit, en pensant *combien vous avez pris mal une simple observation.* »

Elle n'était donc pas la terreur de la maison du prince; elle n'y disposait pas despotiquement des volontés. Mais elle s'attachait à fléchir, en faveur de ceux qui avaient pu déplaire, le duc de Bourbon, qui, « offensé, ne pardonnait pas. »

Elle avait fait entrer dans la maison M. de Surval, qui, depuis, s'est répandu en injures contre elle; elle avait failli compromettre son crédit, en tâchant de faire rentrer en grâce le baron de Saint-Jacques, qui avait déplu. Elle n'y réussit pas, mais elle reçut du baron les témoignages de la plus vive reconnaissance. Elle était l'intermédiaire de tous les bienfaits du duc, qui lui reprochait de se laisser *accaparer* par tous les solliciteurs.

Dans l'affaire du testament, *Me Lavaux* représente Mme de Feuchères comme n'ayant à cœur que de réaliser le vœu le plus cher du roi Charles X. Nous retrouverons tout à l'heure cette partie de la discussion plus spécialement traitée par l'avocat de M. le duc d'Aumale.

Après la révolution de juillet, dans cette petite cour de Saint-Leu si divisée d'opinions, l'avocat de Mme de Feuchères montre sa cliente s'efforçant d'apaiser les querelles, de calmer l'âme agitée du prince, prête, au reste, à le suivre partout.

Me Lavaux fait remarquer ensuite qu'aucune accusation directe n'a été portée contre Mme de Feuchères; on s'est contenté d'insinuer. Et quel eût été son intérêt dans le crime? Elle craignait, a-t-on dit, la révocation du testament : c'est oublier qu'elle n'en connaissait pas l'existence.

« Enfin, on a osé prétendre que Mme de Feuchères avait porté la main sur le prince. Vous apprécierez, Messieurs, cette calomnie, contre laquelle je me suis élevé avec colère. » Le prétendu propos d'Obry, rapporté par cette femme Gouverneur, qui venait humblement lui demander des secours, et à laquelle il aurait fait cette confidence si grave, a été démenti formellement par Obry lui-même; était-il permis de s'en servir encore, quand on connaissait les résultats de l'instruction? Le propos prêté au petit Duprez par les petites filles Payel, a été énergiquement nié par l'enfant, malgré les sévères admonestations du juge, qui croyait l'enfant *stylé*, malgré les menaces du père.

C'est à la suite d'une grave maladie faite par le prince, en 1828, que Mme de Feuchères écrivit cette lettre du 1er mai 1829, qu'on a si étrangement dénaturée. Mme de Feuchères n'y demande rien pour elle; elle s'est sentie soupçonnée de viser sur la fortune du prince; elle en a conçu une vive douleur. Elle ne veut que l'affection du prince, que son haut patronage. Il semble qu'elle ait prévu ce malheureux procès. Et voilà la femme que des *libelles infâmes* ont accusée de cupidité !

Ici, *Me Hennequin* se lève, et, sous le coup d'une émotion visible : — « J'étais préparé, dit-il, aux injures du défenseur. Ce sont là des indignités auxquelles je devais m'attendre. Il me suffira, pour vous mettre à l'abri d'un piége, de dire que j'ai rédigé, signé, il y a un mois et demi, un écrit qui tire sa force de son impartialité, qui a formé l'opinion. Il fallait y répondre, non par des dénégations enflammées, que votre audience ne permettra jamais de vérifier, mais par un moyen loyal, par une réponse calme et digne, par un écrit propre à éclairer l'opinion; on ne l'a pas fait, et on espère aujourd'hui y suppléer à force de violence. La défense a été frappée d'impuissance, du moment où on n'a pas répondu à un écrit sous le poids duquel elle demeure écrasée. »

A ces mots, quelques applaudissements se font entendre.—« Ces applaudissements, s'écrie *Me Lavaux,* sont la condamnation la plus sanglante de la brochure. Ils prouvent les ravages de la calomnie. La publication d'un pareil écrit est, je le dis hautement, un manquement aux devoirs de notre profession. Après un arrêt solennel d'acquittement, comment répondre à un Mémoire de la partie civile, comment se défendre, puisque l'instruction est secrète, puisque, ouverte au diffamateur, elle est fermée par la loi au diffamé? »

Me Hennequin.— Vous avez eu copie de l'instruction.

Me Lavaux. —Oui, contre le vœu de la loi, après la diffamation de votre libelle; et M. le Procureur général ne nous l'a communiquée qu'en considération de la position affreuse dans laquelle vous nous aviez placés.

L'avocat de la défense continue à analyser les rapports du duc de Bourbon et de Mme de Feuchères. Dans les précautions tremblantes employées par la baronne pour lancer son projet, dans la dureté avec laquelle elle est reçue par le prince, Me Lavaux voit une preuve que le prince n'était pas homme à se laisser imposer une volonté.

Quant au testament, il a été fait par le prince et par des gens d'affaires, sans l'intervention de Mme de Feuchères, qui n'en connut jamais les dispositions.

Un des embarras du prince fut l'impossibilité de réaliser sa pensée tout entière; il voulait adopter le duc d'Aumale, et les conseils décidaient que l'adoption n'était pas possible. Autre difficulté à vaincre: le prince voulait fonder à Ecouen un établissement consacré à l'éducation des fils de tous ceux qui avaient servi dans l'armée de Condé; mais il ne voulait pas que la direction de cet établissement fût accaparée par l'association des chevaliers de Saint-Louis. Aussi entendait-il, par une disposition testamentaire, établir Mme de Feuchères comme directrice.

Enfin, à ces intérêts se joignait celui de la domesticité; les gens du prince, à quelques exceptions près, n'étaient pas d'anciens serviteurs. C'était chose embarrassante de savoir si on devait faire la part de chacun, ou prendre une mesure générale.

Telles sont les raisons des débats; tels sont les embarras que dénote la lettre au duc d'Orléans, lettre qu'on a voulu tourner contre Mme de Feuchères. Là est l'explication du recours du prince à M. le duc d'Orléans; le prince veut avoir le temps de réfléchir.

On a tiré, de la prétendue résistance de Mme de Feuchères aux prières du duc d'Orléans, un beau mouvement oratoire : La voyez-vous, cette altière baronne, opposant un fier silence aux instances... Malheureusement, cette invention vient de M. de Surval, témoin qui a changé de langage à chaque phase du procès. Ecoutez M. de Surval, il vous dira qu'il était seul fidèle au prince. Or, le jour même où il écrivait au duc d'Orléans, par ordre du prince, M. de Surval écrivait à Mme de Feuchères (20 août 1829) : « Je ne suis pas content de Monseigneur, ce matin; il me paraît bien mal monté sur notre grosse affaire... Il est essentiel que nous nous recordions hors de sa présence. »

Et c'est M. de Surval qui prétend que Mme de Feuchères fatiguait le prince de ses instances!

Cette scène mélodramatique du couteau sur la gorge se réduit en réalité à bien peu de chose. « Ce testament était une affaire qu'il fallait terminer. On était réuni dans la salle de billard; M. le duc de Bourbon et Mme de Feuchères causaient avec vivacité. Je suis véritablement fâché, Messieurs, de ne pouvoir pas placer constamment le prince de Bourbon dans une auréole de gloire, au milieu des batailles qui ont immortalisé le nom de Condé. Il y a des circonstances où on est homme. Le prince de Condé, dans les dernières années de sa vie, ressemblait à tous les vieillards. La moindre chose l'irritait au dernier point. C'est ce qui est arrivé dans cette circonstance. M. de Surval a dit dans ses interrogatoires que le duc de Bourbon s'était écrié : « Vous me mettez le couteau sur la gorge... Enfoncez-le donc ce couteau! » Ce qu'il y a de singulier, c'est que Mme de Feuchères, quelques instants après, prie M. de Surval de s'approcher. « Mais voyez donc, lui dit-elle, Monseigneur se fâche sans raison; calmez-le donc, Monsieur de Surval. » En effet, le prince se calma. Je l'avouerai, Messieurs, en entendant mon adversaire à la dernière audience, j'ai cru quelques instants à la présence d'une arme meurtrière dans la main de Mme de Feuchères; j'ai cru que Mme de Feuchères avait pris un couteau, et que ce couteau menaçait la gorge du prince. Voilà comment, avec des prestiges d'audience, on parvient à agir sur l'opinion publique. »

La position de Mme de Feuchères débarrassée des calomnies dont on l'a chargée, est-il possible de nier son désintéressement? Et comment s'étonner que la famille d'Orléans ait été touchée de sa conduite? Le défenseur donne lecture des lettres de M. le duc d'Orléans, de Mme d'Orléans, qui témoignent des sentiments qu'elle avait su leur inspirer. M. de Broval lui écrivait : « Vous êtes l'ange gardien de votre auguste ami. »

Après la séparation de corps et de biens, obtenue pour cause d'injures graves de la part de son mari, Mme de Feuchères a cherché à reconquérir des droits injustement perdus, à obtenir le retrait de son expulsion de la cour. C'était bien naturel; mais on a cherché à calomnier ce retour d'une faveur que son mari seul lui avait fait perdre. La requête, adressée à ce sujet par la baronne au roi Charles X, renferme un passage important, significatif :

« N'ayant jamais rien fait pour encourir votre disgrâce, Sire, et les désirs de V. M., *aussitôt qu'elle a daigné me les faire connaître*, ayant toujours été des ordres pour moi, j'ose la supplier de vouloir bien se faire rendre compte du jugement rendu en ma faveur, et de daigner révoquer l'ordre rigoureux qui me défend sa présence. »

N'était-il pas naturel encore que M. le duc d'Orléans s'empressât de communiquer à Mme de Feuchères la nouvelle d'une faveur qu'elle obtenait seulement six mois après le testament du prince? Il le fit dans cette lettre, dont on remarquera encore les expressions si précises, relatives à la pensée du roi Charles X sur les dispositions du testament :

« Paris, ce 15 janvier 1830.

« Je m'empresse, Madame, de vous annoncer que le roi vient de me dire que l'ordre du feu roi à votre égard allait être entièrement révoqué et effacé; que S. M. recevrait les dames au mois de février, et que vous pourriez venir comme auparavant à cette réception, sans une nouvelle présentation ni rien de semblable. Le roi m'ayant autorisé à vous en instruire, je ne peux pas perdre un instant à vous transmettre une aussi bonne nouvelle; et il faut encore que je vous dise qu'ayant dit au roi que vous étiez prête à quitter le palais Bourbon et à habiter une maison particulière, *le roi m'a permis de vous dire de sa part de n'en rien faire;* QU'IL REGARDAIT COMME RENDU A LUI-MÊME LE GRAND SERVICE QUE VOUS AVEZ RENDU A TOUTE LA FAMILLE; QU'IL ÉTAIT CHARMÉ DE VOUS LE TÉMOIGNER, *et qu'il serait désolé de faire ce chagrin à M. le duc de Bourbon et à vous.* Mme la duchesse d'Orléans et ma sœur, qui étaient présentes et qui n'y ont pas été inutiles, me chargent de vous féliciter de leur part et de vous parler du plaisir que ceci leur cause. En attendant que le temps leur permette d'aller voir M. le duc de Bourbon à Chantilly, veuillez, Madame, lui faire toutes nos amitiés et recevoir l'assurance de tous les sentiments bien sincères que je vous garderai toujours.

« LOUIS-PHILIPPE D'ORLÉANS. »

La seconde partie de la plaidoirie de *Me Lavaux* revient sur les calomnies qui se sont attachées à la vie de Mme de Feuchères après la confection du testament. L'avocat montre l'origine de toute la filiation de ces insinuations meurtrières. C'est Hostein qui, pour se donner de l'importance, se dit honoré de la confiance et des *épanchements* du prince, qui lui révèle ses chagrins domestiques, non pas si clairement toutefois, que ce dentiste ne se voie réduit à supposer qu'il y a *mésintelligence plus ou moins prononcée* entre le prince et Mme de Feuchères. Plus tard, il est vrai, de déposition en déposition, l'hypothèse d'Hostein se changera en une confidence directe et précise du prince à ce dentiste intime. Les mots vagues s'accentueront, et devant la Cour, apparaîtront, pour la première fois l'*animal vorace* et *l'araignée.*

C'est M. Bonnie qui, seul, a entendu le prince s'écrier: *canaille, méchante femme !*

C'est Dupin, à qui Manoury a montré une lettre de M. de Feuchères avertissant le prince de se méfier de Mme de Feuchères. Invention qui naît peu à peu du propos raconté, disait-on, par le carrossier Courtois, qui ne se rappelle rien de semblable.

C'est Bonardel, mauvais sujet, souvent disgracié, ivrogne, voleur de gibier, qui, vers la mi-novembre entend une conversation, caché par *les feuilles d'une épaisse charmille.* Une charmille épaisse à la mi-novembre! Et que dire de ces complices qui parlent tranquillement, à voix haute, dans un parc fréquenté, un jour de grand repas, de choses aussi graves qu'un projet d'assassinat; qui en parlent en français, pour la plus grande commodité de Bonardel, tandis qu'entre eux, d'ordinaire, ils ne parlent qu'anglais?

C'est François qui entend un propos révoltant accusateur, tenu par Mme de Feuchères, non pa derrière quelque charmille, mais à un rendez-vous de chasse, au milieu des officiers et des gens, au moment où elle monte en voiture, où tous les yeux sont fixés sur elle.

C'est le démon de la haine, de l'envie, de la cupidité, de l'esprit de parti, qui a soufflé toutes ces insinuations, dont la fausseté serait prouvée par l'excès même de leur atrocité.

Mais, entre des paroles et des actes criminels, il existe une distance immense : il importait de la faire franchir à Mme de Feuchères.

C'est M. le baron de Saint-Jacques qui l'essayera, avec sa scène de M. de Rully, et son propos attribué au prince : *Elle me bat* : M. de Saint-Jacques, qui a dû donner sa démission, pour avoir manqué au prince, en se permettant de lui jeter presque à la tête un fusil de chasse ; M. de Saint-Jacques, qui a imploré plusieurs fois l'intervention de Mme de Feuchères pour rentrer en grâce. Quant à l'expulsion de M. et de Mme de Rully, qu'on a trouvé habile d'attribuer à Mme de Feuchères, six lettres très-décidées du prince prouvent qu'elle est de son fait, et qu'il a exigé des époux de Rully, pour une insulte à lui personnelle, des excuses qu'ils se sont refusés à faire. Et cela se passait pendant l'absence de Mme de Feuchères, pendant son voyage en Italie.

M. Bonnie a apporté au mensonge de M. de Saint-Jacques le complément nécessaire des empreintes d'ongles sur la face, fait démenti par Lecomte et M. de Lavillegontier. Manoury, qui a inventé les détails de la chute, *après une vive altercation*, de la lettre glissée sous la porte, n'a trouvé cela, comme les autres accusateurs, que très-tard, et a placé toutes ses observations à la date d'un jour où il n'a rien pu voir chez le prince. Il n'était pas de service le 11 août; et le jour du *crime du 11 août*, le valet de service, Leclerc, n'a pas vu Mme de Feuchères chez le prince !

C'est une mendiante, ce sont des valets du dernier étage, valets de chiens, porte-mousquetons, la femme Gouverneur, Namur et Pichonnier, qui rapportent les confidences que leur aurait faites M. Obry, inspecteur général des chasses, filleul du prince. Et M. Obry les dément : qui croira-t-on, de cet honnête homme, si dévoué au prince, de cet ancien militaire, ou de pareilles gens ?

Après avoir esquissé cette généalogie des calomnies, *Me Lavaux* examine les questions de savoir si le prince, vers la fin de sa vie, s'était refroidi pour Mme de Feuchères; s'il voulait la fuir en quittant la France; s'il voulait révoquer le testament.

Mme veuve Lachassine a témoigné de la sollicitude du prince pour tout ce qui concernait Mme de Feuchères, *notamment depuis les événements de juillet.*

Le vrai est qu'on voulait entraîner le prince hors de France, et cela pour des raisons purement politiques. M. de Choulot, seul confident, avec Manoury, de ce projet, n'a jamais dit ni fait entendre que le prince voulût fuir Mme de Feuchères. Celle-ci ignorait absolument ce projet de départ ; comment donc aurait-elle conçu la pensée de le prévenir par un crime ? Et, quand elle l'aurait connu, devait-elle en concevoir la moindre inquiétude ? Qui l'empêchait, d'ailleurs, de rejoindre le duc de Bourbon à l'étranger ? Enfin, ce projet de départ avait été tant de fois repris et abandonné, que M. de Choulot n'a pas osé affirmer que le courrier du 26 lui eût été envoyé dans ce but. Le prince projetait un départ, mais pour Chantilly ; il y devait chasser, toute la maison connaissait ce prochain départ; et, quand le prince s'y décida au moment, brusquement, selon son habitude, la première personne qu'il dut faire prévenir, en raison de ses fonctions, ce fut M. de Choulot.

M. Robin, M. de Surval, ont dit que le prince méditait d'ajouter des dispositions accessoires, complémentaires, à son testament; des legs particuliers, par exemple, en faveur de ses domestiques préférés; ils n'ont pas dit, ils n'ont pas su qu'il voulût le révoquer.

On a tout calomnié en Mme de Feuchères, même sa douleur. Manoury, M. Bonnie, Mme de Préjean, ont parlé de sa figure impassible, de ses yeux secs : mais Mme de Choulot l'a vue *en proie à la douleur*; M. l'abbé Dehard, *en proie au plus vif désespoir*; M. de Rumigny, très-affligée et versant *beaucoup de larmes*; Romanzo, *assise et se lamentant, poussant des gémissements.* Mme de Feuchères n'est donc pas plus coupable qu'elle n'est accusée ; elle n'a vu se lever contre elle que l'arme des lâches, la calomnie !

Le 6 janvier 1832, *Me Dupin jeune* prit la parole. Ce nom, déjà illustré par un des plus éminents orateurs du barreau moderne, Me Philippe-Simon Dupin le portait dignement. Élève à la fois de son père et de son frère, il tenait de ce dernier, à un moindre degré de science et de vigueur, le bon sens ironique, l'argumentation prime-sautière, originale, la parole souple, hardie, un peu triviale. Déjà, il avait fait connaître ces qualités, en débutant, à vingt-cinq ans, par les procès de Pierre Coignard (le faux comte de Sainte-Hélène), du *Constitutionnel*, et par l'affaire Dequevauvilliers (1820). C'est dans le procès du testament du duc de Bourbon que ce talent, mûri, prit, pour la première fois, une autorité véritable.

On a déjà compris quels intérêts délicats étaient engagés dans ce tournoi judiciaire. La calomnie n'avait frappé Mme de Feuchères que pour atteindre le trône de Juillet. Pour se rendre bien compte de ce procès, il faut le placer sans cesse dans son cadre véritable : un établissement nouveau, menacé par des partis irrités, impitoyables; la guerre civile ensanglantant les villes et les campagnes ; une presse anarchique, insultant un pouvoir mal établi, dénaturant ses actes, versant le venin jusque sur la vie privée du père, pour empoisonner plus sûrement le roi. On comprendra ainsi quels échos ignobles soulevaient dans les degrés inférieurs de la société les élégantes calomnies, si savamment débitées par l'avocat des princes de Rohan.

Me Dupin les attaqua de front dans ce brillant exorde.

« Messieurs, dans les successions les plus vulgaires, au sein des plus modestes fortunes, il est rare qu'un testament ne devienne pas le signal d'une de ces luttes acharnées et violentes qui ont tant de fois affligé les regards de la justice.

« A peine les mourants ont-ils fermé la paupière, que la cupidité fait invasion dans leurs foyers et porte une main empressée sur leurs héritages. Vainement la voix de celui qui n'est plus a nommé ses successeurs : cette voix éteinte n'obtient plus de respect ; elle est méconnue, méprisée, et, pour étouffer son retentissement importun, on va, s'il le faut, jusqu'à diffamer les vivants et à calomnier les morts. On outrage, au besoin, la mémoire de ceux dont on veut à tout prix envahir les dépouilles.

« Comment donc l'opulente succession de M. le

duc de Bourbon aurait-elle échappé à cette loi commune? comment aurait-elle pu manquer d'exciter, et les clameurs de l'intérêt blessé et les ressentiments des espérances déçues?

« D'ailleurs, ce n'est pas la cupidité seule qui est venue s'asseoir sur le tombeau du dernier des Condé. A côté d'elle est accouru l'esprit de parti, empressé d'attiser sa colère et de s'associer à ses vengeances.

« Voyez, a-t-il dit, ces deux factions qui s'agitent au sein du pays, l'une pour un passé qu'elle regrette et qu'elle rappelle de tous ses vœux, l'autre pour un avenir qu'elle veut façonner et exploiter au gré de ses passions! Divisées d'intérêts, divisées d'affections, on les trouve cependant toujours prêtes à se rapprocher par une fraternité de haine contre le trône qu'a élevé la révolution de Juillet. Sans doute, leurs flots conjurés viendront se briser au pied de ce trône; mais ils pourront le couvrir de leur écume. C'est là qu'il faut porter vos coups. Semez hardiment les soupçons, les insinuations perfides; essayez de jeter un nuage sur cette probité dont une vie entière porte un éclatant témoignage, sur ces vertus domestiques que la France aimait à saluer dans une haute fortune. Alors, mille passions vont se faire vos auxiliaires. Vos accusations seront accueillies par la crédulité et répétées par la calomnie. Et, s'il se peut, qu'une voix éloquente vienne les animer du feu de la parole, et les couvrir du prestige d'un beau talent !... La victoire

Quelle fête! Ah! quelle fête!... (PAGE 46).

sera sans doute impossible; mais nous aurons du moins le plaisir du scandale et les douceurs de la vengeance.

« Ainsi s'est formé le pacte impur auquel ce procès doit sa naissance. »

Comment M. le duc d'Aumale a-t-il été jeté dans ce procès? Comment son nom, « qui ne rappelle que les grâces et l'innocence de son âge, » figure-t-il dans des accusations de suggestion, de captation, de violence? De quelles fautes a-t-on à le justifier? Toutes ces allégations, toutes ces articulations, artificieusement accumulées, ne lui sont-elles pas étrangères?

C'est Mme de Feuchères, en effet, qu'on accuse, et c'est elle qui a dû répondre la première. Elle a répondu, et s'il ne s'agissait que d'une victoire d'audience, il n'y aurait qu'à abandonner la demande à sa propre impuissance. Mais il est des choses qui ne doivent pas demeurer sans réponse, et il faut démontrer que la conduite de la famille royale a été irréprochable.

La tâche est courte et facile. Il suffit d'expliquer la position du légataire universel, ses titres à l'intérêt, ses droits aux bontés du testateur, le rôle honorable qu'en toute cette affaire ont rempli les membres de la famille royale.

Mais, d'abord, il faut ôter à MM. de Rohan un avantage qu'ils ont voulu se donner; il faut leur arracher le masque de dévouement chevaleresque dont ils ont cherché à se couvrir.

« Ils se sont présentés comme les vengeurs de la mémoire du prince de Condé, trahie et abandonnée par l'héritier que ce prince s'est donné. Et vous avez entendu leur défenseur, déployant tous les artifices du langage, toutes les ressources de son imagination pour offrir à vos regards contristés le pénible tableau d'un noble vieillard, qu'il s'efforçait de vous dépeindre comme tombé dans le plus déplorable état de dégradation morale! Interprète habile des suppositions mensongères de ses clients, ne vous a-t-il pas représenté l'héritier du grand Condé, affaissé sous un joug ignominieux, subissant tous les caprices, tous les emportements d'une femme qu'il avait comblée de bienfaits, humiliant ses cheveux blancs et courbant sa tête presque octogénaire sous des violences physiques, sous des brutalités outrageantes, et ne sachant retrouver ni sa dignité de prince, ni sa dignité d'homme, pour se soustraire à ces ingratitudes et à ces affronts.

« Vous, les vengeurs du duc de Bourbon!... Non, non, messieurs de Rohan. Ah! si elles étaient réelles ces faiblesses que vous livrez avec tant d'éclat et de scandale à la publicité de ces débats, la piété que vous affectez pour une mémoire auguste aurait dû les ensevelir dans le silence et l'oubli. Au lieu de renouveler le crime de Cham, et de mettre à jour des infirmités destinées au secret de la vie privée, une main pieuse eût dû les couvrir d'un voile impénétrable... Vous, les vengeurs du duc de Bourbon! Ah! vous avez parlé de venger sa mémoire quand votre intérêt vous l'a prescrit; vous l'outragez aujourd'hui, cette mémoire, parce que votre intérêt vous le commande! Votre intérêt! voilà votre loi, votre guide; voilà la cause de ce procès. »

Rappelant la façon incertaine et flottante dont s'était formulée l'action de MM. de Rohan, *Me Dupin jeune* écarte les premières allégations, abandonnées par nécessité, et se trouve devant le seul chef d'accusation resté au procès, la suggestion, la captation.

... Je le trouvai écrivant une lettre qu'il cacha à mon arrivée. (PAGE 10).

Et, d'abord, quant à ce qu'on a appelé la question de droit de ce procès, il n'est pas nécessaire de suivre le demandeur dans les profondeurs de la théorie, dans l'examen des mouvements de la jurisprudence pour établir des principes que personne ne conteste. Il est bien entendu qu'un testament n'est valable qu'autant qu'il y a, dans celui qui le fait, volonté et liberté. La violence et la fraude jettent dans un testament des germes de mort; cela est accordé. Il faut écarter du débat toute cette odeur de chicane, de subtilité.

Seulement, il faudrait s'entendre sur les mots, et bien fixer le sens des expressions. Dans son acception usuelle et grammaticale, le mot de *suggestion* n'emporte pas en lui-même l'idée d'une chose contraire à la morale ou à la bonne foi : il n'exprime que l'action d'inspirer à quelqu'un la pensée d'une chose qui peut être bonne, comme elle peut être mauvaise. On peut suggérer une pensée généreuse ou coupable; on peut la suggérer par des moyens avouables ou condamnables. Et, comme l'ont sagement dit MM. Toullier et de Maleville, les caresses et les prières, alors même qu'elles seraient vives, pressantes, réitérées, importunes, ne gênent point la liberté, et ne vicient point les testaments. Ce que proscrit la loi, c'est donc la suggestion exercée dans un but ou par des moyens que la morale réprouve. Aussi, peu importe qu'un testament ait été conseillé, provoqué, si le conseil a été goûté, si la pensée du testament a été librement adoptée.

Appliquant ces principes à la cause, l'avocat prouve que le problème à résoudre, ce n'est pas de savoir si la pensée première du testament s'est offerte d'elle-même au prince; mais s'il l'a acceptée comme bonne, s'il l'a librement réalisée.

Dans quelle position se trouvait le prince? Frappé par une de ces douleurs qui ne s'éteignent point dans un cœur de père, « il allait voir tout descendre avec lui dans la tombe, et ce nom de Condé, si glorieux dans le passé, allait manquer à l'avenir. » Et cet apanage de famille, ce Chantilly, ces châteaux, ces domaines, auxquels se rattachent tant de souvenirs historiques, ils allaient être dispersés, si de sages dispositions n'y mettaient obstacle! La moitié dévolue à la ligne paternelle allait passer à un prince étranger; la part destinée à la ligne maternelle allait tomber aux mains de MM. de Rohan et de leurs créanciers, et servir à arranger ces affaires dont le prince Louis proclamait les embarras et les inextricables difficultés dans sa correspondance, alors amicale, avec Mme de Feuchères. Cédant à ce désir si naturel à l'homme de se survivre, pour ainsi dire, à lui-même, le prince éprouva le besoin, il comprit le devoir de convenance et de dignité d'empêcher la dispersion de la fortune, et de se donner un héritier de son choix.

Mais deux sentiments venaient arrêter l'exécution de cette pensée. C'était d'abord un sentiment de faiblesse ordinaire aux vieillards. « Il redoutait, il écartait autant que possible l'idée de la mort...

> . . . Non cette mort que donne la victoire,
> Qui vole avec la foudre, et que pare la gloire,

Celle-là, il l'avait affrontée dans les combats (il était Condé!), mais cette mort décolorée, froide, languissante, qui, vous saisissant sur un lit de douleurs, vous conduit à pas lents dans la tombe. »

Puis, chaque fois qu'il pensait à un testament, « les souvenirs déchirants de la catastrophe de Vincennes revenaient avec leur cruelle puissance... A cette idée, le courage l'abandonnait, et la plume s'échappait de sa main paternelle. »

Chacun, cependant, autour de lui, avait son projet, sa proposition. C'était M. de Gatigny, qui pressait son maître de se remarier avec une princesse de Saxe, et de tenter les chances d'une paternité un peu tardive. C'était le général Lambot, qui proposait un des frères de Mme la duchesse de Berri. L'idée commune, sous ces nuances d'opinion, était que le prince devait soustraire son hérédité au partage, et la fixer sur une tête digne de la recueillir. Mais il ne vint jamais à l'idée de personne de prononcer le nom du prince de Rohan.

Parmi les candidats proposés, était placé, dit-on, le jeune duc de Bordeaux. Mais, appelé (on le croyait alors), « dirai-je au bonheur, dirai-je au malheur de porter la couronne, » il ne pouvait porter ce nom de Condé, quelque beau qu'il fût. Domaines de famille, souvenirs de gloire, tout fût tombé, dans ce cas, aux mains du fisc.

Le duc de Bordeaux écarté, quel choix pouvait-on faire? L'idée du général Lambot n'était pas française; elle fut repoussée par le roi Charles X. Les Rohan, personne n'y pensait, et il y avait pour cela des raisons. Bien que cette famille compte des pages honorables dans notre histoire, le prince de Condé ne s'était jamais enorgueilli de son alliance. Ses relations, d'ailleurs, avec les Rohan n'avaient pas été sans nuages. A l'occasion de la succession de Bouillon, MM. de Rohan lui avaient disputé des droits légitimes, qu'il lui avait fallu défendre devant la Cour de Liége (1). Ensuite, il est vrai, on avait cherché à rentrer en grâce, et le prince Louis s'était montré fort assidu à Chantilly. Mais le duc de Bourbon ne supposait pas des motifs très-désintéressés à cette assiduité subite. MM. de Rohan sont forcés d'avouer eux-mêmes qu'ils n'avaient aucune chance d'hériter. Ainsi, il est bien entendu que c'est contre le vœu même du duc de Bourbon qu'ils réclament son héritage.

« Où devaient donc se porter les regards du prince, sinon au sein de cette belle famille, qui était la sienne, et dont les rejetons nombreux et pleins de séve ne lui laissaient que l'embarras du choix? Ne trouvait-il point là toutes les convenances réunies, et les liens de la parenté, et la noblesse d'un sang royal, et les riches espérances d'une jeunesse brillante, et tous les généreux présages d'un glorieux avenir? »

C'est pour faire oublier ces convenances éclatantes qu'on a imaginé la fable d'un éloignement personnel entre les deux princes, qu'on les a montrés séparés par toute leur vie, par toutes leurs opinions. Comme si ce n'était point calomnier la mémoire du duc de Bourbon, que de supposer que la conduite honorable de son parent avait laissé un levain indestructible d'inimitié dans son âme! «Ah! que les hommes vulgaires ne pardonnent pas un dissentiment politique, et ne comprennent pas qu'on puisse honorablement penser ou parler autrement qu'eux, c'est malheureusement ce qui se voit tous les jours! Mais de nobles cœurs savent s'honorer et se comprendre, alors même qu'ils ne battent pas sous les mêmes inspirations; il n'y a que la trahison, que les actions lâches ou honteuses qu'ils ne pardonnent point. »

Le duc de Bourbon, tout en suivant d'autres drapeaux que le duc d'Orléans, n'avait pu lui refuser son estime; il y avait entre eux diversité, mais non pas désaffection. « Et, quand la main du temps, qui tout efface, avait d'ailleurs affaibli le souvenir de ces oppositions; quand les princes se retrouvèrent sur le sol de la patrie, et que des jours meilleurs les eurent rapprochés et réunis, la voix du sang se fit entendre. »

Sans doute, autour du duc de Bourbon, il y avait des minuties de parti; quelques courtisans, pour faire du zèle, avaient pu se montrer empressés d'opposer la vie des deux princes. « Ils jouaient leur rôle; et ce sont ces courtisaneries qu'on voudrait faire déposer dans des enquêtes; ce sont ces rancunes de cour et de parti qu'on voudrait exploiter dans des informations judiciaires! » Elles n'atteignirent jamais l'âme élevée du duc de Bourbon.

Les relations des deux familles ne furent donc pas de simple convenance, mais d'affection et de bienveillance mutuelles. La correspondance le prouve. Laissant de côté les lettres relatives à des questions d'étiquette, même les lettres de fête ou de bonne année, dont le langage est convenu (*Me Dupin jeune* donne lecture de plusieurs lettres, où les deux princes échangent des témoignages de la plus tendre amitié), c'est le duc de Bourbon qui écrit : «J'ai envie d'aller voir *la bonne duchesse d'Orléans.* » C'est lui, encore, qui raconte une partie, à la fin de laquelle il la prie *de le payer par un sourire.* C'est le cœur qui parle, lorsque le duc de Bourbon raconte à Mme de Feuchères son voyage pour assister à la naissance de M. de Penthièvre. Il allait déjeuner et partir pour la chasse, quand un courrier lui annonce l'approche des couches. Il ne se plaint pas de ce dérangement apporté à ses plaisirs; il ne parle pas de cet incident comme d'un fâcheux cérémonial qui lui pèse. « Aussitôt, dit-il, contre-ordre pour la chasse, et en voiture. » En route, il reçoit un courrier de Neuilly apportant la nouvelle que la duchesse d'Orléans est heureuse-

(1) Ce fut M. Teste qui plaida, en cette occasion, pour le duc de Bourbon.

ment accouchée; il poursuit sa route néanmoins, et se félicite d'avoir trouvé « la princesse fraîche comme si de rien n'était, l'enfant superbe, le père content et la commère enchantée. »

En 1822, un nouveau lien vient resserrer ceux qui existaient entre les deux maisons. Le duc de Bourbon présente le jeune duc d'Aumale aux eaux du baptême, et choisit lui-même Mlle d'Orléans pour partager les soins de cette cérémonie. Fut-ce, comme on l'a dit, un acte de complaisance, une sorte de résignation à la tyrannie de la famille? Il eût fallu le prouver. On voit, au contraire, dans une lettre écrite quelques jours avant la cérémonie, le duc de Bourbon annoncer avec quel plaisir il voit arriver un jour *profondément cher à son cœur*.

Cette paternité spirituelle, qui crée une affinité si puissante, jamais le duc de Bourbon n'essaya de s'y soustraire; toujours, au contraire, il montra pour son filleul un intérêt plus vif qu'on n'avait lieu de l'attendre d'un caractère naturellement peu communicatif. Alors même que M. le duc d'Aumale était encore au berceau, il demandait à le voir, il le faisait venir près de lui. Cette affection du vieillard ne fit que s'accroître; les témoignages en sont nombreux. « Pour le filleul, il n'y avait point d'aînés; toutes les attentions délicates étaient pour lui; la première place lui était toujours réservée; il était toujours le premier nommé dans sa correspondance. »

Comment ce testament fut-il conçu, réalisé? On a supposé la plus misérable des combinaisons, et on l'a fait remonter jusqu'en 1828, époque d'une publication indiscrète, qu'on a présentée comme une habileté. Rien n'eût été plus maladroit, au contraire. A qui persuadera-t-on que la lecture d'une pareille annonce pouvait inspirer au duc de Bourbon une pensée qu'il n'aurait pas eue, à laquelle surtout il eût répugné? Un tel article était fait pour indisposer le prince, non pour le capter.

« Sans doute, plusieurs fois, des officiers de la maison du prince, soit qu'ils eussent mission à cet égard, soit qu'ils voulussent seulement faire leur cour, avaient dit à M. le duc d'Orléans que le duc de Bourbon semblait disposé à l'adoption d'un des jeunes princes, et demandé s'il serait disposé à y consentir. Le duc d'Orléans accueillit comme il le devait ces ouvertures. Il serait flatté, sans doute, de voir qu'un de ses fils fût adopté par le duc de Bourbon, pourvu que ce ne fût pas M. le duc de Chartres, qui devait garder le nom de la famille; du reste, il attendrait ce qu'il conviendrait à son oncle de faire à cet égard. »

En 1827, une première démarche positive fut faite, celle de Mme de Feuchères. Mme la duchesse d'Orléans y répondit; fut-ce avec une indiscrète ardeur? Voici ce qu'elle répondit :

« Neuilly, ce 10 août 1827.

« J'ai reçu, Madame, par M. le prince de Talleyrand, votre lettre du 6 de ce mois, et je veux vous témoigner moi-même combien je suis touchée du désir que vous m'exprimez si positivement de voir mon fils le duc d'Aumale adopté par M. le duc de Bourbon. J'étais déjà instruite de votre intention d'engager M. le duc de Bourbon à faire cette adoption, et puisque vous avez cru devoir m'en entretenir directement, je crois devoir à mon tour ne pas vous laisser ignorer combien mon cœur maternel serait satisfait de voir perpétuer dans mon fils ce beau nom de Condé, si justement célèbre dans les fastes de notre maison et dans ceux de la monarchie française. Toutes les fois que nous avons entendu parler de ce projet d'adoption, ce qui est arrivé plus souvent que nous ne l'aurions voulu, nous avons constamment témoigné, M. le duc d'Orléans et moi, que si M. le duc de Bourbon se déterminait à le réaliser, et que le roi daignât l'approuver, nous serions très-empressés de seconder ses vues; mais nous avons cru devoir à M. le duc de Bourbon, autant qu'à nous-mêmes, de nous en tenir là et de nous abstenir de toute démarche qui pourrait avoir l'apparence de provoquer son choix ou de vouloir le presser. Nous avons senti que plus cette adoption pouvait présenter d'avantages pour celui de nos enfants qui en serait l'objet, plus nous devions observer à cet égard le respectueux silence dans lequel nous nous sommes renfermés jusqu'à présent. Les douloureux souvenirs dont vous me parlez, et dont il est si naturel que notre bon oncle soit tourmenté sans cesse, sont pour nous un motif de plus pour continuer à l'observer, malgré la tentation que nous avons quelquefois éprouvée de le rompre dans l'espoir de contribuer à les adoucir. Mais nous avons cru mieux de toutes manières de nous borner à attendre ce que son excellent cœur et l'amitié qu'il nous a constamment témoignée, ainsi qu'à nos enfants, pourront lui inspirer à cet égard.

« Je suis bien sensible, Madame, à ce que vous me dites de votre sollicitude d'amener ce résultat que vous envisagez comme devant remplir les vœux de M. le duc de Bourbon. Je vous assure que je ne l'oublierai jamais; et croyez que, si j'ai le bonheur que mon fils devienne son fils adoptif, vous trouverez en nous, dans tous les temps et dans toutes les circonstances, pour vous et pour les vôtres, cet appui que vous voulez bien me demander, et dont la reconnaissance d'une mère doit vous être un sûr garant. »

Trouvera-t-on dans cette lettre autre chose que le cachet de la vertu véritable? « Tendre mère, elle n'est pas, elle ne doit pas être insensible à l'idée que son fils sera appelé à recueillir l'héritage de Condé. Son cœur maternel s'en enorgueillit avec candeur et sans hypocrisie. Mais cette pensée ne l'aveugle point et ne lui fait pas oublier les convenances. Elle comprend ce qu'elle doit à elle, à sa famille, au duc de Bourbon; elle veut s'abstenir de toute démarche qui aurait l'*apparence* de provoquer le choix dont on lui parle; elle attend du bon cœur et de l'amitié de son oncle ce qu'ils lui dicteront; sa bonté touchante gémit des douleurs de ce parent; elle les a entrevues, senties, partagées, et n'a pourtant pas osé lui offrir des consolations. Et c'est là de la suggestion, de la captation! Vous êtes des calomniateurs! »

Qui osera voir là un marché pour encourager la captation?

Deux ans s'écoulent, et nulle démarche n'est faite ni par les membres de la famille d'Orléans, ni en leur nom. Mais le duc de Bourbon fait une maladie grave; toute sa maison est en émoi; y a-t-il un testament? Mme de Feuchères va se faire tout donner; elle ne quitte pas le chevet du malade. C'est pour répondre à ces calomnies que Mme de Feuchères écrit cette lettre du 1er mai 1829 dont on a tant parlé. On n'y peut voir que des motifs honorables. La démarche ne fut pas occulte : le duc d'Orléans et le roi Charles X en furent avertis; Mme de Lavillegontier la connut, et se joignit à Mme de Feuchères pour en parler au prince.

Que fit M. le duc d'Orléans? Ce qu'il devait faire. Refuser eût été une inconvenance. Il devait recevoir cette assurance de la bouche du duc de Bourbon. Sur le point de quitter la France, il visita son parent, comme il avait coutume de le faire, et en reçut l'annonce des dispositions arrêtées en faveur de M. le duc d'Aumale. Si M. le duc d'Orléans consulta son conseil sur la forme à suivre pour cette adoption testamentaire, c'est que le duc de Bourbon redoutait par-dessus tout les embarras et les affaires (1).

Un projet fut rédigé, sur la demande du duc de Bourbon; mais, comme il eût entraîné de nombreuses démarches, une autre route fut adoptée, et le projet resta sans influence sur le testament attaqué.

M. le duc d'Orléans poussa la délicatesse jusqu'à travailler contre lui-même. Les douleurs paternelles du duc de Bourbon, les intrigues qui s'agitaient autour de lui, les embarras suscités par la pensée de l'établissement d'Ecouen, le jetaient dans des hésitations dont la trace se retrouve dans la démarche qu'il fit auprès du duc d'Orléans. Démarche honorable, qui, loin de prouver la répugnance du prince à instituer le duc d'Aumale, prouve précisément le contraire. L'appel du duc de Bourbon fut noblement entendu, et le duc de Bourbon en témoigna sa satisfaction à M. de Surval.

Mais ce n'est pas assez : le duc d'Orléans ne s'en tient pas à des paroles; il va conjurer Mme de Feuchères de laisser au prince tout le loisir de régler ses dernières dispositions. Mme de Feuchères le promet. Voilà la scène qu'on a si étrangement dénaturée.

Où donc trouvera-t-on la complicité d'une suggestion coupable? où donc un marché?

On ne voit donc ici apporter comme preuves que des articulations perfides; mais un mot les détruit. Il y aurait eu captation, et le captateur est absent. C'est avec son intendant seul, M. de Surval, son confident, l'adversaire de Mme de Feuchères, que le prince prépara ses dispositions dernières. C'est M. de Surval qui l'avoue : « Mme de Feuchères n'a jamais connu le testament qu'après la mort du prince. Elle en connaissait l'esprit, non les détails. Le prince était seul lorsqu'il a écrit et signé. » Me Robin, notaire, a reçu du prince, seul, le testament sous enveloppe. Et le prince n'était pas libre! Et il était sous la dépendance d'une femme violente! Mais, alors, il eût opposé la ruse à la force, une volonté réelle à la volonté dictée.

Et ce testament, qu'on dit arraché par la force, le prince le confirme dans des lettres pleines d'affection pour son filleul, et il ne le révoque pas quand, par un billet de deux lignes écrit à son notaire, il le peut faire; et il ne dit pas ses répugnances à son exécuteur testamentaire. Au contraire, sa pensée persistante, notoire, M. de Belzunce l'atteste, est de compléter quelque jour ce testament par l'adoption de M. le duc d'Aumale. « En vérité, comment venir parler encore de suggestion, de captation, de violence, de défaut de liberté? Il faut tout l'aveuglement de l'esprit de parti, toute la mauvaise foi de la cupidité, pour ne pas reconnaître que la conduite du duc d'Orléans a été parfaitement honorable, et celle du duc de Bourbon parfaitement libre. Mais, que les passions grondent, qu'elles se déchaînent, qu'elles nous accusent, qu'elles nous diffament, la vérité restera, et la vérité est tout honorable pour mon client. (Marques nombreuses d'approbation dans l'auditoire.)

« Que signifie donc l'articulation proposée? La voici : le testament a déplu au parti qui a été vaincu aux grands jours de Juillet. L'avénement de Louis-Philippe a déplu bien plus encore. On a voulu charger ce parti de révoquer le testament, et d'en refaire un autre pour lui; on a voulu lui faire déposer son fiel dans les enquêtes, sauf à l'aigrir encore par les commentaires. On ne s'est pas contenté d'appeler ce parti; on a compté sur l'alliance accoutumée du parti contraire, on a compté enfin sur les passions. On savait que l'envie et la malignité sont des plaies du cœur humain, qu'elles se plaisent à abaisser tout ce qui s'élève, à ternir tout ce qui brille, à souiller tout ce qui est pur, et que, dans les temps d'agitation politique surtout, il n'est point d'accusation, si absurde qu'elle soit, qui ne trou-

(1) M. Dupin aîné, dans ses *Mémoires*, se rencontre sur tous les points avec le récit que fait ici l'avocat de M. le duc d'Aumale. C'est le 11 mai, le lendemain du déjeuner de Saint-Leu, que le duc d'Orléans dit à M. Dupin, dont l'opinion était favorable à une adoption, comme le moyen le plus favorable et le plus personnel : — « M. le duc de Bourbon a été satisfait de vous; il se rappelle votre brochure sur le duc d'Enghien (*Voir* ce procès); mais il faut modifier votre projet. » Le 1er juillet, M. le duc d'Orléans écrivit à M. Dupin : « Je crois qu'on veut consulter sur votre projet d'acte M. Tripier, M. Gairal et vous; on me dit *et pas d'autres.* J'ai dit : A la bonne heure; mais consultez-les *tous les trois réunis en conférence ;* car le combat singulier engendre la divergence, et vous pourriez bien recevoir autant d'avis que vous appelleriez de conseillers. »

Vu la minorité du jeune prince, l'adoption ne pouvait être immédiatement consommée, mais seulement déclarée dans un acte préparatoire, et, par là, l'institution d'héritier était mieux amenée. Les conseils s'accordèrent sur ce point. On en référa au duc de Bourbon. Il eût voulu que tout pût se faire *d'un seul coup*, par un seul et même acte, *pour n'avoir plus à s'en occuper.* Les formalités nécessaires effrayèrent le vieillard. Il fallait : 1° En parler au roi; 2° Dresser un acte notarié; 3° Demander pour cet acte la sanction royale; 4° Terminer plus tard, à la majorité du prince. *C'était beaucoup de peine.* La négociation, par suite de ces répugnances à l'endroit des formalités, entra dans une phase nouvelle, où les jurisconsultes ne furent plus consultés, et le duc de Bourbon, par amour du repos, en revint à l'idée première du testament pur et simple. La lettre suivante, écrite par M. Dupin à M. le duc d'Orléans, donne une idée précise de la première phase du projet, à sa naissance :

« Monseigneur, voici le projet que V. A. R. m'avait chargé, avant son départ pour Londres, de préparer et de rédiger. Pour observer fidèlement le secret que V. A. R. m'avait imposé, je vous envoie ma seconde minute, écrite de ma main, n'ayant pas voulu la confier à une main étrangère... j'ai cherché à assurer pleinement les nobles volontés de S. A. R. M. le duc de Bourbon, et, pour qu'elles ne fussent, en aucun cas, illusoires ni susceptibles d'être attaquées par des tiers toujours disposés à faire procès en pareil cas, j'ai joint à la disposition relative à l'adoption celle d'une institution formelle d'héritier, que *j'ai jugée indispensable* à la solidité de l'acte entier. »

Voilà, croyons-nous, la vérité sur l'affaire du testament. La prétendue pression exercée sur le duc de Bourbon n'est qu'une invention de l'esprit de parti. Les répugnances, les hésitations du vieillard n'étaient pas l'indice d'une volonté circonvenue et violentée, mais la crainte de démarches à faire, de formalités à remplir. Quant au choix de M. le duc d'Aumale, il était non-seulement admis par le duc de Bourbon, mais il était vivement recommandé par le roi Charles X. C'est ce qui ressort clairement de tout le procès; c'est ce que prouve une curieuse brochure du général Lambot (*Trois ans au Palais Bourbon*, 1831). Le général y avoue qu'à ses étranges propositions relatives à un Bourbon de Naples, le roi lui répondit que son désir était de voir M. le duc de Bourbon adopter un des fils de M. le duc d'Orléans. « Le roi me chargea d'en parler spécialement à Mme de Feuchères, et de lui dire qu'elle ferait une chose qui lui serait agréable en engageant le prince à se décider à cette adoption. » Témoignage d'autant plus important, que le général, un moment désigné par les ennemis de Mme de Feuchères comme un de ses complices, avait passé à l'ennemi. Toute sa brochure prouve le suicide, mais conclut à l'assassinat.

des échos prêts à la recevoir et à la reproduire. On a compté sur ces auxiliaires, et l'on s'est dit: Nous aurons eu la victoire et la fortune avec elle, ou un échec et du scandale par compensation. C'était à la fois une spéculation et une vengeance, un mauvais procès et une mauvaise action. »

Avant de terminer sa tâche, *Me Dupin* avait à repousser une dernière insinuation, celle de l'indignité de l'héritier (1) qui n'a pas vengé la mémoire du testateur. En droit, l'indignité est personnelle, et ici l'héritier est mineur. En fait, pour poursuivre les meurtriers, il faut qu'il y ait un meurtre, et l'insinuation, méconnaissant l'arrêt solennel qui déclare qu'il n'y a pas eu meurtre, montre un rare mépris de la chose jugée. Ce qu'on reproche au légataire, ce n'est pas autre chose que de ne pas s'être associé aux calomnies, que de n'avoir pas cru à la fable de l'assassinat.

Mais, dira-t-on, en affirmant le suicide, vous outragez la mémoire du prince. Non, le prince, après les premières terreurs que lui avait causées la révolution nouvelle, avait franchement adhéré au gouvernement sorti des barricades. Mais cet acquiescement blessait tout un parti. De là ces scènes par lesquelles on le harcelait, en invoquant l'honneur de son nom, pour le jeter dans un exil qui devait être sa mort. Et l'on s'étonne qu'ainsi tiraillé, placé dans un labyrinthe sans issue, sa tête se soit égarée! Ses papiers, « retrouvés par un miracle de la Providence, » disent assez quel était l'état de son âme.

« A Dieu ne plaise que, désertant les principes de la morale, je vienne ici faire, à votre barre, l'apologie du suicide. Sans doute, je concevrais vos reproches s'il s'agissait d'un homme jeune, dans la force de l'âge, et qui, en présence d'un grand péril ou d'une grande douleur, ne sachant ni braver l'un, ni résister à l'autre, aurait mis fin à ses jours; mais il s'agit ici d'un vieillard. Lui reprocher son malheur, ce serait lui reprocher ses soixante-seize ans, alors qu'il a le souvenir de trois révolutions, de deux exils, et qu'il en redoute un troisième; alors qu'il est entouré de tourments continuels, qu'on excite à chaque instant ses terreurs: ce serait l'accuser d'avoir été sujet aux infirmités de notre triste nature, d'avoir été moins fort que les événements, moins puissant que la destinée.

« Ainsi disparaît et s'efface ce singulier reproche d'indignité; vous reconnaîtrez, Messieurs, vous, qu'il n'y a d'indignité que dans l'invocation et l'emploi de pareils moyens.

« Cependant, Messieurs, c'est au nom de ce qu'il y a de plus sacré, c'est en invoquant Dieu et la vertu, la religion du devoir et la sainteté de votre ministère, qu'on vous a demandé, avec un accent solennel, de couronner les téméraires et coupables efforts de MM. de Rohan. Portique sacré jeté devant un édifice de haine et de vengeance, cet appel à de nobles sentiments semblait faire à votre indépendance un devoir de condamner, non l'injustice, mais la grandeur; de frapper, non pas celui qui aurait des reproches à se faire, mais celui que la fortune a placé le plus haut.

« Ah! nous aussi, nous en appelons à votre indépendance, mais en même temps à votre impartialité.

« L'indépendance, en effet, ne consiste pas seulement dans le courage (aujourd'hui facile, il faut le dire) de braver ce qu'on appelle la puissance, mais aussi dans l'énergie plus rare qui sait résister aux clameurs des partis.

« Quand un grand poëte peint avec un éclat si imposant le majestueux tableau de l'homme juste, il nous le représente également inaccessible aux influences du pouvoir et aux exigences des factions. C'est Lhôpital, opposant un front serein aux furieux qui viennent troubler sa retraite; c'est Molé, bravant avec dignité les orages de la Fronde; c'est, dans les temps de calme, comme dans les temps d'agitation et de troubles, le magistrat impassible, qui voit s'agiter aux pieds de sa chaise curule des passions impuissantes à arriver jusqu'à lui.

« Qu'importent donc les déclamations de MM. de Rohan? qu'importent les vains murmures des passions qu'ils auront appelées à leur secours et groupées autour d'eux? Tout cela ne peut vous atteindre ni vous émouvoir; et, du sein de ce sanctuaire, s'élèvera majestueuse et pure une voix qui dominera toutes les clameurs et retentira jusque dans l'avenir; c'est la voix impérissable de la justice et de la vérité. »

Cette vigueur de bon sens, cette simple énergie, avaient, plus d'une fois, transporté l'auditoire. L'avocat du prince de Rohan ne voulut pas laisser les juges, ni surtout l'opinion, sous cette impression défavorable à sa cause. Il redoubla ses efforts dans une réplique où les grâces de style déguisent heureusement la violence des récriminations.

Après quelques piquantes allusions à ces « relations chastes et pures, si méchamment dénaturées par la calomnie, » *Me Hennequin* dit que, puisque la moralité des parties se trouve engagée dans une accusation de suggestion, de captation et de violence, il a bien le droit de s'expliquer sur ce qui touche Mme la baronne de Feuchères et ses relations avec le duc de Bourbon. Il n'en avait parlé jusqu'à présent qu'avec réserve; il avait prononcé timidement le mot de *sentiment :* on a eu l'imprudence de le relever de cette réserve, il sera plus clair maintenant. Ces relations, sur lesquelles il va s'expliquer, ne sont pas une cause d'incapacité; mais il est toujours permis d'y voir une dangereuse préparation à la suggestion et à la captation. Il y a donc là un moyen de droit puissant pour la cause.

On a parlé de l'honorabilité de la famille de Mme de Feuchères; mais le nom de cette famille est encore un mystère.

L'acte de publication du mariage de M. Adrien de Feuchères avec Mme Sophie *Clarck*, *veuve* de William *Dawes*, demeurant à Paris, rue Neuve-des-Capucines, nº 9, fille majeure de Richard *Clarck* et de Jeanne Walker, son épouse, a été publié le 4 juin 1818.

Le mariage a été célébré à Londres, le 6 août 1818, et le nom de Clarck ne se retrouve plus dans l'acte de célébration à la paroisse de Saint-Martin-des-Champs.

En France, ce nom se retrouve, légèrement modifié, dans l'acte de transcription, signé: *S. Clarcke, veuve Dawes.*

Ainsi, voilà un mariage sur lequel on a gardé le silence, tandis qu'on a raconté jusqu'à ceux qu'on a manqués. Mais, autre merveille! Sophie Dawes a près d'elle un neveu et une nièce, James et Mathilde Dawes: on va croire que ce sont les neveux de son premier mari. Non; ce sont ses neveux à

(1) L'art. 727 déclare indigne de succéder, l'héritier majeur qui, instruit du meurtre du défunt, a délaissé sa vengeance.

elle. En 1827, Mathilde Dawes, dotée d'un million par le prince, a épousé M. le marquis de Chabannes. Le père de Mathilde, qui réside en Angleterre, dans l'île de Wight, a, par acte du 31 mai 1827, donné pouvoir à *sa sœur Mme la baronne de Feuchères* et à *son fils* James de le représenter à ce mariage.

Dans le consentement et dans le contrat de mariage, les membres de la famille ne prennent pas le seul nom de *Dawes*; leur nom est *Daw, dit Dawes.*

Et, chose assez remarquable, la mère de Mme de Feuchères, fixée depuis quelques années à Paris, n'est pas présente au contrat de mariage de sa petite-fille.

On s'expliquera, sans doute, sur le vrai nom d'origine, et sur ce premier mariage; mais il ne faudra pas oublier qu'en 1817, Mme Dawes consultait le prince sur un projet de mariage : ainsi, l'acte de décès de son premier mari est nécessairement antérieur à cette époque. Si des explications suffisantes ne sont pas données, quel précédent que de fausser le nom de ses pères dans des actes authentiques, et que penser des justifications produites dans la cause!

Reprenant et complétant l'histoire de cette famille, *Me Hennequin* dit que le jeune Dawes ne fut pas moins bien traité que sa sœur Mathilde par sa tante de Feuchères. Il devint baron, et fut doté à son tour par le duc de Bourbon, d'abord d'une somme de 200,000 fr., puis de la terre de Flassans, « précisément l'un des domaines que la maison de Rohan a apportés dans la maison de Condé. »

Le mariage de Sophie fut heureux, a-t-on dit : et cependant d'anciennes et profondes douleurs sont déposées dans une lettre de 1822, écrite par M. de Feuchères au prince. On y lit :

« Je prie Monseigneur de juger avec bonté ma cruelle position, et de me rendre *l'honneur*, ou de permettre que je renonce à ses bienfaits. »

Ici, évidemment, *honneur* ne signifie que réputation, et le colonel de Feuchères croit encore à l'innocence des relations qui existent entre sa femme et le prince. Mais, en 1824, lorsqu'a lieu la rupture, M. de Feuchères écrit au duc de Bourbon une lettre d'adieux, dans laquelle le mot *honneur* reçoit son acception véritable :

« Je me considère dès ce moment, Monseigneur, « comme ayant cessé de faire partie de la maison de « Votre Altesse, dans laquelle, pour l'*honneur* et le « repos de tous, je n'aurais jamais dû entrer. »

Il sait tout alors, comme le prouve ce passage d'une lettre adressée par lui au ministre de la guerre :

« Plusieurs années s'étaient écoulées quand, par « suite d'une querelle survenue dans mon ménage, « *j'apprends de la bouche même de madame de Feu-* « *chères qu'elle n'était point la fille de monseigneur* « *le duc de Bourbon, comme elle s'était plu à me le* « *faire croire, mais qu'elle en avait été la maîtresse.* « *Dès lors tous les bruits s'expliquèrent....* »

Cette erreur, dissipée par Mme de Feuchères elle-même, on ne voudra pas chercher à la reproduire.

Cédant un moment à l'orage excité par cette séparation éclatante, Mme de Feuchères se retira, pendant quelques jours, du palais Bourbon. Allat-elle dans un couvent? On ne sait. Mais, dès les premiers instants du retour, elle accepta le don testamentaire de Saint-Leu et de Boissy. Toutefois, après cet esclandre, elle crut devoir faire un voyage aux eaux d'Aix, en Savoie. C'est de là qu'elle écrivait au prince, le 10 août :

« Pendant que vous courez la chasse, *dearest*, je « cours de mon côté après les rois, les reines et les « princes. Pour ces derniers, vous savez que j'ai « depuis longtemps un grand *faible*. »

Le dernier mot est souligné par elle-même.

C'est sous le patronage du duc, c'est escortée de quelques personnes de sa maison, M. et Mme de Choulot par exemple, que Mme de Feuchères visita la Provence, y reçut les autorités civiles et militaires. Elle a même prétendu qu'en Italie, à Florence, elle fut honorée de la visite de Mgr de Quélen; mais l'avocat lit une lettre adressée au Président du tribunal par M. l'archevêque de Paris, de laquelle il résulte que c'est à Mme de Choulot, et non à Mme de Feuchères, que la visite fut rendue. M. de Quélen croit devoir « à sa réputation et à son diocèse de détourner les traits qu'une *inconnue* a laissé tomber de sa plume, au mépris de toute convenance et de toute vérité. » Il y explique qu'il ne voyait point Mgr le duc de Bourbon, et qu'après les *événements domestiques* qui s'étaient passés dans la maison du prince, ayant reçu de ce dernier une invitation à dîner, il déclina cet honneur, sur le conseil même de S. M. Louis XVIII, pour ne pas compromettre son caractère, et pour ne pas « servir à Mme de Feuchères comme d'un honorable manteau. »

Mais, continue *Me Hennequin*, faut-il plus longtemps s'attacher à démontrer ce dont personne ne doute? Il est un autre terrain sur lequel on a encore appelé l'avocat : c'est celui des faits relatifs à la mort du prince. Il y faut bien venir.

Et Me Hennequin reprend une fois de plus les arguments de l'accusation première : le duc de Bourbon entièrement rassuré par l'avénement de Louis-Philippe, et par le salut de l'ancienne famille royale; la population de Saint-Leu calomniée par ceux qui avaient intérêt à tromper le prince,

Le 25 août, jour de sa fête, il put s'en convaincre par les témoignages d'amour et de respect dont les habitants l'entourèrent.

« On comprend la tranquillité que ces témoignages durent porter dans son âme. Seulement, quand les musiciens firent entendre le quatuor de Lucile, cet air : *Où peut-on être mieux qu'au sein de sa famille?* touchante expression des sentiments de ceux que le prince comblait de ses bienfaits, un rapprochement traversa son esprit : il se rappela les bannis, et fit entendre cette exclamation, si digne de son excellent cœur : « *Quelle fête! Ah! quelle fête!* »

Les scènes des jours suivants ont pu devenir un motif de plus pour le départ, non la cause d'un événement déplorable. Le prince a repris ses habitudes; au dîner, il est gai; au jeu, il perd onze fiches et ne paye pas; le 27, M. de Choulot est attendu pour un voyage; dans la nuit, le prince reste seul, ne manque à aucune de ses habitudes; le nœud fait à son mouchoir prouve qu'il compte sur un lendemain. Le lit tiré dans la chambre; les meubles, les effets arrangés par des mains étrangères aux habitudes du prince; la suspension incomplète, l'absence d'un écrit suprême qui éloigne le soupçon d'un crime, la possibilité de refermer du dehors la porte du prince : tel est le fond, désormais bien connu du lecteur, de cette argumentation accusatrice; on conçoit que nous ne la reproduisions pas.

Il est même permis de croire que *Me Hennequin* y attachait peu d'importance, car il répète même les assertions les plus absurdes, les plus évidemment controuvées. Son seul but, on le sait, est de faire retentir une fois de plus la calomnie, du haut d'un tribunal. Il parle à la cantonade, sûr de trouver des échos. Il sait d'avance quel sera le sort de ses prétentions, et que le plus clair profit de l'accusation sera le scandale.

Nous n'insisterons pas sur les réponses; on n'y trouverait rien de nouveau. A ces plaidoiries passionnées succéda enfin la parole plus calme de l'avocat du roi, *M. Didelot*.

« Messieurs, dit l'organe du ministère public, au prestige de la plus brillante éloquence, au ton animé et toujours si piquant de l'intérêt des passions, nous devons faire succéder des paroles plus calmes et moins attrayantes pour les gens du monde; nous devons vous parler le langage austère de la loi. Devant nous, les noms, les titres et le rang des parties, tout s'efface et disparaît, pour ne laisser apercevoir que la cause et la loi. Magistrat, étranger à toute influence, dédaignant également les éloges et les vaines clameurs des parties, nous ne vous transmettons que les inspirations que les débats ont fait naître dans notre conscience. »

M. l'Avocat du roi conclut d'abord que la première impression de tout le monde fut que la mort était le résultat d'un suicide. Ce fut « l'opinion de tous, serviteurs, officiers, médecins, magistrats. » Ce fut celle aussi de la Chambre du Conseil, du Tribunal de Pontoise: ce fut celle enfin de la Cour royale qui évoqua l'affaire, et, après une longue et minutieuse instruction, rendit un arrêt solennel, décidant qu'il n'y avait pas eu crime.

Aujourd'hui, bien qu'on se retranchât dans l'intérêt civil, les plaidoiries, des écrits habilement rédigés, prescrivaient au ministère public le devoir rigoureux de faire connaître son opinion sur la chose souverainement jugée. « Nous craindrions que dans une cause si fertile en interprétations, notre silence ne fût entendu d'une manière opposée à notre pensée. »

Sur la question du suicide ou de l'assassinat, *M. l'Avocat du roi* rejette, comme entachées de contradiction et de partialité, les dépositions de M. Bonnie, des valets de pied, du dentiste Hostein. Il écarte également le témoignage de Mme de Feuchères, et voit dans les dépositions de MM. de Choulot, Pelier, Manoury, la preuve d'une pensée fatale qui avait obsédé le prince, soit dans sa jeunesse, soit dans ses derniers jours.

Restent les preuves matérielles. Si les mécomptes du testament ont changé l'opinion unanime de la première heure, les indices d'assassinat ne puisent aucune force dans ces passions et ces mécontentements. L'appartement fermé est une preuve irrésistible de suicide, à laquelle on n'oppose qu'une possibilité de refermer le verrou avec un lacet. L'absence de tout signe de violence, le phénomène de virilité, tout concourt à repousser l'assassinat, à démontrer le suicide.

Quant aux prétentions civiles de MM. de Rohan, « dont la position est si singulière, qu'ils sont forcés de prouver eux-mêmes que ce n'est pas à eux qu'était destinée la fortune qu'ils réclament contre la volonté même du testateur », les motifs du prince pour faire les legs contestés semblent des plus naturels. Mme de Feuchères était l'objet de ses plus tendres affections. « Quant au légataire universel, où pouvait-il trouver un héritier plus digne de porter son nom et de posséder sa fortune, que dans la maison d'Orléans, à laquelle il a promis *un témoignage public et certain?* »

Après avoir établi l'invraisemblance et la non-pertinence des faits de violence, de suggestion et de captation, *M. Didelot* repousse, avec indignation, la prétention des demandeurs, qui se proclament les vengeurs de la mémoire du duc de Bourbon, tandis qu'ils n'ont pour guides que l'intérêt et l'esprit de parti.

L'esprit de parti! Protée habile à revêtir toutes les formes, à parler tous les langages. « Ah! qu'ils ont dû s'étonner, ces héros des barricades, du rôle qu'on a voulu leur faire jouer dans ce procès! qu'ils ont dû s'étonner surtout d'entendre MM. de Rohan, qui sympathisent si peu avec eux, se constituer leurs organes! Mais ces citoyens ne se méprendront pas sur le but de ces attaques. Vos déclamations passionnées échoueront devant leur sagacité, et viendront se briser au pied d'un trône soutenu par les qualités personnelles, la loyauté et le dévouement constant du Roi à la patrie.

« Ah! si les mânes du prince avaient été témoins de ces débats; si la grande ombre, planant dans cette enceinte, pouvait se faire entendre, avec quelle énergique indignation ne flétrirait-elle pas leur odieux système!

« Magistrats, vous dirait-elle, faites respecter ma « ferme et dernière volonté. Ne permettez pas que « des collatéraux, qu'avec tant de raison j'ai écartés « de mon héritage, parviennent à le reconquérir en « avilissant mon caractère, en outrageant ma mé« moire, en déversant la calomnie sur les héritiers « de mon choix et les objets de mes affections, en « faisant, enfin, un appel coupable aux passions « des partis contre un trône auquel je m'étais fran« chement rallié, et que j'entourais de mes vœux. »

Le 22 février, *M. le Président Debelleyme* prononça un jugement longuement motivé, dans lequel le tribunal, faisant la part de la suggestion légitime, attendu d'ailleurs que le choix de l'héritier semblait devoir être déterminé par de hautes convenances politiques, et était motivé par l'affection que le duc de Bourbon portait à la branche d'Orléans, et en particulier au duc d'Aumale son filleul; attendu que l'institution dont il s'agit a été proposée ouvertement, à la vue et à la connaissance de toutes les personnes intéressées, soit à l'appuyer, soit à la combattre; qu'il n'est pas même articulé qu'aucune tentative ait été faite pour éloigner de la personne du testateur les héritiers du sang, ni pour leur nuire dans son esprit; qu'il n'est pas non plus articulé que le duc de Bourbon ait jamais manifesté la pensée de se choisir un héritier dans la maison de Rohan; qu'il résulte des faits et circonstances de la cause que le prince dicta lui-même les principales dispositions, les transcrivit de sa main, et remit ensuite le paquet renfermant son testament à Me Robin, notaire; que les faits postérieurs à la confection du testament démontrent que le prince a persévéré dans la même volonté; à l'égard des dispositions faites au profit de la baronne de Feuchères, attendu que ces dispositions ne contiennent que des legs particuliers, que leur annulation profiterait seulement au légataire universel, que les princes de Rohan sont sans intérêt à attaquer ces dispositions, et que, par conséquent, ils sont sans droit pour le faire; attendu, au surplus, que les motifs de ces libéralités se trouvent expliqués par la correspondance du prince avec la baronne de Feuchères; attendu que de tous ces faits résulte la preuve que le testament attaqué est bien l'expression de la volonté du testateur: déclare inadmissibles et non pertinents les faits articulés par les princes de Rohan, dit qu'il n'y a lieu à en faire la preuve, les déclare mal fondés en leurs demandes et conclusions principales, incidentes et additionnelles, tant contre le duc d'Aumale que contre la baronne de Feuchères, et les en déboute... »

Le jugement du 22 février ne devait pas mettre fin à ces scandaleux débats. MM. de Rohan avaient publié et répandu avec profusion un libelle diffamatoire ayant pour titre : *Observations de Me Hennequin, avocat, sur l'instruction relative à la mort du prince de Condé*. On a vu par les plaidoiries que ce Mémoire dépassait de beaucoup la mesure d'une discussion loyale. Mme de Feuchères en demanda la suppression ; mais le tribunal de première instance se déclara incompétent, attendu que l'écrit n'avait point été produit dans l'instance. Mme de Feuchères dut s'adresser au tribunal correctionnel, et M. l'abbé Briant, brutalement diffamé, porta également plainte. Trois fois cette affaire fut appelée à l'audience de la 7e chambre de police correctionnelle, et trois fois MM. de Rohan soulevèrent des incidents, demandèrent des remises, se *dérobèrent*, en un mot. Le 8 juin 1832, ils furent enfin condamnés, dans la personne de M. Louis de Rohan, à trois mois de prison, 4,000 francs d'amende. Le jugement ordonna la saisie et suppression du Mémoire.

Ce ne fut pas là le dernier incident judiciaire sorti du testament du duc de Bourbon. On avait, vers 1827, persuadé à ce malheureux prince qu'il y allait de sa *gloire* de fonder une école pour l'éducation des fils de chevaliers de Saint-Louis et du Mérite militaire. On devait affecter le château d'Ecouen et 120,000 francs de rente à cet établissement, impatiemment attendu par un état-major qui eût dévoré le plus clair de cette dotation. Les irrésolutions ordinaires du prince, tiré en sens contraires par des influences et par des avidités opposées, et aussi le manque d'argent, avaient fait différer indéfiniment cette fondation, dont la pensée mal digérée se retrouvait dans le testament de 1829, et dont l'exécution venait se heurter à la Révolution de 1830.

Que le gouvernement français accueillît et favorisât l'idée d'une fondation en faveur des fils des émigrés de l'armée de Condé, c'était déjà douteux avant juillet 1830 ; depuis que le roi de France avait fait place au roi des Français, c'était devenu impossible. Le roi Louis-Philippe refusa naturellement d'autoriser le legs relatif à l'établissement d'Ecouen. D'ailleurs, en chargeant Mme de Feuchères de veiller à cette création, en l'instituant protectrice et surveillante de l'œuvre, le feu duc avait méconnu les plus simples convenances, et frappé son legs de nullité par l'indignité même de son choix. Mme de Feuchères lutta vainement contre ce refus d'autorisation, et ses efforts échouèrent devant tous les degrés de juridiction.

Cette femme, cependant, avait choisi pour demeure les appartements qu'elle possédait au Palais-Bourbon. Tant que M. Dupin aîné fut président de la Chambre des députés, elle ne put obtenir d'être admise aux bals de la Présidence. Un moment reçue au Palais-Royal, alors que la calomnie qui l'attaquait cherchait à monter jusqu'au trône, elle avait dû renoncer bientôt à cet honneur méchamment interprété.

Mme de Feuchères, justement méprisée de tous, se retira en Angleterre, où elle mourut le 2 janvier 1841. Elle légua la plus grande part de son immense fortune à sa nièce, Sophie Tanaron. Une part revenait à M. de Feuchères. Cet honnête homme abandonna aux hospices la totalité de ses droits successifs, et fit don à l'armée de 100,000 fr., répudiant ainsi toute prétention à ces richesses sorties d'une source impure.

Quel est le dernier mot de ce procès? Pour les contemporains, placés dans le milieu troublé des passions politiques, la mort du duc de Bourbon est restée une sinistre énigme. Pour l'histoire impartiale, le mystère disparaît, et il n'y a là que le plus trivial des événements de famille. Dépouillez les faits du prestige des grands noms, des hautes situations, des richesses énormes ; éloignez de vos yeux, chassez de votre cœur et de votre cerveau les amours et les haines qui aveuglent, qui faussent le sentiment et la raison, et voici ce que vous trouverez. Un vieillard, que ses goûts et la médiocrité de son intelligence ont arraché à ses relations naturelles, est devenu la proie d'une habile intrigante ; elle entoure sa vie, s'empare de ses habitudes, fait le vide autour de lui, lui impose des relations nouvelles et lui fait accepter même les plus détestées (M. de Talleyrand était devenu commensal de Saint-Leu). Regardez ce vieillard : sa tête moutonnière vous dira mieux que bien des phrases l'impuissance de sa volonté, la paresse de son cerveau, l'égoïsme enfantin de ses sensations. Sa famille s'est émue de cet accaparement menaçant, de ce grand nom souillé, de cette fortune que ronge la femme de proie. Le nom, on pourra le faire revivre dans un digne héritier ; la fortune, on cherche à en sauver une part. Le chef de la famille désigne l'héritier. Mais comment éclairer l'intelligence obscurcie du vieillard? comment faire jouer cette volonté qui ne s'appartient plus? comment même arriver jusqu'à ce malheureux prisonnier? Il faut, de toute nécessité, s'adresser à son indigne geôlière. La fille du pêcheur de l'île de Wight fait ses conditions ; roi, princes les acceptent. Pourquoi cela? Est-ce faiblesse, cupidité? Non. Le malheureux vieillard ne saurait vivre sans cette femme ; il n'est plus que par elle, et l'en séparer, ce serait lui donner la mort. Le jour où l'intrigante a fait consacrer son propre legs, le jour où elle a abrité sa fortune honteuse sous l'honorable héritage de famille, elle consent à lâcher sa proie ; elle offre de quitter le Palais-Bourbon, d'abandonner le vieillard dont elle n'a plus que faire ; et le roi Charles X, qui sait que ce sera tuer le malheureux, refuse le sacrifice, admet à sa cour l'indigne et répond à ses propositions de retraite : *Je ne veux pas faire à M. le duc de Bourbon ce chagrin inutile.*

Quelques jours après, le trône s'écroule ; le vieillard voit se dresser devant ses yeux le spectre d'un nouveau 93 ; autour de lui, des insensés tiraillent en tous sens cette raison affaiblie, cette volonté chancelante ; on le menace d'une émigration nouvelle, et la révolution ne veut plus que l'on chasse le sanglier : il n'y a plus qu'à mourir.

Jamais suicide ne fut plus clairement démontré que celui du duc de Bourbon, et cependant la calomnie s'est emparée de cette mort pour en souiller un trône. La calomnie a pu laisser sa trace dans les journaux du temps, dans les pamphlets, dans l'opinion prévenue ou ignorante ; elle s'arrêtera devant l'histoire. La postérité pourra juger diversement les actes politiques du roi Louis-Philippe ; elle n'aura qu'une voix pour reconnaître en cet honnête homme le type le plus accompli des vertus de famille.

Paris. — Typographie de Firmin Didot frères, fils et Ce, 56, rue Jacob.

LE PRIX DE LA LIVRAISON EST PORTÉ DE 20 A 25 CENTIMES.

Cette augmentation de prix est amplement justifiée depuis longtemps par les améliorations incessamment apportées dans le papier, l'impression et la gravure.

LES CRIMES D'INTENTION.

MADAME LEVAILLANT (1811).

Elle trouva le courage de déposer un baiser sur le front de sa bru... (p. 4.)

L'intention doit être réputée pour le fait, dit la sagesse des nations. Proverbe souvent faux, comme tant d'autres proverbes. A Dieu seul, qui sonde les reins et les cœurs, il appartient de juger ces secrètes pensées qui habitent les replis les mieux cachés de notre cerveau. L'homme a bien assez à faire de juger le fait, et sa courte vue le trompe assez souvent dans l'appréciation de l'acte extérieur, sans qu'il veuille encore peser ces impondérables pensées à qui l'âme ramenée en elle-même donne de mystérieuses audiences.

Balzac, dans son *Père Goriot*, a fort ingénieusement défini ces crimes intérieurs, que rien ne manifeste au dehors, qui n'arment pas le bras; inspirations ténébreuses du désir mauvais, que rien ne traduit aux sens, et qui cependant laissent une goutte de sang sur la conscience. *Tuer le mandarin*, c'est le nom que le romancier donne à ces meurtres ignorés des hommes, dont la victime imaginaire n'invoquera jamais contre le meurtrier les représailles de la loi. Vous êtes pauvre, ambitieux, dévoré de désirs inassouvis; imaginez, à l'autre bout du monde, au fin fond de la Chine, dans quelque ville inconnue aux géographes, un mandarin, un poussah ridicule, à tête de potiche, dont les trésors étancheraient cette soif de jouissances qui vous consume. Formez un simple vœu, supprimez cet homme par la pensée, et ces richesses sont à vous. Pas de sang, pas de cadavre accusateur, pas de remords peut-être, car cette victime ne hantera pas vos rêves : vous ne l'avez jamais vue, vous ne la verrez jamais. Voilà le crime sans gendarmes, sans juges, sans bourreau, sans victime apparente, mais non pas sans criminel. Combien ont tué le mandarin qu'environne l'estime du monde, et dont l'acte d'accusation ne retentira jamais devant un tribunal humain!

Mais laissons jaillir au dehors la pensée assassine; menaçons le mandarin, achetons le poison qui doit le tuer, aiguisons le couteau qui doit entrer dans sa chair, préparons le crime par des actes extérieurs, sensibles; alors la justice humaine intervient et nous demande compte de l'intention. C'est que *l'intention* vient de s'accoupler avec *le fait*, et de cette union est né le crime réel, visible et tangible, le seul que puisse atteindre la justice d'ici-bas.

Le projet du délit ou du crime, la résolution

même fortement arrêtée, patiemment mûrie de le commettre, n'échappent donc aux vengeances de la loi que jusqu'au moment où ils commencent à se manifester par un acte, où naît un danger pour un droit ou pour une vie que la société doit défendre. Mais qui dira quel est celui des moments extérieurs qui constitue le délit ou le crime, qui entraîne la responsabilité, parmi les moments échelonnés entre la conception et l'exécution proprement dite? Notre droit français distingua d'abord des actes *éloignés* et des actes *prochains*; puis des actes *internes* et des actes *externes*, simplement préparatoires du fait : les *actes d'exécution* seuls constituaient *la tentative*.

Aujourd'hui les actes externes ont disparu de la loi, et la tentative n'est constituée que par le *commencement d'exécution*; seulement, eût-elle été suspendue, eût-elle manqué son effet, si c'est par des circonstances indépendantes de la volonté de son auteur, l'exécution commencée est considérée comme le crime même. (Code pénal, art. 2.)

Et cependant, si grande est la difficulté de saisir le passage de la pensée au fait, qu'aujourd'hui encore, aucune loi n'a déterminé les actes qui doivent caractériser le commencement d'exécution. L'appréciation en a été sagement abandonnée à la conscience du juge ou du juré. En matière criminelle, si le jury déclare qu'il n'y a pas eu commencement d'exécution, l'action publique tombe; il n'y a plus de crime punissable.

Tels sont, en fait de tentative, les principes du droit commun. Je n'y vois de dérogations que celles qui sont impérieusement commandées par la loi des lois, la loi de salut ou de grand intérêt public, par exemple en matière de faux, de complot ou d'attentat.

Dans cet ordre de causes, où le crime est encore en germe, où le juge se demande si sa compétence vient de naître, si l'intention est déjà le fait, je choisis deux des plus curieuses : ce sont les deux procès faits, sous le premier Empire français, à Mme Levaillant et à Mme veuve Morin et sa fille Angélique Delaporte. Le sexe des accusés, l'étrangeté des crimes conçus, mais non accomplis, par ces trois femmes, l'odieuse provocation qui poussa leurs bras à réaliser les rêves coupables de leurs pensées, tout est un grave sujet de réflexions dans ces causes, tout, jusqu'aux deux jugements contradictoires portés, à quelques mois de distance, dans la même matière.

En 1804, au moment où Napoléon rassemblait à Boulogne une armée destinée, croyait-on, à envahir l'Angleterre, vivait, à Saint-Omer, une famille de marchands retirés. Le chef de cette famille, M. Brutinel, fut requis de loger un jeune officier, M. Levaillant, capitaine-adjoint à l'état-major de l'armée. Le capitaine Levaillant, bien fait de sa personne, affichait un luxe et des relations qui l'élevaient en apparence au-dessus de sa position véritable. Il avait un équipage, des domestiques; il se disait propriétaire, à Paris, de plusieurs maisons dont il montrait les titres. Capitaine aujourd'hui, il serait colonel avant deux ans : c'était le moins qu'on pût espérer, en ce temps d'avancement rapide. Fortune positive, bel avenir militaire, extérieur agréable, il y avait là de quoi séduire Adèle Brutinel, jeune fille de dix-huit ans, belle et romanesque, avide de plaisirs, et qui redoutait de se voir condamnée à l'obscure existence d'une bourgeoise de petite ville.

Ces jeunes gens s'aimèrent, se le dirent, et Levaillant demanda Adèle en mariage. La famille Brutinel ne partagea pas longtemps les illusions d'Adèle. On apprit, à Saint-Omer, que la fortune présente du capitaine était au moins problématique; la mère de Levaillant était mariée en secondes noces à un receveur particulier des contributions à Paris, M. Chénier, et une donation entre-vifs des biens respectifs des deux époux ne laissait à Levaillant qu'un espoir bien douteux de réaliser l'héritage paternel. De leur côté les époux Chénier prenaient des informations sur les Brutinel, et cette alliance leur sembla si peu désirable, que Mme Chénier s'opposa formellement au mariage. Mais Levaillant redoublait d'instances, de promesses; Adèle, fascinée, jurait qu'elle n'aurait jamais d'autre époux que celui que son cœur avait choisi. Les Brutinel cédèrent, bien qu'avec répugnance. Il n'en fut pas de même de Mme Chénier; son fils, alors âgé de vingt-cinq ans, dut faire les trois sommations respectueuses exigées par la loi, et, le 20 thermidor an XII, le mariage fut célébré.

Fatale union, conclue sous de tristes auspices! Pendant quelques mois, Levaillant sut entretenir les illusions d'Adèle; à Saint-Omer, à Montreuil, à Calais, il la conduisit de triomphe en triomphe, et fit de cette beauté si parfaite la reine des bals et l'objet de toutes les admirations. Mais bientôt ces courtes joies firent place à la douleur et à la honte. Un moment Levaillant avait rencontré une de ces occasions décisives dans la vie d'un soldat; une haute protection, celle du maréchal Berthier, lui assurait un avancement rapide dans l'état-major, quand une action indigne d'un officier, un vol puisqu'il faut le dire, le précipita tout à coup du haut de cette position honorable. On se rappela alors que déjà, sous Championnet, Levaillant avait fait soupçonner sa probité; on ne fit pas d'éclat, mais le soldat dégradé fut oublié dans une garnison et réduit à végéter misérablement à Strasbourg.

La nouvelle de cette chute retentit à Saint-Omer, et Mme Levaillant, qui y était restée, paya bien cher l'éclat passager des premiers jours de son mariage. Abreuvée d'humiliations, écrasée par l'insultante pitié de ses rivales, la pauvre Adèle, qu'une éducation frivole n'avait pas préparée à de telles épreuves, sentit son cœur se remplir d'étranges amertumes. Elle aimait encore son mari, mais elle ne pouvait plus l'estimer; elle enviait les heureux, elle se sentait saisie de rage à la pensée de cette existence éclatante qu'elle avait rêvée.

« Je te l'avoue avec franchise, écrivait-elle à son mari dans un de ces moments de désespoir haineux, j'aurais sacrifié les sentiments d'amour et d'amitié qui me donnaient à toi si je n'avais eu la certitude que mon ambition eût été remplie... Je te voyais, avant deux ans, colonel... Toutes ces idées se sont évanouies avec le bonheur, et il ne me reste qu'une existence chétive et maudite. Oh! si le Ciel comblait mes vœux, je n'existerais plus depuis longtemps; je ne souffrirais plus, puisque *je serais dans le néant*. Dans mon désespoir, j'ai plusieurs fois reproché à ma mère de m'avoir mise au monde, et c'est bien ce qu'elle a fait de plus mal. Juge, mon adorable Levaillant, si les démons et les Harpies ne me dévorent pas les entrailles!... Gronde-moi, je sais que je le mérite; mais je ne puis changer; *je sens que je porte dans mon cœur mon malheur et le tien peut-être*. C'est mon plus grand chagrin. Voilà, mon ami, ma confession. »

A ces cris de lionne blessée, l'âme molle et lâche

de Levaillant ne trouvait d'autre réponse que des calculs étroits, sordides, une place à obtenir, un secours à demander à la famille. Et la fière Adèle bondissait à la pensée de ces bassesses et de ces misères. Elle avait cru à un héros, elle ne trouvait qu'un être dégradé, méprisé par ses chefs, méprisé par sa propre famille, odieux aux Brutinel, qui demandaient à grands cris le divorce.

« Tu me donnes, lui répondait-elle, un exposé de la situation, qui n'est guère brillante. Je ne vois que 1700 francs de réels; tu supposes ensuite 1500 francs pour une place. Ce sont les appointements d'un commis; je n'y consentirai jamais. Je ne veux pas bien décidément être la femme d'un être aussi subalterne; je préférerais renoncer à l'existence. Tu comptes sur 1200 francs de mon père, que nous n'aurons jamais, sans que tu cherches à te distinguer en ayant un état honorable : il s'est expliqué là-dessus ouvertement. Il faut, Levaillant, que je t'aime bien fortement, pour pouvoir te pardonner le malheur dans lequel tu me réduis. En vérité, j'en perdrai la tête, si l'espoir ne renait dans mon cœur; car j'ai l'âme bien grande, souviens-t'en, et je ne saurais supporter un état abject. Combien tu es loin de me ressembler!... Pour obtenir la plus petite faveur qui me ferait distinguer d'un être vulgaire, je me jetterais dix fois à genoux s'il le fallait. Ce n'est que l'espoir que je tiendrai un jour un rang sur la terre qui fait que mon cœur se dilate. Avec les idées aussi peu élevées que tu les as, pourquoi m'as-tu épousée, en me berçant d'un espoir que tu n'étais pas en état de réaliser? Tu as fait mon malheur, et je ne fais pas ton bonheur, à mon grand regret. »

Après la campagne de 1809, Levaillant revint à Paris occuper un emploi infime dans les bureaux de la guerre. Sa femme sollicita alors la permission d'être présentée à la famille de son mari; Mme Chénier y consentit, et, au mois d'octobre 1810, Adèle arriva de Saint-Omer à Paris.

Cette réunion des deux époux n'améliorait en rien leur situation; ce fut, au contraire, une occasion nouvelle de dépenses. Levaillant, toujours désireux de briller, toujours rempli d'illusions sur l'aide que lui donnerait sa famille, arrêta et meubla un appartement de neuf cents francs par an. C'est encore aujourd'hui, c'était beaucoup plus alors une extravagance insigne, pour un homme qui ne peut réellement compter que sur cent quarante francs par mois. Voilà donc l'officier en disponibilité installé dans un appartement qui, à cette époque, représentait dix ou quinze mille livres de rente. Les époux Chénier avaient un revenu de quarante mille francs; mais un grand train de maison absorbait au moins cette somme : on était riche à la fois et toujours gêné. M. Chénier se refusa à fournir à son beau-fils un cautionnement de cinquante à soixante mille francs, nécessaire pour lui procurer un emploi.

Toutefois, si Levaillant avait des dettes, s'il était impuissant à soutenir honorablement le train de maison qu'il s'était donné, la maison et les relations des époux Chénier lui étaient ouvertes. Les difficultés étaient grandes, mais cette gêne étroite restait décente. Mme Levaillant avait une femme de chambre; dans les premiers jours de son installation, Levaillant avait même pris un domestique, qu'il avait dû quelque temps après céder à son beau-père.

Ces deux serviteurs joueront un rôle actif dans le drame qui commence. Il faut donc les introduire. La femme de chambre, la fille Magnien, avait été donnée par Mme Brutinel à sa fille. On l'aimait à Saint-Omer comme l'enfant de la maison, et on ne l'y connaissait que sous ce petit nom d'amitié, Mimi. Le valet, Adolphe Rudolphe, un Prussien, beau parleur, ivrogne, débauché, affectait un grand dévouement à Levaillant et s'était entremis, avant l'arrivée à Paris de son maître, pour lui trouver un appartement. Installé, dès le 15 septembre, dans celui qu'il avait arrêté rue de Bourgogne, il y avait vécu une vingtaine de jours, seul avec Mimi, et les relations immorales de ce couple effronté avaient fait scandale dans le quartier.

Voilà quelle était l'existence des époux Levaillant, quand, le 30 décembre, Mme Chénier se rendit à la Préfecture de police et y fit cette étrange déclaration :

« Ma belle-fille, Mme Levaillant, irritée contre moi, parce que je n'ai pas voulu consentir à subvenir sans cesse aux dépenses de son mari, mon fils, a résolu de m'empoisonner. Heureusement des serviteurs fidèles ont empêché l'exécution de ce dessein criminel. C'est vers le 15 décembre que Mme Levaillant a fait connaître à la fille Magnien, sa femme de chambre, cette épouvantable pensée. Feignant d'entrer dans le complot, cette brave fille en avertit un de nos domestiques, le cocher Adolphe Rudolphe, qui, pour savoir jusqu'où irait l'audace de cette malheureuse femme, accepta, en apparence, une proposition de complicité.

« Se croyant sûre de ces deux instruments, ma belle-fille n'a dès lors plus reculé devant le crime. Le 19 décembre, elle a couru tout Paris, pour se procurer de l'arsenic chez les épiciers et les droguistes; elle n'a pu trouver à acheter que de la mort aux rats.

« C'est alors que notre cocher Adolphe m'a prévenue du danger que courait ma vie. Ne pouvant trouver à Paris un moyen sûr de me donner la mort, ma belle-fille avait écrit à son père, à Saint-Omer, et lui avait demandé du poison. Je voulus cependant détourner la coupable d'un crime inutile en lui faisant connaître, par le sieur Adolphe, les résultats de la donation entre-vifs qui existe entre moi et mon mari; la malheureuse n'a vu dans cet obstacle que la nécessité d'un nouveau crime, et, à partir de ce moment, elle a décidé qu'il y aurait deux victimes. M. Chénier fut averti, et nous suivîmes avec anxiété les développements affreux de ce projet infâme.

« Le 27 décembre, en effet, une lettre est arrivée de Saint-Omer, adressée à Mme Levaillant, poste restante. Cette lettre, écrite par le sieur Brutinel, son père, contenait deux paquets de poison, arsenic et opium. Le 29, en présence d'un témoin invisible, Mme Levaillant a remis à Adolphe une boîte d'argent, contenant le poison, et trente-cinq francs en écus, comme première récompense du crime projeté.

« Maintenant il ne s'agit plus que de fixer le jour où ce poison sera employé contre nous, et la malheureuse compte s'en servir le 1er janvier. Le danger n'est pas imaginaire, et la résolution de ma belle-fille ne manquera pas par défaut d'énergie; car, quelques jours après ses premiers pourparlers avec la fille Magnien, Mme Levaillant a eu l'inconcevable audace d'essayer sur cette pauvre fille une dose de vert-de-gris qui l'a rendue sérieusement malade. »

Cette dénonciation si grave, l'attitude singulière qu'on semblait avoir gardée dans cette affaire, en fomentant, en encourageant la pensée du crime; quelques invraisemblances de détail; la probabilité d'une complicité morale du fils de Mme Chénier; l'absence enfin d'une tentative bien caractérisée, toutes ces circonstances embarrassèrent fortement le magistrat de sûreté devant qui s'était présentée la plaignante. — « N'éprouvez-vous pas vous-même, Madame, lui dit-il, quelque embarras à accuser ainsi votre belle-fille, et, qui sait! peut-être aussi votre fils? »

Mme Chénier se retira; mais, le lendemain 31 décembre, Adolphe Rudolphe se présentait devant le même magistrat pour faire une déclaration semblable. On lui demanda des preuves matérielles.

Mme Chénier, cependant, avait conçu le projet de forcer sa belle-fille à s'accuser elle-même, à fournir, sans le savoir, à la police les preuves les plus incontestables de son crime. Depuis plusieurs jours, elle s'était ouverte de ce dessein à un ami de la maison, employé supérieur de la police. C'était un de ces hommes qui, comprenant mal la sainteté de leur mandat tutélaire, ne voient dans l'action de la police qu'une chasse plus ou moins heureuse : pour de pareils agents, l'habileté semble être le but et non le moyen; le crime, pour eux, n'est pas l'ennemi dont il faut garantir la société, mais l'occasion d'une prise.

Celui-là ne recula pas devant la provocation, pour donner un corps à la pensée criminelle qu'avait, en effet, conçue, dans un moment d'irritation envieuse, la femme de Levaillant. C'est par ses conseils que toute la trame avait été ourdie entre Mme Chénier et les deux domestiques, et la pauvre coupable avait été amenée peu à peu jusqu'au seuil de l'empoisonnement. C'est par ses conseils que, le 29 décembre, un cabaretier ami d'Adolphe, Dobigny, avait été aposté de façon à entendre un entretien dans lequel Adolphe avait reçu des mains d'Adèle Levaillant la boîte d'argent contenant le poison. C'est par ses conseils que le traître valet avait demandé à Adèle ces trente-cinq francs, dont le don constituait la provocation au crime *par des dons et des promesses*. C'est par ses conseils, enfin, que, dans les derniers jours de décembre, Mme Chénier confia sa position à deux amis de la maison, choisis parmi les plus honorables, M. Beaupoil de Saint-Aulaire, colonel et chevalier de Saint-Louis, et M. Bouvard, savant distingué, astronome à l'Observatoire.

Aux premiers mots de cette étrange confidence, M. de Saint-Aulaire se prit à rire. « Allons donc, chère dame! ce n'est pas possible, dit-il. De qui tenez-vous cette assertion-là? — De mon domestique Adolphe. — Eh bien! ce garçon-là veut gagner de l'argent; il fait du zèle — Mais si l'on vous donnait des preuves, si vous entendiez la coupable avouer elle-même son forfait, y croiriez-vous? — Il le faudrait bien; mais, jusque-là, permettez-moi de n'y pas croire. »

Alors, Mme Chénier proposa à ses deux amis de se cacher dans un cabinet noir, d'où ils pourraient entendre la conversation qu'Adolphe Rudolphe saurait bien se procurer avec Mme Levaillant. A cette proposition bizarre, la loyauté de M. de Saint-Aulaire regimba : c'était un triste rôle que celui qu'on lui offrait dans cet affaire; mais Mme Chénier insista; il ne s'agissait, dit-elle, que d'avoir une preuve irrécusable. Il était convenu avec la Préfecture de police que l'affaire ne serait pas portée devant les tribunaux; un conseil de famille aurait seul à en connaître, et on irait se jeter aux pieds de l'Empereur et lui demander, au nom d'honnêtes gens menacés dans leur vie et dans leur honneur, de faire enfermer la malheureuse.

MM. de Saint-Aulaire et Bouvard acceptèrent, sur ces promesses.

Le 1er janvier 1811 fut choisi pour le jour de la preuve. Mais il paraît que l'empressement homicide de Mme Levaillant ne ressemblait pas tout à fait à ce qu'avait dépeint Mimi Magnien; car, par une lettre secrète, cette fille avertit Mme Chénier que ses maîtres iraient lui rendre leurs devoirs le premier jour de l'an, mais que leur intention était de ne dîner chez leurs parents qu'autant qu'ils seraient formellement invités. Mme Chénier eut un moment d'hésitation; fallait-il pousser jusqu'au bout cette triste entreprise? L'employé supérieur à la Préfecture de police l'encouragea vivement.

Les époux Levaillant arrivèrent donc chez M. Chénier; ils reçurent de leurs parents l'accueil le plus affectueux, et Mme Chénier trouva le courage de déposer un baiser sur le front de sa bru. On se mit à table; mais Adolphe avait trouvé le moyen de prendre un instant à part Mme Levaillant et de lui dire : « J'ai à vous parler secrètement pendant le dîner; quand, en passant devant votre chaise, je frapperai sur le dossier un coup de ma main, ce sera le signal. J'irai vous attendre dans l'appartement inhabité d'en bas. Prenez un prétexte et venez m'y rejoindre. »

On se mit à table, et, au dessert, Adèle sentit le signal. Pâle, tremblante et craignant quelque complication mystérieuse, quelque danger inconnu, elle écouta les pas d'Adolphe qui s'éloignait de la salle à manger. Un moment après, prétextant un besoin de prendre l'air, elle sortit à son tour, courut sur les traces du valet et le rejoignit dans une petite pièce, séparée par une mince cloison seulement du cabinet dans lequel MM. de Saint-Aulaire et Bouvard s'étaient tapis sans lumière.

Là Adolphe se mit à rappeler à Mme Levaillant les conditions d'un marché criminel qui aurait été conclu avec elle; il l'accusa de l'empoisonnement tenté sur Mimi, l'interrogea sur la culpabilité de son mari, le tout en parlant à la cantonnade. Mme Levaillant répondait très-bas, d'une voix tremblante : « Ne parlez pas si haut, vous me perdez! — N'ayez pas peur, dit Adolphe, il n'y a personne de ce côté, les portes sont bien fermées. »

Qu'entendirent les deux témoins secrets du cabinet noir? C'est à l'instruction à nous le dire, et peut-être ne pourra-t-elle éclaircir ce mystère? Quoi qu'il en soit, après quelques phrases distinctement prononcées par Adolphe, après quelques réponses balbutiées par Mme Levaillant, M. de Saint-Aulaire ouvrit tout à coup la porte du cabinet. « C'est vous! M. Beaupoil, s'écria la jeune femme terrifiée; que demandez-vous? — Moi, rien du tout. » Les deux témoins s'éloignèrent. Adèle, cependant, pressentant un danger, voulut fuir par le jardin; Adolphe lui barra le passage. Elle se dirige alors vers la cour, mais elle y est bientôt entourée de visages inconnus, menaçants. Des agents de police, apostés, la saisissent, et elle voit M. Chénier s'avancer, pâle, indigné; elle l'entend lui reprocher son complot infâme. « Ah! Monsieur, s'écrie-t-elle en se jetant à ses genoux, pouvez-vous croire qu'à vingt ans, je puisse être coupable d'un pareil crime! » On l'entraîne, on la jette dans une voiture, et on la conduit à la Préfecture de police.

Commentée par les nombreux amis de M. Chénier, cette horrible découverte émut tout Paris. Tant de perversité chez une femme si jeune! une âme aussi corrompue dans un corps si charmant! Il y avait dans les détails de cette machination des complications révoltantes. On fit d'Adèle une Brinvilliers, ressuscitant au dix-neuvième siècle la poudre de succession. Comme son trop célèbre modèle, celle-ci tuait donc aussi froidement, même sans intérêt apparent, pour le seul plaisir de tuer, pour essayer l'effet de ses armes. On se répétait avec horreur ce mot renouvelé de Desrues, que Mimi attribuait à sa maîtresse: « Je crains que le vert-de-gris ne soit pas assez actif; si je pouvais m'en procurer, j'emploierais le sublimé corrosif; c'est le poison qu'employait la Brinvilliers dans ses grandes expéditions. »

Interrogée par le magistrat de sûreté, M. Saussay, Adèle Levaillant essaya d'abord de donner le change sur son entrevue avec Adolphe. Si elle l'avait suivi dans cette chambre écartée, dit-elle, c'était pour le détourner d'un horrible projet d'empoisonnement conçu par cet homme, qui, dévoué à M. Levaillant, n'avait pu voir sans indignation la façon dont Mme Chénier traitait son fils et sa belle-fille. Elle lui avait demandé de lui remettre les substances homicides qu'il voulait employer dans ce funeste dessein.

Mais cette explication était par trop invraisemblable. Quelques heures après, elle modifiait ses déclarations premières. — Oui, dit-elle, Mme Chénier nous avait abreuvés d'amertume, et nous refusait tout secours. Dans un mouvement de haine et de délire, j'ai conçu le détestable projet d'attenter à ses jours. J'ai confié ce désir à Mimi Magnien et à Adolphe, qui, loin de m'en détourner, ont encore excité ma haine. Adolphe m'a même fait observer que la donation faite au détriment des enfants rendrait inutile un crime isolé, et il m'a fortifiée dans la pensée de compléter mon œuvre. Il m'a dit qu'il ne lui en coûterait pas plus d'empoisonner la crème du café pour les deux personnes que pour une seule. J'ai donc, accompagnée de Mimi, cherché à me procurer du poison; un seul marchand a consenti à me vendre pour cinq sous de mort aux rats. Mais il est faux que j'aie jamais mis de ce poison ou de tout autre dans les aliments destinés à Mimi.

J'ai, en effet, écrit à mon père, et je lui ai demandé cinq à six grains d'arsenic, mais sans lui dire pour quel usage. Je l'ai même assuré que je ne voulais nuire à personne, et qu'il ne s'agissait que de mon bonheur. Mon père m'a envoyé cet arsenic, et y a joint de l'opium pour me guérir des douleurs de dents que j'éprouve assez souvent. Nous avons été, moi et Mimi, retirer, poste restante, le paquet qui contenait ces substances, et je le confiai à Mimi; puis nous l'avons remis à Adolphe dans une boîte d'argent faisant partie de mon nécessaire.

Mais à peine avais-je remis le poison à cet homme, que je cherchai à le ressaisir. La terreur, le remords s'emparèrent de mon âme. Je voulus reprendre la boîte; je chargeai Mimi de la redemander à Adolphe, de lui dire que je voulais attendre les fraises pour faire le coup. Pendant trois jours, Adolphe fut introuvable, invisible.

Il est très-vrai que j'avais promis à Adolphe et à Mimi de les récompenser pour la part qu'ils prendraient à l'exécution du projet, et que je donnai à Adolphe sept pièces de cinq fancs; mais c'est sur sa demande, et parce qu'il me dit qu'il n'avait pas d'argent.

Telles furent, en substance, les déclarations de Mme Levaillant.

Les premiers témoins entendus dans l'instruction furent Adolphe et Mimi. Celle-ci déclara que, le 15 décembre, pour la première fois, sa maîtresse lui avait avoué « qu'elle voulait faire avaler quelque chose à sa belle-mère. » Indignée, dit Mimi, je fis tout pour la détourner de ce criminel projet; mais ma maîtresse insista et me dit : « Je ne trouve qu'Adolphe qui puisse me seconder; parlez-lui-en, mais comme si cela venait de vous. »

Autre version de Mimi, qui varia plus d'une fois dans ses récits accusateurs : Dans les premiers jours de décembre, un refus de secours opposé aux époux Levaillant aurait tellement animé ceux-ci contre Mme Chénier que M. Levaillant se serait écrié dans un accès de colère : « Tu as bien raison, *nous ne serons heureux que quand cette bougresse-là sera morte.* »

Cette seconde version découvrait M. Levaillant, jusque-là mis hors de cause. Quoi qu'il en fût, Mimi ajoutait qu'ayant fait à Adolphe, le 17 décembre, la proposition dont l'avait chargée sa maîtresse, celui-ci en fut si indigné, qu'il s'empressa d'en prévenir Mme Chénier.

Le lendemain 18, ajoutait Mimi, nous sommes sorties, Madame et moi, pour nous procurer de l'arsenic. On ne nous vendit que pour cinq sous de mort aux rats. Mais on nous avait dit que l'amertume et le mauvais goût de cette drogue préviendraient les personnes qui seraient exposées à en prendre. Ma maîtresse essaya alors de fabriquer elle-même du poison en faisant infuser des sous dans du vinaigre salé. Elle me dit qu'elle savait déjà rendre aussi blanc que l'arsenic le vert-de-gris qu'elle en retirait. Sa seule crainte était que ce poison ne fût pas assez actif.

Quelques jours après, pour en essayer la force, elle en mit dans un plat de haricots qu'elle avait fait apporter de chez le traiteur. Elle *et Monsieur* n'en mangèrent point; moi, j'en mangeai, et j'en fus très-incommodée. J'avais remarqué que l'assaisonnement était extrêmement âcre, qu'il prenait à la gorge, et y portait, ainsi qu'à l'estomac, un très-grand feu. Je sentis, après le dîner, un malaise général; j'éprouvai des éblouissements, une grande faiblesse, des convulsions dans les bras et dans les doigts; il se manifesta, en outre, de l'enflure à l'estomac, au nombril, et j'éprouvai trois faiblesses de suite. Ce ne fut qu'à la dernière que, me rappelant les essais faits par ma maîtresse, je soupçonnai qu'elle avait voulu éprouver sur moi la force de son poison. Dès le commencement de cette indisposition, j'avais pris du vin, de l'eau-de-vie et de l'eau de Cologne; mais, ces remèdes ayant moins diminué qu'augmenté mes douleurs, je bus une grande quantité de lait, ce qui me soulagea beaucoup. Je me couchai, et, cinq minutes après, je vomis tout ce que j'avais mangé. J'éprouvai, lors de cette déjection, que les matières produisaient une amertume extrême au palais et dans la bouche.

— Et, dit le magitrat de sûreté, parlâtes-vous de cet accident à vos maîtres?

— *Non*, répondit Mimi. Quelques jours après, j'entendis ma maîtresse se disputer avec son mari : elle voulait recommencer sur moi l'épreuve du poison et en mettre sur une carpe frite. M. Levaillant s'y opposait.

— Et, dit-on encore à Mimi, vous gardâtes, en présence de ce danger, le même silence?

— Oui; mais, un autre jour, comme Madame me reparlait de poison, je lui dis : « Ne me croyez pas assez imbécile pour ne pas m'être aperçue qu'on avait mis quelque chose dans les haricots; ils m'ont rendue très-malade. » Cette observation fit monter le rouge au visage de madame; elle se cacha avec son châle, et me répondit : « Cela vient sans doute de la malpropreté du traiteur. — Non, repris-je, je me suis informée si d'autres personnes avaient été incommodées, et cela n'est arrivé qu'à moi seule. » Quelque temps après, madame me dit : « Voyez, si une si petite quantité de vert-de-gris vous a fait mal, ce que doit faire une forte dose. »

Adolphe, interrogé à son tour, raconta le reste. Le 22, appelé par une lettre auprès de Mme Levaillant, il avait feint d'hésiter.

Comme il réfléchissait, la tête appuyée sur sa main, pénétré en apparence de la gravité de l'engagement qu'il allait prendre, Mme Levaillant dit à Mimi: — «Voilà Adolphe qui réfléchit. Eh bien! attendons la saison des fraises.» C'était ajourner le projet à long terme. Ceci ne faisait pas, sans doute, l'affaire d'Adolphe, car, déclara-t-il, «*j'encourageai adroitement* Mme Levaillant, et, *pour la ranimer* contre sa belle-mère, je lui parlai de la donation faite au préjudice de son mari, et lui dis : « *Allez, Madame, vous n'avez que ce moyen d'être parfaitement heureuse.*» Ainsi poussée, Mme Levaillant se reprit à son projet, jusqu'au 27, jour où arrivait la lettre de Saint-Omer, contenant deux paquets d'arsenic et d'opium. Mimi prit la lettre, qui était de M. Brutinel, et, le soir à sept heures, se trouva à un rendez-vous donné par elle à Adolphe chez un marchand de vins de leurs amis, le sieur Dobigny. On montra la lettre au cabaretier, on la retourna en tous sens pour qu'il pût la reconnaitre au besoin, et le surlendemain 29 fut choisi pour la remise du poison à Adolphe. Ce jour-là, d'après les ordres de Mme Chénier, le cabaretier Dobigny fut aposté sur le carré des époux Levaillant. L'œil à la serrure, il put voir Mimi ouvrir le secrétaire, en tirer une boîte d'argent et la donner à Mme Levaillant, qui la remit à Adolphe, avec trente-cinq francs.

Nanti de ces preuves, Adolphe court chez Mme Chénier lui rendre compte du succès de sa mission. Mais il faut que ce Dobigny, le seul témoin extérieur aux deux ménages, voie bien de quoi il s'agit. Mme Chénier renvoie son cocher montrer la boîte et son contenu à Dobigny. — « Du vin! du vin! dit Adolphe en entrant chez le cabaretier, et un cabinet! Que je te montre quelque chose. Nous la tenons! »

Adèle, cependant, sur le point de voir se réaliser son projet, hésitait encore, se troublait. Elle envoya Mimi dire à Adolphe qu'elle renonçait pour le moment à son crime, qu'il fallait décidément remettre cela aux fraises. Mais *on la tenait*; Adolphe avait reçu de Mme Chénier l'ordre d'éviter Adèle, de sortir dès le matin avec les chevaux et de ne rentrer que le soir. Mme Levaillant ne put donc voir Adolphe que le 1er janvier, et c'est ce qui explique pourquoi elle avait saisi avec empressement l'occasion de se trouver seule avec celui qu'elle croyait être son complice. Restait à savoir ce que Mme Levaillant avait répondu à Adolphe, dans cette entrevue qui cachait un piége mortel. L'accusée déclara qu'elle avait dit : — «Rendez-moi la boîte. Je renonce à tout. — Non, non, aurait répondu Adolphe. —Vous me perdez. Il faut remettre à un autre jour. »

Adolphe ne nia pas ces paroles, mais il rendit un autre compte de la scène. Selon lui, le 1er janvier avait été choisi, parce que, ce jour-là, Mme Chénier devait recevoir la visite de ses deux petites-filles, les demoiselles Lucotte; comme la grand'mère avait avec ses petites-filles des difficultés assez grandes, on ne manquerait pas d'accuser ces jeunes filles d'un empoisonnement. Dans cette hypothèse, Mme Levaillant aurait tout prévu. « Il faut, aurait-elle dit quelques jours avant à Adolphe, que, le coup préparé, vous passiez du vinaigre dans les casseroles aussitôt que la cuisinière aura fini son service. Par ce moyen, on pourra encore, à la rigueur, attribuer le fait à une négligence. Aussitôt que l'effet du poison se fera sentir, on vous enverra chercher un médecin; vous irez, mais assez lentement pour que le poison puisse agir. »

Mais les demoiselles Lucotte n'étaient pas venues, et, selon Adolphe, cette absence fut le texte des premières paroles qu'il adressa à Mme Levaillant dans l'entrevue du 1er janvier.

— « Eh bien! vous voyez qu'elles ne sont pas venues et ne viendront pas. — Il faut remettre à un autre jour, aurait répondu très-bas Mme Levaillant. — Votre mari est-il du complot? — Non. — Vous m'avez bien promis deux cents louis, et vous m'avez donné trente-cinq francs pour à-compte. Tiendrez-vous votre promesse pour le reste? — Oui. — Madame, votre argent et vos promesses ne pourraient pas me dédommager de ce que vous avez fait à ma bonne amie. Vous l'avez empoisonnée. — Pourquoi en a-t-elle mangé? D'ailleurs la dose était trop faible; ce n'était qu'un simple essai, afin de m'assurer de la force du poison. »

C'est à ce moment qu'un mouvement fait par une des deux personnes cachées dans le cabinet aurait effrayé Mme Levaillant, qui se serait précipitée aux genoux d'Adolphe en lui disant à voix basse : *Vous me perdez! Rendez-moi la boîte, je renonce à tout.*

L'instruction entendit encore le cabaretier Dobigny, qui déclara, en effet, avoir, à travers la porte extérieure de l'appartement des époux Levaillant, vu remettre la boîte et les trente-cinq francs, et entendu la promesse des deux cents louis. Mais il ajouta avoir entendu aussi Mme Levaillant dire qu'elle avait acheté l'arsenic à Paris, tandis que les deux domestiques affirmaient qu'une lettre l'avait apporté de Saint-Omer. Dobigny reconnut la boîte et les paquets; mais il ajouta qu'on lui en avait montré non pas deux, mais trois, dont un fait de papier gris.

MM. Beaupoil de Saint-Aulaire et Bouvard ne furent pas entièrement d'accord sur les paroles prononcées dans l'entrevue. Tous deux affirmaient qu'il leur semblait que Mme Levaillant avait répondu *non* quand Adolphe lui avait demandé si son mari était du complot; mais M. Bouvard seul avait entendu les paroles par lesquelles l'accusée reconnaissait avoir essayé le poison sur Mimi. Placé plus près de la porte, M. de Saint-Aulaire n'avait rien entendu de cela.

On a remarqué que, malgré le soin mis jusqu'alors à écarter la complicité de Levaillant, quelques paroles des deux domestiques l'avaient compromis. On le rechercha, on épia ses démarches. On apprit que, le 3 janvier, il avait enlevé des meubles et des papiers de l'appartement de la rue de Bourgogne; ce même jour, il avait cessé de venir chez sa mère, qui l'avait accueilli la veille, et lui avait donné un lit. Le soir du 3 janvier, il avait été demander un asile à un ami; refusé, il avait erré au hasard. Le 4 au matin, on l'arrêtait.

Conduit à la Préfecture de police, on lui dit que sa femme avouait le crime, et l'en déclarait l'instigateur. Il balbutia un démenti et fut jeté sous les verrous. Le lendemain matin, on le trouvait pendu à l'espagnolette de la croisée de son cachot.

Quelques feuillets épars sur la table attirèrent les regards. Chacun d'eux portait la désignation de la personne à qui Levaillant en destinait la lecture.

Au Préfet de police, il disait : — « Que va-t-on conclure de ma mort? Tout ce qu'on voudra. Qu'on me croie coupable, si cela peut être utile à quelqu'un, surtout à la malheureuse Adèle... C'est à genoux que j'écris ces lignes. Je prie en grâce M. le Préfet d'avoir pitié d'une malheureuse créature, égarée sans doute par la démence. Je lui ai toujours connu, malgré son caractère violent et emporté, un excellent cœur.... Mme Chénier, avec un peu d'humanité, de cordialité, de générosité, nous aurait épargné bien des maux, et se serait fait adorer à bien peu de frais de la malheureuse qui l'a si cruellement outragée. »

A sa mère, il écrivait : — « Adieu, ma chère et trop malheureuse Mère! Je sais combien vous êtes à plaindre, j'en suis la cause involontaire. Sans doute, si j'avais suivi vos conseils, il y a six ans, je serais heureux aujourd'hui...; mais vous savez que les grandes passions sont toujours aveugles... Depuis longtemps, vous m'avez traité avec bien du froid et de la dureté... Je vous recommande ma malheureuse femme, plus égarée que sérieusement méchante... Il m'est doux d'emporter cette idée consolante au tombeau, et c'est à elle que je fais avec grand plaisir le sacrifice de ma vie. Imitez ma magnanimité. Pardonnez.... »

Sur un feuillet sans adresse étaient écrits ces mots : — « Plutôt mille morts que de vivre sans honneur, et une seule arrestation est une tache qui ne s'efface jamais... C'est pour toi, c'est par toi que je suis ici, mon Adèle; mais je te le pardonne de bon cœur! »

Sur un autre : — « *A ma femme!* Ma première pensée fut pour mon Adèle, et la dernière est encore pour elle. Je lui dis enfin mon dernier adieu. Elle est là, tout près de moi, couchée sans doute; elle ne sait pas que je suis si près d'elle. Affreux verrous! sans eux, j'aurais été imprimer un dernier baiser sur ses lèvres... Jamais femme ne fut aimée comme toi. Je devais être plus heureux... je ne vivais, je ne respirais que pour toi... c'est pour toi que je meurs... Mon avant-dernière prière à la Divinité est pour moi, et la dernière est pour toi, ainsi que ma dernière pensée... Minuit sonne!... Adieu, mon Adèle!... Si je m'en souviens bien, ton nom est au coin du mouchoir de batiste qui.... Mais ne t'afflige pas. Adieu! »

En marge, on lisait : — « Dans le fond de mon cœur, je me crois encore digne de la décoration dont je fus honoré; on la trouvera sur mon cœur, après mon dernier soupir. J'ai toujours été faible, mais jamais criminel. Dieu, devant qui je vais paraître, sera mon juge, et je ne crains point sa sévérité :

« Le jour n'est pas plus pur que le fond de mon cœur. »

Il y avait deux feuillets consacrés à madame Brutinel et aux deux domestiques. Il accusait la première de tous les malheurs arrivés à sa fille par suite d'une mauvaise éducation. « Que sait-elle? Quels talents, hors celui de la danse, possède-t-elle? » A Adolphe et à Mimi, il disait : — « On dit que vous devez vous marier ensemble : puisse votre union être heureuse!.. mais j'en doute, elle est formée sous de trop funestes auspices... Tôt ou tard Dieu récompense les bons et punit les méchants. C'est à lui et à votre conscience que je vous renvoie... Si vous m'eussiez averti dès le principe, vous eussiez évité de grands malheurs... »

Dans tous ces écrits, Levaillant semblait accuser explicitement sa femme d'un crime que lui-même aurait entièrement ignoré. Mais deux phrases, adressées à M. Chénier et au préfet de police, pouvaient être interprétées dans un autre sens. Au préfet, Levaillant écrivait encore : — « Quand je l'aurais vu de mes deux yeux, je ne pourrais encore croire au tissu d'horreurs qu'on m'a débité. La chose pourrait exister peut-être, *mais on n'en connaît pas, j'en suis sûr, les ramifications.* Je supplie M. le Préfet de se faire bien instruire de toutes les particularités qui peuvent y être relatives, et *peut-être découvrira-t-on des choses* qui le ramèneront à l'indulgence. »

Et à M. Chénier : — « Sachant ce que vous saviez par MM. de Saint-Aulaire et Bouvard, *me concernant*, vous ne deviez pas pousser les choses aussi loin. »

Le 5 janvier, on procédait, dans le cabinet du magistrat de sûreté, à la confrontation de Mme Levaillant avec les deux domestiques. Mimi avait apporté, triomphante, une lettre cachetée de sa maîtresse pour M. Brutinel, lettre qu'elle n'avait pas jetée à la poste, et qui, selon elle, devait contenir l'aveu du crime et un accusé de réception du poison envoyé de Saint-Omer. On brisa le cachet : la lettre ne contenait que des paroles de respect et de tendresse de Mme Levaillant pour ses parents. La joie insultante des deux valets fit place à une déception profonde. C'est à ce moment qu'on vint apprendre à l'accusée que son mari s'était ôté la vie; cette nouvelle la frappa comme un coup de foudre; elle tomba dans des évanouissements et des convulsions effrayants. Puis, revenue à elle, elle déclara que, puisque son mari n'était plus, le dévouement qui l'avait portée à s'accuser elle-même devenait inutile. C'était Levaillant qui avait tout fait, tout imaginé, tout conduit. Il n'était pas vrai qu'elle eût écrit à son père pour lui demander du poison, ni que son père lui en eût envoyé. Tout ce qu'elle avait dit, c'était pour sauver son mari. On ne vit dans ce nouveau système qu'une volte habile, qu'un désir de faire tourner à son profit cette mort inattendue. On lui montra une lettre qu'elle écrivait à son mari, le 2 janvier, et dans laquelle elle accusait Adolphe d'avoir tout fait; elle répondit qu'elle savait bien que cette lettre, écrite du fond d'un cachot, serait lue par la police.

M. Brutinel, cependant, à la première nouvelle de l'arrestation de sa fille, avait disparu de sa maison de Saint-Omer; mais bientôt il se mit à la disposition de l'autorité, déclarant qu'il n'avait ni reçu de demande de poison, ni envoyé de poison à sa fille.

Mme Brutinel accourut à Paris, et chercha des défenseurs pour sa fille et pour son mari. Cette dernière défense, la plus facile, fut confiée par elle à Me Lebon. Pour plaider la cause d'Adèle, elle s'adressa à Me Couture.

Me Couture était un avocat distingué de ce barreau d'Amiens, fertile alors en hommes d'élite, les Damay, les Varlot, les Laurendeau, les Machard, les Maisnel. Analyste et moraliste plutôt que juriste profond, Me Couture avait pour armes principales un sens droit, une probité inflexible. Attaché aux souvenirs de l'ancienne monarchie, il passait, sous l'Empire, pour un mécontent, pour un homme dangereux. C'est lui qui, pendant les Cent-Jours, ayant à défendre le fils de l'imprimeur Le Normant, accusé d'avoir distribué des proclamations séditicuses contre l'Empereur, soutint, en pleine cour d'assises, cette thèse originale, et assurément hardie, qu'il n'y avait pas de crime de lèse-majesté là où il n'y avait pas de majesté. Bonaparte n'était que le roi de l'île d'Elbe : ne l'avait-il pas avoué lui-même au Champ de Mai? Une loi fondamentale, il est vrai, avait été proposée pour lui rendre son titre; mais la question était pendante, et l'Empereur déchu n'était pas encore consacré à nouveau par un nouveau contrat. Il n'était donc, en réalité, que le roi de l'île d'Elbe.

Au moment même où Me Couture soutenait cette thèse brûlante devant les magistrats ébahis, l'Empereur rentrait à Paris, vaincu à Waterloo, mais encore suffisamment redoutable pour un mince avocat.

Voilà l'homme qui accepta la défense ardue d'Adèle Levaillant. Voyons, lui dit-il carrément, vous êtes coupable; il ne s'agit pas de vous faire innocente, mais de sauver votre tête. Vous avez projeté, médité, mûri le crime; je ne puis vous laver de cela. Mais le crime vous a été suggéré par votre mari; votre belle-mère vous a attirée lentement, sûrement, dans un guet-apens infâme. Vous avez voulu revenir en arrière, on vous a retenue sur la pente criminelle. Voilà le point, voilà la défense.

Cette défense, Adèle l'accepta et parut, le 10 mai 1811, devant la Cour d'assises de la Seine, présidée par M. Cholet. L'accusation, soutenue par M. Giraudet, avocat général, présentait Adèle Levaillant comme ayant effectué un empoisonnement sur la fille Magnien, et comme ayant commis, sur les époux Chénier, une tentative semblable, « ma-

C'est vous, Monsieur, s'écria la jeune femme terrifiée... (p. 4.)

nifestée par des actes extérieurs et suivie d'un commencement d'exécution, suspendue par des circonstances fortuites et indépendantes de sa volonté. »

La part faite par le ministère public à Mme Chénier, aux deux domestiques et aux deux témoins apostés du cabinet noir, fut ce qu'elle devait être. M. Giraudet montra la première suivant avec patience « le dessein *odieux* d'établir, en déjouant le crime, la preuve légale de la culpabilité; complétant la preuve, qui n'était pas nécessaire à son salut, *qui ne l'était qu'à sa haine et à sa vengeance.* » Le ministère public eut aussi des paroles sévères pour MM. de Saint-Aulaire et Bouvard, pour la police elle-même : — « ...deux personnes (et il faut dire qu'elles furent choisies dans les classes les plus honorables de la société), deux personnes qui s'aveuglèrent sans doute sur les motifs qui déterminaient la dame Chénier... Le moyen dont on usa eut à peu près tout le succès qu'on en avait attendu, et il paraît qu'on y avait compté avec une confiance qui a, en soi, quelque chose *qu'il est impossible de justifier;* car les agents de la police attendaient le résultat de l'opération. »

Le terrain ainsi préparé par l'accusation pour la défense, *Me Couture* prit la parole en ces termes :

« Messieurs,

« En se répandant dans le public, le bruit de l'accusation dirigée contre Mme Levaillant a soulevé dans tous les cœurs une vive indignation : cela devait être, et il eût été malheureux qu'il en fût autrement.

« Cette première impression s'est fortifiée à la nouvelle que son mari s'était ôté la vie; que son père avait été arrêté sur sa déclaration; qu'elle s'était abandonnée elle-même en faisant des aveux; qu'elle avait pris pour modèle, dans nos annales criminelles, une femme dont le nom fait frémir; qu'à son exemple elle avait composé des poisons; qu'à son exemple elle en avait fait l'essai sur sa femme de chambre; que mille discours atroces étaient sortis de sa bouche; que, surprise le 1er janvier dans ses propres piéges, il avait régné sur son front une sérénité semblable à celle que donne la vertu.

« Ces premières rumeurs m'avaient effrayé autant que tout autre, et je gémissais sur le sort d'une famille qui ne m'était pas inconnue, et surtout sur la destinée d'une mère dont l'éloge m'avait été fait plus d'une fois par d'honorables habitants de Saint-Omer.

« J'étais dans cette disposition lorsque cette mère vint me proposer la défense de son enfant.... Comme elle la prit elle-même dans mon cabinet! comme ses sentiments étaient forts et sa tendresse pressante! Il n'y eut pas moyen de résister, je cédai, et, à partir de ce moment, je dus confondre mes efforts avec les siens.

« Tout, dans cette affaire, me parut extraordinaire et jeté par une main invisible hors des voies de la nature et de l'expérience. J'ai voulu voir, j'ai vu, et j'ai découvert que la fille chérie de cette pauvre femme n'était pas telle qu'on me l'avait faite. Je me suis progressivement rempli d'une conviction qu'il s'agit aujourd'hui de vous faire partager.

« Messieurs, je le ferai en honnête homme; je veux vous instruire, je ne veux pas vous tromper. Je ne vous demande ni indulgence, ni faveur, ni grâce; votre justice me suffira. J'ai d'ailleurs appris, par les débats d'hier, quels sont les hommes auxquels, dans cette occasion tristement solennelle, j'ai à présenter tous les hommages de ma confiance et de mon profond respect.

« Je commence ma discussion.

« N'est-il pas étonnant, d'abord, qu'une femme

On l'entraîne, on la jette dans une voiture... (p. 4.)

mariée depuis six années, séparée de fait pendant quatre ans d'un mari militaire, arrivée à Paris au mois d'août pour se joindre à lui, ait conçu le projet d'assassiner la belle-mère de cet homme et le beau-père aussi, six semaines après cette réunion?

« Cet étrange complot, quel en fut donc le secret et soudain moteur? Fut-ce, comme on l'a dit, la cupidité?

« La donation faite par Mme Chénier à son mari était connue des époux Levaillant; elle rendait le crime, dans tous les cas, stérile pour ses auteurs. Si les père et mère périssaient à la fois, les biens dont M. Chénier était saisi entre-vifs passaient dans sa famille; celle de Mme Chénier, mère de M. Levaillant, en était irrévocablement dépouillée.

« Invoquera-t-on le démon de la haine pour lui faire reconnaître son œuvre dans l'attentat projeté?

« Quelle preuve d'une haine antérieure est opposée à Mme Levaillant? Quelques fragments de lettres bien insignifiants. La correspondance de l'accusée, celle de ses père et mère repoussent l'idée de cette passion.

« M. Brutinel avait un ressentiment profond, il est vrai, mais contre M. Levaillant, son gendre. Dans ses lettres de brumaire an XIII et juillet 1808, il lui adresse les plus vifs reproches, et lui annonce que, pour sa fille, sa famille et lui-même, il n'y a plus de repos possible que dans le divorce qu'il va provoquer.

« La même irritation enflammait le courroux de Mme Brutinel lorsque, le 25 pluviôse an XIII, elle écrivait à sa fille : « Si ce personnage (Levaillant) était susceptible de remords, je croirais à sa maladie dont vous paraissez si fortement affectée; mais un scélérat à qui tous les crimes sont familiers, même celui de savoir *endormir* et causer en cela la ruine du corps, ce dont je vous conseille de vous garantir, n'éprouve d'autres regrets que de n'avoir pas parfaitement réussi dans ses sinistres projets. Je n'en demeure pas moins votre bonne mère, etc. »

« Levaillant était, aux yeux des père et mère de sa femme, un objet odieux; sa femme le défendait seule, mais ils n'avaient pas de raison pour haïr les sieur et dame Chénier; ceux-ci n'étaient pas responsables des vices de leur fils; la famille Brutinel n'avait pas de griefs personnels contre les époux Chénier; leur fille ne les avait pas animés contre ses beaux-parents, et, pour que l'opinion soit bien assise à cet égard, je vais citer quelques lettres. « J'ai été longtemps à répondre, n'est-il pas vrai, ma bonne amie? » mandait Mme Brutinel à Mme Levaillant, sa fille; « j'attendais toujours la lettre que tu m'annonçais dans ta précédente. Je ne me plains pas du retard, puisque tes plaisirs en sont cause; je serai toujours heureuse de te savoir heureuse; c'est le vœu de mon cœur... Aussi ai-je toujours du chagrin de te voir faire quelque chose qui cause la plus légère peine à quelqu'un. Par exemple, ta plaisanterie et ta vivacité avec nos vieux amis est une liberté qui ne signifie pas grand'chose, mais qui s'éloigne de cette base fondamentale qui dit : Ne fais pas à autrui ce que tu ne veux pas que l'on te fasse.... Souviens-toi, ma bien bonne amie, que nous sommes toujours punis par l'endroit le plus sensible.

« La conduite que tu tiens avec Mme Chénier me raccommode avec ta parfois mauvaise tête. Ta douceur et ta patience me confirment des doutes. Il faudrait qu'elle fût bien méchante femme pour ne pas revenir de ses préventions sur ton compte, avec ta modération, ton respect et tes égards envers elle. Enfin, si cela était ainsi, il faudrait se résigner à prendre son parti en brave, et surtout ne pas s'en faire de chagrin.

« Quant à sa menace de déshériter son fils, je ne crois pas qu'elle puisse le faire d'après le nouveau Code : tu es trop jeune pour qu'elle puisse désespérer d'avoir des petits enfants. Il faut supporter tous ces désagréments en cas qu'ils arrivent; malgré son injustice, elle a des titres à ton respect : elle est la mère de ton mari, etc., etc. »

« Jetons un regard aussi sur la correspondance de Mme Levaillant avec son mari :

« Juillet 1810. — « A travers tout ce fracas d'idées, il en est qui sont plus agréables... Je reviens à moi, et je dis qu'il est bien vrai que je vais te revoir; cela me fait plaisir et dissipe tous les nuages. Mme Chénier est pour quelque chose dans tout cela, et j'avoue, à mon contentement, que je suis trompée agréablement : je ne la croyais pas susceptible d'avoir un procédé aimable envers nous. C'est un songe pour moi d'y aller descendre... Tout ce que tu me dis de tes chers parents me fait infiniment plaisir : je désire tant que ta mère mette de l'aménité dans ses procédés; elle trouvera quelqu'un qui lui en témoignera de la reconnaissance et qui ne la payera certainement pas d'ingratitude. »

« Dans une deuxième lettre : « J'ai écrit hier à ta mère pour lui offrir mes vœux; car, comme l'un des auteurs de tes jours, je n'oublierai jamais le respect et les sentiments de bienveillance que je lui dois. »

« Dans une troisième : « Quand tu dis que ta mère te doit un état, tu te trompes bien fort, car nous ne devons à nos enfants que les soins de l'enfance, une éducation, de bons principes et le nécessaire jusqu'au temps où ils sont en âge de gagner leur vie. Ainsi tu vois que ta mère ne te doit rien, et que depuis longtemps tu as la charge de nourrir ta femme et tes enfants; si ta mère fait quelque chose pour toi, ce n'est qu'un effet de ses bontés. Si tu avais osé convenir de ces vérités, tu aurais ce que tu n'as pas; car, veux-tu que je te dise? quand on compte sur ses parents on est bien malheureux. En vérité, mon bon ami, toi qui veux avoir de la fierté et une âme grande, il faut avouer que tu places bien mal cette vanité, car tu sais sans doute ce que ta mère pense de tes capacités. Je t'ai raconté dans mes lettres tout ce qu'elle m'a dit dans une première entrevue; je ne t'ai pas caché que j'en avais l'âme blessée, malgré que je ne la crusse pas; mais je lui ai dit que la Divinité qui m'avait inspiré le désir de te choisir pour époux m'assurait qu'elle était dans l'erreur, qu'elle te connaissait mal, et que tu lui prouverais le contraire. Elle me dit que ce serait à moi à qui elle en aurait une obligation éternelle, mais qu'elle appréhendait que mes espérances ne fussent vaines. Grand Dieu! pourquoi faut-il que son pronostic ait été vrai, et qu'il soit vrai encore que nous ayons toujours recours à elle?

« Tiens, mon ami, voilà ce qui me ronge. Combien j'aurais été heureuse de prouver à mes parents qu'ils se sont abusés, et de les faire repentir du peu de connaissance qu'ils auraient eu de tes moyens! J'aurais eu aussi la satisfaction de voir que ta mère, qui s'était opposée à notre union, en citât l'époque comme celle qui a éveillé dans ton cœur le désir de te distinguer, et qui lui a donné un fils qui, par la suite, a rempli ses vues et satisfait son ambition. *Sois sûr que je sais apprécier ta mère; elle nous chérirait, nous aurions d'elle tout ce que nous voudrions*, au lieu qu'elle nous regarde d'un œil de pitié, comme indignes d'être de son sang... Depuis trois ans à peu près que je suis éloignée de toi, je peux descendre dans ma conscience sans craindre d'avoir quoi que ce soit à me reprocher, et c'est, je l'avoue, ce qui me donne l'espoir que je dois être un jour heureuse. Je t'engage donc, mon tendre ami que j'aime plus que ma vie, à ne plus solliciter ta mère; laisse-la faire ce que la nature lui indiquera pour un fils; mais, si tu as besoin de demander quelque chose, prouve-moi que tu as assez de confiance pour m'en charger. Soutenue par les moyens et le désir de nous passer de tes parents, sois sûr que l'Etre suprême m'étayera : un pressentiment me le dit. J'ai écrit à ta mère, et je lui démontre combien je suis malheureuse d'être éloignée d'un époux que je chéris; je la supplie de faire tout ce qui est en son pouvoir pour notre réunion. Réponds de suite à ma lettre, mais sans morgue et sans employer le ton de maître dont tu te plais à te servir lorsque tu m'écris. »

« Mme Levaillant a écrit aussi à M. Chénier, mari de sa belle-mère, et je trouve dans l'une de ses lettres ce qui suit : « Il m'eût été infiniment plus gracieux de joindre la reconnaissance à mes autres sentiments pour vous; mais n'en parlons plus, puisque la chose est impossible. Je vous rends mille grâces, Monsieur, de l'offre gracieuse que vous avez la bonté de me faire; *mais, en acceptant, je craindrais que cela ne me brouillât avec Mme Chénier, et je tiens trop à son opinion et à sa bienveillance pour m'y exposer volontairement.* »

« Si j'ajoute que, dans la correspondance de M. Brutinel père avec M. Chénier, dont il vous a été rendu compte, vous n'avez vu, Messieurs, que de la satisfaction, des ménagements et des égards, vous conviendrez que la haine violente donnée pour principe à l'attentat de Mme Levaillant est une supposition qu'il vous est impossible d'admettre. »

Quant à Levaillant, continue l'avocat, nature molle, peu scrupuleuse, il ne compte pour vivre que sur les secours donnés par ses parents. Voilà ces deux natures; et ce serait la mieux trempée qui aurait imaginé ce crime? Elle est ambitieuse, dira-t-on, elle a souffert cruellement dans sa vanité; sa déception s'est tournée en haine : sa correspondance le prouve. Elle est avide d'argent, il lui en faut pour briller. Écoutez donc cette lettre :

« Quant à la fortune, quand on n'a pas les moyens d'en gagner, on doit l'attendre *patiemment* de ses parents, quand on sait qu'ils ont quelque chose; mais, pour le rang et l'honneur, on se signale soi-même, et ce n'est pas en quoi tu as réussi; car tu étais capitaine avec beaucoup d'espérance, puisque tu devais être lieutenant-colonel sous deux mois, à ce que tu me disais, et, actuellement que les trois quarts et demi des militaires ont eu de l'avancement, *tu n'es plus rien*.

« Je te remercie de ton attention de vouloir bien me promettre une robe de velours; mais, dans ta position, ta femme ne peut porter une robe aussi riche; d'ailleurs, si l'on m'en voyait une dans ce maudit trou de Saint-Omer, on aurait encore soin de dire que tu n'es pas assez riche pour m'en donner une, que conséquemment elle vient de mes adorateurs; car, quoique je n'y voie personne, on veut absolument que j'en aie.

« Mon ami, je sens que je t'aime malgré que tu m'aies rendue si malheureuse par ta faute. *Dis-moi ce que tu veux que je fasse, j'y souscrirai aveuglément et abandonnerai mes parents et tout ce qu'il y a à moi chez eux; mais réfléchis mûrement, car je ne penserai à rien qu'à faire ce que tu me diras.* »

« Quelle lumière jaillit de cette lettre sur sa situation actuelle!!!

« C'est assez sur cette première partie, Messieurs; vous écarterez ces prétendus motifs de cupidité, de haine et d'ambition; vous jugerez que la preuve a manqué à l'accusation pour établir que ces passions, ou l'une d'elles, ont imprimé le caractère du propre mouvement à l'action pour laquelle madame Levaillant est poursuivie. Dégagés de ces premières imputations, vous me suivrez plus librement dans la discussion de ma proposition : madame Levaillant, condamnée pour tentative d'empoisonnement sur la personne de madame Chénier, serait la victime d'une trame ourdie contre elle, et ne serait pas autre chose.

« Pourquoi donc est-il arrivé que tout à coup elle est passée de cet état de résignation à l'état de fureur, de la paix à la guerre, de la soumission à la révolte, et de l'innocence au crime?

« La résolution d'exécuter un empoisonnement sur la femme dont elle ménageait l'opinion et la bienveillance, sur la mère à laquelle elle voulait ramener le fils, cette résolution est prise brusquement; et, comme s'il s'agissait de l'action la plus indifférente, elle en fait part non-seulement à sa propre femme de chambre, mais même au domestique de Mme Chénier, qu'il lui plaît d'empoisonner l'un de ces prochains jours. C'est un événement comme un autre, sur la préparation duquel il n'y a plus qu'à s'entendre...

« Si la funeste pensée a germé dans le cerveau malade de M. Levaillant, s'il y a associé la femme sur laquelle son ascendant est maintenant connu, ou si, par adresse, il a préparé sa compagne, soumise à une docilité aveugle, et a fait lâchement ce calcul, qu'elle devait être le bras *qui, par lui-même conduit, fût seul chargé du crime et lui en laissât le fruit*, l'accusation d'avoir conçu et voulu l'empoisonnement se comprendrait mieux encore que, de Levaillant à sa mère, il s'agît du dessein d'un parricide.

« Levaillant (sa femme souffrira que je le dise) était un fils déchu, un militaire dégradé, un homme avili. Le vol, qui le croirait? lui était familier; les vices se donnent la main : de l'abjection à l'infamie le chemin n'est pas long, et qui a tout perdu n'a plus rien à perdre. Ses plaintes contre sa mère étaient journalières; il était sans ressources; les secours qu'il en avait sollicités étaient épuisés; sans courage pour lui-même, il attendait tout d'un événement qui pouvait lui paraître beaucoup trop éloigné. Quand viendra, pensait-il, cette fortune? Quand serai-je héritier, possesseur et maître?

« Déjà ce domestique qui est à sa mère et *qui a été le sien*, a été placé par lui dans la maison de M. et Mme Chénier. Cet homme peut servir; mais il me faut des intermédiaires... Mme Levaillant est si dévouée; elle me voit si malheureux!... Je le lui dirai tant de fois!... Si elle ne partage ni mon impatience, ni mon ressentiment, que du moins elle les seconde. N'est-ce pas là, Messieurs, ce qui s'est passé?

« Mme Levaillant a laissé tomber quelques paroles: sa femme de chambre était une exécrable créature; elle s'en est emparée pour les porter à Mme Chenier, et conclure avec elle un pacte dont l'objet était le dernier supplice de sa maîtresse.

« Le moment allait arriver où Mme Brutinel, demandant à la fille Magnien : « Qu'avez-vous fait de ma fille? », elle recevrait d'elle pour réponse : « Je l'ai conduite à l'échafaud. » Mme Levaillant est livrée par son mari et par sa femme de chambre : celle-ci est allée offrir ses services à Mme Chénier qui les a acceptés; l'une et l'autre n'ont plus qu'une crainte, c'est que Mme Levaillant ne leur échappe : elles se concertent, et c'est entre le 15 décembre 1810 et le 1er janvier 1811 que leur plan de conduite se déroulera comme un serpent. Mme Levaillant est arrivée de Saint-Omer à Paris au mois d'octobre et s'est réunie à son mari; mais il est important de se rappeler que, dès le 15 septembre précédent, la fille Magnien, femme de chambre de Mme Levaillant, et Adolphe, domestique de M. Levaillant, étaient seuls chez leurs maîtres; que leur conduite immorale y avait excité le scandale, et qu'à l'arrivée de ceux-ci, le principal locataire de la maison qu'ils venaient habiter, s'était plaint à eux de l'indécence des liaisons de leurs domestiques. Ce fut, Messieurs, au milieu des mêmes turpitudes que les débats vous les ont montrés dans un autre logement, pendant l'instruction de cette affaire. Ces deux êtres libertins avaient donc commencé dans le vice l'association de perfidie et de délation qui devait bientôt opérer sous la direction de la mère de M. Levaillant. Suivons ces deux méchants, ainsi accouplés par une femme plus méchante encore, dans la préparation et la consommation de leur œuvre de destruction.

« Selon la fille Magnien, ce fut dans les premiers jours du mois de décembre que Mme Levaillant s'étant emportée jusqu'à la menace contre Mme Chénier sa belle-mère, le sieur Levaillant, saisissant ce moment, dit : « Tu as bien raison, nous ne serons heureux que quand cette bougresse-là sera crevée! »

Peu de jours après, selon Mimi (c'est la fille Magnien), sa maîtresse lui a fait la confidence de son projet d'empoisonnement.

« Vous êtes des hommes éclairés, Messieurs, et je n'ai pas besoin de vous faire observer que cette confidence n'aurait pas eu lieu si la fille Magnien n'en eût donné le courage à sa maîtresse en l'approuvant dans son emportement contre sa belle-mère, et aussi si, par ses mauvaises mœurs et sa bassesse d'âme, elle ne lui eût offert des gages de capacité et d'exécution.

« Aussi nous la voyons accepter la complicité sans mot dire, et, s'il faut l'en croire, proposer au domestique de Mme Chénier, à son Adolphe, et cela le 17 décembre, d'entrer dans le complot et de se charger, lui qui est placé près de Mme Chénier, de porter le coup fatal à la maîtresse de laquelle il reçoit ses gages.

« La fille Magnien l'eût-elle osé si déjà la perte de sa maîtresse n'eût été arrêtée par elle, et pouvait-elle ignorer que c'était révéler le secret à Mme Chénier elle-même que de le confier à son serviteur; que c'était s'assurer une grande récompense de la part de la femme riche qui la lui pouvait donner, en lui sacrifiant la femme pauvre de laquelle elle n'avait rien à attendre ?

« Adolphe, dit Mimi, a repoussé d'abord la proposition du 17 décembre; mais Adolphe avait les instructions de Mme Chénier, qui sut la trame le jour même, si elle ne l'avait pas ourdie plus tôt, car il y a un mystère qui reste à pénétrer dans cette affaire. En conséquence, dès le lendemain, 18 décembre, il revient chez les époux Levaillant et demande une explication, pour laquelle Mimi s'empresse de le mettre en présence de Mme Levaillant. Adolphe nie cette confrontation. A partir de ce moment, les communications de ces domestiques entre eux furent très-fréquentes, et lorsque, dans l'instruction, il fut, par les magistrats, demandé à Adolphe quel avait été l'objet de ces colloques multipliés, il répondit ingénument : *Ce fut pour nous entendre sur les moyens d'atteindre Mme Levaillant.*

« Ce moyen était tout simple : il consistait dans la réunion et l'accord de deux témoins.

« Voilà donc, Messieurs, les deux agents de Mme Chénier chargés de pousser Mme Levaillant au crime. C'est sur une prétendue menace de la femme, d'un encouragement du mari, que la vengeance *à mort* a été organisée; c'est avant l'achat du poison, notez-le bien, et ne vous étonnez plus si, donnant le bras à sa maîtresse, le lendemain même de son entrevue avec Adolphe, le 18 décembre, la fille Magnien l'a promenée de boutique en boutique pour lui procurer l'arsenic. Cette fille est-elle assez infâme ! Mme Levaillant lui a été recommandée par sa bonne mère, de Saint-Omer ; c'était un dépôt confié à sa fidélité et à son dévouement; cependant elle accepte de Mme Chénier l'office de bourreau; elle fait marché de l'honneur et de la vie qui lui ont été donnés à surveiller; elle conspire, elle conseille et dirige tous les actes qui doivent fonder une accusation capitale; les charges seront son ouvrage; elle les dénoncera, elle les attestera. La jeune dame est enlacée par elle, et elle ne l'abandonnera qu'après l'arrêt de condamnation. Cette fille est horrible. »

Ici l'avocat déroule toutes les phases de la provocation : Mimi conduisant sa maîtresse à la recherche du poison, Adolphe concertant avec Mme Chénier ses démarches perfides, encourageant cette malheureuse enfant qui recule devant l'attentat.

« Le misérable ! il excitait la jeune femme par des espérances de bonheur, et il était convenu la veille, avec Mme Chénier, que l'avenir que Mme Levaillant s'ouvrirait sous sa direction et à son aide serait la position dans laquelle elle se trouve aujourd'hui devant vous. Cette position vous met dans la main, Messieurs, une fragile existence; si vous la pressez sans écouter cette pitié que doit lui attirer cette conduite de ses ennemis, vous la brisez comme un verre et vous donnez de la joie aux méchants que je vous dénonce à mon tour.

« Mme Chénier, en donnant, le 21, à Adolphe, la mission de persuader à Mme Levaillant que cette donation existait, s'était proposé de l'amener à étendre ses projets sur M. Chénier : Mme Chénier le désirait; elle craignait la faiblesse d'un mari qui n'avait pas ses passions et ne partageait pas sa haine, et elle avait calculé, en égoïste toutefois, que, si le danger était rendu commun à son mari, il serait d'autant plus irrité contre la femme qu'il avait honorée de ses bontés, et ne fléchirait pas plus que Mme Chénier ne fléchirait elle-même à l'aspect de la ruine de Mme Levaillant.

« M. Chénier, sur l'ordre de sa femme, fut donc averti par Adolphe que ses jours, comme les jours de sa femme, étaient menacés.

« Pendant que Mme Levaillant est engagée dans cette route et marche à l'abîme, les agents de Mme Chénier se gardent bien de prévenir M. Levaillant et d'instruire les père et mère de Mme Levaillant. Qu'eût dit Mme Chénier, si Adolphe et Mimi lui eussent été infidèles à ce point? Que devenait la dot de ce couple intéressant pour le mariage qui, le lendemain de l'exécution de Mme Levaillant, devait légitimer leur amour satisfait? »

L'avocat a développé toute la trame du guet-apens, raconté l'intervention odieuse de Dobigny, dit les contradictions qui signalent la déposition de ce témoin. Enfin on tient les preuves !

« Que dire de ces témoins muets opposés à Mme Levaillant? Les paquets : il y en a eu deux, puis trois, puis deux encore; quatre, cinq, six personnes les ont ouverts, et, avant qu'ils arrivassent à la police, un médecin de la maison Chénier les avait expertisés... Que contenaient-ils en sortant des mains de Mme Levaillant? Est-ce ce qui y était alors qui y est encore aujourd'hui? Qui le sait? qui peut le dire? Et vit-on jamais préluder avec cette effronterie aux constatations de la justice, quand il s'agit d'armer le ministère public du poison même pour confondre l'empoisonneur? Mme Chénier a fait des fautes dans l'édifice qu'elle a élevé contre sa bru; elle prenait pourtant conseil d'un homme de l'art qui a la haute main à la police même. Cet ami de la maison Chénier, que je pourrais nommer tant il s'est découvert dans l'œuvre de ce guet-apens, avait recommandé plus de réserve; mais était-il possible à Mme Chénier de contenir la joie de son triomphe dans de sages limites? S'il pouvait être, dans cette enceinte, une belle-mère jalouse de la beauté de sa belle-fille et capable d'une atroce vengeance, elle comprendrait le genre de bonheur qui a fait perdre la tête à Mme Chénier.

« Quant à l'homme de police, je le laisse; je lui dirai seulement, chemin faisant, qu'un chef de la police qui est instruit qu'une menace s'est échappée de la bouche d'une femme dans un moment d'exaltation la doit défendre contre elle-même, en l'avertissant que cette menace a été entendue; mais qu'il y a de sa position un révoltant abus quand il fait, avec la personne menacée, parce qu'il est son ami, le calcul des moyens qu'il est habile d'employer pour transformer la menace en effets, et conduire doucement et comme par la main une jeune imprudente au pied d'une Cour d'assises.»

En vain, la malheureuse veut revenir en arrière, reprendre ce poison : on ne le lui rendra pas. Ce n'est pas tout. Mme Chénier veut prouver deux choses : d'abord, que son fils n'est pas coupable; puis, que Mme Levaillant a fait plus que rêver un crime, qu'elle en a commis un. De là, ce plan affreux du guet-apens du 1er janvier. Après ce baiser de Judas donné par la belle-mère, la bru est attirée sur les traces d'Adolphe.

« Quel spectacle, Messieurs, et quelle leçon pour les femmes assez imprudentes pour faire une menace ou former un vœu propre à déceler la haine, assez faibles pour souffrir que des valets les poussent à des actes qu'ils rattacheront aux paroles !

« Quel spectacle ! dis-je : cette jeune femme est là dans un cabinet isolé; sa destinée est dans la main d'un domestique qui la domine ; près d'elle sont les deux amis de la maison transformés en espions; dans l'appartement supérieur sont M. et Mme Chénier, Mme Chénier surtout qu'aucune pitié n'émeut; et dans toutes les pièces de la maison sont les préposés de la police, impatients de tomber sur leur proie !...

« Pauvre et misérable créature, qu'espérez-vous, que demandez - vous, que faites - vous, que dites-vous?

« Ce qu'elle espère : c'est la restitution du poison. Ce qu'elle demande : c'est le poison. Ce qu'elle fait : elle est à genoux aux pieds d'Adolphe. Ce qu'elle dit : « Malheureux, hâte-toi; tu t'es rendu invisible pendant quatre jours ; mais il est temps encore... — Non, non, » répond le misérable ! Entendant ce refus fait à haute voix, les deux écouteurs se montrent à Mme Levaillant ; celle-ci cherche une retraite par le jardin, mais Adolphe se place devant elle et lui intime l'ordre de le suivre. Elle se dirige vers la cour. A peine a-t-elle fait quelques pas qu'elle est en présence de M. Chénier, et, au même instant, entourée de sbires qui la saisissent, la jettent dans une voiture et la conduisent à la Préfecture de police. »

Déjà l'avocat a fait remarquer le peu de certitude qui ressort des témoignages contradictoires de ces deux écouteurs apostés. M. Bouvard a entendu bien des choses, et cependant l'accusée parlait bien bas. Il a entendu : « Mon mari ne connaît pas mon projet; mais, au surplus, quant aux deux cents louis, vous pouvez être tranquille; vous pouvez compter sur ma reconnaissance. » Sur l'empoisonnement de Mimi, il a entendu : « Pourquoi en a-t-elle mangé? Au surplus, mon dessein n'était pas de l'empoisonner, mais de m'assurer de l'effet du poison. » Voilà de bien longues phrases ! Et M. de Saint-Aulaire, placé beaucoup plus près, n'a entendu que les demandes faites à haute voix, et non les réponses faites à voix basse. Il est vrai qu'on dit que, en sa qualité d'astronome, M. Bouvard a l'oreille des plus fines. Heureux privilége !

Me Couture s'appliqua surtout à repousser l'empoisonnement prétendu de Mimi.

« On s'écriera, peut-être, qu'aucun ménagement n'était dû à une femme qui avait préludé à l'empoisonnement de sa belle-mère par celui de sa propre femme de chambre.

« Comment les calomniateurs n'ont-ils pas reculé les premiers devant une pareille absurdité?

« Comment a-t-on porté l'extravagance jusqu'à accoler ces deux empoisonnements?

« Mme Levaillant aurait voulu se défaire de sa belle-mère en s'y faisant aider par la fille Magnien, et son premier acte eût été de donner la mort à cette fille!

« Si du moins l'attentat contre celle-ci eût été postérieur à la remise de l'arsenic dans les mains d'Adolphe; si celui-ci eût exécuté le crime prémédité contre Mme Chénier, et si le moment fût arrivé pour Mme Levaillant de faire disparaître les deux domestiques qu'elle s'était associés et dont elle avait à redouter les révélations, on apercevrait un intérêt dans ses projets homicides; mais c'est *vers* le milieu de décembre que l'on place l'empoisonnement de la fille Magnien (Mimi n'avait pu même préciser la date d'un événement pour elle si remarquable !); c'est à l'époque où cette fille, feignant d'entrer dans les pensées de sa maîtresse, courait avec elle chez les apothicaires et les épiciers, attirait Adolphe, le présentait à sa maîtresse et le lui gagnait (ainsi le devait croire Mme Levaillant) pour qu'il fût l'exécuteur de leur volonté; c'est lorsque tous les fils de l'intrigue étaient dans la main de Mimi que Mme Levaillant aurait tenté de lui arracher la vie!... Cette accusation se peut-elle comprendre, et ne s'est-on pas laissé emporter jusqu'à la démence par le désir de faire, de la jeune femme, une empoisonneuse par goût particulier et par tempérament?

« Que penseriez-vous, si le fait était vrai, de cette suite donnée aux rapports de la maîtresse avec la femme de chambre? de la sécurité de celle-ci, à partir de ce moment comme dans un temps précédent? du silence qu'elle a gardé, et surtout de cette lettre du 27 décembre qu'elle adresse à la mère de sa maîtresse : « Vous m'accuserez, sans doute, de « négligence, d'avoir gardé le silence si longtemps et « de ne vous donner aucune nouvelle de l'*aimable* « *couple qui vous intéresse*. Rien de nouveau jusqu'à « présent ; ils sont tous deux en parfaite santé. Vous « avez dû recevoir des nouvelles de Mme Levaillant, « car j'ai porté plusieurs lettres à la poste. Veuillez, « je vous prie, agréer les vœux les plus sincères « *pour votre plus grande satisfaction*, et me croire, « avec le plus grand respect... »

« *Aimable couple!* et la femme l'empoisonnait huit jours avant...

« *Rien de nouveau!* et dans quatre jours Mme Chénier sera empoisonnée !...

« Les vœux de Mimi *pour la plus grande satisfaction* de Mme Brutinel ! et son occupation du moment est de vouer cette mère au désespoir, en assurant à sa fille chérie une condamnation à mort !...

« Voilà pourtant, Messieurs, comment il est arrivé qu'en chargeant Mme Levaillant de deux empoisonnements en quinze jours, la fille Magnien a voulu la rendre exécrable à Paris, en France, dans le monde entier, et livrer son nom à la détestation de la postérité la plus reculée.

« Croyez comme moi, croyez fermement que cette fille n'a imputé à Mme Levaillant un premier empoisonnement que pour donner une cause apparente à l'atroce persévérance avec laquelle elle a conspiré avec Mme Chénier et avec Adolphe contre la maîtresse qu'elle assassinait après l'avoir irritée et corrompue. Son calcul a été que l'on croirait à sa haine personnelle contre Mme Levaillant, si elle établissait qu'elle avait failli en être la victime, et que de cette manière son rôle dans le drame serait moins odieux, parce qu'il y a moins de scélératesse à servir gratuitement sa propre passion qu'à être l'instrument salarié de la vengeance d'autrui.

« Quant à moi, l'âme flétrie et fatiguée, je viens à vous, Messieurs, et je vous dis : L'empoisonnement de la fille Magnien est une fable ; la tentative sur Mme Chénier est réelle, mais elle n'eût jamais eu lieu si, en abusant d'une faiblesse bien coupable dans Mme Levaillant, deux domestiques, dirigés par une belle-mère, n'avaient créé et accumulé toutes les circonstances qui sont entrées dans l'acte d'accusation.

« Ma discussion, je l'espère du moins, vous a fait bien comprendre ma défense. Levaillant et sa femme se sont emportés en murmurant contre leur mère et belle-mère ; les paroles du mari : « Nous ne serons heureux que quand cette bougresse sera crevée, » ont été redites à Mme Chénier, et celle-ci a juré, à l'instant même, d'écraser sa bru. Mme Levaillant a été excitée d'abord, puis familiarisée avec l'horrible mot *poison*. Ce premier succès étant obtenu, les démarches, les lettres pour l'arsenic, l'admission d'Adolphe, les conférences, la mission d'exécution à un jour dit, en faisant passer le poison dans ses mains, la conception et le développement de l'intrigue contre la jeune femme dont on vous demande la tête, les moyens de l'engager dans le piége et de l'y faire surprendre, de jeter l'idée de l'attentat, d'y accoutumer la pensée, et d'amener Mme Levaillant à ne point empêcher qu'il ne soit commis par des domestiques qui se faisaient criminels aux yeux de la belle-fille pour que celle-ci le devînt inévitablement aux yeux du monde..., tout cela, oui, tout cela fut l'ouvrage de Mme Chénier, et telle est, dans le procès, la position de l'accusatrice, qu'elle ne peut pas invoquer une charge contre l'accusée sans qu'il lui soit prouvé que celle-ci n'a rien fait que celle-là ne lui ait fait faire.

« Or la volonté, le propre mouvement sont les premières conditions de la culpabilité : l'accusateur qui a pratiqué ou fait pratiquer l'accusé pour qu'il commît ou laissât commettre le fait qualifié sur lequel le débat s'ouvre plus tard, est le véritable criminel ; l'indignation s'allume à bon droit contre lui. Le malheureux qu'il ose poursuivre deviendra-t-il, à sa voix, la victime des lois, quand il était la sienne pour le même fait avant que la loi fût invoquée ? Que Mme Levaillant prenne, devant la société, l'attitude la plus humble et lui dise : « Ayez pitié de moi ! », je comprends cette soumission et ce langage ; mais à Mme Chénier, que doit-elle ? Je lui défends de s'humilier devant cette cruelle femme... Avoir été docile à d'affreux conseils, c'est être dans une position bien accablante sans doute ; mais le mépris qui s'attache à la personne qui les a donnés est plus juste et plus profond encore. C'est là mon sentiment, et je m'y affermis, Messieurs, par l'impression que je fais sur vos cœurs, si je ne me trompe pas dans le jugement que j'ose en porter.

« J'ai tout dit pour Mme Levaillant, accusée par Mme Chénier. Mais non ; je n'ai pas tout dit. Et pourquoi ne me révolterais-je pas contre la recommandation qui m'a été vingt fois faite par Mme Levaillant d'oublier son mari ?... Ma mission étant de la défendre, puis-je la laisser supporter seule le poids de l'accusation ?

« Levaillant, étranger à tout ce qui s'est passé chez lui ! Ah ! Messieurs ! quels témoins croire de sa participation, si ses discours contre sa mère, ses vœux invoquant la mort de sa mère ; sa complicité dénoncée par Mimi dans le prétendu empoisonnement effectué sur elle dit-on, le 23 décembre ; sa dispute avec sa femme sur le projet d'un autre essai sur cette femme de chambre ; son front chargé d'ennuis, son extérieur sinistre, la terreur qu'il inspirait ; tant de jours et tant de nuits passés avec sa femme ; ce qu'il a dit dans sa lettre à M. Chénier à l'instant de sa mort : « Sachant ce que vous saviez par MM. de Saint-Aulaire et Bouvard, *me concernant*, vous ne deviez pas pousser les choses aussi loin. » ; le placement de son Adolphe chez M. Chénier ; le dévouement de ce domestique à sa personne ; les premiers aveux arrachés à sa femme par la force de la vérité, sur la complicité du mari auquel elle voulait pourtant s'immoler ; le désespoir enfin de Levaillant et son suicide la nuit même de son arrestation, plutôt que d'affronter une instruction criminelle et ses terribles conséquences, quels témoins croirez-vous de la direction occulte de Levaillant, si vous ne croyez tous ces témoins ?

« Cependant Mimi et Adolphe, exécuteurs des ordres des sieur et dame Chénier, ont mis leur application à épargner Levaillant et à justifier sa mémoire ; c'est à cette œuvre que MM. Bouvard et Saint-Aulaire ont été plus particulièrement employés ; c'est à cette fin qu'ils ont été apostés le 1er janvier, et qu'ils ont tendu leur embuscade.

« Tandis que la femme est traînée à la police, le même jour Levaillant couche chez sa mère ; le 2 et le 3, il va au domicile conjugal et supprime tout ce qui l'inquiète.

« Banni du toit maternel (et l'eût-il été si sa mère eût pu l'y supporter ?), il demande chez un ancien protecteur un asile qui lui est refusé ; il erre à l'aventure et veut en vain se fuir lui-même : *Quis, exul patriæ, se quoque fugit !* C'est le 4, mais ce n'est que le 4, qu'il est arrêté ; il est interrogé à l'instant. Il apprend que sa femme est convenue que l'attentat, s'il existe, est une charge de la communauté dont il est chef et maître. Il répond au préfet de police et dément sa femme. Rentré dans sa prison, il y est seul, tandis que son épouse est sous la garde d'un homme qui suit de l'œil ses moindres mouvements. Livré sans témoins à lui-même, et, en présence du danger, aux prises avec sa conscience, il ne peut tenir ferme ; la mort, cet immense asile des mortels, ouvre ses portes ; il en profite pour fuir ; il fuit..., mais en Parthe, en perçant le cœur de la femme qu'il a exposée et qu'il abandonne... Dans un testament, dernière œuvre du perfide, il lègue à sa veuve dans les fers une accusation déguisée sous les plus fallacieuses couleurs ; tout en protestant de son dévouement, de son sacrifice et de son amour pour elle, il attaque son éducation, ses principes, son caractère, et jusqu'à son maintien.

« Par ses recommandations il la proscrit, et par ses regrets il l'assassine, tandis que, ramenant complaisamment ses regards sur lui-même et satisfait de son intérieur, il est un ange à ses yeux, et, se peignant d'un seul trait, il s'écrie :

Le jour n'est pas plus pur que le fond de mon cœur !...

Puis il revient, en mourant, sur son violent amour pour cette femme que son hypocrisie déchire.

« Étaient-ce là le langage et l'effet de l'amour ? S'accuser pour sauver son Adèle et lui sacrifier tout, jusqu'à sa mémoire, c'eût été l'aimer.

« Ah ! que sa femme, sans se vanter comme il l'a fait, l'aimait bien autrement ! Quelle différence

« Lui, pour mourir plaint et honoré, il a accusé sa femme. *Elle*, pour qu'il vécût sans opprobre, elle alla, le 2 janvier, le sachant libre, au-devant de la flétrissure et de l'infamie.

« C'est dans cet esprit qu'elle s'est placée à la tête du complot, et que, pour son principe d'action, elle a parlé d'une haine personnelle dont elle n'avait jamais été possédée.

« C'est dans cet esprit qu'elle lui écrivait, le 2 janvier, comme pour se justifier à ses yeux, assurée que sa lettre arriverait à l'autorité et servirait à donner le change sur la complicité d'une tête si chère !

« C'est avec ce dévouement d'esprit et de cœur encore que Mme Levaillant a déclaré que c'était elle qui avait fait à son père la demande du poison, tandis que la vérité était que cette demande avait été faite par son mari. Celui-ci, en un mot, n'a rien fait pour sa femme, et a, au contraire, tout fait contre elle. Sa femme a trop fait pour lui ; la présence à la barre de M. Brutinel, son père, en est un monstrueux gage. C'était ainsi, fille imprudente et indocile, que vous deviez expier votre aveuglement et payer votre désobéissance. La conclusion de ce funeste mariage vous a coûté une partie de votre honneur; les circonstances qui ont entraîné sa dissolution vous ont enlevé le reste. Mais c'est assez; laissons les faits et attachons-nous à la loi.

« Ici, Me Couture aborde le point de droit et établit les deux vérités légales sur lesquelles le jury doit s'appuyer pour décider que Mme Levaillant n'est ni auteur, ni complice du crime de tentative d'empoisonnement.

« La tentative ne réunit pas, dans ce procès, les conditions qui la doivent constituer pour qu'elle ait le même caractère que le crime lui-même; d'ailleurs il y a eu, avant l'exécution, un retour sur la volonté d'agir, dont la loi fait honneur à l'amendement et au repentir.

« Ce n'est, Messieurs, que depuis la révolution de 1789, que la législation française s'est occupée de la tentative des crimes; jusque là, dans le royaume comme chez les autres peuples de l'Europe, il n'y avait de pénalité applicable qu'au crime consommé, s'agissant surtout de la pénalité afflictive et infamante.

« Le premier essai de l'assimilation de la tentative d'exécution à l'exécution même a été fait dans le Code pénal du 25 septembre 1791, article 13 du titre 2, section 1re, pour l'assassinat; article 16, de la même section, pour l'empoisonnement.

« A l'égard de l'assassinat, la loi place la tentative dans l'attaque à dessein de tuer;

« A l'égard de l'empoisonnement, dans la mixtion, l'emploi, l'administration des substances qui peuvent donner la mort plus ou moins promptement.

« Le principe néanmoins n'était pas posé législativement, et une innovation qui, contrairement aux idées reçues jusqu'alors, tendait à soumettre à la même peine ceux qui avaient tenté de commettre le crime et ceux qui l'avaient commis, était assez grave, je dirai même assez énorme, pour que la déclaration en fût faite par une loi expresse.

« C'est ce qui eut lieu par la loi du 22 prairial an IV; en voici les termes : « Le conseil des Cinq-Cents, considérant que le Code pénal ne prononce aucune peine contre les tentatives de vol, de l'incendie et des autres crimes à l'exception d'assassinat et de l'empoisonnement, prend la résolution suivante : Toute tentative de crime *manifestée par des actes extérieurs, et suivie d'un commencement d'exécution*, sera punie comme le crime, *si elle n'a été suspendue que par des circonstances fortuites, indépendantes de la volonté du prévenu...* »

« J'ajoute de suite le texte même de la loi du 17 février 1810, au nouveau Code pénal : « Est qualifié empoisonnement tout attentat à la vie d'une personne par l'effet de substances qui peuvent donner la mort plus ou moins promptement, de quelque manière que ces substances aient été employées ou administrées, et quelles qu'en aient été les suites. »

« Vous connaissez maintenant, Messieurs, la législation sur la tentative des crimes en général, et en particulier sur la tentative du crime d'empoisonnement. Vous savez que si vous déclarez que Mme Levaillant est coupable d'une tentative d'empoisonnement sur sa belle-mère, tentative manifestée par des actes extérieurs et suivie d'un commencement d'exécution, votre déclaration aura les mêmes effets que si elle portait que Mme Chénier est morte empoisonnée par Mme Levaillant.

« Lorsque j'appelle votre attention sur une tentative assimilée au crime, sur une pénalité qui ôte la vie à celui qui ne l'a pas ôtée à autrui, mais a tenté de la lui ôter; quand il ne s'agit plus de l'anathème divin, *qui necabit necabitur*, mais qu'il y a lieu à l'application de la nouvelle institution humaine, *qui tentavit necare, necabitur*, vous êtes naturellement portés par la réflexion à vous bien assurer *si du moins* les caractères de la tentative, définis par la loi du 22 prairial an IV, se rencontrent dans le fait attribué à Mme Levaillant.

« Que veut la loi? Elle veut que la tentative du crime ait été manifestée, par des actes extérieurs et *suivie d'un commencement d'exécution*.

« Qu'entend-on par commencement d'exécution lorsqu'il s'agit d'une tentative d'empoisonnement? La loi de 1791 répond : « Il y a commencement d'exécution quand la substance qui peut donner la mort a été mêlée, employée ou administrée, c'est-à-dire quand la tentative a été portée au point que tout ce qui dépendait du prévenu pour que son crime fût consommé, a été par lui complété. »

« Conséquemment, si Adolphe, servant réellement d'instrument à Mme Levaillant, eût mêlé l'arsenic avec les aliments destinés à Mme Chénier, il y aurait eu, par le seul fait de cet emploi du poison contre les jours de la personne désignée, le commencement d'exécution dont parle la loi de prairial an IV et que spécifie celle de 1791, à laquelle se réfère celle de l'an IV pour la tentative du crime d'empoisonnement.

« Si les choses se fussent ainsi passées, Adolphe eût été l'auteur de la tentative, et Mme Levaillant eût été sa complice.

« L'emploi du poison caractérise le commencement d'exécution par distinction des actes extérieurs, comme, pour l'assassinat, l'attaque *à dessein de tuer*. En effet, la loi de 1791 considère que l'homme qui est assailli, soit fortuitement, soit avec guet-apens et préméditation, peut être la victime d'un furieux, mais que, s'il lui échappe, et qu'au lieu du crime consommé le juge n'ait plus à punir qu'une tentative qui a échoué, il ne pourra assimiler la tentative de l'assassinat à l'assassinat effectué qu'alors qu'il résultera, des circonstances du fait, que l'attaque ne se bornait pas à des voies de fait, mais qu'elle avait eu lieu *avec le dessein de tuer;* qu'il ne s'agissait pas seulement de terrasser la victime, mais encore de lui arracher la vie.

« Pour l'incendie, le commencement d'exécution est dans l'introduction du principe incendiaire dans la matière que le criminel veut réduire en cendres. Ainsi du reste.

« Eh bien! Messieurs, dans cette accusation, le poison n'a été ni mêlé, ni employé, ni administré; la manifestation par des actes extérieurs, que vous apprécierez en eux-mêmes, est incontestable : le poison a été demandé à Saint-Omer, acheté à Paris, remis à Adolphe; le jour a été pris, la personne a été désignée; pour ces actes il faudrait une peine, et il faudrait qu'elle fût grave, je ne crains point d'en exprimer le vœu; mais il n'y a pas eu de *commencement d'exécution* de la tentative, et il n'y aura pas un de vous qui, en délibérant sur cette question : « Mme Levaillant est-elle coupable d'une tentative d'empoisonnement manifestée par des actes extérieurs et suivie d'un commencement d'exécution? », ne puise dans sa raison et dans sa conscience cette réponse : « Il y a eu tentative manifestée par des actes extérieurs, mais il n'y a pas eu commencement d'exécution. »

« On vous a dit que Mme Levaillant ne peut trouver son salut dans la circonstance que le poison n'a pas été employé contre Mme Chénier, puisqu'elle avait chargé Adolphe de cet emploi, puisqu'elle a persisté dans la volonté que cet emploi fût fait, et que ce fut par la volonté contraire d'Adolphe, et par ces circonstances indépendantes de la volonté du prévenu dont parle la loi de prairial an IV, que la tentative d'empoisonnement a été suspendue.

« Non, non, la volonté de Mme Levaillant n'a pas été étrangère à cette suspension de la tentative... A peine sa femme de chambre et Adolphe étaient-ils parvenus à faire passer le poison dans les mains de celui-ci, par l'intermédiaire de Mme Levaillant, que cette dame sentit le poids de sa faute et le besoin de l'effacer. Vous avez appris par les débats qu'elle chargea la fille Magnien de rappeler Adolphe, de le lui amener, de l'instruire qu'elle voulait que les paquets et la boîte lui fussent rendus; qu'elle révoquait le consentement qu'on lui avait inspiré ou surpris; que l'hésitation qu'elle s'était empressée de manifester, en proposant que l'on attendît la saison des fraises, elle la convertissait dans l'ordre formel de ne donner aucune suite aux actes antérieurs. Du 29 au 31, elle tenta plusieurs fois de rencontrer cet homme, elle n'y réussit pas... Celui-ci n'est-il pas convenu devant vous, Messieurs, qu'il avait été averti par la fille Magnien de la résolution révocatoire de Mme Levaillant, qu'il en avait fait part à Mme Chénier, et qu'il en avait reçu l'ordre d'éviter Mme Levaillant et de sortir avec ses chevaux dès le matin pour ne rentrer qu'à l'heure du dîner? Deux faits ressortent donc avec éclat et avec bonheur du débat : le premier, Mme Lavaillant a tout fait pour que le poison lui fût rendu; le second, Mme Chénier a tout fait pour qu'elle ne pût le reprendre. Pourquoi cette implacable belle-mère rendit-elle impuissant le repentir de Mme Lavaillant? Elle n'eut qu'un motif, celui de la perdre plus certainement en l'obligeant de se jeter aux pieds de son laquais en lui demandant sa boîte d'argent et ce qu'elle recélait, tandis que MM. de Saint-Aulaire et Bouvard constateraient l'aveu de la remise de ce poison par Mme Levaillant à Adolphe. Oui, Mme Levaillant a embrassé les genoux de ce malheureux.... Gémirai-je de cet excès d'abaissement? Non, elle expiait là ses fautes : *quos facinus inclinat, æquat*. Mais, pour vous, le retour de volonté est écrit partout, et vous direz, comme tous ceux qui m'entendent : « Il n'est pas vrai que la tentative n'a manqué son effet que fortuitement et par des circonstantes indépendantes de la volonté de Mme Levaillant. »

« Si votre déclaration est conforme à l'attente que je fonde sur cette discussion franche, loyale et toujours mesurée, vous épargnerez à Mme Chénier la fatale ivresse qui ferait le tourment de sa vie, si, pour assouvir sa haine ou sa vengeance, elle se baignait dans le sang de sa belle-fille. »

Malgré quelques taches et quelques lourdeurs de style, cette plaidoirie de Me Couture peut passer pour un des bons morceaux de l'éloquence judiciaire au commencement de ce siècle. Elle est simple, habile, fortement déduite; on y sent une verdeur assez rare dans le barreau un peu effacé du premier Empire. L'avocat eut tout le succès qu'il attendait, un peu plus peut-être; car la police et Mme Chénier partagèrent les exécrations de la foule, émue par la voix vengeresse de cet honnête homme. Il fallut même, au sortir de l'audience, protéger les deux domestiques, ces hideux provocateurs, contre les violences du public indigné.

Après une plaidoirie de *Me Lebon* en faveur de Brûtinel, dans laquelle l'avocat sut mettre au jour les contradictions des accusateurs relativement à l'achat du poison, le jury rapporta, à l'unanimité, un verdict déclarant : 1° qu'Adèle Levaillant n'était pas coupable d'une tentative d'empoisonnement sur la fille Magnien; 2° qu'elle était coupable d'avoir commis volontairement une tentative d'empoisonnement sur M. et Mme Chénier, tentative manifestée par des actes extérieurs, mais qui *n'avait pas été suivie d'un commencement d'exécution*, et qui n'avait pas été suspendue par des circonstances fortuites et indépendantes de la volonté de son auteur. Quant à Brutinel, il était déclaré non coupable de complicité.

Mme Levaillant et son père furent donc acquittés; mais, avant de prononcer l'ordonnance d'absolution, le Président adressa à la malheureuse Adèle ces sévères et justes paroles : « Le jury vous déclare coupable de la tentative d'un crime horrible. Si cette tentative n'est pas suffisamment caractérisée, vous le devez à la fortune. La Cour ne peut prononcer contre vous aucune peine. Je suis forcé de vous acquitter; je vous livre à vos remords, si vous êtes capable d'en éprouver! »

Cet acquittement était un échec pour la police impériale, qui avait joué dans ce procès un assez triste rôle; un rapport irrité fut présenté à Napoléon. L'Empereur, qui se considérait comme supérieur à la loi, cassa de sa propre autorité le verdict du jury, et fit jeter Mme Levaillant à Saint-Lazare. Cette détention arbitraire dura trois ans. Adèle Levaillant profita du désordre causé par l'entrée des étrangers à Paris, le 30 mars 1814, pour s'échapper, la nuit, au moyen d'une échelle, de la maison des dames de Saint-Michel, où elle était alors détenue. On respecta depuis lors sa liberté.

Le jury avait eu raison; Napoléon avait eu tort. Le crime de cette femme n'était pas de ceux que l'homme a le droit de punir.

6

LES CRIMES D'INTENTION.

LA VEUVE MORIN ET ANGÉLIQUE DELAPORTE (1811).

Le souterrain de Clignancourt.

Dans le courant du mois de septembre 1811, un certain Ragouleau, se disant avocat, se présenta à la Préfecture de police, et y déclara qu'il se trouvait sous le coup d'un complot d'assassinat tramé contre lui par une veuve Morin et sa fille Angélique. Tout était prêt, disait-il, pour consommer le crime; une maison avait été louée, quelque part, dans la banlieue de Paris : on devait l'y attirer sous un prétexte, et là, dans une cave, on lui ferait signer des billets pour une somme énorme, on l'assassinerait ensuite, et on ferait disparaître son cadavre.

L'histoire était étrange; on demanda des preuves. Ragouleau montra une invitation à déjeuner, que la veuve Morin lui avait adressée pour le 24 septembre. — « Vous savez, y était-il dit, que vous êtes exact à tenir ce que vous promettez. J'exige que vous me donniez la marque d'amitié de choisir cinq plats auxquels votre goût donnera la préférence. Si vous ne le faites, j'enverrai chez Robert en demander dix dans tout ce qu'il y aura de plus choisi. »

Cela ne prouvait pas grand'chose. Ragouleau dit alors qu'une fille Jonard l'avait fait prévenir que depuis longtemps la veuve Morin avait juré sa perte, et que ce jour du 24 septembre était choisi pour l'attirer dans un guet-apens mortel.

On fit venir la fille Jonard, qui confirma les déclarations de Ragouleau, et y ajouta quelques explications sur les motifs qui poussaient ces deux femmes à un crime. La veuve Morin, dit-elle, avait été en relations d'affaires avec Ragouleau pour des acquisitions d'immeubles. Se croyant lésée par lui, elle avait dissimulé soigneusement son irritation et avait cherché le moyen de se venger de celui qu'elle considérait comme son spoliateur. Elle était venue trouver, en secret, la fille Jonard, et lui avait demandé de lui procurer deux hommes prêts à tout faire, deux joueurs malheureux ou deux forçats évadés, qui la débarrasseraient de son ennemi. Elle, Jonard, avait répondu qu'elle ne connaissait rien de semblable, et la veuve Morin avait dû chercher elle-même. Elle avait trouvé, à Nogent sur-Seine, deux anciens domestiques, un Lefebvre et une Lucie Jacotin, âmes damnées à qui elle avait confié ses projets. Elle avait loué une maison de campagne, en avait fait murer les soupiraux, et y avait fait disposer, par ses deux valets, un poteau, des chaînes et des cordes pour attacher Ragouleau quand on aurait réussi à l'attirer dans ce lieu. Angélique, fille de la veuve Morin, devait présenter à Ragouleau une paire de pistolets, et des billets à ordre pour une somme de 300,000 francs. Les billets signés, la veuve Morin passerait un lacet autour du cou de sa victime, l'étranglerait, et le cadavre, mis dans un sac, serait transporté, de nuit, sur une charrette, et jeté dans la Seine ou abandonné dans un champ. La fille Jonard disait avoir lu le papier renfermant des menaces terribles et l'expression d'une haine atroce, qui devait être mis sous les yeux de Ragouleau enchaîné, et le déterminer à signer les effets.

Ceci devenait positif; la police, suivant ses ordinaires errements, fit ce qu'elle avait fait lors de la plainte portée par Mme Chénier contre Mme Levaillant (*voyez* ce nom). Elle contremina, et répondit au guet-apens par un guet-apens. Ragouleau fut invité à remettre au 2 octobre le déjeuner projeté, et on employa le délai à tendre autour des deux femmes la toile dans laquelle elles devaient s'engluer. Des agents furent mis à leurs trousses, et les suivirent de la rue de Bondi, où elles habitaient, jusqu'à la Villette, où la veuve Morin exploitait une vacherie, et, de là, jusqu'à Clignancourt, où était située la maison mystérieuse louée en vue de Ragouleau. Il arriva même, pendant cette chasse, un incident assez plaisant. Ragouleau avait aussi sa police. Les agents de la préfecture, voyant un homme s'attacher aux pas des deux femmes, et flairant un complice, s'élancèrent sur cet homme au détour d'une rue, le saisirent à la gorge et le jetèrent dans un poste. Cet homme, qui fut mis au secret, se trouva être un épicier, le sieur Varlet, qui s'était institué bénévolement l'espion de Ragouleau. Le pauvre diable paya de quelques jours de prison cet empiétement sur les missions délicates de la police.

Le théâtre du crime projeté était connu. Le 2 octobre au matin, Ragouleau se présenta donc rue de Bondi, et refusa le déjeuner de la veuve. Mais, celle-ci insistant pour lui montrer une maison de campagne dont elle ne voulait faire l'acquisition que sur ses conseils, il accepta la partie. On envoya chercher un fiacre, et, comme la veuve Morin indiquait au cocher son chemin, par la barrière de Rochechouart, Ragouleau insista pour qu'on prît par celle de la Villette. Il avait ses raisons; c'est à cette barrière, en effet, qu'attendaient les agents apostés pour constater le flagrant délit.

Pendant qu'ils roulent, disons en quelques mots ce que c'étaient que Ragouleau, la veuve Morin et sa fille.

La veuve Morin, mariée autrefois à un sieur Delaporte, avec qui elle avait divorcé, remariée depuis à un sieur Morin, négociant à Nogent-sur-Seine, avait trente-neuf ans au moment où commence cette histoire. C'était une femme sans éducation, active, entreprenante, aux allures triviales, à la mine égarée, roulant maints projets de fortune en sa tête, mais ayant plutôt l'ardeur que l'esprit des affaires. Au commencement de 1806, la vente par expropriation d'un immeuble important était poursuivie par-devant le tribunal de première instance de la Seine; c'était cette vaste maison, située à Paris, boulevard Poissonnière, au coin du faubourg Montmartre, et qui portait le nom d'hôtel de Saint-Phar. Ce nom est encore aujourd'hui celui d'un hôtel garni du premier ordre, situé sur le même emplacement. La veuve Morin avait conçu l'idée de former là une maison meublée. L'hôtel avait une vaste façade, peu de profondeur; les distributions intérieures en étaient fort mal appropriées à la destination que projettait la veuve, et la construction, surélevée de deux étages, légèrement bâtie, devait nécessiter des réparations coûteuses. La veuve ne calcula rien, pas même ses ressources, qui ne lui permettaient pas une affaire de cette importance.

Un concurrent se présentait, Ragouleau, avocat, au moins il en avait le titre, mais surtout faiseur d'affaires, nous dirions *faiseur* aujourd'hui. Riche et retors, Ragouleau comprit, à première vue, où s'en allait la veuve avec sa soif imprudente de propriété. Il se promit bien de la laisser faire, au besoin de la pousser quelque peu dans l'ornière qu'elle se creusait, sûr de trouver au bout l'immeuble à bon compte. Il s'effaça donc devant elle; mais, pressentant le besoin d'argent, il lui proposa galamment un prêt de 100,000 fr. La Morin, tout heureuse de cette aubaine, accepta, et, le 3 avril, elle se faisait adjuger la maison pour 96,000 fr. Le contrat d'acquisition était, en outre, grevé de trois rentes viagères hypothéquées sur l'hôtel, à la charge, par l'acquéreur, d'en rembourser les capitaux à d'autres créanciers utilement colloqués, à mesure d'extinction de ces rentes.

Le 29 juillet, le prêt de 100,000 fr. était conclu, moyennant une rente viagère et annuelle de 10,000 fr. sur quatre têtes, celles de Ragouleau, de sa femme et de leurs deux enfants. La Morin employa les 100,000 fr. à payer 60,000 fr. sur le prix d'acquisition et se hâta d'enfouir le reste, ainsi qu'une notable partie de ses ressources personnelles, dans des agrandissements, des réparations, des changements, des appropriations de l'immeuble.

Ragouleau, dès lors, tenait la souris au piége. Un des trois rentiers viagers vint bientôt à mourir, et il fallut rembourser au créancier colloqué, un sieur Simon, 19,220 fr. Prise au dépourvu, la Morin demanda une remise, obligeamment consentie; mais je ne sais comment, par hasard, derrière le Simon se trouva tout à coup le Ragouleau, qui s'était subrogé en achetant la créance, à perte s'entend.

On comprend bien que la Morin ne servait pas exactement les arrérages de la rente due à Ragouleau. Le créancier patienta, point trop longtemps, puis réclama l'expropriation. Désespoir de la Morin. Le Ragouleau, tout attendri, consentit à ce que la vente fût convertie en adjudication volontaire, poursuivie à la requête de la propriétaire. Et, le 6 avril 1811, jour indiqué pour l'adjudication préparatoire, Ragouleau se rendait adjudicataire au prix de 160,000 fr. Avant le délai de quinzaine fixé pour l'adjudication définitive, la Morin proposait à son bienfaiteur d'acheter, sur vente définitive et directe, ce qui fut fait par acte signé le 18 avril, au prix de 165,000 fr.

Ce jour-là, eut lieu la dernière scène du petit imbroglio usuraire si habilement charpenté par Ragouleau.

Les 165,000 fr. se trouvèrent absorbés, soit par les créances Ragouleau, soit par les charges imposées dans l'acte de vente. Il n'y eut pas jusqu'à un pot-de-vin de 9,000 francs, généreusement consenti par le preneur, qui ne fondît en partie dans les frais de procédure et honoraires. En somme, la veuve Morin toucha, du tout, 3,750 fr., et, le cœur gonflé, rendit les clefs à Ragouleau.

Celui-ci avait fait, très-légalement, une excellente affaire; car l'hôtel Saint-Phar valait désormais de 250 à 300 mille francs. Le premier de ces prix avait été un moment offert à la veuve; mais toutes les propositions de vente ou de location avaient été sans résultat, et la Morin croyait maintenant reconnaître, dans ces mécomptes, la main du Ragouleau.

La Morin, avec un peu de bon sens, eût reconnu qu'elle-même était la cause première de sa ruine. Ragouleau n'avait fait que profiter de son imprudence; tout au plus l'avait-il aidée à se noyer. La cupidité grossière de la veuve s'était déjà nourrie d'espérances criminelles, et cette ruine, qui exaspérait la Morin, était pour elle un premier châtiment. En effet, en achetant l'hôtel Saint-Phar, elle ne s'était pas dissimulé la lourdeur des charges qu'elle acceptait; mais elle avait espéré les voir disparaître bientôt. Disons mieux, elle croyait avoir la certitude d'en être débarrassée avant peu.

Le fardeau principal de cette acquisition était la rente viagère représentant le prêt de Ragouleau. Or, bien que cette rente reposât sur quatre têtes, dont celles de deux enfants, la Morin se flattait de n'en pas avoir à payer plus d'un an les arrérages. Voici sur quelle imagination ridicule se fondait cette confiance.

La Morin connaissait une vieille fille de mœurs suspectes, exerçant, à la place Dauphine, la profession apparente de graveuse, et faisant tenir pour son compte un bureau de tabac, rue de la Juiverie. La Jonard avait quelques autres métiers, moins avouables et plus lucratifs. Elle trafiquait sans patente de vertus faciles, tirait les cartes, et tenait soigneusement note des observations qui pouvaient intéresser la curiosité paternelle de M. Veyrat, inspecteur général du quatrième arrondissement de la police de l'Empire.

La Jonard, consultée lors de l'acquisition, fit le grand jeu, et lut clairement dans ses cartes la mort prochaine du roi de pique et de sa famille tout entière. Ragouleau, le roi de pique, y passerait dans l'année, lui et les siens. Sur cet oracle, la Morin signa.

Mais les cartes eurent tort; Ragouleau avait la vie dure. La confiance de la Morin dans la Jonard n'en fut pas ébranlée. Seulement, puisque le grand jeu mentait, on consulta *le maître;* le maître, un être mystérieux et tout-puissant, disait la Jonard, *qui ne quittait jamais les côtés de Napoléon le Grand.* Le maître conseilla de tirer de Ragouleau des billets pour une somme ronde. Restait à trouver un moyen propre à amener à composition le Ragouleau, qui n'était pas d'humeur facile. Ce moyen, Angélique le trouva.

Angélique Delaporte était la fille de la veuve Morin, née du premier mariage avec feu Pierre-Edme Delaporte, et reconnue par ce dernier après le divorce. Angélique, en 1811, avait seize ans. La veuve, aussi habile en éducation qu'en affaires, avait élevé sa fille avec l'intelligence et la prudence qu'elle apportait en toutes choses. De religion, de morale, pas un mot; beaucoup de danse et de maintien, un peu de musique, de la déclamation. Angélique avait une vocation décidée pour le théâtre, et les bourgeois galants voyaient en elle une rivale d'Euterpe, de Terpsichore, et de Thalie.

Cette pauvre enfant, ainsi conduite, faisait l'admiration de sa mère, qui prenait pour de l'esprit des saillies d'un goût douteux, et pour du caractère la décision mutine d'une petite fille gâtée. Angélique avait surtout cultivé son intelligence par la lecture des romans traduits ou imités de l'anglais, qui faisaient fureur à cette époque; c'était le beau temps de la terreur et du mystère, et les souterrains du *Château de Dumbayne*, de *l'Abbaye de Saint-Clair* ou des *Mystères d'Udolfe*, étaient fort à la mode. Or, au même temps où la veuve se creusait le cerveau pour imaginer un moyen de tondre le Ragouleau, justement Angélique dévorait les *Solitaires, ou les Effets de l'éducation*, roman absurde de je ne sais plus quel imitateur idiot de miss Ann Ward, femme Radcliffe.

Le colonel Wolmer vient d'apprendre la mort d'un oncle riche à millions. Il prend le chemin du château où l'attend cette succession inespérée. Tout à coup, dans les sombres avenues d'une forêt de Bohême, apparaissent des fantômes menaçants. L'intrépide Wolmer saute à bas de son cheval, tire son sabre et poursuit les fantômes à travers les taillis. Une trappe s'ouvre : Wolmer est englouti; et, quand il reprend ses sens, il se trouve enchaîné dans un vaste souterrain, devant une table éclairée par la lueur sinistre de torches tremblotantes. Sur la table, il y a *tout ce qu'il faut pour écrire*, et des billets préparés pour une somme incalculable.

Ce saisissant épisode fut, pour Angélique, un trait de lumière : elle tenait son moyen. Il ne s'agissait plus que de se procurer un souterrain et deux fantômes robustes. La Jonard fit son affaire de ce dernier article, et promit deux coupe-jarrets prêts à tout faire. Entre-temps, elle n'oublia pas de faire payer à la Morin le grand jeu, les conseils du maître et les démarches nécessaires pour la recherche des deux coquins en question. Tout en exploitant la veuve, la Jonard caressait les désirs des deux femmes et réconfortait leurs espérances. Angélique, par exemple, avait rêvé qu'elle était à la campagne devant une grande cheminée où il y avait une grande chaudière; dans cette chaudière, il y avait beaucoup de chair blanche qu'elle tirait avec une grande écumoire. La Jonard expliquait que c'était la chair du Ragouleau, signe de mort prochaine. Angélique avait rêvé encore qu'elle s'arrachait une dent, et que dans cette dent il y avait de petits serpents. Signe de mort de Ragouleau.

Mais la Jonard était trop prudente pour s'engager plus avant. La Morin se lassa d'attendre; elle et Angélique se décidèrent à agir. La Morin se procura un homme de Montreuil, Nicolas Lefebvre, solide gaillard de trente-sept ans, doublé d'une grosse Lorraine, Lucie Jacotin, sa maîtresse. Puis, elle découvrit, à Clignancourt, une petite maison perdue dans de vastes jardins. Elle la prit à bail, sous prétexte d'y installer une laiterie, et les deux femmes, aidées des deux domestiques, se hâtèrent de préparer la mise en scène d'un mélodrame tiré des *Solitaires*.

Le *souterrain* de Clignancourt consistait en une grande cave et deux petits caveaux, prenant jour sur les jardins par deux vastes soupiraux à plat, en forme de puisards. Un de ces soupiraux était grillé, l'autre non; ce dernier formait un entonnoir passablement dangereux, non pour les locataires de la maison, mais pour ceux des jardins dont la Morin n'avait pas la jouissance. Nonobstant, la veuve déclara, en s'installant, qu'elle entendait faire murer et combler ces soupiraux, tant dans l'intérêt de sa sûreté, que dans la crainte de voir jeter par là, dans sa cave, des gravois ou des immondices. Les soupiraux furent bouchés.

Le théâtre ainsi disposé, les domestiques plantèrent, dans le sol du caveau le plus reculé, un poteau, que la veuve scella elle-même avec du plâtre et des moellons. Une chaise y fut adossée, à laquelle on fixa une chaîne fermée aux deux extrémités par des cadenas. Une table fut placée devant la chaise, avec *tout ce qu'il faut pour écrire*, et on remplaça les torches tremblottantes par deux chandeliers de fer dans lesquels on alluma deux chandelles des huit.

La Morin et Angélique avaient acheté, chez un armurier du quai de la Ferraille, deux mauvais pistolets de rencontre. Lefebvre fut chargé de donner des leçons de tir à Angélique, qui se réservait le premier rôle dans la scène finale. On tira à la cible contre le mur, on poussa des cris sauvages dans le caveau, et on s'assura que, de tout ce beau tapage, rien ne perçait au dehors. Les acteurs ainsi préparés, on procéda à une répétition générale. Lefebvre, chargé du rôle de Wolmer-Ragouleau, fut saisi, assis par les trois femmes dans la chaise, emprisonné dans la chaîne de fer, et ses jambes furent liées aux bâtons de la chaise. Alors, Angélique, menaçante, et tenant en main ses deux pistolets rouillés, s'approcha de la victime, et, avec un geste de fantôme, lui montra un papier contenant ces lignes :

« *Si en ma vie j'ai un jour de justice, vous serez la première à qui je la rendrai.*

« Voilà ce que vous me dites au Louvre, lorsque nous nous y rencontrâmes, trois jours avant que je consentisse de vous livrer de bon gré ce que vous me preniez de force par vos forfaits, à la vue de tout ce qui vous connaît. Il est inutile d'entrer dans tous ces détails d'horreurs qui me font encore frémir. Comment la nature a-t-elle pu vomir un tel monstre que vous!... Il est donc bien décidé que ce sera aujourd'hui votre jour de justice... ou mon jour de vengeance. Ah! quelle jouissance pour un individu opprimé! En ma PUISSANCE mon adresse vous a mis. CHOISISSEZ... la mort... ou de me rendre ce qui m'appartient. Soyez redevable à mes enfants du choix que je vous donne. Si moi *seul* existais, j'explosionnerais ma rage avec toute la férocité qu'exigent toutes ces horribles monstruosités dirigées par vous contre moi. Deux cent mille francs est le montant des billets que vous allez signer. Vous mettrez sur chaque billet : Bon pour la somme de vingt mille francs, valeur reçue en espèces..., et vous signerez. Je reconfronterai votre écriture; ayez soin que je la trouve semblable. Je vous donne un quart d'heure pour l'option. Si vous préférez ma vengeance, à l'instant je l'exécuterai moi-même. Vous concevez que cette affaire ne peut être que d'une demi-seconde; la prudence me l'ordonne. Ah! si je pouvais sans crainte faire durer le plaisir..., ce serait bien le cas de se livrer à tous les genres de barbarie que l'imagination peut fournir. »

C'était Angélique qui avait elle-même rédigé cette tirade. La répétition achevée, il fut question de choisir un jour pour la première et unique représentation du *Souterrain de Clignancourt*. La Morin courut place Dauphine, demander à la Jonard un dernier conseil et une *réussite à trèfle*. — C'est fort bien, dit la Jonard, mais quand il aura signé, que ferez-vous du Ragouleau? Si vous le lâchez, il parlera et ira droit au commissaire.

L'objection était inattendue, mais grave. Qu'y répondirent les deux femmes? Je ne sais; mais il est certain qu'aux *accessoires* déjà connus, on ajouta un fort lacet de soie, arme orientale et peu bruyante.

Le 21 septembre, la Morin annonça à la Jonard que tout était prêt, et qu'on allait inviter Ragouleau, pour le 24, à faire un déjeuner fin et une partie de campagne à Clignancourt. Alors la Jonard se souvint tout à coup des intérêts de la société en général et de Ragouleau en particulier. Prouver sa propre innocence par une délation faite à temps, tirer du Ragouleau une récompense honnête, c'était suivre à la fois les conseils de l'humanité et ceux de la prudence, tout en s'assurant la reconnaissance d'un gros capitaliste. Elle se fit donc, bien que malade, conduire aussitôt au domicile de Ragouleau, rue de l'Echiquier. L'honnête Ragouleau était à sa maison de campagne d'Essonne, où il jouissait des derniers soleils de l'automne, avec le calme innocent d'un homme vertueux qui se sent doucement devenir millionnaire. La Jonard lui détacha bien vite une adroite émissaire, qui le mit au courant du complot.

Ragouleau accourut à Paris. La première chose qu'il vit en entrant chez son portier, ce fut la lettre d'invitation de la veuve. Il ne fit qu'un bond de la rue de l'Échiquier à la rue de Jérusalem.

On sait le reste.

Le fiacre, cependant, était arrivé à la barrière de la Villette. Là, quatre agents arrêtèrent les chevaux et se présentèrent aux portières. Ragouleau s'esquiva, et les deux femmes, serrées de près, furent séparées et entraînées dans deux des bureaux de l'octroi. On les fouilla : d'abord on ne trouva rien de suspect dans leurs poches. — Nous allions, dit Angélique, avec M. Ragouleau, voir une maison de campagne que ma mère voulait acheter près de Montmartre. Mais le commissaire remarqua que la jeune fille tenait à la main un mouchoir blanc; il le saisit, et y trouva un rouleau de papier composé : 1° de quinze billets à ordre en blanc, quant aux noms du souscripteur et du bénéficiaire, savoir : quatorze de 20,000 fr., et le quinzième de 10,000 fr., sur papier timbré, à la date du 20 avril 1811; 2° d'un billet à ordre sur papier mort, ne différant des autres qu'en ce qu'il était écrit au bas : *Bon pour la somme de vingt mille francs, valeur reçue en espèces*, et ayant servi de modèle aux premiers; 3° de trois lettres de la main de Ragouleau; 4° d'un papier sous enveloppe cachetée sur laquelle était écrit : *décachetez et lisez*. C'était la lettre qu'on connaît.

Angélique dut reconnaître que cette lettre de menaces était de son écriture, ainsi que le libellé des billets; mais elle s'empressa d'ajouter que c'était elle seule qui avait imaginé tout, tout disposé; sa mère n'avait fait que se laisser entraîner par ses conseils. La Morin, de son côté, parla d'une partie de campagne, et ne reconnut ni les billets ni l'écrit saisi sur sa fille.

Au même temps, des agents faisaient irruption dans la petite maison de Clignancourt, y arrêtaient la fille Jacotin, et trouvaient, dans la cave, Lefebvre attendant l'arrivée de Ragouleau, au milieu de son arsenal fantastique. La petite table, les chandelles allumées, le poteau, la chaise et sa chaîne, rien n'y manquait. Sur la table, un encrier, une bouteille d'encre, des plumes taillées, une demi-main de papier, une corde de quatre pieds et demi, trois bouts de corde, un lacet de soie long de trois pieds, large de deux lignes. Dans le sable d'un couloir, on trouva deux pistolets chargés à balle et amorcés.

Lefebvre et Lucie avouèrent, après des tergiversations nombreuses, que tout était ainsi disposé par ordre de leur maîtresse; que, depuis trois jours, les deux chandelles étaient constamment allumées; que la veuve Morin voulait se venger d'un homme qui l'avait escroquée. Pendant ces interrogatoires, on amenait sur les lieux la mère et la fille. Celle-ci reconnut avec décision que tout cela était fait contre Ragouleau, « dont l'escroquerie était constante, sans qu'on pût la prouver en justice, et qu'on avait voulu forcer à une restitution qui, de même, ne pût être judiciairement prouvée. » Mais il ne s'était jamais agi que d'intimider Ragouleau, et non d'attenter à ses jours. S'il avait été préparé des billets pour la somme de 290,000 fr., c'était pour pouvoir rejeter ceux qui porteraient des indices de contrainte.

La mère, de son côté, revendiqua à son tour la responsabilité du projet, et prétendit qu'on n'en voulait pas à la vie de Ragouleau. — Mais le lacet, leur dit-on? on n'en voit pas la nécessité. Les pistolets eussent suffi pour l'effrayer. — S'il avait espéré, répondit la fille, qu'on s'arrêterait devant le bruit d'une explosion, la vue du lacet lui aurait montré un autre danger. — Mais pourquoi ces pistolets, ces exercices de tir? — C'était pour m'amuser. — On ne s'amuse pas avec des balles? — Des balles, répondit la Morin, c'est la même chose pour moi que des boules de papier. — Mais Ragouleau pouvait résister, qu'auriez-vous fait alors? — Oh! alors, s'écria Angélique, ce n'eût plus été un assassinat, mais un duel.

Tout cela était assez clair. Au bout d'un mois d'instruction, la Morin prétendit qu'on devait aller d'abord voir une maison de campagne à Montmartre, que l'on eût demandé à Ragouleau de donner en dédommagement de ses gains illicites. S'il avait refusé, alors seulement on l'aurait conduit à la maison de la cave. S'il avait refusé de signer, on l'eût laissé libre, et on eût fait disparaître toutes traces.

Le 10 janvier 1812, Jeanne-Marie-Victoire Tarin, femme divorcée de feu Delaporte, et veuve en secondes noces de feu Frédéric Morin, âgée de 39 ans, née à Pont-sur-Seine (Aube); et Angélique, sa fille, âgée de 16 ans et 10 mois, à qui, malgré la reconnaissance faite par Delaporte après le divorce, on contestait son état, comparurent devant la Cour d'assises de la Seine, sous l'accusation d'une tentative d'extorsion de signatures par force, violence et contrainte faite de complicité; d'une tentative d'homicide volontaire, avec préméditation et guet-apens; « lesquelles tentatives, *manifestées par des actes extérieurs et suivies d'un commencement d'exécution, n'ont été suspendues et n'ont manqué leur effet que par des circonstances fortuites et indépendantes de leur volonté;* » Nicolas Lefebvre et Lucie Jacotin, sous l'accusation de s'être rendus complices desdites tentatives d'extorsion et d'homicide, en procurant des armes, sachant qu'elles devaient servir auxdits crimes, et en aidant et assistant les auteurs desdites tentatives dans les faits qui ont préparé lesdits crimes, et qui devaient en faciliter l'exécution.

M. Cholet préside la Cour; *M. Girod (de l'Ain)*, avocat général, soutient l'accusation.

Les deux accusées répètent leurs aveux, tout en affirmant qu'elles n'ont jamais eu d'intentions homicides. Angélique Delaporte attire tous les regards; son extrême jeunesse, une figure insignifiante, un aplomb assez rare, sont les seuls traits qui la caractérisent; l'imagination populaire avait bâti tout un roman ridicule sur les poursuites amoureuses de Ragouleau contre cette enfant terrible.

Le premier témoin entendu est *Ragouleau (Jean-Charles)*. Son premier mouvement est de se défendre lui-même et d'expliquer ses relations d'affaires avec la veuve Morin.

La vérité, dit-il, est que je ne connaissais pas Mme Morin avant le mois de mars 1806; que je l'ai vue la première fois chez M. Dupuis, son avoué, et qu'il n'y avait pas eu de conventions entre elle et moi qu'elle achèterait la maison et que je la payerais. M. Laudigeois, notaire, en déposerait. J'ai acquis bien malgré moi, et je fournirai des témoins auxquels j'ai offert mille écus de commission s'ils voulaient me reprendre mon marché.

Le témoin, dans lequel *M. le Président* signale au jury le dénonciateur de la tentative, a si bien senti où le bât le blessait, qu'il a publié une justification, sous ce titre : *Éclaircissements donnés par Me Jean-Charles Ragouleau, avocat;* il y prétend que le prêt fait par lui n'avait pas le caractère d'un prêt usuraire.

Pour effacer l'odieux du rôle provocateur qu'il a accepté le 2 octobre, le témoin déclare avoir montré, chez la veuve, avant le départ, un embarras assez grand, des inquiétudes assez marquées, pour que les femmes renonçassent à leur projet. C'est dans la même intention qu'il aurait insisté pour la barrière de la Villette.

D. Elles vous dirent où l'on vous conduisait? — R. Pas du tout.

D. Quel prétexte prîtes-vous pour prendre un chemin plutôt qu'un autre? — R. Je demandai à aller par la rue Saint-Martin, parce que c'était à cette barrière qu'on devait m'arrêter.

D. Mais cela ne dit pas le prétexte que vous avez pris vis-à-vis de ces femmes? — R. *Je crois* que je dis au cocher : « On ne peut passer à la barrière de Rochechouart, on y fait un aqueduc. »

M. Laudigeois ne confirme pas les déclarations de Ragouleau; il dut y avoir, antérieurement à l'acquisition, des conférences chez M. Dupuis; cela est, au moins infiniment probable, car un prêt de 100,000 fr. sur une maison achetée 96,000 fr., cela suppose des arrangements particuliers et préalables. Le témoin ajoute que lorsque Mme Morin venait dans son étude, tout le monde remarquait qu'elle avait plutôt l'air d'une folle, d'une femme *qui sort de la rivière*, que d'une femme dans son bons sens.

La *Morin* dit avoir acheté la maison 96,000 fr., mais y avoir fait 120,000 fr. de réparations, ce qui portait le prix total à 216,000 fr. Un architecte, *M. Dosmond*, dit avoir estimé l'hôtel Saint-Phar à 170,000 fr., pour un client qui en offrit 180,000. Peut-être aurais-je été, dit-il, jusqu'à 200,000 fr. pour mon propre compte; mais, pour un particulier, cela ne valait que 170,000 fr. Un fabricant de porcelaines, *M. Léger*, en a offert 250,000 fr., dont 50,000 fr. en marchandises, soit au total 210 à 220,000 fr.

Quelle était, demande-t-on à la Morin, votre fortune, au moment de l'acquisition? — R. 200,000 fr., en biens-fonds que j'ai été forcée de vendre.

D. Alors, pourquoi emprunter 100,000 fr. à intérêts onéreux? — R. La fille Jonard m'avait prédit que M. Ragouleau, sa femme et ses enfants, mourraient dans l'année.

La fille *Jonard* prétend qu'elle n'est pour rien dans le projet; qu'elle a été seulement la confidente de la Morin. — C'est elle qui m'a dit : « Décidément, ça n'est pas bien combiné; il pourrait se plaindre après, il faut s'en défaire. Angélique prendra un lacet, elle fera *crac* et ça sera fait! » Moi, j'ai été stupéfaite, et Mme Morin a ajouté : « Vous ne vous figurez pas combien Angélique a d'esprit et de caractère. Elle était faite pour régner. » J'ai cherché à la détourner de son projet ; je lui disais : Voyez Mme Levaillant ! « Bah ! répondit-elle, elle avait mal pris ses mesures ; elle manquait de caractère. »

— C'est faux ! s'écrie en pleurant la *Morin* ; c'est elle qui m'a dit les moyens de me faire rendre par Ragouleau la justice qui m'était due. C'est elle qui m'a dit : « Puisqu'il vous a enlevé votre maison, je saurai m'y prendre de manière à ce qu'il vous rendra votre argent, d'une façon ou d'une autre ; je réponds sur ma tête qu'il vous le rendra. Je vais travailler *avec mon maître*, de manière à l'amener à cela. » Je me sentis électrisée. Quelques jours après, elle vint chez moi, et me dit : « J'ai réfléchi *avec mon maître* ; dans mes cartes, nous avons vu que Ragouleau, qui est un mauvais sujet, ira vous dénoncer ; il faut le tuer. » A cela, ma fille s'est levée en colère et l'a mise à la porte. Du reste, la fille Jonard est attachée à la police.

La *Jonard* se récrie ; mais, sur les questions de M. le Président, elle est forcée d'avouer qu'en effet elle a été employée par la police. Elle avait été arrêtée pour escroquerie commise en tirant les cartes.

— M. Veyrat me fit venir et me dit : « Tout ça, c'est des bêtises. Allez-vous-en, et si vous découvrez quelque chose contre le gouvernement, vous viendrez nous le dire. »

La Jonard est également forcée d'avouer qu'elle a caressé les idées de vengeance des accusées et qu'elle leur a, pendant longtemps, promis de leur trouver des complices. Elle prétend que la veuve Morin devait brûler la cervelle à ses deux domestiques, après avoir étranglé Ragouleau.

La veuve *Petit*, employée de la Jonard, prétend aussi que les deux femmes avaient menacé sa maîtresse de lui brûler la cervelle si elle parlait.

Un témoin déclare qu'il a été payé par la Jonard en un billet de 600 fr., souscrit à l'ordre de celle-ci par la veuve Morin. Ce billet fut payé en deux fois, sans réclamation. — La *Jonard* prétend que ce billet représentait une somme prêtée par elle à Mme Morin.

M. l'Avocat général soutient l'accusation, et Me *Dommanget* prend la parole pour la veuve Morin. Il commence par repousser une atteinte à la moralité de sa cliente, fondée sur une condamnation antérieure, dont on n'a pas trouvé de trace. Comme Me *Couture* plaidant pour Mme Levaillant, il avoue la conception criminelle ; mais, coupable aux yeux de la morale, sa cliente l'est-elle aux yeux de la justice ? et n'a-t-elle pas eu ou cru avoir un motif de ressentiment ? Sur ce point, que de choses à dire ! Mais, accusé, je n'accuserai pas.

« La conception, je vous l'ai dit, elle est avouée ; les préparatifs ont été faits, il y a eu manifestation par des actes extérieurs. Mais y a-t-il eu commencement d'exécution ? — Oui, dit-on, la femme Morin s'est emparée de la personne de Ragouleau, il était à sa disposition, elle a été arrêtée lorsqu'elle le tenait et pouvait exécuter : donc, il y a eu commencement d'exécution. Voyons donc si Ragouleau était, en ce moment, à la disposition de la femme Morin. N'était-ce pas plutôt la femme Morin et sa fille qui étaient à la disposition de Ragouleau ? Ragouleau est prévenu, il est prévenu depuis plusieurs jours : il est en son pouvoir d'arrêter le crime qui est médité, il est en son pouvoir de l'arrêter par un moyen infaillible : qu'il ne se rende pas à l'invitation, le crime n'aura pas lieu. Au lieu de cela, il se transporte à la Préfecture, il y fait une dénonciation ; dirigé par des conseils dont j'ignore ou ne veux pas connaître les auteurs, il croit devoir se prêter à l'exécution du crime pour le faire punir. En conséquence, il va trouver ces femmes, il se rend à leur invitation. Eh ! que ne leur écrivait-il : « Vous m'invitez à passer chez vous, femmes perfides ! et vous avez conçu tel projet ! et vous avez dans votre cave tel instrument, et vous devez y opérer tel effet ! » Quelles sont les femmes qui oseront persister dans leur projet, qui oseront en concevoir un second, si elles ont été trompées une première fois, ou par leur cœur, ou par des conseils perfides ? Elles seront frappées dans ce moment comme par la foudre. A l'instant elles sont rendues à la probité. Quelle jouissance pour celui qui pourrait s'applaudir d'avoir pris un parti aussi sage ! Non, Messieurs, le sieur Ragouleau ne suit pas cette marche. Il est pressé de s'emparer de ses victimes ; il est pressé de les livrer, il n'accepte pas le déjeûner, il précipite le départ : allons-nous-en sur-le-champ. Il craint un moment de réflexion, il évite les moindres explications qui pourraient les faire naître ; c'était donc lui qui était en possession de la femme Morin et d'Angélique Delaporte. Je le répète, la femme Morin et la fille Delaporte étaient en son pouvoir. Mais était-il en leur pouvoir ? Je suppose qu'il n'eût été prévenu de rien, qu'il eût été dans la voiture ; était-il en leur pouvoir ? Non. Vous avez entendu vous-même le cocher. On demande à faire route par la barrière de Rochechouart, il veut qu'on aille par une autre barrière ; on se laisse conduire, nulle observation. Ce n'est pas notre route, pouvait-on lui dire ; des explications pouvaient naître. Il était instruit de la vérité, mais ne pouvait-il pas, avant même d'arriver à la barrière de Rochechouart, ou à Clignancourt, ne pouvait-il pas descendre de la voiture ? Deux femmes pouvaient-elles le retenir ? Il n'était donc pas encore au pouvoir de ces femmes.... Si on eût laissé aller ces femmes, la présence de leur victime, l'effroi d'un crime tel que celui qu'on leur impute, le danger des conséquences pouvaient en un instant se présenter à leur esprit ; et cette providence, qui a veillé sur les jours de Ragouleau, pouvait aussi amener ce retour à la sagesse, elle pouvait le favoriser. On pouvait se jeter aux genoux de Ragouleau, et lui demander pardon... Je disais, il n'y a qu'un instant, qu'il eût fallu que Ragouleau fût tellement au pouvoir de ses ennemis, qu'il n'y eût qu'une force étrangère à la volonté des accusés qui le retirât de leurs mains. Je disais qu'il aurait fallu qu'il fût entré dans la maison de Clignancourt, peut-être j'allais encore trop loin. Il me semble qu'il faut concevoir quel était le crime ; c'était la signature des billets. Hé bien ! il fallait qu'il fût amené à ce point précisément qu'il sût que c'étaient ces billets qu'on lui demandait. Il fallait qu'il fût descendu dans le caveau fatal. Jusque-là, il pouvait y avoir lieu au repentir, et par conséquent le commencement d'exécution ne pouvait encore exister. Cependant on me fait des objections. Tout cet appareil, dit-on, annonce qu'infailliblement vous eussiez exécuté. Oui, j'eusse exécuté, si ma volonté n'eût point changé ; mais, tant qu'il était en mon pouvoir qu'elle changeât, il n'y avait pas de commencement d'exécution : tant que je n'ai pas amené l'homme à connaître quel était mon projet, il n'y a pas eu pour lui commencement d'exécution, il n'y a pas eu ce degré voulu par la loi pour opérer la similitude entre la tentative et le crime. »

Admettra-t-on le témoignage de la Jonard, cet

agent secret à quatre francs par jour, ou celui des êtres encore plus vils qui l'entourent? Oubliera-t-on la lutte de dévouement qui s'est établie entre la mère et la fille, et qui repousse l'idée d'un hideux guet-apens?

L'avocat conclut que, si le projet a été conçu, s'il a été manifesté par des actes extérieurs, il n'a pas reçu de commencement d'exécution, et que les accusées ont été arrêtées sur les bords de l'abîme.

La défense d'Angélique Delaporte doit être prononcée par elle-même. Le plaidoyer qu'elle va lire peut, sans doute, être attribué à un membre du barreau; mais on a compté sur les talents précoces de la jeune fille pour attendrir le jury. Elle se lève, et commence ainsi :

« Messieurs, à peine âgée de seize ans, du sexe le plus timide et le plus doux, j'ai déjà acquis la plus triste célébrité. Depuis que cette affaire est publique, on m'a assimilée aux grands scélérats dont les forfaits sont transmis à la postérité; on me prête leur courage; sous des traits enfantins, on me suppose l'âme la plus atroce. Hélas! Messieurs, je ne suis que malheureuse et digne de pitié! J'ai vu ma mère dans l'affliction, tombée de l'aisance dans la plus affreuse misère. Sa situation m'a déchirée, j'ai essayé de l'en faire sortir. Accablée de ses peines, poussée dans le précipice par une main perfide, dans le délire de mon désespoir, j'ai conçu un projet coupable, mais insensé, mais impraticable, non pas d'assassiner, mais d'obtenir justice par des moyens violents, je l'avoue, de celui que je regardais comme l'auteur de nos maux. Voilà mon crime. J'en sens aujourd'hui toute la gravité. J'aurais pu chercher à l'atténuer, le rejeter sur mon jeune âge et mon inexpérience, recourir à l'art et au talent de plusieurs avocats distingués, qui ont daigné s'intéresser à moi et m'offrir généreusement leur ministère. Qu'ils reçoivent ici le tribut de ma reconnaissance. Mais je n'ai pas besoin d'art, lorsque je vous dois la vérité. Nul ne peut mieux que moi peindre ce que j'ai éprouvé, ce que j'ai voulu faire, ce que j'ai fait; et puisque je me suis rendue coupable, du moins par une conception criminelle, la confession publique que j'en fais personnellement, la confusion que j'en éprouve, sont une punition que je m'impose. »

Ce que n'a pu dire Me Dommangct, Angélique le raconte. Elle montre la Jonard s'emparant de sa mère, exploitant sa crédulité; l'excitant à acquérir cet immeuble si lourd par l'espérance de quatre morts prochaines; faisant naître dans son cerveau la pensée d'un crime, la nourrissant, aplanissant les difficultés devant elle.

« Je me trompe, ce fut principalement sur moi qu'elle exerça sa séduction. Jeune, sans expérience, n'entendant rien aux affaires, et ayant une tête assez exaltée, ne voyant que ma mère, ses larmes, son sort à venir, combien la fille Jonard, en me parlant d'elle, était sûre de m'électriser! Combien elle était sûre que mon sang, ma vie, aucun sacrifice ne m'eût coûté pour adoucir la situation de ma malheureuse mère!

« C'est cette femme avide qui m'a prêté l'intention d'assassiner M. Ragouleau. Je n'en eus jamais la pensée. Lorsqu'elle m'en a parlé, lorsqu'elle a parcouru les divers genres de mort, j'ai toujours rejeté cette idée. Mais ma vengeance, je l'avoue, avait pour objet d'obtenir une restitution de M. Ragouleau : mon projet était de l'amener par force, en l'effrayant, en lui présentant l'image de la mort; et c'est moi, moi seule qui ai adopté ce projet, qui ai arrêté le plan, qui ai tout disposé pour son exécution. Les armes, le poteau, la lettre menaçante, les billets sur papier timbré, tout est mon ouvrage. Ma mère n'a rien préparé, rien fait, rien vu, rien connu qu'à la dernière extrémité. A ce moment, elle a voulu vainement me dissuader. J'ai fait parler mes prières, mes larmes; je lui ai peint sa position malheureuse, je lui ai parlé de la mienne : cette dernière considération, si éloquente sur le cœur d'une mère, l'a emporté; elle est devenue ma complice. Messieurs, vous savez le reste...

« Des deux crimes qu'on m'impute, il en est un contre lequel je me suis toujours élevée avec indignation : c'est l'intention d'assassiner M. Ragouleau. Je ne vous dirai pas, Messieurs, pour écarter cette idée de vos esprits : Consultez mon âge; ce n'est pas en entrant dans la carrière du monde qu'on débute par verser du sang : considérez mon sexe; les grands crimes supposent une force et un courage que la nature semble lui avoir refusés; je ne crois pas qu'elle ait gravé sur ma figure l'empreinte d'une âme profondément perverse. Mais écartez ces considérations morales : je sais que le crime n'attend pas toujours l'âge; qu'il s'est trouvé parmi les femmes des monstres; que c'est d'elles qu'on a dit :

Le ciel est dans ses yeux, l'enfer est dans son cœur.

Je sais que M. Ragouleau m'a fait l'honneur de me prêter un caractère prononcé, capable de tout oser, de tout entreprendre, et surpassant ma mère en atrocité... Mais comment sait-on que j'aie voulu l'assassiner? Il s'agit uniquement d'un projet de mon intention, de ma pensée. Qui donc a lu dans mon cœur? qui peut se flatter de le connaître? Il n'y a que l'Être suprême qui puisse démêler les replis de nos âmes, à qui nous soyons comptables de nos pensées.

« Dira-t-on que mon intention est connue; que je l'ai manifestée par des actes extérieurs? Mais les actes extérieurs, c'est-à-dire le poteau, la chaîne, les armes, et les billets que j'écrivis; tous ces préparatifs, tous ces instruments, sont-ils des instruments de mort ou de terreur? Ils peuvent être l'un et l'autre... Ces préparatifs, cet appareil, ces armes, étaient indispensables : sans cela, mon plan n'eût été que ridicule, et M. Ragouleau n'était pas homme à s'effrayer par du bruit ou de simples menaces. Il fallait donc un appareil plus imposant. Sans doute, quand un homme obtient un titre, une obligation, un objet quelconque par l'exhibition d'un poignard, d'une arme à feu, ou même par des violences effectives, il est coupable; mais on ne le punit point comme un assassin. Quoique les instruments qu'il emploie puissent donner la mort, ils ne sont que des instruments de terreur; et tels étaient ceux que je voulais mettre sous les yeux de M. Ragouleau, dans l'unique objet de l'effrayer et d'obtenir justice. On va plus loin : on me dit que, de toute manière, la mort de M. Ragouleau entrait dans mon plan; qu'elle était indispensable. Si M. Ragouleau ne signait pas les billets, rendu à la liberté, il allait porter plainte de la violence, et la tentative criminelle eût été punie. Il fallait donc lui donner la mort pour assurer l'impunité; il fallait également lui donner la mort, s'il signait les billets : autrement, loin d'avoir recueilli le fruit de mon projet, sa plainte nous exposait à un danger inévitable. Il me semble que ce raisonnement n'est pas tout à fait juste. En effet, ou M. Ragouleau signera les billets, ou il ne les signera pas. S'il ne les signe pas, que gagnerons-nous à sa mort? Cela nous indemnisera-t-il? N'est-ce pas un crime en pure perte? Est-ce parce que nous craignions qu'il ne nous dénonçât? Mais les préparatifs et les instruments auront disparu après son départ : plus de traces de violences, pas de billets surtout. Que dira-t-il? qu'on a voulu lui faire signer des billets; qu'il s'y est refusé. Où sera le délit?... S'il signe, pourquoi le tuer? Il ira dénoncer les violences: où en sera la preuve? Préparatifs et instruments, tout aura également disparu. N'est-il pas plus naturel de penser qu'il ne voudra pas avouer en public que deux femmes lui ont fait violence, l'ont amené à une restitution forcée; qu'il ne voudra pas qu'on remonte à la source, que l'on connaisse la nature et l'origine des billets; qu'il cherchera au contraire à composer avec nous pour les retirer? L'assassiner après la signature des billets! mais c'est nous perdre. Daignez remarquer, Messieurs, combien le projet était insensé. Tous les billets sont écrits de la même main, de la mienne; tous ont la même date, la même échéance. M. Ragouleau disparu, on aurait donc été présenter le même jour, à sa famille désolée, quinze billets, sans doute entre les mains de quinze porteurs différents! L'apparition inopinée de ces billets, leur importance, l'identité de date, d'échéance, d'écriture surtout, tout cela n'aurait-il pas excité des soupçons? La famille n'aurait-elle pas interrogé les porteurs? n'aurait-elle pas eu droit de leur demander à quel titre ils l'étaient? n'aurait-elle pas remonté à la source? n'aurait-on pas acquis la certitude que la main qui avait tracé les billets était celle qui avait commis un crime? Il aurait fallu du moins indiquer à la justice comment M. Ragouleau, qui naguère se trouvait notre créancier, était devenu notre débiteur de 200,000 fr. Il aurait fallu surtout, puisque les dernières démarches connues de M. Ragouleau étaient dans notre domicile, expliquer ce qu'il était devenu. En laissant au contraire M. Ragouleau libre après la signature des billets, nous pouvions compter sur un retour de justice de sa part; et peut-être son amour-propre lui commandait le silence. En tout cas, que risquions-nous? la perte des billets. En lui ôtant la vie, billets et nous, tout était perdu. Non, Messieurs, non, jamais le projet d'assassiner n'est entré que dans la tête de la Jonard; ma mère et moi nous l'avons constamment repoussé...»

La question légale ne pouvait qu'être effleurée dans ce plaidoyer attribué à une jeune fille. Angélique se hâte de l'abandonner, et termine ainsi: «Ce qui est la vérité, c'est que ma mère et moi, avant l'arrivée de M. Ragouleau, nous nous étions déjà communiqué nos agitations secrètes et nos incertitudes; c'est qu'à son arrivée, notre secret était sur le bord de nos lèvres; c'est que, s'il n'eût pas hâté le moment du départ, il nous échappait, et nous allions nous accuser; c'est que, dans la route, nous éprouvions le même sentiment, le même besoin; c'est qu'un instant plus tard, M. Ragouleau savait tout, du moins de notre bouche.

«Vous connaissez mon âme tout entière, je ne vous ai rien caché ; je n'ai rien déguisé, ni ma faute, ni sa gravité, ni mon repentir. Prononcez maintenant sur mon sort. Si vous me jugez coupable, et qu'il faille un exemple, que votre sévérité tombe uniquement sur moi. Je commence à peine ma carrière... Je ne connais de la vie que peines et malheurs... Je ne tiens pour ainsi dire à rien; je n'ai rien à perdre, rien à regretter... Mais épargnez ma mère!...»

Les défenseurs de Nicolas Lefebvre et de Lucie Jacotin, MM^{es} *Goyer-Duplessis* et *Deslix*, soutiennent que le rôle de leurs clients n'ayant dû commencer que lors de l'arrivée de Ragouleau, il n'avait pu y avoir de leur part commencement d'exécution. Il ne s'agissait pour eux que d'une tentative d'extorsion.

Après les répliques et le résumé, le jury reconnaît les deux accusées principales coupables d'avoir manifesté par des actes extérieurs la tentative d'extorsion de signature par force et violence; tentative qui a eu un commencement d'exécution, et n'a été suspendue que par des circonstances fortuites, indépendantes de leur volonté. Le jury répond négativement sur les questions relatives à la tentative d'homicide avec préméditation et guet-apens.

Quant aux deux domestiques, le jury les déclare complices de la tentative d'extorsion, mais sans commencement d'exécution de leur part. En conséquence, Lefebvre et Lucie sont mis en liberté; la veuve Morin et sa fille sont condamnées à vingt ans de travaux forcés et au carcan.

Les deux condamnées se pourvurent en cassation; le Procureur général près la Cour impériale se pourvut également, à raison de l'acquittement des deux domestiques. Le 6 février, la Cour suprême confirma, en ce qui concernait la veuve Morin et sa fille, et, à l'égard des deux domestiques, laissant subsister la déclaration de culpabilité, cassa la disposition de l'arrêt qui les acquittait, et renvoya devant la Cour d'assises de la Seine-Inférieure, pour application de la loi.

C'est sur les conclusions de l'éminent Procureur général Merlin que fut rendu cet arrêt remarquable. Il y est dit que le complice doit être puni comme l'auteur lui-même, non pas seulement pour un crime consommé, mais pour *une action qualifiée crime* (C. Pén., art. 60). Celui donc qui a donné son assistance aux faits qui ont préparé ou facilité une tentative de crime assimilée par la loi au crime lui-même, doit être puni comme l'auteur même de la tentative, si même il n'a participé à aucun commencement d'exécution.

La Cour d'assises de Rouen, se rangeant à cette interprétation de la loi, condamna Nicolas Lefebvre et Lucie Jacotin à cinq ans de travaux forcés et à l'exposition.

Le jour où la veuve Morin et sa fille Angélique furent extraites de la Conciergerie et attachées, sur la place du Palais de Justice, au poteau infamant, la pitié populaire entoura ces deux pauvres femmes, criminelles il est vrai, mais poussées sur le seuil du crime par une hideuse provocation. Il n'y eut à leur peine aucun adoucissement, et elles la subirent, avec une résignation exemplaire, dans la prison de Saint-Lazare.

Quelles nuances subtiles le jury crut-il reconnaître dans ces deux tentatives si diversement appréciées de Mme Levaillant, de la veuve Morin et de sa fille? Entre l'arsenic de l'une et le lacet des deux autres, on pourrait hésiter. Des deux côtés, la provocation est patente; dans cette dernière affaire, peut-être, on voit moins clairement apparaître l'hésitation qui précède et annonce le remords, et la pensée criminelle est plus voisine de l'acte. La justice humaine ne peut que tenir compte de ces circonstances extérieures; mais à Dieu seul appartient de juger, en dernier ressort et en vraie connaissance de cause, les crimes d'intention.

L'ENFANT DE LA VILLETTE. — ÉLIÇABIDE (1840).

MEURTRE DE MARIE ANIZAT, ET DE SES DEUX ENFANTS.

« On apercevait le corps de l'enfant couché sur la sombre dalle. » (*p.* 2.)

A l'extrémité nord-est du pont Saint-Michel, presque au coin du quai du Marché-Neuf, se voyait encore, en 1840, un petit bâtiment, d'aspect passablement sinistre, adossé au parapet du petit bras de la Seine. Ce bâtiment, dont le nom réveille des idées de malheur et de crime, c'est là Morgue.

Morgue, au dire de Vaugelas, était autrefois synonyme de visage. Les anciennes prisons de Paris contenaient, à ce qu'il semble, une salle particulière, ou morgue, où étaient exposés les cadavres des criminels restés inconnus; le public était admis à les regarder par un guichet. Cet usage, tombé ailleurs en désuétude, persista dans la basse geôle du Grand-Châtelet. Jusqu'en 1804, on y exposa les corps des suicidés, et des personnes inconnues, mortes par accident ou par crime.

A cette époque, une ordonnance (29 thermidor an XII) supprima la basse geôle du Grand Châtelet, et affecta le bâtiment dont nous venons de parler à l'exposition des corps dont l'état civil ou le domicile resteraient inconnus. La nouvelle Morgue fut ouverte le 1er fructidor an XII.

L'histoire que nous allons raconter est une des plus émouvantes parmi celles qu'a conservées la tradition du lugubre établissement.

Le 17 mars de l'année 1840, année fertile en événements politiques et judiciaires, une foule énorme se pressait aux abords de la Morgue. Il était midi, et, deux heures à peine auparavant, avait été apporté, sur une civière, le corps d'un enfant. Déjà, de la Cité et de tous les quartiers environnants, une vive curiosité, mêlée d'une pitié profonde, attirait sur le quai du Marché-Neuf des flots de visiteurs.

C'est que cet enfant, disait-on, avait été assassiné dans les circonstances les plus mystérieuses et les plus horribles.

Au jour naissant, des maraîchers qui se dirigeaient par un chemin vicinal vers la rue de Flandres, à l'extrémité de la commune de la Villette, avaient aperçu dans un fossé boueux, destiné à recevoir les eaux de la commune, le corps d'un enfant paraissant âgé de dix ans environ. La tête du petit cadavre était presque séparée du tronc par une section profonde; l'occiput et les tempes étaient à demi enfoncés.

On courut avertir M. Moulion, commissaire de police, qui fit relever le corps et commença une enquête sommaire. Bientôt arriva M. le substitut du procureur du roi Croissant, et un rapide examen conduisit ces magistrats à des remarques étranges, à des soupçons plus étranges encore.

L'enfant assassiné avait une douce et jolie figure, un peu hâlée par le soleil; ses membres étaient délicats, mais bien conformés. Il était revêtu d'un costume propre et presque neuf, qui semblait indiquer le fils d'ouvriers aisés : une blouse de coton brune à raies noires, un gilet de tricot de laine, un pantalon brun.

Dans le fossé, près de la tête, on ramassa une petite calotte grecque à fond rouge. Au col, entre le gilet et la chemise, était suspendue par un cordon en caoutchouc une petite médaille, en argent, de la Vierge. Dans une carnassière d'enfant, attachée sur l'épaule par une courroie, on trouva une toupie.

La blouse était flottante, et la ceinture de cuir verni qui la serrait à la taille, avait été détachée avant le meurtre; le pantalon était déboutonné et tombait sur les genoux. Fallait-il donc croire que le crime avait été précédé de quelque immonde brutalité?

En haut du fossé, sur l'étroit sentier qui bordait les terres labourées, on remarqua une mare de sang. C'était donc là qu'avait été commis le meurtre. De l'autre côté du fossé, on vit qu'une charrette avait passé et stationné juste en face de l'endroit où avait été jeté le cadavre : au sillage irrégulier de ses roues, aux traces plus profondes en cet endroit des fers du cheval, à des marques de piétinements multipliés, on conjectura que les assassins avaient amené là leur victime vivante et l'y avaient égorgée. Leur audace avait de quoi étonner; car l'endroit choisi pour le meurtre était entièrement découvert, et situé à une petite portée de fusil de la grand'route d'Allemagne, toujours fréquentée, même la nuit.

On transporta le cadavre dans une des salles du bâtiment d'octroi; des habitants de la commune que la nouvelle du crime attirait de tous côtés, aucun ne le reconnut.

A dix heures, on apportait le corps à la Morgue, et l'instruction chercha, par tous ses puissants moyens de police, à pénétrer ce sanglant mystère. Ordre fut envoyé à toutes les brigades de gendarmerie, dans un rayon de cent vingt kilomètres autour de Paris, de répandre la nouvelle du crime et de s'enquérir d'un enfant disparu. Des médecins furent appelés pour constater l'état du cadavre et en faire l'autopsie. De leur procès-verbal, il résulta que la supposition d'une lubricité hideuse n'avait rien de fondé. L'enfant avait dû être frappé inopinément, alors qu'il s'était placé sur le revers du fossé pour satisfaire un besoin. Le premier coup qui lui avait été porté, par un instrument piquant et contondant à la fois, avait été terrible : l'arme avait brisé l'occiput et pénétré jusqu'à la cervelle; le malheureux petit, cependant, avait eu la force de se relever; mais alors, il avait été renversé par un second coup vigoureusement asséné dans la direction de la tempe. Puis, on lui avait coupé la gorge avec un rasoir, ou avec un couteau des mieux affilés. La mort paraissait remonter à huit ou dix heures avant la découverte du cadavre.

Pendant le reste de la journée du 17 et pendant toute celle du 18, le flot des curieux ne cessa de remplir la salle dans laquelle, à travers le vitrage, on apercevait le corps de l'enfant, couché sur la sombre dalle. L'*Enfant de la Villette*, c'était le seul nom qu'on pût donner à la mystérieuse victime. Ce crime atroce, enveloppé de ténèbres; ces traits délicats, cette innocence endormie dans la mort, frappaient vivement les imaginations et remuaient tous les cœurs. Dans Paris, hors de Paris, on ne parlait que de l'Enfant de la Villette; et cependant aucun indice ne venait soulever un coin de ce mystère : personne ne savait d'enfant disparu; personne ne trahissait, à la vue de ces restes inanimés, une de ces surprises dont la manifestation involontaire est constamment épiée par des agents mêlés à la foule.

Alors, on recourut à une mesure inouïe dans les fastes de la Morgue.

On raconte que Pierre le Grand, visitant le cabinet du célèbre anatomiste hollandais Ruysch, y admira le corps d'un enfant préparé avec un art si parfait, que la mollesse des tissus, la fraîcheur de la peau, l'expression même des traits, y faisaient l'illusion de la vie. Cette perfection des procédés d'embaumement, qu'on attribue à Ruysch ou à Swammerdam, sur la foi d'anecdotes suspectes, un savant industriel français, M. Gannal, venait d'y atteindre. Mis sur la voie de cette belle découverte par le savant zoologiste M. Strauss-Turckheim, M. Gannal avait trouvé le moyen de préserver des cadavres entiers de la décomposition, en injectant une solution de sel alumineux par l'une des carotides. On avait récemment admiré, à l'exposition de 1839, la momie d'une petite fille embaumée par ce procédé, et dont les traits vermeils présentaient l'apparence du sommeil.

Le 19 mars, on résolut de conserver de cette façon le corps de l'Enfant de la Villette; car on sait que les règlements de la Morgue ne permettent l'exposition du corps que pendant trois jours; cette limite, suffisante d'ordinaire pour la reconnaissance, est d'ailleurs impérieusement commandée par les progrès rapides de la décomposition.

M. Gannal fut appelé, et, bien que les mutilations du meurtre et de l'autopsie ajoutassent aux difficultés de sa tâche, il réussit à préparer le petit cadavre de façon à lui rendre toute l'illusion de la vie, en assurant sa conservation pendant tout le temps nécessaire à la découverte des meurtriers.

L'Enfant de la Villette fut ensuite revêtu de ses habits, et placé, non plus sur la dalle lugubre, mais sur un petit lit blanc élevé sur une estrade. Dans cet état, les membres mollement arrangés sur la couchette, les joues rehaussées d'une couche légère de vermillon, il semblait s'être endormi en jouant.

La curiosité publique n'en fut que plus excitée, et c'est ce qu'on avait voulu. Beaucoup, qui eussent reculé devant l'horrible, venaient visiter sans répugnance ce gracieux enfant, dont la vue ne rappelait aucune idée dégoûtante ou pénible.

Le 23 mars, on crut avoir réussi à pénétrer le mystère. Un jeune garçon, revêtu d'un uniforme de pensionnat, s'écria, en voyant l'Enfant de la Villette : — « Tiens : c'est Édouard, un de mes camarades. » On interrogea l'enfant, on lui fit voir le corps de plus près, et il persista à affirmer que c'était bien là son camarade Édouard. Le pensionnat était situé dans la banlieue : nouvel indice. On y courut, et on en ramena le maître, qui, à la première vue, reconnut l'erreur. Il avait laissé le jeune

Edouard bien vivant au pensionnat. On put s'en assurer.

Le lendemain, autre reconnaissance. Une femme d'une quarantaine d'années, vêtue proprement et modestement, avait attendu longtemps avant d'arriver jusqu'à la barrière qui sépare les spectateurs du vitrage. Sa taille exiguë ne lui avait pas permis de voir le corps avant d'avoir atteint le premier rang. Son tour enfin venu, elle n'eût pas plustôt jeté les yeux sur l'estrade, qu'elle pâlit et s'écria : « Ah! mon Dieu! je crois que c'est mon pauvre enfant! » Une rumeur de surprise et d'intérêt s'élève dans la foule; les gardiens sont avertis; on fait évacuer la salle, et la femme est introduite dans la chambre des expositions. Elle regarde et s'évanouit à moitié sur une des tables funèbres. Revenue à elle : — « Oui, dit-elle, c'est bien lui, voilà bien sa petite cicatrice au front; c'est mon pauvre fils, un enfant naturel que j'ai eu à Sainte-Reine, dans le département de la Côte-d'Or. Au mois de juillet dernier, je l'avais envoyé reporter de l'ouvrage dans une maison voisine de la rue d'Ormesson, où j'habitais alors. Depuis ce moment, le petit n'a pas reparu. Et cependant, ce n'était pas un enfant capable de courir et de tourner à mal. On me l'aura volé. » Une seule chose étonnait la pauvre mère, c'est que, parti avec des habits usés et rapiécés, l'enfant se retrouvât couvert de hardes presque neuves.

La femme était portière rue du Four, elle se nommait Chavandret. On fit venir son beau-frère, qui, sans hésitation, dit : « Voilà le petit Philibert. » Plusieurs habitants de la rue d'Ormesson reconnurent aussi, dans l'Enfant de la Villette, le petit Philibert Chavandret, et un maître d'école de la rue de l'Homme-Armé, qui avait eu parmi ses élèves le fils de la portière, le reconnut également. Il reconnut même la petite médaille de la Vierge.

Restait à savoir comment et pour quel motif cet enfant avait été soustrait à ses parents, éloigné pendant huit mois, puis égorgé aux portes de Paris. On allait diriger de ce côté l'enquête, quand, sur quelques soupçons des magistrats instructeurs, la mère fut interrogée de nouveau. Le petit Philibert portait à la cuisse gauche un signe très-apparent, qui ne se retrouva pas sur l'Enfant de la Villette. Cette pauvre femme et tous les autres témoins avaient donc été victimes d'une illusion, et d'une ressemblance exagérée par l'imagination travaillant sur des souvenirs déjà confus.

Plus de six semaines se passèrent sans incidents nouveaux. L'enquête manquait de point de départ; on ne trouvait rien.

Tout à coup, on apprit qu'un crime nouveau, commis avec des circonstances identiques à celles du meurtre de la Villette, venait d'effrayer Bordeaux. Le 10 mai, le maire d'Artigues, commune voisine de Cenon-la-Bastide, à quelques kilomètres de Bordeaux, fut averti par des paysans qu'on venait de trouver sur le chemin de Lantogne, le corps mutilé d'une femme étrangère au pays. Le maire se transporta sur les lieux, et vit ce corps qu'on venait de retirer du petit ruisseau de Lantogne. La gorge était coupée profondément; le nez, les joues étaient tailladés; la mâchoire supérieure était brisée, le crâne fracturé et renfoncé à l'occiput et aux tempes. Les vêtements étaient en lambeaux.

Pendant que le maire dressait son procès-verbal, on vint lui dire qu'un autre cadavre venait d'être trouvé à cent pas de là, dans le même ruisseau, près du moulin de Lantogne. C'était celui d'une petite fille de neuf ans environ; elle avait, comme la première victime, la tête presque séparée du tronc, le crâne brisé, le front ouvert.

Un meunier se souvint alors d'avoir rencontré, au petit jour, un homme portant un gros fardeau et se dirigeant vers le moulin de Lantogne. Cet homme avait un chapeau sur la tête; voilà tout le signalement qu'en put donner le meunier. On s'assura que les victimes avaient dû être assassinées peu de temps après le repas; la petite fille avait encore à la gorge des pointes d'asperges que le travail de la digestion n'avait pas attaquées. Aucune violence secrète n'avait été exercée sur la femme ou sur la fille. On reconnut, à de larges traces de sang, le théâtre de l'assassinat. C'était un petit chemin séparé du ruisseau par un bois. Il n'y avait pas eu de lutte; seulement, on voyait qu'une des deux victimes avait été frappée à plusieurs pas de l'autre, lorsqu'elle fuyait, sans doute. On ne retrouva pas les instruments de meurtre.

La nouvelle de ce double crime se répandit vers le soir à Bordeaux. Un sieur Chaban, qui tenait un hôtel garni dans la rue de la Douane, conçut immédiatement des soupçons contre un voyageur qui était descendu chez lui le matin même. Cet homme était venu par la diligence de Bergerac, qui passait aux Quatre-Pavillons, lieu voisin d'Artigues; il portait à la main un sac de voyage et un grand cabas de femme. En arrivant, il s'était fait servir à déjeuner, avait mangé avec appétit; puis, il avait demandé du feu, car, bien que venu par la voiture, ses vêtements étaient très-humides. On l'avait conduit dans une salle où on avait allumé un fagot. Au bout d'une heure, une fille de service entrant dans cette salle, l'y avait trouvé endormi. Averti que la chambre était prête, le voyageur s'y était rendu et s'était mis au lit.

Pendant toute la journée du 10 (c'était un dimanche) le voyageur était resté enfermé dans sa chambre. On supposa qu'il avait besoin de repos, et on ne le réveilla, ni pour le repas du soir, ni pour lui demander son nom : car il n'avait pas donné ses papiers à l'aubergiste.

Le lendemain matin, poursuivi par ses soupçons de la veille, le sieur Chaban alla écouter à la porte du voyageur; il l'entendit marcher. Plaçant un œil au trou de la serrure, il le vit brosser et laver des effets qui lui parurent être des effets de femme, et être tachés de sang. L'aubergiste n'hésita plus : il se rendit en hâte chez M. Maximi, commissaire de police, et lui raconta ses doutes et ce qu'il avait vu. Le commissaire, qui avait passé la journée précédente à la campagne, ne savait rien encore du double meurtre d'Artigues. Il envoya demander à la Permanence s'il n'y avait pas eu quelque assassinat de commis : on lui apprit la découverte de deux cadavres près du moulin de Lantogne. Alors, M. Maximi se transporta rue de la Douane, et, suivi de deux agents, se fit ouvrir la chambre du mystérieux voyageur.

Il trouva un homme grand, maigre, au profil aigu, coiffé d'un berret et paraissant disposer ses effets pour un prochain départ. Parmi ces effets, on trouva des linges ensanglantés et des bijoux de femme. Le sac de voyage et le cabas portaient également des marques de sang. Dans le cabas, il y avait un châle et une robe, récemment lavés; on les confronta avec quelques fragments de vêtements trouvés sur le chemin d'Artigues; l'identité était évidente.

Jusque-là, le voyageur, bien qu'il se fût visiblement troublé à la vue du magistrat et des agents, avait paru ne rien comprendre aux questions qu'on lui adressait. Mais, quand on eut rapproché des effets contenus dans le cabas les fragments accusateurs, il porta la main à son front, se voila les yeux, et, d'une voix étranglée, dont l'accent très-prononcé décelait une origine béarnaise : — « Non ! dit-il, non ! je ne saurais parler... Je veux écrire. »

On lui donna du papier, et, pendant près de deux heures, il écrivit d'une main fiévreuse. C'était une confession complète, plus complète qu'on n'eût osé l'espérer, plus effrayante encore qu'on n'eût pu s'y attendre. Cet homme était bien l'assassin d'Artigues; mais il était aussi l'assassin jusqu'alors impuni de la Villette.

Ces aveux, nous ne saurions les retracer dans leur forme première. Le lecteur y perdrait tous les détails sortis plus tard du procès même et qui ne pouvaient trouver place dans la confession primitive destinée à éclairer les magistrats de Bordeaux. Nous raconterons donc nous-même, mais en conservant avec soin les passages essentiels du récit original, ceux dans lesquels se révèle la physionomie particulière de l'homme.

Le meurtrier d'Artigues avait nom Pierre-Vincent Eliçabide; il était, en 1840, âgé de trente ans. Né à Mauléon (Basses-Pyrénées), il avait été, dès son enfance, destiné à l'état ecclésiastique. Après avoir étudié successivement dans les séminaires d'Oloron, de Betharram et de Bayonne, il en était sorti sans vocation arrêtée. Il portait encore l'habit ecclésiastique, et parlait toujours d'entrer dans les ordres sacrés; mais déjà ses supérieurs l'avaient jugé, et ne l'encourageaient plus à suivre une carrière de dévouement et d'humilité. Doué de quelques talents de surface, disert, intelligent, il laissait percer un orgueil excessif. La lecture secrète de quelques livres de littérature légère et de philosophie nouvelle l'avait rempli de mots, non d'idées. Il se considérait comme supérieur à sa position, à son milieu, comme appelé par son génie à des destinées plus brillantes que celles de l'humble ministère de religion et de charité.

Sorti du séminaire de Bayonne, il fit une courte station au collége du Passage, où un prudent supérieur étudia attentivement cette nature froidement exaltée, dont la seule passion sincère était l'admiration vaniteuse d'elle-même. Eliçabide, considéré, pour le moment du moins, comme impropre à l'état ecclésiastique, dut tourner ses vues vers le professorat.

Il trouva, à Ambarès, une place de précepteur; mais, au bout de deux ans, l'aigreur de son caractère et des prétentions inacceptables le firent remercier par le père de son élève. Deux autres préceptorats eurent pour lui la même issue ; il en sortit mal, laissant derrière lui le souvenir d'un caractère difficile, emporté, ridiculement hautain, avec une nuance d'hypocrisie mal soutenue.

Eliçabide songea alors à devenir instituteur primaire ; il vint à Bordeaux conquérir son diplôme, et l'obtint, non sans distinction. On avait remarqué alors, parmi les épreuves qu'il eut à subir, une sorte de thèse sur le duel, déclamation religieuse et philosophique, dans laquelle s'étaient montrées ses qualités particulières, une sorte de chaleur fausse, sophistique et puritaine.

C'est vers la fin de l'année 1837, qu'Eliçabide prit la direction d'une école primaire, fondée par le supérieur du séminaire de Betharram dans une petite commune voisine de Pau. On voulait le suivre dans cette dernière épreuve, et porter sur sa vocation un jugement définitif.

Parmi les élèves qu'Eliçabide reçut dans cette école, il en remarqua un, charmant enfant que la mère, établie à Pau, venait fréquemment visiter. Cette femme, dont les vêtements propres mais plus que simples annonçaient la gêne, avait une heureuse physionomie ; sa réputation était excellente ; sa modestie, sa piété tranquille, ses habitudes domestiques, tout parlait pour elle.

Marie Tressarieux, c'était son nom de famille, était née à Moncayolle, près de Mauléon. Elle s'était mariée, à vingt ans, avec un brave garçon, Pierre Anizat, qui l'avait emmenée en Espagne. Là, ils avaient vécu tous deux pendant quelques années, essayant de se créer une petite fortune par de modestes industries. Puis, dans le commencement de la conquête de l'Algérie, ils s'étaient embarqués pour l'Afrique, et avaient établi une hôtellerie à Oran. Ils y vivaient heureux, quand, le 4 août 1833, Anizat fut tué à Mostaganem, en combattant contre les Arabes, dans une sortie opérée par la garnison et par les colons pour repousser leurs attaques.

Privée de son seul appui, restée veuve avec deux enfants, Marie Anizat quitta l'Afrique pour retourner dans sa commune natale. De ses deux enfants, l'un, Joseph Anizat, était né le 16 avril 1829; l'autre, Mathilde Anizat, le 18 juin 1831. Pour subvenir à leur subsistance et pour les élever, Marie ne pouvait compter que sur le travail de ses mains. Elle accepta sa tâche maternelle avec courage, fit admirer son ardeur, son habileté d'ouvrière, et fit de tels prodiges d'ordre et d'économie qu'elle ne tarda pas à mettre sa petite famille à l'abri du besoin. La tendre sollicitude dont elle entourait ses enfants, la pureté de ses mœurs, lui avaient concilié l'estime et l'affection générales.

C'est alors que la pauvre veuve eut le malheur de connaître Eliçabide.

Né dans la même contrée que Marie, instituteur de son Joseph, homme pieux en apparence, et dont elle admirait sur parole la science et le génie, Eliçabide n'eut pas de peine à produire sur la simple femme une vive impression. Les caresses qu'il prodiguait à son fils achevèrent de lui gagner le cœur, et bientôt le mot d'amour fut prononcé; mais, pour Marie, ce mot ne pouvait signifier que mariage. Elle entrevoyait, dans les rêves évoqués par l'instituteur, une vie plus facile pour les siens, pour elle une protection dont elle serait fière. Eliçabide lui parlait quelquefois de Paris, faisait résonner à ses oreilles des mots inconnus qui voulaient dire gloire, fortune, bonheur. Elle croyait à tout dans la simplicité de son cœur.

Lui, cependant, commençait à sentir le poids de cette vie de devoirs calmes, réguliers, obscurément accomplis. Ses modestes fonctions lui assuraient une existence honorable; mais il en rougissait, en pensant à ce qu'un esprit comme le sien pourrait conquérir de réputation et de jouissances sur un théâtre plus large. Il avait ce mal secret qui ronge tant de vanités provinciales, qui jette hors de leur milieu tant de prétentieuses impuissances, le mal de Paris.

Il n'y tint pas, et, au mois d'octobre 1839, il annonça tout à coup l'intention d'aller chercher fortune au pays de ses rêves. Malgré les sages observations de ses supérieurs, malgré les tendres inquiétudes de Marie, dont le simple bon sens eût préféré le bonheur tout fait du pays natal, il partit. Mais il annonçait, en partant, la prochaine réalisation de ses espérances, et faisait briller aux yeux de la pauvre veuve la promesse d'une prompte réunion et d'une opulence prise d'assaut par le talent.

Arrivé à Paris avec un mince bagage et quelques centaines de francs en poche, Eliçabide alla se loger dans un hôtel garni de la rue du Petit-Pont. Là, demeurait un de ses compatriotes, un étudiant du nom de Beslay, qui avait été autrefois au séminaire de Betharram.

Les deux jeunes gens se mirent à bâtir ensemble leurs châteaux en Espagne. Beslay était un étudiant véritable, non de ceux qui suivaient leurs cours à l'estaminet et à la Grande-Chaumière. Philosophie, littérature, médecine, ils embrassèrent tout à la fois, avec plus d'ardeur que de suite. Au bout de quelques mois, les ressources communes à peu près épuisées, il fallut songer à s'en procurer d'autres, et à fonder enfin cette fortune qu'on s'était promise si prompte et si facile. Eliçabide donna, pour payer son hôte, quelques leçons élémentaires à son fils, et, ce premier essai lui rappelant ses fonctions premières, il persuada à Beslay de tenter un établissement d'instruction. L'hôte, un sieur Guignes, prêta un lit et quelques meubles, et les deux jeunes gens louèrent un petit appartement, au n° 35 de la rue de Richelieu, au quatrième étage, sur le derrière.

Installés là, dans trois petites pièces, ils lancèrent des prospectus, s'annonçant comme instituteurs pour les études classiques et les mathématiques. Les élèves ne vinrent pas. La misère se fit sentir. Toutes les prétentions littéraires d'Eliçabide n'avaient abouti, en somme, qu'à la composition d'un petit ouvrage élémentaire, ayant pour titre : *Histoire de la Religion chrétienne, racontée par un instituteur aux petits enfants*. La publication de ce livre devait, pensait-il, lui assurer des bénéfices et une notoriété professorale. Armé de son manuscrit, il courut les éditeurs, le clergé, les maisons d'institution, s'agita pour obtenir des recommandations d'abord, et bientôt des secours. Il n'obtint rien, et accusa de sa déconvenue la société tout entière. C'était déjà la mode, à cette époque, de s'en prendre à l'organisation sociale des souffrances de l'individu. Une société qui n'accueillait pas Eliçabide, les bras ouverts, qui ne lui prodiguait pas honneurs et argent, était évidemment une société mal faite.

Cependant, depuis son départ de Pau, Eliçabide entretenait avec Marie Anizat une correspondance active; il n'avait eu garde de lui laisser deviner sa position difficile : son orgueil eût trop souffert de semblables aveux. Loin de confesser qu'il n'avait trouvé à Paris qu'obscurité et misère, il lui écrivait, au contraire, avec de grandes recherches de style passionné, que tout souriait à ses vœux, qu'il avait été du premier coup compris, appuyé, qu'il était sur le point de fonder un établissement important d'enseignement public. La situation présente, l'avenir prochain, étaient si séduisants, qu'il fallait penser au plus vite à réaliser le rêve de l'union désirée; et, pour commencer ce rapprochement, il demandait à Marie de lui envoyer son petit Joseph.

Pour déterminer Marie Anizat à venir partager son sort, Eliçabide mettait en usage tout ce qui pouvait avoir le plus de puissance sur le cœur de cette femme; il lui parlait de son amour, de l'avenir de son fils et du bonheur de retourner un jour ensemble au pays natal pour vivre dans l'aisance et le repos.

« Il faut que Marie me prouve qu'elle m'aime, lui écrivait-il le 16 janvier, il faut qu'elle vienne à Paris.

« Je désirerais d'abord que vous m'envoyassiez Joseph. En attendant que mon établissement soit fondé, je lui ferais fréquenter d'excellentes écoles. Je serais son surveillant et son répétiteur; il couchera avec moi, il mangera avec moi, je me charge de lui.

« Une fois Joseph ici, je vous trouverai mille superbes raisons pour vous établir à Paris; et vous y serez reçue dans nos bras, vous serez ma moitié, mon aide, et j'espère que sur nos vieux jours nous pourrons causer sans inquiétude du temps passé, au coin d'un bon feu, dans une petite maison blanche, entre Moucayolle et Gottein. »

Plus tard, le 29 février, après lui avoir annoncé que le projet qu'il avait formé de fonder un pensionnat était à peu près réalisé et qu'il s'établissait dans un des plus riches quartiers de la ville, il lui disait :

« Oh ! que j'aurais besoin de vous ici! mais vous voulez que je prenne patience. Eh bien ! donc, patience pour vous, méchante, et que Joseph arrive vite, il pourra m'être utile autant que moi à lui. »

Des sollicitations si pressantes triomphèrent de la répugnance que Marie Anizat éprouvait à se séparer de son fils. Elle réunit tous les effets qui pouvaient lui être nécessaires; après s'être fait remettre quelques fonds par les personnes qui lui procuraient habituellement du travail, et après avoir placé une somme de 100 fr. dans une petite boîte qu'il emportait, elle le confia à une demoiselle Lenoir, qui allait passer un mois à Paris, et l'envoya à Eliçabide, comme au protecteur le plus bienveillant, au guide le plus sûr et à l'ami le plus généreux que pût espérer son enfance.

Parti de Pau le 11 mars, Joseph Anizat arriva à Paris le 14 du même mois, vers trois ou quatre heures de l'après-midi. Le 10, Eliçabide avait encore écrit à la mère pour qu'elle n'hésitât plus à faire partir cet enfant et pour presser son départ.

Qu'en voulait-il faire, et quelles pensées avaient déjà germé dans son cerveau, lorsqu'il trompait ainsi la pauvre veuve, et qu'il sollicitait l'arrivée de cet enfant, à qui il ne pouvait faire partager que sa misère?

Les faits nous le diront assez; mais écoutons d'abord Eliçabide lui-même, racontant, depuis son enfance jusqu'à son premier jour de sang, ses impressions et ses idées pour expliquer ses crimes.

« J'avais onze ans; les premiers orages des passions se faisaient entendre; mes principes et mon amour-propre me faisaient refouler avec violence les émotions dont je jouissais. L'imagination remplissait malgré moi le vide que la religion laissait dans mon cœur. Mon esprit s'en effrayait. Mécontent de la manière dont je me tirais de ces luttes, je m'abandonnais aux réflexions les plus pénibles. Je me persuadais quelquefois que j'étais prédestiné à l'enfer. Je rentrais à la maison, taciturne et sombre, cherchant des distractions dans mes livres et mes devoirs. Mais à qui aurais-je confié mes souffrances? *On se serait moqué de moi, et je ne l'aurais voulu à aucun prix.*

« J'avais douze ans quand eut lieu, à Mauléon, une mission durant laquelle ma tête se livra tout entière à un mouvement religieux, que provoquaient généralement ces exercices. Les vérités *effrayantes* de la religion faisaient sur moi-même une impression terrible. J'en avais perdu le sommeil. On me dispense sans doute de rapporter les œuvres extravagantes dans lesquelles je me jetai par esprit de pénitence.

« A treize ans, je fus confié, pour mes études, aux soins de M. l'abbé Vidart, curé de la commune rurale de Gottein, dans laquelle étaient fixés mes parents, sur un petit domaine appartenant à ma mère. J'y fis ma première communion avec les sentiments d'une ferveur exaltée, qui ne tarda pas à faire place à l'abattement et aux embarras d'esprit. Je revins à ma *vie solitaire* et à mon *humeur noire*. »

Eliçabide raconte ensuite ses études, son séjour au séminaire de Bayonne, les commencements de sa liaison avec la veuve Anizat, son arrivée à Paris, les difficultés qu'il rencontra pour se faire une position dans la capitale. Ces détails sont conformes à ceux que le lecteur connaît déjà. Il continue ainsi :

« Une partie de mes effets avait pris le chemin du Mont-de-Piété. Le découragement me gagnait de plus en plus. Le sérieux me dominait malgré moi dans mes rapports extérieurs. De fréquents accès d'abattement et d'humeur sombre me faisaient m'enfermer dans ma chambre, sans qu'aucune instance pût me faire résoudre à en sortir. Je mangeais du pain sec que j'arrosais d'eau de Seine. Ma tête s'affaiblissait, mon esprit ne formait aucun projet. Mais, après mes courses infructueuses, j'éprouvais je ne sais quel plaisir à visiter la Morgue, pendant que la vue des cadavres soulevait mon estomac...

« Au milieu de ces agitations et de la mélancolie qui les accompagnait, l'image de tout ce que j'avais de plus cher au monde, ma famille, Marie et ses enfants, condamnés à la douleur, aux privations, à la misère, fatiguait mon imagination blessée. Mon âme était torturée. Une incessante inquiétude pesait sur elle de tout son poids. J'étais dans cette cruelle disposition d'esprit, lorsqu'un jour, au milieu d'une conversation fort innocente, et qui avait pour objet les déceptions de la vie, l'une des personnes de la société s'écria : « Bah! avec un peu de raison, on devrait se réjouir de voir la fin de ceux qu'on aime, si ces objets de nos affections doivent être voués au malheur. »

« Je ne saurais rendre l'effet produit sur mon esprit par ces paroles; ce me fut la lueur d'une torche infernale. Voir mourir ce que j'aimais fut une idée qui s'établit dès ce moment dans ma tête, avec toute la puissance d'une idée fixe, à laquelle je réussissais à peine à faire diversion par le travail et le commerce de la société. Cette idée me poursuivait partout, et toujours il y avait des moments où j'éprouvais l'horrible impatience de la voir se réaliser. Ma tête s'exaltait de plus en plus. J'avais pris le monde en entier en horreur. Mes pensées étaient des pensées d'extermination. »

Ainsi, voilà qui est clair, Eliçabide plaide l'idée fixe, la fatalité. Il cherche à réduire ses crimes aux proportions d'une obsession invincible, à les transformer en actes impersonnels, irresponsables. Suivons-le dans cette étude psychologique qu'il prétend faire sur lui-même. Nous allons le voir essayer d'une autre thèse, plaider le droit au succès, à la richesse, accuser la société de ses erreurs et de ses fautes, la rendre complice de ses actes sanguinaires.

« Toutefois, j'essayai encore de faire un effort, et de conjurer le malheur qui me pressait.

« Je portai le cri de ma détresse depuis le palais jusqu'à la demeure de l'actrice. J'invoquai la princesse, je suppliai le prélat, je frappai chez le banquier, je gémis auprès du grand écrivain sentimental, je m'humiliai devant le prêtre, je sollicitai le ministre *d'un culte étranger*. Il me sembla que c'était assez, et cependant j'allais avoir faim ! ! !

« Puisque toutes mes démarches sont impuissantes, essayons, me dis-je à moi-même, du charlatanisme. Mais mon visage est serein, ma contenance assurée; j'ai conçu un projet qui doit infailliblement amener d'heureux résultats.

« Chacun m'écoute et m'encourage. Je publie un petit prospectus en forme de circulaire. Je déclare que je peux compter sur quelques enfants, qu'on me fait des offres de services, et alors je mentais. Il fallait essayer à tout prix. Je loue un appartement rue Richelieu, et je hâte l'arrivée du pauvre Joseph.

« L'infortunée Marie écrivait de son côté qu'elle séchait d'impatience et d'inquiétude; que les étrangers quittaient tous en grand nombre, et emportaient son travail le plus productif; que les tristes qualités de son fils la tourmentaient pour l'avenir de cet enfant, qui la ferait mourir de chagrin, si elle devait le garder longtemps auprès d'elle; qu'elle passait les nuits dans l'insomnie et les larmes.

« Je répondis à ces lettres simples, naïves et tendres, selon qu'elles m'inspiraient : « Sois heureuse d'illusion et d'espérance, lui disais-je. Je ferai ton bonheur, de quelque manière que ce soit. »

« J'étais tristement occupé à donner une leçon à un jeune et intéressant enfant, lorsque le concierge me remit une lettre m'annonçant l'arrivée de Joseph, par la diligence du jour même. Cette nouvelle me bouleversa, comme si je n'avais pas dû m'y attendre; ma tête s'exalta. Joseph arrive! Pauvre enfant! Quel sera ton avenir? J'ai promis d'être ton père, ton instituteur, ton guide dans le sentier de la vie... La vie !... mais, à ton âge, on me la prédisait belle et heureuse. J'étais sage, de tendres et de nombreux parents dans l'aisance veillaient sur moi. Plus tard, une bonne éducation me mettait *en droit de demander à la société qu'elle ne brisât pas aveuglément ma chétive existence*... Il est vrai que ma tête est malade... Mais cette tête malade, n'est-ce pas tout ton appui, pauvre enfant? Eh bien ! tu mourras *avant de t'être sali au contact d'une société qui te flétrirait peut-être, après t'avoir forcé à te déshonorer*. Tu seras la première des victimes que ma main doit immoler. Moi... tuer!... Oui; mais où en trouver la force?

« Un horrible tremblement s'empara de tous mes membres... Je ne peux plus réunir mes idées, ma tête tombe sur ma poitrine; je me jette sur mon lit tout habillé. Après quelques minutes, j'étais profondément endormi.

« Je courus chercher l'enfant, que je serrai tendrement dans mes bras, et je remerciai Mlle Henriette (Henriette Lenoir, cette jeune personne de Pau, aux soins de laquelle Marie Anizat avait confié le petit Joseph pour toute la durée du voyage), avec toute la politesse dont je fus capable, des soins qu'elle lui avait donnés durant le voyage.

« Joseph, que j'accablai de questions, me répondit avec un petit air souffrant, et me dit qu'ayant mangé du fruit dans la voiture, il avait mal à l'estomac. Je me hâtai de dégager la petite caisse de ses effets, et de faire prendre à l'enfant un petit verre de liqueur qui le soulagea. Jugeant qu'un peu d'exercice lui ferait du bien, je le fis promener longtemps, à sa grande satisfaction. Le pauvre enfant était tout yeux. Je m'oubliai avec lui à regarder mille objets auxquels je n'avais jamais fait attention, lorsque, tout à coup, on eût dit qu'un nuage noir errait sur ma tête... Joseph est heureux, il faut qu'il meure! Ce n'était plus un débat, c'était un besoin calme autant qu'impérieux. Rien de contraire ne pouvait lui éviter la mort. Je l'aurais tué au milieu de la rue, plutôt qu'il ne m'eût échappé.

« Nous nous dirigeâmes vers le Palais-Royal. Je laissai l'enfant à un des passages qui y aboutissent, en lui recommandant de m'attendre sans s'écarter. Je dépose sa petite caisse dans ma malle, et j'y prends le marteau. Où mourra Joseph? Je n'en sais rien. Nous sortirons de Paris, et le reste *à la volonté du sort.*

« Pendant que l'enfant dînait avec appétit, j'écrivis à Marie, pour lui donner avis de l'arrivée de son enfant. Joseph m'ayant dit que sa mère lui avait recommandé de lui écrire dans ma lettre, il traça quelques mots après que j'eus fini. »

Cette lettre horrible, dont Eliçabide parle ici, était ainsi conçue :

« Je viens de recevoir Joseph dans mes bras, après avoir couru d'un bureau de diligences à l'autre, ne sachant pas où il devait descendre.

« Il est arrivé en bonne santé : vous pouvez compter sur moi pour faire trouver le séjour de Paris agréable à Joseph. Pourquoi ne venez-vous pas vite, vous-même, méchante que vous êtes? Nous avons besoin de vous comme de nos yeux : voyons si vous saurez vous dépêcher. Soyez aussi pressée qu'indiscrète, vous qui regardez dans mes lettres sans ma permission. J'attends que vous soyez ici pour vous punir de ces méchancetés. Adieu, Marie ma bien-aimée, à vous pour toujours. »

Eliçabide fit tracer au bas de cette lettre, par le jeune Anizat, une apostille de plusieurs lignes.

« Ma chère maman, écrivait le jeune Anizat, d'après ses propres inspirations, ou peut-être même sous la dictée d'Eliçabide, je suis arrivé à Paris à quatre heures du soir; M. Eliçabide est venu me prendre, il m'embrassait, et je ne le reconnaissais pas à cause de sa barbe qui est longue sous le menton. Paris est bien beau, ma chère maman, je crois que je m'y plairai beaucoup. J'ai déjà vu le Palais-Royal et plusieurs belles rues en allant chez M. Eliçabide.

« Adieu, ma chère maman, je t'embrasse tendrement ainsi que ma bonne sœur Mathilde.

« Ton fils, JOSEPH. »

« Au sortir du restaurant, nous nous acheminâmes vers les boulevards, moi dans la pensée de prendre un omnibus qui nous menât à une des barrières de Paris. La voiture qui s'offrit à nous la première fut l'omnibus qui fait le service de Pantin par correspondance. Après avoir marché jusqu'à la barrière de la Petite-Villette, depuis le bureau de la correspondance, parce que la voiture se faisait trop attendre, nous nous étions arrêtés à l'embranchement d'un petit chemin, aux dernières maisons de la Petite-Villette, pour attendre la voiture de Pantin, lorsque l'enfant demanda à satisfaire un besoin. Ce me fut une commotion électrique... *Ce sera ici même : Dieu le veut!*

« Nous nous engageons dans le petit chemin rasant les maisons. Un sentier nous mène dans une petite pièce de terre. L'enfant satisfaisant son besoin tombe frappé d'un coup de marteau qu'il n'a pas vu venir. Il ne donne plus le moindre signe de vie. A la vue du cadavre immobile de Joseph, je crus rêver. Je le soulevai.... Je lui parlai.... Mort! mort! Ah! qu'il ne revienne pas à la vie, le pauvre enfant... Et je le frappai sur les tempes, et, cherchant un autre instrument de mort pour assurer la cessation de la vie, je saisis mon couteau de poche d'une main crispée, et je coupai la gorge du cadavre.

« Je voulus fuir en voyant le sang couler avec violence. Mes forces m'abandonnèrent, et je tombai à quelques pas de la victime. La Providence ne permit pas qu'aux portes de Paris, à huit heures et demie du soir, à dix pas d'un chemin vicinal, dans un lieu ouvert aux regards de tous côtés, par un clair de lune, il ne se soit pas trouvé un être témoin de cette scène affreuse.

« Lorsque je me relevai, le cadavre était froid. Un tremblement convulsif agitait tous mes membres. Je roulai le corps de Joseph dans un petit fossé qui se trouvait à côté du lieu du meurtre, et je me dirigeai rapidement vers le centre de Paris.

« A dix heures, j'étais dans mon lit, étouffé par une odeur de sang et dans un anéantissement total de mes facultés. Ce fut le moindre de mes soucis que les démarches auxquelles allait se livrer la justice. Les instruments du meurtre avaient été *comme machinalement* rapportés chez moi, ainsi que le manteau de l'enfant, et je les conservai avec ses effets dans une malle que j'ouvrais rarement. Le couteau seul, que je trouvai dans la poche de mon paletot la première fois que je sortis pour me promener, fut jeté dans la Seine par un mouvement d'horreur.

« Toutes mes pensées se portèrent vers Marie. Les douloureuses images qui m'obsédaient en songeant à elle ne faisaient que dénaturer de plus en plus mes idées et mes sensations. Déchiré au fond de l'âme, impassible à l'extérieur, le désespoir plein de calme et d'ironie dont je me nourrissais était devenu de la sévérité. Plus je me perdais dans mes méditations, et moins je comprenais les hommes dans les affections de la vie. De la même main dont j'aimais à répandre les bienfaits, lorsqu'il m'était donné de le faire, je caressais le marteau comme l'instrument qui, d'un seul coup, donnait la mort non sentie et non prévue.

« Mais, Marie!!! J'ai promis de la rendre heureuse... Joseph!... j'avais promis d'être son père.... Mathilde!... je l'ai adoptée pour mon enfant... Et puis, sans moi, ma mère mourrait inconsolable... Mon pauvre père, dans quelques jours, traînerait peut-être la besace de l'indigence... Non... j'aurai le temps de les tuer tous...

« Ces raisonnements étaient les miens; aussi mes actes s'appellent-ils : *les assassinats de la Villette et d'Artigues.*

« Joseph était mort depuis deux jours. Je devais aller régler le compte des frais de voyage avec la personne qui l'avait accompagné à Paris. Je me rendis chez elle; je me montrai poli, mais pressé de me retirer. Mlle Henriette me demanda des nouvelles de l'enfant. Je lui répondis qu'il était fort bien.

« Les lettres de Marie arrivaient fréquentes; elles parlaient peu de Joseph, mais elles supposaient que les réponses parleraient de lui. Les réponses parlaient en effet de Joseph, comme s'il avait existé.

« Chère et pauvre Marie!... le bonheur n'est qu'une imagination.... Sois heureuse d'ignorance et d'espoir; figure-toi toutes les félicités d'une terre promise qui t'attend... Et chaque lettre de Marie m'inspirait une réponse atroce de calme et de couleur de vérité. »

Eliçabide continua donc à écrire à Marie Anizat dans les termes les plus tendres; il la pressait plus vivement que jamais d'abandonner l'existence paisible qu'elle avait trouvée à Pau. Voici ce qu'on lit dans la première lettre qu'il lui adressa après l'attentat de la Villette :

« Venez donc vite, délicieuse menteuse, faites vos paquets, et ne parlez de votre départ qu'à aussi peu de monde que possible, parce que mes nobles parents, s'ils venaient à avoir connaissance des lettres que vous seriez obligée de montrer, pourraient se formaliser de ce que je me suis tant occupé d'une étrangère, pendant que je les laisse souffrir. Lorsque tout sera terminé, nous en parlerons bravement, et personne n'osera nous rien dire. Ainsi, vous toute à moi, et moi tout à vous, et que nous importe le reste du monde? Laissez-moi là tous les prêtres de Pau, de Moncayolle et de Betharram. Nous leur donnerons des nouvelles de la capitale. »

Pour attirer à lui cette femme simple et confiante, Eliçabide avait la force de l'entretenir de son fils, en employant les plus audacieuses impostures pour faire taire les craintes qu'elle pouvait concevoir sur son sort; une douzaine de jours s'était à peine écoulée depuis que le jeune Anizat avait déjà cessé d'exister, que la main qui avait versé le sang de l'enfant, traçait les lignes suivantes pour la mère :

« Joseph est très-bien portant, il est déjà tout fait aux belles choses de Paris, et paraît devoir ne pas s'y ennuyer du tout. Son écriture est belle; nous pourrons en faire d'abord un joli commis. Je suis content de son application et de sa conduite, quoique la tête soit toujours un peu légère. »

Eliçabide finit par vaincre l'hésitation de Marie

Eliçabide.

Anizat et la déterminer à partir, à l'aide de la mensongère assurance qu'il avait trouvé pour elle une place de femme de confiance dans une maison du faubourg Saint-Germain.

Continuons, cependant, à demander au meurtrier le récit des sensations qui, selon lui, précédèrent et amenèrent ses nouveaux crimes.

« Avant mon départ pour Paris, obligé par devoir à répartir aux enfants l'instruction morale et religieuse, je me plaisais à la leur présenter sous forme d'histoire de la religion. Ce mode d'instruction était fort goûté des enfants. A Paris, j'aimais à faire diversion à la tristesse qui m'obsédait, en jetant sur le papier quelques-unes de ces leçons, sous la forme même dans laquelle je les avais données pendant quelque temps. Je n'y attachais aucune importance. Depuis la mort de Joseph, je m'attachai opiniâtrément à ce travail, qui me parut devenir un ouvrage plein d'intérêt et très-propre à servir à l'instruction morale et religieuse des enfants.

« En traçant des lignes qui contrastaient si fort avec ma situation, plus d'une fois mon imagination ardente m'a transporté aux jours de mes fortes croyances. Me plaçant sous le point de vue catholique, qui m'était si familier, je m'attachais à rendre mon manuscrit digne de l'approbation du clergé, afin qu'il eût entrée dans la maison d'éducation et dans les écoles. Je m'étais figuré qu'avec le produit de la vente de mon manuscrit, revêtu de l'approbation nécessaire, je me ménagerais les moyens de payer mes dettes. Je rêvai même un instant un avenir d'auteur. Mes plans étaient modestes, quoiqu'ils me ménageassent le bonheur d'oublier quelquefois présent, passé et avenir, au milieu des bouquins des bibliothèques... »

Cependant, il a écrit à Marie qu'il irait au-devant d'elle jusqu'à Bordeaux. Il arrive en retard.

« Ce retard l'avait attristée. Elle pleurait et paraissait avoir beaucoup pleuré lorsque j'entrai dans sa chambre. Je restai stupéfait à cette vue; de grosses larmes s'échappèrent de mes yeux. Sans prononcer un seul mot, je m'emparai des mains de Marie et les pressai fortement sur ma poitrine; mon imagination, subjuguée par la sensation du moment, me fit oublier tous les projets formés; je ne songeai plus qu'aux moyens de la rendre à sa gaieté. La plus vive satisfaction eut bientôt succédé aux peines; les plus tendres caresses avaient fait oublier la tristesse de l'accueil. Nous n'avions pas encore épuisé toutes les distractions que pouvait nous offrir Bordeaux, que j'étais revenu à mes pensées de mort, en la voyant heureuse, et en pensant qu'à cet instant de bonheur succéderaient des années d'infortune.

« J'étais en proie à toute l'horreur de mes réflexions, lorsqu'il me vint en pensée de lui tout avouer. Cette résolution semblait me soulager d'un poids énorme qui m'oppressait malgré l'exaltation de mes idées. Penser!... je ne pensais plus... je cherchais des distractions par les courses... Mes membres agissaient... mais ma tête tourbillonnait dans un chaos de pensées... J'étais et je n'étais pas.

« Après avoir fait le choix du lieu que je croyais propre au dénouement attendu, j'arrêtai une voiture qui devait venir prendre trois personnes à huit heures et demie du soir, pour les porter sur la route, à une distance donnée et assez près du lieu précédemment choisi. Tout s'exécutait; mais j'étais loin d'avoir l'énergie froide qui m'armait lors de la mort de Joseph. Rentré à l'hôtel vers les six heures du soir, je trouvai Marie en compagnie d'une jeune personne. Ne mangeant presque rien depuis plusieurs jours, je témoignai avoir grand appétit; mais je pris très-peu de chose. »

« Stupide et hébété, j'allai m'accroupir à quelques pas de mes victimes. » (p. 10.)

Eliçabide, en effet, avait écrit à Marie Anizat qu'il irait au-devant d'elle jusqu'à Bordeaux, et lui avait recommandé de se trouver le 6 mai dans cette ville, où il comptait arriver le même jour, en la prévenant que son intention était de descendre dans un hôtel tenu par un sieur Meunier, dans la rue Courbin.

Dans cette dernière lettre, qui porte la date du 16 avril, Eliçabide lui parlait encore de son fils comme s'il eût été plein de vie et d'avenir.

« Joseph vous aurait écrit une ligne, lui disait-il, mais bientôt il vous embrassera, ce qui vaudra mieux. Je suis très-content de lui : il s'applique, il deviendra un homme. Je crois qu'il grandit et engraisse. Il connait aujourd'hui mieux que moi le quartier. »

Il terminait par ces mots, où une infernale ironie semblait se mêler à tout ce que le langage de la tendresse a de plus affectueux et de plus doux :

« Adieu, ma toute chère Marie, plus de larmes, plus de tristesse. Si vous avez maigri, je vous annonce que vous engraisserez rapidement : vous dormirez bien et longtemps; vous respirerez un bon air; vous aurez de la bière à bon marché en été pour rafraîchir votre sang; mais je vous conseille de compter encore bien plus que sur tout cela, sur les caresses de celui qui est à vous seul pour la vie. »

Se conformant aux instructions qu'elle avait reçues, Marie Anizat arriva à Bordeaux au jour indiqué, accompagnée de Mathilde Anizat, sa fille, et se rendit à l'hôtel qui leur avait été désigné.

Eliçabide était parti le 3 de Paris, sans faire connaître la cause et le but de son voyage, et en manifestant l'intention de ne rester absent que fort peu de temps; forcé de voyager par de petites voitures, faute de fonds suffisants pour prendre la diligence, il n'arriva que le 7 à Bordeaux.

Prévoyant ce retard, et redoutant que Marie

Anizat ne continuât sa route vers Paris, il avait écrit de Poitiers au sieur Meunier, pour qu'il l'engageât à l'attendre, et celui-ci s'était acquitté auprès d'elle de cette commission.

Une des sœurs d'Eliçabide servait en qualité de femme de chambre dans une maison de la commune d'Ivrac. Entièrement dépourvu d'argent, il la pria par écrit, au moment d'entrer à Bordeaux, de venir lui porter quelques fonds, et lui donna rendez-vous, à cet effet, dans une auberge tenue par le sieur Lesquerre, dans la rue Margaux.

Le 8, après avoir reçu la visite de sa sœur, qui lui remit une somme de 100 fr., fruit de ses économies, il se hâta d'aller prendre logement à l'hôtel du sieur Meunier. La journée parut se passer, pour Marie Anizat et pour lui, en intimes entretiens.

Dans la matinée du 9, ils se rendirent ensemble chez une nommée Marie Marmaillan, que Marie Anizat avait connue à Pau, et qu'elle avait voulu revoir; et ils se séparèrent ensuite pour le reste de la journée.

Sur les instances d'Eliçabide, Marie Anizat avait consenti à aller coucher à Ivrac, chez la sœur de ce dernier, et à prendre le lendemain la diligence de Paris, à son passage près de cette commune.

En conséquence, vers huit heures ou huit heures et demie du soir, une voiture de place, qu'Eliçabide avait retenue, vint les prendre à leur hôtel et les porta au lieu appelé les Quatre-Pavillons.

Peu d'instants avant leur départ, une nommée Justine Casauran, ancienne amie de Marie Anizat, qu'elle avait par hasard rencontrée sur la voie publique, était venue la visiter. Elle l'avait trouvée à table avec sa fille et Eliçabide, et avait assisté à leur dîner. Eliçabide avait montré la physionomie la plus ouverte et la plus riante, et avait égayé le repas par les récits les plus piquants. L'expression de la plus vive satisfaction n'avait pas cessé de régner sur les traits de Marie Anizat. Elle avait fait connaître, avec l'orgueil d'une tendre mère, à Justine Casauran, les termes de l'apostille que son fils avait mise au bas de la lettre qu'Eliçabide lui avait adressée au moment où il venait d'arriver auprès de lui; elle avait témoigné à ce dernier beaucoup de regret de ce qu'il eût appris au petit Joseph sa prochaine arrivée à Paris, la privant ainsi du plaisir de lui causer une douce surprise; la pauvre femme pleurait de joie à l'idée de le revoir et de l'embrasser.

Avant la commune d'Ivrac et sur le territoire de celle d'Artigues, il existe à gauche de la grande route, et à un quart d'heure de marche des Quatre-Pavillons, un chemin tortueux dominé de chaque côté par un tertre élevé; quand on l'a parcouru jusqu'à cent ou cent cinquante mètres, on rencontre un bois taillis qui le borde du côté gauche sur une assez grande étendue. Derrière ce bois et à trente ou quarante mètres du chemin, est un ruisseau qui descend jusqu'à la grand'route, la traverse, et coule parallèlement.

Après être descendu de voiture aux Quatre-Pavillons, Eliçabide fit suivre la grand'route à Marie Anizat et à sa fille jusqu'au chemin dont il vient d'être parlé. Là, il leur annonça qu'il fallait prendre ce chemin pour se rendre au domicile de sa sœur, et, par un ciel obscur et chargé de nuages, elles s'y engagèrent toutes deux avec lui.

Laissons maintenant le meurtrier raconter ses nouveaux crimes.

« Nous marchâmes quelques minutes pour arriver à l'embranchement du chemin auquel nous devions nous détourner. Mes genoux fléchissaient, l'air manquait à mes poumons, il m'était impossible d'unir deux idées. J'allais défaillir sous la violence de mes émotions, lorsqu'arrivé à la petite place que j'avais choisie pour le lieu de l'explication, je m'arrêtai..., je devais être effrayant... Je m'avançai vers Marie, armé du marteau, je frappai... Je la vis tomber... et, au moment où le fer échappait de mes mains, un cri de l'enfant me rendit à mon transport. Je frappai encore, je ne sais dans quel ordre. Mais le silence de mort qui régnait autour de moi fut accompagné des mêmes errements qui devaient prévenir le retour de la vie chez Joseph.

« Stupide et hébété, j'allai m'accroupir à quelques pas de mes victimes. Je n'éprouvais aucun besoin de m'éloigner de ce théâtre d'horreurs. La pluie, qui tombait en abondance, accompagnée d'un grand vent, m'avait percé sans que je m'en aperçusse, lorsque les aboiements d'un chien me firent bondir sur la place. Des terreurs, comme les hommes ne m'en ont jamais inspiré, s'emparèrent de moi. La pluie me brûlait, le vent me maudissait. Mon parapluie même me paraissait un spectre. Il me semblait que la nature entière parlait de mes meurtres, que les cadavres se dressaient pour m'accuser. Pour la première fois seulement, j'eus peur de Dieu.

« Je n'ai qu'un souvenir confus de tout le reste. Tout ce dont je puis me rappeler, c'est que le jour commençait à poindre, que je ne m'étais pas encore débarrassé des effets appartenant à Marie et à Mathilde... Je m'acheminai vers Bordeaux... Dans l'état de surexcitation où je me trouvais, j'éprouvais un extrême besoin de rire et de parler. J'avais faim, j'avais froid. Je montai dans une voiture qui se rendait à Bordeaux. J'accablai le conducteur de questions sur ses services, sur ses bénéfices. Arrivé à l'auberge, je demandai gaiement à déjeuner. Il me sembla que je mangeai avec appétit. Je plaisantai avec l'hôtesse et la servante. Je demandai du feu pour faire sécher des effets mouillés. Je m'assoupis devant le feu. Au sortir de cet assoupissement, j'éprouvai une prostration totale de mes forces.

« Je demandai un lit. J'y passai vingt-quatre heures sans éprouver d'autre sentiment qu'un vague indéfinissable, dans lequel je n'avais mémoire de rien au monde. M'adressait-on la parole, je sortais comme d'un somnambulisme pour répondre; puis, je rentrais dans mon absorption.

« Le lendemain du second jour, je n'éprouvais plus qu'une forte agitation nerveuse qui se trahissait par le tremblement de mes membres. Lorsque je fus arrêté, l'idée ne me vint pas de disputer ma tête à la justice. L'image de mes parents déshonorés fut la seule chose qui m'émut profondément. Je demandai une plume. Je fis par écrit des révélations que je n'aurais pas eu la force de faire de vive voix. Les premières lignes que j'écrivis furent celles-ci : « Je ne demande aucune grâce; ma mort sera bien « méritée. Que l'on sauve, s'il est possible, mon « pauvre père, ma pauvre mère, du désespoir que « leur causeront mes horribles égarements. »

Ce dernier récit, on le voit, est extrait des *Mémoires* d'Eliçabide, car Éliçabide a, comme Lacenaire, laissé ses Mémoires. Il comptait sans doute sur un succès d'outre-tombe; mais, heureusement, il ne se trouva pas cette fois un libraire pour doter notre littérature de ces confessions d'un assassin.

Paris apprit à la fois et le meurtre d'Artigues et le nom du meurtrier de la Villette. Le télégraphe envoya l'ordre de procéder à une perquisition immédiate au domicile de la rue Richelieu. Le jeune Beslay, dont tout le crime était d'avoir vécu sans le savoir dans l'intimité d'un meurtrier, fut arrêté. On trouva dans l'appartement les lettres de la malheureuse veuve, le manuscrit inachevé de *l'Histoire de la Religion chrétienne*, et la boîte de bois blanc qui renfermait les hardes et le linge du petit Anizat. Une grosse malle, adressée par la veuve au domicile d'Eliçabide, fut saisie à la barrière d'Enfer; elle contenait le linge et les effets les plus précieux de la victime.

La justice envoya de Bordeaux des commissions rogatoires, toute la procédure devant être attirée dans ce ressort, bien que l'instruction concernant le premier crime eût été commencée à Paris. Quand on apprit que l'Enfant de la Villette allait être transporté à Bordeaux, la curiosité publique redoubla, et des queues de spectateurs se formèrent aux abords de la Morgue.

Depuis son arrestation, cependant, Eliçabide avait recouvré tout son sang-froid. On avait craint d'abord une tentative de suicide, et on exerçait autour de lui une continuelle et rigoureuse surveillance. Il s'en aperçut et dit à ses gardiens, avec emphase : — « C'est bien inutile, allez; je sais que ma vie ne m'appartient plus. »

Le mardi, le bruit se répandit que l'assassin allait être conduit sur le théâtre de son crime et mis en présence des cadavres de ses victimes. Cette nouvelle suffit pour mettre en mouvement toutes les populations des environs d'Artigues. Sur la route, des cris d'indignation, des menaces, formulés avec toute la passion méridionale, éclataient à la vue de l'assassin, calme dans sa charrette entourée de gendarmes. On arriva dans le chemin creux et resserré; sous un escarpement bordé de gros buissons, on voyait encore une large place rouge de sang. C'est là que s'arrêta la charrette. Eliçabide en descendit; son visage ne trahissait aucune émotion intérieure. — « C'est bien là, dit-il. Je me suis d'abord précipité sur la jeune fille; je l'ai renversée, et, avant qu'elle eût pu pousser un seul cri, je lui ai brisé la tête avec une pierre. Puis, je me suis élancé sur la mère, qui marchait quelques pas en avant, et qui n'avait pu ni voir ni entendre ce qui venait de se passer, tant le mouvement avait été rapide. Je l'ai renversée à son tour, et je lui ai brisé aussi la tête. » Et, s'excitant peu à peu dans cet infernal récit : — « Je frappais, je frappais, à droite, à gauche, avec le couteau, avec la pierre. La pierre semblait se multiplier dans mes mains. Je frappais.... je m'étonne de ne pas frapper encore. »

Dans le récit qu'il fait de cette horrible scène dans ses Mémoires, Eliçabide indique l'ordre probable de ses meurtres. Assurément il dut commencer par Marie. Il y parle aussi d'un marteau; mais, au commencement de l'instruction, il disait avoir frappé avec une pierre. C'est que le marteau, ce même marteau qui avait brisé le crâne de l'Enfant de la Villette, il l'avait jeté, avec le couteau, dans la fosse d'aisances de l'auberge de Bordeaux. Sans doute Eliçabide ne prétendait pas écarter de ses crimes la préméditation; mais, dès le premier moment, il se préparait l'excuse de la folie. Quand le juge d'instruction, M. Venancie, lui demanda la cause de ces mutilations exercées sur les traits de ses victimes : — « Je craignais, répondit Eliçabide, que la mort ne fût pas assez prompte et qu'elles ne *souffrassent* trop. Je voulais être *philanthropique*. »

Après cette visite des lieux et cet interrogatoire, on conduisit le meurtrier dans l'église d'Artigues, où étaient déposés les deux cadavres. Là, seulement, Eliçabide, très-pâle, détourna la tête quand le magistrat instructeur lui demanda s'il reconnaissait ces corps. — « Répondez, » lui dit le magistrat. — « Non, non ! c'est impossible.... c'est au-dessus de mes forces.... tuez-moi, mais n'exigez pas cela,... non, je ne peux pas.... »

On fut obligé de l'asseoir; il semblait qu'il fût sur le point de perdre connaissance. Cependant, quelques instants après, il avait repris tout son calme et donnait avec ordre et lucidité de nouveaux détails sur l'assassinat du petit Joseph.

Quand Eliçabide rentra dans Bordeaux, la foule qui suivait la charrette était devenue si menaçante, qu'il fallut faire mettre sous les armes le poste du fort du Hâ, afin de soustraire l'assassin à l'indignation publique. Rentré dans son cachot, il essaya de prendre quelque nourriture; mais il ne put manger. « Les cris de ce peuple, dit-il, m'ont ôté l'appétit. »

Eclairée par des aveux aussi précis, par des preuves aussi criantes, l'instruction marcha vite : elle n'avait à chercher que le mobile du premier crime; car, pour le second, il paraissait évident qu'Eliçabide y avait été poussé par la nécessité de cacher le premier, et aussi, sans doute, par le désir de se procurer des ressources en dépouillant sa dernière victime.

Le 2 juin, le cadavre embaumé de l'Enfant de la Villette fut extrait de la Morgue et transporté à Bordeaux. Le même conducteur des Messageries qui avait emmené le petit Joseph plein de vie, rapportait son corps inanimé : Eliçabide eut encore à souffrir la vue de cette victime, qu'il croyait sans doute ne revoir jamais en ce monde.

Le 9 septembre, s'ouvrit la première audience du procès d'Eliçabide. Ce procès occupa vivement l'attention publique; et cependant, sans compter les agitations politiques de cette mémorable année, jamais les fastes judiciaires n'avaient eu à enregistrer à la fois tant d'événements à jamais célèbres : le procès du régicide Darmès, l'affaire de Boulogne, le procès Lafarge, celui du brigand de l'Arriége, Sarda-Tragine.

La cour entre en séance, sous la présidence de M. Cauvry. M. d'Oms, avocat général, occupe le fauteuil du ministère public. Mᵉ Gergerès père, avocat nommé d'office, est au banc de la défense. On voit, sur la table des pièces à conviction, la malle, la boîte, le sac de nuit, le cabas, les hardes, le couteau et le marteau qui ont servi aux trois assassinats.

Eliçabide est introduit. Il est vêtu avec une certaine recherche. Sa figure anguleuse a maigri, son profil aigu s'est encore effilé; mais ses yeux sont clairs, calmes, intelligents; sa physionomie, sa démarche sont assurées.

M. le Président adresse à l'accusé les questions d'usage; puis, le greffier lit l'arrêt de renvoi et l'acte d'accusation. Ce dernier document n'est qu'un exposé sommaire des faits de la cause. On y insiste seulement sur les mensonges d'Eliçabide et sur l'intention évidente, manifestée par ses actes, d'assurer l'impunité à ses crimes. Si les moyens employés pour arracher la vie aux trois victimes sont affreusement identiques, il y a cependant cette différence que, pour les deux dernières, l'assassin a cherché à dissimuler l'identité par la mutilation des aits et par la dispersion ou le vol des vêtements. Cet espoir de cacher le crime d'Artigues était absurde, il est vrai; mais le crime est de sa nature illogique. La préméditation est partout. En vain l'accusé a-t-il essayé, dans le principe, de soutenir qu'au moment où Joseph Anizat arrivait à Paris, il n'avait pas encore conçu la pensée de lui donner la mort; il a été forcé de reconnaître que le marteau à l'aide duquel il devait consommer le meurtre de l'enfant avait été acheté plusieurs jours avant l'arrivée. « Eliçabide est allé plus loin, dit l'acte d'accusation : il a dit que dans l'intention où il était de s'unir en mariage avec Marie Anizat et de se consacrer à élever ses enfants, dès l'instant où il avait perdu l'espoir de se créer une position avantageuse pour la leur faire partager, il avait résolu de les affranchir tous les trois, par le meurtre, d'un avenir où ils ne devaient trouver que malheur et déception. »

L'acte d'accusation rappelle en outre diverses circonstances qui tendraient à établir qu'en attirant près de lui Marie Anizat et ses enfants, il voulait s'approprier leurs dépouilles et se procurer des ressources que ne lui donnait pas le travail. Longtemps avant l'arrivée à Paris du petit Joseph, l'état de gêne dans lequel Eliçabide était tombé était devenu tel, qu'il avait tendu la main pour obtenir des secours. A son départ pour Bordeaux, sa détresse était à son comble : il avait été obligé, pour se mettre en route, d'emprunter une somme de quarante francs à son jeune camarade Beslay.

Or, Eliçabide a toujours recommandé le secret à Marie Anizat sur ses sollicitations pour la déterminer à se rendre auprès de lui. Dans ses dernières lettres, et alors que, dépourvu de tout, il venait de s'établir dans l'appartement qu'il avait loué dans la rue Richelieu, il l'engageait à lui envoyer du linge de ménage, et lui prescrivait de lui fournir les renseignements nécessaires pour réclamer les objets qu'elle expédierait avant le départ de Pau.

« En agissant ainsi, l'accusé semblerait avoir trahi le projet de s'emparer de tout ce que pouvait posséder la famille, et si ce projet a existé, il est certain qu'il l'aurait entièrement réalisé.

« Eliçabide a en effet disposé, dans son intérêt personnel, des 100 fr. que contenait la malle du jeune Anizat; il s'est fait remettre par la mère de cet enfant, dans la première entrevue qu'il a eue avec elle en arrivant à Bordeaux, une somme de 140 fr. dont elle s'était munie ; au moment de son arrestation, on l'a non-seulement trouvé nanti de cette somme, ainsi que d'une partie des vêtements de Marie Anizat, de ceux de sa fille et de leur cabas, mais encore de leurs bagues, de leurs boucles d'oreilles et de quelques autres objets en or ou en argent qu'elles portaient sur elles lorsqu'ils les a frappées. Enfin, il a été vérifié qu'avant de quitter l'hôtel du sieur Meunier, il avait donné des ordres d'après lesquels une malle et une boîte qu'elles y laissaient et où leurs vêtements étaient renfermés, devaient être expédiés, sous son nom, à Paris. Et, quelques jours plus tard, trois ballots que Marie Anizat avait mis au roulage et qui contenaient leurs autres effets, devaient arriver à son adresse dans la même ville : en sorte qu'après la mort de cette femme et de ses enfants, il s'est véritablement trouvé en possession de tout leur avoir.

« Quels que soient, au surplus, et le sentiment qui a dirigé son bras et le but qu'il s'est proposé, rien ne saurait diminuer l'horreur qu'il inspire et la pitié qu'excite le sort de ses victimes. »

L'acte d'accusation se terminait ainsi : « En vain Eliçabide se présente-t-il comme l'instrument d'une inexorable fatalité et affecte-t-il d'avoir cédé à de funestes vertiges, il y a, dans les trois assassinats qu'il a commis, une série de faits qui s'enchaînent entre eux d'une manière trop logique et décèlent trop de réflexion, de combinaison et de prévoyance, pour qu'il puisse échapper à la vindicte publique. Si les forfaits dont il s'est souillé demeuraient impunis, ou s'il arrivait que le châtiment ne répondît pas à l'odieuse perfidie avec laquelle il les a préparés et à la froide férocité qui a présidé à leur exécution, la justice n'aurait plus qu'à briser son glaive, et il n'existerait plus de protection sur la terre contre la perversité des méchants. »

M. le Président procède à l'interrogatoire de l'accusé.

D. N'avez-vous pas été destiné à l'état ecclésiastique ? — R. Oui.

D. Où avez-vous fait vos études ? — R. A Betharram.

D. Jusqu'où avez-vous poussé vos études ecclésiastiques? — R. Jusqu'à la philosophie et à la théologie.

D. Où êtes-vous allé en sortant du séminaire de Betharram? — R. A Bayonne.

D. Combien de temps y êtes-vous resté? — R. Quinze mois environ.

D. Quel cours avez-vous suivi au séminaire de Bayonne ? — R. Celui de théologie.

D. A quelle époque avez-vous renoncé à l'état ecclésiastique ?— R. Quelque temps avant mon départ pour Paris.

D. En quittant le séminaire, n'êtes-vous pas allé au collége du Passage, et pour quel motif? — R. Mes supérieurs avaient remarqué en moi un transport d'imagination et d'idées qu'on avait essayé en vain de calmer ; ce fut alors que je fus envoyé au collége du Passage, dans l'espoir que l'expérience et les sages conseils du Père Bussy, à qui j'étais recommandé, pourraient opérer quelque changement favorable en moi.

D. Combien de temps y êtes-vous demeuré ? — R. Autant que je puis me le rappeler, de vingt à vingt-cinq jours.

D. Où êtes-vous allé au sortir du collége du Passage? — R. Je suis revenu à Bayonne, où je suis resté le restant de l'année.

D. Où vous êtes-vous dirigé en sortant de Bayonne? — R. A Bordeaux, et je suis bientôt entré, en qualité de précepteur, chez M. Duroy, à Ambarès, où j'ai demeuré pendant deux ans.

D. Ne portiez-vous pas alors l'habit ecclésiastique ? — R. Oui, M. le Président.

Où êtes-vous allé ensuite? — R. Je suis entré, en qualité de précepteur, chez M. de Toulouse, propriétaire à Puybarban.

D. Pour quel motif êtes-vous sorti de chez M. Duroy? — R. Je n'y avais qu'une position fort précaire, et une discussion d'intérêt qui se présenta me força bientôt de m'éloigner de cette maison. A cette époque, du reste, j'avais tout au plus quinze jours à rester encore chez lui avant de finir mes fonctions.

D. Pourquoi êtes-vous sorti de chez M. de Toulouse? — R. Pour des motifs tout différents; chez M. de Toulouse, la besogne était difficile ; un de ses fils avait un caractère apathique, et il avait été convenu avec le père que je devais le mener rudement pour le faire avancer. Quand je dis rudement, je m'explique mal peut-être; je veux dire par là que toute latitude m'avait été donnée pour employer les moyens coërcitifs que je jugerais convenables pour arriver à notre but. Les choses ne s'arrangèrent pas, et à la suite d'une scène assez vive avec M. de Toulouse, et des observations qu'il m'adressa, je sentis que les forces me manquaient pour continuer ma tâche, et, le lendemain, je n'étais plus précepteur chez M. de Toulouse.

D. Où êtes-vous entré en quittant la maison de M. de Toulouse? — R. Chez madame Bignon.

D. Combien de temps y êtes-vous resté? — R. Deux ans à peu près.

D. En sortant de chez Mme Bignon, où êtes-vous allé? — R. A Betharram. Le supérieur du séminaire, qui paraissait me porter beaucoup d'intérêt, voulant sans doute éprouver ma vocation, m'offrit la direction d'une école qu'il avait créée; pour accomplir ce projet, je vins à Bordeaux pour solliciter un diplôme d'instituteur primaire que j'obtins; je retournai ensuite près du supérieur, et je fus placé à la tête de l'établissement.

D. Pendant votre séjour à Bordeaux, portiez-vous l'habit ecclésiastique? — R. Non, Monsieur; il avait été convenu avec M. le supérieur, pour certains motifs qu'il est inutile de rappeler ici, que je quitterais la soutane.

D. Combien de temps êtes-vous demeuré à Betharram à la tête de cette école? — R. Deux ans environ.

D. A quelle époque le jeune Anizat y est-il entré? — R. Six mois environ avant la fin de l'année scolaire; il était pensionnaire, et, comme je connaissais la position gênée de sa mère, j'avais fait tous mes efforts pour le faire recevoir en cette qualité.

D. Quelle est l'origine de vos liaisons avec la veuve Anizat? — R. La veuve Anizat se présenta chez moi avec son fils; elle avait témoigné le désir de me voir; elle me parla de son enfant et de l'état de gêne où elle se trouvait. Alors je lui offris gratuitement mes soins pour son enfant. M. l'économe voulut bien me seconder dans mes vues. Par reconnaissance, Marie Anizat m'offrit ses bons services à Pau, si je venais à en avoir besoin; je les acceptai, et durant les vacances, ayant eu occasion d'aller à Pau, je ne voulais pas paraître avoir oublié ce que je lui avais promis; jusqu'à l'époque des vacances, je n'y allai que quatre fois environ. Pendant ces visites, des rapports basés sur l'estime s'établirent entre Marie et moi. J'étais alors déterminé à quitter Betharram. Nos rapports devinrent plus affectueux, pendant le temps des vacances; j'appréciai les bonnes qualités de la veuve Anizat, je m'attachai à elle et je m'aperçus bientôt qu'elle répondait à mon affection. Mais, d'un autre côté, je considérais que je n'avais pas de position. Toutefois, je ne fis point part alors à la veuve Anizat du projet de quitter Betharram. Au bout de quelque temps, notre affection mutuelle n'était plus un mystère pour l'un ni pour l'autre. Elle ne me parla plus que le langage du cœur. Il me serait pénible d'entrer dans de semblables détails. Il fut convenu alors que je quitterais Betharram, mais que ce ne serait que pour appeler Marie près de moi.

D. Quel motif vous a porté à quitter Betharram? — R. La résolution où j'étais de me créer des moyens d'existence plus lucratifs.

D. A cette époque, votre projet était-il d'épouser la veuve Anizat? — R. Il est difficile de croire que j'eusse pu avoir le courage de ne pas lui proposer notre union et de lui faire une proposition déshonnête. A l'époque où je suis parti pour Paris, notre vie n'était plus qu'une; je lui parlais d'amour dans mes lettres; mais, dans mon langage à moi, ce mot amour voulait dire mort.

D. N'aviez-vous pas chargé la veuve Anizat de verser quelques fonds entre les mains de vos parents? — R. Je crois que oui, et elle a dû le faire, du moins en partie. Il était convenu que nous devions nous unir, et dès lors nous n'avions besoin de personne pour confident. J'ai caché ce projet même à mon père et à ma mère, et ils n'ont été instruits de ces diverses circonstances qu'après la mort de Marie Anizat.

D. Pourquoi pressiez-vous Marie pour le départ de son fils? — R. Marie se trouvait dans une position pénible envers son enfant; il avait des défauts, je n'ai pas été le seul à m'en apercevoir, et elle était embarrassée de l'avoir auprès d'elle; les dispositions de son caractère ne semblaient pas devoir lui promettre un heureux avenir; elle m'écrivit : Si cet enfant doit vivre près de moi, j'en mourrai. Le jeune Joseph avait des inclinations vicieuses. Toutes ces considérations m'engageaient fortement à appeler l'enfant auprès de moi.

D. Dans quelle intention vouliez-vous faire venir l'enfant avant la mère? — R. J'avais fait une circulaire où je promettais aux pères de famille d'une aisance médiocre, un plan d'éducation qui conciliait les avantages et les désagréments de l'éducation publique et privée; cette lettre était déjà autographiée; mais pour mettre mon projet à exécution, j'avais besoin d'un nouveau local, et comme quelqu'un m'était nécessaire, soit pour faire mes petites commissions, soit pour ouvrir ma porte, j'avais pensé au jeune Anizat qui pourrait m'être très-utile.

D. Quand vous l'appeliez à Paris, c'était donc dans le but de l'employer en qualité de domestique? — R. Non, mais j'attendais de lui de petits services en échange des soins que j'aurais eus pour son éducation.

D. Quant vous l'avez appelé à Paris, votre intention était-elle de le faire périr? — R. Je suis quelquefois dans un état d'esprit maladif; les idées chez moi se décomposent aisément : tantôt elles sont tout heureuses et tantôt je suis plongé dans de sombres pensées; ma disposition d'esprit change avec les événements; je rêvais parfois bonheur et avenir, et alors je faisais part de mes projets à tous ceux qui m'entouraient; je voulais faire déborder les pensées qui m'agitaient.

D. Vous ne répondez pas à la question que je vous ai adressée. — R. Il me semble, M. le Président, que je suis parfaitement dans la question; ces idées de mort se présentaient subitement à mon esprit; quand elles étaient passées, je n'y pensais plus, mon projet n'a pu être arrêté qu'au moment même du meurtre de l'enfant : ces idées sont chez moi instantanées. Je sens bien que maintenant je suis pour plusieurs un objet de spectacle; mais quand je suis dans mon état maladif, non-seulement j'assassinerais, mais *je ferais sauter le globe entier comme un marron cuit.* (Mouvement dans l'assemblée.)

D. Un propos que vous entendîtes ne réveilla-t-il pas dans votre esprit de sombres idées? — R. Causant un jour avec un père de famille, un homme respectable que je pourrais nommer au besoin, la conversation tomba sur le ménage et ses inconvénients. Ce monsieur dit : «Bah! une femme, quand elle nous embarrasse, on lui coupe la gorge! » Dès ce moment, ce mot devint une idée fixe chez moi.

D. Vous êtes convenu d'avoir donné la mort au jeune Anizat? — R. Je prie la Cour de me dispenser d'entrer dans de pareils détails.

D. Quand le jeune Anizat arriva à Paris, êtes-vous allé à sa rencontre à la descente de la diligence? — R. Oui, il était avec mademoiselle Lenoir. Seulement, je ferai observer que je n'ai point quitté le jeune Joseph au restaurant; il me dit qu'il souffrait; je le fis promener. Ce fut durant cette promenade que, dans mon esprit, il s'opéra un je ne sais quoi qui partit comme un cric de ressort, et je trouvai l'enfant merveilleusement disposé à mourir. Je le tuai avec tout l'accompagnement de circonstances que vous avez entendues.

(Cette réponse, faite du ton de la plus complète insensibilité et presque en souriant, éveille un mouvement d'horreur dans l'auditoire.)

J'étais quelquefois, continue l'accusé, répondant à M. le Président, plongé dans des méditations qui disparaissaient comme un nuage. J'ai été entraîné souvent à faire du mal dont je ne me serais pas cru capable.

D. Vous prétendez donc avoir obéi à la fatalité? — R. Je ne crois pas à la fatalité. Pendant le meurtre, je n'ai cru à rien, et en m'interrogeant je me suis trouvé tout étonné de pouvoir dire : Tu en es là. J'aurais pu commettre ce meurtre tout aussi bien à quinze qu'à trente ans.

D. Vous avez donné devant M. le juge d'instruction un motif du meurtre que vous avez commis? — R. Je ne voulais pas paraître si horrible; je m'étais persuadé que les hommes ne me comprenaient pas. Aujourd'hui, s'ils ne me comprennent pas, tant pis. On m'a rappelé que j'avais dit que la misère m'avait poussé au meurtre; mais je n'av[ais] alors ni faim, ni soif, et si j'avais eu des besoins, j'aurais trouvé plusieurs bourses ouvertes... Mais plutôt que de mendier, comme on l'a dit, j'aurais préféré manger mon pain trempé dans l'eau de la Seine. Cette raison n'était pas présentable. D'ailleurs, le petit portait 100 fr., et avec cette somme ne pouvait-on pas vivre pendant plusieurs jours? En accomplissant mon projet, j'avais une idée que je n'ose pas dire; en un mot, je voulais être *philanthropique*, et que la mort fût instantanée. J'avais fait une chute, et je me rappelais combien j'avais souffert; et ces souffrances, j'ai voulu les épargner à Joseph. *Pauvre enfant, il est au ciel!*

(En disant ces mots, Eliçabide lève les yeux et les mains vers le ciel.)

Après la mort de Joseph, ma première pensée, comme auparavant, fut pour Marie.

D. Vous convenez d'avoir attiré Marie vers vous pour lui donner la mort? — R. Oui; mais je voulais la rendre parfaitement heureuse jusqu'à ce moment.

D. Pourquoi, dans vos interrogatoires, avez-vous tenu un autre langage qu'à l'audience? — R. Je voulais faire pitié.

D. Vous convenez donc de tous ces faits? — R. Oui.

D. Cette différence d'agir n'est-elle pas chez vous l'effet d'une combinaison? — R. Je ne le pense pas; mais chacun est libre de penser ce qu'il voudra.

D. Il résulte des faits de l'instruction que vous obéissiez à de mauvaises passions; le jeune Anizat possédait une somme de 100 fr., qu'en avez-vous fait? — R. Je m'en suis servi.

D. Avez-vous engagé la veuve Anizat à vous envoyer les malles et à faire pour vous des achats de linge? — R. Je ne me le rappelle pas.

D. L'accusation dit que vous avez engagé la veuve Anizat à acheter du linge pour vous? — R. Il était naturel que, devant nous établir, je lui demandasse du linge; je voulais ensuite arriver à la fin, et j'y suis arrivé.

D. Avant le meurtre, avez-vous demandé à Marie Anizat l'argent qu'elle avait apporté? — R. Elle me l'avait remis elle-même avant de partir.

D. Pourquoi avez-vous dépouillé les cadavres? — R. Pour qu'ils ne fussent pas reconnus; je sais que plusieurs objets ont été trouvés sur moi, voilà tout: je n'avais aucun motif pour les enlever.

D. Il résulte de ces faits que l'accusation ne croit pas à l'hallucination que vous semblez feindre, et que vous n'avez agi que dans le but de dépouiller les cadavres.

L'accusé garde le silence.

Toutes ces réponses ont été faites avec une grande clarté de parole et une agitation fébrile, qui s'est traduite par des coups violents et continuels de la main gauche, appliqués sur la balustrade en fer qui sépare l'accusé de la Cour. Mais cette agitation semble être toute physique, les traits n'y participent pas, la physionomie reste calme et assurée.

L'audition des témoins n'a ici que fort peu d'importance. L'accusé avoue ses crimes; il ne demande à la justice que les bénéfices d'un doute sur l'état mental sous l'influence duquel il a commis ces atrocités qu'il ne saurait nier.

Mlle *Lenoir*, modiste à Pau, raconte que, le 16 mars précédent, la veuve Anizat la pria de veiller sur son fils. C'est cette demoiselle qui se chargea d'accompagner l'enfant jusqu'à Paris. « J'eus, dit-elle, l'enfant près de moi jusqu'à Bordeaux, où nous prîmes les messageries royales. Pendant le temps du voyage, le petit se tint tantôt dans la rotonde, tantôt sur la banquette. Je ne le voyais alors qu'au moment des repas. Nous arrivâmes à Paris, et, pendant que j'étais occupée dans la cour des messageries pour mes effets, je vis un monsieur qui embrassait l'enfant avec affection, et vint me remercier ensuite des soins que j'avais pris de lui. Il me demanda s'il m'était dû quelque chose; je lui répondis que je le fixerais quand j'aurais le plaisir de le voir, et je lui donnai mon adresse. Deux jours après, l'accusé vint me voir seul, et je lui fis quelques reproches de n'avoir pas amené avec lui le jeune Anizat; il me promit qu'il le ferait, et depuis je ne l'ai plus revu. »

La plupart des autres dépositions n'ont pour but que d'établir la matérialité des faits reconnus par l'accusé.

Marie Marmaillan, de Pau, dit que, deux ans auparavant, un missionnaire vint à Pau faire faire la première communion à plusieurs enfants : c'était Eliçabide. (Il y a ici une erreur évidente; Dieu merci! le meurtrier de la Villette et d'Artigues ne fut jamais revêtu du sacré caractère que lui attribue ce témoin.) «Comme je le connaissais, ajoute le témoin, je lui conduisis la veuve Anizat. Eliçabide apprit d'elle, et son voyage en Espagne, et son passage à Alger, et enfin la mort de son mari, assassiné par les Bédouins. L'accusé, touché de la position de cette femme, s'employa pour faire placer le petit Joseph à Betharram. De ce jour date la connaissance d'Eliçabide et de Marie Anizat. Je connaissais la veuve depuis dix ans : c'était un modèle de vertu. Déjà Eliçabide avait sollicité la main de Marie; elle hésitait, mais des amis la décidèrent. Le mariage devait se faire à Bordeaux, et j'y fus invitée.

« La veuve Anizat avait déjà envoyé à l'accusé six chemises et quarante francs. En partant, elle était sans argent; je lui ai prêté cent trente francs. »

Eliçabide, dont la figure se crispe par instants et dont la bouche se contracte en sourires nerveux, prend la parole sur cette déposition. — « Il y a, dit-il, trois erreurs capitales dans la déposition du témoin. Mais (regardant M. le Président), comme on dit ici que je joue l'hallucination, je me tais. »

— Accusé, expliquez-vous, dit *M. l'Avocat général.*

Eliçabide. — Il n'est pas exact que je dusse épouser Marie à Bordeaux. Quant aux autres inexactitudes, je n'y attache pas d'importance.

Marie Marmaillon ajoute qu'elle a vu une lettre où Eliçabide disait à Marie qu'il faisait à Paris l'éducation des enfants de l'ancien ministre M. Duchâtel, et qu'il avait 4,000 fr. d'appointements.

Meunier, maître d'hôtel, rue Courbin, raconte l'arrivée de Marie Anizat et de sa fille, leur entrevue avec Eliçabide, leur départ. A propos de cette déposition insignifiante, *Eliçabide* nie un fait avoué par lui dans ses Mémoires. Le jour même du crime d'Artigues, il avait été visiter le lieu où il devait le commettre. Cependant il prétend n'avoir encore rien résolu à ce moment-là : « Je n'y étais pas, dit-il, poussé par l'état de ma crise habituelle. »

Justine Casauran, femme de chambre, qui a assisté à l'entrevue de la rue Courbin, dépose qu'ayant soupé avec Marie et Eliçabide, elle remarqua que ce dernier mangeait beaucoup. Il venait de faire une petite promenade (pendant laquelle il avait choisi le lieu du meurtre).

Eliçabide répond qu'il était gai ce soir-là, mais que son appétit n'avait rien d'extraordinaire.

Jean Casse, le cocher qui a conduit à Artigues l'assassin et ses deux victimes, fait connaître une nouvelle preuve de la présence d'esprit d'Eliçabide. Au moment où il venait de descendre de voiture, ce dernier rouvrit la portière pour y prendre une paire de socques oubliée, et s'assura qu'il n'y laissait rien.

Jacques Reclus, conducteur de diligence, qui a reconduit Eliçabide à Bordeaux, dit que l'accusé avait manifesté le désir d'être conduit à Angoulême. A l'arrivée sur la ligne d'octroi, il craignait qu'on ne visitât les paquets dans lesquels étaient les hardes ensanglantées. Le témoin le rassura; la figure de l'accusé était sombre et inquiète.

Eliçabide. — C'est tout le contraire : j'étais extraordinairement gai; les terreurs de la nuit étaient passées.

M. le Président demande à l'accusé pourquoi il avait dit d'abord que le crime d'Artigues avait été commis avec une pierre. Il est impossible d'en trouver une seule sur le théâtre du crime.

Eliçabide, riant : — C'était pour donner le change au juge d'instruction; il n'était pas prudent de parler du marteau apporté de Paris; je voulais adoucir l'odieux du crime. Il y a des moments où il me coûte de mentir; c'est dans un de ces moments-là que j'ai parlé du marteau.

On entend ensuite plusieurs témoins assignés à la requête de l'accusé. Ce sont, pour la plupart, des ecclésiastiques qui l'ont connu au séminaire de Bayonne. Tous déclarent qu'ils n'ont jamais remarqué chez Eliçabide la moindre disposition à la folie. Il était quelquefois sombre; mais ce qui dominait en lui, c'était un orgueil excessif.

M. Martin Manodas, supérieur du grand séminaire de Bayonne, a connu l'accusé au petit séminaire d'Oloron. Eliçabide y resta un an et demi; il en sortit sans attendre la fin de l'année scolaire. Son air sombre faisait pressentir qu'il n'était pas fait pour l'état ecclésiastique. Au séminaire de Bayonne, sa conduite fut parfaite; seulement, le témoin reconnut en lui un grand fonds d'orgueil, un esprit à système, un cerveau qui s'était nourri des idées de M. de Lamennais. « La plupart de ses idées étaient singulières; par exemple, lors de son départ pour Paris, Eliçabide disait : — « Si je reste dans l'état ecclésiastique, je reviendrai chanoine; si je me lance dans la jurisprudence, je reviendrai avocat général. » Du reste, je n'ai jamais remarqué chez l'accusé les aberrations d'esprit dont il semble faire parade; jamais je ne lui ai connu d'idée fixe, mais bien, dominant sur tout, un grand excès d'orgueil. »

M. le Président au témoin. — Pensez-vous qu'Eliçabide soit forcé d'exécuter malgré lui certains actes?

Le témoin répond négativement. Un juré demande si l'accusé avait des goûts sanguinaires, s'il aimait de préférence à s'entretenir d'événements tragiques. Le témoin répond négativement.

M. Maisonnave, ecclésiastique, professeur au grand séminaire de Bayonne, dément Eliçabide, qui a affirmé dans l'instruction que c'était sur ses conseils qu'il était allé en Espagne, au collége du Passage, pour dissiper ses idées noires. L'accusé avait le caractère sérieux, le jugement sain et l'intelligence remarquable.

L'accusé fait, avec une grande présence d'esprit, des observations sur chacune de ces dépositions, et il accueille avec une évidente satisfaction la déclaration d'un témoin qui croit se rappeler qu'on lui avait signalé Eliçabide comme *un original.*

Me Gergerès père demande aux médecins entendus comme experts si, indépendamment de la folie ou de la monomanie, il n'existe pas une infirmité appelée *vésanie* (folie furieuse, sanguinaire), qui porte à commettre des actes cruels, tout en laissant ensuite au malade sa liberté d'esprit et la conscience de ses actes. M. le docteur Canilhac déclare que le monomane véritable ne se rappelle pas, et qu'il ne raisonne ni avant ni après le meurtre. Là où il y a raisonnement, il n'y a pas monomanie.

Cette théorie un peu absolue semble ne tenir aucun compte des faits remarquables d'hallucination, que nous avons rapportés dans l'histoire des procès de Papavoine et d'Henriette Cornier. Dans ces curieux exemples, si l'être libre et responsable disparait pendant l'acte sanglant, il se retrouve lui-même aussitôt que la force aveugle qui le pousse l'a déterminé au meurtre. Le raisonnement précède et suit l'assassinat; le souvenir persiste; l'absence du remords caractérise cette mystérieuse irresponsabilité.

Mais ici, hâtons-nous de le dire, rien de semblable. La responsabilité éclate, et l'acte sauvage à tous les caractères du crime. Les mobiles du criminel sont, il est vrai, aussi absurdes qu'infâmes, car il est toujours vrai de dire que le crime est d'abord et essentiellement déraisonnable; mais entre la folie de la passion et la folie du cerveau, il y a un abîme : il y a la liberté. La passion, chez Eliçabide, c'est l'orgueil hypocrite.

C'est ce que montre fort bien *M. l'Avocat général d'Oms*, dans un vigoureux et lucide réquisitoire, où l'éloquent magistrat repousse énergiquement le système qui cherche à placer le meurtrier de la Villette et d'Artigues sous la protection d'une fatalité maladive.

C'est donc sans beaucoup de confiance dans son unique moyen de défense, que *Me Gergerès père* groupe habilement les traits de caractère et les indications d'entraînement fatal par lesquels il cherche à étayer son argumentation.

Je vois là, dit l'avocat, trois crimes horribles; mais je n'y vois ni intérêt, ni jalousie, ni vengeance, ni aucune de ces impulsions fougueuses qui portent au crime. Joseph est tombé sous les coups d'Eliçabide... mais il paraissait aimer cet enfant; il avait été son protecteur, son instituteur gratuit. La mère! mais tout me dit qu'il avait eu pour elle l'affection la plus vive et la plus désintéressée. Mathilde! mais quel désir de vengeance ou de haine pouvait faire naître une enfant si jeune, si intéressante et si douce! Voici des personnes honorables, qui vous affirment que la conduite de l'accusé a été exemplaire, qu'il était excellent élève, bon fils. Où est donc la cause de ces crimes inexplicables? C'est à lui-même qu'il la faut demander; c'est à ces pages écrites par Eliçabide, qui peignent la chute de l'homme en caractères de sang.

La solution du problème, c'est l'absence de liberté, de responsabilité. Expliquera-t-on cet état mental singulier dans lequel les crimes les plus horribles peuvent se rencontrer avec les qualités morales les plus hautes? Non. Les maladies de l'esprit, comme celles du corps, sont le secret de la nature. Plus les crimes d'Eliçabide sont hors de la nature, plus il est impossible d'admettre qu'ils sont l'effet d'une volonté libre. Supposer un assassinat sans passion, sans intérêt, c'est le supposer sans volonté; ce n'est plus alors qu'un acte de démence. On a invoqué l'orgueil : mais ne sait-on pas que ce sentiment n'est autre chose que l'opinion ou vraie ou fausse que l'on a de son propre mérite; que plus on a d'orgueil, plus on évite de se dégrader. L'orgueil a pu produire plus d'une action d'éclat; presque aussi énergique que le vrai courage, il a pu faire affronter la mort sur le champ de bataille, mais jamais il n'a enfanté un lâche assassinat. Et d'ailleurs, si la présence à Paris de cet enfant pouvait humilier l'amour-propre d'Eliçabide, quel besoin avait-il de l'y appeler? pourquoi presser son arrivée? Sa volonté était libre alors.

Le sombre et taciturne élève du séminaire n'est autre chose qu'un malade en proie à une affection héréditaire; c'est un monomane entraîné, comme le dit M. Esquirol, « par un délire partiel, par une idée fixe, par l'exaltation de la sensibilité, par l'égarement des passions, par l'erreur du jugement. Les *mélancoliques homicides* ont tous un motif connu et avoué. Ils obéissent à une impulsion réfléchie et même avec préméditation. Il en est qui ont pris des précautions pour accomplir leur désir... Un très-petit nombre ont cherché à fuir et à se cacher, ayant la conscience qu'ils commettaient ou avaient commis une mauvaise action. Quelques autres se réjouissent, sont calmes et satisfaits après l'acte le plus atroce, principalement ceux qui ont obéi à un sentiment religieux. Ils ne sont jamais déraisonnables, même dans la sphère des idées qui caractérisent leur délire. Ils partent d'une idée fausse, d'un principe faux; mais tous leurs raisonnements, toutes leurs déductions sont conformes à la plus sévère logique. » (*Observations sur la mélancolie homicide*, p. 803, 421.)

Voilà la maladie dont Eliçabide offre un terrible exemple. L'enverra-t-on à l'échafaud, quand tant d'autres malheureux, assassins sans le savoir ou sans le vouloir, ont été enfermés à Charenton?

A l'audience du 11 septembre, après les répliques, un juré dont la conscience a été inquiétée par quelques paroles du défenseur, demande s'il serait vrai que la folie fût héréditaire dans la famille d'Eliçabide. Plusieurs témoins sont rappelés, et, de leurs dépositions, il résulte qu'un seul exemple s'est manifesté, celui de l'aïeule d'Eliçabide. Cette femme, selon les uns, serait morte imbécile, idiote; son mari était obligé de l'attacher pendant les derniers temps de sa vie. Un témoin affirme que cet état mental de l'aïeule avait trouvé sa cause dans une dévotion exaltée. *Me Gergerès* fait un dernier appel au jury, et conclut à des accès de folie héréditaire.

Mais le jury n'a pu concevoir un doute. Il entre dans la salle de ses délibérations, et en rapporte bientôt un verdict affirmatif qui n'est pas mitigé par des circonstances atténuantes. Les crimes du condamné ont soulevé une telle horreur, que cet arrêt terrible est accueilli dans l'auditoire par une rumeur de satisfaction. Eliçabide est introduit; il s'asseoit avec assurance. Dès les premiers mots, il a deviné son sort, mais ses traits ne révèlent aucune émotion.

M. le Président, plus ému que le condamné, lui adresse la parole en ces termes :

« Eliçabide, le triple crime que vous avez commis était trop horrible pour espérer quelque pitié de la justice humaine. L'hypocrisie de votre défense ne pouvait être d'aucun succès près des hommes éclairés appelés à vous juger. L'éducation que vous avez reçue vous donne les moyens de tâcher de fléchir la justice divine et de puiser dans la religion la force nécessaire pour adoucir l'horreur de vos derniers instants. Allez! »

A ces mots, la figure d'Eliçabide se contracte légèrement. Est-ce émotion? est-ce un mouvement secret de colère haineuse? On ne saurait le dire. Mais ce léger nuage a passé bien vite, et ses traits reprennent bientôt leur sombre immobilité. Puis, l'orgueil prend le dessus, et, affectant un ton léger, il passe la main sous sa cravate, et dit, avec un sourire : — « Allons, mon pauvre cou, c'est toi qui payeras pour tout. »

Le 8 octobre, *M. Victor Augier* fit d'inutiles efforts pour obtenir la cassation de l'arrêt du 11 septembre. Le 5 novembre, le condamné expiait ses crimes sur la place d'Aquitaine de Bordeaux. Il soigna son attitude à ses derniers moments, et ne parut préoccupé que du désir de bien mourir. Son orgueil semblait trouver une satisfaction misérable dans ce bruit fait par sa mort, et sa dernière pensée fut de recommander à l'abbé Promis ses Mémoires et ses papiers. Sa dernière lecture fut *le Dernier Jour d'un Condamné*, de M. Victor Hugo. En arrivant sur la place encombrée de spectateurs, il eut soin de placer quelques mots à effet. Comme son confesseur lui parlait des souffrances du Christ : — « Le Christ était bon, dit-il, et on le maudissait; moi, je suis méchant, et l'on ne me maudit pas. » Et, désignant des yeux la mer de têtes qui l'entourait : — « Est-ce que tous ces gens-là ne sont pas plus méchants que moi? » Son dernier mot fut une fanfaronnade d'impiété. — « Pensez à la religion, » lui disait son confesseur. — « Dans quelques instants, répondit Eliçabide, je n'y penserai plus du tout. »

17

LES ERREURS JUDICIAIRES.

JOSEPH LESURQUES (1796).

A quelques pas de là, gisait un cadavre (p. 2).

On raconte qu'au temps de la plus grande puissance de Venise, un noble Vénitien tomba, pendant la nuit, frappé au cœur d'un coup de stylet. Le crime avait été commis à quelques pas de la maison d'un boulanger. Les soupçons se portèrent sur cet homme, connu pour son caractère querelleur et violent. Le podestat fit une perquisition chez le boulanger, et trouva une gaîne qui s'adaptait parfaitement au stylet resté dans la blessure. L'indice suffit aux juges : le boulanger fut condamné à mort et périt dans les plus affreux supplices.

Peu de temps après, le véritable assassin fut signalé, arrêté, avoua son crime.

L'innocence du malheureux boulanger était reconnue; mais l'innocence de la justice ne pouvait l'être que par une éclatante réparation. Tout le monde le comprit, Doge, Conseil des Dix, Inquisiteurs d'État, Conseil des Pregadi, Tribunal de la Quarantie. De tous ces grands pouvoirs, uniquement composés de nobles, une voix unanime s'éleva pour la reconnaissance de l'erreur, pour la réparation de l'involontaire injustice. La république se déclara tutrice des enfants du pauvre homme; la religion effaça son crime prétendu par des prières expiatoires et une messe perpétuelle fut fondée pour le repos de son âme; les juges qui avaient eu le malheur de porter cette sentence prirent le deuil; et dans la salle des audiences criminelles furent inscrites ces paroles, avertissement toujours présent pour les juges futurs : RICORDATEVI DEL POVERO FORNARO (*Souvenez-vous du pauvre boulanger*) !

L'homme a soif de vérité, il a faim de justice; mais l'infirmité de sa nature le condamne trop souvent à l'erreur, et l'erreur, en matière de jugements, c'est la plus déplorable des injustices. Si une erreur de ce genre a été commise, il n'en faut accuser d'abord que la condition même de l'homme; mais, aussitôt que cette erreur est prouvée, il la faut reconnaître, il la faut réparer. C'est par là seulement que l'homme se relève, et c'est en confessant sa faiblesse qu'il retrouve sa grandeur. Si, au contraire, il cherche à dissimuler sa faute, l'erreur change de nom, devient injustice, et le juge, qui n'avait été qu'égaré, devient coupable.

Vous me dites l'histoire de ce pauvre boulanger, condamné, exécuté pour un autre. Mon sentiment inné de justice se révolte; je plains le juge encore plus peut-être que l'innocent; mais le juge est homme, et je n'accuse en lui que l'humanité, non la loi ni la justice. Que si le juge ouvre enfin les yeux, s'il publie son erreur, s'il la répare, s'il l'inscrit comme une leçon salutaire au sanctuaire de la loi, tout est effacé; ma faim de justice est satisfaite, et je sens renaître en moi, plus vifs et plus absolus que jamais, ma confiance et mon respect pour la loi et pour le juge.

Souvenons-nous donc toujours du pauvre boulanger, et si, dans notre histoire judiciaire, se montre quelque erreur de ce genre, n'allons pas croire qu'il la faille couvrir d'un voile et que la justice puisse être intéressée au refus de la réparation. Que dirions-nous aujourd'hui des juges de Venise s'ils n'avaient ni proclamé ni réparé leur erreur?

Lorsqu'un doute s'élève contre la justice humaine, lorsqu'une accusation se fait entendre contre la loi et contre ses interprètes, ce n'est pas le nom du pauvre boulanger qu'on évoque, c'est le nom de Lesurques. L'opinion du monde entier croit à l'innocence de cet homme; et comme, s'il y a eu erreur dans le jugement porté contre lui, l'erreur, après soixante ans et plus, n'est point encore réparée, la conscience de l'humanité n'accuse plus de sa condamnation tels juges trompés, mais la justice elle-même.

L'opinion de plusieurs n'est pas plus infaillible que l'opinion d'un seul, et ce n'est pas nous qui dirons : Voix du peuple, voix de Dieu. Ce n'est donc pas dans le cri général de l'opinion, mais dans les faits de la cause, que nous irons chercher les preuves de l'innocence ou de la culpabilité de Lesurques. Ces faits, nous allons les rapporter minutieusement, scrupuleusement, trivialement, nous gardant de tout enjolivement de récit, de toute intention pittoresque. Un seul mot, un seul fait qui ne sortirait pas des pièces mêmes du procès, en matière aussi grave, serait un mensonge.

Le 9 floréal an IV (28 avril 1796), à quatre heures et demie du matin, des paysans se dirigeant vers le pont de Pouilly, commune de Vert, canton de Boissise-la-Bertrand, arrondissement de Melun, virent au lieu dit *le Closeau*, près de la *Fontaine-Ronde*, une voiture qui semblait abandonnée à l'entrée d'un petit bois. Dans cette voiture, une sorte de chaise ouverte en cabriolet, ayant par derrière un coffre élevé, ils reconnurent la malle qui faisait le service des dépêches entre Paris et Lyon. Un des deux chevaux était encore attelé à la voiture; l'autre manquait, celui de volée. A quelques pas de là gisait un cadavre, celui du postillon. Autour de la malle étaient répandus sur l'herbe des papiers ensanglantés. Plus loin, près du pont de Pouilly, un autre cadavre était couché : c'était celui du courrier de la malle.

Les paysans coururent à Lieursaint, le bourg le plus voisin, raconter leur découverte. Le maître de poste de l'endroit, le citoyen Duclos, était déjà sur le pas de sa porte, inquiet de ses deux chevaux et du postillon qui avait emmené la malle sur Melun, la veille au soir. Au premier mot, il sauta sur un cheval tout sellé, qu'on lui tenait prêt pour aller à Melun chercher des nouvelles de son postillon et de ses chevaux.

Le lieu désigné par les paysans comme le théâtre du crime était situé à trois quarts de lieue environ de Lieursaint, à une centaine de pas de la route de Lyon, entre les deux auberges de la *Fontaine-Ronde* et du *Commissaire-Général*. En moins de dix minutes, le citoyen Duclos arrivait au Closeau, et y voyait en effet la malle abandonnée, un de ses deux chevaux encore attelé, le cadavre du postillon Étienne Audebert, et, plus loin, celui du courrier Excoffon. Duclos envoya aussitôt un postillon à Melun pour instruire du crime l'accusateur public de cette ville. Le directeur du jury commit, sans tarder, à l'instruction, le juge de paix de Boissise-la-Bertrand, et, ce magistrat se trouvant malade, il en chargea le juge de paix de Melun. Tous deux se transportèrent sur les lieux.

Le spectacle qu'ils y virent était affreux. Le cadavre du malheureux postillon était haché : le crâne avait été fendu d'un coup de sabre; la poitrine était percée de trois plaies énormes; une main avait été abattue. Autour de cette première victime, l'herbe foulée gardait la trace de pas nombreux et révélait une vigoureuse résistance.

A quelques pas de là, on trouva une houppelande grise, bordée d'un liséré bleu foncé, qui n'avait appartenu ni au postillon, ni au courrier. Près de la houppelande, un sabre cassé et son fourreau. La lame, rougie de sang par places, portait pour devise, d'un côté : *L'honneur me conduit;* de l'autre : *Pour le salut de ma patrie*. On trouva encore dans l'herbe un second fourreau de sabre, une gaîne de couteau à découper, un éperon argenté à chaînons, raccommodé avec du gros fil.

Les magistrats, s'avançant ensuite vers le pont de Pouilly, virent le corps d'Excoffon. Le col portait deux piqûres profondes, faites par un instrument à lame tranchante et effilée; la trachée-artère avait été complétement divisée. Le corps était percé de trois autres coups du même instrument.

Les deux cadavres étaient rigides, et le crime avait dû être commis plusieurs heures auparavant, sans doute la veille au soir, vers neuf heures, une demi-heure environ après le relai de Lieursaint. Sous le pont de Pouilly on trouva les grosses bottes du postillon, dont une pleine de sang.

Mais tout indiquait que ces assassinats n'avaient été commis qu'en vue d'un vol. On n'eut pas de peine à s'en assurer. Parmi les lettres et les papiers épars on trouva la feuille d'Excoffon; l'empreinte sanglante d'un doigt, qui y était marquée par places, montrait qu'un des meurtriers avait fait l'appel des objets indiqués comme remis au courrier, pendant que ses complices, sans doute, cherchaient et ouvraient les paquets. La feuille portait cent douze dépêches ou paquets, dont trente pour la route de Lyon à Marseille; la plupart des paquets étaient éventrés. La feuille constatait une remise de 10,000 fr. en numéraire et de plusieurs millions en assignats. Rien ne s'en retrouva dans la malle.

Une enquête fut immédiatement ouverte. Les brigadiers de gendarmerie Huguet et Paumard parcoururent toute la route qu'avait suivie la malle, depuis Paris. Voici ce qu'ils recueillirent :

Jean Chartrain, postillon du citoyen Duclos, à Lieursaint, conduisant, le 8 floréal, à six heures du soir, une voiture à deux chevaux, avait vu quatre hommes à cheval à une demi-lieue de Lieursaint, *venant de Melun*. A son retour, il avait rencontré, à peu près au même endroit, un des quatre hommes revenant du même lieu au galop. Les trois autres étaient au parc du Plessis et allaient au pas.

La citoyenne *Champeaux*, cabaretière à Lieursaint, avait vu quatre individus qui étaient descendus de cheval à sa porte et avaient bu chez elle. Après leur départ, un d'eux était venu chercher son sabre, qu'il avait oublié dans l'écurie.

Sureau, aubergiste à Lieursaint, avait vu les quatre cavaliers, vers sept heures du soir.

La citoyenne *Évrard*, aubergiste à Montgeron, bourg plus rapproché de Paris, avait reçu chez elle à dîner quatre cavaliers. Elle décrivait ainsi leurs costumes : l'un, *habit de drap gris-bleu* (1), chapeau à trois cornes, cheveux noirs à la jacobine ; l'autre, *habit bleu clair, gilet rouge*, chapeau à trois cornes ; le troisième, *redingote carmélite*, cheveux bruns à la jacobine ; le quatrième, *habit gris blanc*, sabre monté en cuivre.

La citoyenne *Châtelain*, limonadière à Montgeron, avait vu aussi les quatre cavaliers.

La fille *Grosse-Tête*, servante chez Évrard, la fille *Santon*, servante chez la citoyenne Châtelain, et *Lafolie*, garçon d'écurie d'Évrard, avaient remarqué ces quatre voyageurs à cheval.

Un peu plus loin que Montgeron, toujours en se rapprochant de Paris, un marchand de peaux de lapins, de Meaux, et un autre marchand, de la Fère-Champenoise, avaient rencontré les quatre cavaliers.

Un serrurier, officier de la garde nationale, de garde à Villeneuve-Saint-Georges, avait vu, dans la voiture des dépêches, un individu *habit de drap gris blanc*, culotte pareille, *chapeau à trois cornes*, taille de cinq pieds trois pouces, cheveux et barbe noirs, *visage maigre*.

Le citoyen *Gillet*, inspecteur des postes, avait remarqué aussi un homme monté dans la voiture des dépêches, taille cinq pieds trois pouces environ, *figure pleine* et brune, *redingote brune mélangée*, chapeau rond, âgé d'environ quarante-huit ans.

Le juge d'instruction de Paris entendit une citoyenne *d'Olgoff*, parente du malheureux Excoffon, qui avait assisté au départ de la malle. Elle avait vu aussi l'inconnu qui avait pris place à côté du courrier ; il était vêtu d'une *houppelande bordée de laine noire*.

Il résultait de ces recherches deux faits évidents : l'un, que quatre hommes à cheval avaient été vus sur toute la route de Paris à Lieursaint, dans l'après-midi du 8 floréal, se promenant, revenant sur leurs pas, en flâneurs non en voyageurs, se montrant jusqu'à Lieursaint, invisibles au delà, revus dans la nuit, mais en compagnie d'un nouveau camarade. L'autre fait important, c'était la disparition du voyageur de la malle, voyageur évidemment très-mal observé par les différents témoins, mais qui ne se retrouvait plus à Lieursaint ou au delà. Il devenait très-probable que ce voyageur était un cinquième assassin, et que le cheval de volée de la malle lui avait servi à rentrer dans Paris. En ce cas, la houppelande à liséré bleu foncé, abandonnée sur le lieu du crime, était bien le vêtement que signalait la citoyenne d'Olgoff.

On retrouva encore le volontaire qui montait la garde à la barrière de Rambouillet, entre quatre et cinq heures du matin, le 9 floréal ; il avait vu rentrer dans Paris cinq cavaliers, sur des chevaux haletants et fumants. Autre trace du retour des assassins dans Paris : vers quatre heures du matin, entre Villeneuve-Saint-Georges et Maisons, un dragon en station à Melun avait trouvé sur la route un sabre sans fourreau et sans ceinturon ; la lame et la garde de cette arme étaient rougies de sang. Un enfant, de son côté, venait de trouver le ceinturon et le remit au gendarme. Rapproché du fourreau vide ramassé au Closeau, ce sabre s'y adapta parfaitement.

Tandis qu'on rassemblait ces indices, la police apprit qu'un cheval sans maître venait d'être trouvé à Paris, près des Minimes de la place Royale (1) ; ce cheval fut reconnu par Duclos pour être le cheval qui avait été détaché de la malle de Lyon. Enfin, on fut mis sur la trace. Un agent apprit que, le 9 floréal, vers cinq heures du matin, quatre chevaux couverts de sueur avaient été conduits, par un certain Étienne, chez l'aubergiste Aubry, rue des Fossés-Saint-Germain-l'Auxerrois ; à sept heures environ, Étienne était venu les reprendre, accompagné d'un de ses camarades nommé Bernard, les avait conduits chez le citoyen Muiron, d'où ils étaient partis la veille. On suivit la piste, et on sut bientôt que cet Étienne se nommait Courriol ; qu'il avait logé, avant le 8 floréal, rue du Petit-Reposoir ; qu'il avait découché dans la nuit du 8 au 9 ; qu'il avait disparu de son domicile depuis le crime ; qu'il vivait avec une fille, Madeleine Bréban, passant pour sa femme.

En attendant qu'on retrouvât ce Courriol et ce Bernard, on suivit l'autre piste, celle du voyageur de la malle. Celui-là s'était donné pour nom celui de Laborde ; il avait payé pour sa place 2,737 livres 10 sous (en assignats) ; il n'avait ni valise ni effets ; il était armé d'un sabre. Avant de partir, il avait dîné avec le courrier Excoffon, et, en montant en voiture, il avait embrassé la citoyenne d'Olgoff. Cette dernière le représentait comme un homme gai, rieur ; l'inspecteur Gillet le dépeignait rêveur, inquiet. Le contrôleur du bureau des envois déclara que, le 8 floréal, le courrier de Lyon emportait 10,000 fr. environ en numéraire, sept millions en assignats, pour treize receveurs, et que, depuis longtemps, ses remises ne s'étaient pas élevées à une somme aussi forte. Il était donc probable que les assassins avaient su se renseigner sur l'importance du vol à commettre. Il résulta, en outre, d'une foule de réclamations particulières, qu'Excoffon était encore chargé de cinq à six mille francs en numéraire, d'une grande quantité de promesses, de mandats, de rescriptions, d'assignats, de bijoux, de marchandises. Mais, de ce côté, on ne trouva rien de plus.

Tout à coup, on reprit la piste de Courriol. De la rue du Petit-Reposoir, sa première demeure, il avait été loger avec sa maîtresse, rue de la Bucherie, n° 27, chez un sieur Richard ; tous deux y étaient restés jusqu'au 17 floréal (6 mai), s'étaient procuré un passeport pour Troyes et étaient partis dans une voiture de poste. L'homme qui avait fourni cette voiture était un juif de réputation équivoque, David Bernard, se disant colporteur ou marchand forain. Le Richard chez qui Courriol avait logé en dernier lieu se disait également colporteur ; sa femme était marchande à la toilette. Tous deux, accompagnés d'un troisième individu du nom de Bruer, avaient fait au couple Courriol la conduite jusqu'à Bondy. Au-dessus de

(1) Tous les mots *en italiques* doivent être l'objet d'une attention particulière ; chacun des détails sur lesquels nous appelons ainsi le regard aura plus tard une grande importance.

(1) L'acte d'accusation, seul, dit place du Carrousel, d'après le premier récit du *Journal de Paris*. Les inexactitudes nombreuses de ce document nous portent à choisir la version la plus accréditée.

cet endroit, les deux fugitifs s'étaient détournés de la route de Troyes pour se rendre à Château-Thierry, chez un sieur Golier, employé aux transports militaires.

Un agent fut aussitôt expédié à Château-Thierry et y arrêta Courriol et la Bréban. On trouva en leur possession : 1° 1,528 livres en espèces d'argent; 2° 1,680 livres en espèces d'or; 3° 1,142, 200 livres en assignats; 4° 42,025 livres en promesses de mandats; 5° 7,150 livres en rescriptions; 6° une grande quantité de bijoux d'or et d'argenterie absolument neufs. Évidemment on tenait un des cinq assassins; car ces valeurs formaient à peu près le *cinquième* des objets volés.

Où étaient les *quatre* autres? On soupçonna Golier; on soupçonna plus véhémentement encore un sieur Guesno, qu'on trouva aussi logé chez Golier, qui était arrivé la veille de Paris, à Château-Thierry, qui connaissait Courriol, qui, comme Courriol, avait logé à Paris chez Richard. Guesno était, comme Golier, employé aux transports militaires, et de plus commissionnaire de roulage à Douai.

On dirigea immédiatement sur Paris Courriol et la Bréban; quant à Golier et à Guesno, malgré les graves préventions qui s'élevaient sur leur compte, leur honorabilité apparente, leur situation de fortune les sauvèrent d'une mesure définitive. On se contenta de les inviter à se rendre au plus vite à Paris. Comme la chaise de poste qui avait amené Courriol et sa concubine pouvait devenir pièce à conviction, c'est dans ce véhicule qu'ils furent amenés à Paris; Golier et Guesno profitèrent de cette occasion pour obéir à l'injonction qui leur était faite.

Rendus à Paris, on fit perquisition chez Richard, qui devenait de plus en plus suspect; cet homme habitait une maison bourgeoise, ne tenait point hôtel garni, et cependant il avait logé Courriol, il avait logé Guesno.

On se contenta de mettre les scellés sur les papiers de Guesno, dans la chambre qu'il habitait chez Richard.

Le Bureau central de la police avait confié, à Paris, l'instruction de l'affaire au juge de paix de la section du Pont-Neuf, le citoyen Daubanton, homme actif, sévère, perspicace. Cet officier de police judiciaire se hâta de recueillir et d'appeler à lui les témoins, d'interroger les prévenus.

A première vue, il s'aperçut que Guesno ne pouvait être mis en cause. Guesno expliquait sa présence chez Richard et chez Golier de la façon la plus naturelle. Commissionnaire de transports, il avait eu à faire passer de Douai à Paris, pour le compte de l'agence monétaire, trois caisses d'argenterie, qui avaient été détournées par un voiturier infidèle. Attaqué en garantie, il s'était mis à la poursuite de son voleur, et, n'ayant que peu de temps à passer à Paris, il avait accepté l'offre d'un logement provisoire que lui faisait Richard, son compatriote. Forcé de se rendre à Château-Thierry pour affaires de son industrie, il avait été loger chez son compatriote Golier, qui exerçait dans cette ville une industrie semblable à la sienne. Guesno, d'ailleurs, justifia de sa situation et de ses ressources de la manière la plus satisfaisante, et le citoyen Daubanton le renvoya de la poursuite, ainsi que Golier, avertissant Guesno que ses papiers lui seraient rendus le jour suivant.

Le lendemain donc, Guesno se rendait au Bureau central pour reprendre ses papiers, lorsqu'il rencontra un sien compatriote et ami, qu'il n'avait pas vu depuis quelques jours, le citoyen Lesurques. Tout plein de ses tribulations des jours précédents, Guesno les raconta, chemin faisant, à Lesurques. Les deux compatriotes arrivaient devant le Bureau central, que Guesno n'avait pas encore terminé son récit. — « Venez avec moi jusque dans le bureau du citoyen Daubanton, dit Guesno; j'achèverai de vous mettre au courant de mon aventure. » Lesurques n'avait pas le temps; d'ailleurs, la sentinelle ne laisserait pénétrer, comme d'habitude, que les personnes munies d'une assignation ou d'une carte spéciale. Guesno insista, disant qu'il n'en avait que pour quelques minutes, le temps de reprendre ses papiers; et puis, il n'y avait qu'à entrer pendant que la sentinelle tournerait le dos à la porte.

Lesurques se laissa persuader; les deux amis entrèrent.

Dans la pièce qui servait d'antichambre au cabinet du juge de paix, se trouvaient une vingtaine de personnes qu'à leur costume on reconnaissait pour des paysans des environs de Paris. C'étaient les témoins de Lieursaint et de Montgeron, que le citoyen Daubanton devait interroger ce jour-là même. Guesno et Lesurques prirent place sur un banc; Guesno, attendant son tour, reprit son récit interrompu. Aux premiers mots qu'il prononça, de courrier de Lyon, d'assassinat, de vol, deux des témoins tournèrent la tête vers les nouveaux venus, laissèrent échapper un geste d'effroi et se parlèrent à l'oreille, sans quitter des yeux Lesurques et Guesno. Ces deux témoins étaient les deux servantes de Montgeron, la Santon et la Grosse-Tête.

Le moment vint, pour ces deux femmes, de passer dans le cabinet du juge; quelques instants après, un officier de police, le sieur Heudon, sortit du cabinet, considéra attentivement les deux amis, et, s'approchant de Guesno, l'avertit que le citoyen juge le demandait, lui et le citoyen qui l'avait accompagné. Lesurques s'étonna, mais tous deux se hâtèrent d'entrer.

Le magistrat les fit asseoir près de la fenêtre, en face des deux femmes, et leur adressa à tous deux, d'un air investigateur et d'un ton sévère, quelques questions oiseuses. Les deux femmes, cependant, ne cessaient de les regarder avec attention. Puis, le citoyen Daubanton dit aux deux amis de retourner dans la salle d'attente.

Ils le firent, ne comprenant rien à cette scène étrange. Resté seul avec les deux femmes, le citoyen Daubanton leur dit : — « Eh bien ! croyez-vous encore que ces deux hommes soient deux des assassins de Lieursaint? — Oui, citoyen juge, répondirent-elles; ce sont là deux des quatre cavaliers qui ont dîné chez la citoyenne Evrard et pris le café chez la citoyenne Châtelain. — Faites bien attention à ce que vous dites, reprit le juge; de ces deux hommes, l'un a été soupçonné, et rien ne le forçait, s'il était coupable, à revenir ici; l'autre, le blond, n'a jamais été mis en cause, et sa présence ici serait encore plus inexplicable. Les scélérats ne viennent pas, d'ordinaire, au bureau de police après avoir commis un crime. » Les deux femmes persistèrent; elles les reconnaissaient bien tous deux; elles reconnaissaient peut-être plus certainement encore le grand blond, qui était Lesurques.

Le citoyen Daubanton fit rentrer Guesno et Lesurques, et, cette fois, les confronta avec leurs accusatrices. Tous deux parurent surpris de cette confrontation dont le sens leur échappait. Quand on les eut fait retirer encore, le juge recommanda une dernière fois aux deux femmes de bien réfléchir, de penser aux conséquences terribles d'une méprise; elles insistèrent. Le juge alors, craignant de manquer de prudence, fit demander les signalements recueillis par les gendarmes de Lieursaint et de Melun. Deux de ces signalements paraissaient se rapporter à Guesno et à Lesurques; ce dernier surtout semblait devoir être le grand blond dont parlaient tous les témoins.

Le juge Daubanton ordonna à Lesurques d'exhiber ses papiers. Lesurques, bien que né à Douai et établi à Paris depuis un an seulement, n'avait ni passeport ni carte de sûreté; car il reconnut que la carte de sûreté qu'il avait dans son portefeuille n'était pas la sienne, bien qu'elle portât son nom, mais celle de son cousin; il avait, en outre, une autre carte de sûreté en blanc; nouvelle et forte présomption contre cet homme.

Il n'y avait plus à hésiter; on les arrêta tous deux.

Le crime de Lieursaint avait produit à Paris une vive impression. Les brigands si nombreux qui infestaient alors les routes en France (1) n'avaient que rarement cette audace de commettre leurs attentats aux portes mêmes de la capitale.

En pareil cas, le Directoire, trop souvent impuissant dans le reste du pays, déployait un grand luxe d'activité et d'énergie. Ceci expliquera au lecteur l'attitude violente de la justice à certains moments de cette affaire. Dès le premier jour, on crut ou on voulut faire croire que les brigands de Lieursaint étaient des *blancs*, des *messieurs*, des *chouans*. Le *Journal de Paris* disait tout d'abord des assassins : « c'étaient des jeunes gens bien mis. »

Le citoyen Daubanton dut donc apporter dans l'instruction de cette affaire un zèle tout particulier. Cependant, à l'égard de Lesurques et de Guesno, le juge n'agit qu'avec une grande circonspection, tant le doute sur leur culpabilité était naturel, en présence des renseignements fournis par l'instruction.

Joseph Lesurques était né à Douai, d'une famille honorable. Très-jeune encore, il s'était engagé dans le régiment d'Auvergne, y avait servi avec honneur, avait obtenu le grade de sergent, le plus élevé qu'il pût alors atteindre, et avait quitté le service en 1789. Actif, intelligent, ambitieux, il avait trouvé dans le grand bouleversement révolutionnaire une occasion inattendue de fonder sa fortune. D'abord employé au bureau du district de sa ville natale, il en était bientôt devenu le chef. Il s'était marié, avait fait des gains rapides dans les spéculations d'achat et de revente de biens d'émigrés et du clergé, et, au moment de son arrestation, il possédait environ dix mille livres de rente, une fortune pour le temps. Riche, père de trois enfants, amateur des lettres et des arts, il avait conçu l'idée de se fixer à Paris, pour y mener une vie plus en rapport avec ses goûts et pour y élever ses enfants d'une façon plus convenable. Il avait donc quitté Douai au commencement de l'année 1795.

En attendant que l'appartement qu'il avait loué rue Montmartre, n° 255, dans la maison du citoyen Maumet, notaire, fût prêt à le recevoir, il avait été demeurer chez un sien cousin, portant aussi le nom de Lesurques, et demeurant rue Montorgueil, n° 38. Homme de plaisir, sociable et cultivé comme il était, il n'avait pas tardé à nouer des relations nombreuses. Il recevait des artistes, entre autres deux peintres estimés, Hilaire Ledru et Baudard; il vivait dans l'intimité du citoyen Legrand, bijoutier au Palais-Royal, et recherchait particulièrement à Paris ses compatriotes.

Quelque temps avant le crime du 8 floréal, une circonstance dont nous avons parlé avait amené à Paris Guesno, un des amis les plus chers de sa jeunesse. Guesno, qui avait emprunté plusieurs mois auparavant deux mille francs à Lesurques, profita de ce voyage pour acquitter sa dette. Les deux amis se revirent avec un mutuel plaisir, et c'est ainsi que Lesurques avait été amené chez Richard, qui logeait Guesno. Voilà ce que dit Lesurques au juge Daubanton; ses premières réponses sont les suivantes:

« Il était venu à Paris depuis près d'un an avec sa famille, et n'en était jamais sorti. Il ne connaissait Richard que parce qu'il était de Douai, où il avait fait son apprentissage de bijouterie, et depuis il l'avait perdu de vue. Il connaissait plus particulièrement le sieur Guesno, parce qu'ils avaient été élevés ensemble. Il a dîné avec lui chez Richard, dans le cours du mois précédent; il a invité à son tour le sieur Guesno, Richard et sa femme, à dîner chez lui; il a depuis déjeuné encore avec le sieur Guesno chez le même Richard, et c'est là qu'il a vu pour la première fois un sieur Étienne et une femme qui passait pour être son épouse. Il croit que ce déjeuner a eu lieu le 11 ou le 12 floréal. S'il n'a pas de carte de sûreté, c'est qu'il a regardé sa bonne conduite comme la meilleure de toutes, qu'il n'a jamais découché, et qu'il est connu d'un assez grand nombre de personnes honnêtes pour obtenir une carte de sûreté quand il le désirera. S'il est porteur de celle de son cousin, c'est qu'elle s'est trouvée sur la cheminée de son appartement lorsqu'il a déménagé. La carte blanche était mêlée dans sa poche à beaucoup d'autres papiers sans conséquence; il n'a jamais eu intention d'en faire le moindre usage. »

Deux notes trouvées dans son portefeuille énonçaient, l'une une somme de 26,770 francs (assignats) pour achat de meubles, l'autre de 33,000 francs (assignats) pour achat de faïence. Il donna à cet égard les renseignements les plus satisfaisants.

Il appela en témoignage tous ses amis, gens honorablement connus, qui rendirent de sa probité le meilleur compte. Le 8 floréal, disait Lesurques, j'ai passé la matinée jusqu'à deux heures chez le citoyen Legrand; de là, j'ai été dîner rue Montorgueil. Le soir, vers six heures, j'ai été me promener sur les boulevards avec le citoyen Ledru. J'ai rencontré mon ami Guesno, et nous sommes entrés tous les trois dans un café, au coin de la Comédie-Italienne, et nous y avons pris chacun un verre de liqueur.

Les citoyens désignés, Hilaire Ledru, Legrand, confirmaient ces dires. Dans une première déposition, le bijoutier Legrand dit : « J'ai vu Lesurques le 8 floréal; j'en suis certain. » Dans le second, pressé de questions, intimidé, il répondit seulement : « Je n'en suis sûr que d'après mon livre. » Mais les ouvriers qui préparaient l'appartement de Lesurques affirmaient l'avoir vu dans la journée du 8 floréal.

Quant à Guesno, on a vu quelles explications il donnait sur sa position et sur sa conduite. Ayant eu affaire une première fois à Château-Thierry, il y avait logé chez son compatriote et ami Golier, et en était revenu, le 8 floréal, avec Golier, qui, à son tour, lui avait fait naturellement visite chez Richard. Le 10 floréal, c'est-à-dire deux jours après le crime, Golier avait déjeûné avec lui et Richard.

(1) *Voyez* notre procès des *Chauffeurs*.

A ce déjeûner assistait un homme que Guesno voyait ce jour-là pour la première fois, l'homme que l'on nommait Étienne et qui se nommait Courriol. Cet Étienne ayant parlé d'un voyage à Troyes qu'il projetait de faire, Golier l'avait obligeamment invité à se détourner de sa route et à lui faire visite à Château-Thierry.

Guesno, d'ailleurs, donnait sur l'emploi de son temps, pendant la journée du 8 floréal, des détails qui paraissaient prouver son *alibi*. Le juge Daubanton lui opposa une note trouvée dans ses papiers et relative à quatre chevaux; il prouva qu'il s'agissait de quatre chevaux d'un voiturier de Meaux, qu'il avait fait saisir et mettre en fourrière à la Chapelle Saint-Denis.

Mais comment concilier l'innocence si probable de Lesurques et de Guesno avec la reconnaissance si précise, si persistante, des filles Santon et Grosse-Tête? Pour Lesurques surtout, comment ne pas le croire coupable quand au témoignage des deux servantes vinrent s'ajouter plusieurs autres, parmi lesquels ceux de Champeaux et de sa femme, qui déclarèrent que c'était bien là le grand blond qui, ayant cassé un des chaînons de son éperon, l'avait raccommodé chez eux avec du gros fil blanc. La Santon ajoutait que le grand blond avait voulu payer le café en assignats, et que Courriol l'avait payé en argent.

Ces charges étaient trop accablantes pour que le citoyen Daubanton ne maintînt pas l'arrestation; mais les témoignages à décharge avaient un tel caractère, la situation des deux prévenus plaidait tellement en leur faveur, leurs réponses s'accordaient si bien, leur confiance à venir au Bureau central était si éloquente, que, malgré les témoins reconnaissant Guesno et Lesurques, le juge ne confondit pas un seul instant ces prévenus avec les autres. Il n'ordonna aucune descente au domicile de Lesurques, ne rechercha aucun de ses papiers, ne fit point mettre les scellés chez lui. Sa famille désolée ignora même, pendant près de trois jours, ce qu'il était devenu.

Quant à Courriol, tout prouvait sa culpabilité. Il n'avait pu rendre un compte satisfaisant ni de l'emploi de son temps, ni des valeurs trouvées en sa possession. Il niait tout, quand sa maîtresse Madeleine Bréban le confondit par ses aveux. Cette fille, à qui le citoyen Daubanton fit comprendre que la franchise seule pouvait la sauver d'une accusation de complicité, déclara que, le 8 floréal, Courriol était parti à la pointe du jour. Il avait mis quelques effets dans sa valise, avait pris ses pistolets, et était parti en lui disant qu'il allait en campagne. Le surlendemain, 10, ne le voyant pas revenir, elle avait conçu de l'inquiétude et se disposait à aller aux nouvelles chez Bernard, quand ce dernier vint lui dire que Courriol l'attendait à l'hôtel de la Paix, rue Croix-des-Petits-Champs. Courriol désirait un change complet, c'est-à-dire tout ce qu'il lui fallait pour s'équiper des pieds à la tête. La Bréban avait fait un paquet des effets demandés et avait couru à l'hôtel de la Paix. Là, dans le logement d'un nommé Dubosc, elle trouva, après avoir attendu quelque temps, Courriol, vêtu seulement d'une chemise et d'un pantalon de peau. Le lendemain, Courriol changea de logement; dix jours après, il emmenait à Troyes la Bréban. Cette fille ajouta qu'elle avait vu plusieurs fois chez Courriol Bruer et Richard, qu'elle n'avait vu Guesno que par occasion, qu'elle n'avait jamais vu Lesurques. Elle crut reconnaître le sabre trouvé sur le lieu de l'assassinat pour être celui de Courriol. Elle donna les noms des individus que Courriol voyait le plus souvent, ce Dubosc, un Durochat, un Roussy, un Vidal.

Richard déposa qu'il connaissait fort peu Lesurques. Bernard et Bruer ne le connaissaient pas du tout.

Tandis que le juge instructeur rassemblait tous ces éléments, Guesno et Lesurques invoquaient tous les témoignages propres à prouver leur innocence. Lesurques faisait demander à Douai des preuves de sa fortune et de son honorabilité. Il écrivait à un de ses amis la lettre suivante :

« Mon ami,

« Depuis que je suis à Paris, je n'ai éprouvé que des désagréments; mais je ne m'attendais pas et ne pouvais m'attendre au malheur qui m'accable aujourd'hui. Tu me connais, et tu sais si je suis capable de me souiller d'un crime : eh bien! le plus affreux m'est imputé. La seule pensée me fait frissonner. Je me trouve impliqué dans l'affaire de l'assassinat du courrier de Lyon. Trois femmes et deux hommes que je ne connais pas, ni même le lieu de leur domicile (car tu sais que je ne suis pas sorti de Paris), ont eu l'impudence de déclarer qu'ils me reconnaissaient, et que je m'étais présenté chez eux à cheval.

« Tu sais aussi que je n'y ai pas monté depuis que je suis à Paris. Tu comprends de quelle importance est une pareille déposition, qui ne tend à rien moins qu'à me faire assassiner juridiquement. Oblige-moi de m'aider de ta mémoire, et tâche de te rappeler où j'étais et quelles sont les personnes que j'ai vues à Paris à l'époque où l'on me soutient impudemment m'avoir vu dehors Paris (je crois que c'était le 7 ou le 8 du mois dernier), afin que je puisse confondre ces infâmes calomniateurs et leur faire subir les peines prescrites par les lois.

« LESURQUES. »

Les choses en étaient là, quand la procédure du juge Daubanton fut cassée pour cause d'incompétance, et, le 3 prairial (22 mai), l'affaire fut renvoyée devant le tribunal criminel de Melun.

Tout était à refaire à nouveau. Le directeur du jury de Melun reprit l'enquête en sous-œuvre. C'est toujours, en matière criminelle, une source d'erreurs singulière qu'une instruction tardive; or l'instruction de l'affaire du 8 floréal prit ce caractère, du jour où celle qu'avait faite le citoyen Daubanton fut considérée comme nulle et non avenue. Les impressions faites sur le magistrat de Paris par l'attitude des deux prévenus Lesurques et Guesno, si différents de leurs prétendus complices par le milieu tout honorable dans lequel ils avaient vécu, par la signification morale de leurs situations, de leur conduite, tout cela n'exista plus pour le magistrat de Melun. Placé plus près du théâtre du crime, plus désireux encore d'obtenir une répression terrible, il prit pour point de départ les témoignages locaux, sans se préoccuper sérieusement des témoignages contraires. Il y avait eu cinq assassins au Closeau : on lui présentait cinq prévenus; c'étaient donc les assassins, ou au moins leurs complices, puisque Laborde, un des cinq, était contumax. Voilà tout ce que vit le magistrat de Melun. En conséquence, le 9 messidor an IV (27 juin), le directeur du jury, le citoyen Mennessier, soumit l'acte d'accusation au jury d'accusation (1). (De ce document, le plus intéressant de la cause, nous n'abrégeons que les pas-

(1) Il y avait alors le jury d'accusation et le jury de jugement.

sages les moins importants et les formules; tout ce qui a quelque importance est textuellement rapporté. Nous avons conservé l'orthographe fautive des noms propres; cette preuve de négligence a son poids.)

Le 8 floréal dernier, le citoyen Excoffon, courrier de la malle de Paris à Lyon, partit de Paris à cinq heures et demie du soir, chargé de cent douze dépêches pour la route de Lyon, ainsi que le constate sa feuille : trente desquels paquets étaient cependant pour la route de Lyon à Marseille.... Il résulte de la déclaration du citoyen Hilaire, du 10 floréal dernier, déclaration par lui faite en sa qualité de contrôleur du bureau des envois à découvert, que ce courrier avait charge notamment de 10,000 francs en numéraire et d'environ 792,000 fr. en assignats; et de celle du citoyen Augustin-Dominique Laurent, sous-inspecteur des postes, qu'il y avait dans l'expédition de la malle du courrier Escoffon, du 8 floréal, sept millions en assignats, qu'il devait remettre à treize différents receveurs. Il résulte, en outre, des réclamations particulières, qu'il y avait encore cinq à six mille francs en numéraire, une grande quantité de promesses et mandats, rescriptions, assignats, marchandises et bijoux.

Ce qui est encore prouvé par les registres de la poste, c'est qu'un nommé Laborde est parti le même jour avec Excoffon, en vertu d'un ordre de l'administration, et a payé pour sa place 2,737 livres 10 sous. Enfin, un des témoins qui l'a vu partir avec le courrier dit que c'est un homme brun de figure, visage plein, ayant l'air rêveur, vêtu d'une redingote brun mélangé, ayant un chapeau rond, âgé d'environ quarante-huit ans, taille de cinq pieds trois pouces, ou environ, et qu'au moment où il monta dans la voiture, on lui demanda s'il n'avait pas de paquet à y mettre; il répondit que non, qu'il n'emportait rien; enfin, qu'il n'était armé que d'un sabre. Ce qui paraît encore certain, c'est que Laborde dîna ce jour-là avec le citoyen Excoffon et embrassa même la citoyenne d'Olgoff, parente du courrier, et qui ne le quitta qu'au moment du départ.

Il paraît qu'il n'arriva rien d'extraordinaire sur la route jusqu'à Lieursaint; cependant plusieurs témoins assurent que, aux différentes postes où le courrier s'arrêta, ils trouvèrent à Laborde un air rêveur et pensif, et qu'Excoffon, soit qu'il se méfiât de lui, ou qu'il ne le connût pas assez, avait refusé de payer pour lui sur la route, et déclaré aux maîtres de poste qu'il ne se chargeait point de ce qu'il pouvait devoir.

Il était à peu près huit heures et demie du soir lorsqu'il partit de Lieursaint. A trois quarts de lieue de là, entre une auberge que l'on nomme la Fontaine-Ronde et une autre appelée le Commissaire-Général, quatre hommes à cheval arrêtèrent le postillon, détournèrent la voiture et l'emmenèrent vers un petit bois, qui est hors de la route, à quelque distance de ces auberges. Arrivés là, ils massacrèrent de la manière la plus cruelle Étienne Audebert, postillon, qui paraît s'être vigoureusement défendu; ils lui ouvrirent le crâne d'un coup de sabre, lui abattirent une main, et lui percèrent le corps de trois coups mortels. Pendant ce temps, Laborde, qui était d'intelligence avec les brigands, assassinait de trois coups de poignard le citoyen Excoffon dans la voiture et lui coupait le col...

Parmi les recherches faites pour découvrir les auteurs de cet horrible assassinat, celles qui donnèrent le plus de lumières sont celles des citoyens Huguet et Paumard, le premier brigadier à la résidence de Melun, et le second à celle de Lieursaint. Ces recherches, faites avec le plus grand soin et beaucoup d'intelligence, jetèrent le plus grand jour sur cette affaire. Il en résulta que, le 8 floréal dernier, *quatre particuliers* furent vus voyageant à cheval sur la route de Paris à Melun, sans motif apparent; qu'entre midi et une heure, le premier, que tout prouve être Étienne Courriol, arriva seul chez le citoyen Edvrard, aubergiste à Montgeron; que d'abord il demanda à dîner pour lui seul; qu'étant sorti plusieurs fois d'un air inquiet, pour voir s'il n'arrivait personne du côté de Paris, il rentra précipitamment à un moment et dit que l'on fît à dîner pour quatre; qu'en effet, un instant après, arrivèrent trois autres individus tous à cheval; que les chevaux montés par ces cavaliers étaient : un petit noir, monté par le plus grand; un double bidet gris mêlé, moucheté, et un bai clair; enfin, le cheval sur lequel était venu Courriol était bai brun; qu'ils furent vus et bien remarqués, soit pendant leur dîner, soit depuis, par un grand nombre de témoins qui en déposent; qu'après dîner, deux demandèrent des pipes et tous ensemble allèrent prendre du café chez la citoyenne Chastelain, limonadière à Montgeron; qu'ils remontèrent à cheval à trois heures, et s'en allèrent fort doucement jusqu'à Lieursaint; qu'arrivés là, Courriol descendit chez la veuve Feiller, et que, pendant qu'il y était à boire, un des trois autres, blond, *et que les témoins reconnaissent pour Lesurques,* un des prévenus, et qui s'était arrêté chez le citoyen Champeau, aubergiste à Lieursaint, alla lui parler par la fenêtre, but un coup avec lui, puis l'emmena rejoindre les autres chez le citoyen Champeau; que Courriol demanda à ce citoyen de faire ferrer son cheval, qu'il conduisit à cet effet chez le citoyen Motteau; que Courriol et *Lesurques* se promenèrent pendant quelque temps ensemble dans le village, ce qui les fit remarquer par plusieurs témoins; qu'enfin ils partirent entre sept heures et sept heures et demie, qu'ils allèrent très-doucement, et, pour ainsi dire, en jouant, sur la route, du côté de Melun; qu'ils demandèrent à quelques personnes à quelle heure passait la malle; qu'ayant appris qu'elle ne passait que tard, et évidemment dans la vue de ralentir leur marche, Courriol, qui, sans doute, était chargé d'épier le moment de son arrivée, retourna sur ses pas, à Lieursaint, sous prétexte d'aller chercher son sabre, qu'il avait laissé dans l'écurie chez le citoyen Champeau; qu'arrivé là, il le trouva en effet derrière la porte; que, pendant son absence, ce sabre avait été examiné par Champeau et sa femme, qui le reconnaissent parfaitement aujourd'hui, ainsi que Courriol; qu'il mit encore son cheval à l'écurie et lui fit donner à manger; qu'il alla encore sur le chemin de Paris, pour voir si la malle n'arrivait pas; que, l'ayant entendue de loin, il revint précipitamment chez Champeau, demanda un verre d'eau-de-vie, laissa à peine le temps de brider son cheval, se jeta dessus et partit au grand galop, pour aller rejoindre ses camarades, au moment même où le courrier de la malle relayait; qu'il pouvait être alors huit heures et demie; que c'est à peu près un bon quart d'heure après qu'Excoffon, courrier, et Étienne Audebert, postillon, ont été assassinés; que, dans la foule des témoins qui déposent avoir vu ce jour-là les quatre particuliers sur la route, il n'en est pas un seul qui dise les avoir vus ou rencontrés au delà de l'endroit où s'est commis l'assassinat; que, parmi les prévenus, les témoins signalent d'une manière très-positive Courriol, *Lesurques et Guénot*, comme faisant partie des quatre particuliers vus ensemble ce jour-là sur la route; que, peu de temps après leur départ de Lieursaint, *deux autres personnes également à cheval descendirent chez Champeau, lui demandèrent en partant si la route de Melun était sûre et où était l'auberge de la Galère, et qu'en partant l'un d'eux laissa tomber son mouchoir, qui était blanc et qu'il ramassa; que ces deux personnes partirent peu avant l'arrivée du courrier de la malle, et Champeau et sa femme croient reconnaître dans Bruer et Bernard, qui sont au nombre des prévenus, les deux individus dont on vient de parler.*

Passant ici en revue les indices de culpabilité relativement à chacun des accusés, l'acte d'accusation établit d'abord qu'il est certain que Laborde est l'assassin d'Excoffon.

Courriol, qui a mené les quatre chevaux chez Muiron, qui est venu les reprendre, qui n'a pas couché chez lui dans la nuit du 8 au 9 floréal; qui, dès le 10, a quitté son logement avec la Bréban et Bruer, et s'est logé avec eux chez Richard; qui a pris un passe-port, obtenu par les bons offices de Richard, et a quitté Paris le 18, au moyen de la voiture de Bernard (David); qui a été accompagné, sur le chemin de Bondy, par Bruer, Richard et sa femme; qui s'est retrouvé avec Guénot à Château-Thierry; qui y a été trouvé nanti de valeurs et de bijoux formant à peu près le cinquième des objets

L'Eperon rattaché (*p.* 10).

volés; qui a rendu le plus mauvais compte de sa conduite et surtout de ses nouvelles richesses; qui, enfin, a été confondu par l'aveu ingénu de sa maîtresse : Courriol, qui a été reconnu par un grand nombre de témoins, est aussi incontestablement coupable.

Guénot, qui, malgré les soupçons planant déjà sur sa tête, eut la hardiesse de revenir de Château-Thierry, avec Courriol arrêté, dans la voiture de Bernard; Guénot, qui, par une espèce de miracle, jouissait encore de sa liberté, et dont les *assiduités au Bureau central, toutes les fois que Courriol devait y paraître*, n'avaient pu dessiller les yeux de la police, n'a été arrêté, *ainsi que Lesurques*, que par suite *d'un de ces événements ménagés par la Providence.*

Ici, l'acte d'accusation raconte la reconnaissance faite de Guesno et de Lesurques par les deux témoins de Montgeron, qui, depuis ce moment, n'ont pas varié un seul instant sur ce point, ainsi que plusieurs autres témoins.

Quand Courriol a quitté, le 10 floréal, la rue Saint-Germain-l'Auxerrois, pour aller, avec Bruer et la Bréban, habiter un quartier fort éloigné du sien, *il a été trouver Guénot, qui s'y était aussi retiré, et Lesurques, qui y venait très-souvent.*

Depuis le 8 floréal, *Bernard* a emprunté à Courriol, qui avant le crime était très-peu riche et faisait une fort petite dépense, une somme de 2,976 livres.

Richard ne peut prouver qu'il ait couché chez lui dans la nuit du 8 au 9 floréal; *Guénot*, seul, le dit, afin que Richard puisse attester à son tour que Guénot a couché chez lui cette nuit-là même. Avant le crime, Richard a eu des conversations secrètes avec Courriol, et alors on avait soin d'écarter la fille Bréban. Et c'est chez Richard que Courriol cherche un asile, et c'est Richard qui recèle sciemment les objets volés, qui fournit les témoins pour le passeport, qui *retire également chez lui Guénot et y reçoit habituellement Lesurques;* c'est Richard qui fait la conduite à Courriol, *avec l'ami Bruer*, et ramène ce dernier, qu'il continue de loger. Richard n'est qu'un modeste colporteur, sa femme une marchande à la toilette, et cependant les perquisitions faites chez lui après le crime y font découvrir une quantité prodigieuse de marchandises de toute espèce nouvellement acquises, et dont lui et sa femme rendent le plus mauvais compte. On y trouve en grande quantité de l'argenterie neuve et des bijoux, plus un sac de 1,200 livres en numéraire, qu'il dit vaguement être le fruit de son commerce, et, plus tard, un autre sac de même somme, dont la femme prétend n'avoir aucune connaissance. Toutes ces valeurs réunies forment une somme immense, et dans laquelle est évidemment comprise la part d'un des voleurs. Donc, en supposant que Richard ne soit pas personnellement un des assassins, puisqu'il n'est pas reconnu par les témoins, au moins est-il constant que c'est lui qui, le lendemain du crime, les a retirés chez lui, qui a recélé le produit du vol, qui a partagé comme un des assassins mêmes, qui a caché un des coupables et a facilité sa fuite. Il est donc évidemment et sérieusement le complice de ces assassins.

Revenant à *Guénot*, l'accusation le montre prétendant être arrivé à Château-Thierry, tantôt le 8, tantôt le 9 floréal, *suivant qu'il croit ces dates plus utiles à sa justification;* une lettre écrite de sa propre main prouve qu'il a dû arriver le 7 au soir. Pour prouver qu'il a couché, la nuit du 8 au 9 floréal, il invoque le témoignage de Richard, et Richard, pour prouver qu'il a couché la même nuit à Paris, invoque le témoignage de Guénot. Ce dernier, au reste, *est*

L'attaque de la malle de Lyon (*p.* 7)

reconnu de la manière la plus décidée par plusieurs témoins : le domestique de l'auberge, la domestique de la limonadière, deux citoyens qui ont dîné dans la même auberge. Mais *quelque chose de plus fort encore, s'il est possible,* c'est que, *n'étant point encore au nombre des prévenus,* il est reconnu au Bureau central par les deux domestiques, et c'est sur son simple signalement, donné par la gendarmerie, et leurs déclarations, qui ne se sont jamais démenties depuis, qu'il est arrêté, et les déclarations se trouvent fortifiées encore et corroborées postérieurement par des témoins sans intérêt et irréprochables. Et, le 9, Guénot *va se réfugier* à Paris chez Richard, chez qui, le lendemain, *se réfugient également* Courriol et *le fidèle Bruer*. Jusqu'à quelle époque Guénot reste-t-il chez Richard avec Courriol? Jusqu'au 16 floréal, c'est-à-dire jusqu'au moment où tout est préparé pour le départ de Courriol. Où va-t-il en partant ce jour-là? A Château-Thierry, pour y attendre Courriol, qui doit le rejoindre le 18. Chez qui Courriol descend-il à Château-Thierry? Chez Gollier, ami intime de Guénot. Qui accompagne Courriol, lorsqu'on le ramène à Paris? Guénot, venant *en qualité d'ami* dans la voiture, et avec un homme qu'il sait être accusé d'assassinat et de vol. *Qui sollicite au Bureau central pour Courriol? Guénot et Lesurques, qui ne le quittent pour ainsi dire pas* depuis que Courriol est arrêté. Et tous deux sont reconnus et arrêtés sur le témoignage de citoyens appelés pour être confrontés avec Courriol. Guénot a beau prétendre que, le 8 floréal, il a dîné avec le citoyen Clément, l'un des administrateurs du Bureau central; le citoyen Clément, sous les yeux de qui, pour ainsi dire, il a été arrêté, est encore à le réclamer. Charles Guénot est donc un des assassins, *ou au moins un des complices.*

Ici l'acte d'accusation arrive à Lesurques. Redoublons d'attention. Nous n'analysons plus, nous citons.

Six témoins déposent contre Lesurques de la manière la plus énergique. Les uns l'ont vu, ce jour-là même, 8 floréal, dîner à Montgeron avec Courriol et Guénot, puis aller avec eux prendre du café. Et qui atteste ces faits? Ce sont les domestiques qui les ont servis chez l'aubergiste chez lequel ils ont dîné et au café où ils ont été ensuite; c'est un citoyen qui, sans nul autre intérêt dans l'affaire que celui de la vérité, assure avoir dîné ce jour-là même avec eux, et avoir parfaitement bien remarqué Lesurques, et un éperon d'argent ou argenté, à ressort, qu'il montrait à Guénot et dont il lui vantait l'avantage; et cet éperon s'est trouvé sur le lieu même où l'assassinat s'est commis. Lesurques était avec ses camarades à Lieursaint: trois témoins déposent l'y avoir vu et le reconnaître parfaitement, et l'aubergiste chez qui ils se sont arrêtés à Lieursaint dépose qu'un d'entre eux a raccommodé son éperon avec du fil, et l'éperon de Lesurques, trouvé sur le champ de bataille et déposé comme preuve de conviction, est raccommodé avec du fil. Enfin, un autre témoin dépose avoir vu passer trois fois dans la soirée Courriol et Lesurques devant sa porte, à Lieursaint, et c'est un fait constant au procès que Courriol et ses camarades sont restés fort longtemps à Lieursaint, et il est certain qu'il n'a pas passé la nuit dans son domicile. Si l'on demande maintenant à Joseph Lesurques où il a passé l'après-midi du 8 floréal et la nuit qui l'a suivi, il répond que c'est à Paris; *mais rien ne le prouve.* Enfin, il est arrêté au Bureau central sur la confrontation de son signalement avec celui des assassins du courrier de la malle et la déclaration spontanée de deux témoins. Si on lui demande son passe-port ou sa carte de sûreté, il est obligé de dire qu'il n'en a pas, quoiqu'il demeure depuis près d'un an à Paris; et, comme il se trouve dans sa poche deux cartes de sûreté, dont une sous le nom de Lesurques et l'autre en blanc, mais revêtue des signatures du président et du secrétaire de la section, et, par conséquent, *dans le cas d'être remplie à toute heure*, par telle personne que ce soit, si on lui demande pourquoi il est porteur de ces cartes, il répond, relativement à la première, que c'est la carte de son cousin, qui se trouve par mégarde dans sa poche, et qu'à l'égard de la seconde, qui, par parenthèse, est très-bien conservée, c'est un chiffon qui faisait partie de vieux papiers achetés par son cousin. Si, à tout cela, on ajoute que, depuis le crime commis, il a *constamment* vu Guénot, Richard, Courriol et Bruer, *qu'il n'a cessé de les voir* jusqu'à leur départ pour Château-Thierry; que, depuis leur retour, *il n'a pas quitté Guénot;* enfin qu'il fait à Paris une dépense considérable et *beaucoup au-dessus de la fortune qu'on lui connaît à Douai*, sa patrie, petite ville dans laquelle *il prétend* s'être beaucoup enrichi depuis la Révolution par l'acquisition et la revente des biens nationaux, ainsi qu'il résulte de ces renseignements pris sur les lieux, *il ne restera aucun doute qu'il ne soit un des assassins, ou du moins un des complices, et qu'il n'ait partagé avec eux le fruit du crime.*

Quant à *Philibert Bruer*, l'acte d'accusation le signale comme un homme entièrement dans la main de Courriol, qui le loge et le nourrit, et sans aucun autre moyen de subsistance, même de son aveu. Ils se sont liés ensemble comme se lie ce genre d'hommes. Ils se rencontrent dans un café, ils sont à peu près du même pays; l'un ne sait que devenir, l'autre fait un métier plus que suspect. Courriol propose à Bruer de le loger et de le nourrir, sous prétexte d'apprendre à écrire à sa femme, qui n'est pas sa femme, mais, dans la vérité, pour disposer de son industrie comme bon lui semblera. Et l'association est faite.

Quatre témoins disent avoir vu Bruer sur la route de Paris à Lieursaint, le jour de l'assassinat. Il est vrai que, d'un autre côté, deux témoins disent qu'il a couché chez lui, la nuit du 8 au 9 floréal; mais ce qui est certain et avoué par lui-même, c'est que, le 10, il s'enfuit chez Richard, et va se cacher, avec Courriol, dans cet antre où se trouvaient les assassins, les voleurs et les effets volés. Ce qui est certain, quoiqu'il le nie, c'est qu'il resta là avec Courriol pendant huit jours, et Guénot pendant six, et que c'est sous ses yeux que se font le partage, les emplettes et tous les apprêts de la fuite de Guénot et de Courriol. Ce qui est encore certain et avoué par lui, c'est qu'au moment du départ il ne quitte pas Courriol un instant, et le conduit avec Richard jusqu'à Bondy, et ne le quitte qu'au moment où il le croit en sûreté et à l'abri de toutes les recherches. Et il retourne chez Richard, continue d'y vivre sur le produit du vol; et c'est dans ce repaire qu'il est arrêté avec Richard; cet homme est évidemment le recéleur des assassins, des voleurs et des objets volés. *Il n'est donc pas possible de douter que Bruer*, s'il n'est pas personnellement coupable de l'assassinat, *ne soit au moins complice du vol, et on a de la peine encore à se défendre de l'idée qu'il a contribué pour quelque chose à l'assassinat d'Excoffon* lorsque l'on voit que le couteau avec lequel l'a poignardé Laborde est précisément un couteau semblable à ceux dont se servent les officiers de maisons, et Bruer convient lui-même que, peu de temps auparavant, il avait quitté ce métier, ne trouvant plus de condition.

A l'égard du septième et dernier prévenu, *David Bernard, les présomptions qui s'élèvent contre lui sont de la plus grande force.* D'abord, quelques témoins déposent l'avoir vu sur la route de Lieursaint à Melun, le soir du 8 floréal; il est vrai qu'ils ne disent pas qu'il fût dans la compagnie de Courriol et des autres assassins; mais *ils disent qu'il est parti, lui second, de Lieursaint pour Melun, peu de temps avant l'assassinat;* et, d'après leurs dépositions, *il semble qu'il a dû se trouver dans l'endroit où s'est commis le crime, ou aux environs, au moment même de l'assassinat et du vol*, puisque, suivant les témoins, il était plus de huit heures du soir quand il a quitté Lieursaint. Il dit qu'il est en état de prouver son *alibi* de la manière la plus claire; jusqu'à ce moment, la présomption contraire subsiste.

De plus, dans ses premiers interrogatoires, il nie avoir des liaisons avec Courriol et semble à peine le connaître; et cependant il est prouvé, et même aujourd'hui avoué par lui, que, peu de temps avant le crime, il lui a prêté un petit cheval noir. Or, ce cheval est signalé par une foule de témoins comme faisant partie de ceux montés par les quatre assassins, et il avoue lui-même que ce n'est que le 13 floréal, c'est-à-dire quatre jours après l'assassinat, qu'il s'en est défait et qu'il l'a vendu au citoyen Blavayer. C'est en outre dans la propre voiture de Bernard que Courriol s'est enfui. Enfin, depuis le crime, Bernard a fait des acquisitions énormes: il a acheté, entre autres, pour 3,000,000 de livres d'eau-de-vie, pour 600,000 francs de vins, et c'est Courriol, qu'il connaît à peine, dit-il, qui lui aurait prêté en partie les sommes nécessaires à ces acquisitions. Bernard a dit ne connaître Courriol que sous le nom d'Etienne et Guénot que très-peu. Or, une lettre de change souscrite par Bernard le 16 floréal au profit de Courriol, et entièrement écrite de la main de Guénot, prouve qu'il connaissait parfaitement l'un et l'autre; il a eu avec eux, chez Richard, soit peu de temps avant le crime, soit depuis, des liaisons et entrevues fréquentes. Il est donc plus que suspect d'avoir participé au crime, et singulièrement d'avoir partagé le vol qui en était le fruit.

L'acte d'accusation se termine par un coup d'œil rapide jeté sur la moralité des accusés.

Laborde, d'abord commis au Mont-de-Piété, puis espion, en a été chassé comme un très-mauvais sujet.

Courriol s'accuse lui-même d'être un agioteur, un marchand d'argent, et avoue avoir fait ce métier, depuis la loi qui le défend expressément.

Bruer est sans état, sans moyens de subsistance, entièrement à la charge de Courriol, et, pour ainsi dire, dans sa main.

Guénot, qui se dit ruiné par la Révolution, a des moyens d'existence inconnus, et est dans ce moment poursuivi par l'administration de Douai pour la remise de trois caisses d'argenterie qui lui ont été confiées, et qu'il prétend lui avoir été soustraites par un voiturier infidèle, que, depuis dix-huit mois, il assure ne pouvoir retrouver.

Lesurques, sergent au régiment d'Auvergne en 1789, prétend avoir fait, dans l'acquisition et la revente des biens nationaux, une fortune considérable, qu'il porte à 10,000 livres de rente en valeur métallique, ET IL EST DÉMENTI SUR CE FAIT PAR LES AUTORITÉS CONSTITUÉES DE SON PAYS, QUI DISENT QU'IL A FAIT UNE FORTUNE SUFFISANTE POUR VIVRE AISÉMENT EN TRAVAILLANT, qui le peignent au surplus comme UN HOMME SANS CONDUITE ET FORT DÉPENSIER. Il est sans carte et sans état à Paris, et son existence est si PROBLÉMATIQUE qu'il n'a ni passe-port ni carte de sûreté, en sorte qu'il n'est ni citoyen de Douai, ni citoyen de Paris.

Richard est colporteur, et sa femme marchande à la toilette, c'est-à-dire des gens faisant un commerce infiniment suspect.

Bernard est colporteur ou marchand forain, c'est-à-dire un de ces êtres qui sont aujourd'hui dans un endroit et demain dans un autre, et ne présentent par conséquent aucune espèce de responsabilité.

L'acte d'accusation fait, en outre, une dernière observation relative aux témoignages : c'est que les déclarations des témoins deviennent d'autant plus précieuses dans cette affaire, que, s'ils affirment, franchement et sans autre intérêt que celui de la vérité, reconnaître trois des assassins parmi les prévenus, ils disent des autres, avec la même candeur, ou qu'ils ne les connaissent point, ou qu'ils croient les reconnaître, mais qu'ils ne l'assurent point.

A cette pièce, demandant au jury, dans la forme usitée, s'il y a lieu à accusation contre les sept prévenus susdits, le jury répondit, le lendemain 10 messidor : Oui, il y a lieu.

Il y aurait plus d'une observation à faire sur ce document; mais nous ne voulons pas anticiper, et l'audition des témoins va nous apporter des éléments nouveaux de critique. Faisons remarquer seulement que Lesurques, Courriol et Guesno sont particulièrement chargés et représentés comme les assassins véritables; qu'à l'égard de Guesno, on représente comme un indice de culpabilité son retour à Paris dans la voiture de Bernard, en compagnie de Courriol, comme si l'injonction de la police n'avait pas fait à Guesno une loi de se transporter à Paris par la voie la plus rapide. Golier, pour qui il avait fallu abandonner l'accusation, n'avait-il pas, lui aussi, profité de cette occasion d'une voiture qui n'était plus celle de Bernard, mais bien la voiture de la police? Nous savons déjà ce qu'il faut penser des *assiduités* de Guesno au Bureau central, *toutes les fois que Courriol y devait paraître* : c'était là une assertion purement gratuite, et il eût suffi au magistrat de Melun d'apporter à son travail fort peu d'attention et de logique, pour ne pas tomber dans une erreur aussi grossière. C'est le 19 floréal, en effet, que Courriol est arrêté à Château-Thierry; c'est le 20 qu'il arrive à Paris; c'est le 21 qu'il est interrogé pour la première fois au Bureau central par le juge Daubanton; donc, ce n'est qu'à ce jour du 21 que Guesno a pu se trouver au Bureau central, non pas avec Courriol, mais en même temps que Courriol. Or, Guesno venait au Bureau central pour son propre compte, et on sait si lui ou Lesurques *sollicitaient* pour Courriol. Une pareille inexactitude, en pareille matière, a quelque chose d'effroyable.

Quant à Lesurques, le citoyen Mennessier affirme imperturbablement qu'il n'a pas couché chez lui dans la nuit du 8 au 9 floréal, qu'il n'a cessé de voir Richard, Guesno et Courriol. Assez de témoignages déclaraient la présence à Paris de Lesurques dans son domicile, pendant cette nuit, pour que l'acte d'accusation fût tenu à prouver le contraire. Quant aux relations fréquentes de Lesurques avec Courriol et Richard, les faits, les déclarations de Courriol, de Richard, les aveux de la Bréban donnaient au dire du citoyen Mennessier le démenti le plus formel.

Mais la plus dangereuse, la plus étonnante assertion de l'acte d'accusation, est celle qui concerne la situation de fortune et la moralité de Lesurques. Pour la fortune, il n'y avait qu'à regarder pour voir. Pour la moralité, le directeur du jury de Melun avait entre les mains un certificat, signé par vingt et un honorables habitants de Douai, parmi lesquels deux commissaires de police, attestant la probité de Lesurques.

Voici cette pièce :

« Par-devant les notaires publics de la résidence « de Douai, département du Nord, soussignés, sont « comparus les citoyens :

« Arsenne Coyaux, Constant Desbordes et Laurent « Moraux, tous trois peintres; Charles Cavally, Jean « Camus, Dominique Lefion-Bassette, Alphonse « Beaufort-Raparlier, Bernard Carpentier, Pierre « Colin, Joseph Dubois-Degand et Jacques-Honoré « Givelet, tous huit marchands; Jean-Baptiste-Guil-« laume Condom et Hippolyte Nowels, tous deux « écrivains; Jean-Baptiste Eraisme, sellier; Louis « Deguigne, traiteur; Jean-Baptiste Lemaire, tail-« leur; Joseph Goulois et Alexandre Lausel-Sainte-« noy, *tous deux commissaires de police* de cette « commune de Douai, y demeurant tous; Jean-Bap-« tiste-Joseph Marchand, chef du bureau de la « guerre de cette commune, y demeurant; Désiré « Lœulliette et Dominique-Joseph Dumoutier, tous « deux marchands, demeurant ci-devant audit « Douai, et actuellement en la commune de Lille; « lesquels ont certifié et attesté, ès-mains desdits « notaires, ne rien connaître à reprocher à la con-« duite morale et politique du citoyen Nicolas-« Joseph Lesurques, ci-devant employé dans les « bureaux du district de Douai, actuellement domi-

« cilié à Paris et détenu à Melun; qu'ils le connais-« sent au contraire pour un homme de probité, « exempt de tout soupçon. En témoin de quoi ils « ont requis le présent certificat auxdits notaires et « a eux octroyé.

« Ainsi fait et certifié audit Douai, après lecture, « le 26 prairial de l'an IV de la République française, « une et indivisible. *Registré à Douai, le* 28 *prai-« rial.* »

Etait-il permis de passer aussi légèrement par-dessus de tels témoignages?

Ce n'est pas tout : au dossier de Lesurques, le directeur du jury de Melun avait trouvé une lettre du commissaire du pouvoir exécutif à Douai, en date du 29 floréal an IV. Il était dit dans cette pièce que Lesurques avait de la *probité*, de la *capacité*, un *caractère très-sociable*, *généreux à l'excès*, qu'il s'était fait une *fortune très-avantageuse;* seulement, car il ne faut rien cacher, le commissaire reprochait à Lesurques des liaisons trop intimes avec des actrices, des parties de cheval, et une disposition à la dépense qui pourrait peut-être un jour le pousser à compromettre ce qu'il avait gagné.

Sérieusement, y avait-il rien là qui permît au magistrat de Melun de représenter Lesurques comme un homme sans conduite et menant une existence problématique?

Il est donc permis de dire, dès à présent, que le magistrat de Melun avait rempli son mandat avec une grande légèreté. Ses préventions, aggravées par un ton de certitude absolue, allaient dominer toute la cause.

Le procès allait s'ouvrir devant le tribunal criminel de Melun quand les accusés, usant de la faculté que leur donnait la loi, demandèrent, le 20 messidor (8 juillet), à être renvoyés devant le tribunal criminel de Paris. Il fut fait droit à leur requête.

Le président du tribunal criminel de Paris était M. Jérôme Gohier, ancien avocat, membre de l'Assemblée législative, et chargé, comme tel, après le 10 août, du rapport sur les pièces trouvées aux Tuileries. Il fut, depuis, en l'an VII, l'un des Directeurs, en remplacement de M. Treilhard, et disparut de la scène politique au 18 brumaire. Homme énergique, esprit étroit.

M. Gohier, comme M. Mennessier, ne vit tout d'abord dans tous les accusés que des coupables. L'acte d'accusation de Melun ne lui laissa aucun doute quant à Lesurques, et les déclarations accusatrices des témoins de Lieursaint et de Montgeron annulèrent pour lui les témoignages à décharge des habitants de Douai et des personnes appelées de Paris pour prouver l'*alibi*. Ces témoins de l'*alibi* étaient au nombre de quinze; dans les recolements et confrontations, ils avaient été affirmatifs, invariables. Les témoins de la présence de Lesurques à Lieursaint et à Montgeron avaient-ils montré la même certitude, la même persistance? On va le voir.

C'est le 25 prairial (13 juin) qu'avait eu lieu, devant le Directeur du jury de Melun, la confrontation des témoins à charge avec Lesurques et les autres prévenus; ces témoins étaient au nombre de neuf; ils répondirent dans l'ordre suivant :

Adrien Roger, charretier chez le sieur Delorme, demeurant à Lieursaint, avait vu, le 8 floréal, quatre hommes à cheval, dont un seul le frappa par la grossièreté de ses propos. On lui présente les prévenus; il reconnaît Courriol et ne reconnaît pas les autres.

Le sieur Bernard, instituteur, a vu le même jour les mêmes cavaliers; un d'eux portait un sabre garni en cuivre; il s'en est servi pour couper une baguette; il était coiffé d'un chapeau rond. C'est tout ce qu'il sait; il ne reconnait personne.

Pierre Gillet, marchand de vaches à Lieursaint, a vu trois hommes à cheval. Il croit reconnaître Courriol et Lesurques, mais il n'en est pas sûr. Ce qui l'a frappé plus particulièrement en les voyant, c'est que Lesurques ressemble beaucoup au propriétaire d'une terre voisine, M. de Perthuis. Il ajoute que l'individu dont il s'agit *avait une redingote couleur de chair*.

La femme Bourgoin a vu les quatre cavaliers; elle n'en a remarqué qu'un seul. Elle affirme dans son âme et conscience reconnaître parfaitement Bruer.

Michel Hay, maréchal à Lieursaint, croit reconnaître Bruer, sans oser l'affirmer. Il ne reconnaît aucun des autres.

Charles-Thomas Alfroy, pépiniériste à Lieursaint, a vu, entre huit et neuf heures du soir, deux particuliers qui se tenaient sous le bras, s'en est approché, et a reconnu que l'un d'eux avait *un habit bleu, un chapeau rond*. Il croit que c'est Lesurques, mais il n'en est pas sûr, parce qu'il faisait un peu sombre.

La femme du sieur Alfroy a vu deux particuliers, l'un brun, l'autre blond, passer trois fois devant sa porte à différentes heures; ils avaient l'un et l'autre des bottes molles, des éperons façon d'argent; l'un portait une redingote brune, tirant sur le marron; l'autre un habit bleu et un chapeau rond; un d'entre eux avait une cravate noire; elle croit que *c'est Bruer*. Elle affirme que, parmi les six personnes qu'on lui présente, elle reconnaît très-bien Courriol et Lesurques.

Laurent Charbault, cultivateur à la Fère-Champenoise, a vu quatre individus à cheval, bien montés, causant ensemble et marchant à petits pas; il a dîné à Montgeron dans la même chambre qu'eux. Il en reconnait plus particulièrement deux. *Il affirme à la justice que Lesurques était un des quatre qui dînaient ensemble.* Il croit également reconnaître Guesno; mais, dans une affaire aussi délicate, il n'ose affirmer. Celui dont Lesurques lui représente les traits avait des éperons façon d'argent et des bottes à la hussarde.

Le sieur Antoine Perrault, propriétaire à Saint-Germain-Taxis, a vu *trois personnes* dîner, à Montgeron, chez l'aubergiste Évrard; l'une parlait provençal; il la reconnaît très-bien pour être Étienne Courriol. Il croit bien reconnaître Guesno; il croit bien aussi reconnaître Lesurques à ses cheveux blonds : mais il n'en est pas sûr. Il ajoute que l'individu dont il s'agit avait un habit gris-blanc.

Ainsi, Courriol est reconnu avec certitude par deux témoins, avec hésitation par un troisième.

Bruer est reconnu avec certitude par un témoin, avec hésitation par deux autres.

Guesno est reconnu avec hésitation par deux témoins.

Lesurques, ici, est reconnu avec certitude par deux témoins, avec hésitation par trois autres. Ajoutez à ces cinq témoins les déclarations persistantes de Champeaux et de sa femme, des filles Santon et Grosse-Tête et de Lafolie, vous aurez contre Lesurques sept témoignages affirmatifs et trois dubitatifs.

Quant à Lesurques, le témoignage de Charbault, s'il persiste aux débats, sera grave; car, bien qu'après quarante-sept jours écoulés, il reconnaisse deux individus qui ont dîné dans la même salle que lui, chose assez difficile, son témoignage est évidemment celui d'un honnête homme, qui comprend la gravité de ses paroles. Pour Gillet et Alfroy, qui ont vu Lesurques vêtu, l'un d'une redingote couleur de chair, l'autre d'un habit bleu, tandis que Ferrand a vu l'homme aux cheveux blonds couvert d'un habit gris-blanc, leurs déclarations devront être examinées de très-près. Celle aussi de la femme Alfroy pourra passer pour suspecte : cette femme, qui avait vu deux personnes passer devant sa porte, en reconnaît trois. De même Perrault dinait dans la même salle que Charbault, et, là où Perrault n'a vu que trois individus, Charbault en a vu quatre.

Lesurques, lui, n'avait jamais varié. Nous n'avons pas ses réponses des débats de Paris, mais nous savons qu'il fut partout et toujours invariable dans ses protestations d'innocence, faites avec un grand calme et un grand accent de vérité. Nous prenons comme type de ces réponses l'interrogatoire subi par Lesurques, le 7 messidor (25 juin), par-devant M. Mennessier.

D. Où il a couché la nuit du 8 au 9 floréal? — R. Qu'il a couché chez lui, rue Montorgueil, n° 38, maison du sieur Lesurques, son parent.

A LUI OBSERVÉ que nous avons la presque certitude qu'il n'a pas couché ce jour-là chez lui? — R. Qu'il est sûr qu'il a couché ce jour-là chez lui; que, depuis le mois de fructidor dernier, il n'a pas découché une seule fois, et que, le plus tard qu'il soit rentré, c'est à dix heures, lorsqu'il allait au spectacle.

D. Ce qu'il allait faire au Bureau central, lorsqu'il y a été, et si c'était la première fois qu'il y allait? — R. Qu'il y était allé seulement par complaisance, pour accompagner le sieur Guesno, et que c'était la première fois qu'il était entré dans cet endroit.

D. Si ce n'était pas plutôt pour solliciter en faveur de Courriol et de Richard qu'il est allé ce jour-là au Bureau central avec Guesno? — R. Que non; qu'il n'a parlé à personne et qu'il ne connaît pas Courriol.

D. Comment se fait-il qu'il ait été arrêté à la mairie (au Bureau central)? — R. Qu'il ne se doute pas des motifs qui ont pu le faire arrêter au Bureau central.

A LUI OBSERVÉ que cependant il a dû savoir que, s'il a été arrêté ce jour-là avec Guesno, c'est que d'une part les signalements des assassins du courrier de la malle envoyés d'ici (de Melun) se sont trouvés parfaitement conformes à ceux de Lesurques et Guesno, et de l'autre part, qu'avant qu'ils fussent arrêtés, l'un et l'autre avaient été reconnus au Bureau central par des témoins qui, ce jour-là, devaient être confrontés avec Courriol? — R. Qu'il a ignoré parfaitement tout cela, et que, si on le lui eût dit ce jour-là, il lui eût été très-facile de se disculper, en rendant un compte exact de tout ce qu'il avait fait le 8 et le 9 floréal dernier.

A LUI OBSERVÉ qu'il paraît bien inconcevable que deux signalements dans la même affaire se rapportent très-précisément à lui et à son ami Guesno, et qu'ils se trouvent corroborés dans l'instant même par la déclaration de deux personnes qui ne sont point prévenues de ce qu'ils peuvent être, et à qui l'on ne peut soupçonner aucun intérêt pour les inculper, si véritablement lui et Guesno ne sont point coupables du crime dont ils sont accusés? — R. Que cette réunion de circonstances lui paraît inconcevable, d'autant plus qu'il n'est jamais sorti de Paris, qu'il n'a jamais été sur la route de Melun, et que d'ailleurs il a, pour élever sa famille et vivre, au delà de son nécessaire.

A LUI DEMANDÉ comment il se fait, si ce qu'il dit est vrai, qu'il ait été reconnu par un grand nombre de témoins qui attestent qu'il a dîné ce jour-là à Montgeron avec Courriol, Guesno et d'autres, et qu'il ait été avec eux à Lieursaint, précisément à l'endroit où ont été assassinés Excoffon, courrier de la malle, et Audebert, postillon? — R. Que ces témoins se sont trompés, et *qu'à moins qu'il n'y ait de la ressemblance entre lui et l'un de ceux qui, ce jour-là, ont fréquenté la route de Paris à Melun, il est impossible qu'ils aient pu faire de pareilles dépositions en leur âme et conscience.*

A LUI OBSERVÉ que les soupçons qui s'élèvent contre lui sont encore corroborés par la manière dont il existe à Paris, puisque, quoiqu'il y soit depuis près d'un an, il y existe sans carte de sûreté, et que les cartes trouvées sur lui donnent lieu de penser qu'il abuse de celle de son cousin, et qu'au moyen de la carte blanche signée du président et du secrétaire de la section, il se ménageait la facilité de remplir cette carte et de s'en servir comme bon lui semblait? — Il répond à ces demandes comme il a fait dans ses précédents interrogatoires, en ajoutant qu'il n'avait la carte de son cousin que depuis le 18 ou 19 floréal, que l'autre était dans sa poche, mêlée avec des chiffons, ce qui prouve le cas qu'il en faisait. Sa bonne conduite et ses amis pouvaient suffisamment répondre de lui.

INTERROGÉ s'il n'a pas des éperons, il répond qu'il y a plus d'un an qu'il ne s'en est servi, et que les éperons qu'il a sont à l'antique, sans ressorts. Il rend compte de l'emploi de sa journée le 8 floréal, comme il a fait dans les interrogatoires précédents.

Voilà quelle avait été invariablement l'attitude de Lesurques. A la Conciergerie de Paris, comme dans la prison de Melun, il vécut avec Guesno, de la façon la plus digne, et sans avoir aucun rapport avec les autres accusés. Nous le savons par le récit que fit plus tard de sa détention à la Conciergerie, en 1796, M. Le Roy, ancien capitaine d'infanterie, détenu avec M. le comte de Noyan, comme partisan actif des Bourbons. M. Le Roy avait d'abord dîné à la table commune avec les accusés de l'affaire du courrier de Lyon; mais, dès qu'ils purent soupçonner que ces hommes étaient coupables, M. Le Roy et M. le comte de Noyan se séparèrent des autres détenus. Quant à Lesurques, il avait toujours vécu à part, sans relations avec les autres accusés, ne voyant que sa femme et ses trois enfants. Écoutons M. Le Roy.

« Si je l'ai connu, ce ne fut que par les fréquentes « visites que son épouse venait faire journellement « à son mari, accompagnée de ses enfants, qui « étaient de petits amours, ce qui me fit distinguer « cette famille. Lorsque les prévenus furent con- « duits au Tribunal, comme nous habitions la cha- « pelle par laquelle les détenus passent pour y mon- « ter, le fils du concierge vint auparavant me prier « de ne pas nous y trouver et de passer à la geôle. « Le comte de Noyan y fut, et je me mis sur mon « grabat, la tête sous la couverture. Peu de temps « après, parurent les prévenus avec les guichetiers; « ce ne fut, dans ce moment, que pleurs et gémisse- « ments. Dans cette scène effrayante, je remarquai « que le sieur Lesurques, qui gardait un profond si- « lence, se mit à genoux, joignit les mains, et levant « la tête proféra ces mots : *Mon Dieu! vous connaissez* « *mon innocence; j'espère que vous la ferez connaître.* »

Les débats s'ouvrirent le 15 thermidor (2 août). On a vu que les six accusés étaient considérés par l'acte d'accusation comme auteurs ou complices d'un seul et même crime : l'acte d'accusation était indivisible; et cependant, en présence de cet acte, le Tribunal criminel de Paris établit tout d'abord deux catégories d'accusés. Dans la première, furent placés Courriol, Lesurques, et, contre toute évidence, Guesno, dont *l'alibi* était victorieusement prouvé; puis, Bernard, qui avait *peut-être* profité du vol, mais assurément n'avait point participé au meurtre, puisque huit témoins prouvaient son *alibi*. Dans la seconde catégorie furent placés Bruer, qu'on reconnaissait ou qu'on croyait reconnaître comme l'un des cavaliers de Lieursaint, et Richard, que les informations chargeaient tout autant que Bernard.

Il fut surabondamment prouvé par les débats que Bernard n'avait point quitté Paris le 8 floréal; mais il avait prêté les chevaux, il avait été chercher la Bréban au retour de Courriol : voilà tout ce qu'on put apprendre sur son compte.

Guesno avait eu des relations passagères avec Courriol; on l'avait retrouvé à Château-Thierry, dans la même maison que Courriol; mais son *alibi* était irrécusable.

Lesurques était gravement compromis par *dix* témoignages dans les confrontations du Bureau central et de Melun; mais il était protégé par quinze témoins affirmant *l'alibi* avec autant de certitude que *sept* des témoins de Lieursaint et de Montgeron affirmaient sa présence près du lieu du crime. Il était couvert par une foule de témoignages honorables de Paris ou de Douai. Il avait été vu sans cesse à Paris depuis le 8 floréal et n'avait pas un moment cherché à fuir, tandis que Laborde avait disparu, que Courriol avait quitté Paris, que Guesno lui-même avait fait le voyage de Château-Thierry.

Voyons comment le Tribunal criminel de Paris apprécia la situation de cet accusé.

Prenons d'abord les témoignages à charge qui furent entendus à Paris.

Champeaux et *femme Champeaux* persistent à déclarer qu'ils reconnaissent Lesurques pour un des quatre qu'ils ont vus entre huit et neuf heures, que c'est lui qui, chez eux, a raccommodé son éperon. Le mari reconnaît également Bernard. La femme ne reconnaît point Courriol. La *Santon* dit toujours qu'elle reconnaît Lesurques, que c'est celui qui voulait payer le café en assignats.

La *Grosse-Tête* ajoute à ses déclarations premières que Lesurques est bien celui qui vint le premier à l'auberge demander à dîner pour lui, et ensuite pour trois autres voyageurs (c'était Courriol); elle dit encore qu'elle reconnaît Bruer. *Lafolie* reconnaît purement et simplement Lesurques et Bernard.

Marie-Thérèse Guilbert, femme Alfroy, a vu, le 8 floréal, passer, à diverses heures, devant sa porte, deux particuliers, l'un brun, l'autre blond, ayant l'un et l'autre des bottes molles et des éperons façon d'argent; l'un, habillé d'une *redingote brune tirant sur le marron*, l'autre, d'un *habit bleu avec un chapeau rond*. Un d'eux portait une cravate noire. Elle reconnaît très-bien parmi les accusés Courriol et Lesurques.

Voilà les témoins *affirmatifs* aux débats de Paris; ils sont *six*, ils ne sont que six. Un témoin entendu dans l'instruction, *Charbault* (*Laurent*), ne répond pas à l'appel de son nom. Il avait affirmé reconnaître Lesurques, et il avait cru reconnaître Guesno, mais sans oser l'affirmer. Ce témoignage ne doit plus être compté désormais.

Alfroy (*Charles-Thomas*), pépiniériste à Lieursaint, a vu, *entre huit et neuf heures du soir*, deux particuliers se tenant sous le bras; il s'en est approché et a reconnu que l'un d'eux avait un *habit bleu et un chapeau rond;* il *croit* que c'est Lesurques, mais *il n'en est pas sûr*, parce qu'il faisait un peu sombre.

Gillet (*Pierre*), marchand de vaches à Lieursaint, reconnaît Courriol. Il *croit* reconnaître Lesurques, mais, celui-là, *il ne l'a vu que de loin*, *il n'en est pas sûr*. Ce qui le frappe, c'est que Lesurques ressemble à M. de Perthuis, propriétaire d'une terre voisine. Il ajoute que l'individu qu'il croit reconnaître dans la personne de Lesurques portait une *redingote couleur de chair*.

Perrault (*Antoine*), cultivateur à Saint-Germain-Taxis, reconnaît très-bien Courriol; il *croit* reconnaître Lesurques à ses cheveux blonds, mais *il n'en est pas sûr*. Il *croit* également reconnaître Guesno, mais sans pouvoir l'affirmer. Il a dîné dans la même salle avec les cavaliers, mais sa mémoire ne lui en rappelle que trois; celui dont Lesurques lui représente les traits portait un *habit gris-blanc*.

Soit, contre Lesurques, sept témoignages affirmatifs, trois dubitatifs.

Mais on ne voit pas que M. le président Gohier pèse et discute ces témoignages, comme c'était son devoir de le faire. Il ne remarque pas qu'Alfroy n'a pu voir entre huit et neuf heures des gens partis entre sept heures et sept heures et demie. Cette erreur d'Alfroy devait faire suspecter l'exactitude de ses souvenirs.

Il ne remarque pas que Perrault n'a vu que trois dîneurs dans la salle où dînaient les quatre cavaliers : autre témoignage dont l'exactitude est suspecte. Il ne remarque pas que, si Lafolie reconnaît Lesurques, il reconnaît aussi Bernard, dont l'*alibi* est démontré. De même, il ne remarque pas que Champeaux reconnaît Bernard aussi bien que Lesurques; que la femme Champeaux reconnaît Bernard et Guesno, qui ne pouvaient être à Lieursaint; que la Santon reconnaît Guesno au même titre que Lesurques; que la Grosse-Tête reconnaît Bruer, dont on n'osera pas affirmer l'absence de Paris, et ne reconnaît plus Guesno, qu'elle reconnaissait avec tant de certitude au Bureau central. M. Gohier ne remarque pas non plus que le même individu n'avait pu porter à la fois un habit gris-blanc, une redingote couleur de chair, un habit bleu. Toutes ces contradictions eussent au moins exigé le doute : c'est chose si incertaine, en effet, que le témoignage porté sur un individu qu'on a vu peu de temps, sans intérêt à le considérer, à la nuit tombante, qu'on n'a vu qu'une fois, il y a plusieurs semaines, il y a plusieurs mois. Qu'on pense aux signalements si divers donnés sur le voyageur de la malle, Laborde, au lendemain du crime!

Passons maintenant aux témoignages qui se produisirent, à Paris, en faveur de Lesurques, et voyons comment ils furent accueillis.

Sur l'*alibi*, quinze témoins à décharge se présentaient; c'étaient : *Legrand* (*Adrien-Joseph*), bijoutier, rue de Chartres; *Aldenhof* (*Emmanuel-Claude*), rue Neuve-Egalité; *Ledru* (*Hilaire*), dessinateur, rue Croix-des-Petits-Champs; *d'Argence* (*Clotilde-Eugénie*), ouvrière en linge, rue du Four-Saint-Honoré, maison de Cherbourg; *Tieurnette* (*Angélique*), rue Saint-Sauveur, nº 5; *Baudard* (*François*), peintre, rue du Coq-Honoré; *Lesurques* (*André*), cousin de l'accusé, rue Montorgueil; *Bonne Martin*, femme

Lesurques, femme du précédent; *Frouré* (*Pierre*), maison Egalité; *Vandenelisken*, colleur de papier, rue Saint-Roch; *Dixier* (*Luc*), orfèvre, rue Beaujolais; *Chauffer* (*Charles*), bijoutier, rue de la Lanterne; *Germain* (*François-Augustin-Dieudonné*), rue de Jérusalem; *Degand* (*Charles*), rue Saint-Martin, nº 19; *Aubert* (*Louis-Marie*), rue de Chartres, nº 328.

Legrand fut le premier entendu. C'était un compatriote de Lesurques, son ami intime, riche et honorable orfèvre-bijoutier du Palais-Royal. Il avait, on se le rappelle, affirmé dans l'instruction que, le 8 floréal, comme au reste tous les jours, il avait vu Lesurques; qu'ils avaient passé ensemble une partie de la matinée; que ce souvenir se rattachait pour lui à la visite d'un sien confrère, le citoyen Aldenhof, de qui il avait reçu ce jour-là une fourniture de boucles d'oreilles, et à qui il avait vendu de son côté une grande cuiller d'argent à potage, de celles qu'on appelle poches. Legrand avait inscrit cette négociation sur son livre; la date du livre faisait donc foi pour Lesurques. Le défenseur officieux de ce dernier, c'était *Me Guinier*, averti par Legrand de cette providentielle coïncidence, y vit une preuve irréfutable.

Legrand vint donc à l'audience attester de nouveau la présence de Lesurques, à la date du 8 floréal, dans son magasin, au moment de la visite du citoyen Aldenhof. Il invoqua la date inscrite sur son livre, et le Président ordonna la production du journal. Au premier coup d'œil jeté sur la colonne indiquée, le Président fit un mouvement de surprise, regarda Legrand d'un air indigné, et s'écria : — On veut surprendre la justice; il y a là une surcharge grossière : il y avait un 9, on en a fait un 8.

Le défenseur de Lesurques se précipite, regarde: il voit, en effet, sous le chiffre 8 invoqué comme preuve, un 9 bien distinctement formé, dont la queue dépasse le chiffre substitué. Me Guinier, Legrand, Lesurques restent immobiles d'étonnement. Le président Gohier fait un signe à l'accusateur public, qui conclut à l'arrestation du témoin.

Legrand, homme faible et timoré, pâlit en se voyant placé entre deux gendarmes. Le Président lui demande d'une voix tonnante s'il persiste dans son mensonge. Il balbutie, ses yeux sont égarés. Le Président paraphe le feuillet du livre, le fait parapher par le témoin et maintient l'arrestation.

L'incident était grave. Le défenseur de Lesurques, Legrand lui-même avaient examiné le registre et n'avaient fait aucune attention à la surcharge. Legrand n'avait aucun souvenir de cette rectification, dont les exemples n'étaient pas rares sur ses registres. Me Guinier, quelle que fût sa douleur, réfléchit que la bonne foi de Legrand était si évidente, que le Président, son irritation une fois calmée, ne pourrait la méconnaître. Si la date avait été surchargée à dessein, aurait-on eu l'audace de laisser le premier chiffre visible? La fraude ne procède pas ainsi; on eût gratté la queue du 9, on eût habilement profité du 0 restant pour y souder, en imitant le mieux possible, l'autre 0 formant le 8. Et d'ailleurs pourquoi s'exposer à affronter la justice au sujet de cette surcharge? Il n'était pas besoin de produire le livre; si on voulait sauver Lesurques par un mensonge, il n'y avait qu'à affirmer, avec insistance, qu'on l'avait vu chez soi, à telle heure de la journée du 8.

Le lendemain de l'incident, Legrand reparut aux débats; le Président lui demanda s'il persistait dans son mensonge. Que répondit le pauvre homme? Si nous en croyons le procès-verbal, il déclara « qu'il rétractait ses précédentes dépositions comme n'étant basées que sur la fausse date qui se trouvait sur ledit registre, et dont il n'avait aperçu la *falsification* que depuis ses premières dépositions. »

Le Président s'adressa alors à Lesurques, lui demandant ce qu'il avait à opposer à cette preuve nouvelle de culpabilité. L'accusé répondit avec calme que Legrand n'était pas le seul témoin qui pût prouver sa présence à Paris, le 8 floréal, qu'il renonçait à ce témoignage et demandait aux jurés de le regarder comme nul et non avenu.

Le président Gohier ordonna le renvoi de Legrand devant le juge de paix de la section du Pont-Neuf, pour être statué sur la prévention du faux. Puis, l'audition des témoins à décharge continua. Mais la prévention était, dès ce moment, solidement installée dans la tête du magistrat chargé de diriger ces débats. Un témoin, croyait-il, avait menti pour sauver Lesurques; tous les autres témoins à décharge furent dès lors, à ses yeux, des faussaires.

Aldenhof parla à son tour; il se rappelait fort bien avoir vu Lesurques chez Legrand, le 8 floréal, avoir dîné chez lui, ce même jour, avec les citoyens Hilaire Ledru et André Lesurques. Le souvenir si précis d'Aldenhof fut considéré comme un écho du prétendu mensonge de Legrand; Aldenhof ne fut pas écouté.

Hilaire Ledru certifie avoir assisté, le 8 floréal, à ce dîner chez Lesurques; il pouvait d'autant moins se tromper, disait-il, que c'était la première fois qu'il allait chez Lesurques. Arrivé pendant l'absence de ce dernier, il avait causé avec sa femme, avait caressé ses enfants. Lesurques était rentré avec leur compatriote Aldenhof, lequel tenait à la main une poche d'argent. On avait dîné, et, le soir, on avait fait un tour de promenade avec Guesno, qui avait remis à Lesurques 2,000 livres en assignats, en buvant un verre de liqueur dans un café. On était revenu vers sept heures et demie chez Lesurques, et on y avait soupé avec Baudard, un ami commun. Hilaire Ledru, homme honorable, eut beau dire, il ne fut pas écouté.

Baudard attesta sa présence chez Lesurques, le 8 floréal; ce jour-là, Lesurques l'avait invité à dîner pour le lendemain, 9, jour de garde pour Baudard, et Baudard représenta son billet de garde, portant la date du 9 floréal. Baudard, homme honorable, ne fut pas écouté.

André Lesurques, cousin de l'accusé, affirma sa présence à presque toutes les heures du jour, rue Montorgueil, le 8 floréal. André Lesurques ne fut pas écouté.

La femme du cousin de Lesurques en dit autant; elle ne fut pas écoutée.

L'orfèvre Dixier, le bijoutier Chauffer témoignèrent de l'*alibi;* ils ne furent pas écoutés.

Cinq ouvriers, qui avaient collé du papier, ce jour-là, au nouveau domicile de Lesurques, qui avaient, ce jour-là, placé son buste dans le salon, qui avaient reçu de Lesurques une gratification en raison de ces travaux de décoration terminés, voulurent certifier l'*alibi*. Gohier leur imposa brutalement silence.

Une jeune fille, Tieurnette, fut tellement intimidée par les menaces du Président, qu'elle s'évanouit à l'audience.

Clotilde-Eugénie d'Argence voulut attester que, depuis dix mois, elle voyait Lesurques régulièrement une fois par jour, soit chez elle, soit chez la citoyenne Thériot, femme d'un médecin; que pas un jour ne faisait lacune dans ces visites; la jeune ouvrière fut malmenée comme les autres.

Un homme dont on ne saurait suspecter la parole, le défenseur de Lesurques lui-même, osa, quelque temps après, et lorsqu'il y avait encore du courage, peut-être même de l'imprudence à le faire, dénoncer cette conduite du président Gohier, ces rigueurs partiales, cette *prévention*, cet *acharnement*. Ah! sans doute, Gohier était un honnête homme; mais quelles fonctions terribles que celles où le plus honnête peut faillir, et où l'erreur, c'est la mort de l'innocent!

« Souvent, a dit d'Aguesseau, une première impression peut décider de la vie et de la mort. Un amas fatal de circonstances, qu'on dirait que la fortune a rassemblées exprès pour faire périr un malheureux, une foule de témoins muets et par là plus redoutables, déposent contre l'innocence. *Le juge se prévient, l'indignation s'allume, et son zèle même le séduit.* Moins juge qu'accusateur, il ne voit que ce qui sert à condamner, et il sacrifie aux raisonnements de l'homme celui qu'il aurait sauvé s'il n'avait admis que les preuves de la loi. »

D'Aguesseau n'avait-il pas tracé à l'avance le portrait du président Gohier, dont le *zèle* aveugle perdit Lesurques? L'illustre magistrat ajoute:

« Un événement imprévu fait quelquefois éclater dans la suite l'innocence accablée sous le poids des conjectures et dément les indices trompeurs dont la fausse lumière avait ébloui l'esprit du magistrat. La vérité sort du nuage de la vraisemblance, *mais elle en sort trop tard*. Le sang de l'innocent demande vengeance contre la prévention de son juge, et le magistrat est réduit à pleurer toute sa vie un malheur que son repentir ne peut réparer. »

Voilà, racontée à l'avance par d'Aguesseau, l'histoire de ce procès de Lesurques.

L'intimidation exercée sur les témoins fut si grande, qu'un des témoins entendus sur la moralité de Lesurques, le citoyen Eymery, ingénieur, ayant été averti par le Président, selon la formule, de parler *sans haine :*

— « Oui, citoyen Président, s'écria-t-il, et surtout sans crainte, malgré tout ce qu'on fait ici pour l'inspirer aux témoins. »

Cependant Lesurques et son défenseur ne désespéraient pas encore. Si les quinze témoins de l'*alibi* avaient été défavorablement écoutés ou réduits au silence, quatre-vingt-trois témoins honorables attestaient la moralité de Lesurques, comme ils attestaient sa fortune, si ridiculement niée par l'acte d'accusation. Le président Gohier repoussa tous ces témoignages. — « Quel est l'état de vos revenus? demanda-t-il pour la forme à Lesurques. — Ils peuvent se monter à douze mille francs. — Qu'est-ce que cela? Sans doute, vous voulez parler d'assignats? — Non, citoyen Président; mon revenu est en fermages et en argent. » — Alors Gohier, se tournant vers les jurés : — « On voudrait vous faire croire que les crimes n'appartiennent qu'aux pauvres; mais, si les petits crimes appartiennent aux pauvres, les grands crimes appartiennent aux riches. »

Sophisme de la prévention! on a nié, on niera encore la fortune de Lesurques, pour l'accabler de ses dépenses faites sans ressources apparentes; mais, à l'occasion, on n'en tire pas moins un argument meurtrier de cette fortune qu'on ne voulait pas voir!

Malgré l'évidente partialité du magistrat, le défenseur de Lesurques espérait toujours : c'est qu'il avait la certitude de l'innocence de son client. Avant l'ouverture des débats, le défenseur de Courriol lui avait dit, à lui et à l'avocat de Guesno : « Je ne puis m'expliquer sur Courriol; mais défendez vos clients avec confiance; car ils sont innocents l'un et l'autre. »

Lesurques répondit avec beaucoup de simplicité et de fermeté sur les différents griefs de l'accusation, dont l'incident Legrand augmentait si fort l'importance. Il avait à son dossier un passe-port à son nom, daté du 18 fructidor an III; il soutint que, citoyen paisible, entouré d'amis, présentant toutes les garanties imaginables de situation et de moralité, il n'avait pas besoin de posséder, en outre de ce passe-port, une carte de sûreté. D'ailleurs, un criminel eût-il oublié cette précaution vulgaire? La carte de sûreté qu'il avait dans son portefeuille, au nom d'André Lesurques, était-il bien étonnant qu'il l'eût ramassée sur un meuble, dans l'appartement qu'il occupait en commun avec son cousin? La carte de sûreté *en blanc* dont on lui reprochait la détention, et qu'on avait trouvée dans la poche de derrière de sa redingote, pêle-mêle avec quelques chiffons de papier sans valeur, elle n'était pas, comme l'insinuait l'accusation, toute prête à servir et valable; elle ne portait ni sceau ni timbre de section. Lesurques l'avait trouvée parmi des masses de papiers inutiles, vendus lors de la suppression des sections. Dans l'état, elle ne pouvait servir à personne ni faciliter sa fuite. D'ailleurs, avait-il voulu fuir? Toute sa conduite, après le crime, n'était-elle pas celle d'un homme qui n'a rien à redouter? C'est ainsi qu'il s'expliqua encore sur un incident que l'accusation cherchait à grossir. On a vu que Lesurques avait parlé d'un déjeuner auquel il avait assisté, le 11 ou le 12 floréal, avec Guesno, chez Richard; on représentait ce repas comme une entrevue dans laquelle Richard, Guesno, Lesurques et Courriol auraient partagé les fruits du crime. Lesurques déclara, comme il l'avait toujours fait, que, ce jour-là, il avait vu pour la première fois Courriol, dont il ne savait que le prénom d'Etienne, et sa concubine, la Bréban. Tout fut inutile : la conviction du président Gohier était formée; elle domina le jugement, comme elle avait dominé les débats. L'accusateur public persista dans toutes les charges exprimées par l'acte d'accusation; puis, le président Gohier fit le résumé. Cette analyse des débats, quand elle est faite avec exactitude, avec lucidité, avec impartialité, est un excellent aide-mémoire pour les jurés; quand elle n'est qu'un réquisitoire itératif, on ne conçoit pas d'acte plus dangereux, plus déloyal : l'accusation, contre le vœu de la loi, contre les plus simples notions de bon sens, de justice, d'humanité, y dit le dernier mot. Le résumé du président Gohier fut une discussion partiale, accusatrice, un réquisitoire nouveau, sans réponse possible.

Après ce prétendu résumé, les questions suivantes furent posées au jury :

1° Est-il constant qu'il a été commis un homicide sur la personne du citoyen Excoffon, courrier de la malle de Lyon, dans la nuit du 8 au 9 floréal dernier, sur la route de Paris à Melun?

Étienne Courriol, Joseph Lesurques, Charles Guénot, David Bernard sont-ils convaincus d'avoir participé à cette action, de l'avoir fait volontairement, de l'avoir fait sans indispensable nécessité d'une légitime défense de soi-même ou d'autrui, de l'avoir fait sans provocation violente, de l'avoir fait avec préméditation?

2° Est-il constant qu'il a été commis un homicide sur la personne du citoyen Audebert, postillon, dans la nuit du 8 au 9 floréal dernier, sur la route de Paris à Melun?

Étienne Courriol, Joseph Lesurques, Charles Guénot, David Bernard sont-ils convaincus d'avoir participé à l'homicide commis, de l'avoir fait volontairement, etc.?

3° Est-il constant qu'il a été pris de l'argent monnayé, des promesses de mandats, des assignats et autres effets dans la malle du courrier de Lyon?

Etienne Courriol, Joseph Lesurques, Charles Guénot, David Bernard sont-ils convaincus d'avoir participé à cette action, de l'avoir fait dans l'intention de voler, de l'avoir fait à force ouverte et avec violence, de l'avoir fait la nuit, sur un grand chemin, et portant des armes meurtrières?

4° Joseph-Thomas Richard, Antoine-Philibert Bruer sont-ils convaincus d'avoir reçu gratuitement partie des effets volés, de l'avoir fait sachant que lesdits effets provenaient d'un vol, de l'avoir fait dans l'intention du crime?

On voit éclater, dans cette position des questions, le système fâcheux que nous avons signalé. Des

Les adieux de Lesurques à sa famille, d'après Hilaire Ledru.

six accusés, compris dans une même accusation, quatre sont plus particulièrement désignés comme auteurs des deux homicides; et, parmi ces quatre, si nous laissons de côté Lesurques, dont la défense a été décapitée, il en est deux qui, évidemment, d'après les débats mêmes, n'ont pu participer aux homicides : c'est Guesno, dont l'*alibi* est prouvé; c'est David Bernard, qui a *peut-être* profité du crime, mais qui ne l'a pas commis. Bruer et Richard, accusés au même titre que Bernard et Guesno, également chargés par les témoignages, sont placés dans une autre catégorie. La prévention qui a dicté l'acte d'accusation, qui a présidé aux débats, inspire encore les questions posées au jury.

On était au 18 thermidor (5 août) : c'était le quatrième jour des débats. Les jurés entrèrent, à deux heures de relevée, dans la salle de leurs délibérations.

On attendait encore le verdict qui allait en sortir, lorsque se produisit un incident qui eût pu éclairer la justice, si la justice avait voulu être éclairée.

Une femme, dont la présence aux débats eût été, dès le commencement de cette affaire, considérée comme indispensable par tout magistrat digne de porter ce nom, Madeleine Bréban, demanda à faire au président du Tribunal une révélation des plus graves. Le président Gohier fit venir cette femme, qui lui dit : — Que, sur les six accusés présents, un seul était coupable, et c'était son amant, Courriol; qu'on s'exposait à condamner cinq innocents; que, particulièrement, Guesno et Lesurques étaient victimes de leur ressemblance avec deux des meurtriers; que Guesno ressemblait au nommé Vidal; que Lesurques ressemblait au nommé Dubosc, et que cette dernière ressemblance avait été encore augmentée par une perruque blonde que portait Dubosc le jour du crime.

« Les débats sont fermés, répondit M. Gohier; IL N'EST PLUS TEMPS. »

Il n'est plus temps! Fatale excuse de toutes les

fautes qu'on va commettre. Il n'est plus temps d'être juste! Il n'est plus temps d'arracher l'innocent à la mort et la justice à la honte! Les débats sont fermés! Eh! qui vous empêche de les rouvrir, si la lumière enfin vient frapper vos yeux? M. Gohier préféra ne pas voir la lumière : il n'était plus temps!!!

A huit heures du soir, le jury rentra dans la salle des audiences. Sur sa déclaration fut rendu le jugement suivant :

Attendu,

Première série,

Qu'il a été commis un homicide sur la personne du citoyen Excoffon, courrier de la malle de Lyon, dans la nuit du 8 au 9 floréal dernier, sur la route de Paris à Lyon;

Deuxième série,

Qu'Étienne Courriol est convaincu d'avoir participé à cette action; qu'il l'a fait volontairement; qu'il l'a fait sans l'indispensable nécessité d'une légitime défense de soi-même ou d'autrui; qu'il l'a fait sans provocation violente, qu'il l'a fait avec préméditation;

Que Joseph Lesurques est convaincu d'avoir participé à cette action, qu'il l'a fait volontairement, etc.;

Que Charles Guénot n'est pas convaincu d'avoir participé à l'homicide commis;

Que David Bernard est convaincu, etc., comme en ce qui concerne Courriol, ci-dessus, et jusqu'à préméditation;

Troisième série,

Qu'il a été pris de l'argent monnayé, des promesses de mandats, des assignats et autres effets, dans la malle du courrier de Lyon;

Qu'Étienne Courriol et Joseph Lesurques sont convaincus d'avoir participé à cette action; qu'ils l'ont fait dans l'intention de voler; que le vol a été commis à force ouverte et par violence; qu'il a été commis sur un grand chemin; qu'il a été commis la nuit; qu'il a été commis par plusieurs personnes; que les coupables étaient porteurs d'armes meurtrières;

Que Charles Guénot n'est pas convaincu d'avoir participé à cette action;

Que David Bernard est convaincu d'avoir participé à cette action; qu'il l'a fait dans l'intention de voler;

Quatrième série,

Que Pierre-Joseph-Thomas Richard est convaincu d'avoir reçu gratuitement partie des effets volés; qu'il l'a fait sachant que lesdits effets provenaient d'un vol; qu'il l'a fait dans l'intention du crime;

Qu'Antoine-Philibert Bruer n'est pas convaincu d'avoir reçu gratuitement partie des effets volés;

L'ordonnance rendue aujourd'hui par le citoyen Président, portant que Charles Guénot et Antoine-Philibert Bruer sont acquittés de l'accusation portée contre eux, et ordonne qu'ils seront mis en liberté sur-le-champ, s'ils ne sont détenus pour autres causes, et néanmoins qu'il sera sursis à l'exécution de ladite ordonnance pendant vingt-quatre heures, conformément à la loi;

Le Tribunal, après avoir entendu le citoyen Desmaison, substitut-commissaire du pouvoir exécutif....;

Condamne Étienne Courriol, Joseph Lesurques et David Bernard à la peine de mort;

Condamne Pierre-Thomas-Joseph Richard à la peine de vingt-quatre années de fers, et six heures d'exposition;

Condamne Courriol, Lesurques, Bernard et Richard, solidairement les uns pour les autres, à payer sur leurs biens, par forme de dommages-intérêts, la valeur des objets appartenant à la République et aux différents particuliers, dont était chargée la malle dudit Excoffon, suivant sa lettre de voiture au départ, et qui se sont trouvés en déficit.

Il faut que chacun, en ce monde et devant Dieu, soit responsable de ses œuvres. Ce jugement appartient en propre : 1° Au citoyen *Mennessier*, directeur du jury de Melun, qui rédigea l'acte d'accusation du 9 messidor; 2° au citoyen *Desmaison*, substitut commissaire du pouvoir exécutif près le Tribunal criminel de Paris, qui accepta aveuglément les erreurs de l'acte d'accusation; 3° et surtout au citoyen *Gohier*, président aveugle et sourd, violent et partial.

Les membres du jury, trompés, entraînés, il faut les plaindre, non les accuser, comme aussi les juges qui appliquèrent la sentence, mais qui ne l'avaient pas dictée (1).

Ce jugement à jamais déplorable fit courir un frisson de terreur dans la foule des spectateurs et des défenseurs officieux. Guesno et Bruer acquittés, Lesurques condamné à mort! Les témoins qui avaient reconnu Bruer et Guesno, convaincus d'erreur; les témoins qui avaient reconnu Lesurques, déclarés infaillibles! L'*alibi* de Bruer et de Guesno admis sans conteste; celui de Lesurques repoussé! Bernard, qui n'avait pu assister au meurtre, condamné comme meurtrier! Il y avait là assez de contradictions pour confondre la raison humaine.

Quand Lesurques entendit son arrêt, il pâlit affreusement, leva au ciel des yeux et des mains égarés; puis, domptant sa terreur et sa surprise, il dit, d'une voix claire et vibrante :

« Sans doute le crime dont on m'accuse est horrible et mérite la mort; mais, s'il est affreux d'assassiner sur une grande route, il ne l'est pas moins d'abuser de la loi pour frapper un innocent. *Un moment viendra où mon innocence sera reconnue, et c'est alors que mon sang rejaillira sur la tête des jurés qui m'ont trop légèrement condamné, et du juge qui les a influencés.* »

Jurés, juges, accusateur public, durent frémir en entendant ces paroles, qu'on n'entend jamais sans une émotion terrible, si l'on est honnête homme; mais ce pouvait-être là une de ces protestations banales, dans lesquelles s'obstine inutilement un coupable. Que devinrent-ils donc lorsqu'ils virent se lever à son tour le coupable reconnu, Courriol, qui s'écria : « *Lesurques et Bernard sont innocents.* Bernard n'a fait que prêter les chevaux; *Lesurques n'a jamais pris aucune part à ce crime.* »

On ramena les condamnés à la Conciergerie. M. Le Roy, que nous avons déjà cité, va nous montrer Courriol persistant à déclarer l'innocence de Lesurques.

« A la sortie du Tribunal, les condamnés furent « amenés au greffe de la prison, où je me transpor- « tai, et j'entendis les coupables, qui alors avouaient « leur crime, *assurer que le sieur Lesurques ne l'é-* « *tait pas, et qu'il avait été pris pour un autre.* Ce « malheureux ne sortira jamais de ma mémoire, et « je ne puis y songer sans frémir. Cette triste scène

(1) C'étaient les citoyens *Roidot* et *Doillot*, juges au Tribunal criminel, *Dermeuse* et *Godefroy*, juges au Tribunal civil.

« se passa en présence du fils du concierge et de « plusieurs guichetiers dont je ne me rappelle pas « les noms, sinon de Richard, concierge, et de son « fils, greffier. »

Mais le président Gohier l'avait bien dit : il n'était plus temps.

Rentré dans sa prison, Lesurques ne s'abandonna pas à une douleur inutile ; il se pourvut immédiatement en cassation, et rassembla, pour dernière ressource, les éléments d'une requête au Directoire.

Courriol, cependant, comme obsédé par ce besoin de justice qui se réveille souvent, au moment suprême, dans le cœur des scélérats, Courriol s'occupait moins de lui-même que des innocents menacés du même sort que lui. Le 19 thermidor (6 août), c'est-à-dire le lendemain de l'arrêt, il demanda instamment à faire des révélations aux magistrats du Bureau central. Appelé devant eux, il leur dit :

« Lesurques et Bernard sont innocents du crime pour lequel ils ont été condamnés à la peine de mort, ainsi que le nommé Richard, condamné aux fers. Les véritables coupables sont Dubosc et Vidal. Madelaine Bréban peut donner des renseignements sur Dubosc et Vidal. »

Le 21 du même mois, il supplie les mêmes magistrats de l'entendre. Il a de nouveaux renseignements à donner ; il veut faire connaître la vérité tout entière. Il est entendu. Il ajoute à ce qu'il a dit précédemment : « Les véritables coupables de l'assassinat du courrier de Lyon sont les nommés Dubosc, Vidal, Durochat et Roussy. Durochat, sous le nom de Laborde, a pris une place dans la malle de Lyon, à côté du courrier. Les autres sont partis, le 8 floréal dernier, de Paris, montés sur les chevaux de lui, Courriol. Il les a rejoints, une heure après leur départ, à la barrière de Charenton. Ils ont dîné et pris le café à Montgeron. Le lendemain, ils sont rentrés tous les cinq à Paris, à cinq heures du matin. Lui, Courriol, a mené les chevaux, avec Vidal, chez Aubry, rue des Fossés-Saint-Germain. Les trois autres, savoir : Durochat, Roussy et Dubosc, ont été chez ce dernier, rue Croix-des-Petits-Champs, où lui, Courriol, et Vidal, les ayant rejoints, les partages se sont effectués. Roussy et Durochat ont été les chefs de l'entreprise. Le sabre et l'éperon appartiennent à Dubosc, qui est retourné chercher le sabre à Lieursaint ; l'autre sabre, trouvé sur la route, appartient à Roussy. C'est Dubosc et Vidal qui se sont promenés dans Lieursaint, à pied. »

Il n'était pas possible de repousser des déclarations aussi précises, aussi désintéressées. Un officier de police fut commis pour examiner les aveux de Courriol et pour entendre les témoins qu'il désignait.

Le 17 vendémiaire suivant (8 octobre), sur les indications de Courriol, l'officier de police judiciaire de la section du Temple reçoit de nouvelles dépositions.

Cauchois, menuisier, et *Goulon*, cordonnier, déclarent « qu'à l'époque du jugement de Courriol, la fille Bréban était venue les voir, qu'elle leur avait dit : — *Il va périr des innocents ;* Courriol seul est coupable. Il y a longtemps que les autres sont partis. Durochat et Vidal sont les vrais coupables. *Lesurques a été pris pour un autre ; ce qui a causé la méprise, c'est que Lesurques a des cheveux blonds et que l'autre avait une perruque blonde.* »

Cauchois ajoute « qu'aussitôt qu'il avait été instruit de ces faits, il avait fait des démarches auprès des juges du Tribunal et du citoyen Daubanton, juge de paix, *sans avoir pu en obtenir satisfaction.* »

Le sieur *Perrin*, portier d'une maison sise rue des Fontaines, déclare « qu'il avait logé chez lui, au mois de prairial, un particulier qui se nommait Vidal ; que, quinze jours après, il lui avait dit qu'il allait partir pour Lyon ; que, pendant les quinze jours qu'il avait logé chez lui, il avait vu venir plusieurs fois *un grand homme blond*, un autre petit de taille, et un troisième homme trapu, ainsi qu'une femme de leur compagnie. »

Madeleine Bréban dit : « Avant l'assassinat du courrier de Lyon, Vidal et Roussy venaient souvent chez Courriol ; Dubosc y venait aussi quelquefois. *Je n'y ai jamais vu venir Lesurques ;* j'ai seulement vu ce dernier, *qui ressemble beaucoup à Dubosc*, une seule fois chez Richard, après l'époque du 8 floréal. »

Elle indique la demeure de Dubosc, donne son signalement, ainsi que ceux de Vidal et de Roussy.

Elle ajoute ensuite : « Le 9 floréal, Bruer et Bernard sont venus me prendre chez moi, m'ont conduite chez Dubosc, rue Croix-des-Petits-Champs, où était Courriol ; là, je lui ai porté des habits pour changer. Le jour du jugement j'ai déclaré à peu près les mêmes faits au président du Tribunal. Le lendemain de ce jugement, j'ai fait une pareille déclaration au Bureau central. »

Cette ressemblance de Lesurques avec Dubosc ; cette perruque blonde qui avait encore accru les chances d'une méprise ; ces visites du grand blond chez Perrin, au mois de prairial, c'est-à-dire lorsque Lesurques était déjà sous les verrous : pour des juges moins prévenus, c'était un démenti évident à l'arrêt du Tribunal criminel.

Le procès-verbal même des débats portait des traces nombreuses de cette légèreté, de ces préventions, qui avaient aveuglé la magistrature. On y voyait des ratures, des renvois, des dates fausses, des faits controuvés. Lesurques s'inscrivit en faux contre ce procès-verbal. Et c'est ici le lieu de revenir sur l'incident Legrand, à propos duquel nous avons dû suspendre notre jugement sur les assertions de ce procès-verbal.

Legrand, d'après ce document, aurait *rétracté*, à l'audience, ses dépositions précédentes, comme n'étant basées que sur la *fausse date* du registre, date dont il n'avait pas aperçu la *falsification*. L'honorable défenseur de Lesurques, Me Guinier, donna, dans un écrit public, quelque temps après le jugement, le démenti le plus formel à ces assertions. Il y dit :

« J'ignore ce que Legrand, prévenu de faux, mis en état d'arrestation, aura pu dire pour sa défense. Si, contre la vraisemblance, il a attesté que son registre avait, à son insu, été falsifié dans sa boutique ; si ce moyen de se soustraire à une instruction criminelle, qui s'apprêtait contre lui, est le seul qui lui ait été suggéré, ou qu'il l'ait trouvé lui-même, il n'en est pas moins vrai, et *j'atteste la vérité de ce fait*, qu'à l'audience il soutint la date véritable ; il soutint n'avoir commis aucun faux, et, *s'il y avait une rectification*, ce ne pouvait être qu'à l'époque même de cet enregistrement, et il persista à soutenir la vérité du fait et de la date à laquelle il le rappelait.

« Mais voici un argument plus fort, un argument auquel je prie MM. les rapporteurs de vouloir bien trouver une réponse, s'ils le peuvent.

« Si foi doit être ajoutée au procès-verbal, Legrand ne s'est aperçu de la falsification qu'après ses premières dépositions. La falsification est donc postérieure à ces dépositions. Mais, si elle est postérieure, elle n'existait donc pas quand le sieur Legrand a engagé les sieurs Hilaire Ledru et Aldenhof à déposer sur la foi de son livre? Mais, si cette falsification n'existait pas, si le registre portait un 9 sans surcharge, comment a-t-il invoqué le témoignage de ce registre? Comment a-t-il engagé les sieurs Aldenhof et Hilaire à déposer d'après ce registre? »

Ce qui ressort de cette déclaration, c'est l'erreur du greffier. D'ailleurs, aurait pu ajouter Mᵉ Guinier, Legrand devait attacher d'autant moins d'importance à cette date, qu'il affirmait, comme certain, que *pas un jour* ne s'était passé pour lui sans visite de Lesurques.

Après le jugement, le juge de paix commis à l'instruction contre Legrand, prévenu de faux témoignage, fit examiner la surcharge par un expert. Celui-ci déclara que le chiffre 8, substitué au chiffre 9, avait été tracé avec une autre plume et une autre encre, plus fraîche : ce qui éloignait toute idée de dol et de falsification adroitement tentée pour tromper les juges. On demanda à Legrand si sa déposition en faveur de Lesurques avait été sollicitée; il répondit : Non. « J'ai vu, dit-il, avant l'assignation, le défenseur de Lesurques, qui, ayant vu mon livre, me dit que je pouvais déposer d'après le renseignement du 8. J'ai reconnu la date fausse, mais je n'ai pas commis de faux. »

On le voit, Legrand peut avouer dans son trouble que la date n'est pas celle qu'il avait mise en avant, qu'il y a eu une *rectification* relativement au jour de la transaction Aldenhof; mais la terreur de la justice ne peut le porter à parler de *falsification*. Dans sa pensée, la date indiquée et son rapprochement avec la visite de Lesurques et d'Aldenhof, persistent comme impression première. Il n'est donc pas vrai, comme l'affirme le procès-verbal, que Legrand ait reconnu une falsification postérieure à ses dépositions premières. Postérieure, elle n'eût donc pas existé encore lorsque Legrand engageait Ledru et Aldenhof à déposer sur la foi de son livre? elle n'eût donc pas existé lorsque Mᵉ Guinier considérait cette date du 8 comme un argument sauveur? Le plus probable est que Legrand, Mᵉ Guinier, Ledru, Aldenhof, avaient vu le chiffre 8, sans se préoccuper de la surcharge, sans apercevoir le chiffre fatal auquel on avait substitué le chiffre véritable.

Legrand fut renvoyé de la plainte.

Tous ces indices, il faudrait dire toutes ces preuves de l'erreur commise, ne purent prévaloir contre le jugement du Tribunal criminel; le pourvoi en cassation fut rejeté.

Alors, Mᵉ Guinier présenta requête au Directoire. Le droit de commutation et de grâce, le plus beau des droits de la royauté, avait disparu avec la royauté elle-même. Le Directoire n'avait, en pareil cas, d'autre privilége que celui de faire surseoir, jusqu'après vérification, à l'exécution d'une sentence.

Le procès du courrier de Lyon occupait vivement l'attention publique. Un grand nombre de personnes sans passion croyaient à l'innocence de Lesurques. On savait que Courriol persistait dans ses déclarations, et qu'à Bicêtre, où les condamnés avaient été transportés, il répondait à Bernard, qui lui reprochait de déployer pour Lesurques plus de zèle que pour un ami : — « Tu n'as pas assassiné le courrier, mais tu as profité de l'assassinat; Lesurques n'a ni assassiné ni profité du vol. Il nous est tout à fait étranger; tu le sais aussi bien que moi. » Le Directoire examina donc, avec la plus honorable sollicitude, toutes les pièces du procès, toutes les raisons apportées contre le jugement. Le résultat de cet examen fut sa détermination de soumettre cette affaire à la décision du Conseil des Cinq-Cents. Le 27 vendémiaire (18 octobre), le Conseil des Cinq-Cents reçut des directeurs le message suivant :

« Citoyens législateurs,

« Le nommé Lesurques, condamné à mort, avec un nommé Courriol, pour l'assassinat du courrier de Lyon, a été déclaré innocent par ce dernier, après le jugement rendu contre eux. Courriol a assuré que la ressemblance de Lesurques avec un des complices de l'assassinat, qu'il nomme et qui n'est pas pris, a pu tromper les témoins. Les déclarations de Courriol sont confirmées par celles de quelques autres personnes entendues après lesdites déclarations, postérieurement aussi, par conséquent, au jugement rendu.

« Lesurques, qui s'était pourvu en cassation, se réservait de faire valoir les moyens que ces déclarations lui présentaient, lorsqu'il aurait été renvoyé par-devant le nouveau tribunal qu'il demandait; mais le Tribunal de cassation a trouvé que toutes les formes prescrites par la loi avaient été observées. Il n'a pu conséquemment casser la procédure.

« Quelle marche convient-il de suivre dans cette circonstance? *Lesurques, s'il est innocent, doit-il périr sur l'échafaud, parce qu'il ressemble à un coupable?* Le Directoire appelle votre attention sur cet objet, Citoyens représentants, et il vous fait observer qu'il n'y a pas un moment à perdre, puisque demain matin le jugement à mort doit être exécuté. »

A la lecture de ce message, deux députés, les citoyens Bailleul et Guérin (du Loiret), firent adopter la proposition d'un sursis à l'exécution de la sentence et la nomination d'une commission spéciale de trois membres pour faire un rapport sur cette affaire. Pendant que la commission examinait les pièces, le Directoire recevait des déclarations nouvelles et adressait un nouveau message; Courriol, de son côté, adressait aux directeurs cette lettre pressante :

« Il est donc vrai que je devais ajouter à mon crime un double assassinat! Les déclarations véridiques que je n'ai cessé de faire n'ont pu faire rendre justice à deux innocents qui vont périr victimes de l'erreur. Puis-je espérer au moins que, pour venger leur mort, vous donnerez des ordres très-exprès de faire rechercher *les quatre individus que j'ai désignés et qui sont mes seuls complices?* Avant que ces pauvres malheureux qu'on va sacrifier fussent mis en jugement, la fille Bréban, avec qui je vivais, avait déclaré au commissaire du pouvoir exécutif près la municipalité de Melun que, des six personnes arrêtées pour cette affaire, j'étais le seul coupable. Si elle n'a pas fait cette déclaration devant le Tribunal, c'est par une *timidité* impardonnable. La vérité ne peut manquer de se montrer; *avant peu vous en serez persuadés, mais il ne sera plus temps;* les innocents auront péri! Oui, je le répète, les innocents! je ne cesserai de le répéter jusqu'à mon dernier soupir! »

A cette lettre de Courriol était joint un Mémoire dans lequel il donnait les détails les plus minutieux sur le crime et sur ses complices. Mᵉ Guinier, de son côté, était parvenu à découvrir la retraite de Laborde, le voyageur de la malle, que la Bréban et Courriol désignaient sous le nom de Durochat, et dont le vrai nom était Véron; il avait aussi retrouvé la piste de Vidal et de ce Dubosc, le grand blond, dont la ressemblance avait été si fatale à Lesurques : il se hâta d'adresser ces renseignements à la police. Fatalité ou négligence, la police manqua ces trois hommes.

Le rapporteur choisi par la commission des Cinq-Cents était *Joseph-Jérôme Siméon*, jurisconsulte éminent, homme de cinquante-cinq ans, connu pour la modération de ses idées ; un des membres de la commission était un ancien conventionnel, régicide des plus exaltés. Quelle influence domina dans la commission, nous ne saurions le dire ; quoi qu'il en soit, le rapport s'exprimait ainsi :

« A côté des crimes atroces qui affligent et attaquent la société, il est beau de voir la sévérité des lois occupée à les réprimer, et la bienfaisante humanité veiller auprès des tribunaux pour aider à la défense des accusés et au triomphe des innocents.

« En remontant à l'ancienne institution des jurés, la représentation nationale avait pensé que tout était fait pour la découverte de la vérité en matière criminelle, et cependant un cas récent semble se jouer de la prévoyance des législateurs.

« La loi égarée, peut-être, prête à frapper un citoyen, victime, dit-on, de sa funeste ressemblance avec un coupable ; un grand pouvoir, craignant de passer ses pouvoirs, même pour suspendre ce qui lui était présenté comme une injustice irréparable et sanglante ; une section du Corps législatif surprise un moment, cherchant dans les lois des moyens qu'elle n'y aperçoit pas, mais cédant à ce mouvement d'humanité et de justice qui, comme la nécessité, s'élève au-dessus de toutes les lois et défend à grands cris de verser le sang innocent : tel est l'intéressant tableau qu'a présenté votre séance du 27 vendémiaire.

« C'est dans de pareilles circonstances qu'aucune disposition légale ne saurait enchaîner la première impulsion du sentiment. C'est alors que la loi, qui pardonne à un père de défendre son fils, même par un meurtre, enjoint à tous ses magistrats de sauver, s'ils le peuvent, un citoyen des erreurs qu'elle a pu commettre. Qu'est-ce, en effet, que la nécessité d'exécuter un jugement criminel dans les vingt-quatre heures, à côté du devoir de conserver la vie à un homme injustement condamné ?

« Félicitons-nous donc, comme d'une bonne action, d'avoir indiqué au Directoire exécutif que, dans des circonstances aussi extraordinaires, il est dans ses pouvoirs de surseoir, non à un jugement dont il ne peut connaître, mais à une exécution dont ses agents sont chargés.

« Il est possible qu'une combinaison adroite, une collusion officieuse entre un coupable et ses complices aient tendu un piége à votre sensibilité : n'importe ; il vaut mieux se convaincre qu'on a été trompé, que de refuser, de peur de l'être, de s'éclairer et de s'exposer à des regrets. Nous compterons le 27 vendémiaire au nombre de nos jours heureux, si nous avons pu, ce jour, sauver un innocent. »

On saisit déjà, dans cet exorde du rapport, le système de la commission ; elle a grand souci de l'innocence, mais elle ne voit dans les déclarations favorables à Lesurques qu'une « combinaison adroite », une « collusion officieuse. » Mais continuons l'analyse du rapport.

« Deux grandes pensées » avaient guidé les commissaires : celle d'apercevoir clairement l'innocence du condamné, celle de trouver les moyens légaux de pourvoir à son salut et de garantir en même temps celui des infortunés qui pourraient tomber dans le même malheur.

Après un rapide examen des faits, le rapporteur pesait les dépositions de Courriol, et supposait qu'elles pouvaient avoir été achetées par Lesurques, qui était riche ; d'ailleurs, ayant été faites après le jugement, ces dépositions d'un condamné n'avaient aucune force légale. Aux dépositions de la Bréban et des autres témoins pour Lesurques, il opposait les témoignages de Lieursaint et de Montgeron. Les complices désignés par Courriol étaient donc des êtres de raison, puisque les témoins de Montgeron et de Lieursaint avaient reconnu Lesurques : Lesurques, l'homme à l'éperon cassé, l'homme sans passe-port ni carte de sûreté, l'homme au déjeuner chez Courriol. Courriol, d'ailleurs, n'affirmait-il pas aussi l'innocence de Bernard et de Richard, dont la culpabilité ne pouvait faire doute? L'incident Legrand servit au rapporteur à apprécier les dépositions à décharge, et il passa sous silence tous les autres témoins de l'*alibi*, excepté Clotilde d'Argence.

« A défaut du premier *alibi*, un autre a été proposé. Il a passé la soirée du 8 floréal chez une *fille* nommée d'Argence. On a voulu savoir si cette date du 8 floréal était une leçon répétée machinalement par cette jeune fille, ou si c'était l'expression d'un fait vrai. On lui a demandé si elle connaissait le nouveau calendrier ; quel mois précède, quel mois suit celui de floréal ; combien ces mois ont de jours ; elle l'a ignoré. Cette fille d'Argence est une inconnue qu'on ne trouve point au domicile qu'elle s'est donné.

« Et c'est d'après ces honteux essais, ajoutait le rapport, après que trois jours et trois nuits ont été épuisés en débats, après que quatre-vingts témoins à décharge ont été entendus pour Lesurques, après que les jurés ont prononcé que les accusés étaient convaincus, qu'on essaye de substituer, à d'inutiles et fausses défenses produites légalement, des déclarations illégales, et, ce qui est pire, insignifiantes ! »

Le rapporteur passait ensuite aux considérations relatives à la révision des procès criminels :

« Le Conseil, disait-il, n'a point à exercer le pouvoir judiciaire ; il ne veut point l'exercer. On ne pourrait établir la révision des procès criminels sans bouleverser de fond en comble l'institution des jurés. Il n'est point de notre compétence de prononcer si Lesurques est innocent ou coupable. Il est jugé et valablement jugé. La justice, dont l'action n'a point été suspendue, mais la rigueur différée, comme il arrive quand une femme convaincue se déclare grosse, doit reprendre son cours. Il serait dangereux d'introduire après coup de nouveaux moyens justificatifs en faveur des accusés. On se fonderait en vain sur le prix inestimable de la vie ; *il faut considérer le bien général*. Tout accusé trouverait bientôt le moyen d'éluder sa condamnation en obtenant de la commisération ou de l'intérêt des déclarations officieuses.

« Si l'on avait introduit dans l'ancien régime des lettres de révision, c'est que les formes de la procédure étaient inquisitoriales ; et ces lettres étaient obtenues plus souvent par le crédit et la fortune que par la justice.

« L'institution du jury a tout réparé. Il est possible qu'il sauve beaucoup de coupables, presque impossible qu'il frappe des innocents.

« La loi n'a prévu qu'un seul cas, c'est celui où

le Tribunal, unanimement d'avis que les jurés se sont trompés, appelle les trois adjoints pour délibérer de nouveau ; mais cette mesure ne peut avoir lieu qu'avant le prononcé du jugement : après le jugement, tout est consommé. Lorsque les jurés ont déclaré l'accusé convaincu, le recevoir encore à disputer sur cette conviction, c'est détruire toutes les règles de l'ordre judiciaire, c'est préparer de vastes bases à l'impunité, c'est livrer la société à l'audace des scélérats, et la justice à leur décision. »

Si Lesurques n'avait pas été coupable, que n'arrachait-il la vérité à Courriol pendant les débats? Pourquoi sa défense, fière, sèche et hautaine, n'avait-elle pas eu l'accent persuasif de l'innocence calomniée? Enfin, le Tribunal de cassation n'avait aperçu aucun indice d'innocence, puisqu'il avait rejeté le pourvoi.

Tel fut le rapport de la commission; la conclusion s'y lit dès les premières lignes : le rapporteur proposait l'ordre du jour.

Des protestations nombreuses, des Mémoires nouveaux furent opposés au rapport. Un magistrat honorable, celui-là même qui avait fait l'instruction première et qui avait eu le malheur de faire arrêter Lesurques, le juge de paix Daubanton, sûr maintenant de l'innocence de Lesurques, allait partout proclamant l'erreur de ses juges, et substituait son activité personnelle à l'incurie de la police.

Parmi les Mémoires favorables à Lesurques, que reçut le conseil, on remarqua celui du défenseur, Me Guinier. Il avait pour titre : *Observations sur le rapport de la commission chargée par le conseil des Cinq-Cents d'examiner l'affaire du nommé Lesurques*. Me Guinier y signalait courageusement l'étrange conduite du président Gohier.

« Je n'ai cessé d'assister aux débats, et j'ai été frappé de cette différence. Les inconséquences des observations du Président aux jurés étaient saillantes. Il parla le dernier; il *discuta* quand il devait se renfermer dans un simple résumé, et, les débats ainsi fermés, les accusés ni les défenseurs n'ont pu relever ses erreurs.

« J'avoue que l'institution du jury est favorable aux accusés; mais je n'en suis pas moins persuadé qu'elle peut frapper un innocent, surtout lorsque l'on s'écarte des règles qui en font la sauve-garde, lorsqu'au lieu de l'impartialité du magistrat on ne trouve que *la prévention et l'acharnement*, lorsque l'accusé est traité avec cette rigueur que la loi défend et qui annonce *un condamné avant qu'il ait été entendu*. La conduite tenue dans cette sanglante affaire me révolte; mon cœur se comprime; je commande à mon indignation. »

Cette prévention, qui ne la reconnaîtrait encore dans le rapport de M. Siméon? D'abord le point de départ en est faux : il ne s'agit pas du tout d'apercevoir clairement l'innocence de Lesurques, mais, en présence d'un doute terrible, de rechercher son Sosie. Le rapport supposait l'existence d'un marché entre Lesurques et Courriol, et se fondait sur ce que les déclarations de ce dernier avaient été postérieures au jugement. Mais n'était-ce pas oublier ce qu'indiquait le plus simple bon sens, à savoir que Courriol n'avait pas voulu avouer son crime avant d'être condamné? Et ce marché, quels avantages pouvait-il assurer à Courriol, sans famille, sans un être au monde à qui léguer le prix de son mensonge, puisque sa maîtresse elle-même l'avait trahi? D'ailleurs, Lesurques était donc riche maintenant, tandis qu'au Tribunal on le déclarait sans ressources!

Les déclarations d'un condamné ne font pas foi en justice! Non, mais, dans un cas aussi grave, elles doivent avoir, pour l'honnête homme, au moins la valeur d'un renseignement. Elles ne sont pas isolées, d'ailleurs. Et elles valent si bien quelque chose que, d'après elles, on a déjà recherché, on recherchera encore, on finira par retrouver ces complices que vous déclarez des êtres de raison. Et cette attitude de Lesurques aux débats, qu'on calomnie, tandis qu'on passe sous silence les violences et l'aveuglement du juge! Et tous ces témoins de l'*alibi* qu'on supprime, ne parlant que de ceux qu'on pense prendre en faute! Le rapport triomphe sur l'incident Legrand et, en passant, déguise étrangement la vérité! « Lesurques lui-même, y est-il dit, est convenu que tous ces témoignages sur sa présence chez Legrand, depuis neuf heures du matin jusqu'à deux, devaient êtres rejetés. » Lesurques n'avait pas plus dit cela, que Legrand n'avait reconnu la falsification. « Je consens, avait-il dit seulement, à ne point faire usage pour ma défense, du témoignage du sieur Legrand. » Que si le rapporteur voulait annuler, avec le témoignage de Legrand, ceux qui s'appuyaient sur la date du livre et qui naissaient de ce témoignage, il n'avait pas le droit de mettre à néant les douze témoignages se rapportant à des circonstances et à des heures différentes.

La prévention est visible dans l'appréciation du témoignage de l'ouvrière en linge, que l'on représente à tort comme une *fille*; que l'on rejette parce que, comme des millions d'autres Français, elle ne sait pas bien établir les rapports entre le calendrier grégorien et le calendrier républicain. D'ailleurs, cette jeune fille avait vu Lesurques tous les jours. Enfin, le rapporteur déclare contre toute vérité qu'on n'avait point trouvé cette fille à son prétendu domicile, qu'on ne savait qui elle était. Elle avait été assignée, sur les indications de Me Guinier, à son logement de l'hôtel de Cherbourg, et elle avait obéi à l'assignation, puisqu'on l'avait entendue.

Faut-il encore ajouter que, malgré l'évidence de l'erreur déplorable contenue dans l'acte d'accusation de Melun, dans le résumé du président Gohier, erreur flétrie par Me Guinier, flétrie par le témoin le plus sûr, le juge de paix Daubanton lui-même, le rapport de M. Siméon s'obstinait à parler des assiduités de Lesurques au Bureau central? « N'allait-il pas savoir ce qui se passait à la police? n'est-il pas à craindre qu'il n'y eût un grand intérêt? Cette *rotation autour du Bureau central* est bien loin d'être à sa décharge. »

Quand l'erreur arrive si tard pour justifier l'erreur, on est presque tenté de lui donner un autre nom.

Dans une seconde partie du rapport, M. Siméon fit à toutes les objections qu'on lui avait présentées, la courte réponse qu'on va lire :

« Le Conseil s'aperçoit sans doute où l'entraîne le mouvement d'humanité, qui, sur le premier message du Directoire exécutif, le porta à nommer une commission. Faire des preuves après un jugement, et quand il faudrait au moins les présenter toutes faites et brillantes de cette lumière qui dissipe tous les nuages et force le jour de l'évidence; faire des preuves quand on a produit dans les débats quatre-vingts témoins à décharge, lorsque de l'accusation aux débats il s'est passé un si long délai! Depuis près de cinq mois, Lesurques est en péril de la vie et ses preuves ne sont pas faites, et il lui faut encore accorder du temps!

« Mais est-il au pouvoir du Corps législatif de lu

en donner? Votre commission est péniblement froissée entre la crainte de dissimuler des principes d'ordre public et le sentiment de la compassion. Ce matin, des Observations ont été distribuées aux membres du Conseil; sans doute ils se seront empressés de les lire. On n'attend pas de moi que je les combatte; c'est bien assez d'avoir eu à soutenir les larmes et le désespoir d'une femme et de trois jeunes enfants. Je ne suis ni l'adversaire ni le juge de leur mari et de leur père. Tant mieux s'il peut obtenir des membres du Conseil des moyens que la commission n'aperçoit pas.

« On vous l'a dit, ce n'est point au Corps législatif à juger Lesurques : il l'a été dans les formes prescrites par la Constitution; il l'a été comme le sont tous les citoyens. S'il est vrai que son jugement soit injuste, il ne nous appartiendrait pas plus d'en connaître que de nous immiscer dans des actes de mauvaise administration. Dans tous les cas, nous serons sans regret à son égard, parce que nous sommes sans pouvoirs.

« Vous savez qu'en Angleterre, le condamné peut, avant l'exécution à laquelle les juges ont droit de surseoir à temps, plaider qu'il n'est pas la personne condamnée. Alors on enregistre de nouveaux jurés, non plus pour juger s'il est coupable ou innocent, mais s'il est ou n'est pas la personne qu'on a jugée. Mais ici c'est Lesurques qui a été mis en jugement, c'est lui qui a été condamné. Après une longue défense, il dit : Laissez-moi prouver que je ne suis pas coupable, que d'autres le sont. Que n'est-il en notre pouvoir de lui accorder ce que toutes les lois anciennes et récentes lui refusent, et d'épuiser toutes les ressources et tous les prétextes que lui suggère son salut! Mais la Constitution est là qui vous défend de vous immiscer dans le pouvoir judiciaire; mais la société est là qui vous avertit que bientôt elle n'aura plus de sauve-garde, si une fausse et cruelle pitié vous arrachait une loi que des circonstances prodigieuses pourraient seules autoriser.

« Si, vous érigeant en tribunal d'équité, vous vous exposiez à ce que chaque condamné vînt impétrer votre bienfaisance, comme autrefois celle des princes, comme eux vous seriez flattés et trompés, et, mettant des intentions et des sentiments à la place des règles, vous introduiriez, sous le prétexte le plus séduisant, un arbitraire dont l'exemple profiterait bientôt aux passions pour des innovations moins excusables.

« Votre commission persiste à vous proposer l'ordre du jour. »

Ce rapport, où l'on ne sent guère d'autre pensée que celle de justifier le jugement du Tribunal criminel, ne fut pas même imprimé et distribué aux membres du Conseil. Les Cinq-Cents étaient absorbés par la discussion d'une loi qui interdisait les fonctions publiques aux parents des émigrés : le Directoire voulait la conservation de la loi; la majorité des Conseils en voulait l'abrogation : c'était, alors, le terrain de la bataille politique. Le Conseil entendit d'une oreille distraite la lecture du rapport et en vota rapidement les conclusions.

L'ordre du jour des Cinq-Cents, c'était l'arrêt de mort définitif de Lesurques.

Quand tout espoir fut perdu, Lesurques se prépara à la mort avec courage. Il avait fait ses derniers adieux à sa femme, embrassé pour la dernière fois ses trois jeunes enfants. Un ami qui n'avait pu le sauver, Hilaire Ledru, a retracé d'un crayon ému cette scène touchante. La veille du jour fatal, Lesurques coupa lui-même ses cheveux, et les partagea en boucles à l'adresse de la veuve et des orphelins. Pour sa femme, il écrivit cette lettre :

« Quand tu liras cette lettre je n'existerai plus; un fer cruel aura tranché le fil de mes jours que je t'avais consacrés avec tant de plaisir. Mais telle est la destinée; on ne peut la fuir en aucun cas. Je devais être assassiné juridiquement. Ah! j'ai subi mon sort avec constance et un courage digne d'un homme tel que moi. Puis-je espérer que tu imiteras mon exemple? Ta vie n'est point à toi, tu la dois tout entière à tes enfants et à ton époux, s'il te fut cher. C'est le seul vœu que je puisse former.

« On te remettra mes cheveux, que tu voudras bien conserver, et, lorsque mes enfants seront grands, tu les leur partageras; c'est le seul héritage que je leur laisse.

« Je te dis un éternel adieu. Mon dernier soupir sera pour toi et mes malheureux enfants. »

Cette lettre portait pour suscription : *A la citoyenne* VEUVE *Lesurques.*

A ses amis, il écrivait :

« La vérité n'a pu se faire entendre; je vais donc périr victime de l'erreur; puis-je espérer que vous conserverez à mon épouse et à mes chers enfants la même amitié que vous m'avez toujours témoignée, et que vous les aiderez en toutes circonstances? Je remercie le citoyen Guinier, mon défenseur, des démarches qu'il a faites pour moi. Recevez tous mon éternel adieu. »

Prêt à sortir de la Conciergerie, il écrivit à Dubosc, et conjura ses juges de faire insérer cette lettre dans les journaux :

« Vous, au lieu duquel je vais mourir, contentez-vous du sacrifice de ma vie. Si jamais vous êtes traduit en justice, souvenez-vous de mes trois enfants couverts d'opprobre, de leur mère au désespoir, et ne prolongez pas tant d'infortunes causées par la plus funeste ressemblance. ».

Un ami, Baudard, était venu lui apporter des consolations suprêmes. « Mon ami, lui dit-il, tu sais si je suis né pour le crime, tu sais combien je suis innocent de celui qu'on m'impute; et cependant, dans quelques heures, je passerai dans l'éternité. »

Resté seul, il mit ordre à ses affaires avec le calme le plus parfait, et dressa une liste intitulée : *État des dettes actives et passives de l'infortuné Lesurques.* On y lisait ce paragraphe : « Dû huit louis au citoyen Legrand, qui n'a pas peu contribué à me faire assassiner; mais je lui pardonne de bon cœur, ainsi qu'à tous mes bourreaux. »

Le jour du supplice arrivé (c'était le 9 brumaire an V, 30 octobre 1796), il demanda à revêtir des vêtements blancs, signe extérieur de son innocence. Dans la cour de la prison, il retrouva les deux malheureux avec qui il allait périr, Courriol et Bernard. Bernard, plus mort que vif, avait à peine le sentiment de sa situation : il fallut le porter dans la charrette, où il s'affaissa comme un cadavre; Courriol avait conservé toute son énergie, et on eût dit qu'il était soutenu par l'accomplissement du devoir de conscience qu'il s'était imposé. A peine Lesurques fut-il monté à côté de lui dans la charrette, que, le montrant à la foule : « Je suis coupable, s'écria-t-il, mais Lesurques est innocent. » Et, jusqu'au pied de l'échafaud, il ne cessa de répéter : « Je suis coupable, mais Lesurques est innocent. »

Quelques minutes après, Lesurques montait d'un pas ferme sur l'échafaud, pardonnant une dernière fois à ses juges, et, dit éloquemment M. Salgues, se présentait devant le seul Juge qui ne soit point sujet à l'erreur.

Il y a quelque chose peut-être de plus affligeant que l'injustice même, c'est l'impossibilité de la réparer. A partir de ce jour fatal qui a consacré l'erreur des juges de Lesurques, l'histoire de ce procès n'aura plus à nous offrir que la douloureuse série des efforts tentés pour réparer l'irréparable.

Mais d'abord, l'erreur devait porter tous ses fruits : fruits amers, la douleur, la misère, la folie, infligés à la famille de l'innocent par l'arrêt coupable. En vertu du jugement du 18 thermidor an IV, le Domaine public avait à décerner une contrainte contre les héritiers de Lesurques, à fin d'exiger d'eux, comme solidaires et seuls solvables, la restitution indiquée, s'élevant à la somme de 75,000 f. Seulement, la plus simple probité faisait au fisc un devoir de défalquer de la somme répétée le cinquième saisi chez Courriol, l'argent et les valeurs trouvés chez Richard et chez Bernard. Il n'y avait même rien à répéter en remboursement de frais du procès. Ainsi largement diminuée, la somme exigible ne pouvait être prélevée que sur la moitié des biens appartenant à Lesurques, biens acquis en communauté, et dont moitié appartenait à la veuve, aux termes de la coutume de Douai. Mais le Domaine trouva plus simple de séquestrer *tous les biens* de Lesurques, en supposant la confiscation.

Alors, apparut clairement l'inqualifiable légèreté de l'accusation. Les biens de cet homme, qu'on avait représenté comme étant sans ressources et vivant

Le déjeuner chez Richard (p. 16).

d'une façon problématique, se trouvèrent composer une fortune considérable pour le temps. On constata que Lesurques était propriétaire de la ferme du Férein, dont le produit, en numéraire, s'élevait à 8,400 livres. Lesurques possédait, en outre, une jolie maison à Douai, et une autre petite terre que la famille put racheter en 1818. Il était, de plus, régisseur de deux terres, dont une appartenant à Mme de Folleville. Somme toute, son revenu annuel n'était pas de beaucoup inférieur à 12,000 livres, valeur en numéraire. Son passif était de huit louis dus à Legrand, et on n'y pouvait ajouter que quelques fournitures courantes.

Toute cette fortune tomba, par la plus inique des illégalités, entre les mains du Domaine. L'innocence de Lesurques était déjà tellement reconnue par la conscience publique, et, il faut bien le dire, la moralité de l'administration était à ce point suspecte, que le bruit courut qu'on n'avait condamné Lesurques que pour s'emparer de ses biens. Le premier châtiment de l'injustice, même involontaire, c'est la calomnie. La misère, succédant tout à coup, pour la mère, la veuve et les trois enfants de Lesurques, à l'honorable aisance de la veille, ne fut pas leur plus dure épreuve. Ils ne firent entendre aucune réclamation contre la criante illégalité commise par le Domaine. Mais la perte d'un fils, d'un mari, d'un père bien-aimé; mais cette mort flétrissante et cette innocence certaine, leur furent une torture de tous les jours. Gaieté, santé, tout avait disparu de la pauvre maison, si cruellement visitée par le malheur. La raison des deux femmes s'altéra bientôt. Mais elles ne furent pas les premières frappées. Legrand, l'honnête et timide ami de Lesurques, cause innocente ou plutôt prétexte de la prévention, ne put soutenir la vue de ces malheurs qu'il avait indirectement causés; le pardon de Lesurques acheva de troubler sa raison chancelante, et sa famille dut le placer dans la maison d'aliénés de Charenton. Pendant quelque temps, il avait reçu les visites de la veuve et des enfants de son ami. Dans son égarement, il leur disait : — « Où est-il, cet ami si cher? Pourquoi ne me l'avez-vous pas amené? — Puis, retrouvant dans sa mémoire l'affreuse vérité : Oh! non, s'écriait-il, il ne viendra pas; il ne peut plus venir... Et c'est moi... c'est moi... Ah! malheureux! » Et, à ce souvenir, sa tête s'exaltait; il redisait ces scènes lamentables qui apparaissaient seules dans la nuit de sa raison; puis il retombait dans un accablement profond.

La mère de Lesurques fut frappée à son tour; elle resta toujours folle. La veuve devint folle aussi; elle ne retrouva sa raison qu'au bout de sept ans.

Tandis que la famille de Lesurques souffrait ces maux, quelques honnêtes gens, poussés par la seule passion de la justice, travaillaient à prouver l'erreur commise par les juges. Parmi eux, se distinguèrent M. Daubanton et M. Eymery : M. Daubanton, un de ces magistrats qui peuvent errer, mais qui croiraient devenir coupables s'ils s'entêtaient dans l'erreur; M. Eymery, ce courageux citoyen qui, seul, avait osé résister aux intimidations exercées par le président Gohier. Tous deux réunirent leurs efforts et entamèrent, pour la réparation de l'injustice, une lutte qui de longtemps ne devait pas finir.

M. Daubanton, le premier, fut assez heureux pour mettre la main sur un des assassins véritables que recherchait si mollement la police.

Quatre mois à peine s'étaient écoulés depuis que Lesurques était couché dans la tombe, lorsque M. Daubanton apprit que Durochat, le Laborde de

Les deux femmes ne cessaient de les regarder avec attention (p. 4)

la malle de Lyon, était détenu pour un vol récemment commis. Le jour où on devait juger cet homme, M. Daubanton requit l'inspecteur général des postes d'assister au jugement, afin de constater l'identité. Cet administrateur était absent de Paris; il l'envoya chercher en poste.

Durochat parut à l'audience du tribunal criminel et fut condamné à quatorze ans de fers.

L'inspecteur général avait assisté au jugement et avait parfaitement reconnu le Laborde du 8 floréal. M. Daubanton reçut cette déclaration dans les formes légales; puis, s'étant rendu à la Conciergerie, il fit écrouer Durochat comme complice des assassins du courrier de Lyon.

Véron, dit Durochat, dit Laborde, était originaire de Lille et avait exercé la profession de chapelier. Employé au Mont-de-Piété, il en avait été chassé pour mauvaise conduite, et ses parents avaient refusé de le recevoir. Pendant quelque temps, il n'avait eu pour asiles que des tripots à voleurs ou la chambre de quelque fille publique. Puis, croyait-on, il avait été employé à l'armée des côtes de Cherbourg.

Durochat, reconnu, dut être dirigé sur Melun. Laissons M. Daubanton lui-même raconter les aveux de ce misérable et la façon dont il les obtint (1) :

« Tout était préparé pour le transport de Durochat à Melun. Je l'y accompagnai avec M. Masson, huissier du tribunal criminel. Nous y arrivâmes le même jour. Le lendemain de grand matin, Durochat fut interrogé; il choisit pour être jugé, ainsi qu'il en avait alors le droit, le tribunal de Versailles.

« Aussitôt nous repartîmes de Melun pour le conduire à Versailles. Il demanda à déjeuner dans un village, un peu au-dessus ou au-dessous de Grosbois. On arrêta à la première auberge. Durochat de

(1) *Mémoire* de M. Daubanton, inséré dans le *Barreau français* de Falconet. Cette pièce fut rédigée et présentée au Grand juge en 1806.

manda à me parler seul. Les gendarmes crurent apercevoir quelque danger pour moi à lui accorder sa demande et me firent signe qu'ils n'étaient pas de cet avis. Je leur donnai l'ordre de sortir, et je priai M. Masson de sortir aussi et de veiller à ma sûreté.

« Resté seul avec Durochat et près de lui, je pris un couteau qui se trouvait entre nous deux pour ouvrir un œuf. Durochat me dit aussitôt : Vous avez peur, monsieur Daubanton? — Et de qui? lui dis-je. — De moi, me dit-il; vous prenez mon couteau. — Tenez, lui répondis-je, servez-vous-en pour couper du pain. A ce trait de tranquillité, Durochat ne put s'empêcher de me dire : *Vous êtes un brave; c'est fait de moi, mais vous saurez tout.*

« En effet, il me fit, à l'égard de Courriol, de Vidal, de Roussy et de Dubosc, les déclarations les plus positives sur leur complicité dans l'assassinat du courrier de Lyon, et toutes absolument concordantes avec celles que Courriol avait déjà faites.

« Je ne jugeai pas à propos de recevoir ses dépositions dans ce lieu; je lui demandai seulement s'il me les ferait à Paris. Il me le promit. Je fis rentrer tout le monde; on déjeuna, et nous nous remîmes en route.

« Arrivé à Paris le 29 ventôse (17 mars 1797), Durochat fut déposé dans une des pièces dépendantes du Tribunal criminel, tandis que M. Masson s'occupait de nous procurer une voiture pour nous rendre à Versailles. Durochat me fit lui-même souvenir de la promesse qu'il m'avait faite, et je reçus ses déclarations volontaires.

« Dans l'affaire du courrier de Lyon, me dit-il, c'est le nommé Dubosc qui est venu nous trouver, moi Durochat et Vidal, dans la rue de Rohan, à Paris, où ce dernier demeurait alors. Il me proposa le vol de ce courrier. Ce fut Dubosc qui m'engagea à monter dans la voiture avec le courrier. J'y consentis, et Dubosc m'arrangea un passe-port qu'il avait : il substitua au nom et au signalement qui s'y trouvaient le nom de Laborde et mon signalement; avec ce passe-port, j'en obtins un autre pour Lyon. Je me présentai à la poste, j'arrêtai ma place et montai avec le courrier.

« Les seuls qui furent de ce complot avec moi sont Vidal, Roussy, Dubosc et Courriol. Bernard n'a fait que prêter les chevaux. A notre retour à Paris, nous nous rendîmes chez Dubosc, rue Croix-des-Petits-Champs, où le partage fut fait. Bernard s'y trouva.

« *J'ai entendu dire*, ajouta-t-il, *qu'il y avait un particulier, nommé Lesurques, qui avait été condamné. Je dois à la vérité de dire que* JE N'AI JAMAIS CONNU CE PARTICULIER, *ni lors du projet, ni lors de son exécution.* JE NE LE CONNAIS PAS ET NE L'AI JAMAIS VU. Les seuls qui aient concouru à ce crime sont: moi Durochat, Roussy, Dubosc, Courriol et Vidal, avec Bernard, qui avait prêté les chevaux, mais qui n'était pas de l'assassinat. Depuis je suis allé loger rue des Fontaines, quartier du Temple. J'en suis parti peu de temps après. Le portier de cette maison se nomme Perrin. »

« L'élan du sentiment qui avait porté Durochat à me faire des déclarations si précieuses; la satisfaction qu'il éprouva de me les avoir faites; celle surtout qui l'affecta sensiblement lorsqu'il m'assura que Lesurques était innocent; la fermeté, la conformité de toutes celles qu'il a faites depuis, sa résignation après les avoir faites, tout me convainquit dès lors de l'innocence de Lesurques. »

Le 1er germinal, nouvel interrogatoire de Durochat par M. Daubanton; il compléta ses aveux par le signalement de Dubosc. « C'est, dit-il, un homme âgé de vingt-six à vingt-sept ans, taille de cinq pieds quatre pouces, chevelure blonde et d'une belle figure. Il est possesseur d'une maison entre Paris et Versailles, où il y a un jardin, une basse-cour et beaucoup de meubles. Il a payé le tout 4,000 livres, il y a environ dix mois et demi. L'idée d'attaquer les courriers des malles a été donnée par un courrier des dépêches. C'était celle de Brest qu'on devait attaquer la première. Ils s'étaient tenus plusieurs jours de suite sur la route; mais, le courrier des dépêches les ayant avertis que la malle de Brest ne portait rien, ils s'étaient rejetés sur celle de Lyon.... C'était Bernard qui prêtait les chevaux. Le domestique de Bernard reconnaîtrait facilement Vidal, qui dans ce moment se trouve détenu dans les prisons de Paris, et dont le véritable nom est Pialat. »

Le 9 du même mois, Durochat renouvela ses déclarations devant le juge de paix de Versailles. « Lors de l'assassinat du courrier de la malle, dit-il, nous étions cinq; celui qui a prêté les chevaux faisait le sixième; il se nommait Bernard : il a été exécuté pour cette affaire avec un nommé Étienne et Lesurques. *Ce dernier est innocent;* je ne l'ai jamais connu. Les véritables coupables sont : lui déclarant, Étienne, Dubosc, Vidal-Dufour, un cinquième dont il ne se rappelle pas le nom, et Bernard, qui a prêté les chevaux.

« *Lesurques a été arrêté, jugé et condamné au lieu de Dubosc.* C'est un courrier des dépêches qui, le premier, donna l'avis à Vidal-Dufour de se porter à l'arrestation des malles. *Lesurques n'y était pas.* »

Enfin, trois jours après, Durochat rendit compte de toute l'affaire à M. Barbier, l'un des juges du Tribunal criminel de Versailles, faisant les fonctions de président, et il entra dans tous les détails. Voici son récit original :

« Pendant le siége de Lyon, j'avais connu le nommé Vidal dans cette ville, qui perdit, comme moi, une partie de ses ressources dans cet événement. Il vint à Paris, et moi six mois après. Vers le 25 germinal de l'an IV, après avoir fait un voyage à Lyon, où j'avais terminé quelques affaires, je rencontrai à Paris Vidal, qui m'emmena même coucher dans un appartement rue de Rohan. Au bout de deux ou trois jours il me confia le projet, formé par lui et quelques-unes de ses connaissances, d'aller sur la grande route de Melun dévaliser, sur son passage, le courrier de la malle de Lyon.

« C'était, à ce que j'ai su, un courrier des dépêches de Brest qui avait donné cette affaire. Je l'ai vu, j'ai pris le café avec lui deux fois, dans un café du Perron, près le Palais-Royal. Il était grand, blond et âgé de vingt-six ans environ. Pour concerter l'exécution de ce projet, Vidal et moi nous allâmes chez le traiteur Lebeuf, aux Champs-Elysées, dîner avec les nommés Dubosc, Roussy, Étienne Courriol. Là, il fut arrêté que je prendrais la voiture du courrier de la malle pour faciliter le vol, et que les autres iraient attendre la voiture sur la route dans les bois, entre Lieursaint et Melun, mais qu'on se contenterait de dépouiller la malle et de lier le postillon sans lui faire aucun mal.

« En conséquence Dubosc me fit un passe-port sous le nom de Laborde. Vidal et moi nous allâmes le faire viser à la section des Tuileries, qui était celle de Vidal; ensuite nous allâmes au Bureau central pour avoir un autre *visa*. Vidal, ayant trouvé là un garçon de bureau de sa connaissance, prit soin de l'écarter en l'emmenant au cabaret. Mon passe-port fut visé; mais Vidal y fit mettre un autre numéro que le numéro 22, où il habitait rue de Rohan.

« Le 8 floréal fut le jour pris pour l'exécution du complot. Quatre hommes partirent de Paris vers les huit heures du matin, savoir : Vidal, Dubosc, Roussy et Courriol; ils étaient montés sur des chevaux qui leur furent fournis par un nommé Bernard, loueur de chevaux, demeurant à Paris, rue Sainte-Avoie. Il était intéressé dans l'affaire, mais il ne prit pas de part à l'action. Pour moi, j'allai retenir et payer ma place au bureau de la poste avec environ 3,000 francs en assignats que me prêta Dubosc, et je partis de Paris sur les quatre heures, avec le courrier de la malle de Lyon. Il était environ neuf heures, neuf heures et demie du soir quand la voiture se trouva au-dessus de Lieursaint; là, elle fut attaquée par les quatre hommes que je viens de nommer. Ce fut Roussy qui porta le coup de sabre au courrier; je le parai de toute ma force avec ma main, et je reçus à la paume de la main, au-dessus du pouce, une entaille qui me fit répandre beaucoup de sang et dont je porte encore la cicatrice. Alors je m'élançai hors de la voiture et je courus à vingt pas de là, où je fus retenu par Courriol, à qui je me plaignis qu'on ne me tenait pas parole et qu'on assassinait au lieu de voler, ainsi que nous en étions convenus. Je lui ajoutai que c'était nous exposer à la guillotine; mais il me répondit : « C'est Roussy; tu sais comme il est vif. C'est une affaire faite, et ceux qui sont morts ne reviendront pas pour passer devant nous. »

« Bientôt on détourna la malle dans la forêt, on coupa les cordes des paquets, on s'empara de tout ce qu'il y avait de précieux, puis nous revînmes à Paris. Roussy était monté sur le cheval du postillon tué et m'avait donné le sien. Nous descendîmes chez Dubosc, qui occupait un entre-sol à Paris, dans une rue en face la barrière des Sergents. Il était alors vers quatre heures du matin. On avait laissé le cheval du postillon tué sur les boulevards.

« Les quatre autres apportèrent les paquets jusque chez Dubosc, puis on les mit dans une auberge que je ne connais pas. Ce fut chez Dubosc qu'on fit le partage du butin. J'ai eu pour ma part cinquante louis en numéraire métallique, cinq cent mille francs en assignats, qui étaient alors à dix mille francs le louis, et quarante mille francs en mandats, que j'ai vendus, quelques mois après, à quarante sous le cent. Je restai ensuite pendant huit jours avec Vidal, dans un appartement de la rue de Rohan; mais, huit jours après, craignant les poursuites, nous prîmes un autre appartement, rue des Fontaines, n° 4, à ce que je crois. Enfin, Courriol ayant été arrêté, mes alarmes augmentèrent, et nous nous sommes enfuis, Vidal et moi, jusqu'à Nevers. » Tel fut le récit de Durochat. Le magistrat lui ayant demandé ensuite s'il connaissait Lesurques, il répondit : « Non, citoyen, je ne le connais pas; je ne l'ai jamais vu de ma vie. »

Le magistrat ayant ajouté : « Je vous *observe*, cependant, que Lesurques a été reconnu pour l'un des voleurs de la malle, qu'il avait à ses bottes des éperons argentés, et qu'on lui en a vu raccommoder un avec du fil, soit à Lieursaint, soit à Montgeron, et que cet éperon a été retrouvé dans le lieu où la malle a été volée. »

Il dit : « C'était le nommé Dubosc qui avait les éperons argentés. Le matin même que nous avons partagé le vol, je lui ai entendu dire qu'il avait brisé l'un des chaînons de ses éperons, qu'il l'avait raccommodé avec du fil dans l'endroit où ils ont dîné, et qu'il l'avait perdu dans l'affaire; je lui ai vu moi-même dans les mains l'autre éperon, et il disait qu'il allait le jeter dans les commodités. Il nous ajouta qu'il avait perdu, sur le champ de bataille, une paire de ciseaux où était gravé le nom d'un administrateur ou d'un commis de la poste. » Durochat ajouta encore que, le jour de l'assassinat, Dubosc portait une perruque blonde, et il termina ses déclarations par quelques détails sur Vidal.

Il n'y avait plus de doute maintenant. Des juges impartiaux, et ceux du tribunal de Versailles méritaient ce nom, pouvaient, à l'aide des révélations de Durochat, ressaisir la véritable piste des assassins du 8 floréal. Ils le firent, autant qu'il était en eux. Le portier Perrin fut mandé; Vidal fut arrêté, positivement reconnu par Perrin et par Durochat. Perrin dit, en voyant Vidal, que c'était bien là l'homme qu'il avait logé; qu'il recevait souvent la visite d'un homme blond et d'une femme grande et maigre, qui passait pour l'épouse du blond. Ce blond, s'il était reconnu pour l'un des assassins, ne pouvait être Lesurques; car ces visites se plaçaient à une époque où déjà Lesurques était arrêté.

Le 17 germinal (7 avril), Durochat fut condamné à la peine de mort; car, malgré ses aveux, la fable du courrier inutilement défendu par lui n'avait pu sauver sa tête.

Le Tribunal déclara Laborde, dit Joseph Durochat, convaincu d'avoir commis un homicide sur la personne du courrier de la malle de Lyon, méchamment et avec préméditation; non convaincu d'être l'auteur de l'homicide du postillon, mais seulement d'avoir aidé et facilité les auteurs de cet homicide, méchamment et à dessein de faciliter cet homicide; convaincu d'être l'auteur du vol fait au courrier Excoffon, et condamné à 3,000 fr. envers sa veuve, *plus à la restitution des objets volés à la République, lesquels dommages-intérêts et restitutions seront pris sur les meubles et immeubles de ce condamné.*

Voilà donc, de compte fait, deux des assassins du Closeau condamnés sur leurs propres aveux. On en tenait un troisième qui ne tarderait pas sans doute à expier ses crimes. Restait à saisir Dubosc et Roussy. La capture de Dubosc était de beaucoup la plus importante; aussi, MM. Daubanton et Eymery ne négligeaient-ils rien pour l'obtenir.

Une des fautes les plus énormes des magistrats instructeurs, dans le procès du courrier de Lyon, avait été de ne faire aucune recherche au sujet de cet individu, chez qui la Bréban avait porté des habits pour Courriol. Évidemment, on avait là la trace d'un complice. Si on l'avait suivie, on eût su que cet homme se nommait Dubosc, qu'il avait découché dans la nuit du 8 au 9 floréal, qu'il était grand et blond. Et non-seulement l'instruction, à Paris, s'était refusée à chercher ce qu'elle voulait avoir trouvé, mais on a vu que la police elle-même avait, par sa négligence, laissé le champ libre aux malfaiteurs qu'on lui signalait.

M. Siméon, si la prévention ne fermait pas absolument ses yeux à la lumière, dut, neuf jours seulement après la mort de celui qu'il venait de livrer au bourreau, être saisi d'un doute poignant et ressentir un cruel remords. Le 18 brumaire, en effet, il recevait la lettre suivante :

« Besançon, 16 brumaire an V.

« Citoyen représentant,

« Je viens de lire votre rapport sur l'affaire du

malheureux Lesurques, condamné pour l'assassinat du courrier de Lyon; mon cœur en est navré; il est innocent : moi seul peut-être eusse pu éclaircir le fait; mais, hélas! il n'est plus, et tout ce que je vais vous apprendre sera sans fruit.

« J'étais juge de paix à Besançon, l'année antérieure à l'acceptation de la Constitution. Un négociant de Lyon, qui était à la poursuite d'un homme qui lui avait volé deux millions, tant en assignats qu'en or et en argent, dans l'auberge du Parc, vint me prier de faire arrêter la femme de son voleur, qui s'était réfugiée à Besançon et qu'il avait suivie à la piste depuis Lyon. Je l'arrêtai d'après les instructions que je puisai dans un procès-verbal dressé par un juge de paix de Lyon. Ce procès-verbal renfermait le signalement de l'homme accusé de vol. Sa femme mise en maison d'arrêt, je m'occupai de l'instruction du procès. Dix à douze jours se passent, et, tout à coup, je suis informé que le mari de la détenue, auteur principal du vol, était dans la ville. Je mets à sa recherche quatre commissaires de police, qui me l'amènent au bout d'un quart d'heure. Je le reconnais à son signalement; je le fais fouiller, je lui trouve dix-sept cent mille francs en assignats.

« Instruit de l'auberge où il était entré en arrivant à la ville, j'y cours, et je trouve dans sa valise environ 200 louis d'or. J'informe contre l'homme et la femme, et je découvre qu'ils sont les voleurs, et que ce que je saisis est le fruit ou l'objet du vol. Je complète ma procédure, et j'envoie les pièces et les prévenus à Lyon, pour leur procès leur être fait. L'homme a été condamné à quatorze ans de fers et la femme à quatorze ans de prison, convaincus de vol avec effraction et dans une auberge où ils étaient reçus.

« L'avant-veille de son jugement, l'accusé escalade les murs de sa prison. Sa femme ne fut pas plutôt à la maison de force, qu'il l'en tira, et tous les deux sont libres.

« Dans le cours de l'instruction au Tribunal criminel, on acquit la preuve qu'il avait déjà été condamné aux fers par le Tribunal criminel du département de la Seine. Eh bien! cet homme est Dubosc, c'est l'homme indiqué par Courriol.

« Ce Dubosc avait les cheveux châtains et une perruque blonde; les cheveux de face étaient lisses; il avait par derrière une cadenette retroussée. Je trouvai dans sa valise une autre perruque noire; il en changeait à volonté pour opérer le déguisement qu'il souhaitait. Ce Dubosc était déjà connu par des vols de tous genres; il possédait à fond l'art du crime, et, depuis son évasion, lorsque j'apprenais que quelque crime énorme s'était commis, soit à Lyon, soit à Paris, je n'ai jamais douté qu'il n'en fût l'auteur.

« Lorsque j'ai lu votre rapport dans le *Moniteur*, j'ai reconnu les traits de Dubosc. L'éditeur a imprimé Dubosq, mais c'est ignorance des lettres qui composent son nom : c'est Dubosc, et non Dubosq. Il m'a suffi de la perruque blonde pour le reconnaître. Cet homme était capable de tous les crimes, et c'est lui, je n'en doute pas, que Courriol a désigné, et c'est lui qui est le complice de l'assassin.

« Ce Dubosc, depuis son évasion, même pendant sa détention, m'a envoyé son écriture; il ne me pardonnait pas son arrestation; il en exhalait dans ses lettres toute sa colère et ses désirs de vengeance. Je vous en fais passer deux sous ce pli.

« Veuillez informer le ministre de la justice de ces faits. Le signalement de Dubosc est au greffe du Tribunal criminel du département de la Seine; qu'il donne les ordres les plus sévères pour le faire prendre. S'il reste libre vous verrez encore des crimes horribles de sa façon.

« Lorsque j'instruisis son procès à Besançon pour le vol de deux millions qu'il avait commis dans une auberge du Parc, à Lyon, je me fis remettre, à l'aide de la force armée, par le directeur de la poste aux lettres, plusieurs missives écrites à Besançon, poste restante, tant par lui que par ses associés, à des adresses supposées.

« J'y découvris et la trame et ceux qui l'avaient ourdie; ces lettres sont déposées au greffe du Tribunal criminel de Lyon. Ainsi, Citoyen, l'énonciation, faite par Courriol, du nom de Dubosq ou Dubosc, n'est pas le fruit de l'imposture; c'est la vérité toute pure.

« Vous trouverez peu d'ordre dans cette lettre; mais je vous l'écris, encore plein de l'émotion que m'ont causée la lecture de votre rapport et la reconnaissance que j'ai eu lieu de faire des traits de Dubosc.

« Le sort de Lesurques m'arrache des larmes. Quelle victime des erreurs de l'humanité! Mais, s'il se peut, travaillez à la réhabilitation de sa mémoire : ce sera la stérile consolation de sa famille.

« Les faits dont je vous parle se sont passés dans le trimestre de messidor an III.

« Je suis, Citoyen, avec l'estime la plus sincère de vos talents,

« Votre concitoyen, JARRY. »

Que fit M. Siméon après avoir reçu cette lettre? Nous ne savons. Que devait-il faire? En bon sens, en équité, en humanité, il devait, ce semble, vérifier immédiatement l'exactitude des renseignements si graves que lui envoyait le juge de paix de Besançon, faire rechercher ce Dubosc, qui devenait autre chose qu'un être de raison, poursuivre la découverte, et, s'il était possible, la réparation de l'erreur. Il est probable qu'il ne fit rien de tout cela, qu'il voulut considérer cet avis désintéressé comme une *collusion* nouvelle, et qu'il continua à défendre son cœur contre cet honorable *mouvement d'humanité* où s'était *laissé entraîner* le Directoire. Cela est probable, certain, faudrait-il dire; car la justice ne fut pas mise en demeure de trouver Dubosc, et la lettre de M. Jarry resta complétement ignorée. Elle ne fut connue qu'en 1833, époque à laquelle M. de Montalivet, alors ministre de l'intérieur, ayant appris qu'elle se trouvait dans un des cartons de son ministère, la fit transmettre à M. le Garde des sceaux.

Deux honnêtes gens, heureusement, réunissaient leurs efforts pour accomplir, par leurs seuls moyens, l'œuvre de justice. MM. Daubanton et Eymery n'épargnaient ni peine ni argent pour trouver la trace de Dubosc et de Roussy, et mettre ainsi dans les mains de la justice, et comme malgré elle, les derniers des assassins véritables du courrier de Lyon. Roussy resta, pour le moment, insaisissable; mais ils parvinrent à connaître l'asile de Dubosc et à le faire arrêter avant l'exécution de Durochat.

Ce dernier venait de se pourvoir devant le tribunal de cassation, quand Dubosc, enfin pris, fut conduit devant le directeur du jury de Melun.

Dubosc était bien l'homme qu'avait signalé M. Jarry, qu'avaient dépeint Courriol et Durochat. C'était un scélérat consommé, un véritable artiste en crimes, et l'histoire de ses méfaits serait longue à dire. Né à Besançon, il s'était fait, dès sa plus tendre jeunesse, une réputation de voleur ingénieux et hardi. Aide de cuisine chez l'archevêque de sa ville natale, il avait imité, en le perfectionnant, un des tours racontés par l'auteur de *Gil-Blas*, et il avait dévalisé le prélat de son argenterie et de ses bijoux. Le Tribunal criminel l'envoya ramer à Toulon, en punition de ce vol, dont l'importance n'allait pas à moins de 80,000 livres. C'est en 1784 que Dubosc fut condamné aux galères perpétuelles; mais il s'évada bientôt et vint à Paris. Là, ses dispositions naturelles furent rapidement développées par la fréquentation de voleurs émérites. Dubosc fut remarqué parmi les plus adroits; ce qui ne l'empêcha pas d'être arrêté de nouveau, à la suite d'un vol considérable commis chez l'horloger Leubas, au Marché-Neuf. Le bagne le revit, mais pour le perdre encore. Dubosc rompit de nouveau ses fers, et, cette fois, choisit la Normandie pour théâtre de son industrie. Repris à Rouen, il sut échapper encore à la justice et alla exercer à Lyon. Arrêté une quatrième fois, par les soins de M. Jarry, pour le vol de l'auberge du Parc, il avait encore, on l'a vu, réussi à franchir les murs de sa prison et même à délivrer sa concubine.

Cette femme, une certaine Claudine Barrière, était la digne compagne du scélérat. Née à Gray (Franche-Comté) en 1766, elle avait été condamnée en même temps que son amant, par le Tribunal criminel du Rhône, le 19 frimaire an IV (8 décembre 1795). Quelques jours après, tous deux rompaient leurs fers et venaient chercher un asile à Paris. Là, ils connurent Courriol, Vidal, Roussy et Véron-Durochat.

Interrogé par le directeur du jury de Melun, Dubosc n'imita pas Vidal, qui niait tout. Il déclara qu'il avait, en effet, connu les individus impliqués dans l'assassinat du courrier de Lyon, mais qu'il n'y avait pris aucune part. Il dut avouer, au reste, qu'il était bien le galérien évadé.

C'était une intéressante épreuve que la confrontation de Dubosc et de Vidal avec les témoins qui avaient, un an auparavant, reconnu Guesno et Lesurques. Il était déjà démontré que plusieurs de ces témoins s'étaient trompés relativement à Bernard et à Guesno. On ne pouvait sérieusement espérer que, après tant de temps écoulé, leurs souvenirs fussent bien présents, et surtout on pouvait craindre ou qu'ils ne voulussent pas se démentir, ou qu'ils refusassent de s'exposer, une fois de plus, à faire condamner des innocents.

Vidal, le premier, leur fut confronté. *Perrault* ne le reconnut pas. *Charbault* déclara qu'il y avait, entre cet homme et Guesno, une ressemblance telle qu'il ne pouvait dire lequel des deux il avait vu. La *femme Châtelain*, la *femme Alfroy*, *Champeaux*, la *femme Champeaux* avouèrent que c'était bien là l'homme qu'ils avaient cru reconnaître dans Guesno.

Et c'étaient là quatre des témoins dont les dires avaient fait condamner Lesurques!

Reconnaîtraient-ils également dans Dubosc le prétendu Lesurques? Ici, la persistance dans l'erreur était plus naturelle. L'homme à la perruque blonde du 8 floréal leur apparaissait avec des cheveux châtains. Et puis, si l'absence du déguisement ne réussissait pas à les dérouter, Dubosc arrivait à Melun précédé d'une réputation terrible. L'homme que nous avons vu tout à l'heure menacer M. Jarry, employait d'ordinaire l'intimidation contre ses ennemis. Informé des recherches que faisait de lui M. Daubanton, il avait eu récemment l'audace d'adresser à ce magistrat des menaces effroyables. Avant sa capture, il ne marchait dans Paris qu'avec des pistolets chargés dans ses poches. Il paraît même qu'il avait conçu un instant la pensée, ou de terrifier, ou même d'assassiner la veuve de Lesurques. La malheureuse femme habitait une petite maison rue de Charonne. M. Daubanton fut heureusement informé que Dubosc projetait de s'introduire la nuit chez la veuve avec un de ses complices. Des agents furent apostés, et, après plusieurs nuits de veilles inutiles, un d'eux, placé en sentinelle dans une resserre du jardin, vit un homme escalader le mur, se diriger vers la porte d'entrée de la maison et en crocheter la serrure. Un coup de sifflet, signal convenu avec les autres agents, les fit accourir, mais trop tard. Le malfaiteur, averti par le bruit, s'était élancé dans le jardin et avait réussi à s'échapper.

C'était ce héros d'évasion, cet audacieux coquin, que l'on présentait aux témoins de Montgeron et de Lieursaint, menaçant même dans les fers, et disant en fort bon langage : « Je suis un forçat évadé, c'est vrai, mais je n'ai pas assassiné le courrier de Lyon, et malheur à qui oserait affirmer que j'étais avec les assassins ! »

Incertains ou timides, la plupart des témoins ne purent cependant cacher qu'il y avait entre Lesurques et Dubosc une grande ressemblance; mais ils trouvèrent que l'homme à l'éperon cassé avait la figure moins pleine, le nez plus aquilin. Aucun n'osa affirmer que le prisonnier confronté fût un des quatre cavaliers du 8 floréal; mais un seul, tout en avouant la ressemblance, déclara ne pas s'être trompé en désignant Lesurques. Ce témoin était *Perrault*, l'homme qui n'avait vu que trois dîneurs là où il y en avait quatre. La femme *Châtelain* exprimait ses hésitations en disant que peut-être elle avait vu *deux blonds* avec Vidal, mais qu'elle n'en était pas sûre.

Durochat, à son tour, fut confronté avec Dubosc. Il le considéra un instant et dit : « Ce n'est pas là le Dubosc que j'ai désigné comme un des assassins du courrier de Lyon. »

Cette déclaration inattendue causa une stupéfaction générale; M. Daubanton, et tous ceux qui s'intéressaient à la mémoire de Lesurques, furent un instant frappés de découragement et de doute.

Et cependant *Madeleine Bréban*, qu'on avait fait venir de Dijon, déclarait que c'était bien là le Dubosc qu'elle avait vu rue Croix-des-Petits-Champs, à l'hôtel de la Paix. *Gauné*, le propriétaire de l'hôtel, et la *portière* au service de Gauné, ainsi qu'une *dame Delaistre*, demeurant dans cet hôtel, s'accordaient à reconnaître Dubosc. Or, d'après les aveux de Courriol, de Durochat, de la Bréban, c'est à l'hôtel de la Paix, le 9 floréal, que s'était fait, chez Dubosc, le partage des fruits du vol.

Le directeur du jury de Melun (ce n'était plus, heureusement, le citoyen Mennessier) avait eu l'idée de faire une enquête, dont la nécessité avait été méconnue autrefois par M. Gohier. Il avait, comme l'indiquait le plus simple bon sens, mandé devant lui les gens qui étaient au service de Bernard à l'époque du crime. On en retrouva un, actuellement gardien de la tour du Temple, *Chéron*. Ce témoin reconnut sans hésitation Vidal et Dubosc comme étant deux des quatre individus qui étaient venus, à six heures du matin, prendre les chevaux chez Bernard. Ce dernier avait même dit aux quatre hommes:

— « Ne partez pas tous quatre ensemble, à cause de la réquisition sur les chevaux. » En effet, deux étaient partis d'abord; puis, Chéron avait conduit les deux autres chevaux au coin de la rue de la Corderie, à la porte d'un café.

Pourquoi donc Durochat ne reconnaissait-il pas Dubosc? On le sut bientôt. Le concierge de la prison de Melun surprit d'abord quelques signes de connaissance entre Dubosc et Durochat. Puis, il vit Dubosc s'approcher du guichet de Durochat, lui tendre la main et serrer la sienne. Enfin, il s'aperçut que, placés dans deux chambres contiguës, Durochat et Dubosc avaient su pratiquer dans leur mur une ouverture par laquelle ils communiquaient ensemble. La nuit, ils se parlaient à voix basse; le jour venu, l'ouverture était dissimulée au moyen d'un tampon de mie de pain reproduisant la couleur de la muraille. A l'audience, Dubosc et Durochat ne se connaissaient plus.

Le concierge fit part de ces découvertes au directeur du jury. Celui-ci ouvrit une enquête parmi les détenus. Un d'eux, *Bertholet*, dit : — « J'ai entendu Dubosc et Durochat se tutoyer. » — Un autre : — « Durochat m'a dit que lui, Dubosc et Vidal avaient assassiné le courrier, mais qu'il avait des raisons pour ne pas compromettre Dubosc. » Un troisième : — « J'ai entendu dire à Dubosc qu'il n'avait plus guère d'espoir en Durochat; que, probablement, Durochat le découvrirait pour faire casser son jugement. Je sais que Dubosc et Durochat ont échangé des lettres, et que Dubosc a donné plusieurs fois à Durochat des écus de six francs et une fois une pièce d'or. »

Tout s'expliquait maintenant. Si l'on ajoutait à ces découvertes que, plusieurs fois, la Claudine Barrière avait essayé de faire passer à Dubosc des limes et des armes, il était évident que Dubosc avait obtenu le silence de Durochat, en lui promettant une évasion commune et en lui donnant de l'argent.

Richard, cependant, détenu au bagne de Rochefort, venait d'apprendre l'arrestation de Dubosc. Il s'empressa d'écrire au juge de paix de Rochefort qu'il avait à faire des révélations importantes. Le magistrat reçut ses déclarations. Il y avait eu, dit-il, un déjeûner au Cadran-Bleu, auquel il avait assisté. Là, étaient Dubosc, Courriol, Roussy, Durochat, Bruer et Lafleur (Vidal). Dans la conversation, il avait été question d'un partage d'effets volés, qui s'était fait chez Dubosc. Puis, Richard avait appris de Courriol tous les détails de l'affaire de Lieursaint. Dubosc et Courriol avaient assassiné le postillon; Roussy et Lafleur s'étaient jetés sur le courrier, que, de son côté, Durochat lardait à coups de couteau. Durochat avait même failli être tué par ses complices, qui, dans la chaleur de l'attaque, le prenaient, sous sa houppelande, pour le courrier lui-même. Et c'était ainsi que Durochat avait reçu un léger coup de sabre, qu'il attribua depuis aux efforts tentés par lui pour défendre le courrier.

Tous ces témoignages étaient accablants pour Vidal et pour Dubosc. L'acte d'accusation dressé par le directeur du jury, *M. Cartault*, fit ressortir ces charges jusqu'à l'évidence. Ce fut, en même temps, l'acte d'accusation du malheureux document dressé, l'année précédente, par le citoyen Mennessier, et du jugement inique rendu par le Tribunal criminel de Paris.

Le Directeur, après avoir rappelé les jugements qui condamnaient à mort Courriol, Durochat et Bernard, dit : « La justice n'a point à se plaindre de sa sévérité envers eux. Le crime des deux premiers n'est pas douteux; ils ont l'un et l'autre participé à l'horrible assassinat du courrier de Lyon. Si Bernard n'a pas eu à se reprocher le même crime, on ne saurait laver sa mémoire d'avoir partagé avec eux les fruits de leur forfait.

« Il n'en est pas de même du sieur Guesno et de Lesurques. Le premier n'a été poursuivi que par l'effet d'une extraordinaire ressemblance avec Vidal; mais il n'a pas succombé. Pourquoi faut-il qu'une circonstance semblable ait coûté la vie et l'honneur au malheureux Lesurques? Aujourd'hui, ce n'est plus lui dont la société réclame le châtiment : c'est Dubosc; c'est contre celui-ci que s'élèvent les plus redoutables préventions; c'est lui que Courriol mourant a désigné comme le vrai coupable; c'est chez lui que le partage du vol s'est effectué; c'est lui que Durochat a désigné. Si ce misérable affecte en ce moment de le méconnaître, c'est évidemment l'effet d'une coupable connivence : on a vu Dubosc et Durochat se parler. On les a entendus se tutoyer; on a vu Dubosc donner de l'argent à Durochat; tout annonce donc leur complicité et celle de Vidal. »

Le 30 messidor an V (21 juillet 1797), le jury d'accusation répondit qu'il y avait lieu à accusation contre Dubosc et Vidal. Le jury de jugement allait être formé, quand la procédure fut annulée, pour cause d'irrégularité, et l'affaire renvoyée devant le Tribunal criminel de Versailles.

Le pourvoi de Durochat, cependant, avait été rejeté. Quand ce misérable se vit près de la mort, il eut à cœur de compléter ses révélations, et, le 22 thermidor (12 juillet), il demanda à parler au citoyen Pile, commissaire de police. Ce dernier, s'étant rendu dans sa prison, reçut ses déclarations, et en dressa le procès-verbal suivant :

« Étant monté au deuxième étage, je suis parvenu à une petite chambre occupée par le nommé Durochat. Il m'a annoncé qu'il voulait me faire une déclaration sur les auteurs de l'assassinat du courrier de la malle de Lyon, et qu'il voulait parler sans haine et sans vengeance. Ils n'étaient que cinq pour cet assassinat, savoir : lui Durochat, Vidal et Dubosc, qui viennent d'arriver de Melun avec lui, et sont renfermés dans cette même maison de justice. Les deux autres sont Courriol et Roussy, l'un exécuté, l'autre à Milan. Que Lesurques et Bernard sont morts innocents; que Bernard n'a fait que prêter les chevaux; qu'il ignorait pour où aller; qu'il n'a participé à rien.

« Durochat déclare que s'il n'a pas voulu reconnaître Dubosc à Melun, c'est parce qu'il était sans argent et que Dubosc lui a fait dire, par un nommé Bertholet, guichetier à Melun, que s'il voulait dire qu'il ne le reconnaissait pas, il lui fournirait de l'argent tant qu'il voudrait; c'est le même Bertholet qui a apporté plusieurs fois de l'argent à lui Durochat. Il croit que cet homme doit paraître devant Vidal et Dubosc au moment de leur jugement à Versailles.

« Il ajoute que la femme Dubosc était présente au partage; qu'elle a même emprunté une balance dans son voisinage pour peser les assignats et mandats; que ce partage s'est fait dans le domicile de cette femme, rue Croix-des-Petits-Champs, au deuxième étage; que Dubosc et cette femme ont été condamnés à Lyon, pour avoir volé trois millions à un commissaire du pouvoir exécutif. »

Cette déclaration de Durochat, faite en face de la mort, évidemment désintéressée, conforme à tous les autres témoignages, levait le dernier doute qui pût subsister encore sur l'identité de Dubosc.

Après que Durochat eut expié son crime, trois des assassins véritables restaient à punir. La justice en tenait deux. Le magistrat chargé de la nouvelle instruction à Versailles, *M. Delaistre,* directeur du jury de Pontoise, ne négligea rien pour confondre ces deux misérables. Il confronta Dubosc avec plusieurs employés de Bicêtre, prison dans laquelle Dubosc avait été détenu après sa condamnation à Paris. Un de ces employés, *Léguillon,* le reconnut sans hésiter.

Gauné, entendu de nouveau, fit connaître un nouveau fait assez important. Quand la Barrière avait quitté l'appartement qu'elle occupait à l'hôtel de la Paix, Gauné s'aperçut que les carreaux formant le parquet d'une des chambres, avaient été levés. Il les fit desceller, et, sous ces carreaux, il découvrit avec surprise un lit épais de cendres. Plus tard seulement, et lorsqu'il sut à quels hôtes il avait eu affaire, il comprit que ces cendres provenaient des habits et des linges ensanglantés, qu'on avait brûlés avant le départ, mais sans oser laisser, vu la saison trop avancée pour faire ostensiblement du feu, les cendres dans la cheminée.

Le menuisier *Cauchois,* dont on a déjà parlé, fit la déclaration suivante :

« Madeleine Bréban étant, il y a environ vingt-six mois, sous la responsabilité de lui déclarant, lui a dit, la veille du jugement de Courriol, Lesurques et Bernard, et ce en la présence du nommé Coquery, que Lesurques ressemblait à Dubosc; qu'il avait été pris pour lui; que ledit Dubosc avait plusieurs perruques avec lesquelles il se déguisait; que Lesurques n'était point du tout de la connaissance de Courriol, ami d'elle Bréban; que Guesno avait aussi été pris pour Vidal, et qu'ils avaient beaucoup de ressemblance. »

Cette déposition fut reçue le 15 pluviôse an VI (3 janvier 1798).

La femme du sieur Alfroy, confrontée pour la seconde fois avec Dubosc, avoua qu'il ressemblait à Lesurques; mais elle lui trouva les sourcils et les cheveux plus bruns, l'œil moins bleu, les cheveux moins fournis. Elle avait entendu dire que, le jour de l'assassinat, Dubosc avait une perruque blonde; il faudrait, pour fixer ses incertitudes, qu'elle le vît avec cette perruque.

La dame Champeaux CROIT avoir reconnu, dans la personne de Lesurques, l'homme blond auquel elle a donné du fil pour raccommoder son éperon. Elle trouve la chevelure de Dubosc plus brune. Elle avoue que le temps qui s'est écoulé ne lui permet plus d'avoir, à cet égard, des idées bien fixes. Elle ajoute qu'après le départ des quatre cavaliers, il en était survenu deux autres qui lui avaient demandé si la route de Melun était sûre; si l'on parlait de vols et d'assassinats. Ils prièrent son mari de leur indiquer une bonne auberge à Melun, et celui-ci leur ayant répondu qu'il en avait indiqué une aux quatre cavaliers qui les avaient précédés, ils lui dirent qu'ils allaient les rejoindre, quoique auparavant ils eussent dit qu'ils n'étaient pas de la même société.

Le sieur Champeaux répète à peu près ce que sa femme avait dit. Il trouve Dubosc moins blond que celui qu'il a vu, il voudrait qu'on le lui présentât avec une perruque blonde. Il dépose, comme sa femme, qu'après les quatre cavaliers, deux autres sont survenus, et que ce n'est qu'après leur départ que l'un des quatre premiers est revenu chercher son sabre.

Le portier *Perrin* vient répéter ce qu'il avait dit précédemment, en ajoutant que le samedi, veille de la Pentecôte, Vidal l'avait quitté les larmes aux yeux, en lui disant qu'il avait eu le malheur de perdre son père, et qu'il était obligé de partir pour Lyon; il le pria de vendre son mobilier, quitta la maison, et depuis ce temps il ne revit plus ni Vidal, ni Dubosc, ni Durochat, ni la Barrière.

Vidal fut reconnu successivement, comme il l'avait été déjà, par la dame Alfroy, la dame Champeaux et son mari, et ceux qu'on lui avait précédemment confrontés. On ne voit plus reparaître dans cette instruction les deux servantes de Mongeron.

L'acte d'accusation, dressé par M. Delaistre, n'affirma pas, comme celui qu'avait rédigé à Melun M. Cartault, l'innocence de Lesurques, mais établit l'existence d'un doute grave, la possibilité d'une erreur probable, la nécessité d'une révision. Parlant de Courriol et de Durochat, il disait :

« A leur égard, la justice a acquis la certitude de n'avoir puni en eux que des coupables; mais elle est loin d'avoir la même confiance dans le jugement qui a puni de mort un individu nommé Lesurques : à son égard, la contradiction qui se trouve entre les témoins qui l'ont affirmativement reconnu, et les coupables qui, jusqu'à la fin, ont persisté à le méconnaître et à le soutenir innocent, laisse encore aujourd'hui à douter si Lesurques a été puni justement, ou s'il n'a été qu'une malheureuse victime du concours de plusieurs circonstances funestes propres à le rendre suspect, et surtout d'une fatale ressemblance avec Dubosc, capable d'avoir induit dans une erreur excusable la plupart des témoins entendus contre lui. *La justice s'occupera sans doute d'éclairer dans des tribunaux compétents un doute funeste à la société.* Cette mission délicate n'est confiée ni au directeur du jury, ni aux jurés d'accusation, qui n'ont à s'occuper que des individus dont la prévention leur est actuellement soumise. »

Réserve transparente, et qui laissait facilement deviner l'opinion du magistrat.

S'attachant spécialement aux deux accusés, le directeur du jury de Versailles montrait Vidal se cachant sous les noms les plus divers, tantôt Lafleur, tantôt Dufour, quelquefois Pialat, son nom véritable. Les antécédents de Vidal, sans être aussi chargés que ceux de Dubosc, étaient ceux, cependant, d'un voleur émérite; il avait subi deux condamnations, l'une devant le Tribunal criminel de Grenoble, l'autre devant le Tribunal criminel de Paris.

Dubosc était bien le blond qui, par l'intermédiaire de Vidal, avait fabriqué, au nom de Laborde, le passe-port de Véron-Durochat. Preuve nouvelle que le blond n'était pas Lesurques, entre les mains duquel on n'avait trouvé qu'un vieux passe-port de Douai, et qui n'avait même pas de carte de sûreté; associé aux assassins de Lieursaint, il eût pensé à se mettre en règle avec la police.

La Claudine Barrière était comprise, avec Vidal et Dubosc, dans l'acte d'accusation. M. Delaistre fit ressortir sa complicité permanente dans tous les crimes de Dubosc, sa présence au partage.

Le jury de jugement allait être formé. Les révélations de Richard parurent assez importantes à M. Delaistre pour mériter l'extraction de ce condamné du bagne de Rochefort et sa présence aux débats. Il en adressa la demande au ministre de la justice, qui fit donner aussitôt les ordres nécessaires et envoya au directeur du jury les recommandations suivantes :

« Vous êtes sans doute convaincu de la nécessité de faire les plus grands efforts pour découvrir, entre Lesurques et Dubosc, quel est le vrai coupable. Je n'insisterai point à cet égard auprès de vous; mais je remarquerai qu'il faut tâcher de rendre constant, entre ces deux individus, *si la culpabilité de l'un entraîne nécessairement l'innocence de l'autre,* ou si tous les deux peuvent être convaincus du même crime, ou de quelqu'une de ses circonstances. Je crois devoir, à ce sujet, vous rappeler la loi du 15 mai 1793, qui porte :

« *Article* 1er. Si un accusé a été condamné pour un délit, et qu'un autre accusé ait été condamné comme auteur du même délit, en sorte que les deux condamnations ne puissent se concilier et fassent la preuve de l'innocence de l'une ou de l'autre des parties, l'exécution des jugements sera suspendue, quand même on aurait attaqué l'un ou l'autre sans succès au Tribunal de cassation.

« *Art.* 3. Lorsque lesdits jugements auront été rendus en des tribunaux différents, l'accusateur public ou les parties intéressées en instruiront le ministre de la justice; celui-ci dénoncera le fait au Tribunal de cassation, qui cassera, si les deux condamnations ne peuvent se concilier, les jugements dénoncés, et en conséquence renverra les accusés en un même tribunal, le plus voisin du lieu du délit, mais qui ne pourra être choisi parmi ceux qui auront rendu lesdits jugements.

« Je compte sur votre zèle dans l'examen de ce procès et sur votre exactitude à m'instruire de son résultat. « *Signé* : LAMBRECHT. »

Cette lettre, dans laquelle on remarquera, indiquée pour la première fois, en faveur de Lesurques, l'idée de l'inconciliabilité des arrêts, avait été inspirée au ministre de la justice par M. Merlin, de Douai, alors un des Directeurs, ministre de la justice lui-même au commencement de cette affaire. M. Merlin, bien que régicide, promoteur de la loi des suspects et organisateur du Tribunal révolutionnaire, n'en était pas moins, au milieu de l'anarchie morale de cette époque, un de ces jurisconsultes qui avaient conservé, dans leur esprit et dans leur cœur, le dépôt sacré de l'antique science et de l'antique justice. Celui qu'on surnomma le Papinien français ne pouvait, comme M. Siméon, faire bon marché d'une erreur entraînant la mort d'un innocent. Il connaissait Lesurques, son compatriote, et avait répondu de sa moralité à l'ouverture du procès. C'était tout ce qu'il pouvait faire, et le ministre de la justice de 1796 n'eût pu alors sans imprudence réagir contre l'arrêt du Tribunal criminel de Paris, par d'autres moyens que par le rapport concluant au sursis, qui motiva la démarche du Directoire auprès du conseil des Cinq-Cents.

Cependant, l'accusateur public, à Versailles, cherchait, de son côté, à rendre plus décisive l'épreuve des confrontations nouvelles. Frappé des paroles qu'avaient prononcées devant le directeur du jury les témoins Champeaux et femme Alfroy, il requit que Dubosc fût présenté aux débats avec une perruque blonde; il demanda aussi que l'on se procurât le buste en terre de Lesurques, celui-là même qu'inauguraient les ouvriers en ce jour fatal du 8 floréal. Il fut fait droit à la requête, et la veuve de Lesurques donna, non-seulement le buste, mais encore un portrait en miniature.

Le 24 floréal, le ministre de la justice envoya l'ordre d'extraire Richard du bagne de Rochefort. On n'attendait plus, pour ouvrir les débats, que la présence de ce forçat, quand Dubosc et Vidal, sentant s'approcher l'heure du châtiment, résolurent de tenter une évasion. Ils parvinrent en effet, le 3 messidor, à escalader les murs de leur prison. Vidal se laissa glisser le premier et fut bientôt hors d'atteinte. Moins heureux, Dubosc tomba si lourdement, qu'il se cassa la jambe. Repris, réintégré dans son cachot, Dubosc fut soigné si habilement par le chirurgien de la prison, le citoyen Duclos, qu'en peu de jours la fracture fut guérie. Le bandit avait dû être transporté à l'infirmerie. Il chercha son salut dans l'accident qui paraissait devoir causer sa perte. Il dissimula assez habilement les progrès de sa guérison et le rapide rétablissement de ses forces, pour tromper le citoyen Duclos lui-même. Un jour, profitant de l'absence de surveillance que semblait justifier son état, il se glissa dans le quartier des femmes, avertit la Claudine Barrière, et tous deux s'échappèrent sans laisser aucune trace visible de leur évasion. Sans doute, l'or dont disposait le scélérat lui avait servi à corrompre quelque guichetier.

Cette évasion, qui remettait tout en question pour la famille et les amis de Lesurques, eut lieu le 29 thermidor (16 août 1798). Dubosc et sa compagne surent se procurer quelque asile impénétrable, et, de là, le misérable écrivit au citoyen Duclos cette lettre impudente, dans laquelle on retrouve un écho des doctrines du temps :

« L'artiste inestimable qui conserve les membres les plus précieux à l'existence nous rend, selon moi, un service infiniment plus grand que nos pères, qui, en nous donnant le jour, ne suivent que l'instinct et la routine commune à tous les animaux. »

Le mécompte de cette évasion ne fut que faiblement réparé par l'arrestation de Vidal. A peine Dubosc venait-il d'échapper à ses juges, qu'on apprit que, dès le 1er thermidor, Vidal était tombé de nouveau, à Lyon, entre les mains de la justice. Vidal fut ramené à Versailles, et la procédure fut reprise. Le complice de Dubosc se renferma dans un système de dénégation absolue. Aux débats, il chercha impudemment à intimider les témoins, à éveiller le doute dans leur mémoire, les scrupules dans leur conscience. Quelques-uns hésitaient, et un d'eux, indigné de tant d'audace, s'écria en le regardant : — « Non, je ne me trompe pas; c'est bien vous que j'ai vu à Lieursaint avec Courriol et deux autres, le jour même de l'assassinat du courrier. Mais je me suis trompé quand j'ai pris le citoyen Guesno pour vous, et je suis bien fâché de ce que j'ai dit de lui. »

Le 23 fructidor an VI (10 septembre 1798), le Tribunal criminel de Versailles, sur la déclaration unanime du jury, condamna Vidal à la peine de mort.

Le jugement déclara Pierre Pialat, se disant Vidal, Dufour, surnommé le grand Lyonnais et Lafleur, non convaincu d'être l'auteur de l'assassinat d'Excoffon, mais convaincu d'avoir aidé et assisté les auteurs de cet homicide, méchamment et à dessein de le favoriser, avec préméditation; non convaincu d'avoir commis un homicide sur la personne d'Audebert, mais convaincu d'avoir aidé et assisté les auteurs de cet homicide, méchamment et dans le dessein de le faciliter, avec préméditation. Quant à la soustraction, convaincu d'en être auteur, de l'avoir faite méchamment et dans le dessein de s'approprier le bien d'autrui, de l'avoir faite avec violence, sur un grand chemin, de nuit, avec plusieurs personnes portant des armes à feu et des armes meurtrières ; par ces motifs, le condamne à la peine de mort et *à la restitution des effets volés, appartenant à la République, laquelle sera prise sur les biens meubles et immeubles qui seront délaissés par ledit condamné.*

Vidal se pourvut en cassation le 28 fructidor an VI; son pourvoi fut rejeté le 28 vendémiaire an VII, et il fut exécuté le 12 frimaire an VII.

C'était le troisième des assassins véritables du courrier de Lyon qui portait sa tête sur l'échafaud.

Deux ans s'étaient écoulés, depuis que Dubosc avait soustrait à la justice la preuve vivante de l'innocence de Lesurques, quand M. Eymery retrouva enfin la trace du bandit. Depuis deux ans, M. Eymery employait, à ses frais, un agent particulier chargé de rechercher Dubosc. Chasse difficile, où le gibier, qui se savait poursuivi, avait déployé toutes ses ruses pour dépister le chasseur. Dubosc avait été jusqu'à faire insérer dans les journaux des notes indiquant qu'on l'avait vu à Roanne, qu'on l'avait arrêté à Lyon. M. Eymery ne prit pas le change.

Enfin, le 13 fructidor an VIII (31 août 1800), M. Eymery fut informé que la maîtresse de Dubosc,

.... COURRIOL : Je suis coupable, mais Lesurques est innocent. (p. 23.)

Claudine Barrière, était à Paris. Le domicile de cette femme une fois découvert, un mandat de perquisition fut obtenu, et on y trouva les papiers de Dubosc, quatre passe-ports, une carte de sûreté, une malle vide, des manches d'outils, des échantillons de limes, des billets de garde. En examinant plus attentivement la malle, les agents reconnurent que les panneaux en étaient doubles et formaient une cachette, dans laquelle on trouva quinze clefs neuves, vingt-cinq rossignols et quatre autres passe-ports. La Claudine Barrière, interrogée à la Préfecture de police, refusa de faire connaître l'asile de Dubosc.

Le lendemain, l'agent de M. Eymery découvrait cet asile, rue Hauteville, n° 11. M. Eymery requit un commissaire de police; on s'y transporta, et ce nouveau domicile fut, comme le premier, trouvé rempli d'instruments de vol, de fausses clefs, d'armes, de perruques de toutes les couleurs. On avait la cage, mais sans l'oiseau; la police, bien qu'on lui eût apprêté sa besogne, avait su encore arriver trop tard. Heureusement, l'agent de M. Eymery n'avait pas perdu la trace de Dubosc; il le fit arrêter par les hommes de garde du poste du Petit-Carreau.

On prit, cette fois, les plus grandes précautions pour empêcher une évasion nouvelle. La procédure spéciale à Dubosc fut reprise, et l'ouverture des débats indiquée pour le 28 brumaire an IX (19 novembre 1800).

Le Président du Tribunal criminel de Versailles voulut, autant que cela était possible, faire tourner le jugement de ce scélérat au profit de la mémoire de Lesurques. Aussi, rendit-il un arrêt pour se faire remettre les déclarations de Courriol, les registres de l'horloger Legrand, le billet de garde de Baudard. Fatalité, ou mauvaise volonté, rien de tout cela ne se retrouva au greffe de Paris.

Pour les déclarations de Courriol, il y avait notoriété; pour le billet de garde de Baudard, on eut la déclaration du capitaine de la compagnie, qui, frappé de l'importance de cette date du 9 floréal, l'avait conservée dans sa mémoire. Quant au registre de Legrand, la perte était irréparable.

Dubosc fut présenté aux débats, coiffé d'une perruque blonde; on le confronta d'abord avec les témoins qui l'avaient reconnu dans le premier procès. *Chéron* persista à reconnaître dans cet homme un des quatre individus qui, le 8 floréal an IV, étaient venus chercher des chevaux chez Bernard. *Madeleine Bréban* le reconnut encore pour l'individu chez qui Courriol avait changé de linge et d'effets, rue Croix-des-Petits-Champs. *Richard* accusa formellement Dubosc de complicité dans l'assassinat, et rapporta de nouveau les déclarations à lui faites par Courriol et les conversations significatives tenues au Cadran-Bleu. On lut une lettre due à l'initiative d'un forçat de Toulon, le nommé *Pierre-Gérard Vol*, qui, voulant, disait-il, purger la société de tous ceux qui l'avaient poussé dans la route du crime, désignait Dubosc comme l'un des auteurs de l'assassinat de Lieursaint.

Le ministère public proposa de faire entendre les témoins qui, en l'an IV, avaient déposé à la décharge de Lesurques. Le défenseur de Dubosc s'y opposa. Nonobstant, on entendit quelques-uns de ces témoins, entre autres Legrand et André Lesurques. Tous ceux qu'on entendit persistèrent à affirmer l'*alibi*.

Le lendemain, on entendit les témoins qui avaient déposé à charge, c'est-à-dire les témoins de Lieursaint et de Montgeron. Malgré l'opposition du défenseur de Lesurques, on leur lut les déclarations de Courriol et de Durochat. Dubosc était là, comme au premier procès, regardant les témoins avec impudence, les interpellant, les avertissant qu'une parole dite au hasard pouvait faire condamner un innocent, les intimidant du geste et du regard. C'était une position grave que celle de ces témoins; la plupart d'entre eux s'étaient déjà trompés relativement à Guesno, et avaient failli faire condamner un homme dont l'innocence, aujourd'hui, était hors de cause. Qu'arriverait-il, s'ils avouaient qu'ils avaient affirmé aussi légèrement pour Lesurques que pour Guesno? On n'avait pas manqué de leur insinuer que la famille de Lesurques, si leur erreur était avérée, serait en droit de les poursuivre en dommages-intérêts. Et ce Dubosc, qui s'échappait toujours, qui s'échapperait sans doute encore, c'était un ennemi terrible qu'on tournait contre soi! Et puis, après tantôt cinq ans, comment retrouver dans sa mémoire des souvenirs assez précis pour distinguer l'un de l'autre deux hommes dont l'un n'est plus là, dont l'autre a les traits changés par les années?

Ces perplexités des témoins du 8 floréal se devinent dans leurs réponses. Tous reconnurent qu'il y avait entre Lesurques et Dubosc une grande ressemblance. Mais, en comparant Dubosc moins à l'homme de leurs souvenirs qu'au portrait de Lesurques, ils signalèrent dans tel ou tel des traits une ressemblance ou une différence; leur sentiment parut être que la ressemblance existait plutôt dans l'ensemble que dans les détails.

Un incident donna la mesure de ces témoignages.

La *femme Alfroy*, qui déjà, la veille, avait répondu avec ces incertitudes, avec ces hésitations que nous venons de rapporter, interrogée de nouveau, se recueille et s'écrie : — « Que si, devant le Tribunal criminel de Paris, elle a reconnu Lesurques, aujourd'hui, sa conscience lui fait un devoir de dire qu'elle s'est trompée; qu'elle croit fermement qu'elle n'a pas vu Lesurques, mais Dubosc présent; qu'elle l'a déjà reconnu dans l'autre procès, et l'a dit au directeur du jury de Pontoise. »

M. le Président demande au témoin si, depuis le commencement des débats, et avant que la perruque blonde fût posée sur la tête de Dubosc, elle l'a reconnu? — Le témoin répond : Oui.

M. le Président appelle l'attention du témoin sur la gravité de cette déclaration; elle paraît émue, considère attentivement Dubosc, s'avance, pour le mieux voir, jusqu'auprès du banc des accusés, et finit par dire que c'est bien celui-là qu'elle reconnaît.

M. le Président lui demande pourquoi elle n'a pas fait cette déclaration dans l'audience précédente? — Elle répond *qu'elle n'a pas osé*.

C'était dire le vrai mot des autres témoignages; scrupule de conscience ou timidité, les autres témoins *n'osaient pas*.

Quant à Dubosc, tout cela avait au fond très-peu d'importance; car il était surabondamment prouvé, par les déclarations de Courriol, par celles de la Bréban, par celles de Durochat, par les témoignages de Chéron et des personnes attachées à l'hôtel de la Paix, par les dires enfin de Richard, qu'il était *le blond* qu'on retrouvait partout parmi les assassins. Or, y avait-il eu deux blonds? Un seul témoin, parmi tous ces témoins qui se contredisaient sans cesse, la dame *Châtelain*, avait dit, *pour la première fois*, dans le dernier procès, qu'elle *croyait* avoir vu deux blonds, mais *qu'elle n'en était pas sûre*. Tout l'ensemble des témoignages détruisait cette supposition.

Le défenseur de Dubosc ne chercha pas moins, avec habileté, avec chaleur, à couvrir son client de la condamnation prononcée contre Lesurques. — « Attaquerez-vous ce jugement, dit-il, et viendrez-vous discuter l'indiscutable verdict d'un jury? Ce verdict, aujourd'hui, fait foi et est placé hors d'atteinte. Tout s'est passé dans la conscience et la conviction des jurés; *vous ne pouvez frapper deux têtes pour le même crime*. Or, il est certain, les témoignages le prouvent, que parmi les quatre individus vus à Montgeron et à Lieursaint le 8 floréal, *un seul avait les cheveux blonds*, un seul a demandé de la ficelle pour raccommoder la chaînette de son éperon. Eh bien! cet individu blond, qui a demandé de la ficelle, qui, plus tard, a été vu se promenant avec Vidal à Lieursaint, c'est Lesurques. Lesurques a été condamné; sa condamnation a acquis force de chose jugée; elle serait inconciliable avec une condamnation nouvelle. »

Dubosc avait, de son côté, élucubré un Mémoire, dans lequel il prenait à partie tous ses adversaires. Il y représentait M. Daubanton comme son ennemi personnel; la Bréban comme une fille perdue, dont les dires n'avaient aucune valeur; Chéron comme un homme suborné par Lesurques. « Durochat, y disait-il, ne l'avait accusé que dans l'espoir d'obtenir un sursis. Si l'on avait trouvé chez lui des armes de tout genre, des instruments de fer et d'acier, c'est qu'il se proposait de passer en Angleterre, *pour y faire sauter et incendier tout ce qu'il pourrait, en revanche du mal que les Anglais faisaient à la France.* »

Ni l'habileté du défenseur, ni le patriotisme original du bandit, n'eurent le pouvoir de convaincre le jury. Le 1er nivôse an IX (21 décembre 1800), une déclaration unanime de culpabilité intervint contre Dubosc.

Le jugement déclara Jean-Guillaume Dubosc, en ce qui concernait l'homicide commis sur le courrier

Excoffon, non convaincu d'avoir aidé et assisté volontairement, avec préméditation, les auteurs de cet homicide; non convaincu d'être auteur de l'assassinat d'Audebert; convaincu d'avoir aidé et assisté volontairement, avec préméditation, les auteurs de cet homicide; quant à la soustraction, non convaincu de l'avoir commise, mais convaincu d'en avoir aidé et assisté les auteurs dans une intention criminelle; le jugement entoura la soustraction de ses circonstances ordinaires, le grand chemin, la nuit, le nombre des auteurs, la violence, mais il écarta la circonstance du port d'armes à feu, ajoutant que les auteurs portaient d'autres armes meurtrières. En conséquence, Dubosc fut condamné à la peine de mort.

Anne Claude, ou Claudine Barrière, dite Prince, se disant femme Dubosc, convaincue seulement de recel des objets volés, fut condamnée à la peine de 24 années de réclusion, et tous deux, *solidairement et collectivement, à rembourser à la République tous les frais et objets volés, lesquels dommages-intérêts et restitutions seront pris sur les meubles et immeubles de ces condamnés.*

Dubosc ne se pourvut pas en cassation, car il fut exécuté à Versailles, le 5 nivôse suivant (25 décembre). Dans cette longue lutte avec la société et la justice, le scélérat s'avouait vaincu.

Voici donc, après quatre ans, quatre des assassins véritables atteints par la justice; et, de ces quatre, deux ont avoué leur crime et celui des deux autres.

Un seul manque encore au rendez-vous et a su jusqu'alors se soustraire à l'expiation : c'est Roussy.

Les seuls témoignages qui s'élevassent contre Roussy, c'étaient les aveux de Courriol et de Durochat, une vague indication de la Bréban, l'affirmation de Richard relativement à la présence de ce contumax au déjeûner du Cadran-Bleu. Si les déclarations de Courriol et de Durochat se trouvaient vérifiées, de ce côté encore, quelle gravité n'allaient-elles pas acquérir relativement à l'innocence de Lesurques!

Vers la fin de l'an XI, on apprit que ce Roussy, qui se faisait appeler aussi Rossi, Rouchy, Ferrari, l'Italien, le Grand Italien, Louis Béroldy, avait réussi à quitter la France et s'était rendu à Milan. Là, il s'était livré à diverses entreprises industrielles, notamment à l'épuration et à la conservation des huiles. Possesseur d'un procédé relatif à ce dernier objet, il avait eu l'idée d'aller l'exploiter à Madrid. Il y avait rencontré un concurrent, noble Espagnol, qui, curieux de savoir qui était cet homme, et apprenant qu'il avait habité la France, fit demander à Paris, par l'ambasssade, des renseignements sur son compte. La police, interrogée, répondit que ce Luizi Beroldy devait être le Roussy, désigné par deux des assassins du courrier de Lyon comme un de leurs complices. Le gouvernement français demanda et obtint l'extradition. Roussy-Béroldy parut, à son tour, devant le Tribunal criminel de Versailles.

Le passé de Roussy n'avait rien qui ne s'accordât avec les antécédents de ses complices; il avait commandé une de ces bandes, alors si nombreuses en France, qui avaient pour spécialité les vols dans les églises. Roussy nia obstinément toute participation au crime de Lieursaint, toute relation avec les individus condamnés pour ce crime. Mais il fut positivement reconnu, à une tache de vin qu'il portait à la main, par Madelaine Bréban, par Chéron, l'homme aux chevaux, par plusieurs autres témoins.

Comme Dubosc, Roussy excipait habilement, pour sa défense, des jugements antérieurs. Il y a eu *cinq* assassins, disait-il; vous avez déjà condamné *six* individus : voulez-vous encore condamner un innocent?

Le jury n'hésita pas, et, sur sa déclaration unanime, le 29 pluviôse an XII (19 février 1804), le Tribunal criminel de Seine-et-Oise condamna Roussy.

Le jugement déclara Roussy dit Béroldy, convaincu d'avoir commis sur les personnes d'Excoffon et d'Audebert deux homicides volontaires, avec préméditation, et le condamna à la peine de mort, et de plus *à rembourser à la République tous les frais du procès auquel les poursuites et punitions de son crime ont donné lieu.* Les frais furent liquidés à 2,895 fr. 05 c.

Le 11 messidor suivant, l'échafaud était dressé sur une des places publiques de Versailles. Deux heures avant l'exécution, la Cour de justice criminelle de Versailles permit que M. le substitut du Procureur général impérial insistât auprès du condamné, pour obtenir de lui l'aveu de son crime et le nom de ses complices. Voici le procès-verbal de cet interrogatoire :

A lui demandé s'il avait connu Lesurques?

A répondu : *Non.*

A lui observé que sa déclaration intéresse la famille Lesurques, si ce dernier avait été condamné quoique innocent, ou la société et la justice, s'il avait été condamné comme coupable?

A répondu qu'il persiste à déclarer *qu'il ne connait pas et n'a jamais connu Lesurques,* et que lui Béroldy est innocent; qu'au reste il est inutile d'écrire *innocent,* puisqu'il va périr comme coupable.

Après cette déposition, il monta à l'échafaud, où il fut accompagné par M. Degrandpré, curé de Notre-Dame de Versailles. L'exécution achevée, M. Degrandpré se rendit chez le substitut du Procureur général impérial, où il déclara qu'il venait d'assister Roussy, se disant Béroldy, jusqu'au lieu de son supplice; qu'arrivé audit lieu, Roussy lui avait dit qu'il l'autorisait à déclarer à la justice que le jugement qui condamnait lui Roussy était bien rendu; que, deux jours avant l'exécution, il lui avait remis, écrit de sa propre main, un testament de mort dont il exigea que l'ouverture fût différée de six mois.

M. Degrandpré en fit le dépôt chez M. Destréman, notaire à Versailles; cet écrit était ainsi conçu : *Je décalare que le nome le Surques et inocent, mes sete decalaration que je done à mon confeseur, il ne pourra la décalarer à la justice que sixe mois apres ma morte.*

Signé : LOUI BÉROLDI.

La déclaration contenue dans ce testament de mort, M. le curé de Versailles la connaissait, mais n'était pas autorisé à la faire connaître; il ne l'avait reçue que sous le sceau de la confession. Mais, si l'on rapproche ces lignes écrites par Roussy, deux jours avant son exécution, et lorsqu'il pouvait conserver encore cette faible lueur d'espérance qui n'abandonne un condamné que sous le couteau fatal, des derniers mots prononcés par lui : Je suis bien jugé, n'est-il pas évident que l'attestation relative à Lesurques, porte le caractère d'un devoir de conscience, accompli au seuil de la mort, avec d'autant plus d'autorité, que l'aveu est différé par le coupable jusqu'au moment où il ne pourra plus lui être nuisible?

Il faut clore ici ce bilan terrible de huit années. Les 18 thermidor an IV, 17 germinal an V, 23 fructidor an VI, 1er nivôse an IX, et 29 pluviôse an XII, cinq individus ont été déclarés coupables des homicides commis le 8 floréal; deux autres ont été convaincus d'avoir *aidé et assisté* les auteurs de ces homicides. De ces *sept* individus, *cinq* seulement étaient coupables : faits, accusation, témoignages, aveux des assassins, tout le démontre. Les deux innocents, tout le prouve encore, se nomment Bernard et Lesurques. De ces deux erreurs judiciaires, celle qui a frappé Bernard, pour si déplorable qu'elle ait pu être, n'a frappé au moins qu'un misérable convaincu de complicité morale et d'une hideuse spéculation sur les fruits du crime.

Celle qui a frappé Lesurques a atteint un honnête homme, qui n'avait jamais eu le moindre rapport avec les assassins, qui ne connaissait pas même leur existence, pas plus qu'ils ne soupçonnaient la sienne. Elle a frappé plus qu'un innocent; elle a brisé, elle a dépouillé, elle a flétri toute une malheureuse famille. Elle a fait pis encore : elle a atteint profondément l'idée de justice, et diminué le respect de tous pour la chose jugée, la confiance universelle dans le juge, expression vivante de la loi.

Voilà pourquoi, depuis le jour où fut portée l'inique sentence, a commencé, pour ne plus finir, une protestation universelle, une coalition de tous les gens de bien contre ce jugement coupable.

Il nous reste à assister à ce spectacle plein de grandeur des efforts incessamment tentés pour la réhabilitation, non pas seulement de Lesurques, mais de la justice elle-même.

Lorsque le dernier des assassins de Lieursaint eut expié son crime, en confiant au ministre de Dieu une preuve nouvelle de l'innocence de Lesurques, la veuve de Lesurques, et, au nom de ses enfants mineurs, leur tuteur, M. Lesurques, frère de Joseph Lesurques, firent une première démarche tendant à obtenir la réhabilitation de l'infortuné chef de leur famille.

Et d'abord, au mois d'avril 1804, ils présentèrent à la Cour criminelle de Versailles une requête à fin d'obtenir la communication des pièces du procès, annonçant leur intention de se pourvoir en révision, pour cause d'erreur évidente, contre le jugement du 18 thermidor an IV. Le magistrat qui remplissait les fonctions du ministère public près cette Cour de justice était M. Giraudet, celui-là même qui remplissait ces fonctions dans les procès de Vidal, de Dubosc, et de Roussy.

M. Giraudet fit à la demande des héritiers Lesurques la réponse suivante :

« Attendu que le sieur Lesurques, signataire de « ladite requête, la veuve et les enfants Lesurques, « au nom desquels il annonce qu'elle est aussi pré« sentée, ne sont point parties au procès, dont « quelques pièces seulement sont demandées en « expédition; attendu, d'ailleurs, que les *principes* « *de notre législation en matière criminelle n'auto*« *risent point les demandes en révision;* qu'ainsi « aucun des sus-nommés ne se présente sous des « rapports convenables *de qualité ou d'intérêt;* estime « qu'il n'y a lieu par la Cour de justice de faire « droit à la présente requête. Au parquet de Ver« sailles, le 9 fructidor an XII.

« GIRAUDET. »

On peut noter, dans cette fin de non-recevoir, deux assertions étranges : d'abord, le représentant de la famille Lesurques, la veuve et les enfants du condamné, n'ont au procès ni qualité ni intérêt! Puis, les demandes en révision ne peuvent être autorisées; c'est un magistrat isolé qui, de sa pleine autorité, décide cette grave question.

Le 13 fructidor (30 août), la Cour criminelle de Versailles rendit un arrêt conforme à ces conclusions.

La famille Lesurques ne se rebuta pas. Le 4 avril 1806, Me Caille présentait, en son nom, à Napoléon Ier une humble requête, et M. Daubanton mettait sous les yeux du grand-juge Régnier ce Mémoire dont nous avons parlé, dans lequel il demandait la révision du procès. « La réhabilitation d'un innocent condamné et exécuté est, disait M. Daubanton, *de droit public*. S'il n'existe plus de loi qui règle les formes à suivre pour y parvenir, *elle peut être faite;* elle peut être isolée du Code criminel; si toutefois elle doit en faire partie, elle s'y rattachera aisément ensuite; elle remplira une lacune qui ne devrait pas exister, et qui aurait peut-être existé longtemps encore dans nos lois criminelles, si l'affaire Lesurques n'en démontrait l'absolue nécessité. »

L'Empereur fut vivement ému des termes de la requête : cette erreur possible, effroyable si elle avait été vraiment commise; cette famille en pleurs, redemandant l'honneur pour elle et pour son chef; son représentant offrant, dans les termes les plus touchants, avec la conviction la plus ardente, de se constituer prisonnier, et dévouant sa tête, s'il ne parvenait pas à prouver l'innocence de son malheureux parent, tout cela montrait un devoir à remplir. Napoléon ordonna au duc de Massa de lui faire un rapport sur cette affaire.

Malheureusement, les intentions de l'Empereur ne purent être remplies. Le magistrat choisi par le grand-juge Régnier fut justement M. Giraudet, cet avocat impérial qui, deux ans auparavant, avait pris sur lui de repousser toute idée de révision. M. Giraudet avait surpris en flagrant délit d'erreur les témoins à charge contre Guesno, ces mêmes témoins qui avaient fait tomber la tête de Lesurques; il avait entendu Richard, la Bréban, la femme Alfroy, Chéron, Gauné, Perrin, prouver que le blond, complice des quatre autres assassins, ne pouvait être que Dubosc; M. Giraudet connaissait les aveux de Courriol, de Durochat, de Roussy; et cependant, le magistrat ne craignit pas d'écrire dans son rapport : « *Il a été vérifié*, autant qu'il a été possible de le faire, que cette confusion de personnes, *seul moyen produit en faveur de Lesurques*, n'avait point existé. Toutes les précautions prises ont amené des résultats évidemment contraires à Lesurques. »

C'est une lourde responsabilité que celle assumée par l'auteur d'assertions semblables. Supprimer d'un trait de plume quinze témoignages sur l'*alibi*, quatre-vingt-trois témoignages sur l'honorabilité de Lesurques, les aveux désintéressés de trois mourants, les aveux d'un complice encore vivant, les déclarations uniformes de quatre témoins, la rétractation solennelle, persistante, d'un des témoins trompés : voilà ce qu'a dû faire M. Giraudet, pour conclure que la confusion de personnes avait été le seul moyen produit en faveur de Lesurques, et qu'elle n'avait pas existé. Et M. Giraudet avait fait condamner Dubosc, l'homme à la perruque blonde, comme ayant aidé et assisté les meurtriers du 8 floréal!

La requête de la famille Lesurques fut rejetée sur les conclusions du Procureur impérial de Versailles.

En 1810, l'iniquité de 1796 fut définitivement consommée. Les biens de Lesurques furent assignés à la dotation du Sénat conservateur. On les avait déjà attribués à la sénatorerie du comte de Jacqueminot, quand cet honnête homme les repoussa par ces nobles paroles : — « Je respecte trop le champ du malheur pour recevoir des biens entachés du sang d'un innocent. Il faut les restituer à la famille de la victime. »

Cette fortune volée, butin sanglant que refusait l'indignation des honnêtes gens, on eut ensuite l'étrange pensée d'en salir la dotation de la Légion d'Honneur. On y renonça, et le fisc, qui ne connaissait pas de scrupules, reprit sa proie et fit vendre au profit du Trésor les biens de l'innocent.

Au milieu des orages politiques de 1814, les héritiers Lesurques firent une démarche nouvelle auprès de M. Dambray, chancelier et ministre de la justice du roi Louis XVIII; ils demandaient une fois encore communication des pièces du procès. M. Dambray renvoya la requête à M. le Procureur général Legoux, lequel naturellement en référa à M. le Procureur royal de Versailles. M. Giraudet, c'était toujours lui qui occupait ce poste, *certifia* à M. Legoux, ce sont les propres expressions de ce dernier, « que la coopération de Lesurques à l'assassinat du courrier de Lyon était DE LA DERNIÈRE ÉVIDENCE. »

Le 7 septembre 1814, M. Legoux répondit à M. le chancelier qu'il y aurait inconvénient à communiquer les pièces.

Pendant les premières années de la Restauration, les héritiers Lesurques durent garder le silence. Mais, quand la France se fut rassise et calmée, ils élevèrent de nouveau la voix. Le 9 novembre 1821, une pétition fut présentée aux deux Chambres par la veuve et les deux filles de Lesurques. A ce moment, en effet, la descendance de Lesurques ne se composait plus que de deux enfants, Mélanie-Augustine et Virginie-Madeleine. Le fils, Alexandre-Joseph Lesurques, s'était engagé à dix-huit ans, poussé surtout par le noble désir de faire quelque action d'éclat qui lui permît de demander à l'Empereur la réhabilitation de son père. Parti en 1812, le malheureux jeune homme avait disparu, enseveli sans doute dans les neiges de la Russie. Depuis neuf ans, on n'en avait pas eu de nouvelles.

La pétition de 1821, rédigée par M. Salgues, va droit à l'obstacle, c'est-à-dire au Code pénal. On répondait aux héritiers Lesurques : Les verdicts d'un jury sont inattaquables, la loi ne permet pas la révision; la pétition réplique en demandant, si toutefois la prérogative royale ne comprenait pas, avec le droit de grâce, le droit de réhabilitation, « une loi qui puisse enfin satisfaire à la justice, suppléer les imperfections de notre jurisprudence criminelle, et l'absoudre enfin du reproche d'être sans puissance pour réparer le mal qu'elle a le pouvoir de faire. »

Cette pétition, et une notice qui y était jointe, étaient au rapport dans les deux Chambres, quand intervint un nouvel et fâcheux incident. Sur un rapport, rédigé dans les bureaux de son ministère, M. de Serre, alors garde des sceaux, rendit, le 30 novembre 1821, la décision suivante :

« Admettre que la réhabilitation, dans ce sens qui déclarerait un arrêt exécuté non avenu, dérive du droit de grâce, implique contradiction, puisque la grâce suppose l'existence de la condamnation; puisque dans l'espèce, la grâce ne peut avoir d'objet, l'individu à gracier n'existant plus; puisque enfin, la grâce elle-même, dans sa plus grande étendue, n'a jamais l'effet d'abolir en elle-même la condamnation.

« Il est reconnu que les dispositions du Code d'Instruction criminelle ne donnent pas ici ouverture à une annulation d'arrêt. Dans l'état actuel de la législation et de la prérogative royale, il n'y a donc rien à faire.

« On pourrait demander s'il est utile de proposer une loi nouvelle pour les cas analogues. Le seul motif serait le petit nombre de familles frappées dans l'un des leurs par un arrêt injuste, et soumises à l'effet de ce préjugé qui ne sera jamais entièrement détruit, parce qu'il exprime cette vérité morale, que l'on participe à la honte comme à la gloire de ses proches. Mais cet intérêt ne peut être mis en parallèle avec l'inconvénient de remettre en question, après leur exécution, la vérité ou l'erreur des condamnations capitales, lorsque les familles ne se présenteraient, la plupart du temps, que longues années après l'arrêt; lorsque les preuves auraient dépéri, et qu'il y aurait bien moins de probabilités pour la manifestation de la vérité qu'au jour même de l'arrêt attaqué; lorsque ces demandes s'appuieraient presque toujours ou sur la faveur, ou sur l'inimitié, ou sur la réaction, ou enfin sur un de ces mouvements de l'opinion populaire, plus passionnés encore. En résultat, pour une injustice réelle reconnue et bien imparfaitement réparée, on ébranlerait jusque dans ses fondements la justice elle-même.

« *Signé* : H. DE SERRE. »

On retrouve, dans ce document, la fatale argumentation du rapport de M. Siméon : *Il faut considérer le bien général;* périsse l'innocent plutôt qu'un principe.

Les Chambres, heureusement, n'adoptèrent pas cette impitoyable théorie, qui consacrait l'erreur, et présentait l'injustice comme irréparable, au nom de la justice elle-même. Le 14 décembre 1821, M. le comte de Valence faisait à la chambre des Pairs, au nom du Comité des pétitions, un rapport sur la pétition de la famille Lesurques. Ce comité était composé de six hommes éminents, MM. le comte Molé, le comte Portalis, le duc de Saint-Aignan, le comte de Castellane, le vicomte de Montmorency, le comte de Valence.

Le Rapport, tout en jetant un voile sur l'injustice et la partialité des juges, qu'il supposait trompés par « des circonstances malheureuses, » par des dépositions « fausses et légères, » dénonça l'arrêt de l'an IV comme entaché d'une « funeste erreur. » Lesurques avait péri, « malgré l'invraisemblance de l'accusation, malgré la voix publique qui la démentait, malgré les aveux des coupables, » et l'apparition trop tardive de Dubosc, avait été « un coup de foudre dont l'éclair dessilla tous les yeux. » Il fallait donc obtenir la réhabilitation de l'innocent, déjà « reconnue et proclamée par le grand jury de l'opinion publique... Dans toutes les législations du monde, l'erreur de fait ne préjudicie pas; elle peut toujours être réparée. L'erreur la plus grave, la plus terrible dans ses suites et dans ses effets, serait-elle donc la seule contre laquelle la loi n'offrirait aucun moyen de redressement? » Cela était impossible.

Or, continuait le Rapport, le Code criminel dit, art 443, que deux condamnations, successivement prononcées pour le même crime ne sauraient se concilier : c'est le cas applicable à Lesurques. « La preuve de son innocence est acquise, *il n'y a ni doute ni contradiction à cet égard;* le bénéfice de la révision peut-il n'être pas acquis à la famille qui vous implore? »

Mais on invoquait l'intérêt social, lié à l'irrévocabilité des jugements; « comme si l'intérêt de la société n'était pas essentiellement d'assurer justice à l'innocence! » On invoquait encore la présomption de vérité que la loi attache aux jugements légalement rendus; « comme si une simple présomption de droit pouvait prévaloir à l'évidence d'un fait contraire qui le détruit!» On en appelait au respect dû aux déclarations des jurés; « comme si la loi, en ouvrant, dans les cas qu'elle a spécifiés, la voie de la révision des jugements par jurés, n'avait pas repoussé elle-même cette considération, par la considération plus puissante de la faveur que l'innocence doit toujours obtenir! »

Voilà les vrais principes, tirés du fonds commun du bon sens, et que reconnaît comme siens la conscience de l'humanité.

Restait toutefois une objection grave, pratique. L'inconciliabilité des arrêts une fois reconnue, il faudrait casser ces arrêts, procéder à une instruction nouvelle, à de nouveaux débats : mais entre qui? Les deux condamnés n'existent plus; une nouvelle procédure est désormais impossible; partant, aucun moyen de révision. « Objection désolante, si elle était insoluble. Mais quoi! parce que la vérité s'est manifestée trop tard, elle perdrait ses droits! Ceux de l'innocence ne sont-ils pas imprescriptibles!.. Si cette terrible conséquence de l'impossibilité de la révision dérivait de la loi, il faudrait appeler de la loi à la loi même. »

Le Comité pensait donc qu'en présence de l'évidence et de la notoriété d'une erreur, il ne fallait pas s'arrêter à cette difficulté de pure forme d'une procédure prescrite. La révision étant dans l'intention de la loi, il fallait suppléer à l'absence des moyens par une loi prévoyant le cas non prévu, et déterminant le mode de révision à suivre après la mort de l'un ou de l'autre, ou des deux condamnés par deux arrêts successifs et inconciliables. C'est dans cet esprit que le Rapport proposait le renvoi de la pétition au Ministre de la justice, et le dépôt au Bureau des renseignements.

Ce Rapport restera comme une œuvre de haute raison et de grand cœur. Les sentiments si élevés qu'on y trouve appartiennent en propre à M. le comte de Valence; mais, alors frappé d'une maladie mortelle, cet honnête homme n'avait pu suffisamment étudier les pièces du procès; on le reconnaît à l'erreur étrange qu'il commit en attribuant à Dubosc un aveu de son crime. La discussion légale peut être attribuée à M. le comte Portalis.

Le lendemain, 15 décembre, M. le comte de Floirac, député de l'Hérault, faisait à la chambre des Députés un rapport semblable, au nom d'une commission ainsi composée : MM. Bazire, le comte de Riocourt, le comte de Salaberry, le vicomte Donnadieu, le comte de Bernis, le vicomte Héricart de Thury, le comte Rolland d'Erceville, Barthe-Labastide, le comte de Floirac. Le Rapport commence ainsi :

« La véhémence du langage n'est point ici nécessaire pour faire naître dans les âmes le sentiment d'une profonde douleur, les faits parlent eux-mêmes; on ne pourrait qu'affaiblir l'intérêt, en s'écartant de la simplicité qui convient au récit des grandes infortunes. D'ailleurs c'est une mère, une veuve qui s'adresse à vous; il n'y a point de douleur égale à la sienne, et aucune expression ne peut peindre l'excès du malheur. »

Suit l'exposé des faits, plus net et plus exact que dans le document qui précède. Puis, le Rapport conclut :

« Jamais l'innocence d'un prévenu ne fut mieux prouvée : aussi la mémoire de cette victime de l'erreur et de la prévention fut bientôt justifiée dans son département et parmi tous ceux qui avaient suivi les détails de cette déplorable affaire. Mais ce n'est pas assez pour cette famille infortunée. Elle a droit à une réparation solennelle... On lui oppose l'inviolabilité des jugements du jury, l'impossibilité d'y porter atteinte, et on ne peut, lui dit-on froidement, offrir à son malheur que des regrets stériles. Ah! qu'un magistrat est à plaindre, s'il est obligé de faire, à de justes réclamations, une réponse aussi désespérante.

Mais cette veuve désolée ne pourrait-elle pas obtenir du Monarque, qui a le droit de faire grâce, la réhabilitation de la mémoire de son mari? Hélas! non, Messieurs, c'est en vain qu'elle implorerait le touchant privilége de la couronne, ce pouvoir si doux à exercer pour un Roi, père de ses sujets. Le droit de faire grâce aux vivants ne renferme pas, dit-on, celui de réhabiliter la mémoire des morts.

« Il n'est pas de situation plus déplorable : la justice, la bonté, l'humanité, toutes les vertus, toutes les lois, repoussent la demande de madame Lesurques.

« Sommes-nous donc une nation barbare qui commence sa civilisation? Et serait-il vrai, comme l'a dit un homme célèbre, que le jury soit une institution de l'enfance des sociétés! Je ne veux ni combattre ni appuyer cette assertion. Je déclare même que je respecte le jury comme une institution constitutionnelle; mais je dois dire, puisque l'occasion se présente, qu'il est nécessaire de remplir les lacunes qui existent dans notre législation.

« ... Toutefois, votre Commission, en adoptant son rapport, n'a pas eu l'intention de proclamer à cette tribune l'innocence de Lesurques : elle s'est élevée à des considérations d'un ordre supérieur, et en accueillant, comme elle le devait, une réclamation particulière, elle a été guidée principalement par des vues d'intérêt public.

« Il est, Messieurs, très-pénible de ne pouvoir vous faire aucune proposition capable d'assurer à la malheureuse veuve Lesurques le succès de sa demande. Votre Commission a dû se borner à vous proposer le renvoi de la pétition à M. le garde des sceaux et à M. le Président du Conseil des Ministres. »

Prenant en considération la détresse de la famille Lesurques, la commission proposait encore le renvoi de la pétition à M. le Ministre de l'intérieur.

Ce n'était pas seulement auprès des Chambres législatives que la famille Lesurques trouvait ces encouragements, ces espérances; le président du Conseil des Ministres, le Ministre des affaires étrangères, MM. de Richelieu et Pasquier, s'associaient à ces vœux si hautement exprimés d'une réparation légale.

Il faut ajouter à ces suffrages celui du duc de Berry, qui, deux ans auparavant, avait promis à l'infortunée famille son intercession auprès du roi Louis XVIII. On sait quel crime priva les héritiers Lesurques de ce puissant protecteur (1).

Cependant, l'honnête homme qui, à son tour, s'était voué à l'œuvre de réparation, M. Salgues, travaillait à exposer toute cette affaire dans un Mémoire que la veuve Lesurques avait résolu de présenter au roi Louis XVIII. Cette étude parut, en 1822, sous ce titre : *Mémoire au Roi, pour le sieur Joseph Lesurques, etc., par M. J.-B. Salgues*, Paris, Dentu; avec cette épigraphe : « Les scélérats re-

(1) *Voyez* notre procès de *Louvel*.

doutent la justice, les honnêtes gens redoutent les juges; » orné d'une gravure au trait du dessin composé par Hilaire Ledru, en l'an X, représentant les Adieux de Lesurques à sa famille.

Jusqu'alors, on l'a vu, les greffes des Tribunaux criminels avaient été fermés impitoyablement aux héritiers de Lesurques; mais les temps étaient changés, l'opinion publique se prononçait de plus en plus; aussi M. Salgues fut-il autorisé par M. le Procureur général Bellard à consulter toutes les pièces du procès au greffe de la Cour de Versailles.

Le Mémoire de M. Salgues est la meilleure source à laquelle on puisse recourir pour l'historique de ce procès. On n'y peut noter, tout au plus, qu'un peu de désordre et l'absence des documents essentiels, Acte d'accusation, Jugements, qui ne s'y trouvent qu'en substance. Faut-il y reprendre la passion qui l'anime et quelques traces d'amertume et d'indignation, trop franchement accusées? En tout cas, ce dernier reproche est du genre de ceux qu'on ne peut adresser qu'aux hommes de cœur. La conclusion du Mémoire est celle que tirera tout esprit juste, toute âme droite. Là où la justice avait à frapper cinq têtes, elle en a fait tomber sept. Parmi les condamnés, un seul pouvait justifier d'un passé honorable, d'une conduite à l'abri du soupçon; et celui-là, les aveux de trois des coupables, quinze témoignages désintéressés, la rétractation d'un des témoins si légèrement crus, la condamnation du Sosie signalé tout d'abord, démontrent surabondamment son innocence. Et, à cette erreur patente de la justice, on opposerait une homicide indifférence! On supposerait l'infaillibilité des hommes, pour refuser la réparation de l'injustice!

M. Salgues venait de terminer ce travail, quand il apprit que M. le Garde des sceaux, c'était alors M. de Peyronnet, avait chargé de faire un rapport sur l'affaire Lesurques M. le baron Zangiacomi, conseiller d'État et conseiller à la Cour de cassation. Il s'empressa d'adresser à M. Zangiacomi un exemplaire de son Mémoire au Roi. Mais un instinct secret disait à M. Salgues qu'il n'y avait rien de bon à attendre de ce côté pour la cause qu'il défendait. M. Salgues savait quel était le passé de l'homme chargé de prononcer sur le sort de la demande en réhabilitation. Marchand à Nancy, lorsqu'éclata la Révolution française, M. Zangiacomi s'était élevé par son seul travail et par un mérite incontestable, à une des plus hautes réputations de magistrat et de jurisconsulte. C'est à lui que Napoléon Ier confiait le plus souvent le soin de défendre ses projets de décrets dans les assemblées délibérantes. Mais, si M. Zangiacomi avait les éminentes qualités du magistrat, il en avait aussi les défauts : cette âpreté qui naît du long exercice de fonctions redoutables, ce scepticisme qu'engendre une longue expérience des hommes vus sous leur plus mauvais jour, le respect superstitieux de la forme, et aussi, défauts de courtisan non plus de magistrat, le culte aveugle de l'officiel, l'idolâtrie de la dignité.

Qu'un tel homme rompît en visière à un jugement émané d'un tribunal compétent, devenu définitif, irréparable; qu'il remît en question la décision d'un Garde des sceaux, on ne pouvait guère s'y attendre. D'ailleurs, M. Zangiacomi avait été le collègue, et était resté l'ami de M. Siméon. Or, M. Siméon gardait au procès de Lesurques une sourde rancune. Cette affaire, dans laquelle il avait pris parti pour les formes de la justice officielle contre les lois de l'éternelle justice, lui était devenue odieuse. Sa conscience lui disait que, d'un mot, à une certaine heure, il eût pu sauver une tête innocente; cette lettre de M. Jarry, ces condamnations des complices et du Sosie dont il avait nié l'existence, tout cela le gênait. Un esprit tout à fait élevé eût reconnu sa faute, l'eût regrettée, se fût voué à la réparation de l'injustice; M. Siméon s'obstina dans l'erreur, se retrancha dans son tort, et ne chercha qu'à se tromper lui-même en trompant les autres.

Lorsque M. Salgues eut composé sa Notice historique, il en adressa un exemplaire à M. Siméon, alors comte et Ministre de l'intérieur. Que fit le comte Siméon? Le 7 décembre 1821, il en ordonna le renvoi au Directeur général de la police! Il enjoignit même à M. Delavau de menacer d'une arrestation les filles de Lesurques! Ce préfet, tant calomnié, eut le cœur assez bien placé pour désobéir : il rassura, il encouragea les filles de la victime. L'honnête et naïf M. Salgues avait eu un instant la pensée de faire de M. Siméon un puissant protecteur pour la famille Lesurques. C'était mal connaître l'homme : les Daubanton sont rares en ce monde. Cruellement désabusé, M. Salgues avait traité, dans son Mémoire au Roi, M. Siméon avec quelque verdeur. Il en envoya à M. Zangiacomi un exemplaire : on ne lui fit pas même l'honneur d'un accusé de réception. La réponse de M. Zangiacomi parut dans son rapport.

Ce Rapport isole les expressions un peu vives à l'adresse de M. Siméon éparses çà et là dans le Mémoire au roi, et les présente comme *d'odieuses inculpations* dont il faut faire justice. Il se porte fort pour *tous ceux*, le président Gohier compris, qui ont pris part à cette affaire. Peu importe au rapporteur que les magistrats, que les jurys de la révolution aient donné de nombreux et d'éclatants exemples de partialité, de cruauté, de bassesse! c'étaient des jurys, c'étaient des magistrats. Il ne veut voir que la fonction, non les hommes, qui, trop souvent, la déshonoraient. « Les actes du procès sont *réguliers*, dit M. Zangiacomi, on a entendu quatre-vingts témoins à décharge, les débats ont duré trois jours et près de trois nuits, ce qui montre que l'on n'a pas empêché les témoins de s'expliquer. » Cette logique de procès-verbal donne, en quelques mots, la mesure du rapport.

M. Zangiaconi a consulté, dit-il, les pièces *officielles*, le Rapport de M. Giraudet, qu'il transforme, pour la plus grande dignité du langage, en procureur *général*, et un Rapport du même temps, dont il n'est pas resté de trace, et qui avait été fait par M. de Collenel, chef de la division du personnel et des grâces au ministère de la justice; il a consulté également, avec le plus grand soin, dit-il, les cinq procédures criminelles. A première vue, il est permis de mettre en doute ce soin scrupuleux. Le Rapport fourmille de noms propres dénaturés, Cou*r*iol, Guéno*t*, Du*t*rochat, etc. Les erreurs de fait n'y sont pas moins nombreuses : pour n'en citer qu'une à cette place, M. Zangiacomi affirme que Richard fut condamné à mort!

Dès les premiers mots du Rapport, se produit un système nouveau, fort ingénieusement imaginé, qui tend à réhabiliter, non Lesurques, mais ses juges.

Ce système consiste à affirmer que les assassins du courrier de Lyon étaient au nombre, non pas de cinq, mais de sept. « Il paraît, dit le Rapport, *certain*, d'après la procédure, que *deux autres* étaient associés à cette criminelle entreprise. On en trouve *la preuve* dans deux dépositions faites par Champeaux et sa femme... Il résulte *clairement*, ce me semble, des procès-verbaux, que ces deux hommes, armés comme les quatre autres (le Rapport dit ailleurs : armés de deux pistolets), aussi suspects qu'eux, cheminant à leur suite, craignant qu'ils ne fussent reconnus et allant les rejoindre, forment une seule et même bande.... de sept individus, en y comprenant celui qui voyageait dans la malle. »

Avec ce chiffre *sept*, plus de gêne, plus de souci d'erreur; Lesurques et Dubosc peuvent se rencontrer sur le même terrain, et voilà sauvé l'honneur des Tribunaux qui ont fait tomber sept têtes, pour le crime de cinq.

Qu'avons-nous rencontré jusqu'à présent dans le procès, qui puisse justifier un pareil système?

Dans l'acte d'accusation de Melun, on se le rappelle, nous avons noté ces *deux autres personnes* qui descendirent chez Champeaux, demandèrent si la route de Melun était sûre et où était l'auberge de la Galère, qui partirent *peu avant l'arrivée du courrier*, et que Champeaux et sa femme croyaient reconnaître dans Bruer et Bernard. Dans la procédure de Versailles commune à Vidal et à Dubosc, nous avons encore entendu la dame Champeaux parler de ces deux survenus après le départ des quatre, qui demandèrent si la route était sûre, si l'on parlait de vols et d'assassinats, et qui, ayant demandé l'indication d'une bonne auberge à Melun, comme Champeaux répondait qu'il « en avait indiqué une à quatre cavaliers venus précédemment, dirent qu'ils allaient les rejoindre, quoique auparavant ils eussent dit qu'ils n'étaient pas de la même société. » Champeaux ajoutait que ce n'était qu'après le

..... LESURQUES : Il est affreux d'abuser de la loi pour frapper un innocent (p. 18).

départ des deux, que l'un des quatre premiers était revenu chercher son sabre. Enfin, dans la seconde procédure relative à Dubosc, la dame Châtelain croyait avoir vu deux blonds, mais elle n'en était pas sûre.

Voilà, jusqu'à présent, les bases bien étroites de cette *certitude* de M. Zangiacomi, relativement au chiffre de sept assassins. Le directeur du jury, à Versailles, M. Delaistre, avait touché ce point; mais il ne s'était cru autorisé qu'à élever un doute, et il avait dit dans son acte d'accusation : « On est généralement imbu de l'idée que les assassins du courrier de Lyon n'étaient qu'au nombre de cinq; mais des renseignements, recueillis dans le cours de la procédure, prouvent qu'ils *pouvaient* être au nombre de sept. »

Pouvaient, dit le magistrat de Versailles; *devaient*, dit M. Zangiacomi, qui lui emprunte cette hypothèse, jetée une seule fois dans toutes ces procédures, et qui la transforme en certitude. Voyons donc quelle valeur on peut accorder aux témoignages isolés qui ont servi de base à ce système.

La première déclaration de la dame Champeaux, du 9 floréal an IV, est ainsi conçue, d'après le procès-verbal du brigadier Huguet :

« Un de ces quidams est venu à huit heures et demie du soir pour venir chercher son sabre qu'il avait oublié derrière la porte de l'écurie, a fait manger un quart de son à son cheval, et pendant que son cheval mangeait, il est descendu dans le village, et dans ce moment le courrier des dépêches relayait. Ledit quidam revenu a demandé un coup d'eau-de-vie, et promptement que l'on aille brider son cheval aussitôt, et de suite est monté à cheval et est parti au grand galop du côté de Melun; et *au même instant*, la malle est partie dudit Lieursaint; et *au même moment* deux autres individus sont arrivés, ont fait donner à leurs chevaux du son et ont bu une bouteille de vin; ont demandé à ladite Champeaux si la route était bonne? à quoi elle a répondu qu'elle étai bonne; ont demandé s'il y avait des bois? a répondu que non; ont demandé par quel endroit ils entreraient à Melun? a répondu en face de l'église de Saint-Aspais; ont demandé où était l'auberge de la Galère? a répondu au bas de la montagne, à gauche; ont demandé à quelle heure ils pourraient y arriver? a répondu sur les dix heures et demie du soir. Il était pour lors huit heures et demie lors de leur demande. »

Ici donc, quelques heures après l'assassinat, quand les souvenirs sont encore frais, la dame Champeaux fait arriver les deux après le départ du quatrième cavalier qui vint rechercher son sabre, après le départ de la malle. Ces deux hommes, qui font manger leurs chevaux, qui boivent, à l'heure où se commet le crime, ne sont pas évidemment du nombre des assassins. La dame Champeaux ne dit rien, ce jour-là, du propos des deux, parlant d'aller rejoindre les quatre.

Champeaux, déposant plus tard devant M. Daubanton, dit qu'après le départ des quatre, il en vint deux autres, sans aucun motif apparent de voyage. Sa première idée fut qu'ils étaient de la compagnie de ceux qui les avaient précédés. Ils répondirent que non, et demandèrent si l'on parlait sur la route de vols et d'assassinats. Champeaux dit qu'il en avait été récemment commis un, mais qu'heureusement les assassins avaient été arrêtés. Sur quoi ces deux particuliers, en se regardant, dirent par deux fois : « Voilà ce que c'est! voilà ce que c'est! » Ils demandèrent ensuite à Champeaux s'il reconnaîtrait bien, après quinze jours ou un mois, la physionomie de

..... Il lui avait remis écrit de sa propre main, un testament de mort (p. 3)

ceux qu'il venait de leur dire avoir passé à quatre heures chez lui. Après avoir passé chez Champeaux *tout au plus une demi-heure*, ils continuèrent leur route du côté de Melun, après avoir demandé une bonne auberge en cette ville, demande que les quatre autres avaient aussi faite. Sur quoi les deux hommes dirent : « Eh bien! nous allons rejoindre les quatre citoyens dont vous parlez. »

Ainsi, les époux Champeaux ont vu les deux partir après, puis avant le courrier; les paroles prononcées par ces deux ne leur ont semblé suspectes que plus tard; comme les autres témoins, ils se sont incessamment contredits et trompés; ils sont les seuls qui parlent de ces deux hommes, et la procédure n'en garde aucune autre trace; les rapports de gendarmerie ne les suivent pas; les témoignages, les faits, l'acte d'accusation, les aveux des coupables, tout démontre l'existence de *cinq* assassins, tout exclut la possibilité de *sept*. Mais M. Zangiacomi a vu dans ce détail, insignifiant au procès, un moyen de jeter un doute sur l'innocence de Lesurques, et il s'en empare sans scrupule. Il va même jusqu'à ajouter ce fait entièrement faux que les deux derniers voyageurs étaient armés de pistolets : ceci est une invention pure, et le rapporteur n'a pas trouvé trace de ce détail dans les pièces du procès.

Il est regrettable d'avoir à le dire, mais le système des sept, qui ne supporte pas un moment l'examen, n'est pas même, chez M. Zangiacomi, le résultat d'une erreur de logique. On sent là le parti pris, il n'y croit pas. Ces deux cavaliers, gens timides et qui ne savent s'ils doivent s'aventurer sur la route, dont parlent deux témoins seulement, qui ne sont vus par aucun autre, qui ne rentrent pas à Paris avec les cinq assassins, dont cinq procédures et les aveux complets de trois des coupables ne font plus mention, sont une de ces rencontres heureuses dont un défenseur peut tirer parti; mais qu'un magistrat, chargé d'une mission sacrée, ait recours à de pareils moyens pour pallier une erreur de justice, cela est déplorable. D'ailleurs, pour pousser jusqu'à ses dernières conséquences le système des sept, il n'y a pas même là de quoi innocenter le jugement. Ils étaient sept, dites-vous : mais vous savez bien que les sept condamnés l'ont été comme faisant partie des cinq. Lesurques a toujours été désigné comme un des quatre premiers cavaliers; Dubosc a été reconnu par Chéron comme un des quatre premiers cavaliers, par la femme Alfroy, comme le vrai blond à l'éperon cassé.

Le reste du rapport vaut l'exorde. Les erreurs grossières, les préventions aveugles qui égarèrent MM. Mennessier et Gohier, s'y retrouvent. Lesurques est suspect; avant et depuis l'assassinat, il a eu des relations avec Richard, avec Courriol, avec « ce Guesno, d'abord mis en jugement et ensuite absous, » et qui, pour M. Zangiacomi, paraît être un homme fort heureux de l'avoir échappé si belle. M. Zangiacomi ne manque pas à reproduire le prétendu démenti fait à Lesurques par les autorités de Douai, relativement à sa fortune, et les assertions malveillantes sur sa moralité, sur sa position problématique à Paris. Il n'y attache « aucune importance; » mais cette mention perfide lui a permis de dire que la prévention déplorable élevée d'abord contre Lesurques par ses relations « ne fut pas détruite par les renseignements que l'on se procura sur sa moralité. »

Après avoir ainsi obscurci la question, avec une habileté de mauvais aloi, le rapporteur est à l'aise pour tirer parti du reste du procès. Il y déguise la vérité sans scrupule. « *Dix* témoins, dit-il, attestèrent *uniformément* avoir vu Lesurques avec les autres brigands. » Plus tard, le Rapport réduit ce nombre à *huit*, par la disparition du témoin Charbault, par les incertitudes du témoin Alfroy. On connaît déjà la valeur d'une assertion semblable. *Sept* seulement attestèrent dans le premier procès, et l'autorité de leurs assertions fut singulièrement ébranlée par des contradictions nombreuses. Sur ces *sept*, un se rétracta plus tard; un autre, Charbault, n'avait pas paru aux audiences du Tribunal de Paris. Voilà donc les témoignages affirmatifs réduits à *cinq*, et le Rapport convaincu, ou de mauvaise foi, ou de légèreté. Quant aux témoins de l'*alibi*, on peut prévoir que M. Zangiacomi va triompher sur l'incident Legrand; mais qu'il passe sous silence les autres témoins de l'*alibi*, qu'il réduise quinze témoignages au témoignage de Legrand, et qu'il détruise ce témoignage unique en l'accusant de fraude, voilà ce qui ne saurait se concevoir. Dans une note, il est vrai, le Rapport parle de trois autres témoins; mais ceux-là se confondent, selon lui, avec Legrand, leurs dires n'ayant eu pour base que la fausse date du livre.

En cette même année 1822, plusieurs de ces témoins de l'*alibi* existaient encore. Le président Gohier n'était plus là pour leur imposer silence, et, à la demande des héritiers Lesurques, ils renouvelèrent leurs déclarations premières. Voici leurs lettres :

« Je soussigné, certifie que je suis prêt à renouveler la déposition que j'ai faite en mon âme et conscience, dans le procès de l'infortuné Lesurques; d'où il résulte que je l'ai vu chez le sieur Legrand, le 8 floréal de l'an IV; que ce jour-là même j'ai dîné chez lui avec MM. Hilaire Ledru, André Lesurques, cousin du mort, et toute sa famille.

« A Paris, ce 22 août 1822.

« *Signé* : ALDENHOF. »

« Je soussigné, répète ici avec plaisir mon témoignage à décharge dans l'affaire de l'infortuné Lesurques, pour valoir ce que de raison à sa malheureuse famille dans les démarches qu'elle a faites pour retrouver l'honneur et la fortune qui, suivant ma conviction intime, lui ont été ravis par la fatalité la plus extraordinaire.

« Je répète donc ce que j'ai dit devant le Tribunal et devant Dieu, que, le 8 floréal an IV, j'ai été rendre à Lesurques la première visite depuis qu'il était à Paris. Je n'y trouvai d'abord que son épouse et ses enfants. Elle ne voulut pas me laisser sortir sans que je visse son mari, qui, dit-elle, allait rentrer, et qui rentra, en effet, aussitôt après avec notre compatriote Aldenhof, qui tenait une cuiller dont il venait de faire l'acquisition.

« Tu dîneras avec nous, me dit Lesurques, ravi de voir un compatriote et un ami de plus. J'acceptai, et nous avons dîné gaiement en parlant le patois de notre pays. Après le dîner, nous fûmes nous promener, et nous rencontrâmes Guesno, autre compatriote, sur le boulevard des Italiens, vers six heures et demie du soir, qui remit à Lesurques deux mille francs en assignats, en buvant un verre de liqueur dans un café. Nous retournâmes ensuite chez lui, du même pas, et sommes arrivés vers sept heures et demie. Je me retirais chez moi, lorsque Baudard, notre ami commun, entra et céda à l'invitation qui lui fut faite de rester à souper. Je les quittai en nous témoignant réciproquement le plaisir que nous avions eu à nous rencontrer, nous promettant bien de renouveler ce plaisir le plus tôt et le plus souvent possible. Voilà la vérité pure de ce que je sais, la main sur mon cœur.

« Aussi, la foudre tombant d'un ciel d'azur, sans nuages précurseurs, m'étonnerait cent fois moins que la nouvelle incroyable qui désignait comme assassin du courrier de Lyon un père de famille opulent, ami des sentiments et des plaisirs doux et calmes, Lesurques enfin, au cœur excellent, palpitant toujours devant l'infortune qu'il savait soulager.

« *Signé* : HILAIRE LEDRU,

« Artiste peintre, rue du Faubourg-Poissonnière, n° 12.

« Paris, ce 23 août 1822. »

« Je soussigné, certifie que la déclaration que j'ai faite au Tribunal criminel, dans le malheureux procès de Lesurques, est l'expression de la plus incontestable vérité; que je me suis trouvé avec cette malheureuse victime des erreurs de la justice le 8 floréal an IV; que ce jour il m'a invité à dîner pour le lendemain 9, jour où j'étais de garde, et que cette déposition a été vérifiée par la représentation du livre de garde. Je serai toujours prêt à rendre hommage à la vérité et à maintenir la foi due à ma déclaration.

« A Paris, le 16 août.

« *Signé* : J. BAUDARD. »

« Je soussignée, déclare que je suis prête à renouveler devant Dieu et la justice la déposition
« que j'ai faite au Tribunal criminel de la Seine, dans
« le procès de l'infortuné Lesurques, et de laquelle
« il résulte que non-seulement j'ai vu cet infortuné
« le 8 floréal de l'an IV, mais qu'il m'était impos-
« sible de me tromper, parce que depuis plusieurs
« mois il n'était pas un jour que je ne le visse, tan-
« tôt dans la maison que j'habitais, tantôt chez l'é-
« pouse de M. Theriot, docteur en médecine; en foi
« de quoi j'ai signé. A Paris, le 22 octobre 1822.

« *Signé* : Clotilde D'ARGENCE. »

Les témoignages portés en faveur de Lesurques par Courriol et par la Bréban devaient gêner le rapporteur. Il s'en débarrasse en disant, contre toute évidence, que la Bréban « n'avait aucune connaissance personnelle des faits. » Quant à Courriol, le rapporteur, pour détruire son témoignage, suppose qu'il a menti à la justice, en lui présentant Bernard et Richard comme innocents, au même degré que Lesurques. Si Durochat a couvert Lesurques par ses aveux, c'est le même homme qui, pour de l'argent, ne reconnaissait pas Dubosc. Si Roussy, dans son testament suprême, atteste qu'il ne connaissait pas Lesurques, M. Zangiacomi en conclut que Roussy n'a fait « aucune révélation » en faveur de Lesurques. D'ailleurs, doit-on aucun égard aux déclarations de scélérats, de condamnés? Si Vidal et Dubosc, au contraire, ne disent rien pour Lesurques, le rapport en triomphe, sans remarquer que ces deux hommes moururent en niant leur crime.

C'est après avoir accumulé tant d'erreurs et de partialité, que le rapport aborde la discussion légale.

M. Zangiacomi reconnaît que, sous l'ancienne législation criminelle, la révision des procès était de droit, même après la mort du condamné. Mais, depuis l'institution du jury, ce qui était possible avec une instruction écrite, ne l'est plus avec une instruction en grande partie orale. La conviction du jury se forme par des témoignages parlés, par des réponses dont l'accent ne saurait se reproduire : tout est là affaire d'impression. Le jury peut se tromper, pourtant. La loi l'a prévu, et a admis la révision, mais seulement au cas de condamnations inconciliables, ou rendues sur de faux témoignages. Alors même, il faut que le procès soit refait aux condamnés; s'ils sont morts, le procès est impossible. L'instruction ne serait qu'une vaine formalité. Si la contrariété entre les deux arrêts n'est pas évidente, la chose jugée reste inébranlable. Or, comme, pour le rapporteur, il n'y a aucune preuve certaine de l'innocence de Lesurques, la chose jugée reste dans sa force.

M. Zangiacomi pouvait s'arrêter là : il préfère finir par un sophisme. La révision, dit-il, peut-elle être demandée quand elle a été déjà faite? Or, le procès de Versailles, en l'an IX, ne fut pas autre chose qu'une révision. Assertion insoutenable : on se rappelle que le Tribunal criminel de Versailles, au début du procès Dubosc, commença par déclarer qu'il ne lui appartenait pas de prononcer sur l'innocence de Lesurques.

Le 22 juillet 1822, les comités de législation et du contentieux du conseil d'Etat consacrèrent, dans l'arrêt suivant, les erreurs et les doctrines de M. Zangiacomi.

« Considérant que, dans le système actuel de la législation criminelle, la conviction du jury se forme d'après les débats; que cette conviction est toute morale; que ses éléments ne sont pas de nature à être déterminés d'une manière précise, et par conséquent, que les décisions des jurés ne sont pas, en règle générale, susceptibles de révision;

« Que le Code d'instruction criminelle n'a établi que trois exceptions à ce principe fondamental de l'institution du jury:

« La première, dans le cas de deux condamnations inconciliables; la deuxième, dans le cas d'une condamnation rendue sur de faux témoignages (art. 443 et 445); mais que la révision autorisée dans ces circonstances ne peut avoir lieu que lorsque le procès peut être jugé de nouveau en connaissance de cause, et par conséquent, lorsque les condamnés existent et peuvent être remis en jugement; que Lesurques et Dubosc ont cessé de vivre; qu'il serait impossible de procéder contre eux; qu'ainsi la loi s'oppose à la révision demandée;

« Que, par une troisième exception à la règle générale, la loi, prévoyant le cas d'un individu condamné pour homicide et justifié ensuite par la représentation de la personne précédemment tenue pour homicidée, permet, dans cette circonstance particulière, la révision, lors même que le condamné n'existe plus et ne peut être soumis à de nouveaux débats (art. 444 et 445);

« Que cette disposition, très-juste en soi, ne blesse aucun principe, parce qu'alors le corps du délit est complétement détruit, qu'il n'y a plus lieu à accusation ni à aucune discussion sur la culpabilité, que l'affaire est réduite à une simple question d'identité, au jugement de laquelle on peut procéder facilement hors la présence du condamné;

« Qu'ainsi cette troisième exception est, dans le cas qu'elle spécifie, fondée sur la nature même des choses; mais que l'on ne pourrait, sans de graves inconvénients, et sans altérer l'institution du jury, l'étendre à d'autres cas;

« Considérant d'ailleurs, en fait, que les moyens de révision dont les pétitionnaires excipent, et qu'ils tirent, soit de la prétendue contrariété des arrêts rendus contre Lesurques et Dubosc, soit de l'erreur qu'ils imputent aux témoins et au jury, ne sont fondés sur aucun fait certain ni positif; car si, d'une part, trois condamnés, et quelques personnes qui ont recueilli leurs dires, attestent que Lesurques était innocent et qu'il a été condamné pour Dubosc, d'autre part, le fait contraire est affirmé par huit témoins non reprochés et irréprochables, qui ont déposé contre lui en l'an IV, et ont, depuis sa condamnation, réitéré quatre fois leurs dépositions, la dernière fois en présence de Dubosc, dans les débats à la suite desquels il a été condamné; que rien dans ces circonstances ne pourrait motiver, ni en droit ni en fait, la révision du procès de Lesurques,

« Sont d'avis,

« Que la demande de la femme et des enfants Lesurques ne peut être accueillie. »

Cet avis fut approuvé, le 30 juillet, par M. le Garde des sceaux.

C'était un grave incident que ce rapport de M. Zangiacomi; heureusement, au moment même où M. Salgues préparait une vigoureuse réponse (*Réfutation du Rapport de M. le baron Zangiacomi*, etc., Paris, Dentu, 1823), il apprit qu'un autre rapport officiel, dont M. Zangiacomi s'était bien gardé de parler, avait abouti à des conclusions diamétralement contraires. En 1821, M. Doué d'Arc, Procureur du Roi près la Cour de Versailles, avait été, lui aussi, chargé de donner son opinion sur l'affaire Lesurques. Ce magistrat, que rien ne liait au passé, ni souvenirs, ni amitiés, ni préventions, avait, en dehors de toute influence, sans même entendre les représentants de la famille Lesurques, examiné les pièces du procès. Il en ressortit pour lui, que Lesurques avait *vainement établi* son *alibi* devant les juges de Paris; que, des témoins à charge qui avaient reconnu Lesurques avec assurance, un s'était rétracté, un seul avait persisté dans son affirmation; que, « la présomption ainsi réduite à un bien léger adminicule, si l'essai de la perruque eût pu se faire au Tribunal de Paris, nul doute que Lesurques n'eût pas été condamné. » La conclusion du Rapport est celle-ci : « J'ai obtenu la douloureuse *conviction* que Lesurques a péri *victime d'une fatale erreur*. »

L'opinion publique se prononçait de plus en plus, et la voix de quelques rares contradicteurs se perdait dans le concert général des consciences. Mais, en attendant que pût être brisé l'obstacle juridique élevé devant la réhabilitation, une première réparation était due à la malheureuse famille. En tout état de cause, nous l'avons prouvé, une spoliation indigne avait été exercée contre elle. Que le jugement de l'an IV fût ou non effacé, rien ne justifiait l'arbitraire détention des biens du condamné. Pour la première fois, après vingt-cinq ans de silence, la famille Lesurques tourna de ce côté ses réclamations. Ce fut d'abord sous la forme timide d'une demande de secours provisoires, jointe à la pétition de 1821. Le 22 mars 1822, M. le baron Capelle annonça à madame Lesurques, que le ministre de l'intérieur lui accordait un secours de trois mille francs, Il ajoutait : « Il faut espérer que la juste sollicitude qu'inspire le déplorable *événement* dont votre mari fut *victime* avisera par d'autres voies à une réparation plus conforme à l'étendue de vos malheurs. »

C'était quelque chose, mais ce quelque chose était une aumône; la famille Lesurques avait droit à une restitution, elle fit parler son droit.

En 1823, les héritiers Lesurques adressèrent au ministre des finances une demande à fin d'annulation du séquestre établi sur la totalité de leurs biens, dans l'idée d'une confiscation hypothétique, et la restitution de toutes valeurs en capital et intérêts. Le ministre dut reconnaître qu'en effet, il y avait eu erreur dans le fait de séquestre pour confiscation, et il admit le principe de restitution après liquidation, avec cette seule restriction, que, sur le total de la liquidation, il y aurait à retenir les 75,000 fr. de réparations civiles. En conséquence, le 2 juillet 1823, le ministre rendit la décision suivante :

« Considérant que l'arrêt n'avait pas ordonné et n'avait pu ordonner la confiscation des biens; que l'Etat n'avait d'action sur les biens que pour le remboursement des sommes volées; qu'il n'avait eu le droit de vendre les biens que jusqu'à concurrence des sommes restant dues au Trésor, en vertu de l'arrêt; considérant... (qu'il n'y a pas eu de déchéance encourue) : le ministre ordonne à l'administration du domaine d'établir et de présenter le compte du produit des biens de Lesurques depuis l'an IX inclusivement, et d'établir également le compte des sommes dues au trésor pour dommages-intérêts, en conformité de l'arrêt, etc. »

La liquidation fut réglée et adoptée le 31 décembre 1823. Les retenues pour réparations civiles étant défalquées, le Domaine se reconnut débiteur de 224,815 fr. La veuve et les enfants de Lesurques reçurent des inscriptions de rente pour cette somme, mais seulement par voie d'à-compte, et en protestant qu'il leur était fait tort de plus de moitié.

Mais la famille Lesurques n'en avait pas fini avec les malheurs et les luttes. A peine venait de commencer pour elle cette réparation encore bien insuffisante, qu'un nouveau danger la menaça. Un jour, un sieur Coutt, se disant intendant d'une dame de Bussy, femme divorcée de M. de Folleville, vint trouver Mme veuve Lesurques, et, après lui avoir déclaré que l'intention de sa maîtresse était de répéter, comme lui appartenant, le produit du plus important des immeubles autrefois séquestrés, lui fit entendre que, si on refusait un arrangement, on pourrait s'attirer la publication de certains actes, dont la révélation nuirait à la réhabilitation de Lesurques. M. Salgues, indigné, mit cet homme à la porte.

Cette insinuation paraissait ne devoir pas être suivie d'effet, quand, en 1826, on apprit tout à coup que, feignant d'ignorer le domicile de Mme veuve Lesurques, Mme de Folleville l'avait assignée au parquet, avait pris jugement sur requête, et avait obtenu l'autorisation de mettre opposition sur l'indemnité légitime accordée aux héritiers Lesurques. Mme de Folleville avait produit des billets souscrits par Lesurques, et la copie notariée d'un acte sous-seing privé signé Lesurques, en date du 22 mai 1792, déclarant qu'elle, dame de Folleville, était propriétaire de la ferme du Férein, achetée précédemment au nom de Lesurques.

Un procès s'engagea sur la validité de l'opposition. Le Tribunal repoussa, en vertu de la prescription, les prétentions de Mme de Folleville au payement des billets, montant à la somme de 67,000 fr., ainsi qu'à une reddition de compte pour les fermages touchés; mais, en présence de l'acte du 22 mai, il reconnut que Mme de Folleville avait été légitimement propriétaire du Férein, et admit en conséquence son droit à frapper d'opposition les inscriptions délivrées à la famille Lesurques à titre d'indemnité.

Ce coup inattendu étourdit la malheureuse famille. Heureusement, elle ne s'abandonna pas, et, sûre de son droit, chercha des armes pour se défendre. C'était en 1828. Les héritiers Lesurques avaient alors pour conseil et pour défenseur, M. Louis Méquillet, ami dévoué et désintéressé de la famille. M. Méquillet partit pour aller chercher, à Valenciennes, chez M. Baudard, le témoin à décharge du 8 floréal, et, à Douai, auprès des anciens compatriotes et amis de Lesurques, des preuves contre les assertions de Mme de Folleville. En passant à Péronne, comme il venait de prendre place à la table d'hôte à côté du maître de l'hôtel, M. Méquillet eut l'idée de parler à cet homme de Mme de Folleville, alors établie dans ce pays, et l'une des plus riches propriétaires de la contrée. — « Vous avez maille à partir avec Mme de Folleville, lui dit le maître d'hôtel; ah! je vous plains; vous ne serez pas de force. Tous moyens lui sont bons. Tenez, elle avait dernièrement un procès avec un maître de poste, à qui elle réclamait une somme énorme. Le pauvre homme, à bout de voies, confondu par un titre fourni contre lui à l'improviste, tendait déjà la gorge et proposait 200,000 fr. par transaction, quand, tout en plaidant, son avocat est frappé d'une similitude si parfaite entre la signature du titre opposé et une autre signature de son client, qu'il soupçonne une fraude, et demande la suspension. On examine, on compare les signatures, et dans l'intervalle, Mme de Folleville, à qui on offrait tout à l'heure 200,000 fr., en offre elle-même 100,000, si on veut laisser là l'affaire. Mais le procureur du roi est curieux, et il s'est mis à poursuivre l'intendant de la dame, un certain Coutt, qu'il suppose un peu trop habile dans l'art de calquer. »

Cette petite histoire de table d'hôte fut un trait de lumière pour M. Méquillet. Il se fit indiquer l'adresse de l'avocat du maître de poste : c'était Me Cocquart. Au premier mot, Me Cocquart comprit : — « Comment, dit-il, pas un de vous, intéressés ou défenseur, n'a eu l'idée de vérifier l'original de l'acte du 22 mai.

C'est là qu'est le lièvre. Il est déposé chez Allard, mon ami, notaire à Amiens. Allons voir cela ensemble.»

L'original fut exhumé des flancs d'un carton poudreux: à première vue, l'altération sautait aux yeux. Une teinte jaune et des taches nombreuses répandues sur le papier, indiquaient qu'on l'avait soumis à l'action d'un acide. La feuille, sur laquelle l'acte de dépôt avait été écrit, et qui servait de chemise à la pièce, avait été elle-même largement maculée.

Armé d'un fac-simile de cette pièce, M. Méquillet revint en hâte à Paris, et la famille s'inscrivit en faux contre l'acte du 22 mai Le 9 février 1829, *Mᵉ Mérilhou* plaida pour les héritiers Lesurques. Il exposa que le Férein avait été acheté par Lesurques, le 19 janvier 1792, pour la somme de 180,000 francs. Cette acquisition avait été faite sans aucune réserve de command, tandis que les autres acquisitions faites par Lesurques pour Mᵐᵉ de Folleville ou pour d'autres, portaient toujours réserve de déclaration de command. Lesurques avait payé seul le prix de cette acquisition, ainsi que le prouvaient les registres du district de Douai. Il avait revendu un tiers de cette propriété, au prix de 188,000 francs. Mᵐᵉ de Folleville, propriétaire, dans le Berry, de dîmes inféodées déclarées rachetables par les lois de l'époque, et qui en plaçait le prix en acquisitions de biens nationaux, était en compte courant avec Lesurques, son mandataire pour ces acquisitions. En mai 1792, elle désira devenir propriétaire du Férein, et c'est alors qu'intervint l'acte plus tard allégué. Mᵐᵉ de Folleville comptait, pour payer cette terre, sur le remboursement de ses dîmes et sur une créance due par le gouvernement à M. de Bussy, ancien gouverneur des Indes, dont elle était l'héritière. Mais le Gouvernement français refusa d'acquitter la créance, et une loi déclara les dîmes inféodées supprimées sans indemnité. En 1794, Mᵐᵉ de Folleville fut incarcérée comme femme d'émigré. A ce moment, elle se trouvait débitrice envers Lesurques, et, en 1795, elle lui fit passer, par Coutt, un à-compte de 10,000 francs. Il est probable qu'il y eut alors un règlement de compte, par suite duquel Mᵐᵉ de Folleville remit l'acte du 22 mai à Lesurques, qui, de son côté, lui signait des billets payés depuis.

Si Lesurques n'avait pas été légitimement et absolument propriétaire du Férein, ajoutait Mᵉ Mérilhou, comment eût-il continué à toucher ses loyers, à renouveler ses baux, à revendre publiquement par parties, seul connu des fermiers, exerçant tous les droits de propriétaire, sans une seule réclamation?

Mais comment l'acte du 22 mai, annulé par Mᵐᵉ de Folleville, était-il retombé entre ses mains? Le voici. Après la condamnation de Lesurques, un émissaire de Mᵐᵉ de Folleville, un certain Lemoine, ancien conseiller à la Cour des aides, était venu trouver Mᵐᵉ Lesurques, et lui avait persuadé que, pour éviter une confiscation, elle devait remettre ès-mains de Mᵐᵉ de Folleville tous ses titres et actes. Ainsi nantie de l'acte du 22 mai, Mᵐᵉ de Folleville ne fit aucune démarche pour sauver les biens du séquestre, tandis que la veuve réclamait publiquement devant le tribunal d'Amiens. En 1803, l'acte, déjà altéré, était déposé chez un notaire: Mᵐᵉ de Folleville en leva une expédition, qu'elle présenta au préfet du département du Nord, demandant à être mise en possession du Férein. Le Domaine intervint, et, avant même que le préfet n'eût statué, Mᵐᵉ de Folleville retira sa demande. En 1810, quand le Férein fut incorporé aux biens de la sénatorerie, puis vendu, Mᵐᵉ de Folleville ne fit entendre aucune réclamation. Ce silence était significatif. Et aujourd'hui, c'était en s'appuyant sur une pièce évidemment altérée, qu'on cherchait à enlever à une malheureuse famille le bénéfice d'une tardive réparation!

Mᵉ Mauguin, plaidant pour Mᵐᵉ de Folleville, prétendit que Lesurques n'avait jamais rien acheté pour son compte; que ce qui prouvait que l'acquisition du Férein avait été faite, comme les autres, pour le compte de Mᵐᵉ de Folleville, c'est que ce n'était que le 26 mai 1792, c'est-à-dire quatre jours après la signature de l'acte translatif de propriété, que Lesurques avait pu payer le premier douzième du prix d'achat. Mᵐᵉ de Folleville une fois arrêtée, Lesurques, libre de tout contrôle, avait fait indûment acte de propriétaire. Si, à sa sortie de prison, Mᵐᵉ de Folleville n'avait pas réclamé contre cette gestion infidèle, c'est qu'elle l'ignorait. Bien plus, sur l'assertion de Lesurques qu'il se trouvait en avance avec elle, elle lui avait remboursé 10,000 fr. avant tout compte. La vérité une fois reconnue, elle avait forcé Lesurques à avouer qu'il n'était pas son créancier, mais son débiteur, et à lui signer pour 67,000 francs de billets. Comme elle insistait pour faire réaliser le command, « Lesurques la menaça de la dénoncer, et de la faire incarcérer de nouveau. » Mᵐᵉ de Folleville se tut. Les billets furent protestés; elle les paya. Si, après la mort de Lesurques, Mᵐᵉ de Folleville n'avait réclamé que timidement, c'est qu'elle était couchée sur la liste des émigrés. Quant aux taches, qui portaient les héritiers Lesurques à arguer de faux l'acte du 22 mai, Mᵉ Mauguin les attribuait à des infiltrations ammoniacales, cette pièce ayant été cachée longtemps derrière une boiserie, le long de laquelle passait un tuyau de fosse d'aisance.

Malgré l'invraisemblance de ces explications, la Cour royale se trouvait en présence d'un acte dont rien ne démontrait la fausseté. *M. Jaubert*, avocat-général, admit le système de Mᵐᵉ de Folleville, et expliqua son long silence par cette raison « qu'elle n'avait pas voulu, en reprochant à Lesurques un abus de confiance, rendre plus probable l'accusation terrible portée contre lui... En voulant s'approprier ce qui ne leur appartient pas, en accusant de faux Mᵐᵉ de Folleville, *dont la vie tout entière est digne d'estime*, les héritiers Lesurques ont diminué l'intérêt qu'avaient répandu sur eux les malheurs de leur auteur.»

C'est sur ces conclusions flétrissantes, que, le 17 février 1829, la Cour royale, considérant que les héritiers Lesurques ne pouvaient prouver qu'il eût existé, au bas de l'acte, une quittance ou un arrêté de compte; que toutes les circonstances de la cause rendaient leur allégation invraisemblable, les déclara non recevables en leur inscription de faux, et ordonna qu'il fût plaidé au fond sur l'appel contre le jugement relatif à la validité d'opposition.

En désespoir de cause, la famille Lesurques fit appel à la chimie. M. Haussmann, industriel éminent, qui commençait alors à pratiquer en grand le blanchiment des toiles par le chlore; M. d'Arcet, le savant directeur de la Monnaie de Paris; M. Thenard, l'illustre chimiste, virent l'acte argué de faux, soupçonnèrent l'emploi de l'acide nitrique et du chlore, et attestèrent, dans un certificat revêtu de leurs signatures, que la chimie offrait des moyens de faire revivre les caractères disparus, s'il en avait existé.

Le 4 mai, les héritiers Lesurques revenaient devant la Cour royale. Ils demandèrent qu'avant faire droit, la Cour ordonnât la vérification du faux par une expertise de chimistes. La Cour commit à cet effet MM. Gay-Lussac, Chevreul et Chevallier. Après de nombreux essais, les trois savants virent enfin apparaître des lettres et jusqu'à des mots entiers d'une écriture différente de celle qui formait le corps de l'acte; ils déclarèrent d'un commun accord que « les moyens employés pour faire disparaître la première écriture avaient sans doute déterminé les altérations qu'on remarquait dans le papier. »

Dès lors, la présomption de dol et de fraude était suffisamment établie. Mais le faux ne pouvait être matériellement prouvé; *Me Mauguin* baissa d'un ton; il ne dit plus, comme au premier procès: « Vous étiez des *assassins*, vous voulez devenir des spoliateurs. » Il se contenta d'invoquer le bénéfice du doute. Les mots reparus étaient peut-être dans la pâte du papier; un hasard pouvait avoir maculé la pièce.

Me Mérilhou n'eut pas de peine à triompher de pareilles arguties. On soutenait pour Mme de Folleville, que l'acte devait subsister, tant qu'on ne prouverait pas quelle était l'écriture enlevée. L'avocat des héritiers Lesurques répondit:

« N'est-ce pas le comble de l'impudence et du scandale? Voilà un faussaire; le faux est démontré: qu'importe, s'écrie-t-il, que j'aie appliqué sur la pièce des acides qui ont enlevé les écritures, si on ne montre pas quelles étaient ces écritures! Prouvez-le, vous qui m'accusez. Un tel système ne proclame-t-il pas l'impunité du crime? L'impunité du faux dépendrait donc du plus ou moins d'adresse à détruire les écritures de manière à ce qu'elles ne pussent reparaître jamais! C'est une monstrueuse théorie. »

Comparez les parties, avait dit Me Mauguin.

« Eh bien, soit! s'écria Me Mérilhou, comparons les parties. Je prête mon ministère et l'appui d'une conviction puissante à une famille qui, pendant trente ans, a langui dans l'indigence; je plaide pour des enfants encore au berceau lors de la mort de leur père, pour une mère vénérable par son âge, ses vertus, sa piété, entourée de l'affection des siens, du respect de tous; car le malheur a aussi sa dignité; je cherche à leur conserver les débris d'une fortune dissipée par l'orage; je défends le commencement d'une plus éclatante justice, le premier gage d'une réparation solennelle. J'ai démasqué le crime, je résiste à ses honteux efforts. Et vous, que faites-vous? Vous vantez l'âge, la noblesse de Mme de Folleville; mais Mme Lesurques est aussi à la fin de sa carrière; elle n'a pas renié, par le divorce, son nom, sa famille, repoussé son mari, salarié des faussaires et spéculé sur le malheur d'autrui; ne vous parez plus, Mme de Bussy, d'un titre que vous avez répudié, ni d'une famille qui rougit de vous et de ce déplorable procès. Vous êtes riche, tant mieux; mais souvent une grande fortune n'est qu'un scandale de plus. Rendez grâces à la modération de mon caractère; je passe sous silence ce que peut-être mon devoir m'obligerait à publier; mais du moins vous, le défenseur de Mme de Folleville, n'oubliez jamais que, si vous combattez les vraisemblances d'un faux judiciairement constaté, vous avez derrière vous l'ami, le confident, l'agent intime de Mme de Folleville; que l'industrie de cet agent *en chimie appliquée aux écritures*, a deux fois attiré l'attention des Cours d'assises et que son nom, tantôt solitaire, tantôt associé à celui de Mme de Folleville, a roulé dans plus d'un procès scandaleux, jusqu'à ce nouveau scandale.

« Les rôles sont changés: d'accusatrice, devenez accusée, Mme de Folleville. Vous nous avez accusés de calomnie; le faux est prouvé aujourd'hui. Qui en est l'auteur? répondez. Vous qui avez eu l'acte entre vos mains, qu'en avez-vous fait? Vous l'avez altéré, falsifié, et, pour dépouiller une famille infortunée, vous n'avez pas hésité à commettre un crime. »

Mieux éclairé cette fois, le ministère public ne se porta plus fort, comme l'avait fait un peu légèrement M. l'avocat général Jaubert, pour l'honorabilité de Mme de Folleville. L'avocat général, cette fois, était *M. de Vaufreland;* il reconnut que le faux n'était pas suffisamment prouvé; mais, à ses yeux, l'acte, considéré en lui-même, n'avait pas le caractère translatif de propriété: ce n'était pas une donation, ce n'était pas une vente, ce n'était pas une déclaration de command. Les payements du Férein avaient tous été faits au nom de Lesurques, et Mme de Folleville ne justifiait pas qu'ils eussent été faits de ses deniers. L'acte du 22 mai avait été sans doute une simple garantie donnée à l'occasion d'un prêt, et qui ne devait préjudicier en rien à la propriété de Lesurques. Mme de Folleville n'avait pas réclamé contre Lesurques faisant publiquement acte de propriétaire: c'était par crainte d'une dénonciation, disait-on; mais quand on redoute les gens, on ne leur fait pas rendre des comptes, signer des billets. Le ministère public conclut que l'acte devait être considéré comme nul, incomplet, irrégulier, et d'ailleurs, en sa teneur présente, impuissant à former titre de propriété: il ajouta que l'injuste répétition de Mme de Folleville avait « ajourné la réparation d'un malheur ennobli par la persévérance des enfants de Lesurques à défendre la mémoire de leur père. »

La Cour, sur ces conclusions, infirma, le 24 février 1830, les arrêts précédents, et ordonna la délivrance des inscriptions aux héritiers Lesurques. Ainsi était effacée la nouvelle et injuste flétrissure qu'un jugement avait attachée à ce nom fatal à la justice.

Le 25 mai 1833, la veuve et les enfants de Lesurques s'adressèrent encore aux Chambres législatives, réclamant à la fois et l'honneur et la réparation pécuniaire. A la Chambre des députés, M. Merlin (de l'Aveyron), rapporteur de la commission des pétitions, conclut que « quand la notoriété et l'évidence constatent l'erreur de la condamnation, quand l'innocent a péri, sa mémoire, sa fortune, son honneur ne devraient pas avoir péri avec lui. » Le Rapport, qui proposait le renvoi au Garde des sceaux, au Ministre des finances, et le dépôt au bureau des renseignements, fut chaleureusement appuyé par MM. Fulchiron, de Salverte, de Laborde et Debelleyme. Ce dernier, c'était l'éminent et respectable président du tribunal de la Seine, avait, comme avocat, signé en 1809, le Mémoire à l'Empereur. Depuis, comme procureur du roi à Versailles, il avait examiné avec attention toutes les pièces du procès, et sa conviction de l'innocence de Lesurques était devenue inébranlable. Les conclusions du Rapport furent adoptées par la Chambre. Le 10 mai 1834, nouvel appel à la Chambre des députés, qui, par l'organe de son rapporteur, M. Poulle (du Var), fit aux héritiers Lesurques une réponse semblable.

M. Emmanuel Poulle s'exprimait en ces termes sur la question de révision:

« Combien n'est-il pas pénible pour des législateurs d'être obligés de convenir qu'il existe de cas où une erreur judiciaire, commise à la face du pays, ne peut pas être réparée à cause de l'insuffisance de notre législation !

« C'est cette lacune que la veuve et les enfants de Lesurques vous demandent de combler.

« Croira-t-on en effet que, dans le pays de l'Europe qui se vante d'être à la tête de la civilisation, il n'existe aucune loi pour rendre à l'honneur et au respect des vivants la mémoire d'un citoyen que le glaive des lois a injustement frappé ? »

Cette fois, comme toutes les autres, la députation du département du Nord s'était tout entière associée à l'avance à cette honorable manifestation.

Cependant, en présence des obstacles sans cesse renaissants qui s'opposaient à la réhabilitation, la famille Lesurques poursuivait énergiquement la réparation pécuniaire. Le 22 avril 1833, elle réclamait, pour cause d'erreur et d'omission, contre la liquidation de 1823, laissant toujours en dehors les 75,000 francs de réparations civiles. M. le ministre des finances fit offre de 15,821 francs pour erreur reconnue. La famille accepta, toujours par voie d'à-compte. Enfin, le 19 septembre 1834, le ministre des finances rendait une décision qui, pour erreur reconnue dans la liquidation de 1823, accordait à la veuve et aux enfants Lesurques une somme de 252,100 francs. Le ministre exigeait que la famille, en acceptant cette liquidation, se reconnût complétement remboursée et indemnisée de l'indue vente de ses biens; elle le fit, mais en réservant toujours tous droits et actions pour la somme dont le Trésor s'était couvert pour les réparations civiles.

Ce ne fut que le 22 février 1838 que la liquidation fut approuvée par ordonnance royale.

De ce côté, la famille de Lesurques se déclarait pleinement satisfaite. Mais il y avait encore sous le séquestre une somme de 75,000 fr. environ, due au Domaine pour vol commis à son préjudice, lors de l'assassinat du courrier de Lyon. Sur ce point, le Domaine avait un titre apparent dans le jugement du 18 thermidor an IV. La famille réclama la restitution de ces 75,000 fr., dans un *Mémoire* présenté à M. le ministre des finances en 1844.

Ce *Mémoire*, signé Crémieux, J.-B. Sirey, et Jules Carle, était dû à la plume du grand arrêtiste Sirey, qui déjà, en 1796, lorsqu'il était chef de bureau au ministère de la justice, avait fait le rapport, approuvé par M. Merlin de Douai, qui concluait au sursis à l'exécution de Lesurques. Le *Mémoire pour les enfants Lesurques*, Paris, 1844, imprimé par Detric-Tomson, est au nom de Mélanie et de Virginie Lesurques, seuls descendants directs de Lesurques alors existants, avec Clara et Charles-Auguste Danjou, ses petits-enfants.

Jusqu'alors, la famille de Lesurques avait laissé en suspens cette réclamation, dans l'espérance qu'une loi interprétative, corrigeant enfin les défauts de notre législation criminelle, autoriserait la révision pour réhabilitation d'un condamné mort depuis sa condamnation. En 1843, cette espérance avait été trompée si longtemps, qu'il n'était plus possible de s'y attacher. « Aujourd'hui, disait le *Mémoire*, nous devons avoir foi dans la législation existante, interprétée par la Cour suprême; nous devons, par tous les moyens, tendre à la révision du jugement du 18 thermidor an IV. D'intérêts pécuniaires et d'honneur de famille, il est temps d'en finir. Et notre dernière lutte doit commencer auprès de vous, M. le Ministre. Nous vous redemandons les 75,000 fr. illégalement séquestrés, parce que votre sagesse provoquera nécessairement l'appréciation des cinq condamnations contraires, et singulièrement la révision des quatre jugements de l'an V, de l'an VI, de l'an IX et de l'an XII... »

De tout l'historique des faits et des répétitions exercées par la famille Lesurques (1), le *Mémoire* faisait ressortir la nécessité, pour les héritiers de Lesurques, d'éclairer définitivement leur position, et d'obtenir une dernière décision, telle que la comportait la législation présente. Elle réclamait en outre, de M. le ministre des finances, une décision contentieuse, relativement aux 75,000 fr. de réparations civiles.

L'arrêt du 18 thermidor an IV, sur lequel s'appuyait la rétention de cette somme, est, disait le *Mémoire*, sans efficacité, attendu son inconciliabilité, relativement à l'innocence, avec les quatre arrêts subséquents. Des arrêts semblables, condamnant, pour un même fait commis par un nombre d'individus déterminé, un nombre d'individus plus considérable, ont été souvent cassés par la Cour suprême, pour cause de contrariété vérifiée dans les actes d'accusation.

Ainsi, la dernière réclamation des héritiers de Lesurques ne demande plus la révision *pour innocence*, ni même la révision *pour erreur de personne*, mais bien la révision *pour contrariété*. Il y a eu *sept* condamnations, là où il n'y avait eu d'abord que *cinq*, puis *six* accusations. Le moyen de contrariété est pris encore de ce que cinq condamnations *inconciliables* existent en matière de réparations civiles, puisque cinq personnes sont condamnées *chacune pour le tout, à raison des mêmes faits*, sans aucune espèce de recours des cinq condamnés les uns envers les autres. (*Voyez* le libellé des cinq jugements.)

Le *Mémoire* de 1844 est purement financier quant à son but; mais, comme l'éminent arrêtiste en convient de très-bonne grâce, il est écrit à toutes fins, en vue de la révision, à l'adresse du conseil d'État et de la Cour de cassation. Nous ne le suivrons pas dans sa discussion relative à la révision. Les conclusions sont : 1° Que le domaine ne s'étant saisi des valeurs de Lesurques que par suite d'un séquestre nul et non autorisé, il y a lieu à restitution des 75,000 fr., avec intérêts, du jour de l'indue détention; sauf à discuter ensuite cette question fiscale : si cinq jugements différents, portant tous et chacun des condamnations à la totalité des frais et réparations civiles, à raison du même crime, peuvent être exécutés; s'il n'y a pas nécessité de révision, pour que cette totalité soit déclarée solidaire entre tous, ou pour qu'il soit décidé lequel des cinq doit payer la totalité des frais et réparations civiles; 2° Qu'en tout cas, y ayant eu sept condamnations et exécutions capitales là où il n'y avait eu que six accusations, il y a nécessairement contrariété, et, d'après la jurisprudence courante de la Cour de cassation, il y a lieu nécessairement à révision et à annulation des cinq jugements rendus.

En 1851, Virginie Lesurques, et les petits enfants du condamné de l'an IV, Clara et Charles-Auguste

(1) Nous ne trouvons qu'une erreur dans cet exposé très-clair, très-complet, bien que succinct : c'est cette erreur, partagée par beaucoup de personnes, qui consiste à affirmer que, lors du procès Dubosc « *la plupart* des témoins qui avaient cru reconnaîrte Lesurques sur le théâtre du crime, se rétractèrent, et reconnurent que ce n'était pas Lesurques, mais bien Dubosc qu'ils avaient vu. » *Un seul*, on le sait se rétracta ; les autres hésitèrent ; un seul persista.

Danjou, adressèrent à l'Assemblée législative une pétition nouvelle, réclamant la réparation encore attendue après cinquante-cinq ans. La commission nommée fit sur cette pétition, par l'organe de M. Laboulie, le 25 janvier 1851, un rapport que l'on peut considérer comme un des travaux les plus remarquables qu'ait produits cette malheureuse affaire. M. Laboulie regarde l'innocence de Lesurques comme un fait incontestable, et que n'a pu atteindre une seule contradiction grave, celle de M. Zangiacomi. Ce n'est pas assez, dit M. Laboulie, de proclamer cette innocence, il faut réhabiliter Lesurques ou l'arrêt qui l'a condamné. Mais qui pourra le faire? L'Assemblée nationale, grand jury, pouvoir législatif, seul compétent quand il s'agit de faire une loi. Sera-ce un empiétement sur les attributions du pouvoir judiciaire? Mais ce pouvoir s'arrête là où manque la loi.

Sur la question de la révision, le Rapport disait :

« Quand la révision d'un procès est aussi impérieusement demandée par l'opinion publique, et que les lois existantes ne la permettent pas, peut-être cette révision par le pouvoir législatif et par une loi est-elle la meilleure solution du problème, la plus respectueuse pour la justice.

« La nécessité d'obtenir une loi écarterait toutes les demandes téméraires ou hasardées qui tenteraient de se produire sans être appuyées des preuves extraordinaires et vraiment providentielles qui ont été accordées au malheureux Lesurques.

« Que toute liberté soit laissée à votre commission; mais peut-être reconnaîtra-t-elle que, hors des cas prévus et réglés par la loi pénale, la réhabilitation ne peut résulter que d'une loi.

« La loi, qui soumet tout, peut seule dominer un arrêt de justice.

« Qui donc s'en plaindrait?

« Mais combien n'aurait-on pas le droit de se plaindre, si le corps dépositaire de ce suprême pouvoir restait insensible aux plaintes de l'innocent, aux cris de la conscience publique! s'il voyait sans s'émouvoir cette miraculeuse réunion de preuves dont la Providence a couronné l'échafaud de Lesurques; si, insensible aux sentiments qui sont la vie et l'honneur des sociétés, il refusait une réparation qui sera la réhabilitation de la justice elle-même!

« Cela ne peut pas être, nous n'avons pas à le craindre de l'Assemblée. »

Sur ce rapport, l'Assemblée nomma une Commission de quinze membres, chargée de revoir le procès de Lesurques et de proposer, s'il y avait lieu, toutes les mesures de réparation qu'elle jugerait convenables.

Enfin, le 19 mars 1851, sur un rapport de M. Canet, l'Assemblée législative prenait en considération une proposition tendant à la modification de l'art. 443 du Code d'instruction criminelle. Cette proposition était due à l'honorable initiative de MM. de Riancey et Favreau.

Au même moment, M. Bertin, avocat à la Cour d'appel de Paris, réunissait en un volume intitulé *Historique et révision du procès Lesurques*, des études publiées en 1843 dans le journal *le Droit*. On y trouve, à côté de quelques erreurs de fait et d'un récit un peu maigre, de bonnes réflexions sur la question de la révision. C'est dans cet ouvrage que nous avons puisé la lettre de M. Jarry.

Demander ce que devint la proposition de MM. de Riancey et Favreau, c'est demander ce que devint l'Assemblée législative elle-même. Jusqu'en 1859, la famille Lesurques garda de nouveau le silence : mais la mort de M. Danjou, qui laissait cinq enfants dans une gêne voisine de la misère, appela de nouveau l'attention sur ces trop longs malheurs.

L'histoire de ce procès Lesurques montre qu'il y a quelque chose de plus difficile que de commettre l'injustice, c'est de la réparer.

..... DAUBANTON : Tenez, servez-vous en pour couper votre pain. (p. 26).

www.ingramcontent.com/pod-product-compliance
Lightning Source LLC
Chambersburg PA
CBHW061002220326
41599CB00023B/3801
* 9 7 8 2 0 1 2 6 4 0 5 7 3 *